W0408247

Veröffentlichungen der Kommission für Zeitgeschichte

VERÖFFENTLICHUNGEN
DER KOMMISSION FÜR ZEITGESCHICHTE

In Verbindung mit Hans Günter Hockerts · Rudolf Morsey
Norbert Trippen

Herausgegeben von Ulrich von Hehl

Reihe B: Forschungen · Band 94

JOSEF KARDINAL FRINGS
(1887–1978)

I
Sein Wirken für das Erzbistum Köln
und für die Kirche in Deutschland

FERDINAND SCHÖNINGH
PADERBORN · MÜNCHEN · WIEN · ZÜRICH

NORBERT TRIPPEN

Josef Kardinal Frings (1887–1978)

I
Sein Wirken für das Erzbistum Köln und für die Kirche in Deutschland

2003

FERDINAND SCHÖNINGH

PADERBORN · MÜNCHEN · WIEN · ZÜRICH

Dieser Band wurde seitens der Kommission für Zeitgeschichte
redaktionell betreut von Rudolf Morsey

Bibliografische Information der Deutschen Bibliothek

Die Deutsche Bibliothek verzeichnet diese Publikation in der Deutschen Nationalbibliografie; detaillierte bibliografische Daten sind im Internet über http://dnb.ddb.de abrufbar.

Umschlaggestaltung: Evelyn Ziegler, München

Gedruckt auf umweltfreundlichem, chlorfrei gebleichtem
und alterungsbeständigem Papier ♾ ISO 9706

© 2003 Ferdinand Schöningh, Paderborn
(Verlag Ferdinand Schöningh GmbH, Jühenplatz 1, D-33098 Paderborn)

Internet: www.schoeningh.de

Alle Rechte vorbehalten. Dieses Werk sowie einzelne Teile desselben sind urheberrechtlich geschützt. Jede Verwertung in anderen als den gesetzlich zugelassenen Fällen ist ohne vorherige schriftliche Zustimmung des Verlages nicht zulässig.

Printed in Germany. Herstellung: Ferdinand Schöningh, Paderborn

ISBN 3-506-79999-1

INHALTSVERZEICHNIS

VORWORT

Zu einer Biographie Josef Kardinal Frings wurde ich anlässlich der Feiern zu seinem 100. Geburtstag am 6. Februar 1987 von seinem Nachfolger, Joseph Kardinal Höffner, angeregt, der diese Anregung nach einigen Tagen noch einmal förmlich wiederholte und mir die Benutzung aller, zumal der damals noch gesperrten Archivalien einräumte. Eine erste Möglichkeit zur Verwirklichung eines solchen Projektes erhielt ich, als Joachim Kardinal Meisner mich nach meiner Ablösung vom Amt des Regens am Kölner Priesterseminar von 1989 bis 1991 zur Forschung freistellte. Als er mir allerdings 1991 die Leitung der Hauptabteilung Schule/Hochschule des Erzbistums Köln übertrug, blieb mir für die folgenden zehn Jahre wenig Zeit, an der Frings-Biographie weiter zu arbeiten. Erst nach meiner erneuten Freistellung vom Dienst in der Schulabteilung im November 2001 konnte ich mich konzentriert dem großen Projekt zuwenden.

Von Kardinal Frings habe ich gelernt, dass niemand eine große Aufgabe allein bewältigen kann, dass man gut daran tut, Hilfe anderer zu suchen und anzunehmen und dankbar öffentlich anzuerkennen. So danke ich dem verewigten Erzbischof Kardinal Höffner für das Vertrauen, das er durch seinen Auftrag in mich setzte. Kardinal Meisner danke ich für die Freistellung von anderen Aufgaben im Erzbistum während der Jahre 1989–1991 und wiederum seit 2001.

Die Förderung meiner Aufgabe durch das Historische Archiv des Erzbistums Köln und die Erzbischöfliche Diözesan- und Dombibliothek in Köln ging weit über das zu erwartende Maß hinaus. Beinahe jeder Mitarbeiter dieser Institute war bereit, mich in der Suche nach Archivalien und Buchtiteln zu unterstützen. So danke ich nicht nur den Leitern, Prof. Dr. Toni Diederich für das Archiv und Prof. Dr. Heinz Finger für die Bibliothek, sondern stellvertretend für zahlreiche andere Herrn Dr. Ulrich Helbach, Herrn Josef van Elten und Herrn Wolfgang Schmitz. Frau Susanne Schmitz hat mit großer Sorgfalt das Register erstellt. Bei der Auswahl der Bildbeigaben haben mich Herr Wolfgang Schmitz und Frau Birgit Lambert beraten. Auch bei der Kommission für Zeitgeschichte fand ich jede erbetene Unterstützung, für die ich besonders dem Direktor, Herrn Dr. Karl-Joseph Hummel, aber auch Herrn Dr. Christoph Kösters zu danken habe.

Eine große Zahl von Kollegen und Freunden, die um mein Projekt wussten, haben mir in all den Jahren vielfältige Hinweise gegeben, auf die ich an entsprechender Stelle im Text dankend hingewiesen habe. Für die

Auswertung der noch nicht geordneten Archivalien des Diözesanrates der Katholiken in Köln habe ich dessen langjährigem Geschäftsführer, Herrn Hans Deckers, zu danken. Meinen früheren Mitarbeiterinnen und Mitarbeitern in der Schulabteilung des Erzbistums Köln, besonders Frau Brunhilde Schmitz und Herrn Hans Trieschnigg, muss ich dafür dankbar sein, dass sie mich nicht aus meinem Amt entließen, ohne mir in meinem 65. Lebensjahr mit sanfter Unerbittlichkeit und Geduld die erforderlichen Kenntnisse in der Computerbenutzung zu vermitteln.

Schließlich möchte ich Herrn Prof. Dr. Rudolf Morsey, Neustadt/Weinstraße, danken, der sich der beachtlichen Mühe unterzogen hat, diesen Band seitens der Kommission für Zeitgeschichte zu betreuen.

Köln, am 11. Oktober 2002 (dem 40. Jahrestag der Eröffnung des II. Vatikanischen Konzils)

Norbert Trippen

VERZEICHNIS DER SIGLEN UND ABKÜRZUNGEN

AAS	Acta Apostolicae Sedis
AKL	Arbeitsgemeinschaft katholischer Laienwerke, Frankfurt
ANrh	Annalen des Historischen Vereins für den Niederrhein
BAB	Bundesarchiv, Abteilung Berlin
CAJ	Christliche Arbeiter-Jugend
CND	Christlicher Nachrichtendienst
DAWB	Dienstakten Wilhelm Böhler
DNVP	Deutschnationale Volkspartei
DRK	Diözesanrat der Katholiken im Erzbistum Köln
DS	Diözesan-Synode
epd	Evangelischer Pressedienst
FAZ	Frankfurter Allgemeine Zeitung
GPU	Sowjetischer Militärgeheimdienst
HAEK	Historisches Archiv des Erzbistums Köln
hekt.	hektographiert
HJb	Historisches Jahrbuch
hs.	handschriftlich
HStAD	Hauptstaatsarchiv Düsseldorf
hess.	hessisch
KA	Kirchlicher Anzeiger für die Erzdiözese Köln
KAB	Katholische Arbeiter-Bewegung
KB – NRW	Katholisches Büro Nordrhein-Westfalen
KNA	Katholische Nachrichten-Agentur
KSI	Katholisch-Soziales Institut der Erzdiözese Köln
LCDD	Lexikon der Christlichen Demokratie in Deutschland
L-PRO	London, Public Record Office
LThK	Lexikon für Theologie und Kirche
NKWD	Narodny Komissariat Wnutrennich (Volkskommissariat des Inneren)
NRZ	Neue Rhein-Zeitung/Neue Ruhr-Zeitung
NS	Nationalsozialismus, nationalsozialistisch
NSV	Nationalsozialistische Volkswohlfahrt
PA-AA	Politisches Archiv des Auswärtigen Amtes, Berlin
parl.	parlamentarisch
preuß.	preußisch
Reg.	Register
RGG	Religion in Geschichte und Gegenwart

RK	Reichskonkordat
RSHA	Reichssicherheitshauptamt
SD	Sicherheitsdienst
SJ	Societas Jesu
sign.	signiert
SMAD	Sowjetische Militäradministration in Deutschland
StdZ	Stimmen der Zeit
ZdK	Zentralkomitee der deutschen Katholiken

EINFÜHRUNG

Unter den Persönlichkeiten, die die kirchliche, aber auch die politische Entwicklung in Deutschland zwischen II. Weltkrieg und II. Vatikanischem Konzil beeinflusst haben, nimmt der Kölner Erzbischof Josef Kardinal Frings eine herausragende Stellung ein. Seine Lebensspanne umfasst das Kaiserreich, die Weimarer Republik, die Zeit des Nationalsozialismus und die ersten Jahrzehnte der Bundesrepublik bis in die Jahre, die durch die Bezeichnung »68er Revolution« charakterisiert werden. Es ist nicht zu übersehen, wie stark diese Zeitepochen den Lebensweg und die menschliche Entwicklung des Kardinals beeinflusst haben.

Das großbürgerliche Elternhaus in Neuss vermittelte ihm neben der Beheimatung im Glauben der Kirche den Zugang zu einer soliden humanistischen Schulbildung und über Geigenspiel und Hausmusik eine lebenslange Aufgeschlossenheit für Musik und Kunst. Seine im Elternhaus grundgelegte Lebenseinstellung war ebenso durch sensibles Gespür für die Lebensrealitäten der Menschen wie andererseits durch eine zur Gewissensängstlichkeit neigende Vorsicht bestimmt. Auch sein Sinn für Stil und Umgangsformen hatte wohl seine Wurzeln in Neuss.

Die Eltern sorgten auf Grund ihrer finanziellen Möglichkeiten dafür, das Josef Frings Studienjahre als Konviktorist am internationalen Theologenkonvikt der Jesuiten in Innsbruck und an der Universität Freiburg verbringen konnte. Auch die Kosten einer zweijährigen Freistellung des jungen Priesters zur Promotion und für den der Erweiterung des geistigen Horizonts dienenden Aufenthalt in Rom und Freiburg 1913-1915 wurden von der Familie getragen.

Andererseits bekannte sich der spätere Kardinal dazu, dass er sich mit seinem Vater über dessen sozialpolitische Vorstellungen, speziell in der Arbeiterfrage, auseinandergesetzt habe. Wenn er als Kaplan in Köln-Zollstock 1910-1913 nicht die Jugendarbeit, sondern Gründung und Führung eines Arbeitervereins als besonderen Auftrag übernahm, kann man das als Weichenstellung für das sozialpolitische Engagement des späteren Erzbischofs betrachten.

Frings hat 25 Jahre in der Gemeindeseelsorge gewirkt, ehe er Seminarregens und bald darauf Erzbischof wurde. Die Pfarrerjahre in Köln-Braunsfeld 1924-1937 waren wohl der wichtigste Abschnitt dieser Zeit, von Frings selbst als »glückliche Jahre« empfunden und für die Zukunft von entscheidender Bedeutung, weil der damalige Kölner Oberbürgermeister und spätere Bundeskanzler Konrad Adenauer mit seiner Familie in der St. Josephs-Pfarrei geistliche Heimat fand und beide Männer in diesen Jahren eine lebenslange Beziehung aufbauten, die nach 1945 von Bedeutung war.

Frings lernte als Pfarrer an St. Joseph in Köln-Braunsfeld und später als Regens des Kölner Priesterseminars das NS-Regime kennen. Wenn er in dieser Zeit für sich und für seine ihm jeweils Unterstellten auf vorsichtiger Zurückhaltung gegenüber dem NS-Regime bestand, mag ihm das bei den Parteifunktionären den Eindruck der »Harmlosigkeit« verschafft haben, der dazu führte, dass die NSDAP Frings' Erhebung zum Erzbischof von Köln 1942 ohne Widerspruch geschehen ließ. Doch die Gestapo-Akte Frings lässt erkennen, wie man den neuen Erzbischof mit zunehmendem Misstrauen überwachte, weil er in gelegentlich deutlichen Äußerungen das rassenpolitische Programm der Partei und die Ermordung Unschuldiger kritisierte und auf seelsorgliche Herausforderungen der späten Kriegsjahre angemessen reagierte.

Den ersten Höhepunkt im bischöflichen Wirken von Frings brachten die Jahre 1945-1949. Im August 1945 fiel ihm – turnusmäßig nach dem Tod Kardinal Bertrams von Breslau – der Vorsitz der Fuldaer Bischofskonferenzen zu. Wenige Monate später, im Februar 1946, wurde er von Papst Pius XII. in den Kardinalsstand erhoben. Beides kam Frings in der Folgezeit zugute, als er als Sprecher der regierungslosen deutschen Bevölkerung häufig bei den Besatzungsmächten vorstellig wurde. Wenn die Besatzungsoffiziere ihn abweisen wollten, schaltete Frings mit wachsendem Geschick seine 1946 beim Konsistorium in Rom geknüpften Beziehungen in die Weltkirche ein, um die Weltöffentlichkeit auf die Zustände im besetzten Deutschland aufmerksam zu machen.

Als es ab 1946 darum ging, in Deutschland eine neue staatliche und gesellschaftliche Ordnung aufzubauen, kamen Kardinal Frings zwei Gegebenheiten zustatten: seine gewachsenen Beziehungen zu Konrad Adenauer und seine Fähigkeit, qualifizierte Mitarbeiter aufzuspüren und ihnen Vertrauen und Wirkungsmöglichkeiten zu schenken. Welche Bedeutung Prälat Wilhelm Böhler für die Gestalt des Grundgesetzes für die Bundesrepublik Deutschland 1949 und für die Verfassung des Landes Nordrhein-Westfalen 1950 erlangte, wird die nachfolgende Darstellung zu klären haben. Die menschliche Größe von Kardinal Frings zeigte sich u. a. darin, dass er solche Hilfe von in vielen Sachbereichen kompetenteren Mitarbeitern nicht nur suchte und zuließ, sondern anschließend auch öffentlich anerkannte.

Das gilt neben Böhler vor allem für seine Generalvikare Emmerich David und Joseph Teusch. Nach 1945 war eine äußere und innere Wiederaufbauarbeit in der Seelsorge und für die Seelsorge zu bewältigen, für die es eines arbeitsfähigen, ideenreichen und dabei absolut loyalen Generalvikars bedurfte. Der nach 1950 zunehmend fließende Strom der zentral eingezogenen und verwalteten Kirchensteuern machte einen Wiederaufbau und Neubau von Kirchen möglich, wie das Erzbistum Köln ihn noch nie in seiner Geschichte erlebt hatte. Wenn Köln dabei zu einem Zentrum der modernen Kirchenarchitektur wurde, lag das am persönlichen Interesse des Erzbischofs Frings und seinem alljährlich beim »Aschermittwoch der Künstler« sichtbar werdenden Kontakt zu Künstlern und Architekten.

Doch parallel zu diesem äußeren Wiederaufbau ging eine Umstellung der Seelsorge auf die Erfordernisse der Nachkriegszeit, die in der Kölner Diözesan-Synode von 1954 ihre gesetzliche Gestalt fand. Dabei galt dem Sozialbereich – wie bereits angedeutet – das besondere Interesse des Erzbischofs. Über einen von 1946 bis in die sechziger Jahre monatlich in seinem Haus zusammenkommenden Gesprächskreis von Spitzenvertretern aus Industrie, Wirtschaft und Arbeitnehmerschaft nahm der Kardinal auf die soziale Gestaltung der Gesellschaft im Nachkriegsdeutschland Einfluss. Mit dem »Katholisch-Sozialen Institut« in Bad Honnef schuf er seit 1954 bewusst ein Instrument, um junge Arbeitnehmer für die Mitarbeit in Mitwirkungsorganen der Wirtschaft, in Parteien und Gewerkschaften auszubilden und zu qualifizieren.

Aus seelsorglichen Gründen betrieb Kardinal Frings auch die Gründung eines »Ruhrbistums« Essen, die nach mehrjährigen Verhandlungen zum 1. Januar 1958 realisiert wurde. Dabei kam Frings' subtiler und doch zielstrebiger Führungsstil zum Tragen, als es darum ging, seine bischöflichen Mitbrüder in Paderborn und Münster zu Gebietsabtretungen (einschließlich des damit verbundenen Verzichts auf Kirchensteueranteile) zu bewegen, um dem neuen Bistum eine ausreichende Lebensbasis zu garantieren.

Weniger denn je konnte nach den Verschiebungen und Umbrüchen der Nachkriegszeit eine einzelne Diözese für sich allein mit den Herausforderungen der Zeit fertig werden. Unterstützt von Prälat Böhler und Generalvikar Teusch führte Frings als Vorsitzender der Fuldaer Bischofskonferenzen seine Amtsbrüder in der gemeinsamen Bewältigung von Aufgaben, die nur von allen Bischöfen gemeinsam anzugehen und – vor allem – zu finanzieren waren. Frings leitete die Plenarkonferenzen in Fulda wie die Konveniats der westdeutschen Bischöfe mit sanfter, jedoch auch souverän integrierender Hand. Eine erste Bewährungsprobe des Vorsitzenden der Bischofskonferenz waren der Zusammenhalt und die gemeinsame Stellungnahme der Bischöfe angesichts einer nicht in allen

Punkten befriedigenden Gestalt des Grundgesetzes im Frühjahr 1949. Nicht ganz leicht war es für den am Rhein beheimateten Vorsitzenden, die Entwicklungen in den östlichen Diözesen und kirchlichen Sprengeln im Blick zu behalten.

Die wichtigste Entwicklung innerhalb der Bischofskonferenz ab der Mitte der fünfziger Jahre sollte die Weitung des Blicks für weltkirchliche Aufgaben werden. Diese von Frings und seinem Generalvikar Teusch geförderte Tendenz fand ihren unübersehbaren Ausdruck in der Gründung der bischöflichen Werke »Misereor« ab 1958 und »Adveniat« ab 1961. Zum Durchbruch der weltkirchlichen Perspektive und zum Höhepunkt des bischöflichen Wirkens von Kardinal Frings wurde das II. Vatikanische Konzil 1962-1965.

Für den vorliegenden I. Band, der das Wirken von Kardinal Frings für das Erzbistum Köln und die Kirche in Deutschland bis etwa 1960 behandelt, waren die wichtigsten Akten – der Nachlass des Kardinals, seine Akten als Erzbischof und als Vorsitzender der Bischofskonferenz, die einschlägigen Bistumsakten – im Historischen Archiv des Erzbistums Köln leicht greifbar. Für einzelne Kapitel waren staatliche Archivbestände wichtig: Für die Bischofswahl 1941/42 und für die ersten Bischofsjahre die Gestapo-Akte Frings im Hauptstaatsarchiv Düsseldorf, Akten im Politischen Archiv des Auswärtigen Amtes in Berlin sowie des Reichskirchenministeriums im Bundesarchiv Berlin. Für den Umgang des Kardinals mit der britischen Besatzungsmacht stellten Kopien aus dem Public Record Office in London eine wichtige Ergänzung dar. Die Zahl der noch befragbaren Zeitzeugen ist – vor allem in den zehn Jahren 1991-2001 – sehr geschrumpft.

Bei der Niederschrift der einzelnen Kapitel wurde bald deutlich, dass eine Biographie Josef Kardinal Frings nahezu unvermeidlich zu einer Nachkriegs-Kirchengeschichte Deutschlands werden muss, jedenfalls in dem hier vorgelegten ersten Band.

In einem zweiten Band soll das Wirken des Erzbischofs für die Weltkirche dargestellt werden – von der Gründung der Partnerschaft der Erzbistümer Köln und Tokio 1954 über die Gründung von »Misereor« und »Adveniat« bis zu dem bedeutenden Einfluss, den Frings auf Vorbereitung und Verlauf des II. Vatikanischen Konzils genommen hat.

I. KAPITEL

VON DER KINDHEIT IN NEUSS BIS ZUM PFARRAMT IN KÖLN – BRAUNSFELD

1. Herkunft und Werdegang bis zur Priesterweihe 1887–1910

Josef[1] Richard Frings wurde als zweites von acht Kindern des Webereibesitzers Heinrich Frings (1851-1943) und seiner Frau Maria geb. Sels (1861-1934) am 6. Februar 1887 in seinem Elternhaus am Neusser Markt geboren. In dem auf der anderen Seite des Marktes gelegenen Quirinus-Münster wurde er am nächsten Tag getauft[2].

Durch seine Herkunft aus angesehenen Neusser Kaufmannsgeschlechtern und durch die Geborgenheit in der religiösen Atmosphäre einer kinderreichen Familie der damaligen Kleinstadt Neuss ist der spätere Kardinal und Erzbischof entscheidend geprägt worden[3]. Die väterliche Familie war seit 1736, die mütterliche seit noch älterer Zeit in Neuss ansässig. »Unter den Ahnen der väterlichen Linie finden sich Kaufleute, Fabrikanten und Priester. Frings' Großvater, Michael Frings, besaß eine Baumwollweberei und war im Exportgeschäft engagiert, Beigeordneter der Stadt Neuss, Kirchenvorstand am Münster, seit 1848 Abgeordneter der Großdeutschen Partei in der Nationalversammlung in Frankfurt und von 1851 bis 1858 Bürgermeister von Neuss. Zur mütterlichen Linie gehören die in Neuss bekannten Familien Sels, Werhahn, Kallen, Thywissen[4] und Degreff, Kaufleute- und Fabrikantenfamilien, aus denen ebenfalls ... Bürgermeister und Priester hervorgingen«.

---

1 Die Schreibweise »Josef« oder »Joseph« wechselt während der gesamten Lebenszeit. Als junger Pfarr-Rektor in Fühlingen 1915–1922 unterschrieb Frings mit »Dr. Josef Frings«, als junger Erzbischof nach 1942 mit »Joseph«. In seinen späteren Bischofsjahren verfestigte sich in allen Verlautbarungen des Erzbistums die Schreibweise auf »Josef«.

2 Kopie des Taufbucheintrags von St. Quirin in Neuss: HAEK – Materialien zu J. van Elten, Katalog.

3 In HAEK – CR II 2.18d, 1 findet sich eine von Sr. Renata de Spiritu Sancto im Kölner Karmel unter Mitwirkung von Msgr. H. Löcherbach zur Bischofsweihe 1942 zusammengestellte Mappe mit genealogischen Angaben und einer kalligraphisch gestalteten Ahnentafel. Van Elten hat die Angaben in Neuss überprüft und geringfügig korrigiert. Zur Kindheit und Jugend von Frings: J. van Elten, Katalog, S. 14 f.; D. Froitzheim, Von Neuss nach Köln, S. 189 f.; Frings, Für die Menschen bestellt, S. 11 f. – Das nachfolgende Zitat: J. van Elten, S. 14.

4 Die Großmutter mütterlicherseits war eine geborene Thywissen: Gesprächsnotiz Msgr. Dr. D. Froitzheim über ein Gespräch mit Frau A. Hopmann um 1980, die dem Verfasser von Dr. Froitzheim freundlicherweise zur Verfügung gestellt wurde. – Vgl. D. Froitzheim, Von Neuss nach Köln, S. 189.

Frings hat 1971 in einem Rundfunkinterview seinen Vater als streng, seine Mutter als gütig charakterisiert. Er verlebte seine Kindheit im Kreise von fünf Geschwistern, zwei weitere waren im Säuglingsalter verstorben. Sein älterer Bruder Heinrich Frings kam als Reichsgerichtsrat in Leipzig am 25. Januar 1946 in einem russischen Gefangenenlager zu Tode[5]. Eine jüngere Schwester, Elisabeth, die nach dem Tode der Mutter den Vater betreut hatte, verstarb unter den Trümmern des Elternhauses 1944 bei einem Luftangriff des II. Weltkrieges[6]. Bruder Alfons Frings (1893–1968) wurde nach dem II. Weltkrieg Oberbürgermeister von Neuss. Von allen Geschwistern wurde für den künftigen Erzbischof seine Schwester Anna Hopmann (1889–1981) am bedeutsamsten, die nach dem frühen Tode ihres Mannes ab 1924 dem geistlichen Bruder den Haushalt führte und bis zu seinem Tode an seiner Seite blieb.

Wie sehr der spätere Priester und Bischof Josef Frings aus seinen Neusser Wurzeln lebte, ließ er erkennen, als er am Sonntag nach seiner Bischofsweihe, am 28. Juni 1942, zu seiner »zweiten Primiz«, wie er selbst es ausdrückte, nach St. Quirin in Neuss kam und sagte[7]: »Geliebte im Herrn, meine lieben Neusser! Ich freue mich, dass ich heute hier in meiner Heimatpfarre ... mein erstes Pontifikalamt halten kann. Mein Dank gilt nächst Gott, dem Herrn, ... meinen Eltern, meiner Mutter, die täglich, so lange ihre Füße sie trugen, all ihre Anliegen hier im Gotteshause vor dem Thron Gottes oder zu Füßen der Jungfrau und des heiligen Quirinus dargebracht hat, meinem Vater, der heute unter uns weilt, und all meinen Verwandten, aus deren Erbmasse auch ich hervorgegangen bin. Im Schatten dieses Gotteshauses bin ich geboren, hier habe ich die heilige Taufe empfangen, wurde ich zu neuem Leben erweckt. Hier habe ich meine er-

5 Frings erhielt die Nachricht vom Tode seines Bruders während der Empfangsfeierlichkeiten aus Anlass seiner Kardinalserhebung. Er bat am 14. März 1946 seinen Studienfreund, Bischof Wienken in Berlin (vgl. unten S. 22 f. mit Anm. 16), der Witwe seines Bruders behilflich zu sein, vor allem bei der Ausreise aus der russisch besetzten Zone nach Westdeutschland: Wienken an Frings 4. April 1946 und 10. Mai 1946 (Originale): HAEK – CR II 25.18,6. Der Kardinal berichtete über das Schicksal der Leipziger Reichsgerichtsräte einschließlich seines Bruders in seiner Ansprache vor katholischen Männern in Wissen/Sieg am 6. Oktober 1946 (Mitschrift): HAEK – CR II 25.18,8.

6 KA 84, 1944, Nr. 266: »Danksagung. Am 23. September 1944 starb meine Schwester Elisabeth in Neuss als Opfer eines Fliegerangriffs ...[Dank für Beileidsbekundungen aus dem Erzbistum]. Die Verstorbene hat mit großer Hingabe meine alten Eltern gepflegt und wurde nun selbst von den Trümmern des zusammenstürzenden Elternhauses begraben. Have pia anima! Köln, den 14. Oktober 1944 Joseph, Erzbischof von Köln« (hs. Entwurf: HAEK – CR II 2.18d, 1).

7 Eine Mitschrift der Predigt am 28. Juni 1942 in St. Quirin in Neuss findet sich in der Gestapo-Akte Frings: HStAD – RW 58-3741 (»Bericht. Neuss, den 29. Juni 1942«; Kurzwiedergabe: Stapoleitstelle Düsseldorf an RSHA Berlin, 2. Juli 1942).

ste heilige Beichte abgelegt und die erste heilige Kommunion empfangen. In diesem Gotteshause wurde ich gefirmt und habe ich vor 32 Jahren meine Primiz gefeiert ... Ich war immer stolz, ein Neusser zu sein ...«.

Die Kindheit des Josef Frings verlief sorgenfrei und ohne besondere Vorkommnisse. Froitzheim berichtet aus einem Gespräch mit Frau Anna Hopmann[8]: »Der Vater legte Wert darauf, dass alle Kinder ein Instrument spielen lernten; er selbst spielte Klavier und Cello, Josef erlernte das Geigenspiel und hat noch bis ins hohe Alter hinein die Hausmusik gepflegt. Als Schüler besuchte Josef zunächst eine dreijährige ›Volksschule‹ [der Schwestern vom Armen Kinde Jesus], dann das [Staatliche] Gymnasium, das damals noch nicht Quirinus-Gymnasium genannt wurde. Mit 12 Jahren ging er im Kreise der Gymnasiasten zur ersten heiligen Kommunion ... Bei der Schulmesse mit dem Religionslehrer Blank[9] in der Sebastianuskirche half Josef auch als Messdiener. ›Er war ein ernster, fleißiger Junge und lernte leicht‹, sagte seine Schwester; Latein und Geschichte waren seine Lieblingsfächer, an weiteren Fremdsprachen standen Griechisch, Französisch und Hebräisch auf dem Stundenplan. 1905 bestand er das Abiturientenexamen; von 37 Klassenkameraden wandten sich 15 dem Studium der Theologie zu«. In seinem Abiturzeugnis wurde Frings bescheinigt: »Mit musterhaftem Betragen verband er einen stets regen Fleiß. Er wurde von der mündlichen Prüfung befreit«[10].

Die Wertung, die Eduard Hegel der Schulbildung des späteren Erzbischofs gegeben hat, dürfte zutreffend sein[11]: »Hier wird er jene solide Gedächtnisschulung geübt sowie deutschen und lateinischen Stil gelernt haben – Vorzüge, die ihn bis in sein hohes Alter befähigten, seine Reden und Predigten ohne Stocken vorzutragen und grammatikalisch richtig zuende zu bringen. Nicht ohne Stolz bemerkte er später, als er ins Konzilspräsidium berufen wurde: ›In Rom hat man gemerkt, dass ich was vom a.c.i. verstehe‹«.

In seinen Erinnerungen von 1973, die über diese erste Lebensphase in Neuss knapp gehalten sind, schrieb Frings[12]: »Wenn man damals eines meiner fünf Geschwister gefragt hätte, was ich werden wollte, würden sie wohl alle geantwortet haben: ›Unser Josef wird Pastor‹«. Durch Vermitt-

---

8 D. FROITZHEIM, Von Neuss nach Köln, S. 189.

9 Winand Hubert Blank (1852–1922), 1888–1902 Religions- und Oberlehrer am Gymnasium in Neuss, 1902 Domkapitular in Köln: N. TRIPPEN, Domkapitel, S. 520 (Reg.).

10 Konzept des Reifezeugnisses vom 16. März 1905 im Archiv des Quirinus-Gymnasiums (Information durch J. van Elten).

11 E. HEGEL, Josef Kardinal Frings. Das Wirken eines Kölner Erzbischofs in Bistum und Weltkirche, in: Pastoralblatt Köln 34, 1982, S. 199–206, hier: S. 200.

12 J. FRINGS, Für die Menschen bestellt, S. 11.

lung seines Religionslehrers Dr. Schwamborn und seines Vetters Otto Frings[13] konnte der junge Abiturient sein Theologiestudium in Innsbruck beginnen, wo er für drei Semester als Konviktorist im internationalen Theologenkonvikt der Jesuiten »Canisianum« lebte. Außer der Fürsprache der beiden Priester in Köln waren dafür die finanziellen Möglichkeiten der Eltern ausschlaggebend.

Frings hat diese Chance des Studiums in Innsbruck sehr zu schätzen gewusst. 1973 erinnerte er sich[14]: »Dort tat sich mir eine neue Welt auf. Das Haus war besucht von Theologen aus allen deutschen Gauen, aus Österreich-Ungarn, aus der Schweiz, aus Nordamerika, schließlich aus Albanien. Täglich kam man wenigstens mit einem Vertreter fremder Nationen in Berührung. Das Haus stand unter der Leitung des Jesuitenpaters Michael Hofmann, der in wenigen Jahren das Haus zu großer Blüte gebracht hatte. Die Zahl der Theologen wuchs während meines Dortseins von 150 auf über 200«. Dem geschätzten Rektor Hofmann hat Frings eine dankbare Erinnerung bewahrt, die in einem Nachruf zum 25. Todestag Hofmanns ihren Niederschlag fand[15].

Auf die Innsbrucker Studiensemester ging auch die Freundschaft zu dem langjährigen Commissarius der Fuldaer Bischofskonferenz in Berlin und späteren Bischof von Meißen, Heinrich Wienken, zurück, dessen Biograph Martin Höllen den Einfluss der christlich-sozialen Bewegung Österreichs auf die damaligen Innsbrucker Studenten betont[16]. Vielleicht lagen neben ersten Beobachtungen in der väterlichen Weberei hier die frühesten Wurzeln der sozialpolitischen Interessen des späteren Seelsorgers und Bischofs Frings.

---

[13] Gregor Schwamborn (1876–1958), 1902–1914 Religions- und Oberlehrer am Gymnasium in Neuss (Professor), 1914–1921 Pfarrer in Unkel, ab 1921 Oberpfarrer an St. Dionysius in Krefeld, Dechant und Stadtdechant, 1934 nichtres. Domkapitular in Aachen: REALSCHEMATISMUS der Diözese Aachen 1933, S. 475; Todesanzeige und Zeitungsausschnitte: HAEK – Slg. Personalia – Otto Frings (1882–1960), Studium in Innsbruck, Freiburg und Bonn, 1905 Priesterweihe, 1905–1909 Religionslehrer am Hubertinum (später Aloisius-Kolleg) in Bad Godesberg, 1909–1920 Religionslehrer an der Ursulinenschule in Düren, 1920–1931 Pfarrer in Schleiden, 1931–1956 Oberpfarrer in Erkelenz: REALSCHEMATISMUS der Diözese Aachen 1933, S. 450; Totenzettel: HAEK – Slg. Personalia – J. FRINGS, P. Michael Hofmann (vgl. unten Anm.15), S. 6: »Ich war dazu [Canisianum Innsbruck] gewonnen worden durch meinen Vetter Otto Frings, der Jahre vorher ... hier gelebt hatte und voller Begeisterung von da zurückgekommen war«.

[14] J. FRINGS, Für die Menschen bestellt, S. 11.

[15] J.Kardinal FRINGS, Erinnerungen an P. Michael Hofmann, in: Korrespondenzblatt des Canisianums, Heft 2, 105, 1970, S. 6-8.

[16] Heinrich Wienken (1883–1961), seit 1916 für die Caritas in Berlin tätig, 1937–1951 Koadjutor des Bischofs von Meißen und Leiter des Kommissariats der Fuldaer Bischofskonferenz in Berlin, 1951–1957 Bischof von Meißen: S. SEIFERT, in: E. GATZ, Bischofslexikon, S.

Ebenso dürfte seine Liebe zu den Bergen und zur Kunst auf die Innsbrucker Semester zurückgehen. In seinen Erinnerungen schrieb der Kardinal 1973[17]: »Jenseits der Serlesspitze, die Alexander von Humboldt den Hochaltar von Innsbruck genannt hat, lag Italien und lockte uns, auch dieses Land der Sehnsucht aller Deutschen kennen zu lernen. In den ersten Osterferien kam ich bis Venedig, im zweiten Jahr bis Rom und Neapel. Nach dem ersten Jahr meines Innsbrucker Aufenthalts fuhr ich auf Einladung meines Vaters nach Olten in der Schweiz. Dort traf ich meinen Vater und meinen ältesten Bruder Heinrich, der gerade sein juristisches Referendarexamen bestanden hatte. Wir machten eine prachtvolle Reise ... Alle diese Eindrücke erweiterten meinen Gesichtskreis gewaltig und gaben meiner zukünftigen Lebensauffassung eine, ich möchte sagen: kosmopolitische Richtung«.

Auch die Entscheidung für den Priesterberuf war in den Innsbrucker Semestern gereift, wie Frings später feststellte[18]: »Ich meldete mich dann in Bonn und konnte nach einem halben Jahr das Philosophikum machen«. Van Elten hat aus den Examensunterlagen ermittelt[19]: »Am 30. Mai 1907 reichte Frings sein Gesuch um Zulassung ... ein, und der Direktor des Konviktes [Collegium Leoninum], Dr. Paschen[20], befürwortete dieses mit den Worten: ›Jos[ef] Frings hat den Erwartungen, die man auf Grund der Innsbrucker Zeugnisse auf ihn setzen konnte, bis jetzt durchaus entsprochen. Sein religiöses Leben ist, ohne aufdringlich zu sein, musterhaft. Frings ist m[eines] E[rachtens] ein gereifter Charakter‹«. Er bestand das Examen als einziger von 24 Kandidaten mit dem besten Prädikat.

»Dann bat ich«, so erinnerte sich Frings 1973[21], »um ein Freisemester, das ich in Freiburg zubrachte, als Mitglied des Katholischen Studentenvereins Bavaria im KV. Hatte ich in Innsbruck die Welt kennengelernt, wie sie sein soll, so lernte ich hier die Welt kennen, wie sie wirklich ist. Mein Gesundheitszustand war damals schwankend. Als ich um ein zweites Freisemester einkam, erhielt ich vom Generalvikariat den Bescheid:

813-815; M. Höllen, Heinrich Wienken. Der »unpolitische« Kirchenpolitiker ... (= Veröffentlichungen d. Kommission f. Zeitgeschichte, Reihe B: Forschungen, Bd. 33), Mainz 1981, hier: S. 6.

17 J. Frings, Für die Menschen bestellt, S. 11 f.

18 Ebd., S. 12.

19 J. van Elten, Katalog, S. 14.

20 Otto Paschen (1873–1947), 1903–1907 Direktor des Collegium Leoninum in Bonn, 1907–1912 Direktor des Collegium Albertinum in Bonn, 1920 Generalvikariatsrat in Köln, 1921 Domkapitular, 1930 Domdechant, 1931 Dompropst: W. Evertz (Hrsg.), Im Spannungsfeld zwischen Staat und Kirche. 100 Jahre Priesterausbildung im Collegium Albertinum (= Studien zur Kölner Kirchengeschichte, Bd. 26), Siegburg 1992, S. 340.

21 J. Frings, Für die Menschen bestellt, S. 12.

Falls meine Gesundheit sich nicht festige, werde man auf dem Vorweis eines Patrimoniums (eigener Weihetitel) bestehen müssen, wenn ich zum Priester geweiht werden wollte«. Frings blieb zeitlebens eine schmächtige Gestalt. Doch war diese Schwäche des Freiburger Studienjahres eine vorübergehende Spur gesundheitlicher Instabilität.

»Nach zwei Semestern Freiburg kam ich nach Bonn und brachte dort noch zwei Semester im Collegium Albertinum zu«. Es dürfte diesem zweiten Bonner Aufenthalt zuzuordnen sein, was Frings in seinen Erinnerungen dem ersten zugeschrieben hat: »In Innsbruck hatte ich bei Professor Joseph Müller SJ Gnadenlehre nach skotistischer Auffassung gehört. In Bonn kam ich zu Professor Gerhard Esser; er las thomistische Theologie. Der Unterschied fiel mir sehr erheblich auf. Ich lernte, vorsichtig zu sein in der Beurteilung oder Verurteilung theologischer Systeme, die nicht von der ganzen Kirche getragen werden, die auch nicht auf eine päpstliche Entscheidung sich stützen können«.

Wie schon vor dem »Philosophikum«, stellte der 1907 als Direktor an das Collegium Albertinum übergewechselte Dr. Paschen[22] Frings bei seinem Eintritt in das Kölner Priesterseminar im Herbst 1909 ein gutes Zeugnis aus[23]: »Tiefe Frömmigkeit und sein Studieneifer zeichnen den bescheidenen jungen Mann aus. Seine Gesundheit ließ zeitweise zu wünschen übrig. Da aber kein organischer Fehler vorliegt, sondern nur eine gewisse nervöse Störung – vielleicht Überarbeitung –, glaube ich nicht, dass seine spätere priesterliche Tätigkeit beeinträchtigt wird«.

Der Aufenthalt im Kölner Priesterseminar dauerte damals nur ein Jahr, in dem Frings kurz hintereinander die Weihen erhielt: Tonsur und niedere Weihen am 18. Dezember 1909 durch Antonius Kardinal Fischer, die Subdiakonatsweihe am 19. Februar 1910 ebenfalls durch Fischer, die Diakonatsweihe am 21. Mai 1910 und die Priesterweihe am 10. August 1910 durch Weihbischof Dr. Joseph Müller[24]. Es waren die ihn erschütternden Erfahrungen nach dem II. Vatikanischen Konzil, die Frings im Rückblick auf seine Kölner Seminarzeit 1973 niederschreiben ließen[25]: »Das Kölner Priesterseminar brachte es damals fertig, aus Theologen, die drei Jahre als Studenten in Bonn gelebt hatten, Priester zu schaffen, die in der Praxis Großes geleistet haben und von denen kaum einer entgleist ist«.

Obwohl Frings bereits vier Studienjahre vor dem Eintritt in Köln hinter sich gebracht hatte, bedurfte er zu seiner Priesterweihe noch einer be-

---

22 Vgl. oben Anm. 20.

23 HAEK – Gen. 11.12,9 (Materialien zu J. VAN ELTEN, Katalog).

24 Weihedaten aus den Generalvikariatsakten ermittelt durch: J. VAN ELTEN, Katalog, S. 14.

25 J. FRINGS, Für die Menschen bestellt, S. 13.

sonderen Dispens, »da ich das vorgeschriebene [Mindest-]Alter noch nicht erreicht hatte«: Frings war erst $23^1/_2$ Jahre alt![26]

2. Die ersten Priesterjahre in Köln-Zollstock und in Fühlingen 1910–1922, weitere Studien und Promotion

»Dann diente ich im Priesterstand von der Pike auf: zunächst drei Jahre in dem Arbeitervorort Köln-Zollstock, wo wohl die ärmste Kirche der ganzen Diözese stand, ein Schuppen in einem ausgebeuteten Kalkfeld, zu dem man zwölf Stufen von der Straße hinabstieg. Kardinal Fischer besuchte uns einmal. Als er die Armut sah, rief er ›Sancta paupertas‹, konnte uns aber nicht den baldigen Bau einer neuen Kirche versprechen. Da mein vorzüglicher Pfarrer Paul Nießen selbst die Jugendvereine führte und dafür ein besonderes Charisma besaß, bekam ich den Auftrag, einen Arbeiterverein zu gründen und zu führen. Das habe ich mit großer Bereitwilligkeit und auch mit Erfolg getan«[27]. Soweit die Eigendarstellung des Kardinals aus der Rückschau

Die Pfarrchronik von St. Pius berichtet darüber 1911[28]: »Am 5. März wurde im Vereinslokal des Jünglingsvereins ein ›Kath[olischer] Arbeiterverein Köln-Zollstock‹ gegründet, dem gleich 18 Männer beitraten. Den Vorsitz des Vereins übernimmt Herr Kaplan Frings«. Der Verein, der schon im Gründungsjahr auf 118 Mitglieder und 25 Gönner anwuchs, beschränkte sich nicht auf religiöse und gesellige Veranstaltungen. Seine Chronik berichtet[29]: »Bei den monatlichen Versammlungen ... wurden religiöse, soziale und wirtschaftliche Themen behandelt ... Bestehende soziale Einrichtungen der damaligen Zeit wurden für die Mitglieder vom Verein übernommen. So wurde am 28. Mai 1911 eine Zahlstelle der Zentralsterbekasse ›Leo‹ eingerichtet, am 31. März 1912 eine Verwaltungsstelle der Düsseldorfer Krankengeldzuschusskasse. Die Einrichtung einer Verkaufsstelle der Konsumgenossenschaft ›Eintracht‹ wurde in die Wege geleitet. Eine Wirtschaftsabteilung im Verein nahm sich vor allem der sozial schwächeren Mitglieder an«. Die Arbeiterfrage wie die christliche Sozial-

---

26 Ebd.

27 Ebd.

28 Eine Kopie aus der Pfarrchronik stellte freundlicherweise das Pfarrbüro von St. Pius zur Verfügung.

29 Aus der Chronik des katholischen Arbeitervereins St. Pius Köln-Zollstock, in: Katholische Arbeitnehmerbewegung St. Pius Köln-Zollstock (Hrsg.), 75 Jahre KAB 1911–1986, S. 23-27, hier: S. 23.

lehre in Theorie und praktischer Umsetzung sollten ein bleibender Interessenschwerpunkt des Priesters und Bischofs Josef Frings werden.

Es scheint, dass der junge Priester Frings über seinem Einsatz in der Kölner Arbeiterpfarrei seine theologischen Interessen und seine gehoben bürgerliche Herkunft aus Neuss nicht vergessen hat. Das vorgeschriebene Kuraexamen für Jungpriester bestand er im Juni 1913 mit guten Erfolg und richtete in den gleichen Tagen ein Gesuch um Studienurlaub an das Kölner Generalvikariat[30]. Er bat »um die Erlaubnis, im Herbst dieses Jahres sich auf zwei Jahre nach Rom zu begeben. Er beabsichtigt, dort als Alumnus am deutschen Anima-Hospiz das Studium des kirchlichen Rechts zu pflegen«.

Dabei ging es ihm wohl mehr um Rom als Studienort als um das Kirchenrecht als Dissertationsfach. Der alte Kardinal gab selbst zu[31]: »Ich hatte angegeben, ich wollte ius canonicum studieren, entschloss mich jedoch schon in den ersten Tagen meines römischen Aufenthalts, das nicht zu tun, sondern Exegese des Neuen Testamentes zu wählen und mich mit dem Freiburger Professor Simon Weber[32], den ich früher gehört hatte, in Verbindung zu setzen und mir von ihm eine Arbeit geben zu lassen«. Immerhin bat der junge Anima-Kaplan am 7. November in Köln in aller Form[33] »nach reiflicher Überlegung und Besprechung mit dem Leiter des päpstlichen Bibelinstituts, P. Fonck«[34], den er in Innsbruck gehört hatte, um die Erlaubnis der kirchlichen Behörde in Köln zum Wechsel der Disziplin. Diese Erlaubnis wurde ihm umgehend erteilt.

»Die Stadt Rom mit ihrer vielgestaltigen Vergangenheit, dem klassischen Altertum, dem Urchristentum der Katakombenzeit, der Renaissance und dem Barock, die das Stadtbild geformt haben, und das heutige Leben in Rom gaben eine Unmenge von Anregungen. Ich wurde damals auch in die diplomatischen Kreise eingeführt, und zwar hauptsächlich durch den bayerischen [Vatikan-]Gesandten Otto Ritter zu Groenestein,

---

30 Frings an Generalvikariat Köln 13.Juni 1913: HAEK-Gen. 17.17, 4 (Kopie in Materialien zu J. VAN ELTEN, Katalog).

31 J. FRINGS, Für die Menschen bestellt, S. 13.

32 Simon Weber (1866–1929), 1898–1916 ao. bzw. o. Professor für Exegese des Neuen Testaments in Freiburg, 1916 Domkapitular ebd.: H. RIEDLINGER, in: LThK 10 ^{2}1965, Sp. 973.

33 Frings an Generalvikariat Köln 7. November 1913: HAEK-Gen. 17.17, 4 (Kopie in Materialien zu J. VAN ELTEN, Katalog).

34 Leopold Fonck (1865–1930), 1901–1908 Professor für Neues Testament in Innsbruck, 1909–1915 Gründung und Leitung des Päpstlichen Bibelinstituts in Rom, 1919–1929 dort Professor: P. NOBER, in: LThK 4 ^{2}1960, Sp. 194 f. – J. FRINGS, P. Michael Hofmann (vgl. Anm. 15), S. 7 f.: »Man kann über P. Fonck denken, wie man will, er hat jedenfalls in Innsbruck die moderne Art des Studiums, namentlich in den exegetischen Wissenschaften, hochgebracht«.

während der preußische Gesandte sich mehr zurückhielt«[35]. Zu Frings' besonderen Erlebnissen während seines römischen Studienaufenthaltes 1913/14 gehörte die Feier der Kardinalserhebung des Kölner Erzbischofs Felix von Hartmann, bei der er als Kaudatar Dienst tat[36].

Ob die Rombegeisterung nach einem Jahr abgeklungen war oder der Gasthörerstatus am Päpstlichen Bibelinstitut für eine Promotion in Freiburg weniger förderlich war, bleibt offen. »Nach Beendigung des ersten Jahres meines römischen Aufenthalts kehrte ich nach Hause zurück. Gleich darauf brach der Erste Weltkireg aus. Ich reichte eine Bewerbung ein, um Feldgeistlicher zu werden, habe aber nie eine Antwort darauf erhalten. So beschloss ich, meine Studien fortzusetzen und ging nach Freiburg im Breisgau, in das Collegium Sapientiae«[37]. Dieses Haus war gerade auf Initiative des Freiburger Kanonisten Franz Xaver Heiner gegründet worden, um Doktoranden der Freiburger theologischen Fakultät ein Domizil für ihren Studienaufenthalt zu gewähren. In der Tat gelang es Frings, innerhalb des zweiten Jahres seiner Beurlaubung seine Dissertation fertigzustellen und sie der Freiburger Fakultät am 30. Juni 1915 vorzulegen[38]. Sie trug den Titel: »Die Einheit der Messiasidee in den Evangelien. Ein Beitrag zur Theologie des Neuen Testaments«.

Der Dekan der Fakultät, der Alttestamentler Gottfried Hoberg[39], legte die Arbeit zwar bereits am 1. Juli 1915 zur Begutachtung durch die Fakultätskollegen aus. Doch das Gutachten Simon Webers datiert erst vom 17. August 1915. Das Thema sei von ihm – Weber – gestellt worden, nachdem »Herr Kaplan Frings von Köln aus darum ersucht hatte«. Man kann darin eine Bestätigung der bereits geäußerten Vermutung erblicken, dass Frings

35 J. Frings, Für die Menschen bestellt, S. 13 f. – Otto Freiherr Ritter zu Groenestein (bis 1921 Grünstein) (1864–1940), 1909–1934 letzter Gesandter Bayerns beim Hl. Stuhl: W. Schärl, Die Zusammensetzung der bayerischen Beamtenschaft von 1806 bis 1918, Kallmünz 1955, S. 335 f.; G. Franz-Willing, Die bayerische Vatikangesandtschaft 1803–1934, München 1965, S. 93-225.

36 Information des Verfassers durch Domkapitular Carl Berghaus (1882–1972), der als Geheimsekretär Felix von Hartmanns 1913 von Münster mit nach Köln kam und 1970 noch ein Foto besaß, das Frings im Kaudatarsgewand zu Füßen Hartmanns in St. Peter in Rom zeigte. Vgl. N. Trippen, Domkapitel, S. 520 (Reg.). – Zur Kardinalsrobe und der Funktion des Kaudatars vgl. unten S. 220 mit Anm. 334.

37 J. Frings, Für die Menschen bestellt, S. 14 – Zur Einrichtung des Freiburger Collegium Sapientiae: W. Müller, Fünfhundert Jahre theologische Promotion an der Universität Freiburg i.Br. (= Beiträge zur Freiburger Wissenschafts- und Universitätsgeschichte, 19. Heft), Freiburg 1957, S. 49.

38 »Gesuch des Rektors Josef Frings um Zulassung zur Bewerbung um das theologische Doktorat« an die Fakultät Freiburg 30. Juni 1915: Univ.-Archiv Freiburg, Theologische Fakultät, Promotionsunterlagen 1916/17. Der Verfasser dankt Herrn Prof. Dr. Karl-Heinz Braun, Linz/Donau, für die Vermittlung einer Kopie der Promotionsakte Frings.

nur des Studienortes Rom wegen 1913 zunächst das Kirchenrecht als seine Disziplin benannt hatte. Weber kam über die Dissertation zu dem Urteil: »In der jetzigen Form entspricht die Arbeit in allem Wesentlichen den gestellten Erwartungen. Sie ist eine klare, exegetisch gut begründete, mit umsichtiger Benutzung der Literatur geschriebene, wohl stilisierte Darlegung der im NT erscheinenden Messiasidee mit überzeugender Feststellung dessen, was Gedanke Christi, und dessen, was jüdische überkommene Erwartung und was Entwicklung im Bewusstsein der Apostel ist«. Bei seinen kritischen Anmerkungen erwähnte Weber entschuldigend, »dass er [Frings] während der Herstellung der Arbeit erkrankte«. War die immer noch instabile Gesundheit auch der Grund gewesen, ihn für die Militärseelsorge nicht anzunehmen?

Weber schlug der Fakultät »die Annahme der Arbeit als Specimen eruditionis und die Zulassung zu den Rigorosen vor«. Da auch die übrigen Mitglieder der Fakultät einverstanden waren, konnte Frings am 14. Dezember 1915 sowie am 10. und 11. Mai 1916 die Rigorosa erfolgreich hinter sich bringen. Zu dem ersten Termin hatte er »aus Gesundheitsrücksichten« gebeten, »zwei der Prüfungen auf den Morgen und eine auf den Nachmittag ... zu legen und zwischen den beiden Prüfungen am Morgen eine viertelstündige Pause einzuschieben«. Die Promotion erfolgte unter dem 11. Mai 1916, also nach dem letzten Rigorosum. Nach dem Eintrag in das Promotionsbuch der theologischen Fakultät Freiburg wurde die Dissertation mit dem 2. Prädikat, die mündliche Prüfung mit dem 3. Prädikat bewertet[40].

Trotz der besonderen Schwierigkeiten der letzten Kriegsjahre gelang es Frings, seine Dissertation drucken zu lassen. Sie erschien 1917 sowohl in sieben Abschnitten in der Zeitschrift »Katholik« wie auch später separat im Verlag Kirchheim in Mainz[41]. Außer einer namentlich nicht gezeichneten Anzeige in der »Zeitschrift für die neutestamentliche Wissenschaft«[42] fand die Arbeit eine Würdigung durch den späteren Wiener Erzbischof

---

39 Gottfried Hoberg (1857–1924), 1890–1919 Professor für alttestamentliche Exegese in Freiburg: A. Deissler, in: LThK 5 ²1960, Sp. 397.

40 Fotokopie aus: Promotionsbuch der Theologischen Fakultät der Albert-Ludwigs-Universität Freiburg i. Br. (HAEK – Materialien zu J. van Elten, Katalog), Dekanat 15. April 1916 bis 15. April 1917, Sommer 1916, Nr. 2; vgl. W. Müller, Fünfhundert Jahre (Anm. 37), S. 122, Nr. 928.

41 Der Katholik, 4. Folge, Bd. 19, 1917, S. 15-32, S. 93-117, S. 173-189, S. 233-257; Bd. 20, 1917, S. 35-50, S. 98-108, S. 196-210 – Separatdruck: J. Frings, Die Einheit der Messiasidee in den Evangelien. Ein Beitrag zur Theologie des Neuen Testamentes, Mainz 1917.

42 Unter der Rubrik »Bibliographische Notizen (1918)«: Zeitschrift für die neutestamentliche Wissenschaft 19, 1918, S. 172 f.

und Kardinal Theodor Innitzer in der »Theologischen Revue«[43]. Der Rezensent kam zu dem nicht uneingeschränkt positiven Urteil: »Konnte uns Verf[asser] auch nichts wesentlich Neues sagen oder neue Gesichtspunkte aufzeigen, so hat er doch die Einheitlichkeit des Inhaltes der christlichen Messiasidee aufs neue mit überzeugenden Gründen dargelegt und manche Beweispunkte noch klarer hervorgehoben. Sein fleißiges Streben verdient Anerkennung und lässt für später noch viel Gutes erwarten«.

Das kann man im Hinblick auf den späteren Lebensweg des jungen Doktorierten als prophetische Ankündigung werten. Andererseits wurde im Promotionsverfahren bereits deutlich, dass Frings ein ausgezeichnet begabter und interessierter, aber kein spekulativ-schöpferischer Theologe war. Seine Interessen sollten sich überwiegend seelsorgspraktischen Fragen zuwenden, was eine Beteiligung an den theologischen Auseinandersetzungen des II. Vatikanischen Konzils auf hohem Niveau nicht ausschloss.

Es ist davon auszugehen, dass Frings während seines Studienurlaubs in Rom und Freiburg von Zuwendungen seiner Familie lebte und außer Messstipendien keine eigenen Einkünfte hatte. Deshalb musste ihm daran gelegen sein, die Beurlaubung nicht unnötig auszudehnen. So erklärt es sich, dass er um die Zuweisung einer kleinen Stelle bat, als die Fertigstellung seiner Dissertation sich abzeichnete. Von dieser kleinen Stelle aus wollte er dann das Promotionsverfahren zu Ende führen. Mit Datum vom 8. Juni 1915 wurde er zum Pfarr-Rektor in Fühlingen, Bürgermeisterei Worringen bei Köln, ernannt und zum Dienstantritt innerhalb von 14 Tagen aufgefordert[44]. Frings musste um eine kurze Fristverlängerung bitten, »um die Dissertation zu vollenden und die üblichen Antrittsbesuche bei den Professoren zu machen«[45].

Über seine Wirksamkeit in [Köln-] Fühlingen schrieb der Kardinal später, es sei ein »Ort von damals 500 Einwohnern bäuerlichen Charakters [gewesen]. Dort lernte ich das Leben und die Aufgaben eines kleinen Landpfarrers kennen. Sieben Jahre blieb ich an dieser Stelle«. Van Elten weist darauf hin, dass Fühlingen zwar formell zur Mutterpfarre [Köln-] Rheinkassel gehörte, jedoch eine eigene Vermögensverwaltung besaß. »So hatte der .... Pfarr-Rektor nicht nur die seelsorglichen Aufgaben einer ty-

[43] Theologische Revue 17/18, 1918, S. 394 f.

[44] So ermittelte van Elten aus HAEK – GVA Köln-Rheinkassel 4 (Materialien zu J. VAN ELTEN, Katalog) – Veröffentlichung der Ernennung: KA 55, 1915, S. 112.

[45] So J. VAN ELTEN (vgl. Anm. 44). – Nach dem Datum seines Gesuches um Zulassung zur Promotion vom 30. Juni 1915 (vgl. oben Anm. 38) konnte Frings sich an diese kurz bemessene Frist halten.

pischen Landpfarrei wahrzunehmen, sondern auch die geschäftlichen Belange seiner Kirche zu verwalten«[46]. Der Schriftverkehr des Parr-Rektors Dr. Frings mit der kirchlichen Behörde in Köln lässt – in damals noch gut leserlicher deutscher Schrift! – erkennen, wie Frings die Unabhängigkeit seiner Stellung gegenüber dem Pfarrer der Mutterpfarre behauptete und schließlich ab 1919 auch die völlige Verselbständigung seines Seelsorgebezirks durch eine Pfarrerhebung betrieb. Er ging dabei absolut korrekt in der Form und in der Achtung der Kompetenzen, doch auch zielstrebig im Sinne der eigenen wie der Gemeindeinteressen von Fühlingen vor.

Auf Grund von Nachforschungen in Fühlingen und in den Akten kam van Elten 1987 zu dem Eindruck, dass die Fühlinger Jahre »ohne besondere Höhepunkte« verliefen. Frings selbst scheint sich nach Abschluss seiner Promotion dort unterfordert gefühlt zu haben. Van Elten ermittelte[47]: »Im Juli 1916 [fragte er] in Köln an, ob er das nach zehnjähriger Tätigkeit als Priester vorgesehene Pfarrexamen vorziehen dürfe. Er sei zwar, so argumentierte Frings, erst sechs Jahre Priester, sei aber nach seiner Doktorprüfung mit dem Stoff gut vertraut und wolle sich nicht nach einigen Jahren dem erneuten Lernen unterziehen. Die Absage aus Köln kam prompt: Er habe das kanonische Alter noch nicht erreicht. So absolvierte Frings diese Prüfung erst im November 1920, und zwar wie üblich als Kursbester«.

3. Die Suche nach einer dauerhaften Aufgabe in der Seelsorge: Neuss und Köln-Braunsfeld 1922–1937

Frings scheint, je länger je mehr, sich nach einer neuen Aufgabe gesehnt zu haben. 1973 vermerkte er[48]: »Es schien fast, als habe man mich in Köln vergessen. Da kam wie aus heiterem Himmel im Jahre 1922 die Anfrage meines Erzbischofs Karl Joseph Kardinal Schulte, ob ich bereit sei, eine Stelle als Sekretär bei Nuntius Pacelli anzunehmen, der im Begriff stehe, von München nach Berlin überzusiedeln. Ich erklärte mich bereit, aber die Sache zog sich in die Länge. Es müssen Schwierigkeiten wegen des bayerischen Konkordates entstanden sein«. Frings scheint sehr von dem Angebot begeistert gewesen zu sein, wie die Aufzeichnungen von 1973

---

[46] J. van ELTEN, Katalog, S. 16.

[47] J. VAN ELTEN, Katalog, S. 16 ff. Dort ist auf S. 17 in Faksimile das nachfolgend erwähnte Gesuch Frings' an das Generalvikariat Köln vom 10. Juli 1916 mit Marginalverfügung des Generalvikars vom 14. Juli 1916 abgedruckt.

[48] J. FRINGS, Für die Menschen bestellt, S. 14.

erkennen lassen: »Auf mehrere Anfragen bekam ich von Nuntius Pacelli die Antwort, ich möge Geduld haben und mich bereit halten. Nach einiger Zeit aber meinte Kardinal Schulte, ich möge die Sache aufgeben; man sehe nicht, wie lange sie sich noch hinziehen werde«.

Wer hatte Frings für diese Aufgabe ausfindig gemacht und empfohlen? Ein Hinweis ergibt sich aus einem Brief Erzbischof Frings' an Bischof Bornewasser von Trier vom 21. April 1947[49]. Durch Vermittlung des Trierer Bischofs war es gelungen, den inzwischen pflegebedürftigen, geistig gestörten Dompropst Dr. Paschen im Brüderkrankenhaus in Saffig bei Koblenz unterzubringen. Frings bedankte sich dafür bei dem Trierer Mitbruder: »Ich selbst bin Ihnen besonders dankbar, da der Kranke mein Konviktsdirektor war und mir mehrfach seine Gewogenheit bewiesen hat, so, als ich einmal Sekretär bei Nuntius Pacelli werden sollte, und bald darauf, als ich Pastor in Köln-Braunsfeld wurde«. Vielleicht hatte Paschen Frings vorgeschlagen, vielleicht aber auch die nur vordergründig verlockende Laufbahn eines Nuntiatursekretärs durchschaut und den Gang der Dinge in eine andere Richtung gelenkt.

»Aber was nun? Man forderte mich auf, das Examen als Religionslehrer am Gymnasium zu machen, und gab mir eine Stelle in Neuss, meiner Heimat, als Rektor am dortigen Waisenhaus und Hilfslehrer am Lyzeum, das von den Schwestern vom Armen Kinde Jesus geleitet wurde[50]. Ich wählte als zweites Fach Latein für Mittelstufe. Professor Joseph Kroll in Köln gab mir den Catull als Lektüre auf. Ich schrieb lateinische Arbeiten bei meinem früheren Lehrer und damaligen Direktor des Neusser Gymnasiums Dr. Paul Fischer«.

Frings schildert diesen Neuanfang in der Lehrerlaufbahn in Neuss, ohne anzudeuten, ob diese Wendung – abgesehen von dem ersehnten Abschied aus der Fühlinger Aufgabe – seinen Vorstellungen entsprach. Die weitere Entwicklung spricht eher dagegen. Der Höhepunkt der Inflation mit dem Währungsschnitt im November 1923 brachte große Bevölkerungsschichten in eine schlimme Notlage, die den auch später auf praktisch-pastorale Herausforderungen stets angemessen reagierenden Seelsorger Frings auf neue Wege lockte. Er schilderte sie selber so[51]: »Der

---

[49] Frings an Bornewasser 21. April 1947 (Kopie): HAEK – CR II 25.18,10.

[50] Das (heute) Erzbischöfliche Gymnasium Marienberg in Neuss verfügt über keine archivalischen Quellen aus dieser Zeit (Mitteilung von Oberstudiendirektorin Dr. E. Schmitz-Keil). Die frühere Direktorin der Schule, Sr. Lioba Otten, hat im Archiv ihres Ordensgeneralates in Simpelfeld (NL) ermittelt: »Die Schulleitung des Lyzeums hatte von 1888 bis 1909 die Tante von Kardinal Frings, Schwester Johanna Matha«. In der Schulchronik Marienberg findet sich für den 2. April 1922 die Notiz: »An die Stelle des Rektors Emonds tritt sein Nachfolger im Katholischen Waisenhaus, Rektor Dr. Joseph Frings«. Das Konfe-

Winter 1923/24 war sehr hart. Kardinal Schulte erließ einen Aufruf an die benachbarten Nationen, dem bedrängten deutschen Volk zu Hilfe zu kommen und Kleidungsstücke und Lebensmittel zu schicken. Das veranlasste mich, in Neuss ein Caritas-Sekretariat zu gründen, zusammen mit dem Lehrer Odenthal von der Waisenhausschule ... und einem anderen Laien namens Dumoulin. Es war nun unsere Aufgabe, die ankommenden Waggons mit Lebensmitteln und Kleidungsstücken aufzufangen und unter die Pfarrer der Stadt Neuss zu verteilen. Da zwischen Neuss und Köln die Grenze zwischen der belgischen und der englischen Besatzungszone lag, gelang es manchen Waggons nicht, über die Grenze zu kommen, und wir konnten sie für uns requirieren und verteilen. Die Pfarrer waren alle sehr zufrieden mit meiner Tätigkeit, weil jeder glaubte, er habe *etwas* mehr bekommen als seine Konfratres«.

Es ist müßig zu fragen, in welchem der Neusser Aufgabenfelder Frings auf Dauer Wurzeln geschlagen hätte. »Als im Frühjahr 1924 sein Schwager Josef Hopmann unerwartet starb und seine Schwester Anna mit zwei kleinen Jungen allein stand, bewarb sich Frings auf die gerade frei gewordene Pfarrstelle in Köln-Braunsfeld«[52]. Van Elten hat aus den Akten erhoben[53]: »Unter den insgesamt 23 Bewerbern war Frings mit Abstand der jüngste Kandidat, doch wurde er akzeptiert und am 2. April 1924 zum Pfarrer ernannt«. Sein Fürsprecher dürfte nach dem zitierten Brief Frings' an Bischof Bornewasser von 1947 der Domkapitular und Generalvikariatsrat Dr. Paschen gewesen sein.

In seinen Erinnerungen widmete der Kardinal seinen Pfarrerjahren an St. Joseph in Köln-Braunsfeld nur einen einzigen Satz[54]: »Hier habe ich nun dreizehn sehr schöne und glückliche Jahre verbracht«. Van Elten ist es gelungen, aus dem Pfarrarchiv und aus Resten 1943 nicht verbrannter Generalvikariatsakten einige Einzelheiten zu erheben, auf die sich die nachfolgende Darstellung stützt[55].

Die Pfarre St. Joseph in Köln-Braunsfeld bestand als selbständige Pfarrei erst seit 1915. Die Zahl der Pfarrangehörigen entwickelte sich von

renzbuch der Schule ergänzt unter dem 1. Mai 1922, dass die Direktorin Frings dem Kollegium vorgestellt habe. Die Chronik vermerkt unter dem 4. April 1924: »Dr. Joseph Frings wird zum Stadtpfarrer in Köln-Melaten ernannt«. Sr. Lioba Otten sei für ihre Nachforschungen aufrichtig gedankt.

[51] J. FRINGS, Für die Menschen bestellt, S. 15.

[52] D. FROITZHEIM, Von Neuss nach Köln, S. 191.

[53] J. VAN ELTEN, Katalog, S. 18. Veröffentlichung der Ernennung: KA 64, 1924, S. 51.

[54] J. FRINGS, Für die Menschen bestellt, S. 15. An anderer Stelle – ebd., S. 35 f. – geht Frings allerdings auf Berührungen mit dem Nationalsozialismus in der Braunsfelder Zeit ein: s. weiter unten.

[55] J. VAN ELTEN, Katalog, S. 19 f. (Dazu in HAEK Materialien).

3.500 im Jahr 1925 auf 4.800 im Jahr 1932 und stieg danach weiter an. »Grund für die Bevölkerungszunahme sind wohl Gewerbeansiedlungen nördlich der Aachener Straße gewesen. Die Bevölkerung gehörte ganz verschiedenen sozialen Schichten an: Zahlreiche Villen aus der Gründerzeit wurden von sehr reichen Leuten bewohnt, denen die Bewohner ganz ärmlicher Straßenzüge gegenüberstanden. Der weitaus größere Teil der Pfarrbewohnerschaft bestand aus Frauen, wohl deswegen, weil in den Villen sehr viele weibliche Haus- und Dienstkräfte arbeiteten«. Nicht zu den Pfarrangehörigen, wohl aber zu den Gottesdienstbesuchern von St. Joseph gehörte die Familie des damaligen Kölner Oberbürgermeisters Konrad Adenauer, die in der Lindenthaler Max-Bruch-Straße wohnte. Die respektvoll-freundschaftliche Beziehung der beiden Männer zueinander, die nach dem II. Weltkrieg vielfältig überinterpretiert bzw. falsch bewertet wurde, ging auf diese Jahre zurück.

In einer Schrift zur Geschichte der Pfarrei Braunsfeld von 1975 heißt es[56]: »Pfarrer Frings nahm als erstes den Gedanken seines Vorgängers auf, nämlich ein Jugendheim zu bauen mit Dienstwohnungen für den Küster und die Kapläne«. Van Elten schildert aus den noch erhaltenen Archivalien in Pfarrei und Erzbistum, wie der neue Pfarrer durch Neugründung des Kirchbauvereins und Beschaffung von Krediten trotz der Deflation jener Jahre das Geld für solche Projekte zusammenbrachte[57]. Die Schrift von 1975 berichtet[58]: In den Räumen des Jugendheims »entwickelte sich seit der feierlichen Segnung durch Weihbischof Hammels im Mai 1926 allabendlich ein reges Treiben der Braunsfelder Jugend ... Wissenschaftliche Vorträge von den Universitätsprofessoren Ehrhard und Tillmann aus Bonn und Gescher aus Köln[59] vereinten hier große Teile der Pfarre zu tiefgründiger Belehrung. Familienfeste der Pfarre, Theateraufführungen der Vereine bieten Unterhaltung und Erhebung«.

Die weiterreichende Notwendigkeit, die Notkirche von 1906 durch einen der wachsenden Gemeinde entsprechenden Kirchenbau zu ersetzen,

---

[56] ST. JOSEPH IN KÖLN-BRAUNSFELD 1915–1975. Die Geschichte einer Pfarrei, Köln 1975 (Einführung: Max-Leo Schwering, S. 13-14), S. 73.

[57] J. VAN ELTEN, Katalog, S. 19.

[58] ST. JOSEPH IN KÖLN-BRAUNSFELD (vgl. Anm. 56), S. 73 f.

[59] Zu Albert Ehrhard, Kirchenhistoriker der katholisch-theologischen Fakultät in Bonn: K. BAUS, Albert Ehrhard (1862–1940), in: Bonner Gelehrte. Beiträge zur Geschichte der Wissenschaften in Bonn. Katholische Theologie, Bonn 1968, S. 114-122. – Zu Fritz Tillmann: W. SCHÖLLGEN, Fritz Tillmann (1874-1953): ebd., S. 94-104 – Franz Gescher (1884–1945), 1908 Priester des Bistums Breslau, 1923 Privatdozent in Köln, 1930 Professor für Kirchenrecht sowie deutsche und kirchliche Rechtsgeschichte in Breslau: Kürschners Deutscher Gelehrtenkalender 1940/41, Bd. 1, S. 519; HANDBUCH DES ERZBISTUMS KÖLN ^{24}1954, S. 1042.

ließ sich unter den gegebenen wirtschaftlichen Verhältnissen nicht verwirklichen. Immerhin wollte Pfarrer Frings wenigstens das Dauerprovisorium würdig gestalten[60]: »Noch unter Pfarrer Dr. Frings ging man an die Ausstattung der [Not-]Kirche in einer damals recht modernen Manier ... Die Braunsfelder Kirche erhielt nach der Farbskizze von Maler Peter Hecker eine neue Ausmalung .... Auch neue Glocken werden (!) beschafft. Zum Rosenkranzfest, am 7. Oktober 1934, weihte Dechant Kratz das Geläute ... Endlich machten sich zum Ausgang des Jahres 1934 die Frauen der Gemeinde daran, einen Chorteppich ›in Kreuzstich‹ zu arbeiten. Den Entwurf dazu lieferte Peter Hecker«. Im Jahre 1937 gelang es schließlich noch, die Orgel zu renovieren und zu erweitern.

Die Entfaltungsmöglichkeiten einer von Frings und – seit 1932 – zwei Kaplänen gut geführten Gemeinde wären unbegrenzt gewesen, wenn nicht von außen der Druck des Nationalsozialismus den Wirkungsradius eingeschränkt hätte. Frings schrieb 1973[61]: »Die erste Bekanntschaft mit den Nationalsozialisten machte ich schon im Jahre 1931, als ich noch Pfarrer in Köln-Braunsfeld war. Im dortigen Vereinshaus fand eine Zentrumsversammlung statt[62], zu der etwa 50 Personen erschienen waren, darunter eine Reihe von uns ganz fremden Leuten, die sich nachher als Nazis entpuppten. Redner sollte ein gewisser Dr. Herz sein. Als dieser sprechen wollte, erhob sich sofort ein scharfer Disput zwischen den fremden Gästen und dem Redner, dem sie vorwarfen, er sei Jude. Dieser bestritt das. Wie auf Kommando erhoben sich die Fremden, rissen von den Stühlen Beine los und warfen sie und andere Gegenstände, wie schwere gläserne Aschenbecher, auf den Vorstandstisch zu. Ich wurde von einem dieser Gegenstände an der Stirn getroffen. Sehr schnell verzogen sich dann die Nazis, und es erschien die Polizei. Ich selbst ging noch den Abend zum Arzt ins Krankenhaus, der die Wunde verband, verklebte und dann lächelnd sagte: ›Edlere Teile sind nicht verletzt‹«. Anlässlich von Frings' Wahl zum Erzbischof wurde der Tatbestand in Gestapo-Berichten geradezu auf den Kopf gestellt. Ein V-Mann gab zu Protokoll[63], »dass dieser menschenfreundliche und harmlose Pfarrer vor der Machtübernahme durch einen Zufall gelegentlich einer Zentrumsversammlung auf Toni Winkelnkämper[64] mit ei-

[60] St. Joseph in Köln-Braunsfeld, S. 74-90.

[61] J. Frings, Für die Menschen bestellt, S. 35.

[62] J. van Elten, Katalog, S. 20 ermittelte als Datum der Veranstaltung den 7. März 1931.

[63] Aktennotiz des SS-Hauptsturmführers Burghoff »Düsseldorf, den 9. April 1942«: HStAD – RW 58-3741, Bl. 12-14. Vgl. N. Trippen, Priesterseminar, S. 176 f.

[64] Es handelt sich – wie Frings weiter unten bemerkt – um den Bruder des NS-Oberbürgermeisters von Köln in den Jahren 1941–1945, Dr. Peter Winkelnkämper. Zu ihm: H. Romeyk, Verwaltungsbeamte, S. 820.

nem Stuhl eingeschlagen habe. Wie die Angelegenheit sich damals zugetragen habe, wisse man nicht mehr genau ...«.

Frings erinnerte sich 1973 dagegen sehr genau[65]: »Die Sache hatte noch ein juristisches Nachspiel. Ich weiß nicht, wer es inszeniert hat. Jedenfalls geschah es ohne mein Wissen. Die Sache kam zuerst vor das Amtsgericht Köln, wo ein liberaler Richter die Sache zu führen hatte. Er sprach Herrn Winkelnkämper, den Bruder des späteren Oberbürgermeisters, schuldig, wohl wegen Hausfriedensbruchs. In der zweiten Instanz, wo ein Zentrumsmann Richter war, erfolgte ein Freispruch. Während der Versammlung [richtig: Verhandlung] hatte sich jemand erhoben, der erklärte, er sei selbst mit im Saal gewesen und er könne bezeugen, dass Winkelnkämper, der neben ihm gesessen habe, nichts geworfen habe. Er wurde vereidigt und Winkelnkämper daraufhin freigesprochen. Dann ist die Sache noch zum Reichsgericht gegangen, das das zweite Urteil bestätigte«.

Frings fügte noch einen zweiten Kontakt mit den Nationalsozialisten an: »Später, nach der Machtergreifung, aber noch vor Kriegsbeginn, wurde in einer Nacht die Türe zu unserer Kirche mit einem großen Naziplakat so verklebt, dass man sie nicht öffnen konnte, ohne das Plakat mittendurch zu teilen. Das wäre aber ein schwerer Verstoß gegen die Regierung gewesen. Ich meldete die Sache dem Ortsgruppenleiter und meinte, das müsse von böswilligen Menschen geschehen sein, die uns und der Regierung Schwierigkeiten machen wollten. Der Ortsgruppenleiter verabredete mit mir, nach dem Täter zu fahnden. Er wurde bald gefunden; es war ein ausgesprochener Nazi. Der Ortsgruppenleiter schickte dann einige Männer, die das Plakat entfernten«. Abgesehen von diesen Vorkommnissen scheint Frings in Braunsfeld – wie später als Regens des Priesterseminars – aus wohlüberlegter Klugheit Konflikte mit dem Regime vermieden zu haben.

Eher taten sich seine Kapläne hervor, zumal seit 1934 Alois Theißen, der »mit seinen mutigen, wenn auch unvorsichtigen Predigten in den Jahren der beginnenden Naziherrschaft die Aufmerksamkeit der Gestapo auf sich zog. Nur zwei Jahre wirkte Theißen in St. Joseph, ehe man den Geistlichen ... nach Haarlem (Holland) in Sicherheit brachte ... Von der Kanzel der Braunsfelder Kirche hörte man tapfere Worte zu den beklemmenden Fragen des sogenannten ›unwerten Lebens‹, der Verleumdung von Ordensschwestern und Ordensbrüdern, zu Rosenbergs ›Mythus des 20. Jahrhunderts‹. Heinz Erkes stand nach Alois Theißen dabei voran«[66].

---

[65] J. Frings, Für die Menschen bestellt, S. 35.

[66] St. Joseph in Köln-Braunsfeld, S. 90 u. 101. – Alois Theißen (1899–1961), 1924 Priesterweihe, 1934–1936 Kaplan in Köln-Braunsfeld, 1936–1940 Auslandsseelsorger in Haarlem

Zunehmend gerieten die Jugend- und die Verbandsarbeit unter nationalsozialistischen Druck. Die Kalker Bußwallfahrt der Männer in der Nacht vor dem Passionssonntag, die Braunsfelder Beteiligung an der herbstlichen Vitalis-Wallfahrt durch den Stadtwald nach Müngersdorf, Bekenntnisfeiern und Fronleichnamsprozessionen blieben als Demonstration religiöser Substanz gegen das NS-Regime übrig.

Einen Höhepunkt seiner Braunsfelder Jahre erlebte Pfarrer Frings bei der Feier seines silbernen Priesterjubiläums, die man aus den Ferienwochen des Sommers auf den 6. Oktober 1935 verlegt hatte[67]. Unter dem Außendruck der politischen Verhältnisse dienten die vielseitig und liebevoll gestalteten Feiern ebenso der Förderung des Zusammenhalts der Gemeinde wie dem Ausdruck der Wertschätzung für den allgemein anerkannten Pfarrer Dr. Frings. Zu diesem Zeitpunkt konnte noch niemand ahnen, dass dessen Wirksamkeit an St. Joseph in Braunsfeld bald zu Ende gehen würde.

(NL), 1940–1945 Häftling im KZ Dachau, 1945–1953 Pfarrer in Rommerskirchen, 1953–1961 Pfarrer in Duisburg-Buchholz: Totenzettel: HAEK – Slg. Personalia; HANDBUCH DES ERZBISTUMS KÖLN [24]1954, S. 1000; VON HEHL, Priester unter Hitlers Terror, Bd. 1, [3]1996, S. 799. – Heinz Erkes (1909–1944), 1934 Priesterweihe, 1935–1941 Kaplan in Köln-Braunsfeld, 1941 Einberufung zum Militär, gefallen an der Ostfront: Totenzettel: HAEK – Slg. Personalia.

[67] J. van Elten sammelte aus der Pfarrchronik, der Kirchbauvereinschronik und dem Pfarrarchiv Kopien von Programmen, Zeitungsberichten und Notizen: HAEK – Materialien zu J. VAN ELTEN, Katalog.

II. KAPITEL

REGENS DES ERZBISCHÖFLICHEN PRIESTERSEMINARS IN BENSBERG 1937–1942

1. Hintergründe der Berufung zum Regentenamt

Kardinal Schulte hatte in den wirtschaftlich notvollen zwanziger Jahren auf der Weierhardt am Rande der Stadt Bensberg ein großzügiges neues Gebäude für sein Priesterseminar errichten lassen[1]. Gründe dafür waren nicht nur die bedrückende Enge des alten Seminargebäudes an der Marzellenstraße in Köln sowie der Verkehrslärm des benachbarten Hauptbahnhofs. Mit der Verlegung des Priesterseminars aus der Großstadt in eine ländliche Umgebung war auch eine eigene Seminarkonzeption Kardinal Schultes verbunden[2]. Er umschrieb sie bei der Grundsteinlegung in Bensberg in Gegenwart Nuntius Pacellis am 29. Juni 1926[3]: »Unserem priesterlichen Nachwuchs sollte wenigstens einmal in der Ausbildungszeit, wenigstens im Priesterseminar, jene wohltuende Stille und jene Abgeschiedenheit von der Welt zuteil werden, die zur Vorbereitung auf die h. Weihen gehören und die über das ganze priesterliche Leben Segen verbreiten«.

Schultes Seminarkonzeption der klösterlichen Abgeschiedenheit wurde ab 1929 unter Regens Hecker mit konsequenter Strenge durchgeführt und von den damaligen Seminaristen nicht ohne Kritik ertragen[4]. Der 1992 verstorbene Prälat Rudolf Peifer gehörte zu den ersten Seminaristen in Bensberg und war von 1963 bis 1968 selbst Regens des Kölner Priesterseminars. Über seine Bensberger Zeit 1929 bis 1931 schrieb er[5]: »Ich emp-

---

1 Zum Seminargebäude in Bensberg: G. Knopp, Die Unterkünfte des Priesterseminars, in: N. Trippen (Hrsg.), Priesterseminar-Festschrift, S. 1-22, hier: S. 15-18.

2 Dazu: N. Trippen, Die Zeit nach dem Ersten Weltkrieg und die Verlegung des Seminars nach Bensberg (1918–1933): N. Trippen, Priesterseminar-Festschrift, S. 134-158, hier: S. 149-158. Die nachfolgende Darstellung stützt sich auf diese Vorarbeit.

3 Seminarchronik: HAEK – Bestand Priesterseminar 692, S. 31; vgl. N. Trippen, Priesterseminar-Festschrift, S. 151.

4 Zu der Strenge des Bensberger Priesterseminars in den ersten Jahren nach 1929: N. Trippen, Priesterseminar-Festschrift, S. 154-158. – Hermann Joseph Hecker (1879–1960), 1917–1929 Pfarrer an St. Nikolaus in Bensberg, 1929–1937 Regens des Priesterseminars, 1937 Domkapitular und Generalvikariatsrat in Köln, 1946 Dompropst: H. J. Hecker, Chronik der Regenten, Dozenten und Ökonomen im Priesterseminar des Erzbistums Köln 1615–1950 (= Studien zur Kölner Kirchengeschichte, Bd. 1), Düsseldorf 1952, S. 263 f.

5 R. Peifer, Den Menschen ein Angebot. Erinnerungen eines Seelsorgers, Köln-Graz-Wien 1993, S. 34.

fand das Seminar als eine Art Kaserne mit strenger Kadettenerziehung oder auch als eine Art Gefängnis, aus dem es kein Entrinnen gab – oder war es mehr eine Kinderverwahranstalt? ... Wir hätten doch erzogen werden sollen zu selbst- und verantwortungsbewussten Priestern, die sich einer düsteren Zeit mit ihren total verunsicherten Menschen stellen konnten. Wir wurden aber behandelt wie Kinder, die man an der Hand halten muss bis zum letzten Augenblick. Die bis ins einzelne ausgearbeitete Hausordnung präzise einzuhalten, war A und O unserer zwei Jahre«. Peifer betonte gleichzeitig, dass er die damaligen Lehrer und Erzieher des Seminars für integere Priester hielt, die nur das Beste wollten. Sie kannten und verstanden es nicht anders.

Aus der Rückschau erscheint es besonders problematisch, dass die Seminaristen in diesen Jahren ohne jede Vorbereitung auf die Begegnung mit dem Nationalsozialismus blieben[6]. Nach Ausweis der Seminarchronik, der Vorlesungspläne, der Seniorenchronik, aber auch nach Aussagen bis vor kurzem noch lebender Zeugen haben die politischen Verhältnisse vor und nach 1933, selbst der wachsende Druck auf kirchliche Einrichtungen und katholische Verbände, das Seminarleben bis zum Beginn des II. Weltkrieges nicht berührt. Eduard Hegel, der in den Jahren 1935 bis 1937 Alumne des Kölner Priesterseminars in Bensberg war, bestätigt aus seiner Erinnerung[7]: »Politische Dinge wurden nicht erwähnt, nicht einmal kirchenpolitische. Einmal wurde der Haussenior veranlasst, den Regens zu fragen, ob eine Führerrede über eine außenpolitische Frage übertragen werden könne. Er lehnte ab mit dem Bemerken, die Übertragungsmöglichkeit sei im Seminar sehr ungünstig, so dass der Vorstand sich entschlossen habe, nicht einmal eine Papstansprache übertragen zu lassen ... Es entsprach einfach nicht dem Stil von Regens Hecker und ebenso wenig den Intentionen des Kardinals Schulte, Fragen der Politik im Seminar aufkommen zu lassen«.

War der Erzbischof mit dieser politischen Abstinenz seines Seminars also durchaus einverstanden, so war er andererseits ab Mitte der dreißiger Jahre geneigt, durch einen Austausch des Seminarvorstandes das Klima im Seminar zu verbessern, ohne an dessen Prinzipien rütteln zu lassen. Der im August 1937 vorgenommene Wechsel betraf zwar den gesamten Semi-

---

6 Ausführliche Darstellung: N. TRIPPEN, Das Priesterseminar in der Zeit des Nationalsozialismus und des Zweiten Weltkrieges (1933–1945), in: N. TRIPPEN, Priesterseminar-Festschrift, S. 159–179, hier: S. 159–164. Die nachfolgende Darstellung stützt sich auf diese Vorarbeit.

7 Brief an den Verfasser vom 27. Oktober 1984. Vgl. N. TRIPPEN, Priesterseminar-Festschrift, S. 160.

narvorstand (Regens, Subregens und Spiritual). Doch war der neue Regens Dr. Frings die entscheidende Figur.

Frings berichtete 1973[8]: »Ich bekam einen Visitationsbesuch von Kardinal Schulte, der mich und meine beiden Kapläne zitierte, aber der Besuch galt wohl hauptsächlich mir, denn man hatte mich ausersehen, Regens des Priesterseminars in Bensberg zu werden«. Es bleibt dahingestellt, ob van Eltens Vermutung zutrifft, dass dieser »Kardinalsbesuch«, der keine Visitation im strengen Sinne des Wortes war, bereits am 30. April 1936 stattfand[9]. Frings selbst notierte: »Bald nach diesem Bischofsbesuch wurde ich zu Kardinal Schulte gerufen. Er eröffnete mir, dass in Bensberg eine größere Umordnung geschehen solle: Ich sollte Regens werden, Religionslehrer Wilhelm Kutsch aus Düsseldorf Subregens und an der Stelle von Pater Haggeney SJ Heinrich Fritsch Spiritual«[10].

Gemäß Artikel 9 Absatz 3 des Preußischen Konkordats von 1929 war Schulte verpflichtet, bei Bestellung des Leiters oder eines »Lehrers« seines Diözesanseminars »mindestens zwei Wochen vor der beabsichtigten Bestellung ... der Staatsbehörde von dieser Absicht und ... von den Personalien des betreffenden Geistlichen Kenntnis [zu] geben«[11]. Ganz korrekt teilte Schulte seine Absichten bezüglich Frings und Kutsch, nicht jedoch für den Spiritual, am 14. Juli 1937 dem »Reichs- und preußischen Minister für die kirchlichen Angelegenheiten« in Berlin mit[12]. Dieser richtete am 20. Juli durch »Schnellbrief« eine Anfrage an den Oberpräsidenten der Rheinprovinz in Koblenz, an das Geheime Staatspolizeiamt Berlin und an den »Stellvertreter des Führers« im Braunen Haus in München, »ob ge-

8 J. FRINGS, Für die Menschen bestellt, S. 15.

9 J. VAN ELTEN, Katalog, S. 20: »Bei einer unauffälligen Visitation am 30. April 1936 durch Kardinal Schulte bahnte sich das Ende dieser schönen Zeit an, ... und [Schulte] dürfte bei dieser Gelegenheit dem Pfarrer mitgeteilt haben, er solle in absehbarer Zeit die Leitung des Priesterseminars in Bensberg übernehmen«. J. van Elten beruft sich auf die Pfarrchronik.

10 J. FRINGS, Für die Menschen bestellt, S. 15 f. – Wilhelm Kutsch (1897–1978), 1928–1937 Religionslehrer an der St. Anna-Schule in Düsseldorf, 1937–1942 Subregens des Priesterseminars, ab 1942 Pfarrer an St. M. Empfängnis in Düsseldorf: H. J. HECKER, Chronik (vgl. Anm. 4), S. 274. Heinrich Fritsch (1901–1964), 1935–1937 Repetent am Collegium Leoninum in Bonn, 1937–1955 Spiritual am Priesterseminar: Ebd., S. 275.

11 D. GOLOMBEK, Die politische Vorgeschichte des Preußenkonkordats (1929) (= Veröffentlichungen d. Kommission f. Zeitgeschichte, Reihe B: Forschungen, Bd. 4), Mainz 1970, S. 126.

12 Schulte an Kirchenminister 14. Juli 1937 (Original): BAB – 51.01-22527, Bl. 00137. Der anschließend erwähnte »Schnellbrief« des Ministers an die genannten Behörden vom 20. Juli 1937 (Kopie): Ebd., Bl. 00138. Die Antworten: Geheime Staatspolizei/Geheimes Staatspolizeiamt Berlin an Kirchenminister 30. Juli 1937: Ebd., Bl. 00139; Oberpräsident der Rheinprovinz an Kirchenminister 29. Juli 1937: Ebd., Bl. 00140; NSDAP/Der Stellvertreter des Führers an Kirchenminister 16. März 1938: Ebd., Bl. 00147.

gen die beabsichtigte Ernennung aus allgemein-politischen Gründen Bedenken bestehen«.

Der Gestapo Berlin war über Frings (ebenso über Kutsch) »in politischer Hinsicht Nachteiliges bisher nicht bekannt geworden«. Dagegen schrieb das Oberpräsidium in Koblenz aus dem Bericht an die Gauleitung der NSDAP in Köln am 29. Juli als Zitat ab: »Pfarrer Dr. Frings ist bekannt als unentwegter Kämpfer für den politischen Katholizismus. Aus seinen Predigten ist stets seine ablehnende Haltung der Bewegung und dem Staat gegenüber zu erkennen. Er geht jedoch nie so weit, dass man ihn hieraufhin irgendwie belangen kann. Dr. Frings ist sehr wenig volksverbunden. Die politische Zuverlässigkeit kann dem Genannten nach seinem Verhalten keineswegs zuerkannt werden. Der beabsichtigten Ernennung wird von hier aus nicht zugestimmt«. Deshalb erhob der Oberpräsident »im Benehmen mit dem Regierungspräsidenten in Köln gegen die Ernennung von Pfarrer Dr. Frings zum Regens des Priesterseminars aus allgemeinpolitischen Gründen Bedenken«. In ähnlichem Sinne, gelegentlich wohl mit von Köln inspirierten Formulierungen, äußerte sich das »Braune Haus« in München, allerdings erst am 16. März 1938.

Die inhaltlich eindeutige, jedoch taktisch vorsichtige Haltung des Braunsfelder Pfarrers war von der Gauleitung Köln wohl treffend beschrieben. Dennoch war Minister Kerrl ungehalten über den Bericht aus Koblenz. Am 5. August 1937 schrieb er dem Oberpräsidenten[13]: »Ihre Berichterstattung erstreckte sich lediglich auf die Person des Pfarrers Dr. theol. Jos[ef] Frings und war so allgemein gehalten, dass daraufhin eine wirksame Erhebung politischer Bedenken nicht möglich war ... Ich ersuche Sie, in Zukunft ablehnende Stellungnahmen mit Tatsachen zu belegen, die es mir ermöglichen, bei dem Bischof wirklich begründete Bedenken vorzubringen«. Wollte Minister Kerrl es wegen der Bestellung eines Seminarregens nicht zu einem Konflikt mit der Kirche kommen lassen, so dass er mit seinem Brief nach Koblenz sein Schweigen gegenüber Kardinal Schulte vor sich selbst rechtfertigte?

Da Schulte auf seine Absichtserklärung von Berlin keine Antwort erhielt, schritt er am 4. August 1937 zur Tat und ernannte Frings zum Regens und Kutsch zum Subregens des Bensberger Seminars. Die von staatlicher Einsprachemöglichkeit nicht betroffene Ernennung des Spirituals war bereits am 26. Juli erfolgt[14].

---

13 Kirchenminister an Oberpräsident der Rheinprovinz 5. August 1937 (Kopie): BAB – 51.01-22527, nicht paginiertes Blatt zwischen 00140 und 00141.

14 KA 77, 1937, S. 150 bzw. S. 145.

2. Frings als Seminarregens

Wie hat sich diese Veränderung in der Seminarspitze auf das Klima des Hauses ausgewirkt?[15] Da die Quellen nichts hergeben, sind wir auf die Berichte von Zeitzeugen angewiesen. Gustav van de Loo schreibt: »Mit Frings, unserem späteren Erzbischof, bin ich Ende August 1937 in das Priesterseminar in Bensberg eingezogen, er als Regens und ich als 24jähriger Alumnus. Damit wurde die ›Ära Hecker‹ abgelöst, aus der ich nur vom Hörensagen Dunkles munkeln hörte. Die es wissen mussten aus eigener Erfahrung, die 2.-4. Semester, erklärten sehr bald, dass ein neues Klima in Bensberg eingezogen sei. Schon die Tatsache, dass Frings drei Streicher zu einem Quartett bat und mit ihnen gelegentlich bei Feiern musizierte, spricht Bände. Dass er wöchentlich ins nahe Hallenbad zum Schwimmen ging, neideten ihm nicht wenige. Wir mussten uns begnügen mit *dem* Seminarsport: ›Ringtennis‹. Aber trotz mancher neuen Züge im Seminarleben blieb es bei der ›Oase‹: Wir lebten wie auf einem anderen Stern. Die sich anbahnende weltgeschichtliche Umwälzung wurde weder angedeutet noch vorbereitet oder auch nur zur Kenntnis genommen. Sie traf uns ahnungslos, die wir sozusagen in den Zweiten Weltkrieg hineingeweiht wurden (Mein erster Kaplanstag war der 1.9.1939!) ... Es war typisch für die anfangs erwähnte Klimaänderung, dass wir unsere Sorgen und Anliegen auch vor dem Regens äußern konnten, ohne in Gefahr zu geraten, deswegen ›gefeuert‹ zu werden. Der Regens hörte dann wohl zu mit einer Miene, die zu besagen schien: ›Ihr werdet euch auch noch die Hörner abstoßen‹«.

Paul Berndorff, Frings' späterer Geheimsekretär, der noch drei Semester unter Regens Hecker erlebt hatte, bestätigte diese Angaben: »Regens Frings stand auf dem Standpunkt: Die Theologenausbildung muss allein der Bischof verantworten. Frings war zwar in der Handhabung der Ordnung großzügiger. Die Ordnung selbst hat er, zumindest in dem von mir erlebten ersten Semester seiner Regententätigkeit, nicht in Frage gestellt. Er vertrat wohl den Standpunkt: Die Ordnung ist vom Erzbischof aufgestellt; wir müssen uns damit zurechtfinden«.

Nach den Braunsfelder Beobachtungen über Frings' politische Vorsicht kann uns nicht verwundern, was der ehemalige Diözesanjugendseelsorger Frotz aus seiner Erinnerung berichtet[16]: »Mit Jakob Cle-

[15] Die nachfolgende Darstellung stützt sich auf: N. Trippen, Priesterseminar-Festschrift, S. 165-168 (»Der Wechsel im Seminarvorstand 1937 und der Ausbruch des Krieges 1939«).

[16] N. Trppen, Priesterseminar, S. 161. Augustinus Frotz (1903–1994), 1934–1944 Stadtpräses bzw. Diözesanjugendseelsorger für die männliche Jugend in Köln, 1944–1963 Regens

mens[17] war ich mir einig, die Situation der Jugend im NS-Staat deutlich darzustellen, Hilfen zu geben und Mut zu machen. Als ich einmal von Regens Frings gebeten wurde, im Bensberger Seminar einen Jugendseelsorgekurs zu halten, war ich höchst überrascht, als mein erster Mitarbeiter Hans Schoer[18] – ein Laie – von Kardinal Schulte nicht gerne gesehen und erst angenommen wurde, als wir ein ganz detailliertes Programm eingereicht hatten ... Der Erzbischof fürchtete, wir könnten als junge Leute unklug reden, und es könnten daraufhin von Hörern Dinge weitererzählt werden, die dem Seminar unter den Augen des Bischofs zum Verhängnis würden. So mussten wir also deutlich, aber dennoch klug vorgehen«.

Frings hat seine Tätigkeit als Regens des Priesterseminars – immerhin fünf Jahre! – nur mit wenigen Zeilen in seinen Erinnerungen gestreift[19]. Nach Aussagen von Zeitzeugen – z.B. des Kanonisten Heinrich Flatten gegenüber dem Verfasser bei Gelegenheit der Feiern zum 100. Geburtstag von Frings am 7. Februar 1987[20] – war Frings über seine Berufung in das Regentenamt nicht glücklich und hat es 1942 gern wieder aus der Hand gegeben. Frings war Zeit seines Lebens ein eher gewissensängstlicher, bisweilen zu Skrupeln neigender Mensch. Durch diese Veranlagung war er im Regentenamt eher belastet. Doch die Zeitläufe sollten ihn allzu rasch in ganz andere Richtung herausfordern[21].

Dem neuen Regens verblieben nur zwei Jahre einer »normalen« Weiterführung des Seminars. Das abgeschirmte Dasein des Priesterseminars ging mit dem Ausbruch des II. Weltkrieges am 1. September 1939 zu Ende. Die

---

des Priesterseminars, seit 1962 Weihbischof in Köln, 1983 emeritiert: H. J. Hecker, Chronik, S. 280 f.; Handbuch des Erzbistums Köln, Personaler Teil [27]1985, S. 25 f.; U. Helbach, in: E. Gatz, Bischofslexikon 1945-2001, S. 299 f.

[17] Jakob Clemens (1891–1963), 1927–1938 Diözesanpräses bzw. Generalsekretär des Katholischen Jungmännerverbandes in Düsseldorf, 1938–1963 Pfarrer an St. Engelbert in Köln-Riehl, 1956 Dechant: Handbuch des Erzbistums Köln [25]1958, S. 950; B. Schellenberger, Katholische Jugend und Drittes Reich. Eine Geschichte des Katholischen Jungmännerverbandes 1933–1939 unter besonderer Berücksichtigung der Rheinprovinz (= Veröffentlichungen d. Kommission f. Zeitgeschichte, Reihe B: Forschungen, Bd. 17), Mainz 1975, S. 200 (Reg.).

[18] Zu Hans Schroer und seiner Bedeutung für die »Sturmschar« des Katholischen Jungmännerverbandes: B. Börger/H. Schroer (Hrsg.), Sie hielten stand. Sturmschar im Katholischen Jungmännerverband Deutschlands, Düsseldorf 1989.

[19] J. Frings, Für die Menschen bestellt, S. 16.

[20] Persönliche Mitteilung von Heinrich Flatten an den Verfasser. – Heinrich Flatten (1907–1987), 1949–1955 Professor für Kirchenrecht am Kölner Priesterseminar, 1955–1963 Professor in Tübingen, 1963–1975 Professor in Bonn, 1975–1987 Offizial des Erzbischofs von Köln, seit 1966 nichtres. Domkapitular in Köln: Handbuch des Erzbistums Köln, Personaler Teil [27]1985, S. 58.

[21] Für die nachfolgende Darstellung vgl. N. Trippen, Priesterseminar-Festschrift, S. 166 ff.

Seminarchronik vermerkt: »Für den Fall eines Krieges war das Haus als Lazarett vorgesehen. Man nahm an, die Mehrzahl der Theologen werde in solchem Falle sogleich zum Sanitätsdienst oder zum Dienst mit der Waffe eingezogen werden«. Tatsächlich begann am 4. September die Belegung des Hauses durch ein erstes Lazarett. Ihm sollten bis 1945 verschiedene andere folgen[22].

Wichtiger als das Schicksal des Bensberger Gebäudes wurde die Fortführung der Institution Priesterseminar. Kardinal Schulte entschloss sich zunächst, die für Februar 1940 zur Priesterweihe anstehende Gruppe von 38 Diakonen im Hinblick auf mögliche Einberufungen bereits Anfang Oktober 1939 zu Priestern zu weihen. »Für das Seminar wurde das Erzbischöfliche Exerzitienhaus in Altenberg, das frühere Jugendhaus und ursprüngliche Zisterzienserkloster, bereitgestellt«[23]. Am 14. Oktober 1939 konnte das erste Semester in diesem Hause mit 70 Seminaristen unter sehr engen Verhältnissen begonnen werden. Regens Frings berichtete: »Trotzdem fühlten sich die Alumnen bald heimisch in Altenberg. Viele kannten das Haus aus ihrer Jungmännerzeit. Es ist sehr gemütlich eingerichtet und trägt dem Geschmack der Jugend und ihrem Sinn für Primitivität und Romantik Rechnung«.

Musterungen und Einberufungen führten dazu, dass im Verlaufe des Wintersemesters 1939/40 weitere Weihen vorgezogen wurden. Dennoch vermerkte Regens Frings zum Semesterschluss: »Alle freuten sich, dass das Semester einen so ungestört harmonischen Verlauf genommen hatte. Der Regens gab unter allgemeiner Zustimmung der Meinung Ausdruck, es sei wohl das schönste Semester gewesen, das wir im Seminar erlebt hätten«. Also selbst der Kriegsausbruch und seine erheblichen Konsequenzen für das Seminarleben tangierten offenbar den Kern des Seminarbetriebes nicht!

Das blieb auch in den nächsten beiden Semestern so, obgleich der Krieg immer neue Anpassungen erforderlich machte. Im Sommersemester 1940 sank die Zahl der Seminaristen von anfangs 84 durch Einberufungen zum Militär auf 40. Zu Beginn des Wintersemesters 1940/41 schrieb Regens Frings in die Chronik[24]: »Im Altenberger Dom waren während der Ferien

---

22 Reiches Material zur Geschichte des Seminargebäudes in den Jahren 1933–1945 hat der damalige Seminarassistent Dr. Heinrich Berresheim gesammelt, der während der Kriegsjahre als Lazarettpfarrer im Seminargebäude verbleiben durfte: HAEK – Nachlass Berresheim. – Heinrich Berresheim (1908–1993), 1936–1946 Seminarassistent, ab 1940 Lazarettpfarrer, 1946–1972 Religionslehrer (zuletzt Studiendirektor) am Gymnasium in Bensberg: HANDBUCH DES ERZBISTUMS KÖLN, Personaler Teil [27]1985, S. 38 f.

23 HAEK – Bestand Priesterseminar 692, S. 183; vgl. N. TRIPPEN, Priesterseminar-Festschrift, S. 167. Dort auch die folgenden Einzelheiten.

24 HAEK – Bestand Priesterseminar 692, S. 198 f.; vgl. N. TRIPPEN, Priesterseminar-Festschrift, S. 168.

die bunten Fenster zum größten Teil herausgenommen und durch Klarglas ersetzt worden. Die ästhetische Wirkung dieser Maßnahme war fürchterlich. Am ersten Abend versuchten wir, bei abgeblendeten Lichtern eine Eröffnungsandacht im Dom zu halten, die aber sowohl dem Regens wie dem neuen Pfarrer von Altenberg (Reiner Hütten) einen richterlichen Strafbefehl von 105,- RM einbrachte. Von da ab verlegten wir unseren Gottesdienst in die Kapelle des Hauses Altenberg und besuchten nur noch sonntags das Hochamt im Dom ... Das Leben in Altenberg verlor durch das Ausfallen des Domes viel von seinem besonderen Reiz«.

Die Vorstellung, den Altenberger Dom »verdunkeln« zu sollen, ist wohl schon damals als abstrus empfunden worden. Die Anzeige eines örtlichen Parteifunktionärs war als Schikane gedacht. Immerhin geriet eine Kopie des »Strafbefehls« vom 14. November 1940 über »100,- RM Geldstrafe, ersatzweise 20 Tage Haft« in die Akte »Beschwerden und Strafverfahren gegen katholische Geistliche pp. im Regierungsbezirk Köln« beim Kirchenministerium in Berlin[25]: »Der Beschuldigte hatte während des Abendgottesdienstes den Altenberger Dom nicht ordnungsgemäß verdunkelt, so dass der Lichtschein nach außen trat«.

War das Wintersemester 1940/41 noch – mit den kriegsbedingten Einschränkungen – unproblematisch verlaufen, so sollten das Seminar in den folgenden Monaten harte Schläge treffen. Zunächst verstarb am 10. März 1941 plötzlich Erzbischof Schulte. Für die nachfolgend zu schildernden Ereignisse, die das Seminar betrafen, bedeutete die Vakanz des Erzbischöflichen Stuhles in jedem Falle eine Schwächung der Position gegenüber dem Staat.

3. Die Beschlagnahme und Enteignung des Bensberger Seminargebäudes

Zunächst ergab sich zu Beginn des Sommersemester 1941, dass die Militärverwaltung das Bensberger Haus für Lazarettzwecke vorübergehend nicht mehr benötigte. Nach entsprechenden Verhandlungen konnte Regens Frings mit 21 Seminaristen am 25. April in einen Flügel des Seminargebäudes zurückkehren[26]. Doch schon am nächsten Tage teilte das Reichssicherheitshauptamt in Berlin (RSHA) dem Leiter der Staatspolizeistelle

[25] BAB – 51.01-22264, Bl. 00172.

[26] Die nachfolgende Darstellung basiert auf dem Abschnitt »Beschlagnahme und Enteignung des Seminargebäudes in Bensberg«: N. Trippen, Priesterseminar-Festschrift, S. 168-177, ergänzt durch neuere Quellenfunde im Bundesarchiv, Abteilung Berlin.

Köln mit[27]: »Der Inspekteur der Nationalpolitischen Erziehungsanstalten ... hat hierher mitgeteilt, dass er zum Zwecke der Erweiterung der Nationalpolitischen Erziehungsanstalt in Bensberg das Erzbischöfliche Priesterseminar in Bensberg dringend benötige«. Wie man zum Ziele zu kommen gedachte und welche Wege dazu angemessen erschienen, machte die nachfolgende Anweisung deutlich: »Es ist vor allem anzugeben, ob hinreichende Gründe vorliegen bzw. festgestellt werden können, die eine Beschlagnahme und Einziehung des Seminars rechtfertigen«. Das hieß im Klartext: Hinreichende Gründe waren zu konstruieren.

Wenig später erhielt Regens Frings erste Vorwarnungen für das, was ihm bevorstand: Am 11. Mai legte ihm ein Reichsbahninspektor aus Bensberg nahe, den Seminarkomplex der Reichsbahn zum Kauf anzubieten. »Anderenfalls drohe unmittelbare Gefahr, dass das Haus genommen werde zugunsten der der SS unterstehenden Nationalpolitischen Erziehungsanstalt Bensberg. Ich erwiderte, ich wolle die Anregung weitergeben, glaubte aber nicht, dass man ihr stattgeben werde. Denn wenn wir verkauften, gäben wir die Rechtsansprüche auf das Haus für immer auf, und mit der Kaufsumme könnten wir nichts anstellen. Werde uns aber das Haus genommen, so würden wir Protest einlegen und hätten die Zuversicht, dass wir im Laufe der Zeit wieder zu unserem Eigentum kämen«.

Eine weitere, nur schlecht getarnte Aktion hat Frings vielleicht nicht ganz durchschaut: Ein Vermessungsrat des Katasteramtes in Bensberg wollte Haus und Gelände des Seminars durch seine Volontäre vermessen lassen. »Es solle das eine Prüfungsaufgabe für die jungen Leute sein, und zudem fehlten im Katasteramt noch genaue Vermessungsangaben über das Objekt ... Herr Rotterdam [der Architekt des Priesterseminars] zerstreute meine anfänglichen Bedenken«.

Wie unkompliziert und ohne Rechtshemmungen ein totalitäres System beim Raub eines begehrten Objekts vorgeht, macht die Eintragung von Regens Frings in der Seminarchronik deutlich[28]: »Am 13. Mai erschienen zwei Beamte der Kölner Geheimen Staatspolizei und wollten die Bibliothek einsehen. Am 15. Mai erschienen dieselben (Brodesser und Mehring) wieder und eröffneten dem Regens, das Haus nebst Mobiliar sei staatspolizeilich sichergestellt. Bis 13 Uhr des folgenden Tages müssten Vorstand

[27] RSHA Berlin an Staatspolizeistelle Köln 26. April 1941: Druck: W. CORSTEN, Kölner Aktenstücke, S. 334. – Abschriften und der dazugehörige Schriftverkehr des Kölner Generalvikariates finden sich in HAEK – CR II 8 A 2.3,1. – Zahlreiche Kopien und Schriftstücke finden sich auch in BAB – 51.01-22528.

[28] HAEK – Bestand Priesterseminar 692, S. 204 f.; vgl. N. TRIPPEN, Priesterseminar-Festschrift, S. 169 f.

und Alumnen das Haus verlassen haben, andernfalls würden weitere polizeiliche Maßnahmen getroffen. Persönliches Eigentum dürfe herausgeschafft werden. Die Schwestern und der Rendant dürften bleiben. Der Regens fragte, aus welchem Grund die Maßnahme erfolge. Als die Antwort kam, über die Gründe könne man sich nicht äußern, legte er in Gegenwart des Assistenten Dr. Berresheim Protest gegen die Maßnahme ein. Er fragte noch, ob die Sicherstellung nur für die Kriegszeit gelte, worauf die Antwort erfolgte, nein, sie gelte nicht nur für die Kriegsdauer ... Nach Rücksprache mit dem Herrn Kapitularvikar[29] wurden die Alumnen am folgenden Morgen nach Hause geschickt, und der Vorstand verließ Bensberg. Mittags um 13 Uhr (16. Mai) erschien die Stapo wieder und übergab das Haus dem Militär. Die weltlichen Angestellten wurden dienstverpflichtet und vereidigt«.

Die Übergabe des Hauses an die Militärverwaltung kann man nur als Tarnung der wirklichen Absichten bezeichnen. Am 19. Mai 1941 machte die Gestapo Köln Vollzugsmeldung an das RSHA in Berlin[30]. Über Frings hatte sie herausgefunden: »Gegen ihn wurde am 7.5.1937 beim Oberstaatsanwalt in Köln ein Strafverfahren wegen Vergehens gegen das Sammlungsgesetz eingeleitet. Das Verfahren wurde gemäß § 153 St.P.O. eingestellt. Am 25.11.1940 wurde Frings vom Amtsgericht in Köln wegen Nichtverdunkelns des Altenberger Doms, der von den Insassen des zeitweilig nach Altenberg verlegten Priesterseminars benutzt wurde, zu 100,- RM Geldstrafe oder 20 Tagen Haft verurteilt. Am 13.5.1941 wurde die Hausbibliothek des Priesterseminars von Beamten der Staatspolizeistelle Köln überholt. Dabei wurde die Broschüre ›Sturm über Russland‹, die im Reichsgebiet verboten ist, vorgefunden«. »Wahrscheinlich ein Lehrer des Seminars« habe mit Blaustift folgende Randglossen zu entsprechenden Textstellen geschrieben: »Auch bei uns in Deutschland sind Teufel am Werk. Aber am Ende siegen doch wir« ... »Wenn wir Katholiken hier in Deutschland nicht so stark wären, hätten die N[ational]S[ozialisten] aus unseren Kirchen Turnsäle und Heime daraus [sic!] gemacht«. Unter einem Bild Pius' XI. habe gestanden: »Unser Sieger«. Der Berichterstatter folgerte: »Aus diesen Randbemerkungen geht eindeutig hervor, in welchem

[29] Es handelt sich um Schultes (und später Frings') Generalvikar Emmerich David (1882–1953), 1905 Priester, 1908–1912 Weiterstudium in Rom und Deutschenseelsorger in Genua, 1919–1930 Rektor des Priesterkollegs am Campo Santo Teutonico in Rom, 1930 Domkapitular in Köln, 1931–1941 Generalvikar Erzbischof Schultes, 1941/42 Kapitularvikar, 1942–1952 Generalvikar Erzbischof Frings': HANDBUCH DES ERZBISTUMS KÖLN [26]1966, Bd. 1, S. 67 f.; U. VON HEHL, Erzbistum Köln, S. 256 (Reg.).

[30] Staatspolizeistelle Köln an RSHA Berlin 19. Mai 1941: W. CORSTEN, Kölner Aktenstücke, S. 334 f.

Geist die Zöglinge des Priesterseminars gegen den Staat und gegen die Bewegung erzogen werden«. Er berichtete dann über die Beschlagnahmung und den Protest des Regens. »Der Kapitularvikar will gegen die Sicherstellung gleichfalls Einspruch erheben. Ich bitte, diese Einsprüche von dort aus abzulehnen«.

Kapitularvikar Dr. David wandte sich jedoch wegen seiner begrenzten Möglichkeiten zunächst an höhere kirchliche Stellen. Am 17. Mai 1941 schrieb er einen Bericht an den päpstlichen Nuntius Cesare Orsenigo in Berlin[31]. Nach Darstellung des Vorgefallenen hieß es: »Heute war ich persönlich in der hiesigen Staatspolizeistelle, um die kirchlichen Rechte geltend zu machen und auch die einstweilige Weiterführung des Seminars in einem anderen Gebäude des Erzbistums sicherzustellen. Letzteres wurde grundsätzlich zugesagt, ebenso die Herausgabe aller religiösen Einrichtungsgegenstände des Seminars ... Die Angabe eines Grundes für das Vorgehen wurde mit Entschiedenheit verweigert«. Das Zugeständnis der Fortführung des Seminars und die Verweigerung der Benennung von Gründen für die Beschlagnahmung machten deutlich, für wie wenig stichhaltig man die Gründe für den Raub des Seminargebäudes, zumal den späteren Vorwurf der »Volks- und Staatsfeindlichkeit« des Seminars, selbst bei den NS-Stellen einschätzte.

Die Beschlagnahme des Bensberger Seminargebäudes ist im Zusammenhang mit der gleichzeitig laufenden Welle der Enteignungen von Klöstern und sonstigen kirchlichen Einrichtungen zu sehen[32]. David wies den Nuntius jedoch auf die besonderen Umstände in diesem Falle hin: »Da das Bensberger Seminar nicht einem Orden oder einem anderen durch das [Reichs]Konkordat weniger geschützten Rechtssubjekt, sondern der Erzdiözese Köln gehört und eine ihrer wesentlichen Anstalten ist, würde es sich bei einer wirklichen definitiven Enteignung wohl um den ersten Fall im Altreich handeln, in dem auch bei engster Auslegung des Textes eine ganz eindeutige Verletzung des Artikels 5 des Preußischen Konkordates und Artikels 17 des Reichskonkordates unbestreitbar gegeben wäre«. Orsenigo möge deshalb »zunächst einmal an die Vertragstreue des Konkordatspartners appellieren«.

Da es über eineinhalb Monate völlig ruhig blieb, legte David am 4. Juli bei der Staatspolizeistelle Köln vorsorglich Einspruch gegen die Beschlagnahme ein und forderte erneut einen schriftlichen Beschlagnahmungsbe-

---

31 David an Orsenigo 17. Mai 1941 (Entwurf): HAEK – CR II 8 A 2.3, 1.

32 Dazu: L. VOLK, Episkopat und Kirchenkampf im Zweiten Weltkrieg, I. Lebensvernichtung und Klostersturm, in: Stimmen der Zeit 198, 1980, S. 597-611; Nachdruck: L. VOLK (Hrsg. D. ALBRECHT), Katholische Kirche und Nationalsozialismus, S. 83-97.

scheid sowie Nennung der Gründe[33]. Zur gleichen Zeit (7. Juli) ließ David durch die Rechtsanwälte Josef Hecking und Karl Hauke eine juristisch argumentierende Eingabe an das Innenministerium in Berlin richten[34], die in der Aussage gipfelte: »Es entspricht dem geltenden Recht, dass eine polizeiliche Verfügung dem Betroffenen schriftlich unter Angabe der Gründe zuzustellen ist. Dagegen hat die Staatspolizeistelle Köln verstoßen. Durch ihre Beschlagnahmeverfügung wurde überdies in das Eigentum unseres Auftraggebers eingegriffen, das gemäß Art. 153 der Reichsverfassung im Rahmen der gesetzlichen Bestimmungen gewährleistet ist. Hinzu kommt noch, dass durch das Reichskonkordat, das als Deutsches Reichsgesetz verkündet wurde, sowohl staats- wie reichsrechtlich und staatsvertraglich die Vermögensrechte und das Eigentum der Kirche geschützt sind (Art. 1, 17, 33 des Reichskonkordats). Dieser Schutz gilt, wie in dem Schlussprotokoll zu Art. 20 zum Ausdruck kommt, in erhöhtem Maße für kirchliche Einrichtungen, die als wesentliche kirchliche Institutionen im eigentlichen Sinne und Bestandteil der Diözesanorganisation anerkannt sind. Zu diesen geschützten Einrichtungen gehört auch das Priesterseminar«. Die beiden Juristen erinnerten an den Haftungsanspruch gegen das Deutsche Reich und drohten den Gerichtsweg an, falls bis 9. August 1941 keine zufriedenstellende Antwort eingehe.

Der Versuch Davids, diese Eingabe der Rechtsanwälte vor dem Verschwinden in der Aktenablage des Innenministeriums dadurch zu bewahren, dass er am 15. Juli Kopien an den Chef der Reichskanzlei und an den Reichskirchenminister sandte[35], hatte einen begrenzten und für die Beziehungen zwischen den verschiedenen Staats- und Parteibehörden in Berlin aufschlussreichen Erfolg. Kirchenminister Kerrl schrieb dem Innenminister am 11. August 1941[36]: »Von der Beschlagnahme des ... Priesterseminars und den für diese Maßnahme maßgeblichen Gründen war mir bisher nichts bekannt. Bei der Ausbildung von Geistlichen in Priesterseminaren handelt es sich um eine innerkirchliche Angelegenheit. Auf Art. 20 des

33 David an Staatspolizeistelle Köln 4. Juli 1941: W. CORSTEN, Kölner Aktenstücke, S. 335.

34 Rechtsanwälte Hecking-Hauke an Reichs- und Preußisches Ministerium des Innern 7. Juli 1941: W. CORSTEN, Kölner Aktenstücke, S. 335 f.

35 David an Kirchenminister 15. Juli 1941 (Original): BAB – 51.01-22528, Bl. 079; ebd., Bl. 080: David an Chef der Reichskanzlei 15. Juli 1941 (Kopie); ebd., Bl. 081-083: Hecking-Hauke an Innenminister 7. Juli 1941 (Kopie).

36 Kerrl an Reichsminister des Innern 11. August 1941 (Kopie): BAB – 51.01-22528, Bl. 084 – Hans Kerrl (1887–1941), 1933 preußischer Justizminister, 1934 Reichsminister ohne Geschäftsbereich, 1935–1941 Reichs- und preußischer Minister für die kirchlichen Angelegenheiten: M. HÖLLEN, Wienken (vgl. oben S. 4 mit Anm. 16), S. 83 ff.; L. VOLK, Katholische Kirche und Nationalsozialismus, S. 365 (Reg.); K. MEIER, Kreuz und Hakenkreuz. Die evangelische Kirche im Dritten Reich, München 1992, S. 125-151.

Reichskonkordats weise ich hierbei besonders hin. Die Ausführungen der Rechtsanwälte Dr. Hecking und Dr. Hauke in der an Sie gerichteten Eingabe vom 7. Juli scheinen mir beachtlich. Da ich nach den bisherigen Erfahrungen damit rechne, dass der Nuntius in dieser Sache beim Auswärtigen Amt vorstellig werden wird, wäre ich für baldige Antwort dankbar«. Wie die Akten des Kirchenministeriums belegen, nahm Kerrl auch weitere Abschriften von Kölner Eingaben in der Seminarangelegenheit zum Anlass, im Innenministerium vorstellig zu werden. Doch zu diesem Zeitpunkt, wenige Monate vor seinem Tode, war der Einfluss des Kirchenministers auf die nationalsozialistische Kirchenpolitik auf einem Tiefpunkt angelangt.

Die Schritte Kapitularvikar Davids im Sommer 1941 gingen von der damals als Fiktion zu betrachtenden Annahme aus, man habe es in Berlin mit Organen eines Rechtsstaates zu tun, bzw. man hoffte, durch ein Argumentieren von dieser Fiktion aus das System zu Zugeständnissen zu bewegen. Schließlich gelang es am 18. Juli dem Leiter des Kommissariates der Fuldaer Bischofskonferenz in Berlin, Bischof Wienken, im RSHA mündlich Auskünfte über die Gründe für die Beschlagnahme zu erhalten[37]. Es waren die schon aufgeführten Belanglosigkeiten, ergänzt durch die pauschale Behauptung: »Endlich soll noch im Unterricht gehetzt worden sein«. Wienkens Nachricht an David vom 19. Juli gab dieser zwei Tage später an Regens Frings weiter. Dieser nahm zunächst am 26. Juli gegenüber David Stellung: »Das Reichssammelgesetz [sic!] wurde am 4.11.34 erlassen mit Wirkung vom 1.11.34. Damals war das Seminar in Bensberg längst bezahlt und schuldenfrei. Es bestand also keine Veranlassung, Sammlungen für dasselbe zu veranstalten, und sie haben auch nicht stattgefunden. Die Broschüre ›Sturm über Russland‹ hat in keinem Augenblick zum Bestande der Bensberger Bibliothek gehört, was aus dem Fehlen des Stempels sowie jeder Signatur klar zu erkennen ist. Die Broschüre ist lediglich durch Beerbung eines verstorbenen Geistlichen, deren wir jährlich mehrere zu beerben pflegen, in die Räume des Seminars gekommen und stand unter diesen Erbschaften in einem gesonderten Regal. Sie sollte auf keinen Fall in die Bibliothek eingereiht werden, sondern bei nächster Gelegenheit verschenkt oder eingestampft werden. Dass in ihr Randbemerkungen standen, hat der Bibliothekar nicht beobachtet, noch sonst jemand. Auch beim Auffinden der Broschüre in meiner Gegenwart hat niemand auf die Randbemerkungen aufmerksam gemacht. Die Helfer des Bibliothekars aus den Jahren seit 1929 können bezeugen, dass Bücher,

[37] Wienken an David 19. Juli 1941: HAEK – CR 8 A II 2.3, 1.

in denen man Randbemerkungen fand, stets weggeworfen wurden. Durch Schriftvergleichung könnte festgestellt werden, von wem diese Randbemerkungen stammen und von wem nicht. Zu dem Bibliotheksraum, der ein Kunstschloss besaß, hatten nur die Professoren Zutritt. Dass im Unterricht gehetzt worden sei, ist durch nichts bewiesen und trifft nicht zu«.

In Wienkens Information vom 19. Juli waren die angeblichen Verstöße gegen das Sammlungsgesetz nicht näher bezeichnet. Offenbar nach weiterer Aufklärung ergänzte Frings in einem Schreiben am 28. Juli: »Als Pfarrer in Köln-Braunsfeld bin ich einmal beschuldigt worden, gegen das Reichssammlungsgesetz verstoßen zu haben, u[nd] zw[ar] aus folgenden Gründen: Ich leitete als Präses den katholischen Arbeiterverein der Pfarre. Im Jahre 1937 versandte der Schriftführer des Vereins an die Ehrenmitglieder eine hektographierte Aufforderung zur Zahlung des Jahresbeitrags. Die Aufforderung erging an etwa 25 Personen, u[nd] zw[ar] nur an solche, die bisher schon Ehrenmitglieder gewesen waren. Unter diesen war einer, der bisher Mitglied gewesen war, seinen Austritt nicht erklärt hatte, aber ein oder zwei Jahre nicht mehr bezahlt hatte. Dieser zeigte die Sache an, als wäre die Aufforderung auch an Nichtmitglieder ergangen. Nach mancherlei Verhören wurden der Schriftführer und ich zum Appellhofplatz bestellt, wo uns ein Staatsanwalt erklärte, der Minister habe die Sache wegen Geringfügigkeit niedergeschlagen. Wir erhoben sofort Einspruch, insofern darin die Feststellung einer Schuld liege, nahmen aber von einer weiteren Verfolgung der Sache Abstand, als uns versichert wurde, dass wir damit nicht vorbestraft seien. Mit dem Priesterseminar hat die Sache nicht das Mindeste zu tun, da ich damals noch Pfarrer von Köln-Braunsfeld, nicht aber Regens des Priesterseminars war«.

Kapitularvikar David nahm diese Information zum Anlass, sich am 31. Juli an das RSHA in Berlin zu wenden[38]. Nach Wiederholung der Angaben, die Bischof Wienken erhalten hatte, wies David die Beschuldigungen gegen das Seminar mit den Äußerungen von Regens Frings zurück. »Daraus ergibt sich, dass die Sicherstellung zu Unrecht erfolgt ist. Ich beantrage deshalb nochmals die umgehende Aufhebung der staatspolizeilichen Sicherstellung«. Zu den Vorwürfen verlangte David nähere Angaben. Speziell zu der Broschüre »Sturm über Russland« schlug David vor: »Sollten ... die Randbemerkungen in der Broschüre als belastend für das Seminar betrachtet werden, so beantrage ich hiermit, durch Inanspruchnahme eines beeidigten Graphologen festzustellen, ob ein Mitglied des Seminarvorstandes der Urheber der Randbemerkungen sein kann«.

---

[38] David an RSHA Berlin 31. Juli 1941: W. CORSTEN, Kölner Aktenstücke, S. 337 f.

Doch solche Eingaben beeindruckten die NS-Behörden in Berlin nicht. Am 30. August veranlasste die Stapostelle Köln das Grundbuchamt in Bensberg zur Vermerkung der Sicherstellung im Grundbuch[39]. Im September machte Justitiar Hauke im RSHA und bei anderen Stellen in Berlin nochmals den Versuch, nähere Einzelheiten zu ermitteln[40], doch kam er ebenso wenig weiter wie Kapitularvikar David. Inzwischen war das Kölner Generalvikariat ebenso wie das RSHA in Berlin erheblich durch Bomben beschädigt worden.

Die eindeutige und schriftliche Begründung, die David bei allen staatlichen Stellen für die einschneidende Maßnahme der Beschlagnahme eines beachtlichen Vermögenskomplexes eingefordert hatte, wurde schließlich wenigstens im innerbehördlich-staatlichen Schriftverkehr gegeben. Am 30. September 1941 beantwortete die Gestapo-Zentrale in der Prinz-Albrecht-Straße dem Kirchenministerium seine verschiedenen Eingaben an den Innenminister vom Vormonat[41]: » ... Maßgebend für das Vorgehen gegen das Priesterseminar war das in den letzten Jahren fortgesetzte staatsabträgliche Verhalten und die staatsfeindliche Betätigung einiger Insassen[42]. Das Priesterseminar musste demnach als Brutstätte übelster Hetze und antinat[ional]soz[ialistischer] Propaganda angesehen werden, deren Insassen nach ihrer staatsabträglichen Haltung und staatsfeindlichen Einstellung zu beurteilen einen unheilvollen Einfluss auf ihre nähere Umgebung und auf die Bevölkerung ausübten. Wenn auch in der Mehrzahl der Fälle die Ermittlungen zu einem strafrechtlichen Einschreiten nicht ausreichten, so ist damit nicht die Unschuld der Beschuldigten erwiesen, sondern liegt dies vielmehr an der geschickten Art und Weise, in der die Handlungen begangen oder die Äußerungen gemacht wurden. Gegen den Regens des Seminars musste wegen Vergehens gegen das Sammlungsgesetz und wegen Verstoßes gegen die Verdunkelungsvorschriften eingeschritten werden. Bei der Überholung der Hausbibliothek wurde die im Reichsgebiet verbotene Broschüre ›Sturm über Russland‹ vorgefunden. In

---

39 Staatspolizeistelle Köln an Amtsgericht Bensberg, Abt. Grundbuchamt, 30. August 1941: W. CORSTEN, Kölner Aktenstücke, S. 338 f. – Wer um die streng geregelten Wege von Grundbucheintragungen weiß, ermisst an diesem Vorgang die Verwilderung der Rechtspflege im NS-Staat!

40 Aktennotiz Haukes vom 18. September 1941: W. CORSTEN, Kölner Aktenstücke, S. 339 f.

41 Chef der Sicherheitspolizei und des SD an Reichskirchenminister (unterschr. Kopie): BAB – 51.01-22528, Bl. 089-090.

42 Damit konnte angespielt sein auf die Tatsache, dass in der Mitte der dreißiger Jahre einige Seminaristen wegen ihrer Tätigkeit in Jugendbünden in Gestapo-Verhöre und sogar in Volksgerichtsprozesse (z.B. Dr. Rossaint) verwickelt waren. Vgl. N. TRIPPEN, Priesterseminar-Festschrift, S. 160 f.

der Einleitung dieser Broschüre sind vermutlich von einem Lehrer des Priesterseminars mit Blaustift Randbemerkungen staatsabträglichen Inhalts gemacht worden«. Es folgen ausführlich die bekannten Randbemerkungen in der Broschüre. »Aus diesen Randbemerkungen geht eindeutig hervor, in welchem Geist die Zöglinge des Priesterseminars gegen den Staat und die nat[ional]soz[ialistische] Bewegung erzogen wurden. Um diesem Treiben der Insassen des Priesterseminars ein- für allemal Einhalt zu gebieten, musste aus sicherheitspolitischen Gründen zur Beschlagnahme geschritten werden«.

Wenn man wirklich dieser Überzeugung gewesen wäre, hätte zunächst der Lehrbetrieb des Priesterseminars stillgelegt werden müssen. Auf die Beschlagnahme des Gebäudes wäre bei Weiterverwendung zu Lazarettzwecken zu verzichten gewesen. Doch nach der zitierten Anweisung an die Staatspolizeistelle Köln vom 26. April 1941 ging es in Wirklichkeit nur darum, das Areal des Seminars der Nationalpolitischen Erziehungsanstalt in Bensberg zuzuweisen. So wird in dem Schreiben der Gestapo-Zentrale vom 30. September nur die Primitivität und Verlogenheit propagandistischer Argumentation fassbar. Für jedes Rechtsempfinden standen die konkret nachgewiesenen »Verfehlungen« des Regens bzw. des »Lehrers«, der die Randbemerkungen in die Broschüre geschrieben haben sollte, in keinem Verhältnis zu der »Strafe« der Beschlagnahmung, die man dann mit der letztlich nicht belegbaren pauschalen Verdächtigung staatsfeindlicher Erziehung durch das Seminar zu rechtfertigen versuchte.

Unberührt von diesen Auseinandersetzungen auf offizieller Ebene ging das Seminarleben unter den fortschreitenden Einschränkungen des Krieges weiter[43]. Am 3. Juli 1941 wurde der Studienbetrieb des Seminars im Collegium Leoninum in Bonn wieder aufgenommen, das selbst nur noch 35 Theologen zählte. Aus Furcht vor weiteren Einberufungen wurden wiederum Weihen vorgezogen. Als in der Nacht vom 7. zum 8. Juli 1941 bei einem Bombenangriff auf Köln das Generalvikariatsgebäude und die Mariä Himmelfahrtskirche teilweise ausbrannten, wurden auch Teile der gerade von Bensberg dorthin verbrachten Seminarbibliothek vernichtet. Die fortschreitenden Kriegseinwirkungen werden an einem Chronikeintrag von Regens Frings deutlich: »Der Betrieb während des Sommersemesters war auch dadurch sehr erschwert, dass jede Woche mehrmals nächtlicher Fliegeralarm gegeben wurde und alle im Luftschutzkeller Zuflucht nehmen mussten. Es kam vor, dass 7, 8 Nächte nacheinander ge-

[43] Vgl. N. TRIPPEN, Priesterseminar-Festschrift, S. 173 f. (Die Zitate stammen aus Frings' Eintragungen in die Seminarchronik).

stört waren. Meist dauerte der Alarm zwei bis drei Stunden, zuweilen länger. Auch in der Nacht vor der Diakonatsweihe mussten alle, einschließlich Bischof, in den Keller«.

Das Wintersemester 1941/42 begann mit 17 Alumnen in Bonn, doch zog das Seminar am 3. Dezember in das Antoniusheim nach Honnef um, wo es das Kriegsende erleben sollte. Herausragendes Ereignis des Semesters war die Enteignung des Bensberger Seminargebäudes.

Bereits am 13. Dezember 1941 beantragte der Reichsminister für Wissenschaft, Erziehung und Volksbildung beim Innenminister[44], »das wegen Staats- und Volksfeindlichkeit zugunsten des Deutschen Reiches ... eingezogene Priesterseminar in Bensberg (Rhld) dem Deutschen Reich – vertreten durch den Reichsminister für Wissenschaft, Erziehung und Volksbildung – ... zu übereignen ... Der Besitz soll zur Erweiterung der unmittelbar bei dem Priesterseminar gelegenen Nationalpolitischen Erziehungsanstalt Bensberg ausgenutzt werden...«.

Wie wenig alle kirchlichen Schritte des zurückliegenden halben Jahres in Berlin bewirkt hatten, machte die rasche Durchführung der Enteignung deutlich. Bereits am 8. Januar 1942 teilte die Kölner Regierung, vertreten durch den Leiter der Geheimen Staatspolizei, Dr. Schäfer, dem Generalvikariat mit[45]: »Der Reichsminister des Innern hat auf Grund des Gesetzes über die Einziehung volks- und staatsfeindlichen Vermögens vom 14.7.33 (RGBL I, S. 479) festgestellt, dass das Vermögen der Erzdiözese Köln, soweit es dem Erzbischöflichen Priesterseminar in Bensberg zur Verfügung gestellt worden war, volks- und staatsfeindlichen Zwecken gedient hat und dass die Bestrebungen der Insassen des obengenannten Hauses volks- und staatsfeindlich gewesen sind. Auf Grund des Erlasses des Führers und Reichskanzlers vom 29.5.41 (RGBL I, S. 303) wird hiermit das vorgenannte Institut, Haus und Grundstück in seiner Gesamtgröße von 11,75 ha zu Gunsten des Deutschen Reiches eingezogen. Gegen diese Einziehungsverfügung ist ein Rechtsmittel nicht gegeben«.

Kapitularvikar David bewies hohen Mut, indem er trotz seiner gegenüber dem NS-Regime schwachen Stellung als Interimsverwalter des Erzbistums den einzigen Weg der Gegenwehr beschritt, der totalitären Systemen äußerst unangenehm ist: den Weg des öffentlichen Protestes. Am 16. Januar 1942 verfügte er eine Kanzelverkündigung[46], in der er den Gang

[44] Reichsminister für Wissenschaft, Erziehung und Volksbildung an Reichsminister des Innern 13. Dezember 1941: W. CORSTEN, Kölner Aktenstücke, S. 340 f.

[45] Aufgenommen in die Kanzelverkündigung Kapitularvikar Davids vom 16. Januar 1942: W. CORSTEN, Kölner Aktenstücke, S. 341 f.

[46] Ebd.

der Dinge um das Priesterseminar seit Mai 1941 in allen Einzelheiten darlegte. Darin hieß es: »Die Gläubigen der Erzdiözese haben nun ein Recht darauf, von mir zu erfahren, ... ob ihre jetzigen Priester, die aus dem Seminar hervorgingen und ihnen Beispiel und Lehrer allseitiger Pflichttreue sein sollten, wirklich eine volks- und staatsfeindliche Erziehung erhalten haben. Ich weiß, ich brauche diese Frage nur zu stellen, und sie ist für euch alle, die ihr die Lehre und das Leben unserer jungen Priester kennt, auch schon beantwortet«. Dass dies nicht der Fall sei, »das beweist auch die vorbildliche soldatische Haltung der dreihundert jetzigen und früheren Seminaristen, die Schulter an Schulter mit ihren Kameraden als Sanitätssoldaten oder mit der Waffe oder als Feldgeistliche Kriegsdienst leisten«.

David bekundete seine Hoffnung, doch noch einen Widerruf der Enteignung erreichen zu können, und bat die Gläubigen um ihr Gebet. Obwohl David inzwischen gewiss von der Erfolglosigkeit schriftlicher Eingaben bei NS-Behörden überzeugt war, richtete er, um nichts zu versäumen, am 23. Januar 1942 noch eine Eingabe an den Innenminister[47], die an Deutlichkeit nichts zu wünschen übrig ließ und in der Vorhaltung gipfelte: »Dass die Insassen des Bensberger Seminars sich volks- und staatsfeindlicher Bestrebungen schuldig gemacht haben, ist durch nichts bewiesen und wird durch das gesamte Verhalten der Angeschuldigten vor aller Welt widerlegt; eine unwiderlegliche Tatsache aber ist es, dass die Einziehung des Priesterseminars durch ihre unvermeidlichen Auswirkungen eine objektiv in hohem Maße staats- und volksfeindliche Maßnahme ist und als solche in weitesten Kreisen empfunden wird«. Weder diese Eingabe noch die auf Davids Meldung hin unternommenen Schritte des Nuntius Orsenigo zeitigten irgendeine Wirkung. Am 6. September 1942 verfügte der Reichsminister für Wissenschaft, Erziehung und Volksbildung an das Amtsgericht Bensberg die entsprechende Eintragung in das Grundbuch[48].

Es ging dem Staat lediglich um die Aneignung des Seminarbesitzes zugunsten der Napola Bensberg, nicht um die Beendigung des Seminarbetriebes. So lesen wir in der Seminarchronik[49]: »Inzwischen wurde in Hon-

[47] David an Reichsminister des Innern 23. Januar 1942: W. CORSTEN, Kölner Aktenstücke, S. 342 ff.; Kopie des Originals (Briefbogen »Erzbistum Köln«): BAB – 51.01-22528, Bl. 091-095.

[48] Reichsminister für Wissenschaft, Erziehung und Volksbildung an Amtsgericht Bensberg 6. September 1942: W. CORSTEN, Kölner Aktenstücke, S. 344 f.

[49] HAEK – Bestand Priesterseminar 692, S. 219 f.; vgl. N. TRIPPEN, Priesterseminar-Festschrift, S. 176.

nef das Semester ohne besondere Zwischenfälle und in relativ befriedigender Weise zu Ende geführt. Wir empfanden es sehr angenehm, dass wir kaum einmal durch nächtlichen Fliegeralarm in der Ruhe gestört wurden. Die Mahlzeiten ... waren bescheiden, aber liebevoll zubereitet. Die Professoren konnten nicht immer rechtzeitig, zuweilen gar nicht erscheinen, weil durch die langdauernde Kälte im Jan[uar] und Febr[uar] die Verkehrsverhältnisse schlecht waren«. Die Zahl der Weihekandidaten war auf zwei Subdiakone und drei Priester zusammengeschrumpft.

Einen kleinen Denkzettel außer der Enteignung hatten die staatlichen Machthaber sich – allerdings nicht nur für das Kölner Seminar – ausgedacht. Frings notierte[50]: »Das Handbuch [gemeint ist: der Personalschematismus] der Erzdiözese führte die Lehrer am Seminar nicht mehr, wie es seit 100 Jahren üblich war, als Professoren auf, sondern als Lektoren. Auf eine – salva reverentia – eingelegte Verwahrung des Regens wurde diesem die Antwort zuteil, die Änderung beruhe auf einem im vorigen Jahr von der staatlichen Behörde erlassenen Verbot, den Titel Professor an Seminarien zu verwenden, und auf einem Beschluss der deutschen Bischöfe, fortan den Titel Lektor zu verwenden«.

Angesichts der Begründung, die man öffentlich für die Enteignung des Bensberger Seminargebäudes vorgeschoben hatte, wäre die Verhinderung der Wahl des Regens Dr. Josef Frings zum Erzbischof von Köln wenige Wochen später eine Frage der Staats- und Parteiraison gewesen, wenn man in Berlin von der Möglichkeit dieser Wahl gewusst oder gar damit gerechnet hätte. Es wird noch ausführlich zu belegen sein, dass man in Berlin mit der Wahl Frings' zum Erzbischof von Köln nicht rechnete.

---

50 Ebd.

III.KAPITEL

WAHL UND WEIHE ZUM ERZBISCHOF VON KÖLN 1941/42*

1. Zur Quellenlage

Das Bischofswahlverfahren in Köln 1941/42 zählt zu den längsten in der jüngeren Geschichte. Zwischen dem Tod Kardinal Schultes im März 1941 und der Wahl seines Nachfolgers Frings im März 1942 lag ein ganzes Jahr. Vor Offenlegung zumindest der staatlichen Akten musste man für diese Länge des Verfahrens zu der Begründung kommen, die Ulrich von Hehl 1977 gegeben hat[1], »dass es bei der Kandidatenbenennung zu Schwierigkeiten gekommen ist, die wohl vor allem im Erinnerungsrecht der Preußischen Staatsregierung gegenüber politisch missliebigen Bischofsanwärtern zu suchen sind«. Nachdem nun außer den Akten des Auswärtigen Amtes in Berlin[2] und der Gestapo–Personalakte Frings in Düsseldorf[3] auch die Akten des zuständigen Kirchenministeriums in Berlin zugänglich sind[4], zeichnet sich eine Zurückhaltung des NS-Staates im Kölner Wahlverfahren ab, die bis zur Meldung des Metropolitankapitels über die vollzogene Wahl im März 1942 anhielt und für die es angesichts der Bedeutung des Kölner Erzbischofs im Gefüge der Staat-Kirche-Beziehungen keine Erklärung gibt. Weshalb dann auf *kirchlicher* Seite das Verfahren so lange hinausgezögert wurde und wer darauf vielleicht doch (auf archivalisch sonst nicht feststellbaren Wegen) von staatlicher oder von Parteiseite Einfluss genommen hat, kann erst nach Öffnung der kirchlichen Archive geklärt werden.

2. Vom Tode Kardinal Schultes bis zur Wahl des neuen Erzbischofs durch das Domkapitel

Karl Joseph Kardinal Schulte war seit vielen Jahren herzkrank gewesen und dadurch zunehmend öffentlichkeitsscheu geworden. Dennoch trat

* Dieses Kapitel wurde in einer etwas anders bearbeiteten Gestalt bereits veröffentlicht: N. Trippen, Wahl und Erhebung des Dr. Josef Frings zum Erzbischof von Köln 1942, in: Jahrbuch des kölnischen Geschichtsvereins 68, 1997, S. 167-189.

1 U. von Hehl, Erzbistum Köln, S. 227.

2 PA – AA – R 29815 und R 29816.

3 HStAD – RW 58-3741.

4 BAB – 51.01-22228.

sein Tod am späten Abend des 10. März 1941 unerwartet ein. Am nächsten Tag wählte das Kölner Metropolitankapitel, auf das nach den damals geltenden Kirchenrechtsbestimmungen die interimistische Verwaltung des Erzbistums überging[5], den Generalvikar des verstorbenen Erzbischofs, Emmerich David, zum Kapitularvikar[6]. Dompropst Paschen informierte telegraphisch den Kirchenminister vom Tode Kardinal Schultes[7]. Für das Begräbnis ließ Hitler vom Obersalzberg in Berchtesgaden aus anordnen[8]: »Reichskirchenminister oder ein von ihm zu bestimmender Vertreter legt Kranz der Reichsregierung mit entsprechender Schleife nieder. Beteiligung der örtlichen Behörden und sonstiger Dienststellen an den Beisetzungsfeierlichkeiten bestimmt Gauleiter Grohé«. Minister Kerrl ließ sich durch seinen Staatssekretär Dr. Muhs und Ministerialdirigent Roth vertreten[9]. Die Akten des Kirchenministeriums lassen erkennen, dass man Schulte vor allem seine »Reichstreue« während der separatistischen Bestrebungen im Rheinland nach dem I. Weltkrieg zugute hielt. Nuntius Orsenigo drückte im Auswärtigen Amt »seinen Dank für die Ehrungen aus, welche von Seiten der Deutschen Regierung bei der Beisetzung des Kardinals Schulte diesem erwiesen« wurden[10].

Weil nach den massiven Eingriffen des NS-Staates in die Besetzung der Bistümer Fulda, Aachen und Innsbruck-Feldkirch während der voraufgehenden Jahre[11] auch auf staatlicher Seite niemand mit der später praktizierten Zurückhaltung im Kölner Verfahren rechnen konnte, telegraphierte der Vatikanbotschafter Diego von Bergen bereits wenige Tage nach Schultes Tod nach Berlin[12]: »[Ich] wäre dankbar für freundliche Information, ob hinsichtlich Nachfolgerschaft des verstorbenen Schulte besondere Wünsche bestehen. Uns steht bekanntlich ein Vorschlagsrecht für Besetzung [des] Erzbischöflichen Stuhls in Köln nicht zu, immerhin las-

5 CIC 1917, cc. 429-444-c. 431 § 1: »Sede vacante ... ad capitulum ecclesiae cathedralis regimen dioecesis devolvitur«. – c. 432 § 1: »Capitulum ecclesiae cathedralis, sede vacante, intra octo dies ab accepta notitia vacationis, debet Vicarium Capitularem qui loco sui dioecesim regat ... constituere«.

6 KA 81, 1941, S. 42. – Mitteilung Metropolitankapitel an Reichskirchenministerium 13. März 1941: BAB – 51.01-22228, Bl. 00042.

7 Telegramm Paschen an Reichskirchenminister 11. März 1941: Ebd., Bl. 00029.

8 Telegramm Reichsminister und Chef der Reichskanzlei Dr. Lammers, Berchtesgaden, an Reichskirchenminister Kerrl 12. März 1941: Ebd., Bl. 00035.

9 Telegramm Kerrl an Metropolitankapitel Köln 14. März 1941 (Entwurf): Ebd., Bl. 00031.

10 Aktennotiz des Staatssekretärs im Auswärtigen Amt Ernst von Weizsäcker 19. März 1941, Kopie für das Reichskirchenministerium 22. März 1941: Ebd., Bl. 00043.

11 Hinweis bei U. VON HEHL, Erzbistum Köln, S. 228.

12 Entschlüsseltes Telegramm von Bergen an von Weizsäcker 18. März 1941: PA – AA – R 29815, Bl. 239747. – Diego von Bergen (1872–1944), 1919–1943 Gesandter Preußens bzw. Botschafter des Deutschen Reiches beim Heiligen Stuhl: A. ERLER, in: NDB 2, 1955, S. 78.

sen sich Anregungen gesprächsweise vorbringen. ... Die Domkapitel pflegen über ihr Wahlrecht eifersüchtig zu wachen, [die] Ausübung ist indes in den letzten Jahren meist zu einem Scheinakt geworden. Dies gilt beispielsweise für Berlin, wo bei letzter Wahl Kardinalstaatssekretär Pacelli auf Annahme seines Kandidaten Preysing[13] bestand. Grundsätzlich möchte ich empfehlen, nicht auf Neubesetzung zu drängen«.

Unterstaatssekretär Woermann legte das Telegramm zwei Tage später Außenminister Ribbentrop und Staatssekretär von Weizsäcker vor[14]: »Die Frage, ob unsererseits für die Nachfolgeschaft des verstorbenen Erzbischofs Kardinal Schulte beim Vatikan gesprächsweise Anregungen gegeben werden sollen und gegebenenfalls ob hierfür die Person des [durch von Bergen empfohlenen] Bischofs Berning [von Osnabrück][15] in Frage kommt, müsste zunächst mit den hierfür in Frage kommenden Stellen, d.h. dem Stellvertreter des Führers [Rudolf Heß], dem Reichskirchenministerium und dem Reichsführer SS [Heinrich Himmler] geklärt werden«. Es ist aufschlussreich, wen man in dem seinem Ende zugehenden NS-Staat für die Auswahl kirchlicher Führungskräfte für kompetent hielt.

Woermann schloss: »Es wird um Einverständnis gebeten, diese Klärung herbeizuführen. Der Auffassung des Botschafters von Bergen, dass auf die Neubesetzung nicht gedrängt werden soll, ist zuzustimmen«.

Die von Woermann erbetene Anweisung, die auf staatlicher Seite an der Besetzung des Kölner Bischofsstuhles Interessierten zu einer Absprache zusammenzuführen, ist in den Akten des Auswärtigen Amtes nicht aufzufinden. Woermanns Vorlage überkreuzte sich mit einer Aktennotiz Staatssekretär von Weizsäckers vom Vortage[16]: »Ich habe den Nuntius heute auf das bisher übliche Verfahren angesprochen, bei der beabsichtigen Ernennung geistlicher Würdenträger die Voranfrage an die Reichs-

---

[13] Graf Konrad von Preysing (1880–1950), 1932–1935 Bischof von Eichstätt, 1935–1950 Bischof von Berlin, 1946 Kardinal: M. CLAUSS/E. GATZ, in: E. GATZ: Bischofslexikon, S. 573-576; W. KNAUFT, Konrad von Preysing. Anwalt des Rechts. Der erste Berliner Kardinal und seine Zeit, Berlin 1998. – Preysing scheint für Köln in den folgenden Monaten ernsthaft als Kandidat im Gespräch gewesen zu sein. Walter Adolph notierte am 9. Mai 1941: »Der Chef rechnet damit, nach Köln zu gehen. Alle Erwägungen mit Ausnahme des unsicheren staatlichen Plazet sprechen dafür«: W. ADOLPH (Bearb. U. VON HEHL), Geheime Aufzeichnungen aus dem nationalsozialistischen Kirchenkampf 1935–1943 (= Veröffentlichungen d. Kommission f. Zeitgeschichte, Reihe A: Quellen, Bd. 28), Mainz 1979, S. 278.

[14] Woermann an Reichsaußenminister über den Staatssekretär 20. März 1941 »Zu Telegramm Nr. 16 vom 18. März aus Rom (Vatikan)«: PA – AA – R 29815, Bl. 239777.

[15] Hermann Wilhelm Berning (1877–1955), 1914–1955 Bischof von Osnabrück: W. SEEGRÜN, in: E. GATZ, Bischofslexikon, S. 40-43; K. A. RECKER, »Wem wollt ihr glauben?« Bischof Berning im Dritten Reich, Paderborn-München-Wien-Zürich 1998.

[16] »St.S.No. 195« (= Aktennotiz für verschiedene Adressaten des Auswärtigen Amtes) 19. März 1941: PA – AA R 29815, Bl. 239771.

statthalter zu richten«. Von Weizsäcker regte statt dessen an, »der Nuntius möge den Weg künftig über das Auswärtige Amt wählen«. Orsenigo habe für das bisherige Verfahren auf die Konkordate verwiesen, er habe jedoch selbst keine Bedenken, »künftig den Weg über das Auswärtige Amt einzuschlagen. Allerdings bedürfe es dazu noch einer Zustimmung von Rom«. Kündigte sich hier die Absicht der – welcher? – NS-Verantwortlichen an, in der Art oder bezüglich der Wege von Einflussnahme des Staates auf kirchliche Stellenbesetzungen Änderungen eintreten zu lassen?

Die Antwort ergibt sich aus einem Brief von Weizsäckers an den Staatssekretär im Reichskirchenministerium Dr. Muhs gut ein Jahr später. Am 4. April 1942 schrieb ihm von Weizsäcker[17]: »Bezüglich der Preußischen Bistümer muss es auch nach meiner Ansicht dabei bleiben, dass das Kapitel über Ihr Ministerium mit dem Preußischen Staatsministerium in Verbindung tritt. Auch Ihrer Begründung stimme ich zu, insbesondere der Auffassung, dass es unerwünscht ist, den Nuntius in diesen Fällen einzuschalten«. Verhandlungspartner waren in Preußen die wahlberechtigten Kapitel und der »Reichs- und Preußische Minister für die kirchlichen Angelegenheiten«. Die Reichsspitze in Berlin war also immer mit eingeschaltet! Von Weizsäcker äußerte für die preußischen Bistumsbesetzungen lediglich den Wunsch: »Ich würde aber dankbar sein, wenn Sie das Auswärtige Amt in diesen Fällen über die erfolgte Mitteilung [des Kapitels] und über den weiteren Verlauf unterrichten würden und Bedenken gegen einen Kandidaten dem Kapitel erst mitteilen würden, wenn das Auswärtige Amt hierzu gehört worden ist«.

Worum es von Weizsäcker bei einer Änderung der Zuständigkeiten ging, wurde dann an den nichtpreußischen Ländern deutlich: »Nach den Konkordaten mit Bayern und Baden ... erfolgt die Anfrage nicht durch das Kapitel, sondern durch den Heiligen Stuhl bei den betreffenden Landesregierungen«. Das Reichskonkordat verweise für weitere Bistümer auf die badische Regelung. Von Weizsäcker folgerte: »Wollten wir in den Fällen, wo die Mitteilung bisher nicht durch den Heiligen Stuhl, sondern durch das Kapitel erfolgt, eine neue Regelung treffen, so müssten wir uns hierüber in Besprechungen mit dem Vatikan einlassen, die ich für unerwünscht halte. Andererseits entspricht es nicht der heutigen Struktur des Deutschen Reiches, dass der Heilige Stuhl sich in solchen Fällen an die Landesregierungen oder die Reichsstatthalter wendet. Ich würde es also in den nichtpreußischen Fällen für richtig halten, wenn es bei der vom Nuntius angenommenen Lösung bliebe, dass die Mitteilung durch ihn

[17] Von Weizsäcker an Muhs 4. April 1942: Ebd., R 29816, Bl. 240317 f.

über das Auswärtige Amt geleitet wird«. Hier trafen sich die römische Abneigung gegen eine zu starke Beteiligung örtlicher kirchlicher Instanzen (der Kapitel) bei Bischofsberufungen mit den Interessen des NS-Staates, auf wichtige kirchliche Personalentscheidungen von der Berliner Zentrale aus Einfluss zu nehmen, sie jedenfalls nicht an Berlin vorbei durch untergeordnete regionale Instanzen regeln zu lassen.

Wie in allen vergleichbaren Fällen begannen die Spekulationen um geeignete Kandidaten für die Neubesetzung des Erzbischöflichen Stuhles mit der Beerdigung Kardinal Schultes. Bereits vorher hatte der Vatikanreferent des Auswärtigen Amtes, Legationsrat Haidlen, am 14. März 1941 an von Weizsäcker geschrieben[18]: »Über die Nachfolgeschaft des verstorbenen Kardinals besteht noch völlige Unklarheit. Genannt werden insbesondere der Erzbischof von Freiburg Dr. Gröber[19] und der hiesige Bischof Graf Preysing sowie dessen Weihbischof Wienken«. Botschafter von Bergen beteiligte sich an den Spekulationen in seinem bereits zitierten Telegramm nach Berlin vom 18. März 1941[20]: »Ich dachte an den gemäßigten und einsichtigen Bischof von Osnabrück, Preußischen Staatsrat Berning, der meines Wissens auch mit Reichsmarschall Göring gute Beziehungen unterhält«. Die Stellungnahme Staatssekretär von Weizsäckers zu diesem Vorschlag wurde bereits erwähnt[21].

In den Akten des Kirchenministeriums ist als erste Kandidatenspekulation eine Pressenotiz der »Basler Nachrichten« vom 7. Mai 1941 abgeheftet[22]: »Für den verwaisten Bischofsstuhl in Köln gelten, wie aus gut unterrichteten katholischen Kreisen verlautet, der Berliner Bischof Graf von Preysing und der Osnabrücker Bischof Berning ... für die aussichtsreichsten Kandidaten. Für Graf Preysing wird in den gleichen Kreisen übrigens damit gerechnet, dass er ohnehin die Kardinalswürde erhalten wird«.

Die nächste Kandidatenspekulation ergab sich erst im September 1941, als Ministerialdirigent Stahn im Auftrag des Kirchenministers den Passauer Priester und Geheimrat Dr. Wohlmannstetter[23] in Berlin aufsuchte.

---

[18] Haidlen an von Weizsäcker 14. März 1941: Ebd., R 29815, Bl. 239743.

[19] Konrad Gröber (1872–1948), 1931–1932 Bischof von Meißen, 1932–1948 Erzbischof von Freiburg: E. GATZ, in: E. GATZ, Bischofslexikon, S. 258-260.

[20] S. oben S. 58 mit Anm. 14.

[21] S. oben S. 58 mit Anm. 16.

[22] BAB – 51.01-22228, Bl. 00044.

[23] Johannes Wohlmannstetter (1878–1948), Passauer Priester, 1916 Referent im Kriegsernährungsministerium, 1919 Regierungsrat im sächsischen Wirtschaftsministerium, 1920 Ministerialrat im Reichswirtschaftsministerium, 1928 Direktor und ständiger Vertreter des Präsidenten im Statistischen Reichsamt in Berlin: L. VOLK, Akten Kardinal Michael von Faulhabers 1917–1945, Bd. 2: 1935–1945 (= Veröffentlichungen d. Kommission f. Zeitge-

Dieser »wies darauf hin, dass dieser Besetzung darum besondere Bedeutung zukomme, weil nach der bestehenden Übung der Vorsitz der Fuldaer Bischofskonferenz auf den Erzbischof von Köln übergehen werde, sobald der Erzbischöfliche Stuhl in Breslau vakant geworden sei. Dies sei bei dem sehr hohen Alter des Kardinals Erzbischof Bertram[24] in absehbarer Zeit zu erwarten. Als geeignet für den Erzbischöflichen Stuhl in Köln nannte Geheimrat Wohlmannstetter den katholischen Professor der Theologie in Bonn, Fritz Tillmann[25]. Tillmann genieße in der katholischen Kirche als Wissenschaftler hohes Ansehen, sei aber auch in praktischen Dingen erfahren und gewandt, was er insbesondere während der französischen Rheinlandbesetzung bewiesen habe. Seine Einstellung sei national und dem Staat gegenüber durchaus loyal. Er vertrete in der Theologie eine etwas liberalere Richtung ...«. Im Hinblick auf Tillmanns Alter meinte der Informant: »Es würde aber nichts schaden, wenn im Hinblick auf den voraussichtlich demnächst von Köln zu stellenden Vorsitz der Fuldaer Bischofskonferenz ein älterer, ruhiger und erfahrener Mann gewählt würde. Wenn man einen jüngeren Kandidaten wünsche, so komme ... der jetzige Bischof von Mainz (Bischof Stohr[26]) in Frage, der ein sehr befähigter und umsichtiger Mann sei und zum Staat positiv stehe«.

Im Kirchenministerium nahm man diese Vorschläge immerhin so ernst, dass man den Kanonisten Hans Barion als Vertrauensmann befragte[27]. Barion stellte dem Bonner Kollegen ein durchaus positives Zeugnis aus, wobei er auf die – bis dahin – in Bonn ungewöhnliche zweijährige Amtszeit

schichte, Reihe A: Quellen, Bd. 26), Mainz 1978, S. 681 f. Anm. 3. – »Vermerk« des Ministerialdirigenten Stahn vom 12. September 1941 über sein Gespräch mit Wohlmannstetter: BAB – 51.01-22228, Bl. 00045 f., daraus die nachfolgenden Zitate.

24 Adolf Kardinal Bertram (1859–1945), 1905 Generalvikar in Hildesheim, 1906–1914 Bischof von Hildesheim, 1914–1945 Fürst- bzw. Erzbischof von Breslau, 1916 Kardinal, 1920–1945 Vorsitzender der Fuldaer Bischofskonferenz: B. STASIEWSKI, in: E. GATZ, Bischofslexikon, S. 43-47 (dort ausführliche Literaturangaben).

25 Zu Fritz Tillmann vgl. oben S. 33 Anm. 59.

26 Albert Stohr (1890–1961), 1935–1961 Bischof von Mainz: A. BRÜCK, in: E. GATZ, Bischofslexikon, S. 741-743.

27 In den Akten des Kirchenministeriums findet sich nach dem »Vermerk« Stahns über sein Gespräch mit Wohlmannstetter (vgl. oben Anm. 23) eine Charakteristik Tillmanns ohne Unterschrift (BAB – 51.01-22228, Bl. 48). Auf dem Rand ist handschriftlich vermerkt: »Am 2. Oktober von Prof. Barion/Bonn erhalten! Bü[chner] 2. Oktober«. – Hans Barion (1899–1973), 1933 Professor für Kirchenrecht in Braunsberg, 1938 Professor in München, 1939 Professor in Bonn, 1945 Entlassung: G.REIFFERSCHEID, Das Bistum Ermland und das Dritte Reich (= Bonner Beiträge zur Kirchengeschichte, Bd.7), Köln-Wien 1975, S. 45 f.; H. FLATTEN, Hans Barion + , in: Archiv f. kath. Kirchenrecht 142, 1973, S. 71-79; W. BÖCKENFÖRDE, Der korrekte Kanonist. Einführung in das kanonistische Denken Barions, in: H. BARION (Hrsg. W. BÖCKENFÖRDE), Kirche und Kirchenrecht, Paderborn-München-Wien-Zürich 1984, S. 1-23.

Tillmanns als Rektor der Universität Bonn 1919–1921 und seinen Vorsitz im Hochschulverband in den Jahren vor 1933 hinwies. Schließlich sei »die Schaffung der vorbildlichen Einrichtungen des jetzigen Studentenwerks in Bonn sein Verdienst«.

Nach von Hehls Ermittlungen wurden (neben den Bischöfen Preysing und Kaller[28]) auch Barion selbst und der Bonner Kirchenhistoriker Wilhelm Neuß[29] als Kandidaten gehandelt. Auch Generalvikar David wurde genannt.

Aus den offenliegenden Akten ist nicht zu ermitteln, wer die schließlich erfolgreiche Kandidatur des Regens Dr. Frings angeregt und gefördert hat. Er selbst erinnerte sich 1973[30]: »Das Gerücht, dass ich für diesen Posten kandidiere, hatte sich schon im Herbst des Jahres vorher [1941] verbreitet und war auch mir zu Ohren gekommen«. Eine Bestätigung dafür kann man in einem Lagebericht Kardinal Faulhabers vom 28. September 1941 erblicken, in dem dieser sich mit den Kölner Spekulationen befasste[31]: »Man fürchtet, Rom würde eventuell den Bischof von Osnabrück nehmen«, den der Münchener Erzbischof offensichtlich nicht wünschte. »Galen[32] würde in Köln nicht passen, ist in Westfalen verwurzelt«. »Kommt von der Kölner Diözese niemand in Frage? Priesterseminarrektor?«

Der Regens des Priesterseminars gehört in süddeutschen Diözesen häufig zu den Bischofskandidaten. Insofern wäre Faulhabers Frage überinterpretiert, wollte man daraus ihn als Promotor der Kandidatur Frings' ableiten. Jedenfalls hat man weder auf staatlicher Seite noch im Kölner Klerus mit der Wahl des Seminarregens gerechnet. Noch im April 1943 – also ein Jahr nach Wahl und Weihe des Erzbischofs Frings – notierte ein

---

28 Maximilian Kaller (1880–1947), 1926–1929 Administrator, 1929–1930 Prälat der Freien Prälatur Schneidemühl, 1930–1947 Bischof von Ermland, 1939–1945 dazu Apost. Administrator der Freien Prälatur Schneidemühl, 1946–1947 Päpstl. Sonderbeauftragter für die heimatvertriebenen Deutschen: G. FITTKAU, in: E. GATZ, Bischofslexikon, S. 357-361.

29 Wilhelm Neuß (1880–1965), 1920 Professor für Kirchengeschichte in Bonn, 1936 nichtres. Domkapitular in Köln, 1953 Päpstl. Hausprälat, Mitverfasser der »Studien zum Mythus des XX. Jahrhunderts« 1934: HANDBUCH DES ERZBISTUMS KÖLN [25]1958, S. 1003; E. HEGEL, Wilhelm Neuß +, in: HJb 87, 1967, S. 247-251.

30 J. FRINGS, Für die Menschen bestellt, S. 17.

31 Lagebericht aus dem Ausschuss für Ordensangelegenheiten 28. September 1941: L. VOLK, Akten Faulhaber II, S. 801-806, hier: S. 805. – Michael von Faulhaber (1869–1952), 1911–1917 Bischof von Speyer, 1917–1952 Erzbischof von München und Freising, 1921 Kardinal: L. VOLK, in: E. GATZ, Bischofslexikon, S. 177-181.

32 Clemens August Graf von Galen (1878–1946), 1933–1946 Bischof von Münster, 1946 Kardinal: E. HEGEL, in: E. GATZ, Bischofslexikon, S. 225-227; C. A. VON GALEN (Bearb. P. LÖFFLER), Akten, Briefe und Predigten 1933–1946, 2 Bde. (= Veröffentlichungen d. Kommission f. Zeitgeschichte, Reihe A: Quellen, Bd. 42), Mainz 1988.

V-Mann der Gestapo nach einem Besuch im Generalvikariat in Köln[33]: »Auch heute wisse man in den Kreisen des allgemeinen Klerus noch nichts Näheres über das Zustandekommen dieser Wahl. Augenblicklich erzählt man sich, dass Frings durchaus nicht der Mann gewesen sei, den man von Rom aus auf den Erzbischöflichen Stuhl habe setzen wollen«. Doch auch »das Domkapitel habe Frings bestimmt nicht vorgeschlagen, denn zwischen Frings und den alten Herren im Generalvikariat herrsche auch heute noch ein gespanntes Verhältnis«.

3. Reaktion des NS-Staates auf den Erwählten, seine päpstliche Bestätigung und Weihe

Am 8. März 1942 erstattete Dompropst Paschen beim Kirchenministerium in Berlin offiziell Anzeige[34]: »Wir beehren uns, ergebenst zu berichten, dass gemäß Preuß[ischem] Konkordat Art. 6 am 7. März die Wahl des Erzbischofs für den erledigten Erzbischöflichen Stuhl in Köln stattgefunden hat. Es wurde gewählt der Priester der Erzdiözese Köln: Dr. theol. Joseph Richard Frings«. Paschen schilderte dann kurz den Lebenslauf und Werdegang des Erwählten. Schließlich folgte die entscheidende Anfrage: »Gemäß Art. 6 des Preuß[ischen] Konkordats richten wir hiermit an die Preußische Staatsregierung die Anfrage, ob Bedenken politischer Art gegen Dr. Frings bestehen, und bitten unter Bezugnahme auf das Schlussprotokoll zu Art. 14 RK [= Reichskonkordat] in Verbindung mit Art. 2 RK[35] vor Ablauf von 20 Tagen eine Antwort uns zukommen zu lassen«. Diese Abfassung des Schreibens verrät sorgfältige juristische, d.h. konkordatsrechtliche, Beratung. Ein nicht durch Unterschrift erkennbarer Bearbeiter des Kirchenministeriums schrieb auf diese Anzeige: »Damit ist wohl ... [der] Vorschlag Prof. Wohlmannstetters erledigt? Die Parteikanzlei wünscht bei Bischofsernennungen vorher benachrichtigt zu werden, das ist der Ministerpräsident [Göring]«.

---

33 »Düsseldorf, den 9. April 1943«: HStAD – RW 58-3741.

34 Metropolitankapitel an Reichs- und Preußischen Minister für die kirchlichen Angelegenheiten 8. März 1942 (Original): BAB – 51.01-22228, Bl. 00050.

35 Schlussprotokoll zu Art. 14 Absatz 1 Ziffer 2: »Es besteht Einverständnis darüber, dass, sofern Bedenken allgemein politischer Natur bestehen, solche in kürzester Frist vorgebracht werden. Liegt nach Ablauf von 20 Tagen eine derartige Erklärung nicht vor, so wird der Heilige Stuhl berechtigt sein, anzunehmen, dass Bedenken gegen den Kandidaten nicht bestehen. Über die in Frage stehenden Persönlichkeiten wird bis zur Veröffentlichung der Ernennung volle Vertraulichkeit gewahrt werden. Ein staatliches Vetorecht soll nicht begründet werden«: L. Volk, Das Reichskonkordat vom 20. Juli 1933 ... (= Veröffentlichungen d. Kommission f. Zeitgeschichte, Reihe B: Forschungen, Bd. 5), Mainz 1972, S. 242.

Die Anzeige des Dompropstes trägt den Eingangsstempel des Kirchenministeriums vom 11. März 1942. Am folgenden Tage schrieb der Verwalter des durch den Tod Kerrls verwaisten Kirchenministeriums, Staatssekretär Dr. Muhs, mit »Schnellbrief! Sofort! Noch heute!« an den Oberpräsidenten der Rheinprovinz in Koblenz, an den Chef der Sicherheitspolizei und des SD in Berlin, an den Leiter der Parteikanzlei in München und an den Preußischen Ministerpräsidenten in Berlin[36]. An Göring – den konkordatsgemäß zuständigen Adressaten – schrieb Muhs[37]: »Das Metropolitankapitel Köln hat mir mit Schreiben vom 8. März 1942 ... mitgeteilt, dass es den Priester der Erzdiözese Köln Joseph Richard Frings zum Erzbischof von Köln gewählt habe, und hat an die Preußische Staatsregierung zu meinen Händen die Anfrage gerichtet, ob Bedenken politischer Art gegen Frings bestünden. Ich habe die Einziehung politischer Gutachten bei den in Betracht kommenden Stellen veranlasst und darf Sie nach Eingang der Auskünfte an der weiteren Behandlung der Angelegenheit beteiligen«.

Für die Ahnungslosigkeit der staatlichen Seite hinsichtlich der römischen Absichten für die Besetzung des Kölner Erzstuhles mit Regens Dr. Frings spricht die Tatsache, dass Frings' Gestapoakte bei der Leitstelle Düsseldorf mit den staatlichen bzw. Parteirecherchen nach dem 7. März 1942 beginnt. Vorher war Frings – im Gegensatz zu anderen, weniger bedeutenden kirchlichen Persönlichkeiten – eine Personalakte bei der Gestapo-Leitstelle Düsseldorf nicht wert.

Am 17. März 1942 ersuchte die Leitstelle Düsseldorf ihre untergeordneten Dienststellen telegraphisch unter Mitteilung des Muhs'schen Schreibens an den Oberpräsidenten der Rheinprovinz um Ermittlungen über Frings[38]. Da Muhs den Oberpräsidenten mit Hinweis auf die 20-Tage-Frist um »Bericht bis zum 24. März 1942« gebeten hatte, ersuchte der Leiter der Gestapo-Leitstelle Düsseldorf die »Stapo- und SD-Dienststellen ..., bis zum 20.3.1942 [also innerhalb von drei Tagen!] einen ausführlichen Bericht über die Person des Joseph Richard Frings sowie über seine Tätigkeit als Priester zu erstellen. Fehlanzeige ist erforderlich«. Frings war also trotz

---

[36] Muhs an die genannten Dienststellen 12. März 1942 (Entwürfe): BAB – 51.01-22228, Bl. 00051. – Hermann Muhs (1894–1961), 1930 MdL/Preußen (NSDAP), 1932 Gauleiter des Gaues Südhannover – Braunschweig, 1933 Regierungspräsident in Hildesheim, ab 1936 im Reichskirchenministerium, 1937 ebd. Staatssekretär, 1942 mit der Führung der Geschäfte beauftragt: L. VOLK, Akten Faulhaber II, S. 349 Anm. 1.

[37] BAB – 51.01-22228, Bl. 00051.

[38] Telegramm Geheime Staatspolizei, Staastpolizeistelle Düsseldorf, an die Stapo(leit)stellen Düsseldorf, Münster, Aachen, Dortmund, Köln, Osnabrück 17. März 1942: HStAD – RW 58-3741, Bl. 4 f.

der aus Anlass der Seminarenteignung hochgespielten »Verfehlungen« für die Gestapo bis zu seiner Bischofswahl eine nicht beachtete Persönlichkeit!

Frings selbst scheint zu diesem Zeitpunkt noch ahnungslos gewesen zu sein. Jedenfalls hat er nicht durch den Dompropst, sondern durch Nuntius Orsenigo von seiner Wahl erfahren. Ob das damals allgemein so gehandhabt wurde oder auf eine spezielle Anweisung des Nuntius an das Kölner Kapitel in diesem Fall zurückgeht, ist derzeit nicht zu ermitteln. Frings schrieb 1973 im Anschluss an die Gerüchte um seine Person im Herbst 1941[39]: »Ich war deshalb nicht völlig überrascht, aber doch innerlich erregt, als ich im April dieses Jahres [1942] durch den Herrn Nuntius Cesare Orsenigo in Berlin die Nachricht erhielt, ich möchte nach dort kommen; er wolle mich in einer bestimmten Angelegenheit sprechen. Es war kein Zweifel, dass es sich um das Gerücht handelte, von dem ich gehört hatte. Ich eröffnete dem Herrn Nuntius meine Bedenken gegen die Wahl und dagegen, dass ich in so schwerer Zeit eine so gewaltige Last der Verantwortung auf meine Schultern nehmen sollte«. Das klingt nach der in solchen Fällen fast konventionell geforderten demütigen Zurückhaltung, war aber angesichts der bereits erwähnten Gewissensängstlichkeit des Menschen und Priesters Josef Frings wohl ernst gemeint. »Aber der Nuntius bestand auf dem Wunsch des Heiligen Vaters, und ich sagte zu. Auf der Rückreise von Berlin wurde ich von einigen entfernten Verwandten gesehen; dadurch verbreitete sich das Gerücht, dass ich zu einer hohen Stellung ausersehen sei, auch in meiner Vaterstadt Neuss«.

Es ist denkbar, dass Nuntius Orsenigo die Befragung des Erwählten an sich gezogen hatte, um im Falle staatlicher Einwände (wie in Fulda und Aachen) den Namen des Erwählten gar nicht erst herauszugeben. Dann wäre Frings' Befragung durch Orsenigo erst nach dem 17. April 1942 erfolgt, als das Kirchenministerium (wie noch darzustellen sein wird) dem Dompropst den Verzicht auf politische Bedenken signalisiert hatte.

Die 20-Tage-Frist für einen staatlichen Einspruch zwang zu einer Hektik der Nachforschungen, zumal vor dem telegraphischen Auftrag der Gestapo-Leitstelle Düsseldorf an die tatsächlich nachforschenden Stellen bereits 10 Tage seit der Wahl, 6 Tage seit dem Eingang der Wahlanzeige im Kirchenministerium verflossen waren. Die erste Rückmeldung in Düsseldorf war ein Schreiben des Neusser Oberbürgermeisters Tödtmann vom 18. März 1942[40]: »Es unterliegt ... keinem Zweifel, dass die Familie Frings

---

[39] J. FRINGS, Für die Menschen bestellt, S. 17.

[40] Oberbürgermeister Tödtmann, Neuss, an Leitstelle Düsseldorf 18. März 1942: HStAD – RW 58-3741; Bl. 6. – Wilhelm Tödtmann (1893–1963), Jurist, 1933–1938 Bürgermeister von

den nationalsozialistischen Staat auf Grund ihrer religiösen Einstellung in weltanschaulicher Hinsicht ablehnt. Allerdings liegen keinerlei Beweise dafür vor, dass sie sich im Rahmen der religiösen Bindungen irgendwie staatsfeindlich betätigt hat«. Am 9. April 1942 registrierte SS-Hauptsturmführer Burghoff die Auskünfte eines V-Mannes[41]: »Frings sei ein einfacher, liebenswürdiger Mensch. Als Pfarrer und Regens sei er von tief religiöser und aszetischer Veranlagung. Er sei keine Kämpfer- und auch keine Führernatur. Man könne seine Wahl nur als Verlegenheitswahl bezeichnen«.

Diese Rückmeldungen gaben die Basis für die Antwort der Staatspolizeistelle Düsseldorf vom 24. April 1942 an das RSHA in Berlin ab[42]. Weitere Auskünfte, die in den Brief nach Berlin einflossen, lassen die Zufälligkeit der Informationen erkennen: Junge Kapläne aus Köln und Bad Godesberg seien über die Wahl ihres ehemaligen Regens entrüstet gewesen und hätten »mit Nachdruck auf die Unbeliebtheit des Regens Frings in den Kreisen des jüngeren Klerus hingewiesen«.

Der Vertreter des Oberpräsidenten in Koblenz fühlte sich an die Terminvorgabe des Kirchenministeriums gebunden und erstattete am 23. März Bericht nach Berlin, der allerdings überwiegend aus Fehlanzeigen hinsichtlich der Vorinformationen bestand[43]: »Der Gauleiter des Gaues Köln-Aachen [der NSDAP] hat mich fernmündlich unterrichtet, dass er seine Stellungnahme unmittelbar der Kanzlei des Führers übersenden werde. In welchem Sinne der Gauleiter Stellung genommen hat, ist mir infolgedessen nicht bekannt«. Die – oben dargestellte – Stellungnahme der Sicherheitspolizeistelle in Düsseldorf liege noch nicht vor. Allein der integrierte Bericht des Kölner Regierungspräsidenten und der Staatspolizeistelle Köln wurde im Wortlaut vorgelegt: »Gegen die Einsetzung des Pfarrers Dr. Josef Frings als Erzbischof werden Bedenken in staatspolizeilicher und allgemein politischer Natur [sic!] nicht erhoben. Der Genannte war hier ... in der vorwiegend katholischen Bevölkerung beliebt und hat Arme sowie kinderreiche Familie unterstützt«.

Der Verfasser dieser Zeilen ging offenbar von Frings' Braunsfelder Jahren aus und hatte seine inzwischen fünfjährige Tätigkeit als Regens des

---

Leverkusen, 1938–1945 Oberbürgermeister von Neuss: H. ROMEYK, Verwaltungsbeamte, S. 783 f.

41 »Düsseldorf, den 9. April 1942«: HStAD – RW 58-3741, Bl. 14.

42 Staatspolizeistelle Düsseldorf an RSHA (Kopie an Leitstelle Düsseldorf) 24. April 1942 (sign. Kopie): Ebd., Bl. 16 f.

43 Der Oberpräsident der Rheinprovinz an Kirchenminister 23. März 1942: BAB – 51.01-22228, Bl. 00052 f.

Priesterseminars übersehen oder ausgeklammert. Die Staatspolizeistelle Köln war dagegen der Herkunft und den bisherigen beruflichen Stationen des neuen Erzbischofs nachgegangen, zählte auch die bekannten »Verfehlungen« in Braunsfeld und Altenberg auf. »Während seiner seelsorgerischen Tätigkeit hat Frings bisher eine Handhabe zu staatspolizeilichen Maßnahmen nicht gegeben«. Der stellvertretende Oberpräsident Mischke[44] schloss seine Darlegungen: »Diesem Bericht des Regierungspräsidenten in Köln schließe ich mich mit dem Vorbehalt an, dass der Bericht des Gauleiters keine Tatsachen enthält, die gegen die Berufung des Pfarrers Dr. Frings zum Erzbischof von Köln sprechen«. Hier wird die typische Nachordnung der staatlichen gegenüber den Parteistellen während der NS-Zeit greifbar.

Der Chef der Sicherheitspolizei und des SD in Berlin fühlte sich ebenfalls an die Terminvorgabe gebunden und berichtete am 22. März an das Kirchenministerium, ohne den Bericht aus Düsseldorf abzuwarten[45]. Er stützte sich auf den fast wörtlich wiedergegebenen Bericht der Staatspolizeistelle Köln und schloss mit der Warnung: »Es darf jedoch besonders darauf hingewiesen werden, dass er [Frings] Leiter des wegen volks- und staatsfeindlicher Betätigung aufgelösten [richtig: enteigneten] Priesterseminars in Bensberg war«.

Die Münchener Parteikanzlei antwortete dem Kirchenministerium unter dem Zeitdruck nur telefonisch[46]: »Am 24. März nachmittags rief mich Herr Ministerialrat Krüger von der Parteikanzlei ... wegen des zum Erzbischof gewählten Geistlichen Dr. Frings an. Er erklärte, dass ›wir (die Parteikanzlei) Einwände nicht erheben‹«. Zu dem Hinweis aus der Prinz-Albrecht-Straße, dass Frings immerhin »Leiter des aufgelösten Priesterseminars« gewesen sei, habe Krüger erklärt, »dass die Gründe für die Beschlagnahme des Priesterseminars in Bensberg nicht in der Person von Frings gelegen hätten«. Diese Wandlung der Sichtweise innerhalb weniger Wochen ist aus der Rückschau beachtlich zu nennen! Der von Berlin aus getätigte Anruf Krügers im Kirchenministerium wurde am 25. März von der Parteizentrale in München aus noch einmal bestätigt[47].

---

44 Gerhard Mischke (1898–1987), politisch tätig in DNVP und NSDAP, 1933–1936 Regierungsvizepräsident in Wiesbaden, 1936–1945 Regierungspräsident in Koblenz, ab 1940 zeitweilig vertretungsweise Verwaltung des Oberpräsidiums der Rheinprovinz: H. ROMEYK, Verwaltungsbeamte, S. 633.

45 Der Chef der Sicherheitspolizei und des SD an Reichskirchenminister 22. März 1942: BAB – 51.01-22228, Bl. 00054.

46 »Vermerk« Oberlandesgerichtsrat Büchner (Kirchenministerium), »Berlin, den 25. März 1942«: Ebd., Bl. 00055.

47 »Am 25. März vormittags rief mich Amtsgerichtsrat Frühwirth von der Parteikanzlei ... nochmals von München aus an ... «: »Vermerk« Büchner, vgl. oben Anm. 46.

Staatssekretär Dr. Muhs erstattete daraufhin am 26. März 1942 Bericht an den »Herrn Preußischen Ministerpräsidenten« über die eingelaufenen Informationen zu Frings[48]: »Hiernach bitte ich, gemäß Artikel 14 Ziffer 2 des Reichskonkordats die Entscheidung dahin zu treffen, dass gegen den Gewählten Bedenken allgemein politischer Natur nicht bestehen, und mich zu einer entsprechenden Mitteilung an das Metropolitankapitel zu ermächtigen. Bei der Bedeutung des Erzbischöflichen Stuhles in Köln halte ich es für wünschenswert, dass die Abnahme des vom Erzbischof zu leistenden Treueides nicht vor dem Oberpräsidenten, wie in einigen Fällen geschehen, sondern in Berlin erfolgt. Sollten Sie [Göring] die Vereidigung nicht persönlich vornehmen wollen, so bitte ich, mich mit der Abnahme des Treueides zu betrauen«. Zur Sicherheit fügte Muhs noch an: »Die im Reichskonkordat (vgl. zu Artikel 14 Absatz 2 Ziffer 2) vorgesehene Frist zur Äußerung dem Metropolitankapitel gegenüber läuft am 31. d[ieses] M[onats] ab«[49].

Die Aktennotiz über zwei Telefongespräche, die Ministerialrat von Normann vom Preußischen Staatsministerium am 30. bzw. 31. März 1942 mit den Ministerialbeamten Büchner und Theegarten vom Kirchenministerium geführt hatte[50], macht deutlich, dass Göring ganz andere Absichten für die Vorgehensweise in Köln hegte. Normann hatte mitgeteilt, dass »von Seiten des Staatsministeriums die Frist zur Erklärung, ob Bedenken allgemein politischer Natur gegen Dr. theol. Frings vorliegen, nicht eingehalten werden würde, da es im Augenblick nicht möglich sei, die Angelegenheit an den Herrn Reichsmarschall heranzubringen. Mit einer Antwort des Ministerpräsidenten sei nicht zu rechnen. Gefragt, wie dann die Frage der Vereidigung gelöst werden solle, erklärte v[on] N[ormann], er stelle hierüber demnächst schriftliche Anfrage beim Ministerpräsidenten anheim. Im übrigen dächte man sich in seinem Hause die weitere Beantwortung der Frage so, dass nach Ablauf der Frist von Seiten des Reichskirchenministeriums dem Metropolitankapitel in Köln mitgeteilt würde, nachdem durch Ablauf der Frist das Staatsministerium stillschweigend zu erkennen gegeben habe, dass Bedenken gegen Frings nicht vorliegen, der Beantragung eines Vereidigungstermins entgegengesehen werde«.

---

48 Muhs an Preußischen Ministerpräsidenten 26. März 1942 (»Konzept«, in das das Datum nachträglich eingetragen wurde): BAB – 51.01-22228, Bl. 00056 f.

49 Muhs ließ die Frist nicht mit dem Wahltag des Kölner Kapitels, sondern mit dem Tag des Eingangs der Wahlanzeige des Kapitels im Kirchenministerium (11. März 1942) beginnen.

50 »Vermerk« vom 1. April 1942, unterzeichnet von Büchner und Theegarten: BAB – 51.01-22228, Bl. 00057.

Die Beamten des Kirchenministeriums mochten sich damit nicht zufrieden geben. Ministerialrat Theegarten erklärte, »dass der vorgeschlagene Weg, die Sache zum Abschluss zu bringen, wenig befriedigend erscheine. Bei der Bedeutung des Erzbischöflichen Stuhles in Köln sei eine Antwort auf die Anfrage des Metropolitankapitels erforderlich, sie entspräche auch einer bisher stets geübten Verwaltungspraxis«. Die Antwort lautete: Falls man im Kirchenministerium nicht einverstanden sei, könne Staatssekretär Muhs sich an seinen Kollegen Körner im Staatsministerium wenden. Muhs habe dann nach Vortrag dieser Gesprächsnotiz entschieden, »dass die Entscheidung des Herrn Ministerpräsidenten hingenommen werden solle ... Gegen eine mündliche Mitteilung des Standes der Angelegenheit an Bischof Wienken hatte Herr Staatssekretär keine Bedenken«.

Ob die Information der kirchlichen Seite tatsächlich erfolgte, ist nicht auszumachen. Es spricht eher dagegen, dass Dompropst Paschen aus Köln am 7. April 1942 an das Kirchenministerium schrieb[51] und bat, »nachdem die im Reichskonkordat vereinbarten 20 Tage bereits abgelaufen sind, uns eine Antwort zukommen zu lassen«. Staatssekretär von Weizsäcker im Auswärtigen Amt notierte am gleichen 7. April[52]: »Der Nuntius klopfte heute bei mir vorsichtig an, um festzustellen, wie die Regierung sich zu dem als Erzbischof von Köln in Aussicht genommenen Kandidaten der Kirche stelle. Ich habe geantwortet, die Angelegenheit sei noch in der Prüfung begriffen. Ohne Beschwerde zu führen, erwähnte der Nuntius, dass die übliche 20-Tagefrist seines Wissens schon etwas überschritten sei«.

Was in den Tagen vom 1. bis 17. April 1942 zwischen Kirchenministerium und Preußischem Staatsministerium verhandelt wurde, ist nicht festzustellen. Am 17. April schrieb Muhs an das Kölner Domkapitel mit »Schnellbrief«[53]: »Auf Ihre Anfrage vom 7. d[ieses] M[onats] teile ich Ihnen namens der Preußischen Staatsregierung folgendes ergebenst mit: Da innerhalb der zwanzigtägigen Frist staatlicherseits Bedenken gegen die Wahl des Pfarrers Dr. theol. Josef Frings zum Erzbischof von Köln nicht erhoben worden sind, sehe ich der Beantragung des Vereidigungstermins

51 Paschen (Metropolitankapitel Köln) handschriftlich an Kirchenminister 7. April 1942 (Eingangsstempel 9. April 1942): Ebd., Bl. 00058.

52 Von Weizsäcker an Unterstaatssekretär Woermann u. a. 7. April 1942: PA – AA – R 29816, Bl. 240326.

53 Der Reichsminister für die kirchlichen Angelegenheiten an Metropolitankapitel Köln 17. April 1942 (Entwurf Büchner 10. April, Original-Genehmigungsvermerk des Staatsministeriums 15. April 1942): BAB – 51.01-22228, Bl. 00059.

entgegen«. Das päpstliche Ernennungsrecht war in diesem Schreiben gewiss nicht zufällig übergangen.

Auf dem Rand war verfügt: »Vor der Ausfert[igung] dem Herrn Preuß[ischen] Ministerpräsidenten vorzulegen mit der Bitte um gefl. Einverständniserklärung ...«. Göring hatte durch seinen Staatssekretär Körner auf dem Entwurf am 15.4.1942 verfügen lassen: »Einverstanden – Abschrift erbeten. Ich überlasse es Ihnen [Muhs], die Vereidigung des neuen Erzbischofs von Köln vorzunehmen«. Kopien des Schreibens nach Köln gingen an den Oberpräsidenten der Rheinprovinz, an das Auswärtige Amt, an den Chef der Sicherheitspolizei und des SD in Berlin und an den Leiter der Parteikanzlei in München[54].

Erste Folge dieser staatlichen Entscheidung scheint gewesen zu sein, dass Nuntius Orsenigo den Erwählten nach Berlin bestellte, um seine Annahmebereitschaft zu erfragen – so ergibt es sich – wie bereits erwähnt – aus den Erinnerungen des Kardinals[55]. Am 1. Mai 1942 unterzeichnete Papst Pius XII. die bereitliegende Ernennungsbulle[56]. Nuntius Orsenigo teilte Frings am 3. Mai seine Ernennung mit. Die Nachricht erreichte ihn im damaligen Priesterseminar, dem Antoniusheim in Honnef, durch Brief oder Telegramm. Anlässlich des silbernen Bischofsjubiläums 1967 erinnerte den alten Erzbischof ein Honnefer Seminarist des Jahres 1942 an den Augenblick[57]: »Ich war damals Seminarküster und überbrachte Ihnen gerade die Wochenordnung und vor allem die Gottesdienstordnung des Sonntags zur Einsicht. Während Sie noch einen mir ungewohnt flüchtigen Blick auf die genannte Ordnung warfen, kam H. H. Msgr. Kutsch herein mit einer Urkunde in der Hand und sprach: ›Herzlichen Glück- und Segenswunsch, Herr Erzbischof‹. Was blieb mir da anderes übrig, [als] das Gleiche zu tun!«

Am 5. Mai stellte Frings sich in der Dompropstei dem Kölner Domkapitel vor[58], um mit ihm die nächsten Schritte bis zur Bischofsweihe zu be-

---

54 Die Liste der Empfänger findet sich auf dem Rand des Entwurfs.

55 Vgl. oben Anm. 39.

56 Das Original der Bulle ist in den Akten des Erzbistums nicht aufzufinden. Veröffentlichung des Textes: KA 82, 1942, S. 99.

57 Pfarrer Wilhelm Litterscheid, Leverkusen, an Kardinal Frings 19. Juni 1967 (hs. Original): HAEK – Nachlass Frings Nr. 1288, St. 63.

58 Das Datum der Bekanntgabe durch den Nuntius (3. Mai) ergibt sich aus Frings' Anzeige an das Kirchenministerium (vgl. unten Anm. 60). Etwas verwirrend klingt die Notiz der Gestapo: »Betrifft: Dr. Joseph Frings – Erzbischof von Köln« (HStAD – RW 58-3741, Bl. 18): »Darüber hinaus wurde dann die Ernennung am 5. Mai nachmittags 5 Uhr im Generalvikariat [?] dem neuen Erzbischof unter Geläut der Glocken in Anwesenheit des Domkapitels mit gleichzeitiger Überreichung der Urkunde offiziell durch den Kapitularvikar namens des Papstes übergeben«. Dieser Satz stellt ein beachtliches Beispiel der NS-Behördensprache dar!

sprechen. Frings selbst berichtete 1973[59]: »Ich kam mit der Rheinuferbahn nur bis Rodenkirchen, da durch einen nächtlichen Luftangriff die Stadt Köln schwer mitgenommen war. Als ich mich in das Haus des Herrn Dompropstes Dr. Otto Paschen begab, begann die Petersglocke einsam und schwer zu läuten. Es ergriff mich in tiefer Seele, und ich dachte: Diese Glocke wird noch einmal läuten, wenn ich das Zeitliche segne, von Gott abberufen werde, um Rechenschaft über meine Verwaltung abzulegen«.

Unter dem 6. Mai wandte sich Frings als »ernannter Erzbischof von Köln« erstmals an das Kirchenministerium, um seine Ernennung anzuzeigen[60]: »Nunmehr erlaube ich mir, gemäß RK Art. 16 einen Termin zur Leistung des Treueides ergebenst zu beantragen«. Der Weihetag wurde auf den 21. Juni 1942 festgelegt[61]. »Als Konsekrator wollte ich mir den Herrn Nuntius Orsenigo erbitten, die beiden Weihbischöfe Hammels und Stockums sollten Mitkonsekratoren sein. Vielleicht wäre es richtiger gewesen«, so reflektierte Frings 1973, »wenn ich den ältesten der Suffraganbischöfe von Köln um die Weihe gebeten hätte, nämlich den Hochwürdigsten Herrn Bischof Berning von Osnabrück«. Er ließ den Grund für seine Wahl 1973 offen. War es eine politische Entscheidung, die darin gründete, dass Bischof Berning als relativ »staatsfreundlich« galt, während die Wahl des Apostolischen Nuntius als Zeichen der Papstverbundenheit gedeutet werden konnte? Am 7. Mai gab das Metropolitankapitel durch den »Kirchlichen Anzeiger« den Gläubigen des Erzbistums und der Öffentlichkeit die Ernennung des neuen Erzbischofs bekannt und stellte ihn mit einem kurzen Lebenslauf vor[62].

Staatssekretär Muhs schlug als Termin für die Eidesleistung den 2. Juni 1942 vor[63]. Am Vortage fuhr Frings in Begleitung von Dompropst Paschen nach Berlin. Er erinnerte sich 1973[64]: »Die Fahrt verlief nicht ohne Schwierigkeiten, denn durch den Angriff vom 30. April [richtiger: 31. Mai] waren so schwere Schäden angerichtet worden, dass die Schnellzüge nicht über Köln fahren konnten. Wir fuhren mit einem Personenzug nach Düsseldorf und hatten Mühe, einen Platz zu finden«. In Düsseldorf habe der italienische Botschafter vergeblich versucht, ihm und Paschen Plätze

---

59 J. FRINGS, Für die Menschen bestellt, S. 17.

60 Frings an Kirchenminister 6. Mai 1942 (»Beglaubigt: Dr. Otto Paschen, Dompropst in Köln«): BAB – 51.01-22228, Bl. 00071.

61 »Weihe und Inthronisation des Hochwürdigsten Herrn Erzbischofs Dr. Joseph Frings« 5. Juni 1942: KA 82, 1942, S. 91-97.

62 »Unser neuer Erzbischof« 6. Mai 1942, Publikation: 7. Mai 1942: KA 82, 1942, S. 75.

63 Muhs an Frings 20. Mai 1942 (Entwurf): BAB – 51.01-22228, Bl. 00072.

64 J. FRINGS, Für die Menschen bestellt, S. 18.

in einem überfüllten Schnellzug nach Berlin zu verschaffen. »Wir waren genötigt, mit dem folgenden Zug zu fahren. So kamen wir am späten Abend in Berlin an und kehrten in dem St. Hedwigs-Krankenhaus ein, in dem auch Bischof Heinz Wienken wohnte. Ich freute mich, den alten Studiengefährten aus Innsbruck wiederzusehen«.

Frings sah der Vereidigung nicht ohne gewisse Befürchtungen entgegen. »Ich hatte Sorge, man würde mir nicht den genauen Text ... vorlegen, aber die Besorgnis war nicht begründet, es war genau der richtige Text; der Name Hitler kam nicht darin vor. Es war eine Vereidigung auf die Verfassung des preußischen Staates«. Die von Frings unterzeichnete Eidesformel findet sich in den Akten des Kirchenministeriums[65]: »Vor Gott und auf die heiligen Evangelien schwöre und verspreche ich, Josef Frings, ernannter Erzbischof der Erzdiözese Köln, so wie es einem Bischof geziemt, dem Deutschen Reich und dem Lande Preußen Treue. Ich schwöre und verspreche, die verfassungsmäßig gebildete Regierung zu achten und von meinem Klerus achten zu lassen. In der pflichtmäßigen Sorge um das Wohl und das Interesse des deutschen Staatswesens werde ich in Ausübung des mir übertragenen Amtes jeden Schaden zu verhüten trachten, der es bedrohen könnte«.

Ministerialrat Theegarten verfasste ein sorgfältiges Protokoll über die Vereidigungszeremonie im Amtszimmer des Kirchenministers[66]. Nach der Vorstellung von Frings folgten kurze Ansprachen von Frings und Muhs, die zur Eidesleistung überleiteten. Frings' Ansprache war sehr kurz und bestand in einer auslegenden Exegese der Eidesformel sowie einigen Sätzen über Kultur und Geschichte des Rheinlandes. Auch die Ansprache des Staatssekretärs umging zumindest konkrete gegenwartspolitische Anspielungen. Sie war offensichtlich von Theegarten oder einem anderen katholischen Beamten des Ministeriums verfasst. Wer sonst hätte in dieser nationalsozialistischen Behörde gewusst, dass Frings der 93. Nachfolger des hl. Maternus sein werde! Die einzige Anspielung politischer Art lautete: »Wenn diese Zusammenarbeit [von Staat und Kirche] auch zeitweilig Trübungen erfahren hat, so ist dieses im Grunde genommen eine notwendige Folge der großen geistigen Auseinandersetzungen

---

65 Kalligraphisch gestaltete Eidesformel mit Datum »Berlin, den 2. Juni 1942« und Unterschrift »Dr. Josef Frings«: BAB – 51.01-22228, Bl. 00079.

66 Niederschrift über die Vereidigung des Erzbischofs von Köln Dr. Joseph Richard Frings durch den mit der Führung der Geschäfte des Reichsministers für die kirchlichen Angelegenheiten beauftragten Staatssekretär Dr. Hermann Muhs. Verhandelt: Berlin, im Amtszimmer des Reichsministers für die kirchlichen Angelegenheiten ... , den 2. Juni 1942, Unterschrift: »Theegarten, Ministerialrat«: Ebd., Bl. 00075-00078 – Dieses Protokoll enthält die nachfolgend beschriebenen bzw. zitierten Ansprachen im Wortlaut.

der heutigen Zeit und wohl zu verstehen im Hinblick auf die umwälzenden Geschehnisse der letzten Jahre und die Notwendigkeiten des gewaltigen Kampfes unseres Volkes um seine Existenz. Aber gerade für die Kriegszeit ist das Zusammenstehen von Staat und Kirche heilige Pflicht und hat eine große innere Bedeutung«. Unter den guten Wünschen für den Erzbischof hieß es dann, Frings möge »als guter Hirte ... in den Gemütern der Geistlichen und Gemeinden den Geist der Ehrfurcht und der Treue zum Führer, die Liebe zum Vaterlande sowie die Eintracht unter den Bewohnern des Landes pflegen und nähren«. Theegarten bemühte sich, dass eine Pressenotiz über die Vereidigung durch den »Herrn Reichsminister für Volksaufklärung und Propaganda« in die Zeitungen gelangte[67].

Hinsichtlich des Rahmens der Vereidigung erinnerte sich Frings[68]: »Das Frühstück, das sonst üblich war, fand nicht statt, wohl saßen die Herren des Ministeriums noch einige Zeit zusammen. Ich konnte von dem Angriff der Alliierten auf Köln erzählen[69], etwas, was in Berlin noch unbekannt war«.

Eine Reise quer durch Deutschland war unter den sich verschärfenden Kriegsbedingungen eine sorgfältig zu nutzende Gelegenheit. So berichtete Frings: »Am folgenden Tag fuhr ich nach Breslau, um mich bei dem Vorsitzenden der Fuldaer Bischofskonferenz, Adolf Kardinal Bertram, vorzustellen. Er empfing mich sehr herzlich. Am Nachmittag fuhr ich wieder nach Berlin, und am folgenden Tag kehrte ich nach Honnef zurück ...«. Wie van Elten herausfand, machte Frings auch in Osnabrück und Münster noch Station[70]. Die Wohnung in Honnef und das Regentenamt behielt er vorerst als Erzbischof noch bei.

Die Wochen zwischen Ernennung und Bischofsweihe waren mit vielfältigen Überlegungen und Vorentscheidungen gefüllt. Frings wollte seine Schwester gewinnen, wieder die Führung seines Haushaltes im damals noch nicht zerstörten »Erzbischöflichen Palais« zu übernehmen. »Sie trug

---

67 Reichskirchenminister i. A. Theegarten an Reichspropagandaminister 2. Juni 1942; »Pressenotiz«: BAB – 51.01-22228, Bl. 00080 f.

68 J. Frings, Für die Menschen bestellt, S. 18.

69 Frings spielte hier auf den Großangriff vom 31. Mai 1942 an: P. Fetten, St. Ursula 1942-1945, S. 152 f.

70 Materialien zu J. van Elten, Katalog: HAEK. – Van Elten stützt sich auf einen Brief Frings' an Paschen 6. Juni 1942 (hs. Original: HAEK – MK 33): »Nachdem ich gestern Abend über Breslau, Osnabrück und Münster nach hier [Honnef] zurückgekommen bin, drängt es mich, Ihnen nochmals von Herzen zu danken dass Sie die Strapazen der Reise nicht gescheut haben, um mich zu begleiten ... Der Herr Kardinal [Bertram] lässt Sie bestens grüßen, ebenso Exc. Berning«.

aber wegen ihres noch nicht erwachsenen Sohnes Bedenken, zu mir ins Palais zu ziehen, weil sie glaubte, es werde erzieherisch nicht gut für ihn sein. So übernahmen die Ursulinen die Führung des Haushaltes«[71].

Frings entschied sich für den sein Leben prägenden Wahlspruch aus dem Hebräerbrief (5,1): Pro hominibus constitutus – Für die Menschen bestellt. »Es sollte eine gewisse Anspielung darauf sein, dass ich mich berufen glaubte, gegen die Vergewaltigung der Menschenrechte, wie sie durch die damaligen Machthaber nur zu oft geschah, zu protestieren. Dieser Wahlspruch ist später oft zitiert worden, wenn man mein Wirken schildern wollte«. Für sein Bischofswappen ließ er sich von seinem heraldisch interessierten ersten Pfarrer, Paul Nießen in Köln-Zollstock, beraten. Die eine Hälfte des Wappens nahm das Erzbistumswappen (schwarzes Kreuz auf silbernem Grund) ein, die andere Hälfte zeigte neun goldene Kugeln auf rotem Grund, das Wappen des hl. Quirinus in Neuss.

Nach Rückkehr von der Eidesleistung stellte Frings sich einer Höflichkeitspflicht: »Unterdessen machte ich meine Besuche bei den Behörden, die in der Stadt ihr Domizil hatten, unterließ es aber, dem Gauleiter Grohé einen Besuch abzustatten, da nach bisheriger Auffassung dieser [als Parteifunktionär] nicht zu den maßgebenden Obrigkeiten gehörte«. Auch für die Versendung der Einladungen zur Bischofsweihe verfügte Frings, »Grohé von der Liste zu streichen«[72]. 1973 war der Kardinal der Meinung: »Das scheint der Anlass dafür gewesen zu sein, dass die Regierung [richtiger: die Partei] die Parole ausgab, Besuche sollten nicht erwidert werden. Es kamen in der Tat nur der Dienstälteste (?) des Militärs und der Generalkonsul der Schweiz, von Weiss, der fortan mein aufrichtiger Freund blieb«[73].

---

[71] J. FRINGS, Für die Menschen bestellt, S. 19 f.; dort auch die nachfolgenden Informationen über Wahlspruch, Wappen und Antrittsbesuche in Köln.

[72] Frings an Paschen 6. Juni 1942 (hs. Original): HAEK – MK 33. – Josef Grohé (1902–1987), ab 1922 Mitglied der NSDAP, 1932 MdL, 1921–1926 Schriftleiter des »Völkischen Beobachter«, 1931–1945 Gauleiter des Gaues Köln-Aachen der NSDAP, ab 1942 Reichsverteidigungskommissar, 1945 Inhaftierung, später Handelsvertreter: H. ROMEYK, Verwaltungsbeamte, S. 480. – Als Grohé 1949 in seinem Entnazifizierungsverfahren steckte, ließ er bei Generalvikar David mit Berufung auf »wenigstens 12« Besuche bei Frings um ein entlastendes Zeugnis des Kardinals bitten. Frings vermerkte auf der Aktennotiz seines Generalvikars am 30.12.1949 (hs.): »Ich habe zweimal bei Grohé einen Besuch gemacht. Das erste Mal, als er nach Braunsfeld zog, wohl i. J. 33. Trotz vorheriger Anmeldung traf ich ihn nicht, sondern nur seine Frau u. Kinder. Ein zweites Mal besuchte ich ihn nach einer schweren Krankheit ... wohl 35 ... Später gratulierte ich schriftlich zur Geburt und Taufe eines Kindes. Als er – etwa 1936 – mit seiner Familie aus der Kirche austrat, versuchte ich mehrfach, eine Besprechung mit ihm zu haben, aber vergeblich. Seitdem habe ich keinerlei Beziehungen zu ihm gehabt. Ich machte ihm als Bischof keinen Antrittsbesuch. Direkte Schwierigkeiten hat er mir m. W. in der Seelsorge nicht gemacht« (HAEK – Gen II 22.13,11).

Außer den ausbleibenden Gegenbesuchen nannte Frings als weitere Folge, »dass die Presse die Weisung erhielt, von der Weihe des Bischofs im Dom am 21. Juni nichts zu berichten. Es durften nur im Raum selbst einige Fotographen Aufnahmen machen, um Bilder zu haben, die man ins Ausland senden konnte, um so der Welt vorzutäuschen, das Verhältnis zwischen der Kirche und dem Dritten Reich sei ausgezeichnet«.

Auch mit der Teilnahme an der Weihe hielten sich die NS-Funktionäre zurück. Dompropst Paschen hatte am 4. Juni eine Einladung an das Kirchenministerium gerichtet, einen Vertreter zu entsenden[74]. Muhs erwiderte am 16. Juni: »Wegen starker Inanspruchnahme kann ich ihr [der Einladung] leider nicht Folge leisten«. Es werde auch kein anderer Beamter kommen.

Für die Bischofsweihe am 21. Juni ergänzen sich die Erinnerungen des Kardinals von 1973 und ein Bericht in seiner Gestapo-Akte zu einem eindrucksvollen Bild[75]: »Am Vorabend kam Nuntius Orsenigo per Auto von Berlin in sehr schneller Fahrt nach Köln. Ich konnte ihm noch die Spuren eines neuerlichen Angriffs auf die Stadt zeigen, ein zerstörtes Warenhaus in der Nähe des Neumarktes ... Am folgenden Morgen füllte sich der Dom, so wie er seither nicht mehr gefüllt gewesen ist. Die Weihe nahm einen würdigen Verlauf. Ich war zwar sehr erregt und litt an einer Stimmerkältung, aber es verlief alles ohne Unfall, unter großer Anteilnahme des Volkes«.

Die Gestapo hatte die Feier mit größter Sorgfalt observieren lassen. Nach ihren Beobachtungen »waren ... bereits seit den frühen Morgenstunden des 21. Juni so gewaltige Menschenmassen vor dem Kölner Dom und an den Seitenportalen in Bewegung, dass nur ein größeres Polizeiaufgebot die Ordnung aufrecht erhalten konnte«. Die Züge aus Düsseldorf, aber auch die Nahverkehrsmittel der Umgebung seien »restlos überfüllt gewesen«. Mit besonderem Missfallen registrierte der Berichterstatter, dass vor allem die Jugend die Masse der Angereisten ausmachte: »Bereits

---

[73] Zu Franz-Rudolf von Weiss, 1940–1949 Generalkonsul der Schweiz in Köln: M. SCHMITZ/ B. HAUNFELDER, Humanität und Diplomatie, besonders: S. 9-11; in den abgedruckten Berichten des Generalkonsuls Weiss nach Bern wird das freundschaftliche Verhältnis zu Frings mehrfach bestätigt. Weiss' Bericht über die Bischofsweihe am 21. 6. 1942: Ebd., S. 179.

[74] Metropolitankapitel (Paschen) an Reichskirchenminister 4. Juni 1942: HAEK – MK 33 (hs. Entwurf), BAB – 51.01-22228, Bl. 00083 (unterschr. Original) – Antwort Muhs' an Metropolitankapitel 16. Juni 1942: Ebd., Bl. 00084 (Entwurf), HAEK – MK 33 (Original).

[75] J. FRINGS, Für die Menschen bestellt, S. 21 u. 36; »Betrifft: Die Bischofskonsekration des neuen Kölner Erzbischofs Dr. Joseph Frings am 21. Juni 1942 im Kölner Dom«, 7 Schreibmaschinenseiten: HStAD – RW 58-3741, Bl. 47-53.

vor 8 Uhr stauten sich die Massen der Jugendlichen zu einer pfeifenden, raunenden Menge, die jeden hohen Würdenträger – sogar Domherren in Lila – begeistert begrüßte. Der gesamte Raum vor den Domportalen bis zu den gegenüberliegenden Inseln zwischen den Durchfahrtstrassen waren [sic!] von einer vieltausendköpfigen Menge bereits eine Stunde vor Beginn der Bischofskonsekration [um 9 Uhr] gefüllt«[76]. Man registrierte auch, dass die Jugendlichen in ihrer Bekleidung an die früheren katholischen Jugendbünde erinnerten.

Ein V-Mann hatte sich offenbar mit der Zusammensetzung der geladenen Ehrengäste im Dom befasst. »Hierunter waren zahlreiche Namen von ehemaligen leitenden Staatsbeamten aus der Regierungsära der schwarzroten Regierungskoalition«, die der V-Mann namentlich zu benennen versuchte, was ihm von seinem Standort aus aus optischen Gründen nicht in allen Fällen möglich war. Auch hohe Militärs waren zahlreich vertreten, wie man feststellte. »Es bedarf daher auch wohl keiner Frage, dass dieser Personenkreis des politischen Katholizismus, auch wenn er größtenteils a. D. war, dennoch auch heute noch eine starke und vor allem führende Macht darstellt, zumal er zwar Pensionsempfänger, aber sonst keinerlei Rücksichten gegenüber verantwortlich ist [sic!] ... Nach Lage der Dinge scheinen also bei den zuständigen Stellen des Generalvikariats bzw. Metropolitankapitels noch genaue Listen dieser ehemaligen Köpfe des politischen Katholizismus vorhanden zu sein«.

Es ist eindrucksvoll, in der Akte des Metropolitankapitels die Zu- und Absagen der zur Bischofsweihe Eingeladenen einschließlich der genannten Begründungen zu lesen. Der in seinem Rhöndorfer Haus von der Gestapo überwachte frühere Kölner Oberbürgermeister Konrad Adenauer schrieb dem Dompropst ein wenig wehmütig[77]: »Leider muss ich es mir versagen, der Feier, die meine wärmsten Wünsche begleiten, beizuwohnen. Ich hoffe, dass meine Gründe bei Ihnen Verständnis finden werden«.

Besonderes Interesse zog das Verhalten der Jugendlichen im Dom auf sich, die »den Hauptbestandteil sowohl der auswärtigen Besucher als auch den Kern der bereits vor 8 Uhr vor dem Dom und auf den Domtreppen sich stauenden Teilnehmermassen darstellten«. Die Jugend habe die Zeit vor Beginn der Feier mit spontan angestimmten »Bekenntnisliedern« gefüllt, der vierstündigen Weiheliturgie sei sie »mit gespanntem Interesse

[76] Zu den Einzelheiten der Bischofsweihe vgl. die Sondernummer des »Kirchlichen Anzeigers«: KA 82, 1942, S. 91-97 – Korrespondenz um die Bischofsweihe, Listen der vom Metropolitankapitel Eingeladenen und deren Zu- bzw. Absagen: HAEK – MK 33.

[77] Adenauer an Paschen 13. Juni 1942 (hs. Original): Ebd.

und größter Aufmerksamkeit« gefolgt. »Mangels sonstiger Aufenthaltsmöglichkeiten ... hatte sich eine große Schar männlicher Jugendlicher auf den Chor [sic!], also unmittelbar hinter dem Weihealtar, aufgestellt ... Teilweise waren Jugendliche auf die vorstehenden Sockel der tragenden Säulen (!) geklettert, um von hier aus besser folgen zu können«.

Nach diesen mehr äußerlichen und atmosphärischen Beobachtungen und wenigen Hinweisen auf die Liturgie verzeichnete der Berichterstatter der Gestapo sehr ausführlich die Predigt des neugeweihten Erzbischofs am Ende der Feier, die sich schließlich den Jugendlichen besonders zuwandte[78]. Der bischöfliche Schlusssegen bildete keineswegs das Ende der großen Feier, die sich nun nach draußen verlagerte. »Gegen Schluss der Feierlichkeiten strömten die Teilnehmer nach vorne (?), um draußen Zeuge der Kundgebungen zu sein, die dem neuen Erzbischof in Begleitung des Nuntius, seines Konsekrators und des päpstlichen Sonderbeauftragten, bei der Abfahrt in immer neu aufbrausenden Heilrufen bereitet wurden«. Frings vermerkte[79]: »Als die Feier beendet war, kam es noch zu einem kleinen Streit wegen der Fahnen, die draußen nicht entrollt werden durften ... Im Laufe des Tages erschien die katholische Jugend [vor dem Palais] und rief: ›Wir wollen unseren Bischofs sehen‹. Ich musste mich auf dem Balkon des Hauses zeigen. Das hat den Machthabern damals sicher nicht gefallen«.

Wie eine Bestätigung dieser Vermutung wirkt die Nachbetrachtung eines Gestapo-Mannes[80], der feststellte, »dass vor allem die katholische Jugend trotz aller Beschränkungen ihres früheren bündischen Vereinslebens nach wie vor fest in der Hand ihrer geistlichen Seelsorger und Präsides ist«. Auch die Teilnahme der Erwachsenen sei stark gewesen. Die Schätzung van Eltens gemäß Aufgaben im Nachlass Berresheim (18.000 bis 20.000 Teilnehmer im Dom) könnte durchaus realistisch sein.

Wie für die Jugend, so stellte der Gestapo-Mann auch für die »Vertreter des politischen Katholizismus« fest: »Aus ihrer Teilnahme muss unbedingt geschlossen werden, dass ihre alte Bindung zum Episkopat und zum Klerus auch weiterhin noch besteht und sie in Wirklichkeit nunmehr erst recht für die Belange der Catholica eingespannt werden können«. Zahlreiche Vertreter hätten »stolz die päpstlichen Orden während der Feier offen getragen«.

---

78 Die Predigt ist wohl allein in dem Gestapo-Protokoll ziemlich detailliert festgehalten; ihr Gedankengang stimmt mit dem Antrittshirtenbrief überein: KA 82, 1942, S. 100-103.

79 J. Frings, Für die Menschen bestellt, S. 21.

80 »Betrifft: Gesamteindruck und abschließende Beurteilung der Bischofs-Konsekration hinsichtlich ihrer Auswirkungen zur kirchenpolitischen Situation der Gegenwart«: HStAD – RW 58-3741, Bl. 54.

In einer andere Gestapo-Notiz heißt es[81]: »Nach den erhaltenen Informationen ist sowohl im Kölner Klerus als auch beim Kirchenvolk eine tiefe Mißstimmung und Erregung darüber entstanden, dass keine einzige Tageszeitung über die Bischofskonsekration ... trotz der großen Anteilnahme der Bevölkerung berichtet hat«. Man sehe darin eine Missachtung der rheinischen Katholiken und angesichts der Kriegssituation »eine bodenlose Dummheit und Unvorsichtigkeit«. Frings erinnerte sich schmunzelnd an eine winzige Durchbrechung der Pressesperre[82]: »Erhalten hat sich nur eine kleine Annonce im Stadtanzeiger: Eine junge Dame erklärte, bei der Bischofsweihe habe sie ihre Handtasche verloren, in der eine Photographie ihres Bräutigams gewesen sei, der im Felde stehe. Sie sei zufrieden, wenn sie dieses Bild wiederbekomme«.

Trotz der Hochstimmung des Weihetages, die auch die im nächsten Kapitel darzustellende Rundreise durch das Erzbistum während der folgenden Wochen noch beherrschte, scheint Frings bei seinem Amtsantritt nicht unangefochten gewesen zu sein. 1973 schrieb er[83]: »Lebhaft erinnere ich mich, dass ich in der ersten Zeit, als ich Bischof war, beim Einzug in den Dom ganz überwältigt wurde von dem Gedanken, dass ich nun Bischof dieser großen Diözese sein sollte. Das überkam mich so mächtig, dass ich am liebsten in den Boden verschwunden wäre. Es ging aber vorüber, der Zug ging weiter, und ich musste meinen Dienst vollziehen«. Die Neigung, angesichts seiner Verantwortung in Gewissensbedrängnisse zu geraten, hat dem Erzbischof bis zu seinem Tode immer wieder zu schaffen gemacht.

---

[81] »Betrifft: Starke Erregung im Kölner Klerus und Kirchenvolk wegen Nichterwähnens der Bischofskonsekration den [richtig: in den] Tageszeitungen«: Ebd.

[82] J. FRINGS, Für die Menschen bestellt, S. 37. – Vgl. auch Frings' Erzählungen auf der Schallplatte: Kardinal Frings erzählt aus seinem Leben. »Ich bin für die Leute da«. Zusammenstellung und verbindende Worte H. MICHEL, Freiburg 1979; als CD nachgebrannt: 2000.

[83] J. FRINGS, Für die Menschen bestellt, S. 21.

IV. KAPITEL

DIE ERSTEN JAHRE BISCHÖFLICHER WIRKSAMKEIT IM II. WELTKRIEG 1942–1945*

Nach der Bischofsweihe am 21. Juni 1942 waren die Gläubigen des Erzbistums ebenso wie die nationalsozialistische Staatsmacht sehr darauf gespannt, wie der bisher eher ängstliche und vorsichtige, der breiten Öffentlichkeit weithin unbekannte neue Erzbischof seine Aufgabe anpacken würde. Zur allgemeinen Überraschung ging Frings nicht nur zielstrebig auf die Menschen zu und wusste zu begeistern, er entwickelte auch manche Ideen, wie Seelsorge auf die unberechenbaren Zuspitzungen der späten Kriegsjahre zu reagieren hätte; er zeigte Führungsqualitäten und ließ sich andererseits selbst von geschickt ausgewählten Ratgebern und Mitarbeitern führen. Das galt vor allem von Emmerich David, den er noch vor seiner Bischofsweihe, unmittelbar nach Übernahme des Erzbistums am 19. Juni 1942, erneut zum Generalvikar berief[1].

1. Erste Rundreise durch die Erzdiözese

Die Massen der Gläubigen und zumal der Jugendlichen bei der Bischofsweihe müssen Frings bewusst gemacht haben, dass die durch nationalsozialistische Kirchenverfolgung und zunehmende Bombenangriffe verunsicherten Katholiken auf eine ermutigende und integrierende Persönlichkeit in ihrem neuen Erzbischof warteten. So ließ er sich durch den damaligen Diözesanjugendseelsorger Dr. Frotz zu einer Rundreise durch das Erzbistum mit Jugend- und Elterngottesdiensten in zentralen Kirchen anregen. In seinen Erinnerungen schreibt Frings dazu[2]: »Es war ein Triumphzug, den ich durch die Erzdiözese hielt. Meine Mitbischöfe verulkten mich ein wenig deswegen, aber es war eine sehr gute Einführung.

* Die ersten Abschnitte dieses Kapitels über das erste Jahr bischöflicher Wirksamkeit 1942/43 wurden bereits veröffentlicht: N. Trippen, Erzbischof Josef Frings im ersten Jahr seiner bischöflichen Wirksamkeit.

[1] Veröffentlichung der lateinischen Ernennungsurkunde vom 19. Juni 1942: KA 82, 1942, S. 104. – Zu E. David s. o. S. 46 mit Anm. 29; vgl. auch die anerkennenden Bemerkungen in Frings' Erinnerungen zu Davids Berufung als Generalvikar: J. Frings, Für die Menschen bestellt, S. 24 f.

[2] J. Frings, Für die Menschen bestellt, S. 21 ff., das nachfolgende Zitat: S. 24. – Zu Augustinus Frotz vgl. oben S. 41 mit Anm. 16.

Ich wurde so überall bekannt, und der Name Frings wurde allen geläufig«.

Dass diese Einschätzung nicht übertrieben war, findet sich an unverdächtiger Stelle bestätigt: in der Personalakte Frings der Gestapo-Leitstelle Düsseldorf[3], bei der detaillierte Berichte, Predigtmitschriften und Liedzettel zu allen Stationen einliefen und die ihren Unmut über die Ausstrahlung des neuen Erzbischofs in besorgte Berichte an das Reichssicherheitshauptamt (RSHA) in Berlin umsetzte.

Schon das von Frings selbst als »zweite Primiz« bezeichnete Pontifikalamt in seiner Heimatkirche St. Quirin in Neuss am 28. Juni 1942 zog über die in Neuss weitverzweigte Verwandtschaft hinaus wieder Tausende von Gläubigen an und wurde von der Gestapo observiert[4]. Ebenso registrierte man in Düsseldorf die Predigt des neuen Erzbischofs anlässlich des silbernen Bischofsjubiläums Pius' XII. am 5. Juli im Kölner Dom, zu der abermals viele tausend Menschen zusammenströmten. Einem V-Mann gegenüber hatte Pfarrer Grosche diesen Gottesdienst als großen Erfolg des neuen Erzbischofs gewertet[5]: »Unter den Teilnehmern seien auch jetzt wieder viele auswärtige Katholiken gewesen ... Im Anschluss an die Schlussfeiern war der Erzbischof auf dem Wege vom Dom zum Metropolitankapitel nach Dr. Grosches Mitteilung wieder Gegenstand stürmischer Kundgebungen, die sich längere Zeit wiederholt hätten. Nur langsam seien die Massen gewichen«.

Die Rundreise durch das Erzbistum begann Frings am folgenden Sonntag (12. Juli) in Essen. Die Gestapo verzeichnete[6] »um 17 Uhr eine Messe

---

3 HStAD – RW 58-3741 (Frings)

4 Zu der »Zweiten Primiz« in Neuss, aber ebenso über die Reaktionen in Neuss auf die Nachricht von der Ernennung von Frings im Mai 1942: N. TRIPPEN, Josef Kardinal Frings (1887–1978), in: Lebensbilder aus dem Kreis Neuss, Bd. 4, Neuss 1999, S. 134-149, hier: S. 137-140. – Diese Darstellung beruht auf HStAD – RW 58-3741, dort auch: Gestapo – Leitstelle Düsseldorf an RSHA Berlin 2. Juli 1942 (Bericht über den Gottesdienst in St. Quirin/Neuss am 28. Juni 1942), ferner Notizen über das Pontifikalamt im Kölner Dom am 5. Juli 1942 aus Anlass des silbernen Bischofsjubiläums Pius' XII. und andere Schriftstücke. – Vgl. auch das Rundschreiben des Generalvikars an die Dechanten vom 5. August 1942: Kopie ebd.

5 »Betrifft: Aus der Unterredung mit Pfr. Dr. Grosche vom 9. Juli 1942«: Ebd. – Robert Grosche (1888–1967), 1920–1930 Studentenseelsorger an der wiedererrichteten Universität Köln, 1930–1941 Pfarrer in Brühl-Vochem, 1941–1945 Pfarrer an St. M. Himmelfahrt in Köln, 1943–1967 Stadtdechant in Köln, 1944 nichtresidierender Domkapitular, 1945–1967 Pfarrer an St. Gereon in Köln, 1954 Honorarprofessor an der Universität Köln: HANDBUCH DES ERZBISTUMS KÖLN, Bd. 2 [26]1966, S. 778; Chr. PESCH, Wer war Robert Grosche?, in: R. GROSCHE, Der Kölner Altarbau im 17. und 18. Jahrhundert, Siegburg 1978, S. 11-22; R. GORITZKA, Der Seelsorger Robert Grosche (1888–1967). Dialogische Pastoral zwischen Erstem Weltkrieg und Zweitem Vatikanischen Konzil (= Studien zur Theologie und Praxis der Seelsorge, Bd. 39), Würzburg 1999.

6 Außendienststelle Essen an Leitstelle Düsseldorf 13. Juli 1942: Ebd. – Dort auch weitere Schriftstücke zu dem Besuch in Essen am 12. Juli 1942.

mit Predigt für Erwachsene in der Münsterkirche und eine solche für Jugendliche um 19 Uhr in der Engelbertkirche. Beide Kirchen waren überfüllt, und der Andrang war so groß, dass nicht alle Einlass finden konnten. In beiden Predigten behandelte der Kölner Bischof die Jugenderziehung. Seine Ausführungen waren frei von (auch versteckten) politischen Tendenzen ...«.

Die Angaben des Gestapo-Mannes in Essen decken sich weitgehend mit den persönlichen Erinnerungen von Frings 1973[7]: »Überall hielt ich einen Gottesdienst, sei es Messe oder Andacht, für die Eltern und dann eine kirchliche Feier für die Jugend, der sich in irgendeinem Saal oder in der Krypta der Kirche ein Treuebekenntnis der Jugend anschloss. Das Erhebendste war wohl die Feier, die gleich am folgenden Sonntag in Essen in St. Engelbert stattfand. Es war die größte Kirche der Stadt ... Die Feier für die Jugend sollte morgens sein, aber die Hitlerjugend hatte ein Gebietstreffen für die HJ angesagt und so meinen Plan durchkreuzt. Wir konterten aber, indem wir statt der Morgenfeier eine Nachmittagsmesse ansetzten. Als ich zur festgesetzten Zeit eintraf, war die Kirche so gefüllt oder vielmehr überfüllt, dass kein Platz, auch nicht im großen Chor, zu finden war. Die Jugendlichen saßen auf den Beichtstühlen und ließen ihre Beine herunterbaumeln«. Die Messe sei »erbaulich« verlaufen. »Ebenso erklang das Treuebekenntnis der Jugend in der Krypta sehr schön. Es sprachen immer ein Junge und ein Mädchen und bekannten sich zu Christus, zur Kirche, zum Bischof. Gewöhnlich blieb der Junge stecken, während das Mädchen immer glänzend durchkam ...«.

Die nächste Station sollte am 19. Juli Düsseldorf sein mit gleichem Programm und gleicher Fülle bei einer Messe für die Jugend in St. Rochus um 8 Uhr morgens und bei einer Andacht um 17 Uhr für die Erwachsenen in St. Antonius am Fürstenplatz. Die Gestapo vermerkte[8]: »War schon bei der Jugendfeier mit Gemeinschaftsmesse und Predigt des Erzbischofs Dr. Frings am Morgen des 19. Juli in der größeren Rochuskirche (mit einem Fassungsvermögen von 6500 erwachsenen Personen) ein beängstigender Andrang zu verzeichnen, so setzte schon ab 16 Uhr nach gemachter Beobachtung in Richtung Antoniuskirche – Fürstenplatz sowohl auf den Straßen als auch mit der Straßenbahn ein riesiger Verkehr ein, so dass die um 16.30 Uhr kommenden Teilnehmer kaum noch Einlass finden konnten«.

---

7 J. FRINGS, Für die Menschen bestellt, S. 22.

8 »Betrifft: Elternfeierstunde mit Predigt des Erzbischofs Dr. Frings in der Antoniuskirche am Fürstenplatz am 19. Juli 1942« (und andere Schriftstücke über den Besuch in Düsseldorf am 19. Juli 1942): HStAD – RW 58-3741.

Ein besonderes Ärgernis waren der Gestapo die als »geschlossene Veranstaltung« aufgezogenen Treuekundgebungen der Jugend. Über die morgens nach der Messe im Rochussaal angesetzte Feier liest man in den Gestapo-Akten[9]: »Der Zutritt zu dieser Verpflichtung und Treuekundgebung war nur mit besonders dazu ausgegebenen namentlichen Zulassungskarten, die dazu noch den Pfarrstempel trugen, möglich. Es wurde darüber hinaus gleichzeitig noch eine strenge Türkontrolle abgehalten, so dass niemand Zutritt erhalten konnte, dessen Zuverlässigkeit nicht entsprechend pfarramtlich bescheinigt war«. Trotzdem wusste man über den Verlauf, über die – zweifellos von den Jugendseelsorgern formulierten – Treuebekenntnisse der beiden Jugendlichen und den Wortlaut einer Ansprache von Frings bei der Gestapo genau Bescheid. Entgegen den Nachrichten aus Essen unterließ es der Erzbischof in Düsseldorf nicht, politische Anspielungen zu machen: »... Auch die Anfänge der katholischen Jugendbewegung hätten in Düsseldorf gewurzelt. Männer wie die Prälaten Mosterts, Wolker und Klens hätten vorbildliche Aufbauarbeit geleistet ... Leider seien die ehemals blühenden katholischen Jugendverbände mit ihren Düsseldorfer Zentralen nicht mehr in ihrer altbewährten Form vorhanden, sondern zerschlagen. Sogar die Spiel- und Wanderscharen der katholischen Jugend seien nicht mehr möglich ... Aber die heutige Begeisterung und die ungeheure Teilnahme der katholischen Jugend sei[en] ihm Beweis dafür, dass dieser altreligiöse Geist aus der bündischen katholischen Jugend nicht ausgestorben sei ...«.

Im Mittelpunkt der Nachmittagsandacht in St. Antonius standen die Verlesung einer Eheverlautbarung Pius' XII.[10] und die Predigt des Erzbischofs über die Verantwortung der Eltern, zumal der Mütter, für den Glauben ihrer Kinder. Ein am Fürstenplatz wohnender SS-Obersturmführer geriet über die Ovationen für Frings bei Verlassen der Kirche so in Zorn, dass er noch am gleichen Tage an die Gestapo berichtete[11]: »Aus Anlass der Anwesenheit des Bischofs hatte sich vor dem Hauptportal der Kirche eine größere Menschenmenge angesammelt, um den Bischof auf seinem Wege von der Kirche zum Pfarrhaus zu begrüßen. Als der Mann [Frings] sich zeigte, brüllte die Menge unter Handhochheben: Heil! – Heil! Nachdem nun der Bischof im Pfarrhaus verschwunden war, riefen

---

9 »Betrifft: Verpflichtung und Treuegelöbnis der Jugendführer und –führerinnen durch Erzbischof Dr. Frings im Rochussaal«: Ebd.

10 Es dürfte sich um die Ansprache des Papstes zum Christkönigsfest 1941 handeln: »Die religiöse Erziehung der Kinder«: KA 82, 1942, Nr. 29, S. 22-27.

11 SS-Obersturmführer Dr. Schmengler an Leitstelle Düsseldorf 19. Juli 1942: HStAD – RW 58-3741.

alle laut: ›Wir wol-len un-sern Bi-schof se-hen!‹, und zwar solange, bis er sich am Fenster zeigte und eine Ansprache hielt«. Der SS-Mann reflektierte: »Die Kirche hat im übrigen eine direkte Verbindung zum Pfarrhaus, so dass die Straße nicht betreten zu werden braucht. Man merkte deutlich, dass die Angelegenheit regelrecht aufgezogen war, da stets einige Männerstimmen mit dem Gebrüll anfingen. Ich nehme an, dass der Bischof dasselbe Theater auch noch in anderen Pfarreien machen wird«.

In einer Nachbetrachtung zum 19. Juli 1942 in Düsseldorf[12] ist zu lesen, »dass die überaus starke Teilnahme sowohl der katholischen Jugend als auch die Elternfeierstunde in der Antoniuskirche und die vor und nach den Veranstaltungen dem neuen Erzbischof dargebrachten Huldigungen an den beiden nachfolgenden Tagen das Tagesgespräch in Düsseldorf waren. Nach den weiteren Informationen haben sich an den Kundgebungen bzw. Feierstunden auch Parteiangehörige und solche der NS-Gliederungen beteiligt. So konnte aus einem Wehrbetriebe erfahren werden, dass nach ihren eigenen begeisterten Mitteilungen eine BDM-Führerin an der Jugendfeier in der Rochuskirche teilgenommen hatte, die [in] ihr stärksten Eindruck hinterlassen hätte und die für sie ein einzigartiges Erlebnis bedeutet habe. Auch sonst wurde aus Parteikreisen durchweg Zustimmung laut ... Anscheinend handelt es sich hier um innere Wandlungen nach der religiösen Seite hin, die besondere Beachtung verdienen«.

Die Erfahrungen, die man mit dem Auftreten des neuen Erzbischofs in Düsseldorf gemacht hatte, versetzten die Gestapo-Leitstelle in erhöhte Alarmbereitschaft. Ein Polizeisekretär notierte am 24. Juli[13]: »Da in Erfahrung gebracht wurde, dass der Erzbischof von Köln nacheinander die einzelnen größeren Städte der Erzdiözese Köln besuchen will, wurden die Außenstellen Oberhausen u[nd] Wuppertal fernmündlich in Kenntnis gesetzt u[nd] gebeten, auf das Auftreten des Erzbischofs Obacht zu geben u[nd] ev[entuel]l Veranstaltungen zu überwachen ...«.

Wie ein V-Mann der Gestapo bei Pfarrer Grosche ermittelte[14], wurde die Rundreise durch das Erzbistum im Monat August jedoch durch einen dreiwöchigen Urlaub »in einem Kloster in Hersfeld an der Weser«, womit die Benediktinerinnenabtei Herstelle gemeint sein dürfte, unterbrochen. »Anschließend wird er [Frings] sich nach Fulda zur üblichen Bischofskonferenz begeben«.

---

12 »Betrifft: Eindruck und Stimmung nach dem Düsseldorfer Bischofstag vom 19. Juli 1942«: Ebd.

13 »Vermerk: Düsseldorf, den 24. Juli 1942«: Ebd.

14 »Betrifft: Pfr. Dr. Grosche über die neue seelsorgerliche Linie des Erzbischofs in der Unterredung vom 13. August 1942«: Ebd.

Die Reihe der Bischofsbesuche in Zentralkirchen des Erzbistums wurde am 30. August im Bonner Münster fortgesetzt. Da Bonn nicht im Einzugsbereich der Gestapo-Leitstelle Düsseldorf lag, erfahren wir nur durch ein Rundschreiben des Generalvikariates an die Dechanten vom 29. September 1942[15] über den Besuch in Bonn: » ... Die Elternveranstaltung in der Münsterkirche brachte über 3000 Väter u[nd] Mütter unter die Kanzel des Bischofs. An der Gemeinschaftsmesse der Jugend nahmen 3500 Jungen u[nd] Mädchen teil, die die Münsterkirche u[nd] die Nebenräume füllten. Nach der hl. Messe strömte die Jugend auf den Innenhof [in den Kreuzgang] des Münsters, wo sie ihren neuen Oberhirten begeistert feierte«.

Im gleichen Rundschreiben ist dann acht Tage später die nächste Station beschrieben: »Am 6. September besuchte der Herr Erzbischof Wuppertal. Im Gesellenhaus, das von Vater Kolping als die Urzelle des heute über alle Erdteile verzweigten großen Kolpingwerkes gegründet wurde, fand morgens um 11 Uhr die Versammlung der Junghelfer u[nd] –helferinnen[16] statt, bei der besonders die stark vertretene männl[iche] Jugend auffiel ... Um 16 Uhr war in St. Antonius in Barmen eine Feierstunde für die Eltern, an der über 2500 Gläubige teilnahmen. Nach einer Zusammenkunft des Klerus des Stadtdekanates im Pfarrsaal von St. Laurentius in Elberfeld wurde um 19 Uhr in der St. Laurentiuskirche die Gemeinschaftsmesse für die Jugend gefeiert ... Über 3000 Jugendliche nahmen teil«.

Mit dem kurzen und farblosen Bericht der Außendienststelle Wuppertal vom 7. September über den Besuch von Frings in Wuppertal war die Leitstelle Düsseldorf der Gestapo höchst unzufrieden und mahnte exakte Beobachtungen und den Wortlaut der Ansprachen von Frings an. Der Leiter der Wuppertaler Außendienststelle antwortete erst am 7. Oktober[17]: »Die beiden Gottesdienste, in denen der Erzbischof von Köln anlässlich seines Besuches in Wuppertal predigte, waren derart stark besucht, dass sie mehr einem religiösen Tumult als einem Gottesdienst glichen. Den Predigten des Erzbischofs zu folgen, war den mit der Überwachung beauftragten Beamten weder in der Antoniuskirche in Wupper-

[15] Rundschreiben stellv. Generalvikar Hecker an die Dechanten 29. September 1942 »Unser Erzbischof unter seinen Diözesanen«: HAEK – Gen II 23.23a, 4.

[16] Die Bezeichnung »Junghelfer/innen« war eine Vorsichtsmaßregel für die mitlesenden Parteistellen: Nach der Auflösung der kirchlichen Jugendbünde konnte es keine »Führer/innen« mehr geben, wohl aber Helfer in der Jugendseelsorge.

[17] »Bericht über den Besuch des Bischofs von Köln in Wuppertal am 6. September 42« vom 7. September 1942; Leitstelle Düsseldorf an Außendienststelle Wuppertal 18. September 1942; Außendienststelle Wuppertal an Leitstelle Düsseldorf 7. Oktober 1942: HStAD – RW 58-3741.

tal-Barmen noch in der Laurentiuskirche in Wuppertal-Elberfeld möglich. Ebenfalls war den Beamten die Möglichkeit nicht gegeben, sich in den Kirchen einen Platz zwecks Aufnahme von Notizen zu sichern, zumal nicht damit gerechnet werden konnte, dass die Kirchen fast zwei Stunden vor dem Eintreffen des Erzbischofs bereits überfüllt gewesen sind und die Beamten nur mit Mühe sich in die unmittelbare Nähe der Kanzel vordrängen konnten. Noch größerer Andrang als in den Kirchen war vor dem Pfarrhaus von Wuppertal-Elberfeld. Der Vorplatz vor der Kirche und dem Pfarrhaus war bereits während der kirchlichen Predigt des Erzbischofs durch mehrere tausend Menschen überfüllt, so dass es den in der Kirche anwesenden Personen nicht möglich gewesen ist, während der Ausführungen des Erzbischofs vom Pfarrhaus [sic!] auf den Vorplatz zu gelangen. Die Rede vom Pfarrhaus wurde fortlaufend durch Heilrufe aus der Menschenmenge übertönt, so dass nur ein Bruchteil den Anwesenden zu Gehör gekommen ist«.

Was eine Entschuldigung des Außendienststellenleiters für einen ungenügenden Bericht sein sollte, wurde so zu einem eindrucksvollen Zeugnis über das Echo des ersten Besuchs von Erzbischof Frings in der bergischen Diaspora seines Bistums. Die weiteren Orte der erzbischöflichen Rundreise seien nur noch der Vollständigkeit halber aufgezählt[18]; sie erbrachten in unterschiedlicher Ausführlichkeit Berichte und Notizen bei der Gestapo in Düsseldorf: Köln-Zollstock: 17. September; Neviges: 18. September; Mülheim/Ruhr: 20. September; Mülheim-Styrum und Düsseldorf, St. Andreas/St. Maximilian: 21. September; Köln-Kalk: 27. September; Oberhausen, St. Josef: 18. Oktober; Solingen, St. Clemens: 8. November. Nicht immer stand die Begegnung mit der Jugend im Mittelpunkt. Der Besuch in Düsseldorf am 21. September sollte die Anteilnahme an den Schäden durch Bombenangriffe bekunden. In St. Clemens in Solingen wurde die 50-Jahrfeier der Kirche begangen.

Immerhin hatte der neue Erzbischof wenige Monate nach seinem Amtsantritt den Kontakt zu den Menschen in seinem Erzbistum gefunden und dabei einen neuralgischen Punkt der Seelsorge vor vielen tausend Gläubigen ansprechen können: die religiöse Erziehung der Jugend angesichts der ideologischen Überfremdung durch den Nationalsozialismus. Jugendverbände und katholische Schulen waren beseitigt; der Religionsunterricht an den Schulen musste zunehmend durch »Seelsorgestunden« ersetzt werden, die nur einen Teil der Jugendlichen erreichten. Die Ju-

---

18 Zusammenstellung der im Herbst 1942 von Frings besuchten Orte und Kirchen: J. VAN ELTEN, Katalog, S. 28.

gendarbeit in den Gemeinden wurde bespitzelt, der Gottesdienstbesuch durch HJ-Veranstaltungen behindert.

2. Kleruskonferenzen und Hirtenbriefe

Parallel zu den Begegnungen mit der Jugend und den Gemeinden suchte Frings den Kontakt mit dem Klerus. Der 19. Juli in Düsseldorf endete mit einem Konveniat des Düsseldorfer Klerus im Pfarrhaus von St. Antonius. Auch in Wuppertal war dem Jugendgottesdienst in St. Laurentius eine Begegnung mit dem Stadtklerus vorgeschaltet. Man darf davon ausgehen, dass bei der Rundreise überall solche Konferenzen eingeplant waren. Es verwundert, dass die Gestapo selbst über solche vertraulichen Gespräche zwischen Erzbischof und Klerus genauere Informationen erhielt. Über die Düsseldorfer Versammlung berichtete eine Notiz[19], Frings habe nach der Begrüßung durch den Stadtdechanten zunächst mit launigen Worten »alte Bekannte« begrüßt, z. B. einen Dechanten, »der als zügiger Neusser Beichtvater [auf einer früheren Stelle!] bekannt sei«. »Folgende seelsorgerliche (!) Aufgaben wurden sodann in der weiteren Ansprache an den Düsseldorfer Klerus herausgestellt und zur priesterlichen Pflicht gemacht:
1. Hausbesuche bei den Pfarrkindern,
2. Selbstheiligung und priesterliches Vorbild im Lebenswandel,
3. Abtötung und Fasten, besonders bei Lieblingsgewohnheiten.
Im Anschluss an diese oberhirtlichen Richtlinien hat sich eine angeregte Aussprache entwickelt, die teilweise einen humorvollen Einschlag hatte«.

Dass die Kommunikation im Klerus des Erzbistums funktionierte, macht der Bericht eines V-Mannes über ein Gespräch mit Pfarrer Dr. Grosche in Köln am 13. August 1942 deutlich[20]: Frings befinde sich im Urlaub und fahre danach zur Bischofskonferenz, über die man leider nichts Näheres ermittelt habe. »Immerhin dürften sich die neuen aktiven seelsorgerlichen Richtlinien von Erzbischof Dr. Frings auch in etwa produktiv auf die Gesamthaltung der Fuldaer Bischofskonferenz auswirken. Da Dr. Frings auch vor dem Düsseldorfer Klerus diese Richtlinien entwickelt hatte, wurde auch in dieser Unterredung am 13.8.42 [mit Grosche] das Thema auf diesen Fragenkomplex ausgedehnt«, zumal Grosche durch

19 »Betrifft: Erzbischof Dr. Frings vor seinem Düsseldorfer Klerus«: HStAD – RW 58-3741.
20 Vgl. oben Anm.14.

seine Nachbarschaft zum Generalvikariat »über viele interne Angelegenheiten weitgehend unterrichtet sein dürfte«.

Über das Seelsorgekonzept des neuen Erzbischofs habe das Gespräch ergeben: »Trotz aller politischen Beschränkungen erfordere die seelsorgliche Arbeit der Gegenwart einen tiefen Einblick auch in rein irdische Gegebenheiten und Entwicklungen, wie sie in solch außerordentlichen Zeiten mit der Gnade Gottes nur durch vermehrtes Studium und offenen Weltblick gewonnen werden könnten. Auch müssten die Seelsorger in dieser Zeit des Schweigens und Duldens mit den ihnen anvertrauten Menschen, die von Stimmungen und Strömungen geradezu hin und her geworfen würden, soweit nur eben möglich durch Hausbesuche usw. enge persönliche Verbindung suchen ...«. Dabei komme es sehr auf die Priesterpersönlichkeit an, auf Wissen und Takt. »Heute, im autoritären Staat, wo für den einzelnen Volksgenossen Pflicht und Möglichkeit zur Einflussnahme und Stellungnahme zu politischen Fragen fast ganz entfiele[n], dürften und würden die Seelsorger das ihnen an sich fernliegende Gebiet der politischen Fragen und Entscheidungen denen überlassen, welche dazu berufen seien«[21].

Jede Obrigkeit bleibe jedoch an den Willen und das Gesetz Gottes gebunden. »Die Kirche habe also durch ihre gottgesetzten Hirten in jeder gesellschaftlichen Ordnung, also auch in einem autoritären Staatswesen, ihre bestimmten religiösen Aufgaben zu erfüllen, nämlich dafür mitzusorgen, dass die sittlichen Grundgesetze als Wille Gottes ihre strenge Beobachtung fänden. Das gelte auch um so mehr in einer gesellschaftlichen Ordnung, die auch von sich aus die gesamten Lebens- und Kulturbereiche erfassen und formen wolle«. Frings stellte damit den Alleingestaltungsanspruch des NS-Regimes in Frage, wenn er auch angesichts der Hinneigung weiter Bevölkerungsschichten zum Nationalsozialismus zur Behutsamkeit im Vorgehen mahnte und das Positive anzuerkennen anriet. »Daher tue eine ruhige, mehr grundsätzliche Besprechung dieser äußerst verwickelten Fragen in seelsorgerlichen Kreisen, besonders aber bei Priesterkonferenzen, aus Gründen der Klärung und Einheitlichkeit heute bitter not. Auch die Priester und Seelsorger müssten hier mehr denn je selber prüfen, was in dieser neuen gesellschaftlichen Ordnung christliche Färbung habe, was also offen bejaht und auch mit gestützt werden könne, oder aber was noch einer christlichen Umprägung bedürfe«.

---

21 Dieser Satz ist wörtlich einer Ansprache Bischof Galens vor einer Dechantenkonferenz im Bistum Münster am 28. Oktober 1935 entnommen: P. LÖFFLER, Galen I, Nr. 139, S. 302 (Freundl. Hinweis von Prof. Dr. Heinz Hürten, Eichstätt).

Frings habe vor einem abstoßenden »überheblichen christlichen Selbstgefühl« gewarnt. Dann habe er – so der Gestapobericht über das Gespräch mit Grosche – positive Elemente in der rassisch-nationalen Strömung der Gegenwart auszumachen gesucht, bevor er zu Ausführungen über die religiös-aszetische Haltung der Priester unter den gegebenen Verhältnissen übergegangen sei: »In Not- und Besinnungszeiten sollten die Priester gerne verzichten auf gedankenlose Anpassung in Wohn- und Lebensformen an die Art weltlicher Schichten. Der priesterliche Beruf verlange gerade heute Selbstüberwindung und Selbstverleugnung«. Die Zeitverhältnisse stellten »solche gewaltige Anforderungen an den Seelsorger, dass er sich in einer besinnlichen Stunde immer wieder Kraft und Klarheit holen müsse«.

Wie der persönliche Einsatz des neuen Erzbischofs über solche programmatischen Aussagen hinaus nach einigen Monaten im Klerus beurteilt wurde, mag die Wertung des Franziskanerpaters Rudolf Umpfenbach aus dem Kölner Kloster an der Ulrichgasse gegenüber einem V-Mann der Gestapo belegen[22]: »Ausgehend von den Auswirkungen der Kölner Erzbischofswahl betonte [der] Franziskanerpater die überaus starke Aktivität des neuen Erzbischofs von Köln, der keinen Sonntag vorübergehen lasse, um mit dem Kirchenvolk und seinem Klerus in engster Verbindung zu bleiben. Die überaus starke Anteilnahme der katholischen Jugend gegenüber ihrem neuen Oberhirten und die allenthalben beobachteten, fast sprichwörtlich gewordenen Huldigungen sogar in breitester Öffentlichkeit müssten nicht ohne positive Wirkung auf Erzbischof Dr. Frings bleiben und ihm in jeder Beziehung den Rücken stärken. Bisher habe man auf der ganzen Linie den Eindruck, dass Erzbischof Dr. Frings konsequent und unerschrocken seine oberhirtliche Pflicht erfüllen werde«.

Von einem jungen Kölner Priester erfuhr die Gestapo im April 1943[23]: »Der Erzbischof habe es ... verstanden, sich in sehr kurzer Zeit viele Freunde, besonders unter dem jungen Klerus, zu erwerben. Sein bisheriges Verhalten habe allgemein angenehm enttäuscht, und man könne sagen, dass seine Tätigkeit vom Klerus zwar sehr aufmerksam, aber wohlwollend beobachtet werde. Das sei auch schon daraus zu erkennen, dass man mit besonderem Wohlgefallen alle Äußerungen aufnehme, ... , die eine gewisse Schärfe gegenüber dem Staat enthielten. Der Erzbischof werde zwar als unpolitisch bezeichnet, aber für die Rechte der Kirche setze er sich voll

---

[22] »Auszug aus einem Bericht des V-Mannes Nr. 94 vom 19. September 42 über eine Unterredung mit dem Franziskanerpater Rudolph aus dem Kölner Franziskanerkloster in der Ulrichgasse«: HStAD – RW 58-3741.

[23] »Düsseldorf, den 9. April 1943. Betrifft: Besprechung mit dem V-Mann Nr. (?)«: Ebd.

und ganz ein. Das Verhalten des Erzbischofs gegenüber dem Staat würde allgemein im Klerus gebilligt ...«. Viele Freunde habe Frings beim jungen Klerus wegen seiner betonten Förderung der Jugendseelsorge. »Auch sei der allgemeine Klerus über die Dezentralisierungspläne des Erzbischofs, der das Schwergewicht aller seelsorglichen Arbeit in die Pfarrgemeinde verlege, sehr begeistert. Die Geistlichen in den Pfarrgemeinden fühlen sich dadurch sehr gestärkt, und innerhalb der katholischen Bevölkerung werde das Erscheinen des Erzbischofs in ihren Pfarrkirchen freudig begrüßt«.

Zu den Instrumenten, mit denen der neue Erzbischof zunehmend Profil entwickelte, gehörten auch seine Hirtenschreiben[24]. Hatte er sich in seinem ersten Hirtenbrief vom Tage seiner Einführung[25] auf eine kurze Darlegung seines Amtsverständnisses mit der Andeutung beschränkt, er halte es für seine Pflicht, »das Wort Gottes ohne Furcht zu verkünden, das Gute gut, das Böse bös zu nennen und den Gläubigen Christi, unbeirrt durch alle Modetorheiten, den Weg zum Himmel zu weisen«, so trat er bald auf die Seite der deutschen Bischöfe, die gegenüber dem NS-Regime eine etwas deutlichere Sprache suchten als der Konferenzvorsitzende Kardinal Bertram von Breslau.

Die Fuldaer Konferenz im August 1942, die erste, an der Frings teilnahm und auf der er sein erstes Referat über den Priesternachwuchs hielt[26], beschloss zwar einen eher zurückhaltenden gemeinsamen Hirtenbrief[27]. Vielleicht bezieht sich auf diese Konferenz Frings' Bemerkung in seinen Erinnerungen[28]: »Ich erinnere mich, dass wir jüngeren Bischöfe auf einer der ersten Konferenzen, an denen ich teilnahm, eine schärfere Tonart anschlagen wollten, dass aber Bischof Galen sagte, wir könnten es nicht: ›Unsere Jungens an der Front‹, so drückte er sich aus, ›müssen dafür zahlen‹«. Am 18./19. November 1942 nahm Frings erstmals am Konveniat der westdeutschen Bischöfe in Kevelaer teil[29]. Wie sich die Gestapo in Düsseldorf erzählen ließ, sei er dort »ziemlich kühl aufgenommen worden«. Galen habe zu dem an Gestalt schmächtigen Frings gesagt: »Bruder

---

24 Übersichten und kurze Charakterisierungen der ersten Hirtenbriefe von Frings: U. von Hehl, Erzbistum Köln, S. 232 ff.; J. van Elten, Katalog, S. 29 ff.

25 KA 82, 1942, S. 100-103.

26 Tagesordnung, Protokoll, Referate und sonstige Schriftstücke zur Plenarkonferenz des Deutschen Episkopats in Fulda 18.-20. August 1942: L. Volk, Akten V, Nr. 786-788, S. 830-918; dort unter Nr. 786/IIa, S. 853-859: Referat Frings' über Priesternachwuchs.

27 L. Volk, Akten V, Nr. 788, S. 913-918.

28 J. Frings, Für die Menschen bestellt, S. 26.

29 Protokoll der Konferenz der westdeutschen Bischöfe, Kevelaer, 18.-19. November 1942: L. Volk, Akten V, Nr. 800, S. 946-950.

Erzbischof müssen noch viel Nahrung aufnehmen, bis Sie so groß sind wie wir«[30]. Auf dem von Frings erstmals geleiteten Konveniat bat man Bischof Preysing von Berlin, eine von ihm am 28. Juni 1942 gehaltene Predigt über »Recht und Gerechtigkeit« zu einem von jedem Bischof persönlich zu verantwortenden Hirtenwort für den 4. Adventssonntag 1942 auszuarbeiten[31]. Frings, der sich mit Korrekturvorschlägen an der Ausarbeitung beteiligt hatte, ließ dieses Hirtenwort am 20. Dezember 1942 jeweils in einer Hauptmesse verlesen, während andere Bischöfe – teils wegen verspäteter Übermittlung des Textes – den Hirtenbrief nicht übernahmen.

Das Hirtenwort ordnete alles menschliche Recht dem Recht Gottes unter, griff kaum verhüllt die nationalsozialistische Rechtsauffassung und Rechtsordnung an und verteidigte die Rechte des Einzelnen: »Wer immer Menschenantlitz trägt, hat Rechte, die ihm keine irdische Gewalt nehmen darf. Es ist ein Ruhmesblatt in der Geschichte der Menschheit, dass das Recht des Fremden sich immer mehr entwickelt hat, dass das Völkerrecht diese Rechte näher umgrenzt und festlegt. Alle die Urrechte, die der Mensch hat, das Recht auf Leben, auf Unversehrtheit, auf Freiheit und Eigentum, auf eine Ehe, deren Bestand nicht von staatlicher Willkür abhängt, können und dürfen auch dem nicht abgesprochen werden, der nicht unseres Blutes ist oder nicht unsere Sprache spricht. Ein deutscher Philosoph, der für allzu viele richtunggebend geworden ist, hat hier einen verhängnisvollen Einfluss geübt …«. Dem Angriff auf die nationalsozialistische Rechtsauffassung schloss sich damit ein weiterer auf deren Fundament, die Philosophie Friedrich Nietzsches, an.

Dieses Hirtenwort stammt als Ganzes von Konrad Graf Preysing, doch Frings war einer der Bischöfe des Westens, die es sich zu eigen machten und verkündigen ließen. Der Kölner Gauleiter der NSDAP ließ es am 29. Dezember 1942 an Heinrich Himmler in Berlin schicken[32]: »Der Hirtenbrief übersteigt mit seinem staatsfeindlichen Inhalt wohl alles bisher Dagewesene. Da er für Köln und Aachen vom Kölner Erzbischof Frings herausgegeben wurde, ist er gleichzeitig ein Fingerzeig, welchen Weg der sich bisher ziemlich zurückgehaltene (!) neue Erzbischof von Köln in Zu-

30 So in dem Bericht der Gestapo-Leitstelle Düsseldorf an RSHA Berlin 29. April 1943 (gestützt auf »Düsseldorf, den 9. April 1943. Betrifft: Besprechung mit dem V-Mann Nr. …«): HStAD – RW 58-3741.

31 Hirtenwort Preysings und der Kölner Kirchenprovinz, Berlin-Köln, 13. Dezember 1942: L. VOLK, Akten V, Nr. 804, S. 959-964. Dort S. 959 Anm. 1 in einer ausführlichen Fußnote Volks die Entstehungsgeschichte des Hirtenworts.

32 Gauleitung Köln (Der Gaupropagandaleiter) an Reichsführer SS Himmler, Berlin, 29. Dezember 1942: BAB – NS 19-3423.

kunft zu beschreiten gedenkt«. Reichsjustizminister Thierack wurde anlässlich eines Besuches im Rheinland auf das Frings zugeschriebene Hirtenwort aufmerksam gemacht. Er ließ sich den Text durch das Koblenzer Oberpräsidium beschaffen und versah ihn mit Randbemerkungen[33].

Die Gestapo-Leitstelle Düsseldorf ermittelte anlässlich dieses Hirtenbriefes vom 20. Dezember 1942 den Kurierweg aller wichtigen Postsachen, die vom Generalvikariat in Köln über die Stadtdechanten und Caritasverbände den Pfarrern zugestellt wurden[34]. »Auf diesem Wege ist auch der letzte Hirtenbrief vom Dezember 1942 an die einzelnen Pfarrer gegangen. Die Überbringung des Hirtenbriefes von Köln nach Düsseldorf erfolgte erst am 17.12.42, so dass die Pfarrer erst am 18.12.42 in den Besitz gelangten, obwohl schon am 20.12.42 die Verlesung erfolgen musste. Hierbei dürfte es sich um eine besondere Taktik handeln, um eine Indiskretion zu verhindern«.

3. Frings in der Einschätzung der NS-Behörden

Fast auf den Tag ein Jahr nach der päpstlichen Ernennung Frings' zum Erzbischof sah sich der Leiter der Gestapo-Leitstelle Düsseldorf zu einem umfangreichen Bericht an das RSHA in Berlin veranlasst, in dem er die bereits zitierten Berichte der verschiedenen V-Männer des letzten halben Jahres verwertete[35]: »... Zu Beginn seiner Amtstätigkeit erweckte der Erzbischof durch sein Verhalten den Anschein, als ob er, im Gegensatz zu den anderen westdeutschen Bischöfen, in seinem Auftreten gegenüber dem Staat maßvoller sein werde«. So habe er zunächst angeordnet, die Hirtenbriefe »nicht mehr, wie früher üblich, im Abzugsverfahren herzustellen und durch Kuriere zu versenden«, sondern im Kirchlichen Anzeiger zu veröffentlichen. Doch seit Dezember 1942 sei Frings zur früheren Praxis zurückgekehrt. Auch der sonstige Postverkehr mit dem Klerus laufe weitgehend über Kuriere. »Ebenso ist der Inhalt der Hirtenbriefe, die anfänglich bei der Behandlung von Zeit- und Gegenwartsfragen eine mildere Abfassung zeigten, nunmehr betont aggressiv geworden«. Es folgte

---

33 Der Regierungspräsident beim Oberpräsidium der Rheinprovinz an Reichsjustizminister Thierack 19. März 1943: »Gemäß Ihrem bei Ihrem Besuch in Köln geäußerten Wunsch habe ich noch ein Stück des Hirtenbriefes des Erzbischofs in Köln vom 12. Dezember 1942 zu bekommen versucht ...«.: BAB – R 22-4009, Bl. 17-25.

34 »Düsseldorf, den 23. Dezember 1942. Bericht«: HStAD – RW 58-3741.

35 Gestapo-Leitstelle Düsseldorf an RSHA Berlin 29. April 1943 (Entwurf mit hs. Korrekturen): Ebd.

ein Hinweis auf den Adventhirtenbrief 1942. »Das am 19.3.43 vom Erzbischof Dr. Frings herausgegebene ›Oberkirchliche [lies: Oberhirtliche] Mahnwort zur Betreuung der aus dem luftgefährdeten Gebiet evakuierten Kinder‹ lässt die Abkehr von der [friedfertigen] Grundhaltung gegenüber dem Staat und den staatlichen Maßnahmen besonders deutlich erkennen«. Die Eltern würden darin aufgefordert, »ihre Einwilligung zur Verschickung der Kinder nicht zu geben, wenn nicht die religiöse Betreuung der Kinder und die Möglichkeit, den kath[olischen] Gottesdienst zu besuchen, tatsächlich gesichert erscheinen«. Für den eigenen Todesfall sollten die Eltern durch testamentarische Bestimmung eines Vormundes die religiöse Erziehung der Kinder sichern.

Der Hirtenbrief sei am 28. März 1943 in allen Kirchen verlesen worden. »Bei den Eltern, die naturgemäß um die Unterbringung ihrer Kinder besorgt sind, wurde durch die Verlesung des Hirtenwortes die Meinung hervorgerufen, dass der Staat die Evakuierung der Kinder nicht allein aus Gründen der allgemeinen Sicherheit vornehme, sondern dadurch gleichzeitig die Kinder der christlichen Erziehung im Elternhaus entziehen wolle«. Durch solche Äußerungen der Bischöfe werde »die Widerstandskraft der hiesigen Bevölkerung gegenüber der ständigen Bedrohung durch die feindliche Luftwaffe« nachteilig beeinflusst. Auch in zahlreichen Predigten habe Frings auf die Gefahr der Beeinträchtigung des Erziehungsrechtes der Eltern durch den NS-Staat warnend hingewiesen[36].

Ferner stelle Frings »die Kirche immer in den Mittelpunkt des Zeitgeschehens«. Durch Trauergottesdienste nach Luftangriffen steigere er sein Ansehen bei der Bevölkerung. Er bezeichne dabei die Leiden des Krieges als Strafe Gottes für die Sünden der Menschheit.

Ein ausführlicher Abschnitt des Gestapo-Berichtes befasste sich dann mit der »zeitnahen Seelsorge« des Erzbischofs, der Betonung der Pfarrgemeinden als Orte der Seelsorge und der Schulung des Klerus. »Wie vertraulich bekannt wurde, hat der Erzbischof den früheren Leiter der ›Pfarrgemeindlichen Beratungsstelle in der ehemal[igen] Reichszentrale der kath[olischen] Aktion‹ in Düsseldorf, Dr. Nikolaus Mund, mit dieser

[36] Text des »Oberhirtlichen Mahnwortes« vom 19. März 1943 (Umdruck): HAEK – CR I 2.3, 2. – Ebd. Umdruck des Rundschreibens »An die hochw. Herren Pfarrer und Pfarr-Rektoren des Erzbistums Köln« vom 1. Mai 1943 mit der Aufforderung, wegen der zu befürchtenden Evakuierung am 23. Mai, dem Tag der Weihe der Pfarreien an die Gottesmutter, alle Kinder zu einer österlichen Gemeinschaftskommunion einzuladen. – Am 15. Mai 1943 wandte sich Frings an den Reichskirchenminister »betr. Religionsunterricht und Seelsorge der evakuierten Kinder«: W. CORSTEN, Kölner Aktenstücke, Nr. 255, S. 297 f. – Zum Gesamtkomplex der »Kinderlandverschickung«: G. KOCK, »Der Führer sorgt für unsere Kinder ...«. Die Kinderlandverschickung im Zweiten Weltkrieg, Paderborn 1997.

Schulung des gesamten Klerus beauftragt[37]. Pfarrer Mund gehört zu den politischen Aktivisten des Katholizismus und wurde bei Auflösung der Reichszentrale vorübergehend in Haft genommen«. Ihn habe Frings »zu einem Schulungsleiter und engsten Vertrauten gemacht. Dr. Mund spricht laufend beim Erzbischof vor und hält ihm regelmäßig einmal in der Woche Vortrag über den Stand seiner Schulungsarbeit«. Bei der Beauftragung Munds habe Frings betont, »dass der Klerus für den bevorstehenden Kampf der Kirche geschult werden müsse«. Medium der Schulung seien Vorträge bei den Konveniats und bei örtlichen Zusammenkünften des Klerus. Die westdeutschen Bischöfe hätten dieses Kölner Modell bei einer der letzten Konferenzen für effektiv erklärt. »Die Kölner Kurie wurde von der Konferenz beauftragt, einen Plan für die Wochenschulung in den Konveniaten (!) auszuarbeiten[38] ... Der Klerus der Erzdiözese Köln wird ... sowohl in politischer wie in religiöser Hinsicht einheitlich ausgerichtet und geschult. Einer internen Anweisung des Erzbischofs entsprechend werden die Geistlichen darüber hinaus angewiesen, dafür zu sorgen, dass möglichst viele zuverlässige Katholiken in der NSDAP und ihren Untergliederungen aktiv tätig werden. Die Kirche schafft sich hierdurch einen Nachrichtendienst, der seine Vertrauensleute in allen staatlichen und parteiamtlichen Stellen sitzen hat«. Die Auswirkungen seien schon zu spüren. »So ist es z.B. im hiesigen Bereich kaum noch möglich, eine Postkontrolle gegen Geistliche zu verhängen, ohne dass diese darüber unterrichtet werden. In einem Fall ... erhielt sogar ein Stadtdechant Kenntnis von einer gegen ihn verhängten Telefonüberwachung«.

---

[37] Eine »amtliche Beauftragung« ist weder im Kirchl.Anzeiger veröffentlicht, noch – nach Auskunft des HAEK – in der Personalakte Mund zu finden. – Nikolaus Mund (1902–1979), 1937–1938 tätig an der Bischöfl. Hauptarbeitsstelle in Düsseldorf, 1938–1946 Pfarrer in Immendorf, ab 1946 Präsident des Päpstl. Werkes der Glaubensverbreitung in Aachen: HANDBUCH DES ERZBISTUMS KÖLN, Bd. 2 [26]1966, S. 811. – »Im Zuge der Ermittlungen gegen die Bischöfliche Hauptarbeitsstelle Düsseldorf und der Auflösung des Canisiusvereins am 28.1.1938 durch die Gestapo Verhör, Beschlagnahme von Unterlagen und Festnahme. Bis zum 30.5.1938 inhaftiert, ohne dass Anklage erhoben wurde«: U. VON HEHL, Priester unter Hitlers Terror, Bd.1, [3]1996; S. 767. – Über die staatspolizeilichen Hintergründe dieser »Schutzhaft« 1938 geben Auskunft die Personalakte Mund, Dr. Nikolaus (Hans) der Gestapo-Leitstelle Düsseldorf: HStAD – RW 58-27543 sowie die Akte Böhler, Wilhelm: HStAD – RW 58-45818, Bl. 31 (Antrag auf Schutzhaft), Bl. 39 (Schutzhaftbefehl), Bl. 51 (Schutzhaftaufhebung). In der Schutzhaft-Aufhebungsbewilligung aus Berlin stand die Anweisung: »Ferner ist ihnen [d.h. Mund und Rektor Peter Heuser] zu eröffnen, dass die Dauer der Schutzhaft durch ihr eigenes Verhalten bedingt war, da sie insbesondere über die Herkunft der internen staatlichen und Parteierlasse [bei der Bischöfl. Hauptarbeitsstelle] keine vollständige Aufklärung gaben«.

[38] In den Protokollen der westdeutschen Bischofskonveniats 1942 und 1943 (L. VOLK, Akten V u. VI) findet sich nichts, was diese Behauptung bestätigen könnte.

Der Respekt vor der inneren Widerstandskraft der Kirche mischte sich hier mit Angstvorstellungen des Regimes und der Projizierung eigener Arbeitsmethoden auf den weltanschaulichen Gegner. Als Kuriosität wirkt die Vermutung, die von Pius XII. angeordnete »Weihe des Menschengeschlechtes an das Unbefleckte Herz Mariä«, die Frings in eine »Weihe an die Gottesmutter« abmilderte[39], richte sich tendenziell gegen die aus der katholischen Jugendbewegung kommende christozentrische Frömmigkeit und gegen das von der NS-Pädagogik der Jugend nahegelegt Leistungsprinzip. »Um eine derartige, rein auf die Machterhaltung der kath[olischen] Kirche gerichtete Seelsorge durchführen zu können, lässt der Erzbischof von Köln die Geistlichen seiner Diözese, von denen die Mehrzahl vom Wehrdienst zurückgestellt ist, in einer Zeit schulen, in der der Nationalsozialismus seine ganze Kraft zur Erhaltung des Reiches und damit auch zur Erhaltung der Kirche einsetzen muss«. Klang hier schon die nach der Schlacht von Stalingrad und der Verstärkung des Bombenkrieges aufkeimende Angst um das Überleben des Systems an?

Mund sei nicht der einzige Günstling des neuen Erzbischofs. Frings habe es gewagt, den früheren Leiter der Katholischen Schulorganisation, Prälat Wilhelm Böhler, als residierenden Domkapitular in Aussicht zu nehmen[40]. »Vertraulich wurde dazu bekannt, dass der Erzbischof und sein Generalvikar David vorher eine Unterredung mit dem Prälaten Böhler hatten, bei der alle Möglichkeiten erörtert wurden, die ev[entuel]l zu einer Ablehnung führen könnten«. Böhler habe auf seine leitende Tätigkeit in der Schulorganisation und das seinerzeitige Ermittlungsverfahren hingewiesen. »Der Erzbischof habe darauf Böhler erwidert, dass gegen seine Ernennung zum Erzbischof auch kein Einspruch eingelegt worden sei, obwohl doch das von ihm geleitete Priesterseminar in Bensberg mit der

[39] Dazu finden sich verschiedene Hirtenworte, Durchführungsverordnungen etc. im KA 83, 1943, S. 47 f.; S. 70; S. 76 ff. – Weihegebet Pius' XII. an das unbefleckte Herz Mariens: Ebd., S. 17.

[40] Wilhelm Böhler (1891–1958), 1920 Generalsekretär der Kath. Schulorganisation, 1935–1945 Pfarrer in Essen-Altendorf, 1945 Domkapitular in Köln, 1948 Vertreter des Episkopats beim Parlamentarischen Rat, ab 1951 Leiter des Kath. Büros in Bonn (und Düsseldorf), 1956 Titel »Exzellenz«: B. VAN SCHEWICK, Wilhelm Böhler; B. BERGMANN – J. STEINBERG, In memoriam Wilhelm Böhler; E. GATZ, in: E. GATZ, Bischofslexikon 1945-2001, S. 281 f. – Zu Böhlers »Schutzhaft« von Januar bis März 1938 (zusammen mit einigen Mitarbeitern der Schulorganisation und der Bischöfl. Hauptarbeitsstelle Düsseldorf (= Canisiusverein): Personalakte der Gestapo-Leitstelle Düsseldorf Böhler, Wilhelm: HStAD – RW 58-45818. Dort (Bl. 64) die Notiz über ein Gespräch Böhlers mit einem V-Mann am 30. November 1942, in dem er über die nachfolgend geschilderte Unterredung zwischen Frings, David und Böhler berichtete. – Korrespondenz Frings – Reichskirchenministerium zu Böhlers Berufung in das Kölner Metropolitankapitel: BAB – 51.01-23338, Bl. 2 f.

Begründung geschlossen und zu Gunsten des Reiches eingezogen wurde, die Leitung des Seminars habe sich staatspolitisch betätigt. Die Ablehnung Böhlers durch die Staatsregierung soll für den Erzbischof dann sehr überraschend gewesen [sein]. Besonders über die Begründung, in der es geheißen habe, dass die Ernennung Böhlers zum Domkapitular einen unfreundlichen Akt gegen die Staatsregierung bedeute, sei der Erzbischof sehr verärgert gewesen«.

Man kann diesen Gestapobericht nach dem ersten Bischofsjahr von Frings mit seiner Übersicht über Wirken und Wirkung des neuen Erzbischofs von Köln als Scheidemarke zwischen Anfang und Normalität des bischöflichen Wirkens betrachten. An die Stelle der punktuellen Besuche in Zentralkirchen des ganzen Bistums traten nun – soweit unter den sich verschärfenden Kriegsverhältnissen möglich – die normalen Visitations- und Firmungsreisen durch einzelne Dekanate[41]. 1943 kamen außerdem erstmals die damals noch zahlreichen Hirtenbriefe des Erzbischofs zum Tragen, die überwiegend religiöse und seelsorgerliche Anliegen (bisweilen von der Kriegssituation bestimmt) aufgriffen. Doch scheute Frings im Gegensatz zu manchen anderen Bischöfen auch den kaum versteckten Angriff auf die Unrechtsmaßnahmen des NS-Regimes nicht.

So erarbeitete er gemeinsam mit Erzbischof Jaeger von Paderborn einen Entwurf für den letzten gemeinsamen Hirtenbrief der deutschen Bischöfe im September 1943[42]. Kardinal Bertram hatte zwar die westdeutschen Bischöfe um einen Entwurf für einen (nach seinen Intentionen möglichst unverfänglichen) Hirtenbrief über die Zehn Gebote gebeten. Doch Frings' Entwurf stieß bei Bertram auf »nun bereits chronische Bedenken der Inopportunität«[43]. An die deutschen Metropoliten schrieb Bertram am 24. Juli 1943 über den Dekalog-Hirtenbrief-Entwurf aus Köln[44]: »Als ich den Wunsch aussprach, es möge – sei es vom Gesamtepiskopate, sei es vom Köln-Paderborner Konveniat – ein Hirtenwort ausgearbeitet werden

---

[41] Übersicht über die Visitations- und Firmungsreisen des Erzbischofs Frings 1943/44: J. van Elten, Katalog, S. 29; J. Frings, Für die Menschen bestellt, S. 25 f.

[42] Kölner Entwurf eines Hirtenwortes (28. Juni 1943): L. Volk, Akten VI, Nr. 872/I, S. 184-197. – Lorenz Jaeger (1892–1975), 1922 Priesterweihe, 1926 Religionslehrer, später Studienrat, 1940 Divisionspfarrer, 1941–1973 Erzbischof von Paderborn, 1965 Kardinal: E. Gatz, in: E. Gatz, Bischofslexikon, S. 344 ff.; H. Gruß, Erzbischof Lorenz Jaeger als Kirchenführer im Dritten Reich, Paderborn 1995.

[43] L. Volk, Die Fuldaer Bischofskonferenz von der Enzyklika »Mit brennender Sorge« bis zum Ende der NS-Herrschaft, in: Ders., Katholische Kirche und Nationalsozialismus, S. 56-82, hier: S. 74. – Dieser Beitrag von L. Volk bietet die knappste und gleichzeitig präziseste Übersicht über die Arbeit und die Strömungen innerhalb der Bischofskonferenz 1937–1945.

[44] Bertram an die deutschen Metropoliten 24. Juli 1943: L. Volk, Akten VI, Nr. 855, S. 106 f.

über den Wert des Dekalogs für das Volksleben, dachte ich an ein aufbauendes, richtungweisendes, ganz positiv eingestelltes, rein pastorales Hirtenschreiben ... Der jetzt vorliegende Entwurf aber hat eine andere Einstellung gewählt. Es scheint darin neben der klaren belehrenden Darlegung eine Behandlung von aktuellen Maßnahmen, die fast zu betrachten ist als kritische Abrechnung mit verschiedenen Akten und Bestrebungen des öffentlichen Lebens, die von den maßgeblichen Kreisen als politisch wird betrachtet werden ...«. Noch schärfer wurde Bertram gegenüber Faulhaber am 10. August[45]: Zu dem Dekalog-Pastorale »habe ich meine Ansicht schon ausgesprochen und Unterschrift abgelehnt. Ich stehe mit der Auffassung der Inopportunität nicht allein. Nicht nur meine hiesigen Ratgeber sind der gleichen Ansicht. Auch ein süddeutscher Bischof[46] hat mir geschrieben: er lehne es ab, weil es zur Zeit Sprengpulver sei«. Bertram, der in den letzten Jahren schon häufiger wegen seiner weichen Linie gegenüber dem NS-Regime die Kritik energischerer Mitbrüder gefunden hatte[47], schloss den Brief an Faulhaber: »Wenn meine Bedächtigkeit, deren (!) wegen ich schon manche Bitterkeit im Fuldaer Arbeitsgebiete verkostet habe, unerwünscht ist, so ist ja das mir seit langen Jahren anvertraute Amt wieder voll und ganz in die Hände des Gremiums gelegt«.

Trotz dieser Einwände des Vorsitzenden beschlossen die deutschen Bischöfe in Fulda in dessen Abwesenheit am 17. August 1943 den Dekalog-Hirtenbrief für den 12. September nach der Vorlage aus Köln[48]. Der Schwerpunkt und Anstoß des Textes lag in dem Abschnitt über das 5. Gebot: »Tötung ist in sich schlecht, auch wenn sie angeblich im Interesse des Gemeinwohles verübt würde: An schuld- und wehrlosen Geistesschwachen und -kranken, an unheilbar Siechen und tödlich Verletzten, an erblich Belasteten und lebensuntüchtigen Neugeborenen, an unschuldigen Geiseln und entwaffneten Kriegs- oder Strafgefangenen, an Menschen fremder Rassen und Abstammung. Auch die Obrigkeit kann und darf nur todeswürdige Verbrechen mit dem Tode bestrafen«.

Die Feststellung Ulrich von Hehls ist noch nicht überholt[49]: »Zu Recht hat man auf Grund dieser Sätze den Dekaloghirtenbrief unter die mutigs-

---

45 Bertram an Faulhaber (II) 10. August 1943: Ebd., Nr. 863, S. 122 f.

46 Gemeint ist nach L. VOLK, Akten VI, S. 123 Anm. 3: Bischof Michael Buchberger, Regensburg.

47 Dazu vor allem: L.VOLK, Fuldaer Bischofskonferenz ... (vgl. oben Anm. 43), passim.

48 Protokoll der Plenarkonferenz des deutschen Episkopats in Fulda 17.-19. August 1943: L. VOLK, Akten VI, Nr. 868/II, S. 133-146, hier: S. 136. Text des Hirtenwortes in der Endfassung: Ebd., Nr. 872/II, S. 197-205.

49 U. VON HEHL, Erzbistum Köln, S. 234 f.

ten Dokumente der Kriegszeit gezählt. Tatsächlich gehört er zu den bedrückend wenigen öffentlichen Protesten, die von kirchlicher Seite gegen die Ausrottungspolitik der Nationalsozialisten gerade auch in der Judenfrage ergangen sind«. Hehl weist dann noch auf weitere Äußerungen des Kölner Erzbischofs aus dem Jahre 1943 hin: Gegen die Verletzung der Menschenrechte protestierte Frings in eigenen Kundgebungen noch mehrfach: Sein Hirtenbrief zum Caritassonntag 1943 wandte sich gegen unchristliche Hassgesinnung, seine Pfingstpredigt vom 13. Juni und seine Weihnachtsansprache vom 25. Dezember 1943 gegen den Rassenkampf: »Und wer mit Absicht Unschuldige und Nichtkämpfende tötet, sei es aus der Luft oder wie immer, wer ihnen das Leben nimmt, nur weil sie einem fremden Volk, einer fremden Rasse angehören, der sündigt wider Gottes Gebot: ›Du sollst nicht töten‹«. Nicht ungeschickt hatte Frings im ersten Teil des Satzes die 1943 sich verheerend auswirkenden Luftangriffe der Alliierten auf die deutsche Zivilbevölkerung angesprochen, ehe er den Judenmord der Nazis anprangerte.

4. Bombenkrieg, Entvölkerung der Städte und Evakuiertenseelsorge

Zu einer echten Normalität bischöflichen Wirkens konnte es für Frings nämlich nicht mehr kommen, weil im Frühjahr 1943 britische Bombenteppiche die westdeutschen Großstädte planmäßig zu verwüsten begannen. So war am 29. Juni 1943 der bis dahin schwerste Angriff auf Köln niedergegangen[50]. Unter dem unmittelbaren Eindruck seiner persönlichen Erlebnisse schrieb Frings am 13. Juli an Kardinal Bertram[51]: »Die Erzdiözese Köln ist von einem Schlage getroffen worden wie vielleicht noch nie seit ihrem Bestehen. Die großen Städte Köln, Essen, Düsseldorf, Elberfeld-Barmen, Mülheim sind in einer unvorstellbaren Weise zerstört und entvölkert, die meisten Kirchen entweder vernichtet oder schwer und bis zur Unbenutzbarkeit beschädigt, viele Tausende von Menschen getötet. Im Vordergrund steht augenblicklich die Trauer um Köln. Die Kirchen, die noch für den Gottesdienst verwendbar sind, kann man an den Fingern der Hand aufzählen. Die Innenstadt ist ein Trümmerhaufen, aus dem der Dom einsam aufragt. Das erzbischöfliche Palais ist völlig ausgebrannt; ich selbst

[50] Augenzeugenberichte dazu: J. Frings, Für die Menschen bestellt, S. 26-29; P. Fetten, St. Ursula 1942–1945, S. 149-181, hier: S. 155 ff.; M. Schmitz/B. Haunfelder, Humanität, S. 206 (Bericht des Generalkonsul Weiss an die Schweizer Regierung vom 21. Juli 1943).

[51] Frings an Bertram 13. Juli 1943: L. Volk, Akten VI, Nr. 854, S. 105 f.

kam mit knapper Not mit dem Leben davon, da eine Bombe in meinen Luftschutzkeller einschlug und zwei Ordensschwestern neben mir tötete. Die Kurien der Domherren sind bis auf zwei ausgebrannt, die zwei erhaltenen sind unbewohnbar. Das Generalvikariat ist zwar nicht verbrannt, aber so hergerichtet, dass es unter den jetzigen Umständen nicht wiederherzustellen ist. Da auch Post und Bahnhof zerstört sind, erschien uns Köln nicht mehr als geeigneter Ort, von dem aus die Diözese verwaltet werden könne. Wir haben uns deshalb entschlossen, die Verwaltung von Köln zu verlegen und sie hier im Antoniusheim in Honnef, Selhoferstraße 11, in primitivster Form wieder aufzunehmen. Auch ich wohne hier auf zwei Zimmern«.

Das Anliegen dieses bekümmerten Berichts kam am Schluss des Briefes zum Ausdruck: »Als Aufnahmegebiete der obdachlosen Kölner sind Niederschlesien und Sachsen bestimmt worden. Soweit dabei die Diözese Ew. Eminenz in Frage kommt, bitte ich um gütige Aufnahme der Obdachlosen. Ich habe vor, auch den einen oder anderen Priester von hier ihnen nachzuschicken, der nach ihnen sehen soll«.

Mit den Bombenangriffen auf die westdeutschen Großstädte nahm 1943 die »Evakuierung« wohnungslos gewordener Menschen nach Mittel- und Ostdeutschland rasch große Ausmaße an. Während die westdeutsche Bevölkerung überwiegend katholischen Bekenntnisses war, stellten die Aufnahmegebiete Niederschlesien, Sachsen und Thüringen katholische Diaspora dar, deren Seelsorgestrukturen einem so plötzlichen Ansturm heimatloser Katholiken aus dem Westen nicht gewachsen waren. So schrieb Pfarrer Edmund Roeser aus Hildburghausen/Thüringen bereits am 22. Juni 1943 »An das kath. Seelsorgeamt Düsseldorf«[52]: »Zu den mehreren Hundert Düsseldorfer Frauen und Kindern, die schon längere Zeit in meiner Gemeinde untergebracht sind, kamen in den letzten 10 Tagen noch schätzungsweise 2000 hinzu. Weitere Frauen aus Düsseldorf werden erwartet. Mein Seelsorgebezirk umfasst den ganzen Landkreis Hildburghausen, d. h. 107 Dörfer und 4 Städtchen. Somit ist eine geordnete Seelsorge für die rheinischen Frauen und Kinder mir nicht möglich ... Darum mache ich den Vorschlag, einen der jüngeren Kapläne etwa zu veranlassen, – wenigstens vorläufig – hierher zu kommen und, wie ich, mit Fahrrad und Bahn einen Teil der Düsseldorfer Bevölkerung aufzusuchen und diesen (!) Gottesdienst-Gelegenheit zu bieten ...«.

Nun waren die jüngeren Kölner Kapläne schon seit einigen Jahren wegen ihrer für das Erzbistum Köln zu reichlichen Zahl daran gewöhnt, für

---

[52] Pfarrer Edmund Roeser, Hildburghausen, an das »Kath. Seelsorgeamt« Düsseldorf 22. Juni 1943: HAEK – CR II 25.20b, 1.

einige Jahre in anderen Bistümern Dienst zu tun[53]. Bereits am 19. September 1943 teilte das Generalvikariat aus Honnef dem Bonifatiusverein in Paderborn die Namen und Einsatzorte von 27 Kölner Priestern mit, die in die »Abgewanderten-Seelsorge« Mittel- und Ostdeutschlands delegiert waren[54].

Am 22. August hatte sich der Erzbischof mit einem Rundschreiben an die Dechanten des Erzbistums gewandt, das sie innerhalb 14 Tagen den Priestern des Dekanates bekannt machen sollten[55]: »Die Zerstörung unserer Großstädte und die Abwanderung von Hunderttausenden unserer Diözesanen in fremde Diözesen stellt die Seelsorge vor ungeheure Aufgaben und fordert unseren Seeleneifer aufs Äußerste heraus«. Zunächst erinnerte Frings an die Sorge für die leidgeprüften Pfarrmitglieder, die geblieben waren. Dann bat er um Gebet und Bemühungen aus der Ferne für die Evakuierten. Vor allem die Adressen der verlagerten Schulen sei zu ermitteln und dem Generalvikariat mitzuteilen. Das allein genüge aber im Hinblick auf die Diaspora nicht. Den Diasporaseelsorgern müsse Hilfe geschickt werden. »Die Hilfe ist so gedacht, dass jüngere Geistliche, Kapläne und Religionslehrer, vielleicht auch Pfarrer, beurlaubt und als Pfarrkuraten oder Pfarrvikare in fremden Diözesen angestellt werden ... Schon liegen (!) eine ganze Reihe von Anforderungen aus fremden Diözesen vor«. Frings stellte nach Ausführungen über die praktischen Fragen der Durchführung fest: »Die Meldungen zu dieser so zeitgemäßen und unumgänglich notwendigen Arbeit sind bisher nicht zahlreich. Ich rufe hierdurch zur freiwilligen Meldung auf. Die Herren Dechanten verpflichte ich, bei den Versammlungen des Klerus auf diese dringende Aufgabe aufmerksam zu machen und dafür zu werben. Sie sollen dem Generalvikariat unverzüglich mitteilen, wer nach ihrem Urteil entbehrlich und für die neue Aufgabe geeignet ist«. Die Liste der Kölner Priester vom 19. September mit 27 Namen ist wohl als erstes Ergebnis dieser erzbischöflichen Initiative zu betrachten.

Am 10./11. November 1943 kam die Evakuiertenseelsorge beim Konveniat der westdeutschen Bischöfe in Paderborn zur Sprache[56]: »Die Entsenderdiözesen haben versucht, durch mitgehende jüngere Geistliche ei-

---

53 Vgl. dazu: N. TRIPPEN, Priesterseminar-Festschrift, S. 155 f. u. 164 f.

54 Generalvikariat Köln (Honnef) an Generalsekretär Gabriel, Bonifatiusverein Paderborn, 19. September 1943 (Kopie): HAEK – CR II 25.20b, 1.

55 Der Erzbischof von Köln (Honnef) an die Dechanten der Erzdiözese (hekt. Rundschreiben) 22. August 1943 (Kopie): HAEK – CR II 25.20b, 1.

56 Protokoll der Konferenz der westdeutschen Bischöfe, Paderborn, 10.-11. November 1943: L. VOLK, Akten VI, Nr. 897, S. 273-281, hier: S. 274.

ne genügende Seelsorge aufzubauen«. Die Schwierigkeiten lägen vor allem in den weiten Wegen und fehlenden Räumen für Gottesdienste und Seelsorgestunden. Schon von Fulda aus hatten die deutschen Bischöfe in einem am 29. August 1943 verlesenen Hirtenbrief[57] die Not der Bombengeschädigten und Evakuierten angesprochen, zu Hilfsbereitschaft ihnen gegenüber gemahnt, aber auch die Entwurzelten zur Treue gegenüber den religiösen Überzeugungen angehalten. Am 5. Dezember wandte sich Erzbischof Frings in einem Weihnachtsbrief »An die Kölner Geistlichen in fremden Diözesen«[58]. Darin gab er einen aufschlussreichen Überblick: »Abgesehen von den 345 Kölner Geistlichen, die zum Militär eingezogen wurden, stehen augenblicklich 110 Kölner [Priester] in fremden Diözesen. Sie verteilen sich auf 18 deutsche und 9 außerdeutsche Diözesen, abgesehen von den 9 Herren, die die Heimat verlassen mussten und in verschiedenen deutschen Diözesen Aufnahme fanden[59]. 41 Herren wurden allein im letzten Vierteljahr in die Diözesen der Diaspora entsandt, um dort den evakuierten rheinischen Familien und Schülern seelsorglich Hilfe zu bringen«.

Beim Konveniat der westdeutschen Bischöfe in Honnef vom 13. bis 15. März 1944 kam heraus, dass neben 40 Kölnern 39 Paderborner Priester in der Evakuiertenseelsorge eingesetzt waren und dass Religionsunterricht bzw. Glaubensstunden für die Jugend auf besondere, zum Teil politische Schwierigkeiten stießen[60]. Bei der nächsten Zusammenkunft am 5./6. Juni 1944 in Fulda stellten die Bischöfe fest[61]: »Es ist alles getan worden, was möglich war. Trotzdem ist der Zustand noch nicht als gut zu bezeichnen, weil bei der Umsiedlung keinerlei Rücksicht auf die Konfessionszugehörigkeit der Gaue genommen wird, so dass häufig alle Voraussetzungen für eine geordnete Seelsorge in den nichtkatholischen Aufnahmegebieten für die große Zahl der katholischen Umquartierten aus dem Westen des Rei-

---

57 Hirtenwort des deutschen Episkopats (I), Fulda 19. August 1943: L. VOLK, Akten VI, Nr. 871/II, S. 178-184.

58 Frings »An die Kölner Geistlichen in fremden Diözesen« (hs. Entwurf) 5. Dezember 1943: HAEK – CR II 25.20b, 2; Druck: W. CORSTEN, Kölner Aktenstücke, Nr. 231, S. 309 f.

59 Hinter dieser verschlüsselten Angabe dürften sich politisch verfolgte Priester (auch KZ-Häftlinge) verbergen.

60 Protokoll der Konferenz der westdeutschen Bischöfe, Honnef, 13.-15. März 1944: L. VOLK, Akten VI, Nr. 914, S. 327-335, hier: S. 331 f.

61 Protokoll der Konferenz der westdeutschen Bischöfe, Fulda, 5.-6. Juni 1944: L. VOLK, Akten VI, Nr. 923, S. 357 –365, hier: S. 362. – Zur nachfolgend erwähnten Konferenz der westdeutschen Bischöfe in Honnef, 22.-23. August 1944: Ebd., Nr. 939, S. 403-409, Zitat: S. 405 f. – Vgl. dazu auch Verzeichnis der in der Evakuierten-Seelsorge in auswärtigen Diözesen eingesetzten Geistlichen aus der Erzdiözese Köln. Stand: 15. Juli 1944 (49 Namen): HAEK – CR II 25.20b, 1.

ches fehlen«. Auf dem statt der ausgefallenen Plenarkonferenz 1944 am 22./23. August in Honnef abgehaltenen Konveniat der westdeutschen Bischöfe berichtete Frings: »Aus der Erzdiözese sind 47 Priester in der Evakuiertenseelsorge tätig. Es erweist sich aber als notwendig, dass aus anderen Diözesen Hilfe geschickt wird, besonders für die Evakuierten in den Diözesen Breslau, Fulda, Meißen, Rottenburg und in Böhmen und Mähren. Er [Frings] berichtete dann über ein Gebetbuch für Evakuierte, das jetzt in den Korrekturfahnen vorliegt ...«.

Am 6. August hatte Frings zu einer Wallfahrt der Kölner Katholiken nach Erfurt am 15. August 1944 ein besonderes Grußwort geschrieben[62]: »Unter großen Opfern für die Heimatpfarreien habe ich fast 50 der besten Priester aus der hiesigen Seelsorge herausgezogen und Euch Evakuierten in die Diaspora nachgesandt. Täglich beten wir in allen Kirchen für Euch, dass Ihr fest bleibt in Eurer Vereinzelung. Seid also versichert, dass wir Euch nicht vergessen haben und dass ein geistiges Band Euch mit uns verbindet: Ihr Frauen und Kinder, Ihr Schüler und Schülerinnen, Ihr Alten und Kranken, Ihr meine geistlichen Mitarbeiter!«

Über besondere Schwierigkeiten der Kölner Diasporaseelsorger in Thüringen berichtete deren Sprecher, der damalige Erfurter Pfarrkurat Joseph Plettenberg, am 31. Juli 1944[63]: »Seit dem Jahre 1939 ist die Abhaltung katholischen Gottesdienstes in protestantischen Kirchen in Thüringen verboten«. Da Gespräche mit einzelnen evangelischen Pfarrern ohne Erfolg blieben, sei er als Obmann der katholischen Diasporaseelsorger in Thüringen am 25. Juli 1944 beim Präsidenten der evangelischen Landeskirche in Eisenach vorstellig geworden[64]. Der Präsident habe sich zunächst auf Ausweichmanöver verlegt: Nach dem Verursacherprinzip sei der Staat für die Bereitstellung von Gottesdiensträumen zuständig. Schließlich habe er eingestanden: »Ich bin nicht grundsätzlich gegen die Überlassung der Gemeindehäuser bzw. Kirchen, habe aber folgende Bedenken: a) Das erste Bedenken ist konfessioneller Natur: Auf den Dörfern, wo zum Teil ältere Pfarrer sind, gehen kaum ein Dutzend Menschen

[62] »Geliebte Erzdiözesanen«: Hs. Entwurf mit Datum 6. August 1944: HAEK – CR II 25.20b, 2.

[63] Pfarrkurat Joseph Plettenberg, Erfurt, 31. Juli 1944. Betrifft: Verhandlungen mit dem Präsidenten der thüringischen evangelischen Kirche zu Eisenach (unterschriebene Kopie): HAEK – CR II 25.20b, 2 – Joseph Plettenberg (1909–1982), 1935 Priesterweihe in Köln, ab 23. November 1943 Evakuiertenseelsorger, 1946 Generalsekretär des Bonifatiusvereins in Paderborn, 1959 Generalvikar und Domkapitular in Fulda, 1962 Domdechant, 1975 Bischofsvikar: HANDBUCH DES ERZBISTUMS KÖLN [24]1954, S. 974; PERSONALSCHEMATISMUS für die Diözese Fulda 1961, S. 11 u. 14; ebd. 1964, S. 15 u. 18; ebd. 1981, S. 8 u. 12.

[64] Es handelt sich um Dr. Rönk, Eisenach.

zum protestantischen Gottesdienst. Nun kommen Sie und scharen um sich 30 – 40 Gläubige, und ich frage Sie: Wie lange bleiben die Evakuierten hier? So wird Thüringen für Sie zum Missionsgebiet«. Nachdem Plettenberg die Zahlenvorstellungen und Ängste des Präsidenten gedämpft hatte, fuhr dieser fort: »b) ... Ich will die Sache grundsätzlich geregelt haben. Ich bin nicht abhängig in dieser Frage von irgendeiner Seite, aber ich will meinen braunen Schild ganz sauber halten ...«. Zunächst veranschlagte er für eine Klärung bei den Parteistellen ein halbes Jahr; nach weiterem Gespräch sagte er zu, sich innerhalb von 14 Tagen bei der Gauleitung in Weimar um einen Entscheid zu bemühen. Plettenberg wies in dem Gespräch wiederholt darauf hin, dass im umgekehrten Fall vielerorts katholische Kirchen und Säle für evangelischen Gottesdienst bereitgestellt würden. Am Schluss seines Berichtes bemerkte Plettenberg: »Wenn ich mich nach dem Erfolge frage, so stelle ich fest: 1) Wir wissen jetzt um die grundsätzliche Einstellung des Präsidenten, die uns bisher unbekannt war. 2) Es bleibt ein Funken Hoffnung, dass wenigstens ein sporadischer Gottesdienst genehmigt wird. Ich weise noch darauf hin, dass der Herr Präsident der Glaubensgemeinschaft Deutscher Christen angehört ...«.

Als sich in den folgenden Monaten keine Wendung zum Besseren zeigte, wandte sich am 18. November 1944 Erzbischof Jaeger von Paderborn in einem Brief an den Kirchenpräsidenten in Eisenach[65]. Ob dadurch etwas bewirkt wurde, erscheint eher zweifelhaft.

Die Sorge um die Betreuung der Evakuierten überdauerte das Kriegsende und kam erst durch deren Rückkehr in die Heimat nach 1945 zum Abschluss[66]. Noch einmal zu Ostern 1945 wandte sich Erzbischof Frings am 22. Februar 1945 an die »Mitbrüder in der Zerstreuung«[67]: »Nachdem ich mehr als achtzig Kölner Priester zu den Evakuierten in die Diaspora gesandt habe, drängt es mich, Euch und durch Euch den rheinischen Katholiken, die Ihr betreut, die Gnade und Freude des Osterfestes anzuwünschen«. Der Brief dürfte bei den zusammenbrechenden Postverhältnissen dieser Monate die wenigsten Adressaten erreicht haben.

Auch um den in der Heimat verbliebenen Klerus war der Erzbischof angesichts der kriegsbedingten Arbeits- und Lebensverhältnisse besorgt.

---

[65] Kopie: Der Erzbischof von Paderborn an den Präsidenten der thüringischen Landeskirche, Eisenach, 18. November 1944 (unterschrieben und »zur gefl. Kenntnisnahme« an Frings): HAEK – CR II 25.20b, 3.

[66] Zu den Schwierigkeiten der Heimkehr aus dem sowjetisch besetzten Gebiet nach 1945 und den Interventionen von Frings bei den Besatzungsmächten s. unten, S. 166 f. mit Anm. 157 f. und S. 237 f.

[67] Der Erzbischof von Köln an »Meine lieben Mitbrüder in der Zerstreuung« 22. Februar 1945 (unsignierte Kopie): HAEK – CR II 25.20b, 3.

Die noch in den dreißiger Jahren durch Religionsunterricht, Jugendarbeit und Seelsorgskasualien oft überforderten Priester wurden zunächst durch politische Verbote und Einschränkungen, in den letzten Kriegsjahren dazu noch durch die Entvölkerung der zerstörten Städte in ihren Arbeitsmöglichkeiten beschränkt. Neben dem aufreibenden Kampf ums Überleben, um immer erneut herzurichtende und dann wieder zerstörte Notgottesdiensträume und Wohnungen[68] blieben viele angstvolle Stunden der Untätigkeit und des Wartens in Luftschutzkellern. Robert Grosche, der sich selbst auf eine intensive Beschäftigung mit dem Markus-Evangelium verlegte, notierte am 14. Dezember 1944 in sein Tagebuch[69]: »Es ist sehr schade, dass der Klerus nichts studiert in dieser Zeit. Auf der einen Seite klagen sie, dass nichts zu tun sei, auf der anderen reißen sie sich wirklich nicht um Arbeit ...«.

Ähnliche Eindrücke haben ein Jahr vorher bereits Erzbischof Frings die Feder geführt bei seiner »Epistola pastoralis ad Clerum Coloniensem« vom 1. Adventssonntag 1943[70]. Fast, als ob er die den normalen Ablauf des priesterlichen Alltags auf den Kopf stellenden Lebensverhältnisse dieser Jahre nicht im Blick gehabt hätte, erinnerte er die Priester im Stile einer Seminarexhorte an ihre Verpflichtungen zu Gebet und geistlichem Leben, an die Notwendigkeit von Einsamkeit und Zurückgezogenheit. »Wenn Eltern, wenn Mutter oder Schwester sich in Eurem Hause aufhalten, seid dankbar, aber werdet nicht zu familiär mit ihnen und wendet nicht zuviel Zeit auf unnütze Gespräche. Besonders die für das Studium so geeigneten Abendstunden reserviert Euch für Lesen und Beten und nehmt nach dem Abendessen Eure Zuflucht in den Winkel des Hauses, den Ihr Euch bereitet habt, wo Ihr allein seid mit Euren Büchern, allein mit Eurem Gott«. Diese Idylle traf die Lebensrealität der allermeisten Bistumspriester in diesen Jahren so wenig wie die des Erzbischofs selbst. Die Erinnerung an die Bestimmung des Kölner Provinzialkonzils von 1860, die streng verbot, mit der Haushälterin zusammen zu essen oder spazieren zu gehen, wirkte Ende 1943 schon fast skurril. Stattdessen wurden die Priester auf die Gemeinschaft der Mitbrüder verwiesen und auf die monatliche Recollectio. »Ich habe ein großes Interesse daran, diese Gewohnheit zu pflegen, einzuschärfen und weiter auszubauen. Daher bestimme ich hierdurch, dass wenigstens jeden zweiten Monat eine Recollectio Maior stattfinde, ... die auf zwei Stunden ausgedehnt wird und mit nichts anderem, auch keiner Pastoralkonferenz, verbunden werden darf«. Auch

68 Eindrucksvolle Erlebnisschilderung dieser Situation: P. FETTEN, St.Ursula 1942-1945, passim.
69 R. GROSCHE, Kölner Tagebuch, S. 76.
70 KA 83, 1943, S. 161 f.

zur Gestaltung dieser Recollectiones machte der Erzbischof Angaben. Alle Priester des Dekanates wurden zur Teilnahme verpflichtet, die Dechanten schließlich zur väterlichen Sorge für die Priester angehalten.

Ohne Zweifel kamen hier eine dem Erzbischof seit je eigene Gewissensängstlichkeit und ein Verantwortungsdruck angesichts der chaotischen Lebensverhältnisse seiner Priester zum Ausdruck. Die Gestapo registrierte im Februar 1944[71]: »Der Inhalt dieses Schreibens hat beim Klerus allgemeines Aufsehen erregt und wird heute noch vielfach besprochen«. Die Reaktionen wurden im Bericht der Düsseldorfer Leitstelle an das RSHA wohl einigermaßen zutreffend eingeschätzt: »... Der Erzbischof habe diese weitgehenden Ausführungen gemacht, da infolge der Terrorangriffe unter den Geistlichen der Erzdiözese Köln ein Leben eingerissen sei, das sowohl für die priesterliche Haltung des einzelnen Geistlichen wie auch für den Bestand der Kirche Gefahren in sich berge. Es gebe Gemeinden, in denen die Kapläne keinen Pfarrer mehr als Vorgesetzten hätten und alles selbst einrichteten. Außerdem würden viele ausgebombte Geistliche auf engem Raum mit ›andersgearteten‹ Menschen zusammen wohnen, die einen gewissen Einfluss in weltlicher Richtung auf die Geistlichen ausübten. Der Erzbischof wolle diesem Notstand durch straffe Zentralisierung der örtlichen Lenkung und Leitung der Priester und kirchlichen Verwaltung durch die Dechanten begegnen«.

Auf der gleichen Linie der bischöflichen Sorge um den Klerus lag die – zweifellos von dem früheren Subregens des Priesterseminars und nunmehr als Leiter des Seelsorgeamtes tätigen Dr. Wilhelm Heinen[72] angeregte und am Passionssonntag 1944 durch Rundschreiben an die Dechanten vorgestellte »Wanderakademie«[73]: »Neben der aszetischen Vertiefung verlangt unsere Zeit das wissenschaftliche Vordringen in die Fragen, die sie aufgeworfen hat. Es sind vor allem Fragen um das rechte Bild vom Menschen, um seinen Ursprung, um das Zusammenspiel von Leib und Seele, um das Verhältnis von Natur und Gnade zueinander«. Das Seelsorgeamt habe mit Fachgelehrten die Thematik durchgearbeitet[74] und könne geeignete Referenten vermitteln. »Es soll auf diese Weise eine Art ›Wan-

---

71 Gestapo-Leitstelle Düsseldorf an RSHA Berlin 14. Februar 1944: HStAD – RW 58-3741.

72 Wilhelm Heinen (1885–1955), 1923–1929 Repetent am Collegium Albertinum in Bonn, 1929–1937 Subregens am Kölner Priesterseminar in Bensberg, 1937–1955 Abteilungsleiter bzw. Leiter des Erzb. Seelsorgeamtes Köln: H. J. HECKER, Chronik, S. 265; D. FROITZHEIM, Personalchronik, S. 22.

73 Frings an die Dechanten, Passionssonntag 1944 (Umdruck): HAEK – Seelsorgeamt Heinen, Ordner 51: Wanderakademie 1944 u. 1946 ff. – Dort auch: Wanderakademie – Vorlesungsverzeichnis, Anschriften der Referenten.

74 In HAEK – Seelsorgeamt Heinen, Ordner 51 finden sich verschiedene ausgearbeitete Referate.

derakademie‹ entstehen, die die neuesten wissenschaftlichen Erkenntnisse in den für den Seelsorgeklerus besonders wichtigen Fragen überallhin ins Land tragen will. Es ist mein Wunsch, dass in allen Dekanaten die drei vorgeschlagenen Fragenkomplexe im Laufe eines Jahres besprochen werden, und ich bitte die Herren Dechanten, Vorträge darüber in den Plan der Dekanatskonferenzen [ein]zubauen; betreffs der Gestellung der Redner wende man sich an das Seelsorgeamt«. Der Erfolg in der Durchführung dürfte schon durch die sich zuspitzenden Verkehrs- und allgemeinen Lebensverhältnisse des Jahres 1944 gelitten haben[75]. Die Gestapo sammelte wieder kritische Töne aus dem Klerus, die vor allem darauf hinausliefen: Man habe derzeit andere, eher existentielle Sorgen.

5. Das letzte Kriegsjahr und seine Zuspitzungen

Frings muss selbst gespürt haben, dass er in der Abgeschirmtheit in Honnef den Kontakt zur Realität des Kriegsgeschehens in den Großstädten verlor. In seinen Erinnerungen von 1973 schreibt er[76]: »Anfangs des Jahres 1944 spürte ich große Sehnsucht, wieder nach Köln zu kommen, und suchte nach einer Wohnung. Der Direktor des [Caritas-Kranken-] Hauses Hohenlind [Prälat Dr. Franz Müller] verschaffte sie mir im Gästehaus dieser großen Anstalt, und zwar im Haus Mommsenstraße 125«. So war der Erzbischof für ein halbes Jahr wieder in seiner Bischofsstadt. Offenbar nach Auseinandersetzungen um Judenschicksale mit Gauleiter Grohé nutzte er einen festlichen Gottesdienst aus Anlass des Papstkrönungstages am 12. März 1944 in Groß St. Martin in Köln, um in einer Predigt die Rassenpolitik des NS-Regimes anzugreifen[77]: »Wir benutzen die Gelegenheit, um im Sinne des Heiligen Vaters zu fordern, dass

1. die Freiheit keinem Staatsbürger entzogen werde, ohne dass er die Möglichkeit der Verteidigung habe und einem ordentlichen oder außerordentlichen Gericht zugeführt werde,

---

75 Grosche äußert sich mehrfach z.T. nicht unkritisch über Veranstaltungen dieser »Wanderakademie« (25. September 1944, 9. Oktober 1944, 7. Februar 1945). Am 9. Oktober 1944 (S. 43) bemerkt er: »... 16 Uhr, im Kolpinghaus soll der 3. Vortrag der Wanderakademie stattfinden. Leider ist der Redner [...] ausgeblieben. Wir verlegen den Vortrag auf den 23. Oktober $^{1}/_{2}$ 4 Uhr«. Am 23. Oktober 1944 (S. 48 f.) schreibt Grosche: »... Der Vortrag war nicht erschütternd. Zum Thema: ›Wie äußert sich die Gnade im modernen Menschen?‹ wurde nichts Entscheidendes gesagt. Die Begegnung mit dem Redner, von dem ich allerlei erwartet hatte, war eine Enttäuschung«.

76 J. Frings, Für die Menschen bestellt, S. 30 f.

77 Auszug aus der Ansprache bei der Papstkrönungsfeier am 12. März 1944 in Groß St. Martin in Köln: W. Corsten, Kölner Aktenstücke, Nr. 233, S. 310.

2. niemand seiner Güter oder gar seines Lebens beraubt werde, der unschuldig ist, etwa deshalb, weil er einer fremden Rasse angehört. Das kann nur als ein himmelschreiendes Unrecht bezeichnet werden.
3. die Rechte der christlichen Familie gewahrt bleiben. Die Ehen zwischen Volksangehörigen und Fremdstämmigen, wenn sie mit kirchlicher Gutheißung geschlossen sind und zumal, wenn beide Teile getaufte katholische Christen sind, sind unauflöslich, und es ist ein Verbrechen gegen Gottes Recht über die Ehe, durch irgendwelche Machenschaften solche Ehen auseinander zu treiben«.

Frings scheint gerade zu dieser Zeit von den Judenmorden gehört zu haben[78]. Andererseits griff er die nationalsozialistischen Gesetze über die Behandlung rassischer Mischehen frontal an.

Während diese Predigt der Düsseldorfer Gestapo-Leitstelle unbekannt blieb, hat man im Mai im Kölner Kirchlichen Anzeiger die Antwort Pius' XII. auf Frings' Weihnachtsbrief 1943 entdeckt[79]. Der Papst hatte darin von den »fast unvorstellbaren Bedrängnissen« gesprochen, »die der Krieg über das vorher so blühende, reiche und produktionsmächtige Gebiet der Erzdiözese Köln« gebracht habe. In ihrem Bericht an das RSHA Berlin knüpfte die Gestapo in Düsseldorf am 3. Juni 1944[80] daran die Erwägung, »welcher Art die Quellen des Kölner Erzbischofs sind, aus denen er Informationen über die Beeinträchtigung der Produktion in der Erzdiözese Köln bezieht. Unabhängig davon dürfte es aber völlig untragbar sein, dass ein deutscher Kirchenfürst seinem kirchlichen Oberhaupt, das im internationalen Leben die Stellung eines Souveräns innehat ..., über derartige kriegswichtige, mit kirchlichen Dingen nicht in Verbindung stehende Angelegenheiten berichtet. Möglich dürfte eine derartige Berichterstattung nur dadurch sein, dass sie auf dem Kurierweg über die Päpstliche Nuntiatur in Berlin erfolgt«.

Weiter war in Düsseldorf in dem päpstlichen Brief an Frings aufgefallen, dass der Klerus sich nicht beirren lasse, »sondern aufgeschlossen und

---

78 Zu der Predigt am 12. März 1944 vermerkt Frings in seinen Erinnerungen (Für die Menschen bestellt, S. 37), er habe seinen »Protest ... gegen die Verletzung der Menschenrechte« eingelegt, »als man von der Verfolgung und Ermordung von vielen Juden hörte, obwohl wir von dem Umfang dieser Judenausrottung damals noch keinen Begriff hatten«.

79 Gestapo-Leitstelle Düsseldorf an RSHA Berlin 3. Juni 1944: HStAD – RW 58-3741. – Antwortschreiben des Heiligen Vaters auf die Weihnachtswünsche des Hochwürdigsten Herrn Erzbischofs 3. März 1944: KA 84, 1944, Nr. 140, S. 134 f. (Stück 11 v. 15. Mai 1944).

80 Vgl. oben Anm. 79. – Welche Beachtung die Anzeige der Leitstelle Düsseldorf bei den Berliner Behörden fand, zeigt der »Auszug aus einem Antwortschreiben des Papstes vom 3. März 1944 auf die Weihnachtswünsche des Erzbischofs von Köln (entnommen dem ›Kirchlichen Anzeiger für die Erzdiözese Köln‹ Stück 11 vom 15. Mai 1944)« in den Akten des Kirchenministeriums: BAB – 51.01-22228, Bl. 00088.

schnell seine Arbeitsweisen den sich wandelnden Verhältnissen anpasst«. Schließlich war von Pius XII. die Hoffnung auf den »Frieden nach innen« angesprochen, »der auch der katholischen Kirche in Eurem Vaterland alle ihre Rechte und die freie Entfaltung ihrer Wirkungsmöglichkeiten wiederbringe«. »Diese beiden Wendungen«, so folgerte der Düsseldorfer Gestapo-Berichterstatter, »sind eindeutig Anspielungen auf die Auseinandersetzungen, wie sie durch die Haltung der katholischen Kirche gegen den Nationalsozialismus zwangsläufig geworden sind. Derartige eindeutige Formulierungen des Papstes sind bisher in der Öffentlichkeit nur äußerst selten bekannt geworden. Die Tatsache, dass derartiges nun im Kirchlichen Anzeiger einer Erzdiözese veröffentlicht und damit einer weiteren Öffentlichkeit zur Kenntnis gebracht wird, könnte ... den Schluss zulassen, dass man kirchlicherseits glaubt, seine Forderungen an den Nationalsozialismus im gegenwärtigen Augenblick höchster Belastung militärischer und politischer Art für das Reich in bisher kaum üblicher Weise anmelden zu können. Nicht unbeachtet bleiben darf dabei, dass von Seiten des Reiches seit langem alles vermieden wird, was zu einer Versteifung der Lage zwischen Reich und Kirche führen könnte. Sollte die Veröffentlichung eigenmächtig durch die Kölner Kurie erfolgt sein, so wäre das ein weiterer Beweis für das eigenwillige und initiative Vorgehen des Erzbischofs Frings, der wiederholt durch eigene Erklärungen, Anordnungen usw. besonders hervorgetreten ist«.

Man kann diesen Bericht an das RSHA vom 3. Juni 1944 als Indiz dafür werten, wie nervös die Stimmung des NS-Regimes angesichts des absehbaren Endes nach allen Seiten wurde. Diese Nervosität steigerte sich nach dem gescheiterten Attentatsversuch auf Adolf Hitler vom 20. Juli 1944 zur Hysterie. Nach Frings' Erinnerungen von 1973 war der Versuch gemacht worden, den Kölner Erzbischof in die Widerstandskreise hineinzuziehen[81]: »Eines Tages gegen Ende des Krieges besuchte mich ein angesehener Geistlicher, Dr. Otto Müller[82], und lud mich ein, mich der Bewegung um Oberbürgermeister Goerdeler anzuschließen. Ich gab ihm zur Antwort, ich hielte es nicht für die Sache eines Bischofs, sich in so

---

[81] J. FRINGS, Für die Menschen bestellt, S. 37 f.

[82] Otto Müller (1870–1944), 1918–1944 Verbandspräses der Kath. Arbeiterbewegung, Verhaftung nach dem 20. Juli 1944, von der Strafanstalt in Berlin-Tegel in das »Staatskrankenhaus der Polizei« verlegt, dort + 12. Oktober 1944: U. VON HEHL, Priester unter Hitlers Terror, Bd. 1, ^{3}1996, S. 767; A. HEINEMANN, Otto Müller, Priesterlicher Dienst am Nächsten, in: KETTELERHAUS GmbH (Hrsg.), Arbeit und Opfer, Köln 1972, S. 91–154; J. ARETZ, Otto Müller (1870–1944), in: Zeitgeschichte in Lebensbildern, Bd. 3, Mainz 1979, S. 191-203; G. PAWELLETZ, Monsignore Dr. Otto Müller, in: H. MOLL (Hrsg.), Zeugen für Christus. Das deutsche Martyrologium des 20. Jahrhunderts, Bd. 1, Paderborn u.a. 1999, S. 282-285.

hochpolitische Händel einzulassen, und riet auch ihm zu großer Vorsicht«. Alsbald nach dem 20. Juli wurden Prälat Müller, Bernhard Letterhaus und Nikolaus Groß von der KAB-Zentrale Kettelerhaus verhaftet[83]. Auch im Vorfeld und im Gefolge der als »Gewitteraktion« bezeichneten Verhaftungswelle am 22. August 1944 wurden zahlreiche Vertreter des Kölner Katholizismus verhaftet und in das Ersatz-KZ (»Arbeitserziehungslager«) im Köln-Deutzer Messegelände eingeliefert[84].

Am 31. August schrieb Frings an den Leiter des Kommissariats der Fuldaer Bischofskonferenz in Berlin, seinen Studienfreund Weihbischof Heinrich Wienken[85]: »In den letzten Wochen wurden (!) im Gebiet meines Sprengels eine Reihe von prominenten Katholiken verhaftet, ohne dass ein Grund dafür bekannt gegeben worden wäre. So wurden der Lokalpräses und verschiedene Laien des Kath[olischen] Gesellenvereins in Köln [Präses Richter, Theodor Babilon[86]], drei Herren aus dem Kettelerhaus der Kath[olischen] Arbeitervereine, der frühere Kölner Oberbürgermeister Konrad Adenauer[87], der frühere Landtagsabgeordnete Dr. Leo

---

83 Bernhard Letterhaus (1894–1944), Verbandssekretär der Kath. Arbeiterbewegung in Köln, 1929–1933 Mitglied des preuß. Landtages (Zentrum), 1939–1942 Wehrdienst, nach dem 20. Juli 1944 verhaftet und zum Tode verurteilt, hingerichtet am 14. November 1944 in Berlin-Tegel: J. ARETZ, Bernhard Letterhaus (1894–1944), in: Zeitgeschichte in Lebensbildern, Bd. 2, Mainz 1975, S. 10-24; E. KOCK, Bernhard Letterhaus. Ein Leben der Arbeit, in: KETTELERHAUS, Arbeit und Opfer, S. 17-90; G. PAWELLETZ – H. MOLL, Bernhard Letterhaus, in: MOLL, Martyrologium (vgl. Anm. 82), Bd. 1, S. 306-309. – Nikolaus Groß (1898–1945), ab 1930 Redakteur der Westdeutschen Arbeiterzeitung bzw. der Kettelerwacht, nach dem 20. Juli 1944 verhaftet und zum Tode verurteilt, am 23. Januar 1945 in Berlin hingerichtet: J. ARETZ, Nikolaus Groß (1898–1945), in: Zeitgeschichte in Lebensbildern, Bd. 4, Mainz 1980, S. 159-171; H. GEISLER/K. H. BRÜLS, Nikolaus Groß. Ein Leben für Familie und Volk, in: KETTELERHAUS, Arbeit und Opfer, S. 155-240; V. BÜCKER, Nikolaus Groß, in: H. MOLL, Maryrologium, Bd. 1, S. 165-169; E. KOCK, Beter, Täter, Zeuge – Nikolaus Groß, Paderborn 2001.

84 Zum Gesamtkomplex 20. Juli und »Gewitteraktion« in Köln: WIDERSTAND UND VERFOLGUNG IN KÖLN 1933–1945. Ausstellung Historisches Archiv der Stadt Köln ... Hrsg. HISTORISCHES ARCHIV DER STADT KÖLN, Köln 1974, S. 377-393 (bearb. v. J. DEETERS).

85 Frings an Wienken 31. August 1944 (hs. Entwurf): HAEK – Gen II 23.23a, 4 – Zu Heinrich Wienken s. oben S. 22 Anm. 16.

86 Heinrich Richter (1898–1945), 1931–1945 Präses der Kolpingsfamilie Köln-Zentral; Theodor Babilon (1899–1945), 1932–1945 Geschäftsführer des Kath. Gesellenhospitiums Köln, Breitestraße. Das Schicksal der beiden nach dem 20. Juli 1944 ist dargestellt: H. A. RAEM, Katholischer Gesellenverein und Deutsche Kolpingfamilie in der Ära des Nationalsozialismus (= Veröffentlichungen d. Kommission f. Zeitgeschichte, Reihe B: Forschungen Bd. 35), Mainz 1982, S. 232 ff.; H. FESTING – H.MOLL, Martyrer des Kolpingwerks, in: H. MOLL, Martyrologium, Bd. 1, S. 289-294.

87 Zur Verhaftung Adenauers am 23. August 1944, seiner Einlieferung in das Lager Köln-Deutz und seinem weiteren Schicksal bis 1945: R. MORSEY, Adenauer und der Nationalsozialismus, in: H. STEHKÄMPER (Hrsg.), Konrad Adenauer. Oberbürgermeister von Köln... , Köln 1976, S. 447-497, hier: S. 491-493 (»Einschätzung des NS-Regimes und der Wider-

Schwering[88] festgenommen. In meiner Heimat Neuss wurden 15 Herren verhaftet und z[um] T[eil] wieder freigelassen. Aus anderen rheinischen Städten wird ähnliches berichtet, so bez[üglich] des Reichsministers a.D. Hermes und des Freiherrn Hermann v[on] Lüninck[89]. Ich kann mir nicht vorstellen, dass in einer Stunde wie der heutigen, wo Einigkeit das erste Erfordernis zu sein scheint, solche Maßnahmen von der zentralen Leitung ausgehen, da sie geeignet sind, Misstrauen und Missmut zu wecken und tatsächlich starke Beunruhigung hervorgerufen haben. Es will mir daher scheinen, als könne es sich nur um Übergriffe örtlicher Instanzen handeln, die die Ruhe verloren haben«.

Diese Mischung aus vorgeschobener Ahnungslosigkeit und versteckter Drohung mit der Erregung der Bevölkerung war dazu bestimmt, durch Wienken dem RSHA vorgetragen zu werden: »Darum bitte ich Ew. Exzellenz, diese Sache beim RSHA in meinem Namen vorzubringen, auf die üblen Wirkungen dieser Maßnahmen hinzuweisen und auf ihre Zurücknahme hinzuwirken«.

Es mag sein, dass dieser Brief erst am 11. September abging bzw. an diesem Tage eine Ergänzung erfuhr. Unter diesem Datum findet sich das Bruchstück eines weiteren Briefes an Wienken in den Kölner Akten: Die Nachricht von der Freilassung Leo Schwerings habe sich nicht bestätigt. »Ferner sind noch fest die früheren Reichstagsabgeordn[eten] Thomas Eßer, Gerig, Schlack, Baumhoff[90]. Die Verhaftungen erregen hier große

standsbewegung – Verhaftung und Entlassung 1944«). – Dokumente und Adenauers Korrespondenz aus dieser Zeit: H. P. MENSING (Bearb.), Adenauer im Dritten Reich (= Adenauer, Rhöndorfer Ausgabe), Berlin 1991, Nr. 426–448, S. 409–428.

88 Leo Schwering (1883–1971), 1911–1934 Studienrat in Köln, 1921–1932 Mitglied des preuß. Landtages (Zentrum), 1945 Direktor der Städtischen Volksbüchereien in Köln, Mitbegründer und Vorsitzender der CDU Rheinland: DBE 9, 1998, S. 245; H. STEHKÄMPER, in: LCDD, S. 364.

89 Andreas Hermes (1878–1964), 1924-1928 Abgeordneter des preuß. Landtages (Zentrum), verschiedentlich Minister, 1928-1933 MdR, Präsident der Vereinigung der deutschen Bauernvereine, schon 1934 viermonatige Haft, nach dem 20. Juli 1944 zum Tode verurteilt, aber 1945 befreit, Mitbegründer der CDU Ost und des »Godesberger Kreises«: G. BUCHSTAB, in: LCDD, S. 271 f.– Hermann Freiherr von Lüninck (1893–1975), 1925 Vorsitzender der Rheinischen Landwirtschaftskammer, 1929 des Rheinischen Bauernvereins, 1931 des Rheinischen Genossenschaftsverbandes, 1933–1935 Oberpräsident der Rheinprovinz: H. ROMEYK, Verwaltungsbeamte, S. 618.

90 Thomas Eßer (1870–1948), ab 1919 Abgeordneter in der Nationalversammlung, im preuß. Landtag und im Reichstag (1926–1933 Vizepräsident), 1946 Bürgermeister in Euskirchen: DBE 3, 1996, S. 181; R. WEITZ, in: LCDD, S. 236. – Otto Gerig (1885–1944), 1921–1933 Zentrumsabgeordneter im preuß. Landtag und im Reichstag, + 3.Oktober 1944 im KZ Buchenwald: DBE 2, 1996, S. 645 f.; R. HAAS, Otto Gerig, in: H. MOLL, Martyrologium, Bd. 1, S. 299-302. – Peter Schlack (1875–1957), führende Positionen in den Konsumgenossenschaften, 1919–1933 Zentrumsabgeordneter in der Nationalversammlung und im Reichstag,

Unruhe, da sie ohne Angabe von Gründen geschehen und niemand weiß, wie weit die Verhaftungswelle noch gehen wird ...«.

Um auch auf unterer Ebene nichts unversucht zu lassen, schrieb der Erzbischof am 13. September 1944 an »Herrn Gauleiter Staatsrat Grohé oder dessen Stellvertreter«[91]: »In der Kölner Messehalle werden (!) eine Reihe von Personen, darunter prominente Katholiken, in Schutzhaft gehalten, denen man m[eines] W[issens] nichts anderes zum Vorwurf macht, als dass sie in den 20er Jahren Mitglieder einer anderen Partei als der NSDAP waren und darin eine führende Rolle innehatten. Die Behandlung dieser Männer ist eines deutschen Volksgenossen unwürdig. Das ist umso härter, als es sich meist um ältere Leute handelt, die den Strapazen einer Lebensweise, wie sie ihnen dort zugemutet wird, nicht gewachsen sein können.

Ferner sind gestern in Bonn und Godesberg die Mischlinge ersten Grades und die Witwen nichtarischer Ehemänner, die durch die Nürnberger Gesetze geschützt sind, in ihren Wohnungen aufgesucht und mit unbekanntem Ziel weggeführt worden. Unter diesen befinden (!) sich eine Reihe von Katholiken, die von den ersten Lebenstagen an zur katholischen Kirche gehören«.

Frings schob wieder Arglosigkeit vor, wenn er dem Gauleiter schrieb: »Ich weiß nicht, inwieweit Ihnen diese Tatsachen und Zustände bekannt sind. Auf jeden Fall bitte ich Sie um der Gerechtigkeit und Menschlichkeit willen, hier Abhilfe zu schaffen«.

Dr. Grosche, inzwischen als Stadtdechant in einer Sprecherrolle für den Kölner Klerus, konnte von diesen Schritten des Erzbischofs nichts wissen. Über ein Gespräch mit Generalvikar David notierte er am 28. September 1942[92]: »Ebenso frage ich, ob der Erzbischof nicht etwas mehr für die Gefangenen tun könne; er müsse sich irgendwie persönlich einsetzen. Der Generalvikar glaubt indessen, dass jeder Schritt nur die Lage der Gefangenen verschlechtere«.

David, der in den zurückliegenden Jahren genug Proben seines Mutes und seiner Unerschrockenheit gegeben hatte, war wohl im Recht. Hitler hatte in seiner Hysterie nach dem 20. Juli 1944 alle Beteiligten und Ver-

---

1946 Mitbegründer der CDU Rheinland: DBE 8, 1998, S. 652. – Josef Baumhoff (1887–1962), 1919–1933 Stadverordneter in Hagen, Mitglied des preuß.Landtages, 1945 Präsident der Oberpostdirektion Köln: W. Kosch, Biogr. Staatshandbuch I, S. 73 f.

[91] HAEK – Gen II 23.23a, 4.

[92] Grosche war am 30. November 1943 zum Stadtdechanten von Köln ernannt worden (als Nachfolger von Hermann Löbbel, + 17. Oktober 1943): Handbuch des Erzbistums Köln, Bd. 2 [26]1966, S. 778; R. Grosche, Kölner Tagebuch, S. 38.

dächtigten im Umfeld des Attentatsversuches als »Volksschädlinge« bezeichnet. Ende Juli hatte die Reichskanzlei über die Regierungspräsidien durch Rundschreiben warnen lassen: Wer sich für Defaitisten und Volksschädlinge einsetze, helfe nur dem Feind. Innerhalb der Polizei sei festgestellt worden, »dass solche Volksschädlinge sich direkt oder über Bekannte und Verwandte an einflussreiche Personen wandten und dass daraufhin mehr oder weniger leichtfertig ohne Prüfung des Sachverhalts ... Leumundszeugnisse ausgestellt wurden«. Den Parteigenossen sei verboten, solche Zeugnisse auszustellen[93].

Dass Frings jeden Anlass zum Eintreten für die Bedrängten wahrnahm, zeigt die Protokollnotiz »Besuch der Gestapo am 20. Oktober 1944«[94]. Der Gestapo-Hauptmann Voltis wollte Frings nach dem Aufenthaltsort des Aachener Bischofs van der Velden nach Räumung der Stadt Aachen befragen. Frings konnte (oder wollte?) die gewünschte Auskunft nicht geben, nutzte dann aber die Gelegenheit, seine eigenen Anliegen vorzubringen: »Da Sie nun einmal hier sind, möchte ich mit Ihnen zwei Dinge besprechen, auf die ich bereits in schriftlichen Eingaben sowohl die Gestapo als auch den Herrn Gauleiter hingewiesen habe, ohne bis jetzt eine Antwort bekommen zu haben. In dem Häftlingslager zu Köln-Deutz werden deutsche Volksgenossen zusammen mit Ausländern gefangen gehalten«. Durch die Ausländer seien die Deutschen mit Flecktyphus infiziert worden. »Die hygienischen Zustände und die Ernährung müssen unzulänglich sein. Wäre die Ernährung besser gewesen, so wäre die körperliche Widerstandsfähigkeit der Häftlinge größer gewesen. Der Gesundheitsdienst muss versagt haben«.

Der Gestapo-Hauptmann versuchte, sich herauszureden. Doch Frings insistierte: »Es bleibt dabei, dass entscheidende Fehler vorgekommen sind ... Eine zweite Beschwerde betrifft die Inhaftierung der Mischlinge in Köln-Müngersdorf. Die Freiheitsberaubung und Trennung von den Angehörigen ist eine große Härte gegenüber unschuldigen Menschen, die doch durch die Nürnberger Gesetze geschützt sind«.

Die Antwort des Hauptmanns lässt einerseits seine Verbohrtheit in die NS-Ideologie erkennen, aber ebenso, dass in diesen Wochen auch die Parteikreise ihren eigenen Parolen vom Endsieg nicht mehr glaubten: »Das Vorgehen gegen die Mischlinge ist hart, aber notwendig. Gegenwärtig muss uns das Schicksal des deutschen Volkes höher stehen als das Schicksal einiger Mischlinge, die erwiesenermaßen auf Grund ihres Blutes Men-

---

93 WIDERSTAND UND VERFOLGUNG IN KÖLN (vgl. oben Anm. 84), S. 382.

94 HAEK – CR II 25.18, 2. – Veröffentlicht: L. VOLK, Akten VI, Nr. 952, S. 433 ff.

schen von unzuverlässigem Charakter sind. Wir müssen damit rechnen, dass unser Gebiet demnächst unter feindlicher Besatzung stehen kann. Dann können diese Menschen nicht hier belassen werden, von denen man annehmen muss, dass sie z. B. bei Skandalprozessen mitwirken werden«.

Schon acht Tage später wurde Köln Opfer einer neuen verheerenden Angriffswelle, die vor allem die rechtsrheinischen Stadtteile einschließlich des Deutzer Messegeländes betraf[95]. Eine größere Zahl der dort Gefangenen kam zu Tode, der Rest wurde in innerdeutsche Konzentrationslager verlegt[96].

Noch einmal wurde Erzbischof Frings für einen der Verhafteten tätig. Am 30. Januar 1945 schrieb ihm Hans Valks, einer der Geistlichen der St. Agnes-Pfarre in Köln, in der das Kettelerhaus steht und verschiedene der Verhafteten gewohnt hatten[97]: »Herr Groß ist am 15. Januar [vom Volksgerichtshof in Berlin] zum Tode verurteilt worden. Er lebt aber noch, und es leben noch 600 andere zum Tode Verurteilte, so dass vielleicht noch Zeit wäre, zu einer Rettung etwas zu unternehmen. Frau Groß und ich haben uns überlegt, Ew.Exzellenz um ein Gnadengesuch zu bitten«. Was weder Valks noch Frings wussten, war die Tatsache, dass man Groß bereits am 23. Januar 1945 hingerichtet hatte. So entwarf Frings noch am 30. Januar ein Gnadengesuch an Reichsjustizminister Thierack, das am 3. Februar abgesandt wurde[98]: »Groß hat sieben Kinder, die alle noch in der Ausbildung begriffen sind. Der älteste Sohn ist im Osten vermisst. Der Verurteilte hat sich sein Leben lang für den deutschen Arbeiter gegen den Kommunismus eingesetzt als Gewerkschaftssekretär und später als Schriftleiter der Westdeutschen Arbeiterzeitung. Ich selbst habe als Arbeiterpräses und später als Bezirkspräses der Kölner Kath[olischen] Arbeitervereine bis zum Jahre 1937 mit ihm zusammengearbeitet und ihn als einen Mann von überaus großer Gewissenhaftigkeit kennen gelernt. Der Grund seiner Verurteilung ist mir unbekannt. Aber als sein Bischof erlaube ich mir, für ihn um Begnadigung zu bitten ...«.

Neben dieser Fürsorge für Menschen, die das NS-Regime in seiner Nervosität in ihrer physischen Existenz bedrohte, stand im Sommer 1944 noch ein Versuch, den durch Bombenangriffe obdachlos Gewordenen zu helfen. Es scheint, dass Frings mit seinem Rundschreiben an die Dechanten vom 16. Juli 1944 vor allem den alten Menschen, die einer Evakuie-

---

95 Dazu: P. FETTEN, St. Ursula 1942-1945, S. 166.

96 Vgl. WIDERSTAND UND VERFOLGUNG IN KÖLN, S. 389 f.

97 Hans Valks an Frings 30 Januar 1945: HAEK – Gen II 23.23a, 4.

98 Frings an Thierack, hs. Entwurf 30. Januar 1945; Expeditionsvermerk 3. Februar 1945: HAEK – Gen II 23.23a, 4.

rung in weiter entfernte Gebiete des Ostens kaum gewachsen waren, eine Unterkunft in der näheren Umgebung verschaffen wollte. Frings bat die Dechanten um Mitteilung an den Caritasbeauftragten, Prälat Lenné, wo in Pfarrhäusern und kirchlichen Einrichtungen Raum für solche älteren Menschen bereitgestellt werden könne. Die zahlreichen Antworten lassen erkennen, wie ausgelastet die nähere ländliche Umgebung Kölns durch Bombenflüchtlinge bereits war[99].

6. Die Übersiedlung nach Honnef und das Ende des Krieges

Die Angriffswelle von Ende Oktober 1944 legte dann nicht nur ganze Stadtteile in Schutt und Asche, sondern zehrte darüber hinaus am Durchhaltewillen der Kölner Bevölkerung. Frings wurde selbst bereits bei einem Luftangriff am 15. Oktober zum zweitenmal wohnungslos[100]. Er fand zunächst Aufnahme im St. Elisabeth-Krankenhaus in Köln-Hohenlind, doch zog er unter dem Eindruck der sich verschärfenden Luftangriffe und wegen der immer geringeren Wirkungsmöglichkeiten in Köln zurück in die Wohnung Spiesgasse 9 in Honnef, wo er bereits von Juni 1943 bis März 1944 gewohnt hatte. Am 31. Oktober notierte Grosche in sein Tagebuch[101]: Der Erzbischof »will nach Honnef gehen für zwei bis drei Wochen, ›aber ich komme wieder‹ ... Ich kann nicht widersprechen, nur sagen: Wenn ich eine Wohnung für Sie hätte, würde ich Sie bitten zu bleiben. Aber so erkenne ich das Berechtigte seines Entschlusses an, da er ja nicht bloß der Stadt Köln, sondern der Erzdiözese gehört«. Nach einem Gespräch mit Frings am 24. November 1944 notierte der Stadtdechant[102]: »Er erklärte mir noch einmal ..., dass der Hauptgrund, weshalb er nicht in Köln residieren könne, der sei, dass er nicht von Köln aus die Diözese leiten und verwalten könne, da so gut wie alle Verbindungsmöglichkeiten unterbrochen sind. In Honnef dagegen habe er schon viele Besuche empfangen und könne leicht mit dem Generalvikariat [im Collegium Leoninum in Bonn] in Verbindung treten. Diese Gründe muss man unbedingt anerkennen«.

Trotzdem war die Übersiedlung des Erzbischofs nach Honnef zum damaligen Zeitpunkt nicht unproblematisch und ist von manchen Priestern

---

[99] Der Inhalt des nicht mehr auffindbaren Rundschreibens vom 16. Juli 1944 lässt sich aus den zahlreichen (fast sämtlich absagenden) Antworten der Dechanten ermitteln: HAEK – CR II 25.18, 2.

[100] Seine persönliche Darstellung: J. Frings, Für die Menschen bestellt, S. 31 ff.

[101] R. Grosche, Kölner Tagebuch, S. 52.

[102] R. Grosche, Kölner Tagebuch, S. 65 f.

kritisiert worden. Kurz vor den Verwüstungen der letzten Oktoberwoche hatte er am 24. Oktober den Klerus durch Rundschreiben informiert[103], dass er wegen der zunehmenden Verkehrsschwierigkeiten die Diözesanverwaltung dezentralisiert und neben den Generalvikariatsabteilungen in Bonn und Köln Domdechant Hecker im Pfarrhaus in Wipperfürth mit entsprechenden Vollmachten versehen habe. Er selbst sei in Hohenlind zu erreichen. Das Schreiben schloss: »Es ist Pflicht des Pfarrers, nach Möglichkeit dafür Sorge zu tragen, dass kein erheblicher Teil der Pfarrkinder ohne Seelsorger bleibt. Die Priester, denen die seelsorgliche Betreuung der Zurückgebliebenen zufällt, werden die Wahrung der nationalen Würde mit regem seelsorglichen Eifer zu verbinden wissen«.

Wie die Stimmung in Köln innerhalb weniger Tage sich verschlechterte, lässt der Text einer Traueransprache des Erzbischofs aus dieser Zeit erkennen[104]: »Zu einer Trauerfeier sind wir versammelt, wie Köln sie in seiner fast 2000jährigen Geschichte noch nicht erlebt hat. Unsere Herzen sind bis in den tiefsten Grund getroffen und bluten aus tausend Wunden. Tausende und Abertausende unserer Mitbürger sind eines jähen und grausamen Todes gestorben. Hunderttausende sind obdachlos geworden, haben all' ihr Hab und Gut, alles, was sie in mühsamer Lebensarbeit aufgebaut hatten, verloren. Unzählige beklagen den Verlust ihrer Lieben, wissen sie in kühler Erde oder unter Trümmerhaufen begraben, oder sind noch auf qualvoller Suche nach ihnen. Das alte Köln selbst gehört zu den Toten, das einst so schöne und stolze, so lebensfrohe Köln: Es war uns allen ans Herz gewachsen, denn es war unsere Heimat ...«.

Am 3. November 1944 notierte Grosche[105]: »... Die Leute gehen zu Tausenden fort. Tag für Tag kommen Geistliche aus der Stadt, die sich Rat holen wollen. Ich kann nur das eine sagen: Bleiben, bis man uns vertreibt«. Am gleichen Tage richtete Frings einen Brief an die Priester des Erzbistums[106], in dem er sein Mitgefühl mit den Ängsten und Leiden des Bombenkrieges bekundete. »Mein inniger Dank und meine wärmste Anerkennung gilt (!) allen Pfarrern und Kaplänen, die mitten in diesen Stürmen ausgehalten haben und den Ihren beistehen in den schweren Stunden des Leidens, und ich ermuntere alle, weiter auszuhalten, jeder in der Pfar-

---

[103] Der Erzbischof von Köln an die Dechanten zur Weitergabe an die Herren Pfarrer und Pfarrektoren ihres Dekanates 24. Oktober 1944 (Umdruck): HAEK – CR II 25.18, 2.

[104] »Geliebte Erzdiözesanen, meine lieben Kölner!«, hs. Entwurf ohne Datum. Nach dem Ort der Abheftung könnte die Predigt auch bereits nach dem Angriff vom 29. Juni 1943 gehalten worden sein: HAEK – CR II 2.18g, 1.

[105] R. Grosche, Kölner Tagebuch, S. 54.

[106] Der Erzbischof von Köln an die Dechanten und an den ganzen Klerus der Erzdiözese Köln 3. November 1944: HAEK – CR II 25.18, 2.

rei, die seiner Sorge anvertraut ist; wo immer Katholiken sind, dürfen sie nicht ohne Seelsorge gelassen werden«. Wer dringend der Erholung bedürfe, solle sich wegen Urlaubs an den zuständigen Dechanten wenden. Das gelte ebenso, wenn ein Pfarrer wegen Abwanderung seiner Gläubigen ein Verbleiben für überflüssig halte.

Am 4. November wandte sich Grosche an die Priester der Stadt Köln[107]. Seine Absicht war, die Priester unter allen Umständen zum Bleiben zu ermutigen, nicht nur um der Gläubigen willen, sondern auch wegen der Wahrung des kirchlichen Besitzes. »Diesen Boden müssen wir hüten, solange es uns nicht durch Gewalt verwehrt wird ... Darum soll kein Pfarrer freiwillig seine Pfarrei verlassen, wenn er auch nur von wenigen Gläubigen begleitet das hl. Opfer irgendwo in seiner Pfarrei feiert ... Wer die Belastung seelisch nicht aushält, soll und darf ruhigen Gewissens gehen, wenn nur einer die Sorge für die Kirche und den Rest der Gläubigen übernimmt ...«.

Als Grosche Generalvikar David ein Exemplar des Briefes zur Kenntnis brachte[108], wies er erneut auf die Versuchung mancher Priester hin, die Stadt zu verlassen. Er sei sich mit den übrigen Kölner Dechanten einig, »dass diejenigen, die weggehen, nicht einfach auf eigene Faust reisen und sich in Sicherheit bringen dürfen, sondern versuchen müssen, sich mit den Evakuierten verschicken zu lassen«.

Am 18. November entwarf Grosche, der diese Wochen mehr in Kellern als über der Erde zubrachte[109] und über das Schicksal Kölns nachdachte, einen Brief an den zum »Reichsverteidigungskommissar« avancierten Gauleiter Grohé[110]: »Als Stadtdechant von Köln wende ich mich an Sie mit der Bitte, doch erwirken zu wollen, dass für den Fall einer vollständigen Räumung der Stadt Köln eine bestimmte Anzahl von Priestern die Erlaubnis erhält, im Interesse der noch vorhandenen Kirchen in der Stadt zu bleiben. Durch die furchtbaren Terrorangriffe unserer Feinde ist in Köln unersetzliches Kulturgut unwiederbringlich verlorengegangen. Aber

---

107 Grosche an die Priester der Stadt Köln 4. November 1944 (unterschr. Kopie): HAEK – CR II 25.18, 2.

108 Grosche an David 6. November 1944 (hs. Original): HAEK – CR II 25.20b, 2.

109 Dazu: R. GROSCHE, Kölner Tagebuch, S. 53-70.

110 Der Stadtdechant an den Reichsverteidigungskommissar, Entwurf datiert 19. November 1944, Begleitschreiben Grosches an Frings (handschriftlich) 18. November 1944: HAEK – CR 25.18, 3. Das Schreiben Grosches an Grohé vom 19. November ist veröffentlicht: L. VOLK, Akten VI, Nr. 962, S. 451 ff. – Vgl. auch R. GROSCHE, Kölner Tagebuch, S. 63. Ähnlich sicherte einige Wochen später Bischof Bornewasser von Trier den Verbleib einiger Priester in der zu räumenden Stadt Trier zum Schutz von Kunst und Kulturgut: N. TRIPPEN, Das Schicksal der westdeutschen Bischofsstädte 1944/45, S. 195 ff.

es sind doch außer dem Dom noch manche Kirchen der Substanz nach erhalten ...«. Den verteidigenden Soldaten werde es eine Hilfe sein, wenn mit den Bauwerken vertraute Priester zur Stelle seien. »Vor allem aber scheint es mir auch für den Fall, dass die Stadt vorübergehend in feindliche Hände fiele, von Bedeutung, wenn Geistliche in der Stadt blieben. Sie würden sich mit Leib und Leben für den Schutz und die Erhaltung der Kirchen und ihres Eigentums einsetzen und dafür Sorge tragen, dass nicht der letzte Rest von Kunstwerken, die sich ja nicht alle haben in Sicherheit bringen lassen, zerstört oder verschleppt wird ...«.

Grosche gab dem Erzbischof zu bedenken[111], »ob es nicht besser wäre, wenn Sie diesen Brief schrieben«. Am 24. November verzeichnete Grosche in seinem Tagebuch die Antwort des Erzbischofs[112]: »Ich bin durchaus einverstanden, dass das Schreiben an den Herrn Reichsverteidigungskommissar abgeht. Ich halte es für richtig, dass Sie das Schreiben unterzeichnen, da es sich um eine stadtkölnische Sache handelt ...«. Ob Grosche damit einverstanden war? Selbst das anschließende Lob des Erzbischofs machte ihn anscheinend nicht glücklich. Frings schrieb ihm: »Ich danke Ihnen von Herzen für Ihren unbeugsamen Mut und Ihren nie erlahmenden Eifer, durch den Sie sich Ihres Amtes würdig erweisen«.

Wie sehr die Lebensverhältnisse und die Situation der Priester sich in diesen Wochen von Tag zu Tag zuspitzten, ist aus den Rundschreiben des Erzbischofs und des Generalvikars an die Dechanten in immer kürzeren Abständen ablesbar. Am 22. November forderte David die Dechanten auf[113], »uns möglichst bald die jetzige Anschrift aller von ihrer Stelle abwesenden Geistlichen mitzuteilen ... Ferner bitten wir, möglichst bald uns ... mitzuteilen, welche Hilfsgeistliche am Anstellungsort entbehrlich sind, so dass sie für den vorübergehenden Einsatz an einer Bedarfsstelle unseres Erzbistums oder für die Abgewanderten-Seelsorge verwendet werden können. Wir machen darauf aufmerksam, dass die Zahl der in andere Diözesen abgewanderten Kölner Diözesanen ständig wächst und deren Seelsorge den vermehrten Einsatz von Geistlichen unseres Erzbistums unbedingt erforderlich macht«. Am 28. November folgte die Anweisung[114]: »Für den Fall der Evakuierung machen wir auf folgende Gesichtspunkte aufmerksam:

---

111 Im erwähnten Begleitbrief zu diesem Entwurf: Vgl. oben Anm. 110.

112 R. GROSCHE, Kölner Tagebuch, S. 65.

113 Erzbistum Köln (David) an die Dechanten der Erzdiözese Köln 22. November 1944 (Umdruck): HAEK – CR II 25.18, 2.

114 Vordruck: Erzbistum Köln »An das Katholische Pfarramt ...« 28. November 1944: HAEK – CR II 25.18, 2.

1. Dem Pfarrer obliegt vor allem die Pflicht, für die Seelsorge der innerhalb des Territoriums seiner Pfarrei sich aufhaltenden Gläubigen Sorge zu tragen, solange deren Zahl noch irgendwie erheblich ist.
2. Erst wenn diese Pflicht nach Lage der Dinge nicht mehr in Betracht kommt oder ein anderer Priester sie übernommen hat, kann der Pfarrer eine größere Gruppe seiner Gemeinde nach dem neuen Wohnort begleiten oder ihr nachreisen ...
3. Dem Pfarrer obliegt es auch, nach Möglichkeit für den Schutz der Gebäulichkeiten und des sonstigen Eigentums der Pfarre Sorge zu tragen, insbesondere auch für die hl. Geräte, die Kirchenbücher und wichtigsten Archivalien. Wenn im einzelnen Falle keine Unterbringung möglich ist, die mit größerer Wahrscheinlichkeit Sicherheit gewährleistet, können Kirchenbücher mit guter Verpackung und deutlicher Kennzeichnung auch in der Domsakristei abgegeben werden...«[115].

Wie groß die hinter solchen Erlassen stehenden Probleme tatsächlich gewesen sein müssen, ergibt sich aus einem erzbischöflichen Erlass vom 1. Dezember 1944[116]: »Anweisung an die Seelsorger für den Fall der Evakuierung ihrer Gemeinde«: »... Unser heiliges Priesteramt, das uns nicht unseretwegen, sondern um des Volkes willen verliehen ist, verpflichtet uns, dem Volke mit Aufbietung aller unserer Kräfte, auch unter Lebensgefahr, zu Hilfe zu kommen, das eigene Leid und die eigenen Verluste gering zu achten und in edler Selbstvergessenheit uns aller anzunehmen, die unserer Hilfe bedürfen ... Die zahlreichen Seelsorger, die in den Schrecken der feindlichen Fliegerüberfälle aus ihren Pfarreien nicht geflohen sind, sondern bei ihren Pfarrkindern treu ausgeharrt und nach Verlust ihrer Wohnungen in möglichster Nähe Unterkunft gesucht haben, handelten richtig und verdienen großes Lob ... Ein eigenmächtiges Verlassen der Pfarre seitens der Geistlichen kann nicht gebilligt werden«. Diesen allgemeinen Feststellungen folgten konkrete Anweisungen für den Fall, dass ein Verlassen der Stelle unausweichlich würde und die Priester mit ihren Gläubigen in die Evakuierung gingen.

---

115 In der Akte HAEK – CR II 25.18, 2 finden sich verschiedene Meldungen über die Auffindung vom Kirchengerät in Privatkellern im besetzten bzw. geräumten Gebiet des Bistums Aachen. Solche Erfahrungen mögen David zu dieser Anordnung veranlasst haben.

116 Anweisung an die Seelsorger für den Fall der Evakuierung 1. Dezember 1944 (Umdruck, auch ein Exemplar mit hs. Korrekturen von Frings): HAEK – CR II 25.18, 2; veröffentlicht: KA 84, 1944, Nr. 301, S. 246 f. (wiederum leicht überarbeitet). Das nachfolgende Zitat hält sich an die von Frings eigenhändig überarbeitete Fassung.

In den gleichen Tagen schrieb der Erzbischof einerseits »An die Priester und Theologen der Erzdiözese Köln im Felde«[117], andererseits an Pius XII. in Rom[118]. Ob der Erzbischof dabei an die Missdeutbarkeit seines Ausweichens von Köln nach Honnef dachte? So berichtete er den Priestersoldaten: »Am 15. Oktober, sonntags morgens, brannte das hübsche Häuschen an der Mommsenstraße in Köln-Lindenthal, das ich seit März d[ieses] J[ahre]s bewohnte, infolge eines Fliegerangriffs bis auf die Mauern aus. ... 14 Tage später, bei dem furchtbaren Angriff vom 30. Oktober, bei dem die Keller 40 Minuten lang wankten wie bei einem schweren Erdbeben, wurde Hohenlind, das mich liebevoll aufgenommen hatte, so demoliert, dass ich nicht bleiben konnte, das arme Köln so verwüstet, dass von da aus eine Leitung der Diözese unmöglich wurde. So packte ich meine notwendigsten Sachen in den Wagen und klopfte bei Nacht und Nebel unangemeldet hier an und erbat mir, wie weiland Kaiser Karl V. im Kloster San Yuste: pacem«.

An Pius XII. schrieb Frings: »Wenn in diesen Tagen das Evangelium vom Ende der Welt verlesen wird, so haben wir Kölner einen eindringlichen Anschauungsunterricht dazu empfangen in den Luftangriffen von Ende Oktober. Alle, die einen solchen Angriff erlebt haben, waren davon so erschüttert, dass sie aussagten, am Ende der Welt könne es nicht viel schrecklicher zugehen. Köln ist eine tote Stadt, ohne Licht, Gas, Wasser, Strom, elektrische Bahnen. Nahezu alle Kirchen mit Ausnahme des Domes und fast alle frommen Anstalten sind zerstört, die Friedhöfe aufgewühlt, viele Tote liegen unter den Trümmern, viele Tausende von Menschen sind zerstreut in ganz Deutschland, besonders in Thüringen, Sachsen und Niederschlesien, neuerdings auch im Hildesheimischen und Paderbornischen«.

Frings berichtete dann von der Evakuiertenseelsorge, von der Treue der in den Trümmerstädten aushaltenden Priester, von seinem eigenen Schicksal: »Inzwischen rückt die Front näher; wir hören deutlich das Brüllen der Geschütze. Was kommen wird, weiß Gott allein ...«. Dann kam der Erzbischof auf die geistig-geistliche Situation bei Kriegsende zu sprechen: »Auf religiösem Gebiet haben die Ereignisse sehr verschiedenartige Wirkungen. Viele sind gerade in den letzten Monaten zu den heiligen Sakra-

[117] Frings »An die Priester und Theologen der Erzdiözese Köln im Felde« 26. November 1944: HAEK – CR II 2.18d, 1 bzw. CR II 25,18, 2.

[118] Frings an Pius XII., letzter Sonntag im Kirchenjahr (= 26. November 1944): HAEK – CR II 2.18d, 1 (hs. Entwurf) bzw. ebd. CR II 1.14, 1 (unterschr. Kopie des Originals). Wie Frings nach Kriegsende erfuhr, hat dieser Brief den Papst nicht erreicht. Veröffentlicht: N. TRIPPEN, Bischofsstädte 1944/45, S. 192 ff.

menten gegangen und haben den Weg zu Gott zurückgefunden. Andere kommen schwer über die Schwierigkeiten hinweg, wie Gott dies alles zulassen könne«. Auf die Zukunft hin stellte Frings die Erwägung an: »Aus all dem erwächst eine Art Adventsstimmung und große Sehnsucht nach Erlösung. Sie mag zunächst stark mit irdischen Gedanken und Wünschen durchsetzt sein, aber es ist zu hoffen, dass aus dem Zusammenbruch so vieler irdischer Werte eine größere Aufgeschlossenheit für die Dinge der jenseitigen Welt und für jenen Frieden, den nur Christus, der Herr, geben kann, erwächst ...«.

Die nahezu apokalyptischen Dimensionen der Verwüstung Kölns während der letzten Kriegswochen Anfang 1945 und die Besetzung durch die Amerikaner am 6./7. März haben Grosche und sein Nachbar Fetten von St. Ursula aus dem unmittelbaren Erlebnis beschrieben und der Nachwelt überliefert[119]. Erzbischof Frings erlebte das Kriegsende und den Einzug der Besatzungstruppen einige Wochen später in Honnef – sehr viel weniger dramatisch als seine Bischofsstadt![120] Wie Stadtdechant Grosche erkannte er die Notwendigkeit, so bald wie möglich nach Köln zurückzukehren. Schon am 5.April schrieb Grosche von einem Gespräch mit einem amerikanischen Offizier[121]: »Cpt. Elliot erklärte mir heute auch, dass er nichts dagegen habe, wenn Ew. Exzellenz einmal zur Besprechung mit dem Klerus nach hier komme; er werde Sie mit dem Wagen holen und zurückbringen lassen«. Ein letzter Nachhall des Missbehagens über die Abwesenheit des Erzbischofs von seiner Bischofsstadt während der letzten Kriegsmonate klingt in Grosches Tagebuchnotiz vom 20. April 1945 an[122]: »Heute ist der Erzbischof wieder nach Köln gekommen. Er wird sich die Stadt erobern müssen, aber ich hoffe zuversichtlich, dass es ihm gelingt. Jedenfalls will ich alles tun, um ihm den Weg zu den Herzen der Kölner freizumachen«. Mit dem Kriegsende und der Rückkehr nach Köln fing für Erzbischof Frings ein neuer, entscheidender Lebensabschnitt an.

---

119 R. GROSCHE, Kölner Tagebuch, S. 84-119; P. FETTEN, St. Ursula 1942-1945, S. 169-177.

120 Vgl. die Eigendarstellung: J. FRINGS, Für die Menschen bestellt, S. 39 f.

121 Grosche an Frings (handschriftlich) 29. März 1945 (Fortsetzung 5. April 1945): HAEK – CR II 25.18, 2.

122 R. GROSCHE, Kölner Tagebuch, S. 142.

V. KAPITEL
DIE NOTJAHRE 1945–1949

1. DIE ERSTE NACHKRIEGSZEIT BIS ZUR KARDINALSERHEBUNG IM FEBRUAR 1946*

Bereits im Januar 1945 hatte Bischof Galen von Münster unter dem Eindruck der Endphase des Krieges in einem Brief an Frings über die Zukunft reflektiert[1]: »Was sollen wir aus diesen Geschehnissen für die Zukunft lernen? Sollten wir nach Möglichkeit einst das jetzt Zerstörte wiederherstellen? Oder war vieles vor Gottes Augen vielleicht doch überaltert, für den Abbruch reif, so dass ganz Anderes, Neues an seine Stelle treten soll? Natürlich nicht in den unveränderlichen Glaubensgrundlagen, aber vielleicht doch in den praktischen Anwendungen, in den früher historisch gewordenen und von uns bisher sorgsam behüteten Formen ... «. Von den augenblicklichen apokalyptischen Zuständen unbeeindruckt schätzte Galen realistisch: »Es kann doch unerwartet der Zeitpunkt kommen, wo unsere Priester und Gläubigen für das religiös-kirchliche Gebiet von uns klare Zielsetzungen und Weisungen erwarten, die eben den Verhältnissen einer vielfach geänderten Lage entsprechen«. Als ob Galen seinen Tod ein Jahr später vorausgeahnt hätte, schloss er: »Ich fürchte, ich bin schon zu alt und nicht mehr ›wendig‹ genug, um solchen Erwartungen zu entsprechen. Aber ich bitte Gott, dass Er Euer Exzellenz und Ihren Suffraganen zur rechten Zeit ›das Wollen und das Vollbringen‹ gibt«. In der Tat sollte Frings in den kommenden Jahren durch den Vorsitz der Fuldaer Bischofskonferenz die Führungsrolle im deutschen Episkopat und eine Gestaltungsaufgabe für die Kirche im Nachkriegsdeutschland zuwachsen.

Als Frings am 20. April 1945 aus Honnef nach Köln zurückkehrte, fand er in der Stadt und im Erzbistum chaotische Lebensverhältnisse vor. Er kam gar nicht umhin, sich in seinen ersten Kontaktnahmen mit den Besatzungsoffizieren der unerträglichen Nöte der Menschen anzunehmen. Aus Essen, Düsseldorf, Troisdorf berichteten die Dechanten von Aus-

* Teile dieses Abschnitts wurden bereits veröffentlicht: N. TRIPPEN, Erzbischof Frings und der Neubeginn kirchlichen Lebens in Köln 1945.

1 Galen an Frings, Sendenhorst, 11. Januar 1945 (Original): HAEK – CR II 25.18, 2; Druck: L. VOLK, Akten VI, Nr. 966, S. 457 ff.; vgl. auch: N. TRIPPEN, Bischofsstädte im Winter 1944/45, S. 197 ff. – Zu Clemens August Graf von Galen s. oben S. 62 mit Anm. 32.

schreitungen der freigelassenen und nun rachsüchtigen »Fremdarbeiter«, von Raubzügen, Morden und Vergewaltigungen[2]. Wie fast alle übrigen Bischöfe auch, suchte Frings die örtlichen Besatzungsbehörden in die Pflicht zu nehmen, um die Übelstände einzudämmen[3], vergaß darüber aber nicht den Neuanfang des kirchlichen Lebens mit längerfristiger Perspektive.

Noch im Mai und im Juni 1945 wandten sich die deutschen Bischöfe je in ihrem persönlichen Stil und entsprechend den örtlich etwas unterschiedlich akzentuierten Gegebenheiten in Pastoralschreiben an Klerus und Gläubige ihrer Diözesen[4], um Hilfestellung bei der ersten Bewältigung der jüngsten Vergangenheit zu geben und einige grundsätzliche Direktiven für die Seelsorge der Zukunft zu markieren. Frings begann am 27. Mai 1945 mit einem Hirtenbrief an die Gläubigen[5].

In dessen erstem Abschnitt skizzierte er, wie die Kirche insgesamt, aber auch er selbst, die Priester und das gläubige Volk zum NS-Regime auf Distanz geblieben waren. Die Stimme der Kirche sei jedoch von den Mächtigen nicht gehört worden. »Im Namen des deutschen Volkes ist von seinen Verantwortlichen aus ihrer falschen Grundanschauung heraus unsäglich viel Unrecht geschehen. Unsägliches hat das ganze Volk dafür gelitten und hat bereits Sühne dafür getan«[6].

Im zweiten Abschnitt schilderte der Erzbischof die bereits erfahrene und die nun erst bevorstehende Not der Menschen, um dann in einem dritten Abschnitt religiöse Schlussfolgerungen zu ziehen: »Freilich, unser deutsches Volk muss die Stimme Gottes hören und sich bereitwillig auf den Weg der Umkehr machen! Aus allen seinen Schichten muss jener Dünkel schwinden, als sei es ein Herrenvolk, dem die anderen Nationen dienen müssten. Alle müssen wieder jene Bescheidenheit, jene ›Maasse‹ schätzen lernen, die das Ideal des christlichen Rittertums war. Alle müssen sich bewusst werden, dass Gott Ursprung und Ziel aller Wesen ist, dass ohne seine Hilfe die Bauleute vergebens bauen, der Wächter vergebens

---

2 Kath. Pfarrer von Groß-Essen an die amerikanische Besatzungsmacht 12. Mai 1945; ebenso: Dechant Stumpe, Troisdorf, 17. Mai 1945 und Kath. Pfarrer von Düsseldorf-Süd an Frings 30. Mai 1945: HAEK – CR II 25.18, 2. Druck: L. VOLK, Akten VI, Nr. 978, S. 488-493 (Essen); ebd., Nr. 985, S. 508-510 (Düsseldorf).

3 Zu den ersten Verhandlungen Frings' mit dem amerikanischen Hauptquartier in Hilden ab 30. Mai 1945 s. unten S. 228 ff. – Die Vorsprachen anderer Bischöfe bei den Besatzungsmächten in diesen ersten Nachkriegswochen dokumentiert L. VOLK, Akten VI.

4 Vgl. L. VOLK, Akten VI, sowie W. LÖHR, Hirtenbriefe und Ansprachen, Nr. 1-10, S. 17-59.

5 Exemplar des hekt. Textes: HAEK – CR II 2.3, 1; Druck: W. CORSTEN, Kölner Aktenstücke, Nr. 235, S. 313-315; L. VOLK, Akten VI, Nr. 983, S. 501-505.

6 L. VOLK, Akten VI, S. 503.

wacht, dass Gottes Ehre alles Tun und Denken der Menschen gewidmet sein muss«.

Dieser grundsätzlichen Überschrift folgte die Mahnung zu einer Gewissenserforschung und zur Rückkehr zu konkreten christlichen Lebensprinzipien. Neben der sehr aktuellen Warnung »fremdes Eigentum sich anzueignen, auch wenn es für den Augenblick verlassen und unbewacht ist, damit nicht der rechtmäßige Eigentümer, wenn er hoffnungsfroh in die Heimat zurückkehrt, alles ausgeraubt und geplündert vorfindet«[7], stehen im Mai 1945 wie Zukunftsvisionen anmutende Passagen, die den stets sozial engagierten Erzbischof Frings erkennen lassen: »Nicht nur, dass der Arbeiter seinen gerechten Lohn erhalte, der ihn und seine Familie menschenwürdig ernährt und ihm erlaubt, bei Fleiß und Sparsamkeit ein kleines Eigentum zu erwerben, nein, das ganze Verhältnis von Arbeitern und Arbeitgebern werde aufgebaut auf dem Boden gegenseitigen Vertrauens; dem Arbeiter werde es ermöglicht, Interesse zu gewinnen am Wohlergehen seines Werkes und seines Berufsstandes, und es werde ein Weg gefunden, die Früchte der gemeinsamen Arbeit nach dem Maß des Verdienstes der einzelnen zu verteilen!«

Dieser Hirtenbrief erhielt seine Fortsetzung und Ergänzung in einem Brief an den Klerus des Erzbistums am 14. Juni 1945[8]. Den konkreten Pastoralanweisungen an den Klerus war ein Dank für die Haltung der Priester während der Kriegsbelastungen vorgeschaltet: »Auf diesem im Glauben wurzelnden Lebensmut und dieser Anpassungsfähigkeit unseres Klerus ruht nebst dem Vertrauen auf Gottes Gnade meine Hoffnung für die Kirche der Zukunft in unseren Landen«.

Die »Weisungen und Richtlinien« an den Klerus waren bereits von den westdeutschen Bischöfen bei ihrem ersten Konveniat nach dem Kriege in Werl vom 4. bis 6. Juni 1945 abgesprochen worden[9]: Klerus und Politik, Schulfrage, Vereinswesen, Wiederaufnahme aus der Kirche Ausgetretener, Religionsunterricht für die Jugend, Weitergeltung päpstlicher Sondervollmachten usw.

In Ermangelung nicht aus der NS-Zeit belasteter Persönlichkeiten hatten die Besatzungsmächte allzu häufig Geistliche beider Konfessionen als Bürgermeister herangezogen. Frings belehrte seinen Klerus: »Can. 139 § 2

---

7 Ebd., S. 504.

8 »Hochwürdige, liebe Herren Confratres!«, Köln, den 14. Juni 1945 (hs. Entwurf): HAEK – CR II 2.3, 1; dort (wie auch in anderen Akten) ebenso ein gedrucktes Exemplar.

9 Protokoll der Konferenz der westdeutschen Bischöfe, Werl, 4.-6. Juni 1945 (maschinenschr. Original mit Unterschrift Erzbischof Jaegers vom 24. Juni 1945): HAEK – CR II 2.19, 2. Druck: L. VOLK, Akten VI, Nr. 987, S. 512-520.

CIC untersagt den Klerikern die Übernahme öffentlicher Ämter, mit denen die Ausübung weltlicher Gerichtsbarkeit oder Verwaltung verbunden ist. Wo Geistliche das Amt eines Bürgermeisters oder Ortsvorstehers übernommen haben, mögen sie es in bestem Glauben und mit gutem Erfolg getan haben. Ich muss jedoch nunmehr erwarten, dass sie diese Ämter sobald wie möglich niederlegen und sich ausschließlich ihren seelsorglichen Pflichten widmen«.

In der Schulfrage hatten sich die westdeutschen Bischöfe in Werl verständigt, die Wiederherstellung der Verhältnisse vor 1933 zu versuchen. Frings zitierte in seinem Brief an die Priester die Werler Beschlüsse : »Wir fordern 1. die katholische Schule für die katholischen Kinder; 2. darum auch katholische Lehrer- und Lehrerinnenbildungsanstalten; 3. Freiheit zur Gründung katholischer Schulen und Unterrichtsanstalten nach dem Willen der Elternschaft unter Beseitigung des staatlichen Schulmonopols bei Anerkennung des staatlichen Aufsichtsrechts; 4. Gleichberechtigung und Förderung dieser katholischen Schulen aus öffentlichen Mitteln«.

In seinen erläuternden Ausführungen äußerte Frings die Erwartung, »dass auch weiteste Kreise der evangelischen Kirche an der Forderung der konfessionellen Volksschule festhalten ... Diese Forderung könnte erfüllt werden entweder dadurch, dass das bisherige System der nach Konfessionen getrennten öffentlichen Volksschulen mit entsprechenden Lehrerbildungsanstalten beibehalten wird, oder dadurch, dass ähnlich wie in Holland und England die freien katholischen Schulen als gleichberechtigt anerkannt und aus öffentlichen Mitteln unterstützt werden. Der wesentliche Gesichtspunkt ist der, dass im gesamten Schulwesen der Elternwille zu seinem Recht kommt und das staatliche Schulmonopol gebrochen wird«.

Im Gesamtzusammenhang des Briefes wirkt die anschließende Mahnung an die Priester recht scharf: »Selbstverständlich darf kein Geistlicher für die Simultanschule in irgendeiner Form Stimmung machen. Ich lege den größten Wert darauf, dass die Einheitsfront des katholischen Volkes auf Grund der vier Forderungen der Bischöfe erzielt wird«.

Den Hintergrund dieser scharfen Formulierung könnten die Meinungsverschiedenheiten bilden, die sich in diesem Punkt zwischen dem Erzbischof und dem Kölner Stadtdechanten aufgetan hatten. Grosche notierte am 16. Juni 1945 in sein Tagebuch[10]: »Gestern war ich wieder einmal in Hohenlind beim Erzbischof. Wir sprachen über einige Fragen, besonders über die Schule. Ich habe meine Bedenken gegen die unbedingte Forde-

[10] R. GROSCHE, Kölner Tagebuch, S. 150 f.

rung der konfessionellen Schule gesagt, aber ich finde keinen Anklang. Ich habe dem Erzbischof erklärt, dass selbstverständlich der Klerus sich hinter eine Direktive der Bischöfe stellen würde, dass er natürlich nicht querschieße, aber ich habe auch gesagt, dass man, ganz unabhängig von uns, auch auf der anderen Rheinseite[11] in der Frage der alten Bekenntnisschule sehr kühl, zum Teil sogar direkt ablehnend sei«. Grosche besaß die innere Freiheit, kontroverse Ansichten gegenüber seinem Erzbischof zu vertreten. Dieser reagierte keineswegs beleidigt, aber entschieden.

Auch im Bereich des »Vereinswesens« hielt sich Frings in seiner Anweisung an den Klerus vom 14. Juni 1945 an die Absprache mit den Bischofskollegen: »Vorläufig Sammlung, Belehrung und Schulung der Gemeindemitglieder innerhalb der Gemeinden nach den vier Lebensständen: Männer, Frauen, Jungmänner, Jungfrauen, so wie Papst Pius XI. die ›Katholische Aktion‹ unter Leitung der Bischöfe verlangt hat«. Wo es nötig sei, komme die »Sammlung beruflicher Gruppen innerhalb der Lebensstände« in Betracht. »Dabei könnte an die Tradition der katholischen Vereine angeknüpft werden unter besonderer Heranziehung der früher bewährten Mitglieder«. Zweifellos wollten die Bischöfe durch stärkere Angleichung an die »Katholische Aktion« den Laieneinfluss beschränken und den Bewegungsspielraum der Bischöfe und Priester ausweiten, ohne die Vorzüge des traditionsreichen deutschen Verbandswesens zu verlieren. Wie das konkret zu erreichen sei, wussten die Bischöfe offenbar selbst noch nicht. Daher schrieb Erzbischof Frings seinen Priestern: »Diese Anweisung gilt, bis weitere Verordnungen ergehen«.

Für die Wiederaufnahme unter Druck oder aus Opportunismus aus der Kirche Ausgetretener gab der Erzbischof besondere Bestimmungen: »Es wird nötig sein, jeden einzelnen Fall individuell zu behandeln, um in dieser schwierigen und verantwortungsvollen Materie Milde und Strenge in rechter Weise zu paaren«. Frings ordnete die Fortsetzung der Seelsorgestunden für die Schuljugend bis zur Wiedereröffnung der Schulen an. »In der Predigt, die jetzt wieder ungestört durch Fliegeralarm gehalten werden kann, erscheint es als das Wichtigste, die großen Wahrheiten des apostolischen Glaubensbekenntnisses in wohldurchdachten katechetischen Predigten dem Volk darzulegen. Wir verordnen deshalb, dass in allen Pfarr- und Rektoratskirchen noch vor Beginn des Advents die Lehre von Gott und von der Schöpfung in den Hauptmessen in einem Zyklus behandelt werde«.

Nach Ausführungen über den Umfang der Fortgeltung der päpstlichen Sondervollmachten für die Kriegszeit und der Anordnung bestimmter

[11] Damit könnte die evangelische Kirche gemeint sein.

Gebete folgten noch Anweisungen über »Privates Studium«, die die Handschrift des gewissenhaften ehemaligen Seminarregens verraten: »Bei der Schwierigkeit und Neuartigkeit der zur Zeit an ihn herandrängenden Probleme wird der Priester mit seiner seelsorglichen Arbeit sich nur dann auf sicherem Boden bewegen, wenn er sich immer wieder an der Lehre der Kirche und den Weisungen der Päpste und seines Bischofs orientiert. Insbesondere empfehle ich allen Priestern der Erzdiözese das erneute Studium der Enzykliken Pius'XI. ›Über die christliche Erziehung der Jugend‹[12], ›Quadragesimo anno‹[13] und ›Über den atheistischen Kommunismus‹[14] sowie die einschlägigen Partien der Werke bewährter katholischer Autoren, etwa der Moral von Mausbach-Tischleder[15], wo gerade die gegenwärtig akuten Fragen besonders ausführlich und gediegen behandelt sind«.

Dieses Schreiben des Kölner Erzbischofs an seinen Klerus enthielt schon weitgehend die Ergebnisse erster Absprachen der westdeutschen Bischöfe untereinander. Eine erste Zusammenkunft der (Erz-)Bischöfe von Köln, Trier, Limburg, Aachen, Speyer und Mainz hatte bereits eine Woche nach Kriegsschluss, am 15. Mai 1945, in Koblenz stattgefunden[16]. Nach den persönlichen Notizen von Frings und von Bischof Stohr (Mainz)[17] hatte man sich mit den Gerüchten um die Aufteilung Deutschlands durch die Siegermächte, mit der politischen Betätigung der Geistlichen und mit der Gründung einer Einheitsgewerkschaft befasst.

Frings' persönliches Interesse an der sozialen Frage kam in den Bemerkungen zum Ausdruck: »Wünschenswert ist die Weiterentwicklung zu einer berufsständischen Ordnung, in der Arbeitgeber und Arbeitnehmer des gleichen Berufsstandes in *einer* Kammer sich treffen. Wichtig er-

---

12 Enzyklika »Divini illius magisterii« vom 31. Dezember 1929 (De christiana juventutis educatione): AAS 22, 1930, S. 49-86. Deutsch: Enzyklika Papst Pius' XI. »Über die christliche Erziehung der Jugend« vom 31. Dezember 1929, Köln 1946.

13 Enzyklika »Quadragesimo anno« vom 15. Mai 1931 (De ecclesiae auctoritate in re sociali et oeconomica): AAS 23, 1931, S. 177-228. Deutsch: O. SCHILLING (Hrsg.), Die Sozialenzykliken Leos XIII. Und Pius' XI. Rerum Novarum und Quadragesimo Anno, Stuttgart 1948, S. 52-112.

14 Enzyklika »Divini Redemptoris« vom 19. März 1937: AAS 29, 1937, S. 65-106. Deutsch: PAPST PIUS XI., Rundschreiben über den atheistischen Kommunismus. Authentische deutsche Übertragung, Berlin 1937.

15 Es handelt sich um: J. MAUSBACH, Katholische Moraltheologie. Neu bearbeitet und herausgegeben von P. TISCHLEDER, Bd. 1, Münster ^{7}1936; Bd. 2, Münster ^{7}1934.

16 Darüber ist eine hs. Aufzeichnung von Frings erhalten: »15. Mai 45«: HAEK – CR II 25.18, 3, außerdem ein »Bericht Stohrs«: L. VOLK, Akten VI, Nr. 977, S. 486 ff.

17 Albert Stohr (1890–1961), 1913 Priester, 1931–1933 Abgeordneter des Zentrums im hess. Landtag, 1935 Bischof von Mainz: A. BRÜCK, in: E. GATZ, Bischofslexikon, S. 741 ff.

scheint die Schulung junger Menschen in sozialen Fragen, etwa in Form einer Volkshochschule, die in sechswöchiger bis dreimonatiger Arbeit oder wenigstens in Sonntagskursen Arbeiter, Bauern etc. etwa ab 24 Jahren schult«. Mochte die Anregung in Koblenz vom Aachener Bischof van der Velden, dem ehemaligen Generaldirektor des Volksvereins für das katholische Deutschland, ausgegangen sein[18]: Erzbischof Frings sollte sie 1947 durch die Gründung des Katholisch-Sozialen-Instituts in Honnef in die Tat umsetzen!

In der Schul- und Vereinsfrage zeichnete sich bei dieser ersten Bischofsbegegnung schon die Übereinstimmung ab, die zu den Beschlüssen von Werl drei Wochen später führte. Dort sprachen sich – wie schon seit den Kriegsjahren gewohnt – vom 4.-6. Juni die Bischöfe der Kölner und der Paderborner Kirchenprovinz zunächst ausführlich über die erste Erfahrungen mit den Besatzungsmächten aus, über das Ausmaß der Kriegszerstörungen und Kriegsfolgen. Man verständigte sich dann in der Haltung zur Schul- und Vereinsfrage sowie zu den kirchlichen Feiertagen. Weitere Punkte lassen die besonderen Nöte der ersten Nachkriegszeit erahnen: Papierbewirtschaftung, Post, Reiseverkehr, Verkehr mit dem Heiligen Stuhl, die Not der Ausländer und die Probleme mit ihnen, Caritasaufgaben, Rückführung der Evakuierten, Umgang mit der Militärregierung. Eine ähnliche Traktandenliste der innerkirchlichen materiellen und geistlichen Schwierigkeiten schloss sich an.

Das Protokoll Erzbischof Jaegers von Paderborn[19] schloss mit der Feststellung: »Der Herr Erzbischof von Köln war von Kardinal Bertram beauftragt worden, in seiner Stellvertretung die Fuldaer Bischofskonferenz 1944 zu leiten[20]. Er wird durch Fühlungnahme mit Kardinal Faulhaber und dem Herrn Erzbischof von Freiburg feststellen, ob für dieses Jahr eine allgemeine Konferenz in Fulda erwünscht und möglich ist«. Nachdem beide Metropoliten einer Einladung des Kölner Erzbischofs nach Fulda zugestimmt hatten[21] und der Fuldaer Bischof die Durchführbarkeit in seinem Priesterseminar signalisiert hatte, lud Frings zur ersten Gesamtkon-

---

[18] Bericht Stohrs über den 15. Mai 1945 (vgl. oben Anm. 16): »Aachen erinnert an seine besten Erfahrungen mit der Katholischen Volkshochschulbewegung und empfiehlt solche Kurse von 4-6-8 Wochen, die auch wiederholt werden können mit denselben Personen, aufs herzlichste«.

[19] Vgl. oben Anm. 9.

[20] Dazu: Bertram an die deutschen Metropoliten 9. Juni 1944: L. VOLK, Akten VI, Nr. 924, S. 371 f. sowie Tagesordnung der geplanten Plenarkonferenz des deutsche Episkopats, Breslau, 8. Juli 1944: Ebd., Nr. 930, S. 380 ff.

[21] Dazu: Frings an Faulhaber 10. Juni 1945 (mit Fußnote zu den Reaktionen auch aus Freiburg und Fulda): L. VOLK, Akten VI, Nr. 989, S. 529 f.

ferenz des deutschen Episkopats nach Kriegsende für den 21. bis 23. August 1945 nach Fulda ein[22].

Über den Verlauf berichtete er aus seiner Sicht in seinem Weihnachtsbrief an Pius XII. am 25. November 1945[23]: »Wir danken Gott dafür, dass durch den Sturz des ›Dritten Reiches‹ die Kirche in Deutschland von einer großen Gefahr befreit ist. Wir konnten im August d[ieses] J[ahres] unsere Fuldaer Konferenz in voller Freiheit halten. Fast alle deutschen Bischöfe waren anwesend mit Ausnahme derjenigen des russisch besetzten Gebietes; von den letzteren waren nur Bischof Graf Preysing und Bischof Wienken anwesend. Die Konferenz war überschattet von der Tatsache, dass nicht lange vorher Kardinal Bertram zu Gott heimgegangen war[24], der 25 Jahre lang die Fuldaer Konferenz geleitet hatte ... An Stelle des Verstorbenen wurde meine Wenigkeit zum ständigen Vorsitzenden bestimmt«[25].

Die folgenden, an anderer Stelle zitierten Ausführungen über die damalige Sicht der Bischöfe von den politischen Verhältnissen in Ostdeutschland[26] zeigen die zeitgeschichtliche Befangenheit des Episkopats. Frings ging dann auch auf die Vergangenheit und Zukunft der gegenüber der Fuldaer Plenarkonferenz fast noch bedeutsameren, weil sachlich konkreteren Zusammenkünfte der westdeutschen Bischöfe ein: »Die Bischöfe Nord- und Nordwestdeutschlands konnten außerdem zusammenkommen im Mai d[ieses] J[ahres] in Koblenz, im Juni in Werl, im September in Driburg, wo wir auch den Herrn Erzbischof Griffin von Westminster begrüßen konnten[27], und im November in Pützchen bei [Bonn-] Beuel...«[28].

---

[22] Aufzeichnung Frings' für die Fuldaer Konferenz (L. VOLK, Akten VI, Nr. 1029, S. 668): »Eingeladen, weil voriges Jahr als Vorsitzender vorgesehen und von Breslau keine Initiative zu erwarten war. Im Einvernehmen und im Auftrag der westdeutschen Diözesen, des Herrn Kardinals von München und des Herrn Erzbischofs von Freiburg«.

[23] Frings an Pius XII. 25. November 1945 (unterschr. Kopie): HAEK – CR II 1.14, 1. Druck: N. TRIPPEN, Weihnachtsbriefe, S. 138 ff.

[24] Bertram war am 6. Juli 1945 in Johannesberg-Jauernig (Böhmen) gestorben: B. STASIEWSKI, in: E. GATZ, Bischofslexikon, S. 47.

[25] Über den Wahlvorgang selbst findet sich keine Notiz im Protokoll der Fuldaer Konferenz, wo es lediglich heißt (L. VOLK, Akten VI, S. 672 f.): »Nach dem letzten Willen des Kardinals [Bertram] sollte der Erzbischof von Köln den Vorsitz der diesjährigen Bischofskonferenz in Fulda übernehmen. Exzellenz von Köln entspricht diesem Wunsche und übernimmt den Vorsitz«.

[26] Vgl. unten S. 234 f.

[27] Zur Begegnung der Bischöfe der britischen Zone mit Erzbischof Griffin 26.-28. September 1945 s. unten S. 236 f.

[28] Protokoll der Konferenz der westdeutschen Bischöfe, Pützchen, 6.-8. November 1945: L. VOLK, Akten VI, Nr. 1059, S. 826-837.

Als die Fuldaer Bischofskonferenz im August 1945 zusammentrat, war durch die Potsdamer Beschlüsse der alliierten Siegermächte gerade festgelegt worden, wie die nähere Zukunft Deutschlands gestaltet werden sollte und wie die Besatzungsmächte ihre künftige Aufgabe verstanden[29]. Es trifft sich, dass aus den Wochen unmittelbar vorher zwei wichtige Stellungnahmen des Kölner Erzbischofs zur Situation der Menschen in Deutschland Mitte 1945 vorliegen.

Am 30. April hatte das vatikanische Staatssekretariat die deutschen Bischöfe im Namen des Papstes gebeten[30], »sobald es die Umstände gestatten, gütigst einen ersten summarischen Bericht zu senden über die in der kirchlichen Situation entstandenen Schäden und über die religiöse und moralische Lage der einzelnen Diözesen«. Ebenso sollte der Bericht Auskunft geben über das, was die Bischöfe schon getan bzw. in die Wege geleitet hatten, um der gegebenen Situation zu begegnen.

Auf die am 28. Mai durch den nach Eichstätt ausgewichenen Nuntius Orsenigo weitergeleitete Aufforderung aus Rom hin[31] erarbeitete Frings am 1. Juli 1945 einen Bericht[32], der als eine plastische Momentaufnahme der Stunde Null im Erzbistum Köln nach dem Kriege bezeichnet werden kann: »Das äußere Bild der Erzdiözese Köln ist dadurch gekennzeichnet, dass Hunderttausende von Katholiken sich außer Landes befinden. Tausende und Abertausende Männer im Alter von 18 bis 60 Jahren befinden sich in Kriegsgefangenschaft. Viele Tausende von Frauen, Kindern und alten Leuten sind nach Schlesien, Sachsen und Thüringen evakuiert worden und befinden sich in Gebieten, die schon russisch besetzt sind oder in allernächster Zeit von der russischen Armee besetzt werden. Täglich kehren Tausende in größter Armut in die Heimat zurück. Die Städte sind durch sechsjährigen Luftkrieg entsetzlich zugerichtet«.

Die Schilderung des Zerstörungsgrades der Kirchen mündet in die Feststellung ein: »In den Städten sind nur noch ganz wenige Kirchen benutzbar«. »Ähnlich steht es mit den Wohnungen der Geistlichen. Der Dom zu Köln wird jahrelanger Reparaturen bedürfen, bevor er für den Gottes-

---

[29] Zur Potsdamer Konferenz Ende Juli/Anfang August 1945 und ihren Beschlüssen s. unten S. 234 f. mit Anm. 21.

[30] Segretaria di Stato di Sua Santità an die hochwürdigsten Oberhirten 30. April 1945 (Kopie): HAEK – CR II 1.14, 1.

[31] Orsenigo an die deutschen Ordinarien, Eichstätt, 28. Mai 1945: HAEK – CR II 1.14, 1. Zu Orsenigos Ausweichen nach Eichstätt Anfang 1945 und diesem Schriftwechsel: L. Volk, Der Hl. Stuhl und Deutschland 1945–1949, in: A. Rauscher (Hrsg.), Kirche und Katholizismus 1945–1949, Paderborn 1977, S. 53-87, hier: S. 54.

[32] »Summarischer Bericht über den Stand der Erzdiözese Köln am 1. Juli 45« (hs. Entwurf von Frings): HAEK – CR II 1.14, 1.

dienst wieder benutzbar ist; wir werden froh sein, wenn er im Jahre 1948 beim 700-jährigen Gedächtnis seiner Grundsteinlegung wieder in Benutzung genommen werden kann«. Es spricht für den fast waghalsigen Optimismus des Erzbischofs Frings, dass er angesichts seiner sonstigen Schilderung der Zustände einen solchen Termin zu projektieren wagte. Realistischer zeigte er sich schon in der anschließenden Feststellung: »Wir müssen Gott dankbar sein, dass auf dem Gebiet der Erzdiözese der Kampf nirgendwo zum Stehen gekommen ist. Daher sind fast alle Felder und Gärten bestellt!«

Frings reflektierte dann die pastorale Lage: »Die Pfarreien sind alle mit Pfarrern besetzt ... Die Zahl der Priester genügt; ja, wenn die 300 Priestersoldaten heimkehren, wird zunächst ein Priesterüberschuss vorhanden sein, weil die großen Städte bedeutend weniger Kräfte als früher erfordern. Bisher sind erst vereinzelte Priestersoldaten heimgekehrt«. In dieser Einschätzung sollte Frings schon bald von ganz anderen Realitäten eingeholt werden, so dass er die Alliierten um baldige Entlassung der kriegsgefangenen Seelsorger wegen der Bedürfnisse der Pastoral bitten musste.

Ein längerer Abschnitt über die Situation des Priesterseminars in Honnef und das noch beschlagnahmte Bensberger Seminargebäude sowie die Bonner Konvikte entsprach der Inhaltsumschreibung, die Nuntius Orsenigo den Bischöfen für ihren Bericht vorgegeben hatte.

Wie gut auch auf außerordentlichen Wegen der Informationsfluss um diese Zeit wenigstens in Sonderfällen lief, zeigt der folgende Abschnitt des Frings'schen Berichtes an den Papst: »Der Aumônier géneral des Pr[isonniers] d[e] g[uerre] en France, der hier Besuch machte, teilte mit, die von der französischen Armee gefangen genommenen deutschen Priester und Theologiestudenten würden in zwei Seminarien, Orléans und Algier, zusammengezogen[33], um dort ihre theologischen Studien fortsetzen zu können; dazu kämen etwa 150 andere, die von der amerikanischen Armee gefangen genommen wurden. So sehr wir für diese besondere Behandlung der Theologen dankbar sind, würden wir es doch viel mehr begrüßen, wenn dieselben baldmöglichst in die Heimat entlassen würden und dort den hl. Weihen entgegengeführt werden könnten. Wir bitten untertänigst den Hl. Stuhl, uns dabei behilflich zu sein«.

Zur pastoralen Gesamtsituation berichtete Frings am 1. Juli 1945: »Die Verwaltung der Erzdiözese war in den letzten Monaten sehr behindert

[33] Von beachtlichem Niveau und für einige Jahre von Bedeutung war das schließlich nicht in Orléans, sondern in Chartres eingerichtete Seminar für deutsche Kriegsgefangene: K. H. KLOIDT (Hrsg.), Chartres 1945. Seminar hinter Stacheldraht. Eine Dokumentation, Freiburg-Basel-Wien 1988.

durch die fast völlige Lahmlegung des Transportwesens und das Fehlen jeglicher Postverbindung ... Die religiöse Lage ist dadurch gekennzeichnet, dass der Gottesdienst wieder frei ist, Prozessionen wieder gehalten werden können, die furchtbare, ständige Bedrohung aus der Luft aufgehört hat. Die Fronleichnamsprozession in Köln zählte über 6.000 Teilnehmer, eine bedeutende Zahl, wenn man bedenkt, dass das linksrheinische Köln damals 40 – 50.000 Einwohner zählte und der Übergang über den Rhein noch gesperrt war«.

Bereits am 1. Mai 1945 hatte eine fast ebenso gut besuchte Marienfeierstunde auf dem Gereonsdriesch in Köln stattgefunden. Stadtdechant Grosche, dessen letzte Tagebuchnotizen eine ergänzende Illustration zu den Schilderungen des Erzbischofs an den Papst bilden, berichtete darüber[34]: »Heute war Marienfeier auf dem Gereonsdriesch. Es waren schätzungsweise 5.000 Menschen auf dem Platz. Der Erzbischof hielt die Predigt. Die Zuhörer waren, wie ich nachher feststellte, gerade von ihr ein wenig enttäuscht. Aber der Gesamteindruck der Feier hob das doch wieder auf. Trotz aller Einfachheit des Schmuckes machte die Veranstaltung als ganze einen starken Eindruck. Die Leute waren beglückt, dass sie überhaupt wieder einmal in solcher Menge zu einer religiösen Feier zusammenkommen konnten«.

Für den nüchternen Realitätssinn und die Redlichkeit des von Grosche immer noch kritisch beurteilten Erzbischofs spricht es, wenn er dem Papst weiter berichtete: »Die Teilnahme am Gottesdienst und der Sakramentenempfang sind rege, doch kann von einer religiösen Wiedergeburt noch nicht gesprochen werden, da die Menschen noch zu sehr mit der Befriedigung elementarster Lebensbedürfnisse beschäftigt sind, Hunger und Arbeitslosigkeit sich drückend auf die Menschen legen. Auf sittlichem Gebiet machen sich die nachteiligen Folgen des langen Krieges und die Zerreißung der Familien nachteilig geltend«. Dass Frings an die Anknüpfung an frühere Seelsorgsmethoden dachte und zu diesem Zeitpunkt noch keine richtungweisenden neuen Ideen hatte, zeigte die Bemerkung: »Sobald die Vorbedingungen gegeben sind, werden Volksmission und Exerzitien eingerichtet werden müssen«. Für die Jugendarbeit, so hatte er zuvor festgestellt, wolle man an die bischöflichen Richtlinien von 1936 anknüpfen[35]. »Die religiöse Unterweisung der Jugend wird mit Eifer fortgeführt und soll in den Volksschulen mit je vier Wochenstunden aufge-

[34] R. GROSCHE, Kölner Tagebuch, S. 141. – Das hs. Manuskript der von Grosche erwähnten Predigt des Erzbischofs: HAEK – CR II 2.18g, 1.

[35] Es handelt sich um die »Richtlinien für die katholische Jugendseelsorge (Herausgegeben vom deutschen Episkopat im April 1936)«: KA 76, 1936, S. 81-83.

nommen werden. Der Neudruck des großen und kleinen Katechismus, der großen und der kleinen Biblischen Geschichte und des Diözesangebet- und Gesangbuches ist sichergestellt«.

Frings, der gerade 1945 vorwiegend lebens- und seelsorgspraktischen Fragen zugewandt war, wich doch andererseits auch den geistesgeschichtlichen Problemen der ersten Nachkriegszeit nicht aus. Die das geschlagene deutsche Volk, ja, die Weltöffentlichkeit bewegende Frage im Sommer 1945 war die nach der »Kollektivschuld« aller Deutschen für die Verbrechen des Nationalsozialismus und des II. Weltkrieges. Die Alliierten waren von dieser Kollektivschuld fast durchgängig überzeugt und begannen sofort, jeden Deutschen, der während des Dritten Reiches an verantwortlicher Stelle gestanden hatte, aus dieser zu entfernen oder gar zu verhaften, auch wenn der Erweis schuldhafter Verstrickung in das nationalsozialistische System gar nicht erbracht war. In den Potsdamer Beschlüssen vom 2. August 1945 wurde die »Entnazifizierung« der Deutschen zu einem Zentralpunkt alliierter Politik der nächsten Jahre erhoben[36].

Die Stimmung in größeren Teilen der Kölner Bevölkerung zu diesem Komplex beschrieb Stadtdechant Grosche in seinem Tagebuch am 7. Juni[37], wenn auch in überzogener Kritik an Frings' Hirtenbrief vom 27. Mai, »der leider gegenüber den Bedrückungen durch die alliierten Militärmächte ein offenes Wort vermissen lässt. Es steht kein Satz darin von der ungerechten und unklugen Behandlung der sogenannten Parteigenossen, die nachweisbar gegen den Nationalsozialismus gekämpft haben, und das müsste darin stehen. Das ist das Wort, welches das Volk erwartet hätte. Immer haben sich die Bischöfe vor die schuldlos Verfolgten gestellt! Und es sind viele schuldlos Verfolgte heute darunter. Der Leute bemächtigt sich eine große Verzweiflung ...«. Grosche übersah, dass in einem ersten Hirtenbrief nach dem Kriege nicht alle denkbaren und wünschenswerten Themenbereiche angesprochen werden konnten. Dass Frings es an Mut vor den Alliierten, auch in der Frage von Ungerechtigkeiten bei der Entnazifizierung, nicht fehlen ließ, sollte die Zukunft erweisen[38].

Zunächst ging es um die viel grundsätzlichere Frage, zu der Frings am 2. August 1945 – dem Tag der Beschlüsse von Potsdam! – eine moraltheologisch-ethische Stellungnahme erarbeitete: »Ist das deutsche Volk schul-

---

36 Zur alliierten Entnazifizierungspolitik nach 1945 und Frings' Interventionen bei den Alliierten s.unten S. 287–295.

37 R. GROSCHE, Kölner Tagebuch, S. 149 f.

38 Vgl. unten S. 287 ff.

dig?«[39] Schon vor dem Kölner Erzbischof hatte Papst Pius XII. am 2. Juni 1945 für das deutsche Volk Partei ergriffen. In einer Ansprache an das Kardinalskollegium aus Anlass seines Namenstages[40] hatte der Papst sich der Betrachtung der zurückliegenden Jahre und der Haltung der Kirche in Deutschland zum NS-Regime zugewandt und festgestellt: »Mehr als zwölf der besten Jahre Unseres reifen Alters hatten Wir in Ausübung des Uns anvertrauten Amtes inmitten des deutschen Volkes gelebt ... So hatten Wir Gelegenheit, die hervorragenden Eigenschaften jenes Volkes kennen zu lernen, und Wir standen in persönlichen Beziehungen mit seinen besten Vertretern. Deshalb hegen Wir auch die Zuversicht, dass es sich wieder zu neuer Würde und zu neuem Leben wird erheben können, nachdem es das satanische Gespenst des Nationalsozialismus von sich geworfen und nachdem die Schuldigen, wie Wir schon bei anderer Gelegenheit ausgeführt haben, ihre begangenen Verbrechen werden gesühnt haben«.

Es ist nicht erkennbar, ob Frings den Wortlaut der Ansprache des Papstes vom 2. Juni bei Abfassung seiner Denkschrift »Ist das deutsche Volk schuldig?« am 2. August gekannt hat. Der handschriftliche Entwurf lässt nicht erkennen, dass er andere Berater oder Autoritäten zugezogen hätte. Sein Ergebnis ist die Prämisse des Papstes: Die persönlich Schuldigen zur Rechenschaft zu ziehen und dem Volk als ganzem seine Würde nicht abzusprechen.

Die These von der Kollektivschuld aller Deutschen hat Frings hier erstmals, wie später noch häufiger, zurückgewiesen. Der Erzbischof ging der Frage nach der Schuld des deutschen Volkes anhand einiger zentraler Komplexe nach. Der erste lautete: War das deutsche Volk am Kriege schuldig? »Darüber entschied der Führer allein und zog höchstens seine engsten Mitarbeiter zur Beratung hinzu ...«.

Zur Frage der Mitschuld des Volkes »an den Greueltaten der Gestapo und SS« bemerkte Frings: »... Von den Ausmaßen dieser Greueltaten, von vielen K.Z.-Lagern erfuhr man erst durch die Enthüllungen des englischen Rundfunks nach dem Kriege«. Wissende seien »unter Androhung schwerster Strafen zum Stillschweigen verpflichtet« gewesen. Sein Fazit: »Das deutsche Volk ist viel mehr *Opfer* als *Träger* dieser Greueltaten gewesen«.

Der Frings offensichtlich unangenehmste Punkt, dem er aber nicht auswich, war die Frage nach der Mitschuld des Volkes und der Katholiken

---

[39] Hs. Entwurf: HAEK – Gen II 23.23a, 5; maschinenschr. Kopie: Ebd., CR II 25.18, 4; Druck: L. VOLK, Akten VI, Nr. 1020, S. 625-628.

[40] Ansprache Pius' XII. an das Kardinalskollegium am 2. Juni 1945: W. CORSTEN, Kölner Aktenstücke, Nr. 236, S. 315-321; L. VOLK, Akten VI, Nr. 8*, S. 884-893.

»am Dritten Reich«: »Die ersten offiziellen Verlautbarungen des Reichskanzlers Hitler waren so gemäßigt, dass sie zu Bedenken kaum noch Anlass boten. Der Papst schloss das Konkordat mit der Hitler-Regierung und erkannte sie dadurch als eine kontraktfähige Regierung an«. Dass der Papst in dieser Täuschung nicht allein stand, unterstrich Frings gleich anschließend: »Die europäischen Mächte schlossen Abkommen mit ihr (sc. der Hitler-Regierung) (Flottenabkommen, Vertrag von Godesberg, München). Die deutschen Katholiken hatten keinen Grund, der Regierung ihre Anerkennung zu versagen ...«.

Nach der Frage, woran das deutsche Volk schuldig sein könnte, stellte Frings die zweite nach der moralischen Schuld der Deutschen: »Moralischer Schuld im strengen Sinne ist nur der vernunftbegabte Einzelmensch fähig« und zwar, wenn er gegen sein Gewissen handelt. »Die *Kirche* ist nicht Kontrollinstanz für den Staat. Sie muss *von Rechts wegen* protestieren, wenn eines ihrer eigenen Rechte angegriffen wird ... Sie wird aus *Liebespflicht* gehalten sein, für Unschuldige einzutreten ...«, und habe das vielfältig getan. Ihre erste Pflicht sei die »mutvolle Verkündigung der christlichen Glaubens- und Sittenlehre«. Ein Ausweichen vor dieser Pflicht wäre Versagen gewesen.

Im dritten Abschnitt stellte sich Frings schließlich der Frage nach der Kollektivschuld des deutschen Volkes, wobei er differenzierte: »Sie sei zugegeben im *juridischen Sinne*, d. h. für das Unrecht, das anderen im Namen des deutschen Volkes zugefügt wurde, ist das Volk als ganzes *haftbar*, durch Reparationszahlungen, die auf alle nach dem Maß ihrer Fähigkeit zu verteilen sind, muss es den angerichteten Schaden gut machen«. Dabei sei auch ein besiegtes Volk nicht rechtlos. Eine Kulturnation wie die deutsche müsse als solche weiterleben können. Von dieser »juridischen Kollektivschuld« unterschied Frings die »moralische«. »Eine solche könnte nur anerkannt werden, wenn alle Mitglieder des Volkes sich persönlich an einem Vergehen mitschuldig gemacht hätten. Oben ist gezeigt worden, dass das in Deutschland nicht der Fall war«. Zwar gebe es die Zusammengehörigkeit eines Volkes. Doch das »Gericht über ganze Völker« habe Gott sich selbst vorbehalten.

Frings hatte sich diesen grundsätzlichen Überlegungen gewidmet, weil er die Aufgabe der Leitung der ersten Fuldaer Bischofskonferenz nach dem Kriege auf sich zukommen sah, zu deren Regularien die Verabschiedung eines gemeinsamen Hirtenbriefes gehörte. Nach dem Zusammenbruch des NS-Regimes und den Potsdamer Beschlüssen der Siegermächte war eine Stellungnahme des Episkopats zur Kollektivschuld-Frage unvermeidlich. So sind denn auch zahlreiche Gedanken und Thesen aus dem

Frings'schen Papier vom 2. August in den »Kölner Entwurf« für den gemeinsamen Hirtenbrief eingeflossen[41], der in Fulda allerdings eine wesentliche Umarbeitung erfuhr.

Das Protokoll der Fuldaer Bischofskonferenz vom 21. bis 23. August 1945[42] lässt erahnen, vor welcher Fülle von Problemen sich die Bischöfe im politischen Vakuum unmittelbar nach dem Ende der NS-Herrschaft fanden. »Wir stehen am Zusammenbruch Deutschlands, unseres Vaterlandes. Die Bischöfe müssten nicht Deutsche sein, wenn sie mit ihrem Volke nicht tiefes Mitgefühl hätten. Auf der anderen Seite aber bedeutet der Zusammenbruch zugleich den Zusammenbruch des nationalsozialistischen Regimes und damit die Beseitigung einer ungeheuren Gefahr für die Kirche. Die Kirche hat die Jahre der Heimsuchung und Verfolgung überstanden. Dafür wollen wir dem Herrn danken«.

Neben den Regularien der Konferenz (Wahl des Vorsitzenden, Grußadresse an den Papst, Verständigung über einen gemeinsamen Hirtenbrief) stand eine Fülle konkreter Nöte, die sich – für alle neu – aus den Nachkriegsverhältnissen ergaben. Dazu kamen erste Zukunftsplanungen zur Gestaltung der Seelsorge, bei denen sich die Vorarbeiten der nordwestdeutschen Bischöfe als richtungweisend zeigten. Das galt insbesondere für die Schul- und Religionsunterrichtsthematik sowie für die pfarr- und diözesanorganisierte Standesseelsorge.

In zahlreichen Problemen kam man nicht ohne Kontaktnahme zu den Besatzungsmächten weiter, die beschlossen wurde und im nächsten Kapitel besonders dargestellt werden soll[43]. Es ging um die Vertreibung der Deutschen aus den Ostgebieten, die Kriegsgefangenenseelsorge, die Behandlung der Entnazifizierungshäftlinge. Man beschloss die Einrichtung eines Suchdienstes bei der Caritas in Freiburg »für Rückgeführte, Evakuierte, Vermisste und Gefangene«. Daneben standen Überlegungen über die finanziellen Verhältnisse der Kirche, über die Wiedergewinnung des in der NS-Zeit enteigneten Kirchenbesitzes, über den Priesternachwuchs und insbesondere die Behandlung aus Kriegsdienst und Gefangenschaft heimkehrender Theologen.

---

41 Entwurf eines Hirtenworts des deutschen Episkopates, Köln, vor dem 21. August 1945: L. VOLK, Akten VI, Nr. 1028/I, S. 654-664. Zur Entstehungsgeschichte des endgültigen Hirtenbriefes zitiert Volk (S. 654 f. Anm. 1) einen Brief Preysings an P. Leiber SJ vom 5. September 1945: »... Es lag ein Entwurf von Köln vor, der im ersten Teil nicht entsprach, ich habe ihn umgearbeitet; der 2. Teil ist, zum Teil aus dem Kölner Entwurf, vom Erzbischof von Paderborn zusammengestellt ...«. – Preysings Änderungsvorschläge: L. VOLK, Akten VI, Nr. 1028/II, S. 664-668.

42 Protokoll der Plenarkonferenz des deutschen Episkopats, Fulda, 21.-23. August 1945: L. VOLK, Akten VI, Nr. 1030/II, S. 671-683.

43 Vgl. unten S. 234 mit Anm. 21.

Gleich die erste von Frings geleitete Bischofskonferenz zeigte seinen Blick für die Probleme der Menschen im zerstörten Deutschland, seine Kraft zu delegierender Einbeziehung der Bischofskollegen und seinen Willen, als Sprecher des Episkopats und der führungslosen deutschen Bevölkerung tätig zu werden. Dabei entwickelte er sofort ein sicheres Gespür für seine Kompetenz.

Aus der Erfahrung konkreter Nöte der Menschen wurden zahlreiche Bischöfe bei alliierten Behörden vorstellig. Als jedoch Erzbischof Jaeger von Paderborn am 26. November 1945 sich im Namen der deutschen Bischöfe wegen einer Weihnachtsamnestie für politische Häftlinge an die Briten wandte, lobte Frings zwar die Argumentationsweise des Mitbruders[44], aber: »Ernstliche Bedenken habe ich dagegen, dass Sie die Eingabe im Namen der deutschen Bischöfe gemacht haben, ohne von diesen beauftragt worden zu sein. Es scheint mir auch nicht angängig, dass mehrere Bischöfe als Vertreter des deutschen Gesamtepiskopats auftreten ...«.

Es wirkt dann fast wie ein Akt der Versöhnung, wenn es am 27. Januar 1946 in einem Brief an Kardinal Faulhaber heißt[45]: »Ich habe den Herrn Erzb[ischof] v[on] Paderborn gebeten, für diese Zeit [der Reise zur Kardinalserhebung] mich als Vorsitzender der Fuldaer Bischofskonferenz zu vertreten«. Da Faulhaber Senior der Metropoliten und Kardinal war, wäre er als Vertreter des Vorsitzenden in Betracht gekommen, falls er nicht selber fuhr. Jedenfalls lag in der Beauftragung Jaegers eine – wohl beabsichtige – Auszeichnung. Damit Faulhaber nicht verstimmt würde, kündigte Frings an: Jaeger »wird sich gegebenenfalls mit Ew. Eminenz in Verbindung setzen«.

Der erste – indirekte – Kontakt mit Rom als Vorsitzender der Fuldaer Bischofskonferenz ergab sich für Frings durch einen Besuch P. Ivo Zeigers SJ am 8. September 1945. Der Rektor des Collegium Germanicum in Rom konnte in persönlichem Auftrag Pius' XII. als Dolmetscher eines amerikanischen Offiziers eine Reise nach Deutschland machen[46]. Da er für die britische Zone nur eine eintägige Aufenthaltsgenehmigung besaß, war Frings der einzige Ordinarius, den er besuchte und der an-

---

[44] Frings an Jaeger 8. Dezember 1945 (sign. Kopie): HAEK – CR II 25.18, 7.

[45] Frings an Faulhaber 27. Januar 1946 (hs. Entwurf): HAEK – CR II 27.15, 1. Frings rechnete offenbar noch nicht mit einer Reisemöglichkeit Faulhabers zum Konsistorium in Rom.

[46] Bericht über diese Reise: I. ZEIGER, Kirchliche Zwischenbilanz 1945. Bericht über die Informationsreise durch Deutschland und Österreich im Herbst 1945. Eingel. u. kommentiert v. L. VOLK SJ, in: StdZ 193, 1975, S. 293-312; L. VOLK, Der Hl. Stuhl und Deutschland, S. 54 ff. – Ivo Zeiger SJ (1898–1952), 1928 Priester, 1931 Professor des Kirchenrechts in Rom, später in Valkenburg bzw. in Frankfurt, 1939 Rektor des Germanikums in Rom, 1945–1951 an der Vatik. Mission in Kronberg: L. VOLK, Akten VI, S. 735 Anm. 1.

schließend die Mitbischöfe der britischen Zone unterrichtete[47]. Zeiger konnte von den weitgehend mit den deutschen Bischöfen übereinstimmenden Standpunkten des Papstes zu den rechtlichen und seelsorglichen Fragen der Nachkriegszeit berichten: Der Papst betrachte das Reichskonkordat und die Länderkonkordate als weiter zu Recht bestehend. »Die Erhaltung der konfessionellen Schule sei einen Kampf wert ... Man solle sich auf die Vorzensur von Hirtenbriefen und kirchlichen Verordnungen rechtlich nicht einlassen«. Für die deutschen Bischöfe musste es angesichts früherer und späterer Stellungnahmen des Papstes zu diesem Komplex überraschend klingen, wenn P. Zeiger darauf hinwies: »Pius XII. hat als Kardinalstaatssekretär ein Programm für die Katholische Aktion in Italien, das einen Aufbau ausschließlich nach den ›vier Säulen‹ vorsah, abgelehnt. Er hat stets den Standpunkt vertreten, den er schon auf dem Katholikentag in Magdeburg einnahm, wo gute Standesvereine beständen, sollten sie erhalten und gepflegt werden. Als Papst hat er noch in diesem Jahre den Wunsch geäußert, es möchten in Italien Gesellen- und Arbeitervereine gegründet werden«. Waren die deutschen Bischöfe in ihrer Fixierung auf das Modell »Katholische Aktion« 1945 päpstlicher als der Papst?

Vom 26. bis 28. September 1945 kam es zu der später noch ausführlicher darzustellenden Begegnung der Bischöfe der britischen Zone mit Erzbischof Griffin von Westminster[48]. Ihre Bedeutung lag vor allem darin, dass dadurch erstmals Eindrücke von den Lebens- und Seelsorgeverhältnissen in Deutschland nach Kriegsende über die von den Besatzungsmächten hermetisch abgeriegelten Grenzen hinausgingen. Am 5. und 6. November leitete Frings im Vorfeld des anschließenden Konveniats der nordwestdeutschen Bischöfe in Pützchen bei Bonn eine Besprechung einiger Bischöfe mit Jugendpräsides (u.a. Ludwig Wolker) über die künftige Gestaltung der Jugendseelsorge[49].

Das Pützchener Konveniat war dann der weiterführenden und vertiefenden Besprechung über die Komplexe Schule und Standesseelsorge gewidmet[50].

---

[47] Frings an die Ordinarien der britischen Zone 10. September 1945 (Kopie): HAEK – CR II 25.18, 3; Druck: L. VOLK, Akten VI, Nr. 1037, S. 735 ff.

[48] Vgl. unten S. 237 mit Anm. 28.

[49] Im Protokoll des Pützchener Bischofskonveniats heißt es (L. VOLK, Akten VI, S. 829): »Vor der Konferenz der Bischöfe hatte eine Besprechung unter Vorsitz des Erzbischofs von Köln am 5.-6. November in Pützchen stattgefunden, an der teilnahmen ... «. Es folgen die dabei erarbeiteten »Richtlinien für die kirchliche Jugendseelsorge und Jugendorganisation« (S. 829-833).

[50] Ebd., S. 826-833.

In die Lebenssituation der Menschen und die seelsorglichen Anliegen des Erzbischofs Frings am Ende des schweren Jahres 1945 gewinnen wir Einblick durch verschiedene Briefe, die er zum Weihnachtsfest 1945 an recht unterschiedliche Adressaten richtete. So heißt es in einem Brief an »Meine lieben Rheinländer in thüringischen Landen«[51]: »Unsere erste uns von der Kirche gestellte Aufgabe ist es, zu sorgen, dass durch Seelsorger, durch Gottesdienst, Predigt und Sakramentenspendung das Seelenheil der uns Anvertrauten gefördert wird ... Darüber hinaus ist aber in der Kirche stets die Sorge für die leiblichen Nöte aus christlicher Liebe heraus mit der Sorge für das Seelenheil verknüpft gewesen. So verwenden wir auch jetzt einen großen Teil unserer Arbeitszeit darauf, um in all den tausend Nöten der Menschen zu helfen, soviel in unserer Macht steht. Unzählige Eingaben an die Behörden, zahllose mündliche Besprechungen sowohl mit den Alliierten wie mit den deutschen Obrigkeiten befassen sich mit der Frage, wie den Gefangenen, Evakuierten, den zu Unrecht politisch Inkriminierten, den Hungernden und Frierenden geholfen werden kann. Freilich die Not ist so beispiellos groß, der Schwierigkeiten sind so viele, dass der Erfolg entweder nicht in die Augen springt oder in der Tat ausbleibt«.

Dem Papst berichtete Frings[52]: »Die Verwaltung der Diözesen war in der ersten Zeit nach dem Zusammenbruch sehr erschwert durch die Schwierigkeit der Post- und Verkehrsverhältnisse. Es war kaum möglich, mit den eigenen Pfarreien, geschweige denn mit den von anderen Mächten besetzten Zonen in irgendwelche Verbindung zu treten. Mit der Zeit ist darin eine bedeutende Besserung eingetreten«. Angesichts einseitiger heutiger Beurteilungen des Verhältnisses der katholischen Kirche zum NS-Staat verdient die Feststellung des Kölner Erzbischofs gegenüber dem Papst Ende 1945 Beachtung: »Zu großem Vorteil gereichte es uns, dass Episkopat, Klerus und aktive katholische Laien mit dem ›Dritten Reich‹ keine Fühlung gehabt haben, vielmehr der Partei feindlich gegenüberstanden. Während in der bürgerlichen Verwaltung überall neue Männer herausgestellt werden mussten, war die Organisation der Kirche in keiner Weise gefährdet. Alle Pfarreien sind besetzt, auch die meisten Kaplansstellen«.

---

51 Frings an Pfarrvikar Cürten (Altenburg/Thüringen) am 13. Dezember 1945 (sign. Kopie): HAEK – CR II 25.20b, 5. Dieser Brief kam nicht mehr zur Verlesung, da Cürten mit den rheinischen Evakuierten in Altenburg noch vor Weihnachten 1945 in den Westen »abgeschoben« wurde, weil man in Thüringen die Ostflüchtlinge nicht unterzubringen wusste; vgl. unten S. 166 ff.

52 Frings an Pius XII. 25. November 1945 (unterschr. Kopie): HAEK – CR II 1.14, 1; vgl. N. TRIPPEN, Weihnachtsbriefe, S. 138 ff.

Die Bemühungen um die Wiederherstellung der katholischen Schulen zeigten Ende 1945 erste Erfolge: »In der französischen Zone«, schrieb Frings dem Papst, »ist das gelungen, in der britischen nicht ganz. Dort ist eine endgültige Entscheidung noch nicht gefallen. In den meisten Städten und Landorten der Erzdiözese Köln ist faktisch die konfessionelle öffentliche Schule wieder eingeführt, anderswo die sog[enannte] christliche Gemeinschaftsschule, für die leider auch eine Anzahl von guten Katholiken sich erwärmte. Die endgültige Entscheidung in der Schulfrage ist bis nächstes Frühjahr verschoben«. Sie sollte mit der überwältigenden Mehrheit einer Elternabstimmung zugunsten der Bekenntnisschulen enden, die in den Wochen der Kardinalserhebung des Erzbischofs im Frühjahr 1946 durchgeführt wurde[53].

Nach Darlegungen über die neubegonnene Jugendarbeit um das Haus Altenberg als Zentrale ging Frings auf die Notstände ein: »Der schlimmste Übelstand auf kirchlichem Gebiet ist die weitgehende Zerstörung der Kirchen und kirchlichen Dienstwohnungen ... Eine Kathedrale besitze ich nicht ... Alle Pfarreien haben aber irgendeinen Notraum eingerichtet. Wiederherstellungsarbeiten an den Kirchen waren in den letzten Monaten unmöglich, da nur Bauarbeiten für Wohnzwecke gestattet wurden ...«.

Doch der Blick des Erzbischofs war nicht allein auf die Bedürfnisse der Seelsorge gerichtet: »Die Not der Menschen ist groß. Es fehlt an Lebensmitteln, an Kleidungsstücken, an Hauseinrichtungsgegenständen, an Heizmaterial. Die Wohnverhältnisse sind unglaublich primitiv. Es wohnen wieder 420.000 Menschen in Köln, aber wie und wo, ist schwer zu sagen. Viel Leid kommt über gute Familien durch die Entnazifizierungsmaßnahmen, indem auch solche, die nur äußerlich der Partei angehörten, aus ihren Stellungen als Lehrer, Richter, Ärzte oder in der Wirtschaft entfernt oder gar in politische Häftlingslager verbracht werden. Von Osten her wälzen sich Millionen von Deutschen – man schätzt 15 Millionen – westwärts, die von Haus und Hof vertrieben und jeglicher Habe beraubt sind. Dort vollzieht sich wohl die größte Katastrophe, die selbst dieser Krieg gesehen hat. Es ist für uns überaus schmerzlich, dass auch katholische Nationen sich an diesem Vernichtungswerk beteiligen«.

---

[53] In seinem Weihnachtsbrief an den Papst vom 18. November 1946 (hs. Entwurf: HAEK – CR II 25.18, 8) berichtet Frings von »Anzeichen, dass der alte katholische Fonds im wesentlichen nicht verloren gegangen« sei. Dazu rechnete er »den Ausfall der Elternabstimmung über den Charakter der Volksschulen im Frühjahr dieses Jahres, bei der 80-90 % der katholischen Eltern sich für die öffentliche katholische Volksschule entschieden haben«. – Vgl. auch N. TRIPPEN, Weihnachtsbriefe, S. 140-147.

Wie weit die Not des Volkes den kunstsinnigen Erzbischof bedrückte, mag man den folgenden, fast unverantwortlichen Sätzen entnehmen: »Eurer Heiligkeit sind wir überaus dankbar, wenn bald Hilfsaktionen für unser hungerndes und frierendes Volk in Gang gebracht werden; wir sind gern bereit, durch Vermittlung Eurer Heiligkeit einige von den uns verbliebenen Kunstschätzen etwa den Bischöfen Nordamerikas anzubieten, um uns für Hilfe erkenntlich zu zeigen«.

In den gleichen Tagen bewegte den Erzbischof die Sorge um die seelische Verfassung der heimkehrenden Priestersoldaten[54]. In einem Brief an sie lobte er zunächst ihre Tapferkeit und ihren priesterlichen Eifer während der Kriegszeit, um dann zwar gütig im Ton, doch deutlich in der Sache, ernste Mahnungen zu geben, die wiederum den ängstlichen ehemaligen Seminarregens erkennen lassen: »Diese Zeit mit ihrer Kasernenluft und ihrem Soldatenton war dem Geiste des Gebetes und der Innerlichkeit nicht günstig. Ihr musstet von der Substanz zehren. Nun gilt es, die Batterien des Innenlebens wieder aufzufüllen ... Gewöhnt Euch wieder daran, am Morgen vor der Zelebration eine hl. Stunde dem Morgengebet und der Meditation zu widmen! ... Sichert Euch am Abend oder im Laufe des Tages eine gute Stunde, in der Ihr mit Euren Büchern allein seid ... Nur, wer einen inneren Reichtum besitzt und ihn zu erhalten und ständig zu mehren sucht, kann anderen davon mitteilen! ...«.

Wie schon in den Jahren zuvor richtete der Erzbischof zu Weihnachten eine lateinische »Epistola pastoralis ad Clerum Coloniensem«, die 1945 Einblicke in die Schwierigkeiten damaliger Pastoral bot[55]. Unter dem von Frings später als Motto für das weltweit erste große Hilfswerk gegen Hunger und Krankheit gewählten Jesuswort »Misereor super turbam« berichtete er den Priestern von seinen zahlreichen Bemühungen, die Nöte der Menschen zu lindern. »Ihr könnt den Gläubigen von diesen meinen Bemühungen berichten, damit sie sich in ihren Nöten nicht von der Kirche verlassen fühlen. Auch Ihr sollt alles tun, was Ihr könnt, um die Las-

---

[54] Frings an die heimgekehrten Priestersoldaten 8. Dezember 1945 (hs. Entwurf mit Randvermerk: »S. Gn. Herrn Prälaten Hecker mit der Bitte, es vervielfältigen zu lassen u. allen heimgekehrten oder noch zu erwartenden Priestersoldaten zustellen zu lassen. K. 9.12.45 + J«): HAEK – CR II 2.3, 1.

[55] Druck: KA 85, 1945, S. 75 f. Der Frings gegenüber nicht unkritische Stadtdechant Grosche lobte diese Klerusbriefe: »Der Erzbischof hat wieder eine ›Epistola pastoralis ad clerum‹ ... geschrieben. Durch diese Form schaltet er jene geistliche, auf der Einheit des Priestertums beruhende sakramentale Verbindung zwischen dem Bischof und den Priestern ein, die so oft vergessen wird, wenn der Bischof mehr als Chef einer geistlichen Verwaltungsbehörde und nicht so sehr als Consenior ... erscheint, der zu den seniores ... als seinen Brüdern redet. Es ist sehr zu wünschen, dass er diese Form der Mitteilung beibehält« (Kölner Tagebuch, S. 158).

ten zu erleichtern, die den Schultern der Gläubigen auferlegt sind!« Doch dann folgte die Warnung: »Wenn Ihr Zeugnisse ausstellt, schreibt nur, was absolut wahr und abgesichert ist, und tut es selten, nur in außerordentlich harten und eindeutigen Unrechtsfällen, damit Ihr die Autorität, die Ihr bei den Verwaltungen genießt, nicht dadurch erschüttert, dass Ihr zuviel oder Falsches schreibt, so dass Ihr später niemandem mehr helfen könnt«. Frings hatte offensichtlich schon Erfahrungen mit dem Missbrauch der von Pfarrern ausgestellten »Persilscheine« in Entnazifizierungsverfahren gesammelt.

Darüber hinaus verpflichtete der Erzbischof die Priester zu verstärkten Hausbesuchen, die nicht auf Laien delegiert und auf die bürgerlichen Kerngemeinden beschränkt werden dürften. Gerade die Armen und kirchlich Randständigen dürften mit Recht den Besuch des Priesters erwarten.

In die durch vielfältige Sorgen gedrückte Stimmung der Jahreswende 1945/46 fiel ein unerwartetes Licht der Freude durch die Weihnachtsansprache Pius' XII. vom 24. Dezember 1945[56]. Der Papst kündigte für Februar 1946 ein Konsistorium an, bei dem er durch die Ernennung von 32 Kardinälen die durch die Kriegsjahre gelichteten Reihen des hl. Kollegiums aufzufüllen gedachte. Zur Überraschung der deutschen und der Weltöffentlichkeit fanden sich unter den Ausersehenen drei Deutsche: neben Erzbischof Frings von Köln der durch seine mutigen Predigten gegen das Euthanasieprogramm des NS-Regimes in der Welt bekannt gewordene Bischof von Münster, Clemens August Graf von Galen, und – zum noch größeren Erstaunen der Öffentlichkeit – der Berliner Bischof Konrad Graf Preysing. Mochte die Erhebung von Frings wegen der Bedeutung des Kölner Erzstuhles als »Regelbeförderung« gelten, die beiden anderen Bischöfe stellten Sonderberufungen dar. Die Wahl des »Löwen von Münster« war für die Weltöffentlichkeit noch verständlich, während Preysings klare Haltung gegenüber dem NS-Regime und sein Eintreten für eine härtere Gangart in der Bischofskonferenz in den zurückliegenden Jahren nicht einmal in Deutschland weiteren Kreisen bekannt war. Jedenfalls wurde die Berufung von drei Deutschen in das Kardinalskollegium zu diesem Zeitpunkt als eine Parteinahme des Papstes für die unter Kollektivschuld-Anklage gestellte deutsche Nation gewertet. Die Quarantäne um das besetzte Deutschland wurde vom damals noch international hoch angesehenen Papst durchbrochen. Innerhalb der katholischen Weltkirche

[56] Ansprache Pius' XII. vor den Kardinälen und Bischöfen der römischen Kurie am 24. Dezember 1945: AAS 38, 1946, S. 15-25.

fanden die Deutschen den ersten Ort internationaler Gleichberechtigung wieder.

Frings und Galen waren Bischöfe der britischen Besatzungszone. Beide hatten sich bei der Besatzungsmacht alles andere als beliebt gemacht. Galen hatte bereits am 1. Juli 1945 bei einer Wallfahrt nach Telgte den Besatzungsmächten »Hass und Rachsucht« vorgeworfen, wenn sie behaupteten, dass »das ganze deutsche Volk und jeder von uns sich schuldig gemacht habe durch die Greueltaten, die von Mitgliedern unseres Volkes im Kriege begangen [worden] sind«[57]. Frings hatte am 19. Juli 1945 bei der ersten Begegnung mit britischen Besatzungsoffizieren deutlich gemacht, dass er sich nicht als Befehlsempfänger einer erniedrigten, weil besiegten Nation behandeln lassen wollte und den Respekt erwartete, der einem Bischof nach internationalen Regeln der Höflichkeit und des Anstandes gebührte[58]. Diese Belehrungen waren von den Generälen verstanden worden, hatten aber zweifellos keine Sympathien für Frings und Galen geweckt. Sie sollten es durch die Schwierigkeiten ihrer Reise nach Rom zu spüren bekommen[59].

Man muss sich schon bewusst in die Notsituation an der Jahreswende 1945/46 zurückversetzen, um sich die äußeren Schwierigkeiten vorzustellen, die einer Romreise künftiger Kardinäle im Wege standen: fehlende Reisemöglichkeiten, keine Reisedokumente, keine Devisen für den Aufenthalt in Rom und die Beschaffung der Gewänder usw. Frings hatte sich alsbald mit der Bitte um Rat an P. Ivo Zeiger SJ gewandt, der inzwischen bei der Päpstlichen Mission in Kronberg im Taunus Dienst tat. Zeiger verwies in einem Brief an Frings vom 9. Januar 1946[60] an das Collegium Germanicum als Quartier. Für Galen empfahl er das Priesterkolleg am Campo Santo Teutonico. Angesichts der Tatsache, dass der Rektor des Kollegs an S. Maria dell'Anima, Bischof Alois Hudal, sich durch seine Unterstützung der Nationalsozialisten kompromittiert hatte[61], warnte Zeiger davor, dass

---

[57] Predigt Galens (Auszug), Telgte, 1. Juli 1945: L. VOLK, Akten VI, Nr. 998, S. 564 ff.; P. LÖFFLER, Galen II, Nr. 484, S. 1172-1177.

[58] Vgl. die ausführliche Darstellung unten S. 230 f. mit Anm. 11.

[59] Publizierte Darstellungen der Romreise Februar/März 1946: J. FRINGS, Für die Menschen bestellt, S. 66-78; M. BIERBAUM, Die letzte Romfahrt des Kardinals von Galen, Münster 1946; J. VAN ELTEN, Katalog, S. 46-49; Schilderung des Schweizer Generalkonsuls von Weiss an seine Regierung am 4. April 1946 (nach Berichten von Frings): M. SCHMITZ/B. HAUNFELDER, Humanität, S. 268-270.

[60] Zeiger an Frings 9. Januar 1946: HAEK – Nachlass Frings 978.

[61] Alois Hudal (1885–1963), Priester des Bistums Graz, 1923–1952 Rektor der Anima, 1933 Titularbischof von Ela, 1952 von seinem Amt an der Anima entfernt. In seinem Bemühen, die Gegensätze zwischen Kirche und Nationalsozialismus aufzuheben, von »überzogener Selbsteinschätzung und mangelndem Realitätssinn« (L.Volk). – A. C. HUDAL, Rö-

insbesondere Galen die Gastfreundschaft der Anima in Anspruch nähme. Es scheint, dass Frings Zeiger gegenüber den Wunsch nach einer bestimmten Titelkirche (S. Giovanni a Porta Latina?) geäußert hatte. Zeiger erwiderte: »Ich werde sehr gerne diese Anregung weiterleiten«. Die Finanzierung der Romfahrt war damals für deutsche Bischöfe ohne Devisen eine peinliche Frage. Zeiger kalkulierte die astronomischen Kosten der »Ausrüstung« und fügte beruhigend hinzu: »Doch hörte ich, dass S. Heiligkeit bereits den Gedanken ausgesprochen hatte, eine Regelung dieser heiklen Frage zu besorgen für jene Fälle, wo die politische Lage eine normale Regelung nicht erlaubt«. In der Tat erhielt Frings in Rom durch Msgr. Montini vom Staatssekretariat einen Scheck über 5.000 $ zu seiner Verfügung[62] – eine Investition der Weltkirche für den Erzbischof von Köln, die sich in absehbarer Zukunft hundert- und tausendfach lohnen sollte!

»Was die *Reise* angeht«, schrieb P. Zeiger, »so halte ich für Schnelligkeit und würdige Bequemlichkeit das Flugzeug für besser, und ich bin überzeugt, dass bei dieser außerordentlichen Gelegenheit die alliierten Militärbehörden sich beeilen werden, vor der Weltöffentlichkeit eine gute Figur zu machen«. P. Zeiger überschätzte in diesem Punkt die Kulanz und Beweglichkeit der britischen Militärbehörden in Deutschland, vielleicht sogar der Labour-Regierung in London. In seinen Erinnerungen 1973 zitiert Frings die Aussage des um die Romfahrt rührig bemühten Offiziers Sedgwick von der Religious Affairs Branch in Bünde 1946[63]: »Es sitzt einer im Foreign Office, der diese Reise der Kardinäle nicht haben will und Schwierigkeiten über Schwierigkeiten macht«.

Unbefangener und selbstbewusster als Frings ging Bischof Galen die Probleme an. Am 16. Januar 1946 bat er Sedgwick um Pässe für sich und seine Begleitung[64]: »Ich beantrage, uns die Reise mit einem Flugzeug zu ermöglichen. Falls die Reise mit der Eisenbahn gemacht werden muss, würde ich es begrüßen, wenn wir dieselbe gemeinsam mit dem Erzbischof von Köln und dem Bischof von Berlin machen könnten ... An Geldmitteln bitte ich, mir den Gegenwert von 20.000 Reichsmark, die ich hier einzahlen kann, in Devisen zur Verfügung zu stellen«.

---

mische Tagebücher. Lebensbeichte eines alten Bischofs, Graz 1975; vgl. dazu die Rezensionen: L. VOLK, in: StdZ 102, 1977, S. 789 f.; R. MORSEY, in: FAZ 1. April 1977; F. WASNER, Torso aus der Anima. Zu Bischof Hudals Memoiren, in: Theologisch-praktische Quartalschrift (Linz) 126, 1978, S. 57-67.

62 Segretaria di Stato di Sua Santità (Montini) an Frings 23. Februar 1946: HAEK – Nachlass Frings 980.

63 J. FRINGS, Für die Menschen bestellt, S. 69.

64 Kopie: Galen an Sedgwick, Münster 16. Januar 1946; Begleitbrief Galen an Frings 17. Januar 1946: HAEK – Nachlass Frings 978.

Frings hat die an ein Abenteuerunternehmen grenzenden Komplikationen der Reise in ihrer kritischen Anfangsphase tagebuchartig protokolliert und von Galen sowie den Begleitern aus Köln und Münster unterschriftlich bestätigen lassen[65]. Die Darstellung des erblindeten Kardinals in seinen Erinnerungen 1973[66] bereichert einerseits das nüchterne Protokoll durch farbige Details, verzerrt aber andererseits durch die Erinnerungslücken aus langem Abstand einzelne historische Fakten. Da die »Tagebuchnotizen« mit der Ankunft in Mailand auf der Hinreise enden, stellt der Bericht Geheimsekretär Dr. Hürtgens »Romreise Sr. Eminenz zur Kardinalserhebung« im »Kirchlichen Anzeiger« vom 15. Mai 1946[67] eine vorzügliche Ergänzung durch einen Augenzeugen dar.

Frings' Aufzeichnungen lassen gleich zu Beginn die zwiespältige Haltung der britischen Militärbehörden zu der Romreise der deutschen Bischöfe erkennen: »Bis zum Tage vor der geplanten Abreise war man in Köln ohne jede Nachricht, ob die Fahrt stattfinden werde oder nicht. Erst auf die persönliche Vorsprache des Erzbischofs bei Regierungsgouverneur Telf hin kam Nachricht, man möge sich bereithalten, um innerhalb weniger Stunden abreisen zu können«.

Schon die von den Briten angeregte Reise der Kölner Delegation (außer Frings Generalvikar David und Geheimsekretär Dr. Hürtgen) am 6. Februar zu Galen nach Münster wurde nach sturzflutartigen Regenfällen während der voraufgehenden Tage zu einer Odyssee, die nachts gegen 2 Uhr im Mutterhaus der Herz-Jesu-Schwestern in Hiltrup endete.

Oberst Sedgwick, der in diesen Tagen zum Brigadier befördert wurde[68], hatte mit Galen die verschiedenen Reisemöglichkeiten erwogen, schließlich aber ein britisches Flugzeug zugesagt. Bei dessen Anblick in Handorf bei Münster am Morgen des 7. Februar soll Galen gesagt haben[69]: »Die ist gerade groß genug zu einem Sarg für mich«. Die Maschine war völlig ungeeignet, und die Witterungsverhältnisse waren so schlecht, dass der Flugplan aufgegeben werden musste.

Mit zwei altersschwachen Limousinen wurden die beiden Bischöfe mit ihren Begleitern nach Frankfurt gebracht. Überschwemmungen der Straßen sorgten für weitere Unterbrechungen; der Wagen mit den beiden Bi-

---

65 Acht handgeschriebene DIN-A-4 Seiten, auf Blatt 5 mit Datum Frankfurt, 12. Februar 1946, unterschrieben von Frings, Galen, David, Bierbaum, Hürtgen, Portmann: HAEK – Nachlass Frings 978.

66 J. FRINGS, Für die Menschen bestellt, S. 66-78.

67 Romreise Sr. Eminenz zur Kardinalserhebung: KA 86, 1946, S. 135-143. – Eine Verfasserangabe fehlt, doch kommen nur Generalvikar David oder (eher) Dr. Hürtgen in Betracht.

68 So berichtete Frings in seinen Notizen vom 12. Februar 1946.

69 J. FRINGS, Für die Menschen bestellt, S. 66.

schöfen blieb im Taunus während der folgenden Nacht auf der Straße liegen. Am 10. Februar wurde die Reisegesellschaft nach Karlsruhe gefahren, von wo sie ein Urlauberzug aus Calais nach Villach in Kärnten befördern sollte. Als der Zug ausfiel und die Herren nach Frankfurt zurückgebracht wurden, verließ Erzbischof Frings nach den nun bereits vier Tage währenden Irrfahrten die Geduld[70]: »Der Erzbischof von Köln erklärte darauf Brigadier Sedgwick, er danke ihm persönlich für die überaus große Sorge, die er um uns getragen, aber er lasse sich nicht weiter herumschleppen; es sei offensichtlich, dass die Reise der deutschen Bischöfe verhindert oder zum wenigsten gehemmt werde. Wenn bis morgen Mittag keine sichere Reisemöglichkeit geboten sei, bitte er, ihn nach Köln zurückzubringen. Der Bischof von Münster nahm den gleichen Standpunkt ein«. Nach seinen Erinnerungen hatte Frings außerdem gesagt[71]: »Herr General, ich kann leben, ohne Kardinal zu sein«.

Seit seiner ersten Begegnung mit den Briten wusste Frings, dass eine so klare Sprache verstanden wurde. »Am Morgen des 11. Februar erschien Brigadier Sedgwick mit Cpt. Kerry, amerikanisches Mitglied der Kontrollkommission für religiöse Angelegenheiten. Sie erklärten, es sei möglich, über Paris nach Rom zu kommen. Der französische Verbindungsoffizier in Frankfurt sei bereit, uns Pässe auszustellen. Wir gingen auf diesen Vorschlag ein und erhielten die Pässe«[72]. Mehrfach habe Sedgwick erklärt, »er handle zwar gegen seine Ordre, während er ein anderes Mal sagte, ein General (Templer) habe ihm gesagt, er solle die Kardinäle nach Rom bringen, *wie*, das sei seine Sache. Die Reise bis Paris war kostenlos, da es ein Militärzug sei«[73].

In Paris wurden die deutschen Bischöfe »wie die Fürsten« behandelt, in einem Nobelhotel an der Oper untergebracht und mit den französischen Kardinälen bei Nuntius Roncalli zum Essen eingeladen. »Der Brigadier [Sedgwick] bestellte vor lauter Begeisterung über das Gelingen seines Planes eine Flasche Sekt auf mein Zimmer«[74]. Bei Roncalli wurde Frings neben Kardinal Suhard von Paris[75] gesetzt, der ihn mit den Worten begrüßte: »Nous sommes frères!«

---

70 Zitat: Frings' Notiz vom 12. Februar 1946: HAEK – Nachlass Frings 978.

71 J. Frings, Für die Menschen bestellt, S. 69.

72 Mit dieser Feststellung endet die durch sechs Unterschriften beglaubigte erste Aufzeichnung Frings' vom 12. Februar 1946. – Verschiedene der erwähnten Reisedokumente für Frings sind in seinem Nachlass erhalten.

73 Anschlussaufzeichnung Frings' (wohl auf der Reise, mit der Ankunft in Mailand endend): HAEK – Nachlass Frings 978.

74 Ebd.

75 Emmanuele Célestine Suhard (1874–1949), 1928 Bischof von Bayeux, 1930 Bischof von Reims, 1935 Kardinal, 1940 Erzbischof von Paris: Annuario Pontificio 1948, S. 46; ebd. 1956, S. 83.

Die Einladung bei Roncalli verursachte dadurch noch einige Aufregung, dass der vom Außenministerium abgeordnete Geheimpolizist vom Aufenthaltsort der deutschen Kirchenmänner nichts wusste. Frings notierte sich: »Es gab beim Nuntius ein sehr sollennes Mittagessen ohne Reden oder Trinksprüche. Er selbst machte den Eindruck eines klugen, lebhaften Mannes, der aber in sein Inneres nicht so leicht hineinschauen lässt, sondern lieber durch leichte Kauserien über die Dinge hinweggeht«.

Der Nachmittag des 12. Februar diente einem Kurzbesuch der Sehenswürdigkeiten von Paris. Abends fuhr der Zug nach Süden ab[76]. »Wir erhielten weder Geld noch Billet, sondern nur Diplomatenpässe«. Zum Frühstück am anderen Morgen lebten die geistlichen Herren von Kleinigkeiten, die ihnen Mitreisende zusteckten. »Zu Mittag lud uns der Pariser Kardinal zum Essen in den Speisewagen«. In Mailand musste die Reise wieder unterbrochen werden, da der Anschlusszug überfüllt war. Frings und Galen wurden vom Mailänder Erzbischof Kardinal Schuster[77] eingeladen, der sie auch mit einem kleinen Handgeld ausstattete, aber im übrigen, wie Frings sich 1973 erinnerte[78], seine Gäste höflich, aber zurückhaltend behandelte. Am Abend des 15. Februar kam die Reisegesellschaft, zu der sich unterwegs noch andere europäische Kardinäle gesellt hatten, erschöpft in Rom an. »Unsere Reise nach Rom hatte neun Tage gedauert. Wir trafen gerade noch rechtzeitig ein, um an den Feierlichkeiten der Kardinalserhebung teilzunehmen«. Frings erhielt sein Quartier im deutschen Priesterkolleg am Campo Santo Teutonico im Vatikan.

Gleich am Tage nach der Ankunft, am 16. Februar, gewährte Pius XII. dem Kölner Erzbischof eine mehr als einstündige Audienz, deren Gesprächsinhalte Frings stichwortartig festhielt[79]. Nach Begrüßungs- und Dankesworten sowie Grüßen »alter Bekannter« des Papstes aus der Zeit in Deutschland berichtete Frings über den Zustand seiner Diözese, insbesondere die Situation der Bauten, den Stand der Schulfrage, der Jugendarbeit, der Arbeitervereine, die Bemühungen um den Druck von Katechismus und Kirchenzeitung. Für die innerkirchliche Situation zwei Jahrzehnte vor dem II.Vatikanum ist die Bitte um ein stärker deutschsprachiges Rituale und die Duldung »gothischer Gewänder« und »Glockenkaseln« bezeichnend. Ausführlich war dann auch von den aktuellen poli-

---

[76] Die Reiseroute führte über Genf, Brig, Domodossola nach Mailand.

[77] Alfredo Ildefonso Schuster (1880–1954), 1929 Erzbischof von Mailand und Kardinal: ANNUARIO PONTIFICIO 1948, S. 38; ebd. 1956, S. 84 f.

[78] J. FRINGS, Für die Menschen bestellt, S. 71 f.

[79] Hs. Notiz: »Audienz beim Hl.Vater am 16. Februar 46, 11.15 h.«: HAEK – Nachlass Frings 980.

tischen Nöten die Rede: vom Verhältnis zu den Besatzungsmächten, von Ostdeutschland, der Kriegsgefangenenfrage, den politischen Häftlingen, der Vernichtung der deutschen Industrie. Frings äußerte später in einem Hirtenbrief über die Audienzen bei Pius XII.[80]: »Zweimal konnte ich eine volle Stunde ganz allein mit ihm mich besprechen und konnte alle Sorgen, die ich auf dem Herzen hatte für meine Diözese, für meine engere Heimat, für mein Vaterland, an seinem väterlichen Herzen niederlegen. Wir bedienten uns dabei der deutschen Sprache, die der Heilige Vater versteht und spricht, fast, als wäre es seine Muttersprache«.

Die öffentlichen Feierlichkeiten begannen am 18. Februar mit dem Geheimen Konsistorium und der Benachrichtigung der neuernannten Kardinäle. Die deutschen Kardinäle erwarteten die päpstlichen Boten im Generalat der Salvatorianer auf de Via della Conciliazione. Schon bei dieser Gelegenheit gab es einen ersten Hinweis auf die besondere Aufmerksamkeit Pius' XII. für die Deutschen. Hürtgen berichtet[81]: »Viel beachtet und von den Deutschen dankbar begrüßt wurde es, dass auch die drei Neffen des Papstes, die Söhne des Marchese Francesco Pacelli, erschienen waren, um gerade bei der Überreichung des Billets an die deutschen Kardinäle zugegen zu sein«.

Frings als dem Metropoliten unter den dreien fiel die Dankansprache zu. Er nutzte sie gleich zu einer politischen Äußerung[82]: »Ich gehöre zu einer Nation, der man vorwarf, in den vergangenen Jahren fast die ganze Welt in unerhörtes Elend gestürzt zu haben. Nichtsdestoweniger hat die Huld des Heiligen Vaters drei deutsche Bischöfe zum heiligen Purpur erhoben. Der gemeinsame Vater der Völker kennt seine Söhne. Er weiß es gut, dass die deutschen Bischöfe niemals ihre Zustimmung gaben zu den ungesunden Lehren und den verhängnisvollen Bestrebungen der Regierenden. Er weiß es gut, dass die Bischöfe mit vielen ihrer Landsleute diese verderblichen Lehren mit aller Kraft bekämpft haben. Der Heilige Vater hat uns gezeigt, dass sein Herz liebevoll schlägt für alle Völker und Nationen. Er will nicht den Untergang eines ganzen Volkes, sondern sein Leben ...«.

Bei dem halböffentlichen Konsistorium am 20. Februar, bei dem den neuernannten Kardinälen die Insignien ihrer Würde überreicht wurden,

---

[80] Hirtenbrief vom 11. März 1946: KA 86, 1946, S. 69-73, hier: S. 70.

[81] KA 86, 1946, S. 138.

[82] Mehrere Kopien der ital. Fassung finden sich in: HAEK – Nachlass Frings 980. Deutsche Übersetzung bei Hürtgen: KA 86, 1946, S. 138. – Der Sekretär Preysings, Bernhard Schwerdtfeger, hielt in seiner Aufzeichnung fest: »Frings hielt eine feingeschliffene ital. Dankesansprache: Gott hat das Schwache erwählt [,] um Starkes zu schaffen; Dank an den Hl. Vater, der Dtsche + Deutschland auszeichnet«: DAB, V/19-1 (Freundl. Hinweis von Archivleiter Dr. Gotthard Klein, Berlin).

fand Pius XII. selbst Worte, die als eine – wenn auch versteckte – Parteinahme für Deutschland gedeutet wurden[83]. Er sprach von der »Vertreibung aus dem Vaterlande«, von »Deportationen, mit denen die öffentlichen Machthaber und eine rohe Gewalt der Ereignisse die Völker aus ihren Ländern und ihren Heimen reißen«. »Diese verderbliche Art von Umsiedlungen der Menschen ist leider heute sehr geläufig geworden, aber auch sie in ihren alten und neuen Formen steht in vielfacher Art direkt oder indirekt in Verbindung mit den imperialistischen Tendenzen der Zeit«.

Waren diese auf die Vertreibung der Deutschen aus den Ostgebieten anwendbaren Sätze noch für andere Auslegungen offen, so war die Stellungnahme des Papstes zur Kollektivschuldfrage eindeutig: »Es gehen in der Welt irrtümliche Meinungen um, die einen Menschen als schuldig oder verantwortlich erklären, nur weil er Glied oder Teil einer bestimmten Gemeinschaft ist, ohne zu untersuchen und zu prüfen, ob seinerseits in Wahrheit persönliche Schuld des Verhaltens oder des Unterlassens vorgelegen hat. Das bedeutet eine Anmaßung der Rechte Gottes, des Schöpfers und Erlösers ...«.

Den Höhepunkt der Kardinalserhebungsfeiern bildete das Öffentliche Konsistorium in St. Peter am 21. Februar, bei dem die Neuernannten den Kardinalshut überreicht bekamen. »Und jedesmal«, so berichtete Robert Hürtgen, »wenn einer von ihnen sich wieder erhob, empfing er den Beifall seiner Landsleute, Bekannten und Verehrer. Keiner erntete so starken, so anhaltenden und allgemeinen Applaus wie der deutsche Kardinal, der ›Löwe von Münster‹, wie man ihn in Rom nannte. Beim Verlassen von St. Peter bemerkte Kardinal Gerlier von Lyon[84]: ›Un grand succès pour les cardinaux allemands!‹« Frings hat diese Auszeichnung Galens selbst deutlich empfunden und sie ihm wohl auch gegönnt. In seinen Erinnerungen schreibt er 1973[85]: »Als ich einzog, wurde nur wenig geklatscht, denn mein Name war unbekannt, und Kölner waren wohl kaum anwesend«.

Bei dem zweiten Geheimen Konsistorium am 22. Februar wurden die Titelkirchen zugewiesen. Frings erhielt – offenbar seinem Wunsch entsprechend – S. Giovanni a Porta Latina, das Titelkirche seines Vorgängers Felix von Hartmann gewesen war, dem Frings als junger Priester der Anima bei der Kardinalserhebung 1914 als Caudatar gedient hatte. Am 26. Februar empfing Frings mit zahlreichen anderen Metropoliten, die im

---

[83] In der Wiedergabe bei Hürtgen: Ebd., S. 139.

[84] Pierre Gerlier (1880 –1965), 1929 Bischof von Tarbes und Lourdes, 1937 Erzbischof von Lyon und Kardinal: ANNUARIO PONTIFICIO 1948, S. 50; ebd. 1967, S. 102*.

[85] J. FRINGS, Für die Menschen bestellt, S. 75.

Krieg nicht hatten nach Rom reisen können, das erzbischöfliche Pallium, nachmittags nahm er von seiner Titelkirche Besitz und wies auf die historischen Beziehungen der Kölner Erzbischöfe zu dieser Kirche hin. Hatte man ihm die entsprechenden Daten im Kolleg des Campo Santo Teutonico kurzfristig zusammengestellt oder hatte Frings sich schon vor der Abreise in Köln kundig gemacht, weil er mit S. Giovanni a Porta Latina rechnete?

Kardinal Frings war ganz offensichtlich gewillt, die unverhoffte Gelegenheit, Beziehungen zur Weltkirche zu knüpfen, gezielt zu nutzen, um Abhilfe für die Not der Menschen in Deutschland in Bewegung zu bringen. Hürtgen berichtet[86]: »Besonders herzliche Beziehungen entwickelten sich zwischen den deutschen und amerikanischen Kardinälen. Für den Abend des 1. März hatten die Kardinäle Stritch von Chicago und Mooney von Detroit[87] die Kardinäle von Köln und Berlin zu sich eingeladen. Beide nordamerikanischen Kardinäle sind Führer und Vorkämpfer katholischer Caritas und praktischen Christentums in den USA ... Schon vorher hatten die beiden amerikanischen Kardinäle die drei deutschen Kardinäle veranlasst, durch ihre Vermittlung einen Hilferuf an die amerikanischen Katholiken zugunsten des notleidenden deutschen Volkes nach Amerika zu drahten«. Der handschriftliche Entwurf des Telegramms von Frings ist erhalten[88]: »Zur Kardinalserhebung in Rom weilend, bitte ich um Christi willen, die nordamerikanischen Katholiken möchten dem hungernden und frierenden Mitteleuropa zu Hilfe kommen, da sonst, besonders im Osten Deutschlands, Millionen vom Tode bedroht sind. Wir brauchen Lebensmittel, Medikamente, Kleider, Schuhe und Decken. Wir danken für alle bisher so großherzig gewährte Hilfe und bitten, die Übernationalität unserer heiligen Kirche, die hier in Rom so überwältigenden Ausdruck gefunden hat, möge sich auch in tatkräftiger Hilfe gegenüber den notleidenden Brüdern bewähren ...«.

Die zahlreichen Empfänge und Feierlichkeiten, die sich um die Konsistorien rankten, boten weitere Gelegenheiten zu internationalen Kontakten und Hilfsbitten[89]. Wie weit das Eis der Isolation um die Deutschen gebrochen war, mögen die Umstände der Heimreise verdeutlichen. Wozu

---

[86] KA 86, 1946, S. 136.

[87] Samuel Alfonso Stritch (1887–1958), 1921–1930 Bischof von Toledo/USA, 1930–1939 Erzbischof von Milwaukee, 1939–1958 Erzbischof von Chicago, 1946 Kardinal: ANNUARIO PONTIFICIO 1948, S. 53; ebd. 1959, S. 86. – Edward Mooney (1882–1958), 1926 Weihbischof, 1933 Bischof von Rochester/USA, 1937 Erzbischof von Detroit, 1946 Kardinal: ANNUARIO PONTIFICIO 1948, S. 52; ebd. 1959, S. 86.

[88] Hs. Entwurf vom 26. Februar 1946: HAEK – Nachlass Frings 982.

[89] Umfangreiches Material in HAEK – Nachlass Frings 978-983.

die Generalität des Britischen Empire für die Hinfahrt keinen Weg fand, das regelte der Kardinal von New York im Handumdrehen[90]: »Kardinal-Erzbischof Spellman von New York sorgte in generöser Weise für die Heimreise der deutschen Kardinäle von Köln, Berlin und Münster und stellte für die Strecke Rom-Paris ein großes, viermotoriges Flugzeug zur Verfügung. So verkürzte sich die Rückreise auf vier Tage, während die Hinreise, zum Teil infolge ungünstiger Wetterverhältnisse, zehn Tage in Anspruch genommen hatte«[91].

Doch nutzten die deutschen Kardinäle wie auch Kardinal Innitzer von Wien[92] einige in Rom verbleibende Tage dazu, die in Italien festgehaltenen Kriegsgefangenen zu besuchen. Das wurde nicht zuletzt dadurch möglich, dass den mittellosen deutschen Kardinälen auf Anordnung des Papstes für alle notwendigen Fahrten in Rom und auch zu den Gefangenenlagern vatikanische Dienstwagen bereitgestellt wurden[93]. Frings selbst berichtete nach seiner Heimkehr in seinem Hirtenbrief an die Diözese[94]: »Als die großen Feierlichkeiten in Rom beendet waren, beschlossen wir drei neuen deutschen Kardinäle zusammen mit Kardinal Faulhaber von München und Kardinal Innitzer von Wien, unsere gefangenen deutschen Landsleute in italienischen Lagern zu besuchen. Dank dem Entgegenkommen der englischen und amerikanischen Behörden und durch Vermittlung der vatikanischen Gefangenenseelsorge wurde uns der Zugang zu den Lagern geöffnet, und wir konnten durch ganz Italien hindurch unsere Kriegsgefangenen besuchen. Mir fiel die Gegend von Neapel zu. In der größten Kirche dieser Stadt, al Gésu, waren 4.000 deutsche Männer auf Lastkraftwagen zusammengezogen worden. Ihre Freude war groß, nach fast einem Jahr einen Deutschen zu sehen und sprechen zu hören, der unmittelbar aus der Heimat kam und ihnen von der Heimat erzählen konnte ...«.

In seinen Erinnerungen von 1973 wurde der Kardinal noch etwas konkreter[95]: »Zunächst sprach ich zu ihnen von der Kanzel aus, die so groß war, dass auch Diakon und Subdiakon, die Kölner Priester Garbrock und

---

[90] Zitat: Hürtgen, KA 86, 1946, S. 136. – Francis Spellman (1889–1967), 1932–1939 Weihbischof, 1939–1967 Erzbischof von New York, 1946 Kardinal: ANNUARIO PONTIFICIO 1948, S. 56; ebd. 1968, S. 112*.

[91] In der Tat dauerte die Hinreise vom 6. bis 15. Februar 1946, also zehn Tage. Frings hatte irrtümlich neun Tage genannt (oben, S. 145).

[92] Theodor Innitzer (1875–1955), 1932–1955 Erzbischof von Wien, 1933 Kardinal: M. LIEBMANN, in: E. GATZ, Bischofslexikon, S. 339-343 (mit Literaturübersicht).

[93] Darüber berichtet Hürtgen: KA 86, 1946, S. 137.

[94] KA 86, 1946, S. 72.

[95] J. FRINGS, Für die Menschen bestellt, S. 77 f.

Herbertz, auf der Kanzel Platz hatten. Aber man konnte sich da nur allgemein in großen Zügen ausdrücken. Es war aber das Bedürfnis vorhanden, ich sollte auch noch etwas erzählen. Nach dem Abschluss der Feier stieg ich deshalb in eine kleine Kanzel, die für die Katechesen gedacht war. Von dort konnte ich in plaudernder Weise vieles aus der Heimat erzählen, den Gefangenen Hoffnung auf baldige Heimkehr machen und darauf, dass sie das Vaterland zwar stark zerstört, aber doch lebensfähig finden würden«. Der den Militärs der Besatzungsmächte gegenüber so entschieden selbstbewusste Vorsitzende der Fuldaer Bischofskonferenz hatte im Umgang mit den Menschen nach wie vor keine Kompetenzprobleme!

Vor der Abreise von Rom konnte Frings am 6. März noch einmal mit entscheidenden Männern des Vatikans sprechen. Die Themen der Abschiedsaudienz bei Pius XII. sind wiederum in einem Stichwortverzeichnis festgehalten[96], u.a. »Dogmatisierung d[er] Himmelfahrt Mariens, deutsche Institute in Rom, P. Gundlach (politische Organisation d[er] Kath[oliken]), [Bischof] Wienken, Entnazifizierung«. Im Staatssekretariat sprach Frings mit Msgr. Montini über Bischof Hudal, das Protektorat über die Auslandsseelsorge, die eucharistische Nüchternheit vor dem Kommunionempfang, über »Ostdeutschland und die öffentliche Meinung«. Bei Msgr. Tardini ging es um die »Jurisdiktion der ostdeutschen Prälaten bezüglich [Weihe-] Dimissorien oder Exkardination[97], Ukrainergeistliche etc.«.

Trotz der großzügigen Bemühungen Kardinal Spellmans um den Rückflug nach Paris war auch die Heimreise nicht ohne Hindernisse, die sich nach einem Zwischenaufenthalt in Paris einstellten, sobald die Briten wieder die Verantwortung übernahmen. Trotzdem gelang es, zu dem vorgesehenen Termin am 10. März zu den zeitbedingt bescheidenen Empfangsfeierlichkeiten in Köln rechtzeitig einzutreffen[98]. Nach der kurzen Begrüßung durch das Domkapitel in Köln-Hohenlind war für 16 Uhr eine Feier vor dem Südportal des zerstörten Domes vorbereitet, zu der als Ehrengäste die Spitzen der deutschen Zivilbehörden, aber auch die britischen Militärs der Nordrheinprovinz geladen waren und zahlreich erschienen. Darauf waren auch die Ansprachen in dieser Feier abgestimmt.

---

[96] Notizen »Hl. Vater 6. März 46«, »Montini ...Tardini«: HAEK – Nachlass Frings 980.

[97] Der kirchliche Status und Einsatz der aus dem Osten vertriebenen Kleriker ohne eigenen Ordinarius sollte sich als ein kompliziertes Problem der nächsten Jahre erweisen: Vgl. unten S. 171 ff.

[98] Amtliche Ankündigung »Begrüßung unseres von Rom heimkehrenden Oberhirten«: KA 86, 1946, S. 49 f.; Archvmaterial: HAEK – Nachlass Frings 984.

Als oberster deutscher Repräsentant würdigte Oberpräsident Lehr den persönlichen Einsatz von Frings in der NS- und Nachkriegszeit und ging dann auch auf die Berufung von drei deutschen Bischöfen ins Kardinalskollegium ein[99]: »Dass dies in einer Zeit geschehen konnte, zu der wir sonst in allen Bereichen noch völlig von der Welt abgeschnitten und ganz außerstande sind, unsere Stimme vor der Öffentlichkeit der Welt zu erheben, ist für uns alle unendlich tröstend ... Es scheint mir von tiefer symbolischer Bedeutung zu sein, dass die erste freie Verbindung mit der übrigen Welt gerade im Bereich des Geistigen und Religiösen erfolgt ist«. Ob die britischen Offiziere das wohl auch so sahen? Sie mussten sich – wenn auch unter anerkennendem Dank für ihre bisherigen Bemühungen um die Versorgung der Bevölkerung im Rheinland – eine Liste von Desiderata der Menschen anhören.

Frings selbst richtete zunächst eine captatio benevolentiae an das rheinische Volk und den Kölner Klerus[100]: »Ich bin Kölner Kaplan und Kölner Pfarrer gewesen, und alle Kölner Kapläne und Pfarrer mögen sich in mir geehrt fühlen«. Nach historischen Bemerkungen über die Beziehungen zwischen Köln und Rom würdigte Frings die Bedeutung Pius' XII. für die Deutschen in ihrer gegenwärtigen Notlage: »Wir können Gott nicht dankbar genug sein, dass wir gerade in diesen Zeiten diesen Mann als obersten Hirten der Kirche haben, der 13 seiner besten Jahre bei uns verbracht hat und unsere deutsche Sprache spricht, fast wie seine Muttersprache ... Er hat öffentlich vor der Welt sich *eingesetzt* dafür, dass keiner als schuldig behandelt werden darf, wenn ihm nicht eine persönliche Schuld nachgewiesen ist, dass über eine sog[enannte] Kollektivschuld niemand anders als Gott selbst befinden kann«. Der Kardinal erwähnte weiter das Eintreten des Papstes für das Recht auf Heimat und seine caritativen Initiativen. Schließlich berichtete er von seinem Besuch bei den Kriegsgefangenen. Der Schluss seiner Ansprache war ein aufrüttelnder Appell an das Gemüt der Kölner: »Und nun geht es hier wieder an die Arbeit! Wenn sonst ein neuer Kardinal von der Romfahrt heimkehrte, prangte der Rhein in herrlichem Schmuck und die Stadt hatte ihr Prachtgewand angelegt. Heute feiern wir in den Trümmern, und sie rufen uns

[99] Durchschlag des Redemanuskripts: HAEK – Nachlass Frings 984. – Robert Lehr (1883–1956), 1924–1933 Oberbürgermeister von Düsseldorf, nach 1945 Oberpräsident der Nordrheinprovinz, Mitbegründer und stellv. Vorsitzender der CDU in NRW, 1948–1949 Mitgl. d. Parl. Rates, 1949–1953 MdB, 1950–1953 Bundesminister des Innern: H. ROMEYK, Verwaltungsbeamte, S. 599 f.; K. DÜWELL, in: LCDD, S. 310.

[100] Hs. Entwurf der Rede vom 10. März 1946 am Südportal des Domes: HAEK – Nachlass Frings 984.

zu: Baut uns wieder auf, lasst wieder ein herrliches und heiliges Köln erstehen! So lasst uns aufbauen auf dem Boden des alten christlichen Glaubens im Vertrauen auf Gott. Denn wenn er die Stadt nicht baut, bauen die Bauleute vergebens...«.

Im Umfeld der Kardinalserhebungsfeier in Köln kam es in der Kölner Bevölkerung zu Ärger und bösen Gerüchten über das Verhalten der britischen Besatzungsmacht. Major Holland vom Hauptquartier für den Regierungsbezirk Köln berichtete am 19. März 1946 an die Militärregierung der Nordrheinprovinz[101], man habe die Reisebedingungen angesichts der Würde eines Kardinals für unangemessen gehalten, insbesondere, dass Frings in einem »Viehwagen« habe reisen müssen und auf der Rückfahrt von Frankfurt nach Köln in einem offenen Jeep. Er – Holland – habe daraufhin das Gespräch mit Geheimsekretär Hürtgen gesucht, der das Gerede herunterspielte. Die gerüchteweise kolportierten Erschwernisse habe es nicht gegeben »und keinen Anlass zur Beschwerde über mangelndes Bemühen auf Seiten der britischen Behörden, den Besuch des Kardinals in Rom zu erleichtern«.

Wenn Hürtgen das wirklich gesagt hat, war es vor allem auf das Bemühen von Brigadier Sedgwick gemünzt! Holland fuhr fort, die größte Unannehmlichkeit sei das Fehlen von Reisedevisen gewesen. Sedgwick habe £ 500 zu beschaffen versprochen, sei aber nicht in der Lage gewesen, dieses Versprechen zu erfüllen. Generalvikar David habe die Ausführungen Hürtgens im wesentlichen bestätigt. Die Reisebedingungen seien allerdings »etwas rau und unwürdig für solch einen Anlass gewesen«.

Eine Reaktion auf diesen Bericht von Major Holland ist in den britischen Akten nicht zu finden.

2. Der Kampf um das Existenzminimum

Der unbedingt notwendige Wiederaufbau, die Planung einer besseren Zukunft, waren noch auf Jahre verstellt durch den aufreibenden Kampf um die allernotwendigsten Lebensgüter: Nahrung, Kleidung, Hausrat und Heizmaterial. Für die heimkehrenden Evakuierten und für die einwandernden Millionen von Ostflüchtlingen kam die Sorge um ein Dach über dem Kopf hinzu. Ein volksverbundener Bischof wie Kardinal Frings musste diese Not der Menschen empfinden und sich zu eigen machen. Seine

[101] Major W. W. Holland, Headquarters Military Government, Regierungsbezirk Cologne, an H. Q. Mil. Gov. North Rhine Region 19.3.1946 (engl. Original): L – PRO – FO 1013/2150.

Fürsprecherrolle bei den Besatzungsmächten wird im nächsten Kapitel eine eigene Würdigung finden. Hinzu kamen seine schon bei der Kardinalserhebung dargestellten Versuche, aus dem Bereich der Weltkirche Hilfen für die darbende deutsche Bevölkerung hereinzuholen.

Der erste ausländische Bischof, dem Frings schon am 4. Juli 1945 die Nöte der deutschen Bevölkerung klagte, war Bischof Lemmens von Roermond[102]. Ende September besuchte Erzbischof Griffin von Westminster die Bischöfe der britischen Zone und bekam nach einer umfangreichen Traktandenliste die Verhältnisse in Deutschland dargelegt[103]. Im Herbst korrespondierte Frings mit den Bischöfen Ehrenfried von Würzburg und Landersdorfer von Passau wegen Kartoffelsammlungen für die hungernde rheinische Bevölkerung[104]. Auch erfuhr er davon, dass die Bischöfe der USA in einer Erklärung »Zwischen Krieg und Frieden« am 17. November 1945 die US-Katholiken auf die Not der deutschen Bevölkerung hingewiesen hatten[105]. So schrieb er Pius XII. am 25. November 1945[106]: »Andererseits ist es uns ein großer Trost, dass Katholiken in Frankreich, England, Nordamerika und in der Schweiz mutig ihre Stimme erheben gegen das Unrecht, das dem deutschen Volke geschieht, Front machen und Hilfe versprechen«.

In den erhaltenen Dokumenten wird deutlich, dass der Erzbischof einmal geknüpfte Kontakte rasch und unkompliziert zu nutzen versuchte. Als im Januar 1946 die Nöte der Vertreibung im Osten Deutschlands und des Hungers wie der Kälte im Westen sich zuspitzten, wandte er sich an den mit ihm zum Kardinal ausersehenen Erzbischof Griffin von Westminster[107], nicht so sehr, um ihn persönlich zu Hilfsaktionen zu veranlassen, sondern um ihn als Fürsprecher bei der britischen Regierung einzusetzen. Den Inhalt seines Briefes an Griffin ließ Frings sich ins Englische übersetzen und übergab ihn in Rom Kardinal Stritch von Chicago »zur Information des Präsidenten Truman«.

Auf den Gedanken, das Konsistorium in Rom für Hilfsmaßnahmen der Welt zugunsten der Deutschen zu nutzen, war auch der Präsident des Deutschen Caritasverbandes Dr. Kreutz gekommen. In einem Brief an die deutschen Kardinäle schrieb er vor der Reise am 2. Februar 1946[108]: »Die

---

102 Frings an Lemmens 4. Juli 1945 (hs. Entwurf): HAEK – CR II 25.18, 3.
103 Dazu unten S. 237. mit Anm. 29.
104 Korrespondenz in HAEK – CR II 25.18, 4.
105 Deutsche Übersetzung dieser Erklärung in HAEK – CR II 25.18, 4.
106 HAEK – CR II 1.14, 1.
107 Zu dem Brief an Griffin vom 8. Januar 1946 und seiner Verwertung anlässlich des Konsistoriums in Rom s. unten S. 240 mit Anm. 35 ff.
108 Kreutz an Frings 2. Februar 1946: HAEK – CR II 25.18, 7.

Anwesenheit so vieler Eminenzen in Rom dürfte vielleicht dem Heiligen Vater ein willkommener Anlass sein, die Notlage der Deutschen zur Sprache zu bringen und die Weltkirche als solche in ihrer bevorzugten Führung zu interessieren«. Er legte ein Memorandum als Argumentationshilfe bei. Es wurde bereits dargestellt, wie Frings und Galen in Rom besonders zu den Kardinälen der USA Kontakte knüpften und einen Aufruf an die Katholiken Amerikas von Rom aus sandten[109].

Im Juni 1946 wurde die Ernährungslage an Rhein und Ruhr prekär, weil die letzten Reserven der Vorjahresernte verbraucht waren und mit der neuen Ernte erst in einigen Wochen zu rechnen war. Es kam zu Unruhen in der Bevölkerung und zu Auseinandersetzungen zwischen deutschen Stellen (einschließlich Kardinal Frings) und den britischen Besatzungsbehörden[110].

In dieser Lage unterschrieb Frings einen gemeinsamen Aufruf politischer und gesellschaftlicher Repräsentanten an die deutschen Bauern, bei einer Sammlung von Lebensmitteln für die hungernde Stadtbevölkerung das irgend Mögliche zur Verfügung zu stellen[111]. In einem Hirtenwort vom 16. Juni »Zur augenblicklichen Notlage« hieß es[112]: »In der kommenden Woche wird nun auf dem Lande eine Sammlung von Lebensmitteln gehalten. Alle Ackerbautreibenden sind aufs dringendste gebeten, hierzu über ihre Ablieferungspflicht hinaus Lebensmittel aller Art freiwillig beizusteuern. Es geht diesmal wirklich darum, die Menschen in der Stadt vor dem Hungertode zu bewahren. Darum bitte ich um der Liebe Christi willen diejenigen, die bisher noch eine ausreichende Ernährung hatten, sich freiwillig einzuschränken und ihre Vorräte bis aufs Unentbehrliche abzugeben, um dem hungernden Volk in den Städten zu helfen«.

Der Dauerzustand des Hungers hatte inzwischen schon eine Verrohung der Sitten zur Folge. So sagte Frings in seinem Hirtenwort weiter: »Die Städter ermahne ich, von jeder Art Diebstahl an Lebensmitteln sich zu enthalten und nicht durch Anbieten von Wucherpreisen sich Vorteile zu verschaffen«. Damit war das Übel des »Schwarzen Marktes« angesprochen.

Womit Frings nicht gerechnet hatte, war die Reaktion der Bauern, insbesondere ihres Verbandsführers aus der Vorkriegszeit, des ehemaligen

---

109 S. oben S. 148 mit Anm. 88.
110 Dazu ausführlicher unten S. 242 f.
111 Ein Exemplar des gemeinsamen Aufrufs lag nicht bei den Kölner Akten. Die Tatsache der Unterschrift von Kardinal Frings ergibt sich aus dem nachfolgend zitierten Brief Hermann von Lünincks an Frings vom 10. Juli 1946: HAEK – Gen II 23.23a, 9.
112 KA 86, 1946, S. 181 f.

rheinischen Oberpräsidenten Hermann Freiherr von Lüninck[113], der ihm am 10. Juli 1946 einen scharfen Brief schrieb[114]. Die Bauern hätten durch ihre unausgesetzte Arbeit zur Ernährung der Bevölkerung beigetragen, »während der Großteil der verbrauchenden Bevölkerung bis heute den Rückweg zu produktiver Arbeit noch nicht gefunden hat, z. T. schuldhaft nicht sucht«. Hier kam die Animosität der Bauern gegen die nach ihrem Eindruck zu wenig arbeitende Stadtbevölkerung zum Vorschein. »Hätte im Frühjahr und Sommer 1945 die zahllos auf das Land geflüchtete Stadtbevölkerung uns eine bescheidene Hilfe bei der Hackarbeit geleistet, dann wäre die letzte Hackfruchternte und daher die entsprechende Versorgung der Verbraucher um 15 bis 20 % günstiger gewesen«. Neben dem Düngermangel und der »erstaunlichen Unfähigkeit der Militärregierung und ihrer deutschen Hilfsorgane« nannte Lüninck noch einmal »die anhaltende, geradezu märchenhafte Faulheit weitester Kreise der Stadtbevölkerung« als Ursache der derzeitigen Misere. Die Bauern würden auf den Appell der Bischöfe hin zwar das Mögliche geben, doch eine Besserung werde dadurch nicht eintreten.

Mehrfach im Verlaufe des Sommers 1946 erklärte Kardinal Frings es zum einzigen Ausweg aus der Ernährungskrise, wenn die UNO ihrer Flüchtlingsorganisation UNRRA[115] den Auftrag gäbe, »auch Deutschland wie andere hungernde Länder zu betreuen«. Generalvikar David erhielt den Auftrag, eine Eingabe der deutschen Metropoliten an den Generalsekretär der Vereinten Nationen, Trygve Lie, zu entwerfen[116] mit der Begründung: »Wir glaubten, einen gewissen Anspruch darauf zu haben, weil circa 13 Millionen Ostflüchtlinge im Lande seien ... Restdeutschland zähle jetzt etwa 200 Menschen auf den Quadratkilometer, es liege auf der Hand, dass Millionen verhungern müssten, wenn nicht Hilfe von draußen komme«. An dem vorliegenden Entwurf Davids vom 28. Juni 1946[117] ist nicht zu erkennen, ob er tatsächlich abgesandt wurde.

Am 15. Juli 1946 telegraphierte der damalige Düsseldorfer Oberbürgermeister Karl Arnold an Frings[118]: »Kürzung der Fettrationen steigert die

---

113 Zu Hermann Freiherr von Lüninck (1893–1975) s. oben S. 109 mit Anm. 89.

114 Lüninck an Frings 10. Juli 1946: HAEK – Gen II 23.23a, 9.

115 UNRRA = United Nations Relief and Rehabilitation Administration.

116 Frings an David 26. Juni 1946 (hs. Entwurf): HAEK – CR II 25.18, 5. Die Zitate sind dem Schreiben Frings' an David entnommen. – Haldvan Trygve Lie (1896–1968), norwegischer Sozialdemokrat, 1939–1940 Exil-Außenminister in London, 1946–1952 Generalsekretär der UNO: BROCKHAUS ENZYKLOPÄDIE, Bd. 11, [17]1970, S. 446.

117 Entwurf einer Eingabe an Trygve Lie 28. Juni 1946 (»ex actis vic. glis. David«): HAEK – CR II 25.18, 5.

118 Telegramm Arnold an Frings 15. Juli 1946: HAEK – Gen II 23.23a, 9.

seit Wochen herrschende Hungersnot zur lebensvernichtenden Katastrophe. Sie stürzt die Bevölkerung in Verzweiflung und muss zur Anarchie führen. Ehrerbietigst bitte ich Eure Eminenz, an das christliche Gewissen der Katholiken der Welt zu appellieren, damit Sondermaßnahmen getroffen werden, die uns die furchtbare Krisis überstehen helfen«.

Frings zögerte nicht, die in Rom geknüpften Beziehungen zu den amerikanischen Kardinälen fruchtbar zu machen. Bereits am 3. Juli hatten die deutschen Metropoliten eine Eingabe an den Präsidenten der USA gerichtet, die jedoch der Oberkommandierende der US-Streitkräfte in Deutschland, General Clay, nicht weiterleiten wollte[119]. So wandte sich Frings am 21. Juli an Kardinal Stritch in Chicago[120], erinnerte unter Dank für die bisher geleistete Hilfe der amerikanischen Katholiken an die römische Begegnung im Februar, um dann die Hungersnot der deutschen Bevölkerung zu schildern: »Die von den Autoritäten garantierten Mengen an Nahrungsmitteln umfassen 1.000 Kalorien täglich. Die Fettration *für einen Monat* wurde von 400 auf 200 gr. reduziert, andererseits wurde die Brotration etwas angehoben«. Er bitte Stritch als Vorsitzenden der amerikanischen Caritasorganisation NCWC[121] um Hilfe für die Deutschen.

Welche Dimensionen das Echo auf solche Hilferufe annahm, lässt ein Dankesbrief des Kardinals an General William N. Haskell in New York vom 1. November 1946 für »General-Relief-Pakete« erkennen[122]: »So gelangten in den verschiedenen Zonen schon die folgende Anzahl von Paketen zur Verteilung: 145.496 in der Britischen Zone, 115.261 in der US-Zone, 6.000 in Bremen, 17.000 in Berlin, 283.757 Pakete insgesamt ... Ihre Organisation in Deutschland ... entfaltet im Verein mit dem Deutschen Caritasverband, dem Evangelischen Hilfswerk, der Arbeiterwohlfahrt und dem Roten Kreuz eine reibungslose Wirksamkeit, so dass eine einwandfreie Abwicklung im Auftrage der Spender gewährleistet ist«.

Wie sehr Kardinal Frings in die seiner bischöflichen Kompetenz fremden Ernährungsfragen sich einschaltete, zeigt eine handschriftliche Notiz über eine Besprechung mit dem Leiter der Ernährungspolitik in der britischen Zone, Hans Schlange-Schöningen, am 1. August 1946[123] in Düsseldorf: »Die britische Zone kann mit der diesjährigen Ernte etwa

---

[119] Dazu ausführlicher unten S. 245 f. mit Anm. 47 ff.

[120] Frings an Stritch 21. Juli 1946 (unsign. Kopie der engl.Fassung): HAEK – Gen II 23.23a, 9.

[121] NCWC = National Catholic Welfare Conference.

[122] Frings an Haskell 1. November 1946 (paraph. Entwurf): HAEK – CR II 25.18, 8.

[123] Hs. Notiz »Schlange-Schöningen 1. August 46«: HAEK – CR II 25.18, 9.– Hans Schlange-Schöningen (1886–1960), vor 1933 deutschnationaler Landvolk-Politiker, unter Reichskanzler Brüning Reichskommissar für die Osthilfe, nach 1945 in leitenden Stellungen der Landwirtschafts- und Ernährungsverwaltung, 1949 MdB (CDU), 1951–1953 im diplom. Dienst

1.000–1.100 Kalorien pro Tag leisten (bei normaler Ernte 1.500 Kalorien); das übrige muss England dazu tun; man hofft, auf 1.800, wenn nicht 2.000 Kalorien zu kommen. In der Nordrheinprovinz sind nur 9% des Bodens nicht angebaut: eine glänzende Leistung ... Die Zahlen 200.000 t. Stickstoff etc. sind richtig; außerdem ist ungefähr ebensoviel Phosphor notwendig ... und über 300.000 t. Kali, wovon Deutschland genug besitzt ... Die Erzeugung von Stickstoff läuft an; man hofft, in diesem Jahr 110.000 t. verteilen zu können«.

Frings hatte in diesen Monaten verschiedene Male bei den Briten die Freigabe der Düngemittelerzeugung angemahnt[124], die aus Furcht vor Sprengstoffproduktion verboten war. Es ist aufschlussreich, wie der Kardinal sich für seine Argumentation kundig machen ließ. Ebenso ließ er im Sommer und Herbst keine Gelegenheit verstreichen, bei den Briten eine ausreichende Kohlenversorgung der deutschen Bevölkerung zu fordern, als ob er die Härte des bevorstehenden Winters vorausgeahnt hätte. Die Nichtbeachtung der bischöflichen Empfehlungen führte in die Not des Winters 1946/47, aus der die rheinische Bevölkerung durch Plünderung der für die Alliierten bestimmten Kohlenzüge einen Ausweg suchte[125].

Von den Briten, aber auch von anderen um internationale Hilfe angegangenen Stellen musste sich Kardinal Frings bisweilen vorhalten lassen, nur die Not der Deutschen zu sehen und die Hilfsmöglichkeiten anderer Völker zu überschätzen. Bei einer Besprechung mit Erzbischof Muench, dem Apostolischen Visitator für Deutschland, am 12. November 1946[126] ließ er sich über die Verschuldungsverhältnisse der größten Weltnationen aufklären.

Nachdem die Ernte 1946 eingebracht war, erwiesen sich die Berechnungen Schlange-Schöningens vom 1. August 1946 als Makulatur. Der Ernst der Lage erhellt aus einem Brief des Kardinals an seinen Mitbruder Spellman in New York vom 15. November 1946[127]: »In den letzten Wochen sind hier nur Lebensmittel verteilt worden, die einen Kalorienwert von erheblich weniger als 1.000 Kalorien hatten, und die Städte besitzen jeweils nur einen Mehlvorrat für drei Tage. Die Zeitungen berichten, dass die diesjährige Ernte schon fast zur Neige geht. Die Fettration, einschließ-

---

(zuletzt als Botschafter) in London: DBE 8, 1998, S. 665; M. SCHUMACHER, in: LCDD, S. 356.

124 So am 23. Juni 1946 vor der »Gesellschaft der Freunde des Wiederaufbaus der Stadt Köln« s. unten S. 243 mit Anm. 45 f.

125 Dazu ausführlicher unten S. 250 ff.

126 Hs. Notiz »B. Münch am 12. November 46«: HAEK – CR. II 25.18, 8.

127 Frings an Spellman am 15. November 1946 (hs. Entwurf in deutscher Sprache): HAEK – Gen II 23.23a, 12.

lich Butter, beträgt seit langem 200 gr. pro Monat ...«. Diese Lage zeitigte inzwischen Folgen. »Gäbe es nicht nebenher einen Schwarzhandel, so wäre die ganze Bevölkerung längst Hungers gestorben. Aber auch so ist die Leistungsfähigkeit der Menschen auf die Hälfte gesunken. Die Tuberkulose nimmt erschreckend überhand. Wir sind Bettler geworden, die auf die Hilfe des Auslandes angewiesen sind. Mir scheint, für den Augenblick kann uns nur geholfen werden, wenn die *UNO sich entschließt, Deutschland mit den von UNRRA unterstützten Ländern gleichzustellen und eine Versorgung mit etwa 75 % der Vorkriegsrationen sicherzustellen.* Ich wäre Ew. Eminenz überaus dankbar, wenn es Ihnen möglich wäre, diese Gedanken in maßgebenden Kreisen zu propagieren«. Deutschland wolle nicht auf Dauer in der Bettlerrolle bleiben. Doch die Aussichten seien angesichts der Industriedemontage und der Bevölkerungsdichte schlecht. Frings schloss: »Verzeihen, Eminenz, dass ich mein Herz ausschütte, aber es kann einem die Galle aufsteigen, wenn man zusehen muss, wie hier ein fleißiges und im Grunde friedliches Volk zur Verzweiflung getrieben wird!«

Drei Tage später schrieb Frings seinen Weihnachtsbrief an den Papst mit gleichen Gedanken[128]: »... Köln ist nicht viel mehr als ein großer Trümmerhaufen, in dem eine halbe Million Menschen notdürftig Obdach gesucht und gefunden hat«. Nach Schilderung von erfreulichen Ansätzen in Wiederaufbau, Seelsorge und Verbandsarbeit folgt die Feststellung: »Alles freilich wird überschattet von der ungeheuren Not, die unser Volk beherrscht ... Das Rhein-Ruhrgebiet steht unmittelbar vor einer Katastrophe. Meines Erachtens kann nur dadurch geholfen werden, dass die Vereinten Nationen sich entschließen, Deutschland ohne Rücksicht auf seine Zahlungsfähigkeit lebensmittelmäßig so zu stellen wie die von der UNRRA unterstützten Länder ... Eurer Heiligkeit sind wir in tiefstem Herzen dankbar für alle Unterstützungen an Lebensmitteln, Kleidungsstücken, Medikamenten, die Eure Heiligkeit unmittelbar von Rom aus uns schickten oder im Auslande, namentlich in Amerika anregten. Wir bitten inständig und vertrauen fest darauf, dass von Rom aus auch fortan, namentlich in dem bevorstehenden, überaus schweren Winter und Frühjahr, alles geschehen wird, um unsere Not durch Übung christlicher Caritas zu lindern«.

Dem Kölner Kardinal war wichtig, keine Hilfsmöglichkeit aus dem Ausland ungenutzt zu lassen. Wenn er selbst in einem konkreten Fall

---

128 Frings an Pius XII. 18. November 1946 (hs. Entwurf): HAEK – CR II 25.18, 8 – Vgl. N. TRIPPEN, Weihnachtsbriefe, S. 140-147.

nicht tätig werden konnte, schaltete er andere Mitglieder des Episkopates ein. So hatte er Anfang Dezember durch Caritaspräsident Kreutz erfahren, »die Bischöfe in [den] USA würden [am] Sonntag Laetare 1947 eine große Sammlung für Europa abhalten; den dortigen Bischöfen werde die Arbeit sehr erleichtert sein, wenn vorher ein deutscher Kardinal in Amerika gewesen sei, um sich für die bisherige Hilfe zu bedanken und die deutsche Not zu schildern«[129]. Da man in den USA auf Preysing spekulierte, schrieb ihm Frings am 9. Dezember 1946 und bat ihn um seine Bereitschaft für Ende Januar 1947. Ebenso gab Frings eine aus La Plata erhaltene Anregung weiter, die deutschen Kardinäle möchten »eine Eingabe an den Präsidenten von Argentinien und an die Oberhäupter anderer südamerikanischer Staaten um eine Staatsspende an Lebensmitteln etc. richten ... Es könnte dabei auch die Auswanderungsfrage angeschnitten werden[130]. Was denken Sie dazu?«, fragte Frings seinen Berliner Mitbruder.

Die Sorge um die anhaltende Not der Menschen floss auch in die Verkündigung des Kardinals ein. Bei seiner Weihnachtspredigt 1946 in St. Maria Lyskirchen sagte Frings[131]: »Die Weihnacht 1946 steht für uns Deutsche unter dem Zeichen des Hungerns und Frierens und dem Zeichen tiefster Armut. Das bedeutet für viele eine Versuchung zum Zweifel an Gottes gütiger und weiser Vorsehung. Wir waren so gewöhnt, Weihnachten als ein Fest behaglicher Familienfreude zu begehen, dass es uns schwer fällt umzulernen ... Unsere Gotteshäuser sind vielfach nicht komfortabler als der Stall von Bethlehem. Zu Hause sind wir schon zufrieden, wenn wir nicht frieren und satt werden, wenn ein Kerzchen den Christbaum erhellt, und wenn eine Büchse aus einem Care-Paket darunter liegt«. Diese Not habe alle sozialen Unterschiede eingeebnet.

Es waren die Wochen des bitter kalten Winters 1946/47 mit den immer häufigeren Plünderungen von Kohlentransporten, zu denen Frings in seiner berühmt gewordenen Silvesterpredigt in St. Engelbert in Köln-Riehl Stellung nahm[132]. Doch die allgemeine Not spitzte sich im Frühjahr 1947 noch einmal zu. Am 15. April wandte sich der Klerus der Stadt Essen mit einer Resolution an die britischen und deutschen Behörden sowie durch

---

129 Zitat aus dem nachfolgend erwähnten Brief Frings' an Preysing 9. Dezember 1946 (paraph. Kopie): HAEK – CR II 25.18, 8.

130 Frings hielt die Auswanderung, vor allem ostdeutscher Landwirte, für ein Mittel, dem Flüchtlingsproblem beizukommen. Vgl. unten S. 193.

131 Ansprache Sr. Eminenz am Weihnachtsfeste 1946 beim Pontifikalamt in St. Maria in Lyskirchen zu Köln: KA 87, 1947, S. 1 ff.

132 Dazu ausführlicher unten S. 193 f.

die Presse an die breiteste Öffentlichkeit[133]: »Weite Kreise, besonders der Alten und der Kinder, siechen dahin, Tausenden von Menschen fehlt es an dem nötigsten Schuhwerk und der erforderlichen notwendigsten Bekleidung, den meisten werdenden und jungen Müttern an der erforderlichen Säuglingswäsche. Dazu brechen auf den Arbeitsstätten immer mehr die Berufstätigen, die ehrlich am Wiederaufbau unseres hart geschlagenen Volkes mitwirken wollen, in Erschöpfung zusammen ...«.

Frings zögerte wieder nicht, das ihm Mögliche zu tun. Diesmal war Kardinal van Roey, der Primas von Belgien, der Adressat eines Notrufs[134]. An Bischof Ehrenfried von Würzburg schrieb Frings am 29. Mai 1947[135]: »Die Ernährungslage der Stadt Köln ist im Augenblick katastrophal. In der letzten Versorgungsperiode konnten nur 906 Kalorien pro Tag verausgabt werden. Am schlimmsten wirkt sich der Mangel an Kartoffeln aus. Die Stadt braucht pro Woche 22.000 Zentner. In etwa drei Wochen wird die erste Ernte an Frühkartoffeln erwartet. Bis dahin geht es durch einen ganz gefährlichen Engpass«. Er werde einen Kölner Kaplan schicken und bitte, »etwa durch ein bischöfliches Wort an die Bauern ihm behilflich zu sein, Kartoffeln zum Versand frei zu bekommen«. Bei Pius XII. bedankte sich der Kardinal wenige Tage später[136] »für die weisheitsvollen Worte, die Ew. Heiligkeit am Fest des hl. Eugen[137] an die Welt gerichtet haben. Wenn sie befolgt werden, wird unser Volk dadurch Rettung aus tiefster, durch Schuld der eigenen Regierung verursachter Not finden«.

Hatte Frings an der Jahreswende 1946/47 noch seinem Amtsbruder Preysing um eine »Bettelreise« in die USA gebeten, so suchte er im Sommer 1947 selbst nach einer erfolgversprechenden Gelegenheit. 1973 erinnerte er sich[138]: »Meine Absicht war zuerst gewesen, nach Südamerika zu fahren und dort meinen Freund Dr. Straubinger[139], den Gründer der Katholischen Bibelgesellschaft in Stuttgart, zu besuchen. Ich musste wegen

---

133 Stadtdechant Uerlichs übersandte Frings am 18. April 1947 eine Kopie. Das Begleitschreiben nennt die Adressaten: HAEK – Gen II 23.23a, 13.

134 Frings an van Roey 11. Mai 1947 (von Frings hs. überarbeiteter und ergänzter Entwurf): HAEK – Gen II 23.23a, 14 – Zu Joseph Ernest van Roey (1874–1961) s. unten S. 315 mit Anm. 243.

135 Frings an Ehrenfried 29. Mai 1947 (hs.Entwurf): HAEK – Gen II 23.23a, 14.

136 Frings an Pius XII. 6. Juni 1947 (hs. Entwurf): HAEK – Gen II 23.23a, 14.

137 Der Papst beging den Tag des hl. Eugen (2. Juni) als seinen Namenstag. Ansprache Pius' XII. am 2. Juni 1947: AAS 39, 1947, S. 258-266.

138 J. Frings, Für die Menschen bestellt, S. 90.

139 Dr. Johannes Straubinger (1883–1954), 1907 Priester des Bistums Rottenburg, vor dem II. Weltkrieg Diözesancaritasdirektor in Stuttgart, später Professor am Erzbischöflichen Priesterseminar in La Plata, 1952 Ruhestand in Stuttgart: Personalkatalog des Bistums Rottenburg 1929, S. 50; ebd. 1947, S. 59; ebd. 1954, S. 140.

dieser Reise in Rom anfragen und bekam eine negative Antwort; es waren offenbar von Argentinien aus Einwände gegen die Reise eines deutschen Kardinals erhoben worden. Vielleicht vermutete man, ich würde dort betteln wollen, und das war nicht ohne Grund«. Wenige Tage später sei dann die Einladung des Erzbischofs Vachon von Ottawa[140] zum Marianischen Weltkongress in seiner Bischofsstadt gekommen. »Ganz klein stand daneben, die Kosten der Reise für mich und meinen Sekretär würde das Festkomitee tragen. Das ließ ich mir nicht zweimal sagen und nahm die Einladung bald an«.

Die Reise nach Kanada dauerte vom 10. Juni bis 2. Juli 1947 und wurde in mancher Beziehung zu einem Erfolg[141]. Zunächst einmal kam sie der Marienfrömmigkeit des Josef Frings sehr entgegen, die noch näher darzustellen sein wird. In einem Hirtenbrief an die Erzdiözese nach seiner Heimkehr[142] schilderte der Kardinal sehr offen die Nebeneffekte der Unternehmung: »Dass ein deutscher Kardinal sich an dieser Huldigung Mariens beteiligte und selbst genau mit den gleichen Ehrenbezeugungen bedacht wurde wie die anderen Kardinäle, war gewiss von Bedeutung für die Wiedereingliederung des deutschen Volkes in die Gemeinschaft der übrigen Völker. Dass ich durch zwei bis drei Wochen hindurch Gelegenheit hatte, mit den führenden Bischöfen und Kardinälen Kanadas und der Vereinigten Staaten, mit Bischöfen Mittel- und Südamerikas, Irlands, Schottlands, Frankreichs, Spaniens usw. persönlich Fühlung zu nehmen, war sicher ein Gewinn, der allein die weite Reise gerechtfertigt hätte«. Der Kölner Erzbischof nutzte die Gelegenheit in weiser Voraussicht auf das nächste Jahr: »Ich erlaubte mir, verschiedene Bischöfe und Kardinäle der Neuen und der Alten Welt einzuladen zur 700-Jahr-Feier der Grundsteinlegung des Kölner Domes, und da unser Dom in der ganzen Welt sich größten Interesses erfreut, so wurde die Einladung mit viel Wohlwollen entgegengenommen«.

---

140 Alexandre Vachon (1885–1953), 1940 zunächst Koadjutor, dann Erzbischof von Ottawa: ANNUARIO PONTIFICIO 1948, S. 281; ebd. 1954, S. 1390. Original des Einladungsschreibens von Erzbischof Vachon, Ottawa, an Frings vom 19. Februar 1947 (Eingangsstempel: 19.3.47): HAEK – Gen II 29.4d, 1.

141 Veröffentlichte Darstellungen: J. FRINGS, Für die Menschen bestellt, S. 90-94; J. VAN ELTEN, Katalog, S. 53 ff. – Umfangreiches Material: HAEK – Nachlass Frings 988-992. – Auf britischer Seite kam es (in Erinnerung an die Beschwernisse bei der Romreise 1946) zu leichten Irritationen, als die Maschine von Frankfurt nach Kanada nicht in Shannon (Irland) zwischenlandete, sondern in Heathrow (London). Msgr. Smith in Bünde korrespondierte mit dem Bischofssekretär von Westminster, ob Frings wohl indigniert gewesen sei, dass niemand ihn bei dem (nächtlichen) Zwischenaufenthalt begrüßt habe. Westminster beruhigte: Es habe ein langes Telefonat zwischen »Paul« (Berndorff) und seinem Londoner Kollegen gegeben: L – PRO – FO 1050/1611.

142 KA 87, 1947, S. 169-172 (Datum des Hirtenbriefes: 3. Juli 1947).

Es war wohl eine Beschönigung der wichtigsten Absichten der Reise, wenn der Caritas-Beauftragte des Kardinals, Prälat Dr. Franz Müller, nach der Reise verlautbarte[143]: »Obwohl Se. Eminenz, um nicht lästig zu fallen, ursprünglich nicht beabsichtigt hatte, die an ihn ergangene Einladung zum Internationalen Marianischen Kongress zu einer Bettelreise für Deutschland zu verwenden, hat diese Reise doch auch zu einem caritativen Erfolg geführt«. Frings selbst war da viel unbefangener: »Außerdem«, so teilte er später den Gläubigen mit, »hatte ich Gelegenheit, auf die schlimme Lage in Deutschland hinzuweisen in vielen Gesprächen mit Mitgliedern der kanadischen Regierung und Vertretern der übrigen Völker, in öffentlichen Ansprachen in den deutschen Gemeinden zu Montreal und Toronto, in der Kathedrale zu Hamilton, auf öffentlichem Platz in Montreal. Ich konnte feststellen, dass im Volk nirgendwo ein Hass gegen das deutsche Volk als solches vorhanden sei ... Auch in freudig gereichten Liebesgaben äußerte sich die Bereitschaft zur Hilfe, und als ich abreiste, war die Bildung eines Komitees unter Teilnahme des Episkopates in Vorbereitung, das eine dauernde Verbindung zwischen Kanada und dem Land an Rhein und Ruhr herstellen soll«[144].

Im Nachlass Frings findet sich neben Schriftstücken zur Gründung dieses »Cardinal Frings Fund« eine Fülle von Briefen, Einladungen, Hilfsangeboten und -zusagen, auch ein Brief des Kölner Kardinals »An die Katholiken deutscher Sprache in dem Land Kanada«[145]: »Gerne würde ich im Anschluss an den Kongress alle deutsch-sprechenden Gemeinden in Kanada aufsuchen, aber die Zeit reicht dazu nicht«. Nach Darstellung der augenblicklichen Ernährungslage fuhr der Kardinal fort: »Ihr könnt euch vorstellen ..., wie überaus groß die Freude ist, wenn in einer Familie, in einer caritativen Anstalt ein Paket aus dem Ausland ankommt ... Möge der Herrgott alle Familien mit reichem Segen segnen, die um Christi willen den Notleidenden in der alten Heimat zu Hilfe kommen!«

---

[143] Aktennotiz Dr. Franz Müller 4. Juli 1947 (ergänzt von Dr. Berndorff am 25. Juli 1947): HAEK – Nachlass Frings 991. – Franz Müller (1900–1989), Priester des Erzbistums München, 1938 Leiter des Deutschen Caritas-Instituts in Köln-Hohenlind, 1944–1949 Domkapitular in Köln und Vorsitzender des Diözesancaritasverbandes, 1949 Ehrendomherr, 1949–1951 Präsident des Deutschen Caritasverbandes in Freiburg, 1951–1971 Direktor des Katholisch-Sozialen Instituts in Bad Honnef: HANDBUCH DES ERZBISTUMS KÖLN. Personaler Teil, Köln [27]1985, S. 109. – Müllers priesterlicher Werdegang in der Kölner Kirche ist durch seine persönliche Freundschaft zu Kardinal Frings bestimmt und geprägt gewesen. Vgl. auch: H. NITSCHE, Prälat Dr. Franz Müller.

[144] In HAEK – Nachlass Frings 990 finden sich Kopien »A Catholic plan for German relief« (Montreal 18. Juni 1947) und »The Central Comitee of the ›Cardinal Frings Fund‹« (Rundschreiben vom 30. Juni 1947).

[145] HAEK – Nachlass Frings 990.

Prälat Müller stellte unmittelbar nach der Reise eine Liste der spontan eingeleiteten Hilfsaktionen von Einzelpersonen und kirchlichen Einrichtungen in Kanada zugunsten der deutschen Bevölkerung zusammen[146]. Als Frings am 20./21. Oktober 1947 zu einem ersten Besuch bei Kardinal de Jong nach Utrecht reisen konnte[147], nutzte er auch dort die Gelegenheit, auf die Not der deutschen Bevölkerung hinzuweisen.

Der Winter 1947/48 brachte keine geringeren Versorgungsprobleme als der vorige. Die Verantwortlichen suchten nach immer neuen Auswegen aus der Not. Heinrich Lübke, der damalige Ernährungsminister des neugegründeten Landes Nordrhein-Westfalen, erließ im Dezember 1947 einen »Aufruf an die Milcherzeuger«[148]: »Die Milcherzeugung und damit die Fettversorgung sind infolge der Dürre, des Kunstdüngermangels und der unzureichenden Futtermittellage auf einen trostlosen Tiefstand gesunken ... Für Millionen Menschen drohen ernste Gefahren und dauernde Schäden an der Gesundheit, wenn nicht der Hungertod, weil Fett und Eiweiß für den Körper unentbehrlich sind. Die Militärregierung macht ihre Hilfe aus dem Ausland davon abhängig, dass im Lande alle Erzeugungs- und Ablieferungsmöglichkeiten restlos ausgenutzt sind«. Lübke signalisierte dabei durchaus die Kenntnis der Realitäten, z.B. »den Zwang zum Umtausch für die notwendigsten Produktionsmittel«; auch die Bauern unterlagen dem damaligen Tauschhandel: Ware gegen Ware. Doch der Aufruf Lübkes endete in der Zumutung an die Bauern: »Solange die geringen Vollmilchrationen der Normalverbraucher nicht gesichert sind, muss der Bauer, dem die Verantwortung vor seinem Volk heilig ist, in seinem Haushalt für die Wintermonate den Milchverbrauch weitgehend einschränken«.

Den Bauernzorn darüber bekam auch der Kölner Erzbischof zu spüren. Minister Lübke hatte ihn am 8. Dezember 1947 gebeten[149], »diese Bemühungen durch entsprechende Anweisung an die Geistlichkeit Ihrer Erzdiözese nach Möglichkeit zu unterstützen«. Frings publizierte den Aufruf des Ministers mit einer Vorbemerkung an den Klerus Anfang Januar 1948 im »Kirchlichen Anzeiger«, wofür sich Lübke und Dechant Emonds aus Kirchheim bei Münstereifel auf je ihre Weise bedankten. Im Namen seines Dekanatsklerus ergriff Emonds für die Bauern Par-

[146] Es handelt sich um die in Anm. 143 erwähnte Aktennotiz vom 4. Juli 1947.

[147] Extra Communiqué, Den Haag, 21. Oktober 1947 (KNP): HAEK – Gen 23.23a, 16. – Johannes de Jong (1885–1955), 1935 Titularerzbischof und Koadjutor, 1936 Erzbischof von Utrecht, 1946 Kardinal: ANNUARIO PONTIFICIO 1948, S. 54; ebd. 1958, S. 85.

[148] Text: KA 88, 1948, S. 2.

[149] Lübke an Frings 8. Dezember 1947: HAEK – Gen II 23.23a, 16.

tei[150]: »Als Anerkennung für die Ablieferung erhalten die Bauern amtliche Scheine für den Bezug von Geräten. Dafür aber erhalten sie die Geräte nicht. Die Händler raten ihnen vielmehr, den amtlichen Eisenschein sich ›an den Hut zu stecken‹ und mit Fett wieder zu kommen. In der allmählich totalen Korruption, in der der Dumme gesucht wird zwecks Ausplünderung und der Gewissenlose triumphiert, ist die Gewissensbildung der Guten dringlich ... Darum bitten wir, dass die Urgierung der Gewissenspflicht in der Ablieferung ergänzt wird durch den Appell der kirchl[ichen] Behörde an die Behörden, die Lieferung nötigster Dinge an die Bauern bei Industrie und Handwerk endlich durchzusetzen«. Ein erschütternder Einblick in die Lebensverhältnisse kurz vor der »Währungsreform« vom 20. Juni 1948!

In der Tat blieben alle gutgemeinten Appelle und Interventionen – auch des Kölner Erzbischofs – wenig erfolgreich, solange es keine feste Währung gab. Nach dem Währungsschnitt kamen Handel und Gewerbe bald wieder in Gang, und die akute Not der Menschen ließ allmählich nach. Doch zunächst hinterließ auch die Währungsreform schockartige Folgen, deren Spuren im Weihnachtsbrief des Kölner Kardinals an Pius XII. 1948[151] sehr an vergleichbare Reaktionen in den östlichen Bundesländern nach der Wiedervereinigung Deutschlands 1990 erinnern. Frings hatte dem Papst zunächst sehr begeistert vom Kölner Dombaufest und dem Mainzer Katholikentag im August 1948 berichtet. »Es traf sich gut, dass diese Feste zeitlich zusammenfielen mit jenem wirtschaftlichen Auftrieb, den die Währungsreform gebracht hatte. Inzwischen freilich ist diesbezüglich eine starke Ernüchterung eingetreten. Es hat sich gezeigt, dass die Verluste, die die Kirche dadurch erlitten hat, wohl noch größer sind als die Verluste, die durch Feindeinwirkung während des Krieges entstanden sind ... Die gesamte Volkswirtschaft steht neuerdings in einer schweren Krise, die sich durch das unnatürliche Steigen der Preise und durch starke Zurückhaltung der Waren kundgibt ...«. Wie rasch sollte sich dieses pessimistische Bild ändern!

3. Die Sorge für heimkehrende Evakuierte und für die Heimatvertriebenen des deutschen Ostens

Nach Ende des II. Weltkrieges kam es in Mitteleuropa zu Bevölkerungsverschiebungen in bis dahin unvorstellbaren Ausmaßen. Von den Deut-

150 Emonds an Frings 27. Januar 1948 und Lübke an Frings 30. Januar 1948: HAEK – Gen II 23.23a, 16.

151 Frings an Pius XII. 6. Dezember 1948 (hs. Entwurf): HAEK – CR II 1.14, 1; vgl. N. Trippen, Weihnachtsbriefe, S. 150 ff.

schen festgehaltene »Fremdarbeiter« kehrten in ihre Heimatländer zurück, nachdem sie oftmals zuvor durch Plünderungen und Gewaltakte für erlittene Unbill Rache genommen hatten[152]. Die Rückkehr in kommunistische Staaten Osteuropas bedeutete für viele von ihnen erneutes Leid und oft genug den Tod. Millionen kriegsgefangener deutscher Soldaten wurden in Lager der Siegermächte verbracht, um dort als Arbeitskräfte für den Wiederaufbau eingesetzt zu werden[153]. Aus den zerstörten städtischen Ballungsgebieten evakuierte Deutsche strebten aus Mittel- und Ostdeutschland in ihre westdeutsche Heimat zurück, oft genug von der sowjetischen Besatzungsmacht und den deutschen Behörden in Sachsen und Thüringen gedrängt, weil nach den Potsdamer Beschlüssen der Siegermächte ab Sommer 1945 der Strom der aus den Gebieten jenseits von Oder und Neiße, aus dem Sudetenland und aus Jugoslawien vertriebenen Deutschen sich nach Westen und Norden in Bewegung setzte und dabei zunächst Sachsen und Thüringen überflutete[154]. Von den Auswirkungen dieser Bevölkerungsbewegungen waren Priester und Bischöfe entweder selbst betroffen, oder sie wurden von Betroffenen um Hilfe angegangen. Dabei überwogen zunächst die Nöte der heimkehrenden Evakuierten, während das anschließende Flüchtlingsproblem sich erst allmählich zu einer mehrjährigen Herausforderung entwickelte.

Schon wenige Tage nach Kriegsende notierte der Kölner Innenstadtpfarrer Fetten in seiner Pfarrchronik von St. Ursula[155]: »Täglich kommen neue Menschen nach Köln, auch in unsere Pfarre, zurück. Noch suchen und finden sie irgendwo ein Plätzchen zum Bleiben. Aber auch hier kann man nur mit großer Sorge in die Zukunft schauen, namentlich, wenn die Soldaten nach Hause kommen und weder Wohnung noch Möbel und Kleidung vorfinden ... Anhaltend sieht man auf den Straßen Leute, die mit hochbeladenen Wägelchen oder Fahrrädern ihren Einzug halten«.

Handelte es sich bei diesen »Frühheimkehrern« um Evakuierte aus der näheren ländlichen Umgebung Kölns, so stellten die Hunderttausende, die nach Thüringen und Sachsen verschlagen worden waren, die Behörden vor weit größere Probleme. Schon bei ihrem ersten Konveniat in Werl Anfang Juni 1945 stellten die westdeutschen Bischöfe ratlos und besorgt fest[156]: »In manchen Gegenden sind die Städte und Dörfer so zerstört,

---

152 Vgl. dazu unten S. 229 mit Anm. 6 sowie oben S. 120 f.
153 Vgl. dazu unten S. 194 und S. 268–287.
154 Vgl. weiter unten.
155 P. FETTEN, St. Ursula 1942-1945, S. 180.
156 Protokoll der Konferenz der westdeutschen Bischöfe in Werl, 4.-6. Juni 1945: L. VOLK, Akten VI, Nr. 987, S. 512-520, hier: S. 516.

dass eine Rückführung der evakuierten Bevölkerung unmöglich ist. Für diese Gebiete muss der Grundsatz gelten: Wer im Aufnahmegebiet Brot und Arbeit hat, soll zunächst dort bleiben«. Lediglich um die Rückkehr der Kinder aus Sammellagern der sowjetisch besetzten Zone zu ihren Eltern in Westdeutschland wollte man sich bei der Militärregierung bemühen.

Über den Wandel, den die im Gefolge der Potsdamer Beschlüsse vom 2. August 1945 einsetzenden Ströme von Heimatvertriebenen aus dem Osten für die Westevakuierten in Thüringen und Sachsen bewirkten, erfuhr Erzbischof Frings durch die Kölner Evakuiertenseelsorger. So berichtete ihm und den übrigen westdeutschen Bischöfen am 7. September 1945 Pfarrvikar Heinrich Cürten aus Altenburg[157]: »18.000 Flüchtlinge aus dem Osten müssen nun im Stadt- und Landkreis Altenburg aufgenommen werden. Stadt- und Landkreis sind nicht in der Lage, für die Evakuierten Wohnung, Arbeit, Nahrung und finanzielle Lasten aufzubringen. Das Land Sachsen hat aus gleicher Notlage heraus seine Evakuierten kurzerhand ausgewiesen. Thüringen hat daraufhin seine Grenzen polizeilich gesperrt und verweigert den Einsickernden Unterkunft und Lebensmittelmarken. Erschütternde Szenen spielen sich täglich auf den behördlichen Stellen ab. Thüringen muss die Ausgewiesenen zurückweisen«. Das Land werde nicht umhinkommen, seinerseits die rheinischen Evakuierten auszuweisen. »Der Gedanke ist furchtbar, dass die rheinischen Evakuierten bei einer solchen Zwangsevakuierung unter Zurücklassung ihrer kleinen geretteten Habe abtransportiert werden, um in Lagern an der Demarkationslinie untergebracht zu werden, falls die Besatzungsbehörden des Westens den Übertritt in ihre Zone verweigern«. Die Russen würden den Grenzübertritt dulden. »Es wird eine Grenzsperre von englischer Seite befürchtet«. Cürten bat die westdeutschen Bischöfe um Hilfe, zumal die Evakuierten seit Februar 1945 ohne Postkontakt zur Heimat seien.

Offenbar haben die westdeutschen Bischöfe bei ihrer Zusammenkunft mit Erzbischof Griffin von Westminster in Bad Driburg am 28. September solche Informationen ausgetauscht und über Maßnahmen beraten. Am folgenden Tage wandte sich Frings im Namen seiner bischöflichen Mitbrüder an den britischen Oberbefehlshaber, Generalfeldmarschall Montgomery[158]. Er schilderte die Not der Evakuierten, die sich mit Hilfe-

---

[157] Msgr. Heinrich Cürten, bis zu seinem Tode vor einigen Jahren in Meinerzhagen im Ruhestand lebend, stellte dem Verfasser freundlicherweise die erhaltenen Schriftstücke aus dem Jahre 1945 zur Verfügung. Ihnen sind die nachfolgenden Zitate entnommen.

[158] Frings an Montgomery 29. September 1945 (bearb. Originalentwurf und Kopie): HAEK – CR II 25.20b, 3.

rufen an ihre Heimatbischöfe wandten. »Sie erklären darin, dass sie nur deswegen nicht in die Heimat zurückkommen könnten, weil die britischen Wachtposten an der britisch-russischen Besatzungsgrenze diese nach ihrer Heimat in Nordwestdeutschland strebenden Menschen nicht in das britisch besetzte Gebiet eintreten lassen«. Die Not dieser Menschen, die aus ihren jetzigen Aufenthaltsorten abgedrängt und an der Rückkehr in ihre Heimat gehindert würden, spitze sich zu. Die Versorgungsschwierigkeiten in der britischen Zone seien zwar ernst zu nehmen, aber »die genannten Personen gehören ja ihrem Ursprung, ihrer Beheimatung, ihrer Sehnsucht und ihrer ganzen Wesensveranlagung [nach] ins Rheinland bzw. nach Westfalen ... Wir bitten Sie deshalb, Herr Feldmarschall, Ihren Wachen den Befehl zu erteilen, dass sie die im britisch besetzten Gebiet beheimateten Menschen in dieses Gebiet einwandern lassen.«.

Am 28. Oktober 1945 konnte der Erzbischof Pfarrvikar Cürten mitteilen[159], »dass nunmehr die Erlaubnis erteilt ist, und dass wir in nächster Zeit mit der Rückkehr aller Evakuierten zu rechnen haben. Schon jetzt heiße ich alle aufs herzlichste in der Heimat willkommen! ...«. Cürten bedankte sich am 27. November bei Frings[160] für die erfolgreiche Intervention und schilderte den Beginn der Rückführungsmaßnahmen, die von den thüringischen Behörden mit Druck unterstützt wurden. »Die Not wird für die Westevakuierten besonders fühlbar werden, falls diese hier überwintern müssen. Jegliche Einkellerung wurde untersagt, weder Nahrungsmittel noch Brennmaterial durften eingelagert werden mit der Begründung, dass die Abtransporte in Kürze beginnen würden. Die Ersparnisse an Kassen und Banken sind blockiert ... Alle Renten- und Pensionsbezüge sind gesperrt«.

Das von Cürten erbetene »kurze Wort zum Weihnachtsfest« schrieb Frings am 13. Dezember 1945[161]. Es kam nicht mehr zur Verlesung, da der Rücktransport der Rheinländer aus dem Kreis Altenburg zwischen dem 10. und 16. Dezember 1945 als einer der letzten unter abenteuerlichen, bisweilen unmenschlichen Umständen durchgeführt wurde, die den noch darzustellenden Verfahrensweisen bei der Vertreibung der Deutschen aus Schlesien und Ostpreußen nicht unähnlich waren. Pfarrvikar Cürten hat diese kleine Odyssee am 21. Dezember 1945 aus der unmittelbaren Erinnerung in einem Rundbrief »An alle lieben Amtsbrüder im Herrn, Helfer,

---

159 Frings an Cürten 28. Oktober 1945 (handschr. Briefkarte): Sammlung Cürten.

160 Cürten an Frings 27. November 1945 (Kopie): Ebd.

161 Frings an Cürten 13. Dezember 1945 (sign. Kopie): HAEK – CR II 25.20b, 5. Zum Inhalt vgl. oben S. 137 mit Anm. 51.

Helferinnen, Quartiergeber und Förderer der Seelsorge für Westevakuierte«[162] festgehalten.

Alsbald nach der Kapitulation im Mai 1945 erhielten die westdeutschen Bischöfe erste Nachrichten und dann immer häufiger ausführliche Berichte über die Eroberung der ostdeutschen Städte durch die Sowjetarmee, über die Leiden der noch dort anwesenden deutschen Bevölkerung und deren bald einsetzende Vertreibung. In seinem Weihnachtsbrief an Pius XII. vom 25. November 1945 berichtete Frings[163]: »Von Osten her wälzen sich Millionen von Deutschen – man schätzt 15 Millionen – westwärts, die von Haus und Hof vertrieben und jeglicher Habe beraubt sind«. Die menschenunwürdigen Umstände dieser Vertreibung, zumal zur Winterzeit, waren dem Vorsitzenden der Fuldaer Bischofskonferenz Veranlassung zu mehrfachen energischen Vorsprachen bei den Alliierten, die im nächsten Kapitel eingehender darzustellen sind[164]. Die den heimkehrenden Evakuierten folgenden Flüchtlingsströme wurden im kriegszerstörten, hungernden und frierenden Westen Deutschlands zu einer Herausforderung, der auch die Seelsorge und die caritative Arbeit der Kirchen sich stellen mussten. Dem Kölner Erzbischof fiel dabei wegen seiner Führungsrolle im deutschen Episkopat für Jahre eine wichtige und aufreibende Funktion zu.

Da man die Flüchtlingsströme aus dem Osten zunächst vorwiegend in ländliche, weniger zerstörte Gebiete Schleswig-Holsteins, Niedersachsens und Bayerns leitete, überwogen im Erzbistum Köln im Anfang noch die Nöte der heimkehrenden Evakuierten. Doch schon in seinem Weihnachtshirtenbrief 1945 ging Frings auf die gemeinsame Armut beider Gruppen ein[165]: »Wer die Not der hl. Familie, die am Weihnachtsabend vergeblich um Herberge bat, bisher nicht verstehen konnte, heute kann er sie tausendfach erleben an sich selbst oder an anderen. Darum bitte ich Euch, im Namen des herbergsuchenden göttlichen Kindes, rückt, wo es möglich ist, noch enger zusammen und gewährt einer frierenden deut-

---

162 Kopie: Sammlung Cürten. Zum Inhalt vgl. oben S. 137 mit Anm. 51.

163 Frings an Pius XII. 25. November 1945: HAEK – CR II 1.14, 1 (sign. Kopie); Druck: N. TRIPPEN, Weihnachtsbriefe, S. 135-154, hier: S. 140.

164 Vgl. unten S. 258–267. – Zum Problem der Vertreibung der Deutschen aus Osten und Südosten: TH. SCHIEDER, Die Vertreibung der deutschen Bevölkerung aus den Gebieten östlich der Oder-Neiße (= Dokumentation der Vertreibung der Deutschen aus Ost-Mitteleuropa), Bd. 1, Teile 1-3, München 1954–1960; O. GOLOMBEK (Hrsg.), Die Katholische Kirche und die Völkervertreibung (= Schriftenreihe der Katholischen Arbeitsstelle »Nord« für Heimatvertriebene, Köln, Nr. 9), Köln 1966; aus amerikanischer Sicht neuestens: F. BUSCHER, Cardinal Joseph Frings and the german Refugee Crisis, 1945–1955 (= Duquesne University, Studies in History, No. 101), Pittsburgh 2000.

165 Hirtenschreiben zum Weihnachtsfest 1945: KA 85, 1945, Nr. 98, S. 70 f.

schen Familie Obdach! Helft mit warmer Kleidung, mit Decken und Kissen!«

Im Januar 1946 wandte sich der Kölner Erzbischof an den evangelischen Generalsuperintendenten der Rheinprovinz in Düsseldorf[166], um durch einen gemeinsamen Aufruf an die Gläubigen beider Konfessionen einerseits einem Wildwuchs an Hilfsaktionen für die Flüchtlinge entgegen zu steuern, der die Wirkkraft von Caritas und Innerer Mission zu schwächen drohte, andererseits jedoch zu intensiver Flüchtlingshilfe aufzurufen. Dr. Stoltenhoff unterstützte in seiner Antwort vom 5. Februar 1946[167] zwar das erste Anliegen, wollte jedoch wegen einer gerade abgeschlossenen Vertriebenen-Hilfsaktion von evangelischer Seite im Augenblick von einem gemeinsamen Aufruf der Kirchen an ihre Gläubigen absehen. Die katholischen Bischöfe Nordwestdeutschlands entschlossen sich deshalb am 30. Januar 1946 zu einer Kanzelverkündigung[168], die in erster Linie ein flammender Protest gegen die Methoden der Vertreibung und ein Appell an die Weltöffentlichkeit gegen diesen Raub der Heimat an Millionen von Menschen war, die jedoch in einem Aufruf an die Einheimischen endete, »wenn die Ostflüchtlinge zu uns kommen, sie mit der ganzen Opferbereitschaft christlicher Liebe zu empfangen«.

Ein halbes Jahr später erreichten die Flüchtlingsströme aus dem Osten auch die ländlichen Bezirke des Erzbistums Köln. Frings richtete an die Pfarrer der Landdekanate am 25. Juli 1946 ein Rundschreiben[169]: »Der Strom der Ostflüchtlinge dringt, wie uns gemeldet wird, wider Erwarten seit etwa drei Wochen sehr stark in unsere Erzdiözese ein, bis 10.000 [Flüchtlinge] wöchentlich. Die armen Flüchtlinge befinden sich buchstäblich in äußerster Not, und deshalb sind alle Menschen, die Heim und Habe besitzen, durch das Gebot der Liebe streng verpflichtet, ihnen auch unter großen persönlichen Opfern zu helfen, vor allem durch Aufnahme in Wohnungen, Versorgung mit notwendiger Kleidung, Gewährung der Küchenbenutzung und des Küchengeschirrs«. Da die staatlichen Stellen außerstande seien, der Not Herr zu werden, forderte Frings den Klerus auf, sich einzusetzen und

166 Frings an Generalsuperintendent Stoltenhoff, Düsseldorf, 28. Januar 1946 (sign. Entwurf): HAEK – CR II 25.20b, 5.

167 Stoltenhoff an Frings 5. Februar 1946: Ebd.

168 Maschinenschr. Kopie: HAEK – CR II 2.3, 1; Druck auf Briefbogen »Der Erzbischof von Köln«: Ebd. CR 25.20b, 5. Die »Kanzelverkündigung« wurde am 19. Februar 1946 durch das Kölner Generalvikariat versandt. Eine Publikation im Kirchlichen Anzeiger kam wegen der darin enthaltenen Angriffe auf die Besatzungsmächte nicht in Betracht. – Vgl. auch unten S. 262 mit Anm. 89.

169 Das Erzbischöfliche Generalvikariat »An alle Pfarrämter der Landdekanate in der Erzdiözese Köln« 25. Juli 1946: HAEK – CR II 25. 18, 9.

mit gutem Beispiel voranzugehen. Im gleichen Sinne richtete der Erzbischof in diesen Tagen ein Hirtenwort an die betroffenen Gemeinden[170], in dem er nicht verschwieg, dass die Überflutung mancher Gemeinden mit heimatlosen und entwurzelten Menschen auch soziale und moralische Probleme involviere, die jedoch von entsprechender Hilfe nicht dispensieren könnten.

Frings ließ keine Gelegenheit aus, das Unrecht der Vertreibung öffentlich anzuprangern und die materielle Not der Flüchtlinge seinen Gläubigen nahe zu bringen, nicht immer zur Freude der Angesprochenen. Am 24. September 1948 schrieb der päpstliche Visitator, Bischof Muench, dem Kölner Kardinal[171]: »In einem Schreiben von S. Exzellenz Msgr. Tardini [im Staatssekretariat des Papstes] wird uns vom Hl. Stuhl nahegelegt, in kluger Weise zu veranlassen, dass das Thema ›der Heilige Vater und die Oder-Neiße-Linie und Polen‹ in der deutschen katholischen und kirchlichen Presse nicht mehr berührt wird«. Die Sympathien Pius' XII. für Deutschland stießen an die Grenzen päpstlicher Pflicht, allen Völkern unter dem Dach der Kirche gerecht zu werden und dabei auch noch politisch klug vorzugehen.

Wenige Monate später meldete sich ein Vorstandsmitglied des »Bundes der Fliegergeschädigten im Landesverband Nordrhein-Westfalen« aus Bensberg mit dem Vorwurf, der Kölner Kardinal wende seine Fürsorge zu einseitig den Vertriebenen zu[172]: »Im allgemeinen ist die Rede fast immer nur von den armen Ostflüchtlingen. Gewiss sind sie arm und zu bedauern. Jedoch, wenn ich mir ... die Frage erlauben darf, wer hat in diesem furchtbaren Krieg von Anfang an mehr im wahrsten Sinne des Wortes Blut schwitzen müssen ... die Ostflüchtlinge oder wir Kölner in erster Linie?« Dieser Brief ist in seiner Überspitzung einseitig, doch spiegelt er eine bis weit in die ersten Jahre der Bundesrepublik Deutschland zu verfolgende verbreitete Stimmung in der westdeutschen Bevölkerung wider, die mit einer gewissen Eifersucht darüber wachte, dass die Hilfestellung für die Heimatvertriebenen nicht zu sehr auf Kosten der ebenfalls nicht gut gestellten Einheimischen in Westdeutschland ging.

Schon in seinem Weihnachtsbrief 1947 an Pius XII.[173] hatte Frings festgestellt, das die Vertriebenenseelsorge für die Erzdiözese Köln nur eine

---

170 Hirtenwort bzgl. Aufnahme der Ostdeutschen 23. Juli 1946: KA 86, 1946, Nr. 271, S. 203 f. Vgl. unten S. 265 mit Anm. 95; W. LÖHR, Hirtenbriefe und Ansprachen 1945–1949, S. 105 f.

171 Ap. Visitator Muench an Frings 24. September 1948 (Original): HAEK – CR II 25.18, 12.

172 Ferdinand Odenthal (Bund d. Fliegergeschädigten), Bensberg, an Frings 3. November 1948: HAEK – CR II 25.20b, 13 bzw. 14.

173 Frings an Pius XII. 4. Dezember 1947 (hs. Entwurf): HAEK – CR II 1.14, 1; Druck: N. TRIPPEN, Weihnachtsbriefe, S. 147-150, hier: S. 149.

begrenzte Rolle spiele, »weil die größten Städte wegen ihrer weitgehenden Zerstörung keine Flüchtlinge zugewiesen erhielten und auf dem Lande allenthalben katholische Seelsorgestellen bestehen«. Weniger als Erzbischof von Köln, dafür um so mehr als Vorsitzender der Fuldaer Bischofskonferenz musste sich Frings der Vertriebenenseelsorge stellen und hat es mit Gründlichkeit und Geschick getan. Dabei waren neben einer besonderen Seelsorge für die aus ihrer Heimat entwurzelten, allzu oft in Diasporagebieten angesiedelten Menschen die Integration der von ihren Diözesen im Osten abgeschnittenen Priester in die westdeutschen Bistümer, die Ausbildung des Priesternachwuchses aus diesen und für diese Diözesen sowie die kirchliche Beteiligung an den staatlichen Überlegungen und Programmen zur Integration von neun Millionen Menschen in »Restdeutschland« Aufgaben, auf die in ihrer Einzigartigkeit niemand – auch Kardinal Frings nicht – vorbereitet war. Innerhalb einer Biographie des Kölner Kardinals kann es nicht darum gehen, eine Geschichte der Vertriebenenseelsorge nach dem II. Weltkrieg zu schreiben. Eine skizzenhafte Darstellung der Probleme und eine Schilderung des persönlichen Anteils des Kölner Erzbischofs Frings an ihrer Bewältigung muss genügen[174].

Das für die deutschen Bischöfe unmittelbar nach Kriegsende bedrängendste Problem waren die »herrenlosen«, aber irgendwie zu beschäftigenden und zu versorgenden heimatvertriebenen Priester und Priesteramtskandidaten. Bereits auf der Fuldaer Konferenz im August 1945 war – vermutlich durch den anwesenden Prälaten Hartz von Schneidemühl[175] – die Frage angeschnitten worden. Im Protokoll heißt es[176]: »Die Konferenz ist damit einverstanden, dass diese Priester, soweit sie nicht jetzt schon für die Seelsorge der Ausgewiesenen und Umgesiedelten erforderlich sind, in solchen Seelsorgestellen der Diözesen Verwendung finden, aus denen die Ordensgeistlichen ausscheiden. Sobald jedoch die Umsiedlungen zur Ruhe gekommen sind und sich neue Ansiedlungen gebildet haben, sollen diese Geistlichen von den zuständige Ordinarien in diese Gebiete abberufen werden können«.

---

174 Einen Überblick über die Geschichte der Vertriebenenseelsorge bietet: F. LORENZ, Schicksal Vertreibung. Die nachfolgenden Abschnitte wurden bereits veröffentlicht: N. TRIPPEN, Die Integration der heimatvertriebenen Priester.

175 Franz Hartz (1882–1953), Priester des Bistums Münster aus Hüls, 1921–1931 Kaplan, Pfarrer und Domkapitular in Berlin, ab 1931 Freier Prälat von Schneidemühl: H. J. BRANDT, in: E. GATZ, Bischofslexikon, S. 289 f. Die Vermutung, dass Hartz dazu auf der Konferenz referierte und auf ihn die Protokoll-Anlage 4 »Geistliche aus den Ostgebieten« zurückgeht, äußert Ludwig Volk: L. VOLK, Akten VI, Nr. 1030/II e, S. 699 f., hier: S. 700 Anm. 1.

176 L. VOLK, Akten VI, Nr. 1030/II, S. 671-683, hier: S. 678.

Doch mit dieser ersten praktischen Maßregel allein kam man nicht zurecht. Kirchenrechtliche Zuordnungen waren zu treffen, über die allein der Papst entscheiden konnte. So schrieb Frings am 12. November 1945 namens der deutschen Bischöfe an Pius XII.[177]. Zunächst gab er eine eindrucksvolle Zustandsbeschreibung: »In unseren Diözesen halten sich einige hundert Theologiestudierende aus den Diözesen Breslau, Ermland, Leitmeritz und aus der Prälatur Schneidemühl auf. Sie bitten um Aufnahme in unsere Konvikte und Seminare und um Erteilung der hl. Weihen. Sie sind völlig mittellos und vielfach ohne Papiere. In ihre Heimat können sie nach dem heutigen Stand der Dinge nicht zurückkehren. Es ergibt sich für uns die Schwierigkeit, dass wir infolge weitgehender Zerstörung oder Beschlagnahmung unserer Seminargebäude kaum Platz haben, sie aufzunehmen, zumal der Zustrom aus unseren eigenen Diözesen zum Theologiestudium erfreulich stark ist«.

Die entscheidenden Fragen der deutschen Bischöfe an den Papst waren: Für welche Diözesen werden solche Aspiranten geweiht? Wer erteilt gegebenenfalls die Weiheerlaubnis und stellt die sonstigen Dokumente aus? Noch komplizierter stellten sich die Fragen für Weihewerber bzw. Priester des ruthenischen Ritus aus der Ukraine. »Es halten sich bei uns 276 ukrainische Priester auf. Für ihren Unterhalt sorgten bisher deutsche kirchliche Stellen. Das ist aber auf die Dauer unmöglich, zumal diese Herren nicht voll beschäftigt werden können. Wäre es nicht gut, wenn der Hl. Stuhl dazu behilflich wäre, dass diese Priester nebst ihren Gläubigen auswandern könnten, und zwar, da ihnen ihre Heimat versperrt ist, etwa nach Kanada oder [den] USA, wo sie viele Landsleute ihres Ritus finden würden?« Frings sollte noch häufiger die Auswanderung als eine Möglichkeit der Bewältigung des Flüchtlingsproblems zur Sprache bringen: »Ähnliches gilt von den etwa 200 litauischen und den etwa 10 lettischen katholischen Priestern, die sich in Deutschland aufhalten. Bei der Verarmung unseres Landes sind wir zu unserem Bedauern auf die Dauer nicht im Stande, sie zu ernähren«.

Wenige Tage später, am 25. November 1945, schrieb Frings einen Weihnachtsbrief an den Papst, in dem er das Thema noch einmal streifte[178]: »Über die Änderungen auf kirchlichem Gebiet [im Osten Deutschlands] sind wir nur durch private Mitteilungen unterrichtet, und wir wären Euerer Heiligkeit überaus dankbar für eine authentische Mitteilung, wie in

---

177 Frings an Pius XII. 12. November 1945 (hs. Entwurf mit dem Vermerk: »Vertatur in Latinum, deinde scribatur ...«): HAEK – CR II 25.20d, 2.

178 Vgl. oben Anm. 163.

jenen Gegenden die jurisdiktionellen Verhältnisse liegen, zumal viele Theologen von dort um Erteilung heiliger Weihen bitten«.

In diesen Tagen langte der Bischof von Ermland, Maximilian Kaller, der nach seiner Zwangsevakuierung aus Frauenburg durch die SS Anfang 1945 schon einmal in Halle eine Bleibe gefunden hatte, dann aber unter abenteuerlichen Umständen in seine Diözese zurückgekehrt war, nach kurzen Tagen bedrückender Erlebnisse wieder in Halle an. Der polnische Primas Augustin Kardinal Hlond hatte ihm unter Berufung auf einen angeblichen Wunsch des Papstes den Verzicht auf die Ausübung seiner bischöflichen Jurisdiktion abverlangt[179].

Frings schrieb dem exilierten Mitbruder Anfang Dezember 1945 einen Brief nach Halle[180], in dem manche Probleme der Flüchtlingsseelsorge sich andeuteten. Er berichtete von den bis dahin vergeblichen Bemühungen, zwischen Rotem Kreuz, Innerer Mission und Caritas, einen zentralen Suchdienst einzurichten. Dann hieß es: »Ich halte es durchaus für richtig, dass die östlichen Geistlichen zunächst da angesetzt werden, wo ihre früheren Landsleute sind. Wir selbst haben zwar auch einen gewissen Priestermangel, aber keineswegs so wie in Sachsen und anderswo, wo die Flüchtlinge zu vielen Tausenden sitzen«.

Nachdem Frings anlässlich seiner Kardinalserhebung im Februar 1946 in Rom mit den entscheidenden Prälaten hatte sprechen können und die beteiligten Kongregationen gehört worden waren, antwortete Unterstaatssekretär Tardini am 14. April 1946 auf Frings' Anfrage vom November 1945 bezüglich der Priesteramtskandidaten aus ostdeutschen Diözesen[181]. Angesichts des Platzmangels und der Zerstörung der westdeutschen Seminare solle man die zusätzlichen Kandidaten bei frommen Menschen und in Klöstern unterbringen. Die Weihevoraussetzungen sollten, falls schriftliche Zeugnisse unerreichbar seien, durch Eid der Weihewerber sichergestellt werden. Bezüglich der Inkardination habe der Papst entschieden: Falls keine Äußerungen von den zuständigen Ordinarien zu er-

---

179 Kaller schilderte Pius XII. am 6. September 1945 in einem ausführlichen Schreiben sein persönliches Schicksal und das seiner Diözese im Jahre 1945: HAEK – CR II 25.20e, 1 (Abschrift). Zum Verhalten des polnischen Primas, Kardinal Hlond, bei der Ablösung der deutschen Jurisdiktionsträger im Sommer 1945 und bei der Einrichtung einer polnischen Hierarchie in den von Polen besetzten Gebieten: F. SCHOLZ, Zwischen Staatsräson und Evangelium. Kardinal Hlond und die Tragödie der ostdeutschen Diözesen. Tatsachen, Hintergründe, Anfragen, Frankfurt [1u.2]1988. Zu Maximilian Kaller (1880–1947), 1926–1930 Administrator bzw. Prälat in Schneidemühl, seit 1930 Bischof von Ermland: G. FITTKAU, in: E. GATZ, Bischofslexikon, S. 357-361.

180 Frings an Kaller, o. D. (Dezember 1945, hs. Entwurf): HAEK – CR II 25.20e, 1.

181 Segretaria di Stato, Msgr. Tardini, an Frings 14. April 1946 (Original): HAEK – CR II 25.20d, 2; Druck: ARCHIV FÜR KATH. KIRCHENRECHT 123, 1944–1948, S. 152 ff.

halten seien, dürften die deutschen Bischöfe die Kandidaten auf den Titel der eigenen oder einer festzulegenden anderen Diözese weihen. Die Kandidaten müssten sich nur durch ein Versprechen binden, gegebenenfalls dem Ruf ihres Heimatbischofs zu folgen, wenn es die äußeren Umstände zuließen. Die deutschen Bischöfe sollten über diese wichtige Materie in Beratung bleiben und um Einheit bemüht sein. Auch zu den übrigen Inkardinations- und Jurisdiktionsfragen waren praktikable Lösungen gefunden worden.

Auf die Idee, geflüchtete Priesteramtskandidaten bei frommen Menschen oder in Klöstern unterzubringen, konnte damals nur jemand kommen, der die Lebensverhältnisse in Deutschland nicht aus eigener Anschauung kannte. In Kreisen vertriebener Seelsorger und kirchlicher Stellen, die sich zu seelsorglichen und caritativen Bemühungen um die Vertriebenen berufen und gedrängt fühlten, kam man auf ganz andere Gedanken. Prälat Albert Büttner, Leiter einer dem Raphaelsverein nahestehenden, dem Bistum Osnabrück unterstellten »Kirchlichen Hilfsstelle« in Frankfurt, schlug bereits im Mai 1946 Kardinal Frings die »Errichtung eines Seminars für Flüchtlingstheologen« vor[182]. »So wie der große Flüchtlingsstrom nach eigener Betreuung und Seelsorge verlangt, so ist es auch eine ganz dringende Notwendigkeit, diese vom Osten und Südosten kommenden Theologen in einem eigens dafür bereitgestellten Seminar aufzufangen, zu beheimaten und heranzubilden«. Diese müssten im Westen »gleichsam eine Oase, ein Stückchen Land aus der alten Heimat« finden, »an das sie sich klammern können und wo sie sich heimisch fühlen können«. Dieses besondere Seminar sei aus der späteren Aufgabenstellung für die heimatvertriebenen Theologen begründet: »Sie sollen ja einmal als Priester unter den ihrigen wirken, also unter Heimatlosen und Besitzlosen in der Fremde«. Bei einer geschätzten Zahl von acht Millionen katholischer Flüchtlinge zog Büttner den Vergleich zu Österreich, wo für den Priesternachwuchs bei geringerer Katholikenzahl sechs Priesterseminare zur Verfügung stünden. Er schlug dann »ein eigenes Priesterseminar für Flüchtlingstheologen« vor, »dem zweckmäßig ein Konvikt für Gymnasiasten anzugliedern wäre. Ein geeigneter Gebäudekomplex ist voraussichtlich in Königstein im Taunus vorhanden. Es ist eine ehemalige Militärkaserne unter Verwaltung des Großhessischen Staates ... Es handelt sich um zwei große Kasernen, von denen die eine 300 Theologiestudenten, die an-

---

182 »Errichtung eines Seminars für Flüchtlingstheologen«, vierseitiges Manuskript o.D., unterzeichnet von Albert Büttner (diesem Text sind die folgenden Zitate entnommen): HAEK – CR II 25.20d, 2.

dere 300 Gymnasiasten Unterkunft bieten könnte. Genügend große Räume für Kapelle, Speisesäle, Hörsäle usw. sind vorhanden«.

Büttner hatte über die benachbarte Kronberger Vatikanmission bereits in Rom sein Projekt vorgetragen und neben einer mündlichen Billigung des Papstes »eine Stiftung von mehreren tausend Dollar« hereingeholt. »Außerdem wurde dem Unterzeichneten bereits eine Stiftung von anderer Seite in Höhe von 150.000 RM gemacht«. Zur weiteren Finanzierung machte Büttner dem Kölner Kardinal Vorschläge, die unter den damaligen desolaten und vor allem aussichtslosen Wirtschaftsverhältnissen der Kirche in Deutschland einen abenteuerlichen Wagemut offenbarten.

Hier ist nicht der Raum, Entstehung und Geschichte der »Königsteiner Anstalten« aufzuarbeiten[183]. Auch die geduldige und wohlwollende, jedenfalls äußerst mühselige Begleitung des Projekts durch Kardinal Frings kann hier nur andeutungsweise geschildert werden. Der Vorsitzende der Fuldaer Bischofskonferenz bewegte sich dabei stets in einem Spannungsfeld zwischen wohlgemeinten, doch nicht immer realitätsbezogenen Wünschen von Vertriebenengruppen und -prälaten, die untereinander keineswegs immer eine harmonische Einheit bildeten. Andererseits waren sich auch die bischöflichen Ordinarien Westdeutschlands durchaus nicht einig darüber, ob und in welchem Umfang »Königstein« zu fördern sei. Diese Frage und die Aufbringung der Mittel sowie die Beaufsichtigung durch den Episkopat waren Dauerthemen der Fuldaer Konferenzen wie der westdeutschen Bischofskonveniats über Jahre. Hatten die Initiatoren von Anfang an ein vollständiges Seminar und Gymnasialkonvikt im Auge, so wollten die Bischöfe zunächst nur das letztere sowie philosophische Kurse für angehende Theologen genehmigen, die anschließend in die Priesterseminare ihrer künftigen Einsatzdiözesen überwechseln sollten.

Doch die in Königstein seit 1946 tätigen Persönlichkeiten, vor allem der aus Prag stammende sudetendeutsche Professor Dr. Adolf Kindermann[184], setzten sich durch auf bisweilen eigenwilligen Wegen, doch im Letzten mit Duldung und Förderung des Kölner Kardinals, der dafür bei einzelnen seiner bischöflichen Mitbrüder – verständlichen! – Unmut ern-

183 Artikel: »Königsteiner Anstalten« von A. KINDERMANN: LThK 6, ^{2}1961, Sp. 452 f.; A. JANKO, 25 Jahre Hochschule und Priesterseminar Königstein, in: Königsteiner Studien (= Königsteiner Blätter, 20. Jahrgang) 1974, S. 3-7.

184 Adolf Kindermann (1899–1974), 1924 in Rom zum Priester der Erzdiözese Prag geweiht, 1934 Habilitation für Kirchenrecht an der Karls-Universität in Prag, 1937 Professor in Prag, Gründer und Leiter der Königsteiner Anstalten ab 1946, 1966 Weihbischof in Hildesheim mit Sitz in Königstein: K. BRAUNSTEIN, In memoriam Prof. DDDr. Adolf Kindermann, in: Königsteiner Studien 1974, S. 1 f.; SCHEMATISMUS DER DIÖZESE HILDESHEIM 1971, S. 9.

tete. Die entscheidende Rundfrage bei den Bischöfen startete Frings am 27. Februar 1948[185]: »... Da es sich herausgestellt hat, dass die Unterbringung der augenblicklich in Königstein studierenden Philosophen in anderen Seminarien keineswegs so leicht ist, wie es den Anschein hatte, scheint mir Grund genug vorzuliegen, die Sache nochmals zur Debatte zu stellen«. Mit dem Ortsordinarius von Königstein, Bischof Dirichs von Limburg[186], trete er »für die Erhaltung des Königsteiner großen Seminars ein«. Da die Entscheidung vor der nächsten Bischofskonferenz zu treffen sei, bitte er um schriftliche Nachricht über die Haltung der übrigen Bischöfe.

Die überwältigende Mehrheit des Episkopats stimmte der Fortführung des Königsteiner Seminars als Vollseminar zu. Lediglich Mainz, Fulda und Hildesheim waren grundsätzlich dagegen[187]. Bei Bischof Joseph Godehard Machens von Hildesheim war die Ablehnung verständlich[188]: Die Katholikenzahl seiner Diözese hatte sich durch die Heimatvertriebenen verdoppelt, doch deren Priesternachwuchs ging unkontrolliert nach Königstein, ohne sich beim Hildesheimer Bischof zu melden. An Frings schrieb Machens deshalb: »Erst wenn diese Schwierigkeiten ausgeräumt sein sollten, könnte ich unter Beiseitesetzung anderer ernster Bedenken mich bereit finden, meinerseits einer Fortsetzung von Königstein für ein oder andere (!) Semester zuzustimmen. Ob es eine ständige Einrichtung werden sollte, müsste erst nach dieser Zeit überprüft werden«.

Die Entwicklung der Königsteiner Anstalten war nicht aufzuhalten. Es handelte sich um das Albertus-Magnus-Kolleg mit der St. Albert-Schule, dem Priesterseminar und dem »Priesterreferat« zur Betreuung des Vertriebenenklerus sowie um das »Haus der Begegnung« als Begegnungs- und Kursstätte für die Vertriebenenseelsorger. Später wurde Königstein noch Sitz der »Ostpriesterhilfe« des flämischen Prämonstratensers Werenfried van Straaten, der »Kapellenwagen-Mission« und anderer Einrichtungen der Vertriebenen- und Diasporaseelsorge. Die vom hessischen Staat anerkannte philosophisch-theologische Hochschule wurde am 28.

---

[185] Der Vorsitzende der Fuldaer Bischofskonferenzen an die hochwürdigsten Ordinarien in Deutschland 27. Februar 1948 (unterz. Kopie): HAEK – CR II 25.20d, 1.

[186] Ferdinand Dirichs (1894–1948), 1922 Priesterweihe in Limburg, 22. November 1947 Bischofsweihe in Limburg, + 27. Dezember 1948 infolge eines Autounfalls: HANDBUCH DES BISTUMS LIMBURG, Stand 1. Januar 1956, Limburg 1956, S. XIX.

[187] Korrespondenz: HAEK – CR II 25.20d, 1.

[188] Machens an Frings 13. März 1948: Ebd. – Joseph Godehard Machens (1886–1956), 1934–1956 Bischof von Hildesheim: H.-G. ASCHOFF, in: E. GATZ, Bischofslexikon, S. 467-470.

April 1949 in Anwesenheit von Kardinal Frings eröffnet[189]. Um die strukturell, personell und finanziell verworrenen Verhältnisse in Königstein zu stabilisieren, wurde bereits am 4. Dezember 1947 der »Albertus-Magnus-Kolleg Königstein e.V.« gegründet, zu dessen zehn Mitgliedern Frings als Vorsitzender der Fuldaer Bischofskonferenzen gehörte und der der Aufsicht des Limburger Bischofs unterstellt wurde. Die Zeit einer prosperierenden und unangefochtenen Existenz des Königsteiner Seminars dauerte nur so lange, wie die Jurisdiktionsbezirke der sowjetischen Besatzungszone bzw. der DDR ihre Priesteramtskandidaten nach Königstein schicken konnten. Ab 1951 verlangte die DDR-Regierung eine Priesterausbildungsmöglichkeit innerhalb ihres Territoriums und kündigte an, in Westdeutschland ausgebildete Priester nicht mehr einreisen bzw. wirken zu lassen[190]. Mit der Eröffnung des Priesterseminars in Erfurt am 5. Juni 1952[191] begann in Königstein die Suche nach einer neuen Aufgabenstellung des dortigen Priesterseminars, die nie zu einem befriedigenden Konzept führte.

Die Ausbildung und kirchliche Einbindung der Flüchtlingstheologen sowie die Königsteiner Anstalten waren jedoch nur ein Begleitproblem, vielleicht ein Kristallisationspunkt, einer viel umfassenderen Aufgabe: der kirchlichen Integration und Betreuung mehrerer Millionen heimatvertriebener Katholiken und der mit ihnen gekommenen Priester in die westdeutschen Diözesen. Für diese Aufgabe war vielleicht die Evakuiertenseelsorge an westdeutschen Katholiken während der späten Kriegsjahre eine gewisse Vorübung gewesen. Doch für die Ausmaße der neuen Aufgabe, speziell für den disziplinären Umgang mit nahezu zweieinhalbtausend Priestern[192], die den Rückhalt ihres Bischofs und ihrer Diözese verloren hatten, gab es weder Erfahrungen noch rechtliche Regelungen, auf die man hätte zurückgreifen können. Es kam erschwerend hinzu, dass alle diese Menschen zwar durch das Schicksal ihrer Vertreibung verbunden waren und deshalb in den Aufnahmegebieten als einheitliche Gruppe der »Ostflüchtlinge« gesehen wurden. In Wirklichkeit waren jedoch Ermländer und Sudentendeutsche, Oberschlesier und Karpatendeutsche von sehr unterschiedlicher Mentalität. Die Leiden des Kriegsendes und der Vertrei-

---

189 Amtliche Verlautbarung dazu (gedruckt): HAEK – CR II 25.20d, 1.

190 Die Korrespondenz zwischen Bischof Wienken in Berlin und Frings zu diesem Komplex: HAEK – CR II 25.20d, 4.

191 Zur Vorgeschichte und Geschichte des Erfurter Priesterseminars: J. PILVOUSEK, Theologische Ausbildung und gesellschaftliche Umbrüche.

192 Auf der Fuldaer Bischofskonferenz 19.-21. August 1947 wurde festgestellt: »Das Priesterreferat in Königstein hat 2.226 Priester aus dem Osten karteimäßig erfasst ...«: Gedrucktes Protokoll, S. 5: HAEK – CR II 2.19, 5.

bung hatten sie höchst sensibel und bisweilen misstrauisch gegen weitere Bevormundungen und Verschiebungen gemacht. So sind manche Spannungen und Animositäten *untereinander* zu erklären, die es den westdeutschen Bischöfen nicht gerade leicht machten, das Mögliche und Notwendige von ihrer Seite für die Integration der Vertriebenen in Westdeutschland zu tun.

Naturgemäß konnten kirchliche Stellen auf die seit Herbst 1945 bis in das Jahr 1948 in Westdeutschland ankommenden Flüchtlingsströme zunächst nur reagieren. Kardinal Frings hat gegen die unmenschlichen Methoden, vor allem gegen die Durchführung der als »Umsiedlung« deklarierten Vertreibung während der Wintermonate auf offenen Güterwaggons, massiv bei den Alliierten protestiert und dadurch wenigstens zu einer Beschränkung der Transporte auf die wärmere Jahreszeit beigetragen. Die erschütternden Einzelheiten sind im nächsten Kapitel dargestellt[193]. Man war zunächst froh, wenn sich inmitten größerer Flüchtlingskontingente auch Priester fanden, die unter ihren Landsleuten Seelsorge ausüben konnten.

Der erste Versuch einer Systematisierung der Seelsorge an den Heimatvertriebenen war die Ernennung des ebenfalls heimatlosen Bischofs Maximilian Kaller von Ermland zum Päpstlichen Sonderbeauftragten für die heimatvertriebenen Deutschen am 24. Juni 1946, ohne dass dabei besondere jurisdiktionelle Vollmachten festgelegt worden wären[194]. Kaller, Schlesier von Herkunft, langjähriger Pfarrer in Berlin, Prälat von Schneidemühl und schließlich seit 1930 Bischof von Ermland, genoss sehr bald aufgrund seiner Kompetenz und seines Bischofsamtes über alle landsmannschaftlichen Grenzen hinweg das Vertrauen der Heimatvertriebenen wie der bischöflichen Mitbrüder in Westdeutschland. Er nahm seinen Sitz in Frankfurt bei der bereits erwähnten »Kirchlichen Hilfsstelle« und wurde zu einem der ersten Promotoren des Königsteiner Projekts. Sein plötzlicher Tod durch Herzversagen am 7. Juli 1947 schuf eine neue, kaum zu lösende Notlage. Es gab damals Stimmen, vor allem aus ermländischen Kreisen, die Spannungen zwischen Kaller und anderen in der Vertriebenenseelsorge engagierten Persönlichkeiten und Gruppen für sein unerwartetes Hinscheiden verantwortlich machen wollten.

Die Nachfolge Kallers war zunächst ein Personalproblem. Am 3. August 1947 richteten Regens Dr. Ramatschi und Professor Kindermann aus

---

193 Vgl. unten S. 258-267.

194 Pius XII. an Kaller 24. Juni 1946 (Fotokopie des Originals): HAEK – CR II 25.20e, 1; fotomechan. Nachdruck: F. LORENZ, Schicksal Vertreibung, S. 30-33.

Königstein an Frings die Bitte[195]: »Die in Fulda [demnächst] versammelten Bischöfe möchten an den Hl. Vater das Gesuch richten, einen Nachfolger für den verstorbenen Päpstlichen Sonderbeauftragten für die deutschen Heimatvertriebenen zu ernennen. Nach reiflicher Überlegung und vielen Rücksprachen mit maßgebenden Flüchtlingspriestern und den Diözesanflüchtlingsseelsorgern sprechen wir die Bitte aus, das Amt selbst, als Vorsitzender der Fuldaer Bischofskonferenz, zu übernehmen«. Gleichzeitig baten beide Herren um Gelegenheit zu mündlichem Vortrag vor der Bischofskonferenz.

Schon zu Lebzeiten Kallers und trotz dessen heilsamen Einflusses auf die heimatvertriebenen Priester waren die westdeutschen Bischöfe sich einig geworden, dass Rom um eine rechtliche Regelung der jurisdiktionellen Verhältnisse in diesem Bereich gebeten werden müsse. Bischof Machens von Hildesheim, dessen Diözese von den Problemen wahrscheinlich am meisten betroffen war, hatte es übernommen, den Entwurf einer Eingabe nach Rom zu erstellen. Am 31. März 1947 schrieb er an Frings[196]: »Das schon angekündigte Elaborat betreffend Priester östlicher Diözesen liegt deutsch und lateinisch an. Ich bitte herzlich, die Sache aufzugreifen und so oder so zu einem Ende zu führen. Die ständigen Erfahrungen, die bei einer Zahl von 150 aus dem Osten kommenden Priestern in meiner Diözese gemacht worden sind, zeigen, dass die veränderten Verhältnisse auch eines veränderten Kirchenrechts bedürfen ...«. Machens hatte Frings und dem Staatssekretariat in Rom (an das die Eingabe aus Beschleunigungsgründen statt an die Konzilskongregation gerichtet werden sollte) die Arbeit erleichtert, indem er neben in acht Paragraphen gegliederten kanonischen Bestimmungen über die »Rechte der Oberhirten über die aus Ostdeutschland vertriebenen Priester« auch ein erläuterndes Begleitschreiben an den Papst entworfen hatte[197].

Dieses beschrieb eindrucksvoll die Situation, vor der die Bischöfe standen. Der größere Teil der Ostpriester habe sofort ein Amt angenommen. »Andere aber entschließen sich nur langsam dazu, nachdem sie lange überlegt haben, welcher Ort und welches Amt ihnen am besten gefällt«. Die geltenden Rechtsbestimmungen böten weder den Ortsbischöfen noch Bischof Kaller die Möglichkeit, energisch durchzugreifen. »Die Priester

[195] Ramatschi/Kindermann an Frings 3. August 1947: HAEK – CR II 25.20e, 2.

[196] Machens an Frings 31. März 1947, Anlagen für Rom, deutsch und lateinisch: »Rechte der Oberhirten über die aus Ostdeutschland vertriebenen Priester«: HAEK – CR II 25.20b, 8.

[197] Auch dieser Brief an den Papst lag in einer deutschen und einer lateinischen Fassung Machens' Brief vom 31. März 1947 bei. Die lateinische Fassung wurde am 14. Mai 1947 von Frings unverändert unterschrieben und abgesandt.

sind in einer übergroßen Zahl in die Diözesen gegangen, deren Einwohner zum größten Teil katholisch sind, und ein viel geringerer Teil hat sich in der sogenannte Diaspora niedergelassen ...«. Während in manchen katholischen Gebieten nicht für jeden Priester eine Aufgabe vorhanden sei, fragten die Heimatvertriebenen in der Diaspora: »Wo sind unsere Priester?« »Es leidet die Seelsorge, es leidet aber auch die Autorität der Oberhirten, wenn niemand da ist, der in den dringenden Angelegenheiten der Seelsorge der Vertriebenen verpflichtend lenken und leiten kann ...«.

Machens' Vorlage war so ausgewogen, dass sie von Frings unverändert namens der Fuldaer Bischofskonferenz übernommen und am 14. Mai 1947 nach Rom weitergeleitet wurde[198]. Auch an der Kurie war man davon so beeindruckt, dass der Entwurf der »Iura antistitum circa sacerdotes ex Germania orientali expulsos« am 21. Februar 1948 zur geltenden Rechtsnorm erhoben wurde[199].

Erst zu Beginn des Jahres 1948 erhielt Frings eine Erklärung dafür, weshalb Rom auf die vorzügliche Vorlage nicht eher reagiert hatte: Die Eingabe war in Rom nicht angekommen[200]. Inzwischen hatte jedoch der Tod Kallers am 7. Juli 1947 eine neue Lage geschaffen, mit der die Bischöfe sich im August 1947 in Fulda auseinandersetzen mussten[201]. Zur Frage der Nachfolge Kallers hatte Frings im Vorfeld der Fuldaer Konferenz die ostdeutschen Ordinarien (Kapitelsvikar Piontek in Görlitz für Breslau, Prälat Hartz von Schneidemühl in Fulda, den Prager Generalvikar für die Grafschaft Glatz, Prälat Monse, und Kapitelsvikar Kather für Ermland) um Personalvorschläge gebeten[202].

---

198 Vgl. oben Anm. 196.

199 Das Originalreskript des Staatssekretariates an Frings vom 21. Februar 1948 ist in den Akten nicht aufzufinden, wohl jedoch eine Kopie der »Iura antistitum ...« auf einem italienischen Bogen (Format!) mit dem Eingangsstempel der Registratur des Kölner Generalvikariates vom 6. April 1948. Die »Iura antistitum« wurden in deutschen Diözesanamtsblättern veröffentlicht, schließlich in: ARCHIV FÜR KATH. KIRCHENRECHT 125, 1951, S. 267-277.

200 Frings an Muench 28. Januar 1948 (paraph. Kopie): HAEK – CR II 25.20e, 2: »Dieses Schreiben [vom 14. Mai 1947] ist leider in Rom nicht eingetroffen, und ich habe vor wenigen Tagen eine Kopie an Exzellenz Tardini geschickt«. Begleitschreiben Frings an Tardini 21. Januar 1948: HAEK – CR II 25.20e, 2.

201 Protokoll der Plenarkonferenz der Bischöfe der Diözesen Deutschlands in Fulda vom 19. bis 21. August 1947: HAEK – CR II 2.19, 6 (Entwurf mit Korrekturen); ebd., CR II 2.19, 5 (gedrucktes Exemplar).

202 Ferdinand Piontek (1878–1963), 1903 Priesterweihe in Breslau, 1907 Dr. theol, 1921 Domkapitular, 1939 Domdechant in Breslau, 1945 Kapitelsvikar mit Sitz in Görlitz, 1959 Titularbischof von Barca: G. MOSCHNER (Hrsg.), Schlesisches Priesterjahrbuch, Bd. V/VI, Stuttgart 1966, S. 143 f. Zu Franz Hartz vgl. oben Anm. 175. Franz Monse (1882–1962), 1938–1945 Großdechant und Generalvikar der Erzdiözese Prag für die Grafschaft Glatz:

Der »Bericht über die Seelsorge an den deutschen Ostflüchtlingen«, den Frings nach der Konferenz am 24. September 1947 an Pius XII. richtete[203], stellte erneut die bedrückende Situation in der Vertriebenenseelsorge dar. Frings nannte die »Seelsorgsnot der ostvertriebenen Katholiken, deren Zahl auf 6,5 Millionen geschätzt wird«, eines der wichtigsten und schwierigsten Probleme für das katholische Deutschland. Die obengenannten ostdeutschen Jurisdiktionsträger hätten keinen Vorschlag für die Nachfolge Kallers gemacht. Frings gab das Schreiben der vier Prälaten im Wortlaut wieder. Darin hieß es: »Der verstorbene Bischof Kaller vereinigte in seiner Person nicht nur eine reiche Erfahrung auf dem ihm zugewiesenen Sondergebiet mit einer erstaunlichen Entschlusskraft und überquellenden Arbeitsfreudigkeit, sondern konnte auch seine Zeit restlos der neuen Aufgabe widmen, da er durch den tatsächlichen Verlust seines Bistums frei geworden war. Die unterzeichneten Ordinarien vermögen keine Persönlichkeit zu benennen, die alle diese Vorbedingungen in sich vereinigt, sind vielmehr zu der Überzeugung gekommen, dass Bischof Kaller ein einmaliges Geschenk der göttlichen Vorsehung an die Heimatvertriebenen in ihrer schweren Notzeit war«.

Da auch die Bischöfe in Fulda keinen Personalvorschlag zu machen vermochten, beschlossen sie bei ihrer Konferenz[204]: »Falls der Hl. Vater als Nachfolger von Bischof Kaller keinen Sonderbeauftragten für die Ostflüchtlinge mehr ernennt, soll der Bischof von Limburg als Referent [der Bischofskonferenz] für das Flüchtlingswesen bestellt werden und das Protektorat über das Priesterreferat der Ostflüchtlinge übernehmen. Bis zur Entscheidung dieser Frage [durch den Papst] ist der Vorsitzende bereit, einstweilen das Protektorat für das Priesterreferat der Ostflüchtlinge zu führen«.

Neben der Personalfrage in der Nachfolge Kallers gewährte Frings' Bericht an den Papst vom 24. September 1947 auch aufschlussreiche Einsichten in die Realitäten der Flüchtlingsseelsorge: »Das sog[enannte] ›Priesterreferat‹ in Königstein unter Leitung von Prof. Kindermann hat die aus dem Osten vertriebenen deutschen Priester katalogisiert, hat sie in ihrer Not betreut und hat versucht, sie dem Bedürfnis entsprechend über Deutschland zu verteilen, insbesondere zu sorgen, dass die britische und

---

E. GATZ, in: E. GATZ, Bischofslexikon, S. 516. Arthur Kather (1883–1957), 1924 Propst in Elbing, nach Kallers Tod im Juli 1947 Kapitelsvikar des Bistums Ermland mit Sitz in Osnabrück: G. REIFFERSCHEID, Das Bistum Ermland und das Dritte Reich, Köln 1973, S. 225 Anm. 85.

203 Frings an Pius XII. 24. September 1947 (unterschr. Kopie). HAEK – CR II 25.20b, 9.

204 Gedr. Protokoll (vgl. Anm. 201), S. 6.

[die] sowjetische Zone mit Priestern versehen werden[205]. Bei diesem Versuch haben sich nicht geringe Schwierigkeiten ergeben, nicht zuletzt dadurch, dass niemand die notwendige Jurisdiktion besaß, um die Geistlichen wirksam zu veranlassen, eine bestimmte Stelle außerhalb ihrer Heimatdiözese anzunehmen. Zur Behebung dieser Schwierigkeit erlaubte ich mir, am 14. April [tatsächlich: Mai] dieses Jahres einen Antrag einzureichen«. Das war die sanfte Anmahnung einer römischen Entscheidung, die jedoch nicht erfolgen konnte, weil Frings' Brief in Rom nicht angekommen war.

Weiter berichtete Frings von Entscheidungen in Fulda: »Bezüglich des Hauses in Königstein wurde beschlossen, dasselbe juristisch von der ›Kirchlichen Hilfsstelle‹ abzutrennen und einen eigenen E. V. (Eingetragener Verein) als Rechtsträger zu bilden. Der philosophisch-theologische Lehrgang in diesem Hause soll Ostern 1948 beendet werden ... Die ›Kirchliche Hilfsstelle‹, die dem Ordinariat Osnabrück angegliedert ist und dadurch dem Raphaelsverein nahesteht, wurde auf den Auftrag beschränkt, sich der Deutschen aus dem Südosten Europas anzunehmen, die Flüchtlingsfragen wissenschaftlich zu bearbeiten und gemeinsam mit dem Raphaelsverein sich an der Lösung der Auswandererfrage zu beteiligen ...«.

Wie sich die Überlegungen der beteiligten Stellen im Spätherbst 1947 weiter entwickelten, lässt ein Zwischenbericht P. Ivo Zeigers aus Kronberg an Frings vom 24. November 1947[206] erkennen: Das Staatssekretariat in Rom warte noch auf einen Bericht von Bischof Muench, der erst im Dezember nach Kronberg zurückkomme. Die Entscheidung über das Königsteiner Seminar sei zweitrangig. Sie hänge »von der Frage ab, ob Rom sich für einen Nachfolger Kaller[s] entscheidet oder für eine Lösung im Sinne der Diaspora-Sorge oder gar die ganze Sache Ew. Eminenz und dem Episkopat überlässt. In dem Drängen der Herren von Königstein steckt wohl ein apostolisches Anliegen, aber doch auch wohl ein ›Flüchtlings-Interesse‹ in dem besonderen Sinne des Wortes (als eigenständiges Wesen innerhalb der deutschen Kirchenorganisation). Dieses Interesse ist beachtlich stark, und bei der charakteristischen Eigenart der Beteiligten dürfte es

---

[205] In den Diasporagebieten Sachsens, Thüringens und – auf westlicher Seite – Niedersachsens und Schleswig-Holsteins war die Zahl der katholischen Heimatvertriebenen besonders hoch und der daraus resultierende Mangel an Seelsorgern besonders drückend. Daher der Verweis auf die britische und sowjetische Zone.

[206] Zeiger an Frings 24. November 1947: HAEK – CR II 25.20d, 2. – Zur Entstehung der Vatikanmission in Kronberg mit P. Zeiger und später mit Bischof Muench: L. VOLK, Der Hl. Stuhl und Deutschland, S. 54-60.

schwer sein, es vollständig zu ignorieren. Daher habe ich auch ... die Befürchtung, dass eine ausschließliche Beauftragung von Exz[ellenz] Limburgensis mit der Sache ... die Gemüter in Königstein (und was dahinter steckt) nicht beruhigt, sondern eher noch mehr vergrämt. Dagegen könnte eine Unterstellung unter Ew. Eminenz und den beauftragten Diaspora-Referenten [der Fuldaer Bischofskonferenz, Erzbischof Jaeger, Paderborn] nur gut aufgenommen werden«. Zeiger erklärte diese Überlegungen zwar als seine ganz persönliche Sicht, doch zeichnete sich in ihnen auch ab, wie man im kurialen Umfeld über die Flüchtlingsproblematik in Deutschland dachte.

Am 20. Januar 1948 teilte der Apostolische Visitator, Bischof Muench, mit[207], das Staatssekretariat habe ihn um einen Lösungsvorschlag gebeten, den er nicht ohne Abstimmung mit Frings unterbreiten wolle. »Ew. Eminenz wissen, dass in dieser Frage eine Vielfalt von Rücksichten beachtet werden muss: Rücksicht auf die eigentümliche seelische Lage des ostvertriebenen Klerus, Rücksicht auf die Notwendigkeiten einer geordneten Seelsorge und Betreuung, Rücksicht vor allem auch auf die erstrebenswerte Eingliederung der Flüchtlinge in die Bistümer und die einheitliche kirchliche Führung innerhalb der Kirchensprengel«. Dementsprechend wollte Muench vorschlagen: »1. Das hohe Protektorat über dieses ganze Anliegen wird Ew. Eminenz als dem Vorsitzenden der deutschen Bischofskonferenz übertragen. 2. Das Referat für das Flüchtlingswesen auf der Konferenz führt [der Bischof von Limburg] Exz[ellenz] Dirichs. 3. Oberaufsicht und Betreuung des Seminars Königstein wird dem ... Prälaten Hartz [von] Schneidemühl übertragen. 4. Zur Unterstützung des hohen Protektors wird ein besonderer Rat gegründet«, für dessen Zusammensetzung aus Vertretern des östlichen Klerus Namensvorschläge gemacht wurden. »Der Plan, einen derartigen Rat zu bilden, ist deswegen aufgetaucht, um auf der einen Seite die anfallende Arbeit in geeigneter Weise verteilen zu können, auf der anderen Seite die anerkannten Vertreter des Flüchtlingsklerus in die Arbeit und Planung hineinzuziehen«.

Die weitestgehende Übereinstimmung dieser Vorschläge Muenchs mit den definitiven römischen Entscheidungen lässt erkennen, dass die Vorschläge nicht auf Muench allein zurückgingen, sondern mit Rom abgestimmt waren. Frings wurde gebeten, »möglichst umgehend und in aller Offenheit« seine Gedanken und Verbesserungswünsche mitzuteilen. »Ohne Ihre wertvollen Rat möchte ich kein konkretes Projekt dem heiligen Stuhle vorlegen«.

---

207 Muench an Frings 20. Januar 1948: HAEK – CR II 25.20e, 2.

Der Kölner Kardinal kam der Bitte innerhalb weniger Tage nach. Am 28. Januar 1948 schrieb er[208], er könne das Protektorat nur mit Unterstützung eines tüchtigen Helfers übernehmen, welchen er in Professor Kindermann erblicke, den er deshalb zusammen mit Bischof Dirichs auch am 4. Dezember 1947 bereits zum Vorstand des Albertus-Magnus-Kolleg e.V. berufen habe. Kindermann solle dann auch die in seinem – Frings' – Schreiben vom 14. Mai 1947 genannten Vollmachten erhalten und »gewissermaßen Nachfolger von Bischof Kaller als Päpstlicher Sonderbeauftragter« werden. Eine Kopie seines Briefes an Msgr. Tardini vom 14. Mai 1947 habe er inzwischen erneut auf die Reise geschickt, da das Original verlorengegangen sei. Hartz komme als Leiter des Hauses Königstein nicht in Betracht: Er sei zu alt, sei kein Ostdeutscher, sondern Rheinländer »und würde wohl von den Ostdeutschen kaum als ihr Vertreter angesehen werden«. Der vorgeschlagene Rat gleiche in seiner Zusammensetzung weitgehend der Mitgliederversammlung des Königsteiner e.V. Er werde aber nur gelegentlich zusammentreten können.

Wenige Tage später kam das westdeutsche Bischofskonveniat in Hiltrup bei Münster zusammen[209], wo die römischen Pläne ausführlich besprochen wurden. Als Ergebnis teilte Frings Bischof Muench am 12. Februar 1948 mit[210]: »I. Es erscheint nicht opportun, dass ein aus dem Osten stammender, mit Bischofswürde ausgestatteter Päpstlicher Sonderbeauftragter für die Ostflüchtlinge bestellt wird, denn 1) es ist keine Persönlichkeit aufgetaucht, die all' den verschiedenen Gruppen von Flüchtlingen genehm wäre und bei allen ein überragendes Ansehen besäße; 2) die Eingliederung der Flüchtlinge in ihre jetzigen Diözesen und die einheitliche Leitung der Kirchensprengel würde dadurch erschwert; 3) die Stellung eines solchen Bischofs ohne Land und ohne einen Personenkreis, der seiner Jurisdiktion unterstände, wäre sehr schwierig und könnte leicht zu Kompetenzschwierigkeiten führen. II. Es wird für gut gehalten, dass Bischof Dirichs von Limburg das Referat über die Flüchtlingsfragen auf der Fuldaer Konferenz übernimmt«. Die ihm im einzelnen über die Flüchtlingsseelsorger gemäß den Vorschlägen vom 14. Mai 1947 und über die Königsteiner Anstalten zugedachten Kompetenzen werden aufgezählt und begründet. »III. Professor Kindermann möge das Priesterreferat weiterführen. Er ist ›Vorstand‹ des E.V. ...; er kommt auch für die Oberleitung des Hauses in Frage. Dass ihm die genannten jurisdiktionellen Rechte über die Ostpries-

---

208 HAEK – CR II 25.20e, 2 (vgl. oben Anm. 200).

209 Protokoll über das Konveniat der westdeutschen Bischöfe vom 3.-5. Februar 1948 in Hiltrup (hekt. Exemplar): HAEK – CR 2.19, 39 II.

210 Frings an Muench 12. Februar 1948 (hs. Entwurf): HAEK – CR 25.20 e, 2.

ter übertragen werden sollen, wie ich in meinem Schreiben an Ew. Exzellenz vom 28. Januar 1948 vorgeschlagen habe, fand nicht den Beifall der Versammlung ...«. Mit dem vorgeschlagenen »Rat« sei man einverstanden. »Inwieweit, wenn vorstehend empfohlene Maßnahmen getroffen werden, noch Platz bleibt für ein Protektorat des Vorsitzenden der Bischofskonferenz, bleibt dahingestellt«[211]. Schließlich wies Frings noch auf die Notwendigkeit hin, »in der Ostzone oder wenigstens in Berlin eine Ausbildungsstätte für Priester einzurichten«, da die »Abschließung der Ostzone« voranschreite. »Man hielt an der Meinung fest, die auch die Fuldaer Konferenz vertrat, der Versuch eines seminarium *majus* in Königstein solle beendet werden (Herbst 1948)«. Frings kündigte dann noch die Teilnahme an einer Konferenz der Flüchtlingsseelsorger am 24. Februar 1948 in Königstein an. Auf ihr dürfte er hinsichtlich der Fortführung des Seminars in Königstein umgestimmt worden sein. Denn am 27. Februar leitete er die bereits erwähnte, dahin gehende Befragung seiner bischöflichen Mitbrüder ein[212].

Inzwischen hatte man in Rom die Eingabe des Kölner Kardinals vom 14. Mai 1947 erhalten, geprüft und in einem Schreiben an Frings vom 21. Februar 1948 die dringend erforderliche Regelung der Jurisdiktion über die Ostpriester getroffen[213]. Wenn man davon absieht, dass an die Stelle des Namens Maximilian Kaller nun der Name des Limburger Bischofs Dirichs gesetzt war, entsprach die römische Verordnung wörtlich der Vorlage aus Köln bzw. aus Hildesheim. Sie besagte im einzelnen: Die Ordinarien von Breslau, Ermland und Schneidemühl (das bedeutete: für Breslau und Ermland die Kapitularvikare) konnten ihre Priester zu einem Dienst in einer anderen Diözese verpflichten (§ 1). Bei Rückruf in den Dienst der Ursprungsdiözese sollten die Aufnahmeordinarien zwei Monate vorher informiert werden (§ 2). Die heimatvertriebenen Priester wurden verpflichtet, sich innerhalb eines Monats beim Ordinarius ihres Aufenthaltsortes zu melden und eine Aufgabe zu erbitten und anzunehmen (§ 3). Falls der Ortsordinarius zur Übertragung eines Amtes nicht bereit wäre, sollten die Priester sich an Bischof Dirichs von Limburg als den »a Sancta Sede pro Germanis ex patria expulsis specialiter deputatus« wenden, den auch der abweisende Ortsordinarius zu verständigen hatte. »Dieser [Bischof Dirichs] entscheidet kraft Apostolischer Autorität, ob der Priester von dem Ordinarius einer anderen Diözese ein Amt anzunehmen

---

211 Frings unterschlug hier, was das Hiltruper Protokoll ausdrücklich festhielt: »Das Protektorat über die Flüchtlingsseelsorge übernimmt der Vorsitzende der Konferenz«.

212 Vgl. oben S. 176 mit Anm. 185.

verpflichtet ist und welcher Diözese« (§ 4). Besonders wichtig war die Festlegung, dass diese Priester ihr Amt nicht ohne Erlaubnis des Ortsbischofs verlassen durften (§ 5). Schließlich wurde Dirichs ermächtigt, die Priester nach den Erfordernissen der Flüchtlingsseelsorge von einem Bistum in ein anderes zu versetzen, wobei er den abgebenden Ordinarius zwei Monate vorher benachrichtigen sollte (§ 7). Zum Schluss wurde dieser für Priester der Bistümer Breslau, Ermland und Schneidemühl festgelegte Rahmen auch auf die Priester »der Diözesen Böhmens, Mährens der Slowakei und Ungarns sowie des östlichen Europas« ausgedehnt (§ 8). Am 4. April 1948 kam dieser wichtige Bescheid in Köln an, den Frings umgehend an alle deutschen Ordinarien weiterleitete[214].

War in dieser die Jurisdiktion der westdeutschen Bischöfe über die heimatvertriebenen Priester regelnden Verfügung des Staatssekretariates dem Bischof von Limburg bereits der Titel eines »Päpstlichen Beauftragten für die Seelsorge der Heimatvertriebenen«[215] mit weitreichenden Vollmachten zugewiesen, so waren doch aus der Korrespondenz zwischen Frings und Muench noch manche Fragen offen. Frings' Bericht über das Hiltruper Bischofskonveniat hatte der Visitator am 24. Februar 1948 in eine Eingabe nach Rom umgesetzt. Der Entscheid des Papstes wurde durch Msgr. Tardini am 12. April 1948 dem Visitator in Kronberg mitgeteilt[216]: »1. S.Eminenz Kardinal Frings, Erzbischof von Köln und Vorsitzender der Bischofskonferenz von Fulda, wird hiermit zum hohen Protektor für das gesamte Flüchtlingsproblem ernannt mit dem Auftrag, in geeigneter Weise für das sittliche und materielle Wohl der Flüchtlinge zu sorgen. Bei dieser Aufgabe kann selbstverständlich S. Eminenz, soweit er es für gut findet, sich der Mitarbeit des H. H. Dr. Kindermann bedienen ... 2. Der Vorschlag, einen entsprechenden Rat zu bilden, wird als angebracht und nützlich erachtet«. Zusammensetzung und Arbeitsweise möge Frings bestimmen, »im Einvernehmen mit seinen Kollegen im Episkopat und besonders mit S. Exzellenz dem Bischof von Limburg«. Unter 3. folgte der Hinweis, dass der Papst den Vorschlägen der deutschen Bischöfe von 1947, dem Bischof von Limburg bestimmte Vollmachten zu übertragen,

---

213 Vgl. oben Anm. 199.

214 Eingangsstempel der Registratur des Kölner Generalvikariates: 6. April 1948 (vgl. oben Anm. 199), doch versandte Frings die Abschriften an die Ordinarien bereits am 5. April 1948 mit dem Vermerk, das Reskript sei »gestern« in seine Hände gelangt.

215 So firmierte Bischof Dirichs in seinem Briefkopf z.B. im Schreiben an Frings vom 17. Juli 1948: HAEK – CR II 25.20b, 12.

216 Kopie des ital. Schreibens Tardinis an Muench 12. April 1948: HAEK – CR II 25.20e, 1 bzw.2; die nachfolgenden Zitate sind der deutschen Übersetzung Bischof Muenchs in seinem Begleitschreiben an Frings vom 11. Mai 1948 entnommen: HAEK – CR 25.20 d, 1.

zugestimmt habe, sowie eine Anerkennung für den Einsatz des deutschen Episkopats in der Flüchtlingsfrage. »4. Die Vollmachten über den Flüchtlingsklerus sind bereits mit Schreiben vom 21. 2. 1948 Nr. 1035/48 übersandt worden, in Übereinstimmung mit den Vorschlägen von S. Eminenz Kard[inal] Frings«.

Dem Begleitschreiben des Visitators ist das Gefühl der Erleichterung nach Regelung einer schwierigen Materie anzumerken: »Es ist mir eine große Freude, dass ich Ew. Eminenz damit das Ergebnis langer Beratungen und vieler Bemühungen, die Ew. Eminenz zusammen mit dem hochwürdigsten Episkopat auf sich genommen haben, übersenden kann«. In der Tat waren damit die wichtigsten jurisdiktionellen Voraussetzungen für die Ordnung der Vertriebenenseelsorge wie für den Einsatz heimatvertriebener Priester geschaffen, wenn auch die Protokolle der Bischofskonferenzen und -konveniats der folgenden Jahre erkennen lassen, wie schwierig es z. B. blieb, einen Priester gegen seinen Willen zu versetzen.

Es konnte nun in der Tat der Eindruck entstehen, dass für den »Hohen Protektor« bei so umfassender Regelung der Vertriebenenseelsorge wenig zu tun blieb. Doch sollte Frings noch für viele Jahre aus diesem päpstlichen Sonderauftrag eine Aufgabe zufallen, an der sich seine Fähigkeit zur Menschenführung und zum Ausgleich beweisen musste. Eine besondere Not erwuchs daraus, dass in die ohnehin unruhige und vielschichtige Vertriebenenproblematik durch den raschen Wechsel der Personen keine Kontinuität kommen konnte. Bischof Dirichs von Limburg, der sich mit großer Geduld und hohem Einsatz in die Flüchtlingsfragen eingearbeitet hatte, starb bereits am 27. Dezember 1948 an den Folgen eines Autounfalls. Wiederum war bei den deutschen Bischöfen wie bei Pius XII. guter Rat teuer, wer denn die jurisdiktionellen Vollmachten des Verstorbenen über die heimatvertriebenen Priester übernehmen solle. Im Anschluss an die Fuldaer Konferenz von 1949 schlug Frings dem Papst im Namen der Konferenz Prälat Hartz von Schneidemühl vor, den die Konferenz »zu ihrem Referenten für die Ostvertriebenenfrage« bestimmt hatte[217]. Am 28. Oktober 1949 entschied das Staatssekretariat des Papstes zugunsten des Prälaten Hartz[218], der jedoch schon am 15. Februar 1953 verstarb.

An seiner Person wurde bereits ein gewisser Wandel in der Einstellung des Hl. Stuhls zur Vertriebenenproblematik deutlich. Wie seine Vorgänger führte Hartz zunächst den Titel »Päpstlicher Beauftragter für die Seel-

---

217 Frings an Pius XII. 12. September 1949 (hs. Entwurf): HAEK CR II 2.19, 7.

218 Das Originalreskript der Staatssekretarie an Frings 28. Oktober 1949 war nicht aufzufinden; Kopie der hekt. Abschrift an die Mitglieder der Bischofskonferenz: HAEK – CR 2.19, 7.

sorge der Heimatvertriebenen«. Doch Pius XII. hatte schon bei Kallers Ernennung 1946 bemerkt, dass ein solcher Sonderauftrag »wenigstens für die erste Zeit« erforderlich sei. 1951 mahnte Nuntius Muench im Auftrage des Papstes bei Frings an[219], »dieser Titel möge doch im amtlichen Verkehr nicht mehr angewendet werden«. Hartz »habe ja seine Beauftragung nicht vom Hl. Stuhl, sondern von der Bischofskonferenz zu Fulda erhalten«. Rom wollte einerseits das für die Flüchtlingsseelsorge Erforderliche tun, andererseits aus dem politisch brisanten Bereich sich stärker zurückziehen. Hartz wurde mit dem persönlichen Titel »Exzellenz« abgefunden und firmierte fortan als »Beauftragter der Fuldaer Bischofskonferenz für die Heimatvertriebenen-Seelsorge«[220].

War die Finanzierung der Vertriebenenseelsorge, die Besoldung der heimatvertriebenen Priester, Pensionäre und kirchlichen Angestellten bereits vor der Währungsreform vom 20. Juni 1948 ein schier unlösbares Problem gewesen, so drohte danach häufiger der finanzielle Zusammenbruch mancher Diözesen, ehe mit der Gründung der Bundesrepublik allmählich eine Stabilisierung der Kirchenfinanzen begann und manche »Besoldungsaltlasten« aus dem Osten vom Staat übernommen bzw. bezuschusst wurden. Einen bedrückende Einblick in diesen Aspekt der Vertriebenenseelsorge gewährt ein Brief Erzbischof Jaegers von Paderborn als Diasporareferent der Bischofskonferenz an Prälat Hartz vom 16. Dezember 1949[221], der um Diasporamittel zur Einrichtung seiner Dienststelle in Fulda gebeten hatte. »Sie müssten die Notschreie sehen, die hier eingegangen sind von den Diasporadiözesen, die nicht mehr wissen, wie sie die Gehälter für die heimatvertriebenen Priester aufbringen sollen! Es ist ganz klar, dass so leistungsschwache Bistümer wie Osnabrück und Hildesheim in ganz kurzer Zeit finanziell zusammenbrechen müssen, wenn 60 % ihrer Anforderungen nicht befriedigt werden können. Alle meine Versuche, die Leistungen der deutschen Diözesen [für die Diaspora] zu steigern und namentlich die süddeutschen Diözesen zu bewegen, etwas von der Last mitzutragen, sind leider Gottes gescheitert ...«. Schon zu Beginn des Jahres 1949 hatte Frings selbst eine sanfte Mahnung an Kardinal Faulhaber, den Vorsitzenden der Freisinger Bischofskonferenz der Diözesen Bayerns, gerichtet[222]: Bei der außerordentlichen Plenarkonferenz der Bischöfe in Pützchen bei Bonn im November, an der Faulhaber nicht teilnahm, sei

219 Muench an Frings 30. April 1951: HAEK – CR II 25.20e, 3; dort die nachfolgend erwähnte Korrespondenz.

220 So erstmals in seinem Schreiben an Frings vom 6. September 1951: Ebd., CR II 25.20e, 4.

221 Jaeger an Hartz 16. Dezember 1949 (Kopie für Frings): HAEK – CR II 25.20b, 19.

222 Frings an Faulhaber 18. Februar 1949: HAEK – CR II 2.19, 7.

die katastrophale Lage der Besoldung der Diasporageistlichen zur Sprache gekommen. Man habe frühere Fuldaer Beschlüsse bekräftigt: »3% freiwillige Gehaltsabgabe aller Geistlichen und zwei Jahreskollekten für die Seelsorge in der Diaspora. Besonders schlimm stehen die Dinge in Hildesheim. Die Diözese steht wirklich vor dem Bankrott; dabei handelt es sich nicht um eine vorübergehende Stockung der Geldmittel, sondern um die dauernde Unmöglichkeit für diese sprunghaft gewachsene Diözese, die Gehälter für ihre Geistlichen aufzubringen. Die besonderen Schwierigkeiten, die sich in Bayern der Durchführung dieser Beschlüsse entgegenstellen, kamen auf der Konferenz zur Darstellung«. Frings bat höflich, aber bestimmt um Befolgung der Konferenzbeschlüsse in Bayern.

Im Protokoll der Freisinger Bischofskonferenz vom 23. März erfährt man die Reaktion auf diese Mahnung aus Köln bzw. auf ein früheres Schreiben Erzbischof Jaegers aus Paderborn: »Das Diaspora-Kommissariat der Fuldaer Bischofskonferenz richtete im Januar dieses Jahres an alle Ordinarien die dringende Bitte, durch die Abgabe von 3 % der Priestergehälter und durch zwei jährliche Kollekten die Besoldung der Flüchtlingspriester in der Diaspora sicher zu stellen. Die bayerischen Diözesen beteiligen sich gerne an der Priesterabgabe, sehen aber schwer eine Möglichkeit zu weiteren Kollekten bei der ohnehin vorhandenen Überbesetzung des Kollektenplans«[223]. Die Mahnungen aus Paderborn und Köln waren also in Bayern auf taube Ohren gestoßen.

Umfangreiche Aktenbände lassen erahnen, welches Maß an Vermittlungskunst und Arbeitseinsatz Frings als dem nahezu allzuständigen »Hohen Protektor« und Vorsitzenden der Bischofskonferenz abverlangt wurde. Königstein, die Flüchtlingslager – an der Zonengrenze oder auch in Wipperfürth im Erzbistum Köln – , Tausende von Suchanfragen nach Vermissten, die er durch den Kölner Diözesan-Caritasverband in Zusammenarbeit mit einer zentralen Suchstelle der Caritas in Freiburg behandeln ließ, unzählige Konferenzen auf allen Ebenen, um eine Integration der Heimatvertriebenen in die westdeutsche Gesellschaft, einen Abbau der Animositäten zwischen ihnen und den Einheimischen zu erreichen, Vertriebenentreffen und –wallfahrten, Grußworte zu Weihnachten und anderen Anlässen in zahlreichen Zeitschriften ...: Das alles bedingte noch auf viele Jahre einen hohen Einsatz des Kölner Kardinals, wie er sich nicht aus der Umschreibung seiner Ämter als Erzbischof von Köln und – unter normalen Verhältnissen – als Vorsitzender der Bischofskonferenz ergab.

---

223 Protokoll der Konferenz des bayerischen Episkopats, Freising, 23. März 1949: H. HÜRTEN, Akten Kardinal Michael von Faulhabers III, Nr. 259, S. 457-462, hier: S. 460 f.

Frings zeigte auch in diesem Bereich seine Fähigkeit, die eigenen Grenzen zu erkennen und ihn überfordernde Aufgaben auf viele, möglichst geeignete Schultern zu verteilen. Die Berufung und Leitung des »Katholischen Flüchtlingsrates«, wie er in der römischen Verfügung vom 14. April 1948 vorgesehen war, überließ er Bischof Dirichs als dem »Päpstlichen Beauftragten«. Der Rat konstituierte sich mit zunächst 15 Mitgliedern am 23. August 1948 in Frankfurt[224]. Doch am 7. Dezember 1948 tagte das Gremium in Köln-Hohenlind unter Teilnahme des »Hohen Protektors«. Das Protokoll vermerkt[225]: »Er [Kardinal Frings] fasse seine Aufgabe als Protektor so auf, dass ihm die Vertretung des Flüchtlingsproblems gegenüber höchsten Instanzen der Besatzungsmächte und der deutschen Regierung obliege, während Bischof Dr. Dirichs als der mit besonderen päpstlichen Vollmachten ausgestattete Flüchtlingsbischof im eigentlichen Sinne zu gelten habe«. Frings mochte dabei an die Appellation an die Besatzungsmächte und an den Papst zurückdenken, die er auf Anregung Dirichs' bzw. der Katholischen Flüchtlingshilfe am 26. August 1948 namens der Fuldaer Bischofskonferenz unterzeichnet hatte[226]: In den ost- und südosteuropäischen Staaten würden noch mehrere Hunderttausend Deutsche, vor allem Familienväter, zurückgehalten und zu Zwangsarbeit verpflichtet. »Im Namen der Menschlichkeit« forderten die Bischöfe die Ausreisemöglichkeit für diese Menschen oder aber ihre Gleichstellung mit den übrigen Staatsbürgern des jeweiligen Landes. Ebenso richteten die deutschen Bischöfe 1949 von Fulda aus an den Papst und verschiedene Episkopate Schreiben, in denen sie auf die Not der deutschen Flüchtlinge hinwiesen und um mögliche Hilfe des Auslandes baten[227].

Die Umsetzung des sogenannnten »Marshall-Plans« zum Wiederaufbau Europas[228] mag den »Hohen Protektor« des Flüchtlingswesens auf den

---

224 Kurzprotokoll der ersten Tagung des katholischen Flüchtlingsrates Frankfurt 23. August 1948 (hekt. Exemplar): HAEK – CR II 25.20b, 13; Druck: F. LORENZ, Schicksal Vertreibung, S. 131-136.

225 Kurzprotokoll: HAEK – CR II 25.20b, 14; Druck: F. LORENZ, Schicksal Vertreibung, S. 136-139.

226 Bischof Dirichs hatte Frings mit Schreiben vom 17. Juli 1948 unter Verweis auf eine Anregung der »Arbeitsgemeinschaft für katholische Flüchtlingshilfe« um die Unterzeichnung der Petition gebeten. Frings unterschrieb nach der Beratung in Fulda am 26. August 1948: HAEK – CR II 25.20b, 12.

227 Anlage 1: Entschließungen der Fuldaer Bischofskonferenz 1949. I. Zum Ostvertriebenenproblem ...: Protokoll der Plenarkonferenz der Bischöfe der Diözesen Deutschlands in Fulda vom 23.-25. August 1949 (Original mit Unterschriften, hier: gedrucktes Exemplar), S. 12 f.: HAEK – CR II 2.19, 7; zugehörige Korrespondenz Frings': Ebd., CR II 25.20b, 18.

228 Zum »Marshall-Plan« (= European Recovery Program, verwaltet durch die Economic Cooperation Administration): W. LOTH, in: STAATSLEXIKON, Bd. 3, Freiburg-Basel-Wien [7]1987, Sp. 1023 f. (mit Literaturübersicht); CH. MAIER, G. BISCHOF (Hrsg.), The Marshall

Gedanken gebracht haben, die dabei flüssig werdenden Mittel aus den USA auch zur Bewältigung des deutschen Vertriebenenproblems zu gewinnen. Die Einladung einer internationalen Runde hochrangiger Persönlichkeiten in sein Haus am 30. Mai 1949 zur Besprechung der Möglichkeiten[229] hat sicher auch mit den anregenden Erfahrungen zu tun, die der Kardinal mit einem ähnlichen Kreis von Sozialwissenschaftlern, Arbeitgeber- und Arbeitnehmervertretern seit 1946 gesammelt hatte[230]: Er ließ sich in schwierigen Fragen gern beraten, und die besten Berater waren ihm dabei gerade gut genug. Am 30. Mai 1949 versammelten sich bei ihm Prälat Crivelli von der Caritas Internationalis in Luzern, Mr. Norris und Father Schneider, die Europavertreter der NCWC der USA, Dr. Püschel vom Caritasverband Freiburg, Pater Fröhling vom St. Raphaelsverein in Hamburg, der Bankier Abs aus Frankfurt, Prälat Müller aus Köln-Hohenlind, dazu als Vertreter der Vertriebenen Weihbischof Ferche (ehemals Breslau, seit 1947 in Köln), der Kölner Diözesanvertriebenenseelsorger Golombek und schließlich der letzte Oberpräsident von Oberschlesien vor 1933, Dr. Lukaschek[231]. Aus dieser Zusammenkunft entstand der »Katholische Flüchtlingsbeirat« unter dem Protektorat von Frings und der Leitung Lukascheks, der in den nächsten Monaten ein international viel beachtetes Dokument »Vorschläge und Zahlen für die wirtschaftliche Eingliederung der Heimatvertriebenen in Westdeutschland«[232] erstellte, das Lukaschek im September 1949 versandte[233]. Es wurde Bischöfen und Regierungsstellen in aller Welt durch englische und französische Übersetzungen zugänglich gemacht, fand hohe Anerkennung bei vielen kritischen Lesern und ein Presseecho, das bis in die USA reichte[234]. Das Dokument bestach

Plan and Germany. West German Development within the Framework of the European Recovery Program, New York-Oxford 1991.

229 Handschr. Aufzeichnungen Frings' und zwei maschinenschr. Protokolle: HAEK – CR II 25.20b, 18 und 19.

230 Vgl. dazu unten S. 397-411.

231 Hans Lukaschek (1885–1960), 1927–1929 Oberbürgermeister von Hindenburg, 1929–1933 Oberpräsident von Oberschlesien, 1944 KZ-Haft in Ravensbrück, 1945 Mitbegründer der CDU in Berlin, 1948 Vizepräsident des Deutschen Obergerichts der Bizone in Köln, dann Präsident des Hauptamtes für Soforthilfe in Bad Homburg v. d. H., 1949–1953 Bundesminister für Flüchtlinge und Vertriebene: DBE 6, 1997, S. 529; G. Hitze, in: LCDD, S. 319 f.

232 HAEK – CR II 25.20b, 18 (Durchschlag).

233 Begleitschreiben »Dr. Hans Lukaschek, Präsident des Katholischen Flüchtlingsbeirates«, Bad Homburg v. d. H., im September 1949: Ebd.

234 Briefe und sonstiges Material: HAEK – CR. II 25.20b, 19 und 20. Als Beispiel für die Anerkennung dieses Dokuments sei das Schreiben des französischen Hohen Kommissars und Botschafters André François-Poncet an Frings vom 18. Oktober 1949 zitiert: »Il rassemble, sous une forme claire et concise, tous les élements essentiels de ce douloureux problème dont aucun des aspects et des incidences ne m'échappe ...«.

durch sein Zahlenmaterial und durch die Realitätsbezogenheit der Hilfsvorschläge.

Neben dem Ergebnis dieses Papiers brachte der »Flüchtlingsbeirat« den kaum zu überschätzenden Gewinn, höchst kompetente und einflussreiche Persönlichkeiten in einen fruchtbaren Kontakt und Austausch gebracht zu haben. Es waren die Wochen, in denen – noch im »Vereinigten Wirtschaftsgebiet« – das »Soforthilfegesetz« in Kraft trat[235], der erste Deutsche Bundestag gewählt wurde und der Vorsitzende des Katholischen Flüchtlingsbeirats, Dr. Hans Lukaschek, zum ersten Vertriebenenminister berufen wurde. Frings selbst hat in diesen Monaten seinen Lernertrag in Sachen Vertriebenenproblematik in einem größeren Vortrag und in einem Leitartikel für die Weihnachtsnummer der »Zeit« vom 22. Dezember 1949 dokumentiert[236]: »Es ist bekannt, dass es sich bei den deutschen Ostvertriebenen um etwa 12 Millionen Menschen handelt, dass im Laufe der Flucht oder Austreibung außerdem etwa dreieinhalb Millionen [Menschen] ums Leben gekommen sind, dass sie Vermögenswerte in Höhe von etwa 100 Milliarden Mark zurücklassen mussten und bettelarm nach Restdeutschland kamen, d. h. in ein völlig danieder liegendes, zerstörtes, übervölkertes Land. Es handelt sich also um Menschenmassen, die zahlenmäßig ein Drittel mehr betragen als die gesamte Bevölkerung von Kanada, mehr, als zwölf kleine UNO-Staaten zusammen ausmachen; es ist eine Aussiedlung, wie sie in solchem Ausmaß in der Weltgeschichte einzig dasteht. Eine spätere Zeit wird es zu würdigen wissen, was das restliche Deutschland in der Aufnahme dieser Vertriebenen geleistet hat. Sicher hat sich dabei viel Unchristlichkeit, viel krasser Egoismus gezeigt, aber ebensoviel heldenmütiges Ertragen auf Seiten der Vertriebenen und staunenswerte Leistungen auf Seiten der Aufnehmenden ...«.

Nach einigen Zahlen über die Leistungen der Deutschen wie des Auslandes folgten zeitbedingte Vorstellungen über den weiteren Umgang mit dem Vertriebenenproblem: »Wir sind überzeugt, es ist nur zu lösen, wenn ein großer Teil der Vertriebenen in die alte Heimat zurückkehren und die dort verlassenen Vermögenswerte wieder in Besitz nehmen kann ...«. Man werde nicht aufhören, das zu fordern, wenn es auch im Augenblick nur

---

235 Lukaschek bezog sich darauf im Vorwort des Dokuments: »Am 18. August 1949 ist das Gesetz zur Milderung dringender sozialer Notstände – das sog. Soforthilfegesetz – im Vereinigten Wirtschaftsgebiet in Kraft getreten ...«.

236 Das handschr. Vortragsmanuskript ist nicht näher gekennzeichnet: HAEK – CR II 25.20b, 15; der Artikel für »Die Zeit« Nr. 51, 4, 1949, vom 22. Dezember 1949 liegt im handschr.Entwurf und als Zeitungsausschnitt (Titelblatt!) vor (CR II 25.20b, 19). – Die nachfolgenden Zitate sind dem inhaltlich weitgehend gleichen, jedoch knapper gefassten Vortragsmanuskript entnommen.

durch Krieg zu erreichen sei, den keiner wünschen könne. »Wir stehen daher als Nahziel vor der Aufgabe der Eingliederung der Vertriebenen in die Gemeinschaft, in die Wirtschaft der neuen Bundesrepublik ...«. Wieder folgten kenntnis- und zahlenreiche Konkretisierungen der bevorstehenden Aufgaben, die nicht ohne Hilfe des Auslandes zu bewältigen seien. »Die große Aussiedlung ist zustande gekommen durch die Beschlüsse von Potsdam. An der Lösung der Probleme ist ganz Europa interessiert, denn es kann Europa nicht gleichgültig sein, ob in seinem Schoße sich ein Zentrum sozialer Spannungen bildet, die früher oder später zur Entladung kommen. Die Lösung des Ostflüchtlingsproblems ist ein europäisches, fast möchte ich sagen: ein Weltproblem«.

Wie sehr den Kölner Erzbischof in diesen Monaten am Jahresende 1949 das durch den »Flüchtlingsbeirat« gesammelte Material beschäftigte, zeigt auch sein Weihnachtsbrief an Pius XII. vom 11. Dezember 1949[237]. Nach Schilderung der wichtigsten Fakten und Zahlen kam Frings für die 170.000 Familien selbständiger Landwirte aus dem Osten, die in Westdeutschland keine Ansiedlung finden konnten, zu dem Vorschlag: »Für diese Familien – wenn sie in ihrem Beruf bleiben sollen – bleibt nur der Weg der Auswanderung etwa nach Kanada, den Vereinigten Staaten, Südamerika oder Australien übrig. Die Verhandlungen darüber werden erschwert durch das Fehlen deutscher Vertretungen im Auslande und durch die enormen Kosten, die allein die Überfahrt verursacht«.

Frings blieb im besten, rechtlich kaum zu umschreibenden Sinne, was sein Titel andeutete: »Protektor« für die gesamte Flüchtlingsarbeit der Kirche. Er brachte die entscheidenden Fachleute zusammen und ins Gespräch, er leitete – oder informierte sich über – alle Gremien der Vertriebenen im katholischen Bereich, er glich bei Spannungen aus und vermittelte, er erschien bei Wallfahrten und sonstigen Großveranstaltungen der Vertriebenen. Die 1949 gewachsene Zusammenarbeit mit Minister Lukaschek bewirkte eine Brückenfunktion des Kölner Kardinals zur staatlichen Seite hin, die sich einerseits auf entscheidende staatliche Gesetzgebungsverfahren jener Jahre auswirkte, andererseits staatliche Unterstützung für kirchliche Projekte der Vertriebenenintegration erbrachte.

Der Seelsorger Frings unterließ bei allem Engagement in übergreifenden Aufgaben nicht, sich gelegentlich auch um Einzelprojekte zu kümmern. Als Beleg dafür sei ein Brief des Staatspräsidenten Wohleb von Ba-

---

[237] Frings an Pius XII. 11. Dezember 1949: HAEK – CR II 1.14, 1; Druck: N. TRIPPEN, Weihnachtsbriefe, S. 153 f. (ohne den hier zitierten Abschnitt).

den vom 8. Dezember 1949 erwähnt[238]: »Ew. Eminenz haben sich im September dieses Jahres für 9 Familien von Wolgadeutschen bei mir verwendet ... Die wolgadeutschen Familien von insgesamt 57 Köpfen sind inzwischen in Baden eingetroffen und im Kreis Messkirch angesiedelt worden. Es sind alle erträglich untergebracht, und es konnte ihnen genügend Land zugewiesen werden ... Es war der Landesregierung und mir eine besondere Freude, dem Wunsche Ew. Eminenz nachkommen zu dürfen ...«.

Bei allen sachlichen und persönlichen Schwierigkeiten, die eine so beispiellose Herausforderung wie die seelsorgliche Betreuung und Integration der Heimatvertriebenen mit sich brachte, ist der aufwändige, um Hilfe, Vermittlung und Ausgleich bemühte Einsatz des Kölner Kardinals Frings von allen Seiten stets anerkannt worden.

4. Seelsorge an den Kriegsgefangenen

Zu den außerordentlichen Herausforderungen an Kirche und Seelsorge in Deutschland nach 1945 gehörte das Kriegsgefangenenproblem. Mit der deutschen Kapitulation vom 9. Mai 1945 befanden sich oder gerieten elf Millionen deutsche Soldaten in Gefangenschaft der alliierten Siegermächte und vieler anderer Staaten. Allein die Sowjetunion hatte 5,7 Millionen deutscher Soldaten interniert, von denen weniger als zwei Millionen am Leben blieben[239].

Während die USA und Großbritannien ihre Gefangenen relativ gut behandelten und sehr bald zu entlassen begannen, hielt Frankreich 600.000 deutsche Kriegsgefangene als Zwangsarbeiter fest. Über die Behandlung der Gefangenen in Frankreich gab es manche Klagen. Die Entlassungen begannen zögerlich, auch unter dem Druck der internationalen Öffentlichkeit, und kamen erst Ende 1948 zum Abschluss[240]. Wie noch darzustellen sein wird, füllte die Sowjetunion noch nach Kriegsschluss ihre Arbeitslager mit deutschen Jugendlichen und mit Soldaten auf, die aus westalliierter Gefangenschaft in die SBZ entlassen worden waren[241]. Für die letzten deutschen Kriegsgefangenen in der Sowjetunion ging die Unfreiheit erst nach Adenauers Besuch in Moskau 1955 zuende.

---

238 Der Staatspräsident des Landes Baden, Wohleb, an Frings 8. Dezember 1949: HAEK – CR II 25.20b, 19.

239 Die Zahlenangaben über die deutschen Kriegsgefangenen nach 1945 schwanken bei den Autoren, weil exakte Erhebungen nicht möglich sind. Die hier genannten Zahlen nennt Th. Eschenburg, Jahre der Besatzung, S. 21.

240 Th. Eschenburg, Jahre der Besatzung, S. 96.

241 Vgl. dazu unten S. 270-287.

Wie noch ausführlicher belegt werden soll, hat Kardinal Frings keine Gelegenheit ausgelassen, sich für die baldige Freilassung, vor allem aber für eine menschenwürdige Behandlung der Gefangenen gemäß den »Genfer Konventionen«[242] bei den Besatzungsmächten einzusetzen. Vor allem die Übergriffe der Sowjets in Berlin und im Osten Deutschlands veranlassten ihn zu energischen, fast zudringlichen Eingaben an den Alliierten Kontrollrat in Berlin[243]. Es ging ihm dabei zunächst um das Schicksal der betroffenen Soldaten selbst. Im Hintergrund der kirchlichen Bemühungen stand darüber hinaus die Sorge um die moralische und wirtschaftliche Gefährdung zahlreicher Ehen und Familien in Deutschland durch die über Jahre sich hinziehende Trennung der Männer von ihren Frauen und Kindern.

Da sehr bald deutlich wurde, dass die Heimkehr der Kriegsgefangenen mehrere Jahre dauern würde, bemühten sich die deutschen Bischöfe und ihr Vorsitzender Frings schon früh um eine seelsorgliche Betreuung der Gefangenen in den Lagern des Auslandes. Ein sehr buntes und vielseitiges Bild von den Lebens- und Seelsorgeverhältnissen in den ausländischen Kriegsgefangenenlagern erhielt Frings durch Berichte kriegsgefangener oder als Seelsorger in den Lagern tätiger Kölner Priester, durch eigene Besuche in Gefangenenlagern, aber auch durch Geistliche der Besatzungsmächte wie den Aumônier général für die Kriegsgefangenen der Achsenmächte in Frankreich, Abbé Le Meur, oder den der britischen Rheinarmee zugeordneten englischen Jesuiten P. Dowling.

Als erster meldete sich aus dem Campo Santo Teutonico im Vatikan am 23. Mai 1945 Frings' späterer Geheimsekretär Dr. Paul Berndorff[244]. Durch Vermittlung des Hl. Stuhls konnte er seit 1944 mit P. Ivo Zeiger SJ und anderen deutschen Priestern die Lager der Amerikaner und Briten für deutsche Kriegsgefangene in Italien betreuen, d. h. Gottesdienste und Einkehrtage halten[245]. »So war ich zu Weihnachten [1944] und Ostern jedesmal für drei Wochen in Süditalien. Sodann gilt unsere Arbeit auch den

---

242 Über die »Genfer Konventionen«, ihre geschichtliche Entwicklung und Inhalte: B. SIMMA, Genfer Konventionen, in: STAATSLEXIKON, hrsg. v. d. Görresgesellschaft, Bd. 2, Freiburg-Basel-Wien ^{7}1986, S. 873 ff.

243 Vgl. dazu unten S. 271 ff.

244 Berndorff an Frings 23. Mai 1945 (hs. Original): HAEK – CR II 25.19, 1 (Berndorff war seit 1940 zum Studium des Kirchenrechts nach Rom beurlaubt. Als die Gregoriana im Herbst 1944 ihren Lehrbetrieb einstellte, ließ sich Berndorff in der Gefangenenseelsorge einsetzen).

245 Davon berichtet nicht nur Berndorffs Brief; vgl. auch: PÄPSTLICHE HILFSSTELLE FÜR DEUTSCHE KRIEGSGEFANGENE. Tätigkeitsbericht über die Seelsorgsarbeit bei deutschen Kriegsgefangenen in Italien, Juni 1944 – 1. Februar 1946, Februar – Mai 1946 (14 S., unterschrieben von Paul Berndorff und Karl Bayer): HAEK – CR II 25.19, 2.

kriegsgefangenen Geistlichen, die mit religiösen Büchern ... versorgt werden. Ende November 1944 brachte die Vatikan-Druckerei ein von mir verfasstes Kriegsgefangenengebetbuch heraus ... Es sind bis jetzt 35.000 Stück gedruckt und verteilt worden ...«.

Als Frings am 1. Juli 1945 den von Rom angeforderten »Summarischen Bericht über den Stand der Erzdiözese Köln« an Pius XII. erstattete[246], hatte er bereits einen Besuch des Abbé Le Meur erhalten, obgleich Köln nicht zum französischen Einzugsbereich gehörte. Von ihm erfuhr der Erzbischof, dass die Franzosen trotz ihres im übrigen rigiden Verhaltens gegenüber den deutschen Kriegsgefangenen für die Priester und Theologiestudenten »zwei Seminarien in Orléans und Algier« eingerichtet hatten[247].

Die ersten Zusammenkünfte der deutschen Bischöfe im Frühjahr und Sommer 1945 führten dann unter anderem auch zu einem Austausch von Informationen über die Kriegsgefangenenthematik. Ergebnis war der am 23. August 1945 in Fulda gefasste Beschluss[248]: »Zur Einrichtung einer gut organisierten Seelsorge in den Kriegsgefangenenlagern richtet die Plenarkonferenz der deutschen Bischöfe an die alliierten Mächte die dringende Bitte,

1. die kriegsgefangenen Priester gleichmäßig über die Lager zu verteilen, damit die Gefangenen aller Lager die Möglichkeit haben, regelmäßig der hl. Messe beizuwohnen und die hl. Sakramente zu empfangen;
2. im Einverständnis mit dem zuständigen Ortsbischof die Kriegspfarrer und Priestersoldaten, die dafür geeignet und bereit sind, für die Lagerseelsorge beauftragen und ausrüsten zu lassen;
3. soweit die kriegsgefangenen Geistlichen nicht in genügender Zahl zur Verfügung stehen, über die Bischöfe Zivilgeistliche anzufordern und zuzulassen.

Die deutschen Bischöfe bitten herzlich darum, den Kriegsgefangenen aller Rangstufen und Waffengattungen die Möglichkeit zu gewähren, ihren Angehörigen Postkarten und Briefe zu schreiben ...«, wenigstens ein »Lebenszeichen« von 25 Worten. Notfalls werde ein Generalvikariat zur Hilfestellung bei der Durchführung dieses Postverkehrs bereit sein. »Recht dringlich ist vor allem die Eröffnung des Postverkehrs mit den russischen

---

[246] Hs. Entwurf: HAEK – CR II 1.14, 1.

[247] Über die Seminarversuche in Orléans und Algier, die schließlich in das Gefangenen-Seminar in Chartres einmündeten: K.-H. KLOIDT, Chartres, S. 7-20.

[248] Protokoll der Plenarkonferenz des Deutschen Episkopats Fulda, 21.-23. August 1945: L. VOLK, Akten VI, Nr. 1030 II, S. 671-683, hier: S. 678 f.

Kriegsgefangenen, über deren Schicksal ein völliges Dunkel gebreitet ist, unter dem die Angehörigen schwer leiden«[249].

Während Frings diese Anliegen am 1. Oktober 1945 über den britischen Oberbefehlshaber Montgomery an den Kontrollrat in Berlin leitete[250], wurde ein weiterer Vorschlag des Episkopates in Fulda an die Alliierten nicht weitergeleitet, »... irgendeiner neutralen Macht die Sorge für die deutschen Kriegsgefangenen in allen alliierten Staaten anzuvertrauen...«[251]. Er wäre wohl auch kaum realisierbar gewesen! In der Eingabe an Montgomery ergänzte Frings die Fuldaer Beschlüsse dahingehend, dass die kriegsgefangenen Priester für ihren Seelsorgsdienst an den Mitgefangenen »vom Arbeitsdienst der Kriegsgefangenen« freigestellt würden. Sie sollten überall, vor allem »zu den Krankenstuben«, Zutritt erhalten, sich frei bewegen dürfen und die notwendigen Verkehrsmittel erhalten. »Wir bitten ferner, dass keine Art von Gefangenen ohne seelsorgliche Betreuung bleibt, auch nicht die SS-Leute sowie die politisch Belasteten, da die Religion die stärkste Stütze und Erziehungsmacht für den Menschen ist«.

Der bewundernswert rührig um die Seelsorge an den deutschen Kriegsgefangenen in Frankreich bemühte Abbé Le Meur machte am 6. Dezember 1945 bei Erzbischof Gröber in Freiburg Besuch. »Der Herr Le Meur hat mir mitgeteilt«, so berichtete Gröber noch am gleichen Tage an seine bischöflichen Mitbrüder[252], dass sich zur Zeit noch 700.000 katholische Kriegsgefangene aus Deutschland in Frankreich befinden[253] und dass zu deren Pastoration gegen 150 Priester aus Deutschland benötigt werden. Wenn diese Priester auch formell als Kriegsgefangene zu gelten hätten,

---

[249] Die Hauptunsicherheit bezüglich der Kriegsgefangenen in der Sowjetunion bestand in der Frage, wer von den sogenannten »Vermissten« noch lebte. Durch den fehlenden Postkontakt machten sich noch unzählige Angehörige von tatsächlich Gefallenen Hoffnung auf Heimkehr ihrer Angehörigen.

[250] Der Vorsitzende der Plenarkonferenz der deutschen Bischöfe (unterschrieben:) + Joseph, Erzbischof von Köln, Köln 1. Oktober 1945; sign. Begleitschreiben (Entwurf David) an Montgomery 10. Oktober 1945: HAEK – CR II 25.19, 1; Original der Eingabe vom 1. Oktober 1945 und englische Übersetzung: L – PRO – FO 1050/1612. Möglicherweise gehörte zu dieser Eingabe auch ein im Namen der deutschen Bischöfe abgefasstes, doch unsigniertes und undatiertes Papier »Herstellung einer Postverbindung zwischen Kriegsgefangenen und ihren Angehörigen in der Heimat« (Randvermerk des Registrators: »aus 1945«): HAEK – CR II 25.19, 1.

[251] L. VOLK, Akten VI, Nr. 1030 II, hier: S. 679.

[252] Gröber an die Hochwürdigsten Herren Erzbischöfe und Bischöfe Deutschlands 6. Dezember 1945: HAEK – CR II 25.19, 1. – Konrad Gröber (1872–1948), 1931–1932 Bischof von Meißen, 1932–1948 Erzbischof von Freiburg: E. GATZ, in: E. GATZ, Bischofslexikon, S. 258 ff.

[253] Es dürfte sich um (600.000 oder) 700.000 *deutsche* (wohl nicht nur katholische) Kriegsgefangene gehandelt haben.

würden denselben doch derartige Erleichterungen (Kost, Wohnung, literarische Hilfsmittel) geboten werden, dass sie ungehindert ihres Amtes walten könnten ...«. Da das Erzbistum Freiburg allein eine solche Zahl von Priestern nicht zur Verfügung stellen könne, bitte er um Mitteilung, »wie viele Geistliche etwa aus dem Welt- und Ordensklerus der dortigen Diözese den Mut und die Opferwilligkeit haben, sich für ein Jahr für dieses Apostolat unter den Gefangenen bereitzustellen ... Außerdem wurde mir bei diesem Anlass noch berichtet, dass Gebetbücher und Devotionalien (Rosenkränze) für die Gefangenen dringend erwünscht sind. 30.000 Stück eines Sondergebetbuches habe ich für diesen Zweck bei Herder drucken und nach dem Elsass versenden lassen«. 200.000 weitere Exemplare würden verlangt, seien aber von Freiburg nicht zu finanzieren.

Frings schrieb am 4. Adventssonntag 1945 einen entsprechenden Aufruf an den Welt- und Ordensklerus des Erzbistums für den »Kirchlichen Anzeiger« vom 1. Januar 1946[254]. Dieser Aufruf endete mit dem Appell: »Was französische Geistliche während des Dritten Reiches für ihre Landsleute unter größeren Gefahren gekonnt haben, sollte uns nicht unmöglich sein!« Außerdem wurden die Gläubigen um Gebetbücher und Devotionalien, vor allem Rosenkränze, gebeten. Schon am 26. Dezember 1945 hatte Frings dem Freiburger Mitbruder zugesagt[255]: »Gerne übernehme ich die Kosten für 30.000 Stück des Sondergebetbuches, das Sie drucken ließen«.

Bei Abbé Le Meur bedankte sich Frings am 12. Dezember 1945[256] für den »Monatsbrief an die Feldgeistlichen bei den deutschen Kriegsgefangenen in Frankreich«. »Es ist uns wohl bekannt, mit welchem Freimut Sie für das Los der deutschen Gefangenen in Frankreich eingetreten sind. Tausende deutscher Familien sind Ihnen dankbar für die Nachrichten, die durch Ihre Vermittlung aus den Gefangenenlagern zu ihnen gekommen sind. Nun erfahren wir, mit welch mitbrüderlicher Liebe Sie sich auch unserer deutschen Geistlichen in den Lagern annehmen«.

Am gleichen Tage schrieb P. Dowling SJ über Probleme der Gefangenenbetreuung in drei belgischen Lagern an den Kölner Erzbischof[257]. Ein belgischer Priester hatte sich wegen sieben deutscher Kriegsgefangenenseelsorger an Bischof Berning in Osnabrück gewandt, dieser an General-

[254] Ein Hilferuf aus Frankreich und Belgien, 4. Adventssonntag 1945: KA 86, 1946, Nr. 1, S. 1 f. (Hs. Entwurf Frings': HAEK – CR II 25.19, 2).

[255] Frings an Gröber 26. Dezember 1945: HAEK – CR II 25.19, 1.

[256] Frings an Le Meur 12. Dezember 1945 (hs. Entwurf, deutsch): HAEK – CR II 25.19, 1.

[257] Rev. Maurice C. J. Dowling SJ, HQ Britsh Army of the Rhine, an Frings 12. Dezember 1945 (Original): HAEK – CR II 25.19, 1.

vikar Müssener im Belgien benachbarten Aachen. Müssener hatte jedoch das Bistum Aachen allein für überfordert erklärt. Frings bezog daraufhin die belgischen Lager in den Aufruf an seine Priester ein[258]. Schon vor dessen Veröffentlichung antwortete der Erzbischof P. Dowling[259], es habe sich bereits ein früherer Kölner Kriegspfarrer »für die Seelsorge an den deutschen Kriegsgefangenen in Belgien oder Holland zur Verfügung gestellt«. Dieser halte sich mit zwei anderen deutschen Priestern »in einem Lager in Belgien [auf, sie] seien aber immer noch nicht in der Seelsorge eingesetzt, sondern würden wie kriegsgefangene Offiziere behandelt. Er glaubt, wenn die Seelsorge ersprießlich ausgeübt werden solle, müssten folgende Vorbedingungen erfüllt sein: 1) Einzelunterkunft des Geistlichen. 2) Freier Zutritt zu den Gefangenen (ohne Bewachung) und freie Verbindung mit den Kirchen und Klöstern des Landes. 3) Ein Küster als Gehilfe. 4) Notwendigstes Büchermaterial für den Geistlichen und die Gläubigen«.

Es scheint, dass die Belgier sich zunächst auf diese Bedingungen einließen, später jedoch von ihren Zugeständnissen abrückten. Am 13. März 1946 schrieb Frings an P. Dowling[260]: »Inzwischen haben sich 29 Geistliche meiner Diözese bereit erklärt, nach Belgien oder Frankreich zu gehen ...«[261]. Er sei bereit, »etwa drei Herren nach Belgien gehen zu lassen. Ich bitte um Nachricht, wie die Angelegenheit sich inzwischen entwickelt hat, und wohin und unter welchen Formalitäten unsere Geistlichen nach Belgien gehen sollen«. Die Antwort kann man in einem Brief von Msgr. Richard Smith, Religious Affairs Branch in Bünde, vom September 1946 erblicken[262]. Im Juli hatte sich der später als Lagerpfarrer von Friedland bekannt gewordene Dr. Joseph Krahé[263] für einen Einsatz in Belgien gemeldet. Smith schrieb. »Bevor ich weiteres unternehme, müsste ich Ihnen sagen, dass die belgischen Behörden ihre Ansicht geändert haben und deutsche Priester für die Lager nur in der Eigenschaft als Gefangene zu-

[258] Vgl. Anm. 254.

[259] Frings an Dowling 26. Dezember 1945 (hs. Entwurf, deutsch): HAEK – CR II 25.18, 7; engl. Original (Datum 28. Dezember 1945): L – PRO – FO 1050/1612.

[260] Frings an Dowling 13. März 1946 (hs. Entwurf: »transponetur in ling.angl.et scrib.«): HAEK – CR II 25.19, 2; engl. Original (Datum 16. März 1946): L – PRO – FO 1050/1612.

[261] Die Meldungen sind gesammelt in HAEK – CR II 25.19, 2.

[262] Smith an Frings (o.D., Eingangsstempel Generalvikariat Köln 9. September 1946, deutsche Übersetzung): HAEK – CR II 25.19, 2. Zur »Religious Affairs Branch« in Bünde und Frings' Beziehungen zu ihren Mitarbeitern, insbesondere Msgr. Richard Smith, vgl. unten S. 248 mit Anm. 56.

[263] Dr. Joseph Krahé (*1914), 1940 Priesterweihe (Rom), 1948 Lagerpfarrer in Friedland (Bistum Hildesheim), 1960 Propst an St. Clemens in Hannover, 1962 Päpstl. Hausprälat: HANDBUCH DES ERZBISTUMS KÖLN, Bd. 2, [26]1966, S. 798.

lassen. Das bedeutet, dass ein Priester, der freiwillig als Kaplan wirken will, auch bereit sein muss, alle Bedingungen des Lebens eines Gefangenen anzunehmen«.

Dank des unermüdlichen Einsatzes von Aumônier Le Meur entwickelten sich die Dinge in den französischen Lagern günstiger. Am 12. März 1946 schlug Le Meur den deutschen Bischöfen vor[264], »die einzelnen Gefangenenlager in Frankreich nach Départements oder Diözesen unter die deutschen Diözesen zu verteilen, damit sie von diesen gewissermaßen ›adoptiert‹, d.h. von diesen seelisch, geistig und körperlich versorgt würden. Dies bedeutet die Entsendung von Geistlichen, von Lektüre, Lebensmitteln und Kleidungsstücken usw. an die betreffenden Lager durch die betreffenden Diözesen«. Köln bekam, über Frankreich verteilt, 15 Lager zugewiesen[265]. Frings stimmte den Vorschlägen Le Meurs zu und dankte ihm sehr herzlich[266]: »Ihr gutes Beispiel hat Früchte auch unter anderen Nationen gezeigt ...«. Ende September 1946 versandte das Kölner Generalvikariat Bücherpakete an die Kölner Seelsorger in französischen Lagern. Die Liste umfasst 13 Namen[267].

Über die Lebenswirklichkeit in den Lagern erfuhr Erzbischof Frings ab Anfang 1946 häufiger durch Kölner Priester, die in den Lagern Gefangene waren und/oder dort als Seelsorger wirkten[268]. Wenn diese Briefe auch ausnahmslos aus westlichen Gefangenenlagern kamen, so waren sie vielleicht doch eine Auswirkung der bischöflichen Bitten vom Sommer 1945 an die Alliierten um Briefkontakt der Gefangenen mit ihrer Heimat[269]. Am 21. Januar 1946 gratulierte der spätere Kölner Generalvikar Peter Nettekoven aus einem amerikanischen Lager in Frankreich Frings zur Kardinalserhebung[270]. Er berichtete: »Die Zahl der Gefangenen verklei-

---

264 Hier: S. Zitat aus einem Brief Gröbers an Frings vom 18. März 1946: HAEK – CR II 25.19, 2; das Originalschreiben Le Meurs fand sich nicht in den Akten, doch schrieb Generalvikar David am 27. Juli 1946 an Gröber: »Das Schreiben des Hochw. Herrn Le Meur vom 12. März haben wir erhalten«: Ebd.

265 Eine Liste der Kölner »Paten-Lager« in Frankreich lag Gröbers Schreiben bei. Die gleiche Liste findet sich noch einmal in HAEK – CR II 25.19, 9.

266 Frings an Le Meur 14. Mai 1946 (sign. Kopie der franz. Fassung): HAEK – CR II 25.19, 3.

267 Ankündigungsschreiben des Generalvikariates an die Lagerpfarrer 23. September 1946 mit der Anschriftenliste: HAEK – CR II 25.19, 2.

268 Zahlreiche dieser Briefe finden sich in HAEK – CR II 25.19, 2 ff.

269 Vgl. oben S. 196 mit Anm. 248.

270 Nettekoven an Frings 21. Januar 1946: HAEK – CR II 25.19, 2. – Peter Nettekoven (1914–1975), 1940 Priesterweihe, 1941–1946 Kriegsdienst und Gefangenschaft, ab Dezember 1946 (wie schon 1940) Kaplan in Wissen, 1948 Pfarrverweser in Höningen, 1954 Rektor in Haus Altenberg, 1958 Leiter der Abteilung Landseelsorge in Köln, 1961 Leiter der Bischöflichen Hauptarbeitsstelle Jugendseelsorge und Bundespräses der Frauenjugend, 1966 Leiter des Seelsorgeamtes in Köln, 1969–1975 Generalvikar und Domkapitular

nert sich ständig, und ich hoffe zuversichtlich, mit den Kameraden in den nächsten Monaten heimzukommen. Nach fast 18 Monaten kam die erste Karte von den Eltern; jetzt kommt aber fast täglich Post mit guter und schlechter Nachricht. Jeden Tag ist Gottesdienst in der Lagerkapelle und wöchentlich ein Vortrag anhand der Hl. Schrift oder einer Enzyklika P. Pius' XI. Im Lager sind Männer im Alter von 18 bis 65 Jahren, und die innere Zusammensetzung bietet so recht ein Bild der Heimat, wenn auch mancher Wandel festzustellen ist ...«.

Auch der Divisionspfarrer Joseph Kowalski berichtete aus Dombaas in Mittelnorwegen am 17. Februar 1946 auf dem Vermittlungswege über Kardinal Griffin in London[271], dass er seit März 1945 nichts von seinen Angehörigen gehört hatte. »Seit der Kapitulation habe ich rund 15.000 Soldaten und Offiziere im Gottesdienst gehabt ... Jetzt sind die Besucher viel geringer geworden, da nur noch fast die russische Zone Deutschlands hier ist und damit die Katholiken auch gering an Zahl sind. Aber gerade die Seelsorge an diesen Menschen, die ja vorläufig gar nichts um ihr künftiges Lebenslos wissen, ist wichtig ...«. In Norwegen habe man sofort alle vorhandenen Priester, auch diejenigen, die nicht schon Militärpfarrer waren, zur Seelsorge eingesetzt. Dadurch sei eine intensive Arbeit möglich geworden. Vor allem habe man anfangs reichlich genutzte Gelegenheiten zur Beichte gegeben. »Viele, sehr viele Männer kamen, sehr viele nach langen Jahren«. Doch geschah das vor allem in der geistigen Erschütterung unmittelbar nach Kriegsende. »Aber seit einigen Wochen, etwa seit November oder Dezember 1945, spürt man wieder Gleichgültigkeit, ja, Ablehnung. Das Leben zu genießen in den kleinen Möglichkeiten, die dem Kriegsgefangenen zur Verfügung stehen, Sucht nach Kino usw., ist nun vorherrschende Tendenz«. Vielleicht sei auch die »antireligiöse Propaganda der Partei, die ja auch mächtig in die Wehrmacht hineinströmte«, ein Grund dafür.

Wichtiger noch als solche Berichte Dritter über die Situation in den Kriegsgefangenenlagern war für Erzbischof Frings der eigene Augen-

in Köln, ern. Weihbischof: HANDBUCH DES ERZBISTUMS KÖLN, Bd. 2, [26]1966, S. 811; ebd., Personaler Teil, [27]1985, S. 266; U. HELBACH, in: E. GATZ, Bischofslexikon 1945-2001, S. 300f.

271 Kowalski an Frings 17. Februar 1946 (6 Seiten engzeilige Maschinenschrift!): HAEK – CR II 25.19, 2. – Am Briefende schrieb Kowalski: »Ich schicke diesen Brief über eine mir vermittelte Adresse: über Archbishops Secretary, Archbishops House Westminster, London, mit der Bitte, ihn von dort an Eure Eminenz nach Köln weiterzuschicken, da ich sonst keinen Weg weiß«. – Joseph Kowalski (1911–1989), 1937 Priesterweihe, 1937–1940 Kaplan in Oberhausen, 1940–1946 Kriegspfarrer und Kriegsgefangenschaft, ab Juli 1946 wieder Kaplan in Oberhausen, 1948 in Essen, 1955–1986 Direktor im Generalvikariat Köln, ab 1958 Pfarrverweser an St. M. Himmelfahrt in Köln, 1967 Päpstl. Hausprälat, 1977 Ehrendomherr: HANDBUCH DES ERZBISTUMS KÖLN, Personaler Teil, [27]1985, S. 92.

schein. Die erste Gelegenheit dazu bot die Kardinalserhebung im Frühjahr 1946. Nach Abschluss der Feierlichkeiten in Rom nutzte er – wie die anderen deutschen Kardinäle – einige Tage Anfang März, um mit Dr. Berndorff und Carlo Bayer alliierte Kriegsgefangenenlager im Raume Neapel zu besuchen. Vom Verlauf dieser Besuche wurde anlässlich der Kardinalserhebung bereits berichtet[272].

In einem größeren taktisch-politischen Zusammenhang stand der Besuch des Kardinals in britischen Kriegsgefangenenlagern im September 1946. Kardinal Griffin von Westminster, der die deutschen Bischöfe in der britischen Zone im September 1945 in Bad Driburg besucht hatte, lud zu einem Gegenbesuch in England ein, den Frings vielseitig dazu benutzte, britische Politiker, den englischen und den schottischen Episkopat und die breitere Öffentlichkeit auf die Not in Deutschland hinzuweisen. Die Besuche in einigen Gefangenenlagern waren in ein Gesamtprogramm eingebettet[273]. Dennoch machten sie tiefen Eindruck auf den Kardinal, so dass die Schilderung seiner – überwiegend positiven – Erlebnisse in den Lagern den Hauptteil seines Hirtenbriefes vom 2. Oktober 1946 über die Englandreise ausmachten[274].

Wenige Wochen vor der Englandreise des Kardinals hatten die Priester, die sich freiwillig zum Dienst in französischen Lagern gemeldet hatten, im August ihre Arbeit aufgenommen[275]. Von ihnen berichtete am 23. September 1946 einer, Lagerpfarrer Albert Dömer, über einen guten Start[276]: »Von Offenburg wurde ich mit den anderen Herren am 19.8. nach Paris abgeholt. Dort hatten wir einen Empfang beim Hochwürdigsten Herrn Nuntius [Roncalli] ... Die Aufnahme und Anteilnahme von Seiten des französischen Klerus ist gut, echt christliche Geisteshaltung. Im Lager wurde mein Erscheinen mit viel Begeisterung aufgenommen ... Die französischen Behörden benehmen sich bis jetzt recht korrekt«.

---

[272] Vgl. oben S. 149 ff. – Vgl. auch den Bericht der Päpstlichen Hilfsstelle (Berndorff, Bayer) über die Kriegsgefangenenseelsorge in Italien 1944–1946: oben Anm. 245.

[273] Zur Englandreise 23.-30. September 1946 vgl unten S. 272 f.

[274] Hirtenwort Sr. Eminenz, des Hochwürdigsten Herrn Kardinals und Erzbischofs, über seine Reise nach England 2. Oktober 1946: KA 86, 1946, S. 265-269.

[275] Am 27. Juli 1946 schrieb Generalvikar David an Erzbischof Gröber in Freiburg (HAEK – II CR 25.19, 2): »Am 19. August sollen fünf Priester aus unserem Erzbistum nach Frankreich reisen, um als Seelsorger in franz. Lagern verwendet zu werden ...«.

[276] Dömer an Frings 23. September 1946: HAEK – CR II 25.19, 4. – Albert Dömer (1910–1992), 1936 Priesterweihe, 1936–1940 Kaplan, 1940–1945 Kriegspfarrer und Gefangenschaft, 1946–1948 Lagerpfarrer in Frankreich, 1949–1971 Religionslehrer bzw. (Ober)Studienrat in Opladen, 1969 Msgr.: HANDBUCH DES ERZBISTUMS KÖLN, Personaler Teil, [27]1985, S. 51.

Mit der Überschrift »Für die Opfer entlohnt die Arbeit in unserer Gemeinde« begann Dömer eine begeisterte Schilderung der Annahme gottesdienstlicher Angebote durch die überwiegende Mehrheit der katholischen Gefangenen dieses Offizierslagers Mulsanne bei Le Mans. »Jeden Sonntag sieht man in des Wortes engster Bedeutung die Offiziere in die Lagerkapelle laufen, damit sie einen Platz bekommen. Sie fasst etwa 600 Mann«. Die Vielfalt der geschilderten Aktivitäten von drei Lagerpfarrern und ihr Echo bei der Truppe klingen beeindruckend. Wie eine Bestätigung der Forderung der deutschen Bischöfe auf Zulassung der Seelsorge bei allen Gefangenenkategorien vom Oktober 1945[277] wirkt Dömers Feststellung: »Am meisten Freude macht uns die Seelsorge bei den SS-Offizieren, die in einem separaten Camp unserem Lager angeschlossen sind. Unter diesen sind es vor allem die früheren Idealisten, die aus Saulusfiguren infolge eines radikalen inneren Umbruchs wirkliche Paulusnaturen geworden sind«.

Dass Dömer sich kein zu rosiges Bild von den Realitäten machte, zeigen die anschließenden Beobachtungen: »Sicher gibt es auch im übrigen viele traurige Feststellungen an Gebrochenheit, materialistisch-egoistischer Haltung, die man nie für möglich gehalten hätte bei deutschen Offizieren, geistigen Leerlauf und kleingeistige Enge ...«. Auch sei die Teilnahme am religiösen Leben im mitversorgten Mannschaftslager geringer. »Es liegt das zum Teil an äußeren Gegebenheiten, Arbeit, infolgedessen bessere Lage usw.«.

Es wirkt wie ein Resümee der persönlichen Erfahrungen in Sachen Kriegsgefangenenlager im Jahre 1946, was der Kardinal am 6. Oktober vor Männern und Jungmännern in Wissen/Sieg berichtete[278]. Nach der Schilderung von Eindrücken von der gerade abgeschlossenen Englandreise sagte Frings: »Gestern las ich den Bericht des Direktors der ›Aumônerie Catholique des Prisonniers de Guerre de l'Axe‹, Abbé Le Meur. Danach sind auch in Frankreich die äußeren Verhältnisse der Kriegsgefangenen jetzt in den meisten Fällen gut geregelt. Das Comité Catholique de Secours übt eine bewundernswerte und echt katholische Tätigkeit zugunsten der deutschen Kriegsgefangenen aus. Aber das kann nicht darüber hinwegtäuschen, dass auch in Frankreich das Entbehren der persönlichen Freiheit, die Sehnsucht nach Hause und zur eigenen Familie wie eine Zentnerlast auf unseren Kriegsgefangenen ruht«.

---

[277] Vgl. oben S. 197 mit Anm. 250.

[278] Maschinenschr. Bericht (ohne Unterschrift) über den Besuch in Wissen/Sieg am 6. Oktober 1946: HAEK – CR II 25.18, 8.

Nicht ohne Bedacht hatte Frings einen französisch besetzten Ort seines Erzbistums gewählt, um nicht den anwesenden Männern und Jungmännern, sondern der französischen Obrigkeit ins Gewissen zu reden: »Ich spreche die Hoffnung aus, dass auch Frankreich bald einem deutschen Bischof« – es sollte Bischof Stohr von Mainz aus der französischen Zone sein[279] – »gestatten wird, die Kriegsgefangenen zu besuchen und frei zu ihnen zu sprechen, dass auch Frankreich bald beginnen wird mit der Freilassung der Gefangenen, nicht nur der Kranken, was jetzt schon geschieht, sondern auch der gesunden Männer, derer wir so dringend zum Aufbau bedürfen«.

Das Jahresende 1946 wurde zu einem Höhepunkt des kirchlichen Einsatzes für die Freilassung der Kriegsgefangenen. Am 30. Oktober 1946 war auf einer gemeinsamen Konferenz von Caritas und Evangelischem Hilfswerk in Stuttgart der Plan entwickelt worden, durch eine Verlautbarung beider Kirchen zu Weihnachten die Gläubigen zu einer Unterschriftensammlung zugunsten der Freilassung der Kriegsgefangenen aufzufordern und an das Weltgewissen zu appellieren[280]. Frings unterstützte die Aktion durch die Motivierung seiner Mitbischöfe und durch einen Weihnachtshirtenbrief an die Gläubigen des Erzbistums. Obgleich die Unterschriftensammlung nur in der britischen und amerikanischen Zone durchgeführt werden konnte – die französische Militärregierung hatte die Sammlung in ihrer Zone verboten –, kamen bis Anfang Februar 1947 6,5 Millionen Unterschriften aus westdeutschen Bistümern zusammen. Die vordergründige Absicht bei dieser Aktion lag sicher in öffentlichem Druck auf die Siegermächte, die fast zwei Jahre nach Kriegsende immer noch Millionen deutscher Soldaten festhielten. Die von Frings ebenso gewollte Nebenwirkung war das Wachhalten des Bewusstseins für die Kriegsgefangenenproblematik in Deutschland selbst.

Den Seelsorgern des Erzbistums, die im Dienst der Gefangenen in den Lagern standen, schrieb er in einem Weihnachtsbrief[281]: »Ich danke Euch aus innerstem Herzen für alles, was Ihr draußen geleistet habt, und bitte Euch: Haltet aus, bis auch für die Euch Anvertrauten die Stunde der Be-

[279] Die Reise fand im Juni 1947 statt. Am 27. Juni 1947 schrieb Stohr an das Kölner Generalvikariat (HAEK – CR II 25.19, 8) »ein herzliches Wort der Anerkennung über Ihren Diözesanpriester Dömer ... Er gibt sich mit Hingabe in die schweren Obliegenheiten gerade dieses Lagers und genießt hohes Ansehen bei den Männern ... Der Gottesdienst, den ich dort erlebte, war das Ergreifendste der ganzen Reise ...«.

[280] Zu dem Weihnachtsaufruf der Kirchen und der Unterschriftensammlung s. ausführlicher unten S. 280 ff.

[281] »Liebe Mitbrüder in der Gefangenschaft!«, Köln, 4. Dezember 1946: HAEK – CR II 25.19, 5.

freiung schlägt. Wir tun, was wir können, sie zu beschleunigen«. Wohl in der Hoffnung, dass dieser Brief wenigstens in vereinzelten Exemplaren auch in östliche Lager geraten könnte, fügte er hinzu: »Und auch Ihr, die Ihr nicht in der Seelsorge arbeiten könnt und des Trostes der täglichen Zelebration entbehrt, pfleget Tag für Tag das innerliche Gebet und suchet so mit Gott lebendig verbunden zu bleiben. Geht Euren Leidensgefährten mit dem Beispiel echter Kameradschaftlichkeit und tapferen Aushaltens voran!«

Es mag dem Kardinal wie eine Belohnung für seine Mühen erschienen sein, als er im Januar 1947 den Brief des Kölner Lagerpfarrers Joseph Krings aus Blois an der Loire erhielt[282], der vor allem einen Besuch im benachbarten Kriegsgefangenen-Priesterseminar Chartres[283] schilderte: »Ich war acht Tage im Seminar von Chartres. Vom Regens Stock[284] und den Professoren und von 45 Kölner Theologen soll ich Ihnen Grüße senden. Am 11. November haben die Kölner einen Martinszug veranstaltet, der viel Freude bereitete«. Ein französischer Oberst habe die Meinung geäußert, »in Deutschland gingen nur 2 – 3 % in die Kirchen. Ich habe ihn belehrt dass selbst im hl. Köln 50 – 60 % praktische (!) Katholiken seien, geschweige von Städten wie Aachen, Essen, Münster zu reden«. Weiter mag Frings die Nachricht angenehm empfunden haben: »Wir haben uns gefreut, dass Sie ... in England waren, und [haben] Ihre Ansprache im Lautsprecher gehört«. Mitten in ähnliche Sorgen des Kardinals dürfte Krings' Bemerkung gefallen sein: »Der Lanzer (!) macht sich große Sorge für seine Familie, insbes[ondere] ist er bedrückt durch bestimmte Nachrichten über das Betragen der Frauen und Mädchen. In seinem grüblerischen Sinn verallgemeinert er. Ich betone immer wieder, dass doch die meisten Frauen ein heldenhaftes Opfer- und Entsagungsleben führen ... Es war schon richtig, dass wir nach hier kamen, und gerade ältere Geistliche, die auch den 40 und 50jährigen Lanzern (!) etwas zu sagen haben ...«.

Wie ein Zwischenbericht über den Erfolg der vielfältigen Bemühungen um die Heimkehr der Kriegsgefangenen wirken einige Sätze des Kölner

---

282 Krings an Frings 29. November 1946 (Eingangsstempel Erzb. Sekretariat 13. Januar 1947): HAEK – CR II 25.19, 5. – Joseph Krings (1892–1972), 1916 Priesterweihe, 1916–1933 Religionslehrer bzw. Kaplan, ab 1933 Pfarrer in Hürth-Knapsack, 1949 Dechant des Dekanates Frechen, 1946–1947 Lagerpfarrer in Frankreich: HANDBUCH DES ERZBISTUMS KÖLN, Bd. 2, [26]1966, S. 799.

283 Über das Kriegsgefangenen-Seminar Chartres: K.-H. KLOIDT, Chartres.

284 K.-H. KLOIDT, Chartres stellt Franz Stock in seiner Einleitung vor (S. 9). Ebd. S. 79-301: »Aus den Aufzeichnungen von Regens Franz Stock«. – Aus der inzwischen umfangreichen Literatur zu Franz Stock: E. KOCK, Abbé Franz Stock. Priester zwischen den Fronten, Mainz 1996 (S. 140 f. Literaturhinweise); DERS., Friede, das ist nicht nur ein Wort. Der Weg des Priesters Franz Stock, Paderborn 1999.

Kardinals in seiner Predigt zum 1. Mai 1947 vor Arbeitern in Köln-Humboldt[285]: » ... Freudig sei es anerkannt, dass die angelsächsischen Nationen in der Heimsendung der Gefangenen mit gutem Beispiel vorangegangen sind, dass auch andere Siegerstaaten nunmehr Termine angeben, zu denen die Gefangenen heimkehren sollen. Aber die glaubwürdigen Berichte über die Lage vieler Gefangener in Ost und West sind so erschütternd, dass wir immer und immer wieder den Ruf erheben müssen: Schickt uns die Gefangenen heim!«

Wie Frings jede Unterstützung in seinem Anliegen registrierte, belegt ein Urlaubsbrief aus Engelberg in der Schweiz an Kardinal Griffin in London vom 2. September 1947[286]: »In einer hiesigen Zeitung las ich, Ew. Eminenz hätten sich an die Spitze der katholischen englischen Jugend für die baldige Freilassung der deutschen Kriegsgefangenen eingesetzt. Darf ich Ew. Eminenz für diese Tat herzlichst danken? Ich glaube, dies namens meiner ganzen Diözese tun zu können. Denn das Verlangen, die kriegsgefangenen Männer, Väter und Söhne wieder daheim zu haben, ist so allgemein und so elementar, dass alles aufs lebhafteste begrüßt wird, was dazu dient, die Erfüllung dieses Wunsches zu beschleunigen«.

Zu Weihnachten 1947 schrieb der Kölner Kardinal einen Brief an die 280.000 noch in Großbritannien Inhaftierten[287]. Außerdem erhielt er die Gelegenheit zu einer Rundfunkansprache an die deutschen Kriegsgefangenen »in weiter oder naher Ferne« am 24. Dezember 1947[288]: »Noch seid ihr mehr als eineinhalb Millionen deutsche Kriegsgefangene, davon etwa die Hälfte in Russland, über 100.000 in Polen, Jugoslawien und der Tschechoslowakei, etwa 300.000 in französischer Gefangenschaft, 190.000 in England, 70.000 im Mittleren Osten[289] und einige in Holland. Belgien und Luxemburg wollen bis Ende dieses Jahres alle Gefangene entlassen. Kein Kriegsgefangener befindet sich mehr in der Neuen Welt, weder in den Vereinigten Staaten noch in Kanada.

Dieser Überblick entrollt ein Bild entsetzlichen Jammers. Wer beschreibt allein das Elend, das unsere Brüder in Russland erdulden? Aber

---

[285] Predigt Sr. Eminenz an die Arbeiter in Köln-Humboldt am 30. April 1947 (Abschrift): HAEK – CR II 2.3, 4.

[286] Frings an Griffin (hs., sign. Entwurf auf Briefbogen Stift Engelberg) 2. September 1947: HAEK – CR II 25.19, 8.

[287] »Liebe deutsche Brüder in englischer Gefangenschaft!«, Köln, 27. November1947: HAEK – CR II 25.19, 7 bzw. 8.

[288] Hs. Entwurf Frings', Überschrift von fremder Hand: »Ansprache S. Eminenz an die dt. Kriegsgefangenen zu Weihnachten 1947«: HAEK – CR II 25.19, 7.

[289] Wenn man die Zahlen für England und den »Mittleren Osten« (gemeint ist vor allem Ägypten, nach heutiger Sprachregelung der Nahe Osten) zusammennimmt, kommt man ungefähr auf die im Brief an die Gefangenen in England genannte Zahl.

auch aus Frankreich werden schwere Verstöße gegen die Menschlichkeit gemeldet, und in Ägypten verschmachten Menschen in der Glut der Wüstensonne. Andererseits bemühen sich in bewundernswerter Weise das Internationale Rote Kreuz, der Christliche Verein Junger Männer wie der Secours Catholic, das Los der Gefangenen zu mildern. Im ganzen erscheint die Zurückhaltung der Kriegsgefangenen, ihre gewaltsame Fernhaltung von ihren Familien, ihre Verwendung zu Zwangsarbeiten als ein Hohn auf die Menschlichkeit und als ein schwerer Verstoß gegen die primitivsten Menschenrechte. Mit den Wohlgesinnten aller Länder rufen wir auch heute, am Fest des Friedens: Gebt die Kriegsgefangenen, die nichts taten, als was sie für ihre Pflicht hielten, frei! Schenkt die Söhne den Eltern, die Gatten ihren Frauen, die Verlobten ihren Bräuten, die Väter ihren Kindern zurück!«[290]

Das war die scharfe, anklagende Sprache, zu der sich Kardinal Frings als Anwalt der regierungslosen deutschen Bevölkerung in diesen Jahren häufiger hinreißen ließ. Sie wurde von den Angesprochenen nicht als angenehm empfunden. Am 20. Februar 1948 meldete sich der französische Generalkonsul in Düsseldorf bei Geheimsekretär Dr. Berndorff[291], er sei vom Oberkommando in Baden-Baden auf die Weihnachtsansprache des Kardinals und den Vorwurf der Menschenrechtsverletzung in Frankreich aufmerksam gemacht worden. Dort wäre man dem Kardinal für Präzisierungen dankbar und für die Benennung seiner Informationsquellen. Kirchliche Besucher in den Gefangenenlagern hätten sich ganz anders geäußert. Auch spreche die wachsende Zahl von Wehrmachtsangehörigen, die in Frankreich zu bleiben wünschten, gegen die Behauptungen des Kardinals.

Frings hat den Antwortentwurf Berndorffs eigenhändig überarbeitet. Von den mitgeteilten Fakten sei nur ein Beispiel genannt: »S. Eminenz erhielt im November 1947 Kenntnis von den außerordentlich harten Lebensbedingungen der Gefangenen, die in Nordfrankreich in Bergwerken arbeiten. Teilweise bis zu 20 Mann pro Tag versuchten die Gefangenen dort, durch Flucht sich diesen Lebensbedingungen zu entziehen, und scheuten dabei keineswegs große Lebensgefahren, z.B. durch Abspringen von fahrenden Zügen zur Arbeitsstätte. Bei einer solchen Gelegenheit wurden einem Kriegsgefangenen, der bei Jahren und Familienvater war,

---

290 Hier übernahm Frings eine Formulierung aus der Weihnachtsansprache Pius' XII. von 1946.

291 Consulat général de France, M. P. A. Arnal, Ministre Plénipotentiaire chargé du Consulat général, Düsseldorf, an Berndorff 20. Februar 1948; Antwortentwurf (deutsch) Berndorffs an Arnal (o.D., mit hs. Korrekturen von Frings): HAEK – CR II 25.19, 7.

beide Beine abgefahren«. Der Brief endete mit der Feststellung: »Sodann glaubt S. Eminenz, es sei mit den Forderungen der ›Menschlichkeit‹ schwer vereinbar, dass heute, fast drei Jahre nach Kriegsende, noch $^1/_4$ Million Gefangener in Frankreich weilen ... Ich würde mich freuen, wenn ich S. Eminenz mitteilen könnte, dass Sie, sehr geehrter Herr Minister, sich einsetzen zur Lösung dieser völkerversöhnenden Frage ...«. Der Schriftwechsel war damit beendet.

Das Jahr 1948 sollte das Jahr werden, in dem die Westalliierten, auch Frankreich, alle Kriegsgefangenen entließen, ausgenommen einige Tausend, die wegen ihnen vorgeworfener Kriegsverbrechen noch ein gerichtliches Verfahren zu erwarten hatten. Die Briten waren offensichtlich fest entschlossen, für sich das Kriegsgefangenenproblem auszuräumen und dabei zudem noch mit Umsicht vorzugehen. Am 3. Januar 1948 meldete sich die Religious Affairs Branch des britischen Oberkommandos in Bünde bei Frings[292]. Man habe den Eindruck, viele Kriegsgefangene könnten bei ihrer Heimkehr eine nicht ausreichende Vorstellung von der Wirklichkeit in Deutschland haben. Man wolle die Gefangenen durch Schulung auf die Heimkehr und die zu erwartenden Verhältnisse vorbereiten und bitte um Empfehlung geeigneter Referenten verschiedener Sachgebiete, die einerseits sich in die Mentalität der Gefangenen versetzen, andererseits ihr Vertrauen gewinnen könnten. Frings benannte am 18. Februar mehrere denkbare Referenten für jedes der in der Anfrage benannten Sachgebiete[293].

In dem Maße, wie im Laufe des Jahres 1948 die Kriegsgefangenen heimkehrten, verlagerte sich der Einsatz des Kölner Kardinals in der Zusammenarbeit mit dem Deutschen Caritasverband und Landesbischof Wurm auf die seelsorgliche Betreuung und juristische Unterstützung der unter Anklage auf Kriegsverbrechen stehenden und in alliierten Gefängnissen einsitzenden Personen. Da häufiger deutlich wurde, dass bei Abwicklung dieser Verfahren rechtsstaatliche Prinzipien verletzt wurden, kam es zu langwierigen Auseinandersetzungen mit den jeweils betroffenen Besatzungsmächten, die noch ausführlicher zu schildern sind[294].

Zur Kriegsgefangenenfrage konnte Kardinal Frings bei seiner Silvesterpredigt 1948 im Kölner Dom feststellen[295]: »Tausende von Kriegsgefangenen sind heimgekehrt. Die ganze westliche Welt hat ihr Versprechen ein-

---

292 Religious Affairs Branch, Hubert J. Howard, an Frings 3. Januar 1948 (engl. Original): HAEK – CR II 25.19, 7.

293 Frings an Howard 18. Februar 1948 (sign. Kopie, deutsch): Ebd.

294 Vgl. unten S. 287-313.

295 Predigt Sr. Eminenz zum Jahresschluss 1948: KA 89, 1949, S. 30 ff., hier: S. 31.

gelöst, bis Ende dieses Jahres alle Kriegsgefangenen heim zu senden. Wir heißen sie aufs herzlichste willkommen in der Heimat und wünschen ihnen, dass sie bald den Anschluss an das Familienleben, das Wirtschaftsleben, das Leben des Volkes finden! Auch aus Russland und den anderen Oststaaten sind Hunderttausende heimgekehrt, aber weitere Hunderttausende schmachten noch in trostloser Gefangenschaft. Wir senden ihnen einen innigen deutschen und christlichen Gruß hinüber und versichern sie unseres Gebetsgedenkens ...«.

5. Seelsorge und äusserer Wiederaufbau im Erzbistum Köln bis zum Domjubiläum 1948

Aus der Rückschau späterer Jahrzehnte drängt sich die Frage auf: Hätten Bischöfe wie Kardinal Frings nach dem Zusammenbruch von 1945 nicht neue Wege der Seelsorge suchen müssen, haben sie nicht allzu selbstverständlich dort wieder anzuknüpfen versucht, wo sie nach 1933 hatten zurückstecken müssen? Sind solche Beurteilungsversuche aus späterer Perspektive immer schon problematisch, so übersehen sie in diesem Falle die Erschwernisse aus den damaligen Lebensverhältnissen der Menschen, in denen die Suche nach Überlebensmöglichkeiten für den Augenblick jede Zukunftsplanung verdrängte. In seinem Weihnachtsbrief 1946 schrieb Kardinal Frings an Pius XII.[296]: »... Die tägliche Sorge der Menschen ums nackte Leben und ums tägliche Brot haben bisher eine eigentliche religiöse Wiedergeburt des Volkes verhindert, aber es liegen doch einige deutliche Anzeichen vor, dass der alte katholische Fonds im Wesentlichen nicht verlorengegangen ist. Dazu rechne ich den Ausfall der Wahlen, die ausdrücklich unter der Parole: ›Zurück zu den christlichen Grundsätzen im öffentlichen Leben!‹ getätigt wurden[297]. Mehr noch [besagt] der Ausfall der Elternabstimmung über den Charakter der Volksschule im Frühjahr d[iese]sJ[ahres], bei der 80 – 90% der kath[olischen] Eltern sich für die öffentliche kath[olische] Volksschule entschieden haben ...«.

[296] Frings an Pius XII. 18. November 1946 (hs. Entwurf): HAEK – CR II 25.18, 8. Druck: N. Trippen, Weihnachtsbriefe, S. 140-147, hier: S. 142 f.

[297] Damit sind die ersten Kommunalwahlen am 15. September bzw. 13. Oktober 1946 gemeint, die im nordrhein-westfälischen Landesdurchschnitt ergaben: 48,5% CDU, 31,3% SPD, 7,4% KPD, 2,7% FDP, 5,5% Zentrum, 4,2 % Unabhängige: W. Först, Nordrhein-Westfalens I, S. 197-206, bes. S. 203 ff. – Das Stadt-Kölner Wahlergebnis am 13. Oktober 1946: 53,4% CDU (= 14 Sitze), 34,6% SPD (= 8 Sitze), 9,3% KPD (= 2 Sitze), 0,7% FDP, 2 % Parteilose: R. Frohn, Köln 1945–1981, S. 160 ff.

In Chancen und Schwierigkeiten der Seelsorge nach 1945 und in die bis zur Währungsreform von 1948 kümmerlichen räumlichen und materiellen Voraussetzungen seelsorglichen Wirkens geben die Weihnachtsbriefe des Erzbischofs an den Papst sehr summarische und dennoch eindrucksvolle Einblicke. Schon 1945 klingen die Themen an, die in diesen Jahren Episkopat und Seelsorger bedrängten: Bekenntnisschule, Religionsunterricht, Jugend- und Vereinsarbeit[298]: »Für die katholischen Lehrerinnen und Lehrer haben wir in allen Dekanaten durch Geistliche einen zwölfstündigen Kursus zur Wiedereinführung in die Erteilung des Religionsunterrichtes durchgeführt. Im Anschluss daran wird den Lehrpersonen die missio canonica erteilt. Der Kursus fand in der Lehrerschaft begeisterte Aufnahme«[299]. 1947 berichtete Frings dem Papst nicht ohne Stolz[300]: »Der Klerus arbeitet mit großem Eifer und hat auch die Gebiete, die während des Dritten Reiches den Priestern nicht zugänglich waren, mit Entschlossenheit aufs neue betreten. Er unterrichtet zusammen mit der Lehrerschaft wieder an den Volksschulen ... 68 Geistliche wurden in meiner Diözese als hauptamtliche Religionslehrer an den höheren Schulen neu eingestellt, 22 an den sogenannten ›Berufsschulen‹, durch die 90% der gesamten Jugend im Alter von 14–17 Jahren hindurchgehen«.

Für die außerschulische Jugendarbeit wie überhaupt für die Standesseelsorge hatten sich die deutschen Bischöfe schon bei ihren ersten Zusammenkünften 1945 entschlossen, das dem Episkopat und dem Klerus stärker unterstellte Modell der »Katholischen Aktion« dem eher selbständigen Modell der Verbände und Vereine von vor 1933 vorzuziehen[301]. Die schon sehr konkreten Pläne schilderte Frings Ende 1945 Pius XII.[302]: »Was die heranwachsende Jugend betrifft, so ist die Arbeit in vollem Gange. Sie soll unter dem Namen ›Katholische Jugend‹ zusammengefasst und mehr als bisher auf Bistum, Dekanat und Pfarre ausgerichtet werden. Die Leitung soll bei den Bischöfen und deren Vertretern liegen. Eine [Bischöfliche] Hauptarbeitsstelle wird in Altenberg, Bezirk Köln, eingerichtet, die von Msgr. Wolker[303] geleitet wird. Die Arbeit an der weiblichen

---

298 Frings an Pius XII. 25. November 1945 (unterschr.Kopie): HAEK – CR II 1.14, 1. Druck: N. TRIPPEN, Weihnachtsbriefe, S. 138 ff. (ohne das Zitat).

299 Dazu: E. HEGEL, Geschichte des Erzbistums Köln V, S. 634 f.

300 Frings an Pius XII. 4. Dezember 1947 (hs. Entwurf). HAEK – CR II 1.14, 1. Druck: N. TRIPPEN, Weihnachstbriefe, S. 147-150.

301 Vgl. oben S. 122 mit Anm. 9 u.ö.

302 Vgl. oben Anm. 296.

303 Ludwig Wolker (1887–1955), 1912 Priester (München), 1926–1939 Generalpräses des kath. Jungmännerverbandes, ab 1940 in der Bischöfl. Hauptstelle für kath. Jugendseelsorge tätig, ab 1945 deren Leiter und Direktor von Haus Altenberg, 1947–1952 Geistli-

Jugend soll ebenfalls von dort aus ihre Anregungen erhalten ... Die früheren Bünde und Verbände sollen in der alten Form als Reichsverbände nicht wieder erstehen, wohl aber sollen innerhalb der ›Katholischen Jugend‹ Gruppen bündischer Art möglich sein«.

Schon der Weihnachtsbrief 1946 lässt allerdings erkennen, dass andersgeartete Initiativen von der Basis die Pläne der Bischöfe von 1945 nicht ganz in Erfüllung gehen ließen. Frings berichtete dem Papst[304]: »In den Städten haben sich allenthalben sog[enannte] ›Katholikenausschüsse‹ gebildet, die ein Zusammenschluss der vorhandenen kath[olischen] Vereinigungen sein wollen, um die Grundsätze des kath[olischen] Glaubens auch im öffentlichen Leben zur Geltung zu bringen. Wir haben diese Ausschüsse jetzt für die Diözese zusammengefasst. Neben den rein religiösen Vereinigungen blühen auch die berufsständisch aufgebauten Organisationen wieder auf, besonders das Werk Adolf Kolpings u[nd] die kath[olischen] Arbeitervereine. Es regen sich aber auch wieder die kath[olischen] Kaufmännischen Vereine, und in der Jung-Akademikerschaft sind neue zusammenfassende u[nd] doch das Alte anerkennende Vereinigungen in der Bildung begriffen. Auf all diesen Gebieten, wie auch auf dem der Jugendorganisationen, herrscht soviel Initiative, dass wir Bischöfe nicht so sehr anzuregen als vielmehr zu steuern u[nd] nötigenfalls zu bremsen haben«.

Trotz des erkennbaren Bedürfnisses, dem Papst vor allem Erfreuliches zu berichten, lassen Frings' Briefe an Pius XII. doch auch selbstkritische Reflexion erkennen. So stellt der Erzbischof 1947 erneut fest, »dass man in Deutschland von einem Aufbruch neuen religiösen Lebens in weitem Umfang noch nicht sprechen kann«[305]. Die Menschen seien durch die Sicherung ihrer Existenz besetzt. »Der Vergnügungstaumel, der auf lange Kriege zu folgen pflegt und dem es in den zerstörten Städten an den nötigen Räumen fehlt, wirkt sich diesmal mehr auf dem Lande aus, und die Landseelsorger klagen bitter über einen Rückgang des religiösen Lebens und der alten guten Sitten«.

Nach der Darstellung des schulischen Einsatzes der Priester folgt eine Aktualisierung des vorjährigen Berichtes über Katholikenausschüsse und Verbände, unter denen Frings 1947 die neugegründete CAJ hervorhob, »die durch einen Besuch von Kanonikus Cardijn angeregt wurde«. Auch die Standesseelsorge fand Erwähnung: das »Katholische Männerwerk, das

---

cher Leiter des BDKJ: B. SCHELLENBERGER, in: Zeitgeschichte in Lebensbildern, Bd. 5, Mainz 1982, S. 134-146.

304 Vgl. oben Anm. 297.

305 Vgl. oben Anm. 298.

die organisierten und nicht organisierten kath[olischen] Männer auf Grund ihres kath[olischen] Glaubens erfasst und sie nach Pfarreien, neuerdings auch nach Betrieben, zusammenschließt«, die »Kath[olischen] Arbeitervereine, die in Westdeutschland wieder 100.000 Mitglieder zählen und zu Weihnachten die erste Nummer ihrer Zeitschrift ›Kettelerwacht‹ herausbringen«. Der Kampf um Lizenzen und Papierzuteilungen war oft genug Gegenstand erzbischöflicher Vorsprachen bei den Briten gewesen, die unter der damaligen Labour-Regierung kommunistische und sozialistische Organe gegenüber der Kirchenpresse bevorzugten[306].

Ganz im Gegensatz zu Frings' Absichten, das neu aufkeimende Laienverbandswesen unter dem Dach der »Katholischen Aktion« einer festeren Führung durch den Klerus zu unterwerfen, musste er 1947 dem Papst eingestehen: »In all diesen Vereinigungen arbeiten unsere Laien mit großem Eifer mit, und wenn sie zuweilen scharfe Kritik auch am Klerus üben, so geschieht es aus einer tiefen Liebe zur Kirche und einer sehr hohen Vorstellung von dem, was der Priester sein sollte«. Frings und die übrigen deutschen Bischöfe mussten nach 1945 bald erfahren, dass das in Deutschland seit 100 Jahren gewachsene Selbstbewusstsein der Laien – bei aller Kooperationsbereitschaft gegenüber dem Klerus – nicht durch einen strukturellen Umstieg auf das Modell »Katholische Aktion« zu überwinden war.

Der Erzbischof vermochte der nicht wunschgemäß verlaufenden Entwicklung aber durchaus auch die positiven Seiten abzugewinnen: »In der Jugend ist keineswegs alles verdorben. Der ›Bund der kath[olischen] Jugend‹ umfasst in den westlichen Zonen wieder ca. 750.000 Mitglieder. Zu einer Marienwallfahrt nach Altenberg bei Köln waren im Mai d[iese]s J[ahre]s [1947] allein aus der Kölner Erzdiözese 15.000 Jungmänner und 25.000 junge Mädchen zusammengeströmt. Die Studenten haben sich auf katholischem Boden zur Kath[olischen] Deutschen Studenteneinigung zusammengeschlossen, in der die Studentenseelsorger einen großen Einfluss haben und die bei der Pax Romana angemeldet ist. Der Zudrang zum Theologiestudium ist bedeutend gestiegen und nähert sich in den beiden jüngsten Semestern wieder normalen Ziffern ...«[307].

Erst nach der Währungsreform von 1948 und der Schaffung entsprechender materieller Voraussetzungen wurde es Ende 1949 möglich, dem

---

306 Vgl. z. B. Gespräch Frings' mit Colonel Hamilton am 19. Juli 1945: unten S. 230 ff. mit Anm. 11 (L. VOLK, Akten VI, Nr. 1005, S. 580 ff.) u.ö.

307 Die Zahl der Priesteramtskandidaten stieg in der Tat nach 1945 wieder an, erreichte jedoch nie wieder das Niveau der dreißiger Jahre. Zahl der Priesterweihen im Erzbistum Köln: 1946 = 12; 1947 = 36, 1948 = 15; 1949 = 19; 1950 = 27; 1951 = 37; 1952 (Studienbeginn 1946) = 42: HANDBUCH DES ERZBISTUMS KÖLN, Bd 2, [26]1966, S. 863 ff.

Papst einige Veröffentlichungen zu schicken[308], aus denen Pius XII. entnehmen sollte, »wie wir uns bemühen, das religiöse Leben entsprechend den Enzykliken des Hl. Stuhles zu gestalten und auch zu schwebenden sozialen Fragen Stellung zu nehmen. Es ist 1) das ›Gebet- und Gesangbuch für das Erzbistum Köln‹, an dem vor allem die Professoren des Bensberger Priesterseminars gearbeitet haben[309] und das bis Ostern 1950 in etwa 250.000 Exemplaren in den Händen meiner Diözesanen sein wird, 2) die letzte Nummer der Kirchenzeitung ..., 3) eine Schrift über ›Verantwortung und Mitverantwortung in der Wirtschaft‹, die von einem Kreise von Arbeitgebern und Arbeitnehmern, Juristen u[nd] Theologen erarbeitet wurde, der sich seit drei Jahren in meinem Hause zu treffen pflegt«[310].

In diesem Weihnachtsbrief 1949 kommt der Kardinal dann auf eine seelsorgliche Neuerscheinung der Nachkriegsjahre zu sprechen, die heute zu einer banalen Selbstverständlichkeit geworden ist: »Der fromme Eifer der deutschen Katholiken mag daraus erhellen, dass unter unseren Laien, namentlich unter denen in gehobenen Stellungen, der Wunsch und eine lebhafte Propaganda für eine werktägliche Abendmesse laut geworden ist, da es den meisten wegen der weiten Entfernung zwischen Wohnung und Arbeitsstätte unmöglich sei, am Morgen der hl. Messe beizuwohnen«. Frings fragte an, »ob den Bischöfen die Vollmacht gegeben werden könne zu gestatten, dass in Städten [von] über 100.000 Einwohnern an einer zentral gelegenen Stelle eine tägliche Abendmesse mit Gelegenheit zum Empfang der hl. Kommunion gehalten werde«. Dass die eucharistische Nüchternheit in solchen Fällen nicht mehr von Mitternacht an, sondern nur für drei Stunden vor dem Kommunionempfang urgiert wurde, gehörte zu den »Einbrüchen«, die die Kriegsverhältnisse bewirkt hatten!

Insgesamt gewinnt man aus Frings' Berichten an den Papst und den sonstigen Akten jener Jahre den Eindruck, dass es nach 1945 durchaus einen religiösen Neuanfang größerer Bevölkerungsschichten gab. Dabei dürfte weniger direkter politischer Opportunismus eine Rolle gespielt haben als das Bedürfnis, mit der Desillusionierung über die zurückliegenden 12 Jahre fertig zu werden. Frings blieb nicht ohne Skepsis hinsichtlich des

---

308 Frings an Pius XII. 11. Dezember 1949 (hs. Entwurf): HAEK – CR II 1.14, 1. Druck: N. TRIPPEN, Weihnachtsbriefe, S. 153 f.

309 Zur Mitarbeit des Seminarkollegiums am Diözesangebetbuch: A. FROTZ, Das Priesterseminar zwischen Zweitem Weltkrieg und Zweitem Vatikanischen Konzil (1945–1965), in: N. TRIPPEN, Priesterseminar-Festschrift, S. 180-208, hier: S.186 f.

310 Es handelt sich um J. KARDINAL FRINGS (Hrsg.), Verantwortung und Mitverantwortung in der Wirtschaft. Was sagt die katholische Soziallehre über Mitwirkung und Mitbestimmung?, Köln 1949. Zu dem sozialpolitischen Kreis um Frings nach 1946 und seinem Engagement in sozialen Fragen s. unten S. 394-405.

Tiefgangs der neuen religiösen Phänomene. So schrieb er dem Papst 1947: »Wir sind durch die raffinierte Verfolgung der Kirche und durch den konzentrierten Ansturm gegen die Grundwahrheiten des christlichen Glaubens hindurchgegangen. Wir haben den nervenzermürbenden Krieg und sein schreckliches Ende erlebt; und wenn auch in unseren Landesteilen keine Behinderung des kirchlichen Lebens von oben her mehr stattfindet, vielmehr die Kirche volle Freiheit genießt, so ist doch die furchtbare Armut, die trostlose Aussicht in die Zukunft, die Unsicherheit, was aus Deutschland und was aus der Welt wird, geblieben«. Ob der Kölner Kardinal in seiner Einschätzung der geistigen Lage so weit von P. Ivo Zeiger SJ entfernt war, der auf dem ersten Nachkriegskatholikentag in Mainz 1948 von Deutschland als einem »Missionsland« sprechen sollte?

Nicht nur die Sorge um die tägliche Existenz bei den Gläubigen wie bei den Seelsorgern dämpfte den Flügelschlag eines seelsorglichen Neuanfangs, auch die Kriegszerstörung an Kirchen und kirchlichen Einrichtungen belastete die Seelsorge in den ersten Nachkriegsjahren. Weihnachten 1945 berichtete Frings dem Papst, der schlimmste Übelstand auf kirchlichem Gebiet sei die weitgehende Zerstörung der Kirchen und kirchlichen Dienstwohnungen. »In Köln z. B. sind von 92 Kirchen wenigstens 66 unbenutzbar«. Der Domgottesdienst sei einstweilen in die Schatzkammer verlegt. »Alle Pfarreien haben aber irgendeinen Notraum eingerichtet. Wiederherstellungsarbeiten an den Kirchen waren in den letzten Monaten unmöglich, da nur Bauarbeiten für Wohnzwecke gestattet wurden. Ähnlich liegen die Dinge in den anderen Städten der Erzdiözese, wenn auch der Grad der Zerstörung in Köln am höchsten ist ...«[311].

Konkreter berichtete Frings 1946: »... Köln ist nicht viel mehr als ein Trümmerhaufen, in dem eine halbe Million Menschen notdürftig wieder ein Obdach gesucht u[nd] gefunden hat. Der *Dom* freilich kann als gerettet bezeichnet werden. Das Dach ist fast wieder ganz geschlossen, und alle tragenden Teile des wunderbaren Baues sind erhalten. Im Innern aber herrscht noch der Greuel der Verwüstung ... Wesentlich schlimmer sieht es mit den anderen kunstgeschichtlich *wertvollen Kirchen* der Altstadt aus. Einige von diesen etwa zwölf Kirchen, meist aus dem 12./13. Jahr-

---

[311] E. HEGEL, Geschichte des Erzbistums Köln V, S. 631: »Von 954 statistisch erfassten Kirchen und öffentlichen Kapellen waren 211 ohne nennenswerte Schäden davongekommen, 441 hatten leichte Schäden (bis 5% der Bausubstanz) erlitten, die übrigen 302 Gotteshäuser galten als schwer beschädigt ... Darüber hinaus wurden 57 Pfarrheime restlos zerstört, 56 mehr oder weniger mitgenommen; 206 Dienstwohnungen waren ganz vernichtet, 698 in unterschiedlichem Maße beschädigt«. Hegel verweist auf W. WEYRES, Kriegsschäden in Stadt und Erzbistum Köln, in: Krieg und Kunst im Erzbistum Köln, S. 35-52, hier: S. 35.

hundert, sind nur noch Ruinen, andere sind schwer beschädigt, keine war mehr benutzbar. Gute Dienste tun die mit diesen Kirchen verbundenen Krypten, in denen die zusammengeschmolzenen Gemeinden Unterkunft fanden. ... Da auch die neuen großen Kirchen fast alle zerstört sind, andererseits die Mehrzahl der Bevölkerung wieder zurückgekehrt ist, macht sich der Mangel an Kirchenraum drückend geltend. Man sucht sich zu helfen, indem man in den Notkirchen mehr Messen als früher hält. Das hat aber den Nachteil, dass die hl. Messen sehr nahe aufeinander folgen müssen und daher die Predigt leicht zu kurz kommt«.

Angesichts des Ausmaßes der Kriegszerstörungen in Köln und der Ratlosigkeit, wo man im Hinblick auf die fehlenden Mittel und Materialien mit dem Wiederaufbau beginnen sollte, kann die Schlüsselfunktion der vorläufigen Instandsetzung von Chor und Querhaus des Domes und des Festes zur 700-Jahr-Feier der Grundsteinlegung am 15. August 1948 kaum überschätzt werden[312]. Frings hatte dieses Datum schon bei seinem ersten »Zustandsbericht« an den Hl. Stuhl am 1. Juli 1945 ins Auge gefasst[313]. In keinem seiner Weihnachtsbriefe an Pius XII. ließ er es unerwähnt. Während er die unermesslichen Schwierigkeiten des Dombaues und der Materialbeschaffung Dombaumeister Willy Weyres und dem aus gemeinsamen Notzeiten im Caritas-Krankenhaus Köln-Hohenlind befreundeten Prälaten Dr. Franz Müller überließ[314], scheinen Idee und Gestalt des Festes im August 1948 bei Frings selbst gewachsen zu sein.

Seit dem Konsistorium in Rom aus Anlass seiner Kardinalserhebung im Frühjahr 1946 hatte Frings jede Gelegenheit genutzt, die Isolierung Deutschlands auf der ihm zugänglichen weltkirchlichen Ebene zu durchbrechen. Den internationalen marianischen Kongress in Ottawa 1947 besuchte er bewusst auch in dieser Absicht[315]. Wie bereits erwähnt, nahm er diese Gelegenheit wahr, um »verschiedene Bischöfe und Kardinäle der

312 Zur 700-Jahr-Feier der Grundsteinlegung des Kölner Domes im August 1948: J. FRINGS, Für die Menschen bestellt, S. 123-133; J. VAN ELTEN, Katalog, S. 56-60; vor allem: Kölner Domjubiläum 1948. Dokumentenband, hrsg. vom Kölner Metropolitankapitel, Düsseldorf 1950. Die nachfolgenden Abschnitte wurden in einer etwas anders gestalteten Fassung bereits veröffentlicht: N. TRIPPEN, Das Kölner Domfest 1948; vgl. auch: R. STEGERS, Die Stadt um den Dom. Das Jubiläum der Kathedrale und der Wiederaufbau von Köln, in: R. SCHNEIDER u. R. STEGERS, Glück-Stadt-Raum in Europa 1945 bis 2000, o. Ortsangabe u. o. J., S. 22-27.

313 Vgl. oben S. 128 mit Anm. 32.

314 Willy Weyres (1903–1989) 1944–1972 Dombaumeister und (seit 1945) Erzdiözesanbaumeister in Köln, 1955–1972 dazu Professor für Baugeschichte an der RWTH Aachen: A. WOLFF, Willy Weyres – Architekt, Forscher und Lehrer, in: Kölner Domblatt 54, 1989, S. 202-206. – Zu Franz Müller (1900–1989) vgl. oben Anm. 143.

315 Vgl. oben S. 161 f. mit Anm. 140.

Neuen und der Alten Welt einzuladen zur 700-Jahr-Feier der Grundsteinlegung des Kölner Domes«[316].

Doch zunächst musste Frings die Widerstände seiner Berater in Köln gegen dieses zeitbedingt waghalsige Unternehmen überwinden. Der Kardinal erinnerte sich nach 25 Jahren[317]: »Mein bester Mitarbeiter war dabei der Generalvikar Emmerich David ... Er war durchaus dafür, das Fest groß aufzuziehen und international zu gestalten. Herr Dompropst Hecker hatte Bedenken und glaubte, die Zeit sei für eine so große Veranstaltung noch nicht reif«. Seine Vorbehalte lagen nicht zuletzt in der damals schier unlösbaren Frage begründet, wie die zahlreichen Gäste eines solchen Festes unterzubringen und zu beköstigen seien. »Darum zögerte er zunächst auch bei den Verhandlungen mit der Stadt, sich für den Plan, eine internationale Feier daraus zu gestalten, einzusetzen. Es war in der Tat eine gewisse Kühnheit, so kurz nach dem furchtbaren Krieg und all den Zerstörungen, die Deutschland in den benachbarten Ländern angerichtet hatte, das Ausland zu einem großen kirchlichen Fest einzuladen. Aber da wir auch bei der Stadt Unterstützung fanden, haben wir uns doch dazu entschlossen«.

Als im Spätherbst 1947 die Entscheidung für das Fest gefallen war, nutzte der für Stilfragen Zeit seines Lebens höchst sensible Kardinal Frings seinen Weihnachtsbrief an Pius XII., einen päpstlichen Legaten für das Fest zu erbitten[318]. Nicht ungeschickt verwies er auf den Glanz des Festes vor 100 Jahren, an dem der damalige Reichsverweser Erzherzog Johann von Österreich und König Friedrich Wilhelm IV. von Preußen teilgenommen hatten. »Wir beabsichtigen, eine kirchliche Feier zu veranstalten, zu der wir außer den benachbarten Bischöfen und den Spitzen der Behörden auch einige Kardinäle aus dem Auslande einladen möchten. In aller Ehrfurcht erlaube ich mir anzufragen, ob der Anlass bedeutend genug erscheint, dass zu ihm ein legatus a latere von Ew. Heiligkeit entsendet werde. Das würde uns und den Katholiken Deutschlands eine überaus große Freude bedeuten und als Beweis der väterlichen Liebe Ew. Heiligkeit gewertet werden«.

Frings nutzte die Privataudienz bei Pius XII. aus Anlass des Ad-limina-Besuches am 16. April 1948, um die Bitte zu wiederholen[319]. Er notierte sich: »Es scheint geplant gewesen [zu sein], ich selbst solle zum Kardinallegaten bestellt werden. Ich bitte aber, man möge einen Italiener senden,

---

316 Hirtenbrief vom 3. Juli 1947: KA 87, 1947, S. 169-172.

317 J. Frings, Für die Menschen bestellt, S. 123.

318 Frings an Pius XII. 4. Dezember 1947. Vgl. oben Anm. 300.

319 »Audienz beim Hl.Vater am 16. April 48«, hs. Notiz Frings': HAEK – CR II 2.18d, 3.

z. B. Pizzardo oder Tedeschini[320]. ... Er [der Papst] wird bald Antwort geben, ob u[nd] wer kommt«. Aus dem Abstand von 25 Jahren erinnerte sich Frings[321], er habe die eigene Bestellung zum Legaten mit Verweis auf die Kölner abgelehnt: »Dann würden die Kölner sagen: ›Was soll das denn heißen, unseren Frings kennen wir doch längst. Soll der auf einmal was Neues, was Anderes geworden sein?‹« In Wirklichkeit dürfte es dem Kardinal um den Rang des geplanten Festes gegangen sein, der sich auch in der Auswahl des päpstlichen Legaten dokumentieren würde. Der schließlich entsandte Kurienkardinal Clemente Micara[322] erwies sich als eine glückliche Wahl. »Denn Micara war eine imposante Erscheinung. Scherzhaft haben ihn die Kölner als Barockengel bezeichnet«[323].

Es gelang Frings, außer dem päpstlichen Kardinallegaten noch sechs weitere Kardinäle für die Teilnahme am Domfest zu gewinnen: Faulhaber (München), Innitzer (Wien), Griffin (London/Westminster), Suhard (Paris), van Roey (Mecheln), de Jong (Utrecht)[324], dazu über dreißig Bischöfe, auch unter ihnen neben den Deutschen zahlreiche Vertreter der ehemals »feindlichen« Nachbarländer, aber auch aus Übersee und den

320 Giuseppe Pizzardo (1877–1970), 1930 Kurienbischof, 1937 Kardinal, Präfekt der Studienkongregation: ANNUARIO PONTIFICIO 1948, S. 49; ebd., 1971, S. 1414. – Federico Tedeschini (1873–1959), 1921 Kurienbischof, 1933 Kardinal, Erzpriester von St. Peter, Präfekt der Kirchenfabrik von St. Peter, Camerlengo des hl. Kollegiums: ANNUARIO PONTIFICIO 1948, S. 42 f.; ebd., 1960, S. 82.

321 J. FRINGS, Für die Menschen bestellt, S. 124.

322 Clemente Micara (1879–1965), 1920 Kurienbischof, 1946 Kardinalbischof von Velletri, Präfekt der Ritenkongregation, Subdekan des hl. Kollegiums, später Generalvikar des Papstes für die Diözese Rom: ANNUARIO PONTIFICIO 1948, S. 33; ebd., 1966, S. 102*.

323 J. FRINGS, Für die Menschen bestellt, S. 124.

324 Michael (von) Faulhaber (1869–1952), 1917–1952 Erzbischof von München-Freising, 1921 Kardinal: L. VOLK, in: E. GATZ, Bischofslexikon, S. 177-181; H. HÜRTEN, Akten Kardinal Michael von Faulhabers III (Einleitung); ergebnisreiche Beiträge zu allen Lebensphasen und Schwerpunkten des bischöflichen Wirkens von Faulhaber finden sich in: Kardinal Michael von Faulhaber 1869–1952. Eine Ausstellung des Archivs des Erzbistums München und Freising, des Bayerischen Hauptstaatsarchivs und des Stadtarchivs München zum 50. Todestag (= Ausstellungskataloge der Staatlichen Archive Bayerns, Bd. 44), Schriftleitung: A. LIESS, München 2002. – Theodor Innitzer (1875–1955), 1929–1930 österreichischer Bundesminister, 1932–1955 Erzbischof von Wien, 1933 Kardinal: M. LIEBMANN, in: E. GATZ, Bischofslexikon, S. 339-343. – Bernard Griffin (1899–1956), 1938–1943 Weihbischof, 1943–1956 Erzbischof von Westminster, 1946 Kardinal: ANNUARIO PONTIFICIO 1948, S. 60; ebd., 1958, S. 85. – Emmanuel Célestine Suhard (1874–1949), 1928 Bischof von Bayeux, 1930 Bischof von Reims, 1935 Kardinal, 1940–1949 Erzbischof von Paris: ANNUARIO PONTIFICIO 1948, S. 46; ebd., 1956, S. 83. – Ernest van Roey (1874–1961), 1926–1961 Erzbischof von Mecheln, 1927 Kardinal: ANNUARIO PONTIFICIO 1948, S. 36; ebd., 1963, S. 88*. – Johannes de Jong (1885–1955), 1935 Weihbischof und Koadjutor, 1936 Erzbischof von Utrecht, 1946 Kardinal: ANNUARIO PONTIFICIO 1948, S. 54; ebd., 1958, S. 85. – Liste der Kardinäle und bischöflichen Gäste beim Domjubiläum 1948: DOKUMENTENBAND (vgl. Anm. 312), S. 73 f.

Missionen. Wie sehr für Frings der internationale Rahmen des Festes im Vordergrund der Planungen stand, lassen noch seine Erinnerungen 1973 erkennen[325]: »Die erste Antwort, die ich erhielt, kam von Kardinal Suhard aus Paris[326]. Er schrieb, dass er sehr gerne kommen werde. Als diese Antwort eintraf, sagte mein Generalvikar David, der sich auf den Umgang mit Kardinälen und auf internationale Beziehungen verstand: ›Jetzt haben wir gewonnenes Spiel. Wenn Paris zusagt, dann muss auch London kommen und ebenfalls Belgien; die können jetzt gar nicht mehr anders‹. Und so war es in der Tat, wir bekamen von allen Seiten Zusagen ...«.

Die vor der Währungsreform unlösbar scheinenden praktischen Vorbereitungen überließ Frings anderen. Er berichtete später[327]: »Am Dom war noch bis in die letzten Tage, ja, bis in die letzte Nacht hinein gearbeitet worden. Bei dieser Arbeit hatte sich der Domherr Franz Müller besondere Verdienste erworben. Er hatte vor allem dafür gesorgt, dass wir Essen für die Bauleute hatten. Durch Vermittlung des Catholic Relief Service ... und durch dessen Leiter Swanstrom, den [späteren] Weihbischof von New York[328], waren Lebensmittel gekommen, die an die Bauleute verteilt wurden. Diese wurden so bei guter Laune gehalten und arbeiteten mit sehr großem Eifer[329]. Die eigentlichen Bauarbeiten leitete unser Dombaumeister Willy Weyres. Noch am letzten Abend stellte sich heraus, dass am Südportal des Domes, also da, wo die Hauptfeierlichkeiten sich abspielen mussten, eine große Fiale überaus wackelig war und beim ersten Windstoß herabstürzen konnte. Sie hätte dabei mehrere Menschen töten können. So kletterte einer der Bauleute hinauf, gab dem wackeligen Stück einen Stoß, und es fiel herab und zerbarst unten«.

Zu den Festvorbereitungen schreibt van Elten zusammenfassend[330]: »Im Dezember 1947 wurden erste vorbereitende Kommissionen im Erzbistum gebildet. Nicht nur im Generalvikariat, sondern auch in den verschiedenen Laiengremien der Erzdiözese befasste man sich mit einer Fülle von organisatorischen Fragen. Zu nennen sind etwa die Festlegung der

---

325 J. FRINGS, Für die Menschen bestellt, S. 124.

326 Text der Antwort Suhards vom 6. März 1948: DOKUMENTENBAND, S. 53.

327 J. FRINGS, Für die Menschen bestellt, S. 127.

328 Edward Swanstrom (1903–1985), Direktor der War Relief Services und der NCWC, 1949 Ehrendomherr in Köln, 1960 Weihbischof in New York: ANNUARIO PONTIFICIO 1961, S. 560; PERSONALSCHEMATISMUS KÖLN 1985, S. 11 (letzte Erwähnung).

329 Dass Bauhandwerker unter dem Druck des Hungers in jenen Jahren durch Lebensmittelentlohnungen zu motivieren waren, vermerkte auch der damalige Pfarrer von St. Ursula in Köln, Paul Fetten, in seiner Pfarrchronik am 17. Juni 1946 u. ö.: »An eine wesentliche Weiterführung der Bauarbeiten ist nicht zu denken. Jeder arbeitet nur gegen Lebensmittel«: P. FETTEN, St. Ursula 1945–1948, S. 190.

330 J. VAN ELTEN, Katalog, S. 56.

einzuladenden Personenkreise und der notwendigen Quartiere, Lebensmittelversorgung der Besucher, Transportprobleme und Benzinbeschaffung, schließlich die Programmfestlegung«.

Der Erzbischof bereitete seine Diözese durch einen Hirtenbrief im Juni 1948 auf das Fest vor und ließ dabei sein Gespür für die Realitäten im Umfeld des Festes erkennen[331]: »Welche Freude wird es für uns alle sein, wenn am 15. August nach fünfjähriger Unterbrechung am Hochaltar des Domes das hl. Messopfer wieder dargebracht wird! Gleichzeitig beabsichtigen die Kölner Pfarreien, auf kirchlichem Land, das sie haben zusammenlegen lassen, den Grundstein zu legen zu einem Siedlungsdorf, und die ›Heimstattbewegung für die Erzdiözese Köln‹ wird als neues Haus für heimatlose Jugendliche das von ihr selbst wieder aufgebaute Äbtissinnenhaus bei St. Maria im Kapitol beziehen«.

Die inhaltliche Ausrichtung des Festes umschrieb der Erzbischof so: »1. Von unserer Domfeier verspreche ich mir eine Neubelebung des Bistumsbewusstseins ... 2. Von der Domfeier verspreche ich mir weiter eine Stärkung des Bandes zwischen der Kölner Erzdiözese und dem Heiligen Stuhl in Rom ... 3. Von unserem Domfest verspreche ich mir endlich eine engere Fühlung mit den Christen unserer Nachbarländer ... So wird wenigstens für einige Tage das ›christliche Abendland‹ des 13. Jahrhunderts wiedererstehen, in dem die ganze [westliche] Christenheit noch religiös geeint war in dem einen katholischen Glauben«. Das tiefere Anliegen des Kardinals fand seinen Ausdruck in den Worten: »In unseren Tagen, da die moderne Entwicklung der Verkehrs- und Nachrichtenmittel und die Bedrohung der abendländischen Kultur vom Osten her geradezu mit Gewalt auf ein vereintes Europa hindrängen, mag eine solche Zusammenkunft führender Männer in Köln, der uralten Kulturstätte, die immer eine Völkerbrücke darstellte, von nicht geringer Bedeutung für ein geistiges Wiederfinden der Völker Europas sein ...«. Die Wünsche und Absichten des Erzbischofs sollten in einem kaum zu erwartenden Maße in Erfüllung gehen!

Der Legat des Papstes, zu dessen Gefolge als Zeichen des besonderen Wohlwollens Pius' XII. Fürst Giulio Pacelli gehörte, wurde am 14. August bereits in Frankfurt im Eisenbahnzug von Basel durch Generalvikar David und Vertreter der nordrhein-westfälischen Landesregierung begrüßt[332]. Kardinal Frings selbst reiste ihm an die Bistumsgrenze südlich von Bad Godesberg entgegen. Am Nachmittag des 14. August fand in St.

---

331 Hirtenwort zum Domjubiläum 14. Juni 1948: KA 88, 1948, S. 159-162; DOKUMENTENBAND, S. 27- 29.

332 DOKUMENTENBAND, S. 12.

Andreas neben dem Dom der offizielle Empfang des Legaten durch Erzbischof und Domkapitel und die bereits angereisten Ehrengäste statt. Höhepunkt der mit vielfältigen gottesdienstlichen und kulturellen Veranstaltungen dicht gefüllten Festwoche vom 14. bis 22. August sollte der eigentliche Festtag, der 15. August, werden.

Er begann mit einer symbolträchtigen »Besitzergreifung« Kölns durch seine Heiligen am frühen Morgen. Frings erinnerte sich[333]: »Das Pontifikalamt wurde eingeleitet durch eine Reliquienprozession. Alle alten Schreine, die wir besaßen und die aus ihren Verstecken geholt worden waren, wurden im Zug mitgeführt, auch der Dreikönigenschrein« – sehr zum Entsetzen der Domverantwortlichen! Der Transport der Schreine erfolgte auf offenen Lastwagen, die von Jungmännern der katholischen Jugend bewacht wurden. »Die Idee war: Die Drei Könige sollten denselben Weg wiederholen, den sie im Jahre 1164 zurückgelegt hatten, von der Landestelle am Rheinufer bei Maria Lyskirchen sollten sie zum Dom geführt werden. Die anderen Schreine waren bereits in Hohenlind aufgestellt, wo die meisten Gäste untergebracht waren«.

Eindrucksvoller als ein moderner Film wirkt die Schilderung des Augenzeugen Frings aus der Erinnerung: »Man bewegte sich von Hohenlind zunächst nach Maria Lyskirchen, und dort trat der Dreikönigenschrein in die Prozession ein. Es war ein ergreifendes und zugleich großartiges Schauspiel, als diese herrlichen Schätze, die viele Jahre verborgen gewesen waren, durch die Trümmer der Stadt, durch die Straßen, an deren Rändern kaum noch ein bewohntes Haus stand, geführt wurden. Tausende und aber Tausende (!) von Menschen waren zusammengeströmt, um die Prozession zu sehen. Die Kardinäle gingen zwischen den Reliquienschreinen, alle mit der cappa magna [bekleidet][334]. Es war ein ergreifendes Schauspiel, als diese Pracht sich durch die Trümmer hin zum Dom bewegte, der allein noch aufrecht stand inmitten einer gewaltigen Ruinenstadt. Dieser Eindruck ist unter anderem von einer Studentin ... beschrieben worden. Sie hatte das getroffen, was damals alle bewegte: Es war ein erstes Lebenszeichen Deutschlands, des katholischen Deutschlands, das erste Mal, dass eine internationale Prozession durch die Straßen unserer

---

333 J. Frings, Für die Menschen bestellt, S. 127 f.

334 »Die Cappa magna, ein vorn teilweise aufgeschlitzter Mantel mit langer Schleppe und großer, den Oberkörper umhüllender, von Allerheiligen bis Ostern mit Pelzwerk gefütterter Kapuze; ein Vorrecht der Kardinäle, Bischöfe und anderer Prälaten ...; bei Kardinälen rot; ... aus Seide ...; die Schleppe (cauda) wird bei Kardinälen und Bischöfen gewöhnlich von einem Kleriker (caudatarius) getragen ...«: J. Braun, in: LThK 2, 1931, S. 742. Die cappa magna wurde – wie andere Kleiderprivilegien – im Zuge der Vereinfachungen nach dem II. Vatikanischen Konzil von Paul VI. abgeschafft.

Stadt einherschritt. Die Kölner waren wirklich im tiefsten Herzen ergriffen. Sie haben später gesagt: ›Noch ein solches Domfest, dann sind wir gerettet‹«.

Die Prozession führte durch das Südportal in den Dom, wo nach Einbringung der Schreine das Pontifkalamt des Kardinallegaten mit Verlesung einer Grußbotschaft Pius' XII. und einer kurzen Predigt des Erzbischofs gefeiert wurde. »Es war ein unvergessliches Erlebnis«, so schrieb dieser 1973, »zum erstenmal wieder im Dom ein Hochamt feiern zu können. Bis dahin hatte ich in verschiedenen Kirchen der Stadt die herkömmlichen Pontifikalfeiern gehalten«. Frings schilderte: »Nach dem Agnus Dei der Messe [ging ich] zum Zelebranten, Kardinal Micara, zum Altar hinauf, ließ mir von ihm [den Friedensgruß,] die Pax reichen und ging dann zu den Kardinälen, die rings um den Altar an den tragenden Pfeilern des Ostchors je einen Thron hatten, und überreichte ihnen den Friedenskuss. Ein schöner Ausdruck für die Versöhnung der Völker nach dem schrecklichen Zweiten Weltkrieg. So fand ein wesentlicher Sinn der großen Festlichkeiten seinen schönen und ergreifenden Ausdruck«.

Mag die Teilnehmerzahl der Feier am Nachmittag des 15. August im Müngersdorfer Stadion mit 200.000 zu hoch geschätzt sein, doch nach der abendländisch-sakralen Feier am Morgen bedurfte die rheinische Volksseele am Nachmittag dieses aufgelockerten zweiten Festes unter freiem Himmel, zu dem die Prälaten Wilhelm Böhler und Bernhard Marschall die Ideen geliefert hatten[335]. Auf der Ehrentribüne trafen die kirchlichen Vertreter aus Europa und Übersee die ersten Repräsentanten des politischen Nachkriegsdeutschlands, die Ministerpräsidenten von Nordrhein-Westfalen und Rheinland-Pfalz, Karl Arnold und Peter Altmeier[336], vor allem aber den künftigen Präsidenten des Parlamentarischen Rates und ersten Bundeskanzler Konrad Adenauer. Insofern greift van Elten nicht zu hoch, wenn er schreibt[337]: »So erlebte Nordrhein-Westfalen durch

---

[335] J. FRINGS, Für die Menschen bestellt, S. 131. – Zu Wilhelm Böhler (1891–1958) s. oben S. 94 mit Anm. 40. – Bernhard Marschall (1888–1963), seit 1928 in der kirchlichen Rundfunkarbeit tätig, 1945 Bischöfl. Rundfunkreferent und Beauftragter beim NWDR, 1959 Ehrendomherr in Köln: HANDBUCH DES ERZBISTUMS KÖLN [25]1958, S. 957; ebd. [26]1966, S. 873.

[336] Karl Arnold (1901–1958), 1929–1933 Stadtverordneter und ab 1931 stellv. Fraktionsvorsitzender der Zentrumspartei in Düsseldorf, 1944 Haft, Mitbegründer der CDU, 1946 Oberbürgermeister von Düsseldorf, 1947–1956 Ministerpräsident von Nordrhein-Westfalen: K. DÜWELL, in: LCDD, S. 181 f.– Peter Altmeier (1899–1977), 1929–1933 Stadtverordneter der Zentrumspartei in Koblenz, Mitbegründer und Landesvorsitzender der CDU in Rheinland-Pfalz, 1946 Regierungspräsident in Montabaur, 1947–1969 Ministerpräsident von Rheinland-Pfalz: W. BAUMGART, in: LCDD, S. 178.

[337] J. VAN ELTEN, Katalog, S. 58.

zwei Treffen zwischen Micara und Ministerpräsident Karl Arnold den ersten Staatsbesuch seiner Geschichte, also ein Ereignis von höchster politischer Bedeutung«.

Unter den Grußworten der europäischen Kardinäle und Bischöfe hatte das des Erzbischofs von Paris besonderes Gewicht[338]: » ... Ich komme nicht als einzelner: Ich bringe Euch den Gruß Eurer katholischen Brüder in Frankreich«. Kardinal Suhard schlug wohlvorbereitet einen geschichtlichen Bogen zwischen Köln und Paris: »Vor siebenhundert Jahren verließ Albert der Große die Ufer des Rheines, um an den Ufern der Seine der große Lehrer des heiligen Thomas von Aquin zu werden[339] ... Sein Aufenthalt bei uns sollte jenen anhaltenden Gedankenaustausch einleiten, der besser als alles andere die enge geistige Gemeinschaft dieser beiden Hauptstädte des Geistes zeigt. Als Ausdruck dieser gegenseitigen herzlichen Verbundenheit sandte Ihr Domkapitel, Eminenz, wenig später unserer Sorbonne Reliquien der heiligen Ursula, der Schutzpatronin Ihrer Stadt. Welch ein herrliches Zeitalter, da die geistigen Mittelpunkte des christlichen Europa: Köln, Pavia, Oxford, Paris brüderlich ihre Lehrer, ihrer Schüler, ihre Kultur austauschten. Was will die Riesenversammlung dieses feierlichen Tages anders künden als unser aller Entschlossenheit, an diese Überlieferung wieder anzuknüpfen?« Suhard ließ eine Betrachtung über den geistig-geistlichen Dombau folgen, die nach allen Äußerungen der Freude und des Einheitswillens ein spiritueller Höhepunkt der Feier war.

Der päpstliche Legat fand nach Frings' Schilderung den Kontakt zur Menge erst, als er auf sein stockend vorgetragenes deutsches Manuskript verzichtete und seinem italienischen Temperament in der Muttersprache freien Lauf ließ[340]. »Die Veranstaltung im Stadion fand ihren glänzenden Abschluss in einer Ehrenrunde, die der päpstliche Legat, von mir begleitet, um die Arena herum machte. Voran schritten die Banner der katholischen Vereinigungen, und von allen Seiten ertönten jubelnde Zurufe an den päpstlichen Legaten, der sich die Herzen der Kölner erobert hatte«.

Neben den deutschen staatlichen Vertretern war auch die britische Regierung durch Minister Lord Pakenham und verschiedene Generäle vertreten. Zu den zahlreichen Veranstaltungen der Festwoche gehörte deshalb auch ein Essen, das der Militärgouverneur von Nordrhein-Westfalen,

---

338 Ansprache des Kardinals Suhard, Paris: Dombau der Christenheit. Aus dem Französischen übersetzt: DOKUMENTENBAND, S. 97 f.

339 Die Reiserichtung war tatsächlich umgekehrt: 1248 kam Albert mit seinem Schüler Thomas von Aquin von Paris nach Köln.

340 J. FRINGS, Für die Menschen bestellt, S. 131.

General Bishop, zu Ehren aller anwesenden Bischöfe gab und bei dem er in der Begrüßung feststellte, »er habe noch niemals eine so glanzvolle Versammlung von so vielen Eminenzen und Exzellenzen um sich versammelt gehabt«[341].

Zu den herausragenden Feiern der Woche zählten die Einweihung der Rheinbrücke zwischen Köln und Deutz, die Kardinal Micara unter großer Anteilnahme des Volkes und seiner politischen Repräsentanten aus Stadt und Land vornahm. »Kardinal Frings legte den Grundstein zu zwei auf kirchlichen Grundstücken zu errichtenden Wohnsiedlungen in Köln-Longerich und Köln-Stammheim [später ›Bruder-Klaus-Siedlung‹ genannt]«[342]. Für die weit über Köln hinausgehende Breitenwirkung des Domfestes verzeichnet van Elten: »Der ›Nordwestdeutsche Rundfunk‹ in Köln, weitere Radiostationen in Deutschland, die drei Sender Hilversum, Basel/Beromünster und Stockholm sowie eine belgische Radioanstalt brachten insgesamt 34 Stunden 20 Minuten Berichte und Konzerte anlässlich des Domjubiläums und machten dieses somit zu einem ersten großen kirchlichen Medienereignis«. Die Festoktav schloss mit einer Vesper am 22. August 1948, bei der Kardinal Frings die Weihe der Erzdiözese an das unbefleckte Herz Mariens vollzog.

Es ist in der historischen Rückschau und Beurteilung unbestritten, dass das Domjubiläum 1948 über seine religiösen Dimensionen hinaus eine Initialzündung für den Lebensmut und Wiederaufbauwillen der Kölner Bevölkerung darstellte und auf dem Boden der katholischen Weltkirche die erste Rückkehr der unter Kollektivschuldvorwurf stehenden Deutschen in die europäische Völkergemeinschaft bedeutete. Seinen Weihnachtsbrief 1948 an Pius XII. begann Kardinal Frings mit einer Rückschau auf das Domfest[343]: »Durch die Erfüllung meiner Bitte, zum Kölner Domjubiläum einen Kardinallegaten zu entsenden, und durch die überaus glückliche Wahl von Em[inenz] Micara hat das Fest einen so erhebenden Verlauf genommen, dass es allen, die es miterlebten, zeitlebens unvergesslich sein wird. Den Kölnern ist die Größe und Weltweite der katholischen Kirche aufs Neue zum Bewusstsein gekommen, und die im Tiefsten katholische Seele der Stadt Köln hat sich in überraschender und überwältigender Weise offenbart. Den ausländischen Besuchern, besonders den hochwürdigsten Herren Kardinälen und Bischöfen dürfte es klar geworden sein, dass die katholische Kirche in Deutschland nicht ausgerottet

---

341 Ebd., S. 133.

342 J. van Elten, Katalog, S. 58.

343 Frings an Pius XII. 6. Dezember 1948 (hs. Entwurf): HAEK – CR II 1.14, 1; Druck: N. Trippen, Weihnachtsbriefe, S. 150-152.

worden ist, vielmehr machtvoll und jugendfrisch dasteht. Über die inneren Wirkungen und Nachwirkungen des Festes wird Gott allein ein Urteil geben können, doch werden mein Klerus und ich alles daransetzen, um sie zu pflegen und zur Reife kommen zu lassen«.

Klingt diese knappe Würdigung des Domfestes gegenüber dem Papst vielleicht etwas euphorisch und undifferenziert, so gibt uns das Manuskript eines Vortrages, den Frings fast gleichzeitig am 1. Dezember 1948 vor dem Kölner Stadtklerus hielt[344], detailliertere Einsichten in die pastoralen Vorstellungen des Erzbischofs am Ende des Domfestjahres und der extremen Notzeit nach dem Zweiten Weltkrieg. »Beginnen wir nun mit der Verkündigung des Gottesreiches«, so überschrieb Frings seine Überlegungen und mahnte zunächst einen Grundzug der Freude, des Optimismus und der Gelassenheit für diese Verkündigung bei seinen Priestern an. »Beim Kölner Domfest haben manche sich gewundert über den heiteren Ton, den wir gelegentlich angeschlagen haben. Ich glaube, wir haben ein gutes Werk damit getan, haben auf dem Antlitz Kölns den Zug der Vergrämung und Hoffnungslosigkeit weggewischt und den katholischen Glauben von seiner sympathischen Seite gezeigt. Ähnlich, scheint mir, soll allenthalben die Seelsorge eines heiteren Untertons, der im Vertrauen auf Gott seinen Grund hat, nicht entbehren ...«.

Ein zweites Anliegen des Kardinals an seinen Klerus lautete: »Die Verkündigung sei einfach, unkompliziert, im guten Sinne kindlich ... Wir Europäer sind ein alterndes Volk, und auch die Deutschen tragen Züge von Überalterung an sich. Die typisch deutschen Philosophien des Idealismus, des Schopenhauerschen Pessimismus, des Existentialismus sind Ausgeburten eines alternden, allzu reflex[iv] gewordenen Volkes ...«.

Im dritten Anliegen des Kardinals an seinen Klerus kommt ein persönlicher Schwerpunkt des Priesters und Bischofs Josef Frings zum Ausdruck: »Die Verkündigung in unserer Zeit muss stark sozialen Zug tragen ... Es ist wahr, dass unser Heiland Jesus Christus sich im Wesentlichen auf die Predigt der religiösen Wahrheiten im eigentlichen Sinne beschränkt hat«. Es sei jedoch die Aufgabe des Priesters, diese Predigt »in die Sprache der Gegenwart zu übersetzen«, den Christen zur Hand zu gehen. »Bei der eminenten Bedeutung der sozialen Fragen für das sittlich-religiöse Leben wird er das nicht vermögen ohne deren Kenntnis«. Der Erzbischof verwies dann auf die päpstlichen Verlautbarungen zu sozialen Fragen und auf den »Kreis sozial interessierter Laien und Geistlicher«, den er »seit

---

[344] Hs. Manuskript »1. Dezember 48 vor dem Kölner Klerus, Marienheim, Ehrenfeld«: HAEK – CR II 2.18g, 1.

mehr als zwei Jahren« um sich versammle[345]. Er begrüßte die Einrichtung des Lehrstuhls für christliche Gesellschaftslehre an der katholisch-theologischen Fakultät in Bonn und äußerte die Hoffnung, dass »unser sozialwissenschaftliches Institut« in Honnef bald seine Wirksamkeit entfalten könne. »Mein Wunsch ist es, dass alle Seelsogsgeistlichen an Hand der päpstlichen Sozialenzykliken sich ein gediegenes soziales Wissen aneignen, dass ihre Tätigkeit von einem echten sozialen Empfinden getragen sei und dass sie, wo immer Möglichkeit und Angemessenheit gegeben sind, mutig und klug soziale Werke wie Siedlung, Freizeitgestaltung in Angriff nehmen. *Eine* große Aufgabe der Seelsorge ist sicher die Wiedergewinnung der breiten Arbeiterschichten, die im Laufe der letzten Jahrzehnte der Kirche weithin verloren gegangen sind«. Frings legte den Priestern die Neugründung CAJ ans Herz. »Ihr Aufgabe ist ungeheuer schwer, andererseits ist es einleuchtend, dass der gegebene Apostel des jungen Arbeiters eben der junge Arbeiter ist. Möge es mit Gottes Hilfe gelingen, mitten in der erstickenden Luft der Industriewerke eine Schar solcher junger Apostel heranzubilden!«

Ein viertes und letztes Anliegen des Erzbischofs an seinen Klerus zeigt ebenso wie das vorige sein Gespür für die gewandelten Verhältnisse. »Unsere Verkündigung soll sich aller verletzenden Wendungen gegen andersgläubige Christen enthalten und soll auf den Ton der Versöhnlichkeit und Liebe gestimmt sein. Durch unsere Zeit geht eine große und echte Sehnsucht nach Vereinigung aller Christen in *einem* Glauben. Wir dürfen in dieser Sehnsucht sicher das Wehen des Geistes Gottes erkennen«. Die Una Sancta müsse zwar nicht erst gegründet werden, sie bestehe gemäß der Enzyklika Pius' XII. »Mystici corporis«[346] in der katholischen Kirche. »Entsprechend wird unser Verhalten sein müssen: Klarheit und Festigkeit im Grundsätzlichen, aufrichtige Liebe und Hochachtung im Umgang mit den andersgläubigen Brüdern und Schwestern«.

Hinter dieser Mahnung des Erzbischofs stand die Erfahrung jener Jahre, dass durch die Flüchtlingsströme aus dem Osten die konfessionell geschlossenen Gebiete verloren gegangen waren und durch die Vermischung der Konfessionen eine neue Situation des Miteinander entstanden war. Die Dominanz des katholischen Bevölkerungsteils unter den politisch

[345] Zu dem »Sozialen Kreis« im Hause des Erzbischofs seit 1946 s. unten S. 394-405.

[346] Autorisierte deutsche Übersetzung der vatikanischen Druckerei: »Rundschreiben unseres Heiligen Vaters Pius' XII. ...: Über den mystischen Leib Jesu Christi und über unsere Verbindung mit ihm« vom 29. Juni 1943, Nachdruck: Leutesdorf 1955. Lat. Originalfassung: AAS 35, 1943, S. 193-248.

Verantwortlichen der frühen Bundesrepublik nach 1949 sollte in absehbarer Zeit noch einmal zu interkonfessionellen Irritationen in Deutschland führen, mit denen Frings sich in seinen Eröffnungsreferaten zu den Bischofskonferenzen in Fulda 1953 und 1954 ausführlicher, aber im gleichen Sinne auseinandersetzte[347].

Das Jahr 1948 brachte nach dem Erlebnis des Kölner Domjubiläums noch den ersten Katholikentag der Nachkriegszeit in Mainz[348]. Am 1. September 1948 konstituierte sich in Bonn der Parlamentarische Rat zur Erarbeitung eines Grundgesetzes für einen neuen deutschen Staat. Damit wurde auch politisch der Blick von der Krisenbewältigung des Augenblicks auf die Gestaltung der Zukunft gelenkt. Auf den Kölner Erzbischof als Vorsitzenden der Fuldaer Bischofskonferenz kamen damit neue Herausforderungen zu.

---

347 Dazu: N. TRIPPEN, Interkonfessionelle Irritationen; vgl. auch unten S. 538-557.

348 Berichtband: Der Christ in der Not der Zeit. Der 72. Deutsche Katholikentag vom 1. bis 5. September 1948 in Mainz, hrsg. vom Generalsekretariat des Zentralkomitees der Katholiken Deutschlands zur Vorbereitung der Katholikentage, Paderborn 1949.

VI. KAPITEL

ANWALT DER BEVÖLKERUNG BEI DEN BESATZUNGSMÄCHTEN 1945–1949

Vorbemerkung zur Quellenlage

Die nachfolgenden Ausführungen über die Interventionen des Kölner Erzbischofs bei den alliierten Besatzungsbehörden stützen sich auf die Aktenbestände im Historischen Archiv des Erzbistums Köln. Diese Kölner Quellen werden ergänzt durch die Akten der britischen Militärregierung in Deutschland, die sich in London befinden. Das seit 1993 gedruckt vorliegende Sachinventar der Londoner Militärakten zeigt, dass sehr zahlreiche – nicht alle! – nachfolgend beschriebenen Vorgänge, soweit sie die am häufigsten involvierte britische Militärregierung betrafen, auch in London dokumentiert sind[1]. Diese britischen Akten sind vor allem dafür aufschlussreich, wie man Kardinal Frings auf britischer Seite einschätzte und wie man sich auf seine gefürchteten Interventionen einzustellen versuchte. Die selteneren Eingaben an den Alliierten Kontrollrat in Berlin und deren interne Behandlung, zumal durch die sowjetische Sektion, bedürfen einer besonderen Untersuchung.

1. Erste Interventionen 1945

Erzbischof Frings trat sein Amt 1942 an, als die Auseinandersetzungen mit dem nationalsozialistischen Regime ihren Höhepunkt bereits überschritten hatten. So entschlossen er auf die Menschen zuging und klare Worte sprach, wo es angemessen erschien: die sich ständig wandelnden und zuspitzenden Verhältnisse der letzten Kriegsjahre gaben ihm keine Gelegenheit zu planvoller Arbeit, sie zwangen ihn vielmehr nur zu möglichst flexiblen Reaktionen auf nicht im voraus zu erwartende Ereignisse.

---

[1] Akten der britischen Militärregierung in Deutschland. Sachinventar 1945–1955, hrsg. v. A. M. Birke, H. Booms, O. Merker unter Mitwirkung von Deutsches Historisches Institut London – Niedersächsisches Hauptstaatsarchiv Hannover ..., 11 Bde., München-New Providence-London-Paris 1993 ff.– Herr Josef van Elten, Historisches Archiv des Erzbistums Köln, konnte vor einigen Jahren das Archiv in London einsehen und ließ mich in seine Aufzeichnungen und zahlreiche Fotokopien aus London Einsicht nehmen. Für diese Hilfestellung sei ihm auch an dieser Stelle aufrichtig gedankt.

Die erste große Herausforderung, in der Erzbischof Frings Profil entwickeln und gestaltende Kraft entfalten konnte, bildete die Zeit nach dem Zusammenbruch des NS-Regimes und der Kapitulation vom 9. Mai 1945. Frings erkannte sofort die Chance, die darin lag, dass die katholische Kirche als einzige gesellschaftliche Großgruppe in Deutschland die zurückliegenden Schreckensjahre mit intakten Strukturen und in allgemein anerkannter innerer Festigkeit überstanden hatte. Da in der Zeit ohne eine deutsche Regierung niemand sonst zu erkennen war, der dazu sowohl bei der Bevölkerung wie auch bei den Besatzungsmächten das erforderliche Ansehen genossen hätte, nahm Frings – gestützt auf seine Mitbischöfe und in Zusammenarbeit mit einzelnen evangelischen Kirchenführern – die Aufgabe wahr, Sprecher der deutschen Bevölkerung bei den alliierten Militärbehörden zu sein[2]. Dass er im August 1945 als Nachfolger Kardinal Bertrams von Breslau Vorsitzender der Fuldaer Bischofskonferenzen und im Februar 1946 Kardinal wurde, kam ihm in dieser Situation sehr zustatten und wurde von ihm selbst als willkommene Untermauerung seiner zeitbedingten politischen Aufgabe verstanden. Wie er selbst häufiger darlegte, sah er in diesem Eintreten für die deutsche Bevölkerung bei den Besatzungsbehörden eine zeitgemäße Verwirklichung seines bischöflichen Wahlspruchs »Pro hominibus constitutus – Für die Menschen bestellt«.

Als der Erzbischof am 20. April 1945 aus seiner Notwohnung in Honnef nach Köln zurückkehrte, hatte er es zunächst mit amerikanischen Besatzungsoffizieren zu tun. Schon am 27. April scheint er mit dem Kölner Stadtkommandanten Patterson ein erstes Gespräch über die Möglichkeiten der Seelsorge und des kirchlichen Lebens unter den Besatzungsverhältnissen geführt zu haben[3]. In seinen Erinnerungen schreibt der Kardinal 1973[4]: »Mit den Amerikanern bin ich eigentlich immer recht gut ausgekommen; ich habe bei ihnen ziemlich weitherzige Auffassungen gefunden«. Dabei ist unter anderem auf das Gespräch verwiesen, das Frings am 30. Mai 1945 mit dem Kommandeur des XXII. Korps der 15. Armee

---

[2] Zur Aufrichtung der Militäradministration in Deutschland 1945 ff.: TH. ESCHENBURG, Jahre der Besatzung 1945–1949; W. BENZ, Handbuch; DERS., Die Gründung der Bundesrepublik.– Auf evangelischer Seite nahm Landesbischof Theophil Wurm, Stuttgart, eine ähnliche Stellung wie Frings ein. Hinweise dazu z.B. bei F. SPOTTS, Kirchen und Politik; vgl. auch D. TH. WURM, Erinnerungen aus meinem Leben, Stuttgart 1953, S. 178-204. – Zahlreiche Interventionen kath. Bischöfe bei den Besatzungsmächten 1945 s. L. VOLK, Akten VI.

[3] Das Datum des Gesprächs ergibt sich aus einer Traktandenliste mit Randbemerkungen von Generalvikar David und Registraturdirektor Baeumker: HAEK – CR II 25.18, 2.

[4] J. FRINGS, Für die Menschen bestellt, S. 41.

in Hilden, Ernest N. Harmon, führte[5]. Harmon war an der Einnahme Roms 1943 beteiligt gewesen und als Protestant stolz darauf, von Pius XII. in Audienz empfangen worden zu sein.

Es mag aus heutiger Sicht überraschen, dass der Erzbischof bei dieser frühen Begegnung mit den neuen Machthabern als erstes auf die Sicherung der Bonner Theologenkonvikte, auf die Wiedereröffnung des theologischen Lehrbetriebs und auf die Rückgabe des von den Nationalsozialisten enteigneten kirchlichen Besitzes in Bensberg und Knechtsteden zu sprechen kam. Offenbar wollte er in solchen rechtlich relevanten Fragen nicht durch Schweigen Versäumnisse begehen. Doch die eigentlichen Anliegen waren andere. Im Protokoll heißt es: »Es wird Klage geführt, dass in den Gebieten Bonn-Remagen, Essen und Troisdorf die deutsche Bevölkerung unter einer wahren Russen- und Polenplage zu leiden hat. Plünderungen und Belästigungen von Frauen und Mädchen sind an der Tagesordnung«[6]. Der General wies auf die Schwierigkeiten der amerikanischen Truppen hin, in diesen berechtigten Anliegen wirksam durchzugreifen, da die Russen und Polen Alliierte der Amerikaner seien. Um so mehr erklärte er sich bereit, die von Frings angemahnte ausreichende Ernährung der Menschen sicherzustellen. Nach drei Tagen teilte der General in einem freundlichen Brief mit, was er in den von Frings angeschnittenen konkreten Fragen als derzeitige Möglichkeit ermittelt hatte[7].

Als die Übernahme des Rheinlandes durch die Briten am 21. Juni 1945 bereits feststand, wandte sich der Kölner Erzbischof am 13. Juni noch einmal an den Amerikaner Harmon[8]: »Es handelt sich um die deutschen Soldaten, die sich in Gefangenenlagern zu Wickrath, Rheinberg, längs des Rheins von Andernach bis Remagen etc. befinden. Es kommen viele Klagen an mich, dass dort die Verpflegung mangelhaft, der Schutz gegen Regen, Kälte und Sonne ungenügend, die Krankenversorgung äußerst primi-

5 Gedächtnisprotokoll, wohl von Geheimsekretär Dr. Robert Hürtgen: HAEK – CR II 25.18, 3; auch: HAEK – Nachlass Frings 888; Druck: L. VOLK, Akten VI, Nr. 984, S. 506 ff. – Wie sich aus Briefbögen General Harmons ergibt, handelte es sich tatsächlich um das 22. Korps der 15. Armee (nicht das 12., wie Volk meint). Ernest E. Harmon (* 1894), 1918 Hauptmann der Kavallerie, 1942 Generalmajor, Kommandeur der 2. Panzerdivision in Nordafrika, später der 1. Panzerdivision, bei Vorstoß an den Rhein des XXII. Korps, 1948 Ruhestand (vgl. L. VOLK, Akten VI, S. 506 Anm. 2).

6 Diese Beschwerde beruhte auf Nachrichten, die Frings von den zuständigen Dechanten erhalten hatte: HAEK – CR II 25.18, 3, dort auch eine Kopie einer Beschwerde der Essener Geistlichen an die amerikanische Besatzungsmacht von Mitte Mai 1945: L. VOLK, Akten VI, Nr. 978, S. 488 ff.

7 Harmon an Frings 2. Juni 1945 (Original): HAEK – CR II 25.18, 3; Druck: L. VOLK, Akten VI, Nr. 986, S. 511.

8 J. Frings an Harmon 13. Juni 1945 (hs. Originalentwurf): HAEK – CR II 25.19, 1.

tiv sei und infolgedessen, namentlich unter den Männern über 50 Jahren, eine hohe Sterblichkeit herrsche«. Nicht ungeschickt fügte Frings hinzu: »Während des Krieges hörten wir stets, dass die Gefangenen in den amerikanischen Lagern ausgezeichnet behandelt würden, und es bestand die Hoffnung, es würden auch nach Beendigung des Krieges die deutschen Gefangenen mit aller Rücksicht behandelt werden. Um so brennender ist der Stachel, der in den Herzen dieser bedauernswerten Menschen zurückbleibt, die nur das taten, was sie für ihre Pflicht hielten«.

Wenige Tage zuvor (4. – 6. Juni 1945) hatten sich die westdeutschen Bischöfe erstmals nach dem Kriege in Werl versammelt und eine umfassende Bestandsaufnahme der kirchlichen, pastoralen und gesellschaftlichen Situation gemacht[9]: »Im Inneren stehen wir vor gewaltigen materiellen Zerstörungen auf allen Gebieten: Weithin fehlen Kirchen und kirchliche Räume. Im rheinisch-westfälischen Industriegebiet sind die industriellen Werke zum größten Teil stillgelegt worden. Die Schwerindustrie soll ausgerottet werden. Es drohen Arbeitslosigkeit und Hunger und damit die Gefahr des Kommunismus. In einer Eingabe an die Militärregierung soll auf diese Gefahr hingewiesen werden«.

Bald nach der Konferenz übernahmen nach dem interalliierten Verteilungsplan die Briten das nördliche Rheinland von den Amerikanern. Frings erinnerte sich 1973[10]: »Mit den Engländern war nicht so gut zu verhandeln wie mit den Amerikanern...«. Gleich die erste Begegnung machte die veränderte Tonlage bewusst. Im Protokoll vom 19. Juli 1945 heißt es[11]: »Am Dienstag, dem 18. Juli, wurde ein telefonischer Bescheid der Militärregierung an das Generalvikariat durchgegeben, der H. H. Erzbischof solle sich sofort zu einer Besprechung mit einem Major aus dem Hauptquartier Montgomerys [des britischen Oberbefehlshabers][12] in der Militärregierung einfinden. Die zunächst gegebene Antwort lautete: Der H. H. Erzbischof ist Mittwoch, 19. Juli, nachmittags um 16 Uhr frei. Weitere Verhandlungen mit Herren der Militärregierung ergaben, dass es sich

---

9 Niederschrift über das Konveniat der Bischöfe der Kölner und der Paderborner Kirchenprovinz in Werl i. W. vom 4.-6. Juni 1945 (Erzbischof Jaeger, Paderborn, 24. Juni 1945): HAEK – CR II 2.19, 2 (Kopie); Druck: L. VOLK, Akten VI, Nr. 897, S. 512 ff.; das nachfolgende Zitat: ebd., S. 513.

10 J. FRINGS, Für die Menschen bestellt, S. 45.

11 Gedächtnisprotokoll über den Besuch Frings' bei Hamilton am 19. Juli 1945, wohl von Dr. Hürtgen: HAEK – CR II 25.18, 4; Druck: L. VOLK, Akten VI, Nr. 1005, S. 580 ff.

12 Bernhard Law Montgomery (1887–1976), Britischer Feldmarschall, 1944 Oberbefehlshaber der britischen Invasionstruppen in Nordfrankreich, 1945 der britischen Besatzungstruppen in Deutschland und Mitglied des Alliierten Kontrollrats in Berlin, 1946 Chef des Empire-Generalstabs (vgl. L. VOLK, Akten VI, S. 580 Anm.1).

im Grunde um eine Zitierung handele und dass die gewünschte Besprechung im Büro von Major Pownall stattfinden sollte. Der Militärregierung wurde die Erklärung übermittelt, der H. H. Erzbischof lade den Herrn Major ein, ihn in Hohenlind aufzusuchen; sollte derselbe sich nicht nach Hohenlind herausbemühen können, so werde sich um 16 Uhr ein Vertreter des Herrn Erzbischofs in der Militärregierung einfinden. Die Militärregierung ließ antworten, ein Vertreter sei unerwünscht. Etwa um 15.30 Uhr kam die telefonische Nachricht, der höchste Offizier der Militärregierung, der Gouverneur der Stadt und des Regierungsbezirks Köln, Colonel Hamilton[13], erwarte gleichfalls den Besuch des Herrn Erzbischofs«. Frings begab sich daraufhin zu Hamilton.

Der Erzbischof, der einfachen Menschen gegenüber keinerlei Aufhebens von seiner Würde machte, hatte im Umgang mit den Nationalsozialisten offensichtlich gelernt, dort, wo es angebracht war, sich Respekt vor seinem Amt zu verschaffen. Das Gespräch mit Oberst Hamilton eröffnete Frings mit der Feststellung: »Nur um des Friedens willen bin ich nach hier gekommen. Aber ich muss dagegen protestieren, dass man mich nach hier zitiert. Der Vertreter einer Kulturnation hätte meinen Rang respektieren und mich aufsuchen müssen. Eine solche Behandlung ist mir in den drei Jahren, seit ich Bischof bin, noch nicht widerfahren«. Darin lag ein versteckter Vergleich des Verhaltens der Briten mit dem der Nationalsozialisten!

Der namentlich nicht vorgestellte Major aus dem Stabe Montgomerys wurde erst mit Zustimmung des Erzbischofs zugezogen und musste sich ebenso den Protest von Frings anhören: »Auf Grund meiner Stellung gebührt (!) mir der Rang und die Ehren eines Generals«.

Es erscheint zweifelhaft, ob nach diesem Vorspiel tatsächlich die Fragen zur Sprache kamen, auf die Montgomery eine Antwort haben wollte. Der Major stellte lediglich einige allgemeine Fragen. Auf die erste nach dem Zustand der Kölner Kirchen antwortete Frings knapp, dass die meisten Kirchen zerstört seien. Ausführlich antwortete er auf die Frage: »Woran denkt die deutsche Bevölkerung am meisten?« Frings: »Die deutsche Bevölkerung denkt am meisten an die großen Schwierigkeiten bei der Wiederherstellung der vielen zerstörten Wohnungen und an die unzureichende Ernährung, d. h. an die Möglichkeit einer Hungersnot«. Dass Frings auf sein Gespräch vorbereitet war, ließen die folgenden Sätze er-

---

13 Über den ersten britischen Stadtkommandanten von Köln im Sommer 1945, Colonel Hamilton, ließen sich keine näheren Angaben ermitteln. Sein Name taucht häufiger auf in Adenauer-Briefen: H. P. MENSING, Adenauer-Briefe 1947-1949, S. 704 (Reg.).

kennen: »Im Rheinland werden nur 33 1/3 Prozent der tatsächlich benötigten Lebensmittel erzeugt. Hätten wir die Ostgebiete noch dazu, so würden wir 75 Prozent des Nahrungsmittelbedarfs im eigenen Land erzeugen können. Außerdem machen wir uns große Sorgen um unsere evakuierten Kinder, die sich noch in den von den Russen besetzten Gebieten aufhalten«.

Nachdem der Erzbischof die Enttäuschung der deutschen Bevölkerung darüber geschildert hatte, dass unter dem Besatzungsregime die Lebensbedingungen gegenüber der Kriegszeit sich noch verschlechtert hätten, stellte der seinen Gesprächspartner unterschätzende Major die Frage: »Welche Parteien werden denn ihrer Meinung nach eine Zukunft haben?« Frings antwortete: »Vor allem die kommunistische. Die eben geschilderte allgemeine Enttäuschung treibt die Menschen dem Kommunismus in die Arme. Hinzu kommt das P[artei]g[enossen]-Problem. Wir hatten etwa 10 Millionen Pgs in Deutschland, mit den Familien sind c[irc]a 40 Millionen brotlos und damit kommunistischen Ideen zugänglich geworden. Dabei waren hier im Rheinland nur sehr wenige überzeugte Nazis, wie ich aus meiner früheren Pfarrertätigkeit bezeugen kann. Um so bitterer empfinden diese [wohl: nominellen Parteigenossen] ihre Ausschaltung als Unrecht«.

Auf die Frage nach einer Erwünschtheit eines Landes Rheinland-Westfalen erwiderte Frings, eher werde die Aufteilung der Rheinprovinz auf die britische und die französische Zone bedauert. An besonderen Wünschen nannte der Erzbischof die Freigabe des Bensberger Priesterseminars[14], die Lizenz für ein Amtsblatt des Erzbistums sowie für eine kirchliche Wochenzeitung, die Überwindung der Russen- und Polenplage. Zum Schluss wollte Oberst Hamilton noch einmal die Vorladung des Erzbischofs rechtfertigen. Er sagte: »Die Maßnahmen der Militärregierung sind sanft und milde im Vergleich zu den Methoden der deutschen Besatzungsmacht in Holland oder in Frankreich. Im übrigen untersteht auch die Kirche dem Staate«. Wiederum unterschätzte der Brite seinen Gesprächspartner. Frings erwiderte: »Ich unterstehe dem Papste. – Die deutsche Besatzungsmacht mag sich mancher Härten schuldig gemacht haben. Sie jedoch wollen und sollen uns zeigen, wie man es richtig zu machen hat«.

Das Insistieren des Erzbischofs auf Stil und angemessenen Umgangsformen bei der ersten Begegnung wurde von den Briten verstanden und

---

[14] Das dreijährige Ringen zwischen Erzbischof und britischer Besatzungsmacht um die Rückgabe des Bensberger Seminargebäudes ist zusammenhängend dargestellt: A. FROTZ, Das Priesterseminar zwischen Zweitem Weltkrieg und Zweitem Vatikanischen Konzil (1945–1965): N. TRIPPEN, Priesterseminar-Festschrift, S. 180-208, hier: S. 190-194.

hat Frings Respekt und eine höfliche Behandlung in der Zukunft eingebracht. Oberst Hamilton machte nach einer Woche Gegenbesuch bei Frings[15]. In dem Gespräch ging es vorwiegend um die Rückgabe des Bensberger Seminargebäudes und größere Behutsamkeit in den Entnazifizierungsverfahren. In Bensberg beabsichtigten die britischen Militärbehörden, auch das von den Nationalsozialisten unbehelligte Schwesternhaus für Lazarettzwecke zu beschlagnahmen. Oberst Hamilton musste sich anhören: »Wenn nun jetzt nicht nur die Rückgabe des Seminars nicht erfolgt, sondern uns noch dazu das Schwesternhaus abgenommen wird, wird man sagen: Die Engländer sind schlimmer als die Nazis«.

Zwei Tage später machte der Gouverneur der Nordrheinprovinz, Brigadier John Barraclough, einen Besuch, um sich in aller Form zu entschuldigen[16]: »Wie mir gemeldet wurde, sind Sie kürzlich von einem britischen Offizier zur hiesigen Militärregierung bestellt worden. ›I am sorry, that it happened‹. Hat dieses Vorkommnis Sie sehr verletzt? Erzbischof: Ich war in der Tat außerordentlich entrüstet, doch soll die Sache jetzt vergessen sein. Colonel Barraclough: Ich bringe Ihnen hiermit die Entschuldigung der Militärregierung zum Ausdruck. – Wir sind gekommen, um Ihre Meinung zu erfahren über alle Dinge, an denen Sie Interesse haben«.

Die Liste der angesprochenen Themen begann mit der Ernährungslage der Bevölkerung, streifte die kirchlichen Interessen an der Neuordnung des Schulwesens, die Überfälle polnischer und russischer Fremdarbeiter, die Rückführung evakuierter Kinder in ihre Heimat, die Missstände in den Kriegsgefangenenlagern und die differenzierte Behandlung ehemaliger SS-Leute. Barraclough schloss die Unterredung mit dem Ausruf: »Geduld! Geduld! Diese Probleme befriedigend zu lösen, dazu gehört mehr als die Weisheit Salomos!«

Wenn man bedenkt, dass noch ein Vierteljahr später Oberbürgermeister Konrad Adenauer stehend die Verlesung seiner Entlassung aus dem Amt anhören musste und grußlos weggeschickt wurde[17], ermisst man einerseits

---

15 Gedächtnisprotokoll über den Besuch Hamiltons bei Frings am 26. Juli 1945 (Dr. Hürtgen): HAEK – CR II 25.18,4; Druck: L. VOLK, Akten VI, Nr. 1014, S. 610 f.

16 Der Besuch Barracloughs wurde tags zuvor in aller Form angekündigt: L – PRO – FO 1013/2150.- Sir John Ashworth Barraclough, 1944-1946 Offizier der britischen Besatzungsarmee in Deutschland, zuletzt im Rang eines Brigadiers, 1946-1950 stellv. Militärgouverneur des Landes Nordrhein-Westfalen: TH. ESCHENBURG, Jahre der Besatzung, S. 599 (Reg.). – Gedächtnisprotokoll über den Besuch des Brigadiers Barraclough bei Frings am 28. Juli 1945 (Dr. Hürtgen): HAEK – CR II 25.18,4; Druck: L. VOLK, Akten VI, Nr. 1016, S. 616 ff. – Britisches Protokoll: Meeting between Commander, North Rhine Province, and the Archbishop of Cologne 28. July 1945: L – PRO – FO 1013/2150.

17 Vgl. T. DIEDERICH, Adenauer als Kölner Oberbürgermeister von Mai bis Oktober 1945: H. STEHKÄMPER (Hrsg.), Konrad Adenauer, Oberbürgermeister von Köln. Festgabe der Stadt

den Erfolg, den Frings durch sein Respekt gebietendes Auftreten erreicht hatte. Andererseits wird seine stärkere Position in den Augen der Briten deutlich: Adenauer war in ihren Augen ein Vertreter des besiegten deutschen Volkes, den die Amerikaner eingesetzt hatten und den sie als Briten entlassen zu können glaubten. Frings war darüber hinaus der Vertreter einer Weltkirche, der seine Beziehungen ins Ausland, hinter die Linien der Besatzungsmächte, fruchtbar machen konnte und das alsbald in einer das Vorgehen der Besatzungsbehörden in Deutschland bloßstellenden Weise praktizierte.

Noch in einer anderen Stilfrage setzte sich Erzbischof Frings wenigstens teilweise durch: Die Schreiben britischer Militärstellen begannen zunächst ohne Anrede und endeten ohne Grußformel. Der Ton war oft genug ein Befehlston, der durch die Nummerierung der Abschnitte auf dem linken Rande unterstrichen wurde. Am 25. Juni 1946 erlaubte sich Frings, eine Antwort an das Düsseldorfer Hauptquartier im gleichen Stil abzufassen[18]. Auch dieser Hinweis scheint allmählich verstanden worden zu sein.

Schon beim Werler Bischofskonveniat Anfang Juni 1945 konnte man sich über die unterschiedlichen Schwierigkeiten und Probleme mit den vier Besatzungsmächten Deutschlands austauschen. Ein umfassendes Bild ergab die Plenarkonferenz des deutschen Episkopats in Fulda vom 21. bis 23. August 1945[19], zu der Frings nach Absprache mit den übrigen Metropoliten eingeladen hatte und auf der ihm die Aufgabe des Konferenzvorsitzenden für die nächsten zwanzig Jahre zufiel[20].

Bereits im Vorfeld der Konferenz hatte sich der Erzbischof von seinem Generalvikar eine Eingabe an den Alliierten Kontrollrat in Berlin entwerfen lassen, die von der Konferenz am 23. August beschlossen wurde[21]. Durch die Potsdamer Beschlüsse der Siegermächte[22] war inzwischen deut-

---

Köln zum 100. Geburtstag ihres Ehrenbürgers am 5. Januar 1976, Köln 1976, S. 499-530 (Anm. 807-815), hier: S. 524-528; H.-P. SCHWARZ, Adenauer. Der Aufstieg 1876–1952, Stuttgart 1986, S. 467-478; dazu teils ergänzend, teils kontrovers: M. RÜTHER, Die Entlassung Adenauers. Zur Amtsenthebung als Oberbürgermeister in Köln, in: Geschichte in Köln, Heft 10, Nov. 1986, S. 121-146.

18 Frings an Hauptquartier der Militärregierung Nordrheinland 25. Juni 1946 (deutsche Kopie, signiert): HAEK – CR II 25.18, 5; engl. Originalfassung: L – PRO – FO 1013/2180.– Der Erzbischof wiederholte diesen Stil noch einmal: Frings an Oberleutnant Holland, Hauptquartier Köln, am 31. Mai 1946: HAEK – CR II 25.18, 5.

19 Protokoll und sonstige Schriftstücke zur Fuldaer Bischofskonferenz 21.-23, August 1945: L. VOLK, Akten VI, Nr. 1030 II sowie Nr. 989, Nr. 1028-1030 IIg, S. 529 f. u. 654-707.

20 Vgl. oben S. 134 f. mit Anm. 42.

21 L. VOLK, Akten VI, Nr. 1030 IIc, S. 695-699.

22 Zur Potsdamer Konferenz 17. Juli bis 2. August 1945: W. BENZ, Gründung, S. 37-49; DERS., Handbuch, S. 214-218 (M. GÖRTEMAKER); TH. ESCHENBURG, Jahre der Besatzung, S. 28-53.

lich geworden, was die Alliierten gemeinsam vorhatten, insbesondere hinsichtlich der Vertreibung der Deutschen aus den Ostgebieten und der wirtschaftlichen Entwicklung in Deutschland. Eingaben an den Kontrollrat boten die Chance, Beschwerden gegen die sowjetische Besatzungsmacht, indem man sie vor diese größere Öffentlichkeit brachte, einer gewissen – wenn auch insgesamt geringen – Beachtung zuzuführen.

Nach einer captatio benevolentiae, in der die Bischöfe – eher im Sinne einer positiven Unterstellung als einer Tatsachenbehauptung – anerkannten, dass die alliierten Oberbefehlshaber »sich nicht die Auffassung zu eigen machten, das gesamte deutsche Volk sei als Verband von Verbrechern zu betrachten und demgemäß zu behandeln«, vielmehr nur die wirklich Schuldigen zu bestrafen, »dem übrigen deutschen Volke aber zu helfen«, zählten die Bischöfe die Hauptnöte der Bevölkerung auf: die Hungersnot, die durch die Flüchtlinge aus dem Osten noch verschärft werde. Sie baten, man möge den bleibewilligen Ostdeutschen unter diesen Rücksichten gestatten, »auf ihrem von den Vorfahren ererbten Heimatboden zu verbleiben«. Die Leiden der Bevölkerung durch »Überfälle umherschweifender Banden«, die Lahmlegung der Wirtschaft durch übertriebene Entnazifizierung, die Rückführung evakuierter Kinder zu ihren Eltern, die Heimkehr der Kriegsgefangenen, ihre Versorgung und seelsorglich Betreuung in den Lagern waren die ersten Anliegen der Bischöfe. Erst dann kamen auch die kirchlichen Bedürfnisse zur Sprache: die Entfaltungsmöglichkeiten und die Bewegungsfreiheit der Kirche in der Seelsorge, der freie Verkehr mit dem Papst, die Papierfreigabe für Amtsblätter, Kirchenzeitungen und Katechismen, die Rückgabe des enteigneten Kirchenbesitzes, die beschleunigte Entlassung kriegsgefangener Priester und Theologen im Hinblick auf den herrschenden Priestermangel.

Frings hatte zu Beginn der Konferenz einige Mühe gehabt, einen jungen amerikanischen Offizier aus dem Saal zu komplimentieren, der von der amerikanischen Militärregierung beauftragt war, die Konferenz in ihrem Verlauf zu beobachten[23]. Nach der Konferenz bat er am 29. August den amerikanischen Oberbefehlshaber, General Dwight D. Eisenhower, um einen Besuchstermin[24], um ihm die Anliegen der Bischöfe vorzutra-

---

[23] Dazu: J. FRINGS, Für die Menschen bestellt, S. 42 f.; vgl. auch: A. E. HOLLAENDER, Offiziere und Prälaten. Zur Fuldaer Bischofskonferenz August 1945, in: Mitteilungen des österreichischen Staatsarchivs 25, 1972, S. 185-206.

[24] Frings an Eisenhower 29. August 1945 (hs. Entwurf): HAEK – CR II 25.18, 3; Antwort: US-Headquarters, Brigadier Adcock, an Frings 10. September 1945: Ebd. – Dwight David Eisenhower (1890–1969), 1942 Oberbefehlshaber der US-Truppen in Europa, 1943 der alliierten Invasionsarmee, 1945 der US-Besatzungstruppen in Deutschland, 1952-1960 Präsident der USA (vgl. L. VOLK, Akten VI, S. 510 Anm. 1).

gen. Es kam zu einem Besuch im amerikanischen Hauptquartier in Frankfurt am 18. September, bei dem Eisenhower sich jedoch durch General Bedell Smith, einen Katholiken, vertreten ließ[25]. Nach Frings' Erinnerungen kam es zu einem angenehmen zweistündigen Gespräch ohne konkrete Ergebnisse. Zur Wirkung der Fuldaer Eingabe an den Kontrollrat bemerkt Spotts (wie oft übertreibend)[26]: »Der Brief der Fuldaer Bischofskonferenz vom August 1945 an Eisenhower mit Vorschlägen, wie Deutschland regiert werden sollte, erschien den amerikanischen Beamten derart anmaßend, dass er weder weitergeleitet noch auch nur bestätigt wurde«.

Waren solche Begegnungen und Eingaben bei den Briten in der engeren Umgebung Frings' und beim Alliierten Kontrollrat für die Bischofskonferenz der eine Weg, die Anliegen der deutschen Bevölkerung zur Sprache zu bringen, so nutzte Frings schon wenige Monate nach Kriegsende die innerkirchliche Schiene, um die totale Abriegelung Deutschlands nach außen zu durchbrechen und Ahnungen von der Not des deutschen Volkes ins Ausland zu übermitteln.

So schrieb der Erzbischof am 8. September an den »Capitaine Aumônier des Prisonniers de Guerre«, Abbé Rodhain in Paris, wegen des Schicksals deutscher Kriegsgefangener[27]: »Nach vollkommen sicheren Nachrichten, die ich teils von Soldaten habe, die aus diesen Lagern entlassen wurden, teils von benachbarten Pfarrern, ist die Ernährungslage dort so schlecht, dass täglich viele dieser jungen Menschen vor Hunger und Entkräftung sterben. Auch körperliche Misshandlungen kommen vor, und zwar nicht nur bei den Angehörigen der SS, sondern auch bei regulären Soldaten. Von dem Lager bei Ahrweiler erzählt man, die Verbrennungsöfen, die dort von deutscher Seite eingerichtet wurden, qualmten wieder ...«. Frings deutete an, es werde »dem Ansehen der französischen Nation hier schwerer Abbruch getan«. »Darf ich Euer Hochwürden bitten, Ihren Einfluss einzusetzen, damit diesem unerträglichen und geradezu himmelschreienden Zustande ein Ende bereitet wird?«

Am folgenden Tage wandte sich Frings an Erzbischof Bernard Griffin von Westminster, der wenige Monate später zusammen mit ihm Kardinal werden sollte[28]. Er bat: »Da es uns nicht möglich ist, ins Ausland zu kom-

---

25 Zum Verlauf des Gesprächs am 18. September 1945: J. FRINGS, Für die Menschen bestellt, S. 43 ff.

26 F. SPOTTS, Kirchen und Politik, S. 69. – Zur Gewichtung des Werkes von Spotts vgl. die Rezension von L. VOLK, in: Theologische Revue 73, 1977, S. 232-234.

27 Frings an Rodhain 8. September 1945: HAEK – CR II 25.19, 1.

men oder jemanden dorthin zu schicken, wäre ich überaus dankbar, wenn Ew. Exzellenz selbst sich der Mühe unterzögen, eine Reise nach Deutschland anzutreten oder durch einen vertrauten Geistlichen in eine Aussprache mit mir eintreten würden«. Griffin folgte der Bitte sofort und traf sich mit den deutschen Bischöfen der britischen Zone in den Tagen 26. – 28. September 1945 in Bad Driburg[29]. Die erhaltene Liste der dem englischen Erzbischof vorgetragenen Anliegen lässt erkennen, dass man »unter Brüdern« wesentlich deutlicher werden konnte als gegenüber den bisweilen zugeknöpften Mächtigen der Militärregierung. Gleichzeitig drang man hinter die Linien vor, die von den Generälen um das besetzte Deutschland dicht gehalten werden sollten. Frings hat den Nutzen dieser Methode bald erkannt und sie immer gezielter eingesetzt.

Themen des Bischofsgesprächs waren die Kohlennot, die Stilllegung der Betriebe im Revier mit der Arbeitslosigkeit als Folge, die politischen Verhaftungen, die Behandlung ehemaliger Parteimitglieder. »Die Not der Ostflüchtlinge ist himmelschreiend. Zwölf bis dreizehn Millionen Deutscher sind von Haus und Hof vertrieben und irren im russisch besetzten Gebiet umher, und viele sterben Hungers, viele nehmen sich aus Verzweiflung das Leben«. Ein weiteres Anliegen war die baldige Entlassung der Kriegsgefangenen, schließlich die Bitte, »zu erwägen, ob eine Speisung der Kinder und der alten Leute in den Großstädten möglich ist, ähnlich wie die Quäkerspeisungen nach dem [Ersten] Weltkriege«.

Unmittelbar nach Rückkehr von diesem Gespräch der westdeutschen Bischöfe mit ihrem Amtsbruder von Westminster wandte sich Frings an den britischen Oberbefehlshaber Montgomery in einem Anliegen, das anscheinend bei der Zusammenkunft in Bad Driburg besprochen worden war: die Heimkehr westdeutscher Evakuierter aus der sowjetisch besetzten Zone[30]. »Diese noch im russischen Gebiet lebenden Menschen ... senden ständig Hilferufe an uns Bischöfe. Sie erklären darin, dass sie nur deswegen nicht in die Heimat zurückkommen könnten, weil die britischen

---

[28] Frings an Griffin 9. September 1945 (Durchschrift u. engl. Übersetzung): HAEK – CR II 25.18, 3.– Bernard Griffin (1899–1956), 1938–1943 Weihbischof, 1943–1956 Erzbischof von Westminster, 1946 Kardinal: ANNUARIO PONTIFICIO 1948, S. 60; ebd., 1958, S. 85.

[29] Korrespondenz und Schriftstücke zur Konferenz der Bischöfe der britischen Zone mit Erzbischof Griffin in Bad Driburg 26.-28. September 1945: HAEK – CR II 25.18, 3.– Zum Treffen der westdeutschen Bischöfe mit Erzbischof Griffin von Westminster vgl. J. HOFMANN, Journalist in Republik, Diktatur und Besatzungszeit. Erinnerungen 1916–1947, bearb. u. eingel. v. R. MORSEY (= Veröffentl. d. Kommission f. Zeitgeschichte, Reihe A: Quellen, Bd. 23), Mainz 1977, S. 174.

[30] Frings an Montgomery 29. September 1945 (bearb. Originalentwurf): HAEK – CR II 25.20b, 3; vgl. dazu oben S. 166 f.

Wachtposten an der britisch-russischen Besatzungsgrenze diese nach ihrer Heimat in Nordwestdeutschland strebenden Menschen nicht in das britisch besetzte Gebiet eintreten lassen. So steigert sich die Not dieser Menschen von Tag zu Tag. Aus dem Ort, in dem sie jetzt leben, werden sie vertrieben; in die Heimat, nach der sie streben, können sie nicht kommen. Es ist für sie nicht einmal möglich, aus ihrer Heimat Nachricht zu erhalten. Diese Menschen sind ganz allgemein der Verzweiflung nahe«. Er sehe die Sorge der Briten angesichts der Ernährung und Unterbringung weiterer Menschen durchaus. Doch bitte er um Anweisung des Grenzpersonals, die rückkehrenden Evakuierten einreisen zu lassen.

Ein weiteres Instrument der indirekten Einflussnahme auf das Verhalten der alliierten Militärbehörden wurde von Erzbischof Frings ebenso zielsicher erkannt wie planmäßig eingesetzt. Es waren dies Ansprachen bei größeren öffentlichen Anlässen und Hirtenbriefe. Die Militärs reagierten darauf bisweilen empfindlich, weil sie sich in ihrer gewiss schwierigen Aufgabe durch solche Verlautbarungen der Bischöfe an den Pranger der Öffentlichkeit gestellt fühlten oder auch nur auf die von ihnen nicht allein zu verantwortende Not der Finger gelegt wurde. Als Beispiel aus dem Jahre 1945 sei der kurze Weihnachtshirtenbrief des Kölner Erzbischofs angeführt[31]: »Kann man es eine Friedensweihnacht nennen, was wir heute begehen? Jedenfalls schweigen die Geschütze, heulen die Sirenen nicht mehr und hat das Menschenmorden ein Ende gefunden. Die meisten von Euch werden eine zwar bescheidene, aber winterfeste Wohnung gefunden haben ... Aber nicht allen ist es so wohl wie uns. Gerade jetzt, da Nässe und Kälte eingesetzt haben, müssen Tausende von Rheinländern zurück in ihre Heimat aus Westen, Süden und Osten, und das wahrlich nicht aus eigenem Antrieb. Und mit ihnen mischt sich der Flüchtlingsstrom aus dem Osten Deutschlands, wo Millionen unserer Landsleute von Haus und Hof vertrieben und um alles, rein alles gebracht worden sind«

Am Ende des Jahres 1945 waren somit alle Nöte der Menschen im Nachkriegsdeutschland erkannt und bewusst. Erzbischof Frings war entschlossen, bei ihrer Überwindung mitzuwirken und dazu alle Instrumente der Beeinflussung bei den Militärbehörden zu nutzen: direkte Vorsprachen und Eingaben, kirchliche Kontakte ins Ausland und öffentliche Kundgebungen in Deutschland. Sein Motiv dürfte in der »Epistola pastoralis ad Clerum Coloniensem« zu Weihnachten 1945[32] am deutlichsten

---

[31] KA 85, 1945, S. 70 f.

[32] KA 85, 1945, S. 75 f. (in lat. Sprache; hs. Entwurf: HAEK – CR II 2.3, 1).

ausgesprochen sein. Angesichts der Not des Volkes »werde ich an das Wort unseres Herrn erinnert: Mich erbarmt des Volkes«.

Frederic Spotts unterstellt dem Erzbischof einen »erbitterten Rachegeist« gegen die Briten[33]. Keine ihrer Unternehmungen sei seiner Aufmerksamkeit und Kritik entgangen. »Während der Besatzungsjahre ließ er sich keine Gelegenheit entgehen, die Briten zu belästigen, zu kritisieren oder zu verurteilen mit der Absicht, einen Wandel in dieser Politik herbeizuführen«. Wie unberechtigt dieses Pauschalurteil über die Initiativen des Kölner Erzbischofs ist, wird die nachfolgende Darstellung deutlich machen. Spotts hat offenbar weder zum Anliegen des Kardinals, in regierungsloser Zeit dem geschundenen Volk Stimme zu geben, einen Zugang gefunden, noch zu der schlagfertigen, rheinisch-freimütigen, bisweilen witzig-ironischen, andererseits auf die Respektierung der eigenen Würde bedachten Art seiner Argumentation.

Mit dem Jahr 1946 begann ein neuer Abschnitt. Einmal wurden die Kontakte zu den Alliierten Routine. Das galt für den Schriftverkehr ebenso wie für die Besuche, bei denen nunmehr auf Gegenseitigkeit und protokollarische Korrektheit geachtet wurde. Die Stellung des Kölner Erzbischofs und Vorsitzenden der Fuldaer Bischofskonferenzen als Verhandlungspartner der Alliierten erhielt eine beachtliche Aufwertung durch seine Berufung ins Kardinalskollegium im Februar 1946. Frings hat die Reise zum Konsistorium planmäßig dazu benutzt, um das Netz von im Bedarfsfall aktivierbaren Auslandskontakten auszubauen. Die Briten erkannten ihm bereits Ende 1946 in den Reisedokumenten seiner ersten Reise nach England den Rang eines »FM« (= Fieldmarshall) zu[34] und bekamen sein gewachsenes Selbstbewusstsein in den Begegnungen zu spüren. Die Themen, in denen Kardinal Frings für die deutsche Bevölkerung vorstellig wurde, verfestigten sich, so dass für die folgenden Jahre eine thematisch gegliederte Übersicht sinnvoll erscheint.

2. Hunger, Kälte und allgemeine Not der ersten Nachkriegsjahre

Um die Bevölkerung in der Endphase des Krieges nicht zu demoralisieren, hatte das NS-Regime trotz sich verschärfenden Mangels bis zu sei-

---

[33] F. Spotts, Kirchen und Politik, S. 59 f.

[34] HAEK – Nachlass Frings 986. – Es handelt sich um eine »Application for Sleeper or Seat on special train«, die Frings auf Grund seines Ranges einen besonderen Reisekomfort einräumte.

nem Ende für die Versorgung der Bevölkerung mit dem Allernotwendigsten gesorgt. Nach dem Zusammenbruch und dem Einströmen der Flüchtlingsmassen aus dem Osten kam es schon in der zweiten Jahreshälfte 1945 zu einer sich ständig verschärfenden Ernährungs- und allgemeinen Versorgungskrise, der die Besatzungsmächte nicht gewachsen waren. Dabei gab es zusätzlich belastende Unterschiede in den verschiedenen Besatzungszonen: Während die Amerikaner und Briten sich für die Versorgung der deutschen Bevölkerung verantwortlich fühlten, zweigten die Franzosen und Russen vom in Deutschland Produzierten noch ab, was sie für den Bedarf ihrer Besatzungstruppen oder auch für die Bevölkerung und die Industrie ihrer Heimat brauchten und was sie als Vorgriff auf ausstehende Reparationen betrachteten[35].

Schon in den ersten Gesprächen mit alliierten Offizieren 1945 hat Erzbischof Frings die ausreichende Ernährung der deutschen Bevölkerung angemahnt. Anfang 1946, als seine Erhebung zum Kardinal bereits bekannt war, nutzte er die Möglichkeit, wieder einmal ins »Hinterland« der Besatzungsmächte vorzustoßen. Am 8. Januar schilderte er dem ebenfalls ins Hl. Kollegium berufenen Erzbischof Griffin von Westminster in düsteren Farben die Not der Menschen in Deutschland[36]. Den Inhalt dieses Briefes nahm Frings, in Thesenform gestaltet, im Februar 1946 mit zum Konsistorium nach Rom. Das erhaltene Exemplar des Schriftstücks trägt den Vermerk: »Mitgegeben an Exz[ellenz] Bischof Stritch v. Chicago zur Information für Präs[ident] Truman«[37]. Auch Stritch war zum Kardinal erkoren. Die Begegnung mit ihm in Rom machte ihn für die Zukunft häufiger zum Ansprechpartner des Kölner Mitbruders.

Zunächst befasste sich Frings in seinem Brief an Griffin mit den Verhältnissen in Ostdeutschland, insbesondere mit der Vertreibung aus den von Polen und Russen annektierten Gebieten. Dann fuhr er fort: »Auch im Westen Deutschlands sind die Zustände überaus prekär und drohen Tausende und Abertausende in Verzweiflung und in den Tod zu stürzen.

---

35 Dazu: TH. ESCHENBURG, Jahre der Besatzung, S. 28-45 u. 61-71; W. BENZ, Handbuch, S. 117-123 (G. J. TRITTEL).

36 Frings an Griffin 8. Januar 1946 (hs. Entwurf 6. Januar 1946): HAEK – CR II 25.20b, 5; engl. Übersetzung: Ebd. CR II 25.18, 6; zur gleichen Zeit, am 7. Januar 1946, berichtete der Schweizer Generalkonsul von Weiss an seine Regierung über Frings' Eintreten bei den britischen Militärbehörden zugunsten der notleidenden deutschen Bevölkerung: M. SCHMITZ/B. HAUNFELDER, Humanität, S. 264 f.

37 Dieses »Thesenpapier« mit dem zitierten Randvermerk findet sich in HAEK – CR. II 25.20b, 5. – Samuele Alfonso Stritch (1887–1958), 1921–1930 Bischof von Toledo/USA, 1930–1939 Erzbischof von Milwaukee, 1939–1958 Erzbischof von Chicago, 1946 Kardinal: ANNUARIO PONTIFICIO 1948, S. 53; ebd., 1959, S. 86.

1. Der Nordrheinprovinz fehlen die notwendigsten Lebensmittel, so bis zur nächsten Ernte noch 400.000 Tonnen Kartoffeln. Die Rationen an Fett und Fleisch sind minimal. Der Mangel an Kleidung ist so groß, dass viele Kinder während des Winters nicht auf die Straße, nicht zur Schule und nicht zur Kirche gehen können. Dabei wohnen sie vielfach in Zimmern mit sechs, sieben Erwachsenen zusammen.
2. Die zahllosen zerstörten Wohnungen unserer Städte können kaum notdürftig wieder instandgesetzt werden, weil die Bauindustrie infolge Mangel[s] an Kohle nicht in Gang kommt. Kohle wird zwar in steigendem Maße gefördert, aber sie darf nur in unzureichendem Maße für Hausbrand und fast gar nicht in die Industrie geliefert werden. Infolgedessen häuft sie sich auf Halden und entzündet sich dort stellenweise von selbst[38]. Selbst die Instandsetzung von Krankenhäusern leidet unter größten Schwierigkeiten; es fehlt an Glas, an Glühbirnen zu Beleuchtungszwecken, an hinreichender Kohle, an Medikamenten und an allem, was zu zeitgemäßem ärztlichem Arbeiten notwendig ist. Da kein Benzin bestellt werden darf, fehlt es an Betriebsstoffen für den Transport der notwendigsten Güter.
3. Die aus der russisch besetzten Zone ausgewiesenen Deutschen können nicht in Häusern untergebracht werden, sondern müssen Tag und Nacht in den Luftschutzbunkern leben mit ungenügender Belüftung und ohne Tageslicht. Sie kommen in völlig erschöpftem Zustande hier an, sind eine leichte Beute der Krankheiten, stecken andere an und sterben täglich zu Hunderten!«

Nach dieser Momentaufnahme der westdeutschen Lebensverhältnisse Anfang 1946 brachte Frings seine Wünsche vor: »a) Die Regierungen, die die Verantwortung für unsere Gebiete mit alter, meist hochentwickelter Kultur übernommen haben, mögen Männer entsenden, die der ungeheuer schweren Aufgabe gewachsen sind, unser überbevölkertes, von der gesamten Bevölerung heiß geliebtes, auf Industrie notwendig angewiesenes Land zu verwalten bzw. dessen Verwaltung zu kontrollieren. b) Die Regierungen, die zu Anfang erklärt haben, Deutschland müsse sich selbst helfen, mögen diese Selbsthilfe nun auch ermöglichen und nicht durch dauernde Beschlagnahmungen und Unterdrückung der Produktion sie il-

---

[38] Frings überschaute die Dimensionen des Kohlenversorgungsproblems nicht. ESCHENBURG (Jahre der Besatzung, S. 64) schreibt: »Förderung und Verteilung von Kohle hatten während der Kampfhandlungen von September 1944 bis Mai 1945 darniedergelegen. Es fehlte an Arbeitskräften, der Verkehr stand still. Bei Kriegsende lagen fünf Millionen Tonnen Kohle auf Halde. Sie wurden dringend gebraucht, konnten aber nicht abtransportiert werden«.

lusorisch machen. c) Sie mögen gestatten, dass die Katholiken Deutschlands die Katholiken von Nord- und Südamerika über ihre Not unterrichten, und mögen Sorge tragen, dass die dort auf Veranlassung des Hl. Vaters gesammelten reichen Spenden an Kleidung und Lebensmitteln ihren Weg auch nach Deutschland finden und nicht (etwa durch die UNRRA[39]) vor den Grenzen Deutschlands festgehalten werden. Diese Gaben sind ja im Sinne des Hl. Vaters auch für die Not in Deutschland bestimmt«.

Die Wünsche des Kölner Erzbischofs richteten sich demnach nicht an den Erzbischof von Westminster (bzw. Chicago), sondern an die verantwortlichen Regierungen. Frings hoffte auf die Vermittlung seiner Amtsbrüder. Griffin sagte am 14. Januar zu, alles in seinen Kräften Stehende zu tun, um die Not der Vertreibung ebenso wie die Probleme in Westdeutschland zu lindern[40]. Was der neuernannte Kardinal Frings am Rande des Konsistoriums in Rom im Februar und März 1946 an Beziehungen knüpfte und an Auslandshilfe in Gang brachte, ist auf Grund der erhaltenen Papiere nur zu erahnen[41].

In Köln selbst arbeitete der Kardinal mit allen Kräften zusammen, die eine Wende herbeiführen konnten. Oberbürgermeister Dr. Pünder gab ihm eine Aufstellung zur Kenntnis, die er am 13. April 1946 dem britischen Staatsminister Hynd übergeben hatte[42]. Darin ging es ebenso wie bei Frings' Interventionen um Kohleförderung, Lebensmittelversorgung und Wiederaufbau. Den Briten wurden die zunehmend in der internationalen Presse verbreiteten Nachrichten über die schlechte Versorgung in Deutschland unangenehm. Die Düsseldorfer Militärregierung wandte sich am 18. Juni 1946 in einem frostig-nervösen Schreiben an den Kölner Erzbischof[43]:

---

39 UNRRA = United Nations Relief and Rehabilitation Administration.

40 Griffin an Frings 14. Januar 1946 (Original): HAEK – CR II 25.20b, 5.

41 HAEK – Nachlass Frings 983: Einladungen und Schriftverkehr zu Ehrungen und Empfängen für Kardinal Frings und die anderen neuernannten Kardinäle in Rom im Anschluss an das Konsistorium ... 1946; vgl. auch oben S. 148.

42 Kopien Pünders an Frings, Adenauer und Oberpräsident Lehr 17. April 1946 mit Kopie des Exposés Pünder für Hynd vom 13. April 1946: HAEK – CR II 25.18, 6. – Hermann Pünder (1888–1976), 1925–1932 Ministerialdirektor bzw. ab 1926 Staatssekretär in der Reichskanzlei, 1932–1933 Regierungspräsident in Münster, 1944–1945 in KZ-Haft, 1945 Mitbegründer der CDU, 1945–1948 Oberbürgermeister von Köln, 1948–1949 »Oberdirektor« der Wirtschaftsverwaltung der Bizone, 1949–1957 MdB: R. Morsey, in: LCDD, S. 346. – John Burns Hynd (1902–1971), britischer Labour-Politiker, 1945–1947 Minister für die besetzten Gebiete in Deutschland und Österreich: Who's who of the British Members of Parliament, Bd. 4 (1945–1979), S. 185; H. P. Mensing, Adenauer-Briefe 1945-1947, S. 710.

43 Hauptquartier der Militärregierung Nordrheinland (Col. Walker) an Frings 18. Juni 1946 (deutsche Übersetzung): HAEK – CR II 25.18, 5.

1. Gegenwärtig sind in Deutschland Gerüchte im Umlauf, dass Nahrungsmittel aus der britischen Zone nach England exportiert werden.
2. Diese Gerüchte sind unwahr, und die Militärregierung ist dabei, einen Aufklärungsfeldzug zu starten, um diese zu widerlegen.
3. Man hat vorgeschlagen, der Klerus könne diese Kampagne durch Kanzelverkündigungen unterstützen.
4. Sie werden daher gebeten, dem hiesigen Hauptquartier mitzuteilen, ob Sie willens sind, diesen Plan zu unterstützen ...«.

Der kaum verhaltene Zorn der Besatzungsoffiziere über berechtigte Klagen und unberechtigte Gerüchte wird aus der Rückschau noch verständlicher, wenn man die Feststellungen Theodor Eschenburgs berücksichtigt[44]: »Das Dilemma dabei war, dass das [britische] Besatzungsgebiet zwar das wichtigste Industriezentrum Deutschlands im Westen, die Ruhr, umfasste, aber von allen Zonen auch – im Verhältnis zur Einwohnerzahl – die geringste landwirtschaftliche Nutzfläche besaß. Schon im Sommer 1945 und wieder im Frühjahr 1946 sah sich England gezwungen, aus eigenen Reserven und Importen große Mengen Lebensmittel in seine Zone zu liefern. Im Juni 1946 musste deswegen in England sogar zum erstenmal das Brot rationiert werden. Ohne Pathos kann man feststellen, dass das englische Volk damals für das deutsche gedarbt hat«.

Kardinal Frings beherrschte inzwischen die Skala der Einflussnahmen auf Öffentlichkeit und Besatzungsmächte. Am 23. Juni 1946 fand in der Kölner Universitäts-Aula die Gründungsfeier der »Gesellschaft der Freunde des Wiederaufbaus der Stadt Köln« statt. Vor zahlreichem Publikum einschließlich des britischen Stadtkommandanten sagte der Kardinal u.a.[45]: »Wer bauen will, muss etwas zwischen den ›Rippen‹ haben. Wir glauben nicht jenen törichten Gerüchten, als seien Lebensmittel aus der britischen Zone ins Ausland versandt worden, und treten diesen Gerüchten mit aller Entschiedenheit entgegen. Aber dass die Ernährungslage in Deutschland, in der britischen Zone und besonders in der Nordrheinprovinz geradezu katastrophal ist, liegt auf der Hand. Wir sind dankbar für jede karitative Hilfe, die uns aus dem neutralen Ausland und aus Nordamerika zuteil wird, aber das sind nur Tropfen auf den heißen Stein. Die Not scheint mir so groß, dass im Augenblick nur eines helfen kann, wenn

---

44 Th. Eschenburg, Jahre der Besatzung, S. 87.

45 Ansprache Sr. Eminenz, des Hochwürdigsten Herrn Joseph Kardinal Frings, Erzbischof von Köln, bei der Gründungsfeier der Gesellschaft der Freunde und Förderer des Wiederaufbaus der Stadt Köln am Sonntag, dem 23. Juni 1946, in der Universität zu Köln: HAEK – CR II 25.18, 5.

nämlich die UNRRA mit ihren gewaltigen Mitteln auch Deutschland in den Kreis der Völker einbezieht, die es (!) unterstützt. Ich richte in dieser denkwürdigen Versammlung an die Vereinten Nationen die Bitte, dies zu tun«. Schließlich seien auch die dreizehn Millionen Flüchtlinge in Deutschland zu den »Displaced Persons« zu rechnen.

Um Missverständnissen über die Einstellung der Deutschen vorzubeugen, fuhr der Kardinal fort: »Es ist aber keineswegs unsere Absicht, *auf die Dauer* von den Almosen anderer zu leben. Wir wollen vielmehr durch eigene friedliche Arbeit unser Brot verdienen. Wir wollen – und hier bitten wir nicht, hier verlangen wir – wir wollen *arbeiten* können. Auch eine besiegte Nation besitzt unveräußerliche, heilige Rechte, und eines der ersten ist dies, dass sie arbeiten darf«. Man sträube sich ja nicht gegen eine restlose Abrüstung. »Aber wir wollen Düngemittel produzieren können, damit der ausgemergelte deutsche Boden einigermaßen das hergeben kann, was er in früheren Zeiten getragen hat. Wir müssen in Restdeutschland mit einer Bevölkerungsdichte von 200 Einwohnern auf den Quadratkilometer rechnen ...«. In England seien es 1931 190/qkm gewesen. »Man stelle sich vor, was aus England werden würde, wenn es nur von den Erzeugnissen der Insel leben müsste. Wir wollen Baustoffe von der Dachpfanne bis zum Fensterglas fabrizieren können und bedürfen dazu der nötigen Kohle, um der entsetzlichen Wohnungsnot einigermaßen abhelfen zu können. Wir wollen hochwertige Medikamente, Instrumente und feine Maschinen herstellen, um selber das Gemüse, die Fische, die Fette kaufen zu können, wie sie in Holland, Norwegen, Dänemark lagern. Der Wille zur friedlichen Arbeit scheint mir ein besserer Erweis tätiger Reue zu sein als ein ständig wiederholtes Schuldbekenntnis über eine Vergangenheit, die wir alle verabscheuen ...«.

Dem Düsseldorfer Hauptquartier antwortete der Kardinal zwei Tage später – ohne Anrede und Gruß, in vier Punkten wie das Anschreiben vom 18. Juni – er habe durch ein Hirtenwort vom 18. Juni die Gläubigen an ihre Pflichten angesichts der augenblicklichen Not erinnert und »ausdrücklich gesagt, dass von der Besatzung alle Anstrengungen gemacht werden, Lebensmittel aus dem Ausland und aus anderen Besatzungszonen herbeizuschaffen«. Dazu verwies er auf seine Rede in der Kölner Universität und erklärte sich mit einer Verbreitung durch die Presse einverstanden[46].

[46] Frings an Hauptquartier der Militärregierung Nordrheinland in Düsseldorf 25. Juni 1946 (deutsche Kopie, signiert): HAEK CR II 25.18, 5; engl. Original: L – PRO – FO 1013/2180.

Angesichts der durch den ununterbrochen fließenden Flüchtlingsstrom sich täglich weiter zuspitzenden Lage entschlossen sich die Kardinäle und Erzbischöfe Deutschlands anlässlich ihrer Vorbesprechung zur Fuldaer Bischofskonferenz am 3. Juli 1946 zu einer Eingabe an Präsident Truman[47]. Kardinal Preysing von Berlin hatte diese Bittschrift General Lucius D. Clay, dem amerikanischen Vertreter im Alliierten Kontrollrat[48], übergeben. Dieser erwiderte am 15. Juli[49], dass er nicht gewillt sei, »diese Bittschrift dem Präsidenten der Vereinigten Staaten weiterzureichen«. Die Potsdamer Beschlüsse bezüglich der Vertreibung seien bindend, die amerikanische Seite habe für ihren Teil alles zu einer humanen Durchführung getan.

Immerhin fühlte sich General Clay den Spitzenvertretern des deutschen Episkopats gegenüber zu einer ausführlichen Rechtfertigung des amerikanischen Verhaltens bemüßigt: »Wenn es auch keinem Zweifel unterliegt, dass eine Reihe der Ausgewiesenen jetzt unterernährt ist, so muss doch auch darauf hingewiesen werden, dass das nicht ihrer Übersiedlung nach Deutschland zuzuschreiben ist, sondern dem akuten Lebensmittelmangel der ganzen Welt. Die Vereinigten Staaten haben große Mengen von Lebensmitteln in die von ihnen besetzte Zone Deutschlands versandt, Mengen, die beträchtlich die Nöte dieser Menschen übersteigen. Die in die amerikanische Zone verschifften Lebensmittel wurden mengenmäßig nicht begrenzt durch die Absicht, dem deutschen Volke unzureichende Rationen zu gewähren. Die Begrenzung kommt daher, weil die zur Verfügung stehende Menge eine größere Sendung nur auf Kosten anderer Völker in der Welt ... ermöglicht hätte«.

Clay wies auch auf die privaten Initiativen in den USA zugunsten der deutschen Bevölkerung hin. »Ich möchte Sie auch wissen lassen, dass die Militärregierung sich der dringenden Notwendigkeit der Wiederherstellung der deutschen Wirtschaft wohl bewusst ist, in dem vom Potsdamer Abkommen begrenzten Rahmen, auf dass angemessene Lieferungen von Verbrauchsgütern dem deutschen Volke zur Verfügung stehen und auch mehr Beschäftigungsmöglichkeiten beschafft werden. Die zukünftige Wiederaufbauarbeit des deutschen Volkes scheint ja auch eine größere Ar-

---

[47] Die deutschen Kardinäle und Erzbischöfe an den Präsidenten der Vereinigten Staaten von Amerika 3. Juli 1946: HAEK – CR II 25.18, 9 (engl. Exemplar mit allen Unterschriften) sowie HAEK – Gen II 23.23a, 9 (Abschrift).

[48] Lucius D. Clay (1897–1978), 1945–1947 stellv. Gouverneur, 1947–1949 Gouverneur der US-Zone (vgl. TH. ESCHENBURG, Jahre der Besatzung, S. 591 [Reg.]; W. BENZ, Handbuch, S. 474).

[49] Clay an Preysing 15. Juli 1946 (Kopie der deutschen Übersetzung, Rundschreiben an die Mitglieder der Fuldaer Bischofskonferenz): HAEK – CR II 25.18, 9.

beitslosigkeit in der näheren Zukunft auszuschließen. Die amerikanische Militärregierung hilft in jeder nur mögliche Weise mit, einen Exporthandel aus der durch sie besetzten Zone Deutschlands aufzubauen. Und das Fehlen solchen Exports hat in keiner Weise den Import aller Lebensmittel von den Vereinigten Staaten, die nur geliefert werden konnten, verhindert, während die Ausgleichsfrage der Zukunft überlassen blieb«.

Die Ausführungen des Generals zeugten von hohem Verantwortungsbewusstsein ebenso wie von der unangenehmen Betroffenheit der westlichen Alliierten, durch die Not in Deutschland unter der Kritik der Weltöffentlichkeit zu stehen. Es ist kaum zu übersehen, wie die Kirchen – die evangelische Kirche über die Oekumene, die katholische über ihre innerkirchlich-internationalen Beziehungen und den Papst – dafür sorgten, dass die Verhältnisse in Deutschland bekannt wurden. Die Ausführungen General Clays antworteten streckenweise mehr auf die Rede von Frings in der Kölner Universität am 23. Juni als auf die Eingabe der Metropoliten an Präsident Truman vom 3. Juli. Wichtige Äußerungen des Kölner Kardinals wurden also durchaus zur Kenntnis genommen.

Der Themenkatalog der Rede vom 23. Juli bildete dann auch einen wesentlichen Gegenstand der Gespräche, die Kardinal Frings am 5. Juli 1946 mit dem Zivilgouverneur der Nordrheinprovinz, Mr. William Asbury[50], und am 8. Juli mit General Balfour in Bünde führte[51]. Auch in wenig erfreulichen Korrespondenzen zwischen britischen Militärstellen, dem Kölner Oberbürgermeister und Kardinal Frings über »Food-Rumours« im Juli 1946 tauchten von beiden Seiten immer die gleichen Argumente auf[52]. Bemerkenswert war höchstens der verletzende Ton, wenn etwa der Kölner Stadtkommandant Colonel White in den jüngsten deutschen Verlautbarungen »Zeichen von Hysterie« feststellte[53]. »Es wird dem deutschen Volk nichts einbringen, wenn die Entschlossenheit und der gesunde Menschenverstand ... jetzt durch unnütze Versuche, einen Sündenbock für die derzeitigen Verhältnisse zu finden, ersetzt wird«. Die derzeitigen Schwie-

---

[50] Summary of Interview Archbishop of Cologne – Regional Commissioner on 5 July 46: L – PRO – FO 1013/2180.– William Asbury (1889–1961), Zivilist (Labour-Politiker), 1946–1948 Land Commissioner in Nordrhein-Westfalen, 1948–1950 desgl. in Schleswig-Holstein: WHO'S WHO?, Bd. 6, 1961-1970.

[51] Generalleutnant Sir Philip Maxwell Balfour (+1977), 1945–1946 Chef des Hauptquartiers und Leiter des britischen Elements im Alliierten Kontrollrat (Maureen Coan, The British Council, Köln, nach Auskunft des Imperial War Museum, London).

[52] Frings an Hauptquartier Nordrheinland 21. Juli 1946 (ohne Anrede und Gruß), Col. White (Mil. Reg. Köln) an Oberbürgermeister Pünder 23. Juli 1946 (Abschrift): HAEK – CR II 25.18, 9.

[53] White an Pünder 23. Juli 1946 s. o. Anm.52.

rigkeiten seien »die direkte Folge der verbrecherischen Dummheit seiner früheren Führer ..., für deren Machtergreifung ein großer Teil des deutschen Volkes direkt verantwortlich ist«. White wies auf »die schweren Opfer« hin, »welche das britische Volk zur Erleichterung der Last seiner früheren Feinde freiwillig auf sich nimmt«. Der Oberbürgermeister wurde verpflichtet, den Inhalt dieses Schreibens bekanntzumachen.

Am 9. September machte der stellvertretende Gouverneur der britischen Zone, General Brian Robertson, einen Besuch bei Kardinal Frings[54]. Das Gespräch über alle anstehenden Probleme begann der General mit der Frage nach der religiös-seelsorglichen Situation. Frings holte es nach einiger Zeit auf den Boden der Realitäten zurück. »Auch zum Gebet ist eine genügende Zahl von Kalorien, an Lebensmitteln im allgemeinen, notwendig«. Der General wich dem von Frings angesteuerten Thema aus mit Fragen nach der Opportunität konfessioneller Jugendverbände unter der Regie der Besatzungsmacht. Frings hingegen vindizierte die Leitung solcher Verbände allein für die Kirche, wobei er den Mangel einer kirchlichen Jugendzeitschrift (im Gegensatz zur ostzonalen FDJ) beklagte. Nach einem Hinweis auf die viel zu zahlreichen und schleppend abgewickelten Entnazifizierungsverfahren steuerte Frings zu seinem Anliegen zurück: »Der Winter steht vor der Tür. Es muss unbedingt vorgesorgt werden. Vor Eintreten des Frostes müssen an die Einwohner Kartoffel[n] verteilt werden ... Die Bevölkerung muss in diesem Winter die notwendigen Mengen an Kohlen und Briketts erhalten«. Es war wohl etwas naiv-unrealistisch, wenn der Kardinal hinzufügte: »Man hat mir gesagt, 16 Tage Arbeit der Bergleute an der Ruhr im Jahr würden genügen, um die gesamte Bevölkerung mit der notwendigen Kohle für den Hausbrand zu versehen«. Mehr Gewicht hatte der folgende Hinweis: »Ich gebe zu bedenken, dass die Bevölkerung bei der schon so lange andauernden Unterernährung die Kälte mehr denn je spürt. Die Krankheiten nehmen in erschreckendem Maße zu, die Tuberkulose ist sehr im Ansteigen begriffen«. Ähnlich konkret ging Frings auf die Kleidernöte der Deutschen ein: »Die Bevölkerung benötigt unbedingt Schuhe, Kleider, Stopfgarn usw. Es ist überhaupt nichts zu erhalten, um wenigstens die alten Sachen zu flicken ...«.

[54] Sir Brian Hubert Robertson (1896–1974), bis 1947 stellv. Oberbefehlshaber, 1947–1950 Oberbefehlshaber der britischen Besatzungstruppen in Deutschland, 1949–1950 britischer Hoher Kommissar in der Bundesrepublik Deutschland (vgl. TH. ESCHENBURG, Jahre der Besatzung, S. 603 [Reg.]; W. BENZ, Handbuch, S. 487). Protokoll über den Besuch des Generalleutnants Robertson bei Kardinal Frings am 9. September 1946 (Dr. Berndorff): HAEK – CR II 25.18, 9.

General Robertson ging mit großer Geduld auf die mit Gerüchten und Fehlinformationen durchsetzten Vorhaltungen des Kardinals ein, ohne ihm befriedigende Zusagen machen zu können. Das galt speziell für die Klage über Wohnungsbeschlagnahmungen zugunsten der Familien von Besatzungsoffizieren, während er bereit war, sich für die baldige Entlassung der deutschen Kriegsgefangenen einzusetzen.

Am 30. September konnte der Kölner Kardinal anlässlich des Besuchs der Kriegsgefangenenlager in Großbritannien in London mit Staatssekretär Wilberforce im Ministerium für die besetzten Gebiete sprechen[55]. Auch dort schnitt er die Themen Wohnungsbeschlagnahme und Kohlenversorgung an. Als er die vorgesehenen 15 Zentner Kohle je Haushalt für zu wenig erklärte, erhielt er die Antwort: »Wegen der Zuteilung von 15 Zentnern Brennstoff hat uns die französische Regierung ein Protestschreiben geschickt, die französische Bevölkerung werde im kommenden Winter nicht eine solche Menge Brennstoff zur Verfügung haben. Es wird für uns Engländer nicht leicht sein, unseren Beschluss wegen der Kohlenzuteilung den Franzosen verständlich zu machen«. Auch beim Thema Lebensmittelversorgung argumentierte der Kardinal ganz aus der Perspektive der notleidenden deutschen Bevölkerung, ohne die durchaus vergleichbaren Mangelerscheinungen bei den Siegermächten ausreichend zu kennen und zu berücksichtigen.

In den normalen Kontakten zur britischen Besatzungsmacht übernahm zunehmend eine beim Militärgouverneur in Bünde eingerichtete »Religious Affairs Branch, Roman Catholic Section« Vermittlungsdienste. Frings schätzte die dort Dienst tuenden Offiziere, beklagte jedoch andererseits, dass sie auf die Politik der Militäradministration zu geringen Einfluss hatten, seit in London eine Labour-Regierung im Amt war[56]. Für manche innerkirchlichen Nöte konnten die Bischöfe nur über diese Herren, vor allem Msgr. Richard Smith, Verständnis finden, die etwa für Chrisam und Balsam zur Weihe der hl. Öle am Gründonnerstag sorgten. Blieb der Kontakt zu den übrigen Besatzungsoffizieren auf höflicher Distanz, so gewannen die Beziehungen zu Msgr. Smith Züge von Herzlichkeit, deren deutlichster Ausdruck ein Brief von Smith an den

[55] Zu dem Besuch der britischen Kriegsgefangenenlager s. unten S. 272 f. – Protokoll über die Besprechung im Norfolk House (London) am 30. September 1946 (Dr. Berndorff): HAEK – CR II 25.18, 8.

[56] Am deutlichsten drückte Frings diese Meinung aus, als ihn am 10. Dezember 1946 Mr. Gwynne, der Leiter der Abteilung, und Msgr. Smith besuchten. Smith äußerte bei dieser Gelegenheit seine Gewissensbedenken, in der Abteilung mitzuarbeiten. – Aktennotiz Dr. Berndorff: HAEK – CR II 25.18, 8.

Kardinal vom 29. September 1947 ist[57]: Er – Smith – habe die deutsche, französische, russische und englische Fassung von Frings' letzter Eingabe an den Alliierten Kontrollrat zu Gesicht bekommen[58]. »Ich schaute die englische Version an und war betroffen darüber, dass sie an vielen Stellen ganz unverständlich war. Es scheint nicht im Interesse des Appells zu liegen, dass eine solche Übersetzung den amerikanischen und britischen Mitgliedern des Kontrollrats vorgelegt wird. Ich habe mir deshalb die Freiheit genommen, das deutsche Original neu zu übersetzen«. Wenn Frings einverstanden sei, könne er die neue Übersetzung auf eigenem Briefbogen schreiben lassen und unterzeichnet zurücksenden. So lange werde er – Smith – die übrigen Fassungen festhalten, damit sie gemeinsam überreicht werden könnten.

Diese Religious Affairs Branch in Bünde wurde z.B. organisatorisch tätig, als vom 16. bis 30. Oktober 1946 eine hochrangige Delegation britischer Kirchenführer, darunter anglikanische und katholische Bischöfe, eine Rundreise durch das britisch besetzte Deutschland machte, um von der herrschenden Not und der gesamtpolitischen Lage einen Eindruck zu gewinnen und diesen in der Heimat zu vermitteln[59]. Frings empfing die Delegation am 17. Oktober in seinem Hause und nutzte die Gelegenheit zu einer gut vorbereiteten, materialreichen Information der Kirchenmänner über alle anstehenden Probleme. Die Rundreise insgesamt und die Ausführungen des Kölner Kardinals verfehlten nicht ihre Wirkung. Msgr. Smith und der Leiter der Branch, Mr. Gwynne, nutzten einen auswertenden Bericht über den Verlauf der Reise, um bei Frings für ihre Tätigkeit Verständnis und Wohlwollen zu gewinnen.

Die dringenden Bitten des Kardinals an General Robertson im September 1946, im Hinblick auf den bevorstehenden Winter für eine ausreichende Versorgung mit Kartoffeln und Kohlen zu sorgen, sollten sich als allzu berechtigt erweisen. Der Winter 1946/47 wurde der kälteste seit Menschengedenken: Köln und ganz Deutschland hungerten und froren

---

57 Smith an Frings 29. September 1947 (englisch): HAEK – Gen II 23.23a, 16. Von den zu herzlicher Freundlichkeit und Hilfsbereitschaft gedeihenden Beziehungen zeugen auch die Abschiedbriefe von Mr. Gwynne und Msgr. Smith an Frings bei ihrer Rückversetzung nach England: Gwynne an Frings am 31. Dezember 1947: HAEK – CR II 25.18, 12.

58 Es handelt sich um die Eingabe an den Alliierten Kontrollrat im Namen der Bischofskonferenz am 18. September 1947 zugunsten der von den Sowjets aus Ostdeutschland verschleppten Jugendlichen: HAEK – Gen II 23.42, 3 (vgl. unten S. 283 f.).

59 Schriftstücke zur Vorbereitung, Durchführung und Berichterstattung bezüglich des Besuches der britischen Kirchendelegation in Deutschland 16.-30. 10. 1946, insbesondere: Protokoll über den Besuch der brit. Kirchendelegation bei Frings am 17. Oktober 1946: HAEK – CR II 25.18, 8.

monatelang[60]. »Von den 121 Tagen der Monate Dezember 1946 bis März 1947 zeigte das Thermometer an 64 [Tagen] um 8 Uhr Temperaturen unter 0°. Der Februar mit 25 Frosttagen war am unbarmherzigsten. Der Rhein war über viele Kilometer hin die zweitlängste Zeit seit der Jahrhundertwende mit einer Eisschicht bedeckt. Zwar kam es in Köln nicht zu Todesfällen durch Erfrieren wie in Berlin, wo mehrere hundert Menschen so ihr Leben verloren, aber die Lage war katastrophal genug«.

Wer in diesem Winter auf die zugeteilten, aber nicht immer fristgerecht verfügbaren Mengen an Lebensmitteln und Hausbrand angewiesen war, lebte am Rande der Not. Das ließ zahlreiche Menschen eine Geschicklichkeit bei außergesetzlicher Beschaffung des Lebensnotwendigen entwickeln, die man damals »Organisieren« nannte. Das betraf vor allem die Beschaffung von Baumaterialien aus Trümmergrundstücken und der Natur sowie von Kohlen, die von vorbeifahrenden, gelegentlich zum Anhalten gezwungenen Güterzügen und Lastwagen entwendet wurden. In der Bevölkerung war die irrige Überzeugung verbreitet, dass der größere Teil der in Deutschland geförderten Kohle ins alliierte Ausland geliefert werde. Aus dem daraus aufsteigenden Eindruck des Unrechts hielten viele sich für legitimiert, sich von den Kohlenzügen das unbedingt Notwendige zu nehmen. Angesichts der Kälte nahm diese »Selbstbedienung« im Rhein-Ruhr-Revier Ausmaße an, die deutschen und alliierten Behörden nicht gleichgültig bleiben konnten und dazu zu einem moralischen Problem wurden[61].

In dieser Situation hielt Kardinal Frings am 31. Dezember 1946 in St. Engelbert in Köln-Riehl seine berühmt gewordene »Silvesterpredigt«[62]. Er überschrieb sie selbst als »Abendgebet dieses Jahres« und gliederte sie dementsprechend in »Dank gegen Gott für seine Wohltaten«, »Gewissenserforschung« und »Empfehlung in Gottes Schutz«. Die insgesamt gehaltvolle Jahresschlussbetrachtung hatte auch in ihrem zweiten Abschnitt

[60] Der Winter 1946/47 in Köln ist eindrucksvoll dargestellt von R. FROHN, Köln 1945–1981, S. 167 ff. Dort S. 169 f. das nachfolgende Zitat; vgl. auch: W. FÖRST, Nordrhein-Westfalen I, S. 222-238 (»Harter Winter«).

[61] Wie das konkret erlebt und praktiziert wurde, hat der damalige Pfarrer von St. Ursula in Köln, Paul Fetten, in der Chronik seiner Pfarrei beschrieben: P. FETTEN, St. Ursula 1945-1948, S. 193 u. ö.

[62] Hs. Originalentwurf und Kopie der Reinschrift: HAEK – CR II 2.18g, 1; Schreibmaschinenexemplar mit Bearbeitungsspuren von Frings und Geheimsekretär Dr. Berndorff, Fahnen des Drucks bei Bachem Anfang 1947, Kirchenzeitung v. 18. Januar 1947 mit der Predigt: HAEK – CR II 2.3, 3. Nachdruck: D. FROITZHEIM, Kardinal Frings, S. 280-288; Bericht über die Silvesterpredigt und ihre Nachwirkungen von Generalkonsul von Weiss an die Berner Regierung vom 22. Januar 1947: M. SCHMITZ/B. HAUNFELDER, Humanität, S. 278 f.

weit wichtigere Themen als das später allein in Erinnerung gebliebene der Kohlenselbstbedienung. So erarbeitete Frings angesichts der damals aktuellen Kollektivschuld-Diskussion aus der christlichen Morallehre den Schuldbegriff und forderte die Zuhörer auf, ihr Gewissen nach persönlicher Schuld zu erforschen. Im kursorischen Durchgang des Dekalogs mahnte der Erzbischof beim 7. Gebot zunächst den »gerechten Ausgleich zwischen denen, die alles verloren haben, und denen, die noch manches gerettet haben«, an.

Dann folgte der Satz, der die Öffentlichkeit elektrisieren sollte. Frings hatte ihn mehrfach überarbeitet und sehr bewusst formuliert: »Wir leben in Zeiten, da in der Not auch der einzelne das wird nehmen dürfen, was er zur Erhaltung seines Lebens und seiner Gesundheit notwendig hat, wenn er es auf andere Weise, durch seine Arbeit oder durch Bitten, nicht erlangen kann«[63]. Der Kardinal scheint die Notwendigkeit gespürt zu haben, sich gegen Missverständnisse absichern zu müssen. Deshalb fügte er hinzu: »Aber ich glaube, dass in vielen Fällen weit darüber hinausgegangen worden ist. Und da gibt es nur einen Weg: unverzüglich unrechtes Gut zurückgeben, sonst gibt es keine Verzeihung bei Gott«.

Diese Absicherung und die gesamte übrige Predigt wurden kaum beachtet. Nur der eine Satz ging wie ein Lauffeuer durch Stadt und Land und wurde als kirchenamtliche Legitimierung des Kohlendiebstahls verstanden, für den der rheinische Volksmund alsbald das Verb »fringsen« prägte[64]. Spätestens mit diesem Silvesterabend hatte der Kardinal sich die Herzen der Kölner und der Rheinländer erobert. Doch brachte ihm die Predigt auch unangenehme Verwicklungen. Hatte man sich in den Berliner Zeitungen »Tagesspiegel« und »Telegraf« an den Ausführungen über die Kollektivschuld festgebissen und den verfänglichen Satz zum 7. Gebot gar nicht bemerkt[65], so kamen doch gerade zu diesem Satz zunehmend vorwurfsvolle und kritische Anfragen aus ganz Deutschland, nachdem die Zeitungen sich des Themas angenommen hatten.

---

[63] Der Heimatverein »Alt-Köln« ließ unter der Kanzel von St. Engelbert in Köln-Riehl eine Bronzetafel mit diesem Satz anbringen.

[64] Vgl. Stichwort »fringsen« in: H. KÜPPER, Wörterbuch der deutschen Umgangssprache, Bd. 1, Hamburg [3]1963, S. 179; L. MACKENSEN, Deutsches Wörterbuch, München [10]1982, S. 395. Zu den Auswirkungen der Predigt innerhalb Kölns vgl. auch J. VAN ELTEN, Katalog, S. 49 ff. mit weiteren Details.

[65] Tagesspiegel Nr. 2/3. Januar 1947: »Phantasien an Neujahrskaminen«; Telegraf Nr. 2/3. Januar 1947: »Gegen Kollektivschuld. Silvesterpredigt von Kardinal Frings«. Ausschnitte in HAEK – CR II 25.20b, 7 bzw. 8 (Anlagen zu einem Brief von Weihbischof Wienken an Frings vom 13. Januar 1947, ebd. CR II 25.18, 11). Verschiedene kritische Äußerungen zur Silvesterpredigt 1946: HAEK – CR II 2.18g, 1.

Den Auftakt bildete eine Notiz in der »Kölnischen Rundschau« am 3. Januar 1947, die unter der Überschrift »Kardinal Frings über die Kollektivschuld« durchaus sachlich über die Predigt berichtete, allerdings den entscheidenden Satz im Wortlaut wiedergab[66]. Dieser Artikel und die in den ersten Januartagen 1947 sprunghaft ansteigenden Plünderungen der Kohlenzüge ließen den Zivilgouverneur von Nordrhein-Westfalen in Düsseldorf aktiv werden.

Den stellenweise dramatischen Ablauf der Dinge hat Frings' Geheimsekretär Dr. Berndorff in einer Aktennotiz vom 14. bzw. 17. Januar 1947 festgehalten[67]: Spätabends am 11. Januar erschien im erzbischöflichen Haus Father Murphy mit einer Anfrage Regional Commissioner Asburys, ob der in der »Kölnischen Rundschau« zitierte Satz zutreffend sei. Murphy nahm den Text der Predigt mit nach Düsseldorf. Am folgenden Nachmittag erschien Asburys Sekretär, Oberst Parker, in Köln mit einem weiteren Brief Asburys: Frings' Predigt sei missinterpretierbar und könne das Volk verleiten, »das Recht in die eigenen Hände zu nehmen«. »Ich bin aufs äußerste erschüttert über das Anwachsen des organisierten Kohlendiebstahls von Zügen, das seit Anfang des Jahres um sich gegriffen hat«. Obgleich dieses Problem nicht notwendig der Predigt vom 31. Dezember angelastet werden könne, glaube ein Teil der Öffentlichkeit, für solches Tun unter dem Segen der Kirche zu stehen. Zum Schluss seines Briefes forderte Asbury eine Presseerklärung des Kardinals, die den Kohlendiebstahl verurteilte.

Gegenüber Oberst Parker erklärte Frings: »Für die Pressenachricht bin ich unverantwortlich ... Ich habe nicht geglaubt, dass dieser eine Satz *so* die bürgerliche Welt aufregen würde. Was ich sagte, ist die Lehre der katholischen Moraltheologie«. Frings berichtete dann, dass er vor katholischen Lehrern bereits seine Aussage eingegrenzt habe[68]. Dann allerdings ging er zum Gegenangriff über: »Ich selbst würde mir von den Waggons die Briketts holen, wenn ich kein Heizmaterial hätte. Verantwortlich für diesen Notstand sind die zuständigen Behörden, die für eine frühzeitige und gerechte Verteilung der Kohle zu sorgen haben. Dass kein Hausbrand ausgegeben wird, halte ich besonders wegen der starken Kälte in diesem

---

66 Kölnische Rundschau Nr. 2/3. Januar 1947, Ausschnitt in HAEK – CR II 25.18, 11.

67 Aktennotiz Dr. Berndorff 14. bzw. 17. Januar 1947: HAEK – CR II 25.18, 11; die parallele Dokumentation in den britischen Militärakten: L – PRO – FO 1050/1611 und FO 1030/306, dort vor allem: Bericht Asburys an General Robertson 4. Februar 1947 mit Anlagen.

68 Versammlung der katholischen Lehrer und Lehrerinnen Kölns am Sonntag, 12. Januar 1947, im Agnessaal. – Eine Notiz für die Presse (s. unten) findet sich in: HAEK – CR II 25.18, 11.

Jahre für ein Vergehen gegen die Menschlichkeit. Nach meiner Überzeugung geschieht es, so wie im letzten Jahr, um das Volk zu strafen«.

Parker wies diesen massiven Vorwurf mit Recht zurück und insistierte auf Asburys Frage, ob der Kardinal zu einer Presseerklärung bereit sei. Frings erwiderte: »Ich bin bereit, meine Erklärung von heute morgen bei der katholischen Lehrer- und Lehrerinnenversammlung der Presse zu übergeben«. Dann setzte er seinen Gegenangriff fort: »Ich möchte betonen, dass ich Herrn General Robertson und andere verantwortliche Engländer (General Barraclough im Winter 1945, General Balfour, Mr. Asbury, General Robertson, Staatssekretär Wilberforce im Ministerium Hynd, 1946) frühzeitig auf eine gerechte Hausbrandverteilung aufmerksam gemacht habe. Dazu machte ich ganz konkrete Vorschläge, um die Kohlenförderung zu steigern. Der Bergmann muss wissen und wirklich erfahren, dass er Kohle für deutsche Familien fördert ... Ich weiß genau, dass nur rund 20-21 % der geförderten Kohle ... den Deutschen nicht zugute kommt und sage dies überall, wo ich nur kann. Jeder ist darüber erstaunt und will es nicht glauben. Die Bevölkerung ist nicht davon abzubringen anzunehmen, es gehe viel mehr Kohle ins Ausland«. Parker bestand noch einmal auf einer öffentlichen Erklärung des Kardinals gegen den »organisierten Kohlendiebstahl«.

Frings hatte sich offenbar sehr genau überlegt, wie weit er gehen wollte und sein Verhalten moraltheologisch gedeckt war. Er antwortete dem Oberst: »Ich stelle fest:

1. Dass niemand, der diesen [organisierten] Diebstahl tut, sich auf eine Äußerung von mir berufen kann. Das verwerfe ich als ein Vergehen gegen das 7. Gebot Gottes. Wenn aber z. B. ein Mütterchen, das keinen Hausbrand hat, sich auf dem Bahndamm Briketts holt, um nicht erfrieren zu müssen in den so kalten Tagen, so ist dies nicht zu verwerfen. Der (!) dies tut, kann sich auf mich berufen.
2. Dass letztere Handlung Mr. A[sbury] in seinem Schreiben auch nicht verwirft. Er wendet sich wie ich gegen organisierten Diebstahl. Wir stimmen in unseren Ansichten also überein« – was Mr. Asbury wohl entschieden zurückgewiesen hätte!

Frings schloss das Gespräch mit der Zusage: »Ich bin bereit, dasjenige, was ich heute morgen vor den Lehrern und Lehrerinnen sagte, der Presse zu übergeben, dazu noch ein Schlusswort, dass ich die organisierten Überfälle auf Kohlenzüge aufs schärfste verurteile[69]. Freitag, den 17.1.,

---

[69] Text s. oben Anm. 68.

komme ich nach Düsseldorf; ich möchte gern den Besuch Mr. Asburys im letzten Jahr erwidern«.

Abends um 21.00 Uhr gab Father Murphy telefonisch durch, »Mr. Asbury möchte bis Montag, 13. Januar, 16 h eine schriftliche Antwort von S. Eminenz auf seinen Brief vom 12.1. haben«. Der über die Fristsetzung erstaunte Kardinal ließ eine Stunde vor Ablauf der Frist einen höflich-korrekten Brief bei Asbury abgeben, in dem er die mündlich gemachten Zusagen wiederholte[70].

Einen geradezu grotesken Abschluss erhielt die Angelegenheit durch die Komplikationen um den Besuch des Kardinals bei Mr. Asbury. Geheimsekretär Berndorff notierte am 17. Januar 1947: »Am 14.1.47 sagt F[athe]r Murphy mir Bescheid, dass Mr. Asbury bereit sei, Eminenz am Freitag, dem 17.1., zu empfangen, um 15 h im Stahlhof, Düsseldorf, wenn dies Eminenz so passen würde. Eminenz sagt für den 17.1. um 15 h zu. Der Termin wird am 16.1. von der Mil. Gov. Düsseldorf bestätigt. Punkt 15 h ist Eminenz im Stahlhof; am Eingang wird Em[inenz] von einem Major empfangen und zum Büro Mr. Asburys geleitet, wo im Vorzimmer Oberst Parker Eminenz empfängt. Mr. Asbury ist nicht da, soll aber nach Mitteilung von Oberst Parker jeden Augenblick kommen. Eminenz wartet im Vorzimmer etwa 14-15 Min[uten], erhebt sich und verlässt mit Empfehlung an Mr. Asbury das Zimmer; sogleich Rückkehr nach Köln«. Nach seinen eigenen Erinnerungen hat Frings zu seinem Chauffeur gesagt: »Jetzt schleunigst weg, es konnte gar nicht besser gehen!«[71].

Damit wurde der Vorgang allerdings noch einmal auf eine neue Ebene gehoben. Mr. Asbury berichtete nach dem Vorfall den Verlauf der Dinge aus seiner Sicht in einem Brief an General Robertson in Bünde am 4. Februar 1947. Dem Brief waren verschiedene Anlagen (z. B. die schriftlichen Äußerungen von Frings) beigefügt[72]. Über den 17. Januar schrieb Asbury: »An diesem Tage hatte ich M. Laffon, den Militärgouverneur der französischen Zone, als Gast zum Lunch mit der Folge, dass ich wenige Minuten verspätet in meine Dienststelle kam. Trotz der Versicherungen meines Personals, ich sei unterwegs zur Dienststelle, entschloss sich der Kardinal zum Aufbruch und entschwand nach einer Wartezeit von gerade einmal 10 Minuten«.

---

70 Die Schreiben Asburys an Frings vom 11. bzw. 12. Januar 1947 (in engl. Sprache) sowie die Durchschrift des Schreibens Frings' an Asbury vom 13. Januar 1947: HAEK – CR II 25.18, 11.

71 J. Frings, Für die Menschen bestellt, S. 58; ebd., S. 56 f. die Eigendarstellung Frings' aus der Erinnerung über die Turbulenzen um die Silvesterpredigt 1946.

72 Asbury an Robertson 4. Februar 1947 (engl. Original mit Unterschrift) mit Anlagen: L – PRO – FO 1030/306.

Wiederum hatte der Kardinal die protokollarische Karte ausgereizt und wurde durch den Erfolg nachträglich bestätigt: Noch am gleichen Tag entschuldigte sich Asbury für seine Verspätung von »some 12 minutes« und schilderte die Gründe. Er habe jedoch den dringenden Wunsch gehabt, mit Frings über dessen Ansprache vor den Lehrern zu sprechen, von der die »Kölnische Rundschau« am 14. Januar berichtete. »Es war mir ein Bedürfnis abzuklären, dass Ihre Stellungnahme zu den Überfällen auf Kohlenzüge eine grundsätzliche war, die für alle vergleichbaren Aktionen gilt«[73].

Asbury musste Robertson am 4. Februar gestehen, dass er auf dieses Entschuldigungsschreiben von Frings keine Antwort erhielt. Schon vor der Ankunft des Asbury-Berichtes hatte General Robertson am 5. Februar in einem Brief an Asbury seinem ganzen Ärger über den Kölner Kardinal Luft verschafft[74]: »... Kardinäle sind nicht sakrosankt. Wenn sie ihre eigenen Grenzen in einem Maße überschreiten, wie Frings es nach der politischen Seite hin getan zu haben scheint, sollten Sie nicht zögern, ihn vorzuladen und in strengen Worten mit ihm zu reden ... Ich schlage nicht vor, dass Sie bestimmte Drohungen aussprechen, aber dass Sie klarstellen, dass wir die Sache sehr ernst nehmen und dass Sie im Wiederholungsfalle die Angelegenheit auf eine hohe Ebene bringen werden«.

Nachdem Robertson Asburys Bericht vom 4. Februar 1947 erhalten hatte, ergänzte er am 10. Februar[75]: »Ich stimme zu, dass es schwierig ist, mit Frings zu tun zu haben. Den besten Rat, den ich Ihnen geben kann, ist der folgende: Ich halte es für unnötig, den von Ihnen in Ihrem Brief berichteten Fall weiter zu verfolgen«. Vor allem dürfe man sich mit Frings nicht auf eine Auseinandersetzung in Fragen der Glaubenslehre einlassen. »Im Hinblick auf die Zukunft würde ich es für gut halten, wenn Sie eine feste Beziehung zu diesem einflussreichen Mann aufbauen könnten. Sie haben, so glaube ich, ein Recht, seine Kooperation einzufordern. Er gewährt sie derzeit nicht. Er ist weit mehr besorgt um seine eigene Würde als um seine Verantwortung, mit Ihnen zu kooperieren und Ihnen konstruktive Hinweise zu geben. Ich will z. B. gar nicht die Art und Weise kommentieren, wie er Ihre Dienststelle verließ, weil Sie ein wenig zu spät kamen. Ich denke, Sie waren sehr rücksichtsvoll, ihm noch zu erklären, warum Sie zu spät kamen«. Man müsse Frings sehr deutlich machen, dass wenn er die Kooperation verweigere, das Rückwirkungen auf ihn selbst haben werde.

---

[73] Asbury an Frings (englisch) 17. Januar 1947: HAEK – CR II 25.18, 11 sowie unter den Anlagen des Briefes Asbury an Robertson 4. Februar 1947: L – PRO – FO 1030/306.

[74] Robertson an Asbury 5. Februar 1947 (Abschrift): L – PRO – FO 1050/1611.

[75] Robertson an Asbury 10. Februar 1947 (Abschrift): Ebd.

Am Ende seines Briefes an Asbury kam Robertson zu dem Schluss: »Unsere Kontakte zu den Bischöfen, den katholischen wie den evangelischen, sind zu selten und bleiben meistens auf die Offiziere beschränkt, die für die religiösen Angelegenheiten zuständig sind. Wir sollten versuchen, den Kontakt dichter zu gestalten, doch dabei in keiner Weise die Stellung der Besatzungsmacht in Frage stellen. Und wir sollten eine sehr feste Haltung gegenüber den Kirchen einnehmen, wann immer sie ihre eigenen Grenzen überschreiten«.

Für Robertson war die Angelegenheit mit diesen grundsätzlichen Überlegungen und Anweisungen noch nicht erledigt. Der Ärger über den Kölner Kardinal scheint in ihm weiter geschwelt zu haben. Am 23. Mai 1947 schrieb Msgr. Smith von der Religious Affairs Branch dem General[76], weil ein Gespräch zwischen Robertson und der Branch am 2. Mai ihn beunruhigte, bei dem Robertson von seinen Anweisungen an Mr. Asbury berichtet habe. Smith rekapitulierte diese nach seiner Erinnerung: Asbury habe den Kardinal nicht in seinem Hause besuchen, sondern zu sich einladen sollen. »3. Wenn die Anwesenheit des Kardinals für notwendig erachtet wurde, war er vorzuladen; und wenn er nicht gehorchte, hätte man die Polizei schicken müssen, ihn vorzuführen (›to bring him‹)«.

Smith fuhr fort, er fühle sich verpflichtet, auf »die sehr ernste Situation« hinzuweisen, die eintrete, wenn man der 3. Anweisung folge. »Sie ist natürlich nur als äußerste Maßnahme gedacht. Doch sie zielt auf einen Kurs zu, den die Nazis sich gegenüber den Kardinälen Faulhaber und von Galen sowie gegenüber Erzbischof Gröber von Freiburg einzuschlagen scheuten. Eine Polizei-Eskorte würde zweifellos darin erfolgreich sein, Kardinal Frings in die Dienststelle des Regional Commissioners zu bringen; aber die Nachricht davon würde sich im katholischen Rheinland wie ein Prärie-Feuer verbreiten, und die Besatzungsmächte würden sich sofort in einen bitteren Kulturkampf verwickelt sehen«. Er – Smith – habe Frings kürzlich wegen der bevorstehenden Reise des Kardinals nach Kanada aufgesucht und sehr freundlich erlebt. Er habe sich für Mr. Asburys Glückwünsche zum 60. Geburtstag bedankt und keinerlei feindselige Einstellung gegenüber der Militärregierung gezeigt. Die realistische Einschätzung der Stimmungen im Rheinland, die Msgr. Smith hier vortrug, scheinen sich letztlich auch bei Robertson durchgesetzt zu haben. Die weiteren Beziehungen der britischen Militärbehörden zum Kölner Erzbischof gestalteten sich sachlich-kühl, aber freundlich und korrekt in der Form. Eine Schilderung seiner Persönlichkeit aus britischer Sicht nach 1949

---

[76] Smith an Robertson 23. Mai 1947 (unterschr. Original): L – PRO – FO 1050/1611.

kommt zu einer ausgewogenen und sehr zutreffenden, im Ganzen wohlwollenden Darstellung seiner Stärken und Grenzen sowie seiner Einschätzung in der deutschen Bevölkerung[77].

Die erste Jahreshälfte 1947 dürfte den Höhepunkt der Not in der deutschen Bevölkerung und in den Versorgungsschwierigkeiten der britischen Besatzungsmacht markieren. Seitens der britischen Regierung machte auf dem Höhepunkt der Krise um die Silvesterpredigt des Kardinals am 16. Januar 1947 Lord Beveridge in Begleitung des Kölner Stadtkommandanten White einen Besuch bei Frings[78]. Der Lord bat um offene Auskunft, wie man in der Bevölkerung über die Engländer denke. »In Hamburg herrscht Verbitterung über die Engländer«. Der Kardinal ergänzte diese Mitteilung seines Gastes: »Im Kriege hat sich die Bevölkerung hier am Rhein die Ankunft der Engländer gewünscht, heute besteht ein förmlicher Hass gegen sie«. Den Hinweis auf die besondere Problematik der britischen Zone und die eigenen Schwierigkeiten der Briten in der Heimat quittierte Frings mit der Feststellung: »Ich begreife diese Schwierigkeiten wohl, aber die Engländer haben sich diese Zone *gewählt*, zuvor waren die Amerikaner hier«. In dem Gespräch über alle anstehenden Fragen ging der Kardinal wieder wenig sanft mit seinem Gast um, der allerdings auf Härte gefasst zu sein schien und eine beachtliche Weite des Horizonts zeigte, wenn er sagte: »Demontage *und* Verlust des deutschen Ostens als Agrarland sind ein Unding. Beides sollte rückgängig gemacht werden, wenigstens vom Standpunkt der Klugheit aus die eine oder andere Sache«.

In den Jahren 1947/48 nahmen die wegen der daniederliegenden Wirtschaft bei gleichzeitiger Überbevölkerung gegebenen Versorgungsengpässe kaum ab. Doch wurde der Kölner Kardinal seltener bei den Alliierten in Versorgungsfragen vorstellig. In diesem Bereich entwickelte sich ein nicht immer harmonisches Zusammenspiel zwischen den neugebildeten Landesregierungen und den Besatzungsbehörden[79], während Kardinal Frings (wie andere Bischöfe und Kirchenführer) sich zum Sprecher in anderen Anliegen der deutschen Bevölkerung machte.

---

[77] Undatiertes Dokument ohne Unterschrift: L – PRO – FO 1050/1613.– Die zeitliche Einordnung nach 1949 ergibt sich aus der Darstellung des CDU-Eintritts und –Wiederaustritts Frings' 1948/49 und dem Hinweis auf Frings' »friendship to Chancellor Adenauer«.

[78] Protokoll über den Besuch von Lord Beveridge bei Frings am 16. Januar 1947 (Dr. Berndorff): HAEK – CR II 25.18, 11. – Sir William Henry Beveridge (1879–1963), Wirtschafts- und Versicherungsfachmann in britischen Diensten verschiedener Art, 1946 Baron: WHO'S WHO OF BRITISH MEMBERS OF PARLIAMENT, Bd. 3 (1919–1945), S. 31.

[79] Zur Gründung der Länder durch die alliierten Besatzungsmächte und zu ihrer ersten Arbeit: TH. ESCHENBURG, Jahre der Besatzung, S. 77-105; W. BENZ, Handbuch, S. 377-431 (mit Literaturhinweisen zu den einzelnen Ländern).

Noch einmal, im Winter 1947/48, kam es auf Wunsch General Robertsons zu einem Gespräch über die aktuelle »Lebensmittelnotlage«[80]. Robertson vertrat vor Frings wie vor anderen deutschen Persönlichkeiten die These: »Im letzten Jahr ist die Krise durch mangelnde Zufuhr aus dem Ausland entstanden, jetzt durch ungenügende Abgaben der Bauern und schlechte Verteilung im Inland«. Wer bei Kardinal Frings Tadel an der deutschen Bevölkerung anbringen wollte, musste mit Gegenargumenten rechnen: »Se. Eminenz weist darauf hin, dass die Gründe für die augenblickliche kritische Lage zu suchen sind in der mangelnden Autorität der deutschen Regierungsstellen bei der Bevölkerung. In der Meinung des Volkes haben die Regierungsstellen nichts zu sagen, sondern nur auszuführen, was die Alliierten vorschreiben ... Sodann fehlt es den deutschen Regierungsstellen an einer handfesten Polizei, um beschlossene Maßnahmen durchzuführen ...«. Für die Bewältigung der aktuellen Wirtschaftsprobleme in Deutschland empfahl der Kardinal, etwas unbeholfen in der Wahl von Ausdrücken und Beispielen, aber im Grundsatz richtig, marktwirtschaftliche Wege, während Robertson angesichts der weltweiten Dimensionen der Versorgungsprobleme nur dirigistische Verteilungsprinzipien gelten ließ.

In der Ernährungs- und Versorgungslage trat denn auch erst eine Besserung ein, als mit der Währungsreform vom 20. Juni 1948 eine stabile Währung als Basis einer allmählich gesundenden Wirtschaft in Westdeutschland eingeführt wurde und die von Kardinal Frings etwas schlicht formulierten marktwirtschaftlichen Gesetze zu greifen begannen.

3. Flucht und Vertreibung aus Ostdeutschland nach 1945*

Die Alliierten waren sich seit den Konferenzen von Teheran und Jalta 1945 grundsätzlich einig geworden, dass nach Kriegsende in einem Friedensvertrag die Grenzen Deutschlands neu festzulegen seien[81]. Bei der Konferenz von Potsdam im Juli und August 1945 stellte die Sowjetunion

[80] Kurzer Bericht über den Besuch Sr. Eminenz bei General Robertson ... in Düsseldorf 27. Januar 1948 ... Thema der Besprechung: Lebensmittelnotlage (Dr. Berndorff): HAEK – CR II 25.18, 12.

* Dieser Abschnitt wurde bereits veröffentlicht: N. Trippen, Kardinal Frings, der deutsche Episkopat und die Vertreibung der Deutschen aus Ostmitteleuropa nach 1945.

[81] Zu den Konferenzen der Großmächte in Teheran, Jalta und Potsdam vgl. Th. Eschenburg, Jahre der Besatzung, S. 28-53; W. Benz, Handbuch, S. 211 f. (A. Schulze Wessel): Teheran; S. 212 f. (A. Hälg): Jalta; S. 214-218 (M. Görtemaker): Potsdam (jeweils mit weiterführenden Literaturhinweisen).

die Westalliierten vor die vollendete Tatsache, dass sie die Gebiete östlich von Oder und (Görlitzer) Neiße nicht mehr zur sowjetischen Besatzungszone Deutschlands rechnen werde. Das nördliche Ostpreußen mit Königsberg war der Sowjetunion eingegliedert, die übrigen Gebiete waren Polen überwiesen. Die Westalliierten konnten lediglich den »Formelkompromiss« erreichen, dass diese Gebiete bis zu einer endgültigen Regelung in einem Friedensvertrag »russischer bzw. polnischer Verwaltung unterstellt« seien. Außerdem wurden die Alliierten sich einig, dass die deutschen Bewohner dieser Gebiete ebenso wie die deutschstämmige Bevölkerung der Tschechoslowakei, Ungarns und Jugoslawiens nach Restdeutschland auszusiedeln sei.

Dadurch kam ab Sommer 1945 eine Völkerwanderung von etwa zwölf Millionen Menschen in Gang. Die Alliierten hatten sich zwar zu einer geordneten und humanen Durchführung dieser »Umsiedlung« verpflichtet. Doch sprach die Wirklichkeit der Aktion bald diesen Begriffen Hohn. Schrecken und Leid der betroffenen Menschen spiegelten sich ab Herbst 1945 in den bischöflichen Stellungnahmen wider, nachdem die ersten Nachrichten und Augenzeugenberichte bei Erzbischof Frings wie bei zahlreichen seiner Mitbischöfe eingetroffen waren[82].

In Unterschätzung der Unverrückbarkeit der alliierten Beschlüsse von Potsdam hatten die deutschen Bischöfe in ihrer ersten Eingabe an den Alliierten Kontrollrat vom 23. August 1945[83] mit Hinweis auf die bevorstehende Hungersnot im übervölkerten Westen Deutschlands noch zu bitten gewagt, »dass bei der etwaigen Durchführung der vorläufigen Potsdamer Beschlüsse über die Neufestsetzung der deutschen Grenzen jenen deutschen Bewohnern der vom deutschen Staatswesen abzutrennenden Gebiete, die ihre Wohnsitze nicht verlassen und in ihrem neuen Staatsverband loyal mitarbeiten wollen, gestattet wird, auf ihrem von den Vorfahren ererbten Heimatboden zu verbleiben«.

Eine erste Ahnung der beginnenden Flüchtlingsnot vermittelte Frings im Namen der Bischöfe Nordwestdeutschlands Papst Pius XII. in einem Brief am 15. Oktober 1945[84]: »Unaufhörlich ergießt sich der Strom der Flüchtlinge aus dem östlichen Deutschland in unser Gebiet«. Im Regie-

[82] In den Akten des HAEK (besonders in CR II 25.20b, 24) finden sich zahlreiche Berichte von Beobachtern und Betroffenen über die Lebensverhältnisse in den polnisch besetzten ostdeutschen Städten und über die Nöte der Vertreibung. Erste Stellungnahmen westdeutscher Bischöfe und ihre Schritte bei den Alliierten 1945 finden sich bei L. VOLK, Akten VI.

[83] Zur Eingabe der Fuldaer Bischofskonferenz an den Alliierten Kontrollrat vom 23. August 1945 (L. VOLK, Akten VI, Nr. 1030 IIc, S. 695-699) vgl. oben S. 234 f. mit Anm. 19 ff.

[84] Frings an Pius XII. 15. Oktober 1945 (Abschrift): HAEK – CR II 25.20b, 3.

rungsbezirk Hildesheim sei die Bevölkerung um 41 % gewachsen. 30-50 % der Flüchtlinge seien katholisch. »Zur Zeit sind eine halbe Million neuer Ostflüchtlinge allein für die Provinz Hannover angemeldet, ebenso 60.000 elternlose Kinder aus dem Osten. Über die Hälfte davon wird sicher katholisch sein, da die Flüchtlinge zumeist aus Deutsch-Böhmen kommen ... Neue Ströme solcher armen Menschen werden sich in die Provinz Westfalen ergießen, soweit die Zerstörungen des Krieges, die besonders im Ruhrgebiet groß sind, es gestatten. Vielleicht werden sie auch das vom Krieg so furchtbar heimgesuchte Rheinland erreichen«. Anlass des Briefes war die Bitte an den Papst, im Augenblick nicht zweckentsprechend einsetzbare Missionsgelder für die Zwecke der Flüchtlingshilfe verwenden zu dürften.

Wie tastend und unsicher in ihrem Urteil die Bischöfe noch im Spätherbst 1945 waren, ließ der Weihnachtsbrief erkennen, den Frings dem Papst am 25. November 1945 schrieb[85]: »Wir können nicht glauben, dass die jetzt polnisch besetzten Gebiete alle endgültig von Deutschland getrennt werden sollen, da sie zu einem großen Teil urdeutsches Land sind, bisher fast ganz von Deutschen bewohnt wurden und von Polen gar nicht ganz besiedelt werden können«. Frings bat um Aufklärung über die Rechtsverhältnisse auf kirchlichem Gebiet und um »einen besonderen Päpstlichen Beauftragten« für die Erzdiözese Breslau, »der die Entwicklung in Schlesien und den benachbarten Gebieten beobachten und auch die dort verbliebenen zahlreichen Deutschen betreuen könnte. So ist nach unseren Berichten Breslau auch heute noch eine durchaus deutsche Stadt; es darf aber in den Kirchen kein Wort deutsch gesprochen werden«.

Erst der Winter machte das ganze Elend der Vertreibung, vor allem die Brutalität der Umstände, deutlich. Deshalb entschloss sich Frings im Januar 1946 – inzwischen durch die Ankündigung seiner Kardinalserhebung im In- und Ausland bekannt – zu einem energischen Vorgehen in der Vertreibungsfrage auf allen ihm zur Verfügung stehenden Wegen: innerkirchlich, beim Alliierten Kontrollrat und durch eine Kanzelverkündigung der westdeutschen Bischöfe.

Zunächst wandte sich Frings mit einem ausführlichen Bericht über die Umstände der Vertreibung am 8. Januar an Erzbischof Griffin von Westminster[86]. Die Inhalte des Briefes übergab Frings anlässlich des Konsistoriums im Februar 1946 in Rom auch Erzbischof Stritch von Chicago[87].

[85] Frings an Pius XII. 25. November 1945 (paraph. Kopie): HAEK – CR 1.14.
[86] Vgl. oben S. 240 mit Anm. 36.
[87] Vgl. oben S. 240 mit Anm. 37.

Noch deutlicher wurde er in einer Eingabe an den Alliierten Kontrollrat am 11. Januar[88]. Er erinnerte zunächst an die Bitte der deutschen Bischöfe vom 23. August 1945, Bleibewillige und zur Loyalität gegenüber den neuen Staaten Bereite in der angestammten Heimat zu belassen. »Bei der Umsiedlung der deutschen Bevölkerung aus den von den Polen verwalteten Gebieten sind sodann in den letzten Wochen Missstände in Erscheinung getreten, die gegen die primitivsten Gesetze der Humanität verstoßen und eine sofortige Abhilfe verlangen«.

Ein erster Beschwerdepunkt ist überschrieben »Zeitpunkt der Umsiedlung«. »Der Umsiedlungsplan des Kontrollrats sieht eine Umsiedlungsquote von 35 % für die Wintermonate Dezember 45 bis März 46 vor, bemerkt aber auch: ›Änderungen sind infolge der Witterungsverhältnisse möglich‹. Aus vorliegenden Berichten ist bekannt, dass die Zahl der Todesopfer unter den Ausgewiesenen in den einzelnen Ländern und Grenzgebieten in die Tausende geht. Die Winterkälte, die bereits in Mittel- und Ostdeutschland eingezogen ist, wird bei Fortführung der Umsiedlung die Zahl der Sterbefälle noch vermehren. Die von den Deutschen selbst vor dem Zusammenbruch verursachten Zerstörungen bringen es mit sich, dass zu Umsiedlungszwecken fast ausschließlich unbeheizbare Güterwagen zur Verfügung stehen können. Bei der langen Dauer der Transporte (3-5 , ja 8-10 Tage) vom Entsendungsgebiet über die Grenze in die Aufnahmezone ist m. E. eine als human zu bezeichnende Beförderung dieser von Haus und Hof vertriebenen Menschen während der Wintermonate nicht möglich. Meine inständige Bitte geht daher dahin, in den Wintermonaten die Umsiedlung ganz auszusetzen«.

Unter »Methode der Umsiedlung« erinnerte Frings an den Potsdamer Beschluss, »die Umsiedlung in ordnungsgemäßer und humaner Form« geschehen zu lassen. In Wirklichkeit werde »das ohnehin harte Schicksal der Ausweisung durch eine als unmenschlich zu bezeichnende Methode unnötig erschwert«. » Die Auszuweisenden werden in den meisten Fällen in einer Zeit von 10 Minuten, höchstens $^1/_4$ bis $^1/_2$ Stunde, aus den Wohnungen geworfen, sie müssen oft stundenlang in geschlossenen Kolonnen unter freiem Himmel stehen, ihre besten Sachen werden ihnen geraubt usw. Ich ersuche daher dringend, bei der Ausweisung zu sichern

[88] Frings als Vorsitzender der Fuldaer Bischofskonferenz an den Alliierten Kontrollrat in Berlin 11. Januar 1946 (maschinenschr. Entwurf mit Bearbeitungsspuren von verschiedener Hand, u.a. Generalvikar David): HAEK – CR II 25.20b, 3 bzw. 4; Abschrift der Endfassung auf Briefbogen »Der Erzbischof von Köln« ohne Paraphe: Ebd. CR II 25.20b, 5.

a) die Einhaltung einer angemessenen Frist (wenigstens 24 Stunden),
b) die Mitnahme von Lebensmitteln,
c) den Schutz der von den Ausgewiesenen mitgeführten Kleidung und Wäsche,
d) die allernotdürftigsten sanitären Einrichtungen in den Transportzügen«. Auch zum »Umfang der Aussiedlung« wies der Erzbischof auf die unerträglichen Missstände hin: aus Danzig wie aus Breslau wisse man, dass die Ausweisung vor allem nicht Arbeitsfähige, »vornehmlich Mütter mit kleinen Kindern und Alte und Kranke«, betreffe. »Da gerade diese Gruppen den Einflüssen der Witterung besonders ausgesetzt sind, erscheint die Zurückstellung ihrer Ausweisung ganz besonders dringend und im Interesse der Humanität geboten«.

Am 30. Januar gingen die westdeutschen Bischöfe mit einer Kanzelverkündigung an die von den Besatzungsmächten gescheute Öffentlichkeit[89]: »Wir katholischen Bischöfe können nicht länger schweigen zu dem furchtbaren Lose der mehr als 10 Millionen Ostdeutschen ... Die Austreibung ist mit furchtbarer Brutalität, unter Nichtachtung aller Menschlichkeit erfolgt. Auch nachdem der Hohe Kontrollrat die zwangsweisen Aussiedlungen abgestoppt hat« – ein (Mit-)Erfolg der Eingabe vom 11. Januar? –, »haben sie keineswegs aufgehört. Die zurückbleibenden Deutschen aber werden so furchtbaren Drangsalierungen unterworfen, dass sie genötigt sind, das Land zu verlassen, sofern sie nicht durch Untertauchen in fremder Nationalität Schutz finden. Die Weltöffentlichkeit schweigt zu dieser furchtbaren Tragödie. Es ist, als sei ein eiserner Vorhang vor diesem Teil Europas niedergegangen«.

Wie schon häufiger, so gingen die Bischöfe auch hier nach Darstellung der Tatsachen zur Anklage über: »Wir wissen, dass gerade in jenen Gebieten Deutsche furchtbare Verbrechen an den Angehörigen anderer Nationen begangen haben. Aber seit wann ist es erlaubt, an Unschuldigen sich zu rächen und Verbrechen durch Verbrechen zu sühnen? Man soll die wirklich Schuldigen zu unerbittlicher Rechenschaft ziehen. Aber wer will die Verzweiflung so vieler Tausender auf sich nehmen, die in ihrem entsetzlichen Elend ihrem Leben selbst ein Ende machen?«

Welche Adressaten ihres öffentlichen Appells die Bischöfe im Blick hatten, lässt der Schluss der Kanzelverkündigung erkennen: »Wir bitten und

[89] Kanzelverkündigung Köln, 30. Januar 1946, unterzeichnet von den Bischöfen der britischen Zone, versandt am 19. Februar durch das Kölner Generalvikariat: HAEK – CR II 2.3, 1 (maschinenschr. Exemplar); ebd. CR II 25.20b, 5 bzw. 6 (Druck auf Briefbogen »Der Erzbischof von Köln«).

flehen, die Weltöffentlichkeit möge ihr Schweigen brechen, diejenigen, die die Macht in Händen haben, möchten verhüten, dass Macht vor Recht gehe und dass aufs neue eine Saat des Hasses ausgestreut werde, die nur neues Unheil in sich bergen kann«.

Nach dieser Mahnung ad extra folgte der Aufruf ad intra: »Im Namen der Gerechtigkeit und Liebe erheben wir unsere Stimme für unsere Landsleute im Osten. Wir bitten die Gläubigen, in ihren Gebeten immer wieder dieser Not zu gedenken, und wenn die Ostflüchtlinge zu uns kommen, sie mit der ganzen Opferbereitschaft christlicher Liebe zu empfangen«.

Wie unbehaglich den Besatzungsmächten solche in ganz Deutschland verbreiteten und in der internationalen Presse registrierten Schritte der Bischöfe in die Öffentlichkeit waren, sollte durch den sogenannten »Ostermontagshirtenbrief« 1946 deutlich werden[90]. Anlässlich ihres Frühjahrskonveniats hatten die Bischöfe der Kölner und der Paderborner Kirchenprovinz am 27. März 1946 dieses »Hirtenschreiben ... zu Zeitfragen« beschlossen, dessen Inhalt vorzeitig bekannt und dessen Verlesung in der amerikanischen wie in der französischen Zone daraufhin verboten wurde[91]. Bei ihrer Beratung über »den religiösen Wiederaufbau unserer Gemeinden« hätten die Bischöfe »die allgemeine Lage unseres Volkes nicht aus den Augen verlieren« können.

Der Hirtenbrief rechnete dann gründlich mit den Besatzungsmächten und ihren Missgriffen ab. Das Sündenregister begann mit der Vertreibung: »Vor einigen Wochen schon sahen wir uns veranlasst, Stellung zu nehmen zu den himmelschreienden Vorgängen im Osten Deutschlands, vor allem in Schlesien und im Sudetenland, wo mehr als 10 Millionen Deutsche aus der angestammten Heimat in brutaler Weise vertrieben werden, ohne dass untersucht wird, ob eine persönliche Schuld vorliegt. Keine Feder kann das namenlose Elend schildern, das dort unter Missachtung jeglicher Menschlichkeit und Gerechtigkeit sich vollzieht. Alle diese Menschen werden ohne jede Habe, ohne die Möglichkeit einer Existenzgründung in Restdeutschland zusammengepfercht. Es ist nicht abzusehen, wie diese aus der Heimat vertriebenen Massen nicht zu friedlosen und friedensstörenden Elementen werden sollen«.

Die weitere Aufzählung der Vorwürfe enthielt die Festhaltung der Kriegsgefangenen, die überzogene Entnazifizierungspraxis, den Kollek-

---

90 Hirtenschreiben der Bischöfe der Kölner und der Paderborner Kirchenprovinz zu Zeitfragen: KA 86, 1946, S. 117-121 (Stück 10 v. 1. Mai 1946, also erst nach der Verlesung veröffentlicht).

91 Das erfuhr Frings durch verschiedene Zuschriften (z. B. Bischof Wienken/Berlin und Bischof Hilfrich/Limburg): HAEK – CR II 2.19, 2 und CR II 25.18, 6-9.

tivschuldkomplex, die »Bodenreform« in der sowjetischen Besatzungszone. Die Liste endete mit der Mahnung: »Möchten Sieger und Besiegte ... jeder in seinem Bereich vor jeglichem Rechtsbruch sich hüten und sein[en] Teil dazu beitragen, dass vor allem die junge Generation von dem verderblichen Irrtum befreit wird, dass Gewalt vor Recht geht!«

Über den Verdruss der amerikanischen Besatzungsmacht angesichts solcher Zurechtweisungen durch deutsche Bischöfe in der Öffentlichkeit erhalten wir nähere Auskunft durch einen Brief Bischof Wienkens an Frings vom 10. Mai 1946[92]. Heinrich Wienken, Leiter des »Commissariats der Fuldaer Bischofskonferenz« in Berlin, mit Frings aus gemeinsamen Studienjahren im Innsbrucker Canisianum befreundet, berichtete in den ersten Nachkriegsjahren fortlaufend aus ersten Quellen über die Entwicklungen im Osten und in der sowjetischen Besatzungszone. In seiner Stellung war er der gegebene Mittelsmann des in Köln residierenden Vorsitzenden der Bischofskonferenz beim Alliierten Kontrollrat in Berlin. In seinem Brief vom 10. Mai 1946 hieß es: »Die US-Militärregierung ist über das letzte Hirtenschreiben der westdeutschen Bischöfe sehr ungehalten. Es hat darüber in der vorigen Woche eine ebenso interessante wie ausführliche Auseinandersetzung stattgefunden. Beanstandet wird vor allem, dass im Schreiben Kritik geübt wird, die für die amerikanische Zone nicht angebracht sei. Man wünscht, dass allgemein seitens der Kirche der Instanzenweg eingehalten wird. Wenn die Kirche Maßnahmen der Besatzungsbehörden zu beanstanden hat, so solle sie zunächst mit der jeweils zuständigen Besatzungsbehörde die in Frage stehende Angelegenheit behandeln und dann an den Kontrollrat herantreten. Ich habe darauf hingewiesen, dass die Fuldaer Bischofskonferenz bzw. die westdeutschen Bischöfe mehr als einmal dem Kontrollrat Eingaben unterbreitet haben und dass eine befriedigende Antwort nicht erteilt worden sei. Es wurde dies bestritten. Daher wäre es mir erwünscht, von Dir zu hören, ob seitens des Kontrollrates besonders auf die Eingabe der vorjährigen Bischofskonferenz [vom 23. August 1945] eine Antwort dort eingegangen ist«.

Frings vermerkte auf dem Brief handschriftlich: »Antw[ort] am 18.5.46: niemals Antwort oder Empfangsbestätigung v[om] Kontrollrat. Dreimal geschrieben. Brit[isches] El[ement] beschwert sich, dass Eingabe direkt an Kontrollrat gemacht worden sei, also angekommen!«

Als der Bischof von Limburg wenig später Frings über die Interventionen der französischen und amerikanischen Militärbehörden gegen die

[92] Wienken an Frings 10. Mai 1946: HAEK – CR II 25.18, 6. – Zu Heinrich Wienken (1883–1961) vgl. oben S. 22 f. mit Anm. 16.

Verlesung des Hirtenbriefes bei ihm berichtete[93], stellte er fest: »Jedenfalls ist das Hirtenwort durch die Schwierigkeiten, die es gefunden hat, um so mehr beachtet worden und auch, wie man hört, in der Weltpresse veröffentlicht worden«. Als Beleg zu dieser These liegt in den Akten Frings' die Übersetzung eines Artikels aus »The Manchester Guardian« vom 27. April 1946[94].

Je mehr der Flüchtlingsstrom anschwoll, wurde er zu einem innerdeutschen Problem. In den ausgehungerten, durch Bombenkrieg zerstörten Westen Deutschlands kamen zusätzlich Millionen von Menschen, die unterzubringen und zu ernähren waren. Ablehnungsreaktionen der einheimischen Bevölkerung ließen nicht auf sich warten. Ebenso schonungslos, wie Frings die Alliierten wegen des Unrechts der Vertreibung ansprach, wandte er sich an die Gläubigen seiner Erzdiözese, um jedem Abriegelungsbestreben vorzubeugen. Am 23. Juli 1946 richtete er ein Hirtenschreiben an die Gemeinden, denen inzwischen Flüchtlinge zugewiesen worden waren[95]: »Der Strom der Ostdeutschen aus Schlesien, Sudetenland, Ungarn usw. ... ergießt sich jetzt auch in die Landgebiete unserer Erzdiözese ... Wir verkennen ... keineswegs die Schwierigkeiten, die Gefahren für Gesundheit, häuslichen Frieden, vielleicht sogar für Glauben und Sittlichkeit, die mit der Aufnahme Hunderter dieser Vertriebenen in einer Gemeinde verbunden sein können. Aber die Not ist so furchtbar, dass alle diese Rücksichten zurücktreten müssen hinter die Forderung der christlichen Nächstenliebe ... Machet darum weit eure Herzen und eure Häuser und nehmt sie auf in der Liebe Christi, die euch zugewiesen werden!« Der Erzbischof unterließ dabei nicht einen Hinweis an die Priester, »in dieser Liebestätigkeit, wie sie es vielerorts schon getan haben, mit gutem Beispiel voran[zu]gehen«.

Der Prozess der Vertreibung war im Sommer 1946 keineswegs abgeschlossen. Unter den Bedingungen des extrem kalten Winters 1946/47 nahmen Not und Leid der Vertriebenen noch einmal zu. Bischof Wienken gab in seinem Brief an Frings am 13. Januar 1947[96] eine erschütternde Schilde-

93 Bischof Hilfrich (Limburg) an Frings 28. Mai 1946: HAEK – CR II 2.19, 2. – Antonius Hilfrich (1873–1947), 1930–1947 Bischof von Limburg: Vgl. K. SCHATZ, in: E. GATZ, Bischofslexikon, S. 306 f.

94 Übersetzung des Artikels aus »The Manchester Guardian« vom 27. April 1946 »Kritik deutscher Bischöfe an der Politik der Verbündeten. Hirtenbrief in der US-Zone ›zurückgezogen‹«: HAEK – CR II 25.18, 6.

95 Hirtenwort bzgl. Aufnahme der Ostdeutschen (»Vorstehendes Hirtenschreiben ist überall da, wo Einweisungen von Ostdeutschen zu erwarten oder im Gange sind, in allen Messen zu verlesen«): KA 86, 1946, S. 203 f. (Stück 16 v. 1. August 1946).

96 Wienken an Frings 13. Januar 1947: HAEK – CR II 25.18, 11.

rung des Schicksals der Vertriebenen: »Du wirst beachtet haben, dass auch während der gegenwärtigen Kälteperiode der Abtransport der Deutschen aus den Ostgebieten nicht eingestellt wurde. Der Abtransport erfolgte in ungeheizten Viehwagen, zum Teil sogar auf offenen Güterwagen. Die Qualen, die die armen Vertriebenen ausgehalten haben, sind entsetzlich. In einem der Transporte zählte man nicht weniger als 40 Tote, bei einem anderen 34 Tote. Letzterer Transport mit 34 Toten ging in die englische Zone, also tragen auch die Engländer dafür die Mitverantwortung. Bei passender Gelegenheit könnte vielleicht auf diese Verbrechen gegen die Menschlichkeit hingewiesen werden ... Durch Verhandlungen mit dem Alliierten Kontrollrat und der Polnischen Regierung (?) in Berlin ist erreicht worden, dass die Transporte nun vorläufig eingestellt werden, und zwar zunächst auf 14 Tage. Wenn dann die Kälteperiode noch andauert, soll die Einstellung der Transporte auf weitere 14 Tage verlängert werden. Dagegen wird der Abtransport der Kranken und körperlich und geistig behinderten Personen weiter durchgeführt werden, weil hierzu geheizte Lazarettzüge benutzt werden«.

Frings hat in diesen Tagen, wahrscheinlich vor Erhalt dieses Berichts, mit Lord Beveridge aus London über die Flüchtlingsfrage gesprochen[97]. Laut Protokoll äußerte Frings: »Die Frage der Grenze im Osten muss richtig mit sachlicher Vernunft gelöst werden, sonst kommt die Welt nie zur Ruhe. Jetzt sind Millionen dieser Menschen des Ostens hier im Westen untergebracht, notdürftig und eng. Das Zusammenleben auf so engem Raum ist eine Belastung für beide Teile, Einwohner und Zugewanderte, ein geordnetes Familienleben ist kaum möglich. Im Westen wohnen jetzt über 200 Menschen auf dem Quadratkilometer, dazu keine Auswanderungsmöglichkeit in Kolonien, wie England sie hat, und eine Lahmlegung der Wirtschaft, auf die wir hier im Westen unbedingt angewiesen sind«.

Der Gedanke, angesichts der übergroßen Zahl der Heimatvertriebenen und der großen Schwierigkeit, sie alle in Deutschland unterzubringen und zu beschäftigen, ihnen die Möglichkeit der Auswanderung einzuräumen, war seit 1946 von verschiedenen Bischöfen ins Gespräch gebracht worden. Im November 1948 musste sich Kardinal Faulhaber gegen Vorwürfe aus Flüchtlingskreisen wehren und erklärte durch sein Amtsblatt: »Was für die Juden seitens der Amerikaner unterstützt wurde, müsste in geordneter Weise auch für die Flüchtlinge möglich sein, die sich dazu melden«[98].

---

97 Protokoll über den Besuch von Lord Beveridge bei Frings am 16. Januar 1947 (Dr. Berndorff): HAEK – CR II 25.18, 11 (vgl. oben Anm. 78).

98 Erklärung Faulhabers, München 15. November 1948: H. HÜRTEN, Akten Kardinal Michael von Faulhabers III, Nr. 240, S. 426-430.

Den Zusammenhang von Flüchtlings- und Demontageproblem sollte Kardinal Frings 1949, nach der Verabschiedung des Grundgesetzes, noch einmal mit dem britischen Oberbefehlshaber, General Robertson, ansprechen[99]. Frings verwies dabei auf seine neue Eigenschaft als vom Papst bestellter Hoher Protektor für das gesamte Flüchtlingswesen. Je mehr man sich mit dem Flüchtlingsproblem »befasst, desto schwieriger und unlösbarer wird es. Die Demontage zwingt erneut, auf dieses Riesenproblem zu sprechen zu kommen. Es gibt zwei Möglichkeiten der Lösung: entweder erhalten die Ostflüchtlinge ihre angestammte Heimat zurück oder man schafft für sie hier im Westen Arbeit. General Robertson ist für die letzte Lösung. Dann aber wird das Dilemma, hervorgerufen durch die Demontage im Westen Deutschlands, wo so viele Menschen, Einheimische und Ostflüchtlinge, auf engem Raum zusammengepfercht wohnen, noch viel größer. Das übervölkerte Westdeutschland verlangt notgedrungen eine hochentwickelte Industrie, die ihrerseits Menschen Arbeit und Brot gibt«.

Die Idee der beiden deutschen Kardinäle, von den Flüchtlingen könnte eine größere Zahl auswandern, erscheint aus der Rückschau als irreal. Dass sie damals nicht nur von ihnen erwogen wurde, verraten Äußerungen des amerikanischen Hohen Kommissars John McCloy bei einem Gespräch mit Frings am 29. März 1950[100]: »Eingehend auf die Flüchtlingsfrage betonte Mr. McCloy, dass sich der amerikanische Kongress mit der Frage der Auswanderung deutscher Flüchtlinge nach Überseeländern befasst ...«[101].

Die zufriedenstellende Eingliederung der Flüchtlinge in das restliche Deutschland blieb eine problematische Aufgabe für Jahre. Ihre Lösung wurde zu einer der Bewährungsproben der jungen Bundesrepublik. Die Kirchen und besonders Kardinal Frings haben ihren Teil zur Bewältigung beigetragen.

---

99 Protokoll über die Besprechung Kardinal Frings' mit Robertson auf Schloss Röttgen 9. Juli 1949 (Dr. Berndorff): HAEK – CR II 25.18, 16 bzw. 17.

100 Bericht über den Besuch Frings' bei McCloy in Mehlem 29. März 1950: HAEK – CR II 25.18,17.

101 Frings hat nicht unerheblich Einfluss genommen auf die Gründung der ICMC (= International Catholic Migration Commission) in Genf: R. MORSEY, Johannes Schauff (1902–1990), in: Zeitgeschichte in Lebensbildern 8, 1997, S. 233-246, hier: S. 242; D. M. SCHNEIDER, Johannes Schauff (1902–1990). Migration und »Stabilitas« im Zeitalter der Totalitarismen (= Studien zur Zeitgeschichte, Bd. 61), München 2001.

4. Das Schicksal der deutschen Kriegsgefangenen und die Internierungen durch die sowjetische Besatzungsmacht nach 1945

Bei Kriegsende befanden sich (oder gerieten noch) mehrere Millionen deutscher Soldaten in die Kriegsgefangenschaft der Siegermächte. Ihre humane Behandlung nach der Genfer Konvention, ihre ausreichende Ernährung, Unterbringung und Versorgung sowie ihre Möglichkeit zu Postkontakten mit den Angehörigen in der Heimat gehörten zum Themenkatalog der ersten Gespräche, die Erzbischof Frings mit Offizieren der Besatzungsmächte 1945 führte[102].

Sehr bald wurden die Unterschiede zwischen den einzelnen Besatzungsmächten gerade in diesem Punkt deutlich: Während Amerikaner und Briten zu einer ausreichenden Versorgung und zunehmend auch zur Freilassung ihrer Gefangenen bereit waren, war die Ernährung und Versorgung bei den Franzosen schlecht. Frings' Klagen 1945 betrafen fast ausschließlich französische Gefangenenlager. So äußerte er am 28. Juli 1945 gegenüber Brigadier Barraclough[103]: »Zumal in einem unter französischer Kontrolle stehenden Lager bei Bingen [das ist: Bad Kreuznach] sterben die Menschen vor Hunger. Doch« – so fügte er fast entschuldigend hinzu – »muss das nicht am bösen Willen der Franzosen liegen, sondern an ihrer eigenen Armut«.

Ganz anders lag die Sache bei den Sowjets, die die meisten deutschen Soldaten in Arbeitslagern der Sowjetunion gefangen hielten. Stalin hatte bereits im August 1944 gegenüber dem polnischen Exilpremier Mikolajczyk unter den von ihm beabsichtigten Unterdrückungsmaßnahmen gegen Deutschland nach einem Sieg die »Verwendung deutscher Zwangsarbeiter zum Wiederaufbau« genannt[104]. So wird verständlich, dass die Sowjets ihre Gefangenen – ganz abgesehen von deren Behandlung – nicht nur am längsten festhielten, sondern von den Westmächten in die SBZ entlassene Gefangene erneut internierten sowie arbeitsfähige, vor allem jugendliche Menschen in Razzien verhafteten und nach Osten abtransportierten.

Der Einsatz von Erzbischof Frings für die deutschen Kriegsgefangenen lässt sich in dem Petitum zusammenfassen, das er für die Zusammenkunft

---

102 Vgl. oben S. 227 ff. u.ö. – Zum Kriegsgefangenenproblem nach 1945: Th. Eschenburg, Jahre der Besatzung, S. 21 u. ö.

103 Besuch Barracloughs bei Frings (Gedächtnisprotokoll Dr. Hürtgen): L. Volk, Akten VI, Nr. 1016, hier: S. 618 (dort auch der Hinweis Volks, dass es sich um das Lager in Bad Kreuznach handelte); britisches Protokoll: L – PRO – FO 1013/2150.

104 So berichtet Th. Eschenburg, Jahre der Besatzung, S. 39.

der westdeutschen Bischöfe mit Erzbischof Griffin von Westminster am 27. September 1945 formulierte[105]: »6. Wir bitten um baldige *Entlassung der Kriegsgefangenen*, besonders derjenigen, die nicht Parteimitglieder waren. Solange dies nicht möglich ist, bitten wir um Ermöglichung eines Briefverkehrs, auch mit den Gefangenen in Russland«.

Eine nicht näher gekennzeichnete Petition (der Bischöfe?) an die vier Siegermächte erhellt die damalige Lage[106]: »Schwerer als unter aller äußeren Not, welche das deutsche Volk heute zu tragen hat, leiden Hunderttausende von Familien unter der Ungewissheit um das Schicksal ihrer vermissten Angehörigen. Mehr als 2 $^1/_2$ Millionen Vermisste hat es allein im Feldzug gegen Russland gegeben, und viele von ihnen sind nun schon drei oder vier Jahre vermisst, ohne dass irgendeine Möglichkeit bestände festzustellen, ob sie noch unter den Lebenden weilen oder tot sind. Auch bei den Westmächten ist seit Herbst vorigen Jahres jeglicher Kriegsgefangenendienst, wie er durch das Internationale Rote Kreuz eingerichtet war, zum Stillstand gekommen ... Dazu kommen die ungezählten Scharen, die in den letzten Monaten des Zusammenbruchs in Kriegsgefangenschaft geraten sind und die noch keine Möglichkeit gehabt haben, ihren Angehörigen ein Lebenszeichen zu gegen«. Die deutschen Bischöfe baten um die Möglichkeit des Postverkehrs, zumindest in Gestalt der 25-Worte-Mitteilung durch das Rote Kreuz. Sollte das an begrenzten technischen Möglichkeiten scheitern, boten die Bischöfe die Einrichtung eines »Posthilfsdienstes« an.

Während im Winter 1945/46 von den Westmächten in größerem Umfang ehemalige Soldaten freigelassen wurden, blieb insgesamt das Kriegsgefangenenproblem unbeachtet. Der gerade als Kardinal aus Rom heimgekehrte Erzbischof Frings nutzte die Ansprache vor den Männern und Jungmännern Kölns am Passionssonntag 1946, um das Thema wirksam zur Sprache zu bringen[107]: »... Ich denke an unsere Kriegsgefangenen, die zu Millionen auf unbestimmte Zeit noch der Freiheit beraubt und wider ihren Willen zu schwerer Zwangsarbeit verurteilt sind. Will man denn ein grauenvolles Kriegsrecht aus alter heidnischer Vorzeit wieder aufleben lassen, nämlich dass man Kriegsgefangene zu Sklaven machen darf? Dann

---

105 Bitte der deutschen Bischöfe an Erzbischof Griffin um Hilfe in Notständen allgemeiner Art: Kopie in HAEK – CR II 25.18, 3; Druck: L. VOLK, Akten VI, Nr. 1049, S. 800.

106 Überschrieben: »Herstellung einer Postverbindung zwischen Kriegsgefangenen und ihren Angehörigen in der Heimat« (Randvermerk Registr.–Dir. Baemkers: »aus 1945«): HAEK – CR II 25.19, 1.

107 Ansprache an die katholischen Männer und Jungmänner Kölns in der Kölner Universität am 7. April 1946: HAEK – CR II 2.3, 3 und ebd. CR II 25.18, 6.

protestieren wir im Namen der Gerechtigkeit und Menschlichkeit und fordern unsere deutschen Jungen und Männer zurück in die deutsche Heimat und in ihre Familien. Können denn die notwendigen Wiederaufbauarbeiten im ehemaligen Feindesland nicht durch freien Arbeitsvertrag wie damals nach 1919 geleistet werden? Wenn man jetzt unsere Gefangenen aus *Amerika* herüberkommen lässt mit der Hoffnung, dass sie endlich die Heimat und ihre Lieben wiedersehen, und gibt sie dann in Belgien und Frankreich in neue Gefangenschaft, in neue schwerste Zwangsarbeit, ist das nicht ein *unwürdiger Menschenhandel*, gegen den wir laut protestieren müssen im Namen der Menschlichkeit und Gerechtigkeit?«

Auch in dem den Alliierten so peinlichen »Ostermontagshirtenbrief« der westdeutschen Bischöfe war das Thema provokativ herausgestellt:[108] »Das Rechtsbewusstsein des deutschen Volkes erleidet ferner schwere Einbuße dadurch, dass heute, fast ein Jahr nach Einstellung der Feindseligkeiten, noch Millionen deutscher Kriegsgefangener auf unbestimmte Zeit, vielfach unter erbärmlichen Umständen, festgehalten und der Freiheit beraubt sind. Hunderttausende, wenn nicht Millionen, werden wie Sklaven zu schwerer Zwangsarbeit herangezogen, obwohl das einzige, was man ihnen vorwerfen kann, die Tatsache ist, dass sie Soldat[en] waren. Viele von diesen Ärmsten sind noch immer ohne Nachricht von daheim und haben ihren Lieben auch noch kein Lebenszeichen geben dürfen. Das bittere Gefühl des Unrechts ... muss sich bei ihnen und ihren Angehörigen unheilbar festsetzen«.

Wie eine unmittelbare Bestätigung dieser allzu hart klingenden Vorwürfe an die Alliierten erscheinen Mitteilungen Bischof Wienkens aus Berlin wenige Tage später[109]: »Soeben wird mir vom Anhalter Bahnhof zuverlässig berichtet, dass dort in der letzten Zeit nacheinander fünf Transporte mit je etwa 80 Offizieren ankamen, die in das Konzentrationslager Sachsenhausen bei Berlin verbracht wurden. Es sind dies Offiziere, die aus der englischen und amerikanischen Gefangenschaft entlassen worden waren und beim Grenzübertritt [in die SBZ] wieder gefangen genommen wurden. In Sachsenhausen sollen angeblich ihre Papiere noch einmal überprüft werden. Tatsächlich werden sie dort aber festgehalten und, wie von der Wachmannschaft erzählt wird, zur Arbeit herangezogen. Ich werde mich in dieser Sache hier in Berlin bei den zuständigen Stellen bemühen, möchte aber auch Dir schon heute eine kurze Mitteilung darüber machen«.

---

[108] Dazu oben S. 263 f. mit Anm. 90: KA, 86, 1946, S. 117-121, hier: S. 118 f.
[109] Wienken an Frings 30. April 1946: HAEK – CR II 25.18, 6.

Offenbar nach weiteren Recherchen von Wienken wandte sich Frings im Namen der Fuldaer Bischofskonferenz am 3. Juli 1946 an den Alliierten Kontrollrat in Berlin. Die Themen der Eingabe ergeben sich aus der Antwort des sowjetischen Majors Kudrjawzew vom 31. Juli 1946, der damals als Generalsekretär des Kontrollrates Dienst tat[110]:

1. Zulassung von Geistlichen in die Lager für Kriegsgefangene in der östlichen Besatzungszone.
2. Büro für die Benachrichtigung Deutscher über den während des Krieges erfolgten Tod ihrer Verwandten, die im Dienste der ehemaligen deutschen Wehrmacht standen.
3. Internierung ehemaliger Mitglieder der deutschen Wehrmacht, die aus der Gefangenschaft entlassen sind, nach ihrer Rückkehr in die Heimat.

Das erste Anliegen, so antwortete der sowjetische Offizier, sei »zur Prüfung der Sowjetischen Kriegsverwaltung in Deutschland zugeleitet«. Bezüglich des zweiten Anliegens sei der Kontrollrat bereits zu einer endgültigen Entscheidung gekommen: »Die grundlegende Arbeit dieses Büros ist schon abgeschlossen, und seine verbleibenden Dokumente werden vernichtet«. Den Höhepunkt bildete die Antwort auf den dritten Punkt: »In Ihrem Schreiben, enthaltend die Anfrage über die Internierung ehemaliger Mitglieder der deutschen Wehrmacht, die aus der Gefangenschaft entlassen sind, sind keinerlei konkrete Fakten enthalten; deshalb kann das Schreiben nicht angenommen werden zur Überprüfung durch die vereinigte Kontrollmacht und geht zurück«. Sollte Frings noch Zweifel darüber gehegt haben, was er vom Umgang mit den Sowjets zu erwarten hatte, so waren sie ihm durch diese Antwort vom 31. Juli 1946 wohl genommen.

Inzwischen hatte der Kardinal wieder den Weg in die Öffentlichkeit gesucht. Bei der bereits erwähnten Gründungsfeier der »Gesellschaft der Freunde des Wiederaufbaus der Stadt Köln« in der Kölner Universität am 23. Juni 1946 sagte der Kardinal[111]: »Zum Bauen gehören rüstige Arbeitskräfte. Darum bitten wir, gebt unsere Kriegsgefangenen frei«. Zur Entlastung des anwesenden britischen Stadtkommandanten stellte Frings fest: »England ist mit gutem Beispiel vorangegangen. Es hat seine Gefangenen, die sich auf deutschem Boden befanden, sehr gut behandelt und sie fast al-

110 Ein Entwurf oder eine Durchschrift der Eingabe Frings' wurde in den Kölner Akten nicht gefunden. Deutsche Übersetzung des im Original wohl russischen Schreibens Kudrjawzews an die Fuldaer Bischofskonferenz 31. Juli 1946: HAEK – CR II 25.19, 3.

111 Text der Ansprache Frings': HAEK – CR II 25.18, 5 (vgl. oben S. 243 mit Anm. 45).

le freigegeben. Aber nach meinen neuesten Informationen sind noch fast sieben Millionen deutscher Männer in Kriegsgefangenschaft, etwa vier Millionen in russischer, mehr als eine Million in französischer Gefangenschaft, der Rest in den übrigen Ländern Europas und der übrigen Welt. Man möge sich nicht auf die Genfer Konvention berufen, die eine allgemeine Freigabe der Kriegsgefangenen erst nach Friedensschluss vorsieht. Diese Konvention hat sicher nicht den monströsen Fall im Auge gehabt, dass ein volles Jahr nach Beendigung der Feindseligkeiten die Friedensverhandlungen noch nicht eingeleitet sind. Mit dem Heiligen Vater bitten wir[112], lasst über alle formalen Rechte hinweg das natürliche Recht der Gattinnen, der Mütter, der Kinder gelten, die sich nach der Heimkehr ihrer Gatten, Söhne, Väter sehnen. Rettet die Familien, die in heilloser Gefahr sind, wenn die Trennung sich auf unabsehbare Zeit verlängert«. Für den Wiederaufbau in den Siegerländern verwies Frings abermals auf freiwillige Kräfte, die sich – wohl im Blick auf die Flüchtlingsströme – »in Massen aus unserem Volk finden werden«.

Die Unterstellung des sowjetischen Kontrollratsoffiziers vom 31. Juli, für die vorgebrachten Beschwerden keine Fakten zu besitzen, ließ Frings nicht im Raume stehen. Am 15. September 1946 wandte er sich erneut an den Alliierten Kontrollrat in Berlin[113]: »Wir erlauben uns daher, anbei eine Liste solcher entlassenen Wehrmachtsgefangenen, die bei Rückkehr in die Heimat von neuem inhaftiert wurden, vorzulegen. Es würde uns nicht schwer fallen, weitere Listen einzureichen. Nach unseren Informationen wurden die Offiziere, die sich in Oranienburg-Sachsenhausen befanden, in den Monaten Juni-August nach Frankfurt/Oder abtransportiert, wo sich im August etwa 8.000 Offiziere befanden. Ein Teil derselben soll bereits in die Sowjetunion abtransportiert sein. Die Eingabe vom 3.7.46 selbst in vier Sprachen[114] erlaube ich mir nochmals beizulegen und bitte, nunmehr in ihre Prüfung einzutreten«. Ob der Kardinal geglaubt hat, nun mehr zu erreichen? Jedenfalls wollte er nichts unversucht lassen, um bedrängten Menschen seine nicht zu überhörende Stimme zu leihen.

Unmittelbar danach brach Frings zu einer Reise nach England auf. Offenbar in Absprache mit Kardinal Griffin hatte die Reise den doppelten

---

[112] Frings bezieht sich hier auf die Weihnachtsansprache Pius' XII. vom 24. Dezember 1945 vor den Kardinälen und Bischöfen der römischen Kurie: AAS 38, 1946, S. 15-25, hier: S. 24 f.: »I prigioneri di guerra e i detenti politici«. – In der gleichen Ansprache hatte der Papst das Konsistorium angekündigt, in dem 1946 die deutschen Bischöfe Frings, Galen und Preysing zu Kardinälen kreiert wurden (vgl. oben S. 140).

[113] Der Vorsitzende der Fuldaer Bischofskonferenz an den Alliierten Kontrollrat 15. September 1946 (hs. Entwurf Frings' in Deutsch): HAEK – CR II 25.19, 4.

[114] Vgl. oben S. 271 mit Anm. 110.

Zweck, dem britischen Episkopat die Lage von Kirche und Volk in Deutschland zu verdeutlichen und nach einem Besuch der Kriegsgefangenenlager bei den britischen Behörden für die Freilassung der Gefangenen einzutreten. Um die Ermöglichung und Vorbereitung der Reise hatte sich Msgr. Smith von der Religious Affairs Branch in Bünde bemüht[115].

Wie der Kardinal anschließend der ganzen Erzdiözese durch einen Hirtenbrief bekannt machte[116], hatte er innerhalb einer Woche zwölf Lager in den verschiedenen Teilen der britischen Insel besucht. »Die äußeren Verhältnisse für unsere Gefangenen in England sind gut. Sie werden gut verpflegt, haben einfache, aber gesunde und saubere Schlafstätten, werden menschlich behandelt, haben Arbeit auf den Feldern und werden, wenn einmal einer krank wird .., in gut eingerichteten Krankenhäusern oder Revieren verpflegt«. Auch über die geistig-geistliche Betreuung der deutschen Kriegsgefangenen in Großbritannien berichtete der Kardinal zur Beruhigung der Angehörigen und zur Entlastung der britischen Besatzungsmacht viel Erfreuliches. »Trotz allem kann man die Stimmung der Gefangenen nicht als gut bezeichnen. Sie leiden seelisch schwer unter der Unfreiheit und unter dem Heimweh nach ihren Familien, am meisten diejenigen, die aus Amerika herübergekommen sind in der Hoffnung, entlassen zu werden«. Die Ankündigung der britischen Regierung, ab sofort monatlich 15 000 Mann in die Heimat zu entlassen, habe nur begrenzt entlastend gewirkt.

Der Kardinal registrierte dankbar die drei Gelegenheiten, an die englische Öffentlichkeit zu treten. Griffin hatte ihn am 29. September vor 3.000 Katholiken in seiner Kathedrale pontifizieren und predigen lassen, eine Chance, die Frings sehr bewusst nutzte. Am nächsten Tag wurde er im Ministerium für die besetzten Gebiete von Staatssekretär Wilberforce empfangen[117]. Frings bedankte sich für die Möglichkeit, die Gefangenen zu besuchen, und für deren gute Behandlung, bat dann aber um Erhöhung der Entlassungsquote. Auch machte er sich zum Fürsprecher für die Kriegsgefangenen im Nahen Osten: »Man hat mir gesagt, dass sich dort noch gegen 100.000 Gefangene befinden. Sie sollen sich körperlich und seelisch in schlechter Verfassung befinden. Die Hitze und die Wüste müs-

---

115 Die Reise dauerte vom 20. September bis 1. Oktober 1946. – Reisedokumente und Korrespondenzen um diese Reise: HAEK – Nachlass Frings 986; Presseberichte ebd., 987.

116 Entwurf: HAEK – Nachlass Frings 986; Druck: KA 86, 1946, S. 265-269.

117 Engl. Fassung der Predigt in der Kathedrale von Westminster: HAEK – Nachlass Frings 986; Protokoll über die Besprechung im Norfolk House am 30. September 1946: HAEK – CR II 25.18, 8 (Dr. Berndorff).

sen furchtbar auf diese armen Menschen einwirken[118]. Ich überreiche Ihnen eine Bittschrift von neun Millionen Frauen der britischen Zone, die um baldige Freilassung ihrer Männer und Söhne nachsuchen«[119]. Nach den Gefangenenproblemen konnte Frings auch noch die Lebensbedingungen in Deutschland zur Sprache bringen.

Nach dem Besuch bei Minister Hynd traf Frings am Nachmittag und Abend im Hause Griffins den englischen Episkopat[120]. »Acht Tage vorher hatte ich den schottischen Episkopat getroffen ... «. »Die Bischöfe Englands versprachen mir, für die deutschen Gefangenen in England, denen sie ein hohes Lob spendeten ..., auch weiter sorgsam bemüht zu sein. Sie sagten Hilfe zu für die Notleidenden in Deutschland, besonders für die Kinder und den Priesternachwuchs ...«[121]. In seinem Dankesbrief an Kardinal Griffin vom 3. Oktober 1946[122] sprach Frings bereits die erste Einladung zur 700-Jahrfeier des Kölner Domes am 15. August 1948 aus, ohne wissen zu können, in welchem Zustand sich der Dom dann befinden würde. Auch vor der bald die britische Zone bereisenden Delegation britischer Kirchenführer dankte Frings noch einmal für die Möglichkeit der Englandreise und für die Bemühungen der dortigen Bischöfe um das Los der deutschen Kriegsgefangenen[123]. Im Hinblick auf die erste Nachricht über nächtliche Verhaftungen Jugendlicher durch die Sowjets sah Frings sich am 1. Dezember 1946 trotz seines positiven Eindrucks von der Behandlung deutscher Kriegsgefangener durch die Briten zu einer kritischen Vorsprache beim Kölner Stadtkommandanten White genötigt[124]: »Die

[118] Über die Lebensverhältnisse der Kriegsgefangenen im vorderen Orient war Frings durch den deutschen evangelischen Lagerpfarrer in Ägypten informiert, wie er am 6. Januar 1948 gegenüber Lord Pakenham äußerte (Aktennotiz Dr. Berndorff: HAEK – CR II 25.18, 12); vgl. auch unten S. 279 mit Anm.133.

[119] Diese Bittschrift/Unterschriftenaktion hat im Gegensatz zu der nachfolgend darzustellenden an der Jahreswende 1946/47 (vgl. unten S. 280 f.) keine weiteren Spuren in den Kölner Akten hinterlassen.

[120] Vgl. dazu die Darstellung des Hirtenbriefs: KA 86, 1946, S. 268 f., dort auch die nachfolgenden Zitate.

[121] Kurz vor seiner Abreise nach England hatte Frings einen Befund der Bonner Janker-Klinik (Dr. Kill an Konviktsdirektor Dr. Daniels 12. September 1946) über erschreckende Lungenbefunde der Bonner Konviktsstudenten auf Grund von Ernährungsmangel erhalten. Nach seiner Reise sollte Frings sich deswegen an Msgr. Smith in Bünde und die Militärregierung in Düsseldorf wenden: L – PRO – FO 1013/2126 (dort auch die engl. Übersetzung des Berichtes Kill an Daniels vom 12.9.46).

[122] Frings an Griffin 3. Oktober 1946 (hs. Entwurf in deutscher Sprache): HAEK – CR II 25.19, 4.

[123] Protokoll über den Besuch der engl. Kirchendelegation bei Frings 17. Oktober 1946 (Dr. Berndorff): HAEK – CR II 25.18, 7 bzw. 8.

[124] Frings an White 1. Dezember 1946: HAEK – Gen II 23.23a, 12. – Im gleichen Anliegen und mit gleichen Argumenten wandte sich Frings am 3. Dezember an den Präsidenten des Landesarbeitsamts in Düsseldorf. Kopie ebd.

Kölner Jugend ist in Erregung, weil sie gehört hat, dass 600 junge Leute aus Köln zwangsweise im Bergbau beschäftigt werden sollen. Die ärztlichen Untersuchungen sind im Gang, und der erste Transport soll schon morgen nach Erkelenz abgehen«.

Angesichts der unzureichenden Kohleversorgung bei Beginn des (extrem kalten) Winters 1946/47 wollten die Briten offenbar die deutsche Kohlenförderung steigern. Bei Durchführung der geplanten Maßnahme hätte der Unterschied des britischen Vorgehens gegenüber dem sowjetischen in Ostdeutschland außer der größeren Öffentlichkeit nur darin bestanden, dass die Briten zugunsten der deutschen Bevölkerung und dazu im eigenen Land junge Leute zwangsweise rekrutierten, während die Sowjets junge Leute in die UdSSR verschleppten.

Frings bat Oberst White: »Ich bitte im Vertrauen auf ihre oft bewährte Sorge um das Wohl der Stadt Köln, diese zwangsweise Werbung und Verschickung zu verhindern«. Zur Begründung führte der Kardinal aus: »Soll unsere Jugend zu echter Demokratie erzogen werden, so kann es nicht mit dem Polizeiknüppel geschehen, sondern auf dem Boden der Freiheit. Im anderen Falle sind all die üblen Folgeerscheinungen einer Tyrannis, wie wir sie sattsam erfahren haben, zu befürchten: Verbitterung, Arbeitsunlust, Unwahrhaftigkeit, Widerspruchsgeist«. Sehr besorgt wies Frings angesichts der primitiven Unterbringung auf »die verheerenden sittlichen und religiösen Wirkungen eines solchen zwangsmäßigen Kasernenlebens ohne erfahrene Führung« hin. Sein in diesen Jahren öfter sichtbar werdendes Herz für die Kölner offenbarte Frings in der Feststellung: »Die Jugendlichen haben das Empfinden, dass sie zu Zwangsarbeit herangezogen werden und so einer modernen Sklaverei anheimfallen sollen. Die Kölner Jugend empfindet das doppelt, weil sie dem Bergbau innerlich vollkommen fremd gegenübersteht und ihre bewegliche, lebensfrohe Art zur Arbeit des Bergmanns in schreiendem Widerspruch steht«. Die geeignete Werbung für mehr Bergarbeiter seien angemessene Lebensmittelsonderzuteilungen. Am 6. Dezember zeigte Oberst White Verständnis für die Sorge des Kardinals um das moralische Wohl der jungen Leute und sagte zu, sich um die Verbesserung der Unterbringungsverhältnisse zu bemühen, lehnte jedoch die Argumentation des Kardinals gegen eine Zwangsrekrutierung von jungen Leuten für den Bergbau ab[125].

Dieser Schriftwechsel ist vor dem Hintergrund eines Vorgangs zu sehen, auf den das Protokoll des westdeutschen Bischofskonveniats in Har-

---

125 Der Inhalt der Antwort Whites an Frings vom 6. Dezember 1946 ergibt sich aus einem erneuten Schreiben von Frings an White o. D. ebd.

dehausen vom 4. bis 6. November 1946 erstmals hinwies[126]: »Kardinal Frings, Erzbischof Jaeger und Bischof Wienken werden in drei Wochen in Köln zusammenkommen, um eine *Eingabe an den Kontrollrat* mit möglichst exakten Unterlagen festzustellen, die unter dem Titel ›Menschenwürde‹ Stellung nimmt zu

1. der Deportierung Jugendlicher aus dem russisch besetzten Gebiet,
2. der Deportierung von Zivilpersonen aus den Ostgebieten, Ostpreußen, Schlesien und Danzig,
3. der Deportierung von Arbeitern und Ingenieuren nach Russland,
4. der Wiederverhaftung von Offizieren, die aus der Gefangenschaft entlassen waren,
5. der Zurückhaltung der Verhafteten in den Internierungslagern«.

Das in Hardehausen avisierte Dreiergespräch scheint vor dem 1. Dezember 1946 stattgefunden zu haben, an dem Frings im Namen der Fuldaer Bischofskonferenz die erste von drei Eingaben an den Kontrollrat unterzeichnete »Betr.: Inhaftierung aus Kriegsgefangenschaft entlassener ehemaliger Wehrmachtsangehöriger bei Rückkehr in die Heimat«[127]. Am 2. Januar 1947 folgte eine Eingabe »Betr.: § 218 StGB«, am 11. Januar eine weitere »Betr.: 1. Internierung und Verschleppung von Zivilpersonen aus den von den alliierten Streitkräften besetzten Gebieten Deutschlands. 2. Internierung von Zivilpersonen in Deutschland ohne Gerichtsverfahren«.

Wohl wissend, dass die Russen nicht korrekt belegte Eingaben zurückweisen würden, war von den in Hardehausen avisierten Themen das erste bezüglich Deportierung Jugendlicher aus der Ostzone vorerst zurückgestellt bzw. vorsichtig in die dritte Eingabe einbezogen.

Als Frings am 25. Januar 1947 den deutschen Episkopat über seine Schritte im Namen des Episkopats unterrichtete[128], rekapitulierte er seine Eingaben zugunsten der in der Ostzone wiederverhafteten Offiziere bis zu der Eingabe vom 15. September 1946[129]. »Ich erhielt am 16.10.1946 die Antwort, dass die Eingabe zuständigkeitshalber von der Alliierten Kon-

---

[126] Niederschrift über die Beratung der Bischöfe der Kölner und Paderborner Provinzen in Hardehausen vom 4.-6. Nov. 1946: HAEK – CR II 2.19, 2.

[127] Druck dieser und der nachfolgend aufgezählten Eingaben an den Alliierten Kontrollrat für die Mitglieder der Fuldaer Bischofskonferenz (»Streng vertraulich«): HAEK – CR II 25.19, 6; Begleitschreiben des Kardinals an die Bischöfe mit weiteren Details vom 25. Januar 1947 (nicht 1946, wie von ihm irrtümlich auf dem Entwurf eingetragen!): HAEK – CR II 25.18, 10.

[128] Vgl. oben Anm. 127.

[129] Vgl. oben S. 272 mit Anm.113.

trollbehörde an den Leiter der Sowjetischen Abteilung im Alliierten Sekretariat abgegeben wurde. In meiner Antwort ... vom 1.12.46 drückte ich das große Bedauern des deutschen Episkopates über diese Mitteilung des Kontrollrates aus ...«.

Der Sprecher der Bischöfe ging in seinen Eingaben mit dem Kontrollrat im allgemeinen und seine sowjetischen Sektion im besonderen taktisch ausgefeilter, aber nicht sanfter um als mit den britischen Militärs im Rheinland: »Bei den von den sowjetischen Militärbehörden erneut Verhafteten handelt es sich durchweg um eine Gruppe von Personen, die aus der Kriegsgefangenschaft der westlichen Mächte entlassen worden ist«. Das sei nach einer genauen Überprüfung ihrer militärischen und politischen Vergangenheit geschehen. Wenn auch ein Anspruch auf Entlassung der Kriegsgefangenen erst bei Abschluss eines Friedensvertrages bestehe, so seien doch an ein großzügigeres Vorgehen einer Macht die anderen Mächte gebunden. »Der deutsche Episkopat bedauert es aufrichtig, dass die absolut normal entlassenen Kriegsgefangenen, die weder als Naziaktivisten noch als Militaristen angesprochen werden können, vor einer völlig ungewissen Zukunft stehen, dass sie der religiösen Betreuung, die selbst in Nürnberg die Hauptkriegsverbrecher genossen, entbehren müssen, dass sie keine Möglichkeit haben, den Verkehr mit ihren Angehörigen aufzunehmen und dass schließlich nicht einmal den Angehörigen Kenntnis von ihrem etwaigen Abscheiden gegeben wird. Die Gefangenen sind ... in den Lagern zu tödlicher Langeweile verurteilt, werden nicht beschäftigt und können sich auch nicht ablenken, so dass ihnen jeder Tag zu einer ausgesprochenen Qual wird ... «.

Um sich nicht wieder wegen fehlender Belege zurückweisen zu lassen, fügte der Kardinal hinzu: »Die bereits dem Kontrollrat mit Schreiben vom 15. September 1946 überreichten Unterlagen und die hier zugefügte Anlage beweisen alle diese Punkte. Erschütternd sind die Dinge, die sich im Lager Oranienburg/Sachsenhausen und in Franfurt/O., Hornkaserne, sowie im dortigen Lazarett Reiterkaserne im Laufe dieses Sommers abgespielt haben und unseres Wissens noch abspielen«. Frings schloss: »Der deutsche Episkopat bittet daher den Alliierten Kontrollrat im Namen des deutschen Volkes[130], den geschilderten Unerträglichkeiten nachzugehen und als höchstes Verwaltungsorgan in Deutschland dafür Sorge zu tragen, dass diese jeder Humanität und Menschlichkeit geradezu widersprechenden Maßnahmen ihr Ende finden«.

130 Diese Eingabe an den Alliierten Kontrollrat ist eine der relativ seltenen Stellungnahmen, mit denen Frings sich (und die Bischöfe überhaupt) ausdrücklich zu Sprechern des (regierungslosen) deutschen Volkes macht.

In der Eingabe vom 11. Januar 1947[131] wegen der Internierung und Verschleppung von Zivilpersonen wurde die Argumentation noch schärfer. Nachdem sich Frings mit den einschlägigen bindenden Bestimmungen der Haager Landkriegsordnung befasst hatte, erinnerte er die Siegermächte an ihren förmlichen Beschluss vom 8. August 1945, dass »die Ermordung, Misshandlung oder Verschleppung der Einwohner eines besetzten Gebietes oder [der] dort befindlichen Zivilbevölkerung zu Zwangsarbeit oder zu irgendeinem anderen Zweck« als Kriegsverbrechen zu betrachten seien. Nach der Erinnerung an die Rechtslage folgte das Sündenregister der Sowjets: Die Verschleppung Zehntausender in den Monaten Januar bis April 1945. »Das Ziel der Reise waren Arbeitslager ... Wie die Zurückgekehrten übereinstimmend berichten, unterscheiden sich die Arbeits- und Lebensverhältnisse in den Arbeitslagern nicht wesentlich von denen der Arbeits- und Konzentrationslager, die von Hitler für die während des Krieges zwangsweise nach Deutschland verbrachten ausländischen Arbeiter eingerichtet wurden und wo diese, wie allgemein bekannt ist, ein Sklavendasein führen mussten«. Immerhin hätten diese Ausländer in deutschen Lagern noch einige Rechte gehabt.

Auch die zweite Anklage war formell an die Besatzungsmächte allgemein, durch die näheren Umstände jedoch allein an die Sowjets gerichtet. Es ging um die Verhaftung von Zivilisten nach der Kapitulation ohne Gerichtsverfahren oder sonstigen Rechtsschutz. »Es handelt sich bei den Verhafteten um Menschen jeglichen Alters und Geschlechts. Selbst Jugendliche von 14 bis 15 Jahren aufwärts sind in größerer Zahl inhaftiert worden und werden schon länger als ein Jahr dem Elternhaus und der Schule ferngehalten ...«.

Die Aufzählung der Lager machte ganz deutlich, dass es allein um Übergriffe der Russen ging, für deren Eindämmung Frings die Vertreter der Westmächte im Alliierten Kontrollrat in die Pflicht nehmen wollte: »Bei den Konzentrationslagern, in denen die Verhafteten untergebracht sind, handelt es sich zum Teil um die gleichen Lager, die schon während der Hitlerzeit bestanden: Sachsenhausen, Buchenwald, Mühlberg usw. Neue Konzentrationslager« – schon diesen Begriff zu verwenden, stellte eine Inkriminierung der Sowjets dar! – »sind hinzugekommen: Fünfeichen, Frankfurt a. O., Lieberose, Bautzen usw. Die Behandlung in den Lagern, die Vorgänge bei den Verhören der Verhafteten, erinnern in vieler

131 Außer der gedruckten Fassung (vgl. oben Anm. 127) liegt von dieser Eingabe auch eine signierte Kopie vor, die im Briefkopf das Datum 11. Januar 1947, neben der Unterschrift das Datum 1. Januar 1947 trägt: HAEK – CR II 25.18, 11.

Hinsicht gleichfalls stark an die früheren Gestapo-Methoden ...«. Die Lebensbedingungen in den Lagern waren ähnlich wie bei den Offizieren. Die Anträge, die Frings am Schluss vorbrachte, gingen auf Entlassung in die Heimat für die vor Kriegsende Internierten und auf richterliche Überprüfung der nachher vorgenommenen Internierungsfälle sowie die Humanisierung der Haftbedingungen in den Lagern.

Als Frings am 25. Januar 1947 den Episkopat über die Eingaben an den Alliierten Kontrollrat informierte, lautete der Schlusssatz: »Eine Antwort auf die drei Eingaben ist bis heute ... nicht eingegangen«. Sie ist wohl nie gegeben worden. Trotzdem hatten solche Eingaben ihren Sinn: Sie machten den Alliierten insgesamt und besonders den Sowjets bewusst, dass ihr Verhalten kritisch beobachtet und gegebenenfalls mit dem der Nationalsozialisten auf eine Stufe gestellt wurde. Selbst die Sowjets mussten sich nach einigen Jahren zu einem behutsameren Umgang mit ihnen missliebigen Deutschen bequemen. Wie viele Menschen bis dahin während der ersten Nachkriegsjahre in sowjetischen Lagern gequält wurden oder zu Tode kamen, ließ sich im Herbst 1990 erahnen, als in der Nachbarschaft der genannten Lager große Massengräber entdeckt wurden.

Das Weihnachtsfest 1946 war durch verschiedene bei Frings zusammenfließende Nachrichten und Erfahrungen für den Kardinal ein besonderer Anlass, sich mit der Kriegsgefangenennot zu befassen. Am 18. November schrieb er Pius XII. einen Weihnachtsbrief[132]. Nach einer Schilderung der Lebens- und Seelsorgeverhältnisse im daniederliegenden Deutschland und speziell im Rheinland folgte ein Abschnitt zur Not der Gefangenen: »Was unsere *Gefangenen* betrifft, so darf ich die Aufmerksamkeit Eurer Heiligkeit wohl hinlenken auf die besonders traurige Lage der Kriegsgefangenen im Mittleren Osten, bes[onders] in *Ägypten*[133], wo unsere Leute unter der Einsamkeit der Wüste und den Beschwerden des Klimas schwer leiden, ferner auf die Zivilinternierten ...«, unter denen Frings hier 40.000 in der britischen Zone besonders hervorhob. »Ähnliches gilt von den Lagern der höheren Offiziere, den sog[enannten] *»Generalslagern«*, in denen Männer, die nichts anderes als ihre Pflicht getan haben, zusammengepfercht sind mit ausgesprochenen [Partei-]Aktivisten, ohne dass sie die Möglichkeit hätten, etwas zu ihrer Rechtfertigung zu sagen«. Die in dem Brief an den Papst bereits zum wiederholten Mal er-

---

132 Frings an Pius XII. 18. November 1946 (hs. Entwurf): HAEK – CR II 25.18, 8; Druck: N. TRIPPEN, Weihnachtsbriefe, S. 140-147.

133 Frings hatte die Lage der deutschen Gefangenen in Ägypten (von ihm interessanterweise zum »Mittleren Osten« gerechnet) bereits am 30. September 1946 im britischen Ministerium für die besetzten Gebiete in London angesprochen: Vgl. oben S. 273 f. mit Anm. 118.

wähnten Gefangenen in Ägypten verdankten die Fürsprache des Kardinals einem Bericht der deutschen evangelischen Lagerpfarrer in Ägypten, wie Frings ein Jahr später bei einem Gespräch mit Lord Pakenham erwähnte[134].

Vom gleichen 18. November 1946 wie dieser Brief an Pius XII. datiert der kurze Weihnachtshirtenbrief des Kardinals[135], an dessen Ende es hieß: »Friede den Menschen! Ach, käme er doch bald ... Käme er vor allem für unsere *Kriegsgefangenen*, die am heutigen Tage mit besonderer Sehnsucht und Inbrunst der Heimat und ihrer Lieben gedenken! Wir Christen in Deutschland bitten am Fest der Geburt unseres Herrn und Erlösers die gesamte Christenheit und alle Völker der Welt: Helft, das Leid unserer Kriegsgefangenen und ihrer Familien zu beenden! Gebt den Kindern ihre Väter, den Frauen ihre Männer, den Müttern ihre Söhne zurück! Bahnt der Liebe und dem Frieden einen Weg unter den Menschen!«

Beide Äußerungen des Kardinals vom 18. November 1946 erklären sich auf dem Hintergrund einer großangelegten Aktion zugunsten der Kriegsgefangenen, die inzwischen angelaufen war: Am 30. Oktober 1946 war bei einer gemeinsamen Konferenz von Caritas und Evangelischem Hilfswerk in Stuttgart angeregt worden, den oben zitierten Aufruf zugunsten der Kriegsgefangenen am Weihnachtsfest in allen Kirchen beider Konfessionen verlesen zu lassen[136]. Außerdem sollten zwischen Weihnachten und Epiphanie die Gläubigen in den Kirchen und an den Haustüren für eine unterstützende Unterschriftenaktion gewonnen werden. Vor Weihnachten wollte man vertraulich mit dem Projekt umgehen, nach Weihnachten die Presse einschalten[137].

Als Erzbischof Gröber Frings informierte, bat er ihn, die Zustimmung und Unterstützung des Episkopates einzuholen unter Beifügung eines kurzen Mustertextentwurfes für einen Weihnachtshirtenbrief. Frings reagierte sofort im Sinne des Vorschlages[138]. Er fand die breite Zustimmung

---

[134] Lord Francis A. Pakenham, Earl of Longford (* 1905), Labour-Politiker, 1946-1947 parlam. Staatssekretär im britischen Kriegsministerium, 1947-1948 Leiter des Kontrollamts für Deutschland und Österreich, »Deutschlandminister« (als Nachfolger von Minister Hynd): H. P. MENSING, Adenauer-Briefe 1947-1949, S. 531 (mit Literaturhinweisen).

[135] Hs. Entwurf: HAEK – CR II 2.3, 3. – Druck: KA 86, 1946, S. 309 f.

[136] Frings wurde über diese Konferenz und ihre Beschlüsse informiert durch einen Brief Erzbischof Gröbers von Freiburg vom 2. November 1946: HAEK – CR II 25.19, 4. Von ihm stammt auch der Textabschnitt mit dem Aufruf an die Welt, den nicht nur Frings in seinen Weihnachtshirtenbrief übernahm (eigenes Blatt als Anlage zu Gröbers Brief vom 2. November 1946). Zu Konrad Gröber s. o. S. 197 mit Anm. 252.

[137] Alle Einzelheiten waren in Gröbers Brief vom 2. November 1946, wohl nach den Überlegungen der Stuttgarter Konferenz vom 30. Oktober 1946, enthalten.

[138] Korrespondenz dazu: HAEK – CR II 25.19, 4.

seiner Mitbischöfe und forderte durch den »Kirchlichen Anzeiger« den Klerus der Kölner Erzdiözese zur Unterstützung der Unterschriftenaktion auf[139]. Am 10. Dezember 1946 wandte er sich noch einmal an Pius XII.[140]: »Wir wissen, dass der beredteste Anwalt für die Freilassung der Kriegsgefangenen noch vor dem offiziellen Friedensschluss Eure Heiligkeit sind und danken dafür aus innerstem Herzen. Wir wären überaus glücklich, wenn Eure Heiligkeit diese Bemühungen fortsetzen und unsere Bestrebungen mit Ihrer überragenden Autorität unterstützen würden«.

Die Hirtenbrief- und Unterschriftenaktion wurde – nicht nur im Erzbistum Köln – zu einer beachtlichen Demonstration der Solidarität mit den Kriegsgefangenen[141]. Generalvikar David konnte dem Präsidenten des Caritasverbandes am 7. Februar 1947 berichten, dass im Erzbistum Köln 1.455.198 Unterschriften (bei einer Vorkriegskatholikenzahl von 2.422.758) gesammelt wurden. Insgesamt kamen in den deutschen Bistümern 6.559.640 Unterschriften zusammen. Bei der Mitteilung an die Ordinariate am 31. März 1947 wies Generalvikar David darauf hin: »In Freiburg und Rottenburg konnte die Sammlung wegen Einspruchs der Militärbehörde nicht durchgeführt werden«. Auch im zur französischen Zone gehörenden Kreis Altenkirchen war in den Kölner Pfarreien der – vergebliche – Versuch seitens der Besatzungsoffiziere gemacht worden, die Unterschriftensammlung zu verhindern[142]. Das (ebenfalls französisch besetzte) Bistum Trier fehlte in der (vorläufigen) Aufstellung Generalvikar Davids für die deutschen Ordinariate. Wiederum war gerade den Franzosen die Mobilisierung der deutschen Öffentlichkeit unangenehm.

Auf der relativ toleranten britischen Seite konnte Frings am 16. Januar 1947 mit Lord Beveridge das Schicksal der wiederverhafteten Offiziere in der SBZ und die hinhaltende Taktik der Sowjets in der Behandlung seiner Eingaben an den Kontrollrat besprechen[143]. Am 2. März 1947 versuchte Frings aus gegebenem Anlass, den amerikanischen Oberkommandierenden in Deutschland, General McNarney, wegen der wiederverhafteten

139 Unterschriftenaktion zugunsten der Kriegsgefangenen. Köln, 5. Dezember 1946: KA 86, 1946, S. 315 f.

140 Frings an Pius XII. 10. Dezember 1946 (sign. Kopie): HAEK – CR II 25.19, 4.

141 Umfangreiche Korrespondenz, vor allem Nachrichten der Dechanten des Erzbistums Köln und verschiedener Ordinariate über den Erfolg (= Unterschriftenzahlen) der Aktion: HAEK – CR II 25.19, 4 (dort auch die nachfolgend zitierten Schriftstücke).

142 Domvikar Dr. Loosen berichtete am 22. Januar an Frings über ein Verhör, dem er und Kaplan Peter Nettekoven von Wissen (der spätere Kölner Generalvikar) wegen der verbotswidrigen Durchführung der Unterschriftensammlung von den französischen Besatzungsbehörden des Kreises Altenkirchen unterzogen wurden: HAEK – CR II 25.19, 5.

143 Protokoll über den Besuch von Lord Beveridge bei Frings am 16. Januar 1947 (Dr. Berndorff): HAEK – CR II 25.18, 11.

Offiziere einzuschalten[144]. Nach Rekapitulation der bisherigen Bemühungen teilte Frings zunächst den neuesten Stand der Dinge mit: »Eine große Zahl dieser Unglücklichen ist zwischenzeitlich mit unbekanntem Ziel in das Innere der Sowjetunion abtransportiert worden. Von etwa 70 Offizieren liegen kurze Nachrichten aus der Sowjetunion vor«.

Dann kam Frings zur Begründung seiner Vorsprache bei dem Amerikaner: Nach einer Meldung der Berliner Zeitung »Der Morgen« vom 24. Dezember 1946 habe McNarney die Deportation der Offiziere als Gerücht bezeichnet. Dagegen habe »Der Telegraf« am 20. Januar 1947 eine Meldung gebracht, »wonach die zuständige Abteilung Ihres Hauptquartiers ... Ermittlungen über das Schicksal der in die Sowjetzone deportierten Offiziere anstelle«. Frings bot dem amerikanischen General das Material der bisherigen Eingaben an den Kontrollrat zur Unterstützung an. Dann bat er um Vorsprache bei den zuständigen Stellen, um die Entlassung oder doch wenigstens die Korrespondenzmöglichkeit dieser Männer mit ihren Angehörigen zu erreichen.

Abgesehen von der Nichtbeantwortung aller Eingaben an den Kontrollrat war noch ein Komplex seitens der Bischöfe nicht angeschnitten: die Verhaftung Jugendlicher in der SBZ und in Berlin durch sowjetische Stellen oder ihre deutschen Hilfskräfte. Hier war Wienken offensichtlich noch mit der notwendigen Materialsammlung beschäftigt. Am 3. September 1947 endlich übersandte er »die avisierte Liste der verschleppten Jugendlichen zur gefl. Bedienung«, riet aber, sie nicht der Eingabe an den Kontrollrat beizulegen[145]. Wienken berichtete dann über Initiativen der Berliner Presse und der SPD. »Im Auftrage von General Clay war gestern ein Vertreter des US-Geheimdienstes bei mir. Er wurde angeblich von der SPD an mich verwiesen und erkundigte sich, ob der katholischen Kirche Fälle von Verschleppung bekannt geworden seien. Ich habe verwiesen auf die Eingabe der Fuldaer Bischofskonferenz an den Alliierten Kontrollrat vom 11. Januar d[iese]s J[ahre]s und darauf aufmerksam gemacht, dass diese Eingabe noch keine Beantwortung gefunden habe«. Er habe dann mündlich einige Beispiele geschildert und die Möglichkeit einer Einsichtnahme in vorhandene Listen auf Wunsch von General Clay angedeutet.

---

[144] Der Vorsitzende der Fuldaer Bischofskonferenzen an General McNarney 2. März 1947 (sign. Kopie): HAEK – CR II 25.19, 7. – Joseph T. McNarney (1893–1972), ab März 1942 stellv. Generalstabschef der US-Streitkräfte, 1945 Nachfolger Eisenhowers als Oberkommandierender der US-Besatzungsarmee und der Streitkräfte in Europa, Militärgouverneur in Deutschland bis Februar 1947: TH. ESCHENBURG, Jahre der Besatzung, S. 600 (Reg.); W. BENZ, Handbuch, S. 484.

[145] Wienken an Frings 3. September 1947: HAEK – Gen II 23.42, 3.

»Endlich habe ich noch erklärt, dass eine neue Eingabe wegen der Verschleppung von Jugendlichen in Vorbereitung sei und demnächst dem Alliierten Kontrollrat vorgelegt werde«. Wienken vermutete, dass nun die Angelegenheit in der Öffentlichkeit diskutiert werde. »Die SPD geht aggressiv vor. Die SED wehrt sich mit aller Energie. Die GPU bzw. NKWD setzt ihre Verhaftungen fort. Die SMA[D] schweigt sich aus«[146]. Wienken hielt deshalb eine Information der Öffentlichkeit über die kirchlichen Schritte zu gegebener Zeit für angeraten.

Die am 18. September 1947 unterzeichnete viersprachige Eingabe an den Alliierten Kontrollrat war in ihrer englischen Fassung so schlecht übersetzt, dass Msgr. Smith von der Religious Affairs Branch in Bünde alle Originale an sich brachte und Frings am 29. September eine neue englische Version zur Rein- und Unterschrift vorlegte. Sie ist am 6. Oktober an Smith abgesandt worden[147].

Zunächst rekapitulierte Frings noch einmal seine unbeantworteten Eingaben bezüglich der in der Sowjetzone erneut verhafteten Offiziere. »Es erfüllt den Episkopat mit ernster Sorge, dass sich in der deutschen Öffentlichkeit eine tiefe Niedergeschlagenheit breit macht und dass der Glaube an eine Gerechtigkeit, für den speziell die katholische Kirche auch in den Jahren des Nazisystems mit Nachdruck gekämpft hat, völlig verlorengeht«.

Bei dem bereits in der Eingabe vom 11. Januar 1947 kurz angesprochenen Komplex der Verhaftung Jugendlicher hielt sich Frings an Wienkens Rat, die Listen auszuwerten, aber nicht aus der Hand zu geben (wohl zum Schutz der Angehörigen und ermittelbaren Informanten): »Die Zahl der verhafteten Kinder und Jugendlichen geht in die Tausende und erhöht sich von Monat zu Monat. Allein bei kirchlichen Stellen liegen Meldungen über mehr als 2.000 Verhaftungen von Kindern und Jugendlichen vor. Davon sind 1.254 listenmäßig mit Angaben der Personalien erfasst«. Die Altersspanne beginne mit 11 Jahren. Eine Aufschlüsselung der Altersgruppen mit Zahlen wird angeführt. »Über das Schicksal dieser Jugendli-

---

146 GPU = Gosudarstwennoje Politscheskoje Uprawlenije = Geheimpolizei der UdSSR in der Frühzeit, später NKWD = russische Abkürzung für Volkskommissariat für die inneren Angelegenheiten. SMA = Sowjetische Militäradministration. – Zu SMAD: W. BENZ, Handbuch, S. 302-307 (J. FOITZIK) mit Literaturhinweisen.

147 Der Erzbischof von Köln, Vorsitzender der Fuldaer Bischofskonferenzen, an den Alliierten Kontrollrat Berlin, ... September 1947 (Entwurf mit Bearbeitungsspuren von Frings): HAEK – Gen II 23.42, 3; Kopie mit Datum 18. September 1947: Ebd., Gen II 23.23a, 16. Der Brief von Smith an Frings vom 29. September 1947 (vgl. oben S. 249 mit Anm. 57) in HAEK – Gen II 23.23a, 16 trägt den Randvermerk Dr. Berndorffs: »Eingabe zugestellt neu abgeschrieben 6. Oktober 47 B.«.

chen nach der Verhaftung ist im allgemeinen nichts bekannt geworden. Nur in ganz vereinzelten Fällen haben die Eltern selbst durch Bekannte oder durch entlassene erwachsene Mithäftlinge zufällig in Erfahrung gebracht, dass ihre Kinder zeitweilig in einem bestimmten Lager, einem Gefängnis oder Untersuchungskeller weilten oder aber in einem Transport nach Osten gesehen worden sind. In einem Falle wurde von einem erwachsenen Mithäftling nach dessen Entlassung berichtet, dass ein Vierzehnjähriger zehn Wochen in einem Keller ohne Tageslicht zusammen mit 16 erwachsenen Häftlingen in Untersuchung weilte. Er wurde wiederholt verhört und dann in ein Lager überführt«. Eltern, die sich nach dem Verbleib ihrer Kinder erkundigten, hätten keine Auskunft erhalten oder seien mit der eigenen Verhaftung bedroht worden. »In zwei Fällen sind, wie bekannt geworden ist, auch tatsächlich Mütter verhaftet worden«.

Auch über die Methoden berichtete der Vorsitzende der deutschen Bischofskonferenz Einzelheiten: »Die Verhaftungen selbst erfolgten durch deutsche Polizei oder alliierte Streitkräfte. Die Jugendlichen wurden bei Tag und Nacht in der Regel aus den elterlichen Wohnungen abgeholt, aber auch zum Teil von der Arbeitsstätte, aus der Schule oder von der Straße aus verhaftet. Von der Verhaftung der Jugendlichen sind in der gleichen Weise Stadt und Land betroffen«. Es folgen mehrere Zahlenbeispiele. Die Jugendlichen seien zwangsweise Mitglieder der HJ oder des Jungvolks gewesen, viele Eltern Mitglieder der NSDAP. Doch seien unter den Eltern auch bekannte Antifaschisten und sogar SED-Mitglieder anzutreffen.

Die Begründung, die Jugendlichen seien wegen unerlaubten Waffenbesitzes verhaftet worden, sei nicht stichhaltig. Auch komme dann ein ordentliches Strafverfahren in Betracht. »Andererseits aber haben die Eltern auch keine Vermutung darüber, welche anderen Gründe vorliegen«. Wenn man im Nürnberger Prozess Beamten die Verhaftung von Personen »in Nacht und Nebel« während des Krieges anlaste, so gelte das erst recht »für die Mehrzahl der obenerwähnten Kinder und Jugendlichen«. Frings holte zum entscheidenden Argument aus, wenn er schrieb: »Es widerspricht aber den Geboten der Gerechtigkeit und Menschlichkeit, wenn auf der einen Seite ein hochpeinliches Gerichtsverfahren durchgeführt wird, während sich auf der anderen Seite die Dinge wiederholen, die die Vorgänge in dem letzten Weltkrieg noch insoweit übertrumpfen, als die für die Öffentlichkeit völlig unkontrollierbaren Maßnahmen sogar gegen Kinder und Jugendliche angewandt werden, die noch nicht im Besitz der strafrechtlichen Verantwortlichkeit sind«.

Nach dieser Darstellung der Fakten und ihrer Bewertung formulierte Frings die Bitten der Bischöfe: Entlassung der Unschuldigen, Information der Eltern bei den Straffälligen, Erlaubnis der Korrespondenz und Information der Eltern bei Sterbefällen, religiöse Betreuung und Gottesdienst, Ermöglichung von Paketsendungen mit Wäsche, Kleidung und Büchern.

Der Entwurf der Eingabe in den Kölner Akten stammt offensichtlich von Wienken und trägt Spuren der Bearbeitung durch den Kardinal. Ihm beigefügt ist der Entwurf einer Unterrichtung der Presse am 24. Oktober 1947[148].

Die Westalliierten, denen die Inanspruchnahme für Maßnahmen der Sowjets zunehmend lästig wurde, fragten kurz vor Weihnachten bei Frings nach konkreten Informationen für je ihre Besatzungszone an[149]. Der Kardinal musste ihnen am 21. Dezember 1947 antworten, dass für die amerikanische und für die britische Zone keine Meldungen vorlägen. General Koenig schrieb für die französische Zone am 3. April 1948[150], man könne sich von der Eingabe vom 18. September 1947 an den Kontrollrat nicht betroffen fühlen.

Etwas genauere Informationen über die Behandlung dieser Eingabe im Alliierten Kontrollrat erhielt Frings Ende Februar 1948 durch den britischen Generalmajor Brownjohn in Berlin[151]. Der britische Delegierte im Kontrollrat habe die erste Gelegenheit benutzt, die Angelegenheit zur Sprache zu bringen: »Nach langer Diskussion wurde bedauerlicherweise deutlich, dass die Sowjetische Militär-Administration nicht bereit war, die Behauptungen zu erwägen, die in Ihrem Brief an den Alliierten Kontrollrat vom 18. September aufgestellt waren, und sie [die Sowjets] haben seitdem kein Zeichen gegeben, dass sie willens wären, ihre Haltung zu ändern. Unter diesen Umständen bin ich gehalten, Ihnen – unter großem Bedauern – mitzuteilen, dass mit einer erneuten Einbringung auf die Tagesordnung des Alliierten Kontrollrats alsbald nach der voraufgegangenen fruchtlosen Diskussion nichts gewonnen wäre«.

Zu diesem Zeitpunkt war die anfängliche Harmonie zwischen Amerikanern und Sowjets im Alliierten Kontrollrat längst verflogen. Die sich zuspitzenden Spannungen sollten alsbald bis zur Berliner Blockade eskalieren. Unter diesen Umständen schien die Opportunität einer Konfrontation der Sowjets im Alliierten Kontrollrat mit ungesetzlichen Übergriffen unter der

---

148 Überschrift: »Das Schicksal der Verschleppten in der Ostzone«: HAEK – Gen II 23.42, 3.

149 US-Generalmajor Hays an Frings 16. Dezember 1947, Brit. Mil. Gouvernement Berlin an Frings 18. Dezember 1947, Antwortentwurf Frings 21. Dezember 1947: HAEK – Gen II 23.42, 3.

150 Koenig an Frings 3. April 1948: HAEK – Gen II 23.42, 3.

151 US-Hauptquartier Berlin, Generalmajor Brownjohn, an Frings 24. Februar 1948 (englisch): HAEK – Gen II 23.42, 3.

deutschen Zivilbevölkerung schließlich doch gegeben zu sein – entgegen dem Ratschlag General Brownjohns vom 24. Februar 1948. Am 26. April 1948 berichtete Wienken nach Köln[152]: »Seit dem September 1947 sind dem Commissariat der Fuldaer Bischofskonferenz wieder neue Fälle der Verhaftung von Jugendlichen bekannt geworden«. Die Liste legte Wienken bei.

»Wie auch dort in Köln durch die Presse bekannt geworden sein wird, haben in der letzten Sitzung der Alliierten Kommandantur in Berlin erregte Auseinandersetzungen über die Verschleppung von Personen durch die sowjetische Besatzungsmacht stattgefunden. Hauptsächlich war es der Vertreter der amerikanischen Besatzungsmacht, der den sowjetischen Vertreter deshalb zur Rede stellte ... Wahrscheinlich wird die Debatte über die Verschleppung von Deutschen in den kommenden Sitzungen der Alliierten Kommandantur fortgesetzt«. Es gehe dabei allerdings nicht nur um die Verschleppung von Jugendlichen.

Außerdem hatte Wienken »mit einer Persönlichkeit, die auf dem Gebiete der Diplomatie und des internationalen Rechts versiert ist«, einen Brief an den französischen Oberkommandierenden, General Koenig, entworfen. Koenig hatte kurz zuvor – wie erwähnt – Frings und dem Freiburger Kapitularvikar geschrieben und sollte durch diesen Brief für bevorstehende Diskussionen des Kontrollrats Argumentationshilfe erhalten. Ob der Brief in französischer Übersetzung tatsächlich herausgegangen ist, lassen die Akten nicht erkennen[153]. Frings sollte durch ihn seine Methode des Vorgehens offenlegen: »Mein Brief vom 18. September 1947 war an den Kontrollrat gerichtet und bezog sich seinem Wortlaut nach auf ganz Deutschland. Die beanstandeten Ereignisse betreffen jedoch tatsächlich nur Kinder und Jugendliche aus der Sowjetzone und dem Sowjetsektor Berlin, abgesehen von einer gewissen Zahl von Fällen, in denen junge Leute auch aus dem französischen, britischen und amerikanischen Sektor von Berlin verschwunden sind. Eine Liste solcher Fälle aus dem französischen Sektor ist beigelegt. Da meine Eingabe, nach vorheriger vergeblicher Fühlungnahme mit der SMA, an den Kontrollrat gerichtet war, wurde der besondere Hinweis auf die Sowjetzone unterlassen, um eine Zuspitzung zu vermeiden«.

Mit Verweis auf die »Deklaration« der Siegermächte vom 5. Juni 1945[154] erinnerte Frings den französischen General an die Gesamtverant-

---

[152] Wienken an Frings 26. April 1948: HAEK – Gen II 23.42, 3.

[153] Der »Entwurf« (HAEK – Gen II 23.42, 3) trägt keine Bearbeitungsspuren, keine Unterschrift und kein Datum. Die französische Übersetzung ist von fremder Hand datiert auf den 26.4.1948 und von der gleichen Hand paraphiert »sig. Jos. Card Frings, Archevêque de Cologne«.

[154] Dazu: TH. ESCHENBURG, Jahre der Besatzung, S. 25 f.

wortung der Siegermächte »für alle Geschehnisse in Deutschland auf dem Gebiet der Regierung und Verwaltung, ohne Rücksicht auf die Zonengrenzen«.

Bei allen Versuchen des Kardinals, auf dem Umweg über den Alliierten Kontrollrat den Sowjets Zugeständnisse abzuringen, musste er am Ende die Erfahrung der Vergeblichkeit machen. Immerhin lernten die Sowjets im Laufe einiger Jahre, dass ihr Verhalten im besetzten Deutschland kritisch beobachtet und gegebenenfalls anklagend an die Öffentlichkeit gebracht wurde. Dadurch mag auch die Kirche in bescheidenem Umfang zu einer Humanisierung des Vorgehens bei den Sowjets beigetragen haben.

5. Entnazifizierung und Kriegsverbrecherprozesse

Schon vor Ende des Krieges dachte man auf alliierter Seite wie in deutschen Widerstandskreisen darüber nach, wie nach einem Zusammenbruch des NS-Regimes die Säuberung von Staat, Gesellschaft und Wirtschaft von nationalsozialistischem Ideengut und Personal geschehen könnte. Alsbald nach der Kapitulation erkannte man, wie umfangreich und fast unlösbar die Erfüllung dieser Aufgabe werden würde und mit wie unterschiedlichen Vorstellungen etwa die Besatzungsmächte an sie herangingen. Die Amerikaner sahen in der »Entnazifizierung« einen Hebel zu der von ihnen geplanten Umerziehung der Deutschen und gingen dabei lange Zeit ziemlich rigoros vor[155]. Die Russen erblickten in der unter Missachtung rechtsstaatlicher Prinzipien vorgenommenen Verhaftung und Liquidierung von Nationalsozialisten vor allem die Möglichkeit zur politischen Umgestaltung Ostdeutschlands in ihrem Sinne. Engländer und Franzosen waren bei aller Ablehnung der NS-Ideologie und der Bereitschaft zur Strafverfolgung wirklich Schuldiger bald auch auf das Weiterfunktionieren von Wirtschaft und Verwaltung in ihren Zonen bedacht und deshalb im Laufe der Zeit zu pragmatischem Umgang mit dem Entnazifizierungsproblem bereit.

Die Potsdamer Konferenz im Juli und August 1945 hatte in ihren politischen Grundsätzen festgelegt[156]: »Nazistische Parteiführer, einflussrei-

---

155 Zur Entnazifizierung nach 1945: C. Vollnhals (Hrsg.), Entnazifizierung: politische Säuberung und Rehabilitierung in den vier Besatzungszonen 1945-1949, München (dtv) 1991; Ders., Entnazifizierung, in: LCDD, S. 507-509 (mit Literaturübersicht); K.-D. Henke, Politische Säuberung, »Entnazifizierung«, Strafverfolgung, in: K.-D. Henke, H. Woller (Hrsg.), Politische Säuberung in Europa, München 1991, S. 21-83.

156 Vgl. Th. Eschenburg, Jahre der Besatzung, S. 50.

che Nazianhänger und ... alle anderen Personen, die für die Besatzung und ihre Ziele gefährlich sind, sind zu verhaften und zu internieren. Alle Mitglieder der Partei, welche mehr als nominell an ihrer Tätigkeit teilgenommen haben, und alle anderen Personen, die den alliierten Zielen feindlich gegenüber stehen, sind aus den öffentlichen und halböffentlichen Ämtern und von den verantwortlichen Posten in wichtigen Privatunternehmungen zu entfernen ...«. Eschenburg stellt fest[157]: »Das Ergebnis dieser [ersten] Entnazifizierungsmaßnahmen bestand am Jahresende 1945 in ›vollen Internierungslagern und leeren Ämtern‹«. Der zunehmende Unmut in der deutschen Bevölkerung richtete sich nicht gegen die Eliminierung und Bestrafung der wirklich schuldig gewordenen Nationalsozialisten, sondern gegen das mit umfangreichen »Fragebögen« durchgeführte Verfahren, das örtlichen und personellen Zufälligkeiten unterlag, gegen Missbrauch und Korruption nicht geschützt war, alle Beteiligten überforderte und oft genug die Falschen bestrafte oder laufen ließ.

Erzbischof Frings konnte dem Problem so wenig wie seine Mitbischöfe ausweichen[158]. Seine erhaltenen Äußerungen und Interventionen spiegeln alle Probleme, die sich in Sachen Entnazifizierung bald zeigten. Als der Kölner Stadtkommandant Hamilton am 26. Juli 1945 seinen ersten Besuch bei Frings machte, beklagte er »den Mangel an Initiative auf deutscher Seite«[159]. Frings erwiderte: »Das hängt unter anderem zusammen mit der Behandlung der P[artei]g[enossen]-Frage. Gerade die unternehmenden, tüchtigen, erfahrenen Kräfte sind jetzt ausgeschaltet«. Die Antwort Hamiltons: »Oberbürgermeister Adenauer ist der Meinung, dass alle Pgs bestraft werden sollen«, findet ihre Bestätigung im Tagebuch Robert Grosches, der schon bei den Amerikanern im April 1945 »gegen die unterschiedslose Behandlung der Parteigenossen« intervenieren wollte. »Adenauer glaubt, mich dringend davon abhalten zu müssen«, notierte Grosche am 13. April 1945 unter Schilderung der Argumentation Adenauers[160]. Wie Grosche gegenüber Adenauer, so vertrat Frings gegenüber Oberst Hamilton: »Nur die wirklich Schuldigen sollte man bestrafen. Der

157 Ebd., S. 112.

158 In zahlreichen der ersten Eingaben deutscher Bischöfe an alliierte Befehlshaber 1945 sind die Probleme aus der Entnazifizierungspraxis der Alliierten angesprochen. Vgl. L. VOLK, Akten VI, passim. Besondere Hervorhebung verdient die gemeinsame Intervention Kardinal Faulhabers und des bayerischen Landesbischofs Meiser bei der amerikanischen Militärregierung in Frankfurt vom 20. Juli 1945: L. VOLK, Akten VI, Nr. 1006a, S. 585 ff.

159 Gedächtnisprotokoll über den Besuch Hamiltons bei Frings am 26. Juli 1945 (Dr. Hürtgen): HAEK – CR II 25.18, 4; Druck: L. VOLK, Akten VI, Nr. 1014, S. 610 f. (vgl. oben S. 233 mit Anm. 15).

160 R. GROSCHE, Kölner Tagebuch 1944-1945, S. 137.

großen Masse der Unschuldigen sollte man keine weiteren Schwierigkeiten bereiten«. Die gleichen Gedankengänge flossen einen Monat später in die erste (von Generalvikar David entworfene) Eingabe der Fuldaer Bischofskonferenz an den Alliierten Kontrollrat ein[161]: »Ein großes Hindernis für die Wiederaufbauarbeit in Deutschland war es in den letzten Monaten, dass es durch die weitgehende Ausschaltung der ehemaligen Parteimitglieder vielerorts an den erforderlichen sachverständigen Kräften fehlte«. Da die Potsdamer Beschlüsse nur mehr die wirklich aktiven Pgs im Auge hätten, hoffe man auf eine Lösung, »die sowohl den praktischen Bedürfnissen wie den Forderungen der Gerechtigkeit entspricht«.

Wiederum einen Monat später trugen die westdeutschen Bischöfe ihrem Amtsbruder Griffin von Westminster am 27. September 1945 in Bad Driburg u.a. vor[162]: »... 3. Politische Verhaftungen finden ständig in großem Umfange statt. Die Angehörigen wissen nicht, wohin ihre Verwandten gebracht werden, und bleiben monatelang ohne Nachricht von ihnen. 4. Behandlung der ehemaligen Parteimitglieder, besonders der Lehrer und anderer Beamten. Wir stellen fest, dass vielfach wirkliche Nationalsozialisten im Amte bleiben, während durchaus zuverlässige Menschen, die rein äußerlich der Partei angehört haben, entlassen werden. Die Not dieser entlassenen Beamten ist größer als diejenige der im Jahre 1934 [durch die Nazis] entlassenen Beamten ... «.

Der Druck der ersten, in allen Zonen noch undifferenziert rigiden Amtsenthebungs- und Verhaftungswelle war so stark, dass Frings gerade zwei Monate nach der ersten Eingabe sich erneut im Namen der Fuldaer Bischofskonferenz an den Alliierten Kontrollrat wandte[163]. Die Bischöfe bekämen »täglich von den verschiedensten Seiten verzweifelte Klagen«. »Sie bitten den Kontrollrat inständig, bei der endgültigen Entscheidung über die Zulassung oder Nichtzulassung ehemaliger Mitglieder der Partei bzw. deren Organisationen in jedem Fall genau zu prüfen, inwieweit jeder einzelne an dem Treiben der Partei sich beteiligt, welche Vorteile er sich dadurch verschafft, welchen Einfluss er auf die Partei gewonnen und wie er diesen Einfluss benutzt hat. Es wird sich zeigen, wie ungeheuer stark der Druck gerade auf kleine und mittlere Beamte und Angestellte

---

161 Fuldaer Bischofskonferenz an Alliierten Kontrollrat 23. August 1945: L. VOLK, Akten VI, Nr. 1030 IIc, S. 695-699, hier: S. 697.

162 Bitte der deutschen Bischöfe an Erzbischof Griffin um Hilfe in Notständen allgemeiner Art: HAEK – CR II 25.18, 3; Druck: L. VOLK, Akten VI, Nr. 1049, S. 800 (vgl. oben S. 269 mit Anm. 105).

163 Frings an den Alliierten Kontrollrat 23. Oktober 1945 (sign. Kopie): HAEK – Gen II 23.23a, 6.

gewesen ist und wie diese manchmal die wirtschaftliche Existenz ihrer Familie aufs Spiel setzten oder sich der Gefahr des Konzentrationslagers aussetzten, wenn sie nicht äußerlich der Partei beitraten oder einen Posten als Blockleiter der NSV, NS-Frauenschaft oder dergleichen annahmen. Es wäre u[nseres] E[rachtens] eine übermäßig harte Strafe, wenn sie deshalb für immer von der Beschäftigung im öffentlichen Leben ausgeschlossen und auf die Stufe eines ungelernten Arbeiters zurückgedrängt würden. Damit würde wohl auch das Ziel der Entnazifizierung des deutschen Volkes keineswegs erreicht, aber viele an sich wertvolle Kräfte einem verderblichen Radikalismus zugetrieben werden«. Für die Inhaftierten bat Frings im Namen der deutschen Bischöfe um Benachrichtigung der Angehörigen, Beschleunigung der richterlichen Untersuchung, Gelegenheit zur Beschaffung von Entlastungsmaterial, Seelsorgemöglichkeiten in den Lagern sowie die Erlaubnis an die Angehörigen, die Inhaftierten mit Kleidung und Wäsche zu versorgen.

Diese Eingabe von Frings führte zu mehrwöchigen Erwägungen und Schriftwechseln auf Seiten der britischen Sektion des alliierten Hauptquartiers in Frankfurt[164]. Nur zum Teil war man bereit, die Argumentation des Erzbischofs zu akzeptieren.

Da alle diese Vorsprachen im Verborgenen nichts bewirkten (auch darin waren die Erfahrungen der Bischöfe mit den Alliierten denen mit dem NS-Regime sehr ähnlich!), gingen die Bischöfe auch mit diesem Thema an die Öffentlichkeit. In dem schon mehrfach erwähnten »Ostermontagshirtenbrief« 1946[165] der westdeutschen Bischöfe hieß es: »Wie ein Alpdruck lastet auf dem deutschen Volke die oft verfehlte Art, wie seine Besieger die Stellen des öffentlichen Lebens und der Wirtschaft von Anhängern des alten Regimes zu säubern suchen. Wir wissen, wie schwer es namentlich für Außenstehende ist, wirkliche Nazisten von bloßen Mitläufern zu unterscheiden; wir wissen, wie geradezu widerlich und würdelos das Treiben nicht weniger Deutscher ist, die ihre eigenen Landsleute anschwärzen und zu entfernen suchen. Wir sehen uns aber auch genötigt zu erklären, dass die fristlose und versorgungslose Entlassung Tausender von Beamten und Wirtschaftlern, die Verhaftung weiterer Tausender ohne richterlichen Spruch, ihre Freiheitsberaubung ohne Möglichkeit der eigenen Verteidigung, ohne Möglichkeit, mit den nächsten Angehörigen in Verbindung zu treten, das Rechtsbewusstsein des Volkes empfindlich treffen. Soll eine Gesundung des Volkes angebahnt werden, so muss alles, was an Gestapo,

[164] L – PRO – FO 1050, Nr. 162.
[165] KA 86, 1946, S. 117-121, hier: S. 119.

Konzentrationslager und ähnliche Dinge erinnert, aus dem öffentlichen Leben verbannt werden ...«.

Vor der Delegation britischer Kirchenvertreter suchte der Kardinal am 17. Oktober 1946 Verständnis für das Entnazifizierungsproblem zu wecken[166]. Er erklärte, dass 80 % der deutschen Bevölkerung »niemals wirklich nationalsozialistisch gewesen« seien. »Das Entnazifizierungssystem ist so umständlich, dass Jahre vergehen, bis alles erledigt ist. Tausende von Menschen sind dadurch von der Arbeit und der Teilnahme am Leben des Volkes ausgeschlossen ... Noch über 45.000 Deutsche werden in Internierungslagern festgehalten und warten teilweise schon über ein Jahr auf Vernehmung. Es sind keine Verbrecher, sondern für die Engländer politisch Belastete. Das Ergebnis solcher Maßnahmen ist die Lahmlegung des Wiederaufbaues ...«.

Der offenbar sehr zugänglich Lord Beveridge fragte Frings am 16. Januar 1947 von sich aus[167]: »Wie denken Eminenz über die Methode der Entnazifizierung und das Problem der Zivilinternierten?« Frings machte deutlich, dass im Entnazifizierungsverfahren die Beweislast nicht beim Richter, sondern bei den Angeklagten liege. »Er [der Richter] kann objektiv nur über äußere Vergehen urteilen, nicht aber über die Gesinnung des Menschen ... Jeder, der ein Verbrechen begangen hat, soll dafür streng bestraft werden«. Doch das augenblickliche System bedeute »eine Selbstzerfleischung des deutschen Volkes«. »Etwa acht Jahre wird in dieser Form die Entnazifizierung dauern«. Lord Beveridge gab zu: »Das stimmt genau mit dem überein, was mir gestern ein Sachverständiger auf diesem Gebiet in einer anderen Stadt gesagt hat«. Von den Zivilinternierten hielt Frings nur »etwa die Hälfte« für schuldig. »Ich denke an die verhafteten Industriellen in der Aktion gegen Eisen und Stahl. Deutsche sozialdemokratische Kreise sollen gegen ihre Freilassung sein. Mit welchem Recht werden solche Menschen überhaupt festgesetzt ..., das sind Gestapomethoden«.

Bei der Verteilung der Fragebogen, mit denen die Westalliierten ihr Entnazifizierungsverfahren einleiteten, wurden auch die Geistlichen beider Konfessionen bedacht. Dabei beanspruchten manche Besatzungsbehörden, gegebenenfalls auch Geistliche bei entsprechendem Befund aus ihren kirchlichen Ämtern entfernen zu dürfen. Frings wollte die Fragebogenaktion durchaus unterstützen; konnte er doch sicher sein, dass sie von

166 Protokoll über den Besuch der engl. Kirchendelegation bei Frings am 17. Oktober 1946 (Dr. Berndorff): HAEK – CR II 25.18, 8 (vgl. oben S. 274 mit Anm. 123).

167 Protokoll über den Besuch von Lord Beveridge bei Frings am 16. Januar 1947 (Dr. Berndorff): HAEK – CR II 25.18, 11 (vgl. oben S. 281 mit Anm. 143).

verschwindend geringen Ausnahmen abgesehen die Distanz des katholischen Klerus vom NS-System erweisen würde. Dagegen betrachtete er Amtsenthebungen und Versetzungen als das ausschließliche Recht des Bischofs, das auch vom vorliegenden Sonderfall nicht berührt werde. An das Kölner Hauptquartier schrieb er deshalb am 31. Mai 1946[168]: »... 2. Ich ziehe nicht in Frage, dass die weltliche Obrigkeit, also auch die Militärregierung, innerhalb des Sachgebietes, für das sie zuständig ist, auch Anordnungen für die Geistlichen treffen kann. Das gilt z. B. bezüglich des Genusses der allgemeinen staatsbürgerlichen Rechte, der Zulassung zum Unterricht in den Schulen des Staates und ähnliches. Mit Rücksicht hierauf habe ich die mir unterstellten Geistlichen angewiesen, die Fragebogen der Militärregierung auszufüllen und durch mein Generalvikariat der Militärregierung einzureichen. 3. Anders verhält es sich mit der Berufung von Geistlichen in rein kirchliche Ämter und ihre Entlassung aus denselben. Hier handelt es sich um ein Recht, das kraft göttlichen Auftrages nur der Kirche zusteht. 4. Infolgedessen ist es mir unmöglich, mich bei einem Verfahren zu beteiligen, bei dem Voraussetzung ist, dass eine weltliche Stelle auf Grund von ihr selbst aufgestellter Kriterien zu entscheiden habe, ob ein Geistlicher in seinem Amte zu belassen sei oder nicht«. Bei Benennung von Gründen sei er in einem konkreten Fall durchaus bereit, nach einer einvernehmlichen Lösung zu suchen.

Frings hielt seine Erfahrungen mit der Kölner Militärregierung für einen Präzedenzfall und ließ deshalb die deutsche und englische Fassung dieses Briefes den Ordinarien der Fuldaer Bischofskonferenz in Abschrift zusenden[169]. Einige Wochen später besprach der Kardinal die Angelegenheit mit Msgr. Smith[170]. Dabei erklärte er sich bereit, »die Namen des [internen] Entnazifizierungsausschusses für Geistliche der Erzdiözese Köln zu nennen[171]. Dieser vom Bischof eingesetzte Ausschuss wird aber wenig Arbeit haben, da von den Geistlichen, etwa 2.000, nur zwei Parteimitglieder gewesen sind«. Frings drückte seine Verwunderung aus, dass jetzt

[168] Frings an Oberstleutnant Holland (Hauptquartier Köln) 31. Mai 1946 (Abschrift): HAEK – CR II 25.18, 5. Es handelt sich um einen der Briefe ohne Anrede und Gruß mit nummerierten Abschnitten als Reaktion auf den entsprechenden Briefstil der britischen Militärs: Vgl. dazu oben S. 234 mit Anm. 18.

[169] Das ergibt sich aus einer Marginalverfügung des Generalvikariates Köln vom 1. Juli 1946 auf der Abschrift des Briefes Frings an Holland vom 31. Mai 1946.

[170] Protokoll über den Besuch von Msgr. Smith bei Frings am 14. Juli 1946 (Dr. Berndorff): HAEK – CR II 25.18, 9. Eine handschriftliche Traktandenliste von Frings ebd. ist überschrieben »Msgr. Smith 24. Juli 46«. Diese Angabe des Datums wird bestätigt durch den »Report« von Msgr. Smith über das Gespräch: L – PRO – FO 1013/2151.

[171] Nach Smith' Protokoll (vgl. Anm.170) handelte es sich um Kanzler Dr. Hauke, Domkapitular Corsten, Domkapitular Gehlen, Msgr. Lewen und Dr. Linden.

auch allen Ordensschwestern in öffentlichen Einrichtungen der Fragebogen vorgelegt werde.

Nach dieser Besprechung und einem Anschreiben der Kölner Stadtkommandantur teilte Frings dieser seine Lösung mit[172]: Es bestehe bereits eine Entnazifizierungsausschuss für den Klerus unter Vorsitz eines Laien in der Kölner Erzdiözese. Er werde tätig, wenn die Militärregierung Vorwürfe gegen einen Kleriker erhebe. Nach dem Bericht des Ausschusses werde er – Frings – seine Entscheidung treffen.

Die Briten wollten so leicht nicht locker lassen. Im Spätherbst 1946 versuchten sie, den münsterschen Kapitularvikar Vorwerk glauben zu machen, »dass diese Entnazifizierung in allen Diözesen der englischen Zone so durchgeführt sei und nur Münster noch fehle«[173]. Frings teilte Vorwerk noch einmal mit, was er schon beim letzten Bischofskonveniat in Hardehausen berichtet hatte: Mit Smith sei er übereingekommen, Fälle politischer Bedenken gegen Geistliche den schon bestehenden »Schieds- und Einigungsstellen« der Bistümer zu unterbreiten, »in der Voraussetzung, dass die Entscheidung darüber, ob ein Geistlicher aus seinem geistlichen Amt zu entfernen sei, *allein* dem Bischof zustehe«.

In der ablehnenden Haltung zur Entnazifizierungspraxis der Alliierten war sich Frings mit seinen Mitbischöfen einig. Auch die evangelische Kirche – durch »Deutsche Christen« und die stärkere Repräsentanz evangelischer Christen in den gehobenen Bevölkerungsschichten weit stärker involviert – vertrat, zum Teil noch schärfer, durch ihre führenden Landesbischöfe Wurm und Lilje die gleiche Linie[174]. In den Verfahren spielten entlastende Zeugnisse von Kirchenmännern oft eine entscheidende Rolle. Frings setzte sich nach Ausweis der Akten für einzelne Persönlichkeiten bei den Alliierten ein, wenn er von der Unschuld der Be-

172 L – PRO – FO 1050/1612: Frings an Militärregierung Köln 21. Juli 1946 (sign. engl. Fassung).

173 Dazu: Brief Kapitularvikar Vorwerks an Frings 2. Dezember 1946 und Antwort Frings' an Vorwerk 21. Dezember 1946: HAEK – Gen II 23.23a, 12.

174 Dazu: J. FÜRSTENAU, Entnazifizierung, S. 160 ff.; F. SPOTTS, Kirchen und Politik, S. 88 ff.; Th. WURM, Erinnerungen, S. 185-191 (dort vor allem Wurms Schreiben an die Neue Zürcher Zeitung vom 21. August 1948 mit der Darstellung seines Standpunkts zum Entnazifizierungsproblem); C. VOLLNHALS, Entnazifizierung und Selbstreinigung im Urteil der evangelischen Kirche. Dokumente und Reflexionen 1945-1949 (= Studienbücher zur kirchlichen Zeitgeschichte, Bd. 8), München 1989. – Hanns Lilje (1899–1977), 1935–1945 Generalsekretär des lutherischen Weltkonvents, 1944 von der Gestapo verhaftet, vom Volksgerichtshof zu vier Jahren Gefängnis verurteilt, 1947 Landesbischof in Hannover: E. LOHSE, in: NDB 14, 1985, S. 562 f. – Theophil Wurm (1868–1953), 1929 Kirchenpräsident, 1933 Landesbischof in Württemberg, führender Vertreter der »Bekennenden Kirche«, 1945 Vorsitzender des Rates der EKD: H. HOHLWEIN, in: RGG, Bd. 6, Tübingen [3]1962, S. 1848.

troffenen überzeugt war, so z.B. in einem Brief an P. Dowling SJ vom 4. Dezember 1945 für den Krupp-Manager Prof. Houdremont und für den letzten Oberbürgermeister von Essen, Just Dillgard, »a noble-minded Protestant«[175].

Spotts, der in seinem Urteil über die Kirchen im allgemeinen und über Kardinal Frings im besonderen die scharfe Sprache liebt, nennt das Verhalten der Kirchen gegenüber der Entnazifizierung einen »Mittelweg zwischen passivem Widerstand und aktiver Sabotage«[176]. Als Beispiel verweist er auf den für die Presse bestimmten »Weihnachtswunsch« des Kardinals 1946[177]. Frings hatte in einer Liste von Desiderata u. a. geschrieben: »Die Naziinquisition, deren man sich vor der Geschichte einmal schämen wird und die schon so entsetzlich viel unschuldiger Tränen hat weinen machen, möge beendet werden. Die eigentlichen Treiber der Sache und Verderber des Volkes verdienen strenge Zur-Rechenschaft-Ziehung, unter das andere sollte man einen dicken Strich machen!«

Spotts, der auch die britischen Quellen benutzen konnte, berichtet: »Wenige Tage, nachdem diese Worte in der ›Kölnischen Rundschau‹ wiedergegeben worden waren, trat Rechtsanwalt Dr. Friedrich Schilling, der Vorsitzende der deutschen Berufungskammer bei der britischen Militärregierung, von seinem Amt zurück, weil er keine Möglichkeit sah, sich weiterhin aktiv mit der Entnazifizierung zu befassen«. Vor den Briten berief er sich auf die kirchliche Haltung zur Entnazifizierung und auf die Warnung seiner Rechtsanwaltskollegen, er werde seinen Lebensunterhalt in Köln nicht mehr verdienen können. »Weil der Kardinal sich so geäußert hat, deshalb wird kein Katholik die Arbeit übernehmen, weil in Köln die Kirche so wichtig ist«[178].

Wegen des Rücktritts von Schilling kam es am 23. Dezember 1946 zu einem Gespräch zwischen Colonel Oswald von der Kölner Kommandantur mit Frings[179]. In der Tat hatte Schilling seinen Rücktritt begründet, wie von Spotts dargestellt. Oswald wies den Kardinal darauf hin, dass es bei des Kardinals bekannter Einstellung zur Entnazifizierungspraxis der Briten schwer sein werde, katholische Richter zu gewinnen und dass man in Folge dessen notgedrungen auf Anhänger des linken Lagers zurück-

[175] Frings an Dowling 4. Dezember 1945: L – PRO – FO 1050/1612.

[176] F. SPOTTS, Kirchen und Politik, S. 90 f.

[177] Hs. Entwurf des Kardinals: HAEK – Gen II 23.23a, 12.

[178] Schilling übersandte Kardinal Frings eine Kopie seines Schreibens an die Kölner Militärregierung vom 6. Dezember 1946, durch das er mit Verweis auf Frings' »Weihnachtswunsch« seinen Kommissionsvorsitz niederlegte: HAEK – CR II 25.18, 12.

[179] Bericht Oswald an Mil.-Reg. NRW 27. Dezember 1946 (Kopie): L – PRO – FO 1050/1611.

greifen müsse. Frings bezweifelte die allgemeine Hemmung katholischer Richter, auf die als Laien er kaum Einfluss habe. Schilling als ehemaliger Priesteramtskandidat bilde da wohl eine Ausnahme. In seiner grundsätzlich kritischen Einstellung zur britischen Entnazifizierungspraxis gab Frings nicht nach.

Mindestens so problematisch und andererseits so notwendig wie die Intervention von Frings und anderen Kirchenvertretern in der Entnazifizierungsfrage wurde deren Eintreten für in Kriegsverbrecherprozessen zum Tode Verurteilte. In den Verfahren auf der Basis von Rechtsbestimmungen der Militärbehörden vor Kammern der alliierten Militärgerichte kamen einerseits manche Ungereimtheiten vor, die eine Intervention nach dem Grundsatz »in dubio pro reo« angeraten erscheinen ließen. Andererseits brachten sich die Kirchen in den Geruch, Naziverbrecher schützen zu wollen, wenn sie – oft genug unvollständig über Sachverhalte und Verfahrensabläufe unterrichtet – für die Begnadigung zum Tode Verurteilter eintraten. Frings hat sich von solchen Unsicherheiten nicht abhalten lassen, sich für Todeskandidaten bei Briten, Amerikanern und Franzosen zu verwenden. Er stützte sich dabei auf die Beratung und sachkundige Zuarbeit des Rechtsanwalts Dr. Heribert Knott in Köln, der später lange Jahre Kanzler des Erzbistums sein sollte. Aus der Fülle des vorliegenden Materials soll je ein Großprozess vor einem britischen, einem amerikanischen und einem französischen Gericht zur Sprache kommen, in die sich der Kardinal mit Erfolg einschaltete.

Die ganze Problematik der Gnadengesuche für Todeskandidaten wurde exemplarisch deutlich, als sechs Wuppertaler Kriminalbeamte am 22. Januar 1948 vom obersten britischen Militärgericht in Hamburg zum Tode verurteilt wurden[180]. Sie waren gegen Ende des Krieges an der Erschießung von 30 russischen Fremdarbeitern, darunter fünf Frauen, am Rande eines Schießplatzes im Burgholzer Wald bei Wuppertal-Cronenberg beteiligt gewesen. Der Prozess beschäftigte deshalb unter der Bezeichnung »Burgholz-Prozess« für Monate die Presse und die Öffentlichkeit in Deutschland. Er war ausgelöst worden durch die Entdeckung des Massengrabes im Burgholzer Wald im September 1945[181]. Die Einschaltung des Kölner Kardinals ging auf die Vermittlung des Wuppertaler Caritas-

180 Umfangreiches Aktenmaterial zum »Burgholz-Prozess«: HAEK – CR II 25.18, 12.

181 Für hilfreiche Informationen über den »Burgholz-Prozess« dankt der Verfasser Herrn Stadtarchivdirektor Dr. Uwe Eckardt und Herrn Eberhard Droullier in Wuppertal. Die Ermordeten wurden nach der Bergung aus dem Massengrab auf dem Cronenberger reformierten Friedhof beigesetzt und durch einen Obelisken mit kyrillischer Beschriftung geehrt.

direktors Carls zurück, der als ehemaliger KZ-Häftling ein glaubwürdiger Vermittler war[182]. Nach einem Entwurf von Knott wandte sich Frings am 23. Februar 1948 mit der Bitte um Begnadigung zu einer Gefängnisstrafe an General Robertson und Minister Lord Pakenham[183]. Eher verhalten deutete Frings die Möglichkeit an, dass die erschossenen Russen »nach den Kriegsgesetzen mit der Todesstrafe bedrohte Handlungen begangen haben«. Sein wichtigeres Argument war dies, »dass die von dem Hohen Militärgericht Verurteilten die Erschießungen nicht aus eigenem, auf roher Gesinnung beruhendem Entschluss oder aus Willkür, sondern auf Grund eines dienstlichen Befehls ausgeführt haben«.

Brigadier Halse vom Militärgericht der Rhein-Armee antwortete am 12. März[184], dass der Oberkommandierende fünf der Todesurteile bestätigt, eines dagegen in zwanzigjährige Gefängnisstrafe umgewandelt habe. Die Todesurteile seien nunmehr General Robertson zugeleitet. Frings' Gesuch an Robertson sei erwogen worden, doch sei man bei den fünf Todeskandidaten zu der Überzeugung gelangt, dass Milde nicht angebracht sei.

Frings ließ es – wie noch häufiger in solchen Fällen – bei einmaliger Vorsprache nicht bewenden. Am 18. März wandte er sich erneut an General Robertson[185]. Er habe den Fall »durch einen der angesehensten Kölner Juristen« prüfen lassen und finde das Urteil äußerst hart, als »eine Fortsetzung des Krieges in anderer Art«. Die Angeklagten hätten »einen Befehl erfüllt, dessen Ausführung sie nicht verweigern, ja, nicht einmal aufschieben konnten, ohne sich harten Strafen, vielleicht sogar der Todesstrafe auszusetzen. Sie sollen jetzt nach Gesetzen bestraft werden, die zur Zeit der Straftat noch nicht erlassen waren«.

In seiner Antwort vom 22. März[186] führte Robertson aus, der Befehlsnotstand »ist eine Form der Verteidigung, die jeder Kriegsverbrecher vorbrachte, einschließlich Göring und anderer Parteiführer«. Wäre man darauf eingegangen, wäre außer Hitler niemandem der Verantwortlichen für

---

182 Johannes Carls (1886–1952), seit 1924 Caritasdirektor in Wuppertal, wegen »staatsgefährdender Predigten« von 1942–1945 im KZ Dachau, nach 1945 wieder Caritasdirektor in Wuppertal: U. v. HEHL, Erzbistum Köln, S. 224; DERS., Priester unter Hitlers Terror, Bd.1, ³1996, S. 708 f.– Auf evangelischer Seite setzte sich parallel zu Frings Generalsuperintendent Ernst Stoltenhoff für die Begnadigung der Verurteilten ein: E. STOLTENHOFF, Die gute Hand Gottes. Lebenserinnerungen des letzten rheinischen Generalsuperintendenten (1879–1953), Köln 1990, S. 411 f. (Hinweis v. Dr. Eckart).

183 Entwurf des Gnadengesuchs von Knott mit Bearbeitungsspuren und datierter Paraphe des Kardinals: HAEK – CR II 25.18, 12.

184 Halse an Frings 12. März 1948 (englisch): HAEK – CR II 25.18, 12.

185 Frings an Robertson 18. März 1948 (hs. Entwurf und paraph. Kopie): HAEK – CR II 25.18, 12.

186 Robertson an Frings 22. März 1948 (englisch): HAEK – CR II 25.18, 12.

die Greuel des Naziregimes beizukommen gewesen. »In der Tat ist diese Form der Verteidigung vom Internationalen Gerichtshof in Nürnberg und von anderen mit Kriegsverbrechen befassten Gerichtshöfen ausdrücklich zurückgewiesen worden«. Ob die erschossenen Russen sich schuldig gemacht hätten, sei nicht mehr nachzuprüfen. Wenn man jetzt um Gnade bitte, sei daran zu erinnern, dass die Opfer keine Gnade erfuhren. »Ohne jedes Gerichtsverfahren wurden sie zu einer Grube geführt, mussten niederknien, wurden gefesselt, erschossen und begraben ohne auch nur eine Bestätigung, dass ihr Leben ausgelöscht wurde«.

In diesen Tagen kam es zu einem Besuch des britischen Gouverneurs für Nordrhein-Westfalen, General Bishop, bei Frings am 18. März und zu einem Gegenbesuch des Kardinals am 1. April[187]. Bei beiden Begegnungen sprach Frings – neben anderen Gegenständen – den »Burgholz-Prozess« an und bat General Bishop um Unterstützung seines Anliegens. Am 18. März führte der Kardinal aus: »Nach Kontrollratsgesetz Nr. 10 können Handlungen, die auf höheren Befehl ausgeübt wurden, milder berücksichtigt werden. Kardinal Frings ist der Meinung, dass in solchen Fällen das Todesurteil und seine Vollstreckung nicht berechtigt sei[en]«. Am 1. April referierte er die Antwort General Robertsons vom 22. März und fuhr dann fort, »dass diese Prozesse Zivilgerichten übertragen werden müssen, da die Praxis der Militärgerichte allem Anschein nach zu hart und zu leicht die Gefahr eines falschen Ureilspruches gegeben sei. Was das Militärgericht fordert, ist Heroismus. Dieser kann aber beim Menschen nicht als Forderung aufgestellt werden. Sodann ist zu unterscheiden bei der Durchführung eines Befehls, ob dies z.B. Hermann Göring als Entschuldigung anführt oder ein ganz unten stehender Dienstgrad«.

General Bishop verwies darauf, dass Robertson an Weisungen des Kabinetts in London gebunden sei. Die Kuriosität, dass man sich dabei schon wieder hinter Befehlsstrukturen versteckte, wurde dem General wohl kaum bewusst! Die Übergabe der Prozesse an Zivilgerichte möge der Kardinal Lord Pakenham vortragen, der gleich hinzukommen werde. Frings ließ auch diese Gelegenheit nicht verstreichen, sein Anliegen vorzutragen, ohne allerdings von Pakenham entlastende Zusagen zu erreichen.

Dass die Bemühungen des Kölner Kardinals (und anderer Persönlichkeiten) nicht ohne Erfolg blieben, verrät der handschriftliche Entwurf eines Briefes an Halse oder Robertson vom 12. Mai 1948[188]: »Ihre Nach-

[187] Protokoll der Besprechungen Frings – Bishop am 18. März 1948 bzw. 1. April 1948 (Dr. Berndorff): HAEK – CR II 25.18, 12.

[188] Frings »To Major General« 12. Mai 1948: HAEK – CR II 25.18, 12.

richt vom 7. Mai, wonach die fünf zum Tode Verurteilten im Burgholz-Prozess zu lebenslänglicher Haft begnadigt worden sind, bedeutet für mich eine große Freude. Ich möchte nicht verfehlen, dafür meinen aufrichtigen Dank auszusprechen«. Der Erzbischof erhielt seinerseits einen Dankesbrief der Ehefrauen der Begnadigten mit anerkennenden Worten für seinen Einsatz[189]. Dass sein Einsatz für Unglückliche, so lästig er im Einzelfall von den Angegangenen empfunden werden mochte, ihm auch den Respekt der betroffenen Besatzungsmacht eintrug, belegt ein Abschiedsbrief Lord Pakenhams vom 6. Juni 1948 vor seiner Rückkehr nach England[190]: Die lange Suche nach Adenauers Haus in Rhöndorf habe die Möglichkeit zu einem Besuch bei Frings zerschlagen. Er wolle seine »respektvolle Bewunderung vor der katholischen Führung« zum Ausdruck bringen, die Deutschland zur Zeit durch Frings erfahre, und »meine Hoffnung, dass in nicht zu ferner Zukunft der Tag kommt, an dem das Los des deutschen Volkes (insbesondere der Armen, für die Ihr Interesse so wohlbekannt ist) weit glücklicher sein wird«.

Inzwischen war in der deutschen Öffentlichkeit eine Auseinandersetzung um die Vollstreckung von Todesurteilen ausgebrochen, die amerikanische Kriegsgerichte in Nürnberg und Dachau seit 1946 ausgesprochen hatten. Die Verurteilten saßen in der Festung Landsberg ein. Im Sommer 1948 wurden zahlreiche Todesurteile vollstreckt. Wegen erheblicher Verfahrensmängel wurden vor allem die Todesurteile im sogenannten »Malmedy-Prozess«, die bereits am 16. Juli 1946 gefällt worden waren[191], in ihrer Rechtmäßigkeit angezweifelt. Bei der letzten deutschen Westoffensive

---

[189] Der Dankesbrief der Ehefrauen der Begnadigten vom 14. Juni 1948 ist auf einem Briefbogen »Caritas-Verband Wuppertal« mit Schreibmaschine geschrieben, wohl unter Mithilfe des Caritasdirektors Carls: HAEK – CR II 25.18, 12.

[190] Pakenham an Frings 6. Juni 1948 (»Copy« auf Briefbogen des Düsseldorfer Hauptquartiers, englisch): HAEK – CR II 25.18, 12.

[191] Umfangreiches Aktenmaterial über das mehrjährige Bemühen des Kardinals und anderer (evangelischer und staatlicher) Persönlichkeiten um die Begnadigung der zum Tode Verurteilten des »Malmedy-Prozesses«: HAEK – CR II 25.18, 10-30. – Internationale Literaturübersicht zum »Malmedy-Prozess«: N. E. TUTOROW, War Crimes, War Criminals, and War Crimes Trials. An annotated Bibliography and Source Book, New York-Westport-London 1986, Nr. 3502-3515, S. 365 ff. – Einige in Deutschland greifbare Titel: C. W. HAMMERSTEIN, Landsberg – Henker des Rechts?, Wuppertal 1952, S. 210-218; F. UTLEY, Kostspielige Rache/The high Cost of Vengeance, Hamburg o. J., S. 188-201 (Für die Ermittlung der Literatur zu diesen und anderen Kriegsverbrecherprozessen danke ich Prof. Dr. Hans-Jürgen Becker, Regensburg). Zur Rolle des US-Oberkommandierenden J. McCloy: TH. A. SCHWARTZ, Die Begnadigung deutscher Kriegsverbrecher. John McCloy und die Häftlinge von Landsberg, in: Vierteljahrshefte für Zeitgeschichte 38, 1990, S. 375-414, besonders S. 384 f. Zur Problematik der Aufarbeitung von NS-Verbrechen allgemein: K. FREUDIGER, Die juristische Aufarbeitung von NS-Verbrechen (= Beiträge zur Rechtsgeschichte des 20. Jahrhunderts, Bd. 33), Tübingen 2002.

im Dezember 1944 in den Ardennen waren 70 gefangene US-Soldaten auf einem Schneefeld bei Malmedy zusammengetrieben und in drei Minuten mit Maschinengewehrfeuer niedergeschossen worden. 73 Angehörige der 1. SS-Panzerdivision »Leibstandarte Adolf Hitler« wurden der Tat für schuldig befunden und 43 davon zum Tode verurteilt. Nicht dieser Tatbestand wurde in Zweifel gezogen, sondern die Verfahrensweise des Militärgerichts ließ Bedenken gegen die Rechtmäßigkeit des Urteils aufkommen.

In einer Nachbetrachtung zehn Jahre später waren die Bedenken in der knappsten Form zusammengefasst[192]: »Die Voruntersuchung hatte sich nach Methoden vollzogen, die man gewöhnt ist, als GPU-Methoden zu betrachten. Der Prozess trug ganz das Gepräge eines Stalinschen Schauprozesses, – Folterungen, Scheingerichte, falsche Zeugen, vom Untersuchungsoffizier diktierte ›Geständnisse‹, gleichlautende Anklagen, ungeheuerliche Strafmaße ohne Urteilsbegründung. Selbst gerecht empfindende Amerikaner protestierten gegen diese Rache- und Siegerjustiz. Der Hauptverteidiger, Colonel W. M. Everett, opferte Gesundheit und Vermögen im Kampf gegen das Fehlurteil«.

Auf kirchlicher Seite schalteten sich früh und entschieden der evangelische Landesbischof Wurm in Stuttgart sowie der Münchener Weihbischof Neuhäusler ein[193], der als mehrjähriger KZ-Häftling ein unverdächtiger Anwalt in der Sache war. Neuhäusler ließ sich durch den Münchener Rechtsanwalt Dr. Rudolf Aschenauer beraten und zog ab Sommer 1948 den Vorsitzenden der Bischofskonferenz in seine Bemühungen hinein[194]. So dürfte es auf Anstöße Neuhäuslers zurückgehen, wenn Frings sich am 26. August 1948 im Namen der Fuldaer Konferenz erstmals mit einem Memorandum an den amerikanischen Oberkommandierenden, General Lucius D. Clay, wandte[195]. Es gehe nicht um die Verhinderung gerechter

[192] Artikel »Malmedy« in: FAZ Nr. 164/17. Juli 1956 (HAEK – CR II 25.18, 30). Die Angaben des Zeitungsartikels werden durch die dort aufgeführte (internationale) Literatur gedeckt und illustriert.

[193] Johannes Neuhäusler (1888–1973), 1932 Domkapitular in München, 1933 kirchenpolitischer Referent Kardinal Faulhabers, 1941–1945 KZ-Haft in Dachau, 1947 Weihbischof in München, 1955 Dompropst: U. von Hehl, Priester unter Hitlers Terror, Bd.1, [3]1996, S. 962; A. Landersdorfer, in: E. Gatz, Bischofslexikon 1945-2001, S. 399.

[194] Umfangreiche Korrespondenz zwischen Frings und Neuhäusler vor allem in den Akten HAEK – CR II 25.18, 12-15. Rechtsanwalt Dr. Rudolf Aschenauer ging mit seinen Ermittlungen auch an die Öffentlichkeit: R. Aschenauer, Der Malmedy-Fall 7 Jahre nach dem Urteil, München 1953; Ders., Um Recht und Wahrheit im Malmedy-Fall. Eine Stellungnahme zum Bericht eines Untersuchungsausschusses des amerikanischen Senats in Sachen Malmedy-Prozess, Nürnberg 1950 (vgl. N. E. Tutorow, Nr. 3502 f., oben Anm. 191).

[195] Die Kopie des Memorandums in der Akte HAEK – CR II 25.18, 12 lässt nicht erkennen, von wem der Entwurf stammt. Das Begleitschreiben an Clay trägt die Paraphe des Kardinals.

Bestrafung von Verbrechen, sondern darum, »dass nun wenigstens die Prozesse, die eine Sühnung des Unrechts in feierlicher Form darstellen sollen, ohne jeden Makel der Ungerechtigkeit und des machtpolitischen Missbrauchs dastehen«. Frings machte Andeutungen über die Verfahrensmängel, stellte das nur für dieses Verfahren geschaffene Sonderrecht in Frage und mahnte wieder den Befehlsnotstand mancher Verurteilter an: »Es kann eine verwickelte Gewissensfrage sein, wann man gegen den Befehl seiner rechtmäßigen Obrigkeit dem eigenen Urteil oder überstaatlichen Normen zu folgen hat. Kein Staat hat es bisher gewagt, diese Frage für seine eigenen Bürger zu regeln oder gar eine Regelung mit Strafandrohung zu sanktionieren«. Auch wichen die Beurteilungen der einzelnen Militärgerichte nicht unerheblich voneinander ab.

Das Memorandum der Bischöfe gipfelte in der Bitte: »Gebt den Angeklagten das Recht der Appellation. Die in den Urteilen zutage getretene Rechtsunsicherheit kann unseres Erachtens durch Einschaltung einer mit höchster Autorität und langer Rechtstradition ausgestatteten obersten Appellationsinstanz überwunden werden, einer Instanz, die anstelle sondergerichtlicher Ausnahmenormen die Regeln des Straf- und Völkerrechts in Anwendung bringt, wie sie seit langem Gemeingut aller zivilisierten Völker geworden sind«. Frings schlug im Namen der Bischöfe das oberste amerikanische Bundesgericht vor. »Es bestrafe die wirklich Schuldigen und gebe dem deutschen Volke wie der ganzen Welt die Überzeugung zurück, dass Sieger und Besiegte dem gleichen Recht unterworfen sind, wie sie einmal vor dem gleichen göttlichen Richter stehen werden«.

General Clay ließ in seiner Antwort vom 25. September 1948[196] die Einwände und Bedenken bezüglich der bisherigen Kriegsgerichtspraxis der Amerikaner nicht gelten und lehnte auch die Appellationsinstanz ab. Stattdessen erfuhr Frings durch Wienken am 21. Oktober 1948[197]: »Bekanntlich ist der seit Monaten bestehende Stop der Exekution von Todesurteilen ... in der vorigen Woche von General Clay aufgehoben worden. Von den in Landsberg einsitzenden 139 Todeskandidaten wurden in der vorigen Woche bereits 10 hingerichtet. Weiterhin sollen sodann wöchentlich regelmäßig 10 weitere Hinrichtungen erfolgen. Die Verteidiger der zum Tode Verurteilten haben sich mit entsprechenden Eingaben an verschiedene zuständige Stellen, u. a. General Clay, Armeeminister Kenneth Royall und Truman gewandt und darauf hingewiesen, dass besonders bei

[196] Clay an Frings 25. September 1948 (Abschrift der deutschen Übersetzung): HAEK – II CR 25.18, 12.

[197] Wienken an Frings 21. Oktober 1948: Ebd.

den Dachauer Prozessen schwere Verstöße gegen allgemein gültige Verfahrensvorschriften vorgekommen seien. Erfreulicherweise hat, ebenso wie Bischof Wurm, auch Weihbischof Neuhäusler von München in dieser Sache ein Telegramm an den amerikanischen Armeeminister gesandt und um Aufschub der Exekution gebeten, bis entschieden sei, ›dass die Urteile auf rechtmäßige Weise zustande gekommen sind‹ «. Wienken hielt es für angemessen, dass sich von katholischer Seite nun der Vorsitzende der Bischofskonferenz einschalte. »Vielleicht könnte sogar der Papst angegangen werden«. Nach weiteren Einzelheiten bemerkte Wienken am Schluss: »Ich bin überzeugt, dass einige der zum Tode Verurteilten ganz unschuldig sind. Sie wurden verurteilt auf Grund von Geständnissen, die mit ungesetzlichen Methoden erpresst worden sind«.

Schon am 22. Oktober telegraphierte der Kardinal an den Päpstlichen Visitator, Bischof Muench, und an General Clay eine Bitte um Hilfe bzw. um erneute Überprüfung der Einzelfälle[198]. Im Interesse der Völkerverständigung sei weitgehendes »Waltenlassen von Gnade« angebracht. Dass er auch den Papst selbst angegangen hatte, belegt die Bestätigung des Substituten im Staatssekretariat des Papstes, Montini, am 26. Oktober[199]. Bereits am 17. Oktober hatte Frings an vier amerikanische Kardinäle und einen dortigen Bischof das Fuldaer Memorandum übersandt[200] und Weihbischof Neuhäusler die Publikation des Schriftstücks erlaubt. Neuhäusler bedankte sich am 27. Oktober und übersandte Kopien seiner eigenen Schritte sowie der »Petition des amerikanischen Verteidigers Everett bezüglich Malmedy-Prozess«[201].

Dass die Amerikaner wegen der Verfahrensmängel im Malmedy-Prozess ein schlechtes Gewissen hatten und sich von den Interventionen deutscher Notablen gestört fühlten, lässt die weitere Bemerkung Neuhäuslers erkennen: »Inzwischen werden Eminenz schon erfahren haben, dass vorgestern wenigstens für 45 Personen ein neuer Exekutionsstop erlassen wurde. Er schließt ein die 29 [von einer amerikanischen Untersuchungskommission] zur Begnadigung vorgeschlagenen Personen, die 12 noch im Malmedy-Prozess zum Tode Verurteilten und 3 weitere«.

---

198 Hs. Entwürfe von Frings: HAEK – CR II 25.18, 13. – Aloisius Muench (1889–1962), 1935 Bischof von Fargo/Norddakota, 1946 Apostolischer Visitator für Deutschland, 1951 Apostolischer Nuntius, 1959 Kardinal: C.I. BARRY, American Nuncio.

199 Segretaria di Stato di Sua Santità, Montini, an Frings 26. Oktober 1948: HAEK – CR II 25.18, 12.

200 Hs. Entwurf Frings' (Vorsitzender der Fuldaer Bischofskonferenz) »4 x Eminenz, 1 x Exzellenz«: HAEK – CR II 25.18, 12.

201 Neuhäusler an Frings 27. Oktober 1948: Ebd.

Am 9. November 1948 sandte Neuhäusler dem Kölner Kardinal die Kopie eines Briefes, den er schon am 22. Juli an Kardinal Spellman in New York gerichtet hatte[202]. Darin hatte es geheißen: »Die Methode der Untersuchung und Verhandlung einzelner Fälle, die Verwendung von Zeugen zweifelhaftesten Charakters, der Mangel jeglicher öffentlicher Begründung der schwersten Urteile u. ä. schreien geradezu nach einer Wiederaufnahme des öffentlichen Verfahrens, nicht bloß nach einer Überprüfung hinter verschlossenen Türen an Hand der mehr oder minder noch vollständigen alten Prozessakte. So sehr ich auch selbst von den Nazis verfolgt worden bin und in einer vierjährigen KZ-Haft allerlei Unrecht habe erfahren müssen, so will ich doch alles daran setzen, dass wir selbst Gerechtigkeit suchen und ausüben«.

Trotz seiner Absicht, auf Clays Bescheid vom 25. September nicht zu reagieren[203], bat Frings am 6. November den General unter Ankündigung stichhaltigen Materials, das noch ins Englische übersetzt werden müsse, um Aufschub der Hinrichtungen[204]. Inzwischen wurde Frings mit den anderen sich engagierenden Kirchenmännern wegen seines Einsatzes für verurteilte Kriegsverbrecher in der Presse angegriffen[205]. Auch nach Amerika emigrierte Juden beschwerten sich bei ihm, dass er sich 1938 nicht und später nicht vergleichbar für sie eingesetzt habe. Er antwortete, nach Darlegung seines Eintretens für Verfolgte im Dritten Reich[206]: »Ich wende mich nicht gegen die Bestrafung von Kriegsverbrechern, sondern dagegen, dass in den Dachauer Prozessen – nach den mir vorliegenden Nachrichten – so unsachgemäß vorgegangen wurde, dass man annehmen muss, es seien unter den zum Tode Verurteilten auch Unschuldige oder zum wenigsten Menschen von geringer moralischer Schuld. Ich verlange daher nur eine Revisionsinstanz, und zwar bei einem amerikanischen Gericht, etwa dem obersten Bundesgericht«.

General Clay antwortete am 26. November 1948 sehr ungnädig, er vermisse das angekündigte Material und sehe »keine Berechtigung für ir-

---

202 Neuhäusler an Frings 7. November 1948: HAEK – CR II 25.18, 12; Neuhäusler an Spellman 22. Juli 1948 (Abschrift): HAEK – CR II 25.18, 13. – Zu Francis Kardinal Spellman s.o. S. 149 mit Anm. 90.

203 Neuhäusler hatte am 27. Oktober bei Frings angefragt, ob er Clay antworten werde. Frings vermerkte auf dem unteren Rand des Briefes: »Antwort am 1. November: Keine Antwort an Clay und keine öffentliche Kritik«.

204 Frings an Clay 6. November 1948 (Durchschrift mit Paraphe): HAEK – CR II 25.18, 13.

205 Als Beispiel ist in den Akten abgeheftet: Neue Volks-Zeitung 10. November 1948 »Bischöfe schützen Kriegsverbrecher«: HAEK – CR II 25.18, 13.

206 Verschiedene Zuschriften und hs. Entwurf Frings' vom 11. November 1948 für eine Antwort an diverse Briefschreiber: HAEK – CR II 25.18, 13.

gendeinen Aufschub der Vollstreckung dieser Urteile«[207]. Dagegen bedankte sich Bischof Muench am 27. November für das Material »zur Praxis amerikanischer Kriegsgerichte«[208]. Als Amerikaner stellte Muench fest: »Ich habe bereits im vergangenen Sommer gerade diese Berichte Col[onel] Everett zur Kenntnis gebracht, der sich sehr für die Deutschen bei dem Bundesobergericht in Washington eingesetzt hat. Man schämt sich wirklich, dass so etwas geschehen ist. Meine einzige Genugtuung in der Sache ist, dass, wie aus den Namen [der Vernehmungsrichter] ersichtlich ist, es nicht wirkliche Amerikaner waren, die die Verhöre führten. Man könnte fast annehmen, dass sie die Methoden in einem KZ gelernt hatten, ehe sie nach den USA auswanderten. Ebenfalls im vorigen Sommer habe ich die ganze Sache an General Clay herangetragen«.

Auf die Information der amerikanischen Kardinäle vom Oktober kam kurz nach Weihnachten die Nachricht[209], die 145 amerikanischen Bischöfe hätten auf ihrer jüngsten Zusammenkunft in Washington das Memorandum ihrer deutschen Kollegen besprochen, sähen aber leider keinen Weg, auf den Ablauf der Dinge Einfluss zu nehmen. Inzwischen erfuhr die deutsche Öffentlichkeit von der Tätigkeit einer von Clay eingesetzten Untersuchungskommission. »Die Welt« berichtete am 8. Januar 1949[210]: »Eine amerikanische Prüfungskommission unter Vorsitz des ehemaligen Oberrichters von Texas, Gordon Simpson, hat die Begnadigung von 29 in den Dachauer Prozessen zum Tode verurteilten und noch nicht hingerichteten Kriegsverbrechern des Malmedy-Prozesses empfohlen. Von den 29 Fällen, in denen Simpson eine Begnadigung empfohlen hatte, ist bisher in 16 Fällen durch General Clay eine Entscheidung gefällt worden: In 6 Fällen das Todesurteil in lebenslängliches Gefängnis und in einem Fall in 10 Jahre Haft umgewandelt«. Über Arbeitsweise und Ergebnis der Kommission berichtete die Zeitung: »Die Kommission, die auf Antrag des amerikanischen Staatssekretärs für die Armee, Kenneth C. Royall, eingesetzt worden war, hat sich infolge außerordentlich starken Materialanfalls auf die Überprüfung von 139 Fällen beschränken müssen, in denen das Todesurteil zwar ausgesprochen, aber noch nicht vollstreckt worden war. Sie ist zu dem Schluss gekommen, dass das Beweismaterial im Malmedy-Pro-

207 Clay an Frings 26. November 1948 (engl. Original und deutsche Übersetzung): HAEK – CR II 25.19, 10.

208 Muench an Frings 27. November 1948: HAEK – CR II 25.18, 13.

209 Erzbischof John T. Nicholas, Cincinnati/Ohio, an Frings 22. Dezember 1948 (Original und deutsche Übersetzung): HAEK – CR II 25.18, 14; Kardinal Stritch, Chicago, an Frings 22. November 1948: Ebd. CR II 25.18, 12.

210 »Todesstrafe zu weitgehend« – US-Kommission empfiehlt Begnadigungen: Die Welt, Nr. 3/8.Januar 1949: HAEK – CR II 25.18, 14.

zess teilweise durch ›Scheinverfahren‹ herbeigeschafft wurde. Die Gerichtsakten der übrigen Prozesse, in denen Todesurteile verhängt wurden, zeigten jedoch, dass die Verhandlungen im allgemeinen gerecht geführt worden seien«. Im Malmedy-Prozess »müsse es sehr zweifelhaft erscheinen, ob ein amerikanisches Kriegsgericht ein härteres Urteil als lebenslängliche Freiheitsstrafe fällen würde, wenn Mitglieder der amerikanischen Armee in der gleichen Situation ähnliche Verbrechen begangen hätten«. An weiteren Einzelheiten erfuhr die Öffentlichkeit: »Zur Erlangung von Geständnissen seien in der Voruntersuchung Scheinprozesse aufgezogen worden, in denen verkleidete Richter, Staatsanwälte und Verteidiger bei Kerzenlicht und an einem mit schwarzem Tuch bedeckten Richtertisch die Aussagen der Angeklagten entgegennahmen«.

Am 21. Februar 1949 meldete sich der Apostolische Visitator Muench wieder bei Frings[211]: Rom habe mitgeteilt, der Delegat in Washington habe bei der Regierung zugunsten der Verurteilten von Landsberg vorgesprochen. »Sein Schritt, der nur auf einen Gnadenakt zielte, hatte in sofern Erfolg, als acht der Verurteilten zu Gefängnisstrafen begnadigt wurden«. Dabei habe sich herausgestellt, dass Revisionsgesuche aussichtslos seien, »teils wegen der allgemeinen Lage und Stimmung«.

Amerika fühlte sich durch die öffentliche Diskussion der Umstände des Malmedy-Prozesses in Deutschland und in der Weltpresse bloßgestellt und reagierte allergisch. »Die Gegenwart« z. B. behandelte am 15. März 1949 den inzwischen vorliegenden Untersuchungsbericht der amerikanischen Richterkommission[212]: »Es ist für die Anklagebehörde der amerikanischen Militärgerichte in Deutschland unangenehm. Niemand kann noch bezweifeln, dass hier der ›dritte Grad‹ gegolten hat: mittels körperlicher und seelischer Bedrohung sind Geständnisse erpresst worden. Einer der in diesem Prozess bestellten Offizialverteidiger, Willis Meade Everett Jr., hatte sein Amt niedergelegt und die Öffentlichkeit seines Landes von den Vorgängen unterrichtet. Wichtige amerikanische Stellen haben die von Everett produzierten Akten überprüft. Das Ergebnis ist eine Resolution im amerikanischen Senat (eingebracht am 27. Januar 1949), die fordert, die gesamte Militärgerichtsbarkeit ... sei zu überprüfen. Das Ende des Resolutionstextes lautet: ›Wir können nicht ein doppeltes Maß von Recht haben, eins für den Hausgebrauch und eins für den Export. Wir müssen dieser empörenden Abweichung von amerikanischen Grundsätzen in von Amerikanern besetzten Ge-

---

211 Muench an Frings 21. Februar 1949: HAEK – CR II 25.18, 14.

212 »Zeitregister«: Die Gegenwart, 4. Jahrgang, Nr. 6, S. 1-4, hier: S. 3 f. (Titel des Unterabschnitts: »Die Abschaffung der Folter«).

bieten auf den Grund gehen, und wir müssen diese Dinge in Ordnung bringen‹ «. Weiterhin sei die von General Clay verfügte Einsetzung der Untersuchungskommission Everett zu verdanken. Sie habe »schon im Juni 1948 31 von den 43 ausgesprochenen Todesurteilen nicht gebilligt, die Exekution der restlichen 12 während der Untersuchung aufgeschoben ...«. Zu den für General Clay und seine Gerichte in Deutschland gegebenen Peinlichkeiten bemerkte der Artikel: »Es lässt sich nicht abstreiten, dass in dem Augenblick, als die Dinge durch Everett ruchbar wurden, die öffentliche Meinung der Vereinigten Staaten mit Erfolg darangegangen ist, Missstände abzuschaffen, und dass die Militärbehörde dem Rechnung getragen hat«.

Der Kölner Kardinal ließ in Sachen Malmedy-Prozess nicht locker. Am 15. März 1949 richtete er ein Gnadengesuch für die Todeskandidaten an den englischen König sowie an die Präsidenten der USA und Frankreichs[213]. Am 22. März 1949 telegraphierte er an die »Prüfungskommission des Senats für den Malmedy-Fall« in Washington[214]: »Als Vorsitzender der Deutschen Bischofskonferenzen bitte ich um des Christentums und der Menschlichkeit willen, durch Umwandlung der Todesstrafe dem furchtbaren Zustand ein Ende zu machen, in welchem sich die sechs im Malmedy-Fall noch zum Tode Verurteilten noch befinden, die seit drei Jahren in einer Einzelzelle des Gefängnisses Landsberg, bekleidet mit der roten Jacke als Zeichen des über sie verhängten Todesurteils, in täglicher Furcht vor der bevorstehenden Hinrichtung eingesperrt sind. Die Verurteilten haben unter der drei Jahre dauernden Todesangst bereits schwer gelitten und für den Fall ihrer Schuld gesühnt!«

In den ersten Tagen der jungen Bundesrepublik wandte sich Weihbischof Neuhäusler noch einmal an Frings[215]. Eine Revision der Verfahren sei wegen des blamablen Effekts für die Amerikaner nicht zu erreichen. Die notwendigen Korrekturen an den Urteilen werde man nur auf dem Gnadenwege erwirken können. Bei der augenblicklich in Deutschland diskutierten Amnestie für Kriegsverbrecher dürfe es nicht darauf hinauslaufen, die frühere nationalsozialistische oder nichtnationalsozialistische Gesinnung zur Voraussetzung einer Amnestierung zu machen. Darin werde die Gefahr neuen Unrechts liegen.

Das Gerücht bevorstehender Hinrichtungen in Landsberg veranlasste Frings am 17. November 1949, sich mit einem Gnadengesuch an den ame-

213 Der Entwurf stammt wieder von Dr. Knott, wurde von Frings unverändert belassen und unterschrieben als Vorsitzender der Fuldaer Bischofskonferenzen: HAEK – CR II 25.18, 14.

214 Als Vorsitzender der »Deutschen Bischofskonferenzen« [sic!] nach Entwurf Dr. Knott: Ebd.

215 Neuhäusler an Frings 21. September 1949: HAEK – CR II 25.18, 19.

rikanischen Hohen Kommissar in Bonn, John McCloy, zu wenden[216]. Den schon oft wiederholten Argumenten fügte Frings als neues an: »Das deutsche Volk hat in seinem Grundgesetz die Todesstrafe abgeschafft. Gemeine Verbrecher sind infolgedessen von den Behörden begnadigt worden. Um so härter würde daher ... die Vollstreckung der Todesstrafe in Fällen empfunden, in welchen die Verurteilten bereits lange Zeit in der fürchterlichen Ungewissheit der Vollstreckung des Todesurteils leben und Milderungsgründe hinsichtlich der Tat bestehen, weil sie auf höheren Befehl begangen ist«.

Ab Herbst 1949 schaltete sich Kardinal Frings nur noch nach Absprache und im Kontakt mit Stellen der Bundesregierung in die Kriegsverbrecherbehandlung ein[217]. Anfang 1950 kam es zu einer koordinierten Intervention. Am 11. Februar 1950 erhielt Frings im Kolleg S. Maria dell'Anima in Rom ein Telegramm Weihbischof Neuhäuslers[218]: »Nach Mitteilung [aus] Bonn gab Untersuchungsausschuss USA bekannt, dass er nicht in die Vollstreckung von 16 Landsberger Todesurteilen eingreifen will. Damit höchste Lebensgefahr. Erbitten Sie Intervention des Hl. Vaters. Bundeskanzler wird Schritte bei McCloy unternehmen«. Über die Einzelheiten im Hintergrunde informierte Neuhäusler den Kardinal durch einen Brief vom gleichen Tage. Frings ist der Bitte in Rom sofort nachgekommen. Montini berichtete ihm am 17. März über diplomatische Schritte des Vatikans in Washington und Bonn[219]. Zur gleichen Zeit wurde der Kardinal durch den Leiter der Kirchenkanzlei der EKD, Brunotte, informiert, dass die EKD am 21. Februar 1950 McCloy eine umfangreiche »Denkschrift der Evangelischen Kirche in Deutschland über die Kriegsverbrecherprozesse vor amerikanischen Militärgerichten« überreicht hatte[220]. Frings erhielt eine Kopie und das Angebot, sich durch Oberkirchenrat Ranke in Bonn über das Gespräch mit McCloy informieren zu lassen.

Im April/Mai 1950 machte Frings durch eine Korrespondenz mit General Handy in Heidelberg den vergeblichen Versuch, eine Überprüfungs-

[216] Frings an McCloy 17. November 1949 (paraph. Durchschrift): HAEK – CR II 25.18, 18. – John J. McCloy (1895–1989), 1941–1945 Unterstaatssekretär im US-Kriegsministerium, 1947–1949 Präsident der Weltbank, 1949–1952 Hoher Kommissar der USA in Deutschland: TH. ESCHENBURG, Jahre der Besatzung, S. 600 (Reg.); W. BENZ, Handbuch, S. 484.

[217] Gesprächspartner für Dr. Knott war mehrfach Staatsanwalt Dr. Wahl im Bundesjustizministerium: Vgl. z.B. Knott an Dr. Berndorff 25. Januar 1950: HAEK – CR II 25.18, 20.

[218] Abschrift (wohl Übersetzung aus dem Italienischen) Telegramm Neuhäuslers an Frings 11. Februar 1950: HAEK – CR II 25.18, 20; dort auch der nachfolgend erwähnte Brief.

[219] Montini an Frings 17. März 1950: HAEK – CR II 25.18, 20.

[220] Brief Brunottes vom 17. März 1950 und die erwähnte »Denkschrift«: HAEK – CR II 25.18, 20.

stelle für die Kriegsgerichtsurteile zu erreichen[221]. Noch häufiger schrieb oder telegraphierte er an hohe und höchste amerikanische Stellen, wenn Gerüchte über die bevorstehende Vollstreckung der letzten Todesurteile bei ihm ankamen. So telegraphierte er am 20. Februar 1951 an Präsident Truman[222]. Ganz außergewöhnlich war die parallele Information von Pater Robert Leiber SJ in Rom, dem persönlichen Sekretär Pius' XII.[223]. Sie endete: »Meine Anfrage und meine herzliche Bitte geht (!) nun dahin, ob es gelingen könnte, S. Heiligkeit zu veranlassen, bei Präsident Truman vorstellig zu werden ...«. Leiber antwortete am 27. Februar: »Ich hatte umgehend Gelegenheit, Euer Eminenz' Anliegen dem Heiligen Vater zu unterbreiten, und darf vertraulich mitteilen, dass von Seiten des Hl. Stuhles getan wurde, was möglich war ...«.

Es muss den Kardinal gefreut haben, als im März 1957 die »Interessenvertretung der im Malmedy-Prozess Verurteilten« mitteilte[224]: »Der *Malmedy-Prozess* ist mit der Entlassung von H. H. zu Ende Januar 1957 *abgeschlossen*. Von 73 Verurteilten ist G. K. 1948 in Landsberg gestorben, 32 stehen noch unter amerikanischer Parole-Aufsicht, die übrigen sind frei. Von den 1946 verhängten 43 Todesurteilen ist keines vollstreckt worden«. Das sei den »unentwegten Bemühungen« von Colonel Everett, Alt-Landesbischof Wurm, Weihbischof Neuhäusler, Mr. Frederik Libby (National Council for Prevention of War, Washington) und Senator William Langer im Rechtsausschuss des US-Senats zu verdanken. Frings fand sich in dieser Liste zwar nicht aufgeführt. Dennoch wurde er von der »Interessenvertretung« zu denen gezählt, denen man für ihren Einsatz danken wollte. Was der Kardinal – zum Teil auf verborgenen Wegen – getan und zum glücklichen Ausgang beigesteuert hatte, wusste er selbst am besten.

Frings schreibt selbst in seinen Erinnerungen[225]: »Am lebhaftesten ist mir der Fall von Ascq in Erinnerung«. Und in der Tat stimmen die aus

---

221 Frings an Handy 27. April 1950; Handy an Frings 12. Mai 1950 (engl. Original und deutsche Übesetzung): HAEK – CR II 25.18, 21 bzw. 23.

222 Telegramm Frings' (Vorsitzender der Deutschen Bischofskonferenz) an Truman 20. Februar 1951 (deutscher Entwurf mit Vermerk ›Obenstehendes Telegramm ist in englischer Sprache abgesandt worden‹): HAEK – CR. II 25.18, 27.

223 Frings an Leiber 21. Februar 1951 (Abschrift): HAEK – CR. II 25.18, 27. – Antwort Leibers vom 27. Februar 1951 (Original): Ebd.

224 Interessenvertretung der im Malmedy-Prozess Verurteilten (Dietrich Ziemssen), Brackenheim, März 1957: Vervielfältigtes Rundschreiben, in das als Adressat eingetragen ist »S. E. Kardinal Dr. Frings, Köln, Erzbischöfl. Ordinariat«: HAEK – CR II 25.18, 30. Der Unterzeichner hatte seine Prozesserfahrungen auch publiziert: D. ZIEMSSEN, The Malmedy-Trial: A Report based on Documents and personal Experiences, München 1952; DERS., Der Malmedy-Prozess, München o.J. (vgl. N. E. TUTOROW, Nr. 3515: s. o. Anm.191).

225 J. FRINGS, Für die Menschen bestellt, S. 50.

dem Gedächtnis nach 25 Jahren Abstand berichteten Einzelheiten überraschend mit dem Aktenbefund überein[226]. Am 6. August 1949 waren durch das ständige französische Militärgericht zu Metz nach fünftägigen Verhandlungen in Lille acht ehemalige Soldaten der 12. SS-Panzerdivision »Hitlerjugend« zum Tode, ein weiterer zu 15 Jahren Zwangsarbeit verurteilt worden. Der von den beteiligten Parteien unterschiedlich dargestellte Tatbestand war im Kern folgender[227]: Am 1. April 1944 hatte eine überwiegend kommunistische französische Partisanengruppe nach zahlreichen Aktionen ähnlicher Art im Bahnhof des Ortes Ascq an der Strecke Antwerpen – Paris einen mit Teilen der Division besetzten deutschen Wehrmachtszug gesprengt. Der Zug wurde aus dem Ort außerdem beschossen. Auf Grund von Befehlen, in solchen Fällen scharf, auch mit der Waffe, durchzugreifen, hatten Gruppen von Soldaten 86 Geiseln aus dem Ort festgenommen und nach Widerstand, Angriffen auf Wachtposten und Fluchtversuchen erschossen.

Die 12. SS-Panzerdivision war 1943/44 aus Resten in Russland aufgeriebener Einheiten und zum Teil zwangsweise aus der Hitlerjugend in die SS überführten jungen Leuten von zum Teil noch nicht achtzehn Jahren in Belgien neu aufgestellt worden. Zu diesen jungen Leuten gehörten die in Lille Verurteilten, die glaubhaft machen konnten, dass sie weder bei der Geiselnahme noch bei der Erschießung persönlich beteiligt waren. Das Gericht verzichtete denn auch auf den Nachweis der persönlichen Beteiligung und berief sich in der Urteilsbegründung auf das französische Gesetz vom 15. September 1948, das eine Verurteilung von Mitgliedern verbrecherischer Gruppen auf der Basis der (Mit-)Schuldvermutung erlaubte: »... so können alle Mitglieder dieser Formation oder Gruppe als Mittäter

226 Umfangreiches Aktenmaterial in: HAEK – CR II 25.18, 16-30 und CR II 25.19, 10-11. Der Ablauf ist aus der frischen Erinnerung dargestellt durch Rechtsanwalt Roemer, Bad Kreuznach (= Arbeitsgemeinschaft der Landesverbände vom Roten Kreuz in der französischen Zone): »Memorandum betreffend die Verurteilung von Angehörigen der 12. Panzerdivision (SS – »Hitlerjugend«) auf Grund des franz. Gesetzes Nr. 48-1416 vom 15. September 1948« vom 10. November 1949. Weitere Einzelheiten in den dazugehörigen »Vorbemerkungen« Roemers: HAEK – CR II 25.18, 16; auf diesen Texten basiert die nachfolgende Darstellung, ihnen sind die Zitate entnommen. Juristische Literatur zum »Fall Ascq«: E. SCHWINGE, Angehörige der ehemaligen deutschen Wehrmacht und der SS vor französischen Militärgerichten, in: Monatsschrift für deutsches Recht 1949, S. 650-654, bes. S. 653 f.; R. DE GEOUFFRE DE LA PRADELLE, »L'affaire d'Ascq«, Paris 1949; J. P. MAUNOIR, La répression des crimes de guerre devant les tribunaux français et alliés, Genève 1956, bes.: S. 394-405 (Den Hinweis auf diese Titel verdanke ich Prof. Dr. Hans-Jürgen Becker, Regensburg); Darstellung aus französischer Sicht: M. ROUSSEAU, Le Nord et le Pas-de-Calais »Zone interdite« dans la guerre 1939/1945 (La vie quotidienne sous l'Occupation), Saint-Etienne 1985, S. 59 u. 89 (Freundlicher Hinweis von Erich Kock, Köln).

227 Memorandum (vgl. oben Anm.226), S. 4.

angesehen werden, wenn sie nicht den Beweis erbringen, dass sie zur Mitgliedschaft gezwungen worden sind und an dem Verbrechen nicht teilgenommen haben«.

Der vom Deutschen Roten Kreuz delegierte, jedoch nur als Prozessbeobachter zugelassene Rechtsanwalt Roemer aus Bad Kreuznach berichtete später: »Im Termin zur Hauptverhandlung hat der Staatsanwalt den Beweis des freiwilligen Eintritts der Angeklagten in diese Einheit, als SS-Division eine verbrecherische Organisation, und der Teilnahme der Angeklagten an der Tötung von Menschen in Ascq nicht versucht. Diesen Beweis erklärte der Staatsanwalt für überflüssig, da das Gesetz vom 15. September 1948 ihm erlaube, für diese Angehörigen einer verbrecherischen Organisation die für Teilnehmer eines Komplottes (...) und für Mörder vorgesehene Sühne, die Todesstrafe, zu verlangen (...). Er hat auch abgelehnt, den Umstand zu berücksichtigen, dass einige Angeklagte beim Eintritt in die SS oder im Zeitpunkt der Tat Jugendliche unter 18 Jahren waren«.

Zu den näheren Umständen des Prozesses berichtete Roemer von der Erregung der französischen Öffentlichkeit, von kommunistischen Demonstrationen, sensationellen Presseberichten. »Das Gerichtsgebäude war von einer erregten Menge umlagert. Der Sitzungssaal und das Gebäude waren durch starke Wachen der Gendarmerie und des Heeres gesichert. Es konnte auf die Prozessleitung durch den Vorsitzenden und auf die Mitwirkung des Staatsanwaltes nicht ohne Einfluss bleiben, dass dieser Prozess ein politischer ist ...«.

Um die Verteidigung der jungen Verurteilten mühten sich in beispielhafter Weise französische Anwälte, vor allem Raymond de Geouffre de la Pradelle, zu denen neben dem DRK der Caritasverband und das Evangelische Hilfswerk – vermittelt durch die deutschen Seelsorger in den französischen Gefängnissen – Verbindung hielten und deren Honorare und Prozessunkosten bezahlten. Es war Kardinal Frings äußerst peinlich, dass er von katholischer Seite für diese Verteidigungskosten aus vatikanischen Quellen nur geringe Devisenbeträge zusammenbrachte, während die evangelische Seite über Quellen der Oekumene offensichtlich leichter an harte Währungen kam[228].

De la Pradelle berichtete Frings schon fünf Tage nach dem Urteil[229], und der Kardinal dankte ihm für seine Bemühungen, die eine Appellation

---

228 Das ergibt sich aus der in HAEK – CR II 25.19, 10-11 gesammelten Korrespondenz des Kardinals. Neben Geouffre de la Pradelle nahm sich der Pariser Anwalt Jacques Pascal dieser Prozesse gegen deutsche Angeklagte an.

229 Korrespondenz Frings – Pradelle: HAEK – CR II 25.18, 16-19 sowie CR II 25.19, 10-11.

an den Kassationsgerichtshof in Paris einschlossen. Nicht, dass man sich eine Aufhebung des Urteils erhofft hätte, man wollte zunächst einmal Zeit gewinnen. Frings fragte am 10. August 1949 auf erste Nachrichten bei Kardinal Liénart in Lille nach den Namen der Verurteilten, um die betroffenen Angehörigen benachrichtigen zu können[230]. Aus der Antwort Liénarts erfuhr Frings, dass unter den erschossenen Geiseln von Ascq sich auch Pfarrer und Kaplan des Ortes befanden. Dass auch der Erzbischof von Lille unter dem Eindruck der aufgewühlten Stimmung stand, deutet die Bemerkung an: »Die Witwen und Waisen fordern nicht Rache, aber Gerechtigkeit, und ich konnte unter den gegebenen Umständen keine Gnade für die Schuldigen fordern«.

Am 14. Oktober 1949 berichtete der katholische Deutschen-Seelsorger an den französischen Gefängnissen, Pater Johannes Brass OMI, über die Bemühungen von Rechtsanwalt Pradelle, der in einer Broschüre die Unhaltbarkeit des Urteils nachweisen wolle[231]. »Einfach auf die Zugehörigkeit eines Soldaten zu einer bestimmten Einheit hin diesen ... zum Tode zu verurteilen, ohne den geringsten Beweis seiner Schuld in Händen zu haben, ist ein Hohn auf die Gerechtigkeit. So liegen sechs von den acht zum Tode Verurteilten in Ketten, die meiner Ansicht nach vollständig unschuldig sind (sic!). Der Hauptangeklagte H. ist nach Ansicht der Anwälte vor seinem Gewissen auch unschuldig, da er von untergeordneten Organen auch hintergangen worden ist, muss aber als Transportführer die Verantwortung tragen«[232].

Über die Stimmungslage unter den Verurteilten berichtete Brass: »Es ist interessant zu erfahren, dass H. schon verschiedene Protestschreiben gegen das Urteil aus den Reihen der französischen Résistance erhalten hat, ja selbst von Leuten aus Ascq. Ich habe die Leute schon zweimal besucht, obwohl nur einer von ihnen katholisch ist. Der Gefängnisdirektor und die Aufseher haben mir ihre Hochachtung und Bewunderung vor den Leuten zum Ausdruck gebracht. H. bat mich bei meinem letzten Besuch vo-

---

[230] Frings an Liénart 10. August 1949 (hs. Entwurf Davids, von Frings signiert); Liénart an Frings 28. August 1949: HAEK – CR II 25.18, 16; eine signierte Kopie der Reinschrift des Briefes Frings an Liénart befindet sich in HAEK – Gen II 23.42, 3. – Achille Liénart (1884–1973), 1928–1973 Erzbischof von Lille, 1930 Kardinal: ANNUARIO PONTIFICIO 1948, S. 41; ebd., 1974, S. 960.

[231] Brass an Frings 14. Oktober 1949: HAEK – CR II 25.18, 19. – Johannes Brass OMI (1910–1978), 1936 Priester, 1940–1950 Soldat, Kriegsgefangener und Seelsorger an Gefangenen in Frankreich, 1952–1961 Provinzial seines Ordens, danach an verschiedenen rheinischen Niederlassungen des Ordens tätig (Totenzettel im Besitz von Erich Kock, Köln).

[232] Nach ROUSSEAU (vgl. Anm. 226), S. 59 war H. dagegen aktiv an der Verhaftung und Abführung zur Hinrichtungsstätte beteiligt.

rigen Sonntag, obwohl Protestant, mit ihm zu beten, dann warf er sich auf die Knie, und ich habe ihm meinen Segen gegeben«.

Zwei Wochen später übersandte Brass dem Kardinal ein Bittgesuch, das H. im Namen seiner Mitverurteilten an Frings gerichtet hatte[233]. Es gipfelte in dem Satz: »Ihnen, Hochwürdigster Herr Kardinal, vertrauen wie unser Schicksal an, und sollte es Ihnen nicht gelingen, der Gerechtigkeit zum Siege zu verhelfen, so werden wir als gläubige Männer zu sterben wissen«.

In dem Begleitbrief schrieb Brass über H.: »Er ist ein aufrechter Mensch. Wenn Sie ihm und seinen Kameraden ein kurzes Trostwort schreiben könnten, so wäre das ein ganz großer Reichtum für sie ...«. Inzwischen sei die Schrift Pradelles über den Ascq-Prozess erschienen.

Es fällt auf, dass der Kardinal, der sich sofort wieder von Rechtsanwalt Dr. Knott beraten und zuarbeiten ließ, sich in diesem Falle mit offiziellen Schritten zurückhielt. Wollte er den Verlauf des Revisionsprozesses abwarten, der bei Pradelle und seinem Kollegen in guten Händen lag? Auch liefen erst im November 1949 das Memorandum des DRK-Anwalts Roemer mit umfassenden Informationen sowie weitere Unterlagen in Köln ein. Erst am 6. Dezember 1949 wandte sich Frings mit einem von Knott entworfenen Schreiben an den Hohen Kommissar der französischen Republik in Bonn, André François-Poncet[234]. Nicht ungeschickt wies er auf die Schwachpunkte des Urteils vom 6. August hin: »Die Verurteilten befanden sich zur Zeit der Tat in jugendlichem Alter; einzelne von ihnen waren erst 17 Jahre alt. Der größere Teil war kurz vorher aus der Hitlerjugend, welcher sie nach den bestehenden Vorschriften angehören mussten, in die neu aufgestellte Division ›Hitlerjugend‹ zwangsweise eingereiht worden. Eine persönliche Schuld der einzelnen Verurteilten ist nicht festgestellt, da die Verurteilung auf Grund der durch Gesetz vom 15. 9. 1948 bestimmten Schuldvermutung erfolgt ist«. Frings fühlte sich »verpflichtet, gegen die Verurteilung dieser jungen Menschen zum Tode seine Stimme zu erheben«, ohne dem Hohen Kommissar ein bestimmtes Petitum vorzutragen.

Dieses brachte er nach Abschluss des Berufungsverfahrens am 17. April 1950 – wiederum auf der Basis eines Entwurfs von Knott – in einer

---

233 Walter H. an Frings (hs. Original) 10. Oktober 1949; Begleitschreiben Brass' an Frings vom 26. Oktober 1949: HAEK – CR II 25.18, 16.

234 Frings an François-Poncet 6. Dezember 1949 (Entwurf Knott, von Frings datiert und unterschrieben): HAEK – CR 25.18, 16 bzw. 17. – André François-Poncet (1887–1978), 1931–1938 franz. Botschafter in Berlin, 1949–1953 franz. Hoher Kommissar, 1953–1955 franz. Botschafter in der Bundesrepublik Deutschland: TH. ESCHENBURG, Jahre der Besatzung, S. 592 (Reg.); W. BENZ, Handbuch, S. 476.

Eingabe an den Präsidenten der französischen Republik vor, ohne allerdings namentlich den Fall Ascq zu erwähnen[235]: »Der deutsche Episkopat würde es dankbar begrüßen, wenn Euer Exzellenz sich entschließen könnten, in der Frage der Bestrafung von Kriegsverbrechern Milde walten zu lassen. Wir richten insbesondere an Euer Exzellenz die Bitte, der weiteren Vollstreckung von Todesurteilen durch Gnadenerweise Einhalt zu tun, damit nicht erneut Blut vergossen wird ...«. Die allgemeine Formulierung des Gnadengesuchs mag dem Kardinal nahegelegt worden sein, weil Fälle wie Ascq oder Oradour in der französischen Öffentlichkeit noch lange emotional behandelt wurden und Gnadenerweise in diesen Fällen besser in eine prinzipielle Bereitschaft eingebettet wurden.

Deshalb kam auch zunächst nur eine Hinauszögerung der Vollstreckung der Urteile in Betracht. Die Bemühungen um eine definitive Begnadigung zogen sich noch über Jahre hin und kamen erst 1955 zum Abschluss, als die Alliierten der Bundesrepublik eine eingeschränkte Souveränität zuerkannten und von ihr einen Verteidigungsbeitrag innerhalb des atlantischen Bündnisses erwarteten. Am 21. Juli 1955 schließlich konnte Rechtsanwalt de la Pradelle Erfolgsmeldung erstatten[236]: »Da ich das große Interesse kenne, das Euer Eminenz vom ersten Tage an den Verurteilten des Ascq-Prozesses entgegengebracht haben ..., teile ich Euer Eminenz mit, dass der Präsident der Republik mit gestern unterzeichnetem Dekret alle Verurteilten begnadigt hat«. Die Todesstrafen seien in Haftstrafen umgewandelt und die Reststrafen erlassen, so dass die meisten sofort die Freiheit erlangten. Der Kardinal wurde gebeten, die Nachricht noch vertraulich zu behandeln, »bis die heute freigelassenen Verurteilten zu ihren Angehörigen in Deutschland zurückgekehrt sind«. Der französische Präsident und die übrigen beteiligten Stellen in Paris waren sich immer noch nicht sicher, wie die französische Öffentlichkeit den Gnadenakt im Fall Ascq aufnehmen würde. In seinen Erinnerungen berichtet Frings von Dankesbekundungen und Besuchen einzelner der Begnadigten[237].

Die Kölner Akten lassen erkennen, dass der Einsatz von Kardinal Frings für die zum Tode verurteilten Kriegsverbrecher wie für zu hart be-

---

[235] Überarbeiteter Entwurf: HAEK – CR II 25.18, 21; französische Übersetzung mit Datum 27. April 1950.

[236] Pradelle an Frings 21. Juli 1955 (franz. Original und deutsche Übersetzung): HAEK – CR II 25.18, 30.

[237] Die Mutter des Hauptangeklagten H. habe ihm in Badenweiler einmal Blumen gebracht und sich bedankt. Der einzige Katholik der Gruppe habe als Verurteilter im Gefängnis geheiratet. »Nachher kam dieses Paar auch einmal zu mir«: J. Frings, Für die Menschen bestellt, S. 51 f.

strafte ehemalige Nationalsozialisten unendlich viel Arbeit und Mühe gemacht hat. Der Kardinal erntete dabei (wie Landesbischof Wurm und andere Kirchenmänner) durchaus nicht nur Zustimmung und Anerkennung. Bisweilen überwog sogar lieblose Kritik. Doch lassen die Akten immer wieder spüren, dass es ihm um eine von Rachemotiven und Unrechtmäßigkeiten freie, gerechte Urteilsfindung ging und er vor allem dann für die Zubilligung von Gnade eintrat, wenn die Kriegsgerichts- oder Spruchkammerverhandlungen diese elementaren Voraussetzungen einer Rechtsprechung vermissen ließen. Es gab außer ihm im besiegten Deutschland nur wenige Persönlichkeiten, die in so heiklen Fragen bei Staatsmännern und Militärs der Siegermächte vorstellig werden konnten und in vergleichbarem Maße Gehör oder wenigstens Respekt fanden. So fühlte sich Kardinal Frings bei seinen Interventionen in einer nicht zu umgehenden Pflicht.

6. Wohnungsbeschlagnahmungen zugunsten von Familien alliierter Soldaten

Im Gegensatz zu manchen Interventionen des Kardinals, die sich in Überlebensproblemen der Nachkriegsjahre in einen Chor anderer Fürsprecher einreihten oder durch die Natur der Sache auf diplomatischem Felde eher im Verborgenen abspielten, wurde er bei Wohnungsbeschlagnahmungen zugunsten alliierter Soldatenfamilien (aber auch in den später zu behandelnden Demontageproblemen) von größeren Bevölkerungskreisen unmittelbar angesprochen, in sehr konkrete Nöte hineingezogen und durch sein Engagement bekannt.

Nachdem die britischen und (im Bereich des Erzbistums Köln) die belgischen Besatzungstruppen sich 1945 etabliert und auf eine mittelfristige Besatzungszeit eingestellt hatten, ergaben sich Überlegungen, die Familien der Offiziere und Mannschaften nachziehen zu lassen, von selbst. Als zu diesem Zweck 1946 vor allem in Bonn, Düsseldorf und am Rande von Köln die Beschlagnahme deutscher Wohnungen in größerem Ausmaße begann, trugen die Betroffenen ihre Not dem Kölner Kardinal sehr bald einzeln oder in spontan gebildeten Interessengemeinschaften mit der Bitte um sein Eintreten bei den Besatzungsmächten vor[238].

Die Briten und Belgier sahen in einer längeren Familientrennung über die Kriegszeit hinaus nicht zu Unrecht ein soziales und moralisches Prob-

---

238 Aktenmaterial: HAEK – CR II 25.18, 8-19.

lem für ihre Soldaten. Die Beschlagnahmung von Wohnungen im besetzten Land schien ihnen durch das Kriegsrecht gedeckt zu sein. Da die nachziehenden Familien ihre Wohnungen in der Heimat beibehalten mussten – die Besatzungszeit in Deutschland sollte kein Dauerzustand bleiben – , und weil außerdem unter den Transportschwierigkeiten der ersten Nachkriegsjahre ein »Umzug« nach Deutschland mit Mobiliar und Hausrat nicht in Betracht kam, mussten die deutschen Bewohner beschlagnahmter Häuser und Wohnungen Mobiliar und Hausrat zurücklassen.

In einer Zeit, als durch die Kriegszerstörungen der Wohnungsbestand, zumal im Rhein- und Ruhrgebiet, ohnehin dezimiert war und die Menschen auf engstem Raum zusammenhausten, als außerdem noch mehrer hunderttausend Ostflüchtlinge in diesen Raum einströmten, stellten die Beschlagnahmungen ganzer Viertel und Straßenzüge unter Zurücklassung damals nicht ersetzbaren, mit Mühe durch den Krieg geretteten Hausrats eine Katastrophe dar.

Verständlicherweise reflektierten die Besatzungsbehörden nicht auf Trümmerbezirke in den zerstörten Innenstädten, sondern auf relativ gut erhaltene Bezirke am Stadtrand, z.B. Weiden und Junkersdorf bei Köln, Köln-Niehl, Düsseldorf-Lohausen, -Stockum und -Unterrath in der Nachbarschaft des Düsseldorfer Flughafens, Düsseldorf-Benrath, aber auch auf weniger zerstörte Innenstadtbezirke in Bonn und Bad Godesberg. Dabei wurde meist schematisch, ohne Rücksicht auf soziale Härten in Einzelfällen, verfahren, die hinwiederum dem Kardinal einen Hebel zuspielten, um die Fragwürdigkeit der ganzen Maßnahme anzuprangern.

Gleich in seiner ersten Eingabe an den Kölner Stadtkommandanten White am 12. Juli 1946[239] ging Frings mit dem Vorgehen der Besatzungsmacht hart ins Gericht: »Wenn mir ein freies Wort zu sagen gestattet ist, so scheint es mir allen Regeln der Menschlichkeit zu widersprechen, ausländische Familien in die zerstörten Städte einzuweisen, bevor nicht neue Wohnmöglichkeiten dort geschaffen sind«. Am 23. Juni hatte Frings in Gegenwart von Oberst White in der Kölner Universität die mangelnden Aufbaumöglichkeiten wegen Behinderung der Baustoffproduktion durch die Briten angesprochen[240]. Nun bat er den Oberst die in der »Kölnischen Rundschau« vom 2. Juli 1946 angekündigte Beschlagnahmung von 320 Wohnungen bis zur Fertigstellung neuer Wohnungen hinauszuschieben.

---

239 Frings an White 12. Juli 1946 (paraph. Kopie): HAEK – CR II 25.18, 9.

240 Ansprache bei der Gründungsfeier der Gesellschaft der Freunde und Förderer des Wiederaufbaus der Stadt Köln am 23. Juni 1946 in der Universität zu Köln: HAEK – CR II 25.18, 5 (vgl. oben S. 243 mit Anm. 45).

Unterstützend wies er auf die extremen Wohnungsnöte gerade an Rhein und Ruhr hin. Dass es Frings mit seiner Vorsprache ernst war, zeigt der Schlussabschnitt seines Briefes: »Sollte meiner Bitte nicht willfahrt werden, so bitte ich, vor dem Hause Bayenthalgürtel 31, in dem ich mit meinen Angehörigen zur Miete wohne, nicht Halt zu machen. Ich werde dann versuchen, in den Trümmern des Erzbischöflichen Palais an der Gereonstraße mich einzurichten«.

Am 29. Juli 1946 erhielt White bereits den nächsten Brief des Kardinals[241]: »Die Unruhe in der Bevölkerung wegen der Beschlagnahme von Wohnungen zugunsten belgischer und englischer Familien hat sich leider nicht gelegt, sondern ist noch im Wachsen begriffen. Schuld daran sind vor allem die Maßnahmen, die in Junkersdorf-Stadionstadt und in Weiden getroffen werden ... Die gleiche Beunruhigung wird mir aus Bonn gemeldet. Ich kann nicht umhin, erneut zu erklären, dass es aller Menschlichkeit Hohn spricht, in das so jämmerlich zerstörte Rheinland mit seinen entsetzlichen Wohnverhältnissen, in das jetzt von Osten her noch nahezu 200.000 vertriebene Ostdeutsche einwandern, auch noch die Familien der Besatzungsangehörigen hineinzuzwängen«. Der Kardinal verschärfte seine Argumentation noch durch den Hinweis: »Ich kann mir nicht denken, dass eine fein empfindende Frau sich soll wohlfühlen können in einer Wohnung, aus der der rechtmäßige Eigentümer oder Mieter gewaltsam entfernt ist, so dass er in irgend einem Schlupfwinkel für den Winter Zuflucht suchen muss«. Am Schluss stand die Drohung: »Sollte meiner Bitte, von der Einquartierung von Familien Abstand zu nehmen, bis neue Wohnungen erstellt sind, nicht willfahrt werden, so wäre ich es meiner Ehre schuldig, dieselben [Erklärungen] auch in der Öffentlichkeit abzugeben«[242].

Zunächst beschränkte sich der Kardinal darauf, seine Mitkardinäle Griffin in London und van Roey in Mecheln einzuschalten[243]. An Griffin schrieb er u. a.: »Die Maßnahme ist besonders hart, weil die Leute ihre Möbel und Geräte und selbst einen Teil ihrer Wäsche dalassen müssen. Wer noch eine Wohnung hat, zittert, dass sie ihm morgen genommen wird. Ich höre das aus Köln und Umgegend, aus Bonn und Düsseldorf, und anderswo wird es ähnlich sein. Die Leute wissen wirklich nicht, wo

---

241 Frings an White 29. Juli 1946 (paraph. Kopie): HAEK – CR. II 25.18, 9.

242 Die gleichen Beschwerdepunke trug Frings am 24. Juli 1946 Msgr. Richard Smith vor. Dessen Bericht darüber für versch. Militärdienststellen: L – PRO – FO 1013/2151.

243 Frings an Griffin bzw. an van Roey, hs. Entwürfe vom 26. Juli 1946 (»tanspon. in ling. anglicam/gallicam et scrib.«). Die englischen/französischen Originale datierten vom 30. Juli 1946: HAEK – CR II 25.18, 9. – Joseph Ernest van Roey (1874–1961), 1926–1961 Erzbischof von Mecheln, 1927 Kardinal: ANNUARIO PONTIFICIO 1948, S. 36; ebd., 1963, S. 88*.

[sie] auch nur eine winzige Kammer finden bei dem ungeheuren Ausmaß der Zerstörungen«.

Dass Frings sich dabei auf Informationen und persönliche Bemühungen im Einzelfall stützte, machte eine Fallschilderung deutlich: »Heute noch waren zwei Frauen aus Düsseldorf[-Unterrath] bei mir, die erklärten, eine ganze Straße (Damaschkestraße) mit 32 Häusern sei dort beschlagnahmt. Es handelt sich um sogenannte ›Reichsheimstätten‹, die vor 20 Jahren, also vor dem ›Dritten Reich‹, errichtet wurden und die kleinen Leuten die Möglichkeit bieten sollten, ein Eigenheim zu erwerben. Nun werden sie mitsamt der bombengeschädigten Verwandten, die sie aufgenommen haben, vertrieben und können nicht einmal die Früchte ihres kleinen Gartens ernten. Durch solche Maßnahmen wird auch in den Herzen der Friedliebendsten ein Keim der Abneigung, wenn nicht das Hasses gesät«. Der Kardinal erwähnte auch sein Angebot an den Stadtkommandanten, die eigene Wohnung zu räumen.

Zwei Anliegen trug Frings dem Kardinal von Westminster vor, die in ihrer Überschätzung des Möglichen fast rührend wirken mussten: »Könnten nicht die englischen Frauen selbst erklären, sie wollten nicht eher nach Deutschland, als bis dort Wohnungen für die Ausgewiesenen errichtet sind?« Im Schlusssatz des Briefes äußerte Frings die – gewiss unrealistische – »Hoffnung, dass es Ew. Eminenz möglich sein wird, einen Aufschub zu erreichen«.

Während eine Antwort Griffins auf diesen Hilferuf nicht zu finden ist, gab Kardinal van Roey aus Mecheln auf einen fast gleichlautenden Brief an ihn am 12. Oktober 1946 eine aufschlussreiche Antwort[244]: Er habe beim Verteidigungsminister in Brüssel vorgesprochen, der Frings sein Verständnis für die vorgebrachten Klagen übermitteln lasse. Doch wegen der moralischen Gefahren für die belgischen Soldaten sei es nicht möglich, mit dem Nachzug ihrer Familien bis zur Fertigstellung von Ersatzwohnungen zu warten – eine Argumentation, die einem Bischof einleuchten musste! Die belgischen Armeestellen würden alle erdenklichen Rücksichten nehmen und die Beschlagnahmungen auf ein Minimum beschränken. »Übrigens, so sagte er, in fast allen requirierten Häusern könne der Eigentümer eine Etage oder das Parterre behalten, ein Entgegenkommen, das von keinem unserer Alliierten praktiziert wird«.

Kardinal van Roey ließ den Kölner Mitbruder dann auch die Grenzen der innerkirchlichen Fürsprachebereitschaft spüren. Nach Darlegung des

244 van Roey an Frings 12. Oktober 1946 (Original in franz. Sprache): HAEK – CR II 25.18, 8.

Ministerbescheids schrieb er: »Ich glaube, zu Ihrer Information hinzufügen zu müssen, dass unglücklicherweise während der vier dunklen Jahre der deutschen Besetzung Belgiens Hausbeschlagnahmungen und Vertreibungen von Familien und Ordensgemeinschaften durch militärische und zivile deutsche Stellen ohne jede Rücksicht geschahen, ohne einen Grund und ohne Gespür für Menschlichkeit, auch in großenteils zerstörten Ortschaften. Ich habe diesbezüglich nie die geringste Wiedergutmachung erhalten, selbst wenn sie möglich und vernünftig gewesen wäre«.

In seinem verständlichen und berechtigten Eintreten für die Nöte der deutschen Bevölkerung lernte Frings durch solche Reaktionen auf der Gegenseite, welche Spuren das nationalsozialistische Regime und deutsche Besatzungstruppen in der Psyche unserer Nachbarn zurückgelassen hatten. Von seinem Mitbruder van Roey war er solche Belehrungen eher anzunehmen bereit als von irgendwelchen Besatzungsoffizieren.

Frings nutzte den Besuch, den General Robertson ihm am 9. September 1946 machte[245], das Thema der Wohnungsbeschlagnahmungen (neben anderen) anzusprechen. Robertson antwortete auf die bereits beschriebene Argumentation des Kardinals: »Es ist für uns unbedingt notwendig zur Hebung des Arbeitswillens und der sittlichen Haltung unserer Leute, dass ihre Angehörigen, von denen sie oft Jahre lang (!) getrennt sind, zu ihnen kommen ...«. Frings fing den ihm zugespielten Ball sofort auf: Das gelte dann ebenso für die deutschen Kriegsgefangenen, um deren beschleunigte Freilassung er bitten müsse. Immerhin sagte Robertson zu: »Bei der Beschlagnahme der Wohnungen sollen Härten vermieden werden«.

Auch den Besuch der britischen Kirchendelegation am 17. Oktober 1946 nutzte der Kölner Kardinal, das Problem der Beschlagnahmung von Wohnungen hinter die Linien der Besatzungsoffiziere in die Öffentlichkeit Englands zu tragen[246]. Doch gelang es bis 1949 nicht, die Beschlagnahmung von Wohnraum für die Familien der Besatzungsangehörigen zu stoppen. In immer neuen Wellen wandten sich die betroffenen deutschen Familien an Frings als Vertreter ihrer Anliegen. Der Kardinal hat jedes Mal gehandelt und nach den am ehesten geeigneten Ansprechpartner gesucht. So wandte er sich im Juni 1947 durch Telegramm an den anglikanischen Bischof Bell von Chichester, der im Oktober des Vorjahres der englischen Kirchendelegation angehört hatte, und an Kardinal Griffin[247].

---

245 Gedächtnisprotokoll über den Besuch von Generalleutnant Robertson bei Frings am 9. September 1946 (Dr. Berndorff): HAEK – CR II 25.18, 9.

246 Protokoll über den Besuch der engl. Kirchendelegation bei Frings am 17. Oktober 1946 (Dr. Berndorff): HAEK – CR II 25.18, 8 (vgl. oben S. 249 mit Anm. 59).

247 Text der Telegramme: HAEK – CR II 25.18, 10.

Schon am 23. April 1947 hatte Frings den Besuch des Düsseldorfer Commissioners Asbury zur Vertretung seines Anliegens genutzt, der in seiner Argumentation erkennen ließ, dass er sich von Frings in eine Verteidigungsposition gedrängt fühlte[248]: Die Militärregierung müsse ausführen, »was von London angeordnet wird. In seinen Anordnungen suche er [Asbury] die Deutschen nach Möglichkeit zu schonen. Beispiele dafür: Erst im August 1946 Beschlagnahme von Wohnungen für Angehörige der Besatzungsmacht, im Winter wurde diese Maßnahme abgestoppt wegen der großen Kälte. 200 britische Familien warten seit vielen Monaten, um zu ihren Männern nach Deutschland zu kommen. Wir lassen sie zunächst nicht nach hier, um nicht noch mehr Wohnungen zu beschlagnahmen. Es sind bis jetzt mehr Wohnungen an die deutschen Behörden zurückgegeben worden, als neue beschlagnahmt wurden. Er [Asbury] nennt die Ziffer 7.000; unklar ist, ob es sich um Häuser, Wohnungen oder qm handelt«.

Frings rekapitulierte dann vor Asbury sein Gespräch mit General Robertson am 9. September 1946, vor allem dessen Hinweis auf die moralische Gefährdung englischer Soldaten durch zu lange Familientrennung. »Ich sehe dies ein, aber ich bitte auch unseren Standpunkt zu berücksichtigen. Das enge Zusammenwohnen, das Zusammengepferchtsein, eine Trennung der Geschlechter ist kaum noch möglich, verdirbt und verwildert die Menschen. Der sittliche Verderb, der damit verbunden ist, ist der Grund, weswegen ich ein Recht zu haben glaube, in der Frage der Wohnungsbeschlagnahme Stellung zu nehmen«. Außer dem verstärkten Wohnungsbau empfahl der Kardinal eine »Herabsetzung des Personals der Mil[itär]-Reg[ierung]«.

Das Problem blieb weiter aktuell. Ein Jahr später, in den Wochen der »Währungsreform« vom 20. Juni 1948, verlegten die Belgier ein Truppenkontingent von Wesseling nach Köln und requirierten Häuser in Köln-Niehl. Frings wandte sich an die Kölner Militärbehörden[249] und erinnerte an eine Übereinkunft zwischen Oberst White und dem Kölner Oberstadtdirektor Suth vom Vorjahr, wonach Köln zum Sperrgebiet für Wohnungsbeschlagnahmungen erklärt worden war. Die Unsicherheit durch den Währungsschnitt verschärfe die Not der Betroffenen in Niehl.

Im Sommer 1949 führte die Gründung der Bundesrepublik zur Aufstockung des Besatzungspersonals im Köln-Bonner Raum mit entsprechen-

---

248 Protokoll über den Besuch des Regional-Commissioners Mr. Asbury bei Frings am 23. April 1947 (Dr. Berndorff): HAEK – CR II 25.18, 10. Protokoll Mr. Asburys aus seiner Sicht und mit seinen Akzenten: L – PRO – FO 1030/189.

249 Frings »To Officer Commanding Mr. Manley« (richtig: Brig. Gourlay) 24. Juni 1948 (paraph. Kopie des engl. Originals): HAEK – CR II 25.18, 12; dort auch die erste Meldung des Niehler Pfarrers Peifer an Frings vom 18. Juni 1948.

den Beschlagnahmungen von Häusern. Am 31. August 1949 wandte sich Frings erneut an General Robertson[250]: »... Bis in meine unmittelbare Nachbarschaft gehen die Beschlagnahmungen. Die Erregung ist überaus groß. Die Demokratie wird zum Gespött. Das Grundgesetz Artikel 13[251] wird zur Farce. Meine inständige Bitte geht dahin, zu veranlassen,

1. dass keine Familie ihre Wohnung verlassen muss, bevor feststeht, dass Bonn wirklich die vorläufige Bundeshauptstadt wird,
2. dass die Umsiedlungen erst beginnen, wenn neue Wohnungen, die mit größter Beschleunigung zu schaffen sind, bereitstehen,
3. dass auf besonders harte Fälle bei Alter, Krankheit etc. gebührend Rücksicht genommen wird«.

Frings schloss mit dem Ausdruck der »Hoffnung, dass in letzter Stunde noch unsäglich viel Leid durch Ihr gütiges Eingreifen verhütet werden wird«.

Dass Frings sich zu diesem Zeitpunkt bereits als Vermittler deutscher Anliegen »auf Abruf« verstand, dokumentiert ein gleichzeitiger Brief an »Herrn Oberbürgermeister Dr. Adenauer, Rhöndorf/Rhein« »als den augenblicklich einflussreichsten Mann« mit der gleichen Terna der Wünsche wie an Robertson[252]. Noch einmal in den Tagen der Gründung der Bundesrepublik kam es zu einem Gespräch zwischen Frings und General Robertson über »brennende Tagesfragen«, wie der Kardinal sich notierte u.a. »über die Wohnungsbeschlagnahmungen in Junkersdorf und Weiden, für die gemäß Besprechungen zwischen Ministerpräsident Arnold und General Bishop ein teilweiser Aufschub in Aussicht gestellt wurde«[253].

7. Alliierte Demontage von Industriebetrieben an Rhein und Ruhr

Bereits auf der Konferenz von Jalta im Februar 1945 war von den Siegermächten beschlossen worden, das besiegte Deutschland seine Reparati-

---

250 Frings an Robertson 31. August 1949 (paraph. Kopie der deutschen Fassung): HAEK – II CR 25.18, 19.

251 GG Art 13 (1): »Die Wohnung ist unverletzlich ... (3) Eingriffe und Beschränkungen dürfen im übrigen nur zur Abwehr einer gemeinen Gefahr ... vorgenommen werden«, und darüber hinaus nur »auf Grund eines Gesetzes«.

252 Frings an Adenauer 31. August 1949 (paraph. Kopie): HAEK – CR II 25.18, 19.

253 Hs. Notiz Frings' »8. Sept. 1949«: HAEK – CR II 25.18, 19; dort auch ein Zeitungsausschnitt »Kardinal Frings für Amnestie. Kölner Erzbischof besprach brennende Tagesfragen mit dem britischen Oberkommissar Sir Brian Robertson«: Kölnische Rundschau Nr. 110/9. September 1949.

onsschulden nicht durch Barmittel aus Exportüberschüssen in ferner Zukunft bezahlen zu lassen, sondern durch Entnahmen von Sachwerten und durch Dienstverpflichtungen deutscher Arbeitskräfte in den Siegerländern. Unter den »Entnahmen« von Sachwerten, die vor allem die Sowjets und die Franzosen exzessiv betrieben, sollte die Demontage von Industriebetrieben der wichtigste Posten sein, zumal solcher Betriebe, die der Kriegsproduktion gedient hatten. Neben der Abgeltung von Reparationsschulden war die Schwächung des deutschen Industriepotentials das Motiv für die Industriedemontage[254]. Während auf amerikanischer Seite zunächst die Vorstellungen des Finanzministers Henry Morgenthau Pate standen, Deutschland zu einem Agrarstaat umzuwandeln[255], ging es den Briten vor allem um die Ausschaltung der deutschen Konkurrenz auf den internationalen Märkten. Russen und Franzosen wollten sich möglichst rasch und nachhaltig für von den Deutschen erlittene Schädigung Wiedergutmachung holen.

Erste Beschlüsse über die beabsichtigte Industriedemontage unter der Verantwortung des Alliierten Kontrollrats waren bei der Potsdamer Konferenz am 2. August 1945 gefasst worden[256]. Doch erst durch den Kontrollratsbeschluss vom 28. März 1946 wurde der »Plan für Reparationen und für den Umfang der Nachkriegswirtschaft« festgelegt, die 70 bis 75% der Produktion von 1938 nicht überschreiten sollte. Amerikaner und Briten bemerkten sehr bald, dass die vor allem das Industrierevier an Rhein und Ruhr betreffende Demontage die Deutschen in ihren Zonen hinderte, für die eigene Versorgung aufzukommen. Was Amerikaner und Briten in die Ernährung und Versorgung der deutschen Bevölkerung ihrer Zonen investieren mussten, überstieg an Wert bei weitem das, was sie aus Demontage gewinnen konnten.

---

[254] Zur Demontage deutscher Industriebetriebe durch die Alliierten 1946–1950: TH. ESCHENBURG, Jahre der Besatzung, S. 268-273, S. 400 ff. (W. BENZ); D. SCRIVERIUS, Die britische Demontagepolitik im Spiegel der Überlieferung des Hauptstaatsarchivs Düsseldorf, in: C. SCHARF – H. – J. SCHRÖDER (Hrsg.), Die Deutschlandpolitik Großbritanniens und die britische Zone 1945–1949, Wiesbaden 1979, S. 93-101; H. HOEBINK, Demontage in Nordrhein-Westfalen 1947–1950, in: Westfälische Forschungen 30, 1980, S. 47-59; H. AHRENS, Demontage. Nachkriegspolitik der Alliierten, München 1982; D. SCRIVERIUS, Sicherheit vor Deutschland? Die Motive der britischen und amerikanischen Demontagepolitik nach dem Zweiten Weltkrieg, in: Düsseldorfer Jahrbuch 61, 1988, S. 195-219.

[255] Henry Morgenthau (1891–1967), 1934–1945 US-Finanzminister. Seine Pläne für das Nachkriegsdeutschland: TH. ESCHENBURG, Jahre der Besatzung, S. 66 f., S. 288 f. (H. GRAML); W. BENZ, Handbuch, S. 358-360 (B. Greiner, mit Literaturhinweisen).

[256] Dazu: TH. ESCHENBURG, Jahre der Besatzung, S. 49. – Die nachfolgenden Angaben bietet in Kürze und Präzision H. HOEBINK, NRW.

So legten sie am 29. August 1949 einen »Revidierten Plan für das Industrieniveau der britischen und amerikanischen Zone« vor, der 100 % der Kapazität von 1938 vorsah. Mehr Unruhe als dieser Plan löste eine Liste der zu demontierenden Industrieanlagen vom 16. Oktober 1947 aus. Die zu rigider Durchführung entschlossenen Besatzungsbehörden forderten die deutschen Landesregierungen und beteiligten Wirtschaftsvertreter zur Kooperation auf, die jedoch – gestützt auf eine breite Zustimmung der Bevölkerung, auf Parteien, Gewerkschaften und Kirchen – sich auf Verzögerungen und Verhandlungen um weitere Reduzierung des Demontageprogramms verlegten – nicht ohne Erfolg: Im Januar 1949 unterbreitete eine amerikanische Kommission (»Humphrey-Ausschuss«) Vorschläge für eine weitere Beschneidung der Demontageliste für den Bereich der Bizone, die durch das Washingtoner Abkommen am 13. April 1949 – wenn auch nicht in vollem Umfang – gewährt wurde. Erst durch das »Petersberger Abkommen« vom 22. November 1949 zwischen Bundeskanzler Adenauer und den westalliierten Hochkommissaren wurde eine auch für Nordrhein-Westfalen akzeptable Lösung des Demontageproblems gefunden. Inzwischen waren wichtige Industriebetriebe ganz oder zum größeren Teil demontiert, während die USA bereits durch den ERP-Plan[257] eine Wiederbelebung der europäischen (und deutschen) Wirtschaft parallel betrieben.

Diese Eckdaten des Demontageproblems bildeten den Rahmen für die Interventionen westdeutscher Bischöfe, vor allem ihres Sprechers Kardinal Frings. Als Bischof bzw. Metropolit des von der Demontage vor allem betroffen Industriereviers[258] konnte er den sozialen Folgen gar nicht ausweichen. Er war unvermeidbar »Partei« und wurde von Vorständen und Betriebsräten nahezu aller betroffenen Großbetriebe des Rhein-Ruhr-Reviers um Hilfe angegangen[259]. Frings war, wie in allen anderen Problemen der Nachkriegsjahre, zu Vorsprachen bei der britischen Militärregierung wie zu öffentlichem Eintreten bereit, spürte aber andererseits gerade angesichts des Demontageproblems trotz Versorgung mit Informationsmaterial durch zahlreiche Betriebe seine lückenhafte Kompetenz und die sehr begrenzte Zuständigkeit der Kirche neben Wirtschaftsfachleuten, Politikern und Gewerkschaftsvertretern.

---

257 ERP = European Recovery Program, nach seinem Urheber und Promotor, dem US-Außenminister George Marshall, auch »Marshall-Plan« genannt: TH. ESCHENBURG, Jahre der Besatzung, S. 442 ff. (W. BENZ); W. BENZ, Handbuch, S. 260-264 (H. J. SCHRÖDER, mit Literaturhinweisen).

258 Nach den exakten Aufstellungen Hoebinks entfielen auf der Demontageliste vom 16. Oktober 1947 von 681 Betrieben der Bizone insgesamt 294 allein auf Nordrhein-Westfalen: Ebd., S. 48.

259 Umfangreiches Material in den Akten HAEK – CR II 25.18, 8-19.

Eher allgemein forderte Frings am 23. Juni 1946 in der Kölner Universität für die Deutschen größere Arbeits- und Produktionsmöglichkeiten, damit Wiederaufbau, Export und Selbstversorgung möglich würden[260]. Wenige Tage später empfing er den »Regional Commissioner« Mr. Asbury, dem als ehemaligem Labour-Abgeordneten gegenüber Frings einleuchtend argumentierte[261]: »Die Nord-Rheinprovinz ist überwiegend Industrieland. Im Gegensatz zu den übrigen Teilen Restdeutschlands ist die Bevölkerung hier [darauf] angewiesen, von der *Industrie* zu leben ... Der Stillstand der Industrie bedeutet für Millionen Arbeitslosigkeit, Hunger und Not. Besonders die Jugend muss verzweifeln, dass sie keine Zukunft vor sich sieht. Sie muss bei diesem Zustand extrem, nihilistisch, kommunistisch werden. Einrichtungen von Klubs oder anderen Bildungsstätten, um die Jugend demokratisch zu erziehen, helfen nichts ...«.

Als Vorsitzender der Fuldaer Bischofskonferenz wandte sich Frings am 1. Dezember 1946 erstmals ausdrücklich in der Demontageproblematik an den britischen Militärgouverneur, Sir William Sholto Douglas[262]. Nach Schilderung der moralischen Gefahren aus den desolaten Wirtschaftsverhältnissen kam der Kardinal auf die Bedrohung »durch die teils in Aussicht gestellten, teils bereits durchgeführten Stillegungs- und Demontagebefehle industrieller Betriebe« zu sprechen. Wohl im Blick auf Firmen wie Krupp in Essen sprach er von der Jahrzehnte währenden Zugehörigkeit vieler Arbeiter zu ihrem Werk, »das einfach ein Teil ihres Lebensinhaltes ist ... Manche Familien sind sogar schon in der 2. oder 3. Generation mit ihrem Werk verbunden«.

Frings ging dann auf die humanitären und sozialen Auswirkungen der Demontage ein, bei denen den Bischöfen am ehesten eine Kompetenz zur Mitsprache zuzubilligen war: »Die Stillegung und Demontage der Werke beraubt die davon Betroffenen nicht nur ihrer Existenzgrundlage, sondern sie bedeutet darüber weit hinausgehend für die meisten eine vollständige *Entwurzelung* mit allen ihren Folgen. Der Fortfall der Existenzgrundlage zwingt diese Menschen, die oft ohnehin schon durch den Verlust ihrer

---

260 Zur Rede in der Kölner Universität am 23. Juni 1946 s. oben S. 243 mit Anm. 45.

261 Protokoll über den Besuch des Mr. Asbury bei Frings am 5. Juli 1946 (Dr. Berndorff): HAEK – CR II 25.18, 9.

262 Der Vorsitzende der Fuldaer Bischofskonferenzen an die Britische Militär-Regierung z. Hd. des Herrn Oberbefehlshabers Sir Sholto Douglas 1. Dezember 1946 (paraph. Durchschlag): HAEK – CR II 25.18, 8. – Mit verschiedenen Eingaben an den Alliierten Kontrollrat für die Mitglieder der Bischofskonferenz im Januar 1947 gedruckt: HAEK – CR II 25.19, 6. – Sir William Sholto Douglas (1893–1969), brit. Luftmarschall, 1945–1946 Chef der britischen Luftlandetruppen in Deutschland, 1946–1947 Militärgouverneur der britischen Besatzungszone (vgl. TH. ESCHENBURG, Jahre der Besatzung, S. 591 [Reg.]).

Heimstätte infolge des Krieges aufs schwerste wirtschaftlich geschädigt sind, sich – koste es, was es wolle – eine neue Existenzgrundlage zu schaffen. Was an Ersparnissen vorhanden war, ist längst aufgebraucht. Es ist unmöglich, bei den Betroffenen auch nur das geringste Verständnis für Stilllegungsmaßnahmen zu finden, denn jeder von ihnen weiß, dass eine Existenz auf ehrlicher Basis für das ganze Volk nur möglich ist, wenn produziert und gearbeitet werden kann«. Die meisten seien Familienväter. »Ein Familienvater, der seine Angehörigen nicht erhalten kann, verliert seine Autorität im Familienkreise«.

Frings schilderte dann die demoralisierenden Auswirkungen der Arbeitslosigkeit auf die Jugendlichen sowie die Folgen für ganze Industriezweige, wenn bestimmte Schlüsselbetriebe demontiert würden. Auch die Pensionszusagen bestimmter Firmen an ihre langjährigen Mitarbeiter seien gefährdet. »Die Verzweiflug im deutschen Volke ist allgemein«. Die Verschiebung der Demontage vom Winter auf das kommende Frühjahr biete keine Entlastung. Das deutsche Volk brauche Sicherheit über seine Existenzgrundlagen und über die Rechtsverhältnisse. Die Eingabe endete mit konkreten Forderungen:

»Wir deutschen Bischöfe bitten darum die britische Militärregierung nachdrücklich, dafür zu sorgen,

1. dem deutschen Volke, das in der britischen Zone auf engstem Raume zusammengepresst und noch durch den Zustrom vertriebener deutscher Menschen aus dem Osten bis zur Unerträglichkeit belastet ist, in der Industrie seine eigentliche Existenzgrundlage zu erhalten,
2. nur die ausschließliche Kriegsindustrie zu demontieren, die übrigen Werke aber nach eventuell notwendiger Umstellung auf Friedensproduktion in Gang zu setzen, damit der deutsche Industriearbeiter seine Arbeit behält,
3. bei der Demontage sowie bei der Umstellung der Werke deutsche Wirtschaftssachverständige und Industriefachleute zu beteiligen, damit das deutsche Volk Gewissheit bekommt, dass seine Existenz geschützt und nach den Grundsätzen des Rechtes und der wirtschaftlichen Notwendigkeit vorgegangen wird«.

Wenn man rätseln könnte, wer dem Kardinal den Entwurf für diese Eingabe geschrieben hat, so macht der sehr scharfe Schluss wieder eigene Handschrift deutlich: »Der Gedanke, dass die Siegerstaaten um wirtschaftlicher Vorteile ihrer eigenen Völker willen die materielle und moralische Existenz des deutschen Volkes zerstören könnten, ist für uns unvollziehbar. Wir bitten deshalb dringend, die erforderlichen Schritte zu einer Änderung der industriellen Stilllegungsmaßnahmen zu unternehmen, um so dem deutschen Volke wieder die Rechtssicherheit und der Kirche die Möglichkeit für ihr volkserzieherisches Wirken zu geben«.

In Vertretung des Militärgouverneurs beantwortete General Robertson im Januar 1947 die Eingabe der Bischofskonferenz[263]. Dass die Schärfe des Tons in der Eingabe des Kardinals verstanden worden war, ließ die Gereiztheit der Antwort erahnen. Man achte das Anliegen der Bischofskonferenz. Andererseits müsse man die Sorge »der Bewohner jener Länder« ernstnehmen, »die in den letzten Zeiten so häufig das Opfer deutscher Aggression gewesen sind«. Die Sorge vor der Arbeitslosigkeit sei unbegründet. »Der Wiederaufbau der Großstädte und Städte und die Förderung der Kohle beanspruchen eine große Zahl deutscher Arbeiter. Es wäre angebracht, wenn die deutschen Bischöfe ihren Einfluss geltend machten, dass sie die deutsche Jugend auf die absolute Notwendigkeit hinwiesen, sich während der nächsten kritischen Jahre für die Arbeit in den Bergwerken und in der Bauindustrie zu melden, deren Entwicklung eine fundamentale Vorbedingung für den Wiederaufstieg bedeutet«. Wusste Robertson von der in die gegenteilige Richtung gehenden Fürsprache des Kardinals für Kölner Jugendliche bei Oberst White?[264] Robertson zeigte Verständnis für das Bedürfnis der Deutschen nach klaren Zukunftsperspektiven für die Industrie und nach Aufschluss über das Ausmaß der Stilllegungen. Die Klärung unter verschiedenen Beteiligten mehrerer Besatzungsmächte sei nicht leicht. Die etwas frostige Antwort des sonst verbindlichen Generals hatte immerhin einen versöhnlichen Schluss: »Inzwischen dürfen Sie versichert sein, dass es der Politik der Regierung Sr. Majestät nicht eigen ist, in der britischen Zone Deutschlands als Bedrücker vorzugehen, noch den industriellen und wirtschaftlichen Stand bis zu einem Punkt herabzusetzen, an welchem es dem deutschen Volk trotz harter Arbeit und friedlicher Absicht unmöglich sein soll, sich angemessene Lebensbedingungen zu schaffen«.

In den Tagen, in denen Frings diese Antwort erhielt, war die Stimmung gegen ihn bei den Briten durch die berühmte Silvesterpredigt 1946 in St. Engelbert in Köln-Riehl gereizt[265]. Immerhin gab Lord Beveridge anlässlich eines Besuches bei Frings am 16. Januar 1947 zu, man könne

[263] Hauptquartier Kontrollkommission für Deutschland (Britische Abteilung), Generalleutnant Robertson, an Frings, Januar 1947 (ohne Tagesangabe, deutsche Übersetzung): HAEK – CR II 25.18, 11; Druck: ebd. CR II 25.19, 6.

[264] Vgl. dazu oben S. 274 mit Anm. 124 f.

[265] Vgl. dazu oben S. 250 ff.

Deutschland nicht das Agrarland im Osten nehmen und ihm zugleich die Demontage seiner Industrie im Westen zumuten[266].

Vom November 1946 an erhielt Frings Nachrichten, Informationen und Bittschriften zu Demontageprojekten aus verschiedenen Städten des rheinisch-westfälischen Raumes. Er hat offensichtlich gelegentlich Vorstandsmitglieder und Betriebsräte betroffener Unternehmen empfangen. Interventionen bei der Militärregierung zugunsten von Einzelunternehmen waren schon deshalb zu vermeiden, weil die Briten allenfalls zum Ausweichen auf andere Objekte, aber nicht zum Verzicht auf Demontagesubstanz bereit waren. So blieb eine Rundfunkansprache vor der BBC-London am 4. Oktober 1947[267], in der der Kardinal sich die Nachkriegsnot der Menschen im Ruhrgebiet zum Thema wählte, der einzige Anlass einer öffentlichen Intervention im Umfeld des Demontageproblems.

Als nach der amerikanisch-britischen Revision des Demontageplans vom 29. August 1947 und vor allem nach der Offenlegung der Liste der zu demontierenden Industrieanlagen am 16. Oktober 1947 Klarheit geschaffen war und die Realisierung der alliierten Vorhaben Gestalt annahm, wuchs die Unruhe der Bevölkerung an Rhein und Ruhr. Der Kardinal nutzte eine Papstfeier der katholischen Männer Essens mit einigen tausend Teilnehmern am 14. März 1948, um gegen die völlige Demontage der für Essen überlebenswichtigen Kruppschen Werke Stellung zu nehmen[268]: »Die letzten Befehle der Alliierten zum Abbau der Kruppschen Werke sind sehr hart, besonders in soweit dadurch Werkstätten betroffen werden, die eine besondere soziale oder wirtschaftliche Bedeutung haben wie die Schwerbeschädigtenwerkstatt und diejenige für Landmaschinen. Ich richte an die Behörden die dringende Bitte, in Anbetracht der wieder völlig veränderten Lage die Befehle noch einmal zu überprüfen und um der Arbeiter willen die Arbeitsmöglichkeiten bestehen zu lassen, damit sie nicht der Hoffnungslosigkeit und gleichzeitig dem Nihilismus verfallen«.

Es folgten Äußerungen über die Familie Krupp, die in Essen einerseits auf viel Zustimmung rechnen konnten, die andererseits nach der Waffenproduktion für das nationalsozialistische Regime und dem Nürnberger

---

266 Vgl. dazu oben S. 257 mit Anm. 78.

267 Hs. Manuskript »Ansprache vor der BBC-London am 4. Oktober 47«: HAEK – CR II 2.18g, 1. – Vgl. dazu N. TRIPPEN, Kardinal Frings, Essen und das Ruhrgebiet, in: Das Münster am Hellweg 44, 1991, S. 55-65; hier: S. 60 f. (Text und Erläuterungen).

268 Der diesbezügliche Ausschnitt seiner Ansprache, wohl nachträglich aufgezeichnet, Schreibmaschine mit hs. Korrekturen und Ergänzungen von Frings: HAEK – CR II 25.18, 12; Zeitungsausschnitt »Kardinal Frings zu katholischen Männern« aus Rheinische Post vom 17. März 1948: HAEK – Gen II 23.23a, 19. Weitere Zeitungsausschnitte und Korrespondenz zu den Äußerungen über die Familie Krupp: Ebd. CR II 25.18, 12.

Urteil über die Verantwortlichen der Firma[269] auch kritische Reaktionen auslösen konnten[270]. Der Kardinal sagte: »Firma und Familie Krupp haben sich in vergangenen Jahren und Jahrzehnten stets ausgezeichnet durch soziale Gesinnung und tatkräftige und kluge Fürsorge für ihre Arbeiter und Angestellten. Ich selbst bin Zeuge, wie die Essener stolz waren, Kruppsche Arbeiter, Angestellte und Beamte zu sein[271]. Wenn einer mit Recht Ehrenbürger der Stadt war, dann der Inhaber des Werkes. Wieweit die Familie das verwirkt hat, wieweit das Werk schuldig ist am Kriege und seinen Greueln, darüber kann ich nicht urteilen, weil mir Einblick in die Akten nicht möglich ist. Jedenfalls wird es mir nicht verwehrt sein, ein inniges Mitgefühl mit dem Schicksal dieser einst so hochstehenden Familie zu haben«.

Von den zahlreichen (auch kritischen) Reaktionen auf diesen öffentlichen Auftritt des Kölner Kardinals sei der Brief des Krupp-Direktors Hans Kallen vom 31. März 1948 erwähnt[272]: »Diese Worte haben das ausgesprochen, was sicherlich die Ansicht Tausender und aber Tausender von Kruppschen Werksangehörigen ... ist ... Es ist dies seit drei Jahren der erste Einbruch in den Bann, unter dem die Fa. Krupp, sei es in Nürnberg vor dem Militärtribunal der Sieger oder in Essen in den zerstörten Fabrikhallen, in denen jetzt im Vergleich zu früher nur kleine Fertigungen laufen bzw. kleine Arbeitsstätten betrieben werden, die zudem noch vom Gespenst der Demontage bedroht sind, steht. Es ist für mich, meine Kollegen und Mitarbeiter ein erster Hoffnungsstrahl ...«.

Der Kölner Kardinal nutzte auch den Besuch des britischen Gouverneurs für Nordrhein-Westfalen, General Bishop, am 18. März 1948, um für einen Demontagestop bei Krupp in Essen einzutreten[273]. Er habe anlässlich der Männerkundgebung in Essen erfahren, dass bei Krupp selbst

---

[269] Auf den Nürnberger Hauptprozess gegen die Verantwortlichen des NS-Regimes folgten sogenannte »Nachfolgeprozesse« gegen Diplomaten, Politiker und Wirtschaftsführer, so gegen Alfried Krupp von Bohlen und Halbach: TH. ESCHENBURG, Jahre der Besatzung, S. 53-60, besonders: S. 60; H. BOBERACH, Strafrechtliche Verfolgung von NS-Verbrechen, in: W. BENZ, Handbuch, S. 181-186 (mit Literaturhinweisen).

[270] Verschiedene Leserbriefe in Zeitungen und Briefe an Frings: HAEK – CR II 25.18, 12.

[271] In einem Rundfunkinterview aus Anlass der Emeritierung des Kardinals am 23. Februar 1969 äußerte sein langjähriger Generalvikar Teusch: »In den Seminarferien machte der jugendlich wirkende Regens [Frings 1937–1942] in der Münsterpfarre in Essen Kaplansdienst und Hausbesuche. Auf die Frage ›Wer sind Sie denn?‹ antwortete er gern: ›Der vierte Kaplan von der Münsterpfarre‹ «: Archiv des Joseph-Teusch-Werkes, Bad Neuenahr-Ahrweiler 13 (inzwischen: HAEK – Nachlass Teusch); vgl. N. TRIPPEN, Frings-Essen-Ruhrgebiet, S. 55.

[272] Kallen an Frings 31. März 1948: HAEK – CR II 25.18, 12.

[273] Protokoll über den Besuch des ausübenden Gouverneurs für Nordrhein-Westfalen, General Bishop, bei Frings 18. März 1948 (Dr. Berndorff): HAEK – CR II 25.18, 12.

die Landmaschinenfabrik und die Werkstätten für Kriegsversehrte demontiert werden sollten. »Beide Betriebe haben mit der Kriegsführung nichts zu tun [gehabt], stehen aber auf dem Demontageplan. Die Demontage der Krupp-Werke, die zur Zeit durchgeführt wird, bedeutet Entlassung vieler Arbeiter, sodann den Ruin der Stadt Essen, die auf Krupp angewiesen und eng mit Krupp verbunden ist ... General Bishop erwähnt, dass der ursprüngliche Demontageplan, der für Krupp die völlige Vernichtung des ganzen Werkes vorsah, schon stark abgeschwächt wurde, eben im Hinblick auf das Wohl der Arbeiter und Angestellten«. Für die tatsächlich Entlassenen gebe es andere Beschäftigungsmöglichkeiten in Essen. Eine Abänderung des Demontageplans stehe nicht in seiner Macht. Er könne allenfalls »die Meinung Sr. Eminenz an höherer Stelle vor(zu)tragen«.

Die Demontage der Industriebetriebe ging unter dem Druck der Besatzungsmächte und den Verzögerungstaktiken beteiligter deutscher Stellen weiter, bis die Verschärfung des Ost-West-Konfliktes zunächst bei den Amerikanern, dann mit einiger Verzögerung auch bei den Briten zu einer Meinungsänderung führte. Das Washingtoner Abkommen der Amerikaner und Briten vom 13. April 1949 folgte in 159 von 167 Fällen den Vorschlägen einer amerikanischen Kommission zum Abbruch der Demontageaktion. Doch machten die acht weiterhin zur Demontage bestimmten Firmen 50 % des Gesamtvolumens der 167 aus[274]. Es fanden sich darunter Firmen, die mehrfach den Kölner Kardinal um Unterstützung gebeten hatten. Es scheint, dass die Alliierten in dieser Endphase der Verhandlungen über das Grundgesetz, als die Gründung der Bundesrepublik Deutschland bereits absehbar war, durch den Abschluss der Demontage einiger der größten Objekte wenigstens einen Rest des ursprünglich für Gewinn bringend erachteten Gesamtprojektes retten wollten.

Frings wählte wieder einmal die Flucht in die Öffentlichkeit, indem er am 9. Juni 1949 allgemeine Gebete anordnete[275]: »Durch Presse und Rundfunk ist bekannt geworden, dass im rheinisch-westfälischen Industriegebiet wiederum mehrere Werke auf Befehl demontiert werden sollen mit der Begründung, dass sie vorzugsweise der Kriegsindustrie gedient haben und zum gleichen Zweck wieder verwendbar seien ... Die Regie-

---

274 Diese Einschätzung nennt H. HOEBINK, Demontage NRW, S. 58; in einer Denkschrift, die Frings im Juni 1949 aus Industriekreisen erhielt (vgl. unten S. 329 mit Anm. 281), wurde der Wertanteil sogar auf 2/3 des Gesamtwertes geschätzt.

275 Mehrere Exemplare der zunächst hektographiert in die Erzdiözese versandten »Oberhirtlichen Anordnung« vom 9. Juni 1949 (auch von Frings bearbeiteter Entwurf): HAEK – CR II 25.18, 15; Druck: KA 89, 1949, S. 240-242.

rungsstellen haben, soweit uns bekannt wurde, schon seit längerer Zeit versucht, das drohende Unheil von Arbeiter- und Angestelltenschaft abzuhalten ... Wir können und müssen diese Bemühungen unterstützen, indem wir im Gebete den Vater im Himmel bestürmen ... Daher ordne ich an, dass bis auf weiteres an den Sonn- und Feiertagen nach jeder heiligen Messe in allen Pfarr- und Rektorats- und Klosterkirchen folgendes Gebet gesprochen wird ...«. Durch dieses Gebet wurde bei den Gläubigen allsonntäglich an das Demontageproblem erinnert. Die von Frings ganz gewiss rein religiös verstandene Anordnung hatte so eine sehr politische Auswirkung.

In den Tagen 13.-15. Juni 1949 trafen sich die westdeutschen Bischöfe zu ihrem Konveniat in Hardehausen[276]. Im Protokoll heißt es: »Herr Kardinal von Köln wird namens der westdeutschen Bischöfe nochmals einen Appell wegen der *Demontagen* an die alliierten Regierungen richten«. In gleichlautenden Schreiben wandte sich Frings über die drei Oberkommandierenden an die Regierungen der USA, Großbritanniens und Frankreichs[277]: »Wir müssen die alliierten Regierungen darauf aufmerksam machen, dass sich der durch die Demontage betroffenen Bevölkerung eine geradezu verzweifelte Stimmung bemächtigt hat. Man möge sich auch klar sein über die psychologische Wirkung, die es auf eine infolge der Demontage arbeitslose Arbeiterschaft haben muss, wenn sie gezwungen ist mit anzusehen, wie ihre Arbeitsstätten, die ihr und ihrer Familie eine Existenz sicherten, vor ihren Augen zerstört würden ...«. Die Gefahr einer gefährlichen Radikalisierung sei dann nicht auszuschließen[278].

In kluger Weise respektierte Frings die Grenzen der Kompetenz der Bischöfe: »Wir nehmen keine Stellung zu den hinter der Demontage stehenden wirtschaftlichen oder politischen Überlegungen; wir stellen auch durchaus nicht eine Reparationspflicht des deutschen Volkes in Abrede. Wovor wir aber mit allem Nachdruck warnen müssen, ist die Unbilligkeit und Härte, die darin liegt, dass wieder die arbeitende Bevölkerung, die ohnehin schon schwer zu ringen hat und so viele Opfer bringen muss, die Hauptlast dieser Reparationsleistung zu tragen hat«. Zum Schluss äußerte Frings die Hoffnung, »dass auch in dieser schwierigen Frage eine Lösung

---

276 Protokoll (von Frings am 10. Juli 1949 unterschrieben): HAEK – CR II 2.19, 6 bzw. 7.

277 Frings »im Namen der in Hardehausen versammelten Bischöfe Westdeutschlands« an die Regierungen der Westmächte durch deren Oberkommandierende am 15. Juni 1949 (Abschrift): HAEK – CR II 25.18, 15.

278 Wie noch mehrfach in diesen Wochen vor der ersten Bundestagswahl im August 1949 äußerte Frings (aus Überzeugung oder aus taktischen Gründen?) die Befürchtung, die Demontage werde radikalen und zumal kommunistischen Kräften Auftrieb geben.

gefunden wird, die den berechtigten Interessen aller Beteiligten ebenso wie dem friedlichen Aufbau Europas und der Welt dient«.

Lediglich vom stellvertretenden US-Militärgouverneur, General Hays, erhielt Frings eine belehrende Antwort, die er seinen Mitbischöfen in Übersetzung zukommen ließ[279]: Das nun schon mehrfach gemilderte Reparationsprogramm habe den Sinn gehabt, »jene Nationen im Aufbau einer lebensfähigen Wirtschaftsgrundlage zu unterstützen, die während des Krieges freventlich und schwer geschädigt worden sind«. Die den Deutschen zugemutete Belastung stehe »in der Tat in einem sehr geringen Verhältnis zu jenen Belastungen ..., welche die Empfänger-Nationen als Folge der kriegerischen Angriffe auf sich zu nehmen hatten ... Die Erleichterung dieser Härten jedoch ist im wesentlichen das Problem einer sozialen und wirtschaftlichen Neuordnung und Neuverteilung, und die Ergreifung der notwendigen Maßnahmen zur Lösung dieses Problems ist eine Aufgabe, die eigentlich dem deutschen Volke selbst zukommt ...«.

Das für die deutsche Seite Empörende am Demontageprogramm der Alliierten war allerdings nicht die Wiedergutmachung angerichteten Schadens und die gerechte Verteilung der daraus erwachsenden Lasten, sondern die Sinnlosigkeit der Industriedemontage zu diesem Zwecke. Frings erhielt in dieser Frage zunehmend Informationen von Industriellen oder auch vom Leiter der Treuhandverwaltung der Eisen- und Stahlindustrie der Bizone, Heinrich Dinkelbach in Düsseldorf[280]. So wurde ihm nach der Rückkehr aus Hardehausen am 16. Juni 1949 eine knappe, aber präzise Denkschrift eines Vorstandsmitgliedes der Klöckner-Werke in Duisburg zugespielt[281]. Darin war der Wert des Washingtoner Abkommens vom April relativiert. Von den acht weiterhin zur Demontage bestimmten Unternehmen gehörten fünf der Stahlindustrie, drei dem (Kohle)chemischen Bereich an[282]. Für diese Stahlwerke (Klöckner-Werke AG, Düsseldorf; Bochumer Verein, Gussstahlwerk, Bochum; Deutsche Edelstahlwerke, Bochum; Niederrheinische Hütte, Duisburg-Hochfeld; Hoesch

---

279 Hays an Frings 5. Juli 1949 (Original und deutsche Übersetzung mit Versendungsvermerk an die westdeutschen Ordinarien vom 12. Juli 1949): HAEK – CR II 25.18, 17.

280 Heinrich Dinkelbach (1891–1967), Vorstandsmitglied der Vereinigten Stahlwerke Düsseldorf, 1948 Leiter der Treuhandverwaltung der Eisen- und Stahlindustrie der Bizone: DBE 2, 1995, S. 552. Frings telegraphierte z. B. am 18. Juni 1949 an Dinkelbach zugunsten des Erhalts der Henrichshütte in Hattingen. Hs. Entwurf: HAEK – CR II 25.18, 15.

281 Abschrift ohne Verfasserangabe: HAEK – CR II 25.18, 15; dort eine Notiz Domvikar Hermann Jansens für Dr. Berndorff vom 19. Juni 1949: »Anliegende ›Denkschrift‹ gab heute Herr Direktor Dr. Forsbach aus Duisburg, Klöcknerhaus (...) hier ab«.

282 Es handelte sich um Anlagen, in denen man während des II. Weltkrieges die Gewinnung von Benzin aus Kohle entwickelt hatte, daher die Einstufung unter »Kriegsindustrie«. Die nachfolgenden Angaben sind der Denkschrift Forsbach entnommen.

AG, Hohenlimburg) »sowie für die August-Thyssen-Hütte, Duisburg-Hamborn, für die der Humphrey-Ausschuss ebenfalls eine Sonderregelung vorgeschlagen hatte, und die vier stahlerzeugenden Betriebe, die ohnehin ganz oder teilweise auf der Demontageliste verblieben waren, nämlich: Ruhrstahl AG, Hattingen; Hoesch AG, Dortmund; Dortmund-Hoerder-Hüttenverein, Werk Hoerde; Reichswerke Watenstedt« sollten dem deutschen »Reparationskonto« 113 Millionen DM gutgeschrieben werden. Der Wiederbeschaffungswert betrage 982 Millionen DM. »Die für die Demontage aufzuwendenden Kosten belaufen sich auf 117 Millionen DM. Der Reparationswert entspricht also nur 11,5 % des Wiederbeschaffungswertes, während die Demontagekosten den auf [dem] Reparationskonto zu vergütenden Wert mit ca. 5 % überschreiten ... Diese Zahlen geben einen Begriff von dem wirtschaftlichen Widersinn und dem Ausmaß der Zerstörung. – Die Verhältnisse bei den betroffenen Werken der Kohleveredlung und Chemie liegen ähnlich«. Die sozialen Schäden (30.000 Arbeitslose, Verlust von Altersversorgung etc.) waren ähnlich eindrucksvoll geschildert.

Frings war davon so beeindruckt, dass er am folgenden Tag beschloss, die Denkschrift Pius XII. mit der Bitte um eine Intervention zuzuleiten. Er schrieb dem Papst[283]: »Die Bevölkerung des Ruhrgebietes, in das kirchlich die drei Diözesen Münster, Paderborn und Köln sich teilen, ist augenblicklich in großer Erregung wegen der im Gange befindlichen Demontagen, insbesondere von Stahlwerken und Werken für chemische Kohleverarbeitung. Bei dem großen Interesse und der herzlichen Anteilnahme, die Ew. Heiligkeit stets gegenüber den deutschen Fragen gezeigt haben, nehme ich mir die Freiheit, eine Beleuchtung der Demontagefrage von deutscher Seite aus und besonders in ihrer sozialen Auswirkung, die mir gestern von gut unterrichteter Seite zuging, an Ew. Heiligkeit weiterzureichen«. Wie ein Brief von Nuntius Muench vom 24. November 1949 erkennen lässt[284], hat das päpstliche Staatssekretariat sich mehrfach auf diplomatischem Wege bemüht, »um in der Frage der Demontage deutscher Betriebe eine günstigere Entscheidung zu erreichen«. Die Schwierigkeiten seien erheblich gewesen. Doch äußerte Muench – zwei Tage nach dem Petersberger Abkommen – die Vermutung: »Immerhin ist es nicht ausgeschlossen, dass die nunmehr versprochenen Milderungen unter anderem auch den Interventionen des Heiligen Stuhles in etwa gedankt werden könnten«.

---

[283] Frings an Pius XII. 17. Juni 1949 (hs. Entwurf): HAEK – CR II 25.18, 15.

[284] Muench (»Regent d. Ap. Nuntiatur in Deutschland«) an Frings 24. November 1949: HAEK – CR II 25.18, 18.

Doch im Juni 1949 erreichte die Angst der Bevölkerung vor Demontage und Arbeitslosigkeit noch einmal einen Höhepunkt. Am 22. Juni schrieb der Betriebsrat der Dortmunder Paraffinwerke (Hoesch-Benzin) an Frings[285]: »... Wir sind der Meinung, dass die kirchlichen Würdenträger bei den Westmächten einen derartig starken Einfluss haben, die Demontage doch noch in letzter Minute abzuwenden ... Im Namen unserer Belegschaft bitten wir Sie, sich auch weiterhin mit der Kraft Ihrer Person für die Erhaltung der Kohleveredlungsanlagen einzusetzen ...«. In den gleichen Tagen hatte der Kardinal Belegschaftsvertreter der Henrichshütte in Hattingen empfangen und sich über die sozialen Auswirkungen beabsichtigter und im Gang befindlicher Demontagemaßnahmen unterrichten lassen[286].

Am 9. Juli 1949 besuchte Frings General Robertson auf dessen Bitte hin auf Schloss Röttgen[287]. Hauptthema war neben der Flüchtlingsfrage die Industriedemontage. Frings erklärte knapp und deutlich:

1. Vom Standpunkt der Völkerverständigung [aus] wirkt sich die [Demontage-]Anordnung vier Jahre nach Kriegsende verheerend bei der Bevölkerung aus.
2. Die durch die Demontage arbeitslos werdenden Menschen einschließlich ihrer Familien müssen zwangsläufig radikalen Elementen zum Opfer fallen (Gefahr des Kommunismus)[288].
3. Vom wirtschaftlichen Standpunkt [aus] ist heute, anders als 1945, die Verkoppelung der zwei Momente: Verringerung der Leistungsfähigkeit der Industrie und Reparationsleistungen an durch Deutschland kriegsgeschädigte Länder ein Widersinn. In den westlichen Ländern besteht *heute* nachweislich kein Bedarf an demontierten deutschen Werken.
4. In [den] USA und auch in England werden immer mehr gewichtige Stimmen laut, die die Demontage ablehnen«.

Robertson ließ die Argumente des Kardinals zum Teil gelten, erklärte aber: »Die Beschlüsse der englischen Regierung wegen der Demontage

---

285 »Der Betriebsrat der Dortmunder Paraffinwerke (früher Hoesch-Benzin)« an Frings 22. Juni 1949: HAEK – CR II 25.18, 15.

286 Ruhrstahl Aktiengesellschaft Henrichshütte, Hattingen (Werksleitung), an Frings 25. Juni 1949: »Eure Eminenz hatten die Güte, Belegschaftsmitglieder unseres Werkes zu empfangen ...«: HAEK – CR II 25.18, 15.

287 Protokoll über die Besprechung Kardinal Frings' mit General Robertson 9. Juli 1949 (Dr. Berndorff): HAEK – CR II 25.18, 17.

288 Zu dem Argument, die Demontage führe zu einer Radikalisierung der Menschen bzw. zum Kommunismus vgl. oben S. 328 mit Anm. 278. – Bei der Bundestagswahl vom 14. August 1949 errang die KPD jedoch nur 5,7 % der Wählerstimmen, 15 von 402 Mandaten des Bundestages: R. MORSEY, Bundesrepublik, I. Geschichte, in: STAATSLEXIKON, Bd. 1, ^{7}1985, S. 936 ff.

sind endgültig; die Militärregierung ist gezwungen, sie durchzuführen ...«.

Es war schon ein Stück gezielter Politik des Zentralkomitees der deutschen Katholiken und des Vorsitzenden der Bischofskonferenz, in der Situation des Sommers 1949 den 73. Deutschen Katholikentag unter dem Leitwort »Gerechtigkeit schafft Frieden« im Ruhrgebiet, näherhin in Bochum, zu veranstalten[289] und die zentralen Veranstaltungen großenteils in einer Werkshalle des Bochumer Vereins abzuhalten, die zur Demontage für Jugoslawien bestimmt war. Auf Bitten von Stadt Bochum und Werksvertretern setzte sich Frings für den Erhalt der Halle ein[290]. Am 24. Oktober 1949 teilte General Bishop Frings mit, durch eine gleichwertige Stahllieferung habe der Erhalt der Halle gesichert werden können[291]. Frings erwiderte: » ... Es freut mich, dass der Hohe Kommissar meiner Intervention stattgegeben hat«.

Inzwischen war die erste Bundesregierung im Amt. Wie schon in anderen Zusammenhängen deutlich wurde, so trat auch in der Demontagefrage Frings sofort aus seiner Sprecherrolle bei den Alliierten zurück. Am 29. November schrieb ihm Bundeskanzler Adenauer[292]: »Sie waren so freundlich, mir einen an Sie gerichteten Antrag des Betriebsrats der Dortmunder Paraffinwerke Hoesch in Dortmund auf Freigabe von der Demontage zu übersenden. Nach dem Wortlaut der auf dem Petersberg getroffenen Abmachungen vom 22. November1949 ist auch dieses Industriewerk von der Demontageliste abgesetzt worden ...«. In der Antwort des Kardinals vom 5. Dezember 1949 floss der Brief des Nuntius vom 24. November ein[293]: »Zu Ihren großen Erfolgen in der Frage des Demontagestops, durch die vielen tausend deutschen Arbeitern die Arbeitsplätze erhalten wurden, sage ich Ihnen aufrichtigen und herzlichen Glückwunsch. Auch der Heilige Stuhl wird sich dieses Erfolges freuen, denn wie ich bestimmt weiß, hat er verschiedentlich diplomatische Schritte unternommen, um einer Milderung in dieser Frage vorzuarbeiten«.

In kaum einer anderen Frage sind die Dankesbekundungen an den Kölner Kardinal für seinen Einsatz bei den Alliierten so zahlreich greifbar wie

---

289 Vgl. GENERALSEKRETARIAT DES ZENTRALKOMITEES DER DEUTSCHEN KATHOLIKENTAGE (Hrsg.), Gerechtigkeit schafft Frieden. Der 73. Deutsche Katholikentag vom 31. August bis 4. September 1949 in Bochum, Paderborn o. J. (1949).

290 Korrespondenz: HAEK – CR II 25.18, 19.

291 Bishop an Frings 24. Oktober 1949 (engl. Original mit deutscher Übersetzung durch das Büro des Generals): HAEK – CR II 25.18, 19. Ebd. der paraph. Entwurf der Antwort von Frings an Bishop vom 11. November 1949.

292 Adenauer an Frings 29. November 1949 (Original): HAEK – CR II 25.18, 18.

293 Vgl. oben S. 330 mit Anm. 284. – Frings an Adenauer 5. Dezember 1949 (paraph. Durchschrift): HAEK – CR II 25.18, 18.

in der Demontageproblematik. Am 30. November 1949 schrieben ihm Oberbürgermeister und Oberstadtdirektor von Duisburg[294]: »In den Bemühungen um die Abwendung der Demontage bei der August-Thyssen-Hütte und der Hütte Niederrhein haben Sie wiederholt wertvollste Hilfe geleistet«. Nachdem nun ein Demontagestop erreicht sei, sei es ein Bedürfnis, Kardinal Frings »den besten Dank der Stadt Duisburg auszusprechen«. Vorstand und Betriebsrat der Klöckner-Werke AG, Düsseldorf, schrieben am 3. Dezember[295]: »Werksleitung, Betriebsrat und Belegschaft der Klöckner-Werke AG danken tiefbewegt ganz besonders auch Ihnen für Ihre erfolgreichen Bemühungen um die Abwendung der Demontage und die Erhaltung der Arbeitsplätze ...«. Der Vorstand der Ruhrchemie AG in Oberhausen-Holten dankte am 22. Dezember für die Unterstützung im Kampf um den Erhalt der Fischer-Tropsch-Anlage[296]: »Wir sind davon überzeugt, dass das warme persönliche Eintreten Ew. Eminenz in dieser auch für unser Unternehmen so bedeutungsvollen Frage und der mehrfache Appell an das Gewissen der Christenheit in der ganzen Welt dazu beigetragen hat (!), dass unser Kampf nicht umsonst war«.

8. Zusammenfassung

Die dargestellten Beispiele des Eintretens von Kardinal Frings für Belange der regierungslosen deutschen Bevölkerung bei den Besatzungsmächten – sei es bei den Briten für Belange der Menschen in Stadt und Erzbistum Köln, sei es als Vorsitzender des deutschen Episkopates bei anderen Besatzungsmächten und deren Regierungen – stellen nur eine Auswahl dar. Der Kardinal war auch in unzähligen Einzelanliegen, die ihm berechtigt und hinreichend wichtig erschienen, bereit, eigenhändig zur Feder zu greifen und seinen Einfluss zugunsten der Menschen geltend zu machen. Angesichts der noch vorhandenen Aktenbestände wird deutlich, dass der Erzbischof einen nicht unwesentlichen Teil seiner Arbeitskraft und seiner Zeit diesem unter normalen Verhältnissen nicht in seine Zuständigkeit fallenden Komplex zuwandte.

Den verschiedenen Interventionen ist bisweilen anzumerken, dass er diese außergewöhnliche Aufgabe entschieden und – zumal bei Erfolgen –

294 Stadt Duisburg (Oberbürgermeister Seeling, Oberstadtdirektor Klimpel) an Frings 30. November 1949: HAEK – CR II 25.18, 18.

295 Klöckner-Werke AG, Werk Düsseldorf (Direktion und Betriebsrat), an Frings 3. Dezember 1949: HAEK – CR II 25.18, 18.

296 Ruhrchemie AG (Der Vorstand), Oberhausen-Holten, an Frings 22. Dezember 1949: HAEK – CR II25.18, 18.

auch mit Freude wahrgenommen hat. Um so bemerkenswerter war seine Bereitschaft, die Aufgabe auch wieder aus der Hand zu geben. Als die Bundesrepublik Deutschland errichtet war und in der ersten Bundesregierung eine berufene staatliche Autorität zur Verfügung stand, hat Kardinal Frings keinen Augenblick gezögert, sich aus der Vertretung politischer Anliegen zurückzuziehen. Aus der Rückschau des Ruhestandes schrieb Frings 1973[297]: »Um diese Zeit fand in Siegburg die Übertragung der Reliquien des heiligen Erzbischofs Anno von Köln auf den Michelsberg statt ... Oben im Klosterhof hielt ich eine Ansprache. Es waren auch Vertreter der englischen Behörden anwesend. Ich führte aus, der heilige Anno sei nicht nur Erzbischof von Köln gewesen, sondern habe auch zeitweise die hohen politischen Ämter eines Reichskanzlers und eines Reichsverwesers bekleidet. Wenn es erlaubt sei, minora majoribus zu vergleichen, so könnte ich sagen, mir sei in den letzten Jahren eine Aufgabe zugefallen, die sich eigentlich nicht aus meinem Amt ohne weiteres ergab. Ich sei so etwas wie der Sprecher des deutschen Volkes, speziell unserer Länder und der Bundesrepublik, gegenüber den Besatzungsbehörden geworden. Ich würde aber in Zukunft zu Fragen politischer Art nur noch sprechen, wenn es ratione peccati nötig sei, das heißt, wenn ich es aus sittlichen Gründen für nötig hielte, das Wort zu ergreifen«.

Das vorhandenen Stichwort-Manuskript zu dieser Ansprache rekapituliert die Themenbereiche, in denen Frings in den zurückliegende Jahren bei den Besatzungsbehörden vorgesprochen hatte, und ergänzt die Memoiren[298]: »Bundespräsident [ge-]sagt: Freue mich, dass Deutschland wieder [ein] Haupt [hat], das im Namen aller sprechen kann. Kirche entlastet von Aufgaben, die nicht zu ihren Wesensaufgaben gehören. Wieder mehr auf ihr eigentl[iches] Gebiet konzentrieren«. In der Tat gab es genügend kirchliche Aufgaben, die in der Aufbauphase der Nachkriegszeit auf die Tatkraft des Kölner Erzbischofs warteten.

---

297 J. FRINGS, Für die Menschen bestellt, S. 109.– Zur Würdigung der Sprecherrolle von Frings vgl. W. J. BÖHLER, Katholische Kirche und Staat in Deutschland, in: Politische Bildung 44, 1953, S. 122-146, hier: S. 135.

298 Hs. Manuskript Frings' »Übertragung d. Reliquien d. hl. Anno auf den Michelsberg in Siegburg 25. September 49«: HAEK – CR II 2.18g, 2.

VII. KAPITEL

EINFLUSSNAHMEN AUF DIE NEUGESTALTUNG VON STAAT UND GESELLSCHAFT NACH 1945

1. Die Rolle des Prälaten Wilhelm Böhler

Es gehört zu den Stärken von Josef Kardinal Frings, dass er sich von Beginn seines bischöflichen Wirkens an der Grenzen seiner Kompetenz in zahlreichen Detailfragen der von ihm zu verantwortenden Schritte und Entscheidungen bewusst war und kompetente Ratgeber jederzeit zuließ oder bewusst suchte. Das galt insbesondere für die gesellschaftlichen und politischen Fragen, in denen er mit den alliierten Militärbehörden und zunehmend mit deutschen Autoritäten zu verhandeln hatte.

Zu den Militärs ging Frings – wohl zur unangenehmen Überraschung seiner Gesprächspartner – stets gut informiert, ganz gleich, ob es sich um Ernährungsprobleme der ersten Nachkriegsjahre, um die Methoden der Flüchtlingstransporte, der Verhaftung arbeitsfähiger Jugendlicher in der Sowjetzone oder um die Reduzierung des alliierten Demontageprogramms für Westdeutschland handelte.

Manche seiner Ratgeber und Informanten fand oder suchte Frings aus gegebenem Anlass – etwa Vorstände oder Betriebsräte aus dem Industriebereich in der Demontagefrage oder die Mitglieder des Arbeitskreises über die Vertriebenenproblematik, der sich im Sommer 1949 in seinem Hause versammelte. Andere Informanten und Ratgeber kannte er aus früheren, zum Teil biographischen Zusammenhängen. Das galt vor allem für seinen Studienfreund Heinrich Wienken, der als Commissarius der Fuldaer Bischofskonferenz in Berlin über Jahre für Frings ein vertrauenswürdiger Informant über die Entwicklungen im Osten Deutschlands war[1].

Bei vielen Ratgebern und wichtigen Mitarbeitern ist nicht zu ermitteln, wie der Erzbischof auf sie gestoßen ist. Ältere Priester des Erzbistums berichten bis heute, Frings habe während der ersten Bischofsjahre den Spitznamen »Josef Ben David« gehabt, weil er sich von seinem ersten, schon unter Kardinal Schulte bewährten Generalvikar Emmerich David habe beraten und führen lassen[2].

So dürfte auf David auch die frühe Entdeckung und Heranziehung des für den politischen und gesellschaftlichen Bereich bis 1958 entscheiden-

1 Zu Heinrich Wienken (1883–1961) s. o. S. 22 f. mit Anm.16.
2 Zu Emmerich David (1882–1953) s. o. S. 46 mit Anm. 29.

den Ratgebers und Mitarbeiters Wilhelm Böhler zurückgehen[3]. Bereits wenige Monate nach seiner Bischofsweihe machte Frings den vergeblichen Versuch, die Zustimmung des NS-Staates zu Böhlers Berufung in das Kölner Domkapitel zu erreichen[4]. Da der langjährige Pfarrer und Seminarregens Frings Böhler bis dahin kaum persönlich gekannt haben dürfte, kann das Interesse des jungen Erzbischofs an diesem in den Nachkriegsjahren so entscheidenden Mitarbeiter nur durch Generalvikar David geweckt worden sein.

Wilhelm Böhler war 1920 nach nur fünf Priesterjahren in der Seelsorge zum Generalsekretär der Katholischen Schulorganisation Deutschlands und der Bischöflichen Zentrale für die Ordensschulen in Düsseldorf berufen worden. Er hat diese beiden Stellen erst aufgebaut und mit befähigten, meist jungen wissenschaftlich gebildeten und interessierten Referenten ausgestattet, die nach 1933 mit ihm von den Nationalsozialisten belangt wurden und nach 1945 wieder seine Mit- und Zuarbeiter in Köln und Bonn wurden[5].

Als Frings Böhler im Oktober 1945 zum Domkapitular und Leiter der Schulabteilung seines Generalvikariates berief, war zu erahnen, dass nach dem Zusammenbruch des NS-Regimes eine Neugestaltung des Schulwesens anstand, auf die die Kirchen Einfluss zu nehmen versuchen mussten. Doch konnte noch niemand die Einzelheiten der kommenden Entwicklung überschauen, für die Böhler durch seine Düsseldorfer Erfahrungen der zwanziger und dreißiger Jahre wie kein anderer qualifiziert war.

Schon nach dem I. Weltkrieg hatten nämlich Sozialisten und Liberale trotz der vorläufigen Sicherung der Bekenntnisschule in der Reichsverfassung bis zum Erlass eines »Reichsschulgesetzes« versucht, über dieses noch ausstehende Gesetz die konfessionellen Schulen zu verdrängen[6].

---

[3] Zu Wilhelm Böhler (1891–1958) s. o. S. 94 f. mit Anm. 40; neuestens: E. GATZ, in: E. GATZ, Bischofslexikon 1945-2001, S. 281 f.; Frings über sein persönliches Verhältnis zu Böhler und dessen Bedeutung in der Nachkriegszeit: J. FRINGS, Für die Menschen bestellt, S. 103-105. Die nachfolgende Darstellung stützt sich auf B. VAN SCHEWICK, Böhler.

[4] S. dazu oben S. 94 f. mit Anm.40.

[5] Dazu: B. VAN SCHEWICK, Böhler, S. 200; P. WESTHOFF, Aufbau der Katholischen Schulorganisation, in: B. BERGMANN/J. STEINBERG, In memoriam Wilhelm Böhler, S. 30-36. Westhoff nennt namentlich: P. Dr. Josef Schröteler SJ, Dr. Wilhelm Offenstein (später Generalvikar in Hildesheim), Bernhard Bergmann (später Staatssekretär im Düsseldorfer Kultusministerium), Dr. Johannes Knümann, Dr. Mathias Lichius (später wie Westhoff im Kölner Generalvikariat tätig), Dr. Aloys Henn, Dr. Maria Kintzinger, Dr. Franz Ranft, Dr. R.A. Keller und sich selbst (S. 31 f.).

[6] Vgl. L. RICHTER, Kirche und Schule in den Beratungen der Weimarer Nationalversammlung (= Schriften des Bundesarchivs, Bd. 47), Düsseldorf 1996. – Die nachfolgende Darstellung folgt B. VAN SCHEWICK, Böhler, S. 201.

1 Josef Frings im Kreis seiner Familie (v. l. n. r.: Peter, Heinrich, Vater Heinrich, Anna, Alfons, Josef, Mutter Maria geb. Sels, Elisabeth)

2 Als Student des Canisianums in Innsbruck.

3 Dr. Josef Frings in der Zeit als Pfarrektor in (Köln-)Fühlingen (1915-1922).

4 Pfarrer Dr. Frings an St. Joseph in Köln-Braunsfeld (1924-1937).

5 Regens Dr. Frings mit dem Kollegium des Priesterseminars (1937-1942). Obere Reihe: Prof. Dr. Joseph Klein, Spiritual Heinrich Fritsch, Prof. Dr. Carl Feckes, Assistent Dr. Heinrich Berresheim; untere Reihe: Prof. Dr. Johannes Ballof, Regens Dr. Josef Frings, Subregens Wilhelm Kutsch.

6 Der Erzbischof Frings nach seiner Bischofsweihe am 21. Juni 1942 mit seinen Konsekratoren (v.l.n.r. Weihbischof Joseph Hammels, Nuntius Cesare Orsenigo, Erzbischof Frings, Weihbischof Wilhelm Stockums).

7 Erzbischof Frings nach seiner Bischofsweihe auf dem Balkon des Erzbischöflichen Palais an der Gereonstraße.

8 Erzbischof Frings kurz nach seiner Bischofsweihe.

9 Generalvikar Dr. Emmerich David (1942-1952).

10 Dr. Robert Grosche, Stadtdechant in Köln (1943-1967)

11 Prälat Wilhelm Böhler (1891-1958) in seinem letzten Lebensjahr.

12 Generalvikar Dr. h.c. Joseph Teusch (1952-1969).

13 Erzbischof Frings am 10. März 1946 beim Empfang anlässlich der Rückkehr von der Erhebung zum Kardinal in Köln-Hohenlind.

14 Der Erzbischof hilft Jugendlichen bei der Trümmerbeseitigung.

15 Kardinal Frings zu Besuch bei deutschen Kriegsgefangenen in Großbritannien im September 1946 (rechts außen Geheimsekretär Dr. Paul Berndorff).

16 Der Legat des Papstes beim Domfest 1948, Clemente Kardinal Micara.

17 Die Kardinäle Micara und Frings werden zur Schreinsprozession 1948 in Köln-Hohenlind abgeholt.

18 Kardinal Frings in Cappa magna während der Schreinsprozession beim Domfest 1948.

19 Die Schreinsprozession mit dem Dreikönigsschrein vor den Ruinen des Altermarkts und des Rathauses in Köln 1948.

20 Ehrentribüne bei der Kundgebung im Müngersdorfer Stadion anlässlich des Domfestes 1948 (v.l.n.r.: Kardinäle Frings, Micara, Faulhaber, Innitzer).

21 Die Kölner Dombauhütte anlässlich des Domfestes 1948; in der Mitte Diözesan- und Dombaumeister Willy Weyres und Domkapitular Franz Müller, der spätere Direktor des Katholisch-Sozialen Instituts in Bad Honnef.

22 Kardinal Frings auf dem Mainzer Katholikentag 1948.

23 Prälat Wilhelm Böhler, Kardinal Frings und Domkapiturlar (später Weihbischof) Wilhelm Cleven auf dem Mainzer Katholikentag 1948.

24 Kardinal Frings mit Prälat Wilhelm Böhler.

25 Kardinal Frings mit Geheimsekretär Dr. Fritz van der Grinten (1951-1955), Kölner Germanikern und Kölner Priestern des Anima-Kollegs bei einer Audienz bei Pius XII.

26 Kardinal Frings beim jährlichen »Aschermittwoch der Künstler«, hier 1959 mit Kardinal Giacomo Lercaro von Bologna als Ehrengast.

27 Ein Höhepunkt der »Pereginatio Mariae« durch das Erzbistum anlässlich des »Marianischen Jahres 1954« war die Krönung der Fatima-Madonna durch den Erzbischof im Kölner Dom.

28 Die Ehrentribüne beim Hauptgottesdienst des Kölner Katholikentages 1956 auf dem Station-Nordfeld (v.l.n.r.: Nuntius Muench, Oberbürgermeister Schwering, Kardinal Wendel, Bundeskanzler Adenauer, Legat Adeodato Giovanni Kardinal Piazza, Kardinal Frings).

29 Die Gründungsfeier des Bistums Essen am 1. Januar 1958: Der 1. Bischof von Essen, Dr. Franz Hengsbach, umgeben von den Bischöfen der »Mutterdiözesen« - v. l.: Weihbischöfe, Stadtdechant Heinrich Schwering (Duisburg), in der Mitte: Bischof Dr. Franz Hengsbach (Essen), neben ihm nach rechts: Kardinal Frings (hinter diesem: Geheimsekretär Dr. Luthe, 1992 2. Bischof von Essen), Prälat Wilhelm Böhler, Bischof Michael Keller (Münster), Erzbischof Lorenz Jaeger (Paderborn).

30 Kardinal Frings als Bergsteiger am 17. Juli 1953 mit Dechant Jakob Clemens (Köln-Riehl) und einem Schweizer Bergführer auf dem Allalinhorn (Wallis), 4027 m.

31 Auf der Gebirgstour zum Allalinhorn am 17. Juli 1953.

32 Weihbischof Cleven, Kardinal Frings, Prälat Rudolf Peifer in Engelberg bei einer der späten Urlaubsreisen.

Böhler hatte mit seinen Düsseldorfer Mitarbeitern alle Formen der wissenschaftlichen, publizistischen und diplomatischen Auseinandersetzung wirksam eingesetzt. Die Elternzeitschrift »Elternhaus, Schule und Kirche« etwa hatte 1931 eine Auflagenhöhe von 150.000 erreicht. Welchen Beitrag die Katholische Schulorganisation und ihre Initiativen auf breitester Basis »zur Mobilisierung der Eltern leisteten, wurde 1922/23 bei einer Unterschriftensammlung, die als ›machtvolle Kundgebung‹ die Bemühungen der katholischen Politiker um die Bekenntnisschule unterstützen sollte, deutlich: Von den 11 Millionen wahlberechtigter Katholiken trugen sich 8,9 Millionen in die Listen der Schulorganisation ein«.

Schon in den zwanziger Jahren ging es neben der Sicherung der Bekenntnisschule um die Privatschulen in kirchlicher Trägerschaft und um den Ausbau des Religionsunterrichts an den Berufsschulen. Die Zentrumsfraktion hatte 1927 auf die letzte gesetzliche Absicherung der Bekenntnisschule verzichtet, weil sie eine Abstimmungsniederlage im Reichstag befürchten musste. Böhler hatte sich damit abgefunden. »Wir können im modernen Staat ... unsere Bekenntnisschule nicht retten und sichern, wenn wir anderen die Schule, die sie aus Gewissensgründen fordern zu müssen glauben, verweigern«[7], so sagte er. Schon in dieser Zeit entwickelte er die später so entscheidende Fähigkeit, das unter den gegebenen politischen Verhältnissen Mögliche abzusichern.

Nach der Machtergreifung durch die Nationalsozialisten war Böhler auf Dauer in seiner politisch brisanten Düsseldorfer Tätigkeit nicht zu halten. Seine 1935 erfolgte Ernennung zum Pfarrer der Großpfarrei St. Mariä Himmelfahrt in Essen-West ersparte ihm (und verschiedenen seiner Mitarbeiter) zwar nicht eine zweimonatige »Schutzhaft« der Gestapo im Jahre 1938, hinderte ihn aber auch nicht, im März 1937 in Essen eine Unterschriftensammlung zugunsten des Erhalts der Bekenntnisschulen durchzuführen, bei der sich 80 % der befragten Eltern für die Bekenntnisschule aussprachen[8].

Aus der Rückschau muss man feststellen: Böhler war 1945 für seine bevorstehenden Aufgaben bestens vorbereitet, ja, geradezu in den Gebrauch der entscheidenden Instrumente eingeübt. Der Versuch, die Kölner Schulabteilung und das Pfarramt in Essen miteinander zu verbinden, sollte nur wenige Monate dauern. Im Mai 1946 siedelte Böhler ganz nach Köln über.

---

7 B. van Schewick, Böhler, S. 202.

8 Ebd., S. 203 f.

2. Die Beziehungen zwischen Erzbischof Frings und Konrad Adenauer

Für die Möglichkeiten kirchlicher Einflussnahme auf die politischen und gesellschaftlichen Neuanfänge nach 1945 waren neben Prälat Böhler die persönlichen Beziehungen zwischen dem Erzbischof und der entscheidenden politischen Gestalt dieser Jahre, dem früheren Kölner Oberbürgermeister und späteren ersten Bundeskanzler Konrad Adenauer, von besonderer Bedeutung[9].

Adenauer hatte in seiner Oberbürgermeisterzeit vor 1933, ohne zu Frings' Braunsfelder Pfarrei zu gehören, mit seiner Familie den Sonntagsgottesdienst in St. Joseph besucht. Pfarrer Frings hatte zwei der jüngeren Kinder der Familie zur Erstkommunion geführt. Dadurch hatte sich ein wohlwollend-freundschaftliches, jedoch die beiderseitige Unabhängigkeit wahrendes persönliches Verhältnis entwickelt. Den in seinem Rhöndorfer Haus ständig von der Gestapo überwachten Adenauer hat es nach 1940 etwas verwundert, dass der im benachbarten Honnef lebende Seminarregens Dr. Frings nicht einmal einen Spaziergang nach Rhöndorf zu Adenauers Haus wagte. Der Grund dürfte in der Sorge des Regens vor weiterer Gefährdung seines Seminars gelegen haben, vielleicht auch in der von Kardinal Schulte nahegelegten politischen Abstinenz. Adenauer erhielt wie selbstverständlich eine Einladung zur Bischofsweihe am 21. Juni 1942, musste aber aus verständlichen Gründen absagen, an der Feier teilzunehmen, »die meine wärmsten Wünsche begleiten«[10]. Als Adenauer anlässlich der »Gewitteraktion« im August 1944 verhaftet wurde, gehörte er zu den namentlich genannten Persönlichkeiten, für die Frings seinen Freund Wienken am 31. August 1944 um Vorsprache im Reichssicherheitshauptamt in Berlin bat[11].

Die Beziehung zwischen beiden nahm eine neue Qualität an, als sie nach Rückkehr des Erzbischofs in seine Bischofsstadt im April 1945 und der Berufung Adenauers zum Oberbürgermeister von Köln durch die Amerikaner für einige Monate beide im St. Elisabeth-Krankenhaus in Köln-Hohenlind Wohnung fanden. Der Wertung von Rudolf Morsey ist zuzustimmen: »Aus dieser räumlichen Nähe erklärt sich, dass in diesen Monaten keine Korrespondenz zwischen ihnen gewechselt – jedenfalls

---

[9] Dazu: R. Morsey, Adenauer und Kardinal Frings 1945–1949; J. Kardinal Frings, Erinnerungen an Konrad Adenauer. – Einzelne Angaben Morseys wurden ergänzt durch persönliche Mitteilungen von Dr. Paul Adenauer, Bergisch Gladbach.

[10] Vgl. dazu oben S. 76 mit Anm. 76.

[11] Vgl. oben S. 108 f. mit Anm. 85.

bisher keine bekannt geworden – ist. Für ihr offensichtlich gutes Verhältnis spricht, dass der Erzbischof Anfang Juni 1945 dem Oberbürgermeister die Denkschrift eines Mitarbeiters (Paul Westhoff) über die Notwendigkeit des Wiederaufbaus der Bekenntnisschule und des Privatschulwesens zuleitete«[12].

Morsey hat bereits 1983 vor einer Überbewertung wie einer Fehlinterpretation der Beziehung Adenauers zu Frings gewarnt: Der Name des Kölner Kardinals taucht weder in Adenauers Memoiren (1965/68) noch in der autorisierten Biographie von Paul Weymar (1955) auf. Die von Journalisten aufgebaute Legende, Adenauer habe den Kardinal mit »Herr Frings« angeredet, erweist sich aus dem Schriftwechsel als unhaltbar. Die Briefanrede Adenauers lautete »Sehr verehrte [oder: Hochverehrte] Eminenz«. Frings seinerseits sprach in seinen Briefen Adenauer als »Herr Vorsitzender«, »Herr Präsident« oder »Herr Oberbürgermeister« an, je nachdem, ob der Brief sich an den CDU-Vorsitzenden, den Präsidenten des Parlamentarischen Rates oder (1949) an den »Noch-nicht-Bundeskanzler« richtete[13]. Die Korrespondenz war stets sachlich und frei von Kumpanei.

Dennoch lag in dieser zwar sachlichen, von gegenseitigem Respekt getragenen Beziehung zwischen Adenauer und Frings eine kirchliche Chance für die anstehenden politischen Neuregelungen, die von außen kritisch wahrgenommen wurde. Pastor Heinrich Albertz, 1949 SPD-Minister in Niedersachsen, schrieb für den »Schweizerischen evangelischen Pressedienst« im September 1949 über die Inaugurationsfeierlichkeiten der Bundesrepublik in Bonn u. a., »der Purpur der Kardinäle« sei »die wichtigste Farbe gewesen, die Bonn bei seiner Eröffnung zeigte. Es ist kein Geheimnis mehr, wer die politischen Entscheidungen Westdeutschlands wesentlich beeinflusst. Die Villa des Bundeskanzlers liegt nur 30 km von der Residenz des Kardinals Frings entfernt, und bereits die Verhandlungen im Parlamentarischen Rat zeigten deutlich genug, wie man eine provisorische und der deutschen Wirklichkeit nicht entsprechende Mehrheitssituation auszunutzen versuchte, um kulturpolitische Forderungen durchzusetzen ...«[14].

Wenn Albertz auch den Einfluss des Kölner Kardinals überschätzte, so ist doch das Kontaktgefüge Adenauer – Frings – Böhler für die politische

---

[12] R. MORSEY, Adenauer und Kardinal Frings, S. 487.

[13] Beleg dafür z.B.: H. P. MENSING, Adenauer. Briefe 1947–1949, S. 703 (Reg.); die Frings-Briefe an Adenauer werden nachfolgend ausgewertet.

[14] N. TRIPPEN, Interkonfessionelle Irritationen, S. 354; zu Pastor Heinrich Albertz: J. SCHUSTER, Heinrich Albertz. Der Mann, der mehrere Leben lebte, Berlin 1997.

Neugestaltung in Deutschland nach 1945 und die Geltendmachung kirchlicher Ansprüche nicht unwichtig gewesen.

3. Der Beginn des politischen Lebens in Deutschland und erste Schritte zur Wahrung kirchenpolitischer Interessen

a) Erste Auseinandersetzungen um die Bekenntnisschule: Die Elternabstimmung 1946

Noch bevor im Sommer und Herbst 1945 in Deutschland sich Parteien bilden konnten und damit die Voraussetzung für politisches Handeln entstand, war den Bischöfen bewusst, dass Bekenntnisschule, eingeschlossen katholische Lehrerbildungsanstalten, sowie staatlich finanzierte katholische Privatschulen zentrale und rechtzeitig einzubringende Forderungen der Kirche für eine nach-nationalsozialistische Ordnung des staatlichen Lebens sein würden. Nachdem die westdeutschen Bischöfe bei ihrem ersten Konveniat in Werl Anfang Juni 1945[15] sich darauf verständigt hatten, teilte Frings in seinem Brief an den Klerus des Erzbistums vom 14. Juni 1945[16] diese Forderungen der Bischöfe in klaren Sätzen mit. Wenige Tage später musste der Erzbischof in einem Gespräch mit Stadtdechant Grosche feststellen, dass dieser anderer Meinung war, zumal mit Berufung auf die Einstellung »der anderen Rheinseite« (womit die evangelische Kirche gemeint war)[17].

Die Denkschrift von Dr. Paul Westhoff, die der Erzbischof Oberbürgermeister Adenauer überreichte, dürfte in diesen Zusammenhängen entstanden sein. Doch zu diesem Zeitpunkt war nicht der Kölner Oberbürgermeister, sondern die Besatzungsmacht der richtige Adressat der kirchlichen Forderungen. Es waren die Wochen, in denen die Amerikaner das nördliche Rheinland und Westfalen an die Briten abgaben. Schon anlässlich des ersten Besuchs des britischen Gouverneurs der Nordrheinprovinz, Colonel Barraclough, bei Erzbischof Frings am 28. Juli 1945[18]

[15] Vgl. oben S. 122 f. mit Anm. 9. Protokoll: L. Volk, Akten VI, Nr. 787, S. 512-520.

[16] Frings an »Hochwürdige, liebe Herren Confratres!«, Köln, den 14. Juni 1945 (hs. Entwurf): HAEK – CR II 2.3, 1 (dort auch gedrucktes Exemplar). Vgl. oben S. 122 f.

[17] R. Grosche, Kölner Tagebuch, S. 150 f.

[18] Dazu oben S. 233 f. mit Anm. 16. Gedächtnisprotokoll Frings': L. Volk, Akten VI, Nr. 1016, S. 616-618.

mahnte Frings an: »Wie würde die Militärregierung dazu stehen, wenn die Kirche neben den staatlichen Schulen kircheneigene Schulen gründen würde? Die Kostenfrage müsste so geregelt werden, dass die Kirche die sachlichen und der Staat die personellen Kosten übernimmt. Diese Dinge sind ja in England ähnlich geordnet und werden Ihnen geläufig sein«.

Nachdem Frings am 8. September mit P. Ivo Zeiger SJ die Standpunkte des Papstes und der deutschen Bischöfe zu den anstehenden Fragen hatte klären können und in der Schulfrage als Ansicht Pius' XII. vernommen hatte: »Die Erhaltung der konfessionellen Schule ist einen Kampf wert«[19], wandte er sich am 12. September 1945 an den Oberkommandierenden der Briten, Feldmarschall Montgomery[20]: »Es handelt sich darum, ob die Volksschulen, die jetzt wieder eingerichtet werden, konfessionellen Charakter tragen, oder ob sie als Simultanschulen eingerichtet werden sollen. Da alle Gesetze noch als verbindlich anzusehen sind, soweit sie nicht ausdrücklich durch die Besatzungsmächte abgeschafft wurden, sind wir der Meinung, dass innerhalb der preußischen Landesteile das Volksschulunterhaltungsgesetz vom Jahr 1906 noch in Kraft ist, wonach die öffentliche konfessionelle Schule die Regelschule ist und nur in Ausnahmefällen aus örtlich bestimmten Gründen Simultanschulen errichtet werden«.

Frings verwies sodann auf das durch P. Zeiger übermittelte Festhalten des Papstes an entsprechenden Bestimmungen des Reichskonkordates von 1933 und den Protest seines Vorgängers, Kardinal Schulte, gegen die Aufhebung der Bekenntnisschulen 1939. Frings konnte der Militärregierung in diesem Punkte bis dahin korrektes Verhalten bescheinigen. Als sie am 11. Juni 1945 die Neueinrichtung der Volksschulen deutschen Zivilbehörden übertrug, habe sie diese angewiesen, »die Frage der konfessionellen Schulen im Einvernehmen mit den Kirchen und der deutschen Bevölkerung [zu] erledigen«. Erste Elternabstimmungen in Oberhausen, Mönchengladbach und Ratingen hatten über 90%-Mehrheiten für die Konfessionsschulen erbracht. Trotzdem seien mancherorts mit Berufung auf eine nicht fassbare »Anordnung« Gemeinschaftsschulen eingerichtet worden. Indem Frings gegen solches Vorgehen deutscher Stellen protestierte, forderte er, »die Schulverhältnisse, wie sie vor 1933 waren, wieder herzustellen und dadurch zugleich dem demokratischen Prinzip in der Schulfrage zum Siege zu verhelfen«.

---

[19] Zu Zeigers Besuch bei Frings am 8. September 1945 vgl. oben S. 135 f. mit Anm. 46 u. 47; L. VOLK, Akten VI, Nr. 1037, S. 735-737.

[20] Frings an Montgomery 12. September 1945: L. VOLK, Akten VI, Nr. 1040, S. 746 f.

Die sorgfältige juristische Durchformulierung des Briefes lässt auf einen Entwurf von Dr. Paul Westhoff schließen. Im Oktober erfolgte die Berufung Böhlers zum Schulabteilungsleiter und Domkapitular in Köln. Damit war die Auseinandersetzung um die Schulfragen und sonstige kirchenpolitische Anliegen in bewährte Hände gelegt.

Es dürfte bereits auf Böhler zurückgehen, dass das westdeutsche Bischofskonveniat vom 6. bis 8. November in Pützchen bei Bonn eine Eingabe an den Alliierten Kontrollrat in Berlin beschloss[21]: »Die unterzeichneten katholischen Bischöfe Westdeutschlands erlauben sich, dem Hohen Kontrollrat die Forderung der Erhaltung bzw. Wiedereinführung der öffentlichen katholischen Volksschule zu unterbreiten ...«. Man gab sich gewiss nicht der Illusion hin, damit etwas für die sowjetische Besatzungszone zu erreichen. Doch man wollte keine Gelegenheit und kein Forum auslassen, dieses höchst bedeutsame Anliegen in Erinnerung zu rufen.

Immerhin ließ die britische (Labour-)Regierung sich darauf ein, Anfang 1946 eine Elternabstimmung über die Volksschule anzuordnen. Die Eltern wurden aufgefordert, ein höchst kompliziertes Formular auszufüllen und bei der zuständigen amtlichen Stelle abzugeben. Wer darauf verzichtete, hatte stillschweigend für die Simultanschule gestimmt[22].

Hier konnte Böhler alle seine Erfahrungen aus der Düsseldorfer Schulorganisation der zwanziger und frühen dreißiger Jahre einsetzen! Durch einen Hirtenbrief, durch ein Rundschreiben an die Pfarrämter mit dem Angebot von Werbematerial wurden Gläubige angesprochen und der Klerus eingespannt.

Hatte Frings am 1. Juli 1945 in seinem summarischen Bericht an den Heiligen Stuhl über die Situation seiner Erzdiözese schon angedeutet[23]: »Wir kämpfen dafür und hoffen zu erreichen, dass die öffentlichen Volksschulen wieder als konfessionelle Schulen eingerichtet werden und dass auch die Lehrerbildungsanstalten auf konfessioneller Grundlage gestaltet werden«, so konnte er in seinem Weihnachtsbrief an den Papst schon einen Teilerfolg melden[24]: »Was die katholischen Volksschulen betrifft, so haben wir vom Episkopat aus alles versucht, die Verhältnisse von vor 1933 wiederherzustellen. In der französischen Zone ist das gelungen, in

---

[21] Die westdeutschen Bischöfe an den Alliierten Kontrollrat 7. November 1945: L. VOLK, Akten VI, Nr. 1059a, S. 837 f.

[22] Aktenmaterial und Abstimmungsergebnisse in den Unterlagen Böhlers: HAEK – KB NRW I 351.

[23] Vgl. oben S. 128 f. mit Anm. 32.

[24] Frings an Pius XII. 25. November 1945: HAEK – CR II 1.14, 1; Druck: N. TRIPPEN, Weihnachtsbriefe, S. 138-140.

der britischen nicht ganz. Dort ist die endgültige Entscheidung noch nicht gefallen ... Sie hängt zusammen mit der weitergreifenden Frage, ob die Konkordate der 20er und 30er Jahre von den Alliierten anerkannt werden«.

Die Entscheidung fiel nach der abenteuerlichen Romreise des Erzbischofs zu seiner Kardinalserhebung im März 1946. Noch vor der Abreise unterzeichnete Frings am 3. Februar 1946 einen Hirtenbrief an die Gläubigen[25]. Nach Schilderung der Rechtslage und dem Ausdruck des Bedauerns über die Umständlichkeit des Formulars und des Abstimmungsverfahrens sowie nach einer Warnung, sich nicht vom Begriff einer »christlichen« Gemeinschaftsschule irreführen zu lassen, folgte die beschwörende Mahnung: »Eine ungeheure Verantwortung liegt darum auf den Schultern derjenigen Eltern, die jetzt schulpflichtige Kinder ihr eigen nennen. Wären sie saumselig und würden die Dinge treiben lassen, würden sie etwa durch die Umständlichkeit des Verfahrens sich abhalten lassen ..., so würden sie nicht nur ihre eigenen Kinder der Wohltat einer katholischen Schulerziehung berauben, sondern auch für kommende Generationen dieses hohe Gut ernstlich gefährden«.

Dieser Hirtenbrief allein hätte kaum zu einem positiven Abstimmungsergebnis geführt, wenn nicht der Klerus mit vielen Laienhelfern das Anliegen mit großem persönlichem Einsatz unterstützt hätten. In die Realitäten des Ablaufs in einer sozial schwachen, nicht eben kirchenfrommen Kölner Innenstadtgemeinde gewährt der Eintrag des damaligen Pfarrverwesers und späteren Dechanten von St. Ursula in die Pfarrchronik einen plastischen Einblick[26]: »28. 3. Vom 11. bis 25. März war von den Engländern eine Abstimmung über die Bekenntnisschule angesetzt – sie ist inzwischen bis zum 31. verlängert. – Die Eltern mussten ein umständliches Formular ausfüllen und bei den Bezirksstellen abgeben. In unserer Pfarre wurde für neun Kinder nicht abgestimmt, also die Gemeinschaftsschule gefordert. 97 % – wir haben über 250 Kinder – forderten die Bekenntnisschule. Allerdings mussten alle Familien besucht werden. Aus sich hatten noch keine 10 % abgestimmt«.

Man kann den dankbaren Stolz des gerade zum Kardinal erhobenen Erzbischofs verstehen, wenn er bald danach, am 7. April 1946 (Passionssonntag), vor zahlreichen Männern und Jungmännern in der Kölner Universität sagte[27]: »Die neue Freiheit ... hat sich jetzt bewähren können als

---

[25] KA 86, 1946, S. 45-47 (Sondernummer mit Datum 18. 2. 1946).
[26] P. FETTEN, St. Ursula 1945-1948, S. 188 f.
[27] Abschriften: HAEK – CR II 2.3, 3 bzw. HAEK – CR II 2.18g, 1.

die Eltern aufgerufen wurden, selbst zu entscheiden, welche Schulart sie für ihre Kinder wünschen. Wir danken der Militärregierung, dass sie im Erziehungswesen zum ersten Mal den Elternwillen über den Staatswillen gestellt hat. Wir danken den Eltern für das Vertrauen, das sie der katholischen Schule entgegenbringen. In der Stadt Köln haben 85 % der katholischen Eltern sich für die katholische Schule entschieden, in kleineren Städten und auf dem Lande sind es bis 95 bis 100 % . Ich danke dem Klerus und den Laienhelfern für ihre unermüdliche Arbeit in der Ausbildung, in der Hilfe, den schwierigen Fragebogen auszufüllen. Es ist ein glänzender Sieg des katholischen Schulgedankens, eine große Hirtenfreude für mich, ein Beweis, dass die katholische Kirche in unserem Rheinland festen, unerschütterlichen Boden hat und dass alle Bosheit des 3. Reiches nicht vermocht hat, diese Stellung der katholischen Kirche zu erschüttern«. Diese unmittelbare Begeisterung des Kardinals klingt noch nach in dem Weihnachtsbrief an Pius XII. vom 18. November 1946[28]: Es gebe Anzeichen dafür, dass der katholische Grund im wesentlichen nicht verlorengegangen sei. Dazu rechne er den Ausfall der Schulabstimmung. Die katholische Schule »ist denn auch an den meisten Orten wie vor 1933 wieder eingerichtet worden; auch die sogenannten ›Pädagogischen Akademien‹, Vorbereitungsanstalten für Volksschullehrer und –lehrerinnen, sind fast alle konfessionell eingerichtet«.

b) Die Stellung des Erzbischofs zu CDU und Zentrum

Noch im Sommer 1945 kam es in verschiedenen Städten des Rheinlandes und Westfalens, aber auch im übrigen Deutschland, im Zuge der Wiederbegründung von Parteien zu ersten Zusammenschlüssen christlicher Politiker auf interkonfessioneller Basis. Bei aller Unterschiedlichkeit früherer politischer Beheimatung der Teilnehmer und auch ihrer Einstellung zu manchen Gegenwartsfragen kam man überall rasch zu der Überzeugung, dass nach den gemeinsam durchlittenen Schreckensjahren des Nationalsozialismus die politisch zu aktivierenden Kräfte beider Konfessionen gemeinsam in einer Partei Einfluss auf die anstehende Neugestaltung der Staatsordnung nehmen sollten. Die an verschiedenen Gründungsorten zunächst unterschiedlich benannte Partei (CDP oder CDU) organisierte sich bald auf regionalen Ebenen. Im Bereich der britischen Besatzungszone schloss man sich Anfang 1946 zusammen und wählte den am 6. Oktober 1945 von General Barraclough wegen »Unfähigkeit« abgesetzten

[28] Frings an Pius XII. 18. November 1946: HAEK – CR II 25.18, 8 (hs. Entwurf); Druck: N. TRIPPEN, Weihnachtsbriefe, S. 140-147.

Kölner Oberbürgermeister zum Vorsitzenden der CDU des Rheinlandes und dann der britischen Zone, nachdem die Briten im Dezember das über Adenauer verhängte Verbot der politischen Betätigung aufgehoben hatten[29].

Daneben entschlossen sich im Herbst 1945 – in Westfalen mehr als im nördlichen Rheinland – ehemalige Zentrumskreise zu einer Wiederbegründung dieser traditionsreichen Partei der Katholiken. Bei ihrem Parteitag in Essen am 10. März 1946 wählten die Delegierten den ehemaligen Generalsekretär, den in Troisdorf lebenden Oberstudiendirektor Wilhelm Hamacher, zum Vorsitzenden, der allerdings schon im Herbst dieses Jahres aus Gesundheitsgründen zurücktreten und sein Amt dem westfälischen Pädagogen Johannes Brockmann überlassen musste[30].

Die neue Zentrumspartei blieb im Gegensatz zur CDU auf das Rheinland und Westfalen beschränkt, konnte also von der früheren Größe und dem Einfluss des Zentrums in Zeiten der Weimarer Republik nur träumen. In manchen politischen Themen agierte sie nicht eindeutig, öfter, zumal auf sozial- und wirtschaftspolitischem Gebiet, näher bei der SPD als beim bürgerlichen Lager. Doch in der Vertretung kirchlicher Positionen stand sie eindeutig – manchmal geschlossener als die heterogener zusammengesetzte CDU! – zu den Forderungen der Bischöfe.

Schon früh wurde deutlich, dass diese Zersplitterung der christlich orientierten Kräfte in der Politik ihrem Einfluss auf die Gestaltung der neuen Ordnung nicht förderlich war. Doch wie sollten sich die Bischöfe – und zumal ihr Vorsitzender, Kardinal Frings – beiden Parteien gegenüber verhalten, an deren festem Willen, eine politische Neuorientierung auf der Basis christlicher Überzeugungen zu erreichen, nicht zu zweifeln war? Beide Parteien warfen den Bischöfen und zumal Kardinal Frings vor, sich entweder nicht eindeutig für ihre Partei zu entscheiden (Adenauer für die CDU) bzw. zu eindeutig auf der Seite der anderen Partei zu stehen (Hamacher für das Zentrum).

---

[29] Zur Frühgeschichte der CDU: L. SCHWERING, Frühgeschichte der Christlich-Demokratischen Union, Recklinghausen 1963; H. G. WIECK, Die Entstehung der CDU und die Wiederbegründung des Zentrums im Jahre 1945, Düsseldorf 1953; H.-O. KLEINMANN, Geschichte der CDU 1945–1982, Stuttgart 1993, S. 15-130; H. HEITZER, Die CDU in der britischen Zone 1945-1949. Gründung, Organisation, Programm und Politik, Düsseldorf 1988; P. HÜTTENBERGER, NRW – Parl. Demokratie, S. 47-76: »Die Christlich-Demokratische Union«; jüngste Darstellung: G. BUCHSTAB, 1945-1949, in: LCDD, S. 53-64.

[30] Zur Wiederbegründung des Zentrums: P. HÜTTENBERGER, NRW – Parl. Demokratie, S. 77-96: »Die Deutsche Zentrumspartei«; U. SCHMIDT, Zentrum oder CDU. Politischer Katholizismus zwischen Tradition und Anpassung, Opladen 1987; H. G. WIECK, CDU und Zentrum.

Schon am 6. September 1945 hatte eine Düsseldorfer Zentrumsgruppe bei Erzbischof Frings vorgesprochen und gefragt, welche Haltung die Kirche gegenüber den beiden christlichen Parteien einnehme. »Der Erzbischof hatte entgegnet: die Fuldaer Bischofskonferenz habe dazu noch keine Position bezogen, sie habe jedoch Zweifel geäußert, ob es ratsam sei, das Zentrum wieder unter dem alten Namen entstehen zu lassen ... Die CDP sei aus der Erwägung heraus gegründet worden, dem evangelischen Volksteil entgegenzukommen. Mit manchem sei man noch nicht restlos zufrieden, vor allem die Stellung in der Schulfrage sei schwierig. Von der Gründung des Zentrums in Düsseldorf und an anderen Orten nehme er ohne Bedenken Kenntnis. Aber eine rein konfessionelle Partei hielte er im Augenblick für nicht angebracht ...«[31].

Es wurde sehr bald deutlich, dass die deutschen Katholiken einschließlich der ehemaligen Zentrumspolitiker, mehrheitlich der CDU zuneigten, die trotz gelegentlich weniger eindeutiger Vertretung katholischer Interessen auch bei zahlreichen Bischöfen Sympathie fand.

Am 23. März 1946 – also während der Elternabstimmung über die Bekenntnisschule – beschwerte sich Hamacher bei den in Werl versammelten westdeutschen Bischöfen[32]: »Wie dem Generalsekretariat der ... Deutschen Zentrumspartei mitgeteilt wurde, haben die Hochwürdigsten Herren Erzbischöfe bzw. Bischöfe von Trier, Hildesheim und Paderborn die ... Herren Geistlichen ihrer Diözese offen angewiesen, sich für die Christlich-Demokratische Union einzusetzen«. Die CDU ihrerseits habe sich darauf berufen, die letzte Fuldaer Bischofskonferenz habe »sich inoffiziell für sie erklärt«. Katholische Arbeitervereine, die Katholische Jugend und das Kolpingwerk ließen ihre Sekretäre parallel für die CDU tätig werden. Nach überzogenen Einschätzungen über den Verbreitungsgrad der Zentrumsanhänger und geäußerter »Beunruhigung« des katholischen Bevölkerungsteils folgte der Hinweis, dass die Zentrumspartei »wie von jeher, so auch jetzt, die kulturpolitischen Interessen der deutschen Katholiken mit unwandelbarer Klarheit und Entschiedenheit vertritt. So hat sich die Zentrumspartei als einzige deutsche Partei schon gleich bei ihrer Wiederbegründung die Forderung nach der konfessionellen Schule zueigen gemacht und diese auch öffentlich vertreten ...«.

Es scheint, dass Frings' Antwort an Hamacher vom 29. März 1946 von den westdeutschen Bischöfen abgesprochen (vielleicht von Böhler vorfor-

[31] P. Hüttenberger, NRW – Parl. Demokratie, S. 80.

[32] Deutsche Zentrumspartei, Dr. Wilhelm Hamacher, an die Konferenz der Hochwürdigsten Herren Bischöfe, Werl, 23. März 1946 (Original): HAEK – Gen II 23.23a, 8.

muliert?) wurde[33]: »Seien Sie überzeugt, dass keiner der Herren sich für die CDU ausgesprochen hat, weil er deren Programm grundsätzlich für richtiger und besser hält«. Man müsse lediglich »der Welt das Schauspiel einer politischen Spaltung und gegenseitigen Befehdung des deutschen Katholizismus ersparen. Ihre Partei hat den Nachteil, zu spät auf dem Plan erschienen zu sein, als die CDU bereits an vielen Orten sich konstituiert hatte. Wir haben daher im Interesse der guten Sache und weil der Feind links, d.h. im Lager der materialistischen Weltanschauung steht, an Sie die Bitte,

1. überall da, wo die CDU bereits Fuß gefasst hat, vorderhand, d. h. vor den bevorstehenden Wahlen in diesem Sommer oder Herbst, von der Gründung Ihrer Partei abzusehen,
2. in den Versammlungen keine Befehdung der CDU zu gestatten,
3. alles zu tun, um zu einer Einigung oder wenigstens zu einem festen Bündnis mit der CDU zu gelangen«.

Solche gut gemeinten Bemühungen der Bischöfe hatten nur begrenzten Erfolg. CDU und Zentrum blieben bis 1954 in Nordrhein-Westfalen Konkurrenten um Stimmenanteile aus dem Lager kirchlich orientierter Katholiken. Rudolf Morsey hat die immer wieder zwischen Adenauer und Frings verhandelte Problematik der beiden sich im Wege stehenden christlichen Parteien bereits 1983 dargestellt[34]. Lediglich einige Kölner Aktenstücke seien zur ergänzenden Illustration erwähnt.

Am 27. April 1947 – wenige Tage nach der ersten nordrhein-westfälischen Landtagswahl mit 37,5 % Stimmen für die CDU und 9,8 % Stimmen für das Zentrum schrieb Adenauer einen geharnischten Brief an Frings[35]: Er habe feststellen müssen, »dass das Zentrum, namentlich in Westfalen, in einer geradezu schamlosen Weise gegen uns gehetzt hat«. Ein Flugblatt des Zentrums in Coesfeld trage die Unterschriften von drei Geistlichen und behaupte, »die CDU wolle eine neue christliche Kirche gründen«. »Nach den übereinstimmenden Mitteilungen durchaus zuver-

---

33 Frings an Hamacher 29. März 1946 (Abschrift): HAEK – Gen II 23.23a, 8.

34 R. Morsey, Adenauer und Kardinal Frings, S. 489-493.

35 Adenauer an Frings 27. April 1947 (Original): HAEK – Gen II 23.23a, 13. Der Zorn des CDU-Vorsitzenden erklärt sich daraus, dass die CDU im Landesdurchschnitt von 48,5 % (Kommunalwahlen Oktober 1946) auf 37,5 % (Landtagswahl April 1947) zurückgefallen war, während das Zentrum von 4,2 % auf 9,8 % angestiegen war. Die SPD hatte von 31, 3 % auf 32 % zugelegt: W. Först, Geschichte NRW I, S. 197-206 bzw. P. Hüttenberger, NRW – Parl. Demokratie, S. 241 u. S. 542 f.; vgl. auch Staatslexikon, Bd. 4, ^{7}1988, S. 44 sowie H.-O. Kleinmann, CDU, S. 507.

lässiger Mitglieder der CDU in Westfalen haben sich Angehörige des katholischen Klerus in Westfalen an der Agitation für das Zentrum und gegen die CDU in führender Weise beteiligt«. Düstere politische Zukunftsvisionen Adenauers gipfelten in der fast drohenden Feststellung: »Die Sozialdemokratie und die KPD sind in ihre Machtpositionen gekommen durch das Zentrum. Das Zentrum verdankt seine Existenz und seinen Zuwachs bei dieser Wahl sehr wesentlich der Tätigkeit katholischer Geistlicher. Für die politische Tätigkeit der katholischen Geistlichen sind wohl die Bischöfe verantwortlich ... Wenn es den Bischöfen nunmehr nicht gelingt, der drohenden Entwicklung, die durch ihre mehr oder weniger passive Haltung in Lauf gekommen ist, Einhalt zu tun, so werden die Bischöfe sich auch die Folgen in vollem Maße zuschreiben müssen«.

Der Kölner Kardinal stand – wie wahrscheinlich auch seine Mitbischöfe – noch einige Jahre unter massivem Druck beider Parteien. Anfang 1948 z. B. wollte Adenauer gehört haben, Generalvikar David neige zum Zentrum. Er bat (und erhielt) einen Gesprächstermin in Köln unter Zuziehung von Prälat Böhler[36]. »In der Hauptsache«, so schrieb Adenauer an den Kardinal, »drängt es mich, mit Ihnen das Verhältnis CDU/Zentrum zu besprechen. Es ist unbedingt notwendig, dass eine dauerhafte Klärung und eine Zusammenarbeit – wenn möglich mehr – herbeigeführt wird. Die Trennung der auf christlichem Boden stehenden Wähler bedeutet – je länger, je mehr – eine Schädigung der kirchlichen Interessen«.

Frings benutzte den im April 1948 fälligen Ad-Limina-Besuch in Rom, um dort am 22. April mit Msgr. Ludwig Kaas, dem letzten Zentrumsvorsitzenden bis 1933, zu sprechen[37]. Er notierte sich darüber: »K[aas] bedauerte die Spaltung der christlichen Parteien in Deutschl[and]. Offensichtlich steht er auf Seiten der CDU und schätzt Adenauer als den fähigsten [Politiker]. Von Spiecker [damals Zentrum] rückt er ab als den Sozialisten auch innerlich zu nahestehend, er sei in puncto konfess[ioneller] Schule nicht zuverlässig«.

Die Uneinigkeit des christlichen Lagers erschien besonders gefährlich, als am 1. September 1948 in Bonn der Parlamentarische Rat zur Abfassung des Grundgesetzes zusammentrat. Am 1. November 1948 beklagte sich Adenauer bei Frings bitter darüber, dass Bischof Keller von Münster am 10. September seinem Klerus »erneut und dringend die Innehaltung striktester parteipolitischer Neutralität« auferlegt hatte[38]: »Es ist den Geistli-

[36] Adenauer an Frings 7. Januar 1948 (Original): HAEK – Gen II 23.23a, 18.

[37] Hs. Gesprächsnotiz „Besprechung mit Msgr. Kaas am 22.4.48“: HAEK – CR II 2.18d, 3.

[38] Adenauer (»Der Präsident des Parlamentarischen Rates Bonn 1948«) an Frings 1. November 1948 (Original): HAEK – CR II 16.10, 4. Vgl. dazu auch: R. Morsey, Adenauer und Kardinal Frings, S. 494 f.

chen untersagt, öffentlich für eine der christlichen Parteien derart einzutreten, dass darin eine Stellungnahme gegen die andere erblickt werden muss«. Auch im Dekanat Königswinter sei den Geistlichen »anempfohlen worden ... , keine Wahlversammlungen zu besuchen. Ich habe es infolgedessen erleben müssen, dass, als ich in Honnef als Redner auftrat, die katholische Geistlichkeit in auffälliger Weise fehlte«. Adenauer unterstellte dem Episkopat »den gleichen« – nicht näher bezeichneten – »Fehler, den er 1933 begangen hat« und warnte vor dem Ausgang der ersten Bundestagswahl in einigen Monaten: »Wenn es der CDU/CSU nicht gelingt, bei diesen Wahlen eine Mehrheit zu bekommen, ist für die Vertretung der christlichen Interessen das Schlimmste zu befürchten, da die Sozialdemokratie weit überwiegend marxistisch und unduldsam eingestellt ist«.

In seinem Antwortschreiben vom 2. November 1948 gab Frings dem nun bald dreijährigen Drängen Adenauers nach[39]: »Sie wissen, wie sehr ich den Riss innerhalb des katholischen Volksteils bedaure und alles versuche, ihn zu schließen ... Der in Düsseldorf geltend gemachte Standpunkt, dass *eine* große führende christliche Partei vorhanden sein müsse, die den Oberbürgermeister und entsprechend die höheren führenden Männer zu stellen berufen sei, scheint mir berechtigt. Ich bitte, mich persönlich als Mitglied der CDU zu führen«.

Die erfreute Reaktion Adenauers hat Morsey beschrieben[40]: »Der CDU-Vorsitzende und ... Präsident des Parlamentarischen Rates gab diesen Schritt des Erzbischofs am 10. November in einer Sitzung der Unionsfraktion des Parlamentarischen Rates bekannt und dankte Frings noch am gleichen Tage ›herzlich‹ für seinen Entschluss, mit dem er ihm ›eine wirkliche Erleichterung von den schweren Sorgen, die mich bedrücken‹ verschafft habe«.

Morsey stellt dann Vermutungen über die Motive des Kardinals für seinen Schritt an: Wahrscheinlich ging es ihm angesichts der Verfassungsberatungen in Bonn und Düsseldorf um eine Bündelung der christlichen Kräfte.

Der Schritt des Kardinals, der durch eine Pressekorrespondenz am 19. November 1948 in die Öffentlichkeit gelangte, fand ein lebhaftes und zum Teil kritisches Echo[41]. Man sprach hier und da vom »Kardinalfehler«. Un-

---

[39] Frings an Adenauer 2. November 1948 (hs. Entwurf): HAEK – CR II 16.10, 4. Morseys Bemerkung, Frings' »Beitrittserklärung war bisher noch nicht zu ermitteln, auch nicht im Historischen Archiv des Erzbistums Köln« (S. 495 Anm. 59), ist damit überholt.

[40] R. MORSEY, Adenauer und Kardinal Frings, S. 495 f.; vgl. auch: L. VOLK, Der Heilige Stuhl und Deutschland, S. 78.

[41] Der Schweizer Generalkonsul von Weiss berichtete darüber an seine Regierung in Bern am 23. November 1948: M. SCHMITZ/B. HAUNFELDER, Humanität, S. 293 f.

angenehmer als die Diskussion in der Presse wurde die in der aktuellen Debatte des Parlamentarischen Rates. Dort ging es in diesen Wochen u.a. um die Fortgeltung des Reichskonkordats von 1933, das nach einer emotionalen Äußerung des FDP-Abgeordneten Höpker-Aschoff der Papst mit einer »Verbrecherbande« abgeschlossen habe. Der CDU-Beitritt von Kardinal Frings wurde in dieser Debatte bewusst von SPD- und FDP-Seite ausgeschlachtet. Im Hauptausschuss des Parlamentarischen Rates wurde mit Verweis auf Art. 32 RK gesagt: »Kein Mitglied des Klerus darf einer politischen Partei angehören. Wenn Herr Kardinal Frings der CDU beigetreten ist und auf der anderen Seite betonen sollte, dass das Reichskonkordat noch in Kraft sei, so würde er bereits durch seinen Eintritt in die CDU gegen diese Verpflichtung verstoßen haben«[42]. Auch der hessische Justizminister (und spätere Ministerpräsident) Zinn (SPD) warf der Kirche am 20. Januar 1949 mangelnde Konkordatstreue vor.

Wie sollte man den Schaden begrenzen? Ludwig Volk ermittelte[43]: »Angesichts der bedenklichen Entwicklung und auf Bitten Böhlers hin hatte inzwischen das päpstliche Staatssekretariat zu den Angriffen auf das Reichskonkordat Stellung bezogen. Laut P. Zeiger reagierte der Papst ›in der bekannt sauren Form durch ein langes Telegramm, das wir in geeigneter Form wissen lassen konnten‹ «. Diese Telegramm wurde Frings zugeleitet. Der Text des Telegramms und sein Datum der Übermittlung an Frings waren allerdings nicht zu ermitteln.

Volk kommt nach Darlegung der Einzelheiten zu dem Schluss: »Konkordatsrechtlich lagen die Verhältnisse keineswegs so eindeutig, wie sie ... erscheinen mochten. Gab es doch begründete Zweifel, ob der einschlägige Art. 32 des Reichskonkordats überhaupt Rechtskraft erlangt habe, da eine Vorbedingung nicht erfüllt war. Entgegen ihrer Zusage im Schlussprotokoll hatte es nämlich die Reichsregierung unterlassen, das Verbot parteipolitischer Betätigung auch auf die nichtkatholische Geistlichkeit auszudehnen«, wohl im Hinblick auf die der NSDAP höchst erwünschten Aktivitäten des »Reichsbischofs« Müller und seiner »Deutschen Christen«!

Doch solche juristischen und historischen Feinheiten fanden in der Hitze der aktuellen politischen Debatte kaum Beachtung. So musste ein Ausweg aus der misslichen Lage gesucht werden. Volk schildert[44]: »Um den Vorwurf mangelnder Vertragstreue zu entkräften ..., legte Pius XII. größ-

---

42 L. VOLK, Der Heilige Stuhl, S. 78 Anm. 81.
43 Ebd., S. 78.
44 Ebd., S. 82.

ten Wert auf strikte Einhaltung von Art. 32. Er gab deshalb der Vatikanmission noch im Januar 1948 zu verstehen, dass die kaum drei Monate alte Parteibindung des Kölner Kardinals mit dem Konkordat nicht vereinbar und darum rückgängig zu machen sei«. In einem Interview mit dem Muench-Biographen Barry soll Frings 1963 ausgesagt haben, »wegen seines CDU-Beitritts habe er von Rom ›einen Rüffel‹ bekommen«.

Volk beschreibt den weiteren Verlauf der Dinge: »In Kronberg fürchtete man nun nicht ohne Grund, dass ein derartiges Abrücken des Episkopatsvorsitzenden von der CDU auf dem Höhepunkt der Bonner Grundgesetzdebatte katastrophale Folgen haben könne. Infolgedessen wurde die päpstliche Order zunächst zurückgehalten, aber auch, nachdem sie im April nach Köln weitergeleitet und der Parteiaustritt in aller Stille vollzogen war, bereitete die Frage der Bekanntgabe dieses Schritts weiterhin Kopfzerbrechen. Adenauer war gegen jede Unterrichtung der Öffentlichkeit, Frings hielt sich dazu für verpflichtet. Strittig blieb die Wahl des richtigen Zeitpunkts, ob vor oder nach der Annahme des Grundgesetzes, ob vor oder nach der Bundestagswahl«. Volks Angabe, die Nachricht sei »Anfang Juni 1949 im ›Kichlichen Anzeiger für die Erzdiözese Köln‹« erschienen, ist nicht zutreffend, doch meldeten verschiedene Pressedienste und Tageszeitungen ab 27. Mai 1949 den Parteiaustritt des Kardinals[45]. Demnach hatte Frings für die Veröffentlichung die Verabschiedung des Grundgesetzes abgewartet.

In der 21. Sitzung des Zonenausschusses der CDU für die britische Zone am 2. und 3. Juni 1949 berichtete Adenauer über den mit ihm nicht abgesprochenen Eintritt des Kardinals in die CDU und seine persönlichen Kontakte zu Frings aus dessen Braunsfelder Pfarrerjahren[46]. »Dann bekam ich am 7. Mai [1949] ebenfalls ganz plötzlich einen Brief von ihm in sehr höflicher Form, in dem er schrieb, er habe sich davon überzeugt, dass der Römische Stuhl der Auffassung sei, dass der Artikel 32 des RK von 1933 noch gültig sei und dass er deswegen aus der CDU austreten müsse«. Ein daraufhin von Adenauer erbetenes Gespräch darüber habe »erst vor 14 Tagen« – also nach dem 15. Mai 1949 – stattfinden können. Das Gespräch habe den Verlauf der Dinge seit Januar 1949 rekapituliert.

---

[45] Z. B. DPD, Hamburg, am 27. Mai 1949; Westdeutsche Allgemeine Zeitung am 29. Mai 1949; Rheinische Zeitung am 30. Mai 1949; Die Freiheit, Mainz, am 30. Mai 1949 (Freundl. Hinweis von Prof. Dr. Rudolf Morsey, Neustadt/Weinstraße).

[46] Stenographische Niederschrift über die 21. Sitzung des Zonenausschusses der CDU für die britische Zone am 2. und 3. Juni 1949 in Königswinter ...: Archiv für Christlich-Demokratische Politik (ACDP) – 01-009-004/1 (auf Hinweis von Prof. Dr. Rudolf Morsey vermittelt von Dr. Günter Buchstab, Sankt Augustin).

Frings habe erst bei einem Besuch in Kronberg »vor etwa einem Monat« – Ende April/Anfang Mai – von der römischen Anweisung Kenntnis erhalten. »Dann hat der Herr Kardinal Frings eine Verordnung entwerfen lassen, in der er ... allen ihm unterstellten Geistlichen verbot, einer politischen Partei anzugehören. Und die Versendung dieser Nummer des Kirchlichen Anzeigers war nur mit Rücksicht auf meine Bitte, erst diese Unterredung [Adenauer – Frings] stattfinden zu lassen, zurückgestellt worden«. Da auch diese Verordnung, über die im Zonenausschuss der CDU diskutiert wurde, im KA nicht zu finden ist, darf man vermuten, dass wegen der inzwischen eingetretenen öffentlichen Diskussion über den Parteiaustritt des Kölner Erzbischofs die beabsichtigte und vielleicht schon vorbereitete Publikation der Verordnung unterblieben ist. Volk berichtet nämlich über die Auswirkungen der Nachricht vom Parteiaustritt des Kardinals: »Die Fehldeutungen folgten auf dem Fuß. Der Kardinal habe Dr. Adenauer seine Missbilligung über die CDU-Politik ausgesprochen und werde sich deshalb dem Zentrum anschließen. Demgegenüber erklärte das Ordinariat, der Schritt des Kardinals habe mit den politischen Vorgängen und dem Bonner Grundgesetz nichts zu tun«.

Während Kardinal Frings schon in seinem Rundbrief an den Kölner Klerus vom 14. Juni 1945 – allerdings nicht mit Verweis auf Art. 32 RK, sondern auf c. 139 § 2 CIC 1917 – jede Übernahme öffentlicher Ämter, etwa des Bürgermeisteramtes, untersagt hatte, hatte es in Bayern nach 1945 eine begrenzte Neuauflage des »politischen Prälaten« gegeben. Deshalb war Kardinal Faulhaber 1949 nicht bereit, der Anweisung des Papstes an Kardinal Frings zur Befolgung von Art. 32 RK zu gehorchen. Volk berichtet[47]: »Jeder Urgierung des Entpolitisierungsartikels widersetzte sich Faulhaber für den Bereich der bayerischen Diözesen mit aller Entschiedenheit. Für ihn nämlich stand schon nach der Unterredung mit Böhler fest: ›Um eine Erschütterung der gesamten christlichen Politik zur Zeit zu verhüten‹, werde ›von einer sofortigen, befehlsmäßigen Einhaltung des Art. 32 Abstand genommen‹ «[48]. Das darf wohl als Beleg dafür gelten, dass in Bayern die Uhren immer schon etwas anders liefen als im übrigen Deutschland und in der Weltkirche!

Der Wellenschlag um die Haltung der Bischöfe zu den beiden christlichen Parteien sowie um den CDU-Beitritt des Kölner Kardinals führten uns schon mitten in die Auseinandersetzungen um die Gestalt des Grund-

---

47 L. VOLK, Der Heilige Stuhl, S. 83.

48 Vgl. dazu Faulhabers Brief an den bayerischen Episkopat vom 9. Juni 1949: H. HÜRTEN, Akten Kardinal Michael von Faulhabers III, Nr. 267, S. 475-477 sowie die Antwort Buchbergers an Faulhaber 21. Juni 1949: Ebd., Nr. 269, S. 480.

gesetzes und der Verfassung des Landes Nordrhein-Westfalen, auf die der Episkopat durch seinen Vorsitzenden über Vermittlung des Prälaten Böhler Einfluss nahm.

4. Einflussnahme auf die Entstehung der Verfassung des Landes Nordrhein-Westfalen und des Grundgesetzes

a) Erste Schritte bei den Besatzungsbehörden und die Gründung von Katholikenausschüssen

Schon bevor die britische Militärregierung am 23. August 1946 die Gründung des Landes Nordrhein-Westfalen verfügte[49], hatte Kardinal Frings – von Prälat Böhler beraten und gelenkt – Einflussnahmen auf die Militärregierung in politischen Fragen versucht. Der wichtigste Erfolg war dabei sicher die Elternabstimmung zugunsten der Bekenntnisschule im März 1946. Zur gleichen Zeit und erneut im März 1947 wandte sich Frings an die Militärregierung in Nordrhein und Westfalen, um die Gestaltung einer Feiertagsordnung zu beeinflussen[50].

Eine Feiertagsliste auf Briefbogen »Der Erzbischof von Köln« vom April 1946 legte den Briten für den 8. Dezember (Mariä Empfängnis), den 6. Januar (Epiphanie) und den 29. Juni (Peter und Paul) nahe, den Kindern schulfrei (»School-holiday«) und den Erwachsenen eine arbeitsfreie Stunde zum Besuch des Gottesdienstes zu gewähren. Für Fronleichnam und Allerheiligen war ein voller Feiertag in überwiegend katholischen Gemeinden gefordert. Dass diese Erwartungen nicht reibungslos und voll erfüllt wurden, lässt der Brief erahnen, den Frings am 12. März 1947 im Namen der Bischöfe der britischen Zone an die Militärregierung schrieb: »Da die drei Tage: Allerheiligen, Epiphanie und Unbefleckte Empfängnis Mariens (8. Dezember) kirchliche gebotene Feiertage [mit Verpflichtung zum Mess-Besuch!] sind, ginge unsere Bitte dahin, dass an diesen Tagen

[49] Zur Gründung des Landes Nordrhein-Westfalen durch die britische Militärregierung: P. Hüttenberger, NRW – Parl. Demokratie, S. 196-226.

[50] Englisch abgefasste Aufstellung (katholisch-) kirchlicher Feiertage auf Briefbogen »Der Erzbischof von Köln« ohne Datum, doch von britischer Hand datiert »8. 4. '46«: L – PRO – FO 1050/1612; Frings an die Militärregierung Nordrhein-Westfalen 12. März 1947: L – PRO – FO 1013/2115 (deutsche Fassung mit Unterschrift) und L – PRO – FO 1013/2141 (englische Fassung mit Unterschrift). Bereits bei ihrer ersten Zusammenkunft nach dem Kriege in Werl (4.-6. Juni 1945) hatten sich die westdeutschen Bischöfe über die unterschiedliche Praxis örtlicher Militärkommandanten in der Feiertagsfrage ausgetauscht. »Die einzelnen Bischöfe sollen in ihren Bezirken versuchen, die kirchliche Feiertagsordnung durchzusetzen«: L. Volk, Akten VI, Nr. 987, S. 512-520, hier: S. 513.

wenigstens Gelegenheit zum Gottesdienstbesuch und den Kindern schulfrei gegeben würde«. Es ist leicht erkennbar, wie dieser frühe Vorstoß der Bischöfe bei der Besatzungsmacht sich in die spätere Feiertagsgesetzgebung der deutschen Bundesländer auswirkte.

Außerdem hatte der Erzbischof Anfang 1946 beim Oberpräsidenten der Nordrhein-Provinz, Dr. Robert Lehr, um Einbeziehung von Kirchen vertretern in den nicht-exekutiven »Rheinischen Provinzialrat« gebeten, der am 14. Dezember 1945 konstituiert worden war und sich neben Parteivertretern aus Honoratioren und Vertretern der gesellschaftlichen Großgruppen zusammensetzte[51]. Als Lehr sich beim Hauptquartier der Nordrhein-Provinz am 21. Februar 1946 gegen diesen Antrag des Erzbischofs aussprach und dessen Aktivitäten zugunsten der konfessionellen Volksschulen und der Fortgeltung der Konkordate beschrieb, fügte er an[52]: »Darüber hinaus ist der Erzbischof generell der Meinung, dass die Mitwirkung von Kirchenvertretern in allen anderen kirchlichen Angelegenheiten und allgemeinen Fragen bezüglich Erziehung, Schule, Bildung und Kultur notwendig sein wird«. Auch diesbezüglich riet Lehr den Briten zur Zurückhaltung gegenüber den Anliegen des Erzbischofs.

Schon bevor Frings am 7. Februar 1946 zu seiner Romreise aus Anlass seiner Kardinalserhebung aufbrach, unterzeichnete er am 4. Februar einen Rundbrief an die Stadtdechanten und Dechanten seines Erzbistums, in dem er zur Gründung von Katholikenausschüssen aufrief[53]. »Durch den Zusammenbruch Deutschlands ist eine Neuordnung des öffentlichen Lebens fast auf allen Gebieten notwendig geworden. In der allgemeinen Gärung und Bewegung, die dadurch Platz gegriffen hat, besitzen wir Katholiken den einzigartigen Vorteil, dass uns dabei zwei Lichter voranleuchten, die uns vor Irrwegen bewahren und auf den rechten Weg bringen können«: die Offenbarung Gottes und die christliche Naturrechtslehre. »Heute ... scheint uns die Stunde gekommen zu sein, da wir Katholiken selbst uns dieses Reichtums wieder bewusst werden, wo wir ihn in der Öffentlichkeit darlegen und im Leben des Volkes durchzusetzen versuchen müssen. Dabei handelt es sich nicht um fertige Lösungen, vielmehr sind die unverrückbaren Grundsätze in angestrengter und wagemutiger

[51] Zu diesem »Rheinischen Provinzialrat«: P. HÜTTENBERGER, NRW – Parl. Demokratie, S. 169-171; W. FÖRST, Geschichte NRW I, S. 55-67. Böhler hatte dem Erzbischof am 22. Dezember 1945 geschrieben: »Im Provinzialrat ... müsste die Kirche als solche vertreten sein und zwar nicht durch einen, sondern durch zwei Vertreter«: HAEK – CR II 16.10, 1.

[52] Lehr an Militärregierung der Nordrhein-Provinz 21. Februar 1946 (engl. Original): L – PRO – FO 1013/2150.

[53] Frings an die Stadtdechanten und Dechanten der Erzdiözese Köln 4. Februar 1946: HAEK – Gen II 23.23a, 7; eine Veröffentlichung im KA geschah nicht.

Arbeit auf die heutigen Verhältnisse anzuwenden. Es scheint daher notwendig, dass wenigstens in den größeren Städten durch den Dechanten bzw. Stadtdechanten Katholiken-Ausschüsse ›berufen werden‹, die sich diese Aufgabe stellen«.

Kann man den Rundbrief bis hierher ohne weiteres Frings selbst zutrauen, so sind die folgenden organisatorischen Vorgaben wohl eher dem in solchen Dingen erfahrenen Wilhelm Böhler zuzuschreiben: »Der Vorsitz soll bei einem Laien liegen. Als ständiger Mitarbeiter muss dem Katholiken-Ausschuss ein vom Dechanten oder Stadtdechanten ... zu bestimmender Geistlicher als ›Geistlicher Beirat‹ angehören. Zu bindenden Beschlüssen des Ausschusses ist die Zustimmung des Dechanten bzw. Stadtdechanten erforderlich«. Von schon bestehenden »besonderen Organisationen« sollen die Leiter im Katholikenausschuss vertreten sein. Für Unterausschüsse benannte der Erzbischof folgende Bereiche:

1. Das Schul- und Erziehungswesen.
2. Erwachsenenbildung ...
3. Presse und Rundfunk, Theater und Film.
4. Pflege der öffentlichen Sittlichkeit ...
5. Studium der sozialen Fragen ...
6. Fragen der Caritas ...
7. Fragen des Siedlungswesens und einer gerechten Bodenreform.
8. Veranstaltung von Katholikentagen und ähnlichen Kundgebungen des katholischen Lebens.

»Getreu den Weisungen der Päpste für die ›Katholische Aktion‹ haben die Ausschüsse sich vom parteipolitischen Leben fernzuhalten«.

Dass es dem Erzbischof mit der Gründung der Katholikenausschüsse ernst war, zeigte der Schlusssatz: »Die Herren Dechanten (Stadtdechanten) mögen bis Ostern an mein Generalvikariat berichten, ob in ihrem Bezirk sich Bestrebungen dieser Art unter den Katholiken bemerkbar gemacht haben«.

Erinnern wir uns daran, dass die westdeutschen Bischöfe sich bei ihrer ersten Nachkriegszusammenkunft in Werl im Juni 1945 auf die Seelsorge nach den Lebensständen und das päpstlich approbierte Organisationsmodell »Katholische Aktion« unter geistlicher Führung festgelegt hatten![54] Das Gespräch mit P. Zeiger SJ am 8. September 1945 hatte Frings wohl bewusst gemacht, dass die Bischöfe in diesem Punkt »päpstlicher als der Papst« dachten[55]. Doch während andere Bischöfe noch längere Zeit mit

[54] L. VOLK, Akten VI, Nr. 587, hier: S. 517 f.; vgl. oben S. 122 ff. mit Anm. 9.

[55] Vgl. oben S. 135 f. mit Anm. 46 u. 47; L. VOLK, Akten VI, Nr. 1037, S. 735 ff.

der Gründung von überörtlichen Katholikenausschüssen und der Wiederzulassung katholischer Verbände zögerten, scheint Frings (unter dem Einfluss Böhlers?) sich bald freigeschwommen zu haben: Die Katholikenausschüsse waren als eine Ebene der Volksbildung und der Einflussnahme auf Politik und öffentliches Leben im Erzbistum Köln gewollt. Auf wenigen Seiten seiner Lebenserinnerungen hat der langjährige Kölner Diözesankomitee-Vorsitzende, Rechtsanwalt Dr. Anton Roesen in Düsseldorf, die rasante Entwicklung im Erzbistum Köln 1946 beschrieben[56]: »Auf einer Tagung von Vorsitzenden der Katholikenausschüsse, die sich vom 28. bis zum 29. September 1946 in dem Dominikanerkloster Walberberg trafen, wurde die Gründung eines Diözesankomitees vorbereitet. ... Am 12. November 1946 genehmigte Kardinal Frings die in Walberberg vorbereitete ›Satzung für Diözesankomitee und Katholikenausschüsse in der Erzdiözese Köln‹. Aufgabe der Katholikenausschüsse und des Diözesankomitees sollte es danach sein, die Grundsätze des katholischen Glaubens in der Öffentlichkeit zur Geltung zu bringen, katholische Veranstaltungen zu tragen, für die es an einem anderen Träger fehlte, und, wenn nötig, für die Schaffung fehlender Einrichtungen zu sorgen, endlich eine fruchtbare Zusammenarbeit in der Pfarrgemeinde zu fördern«. Böhler sollte sehr bald Vertreter der Diözesankomitees der nordrhein-westfälischen Bistümer in die Beratungen zu Verfassungsfragen des neuen Landes Nordrhein-Westfalen einbeziehen.

b) Erste Bemühungen um eine Mitgestaltung der Verfassung des Landes Nordrhein-Westfalen 1946–1948

Burkhard van Schewick hat auf der Basis des vorhandenen Aktenmaterials schon 1980 dargestellt, wie Kardinal Frings und Prälat Böhler sofort nach Gründung des Landes Nordrhein-Westfalen erste Überlegungen zur Gestaltung einer Landesverfassung anstellten[57]. Böhler ließ sich von sei-

---

[56] A. ROESEN, Aus dem Leben eines Juristen, S. 169-173, hier: S. 170 f.; vgl. auch DERS., Die Katholikenausschüsse, S. 227-232; DERS., Neue Formen der Laienarbeit, in: B. BERGMANN/J. STEINBERG, In memoriam Wilhelm Böhler, S. 104-109.– Zum »Kölner Modell« der Katholikenausschüsse s. auch: Thomas-Morus-Akademie Bensberg (Red. M. THOMÉ), Kölner Modell II. Die Zukunft des Diözesanrates und der Laienvertretung (= Bensberger Protokolle 97), Bensberg 1999, darin: B. PETERMANN, Der Ursprung und die Entwicklung des Kölner Modells. Erinnerungen eines Zeitzeugen, S. 11-19, sowie T. GROSSMANN, »Das Neue« von 1946. Gründungsleistung und innovative Kraft des »Kölner Modells«, S. 21-26; vgl. auch: T. GROSSMANN, Zentralkomitee, passim. Zum »Kölner Modell« s. unten S. 504-537.

[57] B. VAN SCHEWICK, Verfassungen, S. 31-49. – Die nachfolgende Darstellung sowie die Zitate stützen sich auf Schewicks Arbeit sowie auf die von VAN SCHEWICK nicht benutzten Erz-

nem früheren Düsseldorfer Mitarbeiter, dem inzwischen als Justitiar des Kölner Erzbistums tätigen Dr. Paul Westhoff und dem rheinland-pfälzischen Minister und Staatsrechtler Dr. Adolf Süsterhenn[58] zuarbeiten. Westhoff schlug Böhler am 15. September 1946 vor, »man solle für die Kirche besonders berührende Probleme Entwürfe ausarbeiten, diese in Sachverständigen-Kommissionen beraten und dann christlichen Politikern und Verwaltungsfachleuten zur Erleichterung ihrer Arbeit zur Verfügung stellen«[59]. Bereits am 22. September legte Westhoff Böhler einen Entwurf vor, in dem die wichtigsten Grundsätze zur Regelung der Schulfrage in Verfassungen formuliert waren. Es ging vor allen um Religionsunterricht, die Verankerung der konfessionellen Volksschule in der Verfassung und um die Möglichkeit kirchlicher Privatschulen.

Während man in Rheinland-Pfalz unter maßgeblicher Mitwirkung Süsterhenns schon früh zu einer zufriedenstellenden Verfassung kam[60], zeichnete sich in Nordrhein-Westfalen schon im November 1946 ab, dass man noch nicht »an die Ausarbeitung einer Verfassung nach dem Vorbild süddeutscher Länder« dachte. »Der Entwurf, den das Kabinett am 23. Januar 1947 dem Landtag vorlegte, sollte im wesentlichen nur die Kompetenzen des Landtages und der Regierung fixieren«[61]. Man wollte einer späteren »Reichsverfassung« nicht vorgreifen. Auch sollte die für den 20. April 1947 angesetzte erste Landtagswahl abgewartet werden.

In einem am Wahlsonntag zu verlesenden Hirtenwort vom 9. April 1947 ermahnte Frings die Gläubigen[62]: »Die heutigen Wahlen sind deshalb von so außerordentlicher Bedeutung, weil der heute zu wählende Landtag die Verfassung des Landes Nordrhein-Westfalen beschließen soll. Damit soll die Grundlage auch für den kulturellen Aufbau unseres Landes gelegt werden. Dort sollen die Fragen nach dem Elternrecht, nach der Art

---

bistumsakten: HAEK – CR II 16.10, 3 u.a.; zum Beginn der Verfassungsberatungen in Nordrhein-Westfalen: W. FÖRST, Geschichte NRW I, S. 323-343.

58 Adolf Süsterhenn (1905–1974), seit 1932 Rechtsanwalt in Köln, 1933 Zentrumsabgeordneter im Kölner Stadtrat, 1946–1951 MdL und Justiz- und Kultusminister in Rheinland-Pfalz, 1948/49 Mitglied des Parlamentarischen Rates, 1951–1961 Präsident des Oberverwaltungsgerichts und des Verfassungsgerichtshofes in Rheinland-Pfalz, 1961–1969 MdB: F.-J. HEYEN, in: LCDD, S. 382 f.

59 Zitat: B. VAN SCHEWICK, Verfassungen, S. 33.

60 Zur Entstehungsgeschichte und Verfassung des Landes Rheinland-Pfalz: H. MATHY, Rheinland-Pfalz, I. Geschichte, in: STAATSLEXIKON, Bd. 4, ^{7}1988, S. 901 f.; verschiedene Schriftsätze Süsterhenns zur rheinland-pfälzischen und zu anderen Verfassungen: HAEK – CR II 16.10, 3.

61 B. VAN SCHEWICK, Verfassungen, S. 34.

62 Hs. Entwurf von Frings: HAEK – Gen II 23.23a, 13; dieses Hirtenwort wurde offenbar hektographiert versandt; eine Veröffentlichung im KA unterblieb.

und dem Geist der Schulen, nach der Gestaltung des Ehe- und Familienrechts, nach dem Verhältnis von Kirche und Staat, nach der Neuordnung der sozialen Dinge grundlegend und für die Dauer geregelt werden ... Ich halte es daher für eine ernste Gewissenssache, sich an der Wahl zu beteiligen und solchen Kandidaten die Stimme zu geben, von denen erwartet werden darf, dass ihre Abstimmungen mit den Lehren Christi in Einklang stehen werden«. So enttäuscht Adenauer über das relativ schwache Abschneiden der CDU bei der Wahl war: CDU und Zentrum verfügten im Landtag über eine Mehrheit der Abgeordnetenmandate, was für die Beschlussfassung über den Verfassungstext 1950 von erheblicher Bedeutung sein sollte[63].

Als ein erster, kirchliche Anliegen nicht befriedigender Entwurf aus dem Innenministerium im Sommer behandelt wurde, regte Böhler am 1. Juni 1947 bei Frings an, ein Gremium von Vertretern der (damals) vier nordrhein-westfälischen Bistümer zur Beratung der Parteien zu bilden[64]. Doch bevor dieser Kreis im November bestellt wurde, organisierten am 13. Juni 1947 die vier Diözesankomitees die Gründung einer Arbeitsgemeinschaft. »Sie sollte ein Forum sein, auf dem Informationen ausgetauscht, die Standpunkte geklärt und gemeinsame Arbeitsprinzipien gefunden werden konnten«. Doch als der Vorsitzende dieser »Arbeitsgemeinschaft der Katholiken im Lande Nordrhein-Westfalen«, der Remscheider Arzt Dr. Pielmeyer, am 25. Juli 1947 Böhler über schon angestoßene und noch geplante Aktivitäten dieses Kreises berichtete[65], reagierte Böhler – wohl aus Furcht vor unkontrollierten und uneffektiven Initiativen – gegenüber dem Vorsitzenden des Kölner Diözesankomitees, Dr. Anton Roesen, recht unwillig: »Die Vorstände der Diözesankomitees können nicht ihre politische Verantwortung auf einen solchen Kreis übertragen. In diesen Fragen müssen die Vorstände der Diözesankomitees als solche in Führung bleiben«[66].

Van Schewick hat dargestellt, wie der von Innenminister Menzel (SPD) vertretene erste Verfassungsentwurf im Sommer 1947 innerhalb der Koalitionsregierung kontrovers diskutiert und im Oktober 1947 überarbeitet dem Parlament und gesellschaftlichen Gruppen zugeleitet wurde[67]. »Die

---

63 CDU 92, Zentrum 20, zusammen 112 von 216 Mandaten: P. HÜTTENBERGER, NRW – Parl. Demokratie, S. 241; STAATSLEXIKON, Bd. 4, [7]1988, S. 44.

64 B. VAN SCHEWICK, Verfassungen, S. 36 f.

65 Arbeitsgemeinschaft der Katholiken im Lande Nordrhein-Westfalen (Pielmeyer) an Böhler 25. Juli 1947: HAEK – KB NRW I 46 (Abschrift).

66 Böhler an Roesen 8. August 1947 (sign. Durchschrift): Ebd.

67 B. VAN SCHEWICK, Verfassungen, S. 35 ff.

vier nordrhein-westfälischen Ordinarien ... formulierten, ohne auf die eingereichte Vorlage im einzelnen einzugehen, am 7. Oktober die Grundsätze, die nach Ansicht der Kirche in der Landesverfassung verwirklicht sein mussten«[68]. Als Kardinal Frings diese Stellungnahme Ministerpräsident Arnold übersandte, bot er ihm Besprechungen mit Vertretern der Bischöfe an. Das gleiche Angebot unterbreitete Böhler Ministern und Regierungsbeamten sowie den Parteivorsitzenden Adenauer und Brockmann.

In diesen Wochen versammelte sich vom 4. bis 6. November 1947 das westdeutsche Bischofskonveniat in Pützchen bei Bonn[69]. Zur Information der Bischöfe über die heftig wogenden Diskussionen der Verfassungsfragen und anderer anstehender Themen erstellte Böhler für Frings eine umfangreiche Vorlage[70]. Im Begleitschreiben mahnte Böhler an: »Ich wäre sehr dankbar, wenn endgültig die Kommission benannt würde, die jetzt die Verhandlungen mit der Regierung und kath[olischen] Abgeordneten führen soll. Weiterhin, wenn bestimmt würde, ob auch Vertreter der Katholiken-Komitees an den Verhandlungen teilnehmen sollen«.

Die erste Anlage »Zur Verfassungsfrage« umriss am präzisesten den Verhandlungsstand Anfang November 1947: Der erste Entwurf Minister Menzels »war indiskutabel zu nennen«. Zum überarbeiteten Entwurf des Kabinetts hatten am 15. September die evangelischen Kirchen, am 7. Oktober – indirekt – die katholischen Bischöfe Stellung bezogen. »Inzwischen hat der Ministerpräsident Arnold mit einigen Ministerkollegen einen neuen Entwurf ausgearbeitet, der uns in diesen Tagen zugegangen ist. Er liegt in der Anlage bei. Dieser Entwurf kann als Grundlage für Verhandlungen angesehen werden. Er berücksichtigt schon weitgehend unsere Forderungen«.

Es komme deshalb jetzt auf Gespräche der Vertreter der Bischöfe mit der Landesregierung an. Die katholischen Abgeordneten bedürften schon deshalb der Beratung, »weil die wenigsten Abgeordneten in der Lage sind,

---

68 B. van Schewick, Verfassungen, S. 40 f.; Text: Ebd., S. 146-151.

69 Protokollentwurf (maschinenschr. mit hs. Korrekturen von Frings): HAEK – CR II 2.19, 7.

70 Böhler an Frings 2. November 1947, Anschreiben (sign. Kopie) mit Anlagen: »Zur Verfassungsfrage«, »Katholiken-Ausschuss – Diözesan-Komitee – Zentral-Komitee«, »Schulfragen«, »Diözesan-Bildungsheim«: HAEK – DAWB 265. Eine ähnlich umfangreiche Vorlage mit vergleichbaren Inhalten hatte Böhler dem Kardinal am 12. August 1947 für die Fuldaer Bischofskonferenz zur Verfügung gestellt (Die Bekenntnisschule, Rechtsfragen des katholischen Religionsunterrichtes, Religionsunterricht in den Berufs- und Fachschulen, Geistlichkeit und Lehrerschaft, Der Lehrernachwuchs, Laienlehrkräfte zur Erteilung des Religionsunterrichtes, Zentralkomitee, Diözesankomitee und Katholikenausschüsse ...): Ebd.

selbständig sich ein Urteil über die ganzen Fragen, die das Verhältnis von Staat und Kirche betreffen, zu bilden«.

Böhler schnitt noch einmal die Frage an, ob zu den anstehenden Gesprächen »auch einige Vertreter der Arbeitsgemeinschaft der Diözesankomitees zugezogen werden sollen«. Die Kompetenz der genannten Namen schien das sinnvoll zu machen[71]. Doch die Bischöfe waren anderer Meinung. Die protokollierten Beschlüsse teilte Frings Böhler am 7. November in einem persönlichen Brief mit[72]: »Als offizielle Vertreter der Bischöfe bei den Verhandlungen über die Verfassung sind bestellt worden:
für Köln: Domkapitular Böhler,
für Paderborn: Dompropst Brockmann,
für Aachen: Generalvikar Müssener,
für Münster: Domkapitular Holling und Offizial Pohlschneider (Oldenburg).
Da in den anderen Ländern ebenfalls Verfassungen zur Beratung stehen, möchten Hildesheim und Osnabrück bei den Beratungen ebenfalls vertreten sein, u[nd] zw[ar]:
Hildesheim durch Generalvikar Offenstein
Osnabrück durch [Domkapitular] Lüfolding.
Diese Herren müssten zunächst allein zusammentreten, um sich auf Grund unserer Denkschrift über die Forderungen klar und einig zu werden; darauf – vielleicht am gleichen Tage – müssten Verhandlungen mit der Regierung und den kath[olischen] Abgeordneten stattfinden. Du bist gebeten, das vorzubereiten und die Einladungen ergehen zu lassen. Die Vertreter der Katholikenausschüsse sollen erst später und nur auf Wunsch zu den Beratungen zugezogen werden«.

Die unterschiedliche Einstellung der westdeutschen Bischöfe zu den Katholikenausschüssen kommt in dem anschließenden Abschnitt von Frings zum Ausdruck: »Die Bischöfe sind entschlossen, in ihren Diözesen die Bildung der Katholikenausschüsse und Diözesankomitees energisch zu fordern. Sie wünschen, dass die Diözesanvorsitzenden in steter Fühlung miteinander stehen und dass auf Sachgebieten, bes[onders] Funk und Film, gemeinsam gehandelt wird. Eine feste Arbeitsgemeinschaft der

[71] Böhler nannte die Professoren Heyer, Friesenhahn, von Hippel, dazu P. Hirschmann SJ, Dr. Westhoff.

[72] Frings an Böhler 7. November 1947 (Original mit Anrede »Carissime!« und »Du«): HAEK – KB NRW I 47.

Diözesankomitees wird nicht gewünscht, noch weniger haben die Laienwerke eine solche organisatorische Aufgabe«.

Frings war selbst der aufbrechenden Initiative der Laien gegenüber wohl aufgeschlossener als manche seiner Mitbischöfe[73]. Roesen spricht vom norddeutschen (von Laien geführten) und vom süddeutschen (vom Bischof initiierten) Typ der Katholikenausschüsse[74]. Von Münster stellt Roesen noch 1952 fest: »In einer Diözese, in der die Katholikenausschüsse noch nicht durchorganisiert sind, Münster ....«. Bischof Keller dürfte in Sachen Katholikenausschüsse der zurückhaltendste Bischof in Nordrhein-Westfalen gewesen sein.

Van Schewick schildert, wie sich auf der politischen Ebene in diesen Wochen die Diskussionen zuspitzten[75]. Die Regierung hatte sich nicht auf einen gemeinsamen Verfassungsentwurf verständigen können und Innenminister Menzel gebeten, den Abschnitt »Schule, Kunst und Wissenschaft« grundsätzlich anders zu gestalten. Menzel legte zwei alternative Vorschläge vor. »Der erste, den Menzel sich zueigen machte, ging von der christlichen Gemeinschaftsschule als einziger Form der Volksschule aus und räumte den Eltern lediglich über Beiräte eine begrenzte Mitgestaltungsmöglichkeit am Unterrichtswesen ein. Dagegen legte der zweite Vorschlag – dem Entwurf Menzels als Anlage beigefügt – das Elternrecht zugrunde und ließ den Erziehungsberechtigten das Recht, bei der Grundschule zwischen Bekenntnis- und Gemeinschaftsschule zu wählen«. In der Landtagsdebatte am 27. November 1947 prallten die gegensätzlichen Meinungen hart aufeinander. Van Schewick fasst das Ergebnis zusammen[76]: »Auf der einen Seite standen SPD und FDP, die ein Grundgesetz nach liberalem Vorbild und die Gemeinschaftsschule propagierten; auf der anderen Seite CDU und Zentrum, die ihre Forderungen nach Elternrecht und christlicher Verfassung verfochten. Dabei waren beide Richtungen sich bewusst, dass bei aller, schon aus koalitionspolitischen Rücksichten angezeigten Konzessionsbereitschaft die Entscheidung für die eine oder andere Lösung fallen musste. Da diese Frage für die Koalitionsregierung [aus CDU, SPD, Zentrum und zunächst KPD] zu einer erneuten Belastungsprobe werden konnte und die [vor allem wirtschaftlichen] Gegenwartsprobleme fast erdrückend waren, wurde das Thema nach seiner Überweisung an den Verfassungsausschuss ohne besondere Eile behandelt«.

---

[73] A. ROESEN, Die Katholikenausschüsse, S. 228 f.

[74] A. ROESEN, Jahrbuch, S. 228 f.

[75] B. VAN SCHEWICK, Verfassungen, S. 43 f.

[76] Ebd., S. 44.

Dagegen arbeitete der von der »Arbeitsgemeinschaft der Katholiken im Lande Nordrhein-Westfalen« unter Dr. Pielmeyer ins Leben gerufene »Studienausschuss für Verfassungsfragen« seit August 1947 kontinuierlich. Er umfasste neben Vertretern der Diözesankomitees angesehene Wissenschaftler wie P. Eberhard Welty OP und P. Johannes Hirschmann SJ[77]. »Konkretes Ziel der Überlegungen war zunächst die Erstellung einer Denkschrift zum Landesgrundgesetz, in der zum einen die Grundforderung der Katholiken an Verfassungen überhaupt, zum anderen die aus den Erfahrungen der Terrorherrschaft abgeleiteten Anregungen formuliert sein sollten«. Ergebnis der Arbeit dieses »Studienausschusses« war die Broschüre »Vorschläge zur Verfassung«, die im Januar 1948 fertiggestellt war. Obwohl sie »nur einem kleinen Kreis von Geistlichen, Politikern und Regierungsbeamten zugänglich gemacht« wurde, habe sie – so van Schewick – beträchtliche Wirkung gehabt. »Zum Teil noch im Fahnensatz diente sie zusammen mit der bischöflichen Stellungnahme [vom 7. Oktober 1947] als Material für die im Herbst 1947 eingeleiteten Besprechungen zwischen Vertretern der Hierarchie und der Laien einerseits und katholischen Politikern und Beamten andererseits«.

Wie Böhler zwar die in dieser Beziehung restriktiven Anweisungen der westdeutschen Bischöfe in Pützchen korrekt ausführte und doch sein am 2. November Frings vorgetragenes Anliegen der Laienbeteiligung realisierte, lässt die komprimierte Darstellung des weiteren Prozesses durch van Schewick erkennen[78]: »Schon für den 1. Dezember 1947 arrangierte er ein Treffen der Vertreter der Bischöfe. Gleichzeitig führte er Besprechungen mit Mitgliedern des Studienausschusses, nahm Kontakt zu Politikern auf und zog besonders sachkundige Personen als Ratgeber heran. In einer ganzen Fülle von Unterredungen und Korrespondenzen gelang es, in dem durch einige Mitglieder des Studienausschusses erweiterten Gremium eine gemeinsame Linie herauszuarbeiten und die Schwierigkeiten, die den Verhandlungen mit den Politikern noch entgegenstanden, auszuräumen. Von März bis Mai 1948 fanden dann fünf Konferenzen in größerem Rahmen statt. An ihnen nahmen Ministerpräsident Arnold[79], Kultusministerin Teusch[80] und Finanzminister Weitz teil; die CDU entsandte die Abgeordneten Gockeln, Scholtissek und

---

[77] Ebd., S. 44 f. – Zu weiteren Mitgiedern des »Studienausschusses« s. o. Anm. 71.

[78] B. van Schewick, Verfassungen, S. 46 f.

[79] Zu Karl Arnold vgl. oben S. 221 mit Anm. 336.

[80] Christine Teusch (1888–1968), aus der christlichen Gewerkschaftsbewegung kommend 1919–1933 MdR (Zentrum), seit 1947 MdL NRW, 1947–1954 Kultusministerin des Landes NRW: J.-D. Gauger, in: LCDD, S. 384 f.

Hofmann[81]; das Zentrum war durch die Abgeordneten Muckermann und Tollmann vertreten. Die Besprechungen sollten einem informellen Gedankenaustausch über die beiden kirchlichen Denkschriften dienen und die Haltung der Politiker zu den angeschnittenen Fragen klären. Eine Verpflichtung für die Beteiligten, aus diesen Unterredungen politische Konsequenzen zu ziehen, wurde von Böhler bewusst ausgeschlossen. Pflicht der Kirche musste es nach seiner Ansicht sein, die Grundsätze deutlich zu machen; die praktischen Folgerungen daraus zu ziehen, war Aufgabe der Politiker. Indes stellte die Tatsache, dass die Konferenzen überhaupt stattfanden, ein Präjudiz für das weitere Vorgehen der Parteien dar«.

Im Juli 1948 war die gesamtpolitische Entwicklung in Deutschland so weit fortgeschritten, dass zunächst einmal die Schaffung eines Grundgesetzes für einen westdeutschen Staat anstand. Auch die Arbeitskraft Böhlers und der von ihm herangezogenen Fachleute wurde nun zunächst in Bonn gebraucht. Die Ausgestaltung einer Landesverfassung für Nordrhein-Westfalen sollte erst im Herbst 1949 neu aufgegriffen werden.

c) Einflussversuche auf den Parlamentarischen Rat und die Gestaltung des Grundgesetzes 1948/49

Am Vortag des Mainzer Katholikentages und des Zusammentritts des Parlamentarischen Rates in Bonn – beides am 1. September 1948 – schrieb Böhler dem Düsseldorfer Finanzminister Weitz[82]: »Wir haben ja nun die guten Vorbereitungsarbeiten geleistet, und ich hoffe, dass auch bei den Verhandlungen dieser Verfassung manche unserer Ergebnisse verwertet werden können. Vor allem wäre es ja unbedingt notwendig, dass in die kommende Bundesverfassung die Grundrechte entsprechend hineingearbeitet würden. Die Bundesverfassung wird den Ländern wohl kulturelle Autonomie lassen. Das ist bestimmt richtig. Aber unter allen Umständen müsste verhindert werden, dass Länder die Grundrechte in ihren Verfassungen und Gesetzesbestimmungen verletzen dürfen«.

Während Böhler – und der hinter ihm stehende Vorsitzende der Fuldaer Bischofskonferenz – sich der Brisanz der Stunde und er auf sie zukommenden Aufgabe durchaus bewusst waren, hatte man in der Kron-

[81] Zu Josef Hofmann (1897–1973), Journalist, Chefredakteur der »Aachener Volkszeitung«, seit 1947 MdL NRW und Vorsitzender des Bundesausschusses der CDU: J. HOFMANN, Journalist in Republik, Diktatur und Besatzungszeit. Erinnerungen 1916–1947, bearb. u. eingel. v. R. MORSEY (= Veröffentlichungen der Kommission für Zeitgeschichte, Reihe A: Quellen, Bd. 23), Mainz 1977, vor allem die Einleitung von R. MORSEY.

[82] Zitat bei K. GOTTO, Kath. Kirche und Grundgesetz, S. 97.

berger Vatikanmission den gegenteiligen Eindruck. Volk berichtet, dass P. Zeiger bereits im Spätsommer 1947 einige Bischöfe auf die Probleme der künftigen Verfassungsgestaltung angesprochen hatte, doch »inmitten der Augenblicksnöte und der allgemeinen politischen Apathie« wenig Resonanz gefunden habe[83]. »So benutzte Bischof Muench sein Grußwort an die im August 1948 in Fulda tagende Plenarkonferenz zu einem Appell, den Verfassungsberatungen in Bonn das gebotene Gewicht beizumessen und den Rückstand an konstruktiver Vorausplanung aufzuholen. Im Hinblick darauf, ›dass eine Art Reichsregierung mit gemeinsamer Grundverfassung geschaffen‹ werde, halte er es für notwendig, ›dass in dieser Verfassung möglichst viel von jenen Grundrechten eingebaut wird, die sonst das Gerüst eines Konkordats bilden‹ ... Da ihm ›persönlich diplomatische Beziehungen zu den deutschen Regierungsstellen noch nicht‹ offenstünden, halte er es für zweckmäßig, dass die Bischöfe ›durch geeignete Mitarbeiter aus dem Priester- und Laienstand in den einzelnen Ländern einen geschickten Einfluss auf die Verfassungsgestaltung vorzubereiten‹ suchten«.

Nun waren kirchliche Aktivitäten, wie sie Böhler und die Diözesankomitees der Katholikenausschüsse in Nordrhein-Westfalen und Adolf Süsterhenn in Rheinland-Pfalz entfalteten, vielleicht nicht der Normalfall in den neu sich bildenden Ländern. Doch der Parlamentarische Rat trat nun einmal in Bonn, in der Diözese des Konferenzvorsitzenden und seines Prälaten Böhler, zusammen. Insofern waren die Besorgnisse des Apostolischen Visitators, die P. Zeiger auch noch einmal auf dem Mainzer Katholikentag artikulierte, unbegründet.

Eine Biographie Josef Kardinal Frings' ist nicht der Ort, die Arbeit des Parlamentarischen Rates und der tatkräftigen Mitgestaltungsversuche von Seiten der Kirchen in allen Einzelheiten nachzuzeichnen[84]. Hier geht es wohl um die Frage: Welche Initiativen gingen auf Frings zurück? Böhler, der sich, unterstützt von Mitarbeitern und Ratgebern, ein Jahr lang nahezu hauptamtlich in Bonn engagierte, suchte bei aller Freiheit im konkreten Augbenblick nach Ausweis der Akten sich bei Frings rückzuversi-

---

[83] L. Volk, Der Heilige Stuhl und Deutschland, S. 72; dort auch das nachfolgende Zitat.

[84] Dazu: B. van Schewick, Verfassungen, S. 65-127; K. Gotto, Kath. Kirche und Grundgesetz; vgl. auch: W. Sörgel, Konsensus und Interessen. Eine Studie zur Entstehung des Grundgesetzes für die Bundesrepublik Deutschland (= Frankfurter Studien zur Wissenschaft von der Politik, Bd. 5), Stuttgart 1969, S. 167-200. Zum Parlamentarischen Rat und zum Grundgesetz überhaupt: K. Stern, Das Staatsrecht der Bundesrepublik Deutschland, 3 Bde., München 1980-1994; Der Parlamentarische Rat 1948–1949. Akten und Protokolle, hrsg. v. Deutschen Bundestag und v. Bundesarchiv, 13 Bde., München 1975–2002.

chern und den Konferenzvorsitzenden zu gegebener Stunde selbst einzuschalten[85].

Klaus Gotto hat schon 1976 die Rolle Böhlers beschrieben[86]: »Es gab zwei Möglichkeiten, um Einfluss zu nehmen: einmal durch Öffentlichkeitsarbeit, um dadurch indirekten Druck auszuüben; dann durch konkrete Beratung, durch Ausarbeitung von Vorschlägen, durch Entscheidungshilfe bei der Suche nach einem Kompromiss und durch An- und Absprache über das taktische Vorgehen der Parteien und einzelner Mitglieder des Parlamentarischen Rates. Beide Möglichkeiten wurden von Böhler bravourös beherrscht und taktisch geschickt eingesetzt. Die Öffentlichkeitsarbeit hatte drei Schwerpunkte:

- Die Pressearbeit ... [einschließlich Rundfunk].
- Die Information und Mobilisierung des katholischen Volksteils. Durch eine wahre Flut von Veranstaltungen, durch Verschicken gedruckter Predigtskizzen und Materialien für Redner sowie durch ständige Aufforderungen an die Geistlichkeit, anstehende Themen zu behandeln, wurde versucht, das Interesse und Engagement der Gläubigen zu wecken. Darüber hinaus wurden überall Katholikenausschüsse gebildet. Das Resultat dieser Bemühungen schlug sich in einer Unzahl von Adressen an den Parlamentarischen Rat nieder, die die Forderungen der Kirche unterstützten«. Gotto 1976 – ebenso wie Redner im Hauptausschuss und im Plenum des Parlamentarischen Rates 1949[87] kamen zu dem Schluss: »Die Aktivität und die Geschlossenheit des Kirchenvolkes bei den Beratungen des Parlamentarischen Rats lassen Erinnerungen aufkommen an die Zeit des Aufbruchs und der Wiederbelebung der Kirche in der zweiten Hälfte des 19. Jahrhunderts«. Als dritten Ansatzpunkt Böhlerscher Aktivitäten beschreibt Gotto:
- »Die öffentliche Stellungnahme des Episkopats. Die Forderungen der Kirche wurden – abgesehen von Einzeläußerungen verschiedener Bischöfe – durch direktes Ansprechen des Parlamentarischen Rats vertreten. Am bekanntesten sind das Schreiben von Kardinal Frings vom 20. November 1948[88] und die Erklärung der deutschen Bischöfe zum Grundgesetz anlässlich der außerordentlichen Bischofskonferenz vom

[85] Zentrale Akten (außer den von VAN SCHEWICK und GOTTO zitierten Böhler-Akten, die heute sämtlich in HAEK liegen): HAEK – CR II 16.10, 4-7.

[86] K. GOTTO, Kath. Kirche und Grundgesetz, S. 93 f.

[87] Gotto verweist (S. 94) auf die Äußerung des SPD-Abgeordneten Bergsträsser im Hauptausschuss des Parlamentarischen Rates am 7. 12. 1948.

[88] Druck: W. SÖRGEL, Konsensus, S. 317 f.

10./11. Februar 1949 in Pützchen[89]. Die Erklärung von Pützchen«, so wertet Gotto, »war eine überaus massive öffentliche Einflussnahme auf die Beratungen des Parlamentarischen Rats, die bis zur Drohung ging, dass das Grundgesetz von den Katholiken abgelehnt werde, falls die kirchlichen Forderungen unerfüllt blieben«.

Bevor die persönliche Beteiligung des Kölner Kardinals näher dargestellt wird, müssen kurz die Schwierigkeiten angedeutet werden, die einer wirksamen Vertretung oder gar Durchsetzung kirchlicher Interessen im Parlamentarischen Rat entgegenstanden. Als am bedeutsamsten erwiesen sich die Mehrheitsverhältnisse: CDU/CSU, Zentrum und Deutsche Partei verfügten über drei Stimmen weniger als SPD, FDP und KPD. Diesen Mehrheitsverhältnissen ist letztlich zuzuschreiben, dass nur ein Teil der kirchlichen Forderungen durchgesetzt werden konnte.

Ein weiteres Problem war die heterogene Herkunft und Zusammensetzung des »christlichen Lagers«. Nicht nur, dass norddeutsch-evangelische CDU-Vertreter nicht mit letzter Energie die Forderung der Fortgeltung des Reichskonkordats oder die naturrechtliche Begründung der Grundrechte unterstützten. Zeitweilig war noch problematischer, dass Kardinal Faulhaber und der bayerische Episkopat (und in deren Gefolge die CSU-Mitglieder des Parlamentarischen Rates) die kirchen- und schulpolitischen Gegenstände aus der Bundesverfassung herausgehalten sehen wollten. Ludwig Volk schildert[90]: »Wie schon nach dem Ersten Weltkrieg lehnte Bayern, um kulturpolitisch ganz auf eigenen Füßen zu stehen, jedwede Bundeskompetenz in diesen Fragen ab. Es wollte darum auch von dem Vorschlag, den Gesamtstaat auf eine nicht zu unterschreitende Minimalnorm in kulturpolitischen Bereichen festzulegen, zunächst nichts wissen. Ein Verzicht auf die Markierung selbst des schulpolitisch Unabdingbaren im Grundgesetz hätte zwar die Kulturautonomie der Länder eindrucksvoll herausgestellt und CDU-regierte Länder vor jedem Einmischungsversuch des Bundes geschützt, zugleich aber katholische Minderheiten in Diasporadiözesen in schwere Bedrängnis gebracht. Infolgedessen wurde Prälat Böhler, der kirchenpolitische Beauftragte von Kardinal Frings und Verbindungsmann des Episkopats zum Parlamentarischen Rat, eigens [von Frings] nach München geschickt[91], um in Verhand-

[89] Abschrift: HAEK – CR II 16.10, 5; Druck: Herder-Korrespondenz 3, 1948/49, S. 245 f. – Hs. Entwurf der Einladung Frings' vom 5. 2. 1949 an die Erzbischöfe und Bischöfe zum 10./11. Februar 1949 nach Pützchen: HAEK – CR II 16.10, 5.

[90] L. Volk, Der Heilige Stuhl und Deutschland, S. 74 f.

[91] In HAEK – CR II 16.10, 4 findet sich ein Telegrammentwurf, in dem Frings Faulhaber um eine Audienz für Böhler bat.

lungen mit Kardinal Faulhaber, Prälat Zinkl, Kultusminister Hundhammer und Ministerpräsident Ehard die bayerischen Vorbehalte aufzulockern«.

Nach diesen ersten Abklärungen der gemeinsam zu vertretenden christlichen Positionen und Presseberichten über die Erste Lesung der Präambel und der Grundrechte des Grundgesetzes sahen Böhler und Kardinal Frings die Stunde für gekommen an, die entscheidenden Führer der christlichen Parteien schriftlich auf die kirchlichen Zielvorstellungen festzulegen. Es ist bezeichnend, dass Frings für die CDU/CSU nicht den Fraktionsvorsitzenden, den CSU-Abgeordneten Anton Pfeiffer, sondern den zweifellos einflussreicheren »Oberbürgermeister a. D.« Adenauer anschrieb. In dem Schreiben vom 25. Oktober, das gleichlautend an Adenauer und den Zentrums-Vorsitzenden Brockmann ging[92], wurden dann alle bis zum Schluss strittigen Punkte beschrieben: Eine Prüfung der vorhandenen Präambel und der Grundrechte »dieser in vielen Punkten ohne Zweifel sehr wertvollen und sicher äußerst schwierigen Arbeit des Parlamentarischen Rates lässt eine Reihe von Grundsätzen vermissen, die vom christlichen Standpunkt aus für die Stellung des Menschen im Staat und für den Aufbau der menschlichen Gesellschaft von entscheidender Bedeutung, ja unverzichtbar sind ... An erster Stelle möchte ich auf das Fehlen des *Elternrechts* im Grundrechtskatalog des Parlamentarischen Rates hinweisen«. Das Elternrecht sei als Grundrecht »mit der gottgegebenen Menschennatur« verbunden, also Naturrecht. »Dieses Recht ... in die Bundesverfassung zu bringen ..., erscheint mir unbedingt notwendig«.

Gegen die gefährliche Konvergenz laizistischer SPD-Tendenzen und des überzogenen bayerischen Föderalismus schrieb Frings: »Ich weiß, dass die Kulturhoheit prinzipiell bei den Ländern liegen soll. Es bleibt aber zu bedenken, dass wir auch die Pflicht haben, an die katholischen Minderheiten der deutschen Länder zu denken, in denen andere weltanschauliche Richtungen einen Einfluss ausüben ... Es ist ... kein Eingriff in die Kulturhoheit eines Landes, wenn der Bund durch sein Bundesgesetz verhindert, dass ein Naturrecht – und um welch wichtiges Naturrecht handelt es sich bei dem Elternrecht! – von den Ländern nicht verletzt werden darf. Der Bund hat diese Rechte zu schützen und ihre Verletzung zu verhindern. Das ist kein Eingriff in die Kulturhoheit des Landes«.

Ein weiteres Anliegen des Kardinals war die Sicherung des »schulplanmäßigen Religionsunterrichts«. Diese Sicherung sei vor allem »dort nötig, wo der Anspruch auf eine katholische Bekenntnisschule sich nicht ver-

[92] Der Erzbischof von Köln an Adenauer bzw. Brockmann 25. Oktober 1948 (Abschrift): HAEK – CR II 16.10, 4.

wirklichen lässt. Von unserem Standpunkt aus kann man sich nicht damit abfinden, dass die Bundesverfassung zwar negative Vorschriften über den Schutz gegenüber weltanschaulichem Zwang und religiöser Beeinflussung enthält, dagegen über den positiven Beitrag nichts sagen soll, den die Kirche durch ihren Religionsunterricht zur Volkserziehung leistet«.

Weiter müsse abgesichert werden, dass die »Unterrichtsverwaltungen der Länder ... leistungsfähige Privatschulen als Ersatz für öffentliche Schulen zu(zu)lassen und bei gleicher Leistungsfähigkeit die grundsätzliche Gleichberechtigung dieser Schulen mit den öffentlichen Lehranstalten an(zu)erkennen«. Auch sei in den bisher vorgelegten »Grundrechten« nichts »über die *Stellung der Kirche* im Staate« gesagt. »Auch in dieser Frage erscheint mir die Verankerung gewisser Mindestrechte der Kirche in der Bundesverfassung ganz unerlässlich ... Diese Sicherung der Lebensrechte der Kirche und des kath[olischen] Glaubens in Deutschland hängt nicht zuletzt wesentlich davon ab, dass auch in Zukunft *Konkordate* zwischen Staat und Kirche möglich bleiben ... Es wird für die Zukunft der Kirche und des Katholizismus in unserem Vaterlande Entscheidendes davon abhängen, dass Bund und Länder diese Verträge abschließen können und die Kompetenz besitzen, diesen Verträgen durch Gesetz innerdeutsche Geltung zu verleihen«. Weitere Themen des Briefes an Adenauer und Brockmann bildeten die »Unverletzlichkeit des Lebens und des menschlichen Körpers«. »Zu erwägen bitte ich ferner, ob nicht doch auch wenigstens kurz angesprochen werden müsste, dass *Ehe und Familie* als die Urzellen der menschlichen Gesellschaft und die Wurzeln jeglichen gesunden Volkslebens unter dem besonderen Schutz des Bundes stehen«.

Wohl schon in banger Ahnung, dass sich angesichts der Mehrheitsverhältnisse im Parlamentarischen Rat nicht alle Desiderata der Kirche voll durchsetzen lassen würden, fragte Frings zum Schluss nach der Legitimität des nicht direkt vom Volk gewählten Parlamentarischen Rates für seinen Verfassungsauftrag: »Wie kann eine Verfassung Sache eines ganzen Volkes werden, wenn sie von einem Gremium beschlossen wird, das sich höchstens auf einen nur indirekten und nur einschlussweisen Auftrag des Volkes berufen könnte, während das Volk selber sich dieses Auftrags nicht bewusst ist? Wie kann unser Volk zu einer wahren Demokratie erzogen werden, wenn man so über sein erstes Recht einfach hinwegschreitet?«

Schließlich enthielt der Brief des Kardinals vom 25. Oktober 1948 eine schriftliche Legitimation für Wilhelm Böhler: »Herr Domkapitular Böhler ist beauftragt, in Verbindung mit Vertretern anderer Ordinariate, die ev[en]t[uel]l notwendigen mündlichen Verhandlungen zu führen. Eine erste Besprechung hat stattgefunden. Nach wie vor stehen diese Herren, wie auch der Verfassungsausschuss der Katholikenkomitees« – von Frings im Gegensatz zu den NRW-Bischöfen hier amtlich anerkannt! – »zu Besprechungen zur Verfügung«.

Frings ließ diesen sehr grundsätzlichen, die kirchlichen Forderungen markierenden Brief durch seinen Generalvikar David den Mitgliedern der Fuldaer Bischofskonferenz abschriftlich zuschicken[93]. Wenn er den CDU-Vorsitzenden der britischen Zone und Präsidenten des Parlamentarischen Rates als »Herrn Oberbürgermeister a. D.« anschrieb, dürfte das nicht reiner Zufall sein. War es eine versteckte Anspielung auf die in langen Kölner Jahren gewachsene Beziehung der beiden Männer zueinander? Auch Adenauer war die Tatsache seiner Anschrift wie ihre Form aufgefallen. In jenem schon zitierten Antwortschreiben vom 1. November 1948, das am folgenden Tage zu Frings' CDU-Eintritt führte[94], erlaubte Adenauer sich die Frage, »ob dieses Schreiben an mich persönlich gerichtet ist oder an mich als Präsidenten des Parlamentarischen Rates. In letzterem Falle werde ich das Schreiben in den Geschäftsgang geben und mindestens den Vorsitzenden der verschiedenen Fraktionen zugänglich machen«. Dann werde das Schreiben allerdings »auf irgend einem Weg an die Presse gelangen«.

Van Schewick hat bereits dargestellt, wie im Unterschied zu diesem für die vertrauliche Information und Absprache der christlichen Parteien gedachten Brief des Kölner Kardinals von evangelischer Seite offizielle Anschreiben an den Parlamentarischen Rat gerichtet wurden[95]. Die Wirkung war, dass die SPD ein Kompensationsgeschäft anstrebte: Ein Eingehen auf kirchliche Forderungen sei denkbar, wenn andererseits die von der SPD zurückgestellten Gewerkschaftsforderungen im Grundgesetz Berücksichtigung fänden. In der CDU/CSU spitzten sich in diesen Wochen die angedeuteten Spannungen um die Föderalismusfrage zu. In dieser Lage führte Böhler am 9. November die Vertreter der beiden christlichen Parteien mit den Vertretern der benachbarten Diözesen und des »Studienausschusses« zusammen. Dabei kam es zu Entwürfen von Grundrechtsartikeln, die am Ende von CDU/CSU und Zentrum gemeinsam akzeptiert wurden, was Böhler den Ordinariaten am 11. November 1948 mitteilte[96].

Nun war der Zeitpunkt gekommen, an eine größere Öffentlichkeit zu treten. Den Anfang machten die Kölner Laien: »Den Abgeordneten aller Parteien wurden die Forderungen von katholischer Seite am 15. Novem-

---

93 Versendungsvermerk Davids auf der Abschrift (vgl. vorige Anm.) vom 28.10.48.

94 Adenauer an Frings 1. November 1948 (Original): HAEK – CR II 16.10, 4.

95 B. van Schewick, Verfassungen, S. 81 f.

96 Ebd., S. 84 f.

ber [1948] durch den Vorsitzenden des Diözesankomitees der Katholikenausschüsse der Erzdiözese Köln, Dr. Anton Roesen, mitgeteilt. Im Namen der [NRW-] Diözesanverbände rief Roesen den Parlamentarischen Rat auf, sich die Postulate zueigen zu machen, ›die nicht allein von den Katholiken und allen Christen erhoben werden, sondern die jeden verpflichten, dem die Würde der Person und die Freiheit und Gerechtigkeit im Rechtsstaat Gewissenssache sind‹. Die Punkte, die er vortrug, deckten sich inhaltlich mit denen, die zwischen den Politikern der CDU und des Zentrums und den kirchlichen Vertretern erarbeitet worden waren. Die gleichen Forderungen erhob auch Kardinal Frings, als er sich am 20. November 1948 in seiner Eigenschaft als Vorsitzender der Fuldaer Bischofskonferenz an den Parlamentarischen Rat wandte. Seine Stellungnahme, die im Namen der katholischen Kirche Deutschlands erfolgte, gab allerdings nur einen zusätzlichen Impuls; die Diskussion unter den Politikern war bereits in Gang gekommen«[97]. In dieser Zeit setzte auch die Petitionsbewegung von örtlichen Katholikenausschüssen an den Parlamentarischen Rat ein.

Van Schewick hat die Bemühungen Böhlers und Süsterhenns in den letzten Wochen des Jahres 1948 beschrieben, die immer noch mit unterschiedlichen Interessenschwerpunkten agierenden christlichen Kräfte zusammenzuführen, unter Umständen die FDP aus der gegnerischen Front herauszubrechen und trotz aller unterschiedlichen Standpunkte zu einem von allen Parteien akzeptierten Grundgesetz zu kommen[98]. »Die nunmehr drei Monate währenden Bemühungen kirchlicher Kreise, die Arbeit des Parlamentarischen Rates im Sinne der eigenen Vorstellungen zu beeinflussen, waren über den engeren Bereich der damit Befassten hinaus kaum bekannt geworden«. Trotz gewisser Bedenken gegen eine öffentliche Einmischung der Kirche in die Verfassungsdebatten wurde die Abstinenz schließlich aufgegeben. »Erst jetzt wurde die Öffentlichkeit durch Artikel und Verlautbarungen, die über die Kirchenzeitungen, den Kirchlichen Nachrichtendienst und den Christlich-Demokratischen Pressedienst verbreitet wurden, authentisch über die im Parlamentarischen Rat vertretenen Forderungen informiert. Diese Pressekampagne war von langer Hand vorbereitet, ihr Beginn hing aber mit der ins Auge gefassten Intervention der katholischen und evangelischen Kirche im Parlamentarischen Rat zusammen«. Sie erfolgten nämlich zwischen 15. November und 8. Dezember 1948.

---

[97] Ebd., S. 87; Druck: SÖRGEL, Konsensus, S. 317 f.

[98] B. VAN SCHEWICK, Verfassungen, S. 87-99; nachfolgende Zitate: S. 95 f.

Doch die unbefriedigenden Ergebnisse der Ausschussberatungen in Bonn veranlassten am 7. Dezember Kardinal Frings, bei Adenauer als dem Präsidenten des Parlamentarischen Rates eine Besprechung mit Vertretern aller Fraktionen zur Beseitigung der »noch bestehenden Schwierigkeiten« anzuregen. »Bereits zwei Tage später erreichte Adenauer eine entsprechende telegraphische Bitte der evangelischen Kirche der britischen Zone. Den Hintergrund für diese gleichgerichteten Vorstöße bildeten Besprechungen, die Adolf Süsterhenn geführt hatte. Adenauer lud für den 14. Dezember die Vorsitzenden der Fraktionen des Parlamentarischen Rates – ausgenommen blieb nur die KPD – zu einer Unterredung mit Vertretern der beiden Kirchen ein. Auch bei der inhaltlichen Vorbereitung dieser Besprechung spielte Süsterhenn eine wesentliche Rolle ...«[99].

Van Schewick kommt über das Gespräch der Parteien- und Kirchenvertreter zu dem nachdenklichen Urteil: »In zweierlei Hinsicht war die Besprechung vom 14. Dezember Sinnbild für die neue Stellung der Kirchen in Deutschland: Zum einen dokumentierte sie den von allen demokratischen Parteien akzeptierten Anspruch beider Konfessionen, die zwischen Staat und Kirche stehenden Probleme in Verhandlungen von gleich zu gleich zu erörtern und nach Möglichkeit einvernehmlich auszuräumen; zum anderen war sie Ausdruck des veränderten Verhältnisses der beiden Konfessionen zueinander. In der Tat dürfte es seit dem Jahr 1517 nicht viele Gelegenheiten gegeben haben, bei denen die evangelische und die katholische Kirche so in voller Einmütigkeit den Vertretern des Staates mit gemeinsamen Forderungen gegenüber getreten sind«. Über den Verlauf berichtet van Schewick: »Die katholische Delegation wurde vom Bischof von Münster, Michael Keller, die evangelische vom Präses der westfälischen Landeskirche, D. Koch, geleitet. Die Parteien hatten durch die Auswahl der Gesprächsteilnehmer die Voraussetzung für eine sachbezogene Diskussion geschaffen. Auch die Fraktionen, die den Forderungen der Kirche deutlich distanziert gegenüberstanden, FDP und SPD, hatten mit Heuss und Höpker-Aschoff (FDP), Schmid und Menzel (SPD) Politiker entsandt, die für einen echten Gedankenaustausch durchaus offen waren«.

In dem von Böhler drei Tage später sorgfältig protokollierten Gespräch[100] trugen beide Seiten die bekannten Argumente vor. Einen besonderen Akzent setzte Böhler mit der Forderung nach der Fortgeltung des Reichskonkordates, die bisher nur von den Russen bestritten werde. Es

---

99 Ebd., S. 97.

100 »Bericht über die Verhandlungen, die am Dienstag, den 14. Dezember, zwischen Vertretern der Kirchen und des Parlamentarischen Rates stattfanden«, von Böhler unterzeichnet und auf den 12.12.1948 datiert (hekt. Kopie): HAEK – CR II 16.10, 4.

stelle aber eine Unmöglichkeit dar, wolle man ausschließlich diesem Vertrag mit dem Heiligen Stuhl, der »sich 1945 als erste auswärtige Macht als Freund Deutschlands erwiesen habe«, die Gültigkeit bestreiten.

Das Ergebnis des Gesprächs kann man mit van Schewick so beschreiben: »Die Fronten blieben unverändert. Allenfalls bei dem Abgeordneten Heuss (FDP) wurde eine gewisse Bereitschaft erkennbar, den eigenen Standpunkt zu überdenken. Bischof Keller, der abschließend für diese Aussprache dankte, machte nochmals mit allem Nachdruck auf den Ernst der Situation aufmerksam: ›Die Kirche wolle den Frieden, aber keinen Frieden um jeden Preis‹«[101].

Am 27. Dezember 1948 versandte Frings seinen bischöflichen Mitbrüdern für die bevorstehende Silvesterpredigt einen Vorschlag zu Aussagen über Elternrecht und Bekenntnisschule[102]. Der Kardinal ging selbst in seiner Silvesterpredigt sehr ausführlich und realistisch auf die Verhandlungen im Parlamentarischen Rat ein. Zentrale Punkte waren Elternrecht und Konfessionsschule: »Ein Antrag der christlich denkenden Abgeordneten, festzulegen, dass dieses Recht der Eltern auch bei der Bestimmung des religiös-weltanschaulichen Charakters der Schule gewahrt werden müsse, fand im Ausschuss keine Mehrheit«. Hinsichtlich des Elternrechts stellte der Erzbischof heraus: »Es geht ja hier um ein vor aller menschlichen Gesetzgebung von Gott selbst gegebenes Naturrecht, das kein Parlament und keine Parteienmehrheit beugen oder umgehen kann ... Noch wollen wir die Hoffnung nicht aufgeben, dass sich eine für uns annehmbare Lösung findet. Ich beschwöre die Parlamentarier in Bonn, die Forderungen der Kirche und der katholischen Eltern ernst zu nehmen. Ich fordere die katholischen Eltern auf, in ihren Elternversammlungen, in den Katholikenausschüssen, in katholischen Vereinigungen diese Frage zu besprechen und ihre Stellungnahme dem Parlamentarischen Rat zuzuleiten. Wir werden dankbar sein, wenn unsere Forderung angenommen wird. Wir werden nach unserem Gewissen handeln, wenn uns das Recht verweigert wird«.

Das entscheidende Ergebnis der Besprechung vom 14. Dezember 1948 war, dass wohl nur ein Teil der kirchlichen Forderungen an das Grundgesetz zu verwirklichen war. Böhler hatte in seinem Bericht an die Ordinariate am 17. Dezember die Konsequenz gezogen: »Wir müssen uns auf die Frage des Elternrechts konzentrieren. Das katholische Volk muss aufge-

---

101 B. VAN SCHEWICK, Verfassungen, S. 99.

102 Nach Entwurf von Böhler, Anschreiben vom 27. Dezember 1948 (hekt. Kopie): HAEK – CR II 16.10, 4. Frings eigene (nachfolgend zitierte) Silvesterpredigt (masch.-schr. mit hs. Korrekturen des Kardinals): HAEK – CR II 2.18g, 1.

klärt werden, dass die Aufnahme des Elternrechts bezüglich der Schule zu den unabdingbaren Forderungen an die neue Verfassung gehört. Es muss wissen, welche Gefahr droht. Die Forderung muss mit aller Klarheit und Schärfe erhoben werden«[103].

Während Frings seine bischöflichen Mitbrüder aufforderte, die Elternrechtsthematik in den Silvesterpredigten anzuschneiden, taten Bischof Keller und sein neuer Generalvikar Pohlschneider entscheidende Schritte zur Mobilisierung des katholischen Volkes im Münsterland. »Bis zum 18. Januar zählte das Sekretariat des Parlamentarischen Rates bereits rund fünfhundert Eingaben von Katholiken- und Elternausschüssen, von Pfarreien und Verbänden und Einzelpersonen, die sich die vorgetragenen Forderungen zu eigen machten. Wenn auch für den Außenstehenden hinter dieser Eingabenflut unschwer ein taktisches Konzept zu entdecken war« – und im Hauptausschuss wie im Plenum des Parlamentarischen Rates vermerkt wurde! – »dokumentierte sie doch eindrucksvoll, welchen Rückhalt die Elternrechtsforderung bei den Katholiken fand«[104].

Am 14. Dezember war der Eindruck entstanden, man könne Teile der FDP, insbesondere Theodor Heuss, für ein weiteres Entgegenkommen gegenüber den kirchlichen Forderungen gewinnen. Gespräche, die Böhler im Januar 1949 führte, erwiesen diese Hoffnung als trügerisch. Dagegen führte die Diskussion im Hauptausschuss ab 14. Januar 1949 über die Fortgeltung der Konkordate, zumal des Reichskonkordats von 1933, zu erneuter Konfrontation. Die scharfe Auseinandersetzung des hessischen Justizministers Zinn (SPD) mit der Qualität dieses Konkordats und die hämische Feststellung des Konkordatsverstoßes durch den CDU-Beitritt von Kardinal Frings am 20. Januar 1949 führten zu einer Verunsicherung der CDU in der Konkordatsfrage.

Böhler gewann bald den Eindruck, dass es in der CDU bezüglich der kirchlichen Forderungen »einen eher kompromissbereiten Kreis um Adenauer und eine ›härter Gruppe‹ um Süsterhenn gab ... Bereits am 15. Dezember 1948 hatte Adenauer vor der Fraktion erkennen lassen, dass für ihn eine Ablehnung des Grundgesetzes wegen des Elternrechts nicht in Frage komme«[105]. Auch Süsterhenn schätzte im Januar 1949 die Lage wohl zutreffend ein, dass von den evangelischen CDU-Abgeordneten eine Verteidigung des Reichskonkordats nicht zu erwarten war. Insgesamt nahm der Eindruck in der Öffentlichkeit zu, dass die kulturpolitische Auseinandersetzung mit dem Parlamentarischen Rat eine »katholische

[103] B. VAN SCHEWICK, Verfassungen, S. 99 f.
[104] Ebd., S. 101.
[105] Ebd., S. 107.

Angelegenheit« sei. »Vorläufiger Höhepunkt dieser Entwicklung war die große Kundgebung der katholischen Organisationen und Verbände der Erzdiözese Köln [in Köln, auf Einladung des Diözesankomitees], die am 30. Januar 1949 in Anwesenheit von Kardinal Frings stattfand. Die Versammlung, deren Hauptredner Süsterhenn war, verabschiedete eine Resolution, in der erneut und mit allem Nachdruck das Elternrecht und die Anerkennung des Reichskonkordats gefordert wurden«[106]. Im gleichen Sinne hatte Frings als Vorsitzender der Bischofskonferenz am 16. Januar noch einmal einen beschwörenden Brief an Adenauer geschrieben[107].

Doch Anfang Februar sickerte über Rundfunksendungen durch, dass in einer Kompromissformel des sogenannten »Fünferausschusses« (2 CDU, 2 SPD, 1 FDP) an den kirchlichen Forderungen Abstriche gemacht worden waren. Schon am 3. Februar 1949 meldete sich Frings wieder bei Adenauer und referierte seine Informationen[108]:

1. Die Ehe sei nicht mehr als »die rechtmäßige dauernde Lebensgemeinschaft von Mann und Frau definiert«.
2. Durch die einschränkende Voraussetzung des »geordneten Schulbetriebs« werde das Privatschulwesen gefährdet.
3. »Das Recht der Eltern, den Charakter der Schulen bestimmen zu dürfen, die von ihren Kindern besucht werden müssen, scheint auch in diesen Beratungen nicht anerkannt worden zu sein«.

Die Schärfe der nachfolgenden Warnungen dürfte eher auf Böhler als auf Frings persönlich zurückgehen: »Ich halte es für meine Pflicht ..., als Vorsitzender der Fuldaer Bischofskonferenzen darauf hinzuweisen, dass, wenn ... bezüglich der drei erwähnten Punkte im Plenum des Parlamentarischen Rates ein ähnliches Ergebnis erwartet werden muss, dann eine überaus ernste Situation eintreten würde. Ich erkenne gerne an, dass wesentliche Forderungen des christlichen Volksteils erfüllt sind. Es handelt sich aber bei diesen drei Punkten um so ernste Fragen ..., dass ich heute noch nicht übersehen kann, wie sich dann die Kirche, wie sich der christliche Volksteil, zum Verfassungswerk stellen werden«.

---

106 B. VAN SCHEWICK, Verfassungen, S. 111. Vorbereitendes Material zu der Elternkundgebung in Köln am 30. Januar 1949, hekt. Exemplar der Resolution sowie Druck (Unterschrift Dr. Anton Roesen): HAEK – CR II 16.10, 5.

107 Der Vorsitzende der Fuldaer Bischofskonferenzen an den Präsidenten des Parl. Rates 16. Januar 1949 (hs. Entwurf Frings', also keine Vorlage von Böhler): HAEK – CR II 16.10, 4.

108 Frings an Adenauer (Präs. d. Parl. Rates) 3. Februar 1949 (sign Kopie): HAEK – CR II 16.10, 3.

Frings konnte Adenauer darauf hinweisen: »Ich habe bisher zu verhindern gewusst, dass in den Elternkundgebungen noch schärfere Formulierungen gewählt wurden und die Möglichkeit der Ablehnung der Verfassung in die Diskussion gebracht wurde, obwohl in weiten Volkskreisen diese Frage überlegt wird und obwohl erwartet wird, dass die Bischöfe schon heute in der Öffentlichkeit diese Frage zur Sprache bringen«. Adenauer antwortete am 5. Februar zunächst durch eine knappe Eingangsbestätigung[109]: »Ich hoffe, dass das Endergebnis noch zu vertreten sein wird«. Frings hatte – taktisch nicht ungeschickt – seinen Brief an Adenauer in Kopie auch an Pfeiffer und Brockmann geschickt mit einem (zumindest für die CDU) überzogenen Dank für den Einsatz der Abgeordneten im Sinne der kirchlichen Anliegen[110]. Dadurch zog der Brief des Kardinals, der Adenauer in seinen Bemühungen um eine Kompromisslösung empfindlich störte, in Bonn Kreise. Am 7. Februar beschwerte sich deshalb Adenauer bei Frings[111]: »Der Vorsitzende der sozialdemokratischen Fraktion, Professor [Carlo] Schmid, kannte den Brief, noch ehe mein Büro den an mich gerichteten Briefumschlag geöffnet hatte«.

Nachdem Adenauer so auf amtlichem Briefbogen seinem Ärger bei Frings Luft gemacht hatte, schrieb er ihn noch am gleichen Tage einerseits Hilfe suchend, andererseits drohend privat an[112]: Er habe erfahren, dass Bischof Keller die Ansicht vertrete, »dass seines Erachtens die Bischöfe, weil das Elternrecht nicht in das Grundgesetz aufgenommen sei, die Katholiken auffordern sollten, gegen das Grundgesetz zu stimmen«. Frings habe sich in seinem Brief vom 3. Februar »viel vorsichtiger ausgedrückt«.

Adenauer schilderte dann – gewiss nicht nur, um den Kardinal persönlich zu überzeugen, sondern um ihn für die außerordentliche Bischofskonferenz in Pützchen am 10. Februar zu präparieren – seine Sicht des Sachstands: Die CDU/CSU habe zweimal vergeblich den Antrag auf Aufnahme des Elternrechts gestellt. Ein dritter Antrag sei angesichts der Mehrheitsverhältnisse sinnlos. »Es ist aber auf der anderen Seite gelungen, einer Bestimmung Aufnahme zu verschaffen des Inhalts, dass Religionsunterricht, der im Einvernehmen mit den Kirchen gegeben werden muss, ordentliches Lehrfach an allen Volks-, Fach- und Höheren Schulen – und, worauf ich besonders großen Wert lege, an den Berufsschulen – werde.

109 Adenauer (Präs. d. Parl. Rats) an Frings (Vors. d. Fuldaer Bischofskonferenzen) 5. Februar 1949 (Original): HAEK – CR II 16.10, 5.
110 Kopien der Schreiben an Pfeiffer und Brockmann: HAEK – CR II 16.10, 5.
111 Adenauer an Frings (»*Persönlich!*«) 7. Februar 1949 (Original): HAEK – CR II 16.10, 5.
112 Dr. K. Adenauer, Rhöndorf/Rhein, an Frings (Adresse: Bayenthalgürtel) 7. Februar 1949 (Original): HAEK – CR II 16.10, 5.

Ich halte die verfassungsmäßige Festlegung des Religionsunterrichts für die Berufsschulen für einen sehr großen Erfolg ...«.

Adenauer fuhr fort: »Es ist ferner die Konkordatsfrage in einer befriedigenden Weise gelöst, auch wenn das Reichskonkordat selbst nicht ausdrücklich genannt ist. Die Lösung war nicht leicht zu finden, weil das Reich, mit dem das Reichskonkordat abgeschlossen ist, ja für den Bereich, auf den das Konkordat sich erstreckt, rechtlich nicht mehr zuständig ist«. Änderungsanträge seien nicht mehr vorgesehen. Doch werde die CDU/CSU eine eindeutige Erklärung zu den nichtberücksichtigten Punkten abgeben, so dass für die anstehenden Landesverfassungen ihre Position klar und vertretbar bleibe. »So intolerant ich die Stellungnahme der SPD und der FDP finde, glaube ich doch, dass niemand es würde verantworten können, gegen das Grundgesetz in der vereinbarten Fassung zu stimmen ... Wer auffordern würde, gegen das Grundgesetz zu stimmen, weil bezüglich des Elternrechts nicht alles erreicht worden ist ..., würde m. E. sich mit Sicherheit dem vernichtenden Vorwurf aussetzen, dass er in der schlimmsten Notzeit des deutschen Volkes gegen dessen Interessen gehandelt haben würde. Ich würde es für ein Unglück für die katholische Kirche in Deutschland halten, wenn tatsächlich die Fuldaer Bischofskonferenz dieser Ansicht des Herrn Bischof Keller folgen würde. Der Schaden für die katholische Kirche würde gar nicht abzusehen sein. Für die CDU/CSU würde eine derartige Stellungnahme eine katastrophale Bedeutung haben. Es würde für sie gleicherweise untragbar sein, aufzufordern, entgegen dem Votum der Bischöfe für das Grundgesetz zu stimmen, wie dem Votum der Bischöfe zu folgen und die Stimme dagegen abzugeben«. Zum Schluss bot Adenauer dem Kardinal ein Gespräch an.

Bereits am 5. Februar hatte Böhler die deutschen Ordinariate zur Vorbereitung der Bischofskonferenz am 10. Februar über die neueste Entwicklungen aus seiner Sicht informiert, die sich von der Adenauers nur in wenigen Punkten unterschied[113]. Böhler hatte in seinen Randgesprächen mit den Politikern gerügt, dass man sich schon in einem Kompromiss des »Fünferausschusses« auf einen Verzicht auf das Elternrecht eingelassen hatte. »Es sei ein großer Unterschied, in den Verhandlungen des Plenums überstimmt zu werden, als [gemeint: statt] vorher durch Abschluss des Kompromisses fast den Eindruck zu erwecken, es sei auf das Elternrecht verzichtet worden. Man hielt mir aber immer wieder entgegen, noch gefährlicher sei es, das jetzt schon Erreichte von neuem zu gefährden. Die

[113] Böhler »An die Hochwürdigsten Erzbischöflichen und Bischöflichen Ordinariate« 5. Februar 1949 (Kopie): HAEK – CR II 16.10, 5.

Fraktion werde eine scharfe Erklärung abgeben, die ihre grundsätzliche Stellung klar zum Ausdruck bringen werde«.

Adenauer hatte Frings gegenüber geflissentlich übergangen, wie problematisch es war, die Bremer Ausnahmeregelung zum Religionsunterricht (»Bremer Klausel«) in eine Bundesverfassung aufzunehmen und damit später Nachahmer der Ausnahme zu ermutigen[114]. Böhler wurde darin ebenso deutlicher wie hinsichtlich des Versuchs, die Konkordatsfrage im Text des Grundgesetzes so zu verstecken, dass man sich für die Zukunft möglichst wenig festlegte.

Abschließend bemerkte Böhler: »Se. Eminenz, der Hochwürdigste Herr Kardinal Dr. Frings, hielt die Einberufung der Plenar-Konferenz für nötig. Nachdem das Elternrecht, das so entschieden seitens der Kirche und seitens des katholischen Volkes vertreten worden ist, nicht in die Grundrechte der Verfassung aufgenommen werden soll ..., muss nach Auffassung Sr. Eminenz der Gesamtepiskopat sich schlüssig werden, welche Stellung er zu nehmen gedenkt«.

Es kam also auf eine einheitliche Linie des Episkopats nach außen an, wie der Taktiker Böhler klar erkannte! »Nach meiner Meinung braucht die Aktion innerhalb der Elternschaft nicht abgestoppt zu werden. Ich halte es für gut, wenn die Forderung, das Elternrecht bezüglich der Schule anzuerkennen, nach wie vor an den Parlamentarischen Rat gerichtet wird. Dadurch werden alle Bemühungen unterstützt, die noch auf eine Verbesserung hinzielen... Nur wird es notwendig sein, dass die Formulierungen von der Diözese aus dirigiert werden. Die Entschließung, die wir am vorigen Sonntag [30. Januar 1949] in Köln gefasst haben, lege ich bei«.

Am 8. Februar 1949 sollte die dritte Lesung des Kompromisstextes im Hauptausschuss erfolgen. Am Tag zuvor wandte sich Böhler noch einmal mit ausführlichen Darlegungen an den Fraktionsvorsitzenden der CDU/CSU, um in letzter Minute Verbesserungen zu erzielen[115]. Doch alles, was zu diesem Zeitpunkt noch zu erreichen war, war die von Adenauer bereits angedeutete »Erklärung zum Elternrecht von CDU/CSU, Zentrum und DP« vom 8. Februar 1949[116]. Sie entsprach in ihrer Deutlichkeit und Argumentation allerdings bester katholischer Tradition: »Wir halten nach wie vor an unserem Standpunkt fest, dass das Erziehungsrecht der Eltern gottgegebenes Naturrecht darstellt, das jedem

114 Z. B. Brandenburg nach 1990.

115 Böhler an Fraktionsvors. d. CDU/CSU-Fraktion 7. Februar 1949 (Kopie): HAEK – CR II 16.10, 5.

116 CDU/CSU – Fraktion, Zentrum und DP, Bonn, den 8. Februar 1949, Erklärung zum Elternrecht (Kopie): HAEK – CR II 16.10, 5.

staatlichen Zugriff entzogen ist ... Wir verlangen daher, dass der Staat bei der religiös-weltanschaulichen Gestaltung des Schulwesens dem Elternwillen Rechnung trägt und es den Eltern ermöglicht, ihre Kinder je nach ihrer persönlichen Gewissensentscheidung in bekenntnismäßigen, simultanen oder weltlichen Schulen erziehen und unterrichten zu lassen«. Nachdem der Parlamentarische Rat mehrfach einen entsprechenden Antrag abgelehnt habe, »wurde der Antrag gestellt, in das Staatsgrundgesetz den Artikel 26 Abs. 3 der Charta der Menschenrechte der Vereinten Nationen aufzunehmen, der wie folgt lautet: ›Die Eltern haben das erste Recht, die Art der Schulerziehung zu bestimmen, die ihren Kindern zu gewähren ist‹ «. Doch auch dieser Antrag habe keine Mehrheit gefunden. »Da nach den Grundsätzen der Demokratie die Mehrheit entscheidet, haben wir keine formale Möglichkeit, die Anerkennung des Elternrechts in vollem Umfange ... in diesem Staatsgrundgesetz durchzusetzen. Wir können daher hier nur die Erklärung abgeben, dass kein Staat das Recht hat, den Eltern das natürliche, von Gott gegebene Recht zur Erziehung ihrer Kinder anzutasten und dass wir mit allen rechtlich zulässigen Mitteln den Kampf um die Verwirklichung dieses Rechts fortführen werden«.

Adenauer war vorsichtig genug, sich nicht nur des Wohlverhaltens der deutschen Bischöfe zu versichern. Er hatte über den CDU-Politiker Bruno Dörpinghaus auch zur Vatikanmission in Kronberg Kontakt aufgenommen und am 7. Februar in Erfahrung gebracht, »der Heilige Stuhl würde die Lösung akzeptieren und zu Fragen des Elternrechts *offiziell* keine Stellung nehmen. Jedenfalls konnten sich die Bischöfe bei einem eventuellen Kampf nicht auf Rom berufen«[117].

Das von Adenauer Kardinal Frings angebotene Gespräch fand – von Böhler sorgfältig vorbereitet – am 9. Februar mit Frings und Keller statt. »Frings machte Adenauer am 9. Februar zwar hinsichtlich der Kompromissbereitschaft seiner Partei Vorhaltungen, beschränkte sich im übrigen aber darauf, die Erläuterungen und Klarstellungen verschiedener Punkte zu verlangen. Dabei war es für den Politiker [Adenauer] besonders wichtig, dass Frings in Bezug auf das Elternrecht nicht die ultimative Haltung Bischof Kellers einnahm«[118]. Die Bitte des Kardinals, sicherzustellen, dass die Abstimmung des Parlamentarischen Rats nicht als grundsätzliche Ablehnung des Elternrechts gedeutet werden könne, war durch die Erklärung der »christlichen« Fraktionen vom Vortag ausgeräumt.

[117] B. van Schewick, Verfassungen, S. 116 f.
[118] Ebd., S. 118.

Trotz des offensichtlichen Gegensatzes zwischen Frings und Keller gelang es bei der Bischofskonferenz in Pützchen, zu einer Einheit im Episkopat auf moderater Basis zu finden. Ludwig Volk schildert[119]: »Anstatt des befürchteten Hirtenbriefs mit einer ultimativen Verwerfung des Grundgesetzentwurfs erließen die Bischöfe nur eine Verlautbarung. Darin wurde nochmals mit Ernst und Nachdruck unterstrichen, dass der katholische Volksteil eine Übergehung von Elternrecht und Reichskonkordat nicht hinnehmen könne. Damit war die Tür zu weiteren Verhandlungen nicht zugeschlagen. In Kronberg registrierte Zeiger den Kompromiss mit Erleichterung: [Das] Ergebnis von Pützchen ist äußerlich gesehen anscheinend gering. Für sogenannte Kampfnaturen zu gering. Die Verlautbarung lässt alles offen und behält Wege in die Zukunft frei. Aber real gesehen war dies der einzig beste Weg. Ein Ergebnis ist sehr groß: volle Einheit im Episkopat in dieser Sache für alle kommenden Vorgänge und Kämpfe. Die Herren kamen nach Pützchen mit sehr ernsten Meinungsverschiedenheiten, die befürchten ließen. Nun ist einheitliche Haltung gesichert«.

Frings informierte am 11. Februar Adenauer, am 12. Februar Bischof Muench über die Konferenz von Pützchen[120]. An Muench schrieb er: »Die Versammlung der Bischöfe tagte in einer herzerquickenden Einmütigkeit und in heiliger Sorge um die Rechte der Kirche«.

Wie sehr die Auseinandersetzungen zwischen dem Parlamentarischen Rat und der katholischen Kirche auch von den Briten registriert wurden, zeigt ein sechsseitiger Bericht »Catholic attitude to the new German Constitution« in den Akten der Militärregierung[121]. Über die Reaktion der deutschen Öffentlichkeit auf die Erklärung von Pützchen ermittelte van Schewick[122]: »Wie zu erwarten, ist die bischöfliche Stellungnahme in politischen Kreisen stark beachtet worden. Böhler täuschte sich aber, wenn er meinte, feststellen zu können, dass gerade die Unsicherheit über die endgültige Haltung des Episkopats besonderen Eindruck gemacht habe. Dass die Bischöfe darauf verzichtet hatten, auf die Nichtaufnahme des Elternrechts in der dritten und vermeintlich letzten Lesung des Hauptausschusses mit einer ultimativen Forderung zu reagieren, wirkte de facto

[119] L. VOLK, Der Heilige Stuhl und Deutschland, S. 79 f.– Erklärung der deutschen Bischöfe zum geplanten Grundgesetz, Pützchen bei Bonn, den 11. Februar 1949 (Abschrift): HAEK – CR II 16.10, 5; Druck: Herder-Korrespondenz 3, 1948/49, S. 245 f.

[120] Signierte Kopien: HAEK – CR II 16.10, 5.

[121] Darin enthalten: »Statement by the German Bishops on the draft Constitution«, o. D., aber wohl nach dem 11. 2. 1949: L – PRO – FO 1050/1614.

[122] B. VAN SCHEWICK, Verfassungen, S. 120.

wie eine halbe Einverständniserklärung. Die CDU/CSU jedenfalls hat in dieser Frage von der katholischen Kirche zunächst keinen entscheidenden Widerstand mehr befürchtet«.

Muss man den aus heutiger Sicht überraschenden Versuch von Landesbischof Lilje, im Februar und März 1949 über die Deutsche Partei die Verankerung des Elternrechts im Grundgesetz erneut zur Sprache zu bringen, sowie Böhlers und Roesens Anstrengungen dieser Wochen, einen Volksentscheid über die kulturpolitischen Fragen herbeizuführen, noch als Nachwirkungen der dritten Lesung im Hauptausschuss werten[123], so leiteten die Einwände der Alliierten gegen den vorliegenden Text des Grundgesetzentwurfs in ihrem Memorandum vom 2. März 1949 zu einer letzten, scheinbar alles noch einmal in Frage stellenden Diskussion des »Fünferkompromisses« über[124].

Den Alliierten ging es bei ihren Einwänden zwar nicht um den kulturpolitischen Teil des Entwurfs, doch witterte die von Kurt Schumacher geführte SPD in dem Einspruch der Alliierten die Chance, bei Aufschnürung des Gesamtpakets und Reduzierung des Grundgesetzes auf die wichtigsten Bestimmungen die erreichten Absicherungen kirchlicher Interessen zu beseitigen. In den Debatten versuchte Georg August Zinn, »die Haltung der katholischen Kirche unter dem Nationalsozialismus in Zweifel zu ziehen«. »Dass die zum großen Teil direkt widerlegbaren Behauptungen der Sozialdemokraten eine größere Resonanz finden würden, war angesichts der in breiten Bevölkerungskreisen noch lebendigen Erfahrung von den ›alltäglichen‹ Auseinandersetzungen zwischen Kirche und Nationalsozialismus kaum zu befürchten. Aber der Zusammenhang zwischen diesen als ungerecht empfundenen Vorwürfen und der kulturpolitischen Haltung der SPD ließ die Kirche mit aller Schärfe reagieren. Indem man die Kontinuität des eigenen Einsatzes für die Bekenntnisschule unter dem NS-Regime und in der Nachkriegszeit beschwor, rückte man die SPD in eine gewisse Nähe zur NS-Kulturpolitik«[125]. Schon am 20. Februar 1949 hatte Pius XII. in einem Schreiben an die deutschen Bischöfe ausgeführt, »dass gewisse Kreise dieses Volkes der Neuordnung des Staatswesens einen kulturellen Unterbau geben, der sie ungewollt und unbewusst zu Nachahmern eines zusammengebrochenen Staatssystems macht ..., eines Staatssystems, das neben vielen anderen unrühmlichen Kennzeichen auch das der planmäßigen Missachtung naturgegebener re-

---

123 Dazu: B. van Schewick, Verfassungen, S. 120 f.
124 Ebd., S. 122-127.
125 Ebd., S. 123 f.

ligiöser Rechte und offenkundiger Vertragsuntreue an seiner Stirne trug«[126].

Es kam Ende April/Anfang Mai 1949 – kurz vor der Schlussabstimmung im Plenum des Parlamentarischen Rates am 8. Mai – noch einmal zu einer erregten öffentlichen Auseinandersetzung von allen Seiten über Umfang und kulturpolitische Inhalte des Grundgesetzes, die van Schewick beschrieben hat[127]. Frings richtete am 1. Mai 1949 noch einmal einen Brief an Adenauer, in dem er ihn bat, seinen »persönlichen Einfluss einzusetzen, dass seitens der christlichen Abgeordneten alles getan wird, um das ganze Elternrecht ... in der Verfassung zu garantieren und den Religionsunterricht in allen Schulen, auch den Berufsschulen, als schulplanmäßiges Lehrfach zu sichern. Gegen die sogenannte ›Bremer Klausel‹ muss ich heute über die schon klar zum Ausdruck gebrachten grundsätzlichen Bedenken hinaus weiteren Widerspruch erheben ...«[128]. Auch dürfe der Konkordatsartikel nicht aufgegeben werden.

Über die letzten Verhandlungen vor dem 8. Mai 1949 berichtet van Schewick zusammenfassend: »Als in interfraktionellen Besprechungen Ende April/Anfang Mai 1949 die endgültigen Formulierungen ausgehandelt wurden, suchte [Böhler] über Süsterhenn die Ergebnisse, die im Fünferkompromiss erzielt worden waren, zu sichern und partiell zu verbessern. Eine erhebliche Behinderung für diese Bemühungen bedeutete es deshalb, dass Süsterhenn am 5. Mai 1949 schwer verunglückte und an den letzten Verhandlungen nicht mehr teilnehmen konnte. Dennoch war es im wesentlichen ihm zu danken, dass das Grundgesetz, das am 8. Mai in dritter Lesung verabschiedet wurde, in seinen kulturpolitischen Bestimmungen die großen Linien des Fünferkompromisses übernahm. Dabei war es angesichts der Mehrheitsverhältnisse kaum mehr als eine Geste, dass die Deutsche Partei, das Zentrum und sechs CSU-Abgeordnete auch wegen der Mängel in diesem Bereich gegen die Verfassung stimmten«.

Nach dem 8. Mai vertrat Böhler bei den Bischöfen, dass es keine Alternative zur Akzeptierung der Verfassung gegeben habe. Für ein Gespräch mit Adenauer informierte Böhler am 12. Mai den Kölner Kardinal über die wirkliche Situation in den christlichen Parteien[129]: Die CDU habe sich

126 Pius XII. an die deutschen Bischöfe 20. Februar 1949; Druck: KA 89, 1949, S. 195-200 (Stück 12 v. 15. Mai 1949).

127 B. VAN SCHEWICK, Verfassungen, S. 124-126.

128 Frings an Adenauer 1. Mai 1949: Im Entwurf von Böhler Adresse: »Herrn Präsidenten Dr. Adenauer, Bonn«, hs. Überarbeitung von Frings: »Herrn Oberbürgermeister Dr. Adenauer, Rhöndorf«; Grußformel hs.: »In aufrichtiger Verehrung Ihr ergebenster ...«: HAEK – CR II 16.10, 7.

129 Böhler an Frings 12. Mai 1949 (Original): HAEK – CR II 16.10, 7.

zunehmend kooperativ, das Zentrum kühl distanziert gezeigt. »Innerhalb der CDU muss einmal über die Spannungsverhältnisse gesprochen werden (katholisch/evangelisch, Nord-Deutschland/Süd-Deutschland, links/rechts)...«. Am gleichen Tag gab Böhler Frings Instruktionen für ein Gespräch mit Bischof Keller, der als Vertrauensmann des Zentrums im Episkopat galt[130]. Böhler schilderte noch einmal ausführlich die Entwicklung in der letzten Verhandlungsphase und seine zunehmend positiven Erfahrungen mit der CDU bei gleichzeitiger Abkühlung seiner Beziehungen zum Zentrum. Das Zentrum habe es sich als kleine Partei leisten können, gegen das Grundgesetz zu stimmen. »Es wäre ein schweres Unrecht, wenn das Zentrum diese Abstimmung benutzen würde, um gegen die CDU zu hetzen«. Für das Natur- und Elternrecht sei das Zentrum »energisch und klar«, aber nicht immer glücklich im Parlamentarischen Rat eingetreten. »Besonders eindrucksvoll ist seine Stellung nicht gewesen, und vor allen Dingen darf man nicht vergessen, dass das Zentrum in *fast* allen anderen Fragen mit der SPD gestimmt hat«. Das Zentrum scheine jetzt entschlossen zu sein, »gegen die CDU und nicht gegen die SPD« Wahlkampf zu treiben. Das müsse man zu verhindern suchen.

In den gleichen Tagen sandte Frings den deutschen Ordinarien den Entwurf für ein gemeinsames Hirtenwort zum Grundgesetz, das nach der Ratifizierung durch die Länderparlamente zu veröffentlichen wäre[131]. Bis zum 21. Mai bat Frings um Einverständnis oder Gegenvorschläge. Es war eine Geste des Dankes und des Respekts gegenüber dem, der mit seiner abweichenden Meinung am meisten zurückstecken sollte, wenn Frings am Ende des Briefes schrieb: »Für alle Mithilfe, die die Hochwürdigsten Herren, vor allem Se. Excellenz, der Hochwürdigste Bischof Dr. Michael Keller von Münster, in den schweren Auseinandersetzungen gewährt haben, spreche ich meinen aufrichtigen Dank aus. Möge Gott zum Guten lenken, was menschliche Blindheit zum Bösen zu wenden versuchte«.

Die Erklärung der deutschen Bischöfe zum Grundgesetz sowie das gemeinsame Hirtenwort mit dem Datum 23. Mai 1949[132] stellten noch einmal die Entstehungsgeschichte, positive Ergebnisse und offen gebliebene Streitpunkte des Grundgesetzes dar. Klaus Gotto wertet diese »Erklärung der deutschen Bischöfe zum Grundgesetz der Bundesrepublik Deutsch-

---

130 Böhler an Frings 12. Mai 1949 (Original): Ebd.

131 Undatiertes Begleitschreiben »An die Hochwürdigsten Herren (Erz-) Bischöfe Deutschlands«: Ebd.

132 Erklärung und Hirtenbrief (signiert) vom 23. Mai 1949 (Kopien): HAEK – CR II 16.10, 6; Druck: KA 89, 1949, S. 211-229.

land« so[133]: »Sie fiel härter und negativer aus, als Böhler gewollt und vorgeschlagen hatte, vermutlich eine Konzession an die Linie, die hauptsächlich von Bischof Keller vertreten wurde. Bei aller Anerkennung für das Erreichte stellten die Bischöfe jedoch fest, dass für sie das Grundgesetz nur vorläufigen Charakter haben könne, da wesentliche und unerlässliche Grundrechte, wie das Elternrecht, fehlten. ›Mit dieser Ablehnung ist uns ein Kampf aufgezwungen, der zu verhindern gewesen wäre und der nicht hätte zu entstehen brauchen, wenn man unseren ernsten Mahnungen, die dem inneren Frieden im Volke dienten, Gehör geschenkt hätte‹«. Dennoch ist auch das versöhnliche Angebot zu beachten, auf das van Schewick hinweist[134]: »Wir Bischöfe und alle Gläubigen fühlen uns in dieser Schicksalsstunde unserem gesamten deutschen Volke in Liebe verbunden. Wir werden in freudiger Zusammenarbeit mit allen anderen gutwilligen Kräften uns einsetzen für einen gesunden Wiederaufbau unseres Volkes, der in gleicher Weise dem inneren Frieden wie dem Völkerfrieden dient«.

Die Markierung ihres durch die Verabschiedung des Grundgesetzes unveränderten Standpunktes zu Elternrecht und Konkordatsfrage wurde den Bischöfen in der Öffentlichkeit nicht verdacht. Adenauer lud Frings am 19. Mai telegraphisch zur Plenarsitzung des Parlamentarischen Rates am 23. Mai 1949 ein[135], in der die Abgeordneten – nach Ratifizierung durch die Länderparlamente – das Grundgesetz unterzeichneten. Am 4. Juni schrieb Frings an Pius XII.[136]: »Inzwischen haben die Verhandlungen in Bonn zu einem Abschluss geführt. Man wird nicht sagen können, dass er voll befriedigend sei, da er das Elternrecht über die Bestimmung des religiösen Charakters der Pflichtschule, die ihre Kinder besuchen müssen, nicht anerkennt. Das Reichskonkordat ist nur durch einen sehr verklausulierten Artikel geschützt. Hier wie an anderen Stellen hat man sich auf Formeln, nicht auf Gedanken geeinigt«. Auf den Ausgang der bevorstehenden Wahlen und auf die Besetzung der Ämter in der Bundesregierung werde es entscheidend ankommen. Die christlichen Parteien dürften sich deshalb nicht bekämpfen.

»Eine unschätzbare Hilfe bei den Bonner Kämpfen«, so führte der Kardinal in seinem Brief an den Papst aus, »war uns der Brief Ew. Heiligkeit vom 20. Februar d[iese]s J[ahre]s. Die Veröffentlichung des passus concernens im rechten Augenblick hat eine ungeheure Wirkung auf alle Parteien ausgeübt und hat bewirkt, dass die Bestimmung, der Religionsunter-

133 K. GOTTO, Kath. Kirche und Grundgesetz, S. 107.
134 B. VAN SCHEWICK, Verfassungen, S. 127.
135 Telegramm Adenauer an Frings 19. Mai 1949: HAEK – CR II 16.10, 7.
136 Frings an Pius XII. 4. Juni 1949 (sign. Durchschrift): HAEK – CR II 16.10, 6.

richt sei ordentliches Lehrfach in den öffentlichen Schulen ..., durchgekämpft werden konnte, und dass an dem sog[enannten] Vertragsartikel nicht gerüttelt wurde«.

Das Hirtenwort der deutschen Bischöfe zur ersten Bundestagswahl am 14. August 1949 wurde nach dem Entwurf Böhlers, nicht nach dem schärferen Bischof Kellers, abgefasst[137]. Es rekapitulierte noch einmal die Entstehungsgeschichte des Grundgesetzes, nannte die Gegner der kirchlichen Anliegen unter den Parteien recht deutlich, zeigte Chancen und Aufgaben des neuen Parlaments auf, um die Katholiken dann eindringlich zur Wahl aufzurufen. Wenn die herausragend entscheidende erste Bundestagswahl mit der Wahl Konrad Adenauers zum Bundeskanzler am 15. September 1949 endete, hat das etwas mit der Haltung der Kirche und ihrer Bischöfe im voraufgegangenen Streit um die Inhalte des Grundgesetzes zu tun. Der Wertung Gottos ist zuzustimmen[138]: »Es bleibt das historische Verdienst Böhlers und der Mehrheit der Bischöfe, dass die Kirche sich bei der Gründung der Bundesrepublik nicht in eine Defensivrolle und in eine neue Distanz zum werdenden Staat drängen ließ. Sie nutzte im Gegenteil die Möglichkeiten demokratischer Einflussnahme und half mit, den Grundstein für ein – im ganzen gesehen – positives bzw. positiv sich entwickelndes Verhältnis von Kirche und Staat zu legen. Nicht zuletzt aber wurden in dieser Zeit und durch die Mitarbeit am Grundgesetz die Voraussetzungen dafür geschaffen, dass die Kirche und die Katholiken die demokratisch verfasste Bundesrepublik als ihren Staat begreifen konnten, in dem sie sich ›geborgen und beheimatet‹ fühlten«.

Der Kampf um das Grundgesetz hatte noch ein kleines Nachspiel. Als Frings im Mai 1949 Erklärung und Hirtenbrief mit der Bitte um Äußerung der Mitbischöfe verschickte, bemerkte er, »zu einzelnen Punkten des Grundgesetzes muss Rechtsverwahrung eingelegt werden« wie 1919 zur Reichsverfassung. »Eine Formulierung zu dieser Rechtsverwahrung werde ich baldigst den Hochwürdigsten Herren vorlegen«[139]. Nach den Gründungsakten der Bundesrepublik im September 1949 legte Böhler dem Kardinal einen ersten Entwurf am 16. Oktober vor[140]. Am 28. No-

[137] Entwurf Böhler 1. Juli 1949; Entwurf Keller, von Böhler am 8. Juli an Frings übersandt mit der Bemerkung: »Jetzt wird die Sache mit Münster doch etwas schwierig«: HAEK – CR II 2.3, 2; Druck: KA 89, 1949, S. 293-299 (datiert auf 14. Juli 1949).

[138] K. GOTTO, Kath. Kirche und Grundgesetz, S. 107 f.

[139] Undatiertes Schreiben (nach dem 12. Mai 1949) an die Erzbischöfe und Bischöfe Deutschlands (Kopie): HAEK – CR II 16.10, 7.

[140] »Bericht an die Hochwürdigsten Herren Bischöfe der Fuldaer Bischofskonferenzen 1949. Rechtsverwahrung der Fuldaer Bischofskonferenz gegenüber dem Grundgesetz« 16. Oktober 1949; hs. Nachtrag Böhlers: »Entwurf des Schreibens ist schnell ausgearbei-

vember versandte Frings diesen Entwurf mit Berufung auf einen »Beschluss der letzten Fuldaer Bischofskonferenz« mit der Bitte um Abänderungsvorschläge bis zum 10. Dezember[141]. Nach erneuter Vorlage durch Böhler am 9. Januar 1950 unterschrieb Frings unter dem gleichen Datum den Text der Verwahrung[142], die interessanterweise nicht an den Bundestag, sondern »An die Regierung der deutschen Bundesrepublik z. Hd. des Herrn Bundeskanzlers Dr. Adenauer« gerichtet war. Die entscheidenden Aussagen lauteten:

»Wir halten uns im Gewissen verpflichtet, heute im einzelnen folgende *Rechtsverwahrungen* einzulegen:

1. Die Art. 137 und 138 der Weimarer Verfassung sind in das Grundgesetz übernommen worden. Schon im Jahr 1919 hatten die deutschen Bischöfe gegenüber dem folgenden Satz in Art. 137 Rechtsverwahrung eingelegt: ›Jede Religionsgemeinschaft ordnet und verwaltet ihre Angelegenheiten selbständig *innerhalb der Schranken des für alle geltenden Gesetzes*‹. Wir müssen diese Rechtsverwahrung erneuern. Wenn mit dem genannten Satz dem Staate das Recht zugesprochen werden soll, evtl. mit einem für alle geltenden Gesetz in die Angelegenheiten der Kirche – und seien es die innersten und wesentlichsten – einzugreifen, dann würde eine solche Auffassung unseren Widerspruch hervorrufen müssen.
2. Art. 138 der Weimarer Verfassung spricht dem Reich (jetzt also dem Bund) die Befugnisse zu, ohne Mitwirkung der Kirche bei einer etwaigen *Ablösung* der auf Gesetz, Vertrag und besonderen Rechtstiteln beruhenden *Staatsleistungen* an die Kirche die maßgebenden Grundsätze aufzustellen. Eine solche Regelung ist mit der Stellung der Kirche als einer vom Staat unabhängigen geistlichen Gewalt unvereinbar wie die Inanspruchnahme einer allgemeinen *besonderen* Staatsaufsicht«. Besonders wichtig war den Bischöfen die Rechtsverwahrung in den folgenden Abschnitten:
3. »Wenn schon die Bischöfe 1919 dagegen Einspruch erhoben haben, dass in den Schulartikeln 143-149 der Weimarer Verfassung die Rechte der Kirche und der Erziehungsberechtigten, besonders der Eltern, nicht

tet, wenn die Grundzüge genehmigt sind«: HAEK – CR II 16.10, 6 (Unterschr. Original).

141 Frings »An die Hochwürdigsten Erzbischöfe und Bischöfe Deutschlands« 28. November 1949: HAEK – CR II 16.10, 6.

142 Böhler an Frings 9. Januar 1950; Der Vorsitzende der Fuldaer Bischofskonferenzen »An die Regierung der deutschen Bundesrepublik ...«, hs. Vermerk Frings': »scrib. 9. 1. 50«, Ausgangsstempel: 25. Jan. 1950: HAEK – CR II 16.10, 8.

genügend berücksichtigt und andererseits dem Staat zu weitgehende Befugnisse zugesprochen seien, so können wir uns nicht darauf beschränken, diesen Protest zu wiederholen, sondern wir müssen darüber hinaus ernsten Einspruch dagegen erheben, dass im Bonner Grundgesetz das Elternrecht bezüglich des religiösen Charakters der öffentlichen Pflichtschulen nicht ausdrücklich anerkannt worden ist (vgl. Art. 7 des Grundgesetzes).

4. Besonders feierliche Verwahrung müssen wir einlegen gegen Art. 141 des Grundgesetzes, die sogenannte ›Bremer Klausel‹. Mit diesem Artikel sollte in erster Linie dem Lande Bremen die Möglichkeit gegeben werden, die Bestimmungen über den Religionsunterricht, wie sie im Art. 7 des Grundgesetzes festgelegt sind, für sein Gebiet außer Kraft zu setzen. Es ist im ganzen christlichen Volk als ein Affront betrachtet worden, dass die fast *einzige* Ausnahmebestimmung des Grundgesetzes sich auf den Religionsunterricht bezieht; das Grundgesetz erteilt durch diese ausdrücklich Länderregierungen nachträglich die rechtliche Anerkennung für Gesetze, die dem Religionsunterricht eine Stellung zuweisen, durch die seiner Bedeutung in keiner Weise entsprochen wird und die als entehrend bezeichnet werden muss«.

Die »Rechtsverwahrung« schloss mit dem versöhnlichen Ausdruck der Bereitschaft zur Mitarbeit im Staat und der Erwartung, dass der Staat seinerseits der Kirche ihre Stellung zubilligen werde. Adenauer, für den das Grundgesetz inzwischen ein abgeschlossener Tatbestand war, der andererseits sicher für die Anmahnung ihres Rechtsstandpunkts durch die Bischöfe Verständnis hatte, begnügte sich am 31. Januar 1950 mit einer höflich-korrekten Eingangsbestätigung[143].

d) Die abschließenden Bemühungen um die Verfassung des Landes Nordrhein-Westfalen 1949/50

Wilhelm Böhler hatte aus den Erfahrungen mit dem Parlamentarischen Rat in Bonn neue Kenntnisse für den zweiten Versuch gewonnen, die Verfassungsberatungen in Nordrhein-Westfalen zu einem für die Kirche annehmbaren Abschluss zu bringen. Waren in Bonn CDU, Zentrum und DP den übrigen Parteien um drei Stimmen unterlegen gewesen, so verfügten im Düsseldorfer Landtag CDU und Zentrum über 112 von 216 Mandaten. Es kam also darauf an, die beiden Fraktionen auf einer Linie zu

143 Adenauer an Frings 31. Januar 1950 (Orignial): HAEK – CR II 16.10, 8.

halten und einzelne Abgeordnete von häufiger diskutierten Kompromissen abzulenken.

Böhler hat Kardinal Frings zwar über die diskutierten Vorlagen auf dem Laufenden gehalten und um Korrekturvorschläge der Bischöfe gebeten: Schon am 8. Juli 1949 (also noch vor der ersten Bundestagswahl!) übersandte er dem Kardinal »den ersten Entwurf für eine Reihe wichtiger Abschnitte der Verfassung Nordrhein-Westfalen« mit der Bitte um baldige Durchsicht[144]; am 28. September 1949 ging eine weiterentwickelte Vorlage an die Bischöfe Nordrhein-Westfalens[145].

Doch van Schewick hat bereits beschrieben, wie vor allem der nach der Kultusministerin Teusch zum Kulturausschussvorsitzenden des Landtages gewählte Aachener CDU-Abgeordnete Dr. Josef Hofmann zum geschickten Sachwalter der kirchlichen Anliegen und darüber hinaus zur integrierenden Kraft für gelegentlich eigene Wege gehende CDU-Abgeordnete wurde. Hofmann war es auch, der mit gutem Erfolg auf die evangelischen Vertreter der CDU (und über sie indirekt auf die evangelischen Landeskirchen Rheinland, Westfalen und Lippe) zuging. Van Schewick kommt zu dem Urteil, dass Hofmann »für Böhler zu dem wichtigsten Gesprächspartner im politischen Bereich« wurde[146].

Im Kreis der Episkopatsvertreter und der Vertreter der Katholikenausschüsse kam es im Sommer 1949 zu einem neuen Verfassungsentwurf, der an die letzten Verhandlungen von 1948 anknüpfte. »Auch in der Sitzung d[ies]es Verfassungsgremiums am 4. Oktober 1949 wurde der Entwurf Böhlers ... als geeignete Basis für ein gemeinsames Vorgehen von CDU und Zentrum akzeptiert. Dieser Übereinkunft kam noch erhöhte Bedeutung dadurch zu, dass die evangelische Kirche bis zum Januar 1950 darauf verzichtete, ihre Vorstellungen, die sich mit denen der katholischen Kirche in wesentlichen Punkten deckten, erneut zu artikulieren ... Der Erfolg wurde allerdings dadurch relativiert, dass Ministerpräsident Arnold unabhängig von diesen Verhandlungen mit einem kleinen Mitarbeiterkreis einen eigenen Verfassungsvorschlag erarbeitete«[147]. Böhler versuchte vergeblich, ein gemeinsames Vorgehen zu erreichen. Seine Befürchtungen bestätigten sich, dass Arnold innerhalb des Koalitionskabinetts Kompromisse eingehen würde. Die Regierungsvorlage an den Landtag vom 29. November 1949 enthielt zahlreiche Alternativvorschläge und überließ

144 Böhler an Frings 8. Juli 1949 (Original): HAEK – CR II 16.10, 6.

145 Böhler an Frings (gleichlautend wohl an die anderen NRW-Bischöfe) 28. September 1949 (Original): HAEK – CR II 16.10, 6.

146 B. VAN SCHEWICK, Verfassungen, S. 50 f.

147 Ebd., S. 52 f.

dem Parlament die Entscheidung. Es zeigte sich bald, dass es in den zentralen kirchlichen Forderungen nach Elternrecht und Bekenntnisschule keinen Kompromiss, sondern nur ein Entweder-Oder gab.

Am 3. Januar 1950 kam es zu einer erneuten Besprechung der kirchlichen Vertreter mit den katholischen Politikern. Dabei ging es auch um eine verstärkte Öffentlichkeits- und Informationsarbeit, da ein Arbeitskreis evangelischer Religionslehrer innerhalb der »Gewerkschaft Erziehung und Wissenschaft«, aber auch die Gewerkschaft insgesamt gegen Elternrecht und Bekenntnisschule an die Öffentlichkeit gingen. »Eine besondere Bedeutung musste in diesem Zusammenhang den katholischen Erzieherorganisationen zukommen. Einen Höhepunkt bildete die Großkundgebung des Katholischen Lehrerverbandes von Nordrhein-Westfalen am 14. Mai 1950 in Köln, auf der der Vorsitzende des [Kölner] Katholikenausschusses, Dr. Franz Lemmens, Kardinal Frings und Kultusministerin Teusch die Forderung nach der katholischen Bekenntnisschule erneuerten«[148]. Böhler betrieb zur gleichen Zeit eine gezielte Presseinformationspolitik. Auch kam es bereits am 25. Januar 1950 noch einmal zu einem Treffen von Vertretern beider Kirchen, die gemeinsam »Vorschläge und Stellungnahmen zum Entwurf eines Grundgesetzes für das Land Nordrhein-Westfalen« erarbeiteten. Auch versuchten die evangelischen Kirchen auf Abgeordnete ihrer Konfession Einfluss zu gewinnen.

Im Frühjahr 1950 zeichnete sich ab, dass nur solche kirchlichen Forderungen durchzusetzen waren, auf die sich *alle* christlichen Abgeordneten einigen konnten. Die Verhandlungen im Kulturausschuss wusste Dr. Hofmann im Sinne kirchlicher Forderungen zu steuern. Im Verfassungsausschuss stießen dagegen trotz der Suche nach einer »Brücke« die gegensätzlichen Standpunkte unversöhnt aufeinander. In dieser Situation war es kontraproduktiv und verwirrend, dass von einflussreichen CDU-Kreisen der Versuch gemacht wurde, gleichzeitig mit der Verfassung ein (konsekutives) Schulgesetz auf den Weg zu bringen[149]. Ende 1949 stellte der Abgeordnete Jöstingmeier mit einigen Fraktionskollegen den ersten Antrag. »Dieser Vorstoß, hinter dem wohl der Wunsch stand, die Einigkeit mit dem Zentrum für kulturpolitische Grundsatzentscheidungen auszunützen, war offensichtlich nicht mit der Fraktion abgestimmt. Um die ohnehin schon diffizilen Verfassungsberatungen nicht weiter zu komplizieren, wurde der Antrag, als er am 15. Dezember im Plenum behandelt wurde, ohne Aussprache an den Kulturausschuss überwiesen und damit politisch

[148] Ebd., S. 55.
[149] Ebd., S. 60 f.

entschärft«. Doch der Kölner Jurist Ernst von Hippel und Regierungsdirektor Josef Schnippenkötter machten im Frühjahr über den CDU-Vorstand der Britischen Zone das Schulgesetz erneut zum Thema, ohne dass die Landes-CDU oder Kultusministerin Teusch informiert waren. Zwar hatte Böhler ab Februar 1950 auch seinerseits mit Frau Teusch erwogen, ein Schulgesetz parallel mit der Verfassung erarbeiten zu lassen. Doch das Schauspiel der Uneinigkeit in CDU-Kreisen lieferte den übrigen Parteien willkommene Angriffsflächen und Anlass zu spöttischer Kritik, so dass das Schulgesetz-Projekt schließlich zurückgestellt werden musste.

Den zeitlichen Ablauf der entscheidenden Verfassungsberatungen hat Hüttenberger zusammengefasst[150]: »Der Verfassungsausschuss tagte vom 3. Januar 1950 bis zum 5. April 1950 in 22 Sitzungen, in denen er mit hoher Konzentration und raschem Tempo das gesamte vorliegende Material beriet. Die anschließende zweite Lesung des Plenums fand am 24. und 25. April statt, die allerdings bis zum 2. Mai unterbrochen wurde. In der Folgezeit kam der [Verfassungs-]Ausschuss noch siebenmal vom 11. Mai bis 22. Mai zusammen. Daneben berieten auch der Kultur- und der Arbeitsausschuss spezielle Probleme. Die dritte Lesung und die Abstimmung [über den Verfassungstext] fielen auf den 5. Juni«. Hüttenberger gibt dann auch einen kompakten Überblick über den Diskussionsverlauf, der natürlich nicht allein die schulpolitischen Themen umfasste[151].

Wie emotionsgeladen und sich zuspitzend die Diskussion zwischen den christlichen Parteien einerseits und den Fraktionen von SPD, KPD und FDP andererseits verlief, machen einzelne Äußerungen deutlich. Am 17. März 1950 verstieg sich Heinz Kühn (SPD), der spätere Ministerpräsident, im Verfassungsausschuss zu der Aussage, Religion »könne Opium fürs Volk sein«[152]. Aus den gleichen Tagen berichtet van Schewick, dass »Kühn, der im Landtag, also öffentlich, für den Brückenschlag zwischen Christentum und Sozialismus eintrat, in internen SPD-Versammlungen gegen Bekenntnisschule, die Selbstverwaltung der Schule und den Religionsunterricht [sich] ausgesprochen habe. Dabei seien so eingängige Formulierungen gefallen wie ›... das Land Nordrhein-Westfalen sei ein Kirchenstaat und alle Gewalt gehe vom Klerus aus‹ oder ›Religionsunterricht in der Schule sei die 5. Kolonne (der Kirche)‹«[153]. Van Schewick stellt zu Recht fest: »Solche Vorkommnisse, die vor dem Hintergrund der Kommentierung der Verfassungsberatungen in der sozialdemokratischen Pres-

150 P. HÜTTENBERGER, NRW – Parl. Demokratie, S. 453.
151 Ebd., S. 454-471.
152 Ebd., S. 460.
153 B. VAN SCHEWICK, Verfassungen, S. 59 (mit Quellenangaben).

se zu sehen sind, trugen nicht dazu bei, die Voraussetzungen für weiterreichende Kompromisse zu schaffen. Dementsprechend richteten sich CDU und Zentrum darauf ein, ihren Standpunkt auch gegen die Stimmen der SPD, FDP und KPD durchzusetzen«.

Der Entscheidung konnte auch nicht mehr lange ausgewichen werden. Das Mandat des Landtages endete am 20. April 1950 und wurde bis zur Verabschiedung des Verfassungstextes verlängert. Dass man – im Gegensatz zum Bonner Grundgesetz – den Verfassungstext einem Volksentscheid unterwerfen wollte, scheint nie strittig gewesen zu sein. Der Volksentscheid lag schon deshalb nahe, weil der absoluten Mehrheit von CDU- und Zentrums-Abgeordneten im Landtag keine abolute Stimmenmehrheit des Wahlvolks entsprochen hatte. Von daher sahen die nordrhein-westfälischen Bischöfe der für den 18. Juni 1950 angesetzten Landtagswahl, verbunden mit dem Volksentscheid über die Verfassung, mit einiger Sorge entgegen, zumal zwischen der – von den ablehnenden Fraktionen bis zum 5. Juni hinausgezögerten – Endabstimmung im Landtag und dem Wahltag keine Zeit für einen Wahlkampf bzw. eine angemessene Aufklärung über die Inhalte der Verfassung blieb.

Wohl im Hinblick auf den Wahltermin und die bis dahin gefallene Landtagsentscheidung über den Verfassungstext hatte Frings für die Tage 5. bis 7. Juni 1950 zum westdeutschen Bischofskonveniat nach Kevelaer eingeladen. Böhler übersandte dem Kardinal am 3. Juni einen Hirtenbriefentwurf und einen logistischen Ablaufplan für Druck und Versand des gemeinsamen Hirtenwortes nach der noch ausstehenden Landtagsentscheidung und rechtzeitig vor dem 11. Juni, dem Sonntag vor der Wahl und dem Volksentscheid, an dem das Hirtenwort zu verlesen wäre[154]. Böhler beklagte gegenüber Frings, »dass die Abstimmungen trotz aller Bemühungen erst am Montag und Dienstag [5. und 6. Juni] stattfinden. Es ist mir unbegreiflich, dass man der SPD nochmals nachgegeben hat. Damit wird natürlich die Zeit für den Wahlkampf und die Vorbereitung des Volksentscheids dermaßen verkürzt, dass die Schwierigkeiten noch gar nicht abzusehen sind«. Mit zwei weiteren Schreiben übersandte Böhler am gleichen Tag zur Information der Bischöfe den Text der Artikel über Schule, Kunst, Wissenschaft, Religion und Religionsgemeinschaften sowie den Text der Kirchenartikel der Verfassung in der Schlussredaktion mit seinen Erläuterungen.

[154] »Für das Bischofskonveniat in Kevelaer 5.-7. Juni 1950«, Böhler an Frings 3. Juni 1950 (Original): HAEK – CR II 16.10, 8; sign. Kopie: HAEK – KB NRW I 47, dort auch ein Exemplar des Böhlerschen Hirtenbriefentwurfs, der nicht übernommen wurde.

Am 5. Juni 1950 konnte Böhler Frings nach Kevelaer Erfolgsanzeige erstatten[155]: »Heute sind die Schul-, Kultur- und Kirchenartikel mit 109 gegen 95 Stimmen angenommen worden. Ein schöner Erfolg! Hoffentlich geht es morgen bei der Abstimmung über die ganze Verfassung ebenso«. Zu den Abstimmungszahlen trug Böhler handschriftlich nach: »Bei der CDU fehlte Adenauer – gar nicht bes[onders] gut dran[156] – und [Gustav] Heinemann (in Paris) – Sonderbar! Beim Zentrum fehlte 1. Bei SPD und FDP fehlten z. T. diejenigen, die nicht mehr aufgestellt werden. Vivat St. Bonifatius!«

Das auf den 6. Juni 1950 datierte gemeinsame Hirtenwort der NRW-Bischöfe (wesentlich kürzer und plakativer als Böhlers Entwurf)[157] äußerte sich in zwei kurzen Abschnitten zur Verfassung und zur Landtagswahl. Zur Verfassung hieß es, sie sei auch nur Menschenwerk. »Aber die vorliegende Verfassung hat einen in heutiger Zeit nicht hoch genug zu schätzenden Vorteil: In ihr ist christlicher Geist lebendig. Diese Verfassung sichert die unabdingbaren Rechte des einzelnen Menschen und der Kirche, die Rechte der Familie, der Eltern und der Erziehungsberechtigten. Darum rufen wir Euch auf, im Volksentscheid dieser Verfassung Euer Ja zu geben«. Zur Wahl sagten die Bischöfe: »Möge jeder ernstlich bedenken: Von seiner Stimme hängt es ab, ob der künftige Landtag die genügende Zahl christlicher Männer und Frauen hat, um den christlichen Grundsätzen [der Verfassung] im gesamten Leben unseres Volkes Geltung und Anerkennung zu verschaffen ... Wählt wahrhaft christliche Abgeordnete!«

Frings und Böhler ließen es nicht bei dem Hirtenwort bewenden. Der Kardinal verpflichtete am 8. Juni seinen Klerus in einer lateinischen Anweisung, in allen Gottesdiensten vom 11. bis 18. Juni eine Oration des Messbuchs für den Ausgang der Wahl bzw. des Volksentscheids einzufügen[158]. »Processiones die 18. m. Iunii forsan habendas transferantur in dominicam sequentem«. Es wurden Predigtvorlagen, ein Proklamandum des

155 Böhler (Kopfbogen) an Frings (»z. Zt. Kevelaer«) 5. Juni 1950 (Original) mit hs. Nachtrag Böhlers: HAEK – CR II 16.10, 8.

156 Adenauer stand mit 74 Jahren unter den Belastungen des ersten Jahres seiner Kanzlerschaft. Am 4. Juni 1950 schrieb er dem CDU-Abgeordneten Schrage bzw. der Landtagsfraktion: »Sie werden wissen, dass ich gerade von einer Lungenentzündung wiederhergestellt bin. Ich darf aber noch nicht an die Arbeit gehen, insbesondere haben mir meine Ärzte verboten, auch nur an den Abstimmungen im Landtag teilzunehmen. ... Ich bitte, der Fraktion den Grund meines Fernbleibens mitzuteilen«. Adenauer an Schrage 4. Juni 1950: HStAD – NL Schrage – RWN 85, Nr. 2 (freundl. Hinweis von Prof. Dr. Rudolf Morsey, Neustadt/Weinstraße).

157 Exemplare des Kölner und des Münsteraner Ausdrucks: HAEK – CR II 16.10, 8.

158 Hekt. Exemplar, Coloniae, die 8 m. Iunii 1950 : HAEK – CR II 16.10, 8 (darin der nachfolgend zitierte Satz).

Erzbischofs für den 18. Juni, Flugblätter und Aufrufe der katholischen Verbände versandt[159]. Böhler hatte in solchen logistisch aufgezogenen Werbeaktionen Erfahrungen, die in die Düsseldorfer Jahre 1920–1935 zurückreichten.

Der Erfolg gab Frings und Böhler Recht: Während bei der Landtagswahl die CDU von 37,5 % 1947 auf 36,9 % 1950 leicht, das Zentrum von 9,8 % auf 7,4 % nicht unerheblich zurückgingen, jedoch mit zusammen 109 von 215 Mandaten eine absolute Landtagsmehrheit zur Bildung der neuen Regierungskoalition retten konnten, erbrachte der Volksentscheid eine Mehrheit von 57 % der Abstimmenden für die Verfassung. Lediglich 35,2 % hatten dagegen gestimmt[160]. Also hatten nicht unerhebliche Teile der Wähler anderer Parteien für den von CDU und Zentrum durchgesetzten Verfassungstext gestimmt.

Schon am 19. Juni 1950 gratulierte Nuntius Muench Wilhelm Böhler: »Da ich um Ihre ausgezeichneten, unermüdlichen Bemühungen in den vergangenen Monaten weiß und damit um das Verdienst, das an diesem Ausgang Ew. Gnaden und Ihren treuen Mitarbeitern zugeschrieben werden darf, so drängt es mich, Ihnen sofort meine aufrichtigen und ganz herzlichen Glückwünsche auszusprechen«[161]. Im Hinblick auf die Zukunft fuhr der Nuntius Böhler gegenüber fort: »Möge die neue Verfassung – und sie ist wirklich gut – Segensquelle für Ihr Land und Volk werden!«

Böhler hatte offensichtlich eine angenehme Eigenschaft mit Kardinal Frings gemeinsam: Wertvollen Mitarbeitern den ihnen zukommenden Anteil an Erfolgen zuteil werden zu lassen. Schon am 3. Juni 1950 hatte Böhler bei Frings angeregt[162]: »Wenn die Verfassung Nordrhein-Westfalen so zustande kommt, wie wir es erwarten und hoffen, wäre es sicherlich erwägenswert, folgenden Persönlichkeiten ein besonderes bischöfliches Dankeswort zu vermitteln: Den beiden Abgeordneten Dr. Hofmann,

---

159 Text des (offenbar von Böhler entworfenen) Proklamandums vom 13. Juni 1950: HAEK – KB NRW I 50; eine Fülle der übrigen erwähnten Materialien: HAEK – KB NRW I 51.

160 Nach einer maschinenschr. Aufstellung Böhlers (für den Papst gedacht) »Volksentscheid und Wahl 18. Juni 1950 Nordrhein-Westfalen« sollten sogar 61,8 % für, 38,2 % gegen die Verfassung votiert haben. Wahrscheinlich hat Böhler die Enthaltungen bzw. ungültigen Stimmen abgezogen!: HAEK – CR II 16.10, 8.

161 Nuntius Muench an Böhler 19. Juni 1950 (Original): HAEK – KB NRW I 47. Am gleichen Tage schrieb Muench an Frings (und wohl auch an die übrigen NRW-Bischöfe) ein sehr ähnliches Glückwunschschreiben mit entsprechenden Komplimenten für die Bemühungen »Ew. Eminenz, der hochwürdigsten Bischöfe und Ihrer tatkräftigen Mitarbeiter« (Original des Briefes an Frings): HAEK – CR II 16.10, 8.

162 Böhler an Frings (im Zusammenhang mit den Vorlagen für Kevelaer) 3. Juni 1950 (Original): HAEK – CR II 16.10, 8.

Aachen, und Brockmann, Rinkerode ... Weiterhin Herrn Ministerpräsident Arnold und Frau Kultusminister Teusch. Diese vier Persönlichkeiten haben es verdient, dass ihre Arbeit Anerkennung findet«. Frings kam dieser Anregung am 23. Juni in gleichlautenden Schreiben, auch im Namen seiner Mitbischöfe, nach[163]: »Seien Sie überzeugt, dass Ihr Name mit dieser aus christlichem Geist geprägten Verfassung verbunden bleiben wird«. Der Kardinal fügte den Wunsch an, »dass es gelingen möge, auch bei der Schaffung der jetzt noch zu erlassenden Gesetze gleich wertvolle Erfolge zu erzielen«. Dabei dürften Frings und Böhler vor allem an das Schulgesetz gedacht haben.

Ministerin Teusch und Dr. Hofmann haben sich über diese Anerkennung ihres Einsatzes gefreut und Frings gedankt[164]. Hofmann schrieb: »Ich darf aber ... sagen, dass mir nur ein geringer Teil des Verdienstes zukommt. Das Hauptverdienst kommt Frau Kultusminister Teusch zu, und auch das, was ich als Abgeordneter tun konnte, hätte ich nicht erreichen können, wenn nicht mein Kollege, Herr Brockmann, so intensiv mit mir zusammengearbeitet hätte. Vor allem darf ich aber darauf hinweisen, dass wir diese Verfassung niemals ohne die Mitarbeit und ehrliche Zustimmung unserer evangelischen Freunde in der CDU erreicht hätten. Während der namentlichen Abstimmung musste ich an die Junitage 1945 denken, als wir in Köln zu wenigen zusammenkamen, um Katholiken und Evangelische zu gemeinsamem Handeln im politischen Raum zusammenzuführen. Der Tag der Landtagsabstimmung und der Tag des Volksentscheids waren die große Bewährungsprobe des Gedankens der Union, den wir damals fassten«.

Böhler wollte in seiner Freude über das gelungene Werk die Bischöfe veranlassen, sich bei den Gläubigen für ihre Wahlbeteiligung am 18. Juni in einem kurzen Hirtenwort zu bedanken. Doch auf einen am 6. Juli 1950 Frings vorgelegten Entwurf vermerkte der Kardinal am 9. Juli: »Ich meine, es wäre jetzt genug der politischen Hirtenbriefe, und bin für Vertagung«[165].

An Pius XII. übersandte Frings am 2. Juli 1950 einen von Böhler gefertigten Bericht über Verfassung und Volksentscheid[166]. Über Böhler

---

[163] Frings gleichlautend an Arnold, Teusch, Hofmann, Brockmann 23. Juni 1950 (von Frings datierte und signierte Kopie nach Entwurf von Böhler): HAEK – CR II 16.10, 8.

[164] Christine Teusch an Frings 3. August 1950 (Original); Dr. Josef Hofmann an Frings 6. Juni (richtig: Juli) 1950 (Original): HAEK – CR II 16.10, 8.

[165] Böhler an Frings 6. Juli 1950 mit Hirtenbriefentwurf und dem zitierten hs. Vermerk des Kardinals vom 9. Juli 1950: HAEK – KB Bonn, Zugang 683 aus 1993, Nr. 206 (Freundl. Hinweis von Dr. Ulrich Helbach, HAEK).

[166] Frings an Pius XII. 2. Juli 1950 (hs. Entwurf) mit Anlagen »Volksentscheid und Wahl 18. Juni 1950 Nordrhein-Westfalen« (= Böhlersche Wahlergebnisse s.o.) und »Die Verfassung von Nordrhein-Westfalen« (= 4 S. maschinenschr. Text von Böhler): HAEK – CR II 16.10, 8.

schrieb der Kardinal anerkennend, dass er »sich um das Zustandekommen der Verfassung sowie um den Ausfall des Volksentscheides und der Wahlen unschätzbare Verdienste erworben hat«. Da der Kardinal davon ausgehen musste, dass in Rom der ganze Verfassungstext gelesen würde, fügte er in seinem Brief zu Art. 26 und 27 an: »Der schlimmste Haken in der Verfassung scheinen die Artikel über Mitbestimmung und Sozialisierung zu sein, von denen ich nicht glaube, dass sie den Auffassungen Eurer Heiligkeit entsprechen. Sie mussten mit in Kauf genommen werden«. Zum Schluss bat Frings um den Apostolischen Segen »für meine Diözese, das Land Nordrhein-Westfalen, das sich im Wesentlichen als christlich erwiesen hat«.

Am 27. August 1950 antwortete der Substitut im Staatssekretariat des Papstes, Msgr. Tardini, der Papst habe seine Zufriedenheit darüber ausgedrückt, dass unter Mitwirkung von Frings eine Verfassung erreicht werden konnte, »die auf christlichen Prinzipien basiert und die Rechte und Interessen der Kirche und der katholischen Eltern in der Schulfrage respektiert«. In den von Frings angeschnittenen gesellschaftspolitischen Artikeln steckten auch nach Meinung des Papstes Gefahren[167].

Die Verfassung des Landes Nordrhein-Westfalen wurde am 28. Juni 1950 von den Mitgliedern der (alten) Landesregierung unterzeichnet und trat am 11. Juli 1950 in Kraft. Die Bildung einer neuen Landesregierung aus CDU und Zentrum zog sich bis zum 15. September 1950 hin. Das bei den Verfassungsberatungen ausgeklammerte »1. Gesetz zur Ordnung des Schulwesens in Nordrhein-Westfalen« konnte am 8. April 1952 in Kraft treten[168].

5. Der sozialpolitische Aussprachekreis bei Kardinal Frings ab 1946 und die Gründung des »Katholisch-Sozialen Instituts«

War die Einflussnahme von Frings auf das Entstehen der Verfassungen nach 1945 eine aufgegriffene Herausforderung der Zeit, in der er sich ganz auf die Zuarbeit Wilhelm Böhlers verließ, so war das Interesse an der Gestaltung einer neuen Sozialordnung deutlicher sein persönliches Anliegen,

---

167 Segretaria di Stato di Sua Santità, Msgr. Tardini, an Frings 27. August 1950 (Original): HAEK – CR II 16.10, 8.

168 Dazu: P. Hüttenberger, NRW – Parl. Demokratie, S. 506-514 (»22. Kapitel: Landesschulgesetz«); vgl. auch: D. Buchhaas, Gesetzgebung im Wiederaufbau. Schulgesetz in Nordrhein-Westfalen und Betriebsverfassungsgesetz 1945–1952, Düsseldorf 1985; K. P. Eich, Schulpolitik in Nordrhein-Westfalen 1945-1954, Düsseldorf 1987.

das sich noch 1973 beim Diktat seiner Lebenserinnerungen in einem auffallend ausführlichen und detaillierten Abschnitt bemerkbar machte[169].

»Die soziale Frage hatte mich schon lange interessiert. Als ich studierte, wurde hierüber in den theologischen Vorlesungen nichts gelehrt. Um so größer waren deshalb die Begeisterung und das Interesse der Studenten für soziale Dinge«. Carl Sonnenschein habe damals anregend gewirkt. »Aber ich brachte diese Neigung schon von Innsbruck mit«. Wenn man die bis in sein hohes Alter ungebrochene Beziehung zu seiner Familie und zu Neuss bedenkt, wirkt seine 1973 rekapitulierte Distanz zur sozialen Einstellung dieses Milieus überraschend und authentisch zugleich: »Ich erinnere mich, dass ich damals die Haltung der Unternehmer meiner Heimatstadt Neuss nicht für richtig hielt. Sie wollten auch von der christlichen Gewerkschaft nichts wissen und waren eigentlich grundsätzlich gegen die Koalitionsfreiheit der Arbeiter. Ich nahm dagegen Stellung. Aber auch mein Vater war in dem Punkt unzugänglich. Er stand auf dem Standpunkt, ich will Herr im Hause sein, und er hätte am liebsten alle Gewerkschaften abgeschafft. Zeitweise war dieser Gegensatz der Meinungen so stark, dass eine Unterhaltung zwischen mir und meinem Vater nur schwer möglich war«.

Frings schildert dann seine Freude an der Gründung und Leitung eines Arbeitervereins als Kaplan in Köln-Zollstock 1910–1913[170]. »Als ich im Jahre 1924 Pfarrer in Köln-Braunsfeld wurde, habe ich bald den Arbeiterverein selbst übernommen und ihn als Pfarrer lange Jahre geführt. Damit hängt auch zusammen, dass ich etwa um das Jahr 1936 Bezirkspräses der Arbeitervereine für Köln wurde«.

Schon von der ersten Zusammenkunft westdeutscher Bischöfe eine Woche nach Kriegsende am 15. Mai 1945 in Koblenz notierte sich Frings[171]: »Wünschenswert ist die Weiterentwicklung zu einer berufsständischen Ordnung, in der Arbeitgeber und Arbeitnehmer des gleichen Berufsstandes in *einer* Kammer sich treffen. Wichtig erscheint die Schulung junger Menschen in sozialen Fragen, etwa in Form einer Volkshochschule, die in sechswöchiger bis dreimonatiger Arbeit oder wenigstens in Sonntagskursen Arbeiter, Bauern etc. ab 24 Jahren schult«. Dahinter mochte der ebenfalls anwesende Aachener Bischof van der Velden stehen, der letzte Generaldirektor des »Volksvereins«. Immerhin war Frings dieser Gesprächsgegenstand so wichtig, dass er sich die Gedankengänge für

169 J. FRINGS, Für die Menschen bestellt, S. 114-122; dort die nachfolgenden Zitate.
170 Vgl. dazu oben S. 25.
171 Hs. Aufzeichnung Frings' »15. Mai 45«: HAEK – CR II 25.18, 3. Vgl. oben S. 125.

den eigenen Gebrauch notierte. Wenige Tage später richtete Frings am 27. Mai 1945 seinen ersten Hirtenbrief nach dem Kriege an das Erzbistum, der überwiegend der Vergangenheitsbewältigung und den Nöten des Augenblicks gewidmet war[172]. In diesem Kontext wirken die Ausführungen des Erzbischofs zur sozialen Frage fast visionär: »Nicht nur, dass der Arbeiter seinen gerechten Lohn erhalte, der ihn und seine Familie menschenwürdig ernährt und ihm erlaubt, bei Fleiß und Sparsamkeit ein kleines Eigentum zu erwerben, nein, das ganze Verhältnis von Arbeitern und Arbeitgebern werde aufgebaut auf dem Boden gegenseitigen Vertrauens; dem Arbeiter werde es ermöglicht, Interesse zu gewinnen am Wohlergehen seines Werkes und seines Berufsstandes, und es werde ein Weg gefunden, die Früchte der gemeinsamen Arbeit nach dem Maß des Verdienstes der einzelnen zu verteilen!«

Wenn der Erzbischof auch durchaus selbständig sozialpolitische Interessen und Anliegen aufgriff, so bedurfte er andererseits auch in diesem Bereich der Zuarbeit kompetenter Fachleute, zumal in der Umsetzung seiner Ideen und Ziele. Nachdem die Spitzen des Kölner »Kettelerhauses« der Arbeitervereine, Prälat Otto Müller, Bernhard Letterhaus und Nikolaus Groß, nach dem 20. Juli 1944 den Tod bzw. das Martyrium erlitten hatten, suchte Frings einen neuen Partner in der Arbeiterfrage und fand ihn in Dr. Hermann-Joseph Schmitt, einem Kölner Priester, der seit 1928 zunächst als Gründer und Generalsekretär des »Reichsverbandes der Arbeiter- und Arbeiterinnenvereine« in Berlin und (nach der Unterdrückung dieses Verbandes durch das NS-Regime) seit 1939 als Studentenseelsorger in der Hauptstadt gewirkt hatte. Auch ihm war 1944 eine KZ-Haft in Dachau nicht erspart geblieben. Nach einer abenteuerlichen Flucht bei der Verlegung von Dachau nach Salzburg und nach der Befreiung durch die US-Truppen tauchte Schmitt im Sommer 1945 wieder in Köln auf[173]. Frings erinnerte sich 1973: »Als wir ihn dann entdeckten, schrieb ich ihm, ob er nicht das Erbe von Otto Müller als Verbandspräses der Katholischen Arbeitervereine Westdeutschlands übernehmen wolle. Er war sofort bereit, diese Aufgabe zu übernehmen. Zwar war das Kettelerhaus in Köln ... weitgehend zerstört, aber Schmitt war damals noch ein ganz ungebrochener Mann und nahm die Arbeit mit großem Eifer und Geschick auf«[174].

---

172 Hekt. Exemplar des Textes: HAEK – CR II 2.3, 1; Druck: W. CORSTEN, Kölner Aktenstücke, Nr. 235, S. 313-315; L. VOLK, Akten VI, Nr. 983, S. 501-505.

173 Zu Dr. Hermann-Joseph Schmitt: J. ARETZ, Hermann-Joseph Schmitt (1896–1964), in: Zeitgeschichte in Lebensbildern, Bd. 6, Mainz 1984, S. 115-126 u. 272 (Literatur).

174 J. FRINGS, Für die Menschen bestellt, S. 116.

Es waren zwei Instrumente, die Schmitt dem Erzbischof zur Entwicklung sozialpolitischer Pläne und ihrer Verbreitung bzw. Durchführung schon 1945 nahelegte: ein »Katholisch-Soziales Institut« zur Forschung und Schulung und andererseits die Bildung eines Fachberaterkreises aus kompetenten Vertretern der in die sozialen Fragen verwickelten Gruppen. Schon am 29. September 1945 und erneut am 26. November 1945 bat Schmitt Frings unter Vorlage von Entwürfen eines Konzeptes für ein solches, nach Schmitts Vorstellungen am Kettelerhaus in Köln einzurichtenden Instituts um einen Gesprächstermin[175]. Am 29. September 1945 bemerkte er: »Herr Professor Dr. von Nell-Breuning hat den Entwurf bereits durchgearbeitet und weitgehendst gebilligt«. Das Katholisch-Soziale Institut des Erzbistums Köln wurde im Herbst 1946 konstituiert und führte nach Fehlstarts und Anfangsschwierigkeiten ab 1954 zu der erfolgreichen und bis heute angesehenen Einrichtung in Bad Honnef. Die Frühgeschichte soll weiter unten skizziert werden. Hier soll zunächst der von Frings selbst so genannte »Soziale Kreis«[176] zur Sprache kommen, der von 1946 bis in die sechziger Jahre sich in regelmäßigen Abständen im Hause des Erzbischofs – am Bayenthalgürtel und schließlich in der (heutigen) Kardinal-Frings-Straße in Köln – versammelte und über seine Mitglieder wie über seine frühen Verlautbarungen erheblichen Einfluss auf die sozialpolitische Entwicklung der Nachkriegszeit nahm.

a) Der sozialpolitische Aussprachekreis im Hause des Erzbischofs ab 1946

Über die Entstehung des Kreises schrieb der Kardinal 1973[177], Schmitt habe ihm »den Gedanken eingeblasen, ich solle einen sozialen Kreis gründen, das heißt einen Kreis von Männern aus den verschiedensten Schichten des Volkes. Es müssten Theologen darin sein, Sozialpolitiker, Unternehmer, Arbeitnehmer, größere, mittlere und Kleinbetriebe müssten vertreten sein, auch ein Arbeitervertreter aus der Arbeiterbewegung müsse dabei sein. Ich ging mit Freuden auf diese Anregung ein ...«.

Am 31. Mai 1946 übersandte Schmitt dem Kardinal einen Entwurf Oswald von Nell-Breunings SJ für das Einleitungsreferat der ersten Zusammenkunft am 21. Juni 1946. Schmitt schrieb: »Herr Prof. von Nell-Breuning beabsichtigt, nur eine Grundlage zu bieten, auf der dann die Diskussion weitergeführt werden soll«[178].

---

175 Schmitt an Frings 29. September 1945 und 26. November 1945 (Originale): HAEK – Gen II 23.9, 1.

176 In den Einladungen an die Teilnehmer wurde er »Sozialer Aussprachekreis« genannt.

177 J. Frings, Für die Menschen bestellt, S. 116.

178 Schmitt an Frings 31. Mai 1946 (Fotomech. Nachdruck): KSI-1997, S. 98; Original wohl in HAEK – Gen II 23.9, 1-3.

Das Ergebnisprotokoll von Schmitt über diese erste Zusammenkunft am 21. Juni 1946 ist erhalten. Es hielt die Grundsätze der Teilnehmer für die sozialpolitische Zukunftsentwicklung fest[179]:

»Es ergab sich, dass die Anwesenden über folgende Grundsätze einig waren:

1. Es muss für das Verhältnis zwischen Lohnarbeiter und Unternehmer ein Zustand erstrebt werden, der den Forderungen der christlichen Sittenlehre und ihrer Ausdeutung für das Gebiet der sozialen Fragen durch die einschlägigen Kundgebungen der Päpste entspricht.
2. Der Unternehmer darf daher seine Tätigkeit nicht nur auf Gewinn für sich selbst ausrichten, er muss sie vielmehr auch als Dienst an der Allgemeinheit, als ›Beruf‹ betrachten, und deshalb die vom Interesse des Gemeinwohls an sein Unternehmen gestellten Forderungen erfüllen.
3. Er muss anerkennen, dass die Arbeiterschaft nicht bloß auf einen auskömmlichen Lohn Anspruch hat, sondern ihr daneben Ansprüche gegenüber dem Unternehmen auch daher erwachsen, dass sie mit dem Kapital der entscheidende Faktor der Produktion ist und die Hauptmasse der Konsumenten stellt.
4. Es sind deshalb der Arbeiterschaft Rechte gegenüber dem Betrieb einzuräumen, in denen ihre Funktion als mittragender Faktor des Betriebes zum Ausdruck kommt. In Betracht kommen neben Gewinnbeteiligung Mitgliedschaft in einem ernst zu nehmenden Aufsichtsrat, Mitbestimmung des Treuhänders, der im gemeinschaftlichen Auftrag von Unternehmer und Arbeiterschaft den Betrieb überwacht, u. dgl. mehr. Offen bleibt die Frage, ob Vertreter der Arbeiterschaft in die unmittelbare Führung des Betriebes ohne dessen Gefährdung aufgenommen werden können.
5. Diese Heranziehung des Arbeiters zu Funktionen, die der Unternehmer bislang für sich allein zu beanspruchen pflegte, muss auch von der Absicht geleitet sein, anstelle misstrauischer Gegnerschaft eine vertrauensvolle Zusammenarbeit von Unternehmer und Arbeiter herbeizuführen.
6. Die genannten Ziele würden wesentlich gefördert werden, wenn mit der gegenwärtigen Gliederung der Einheitsgewerkschaften eine entsprechende Zusammenfassung der Unternehmer verbunden wäre und so eine neue Ebene für gleichberechtigte Zusammenarbeit in gemeinschaftlichem Interesse entstünde.

---

[179] Hekt. Exemplar: HAEK – Gen II 23.9, 1; Druck: KSI-1997, S. 99 f., dort auch der Nachdruck der ersten Teilnehmerliste.

7. Es muss erstrebt werden, dass der Arbeiter sich nicht bloß als Mitbeteiligter des Unternehmens fühlen kann, sondern darüber hinaus sich auf Gebieten, die unmittelbar nur ihn angehen, sich als der eigentliche Herr betrachten darf. Deshalb sollen z.B. Werkssiedlungen an Arbeitergenossenschaften übergeben werden und die mannigfachen Einrichtungen obrigkeitlichen Charakters in die Selbstverwaltung der Arbeiter übergehen.
8. Gemäß der Lehre der Päpste obliegt die Propagierung und praktische Durchführung der christlichen Soziallehre den sachverständigen Laien.
9. Es ist wünschenswert, dass zwecks einer schnellen und überzeugenden Verbreitung der Katholischen Soziallehre möglichst bald eine kurze und leicht verständliche Darstellung derselben erscheint und verbreitet wird.
10. Sehr der Prüfung bedarf noch die Frage, ob für das Streben nach Verwirklichung der christlichen Gesellschaftslehre der Name Sozialismus gebraucht werden soll«.

Zur Arbeitsweise des »Sozialen Kreises« ermittelte bereits Oliver Schütz[180]: »Die Zusammenkünfte fanden in der Regel einmal im Monat statt. Die Organisation oblag Diözesanpräses Hermann-Joseph Schmitt, von seinen Bekannten ›Hejo‹ genannt, der im Auftrag des Kardinals zu den Treffen einlud. Bei den Veranstaltungen wurde durch kurze Referate in das Thema eingeführt und dann eine offene Aussprache gehalten. Während die Einführungen in den ersten Jahren hauptsächlich von Mitgliedern des Kreises selbst beigesteuert wurden, mehrte sich mit den Jahren die Zahl der auswärtigen Referenten. Eine Einladung in den Kardinalskreis kam mit dessen steigender Bekanntheit einer besonderen Ehre gleich«[181].

Die Mitglieder des Kreises – über die Jahrzehnte gab es einen gewissen Austausch – sind in mehreren Listen in den Akten erhalten und umfassten tatsächlich die von Schmitt angestrebte Bandbreite. Es ist aufschlussreich, wer von den Teilnehmern in der Erinnerung des Kardinals bis 1973 haften

---

[180] O. SCHÜTZ, Die Gründung des Katholisch-Sozialen Instituts (1945–1955), in: KSI-1997, S. 40-90, hier: S. 49-55. Schütz hat die in HAEK benutzten Quellen in seinen Fußnoten nicht detailliert erwähnt. H. NITSCHE hat im Anschluss an den Beitrag von Schütz die wichtigsten Quellenstücke ohne Fundortangabe fotomechanisch veröffentlicht: KSI-1997, S. 91-204.

[181] Die Referenten und die Themen der Aussprachekreise wurden in den Einladungen angekündigt: vgl. verschiedene Einladungsschreiben in HAEK – Gen II 23.9, 1-3.

geblieben ist[182]: »Unser Theologe war der Dominikanerpater Eberhard Welty ... Es waren Juristen dabei, unter denen ich besonders Dr. Hans Berger nennen möchte, der bis zum 31. Oktober 1971 Botschafter beim Vatikan war. Auch Minister Adolf Flecken aus Neuss war ein regelmäßiger und gern gesehener Gast, der häufig das Wort ergriff. Von Unternehmerseite war Herr Dinkelbach da, der in der Firma August Thyssen eine maßgebende Rolle spielte«. Wegen seiner Tätigkeit in der von den Briten geforderten Kommission zur Entflechtung von Kohle- und Stahlindustrie sei Dinkelbach »besonders von einigen Leuten aus Neuss« angefeindet worden. »Herr Hermann-Josef Abs war Mitglied des Kreises, kam allerdings nur selten ... Wenn er aber da war, nahm er lebhaften Anteil. Ein sehr wertvolles Mitglied des Kreises war der damals noch junge Professor der Soziologie an der Universität [Köln] Wilfried Schreiber, der bei Einführung der Dynamischen Rente eine so große Rolle gespielt hat, dass man ihn vielleicht den Vater dieser Rente nennen kann. Über seine Ideen haben wir auch in unserem Kreis lebhaft diskutiert. Von Seiten der Arbeitnehmer war vor allem der Arbeitersekretär Mause aus Köln dabei ... Auch kleine und mittlere Unternehmer waren dabei ... Zu den Unternehmern gehörte Herr Dr. Peter Heinz Werhahn aus Großkönigsdorf, der sein Brikettwerk in Horrem hatte«. Wie ein Nachklang seiner Jugenderinnerungen an die sozialpolitische Einstellung der Neusser Unternehmerschaft klingt die Feststellung des Kardinals: »Er [P. H. Werhahn] gehörte zur Firma Werhahn in Neuss, hatte aber in sozialen Dingen eine freiere und den Arbeitern gegenüber günstigere Auffassung als die meisten Neusser Kaufleute«[183]. Einer von diesen habe die Zusammenkünfte bei Frings scherzhaft und kritisch »Ketzerkreis« genannt.

Arbeitsthemen und Teilnehmer des Kreises, der Frings 1960 zum Goldenen Priesterjubiläum den Hofbrunnen des neuen Erzbischöflichen Hauses von Ewald Mataré stiftete und sich dadurch ein bleibendes Denkmal setzte, sind von Schütz sorgfältig aus den Akten aufgelistet und sollen hier nicht wiederholt werden. Doch ein besonders intensives Jahr des Kreises und des sozialpolitischen Engagements von Kardinal Frings sollte das Jahr 1947 werden, dessen Ertrag hier zu erwähnen ist, weil er für die zu dieser Zeit einsetzende Staatwerdung im Nachkriegsdeutschland und die beginnenden Verfassungsberatungen bedeutsam wurde.

Am 20. Januar 1947 schrieb Kardinal Frings eigenhändig – also ohne Vorgabe, aber zweifellos von dem schon mehrfach in seinem Haus zusam-

---

182 J. FRINGS, Für die Menschen bestellt, S. 116 f.

183 In HAEK – Gen II 23.9, 2 sind einige Briefe Werhahns an Frings erhalten mit der Anrede »Lieber Onkel Josef!«

mengekommenen »Sozialen Kreis« inspiriert – seinen Fastenhirtenbrief[184]. Das außerordentlich lange Dokument kam nach einleitenden geistlichen Abschnitten und einer kurzen Betrachtung von zeitbedingten Aufgaben der Caritas zu seinem zentralen Thema: »Hat denn die katholische Kirche ein großes soziales Programm?« Frings ging zunächst auf die Sozialenzykliken Leos XIII. und Pius' XI. sowie auf die Verkündigung Pius' XII. ein. Vor der Personenwürde des Menschen und seinem Gemeinschaftsbezug kam er auf die Rolle von Mann und Frau in der – damaligen! – Gesellschaft zu sprechen. Das zentrale Anliegen des Hirtenbriefs war jedoch die Rolle des Arbeiters in der Gesellschaft, die Forderung nach der »Entproletarisierung der Proletarier«, nach der »berufsständischen Ordnung« der Arbeitswelt im Sinne der Päpste. »Mit der Wirtschaftsordnung hängt eng zusammen die Eigentums*ordnung* und die Eigentums*verteilung* ... Gott gab der Menschheit die Erdengüter, damit sie *allen* Menschen nach ihrem wahren Bedarf nutzbar seien und damit sie vor allem den Familien eine Daseinsgrundlage geben und eine vernünftige Vorsorge für die Zukunft ermöglichen sollten. Es wird Aufgabe aller Zuständigen sein, in der Zukunft den Einkommensstrom, den die Wirtschaft erzeugt, in viel höherem Maße als bisher der riesigen Zahl der Arbeiter zufließen zu lassen«.

Ein so ausführlicher Fastenhirtenbrief war nicht an einem Sonntag – zumal in den damaligen »Notkirchen« mit rascher Gottesdienstfolge! – zu bewältigen. Er wurde an zwei Sonntagen der damaligen »Vorfastenzeit« verlesen. Um die wesentlichen Aussagen herauszuheben, stellte der Erzbischof zum Schluss sieben Einzelforderungen heraus: 1. »die Einführung der berufsständischen Ordnung«; 2. die Freiheit des einzelnen »in der Wahl seines Berufes und seines Arbeitsplatzes«; 3. die Neuordnung des Verhältnisses von Arbeitgebern und Arbeitnehmern; 4. die breitere Streuung der Einkommen; 5. die Überführung von Privatbesitz in Gemeineigentum, »wenn durch den privaten Besitz eine allzu große wirtschaftliche Macht in *einer* privaten Hand vereinigt würde«. »6. Es muss dem Arbeiter ermöglicht werden, durch Fleiß und Sparsamkeit für sich und seine Familie ein wenigstens bescheidenes *Vermögen zu erwerben*. Der Lohn des *Vaters* muss so sein, dass er seine Familie ernähren kann und dass die Mutter nicht genötigt ist zu außerhäuslicher Tätigkeit. Die Autorität des Vaters den Kindern gegenüber muss auch dadurch unterbaut sein, dass er in Wirklichkeit der *Ernährer der Familie* ist. 7. ... Jeder Familie ein Stück-

184 Hs. Entwurf des Fastenhirtenbriefes 1947, signiert am 20. Januar 1947: HAEK – CR II 2.3, 4; Druck: KA 87, 1947, S. 25-34.

chen Erdboden muss als Ziel unverrückbar festgehalten werden. Das Eigenheim mit Garten und Möglichkeit der Kleintierzucht sollte von jeder Familie angestrebt und möglichst vielen möglich gemacht werden«.

Nach den gesellschaftlichen Entwicklungen des letzten halben Jahrhunderts klingen sie sozialpolitischen Vorstellungen des Kölner Kardinals von Anfang 1947 (mitten in der Auseinandersetzung mit den Briten um seine Silvesterpredigt 1946!) in manchen Punkten überholt und unzeitgemäß. Damals fand der Fastenhirtenbrief des Kölner Erzbischofs ungewöhnlich breite Beachtung und wurde aus ganz Deutschland in Köln angefordert. Am 5. Februar 1947 bedankte sich Oswald von Nell-Breuning bei Frings[185]: »Mit Freude las ich darin die Ausführungen, durch die Ew. Eminenz die Beratungen des in Ihrem Hause arbeitenden Kreises für die Erzdiözese und hoffentlich weit über deren Grenzen hinaus fruchtbar werden lassen«. Nell-Breuning erhoffte sich vor allem eine Weckung des Interesses für den sozialen Fragenkreis im Klerus. Fünf Tage später meldete sich aus Kronberg im Taunus der Apostolische Visitator, Bischof Muench[186]: »Den Hirtenbrief habe ich nicht nur einmal, sondern mehrere Male sorgfältig gelesen. Er ist in seiner Zeitmäßigkeit [wohl: Zeitgemäßheit] wirklich ein vorzüglicher Hirtenbrief. Die soziale Frage ist für die Neuordnung Deutschlands eine höchst wichtige Frage«. Der als »Siedlervater« in die Nachkriegsgeschichte eingegangene Dr. Nikolaus Ehlen aus Velbert schrieb vor allem in seiner Freude über die 7. Forderung des Kardinals[187]: »Heute morgen wurde hier Euer Hirtenbrief verlesen. Ihr könnt nicht glauben, wie sehr ich mich darüber gefreut habe. Endlich ist es klar gesagt, dass die Familie wieder ein Heim mit Garten erhalten soll ...«.

In den gleichen Tagen, am 12. Februar 1947, unterschrieb Frings das Vorwort zu einer kleinen Broschüre »Grundsätze katholischer Sozialarbeit und zeitnahe Folgerungen«[188], deren Entwürfen er offenbar die Gedanken seines Fastenhirtenbriefs entnommen hatte: »Seit Mitte dieses [muss heißen: des vorigen] Jahres versammelte sich in meinem Haus eine Gruppe von katholischen Arbeitgebern und Arbeitnehmern, Wirtschaftlern, Juristen, Journalisten und Geistlichen und beriet ein Programm zur Neuordnung des gesellschaftlichen Lebens, das auf dem Fundament der kirchlichen Lehre aufgebaut ist. Das Ergebnis der Beratungen lege ich hiermit der Öffentlichkeit vor und hoffe, dass es eifrig durchgesprochen wird; möge es beitragen zur Klärung der Begriffe und zur Lösung der

---

[185] Nell-Breuning (Limburg) an Frings 5. Februar 1947 (Original): HAEK – CR II 2.3, 4.
[186] Muench an Frings 10. Februar 1947 (Original): HAEK – CR II 2.3, 4.
[187] Nikolaus Ehlen an Frings 16. Februar 1947 (Original): HAEK – CR II 2.3, 4.
[188] J. Frings, Grundsätze katholischer Sozialarbeit, S. 4.

großen Fragen unserer Zeit im Sinne des Naturrechts und unseres heiligen Glaubens«.

Hirtenbrief und »Grundsätze« waren in ihrer Thematik und in ihrer Tendenz weitgehend identisch. Mit dem Hirtenbrief wandte sich der Seelsorger Josef Frings an die breite Öffentlichkeit der Gläubigen in seiner Sprache; die »Grundsätze« lieferten Argumentationshilfe für sachlich einsteigende Gruppen.

Frings scheint in diesen Monaten (des notvollsten Nachkriegsjahres 1947!) mit der sozialen Thematik sehr beschäftigt gewesen zu sein. So nutzte er die Predigt am Vorabend des 1. Mai in Köln-Humboldt, um – anknüpfend an seinen Fastenhirtenbrief – erneut Menschenrechte, Einkommensordnung, Eigentumsordnung und Gesellschaftsordnung anzusprechen[189]. Doch hier ging es dem Erzbischofs nicht nur um allgemeine Information, er hatte ein sachliches Anliegen: »Es fehlt ohne Zweifel unter den Arbeitern an Männern, die die nötige Vorbildung haben, um wirklich sachkundig an der Leitung der Werke mitzuwirken. Wer nicht selbständig eine Bilanz lesen kann, wer die Zusammenhänge der Wirtschaft nicht kennt, wer nicht die Grundsätze der christlichen Gesellschaftslehre sich zu eigen gemacht hat, wird als christlicher Arbeitervertreter etwa in einem Aufsichtsrat, keine gute Rolle spielen. Darum lautet die Forderung an euch: *Schult euch* in Unterrichtskursen, in angestrengtem, monatelangem, besser: jahrelangem Studium, dass viele von euch wirklich sachkundig werden und euch in den Betriebsräten, in den Gesellschaften und in den Kammern vertreten können!« Hier wird am deutlichsten greifbar, was den Kardinal zur Gründung des Katholisch-Sozialen Instituts veranlasste.

Die Entwicklung hat seit Jahrzehnten dahin geführt, dass Verlautbarungen der Bischöfe, selbst gemeinsame Erklärungen der Deutschen Bischofskonferenz und des Rates der Evangelischen Kirche in Deutschland, über die kirchlich gebundenen Gläubigen hinaus wenig Beachtung finden. Wie sehr die sozialpolitischen Verlautbarungen des Kölner Erzbischofs Frings 1947 in breiter Öffentlichkeit Beachtung fanden, mögen Schriftstücke in den britischen Militärakten belegen. Am 17. Juli 1947 übersandte der »Regional Intelligence Officer« Mallalieu in Düsseldorf an das Hauptquartier in Bünde die Übersetzung einer Ansprache, die Frings am 13. Juli vor Arbeitern in Oberhausen gehalten hatte[190]. »Man schätzt, dass an

[189] Hekt. Exemplar des Textes: HAEK – CR II 2.3, 4.

[190] Begleitschreiben Mallalieu an Headquarter 17. Juli 1947: L – PRO – FO 1049/741; dort das nachfolgende Zitat in englischer Sprache. In den Kölner Akten findet sich kein Manuskript bzw. Aufzeichnung der Ansprache des Kardinals in Oberhausen, wohl ein mehr-

30.000 Menschen dort waren. Die Zuhörerschaft bestand hauptsächlich aus Angehörigen der Arbeiterklasse, darunter eine große Zahl von Jugendlichen, aus allen Teilen des Ruhrgebietes. Der Vortrag wurde respektvoll aufgenommen«. Nicht den Text der Ansprache des Kardinals, wohl aber eine detaillierte Darlegung der Inhalte, übersandte die »Political Division, Headquarters, Berlin« am 13. August 1947 an das Foreign Office in London[191]. Es ging dem Kardinal immer um die gleichen, selbst von britischen Besatzungsoffizieren wohlverstandenen Anliegen.

Die wesentliche Bedeutung des »Sozialen Kreises« im Hause des Kölner Erzbischofs bestand in jenen Jahren darin, dass die sozialpolitisch und wirtschaftlich Verantwortlichen, die auf die Gestaltung einer neuen Staats- und Gesellschaftsordnung in den folgenden Jahren erheblichen Einfluss nehmen sollten, bei Frings in regelmäßigem Austausch mit Theologen und Vertretern der katholischen Gesellschaftslehre standen und sich gegenseitig für ihren persönlichen Einsatz Informationen und Anregungen gaben. 1947 wurde der Kreis durch die mehrfachen Verlautbarungen des Kardinals und die Veröffentlichung der in seinem Gremium entstandenen »Grundsätze« in breiterer Öffentlichkeit wirksam.

Ein weiterer Schritt des Kölner »Sozialen Kreises« in die Öffentlichkeit erfolgte 1949. Am 7. März veröffentlichte Frings die Schrift »Verantwortung und Mitverantwortung in der Wirtschaft. Was sagt die katholische Gesellschaftslehre über Mitwirkung und Mitbestimmung?«[192] In der Einführung verwies der Kardinal auf die im »Sozialen Kreis« entstandenen »Grundsätze« von 1947. »Der genannte Kreis kam auch in der Folgezeit in regelmäßigen Abständen zusammen und beschäftigte sich vor allem mit der Frage der Mitwirkung und Mitbestimmung der Arbeitnehmer in der Gesamtwirtschaft und in den Betrieben. Nach eingehenden Diskussionen einigte man sich auf die Richtung, die in der vorliegenden Schrift ... niedergelegt ist. Sie wurde redigiert durch P. Welty OP – Walberberg ... Wir stellen diesen Versuch, die christliche Gesellschaftslehre über ›Quadragesimo anno‹ hinaus weiterzuentwickeln, zur Debatte und hoffen, dass er dazu beitragen wird, [zu] dem großen, von Papst Pius XI. aufgezeigten Ziel einer berufsständischen oder leistungsgemeinschaftlichen Ordnung beizutragen«.

seitiges handschriftliches Manuskript »Zwei Kundgebungen kathol. Lebens: Kongress (Schlussfeier) in Kanada – Arbeiterkundgebung in Oberhausen. Fastenhirtenbrief«. Der Inhalt ist vom Fastenhirtenbrief bzw. den »Grundsätzen« bestimmt: HAEK – CR II 2.3, 4.

191 Mr. D. S. Laskey, Political Division, Headquarters, Berlin, an German Political Department, Foreign Office, London, 13. August 1947: L – PRO – FO 1049/741.

192 J. Frings (Hrsg.), Verantwortung und Mitverantwortung in der Wirtschaft, dort S. 7: »Zur Einführung«, von Frings datiert auf den 7. März 1949.

Es ist nicht auszumachen, ob auch Anregungen aus dem Kölner Kreis dazu beigetragen haben, den 73. Deutschen Katholikentag vom 31. August bis 4. September 1949 nach Bochum zu berufen[193]. Er war thematisch stark sozialpolitisch ausgerichtet. Unter den Überschriften »Arbeiter und Unternehmer«, »Neuordnung des Eigentums« sowie »Berufsständisch-leistungsgemeinschaftliche Ordnung« traten verschiedene Mitglieder des Kölner Kreises als Referenten auf[194]. Manche Passagen der »Entschließung des 73. Deutschen Katholikentages«[195] klingen, als ob sie im Kölner Kreis entstanden wären.

Es war das Bestreben des Kardinals, seine gesellschaftspolitischen Anliegen nicht nur vorübergehend in das Bewusstsein der Gläubigen und aller Verantwortlichen zu heben. Er wollte befähigte und zum Einsatz in Politik und Sozialwesen bereite junge Menschen im Sinne der christlichen Gesellschaftslehre schulen. Das war das Motiv für die Gründung eines Katholisch-Sozialen Instituts.

b) Die Gründung des »Katholisch-Sozialen Instituts der Erzdiözese Köln«

Die Idee des Instituts war mit konkreten Plänen im Herbst 1945 von Schmitt ausgegangen, aber von Frings sofort aufgegriffen worden[196]. Schon auf Schmitts Begleitbrief zum ersten Planentwurf hatte Frings sich Namen möglicher Dozenten und Führungspersönlichkeiten notiert. Auch gegen Schmitts Pläne, das Institut dem Kettelerhaus in Köln anzugliedern, und die strukturellen Ideen Schmitts hatte der Erzbischof selbst keine Einwände. Man wollte mit kürzeren Kursen beginnen und zunächst den Klerus gewinnen, die vom NS-Regime auferlegte, aber inzwischen auch internalisierte Distanz zu politischen und sozialen Fragen zu überwinden[197].

193 Generalsekretariat des Zentralkomitees der Deutschen Katholikentage (Hrsg.), Gerechtigkeit schafft Frieden. Der 73. Deutsche Katholikentag vom 31. August bis 4. September 1949 in Bochum, Paderborn 1949.

194 Z. B. Dr. F. G. Ingendaay, Die arbeitsrechtliche Lage im Betrieb; Dr. F. Burgbacher, Das Einkommen aus Arbeit; F. Greiß, Der Mensch im Betrieb; Prof. Dr. J. Höffner, Das Eigentum in christlicher Sicht; Dr. P. H. Werhahn, Aufgaben und Gefahren der berufsständischen Ordnung: Gerechtigkeit schafft Frieden, S. 520-524 (Inhaltsverzeichnis).

195 »Die Gesamtentschließung des 73. Deutschen Katholikentages«: Ebd. S. 110-118.

196 Für die nachfolgende Darstellung wurden die auch von Schütz benutzten Akten HAEK – Gen II 23.9, 1-3 und Gen II 23.9a, 1b, 1c und 2 zugrunde gelegt, dazu Schütz' Darstellung in KSI – 1997, S. 39-90, dort S. 90 weitere Literatur zur Geschichte des Katholisch-Sozialen Instituts Bad Honnef; vgl. auch: H. Nitsche (Hrsg.), Prälat Dr. Fanz Müller. Honnefer Akzente, Bad Honnef 1999.

197 Schmitt an Frings 29. September 1945 (Original mit hs. Notizen von Frings): HAEK – Gen II 23.9, 1; vgl. auch O. Schütz, Gründung des KSI, S. 42.

In seiner »Epistola pastoralis ad Clerum Coloniensem« vom Advent 1945[198] zeigte Frings, wie sehr er sich mit Schmitt einig war: »... Deshalb habe ich auch jüngst ein im ›Kettelerhaus‹ zu errichtendes sozial-wissenschaftliches Institut zu Köln begründet, von dem aus die Soziallehre der Kirche gleich der Sonne das Dunkel unserer Zeit erleuchten und den Geist der Priester, vor allem der jungen, wie auch der Laien erhellen soll«.

Zwar begann Schmitt schon 1946, einzelne Kurse über Themen der Soziallehre von kürzerer Dauer in Walberberg oder im Kettelerhaus für Priester und Laien zu organisieren. Doch das so klar intendierte Institut sollte mehrere Jahre brauchen, bis es überzeugend und effektiv wirksam wurde. Das hatte mehrere Gründe: Am Anfang standen Auseinandersetzungen über Trägerschaft und Konzeption eines solchen Instituts, die die Jahre 1946 und 1947 ausfüllten bis zur formellen Gründung am 18. Oktober 1947. Die nächste Schwierigkeit ergab sich daraus, dass der zum ersten Geschäftsführenden Direktor ausersehene Privatdozent Dr. Dr. Dr. Adolf Geck eher ein sozialwissenschaftliches als ein Schulungsinstitut anstrebte und den organisatorischen Widrigkeiten eines Instituts ohne eigenes Haus nicht gewachsen war. Das Institut konnte sich erst entfalten, als 1952 der vom Caritasverband in Freiburg in das Erzbistum Köln zurückgekehrte Dr. Franz Müller die Leitung übernahm und dieses im »Antoniusheim« in Bad Honnef ein eigenes Haus fand[199].

Zu dem Ende 1945 einsetzenden Ringen um Konzeption und Struktur des Instituts schreibt Oliver Schütz[200]: »Ein Gutachten zu Schmitts Plan erstellte zunächst Domkapitular Franz Müller. Dieser sprach sich dafür aus, das Institut nicht in enger Anbindung an die Arbeitervereine zu errichten, wie Schmitt vorgeschlagen [hatte], sondern eigenständig in der Form eines eingetragenen Vereins. Eine solche Unabhängigkeit vom Arbeiterverband war für Müller nötig, da sich das Institut nach seiner Meinung nicht nur mit den Arbeitern, sondern mit allen Berufsständen und sozialen Fragen, mit der ganzen Gesellschaftsordnung auseinandersetzen sollte«.

Die Idee des »Eingetragenen Vereins« als Träger des Instituts wurde dagegen von Generalvikar David und seiner Behörde verworfen[201]. David

---

198 KA 85, 1945 S. 75-76, hier: S. 76; vgl. O. SCHÜTZ, Gründung des KSI, S. 43.

199 Zu Dr. Franz Müller s. oben S. 162 mit Anm.143, vor allem: H. NITSCHE, Müller (vgl. oben Anm. 196)

200 O. SCHÜTZ, Gründung des KSI, S. 44.

201 Aktenstücke dazu: HAEK – Gen II 23.9, 1; darunter ein dreiseitiges handschr. Exposé von David »Katholisch-Soziales Institut«, o.D., mit Registraturvermerk »Aus Frühjahr 1947«; Schilderung bei SCHÜTZ, S. 44-46.

forderte, dass das Institut eine Einrichtung des Bistums werden müsse, um den Einfluss und die Aufsicht des Erzbischofs sicherzustellen und dem Institut wirtschaftlich ein festes Fundament zu geben. »Der Vereinsstatus sei schon der wesentliche Konstruktionsfehler des ehemaligen ›Volksvereins für das katholische Deutschland‹ gewesen«.

Erst am 6. Mai 1947 gab sich Schmitt damit zufrieden und übersandte Frings seine überarbeiteten »Vorschläge für das Katholisch-Soziale Institut ..., in der Hoffnung, dass nunmehr alle Missverständnisse geklärt sind und die Errichtung des Instituts vorgenommen werden kann«[202]. Frings vermerkte handschriftlich am 11. Mai 1947: »Ich beauftrage nunmehr Herrn Dr. H. J. Schmitt, gemäß seinen Vorschlägen vom 6. 5. Statuten für das Institut zu entwerfen«. Über den weiteren Fortgang berichtet Schütz[203]: »Bei einer Besprechung des Erzbischofs mit Verbandspräses Schmitt, Generalvikar Emmerich David, Oberlandesgerichtsrat Dr. Hans Berger, dem Unternehmer Dr. Peter H. Werhahn und Direktor Franz Müller wurden schließlich in dessen Arbeitszimmer im Elisabeth-Krankenhaus in Köln-Hohenlind die Einzelheiten der Institutssatzung ausgehandelt. Am 18. Oktober 1947 erließ Erzbischof Frings die Satzung für das ›Katholisch-Soziale Institut zu Köln‹ und ließ dieselbe im Kirchlichen Anzeiger ... veröffentlichen«[204]. Im wesentlichen hatte sich David durchgesetzt: »Sämtliche Organe der Einrichtung, der Leiter, der Vorstand, der geschäftsführende Direktor, die Dozenten und die Institutsmitglieder, werden durch den Erzbischof berufen und unterstehen seiner Weisung ... Zu den erstberufenen Mitgliedern des Instituts gehörten Dr. Hermann Josef Schmitt als Leiter, Dr. Peter H. Werhahn als stellvertretender Vorsitzender, Oberlandesgerichtsrat Dr. Hans Berger und Prälat Dr. Franz Müller als Vorstandsmitglieder und Dr. Adolf Geck als geschäftsführender Direktor«.

Einen plastischen Einblick in die notvollen Anfänge des Instituts gewährt ein Brief des Kardinals an dem Marburger (später Bonner) Juristen Professor Hermann Conrad vom 26. Februar 1947[205]. Conrad hatte Frings einen Arbeitsplan für die Gründung einer »Vereinigung für katholische Sozialethik« übersandt[206]. Frings antwortete: »Inzwischen kann ich

202 Begleitschreiben Schmitt an Frings (mit Anlagen) 6. Mai 1947: HAEK – Gen II 23.9, 1; auf Schmitts Schreiben die nachfolgend erwähnte hs. Notiz Frings' vom 11. Mai 1947.

203 O. Schütz, Gründung des KSI, S. 47.

204 KA 87, 1947, S. 263-266.

205 Frings an Conrad 26. Februar 1947 (hs. Entwurf bzw. 27. Februar 1947, sign. Kopie der Reinschrift): HAEK – Gen II 23.9, 1.

206 Conrad (Marburg) an Frings 7. Februar 1947 (mit Anlagen): Ebd.

Ihnen die ersten Früchte von ähnlich gerichteten Bestrebungen, die seit einem Jahr laufen, zusenden«: die gerade erschienenen »Grundsätze katholischer Sozialarbeit«. Frings stellte den »Sozialen Kreis« in seinem Hause vor. »Außerdem habe ich schon im vorigen Jahre die Gründung eines ›Katholischen sozialen Instituts‹ verkündigt, das freilich bisher aus Mangel an Räumlichkeiten und wegen der Schwierigkeit der Ernährung noch nicht recht in Aktion treten konnte«. Daran sollte sich im ganzen Jahr 1947 nichts ändern, auch nicht nach dem 18. Oktober 1947.

Zu den konzeptionellen und äußeren Schwierigkeiten kamen personelle: Schon auf Schmitts erstem Anschreiben an Erzbischof Frings am 29. September 1945 hatte dieser – vor oder nach einem Gespräch mit Schmitt? – unter den in Betracht kommenden Persönlichkeiten für ein Sozialinstitut notiert: »Dr. Dr. Dr. Geck, Bad Kreuznach, Kpl.«. Adolf Geck war 1898 in Wuppertal geboren, aber erst mit 46 Jahren 1944 in Trier zum Priester geweiht worden und bis 1946 Kaplan in Bad Kreuznach gewesen. Er war als Sozialwissenschaftler durch Publikationen ausgewiesen und in Berlin Assistent von Goetz Briefs am Institut für Betriebssoziologie und soziale Betriebslehre der TU gewesen[207]. In der Berliner Zeit war Schmitt auf ihn aufmerksam geworden.

Da Gecks Aussichten auf einen Lehrstuhl in Münster sich zerschlugen – den Lehrstuhl erhielt der Trierer Professor Joseph Höffner – , war er prinzipiell bereit, in das Erzbistum Köln zurückzukehren und seit 1946 durch eine eigene Denkschrift zur Errichtung eines sozial-*wissenschaftlichen* Instituts mit der anstehenden Thematik vertraut. Doch von seiner Bestellung als Geschäftsführender Direktor erfuhr er »aus der Zeitung«: sie war nicht mit ihm abgesprochen. Erst im Sommer 1948 stellte ihn der Bischof von Trier von seiner Aufgabe als Krankenhaus-Rektor in Neuwied frei.

Schütz hat das von Anfang an äußerlich loyale, aber gespannte Verhältnis zwischen Geck und Schmitt (dem Leiter des Instituts) geschildert. Geck ging es nach seinem »Entwurf zur Errichtung eines katholischen sozialwissenschaftlichen Instituts« von 1946 um eine mehr wissenschaftliche als schulungspraktische Einrichtung. »Seinen weitgreifenden Vorstellungen entsprechend sollte das Institut keine soziale Schule sein, sondern ›Zentrum einer katholisch-sozialen Bewegung‹, zwar kein zweiter Volksverein, doch lag dessen Vorbild Geck nicht fern. Im Gegensatz zu Geck vertrat Schmitt die Meinung, das Institut müsse ›zunächst und zuvor

[207] Diese biographischen Daten zu Geck finden sich bei O. SCHÜTZ, Gründung des KSI, S. 56-60.

Schulungsarbeit leisten‹. Da dies auch der Auffassung des Erzbischofs entsprach, wurde Geck in einer Unterredung angewiesen, alles zu unterlassen, was geeignet war, den Eindruck eines überdiözesanen Instituts aufkommen zu lassen. Außerdem trug der Erzbischof Geck auf, die sozialbildnerische Arbeit am stärksten zu forcieren. Die abweichenden und unabgeklärten Vorstellungen der Parteien blieben aber eine Quelle für andauernde Meinungsverschiedenheiten«[208].

Das Problem, dem Geck am wenigsten gewachsen war, bildete die Organisation einer Institutsarbeit ohne eigenes Gebäude. Als Domizil hatte man »Unser Haus« in Königswinter ausgemacht, das dem 1933 aufgelösten, 1947 von Schmitt und Johannes Albers neugegründeten Trägerverein »Arbeiterwohl« gehörte. Doch zu den fehlenden finanziellen Mitteln für das Institut kam, dass »Unser Haus« (später unter dem Namen »Adam-Stegerwald-Haus« bekannt) ab Sommer 1948 vom neuen Vorsitzenden des Vereins »Arbeiterwohl« Jakob Kaiser und der CDU/CSU-Fraktion des Parlamentarischen Rates sowie den »Sozialausschüssen der Christlich-Demokratischen Arbeitnehmerschaft« mit Beschlag belegt wurde. Den Auseinandersetzungen mit einer Persönlichkeit wie Jakob Kaiser war Geck nicht gewachsen. »Als er im Juli 1948 seinen Dienst offiziell aufnahm, stellte er zunächst unter Verweis auf die räumlichen Schwierigkeiten die Schulungsarbeit gegenüber der Forschungs- und Informationsarbeit zurück, was auch seiner persönlichen Veranlagung entsprach«[209].

Die von Schütz im einzelnen geschilderten Aktivitäten Gecks sollen hier nicht referiert werden. Vor allem gehörte dazu die Wiederbelebung des von van der Velden als Generaldirektor des Volksvereins 1930 begründeten »Königswinterer Kreises«, die anlässlich einer Tagung der Görresgesellschaft in Mainz 1950 angeregt wurde. Gecks Bemühungen scheiterten jedoch nach wenigen Jahren mit der Beendigung des Versuchs 1958[210].

Gecks persönliches Schicksal und das des Katholisch-Sozialen Instituts nahmen eine Wende, als Jakob Kaiser dem Institut im März 1950 förmlich kündigte und man in Köln auf den Plan zurückkam, dem Institut seine Heimstatt im »Antoniusheim« in Honnef zu geben. Gleichzeitig nahmen die Spannungen um die Leitung durch Geck zu, und das Projekt »›der Gründung einer zentralen katholischen Sozial-Hochschule‹ als Ergänzung der sozialen Kurse der Diözesen in einer ›hochschulähnlichen Wei-

---

208 Ebd., S. 59.

209 Ebd., S. 60.

210 »Die Wiederbelebung des Königswinterer Kreises«: O. SCHÜTZ, Gründung des KSI, S. 63-67; Gecks persönliche Schriftstücke zum Königswinterer Kreis und dessen Ende: HAEK – Nachlaß Geck.

terführung der Besten aus diesen Kursen in einer zentralen, überdiözesanen Stelle‹« tauchte auf. Die Fuldaer Bischofskonferenz 1951 befasste sich damit. Als Leiter waren u. a. Professor Höffner in Münster, dann P. Gustav Gundlach SJ in Rom im Gespräch. Frings schrieb seinetwegen an Pius XII., doch durch Msgr. Montini erfuhr der Kardinal, dass der Papst Gundlach in Rom nicht entbehren wollte[211].

Schließlich musste Geck seine glücklose Geschäftsführung 1951 abgeben, als ein geeigneter Nachfolger gefunden war. »Für das Überleben und für den Erfolg des Instituts, zumal eines überdiözesan arbeitenden Instituts, war es unabdingbar, die Direktion einer starken Persönlichkeit zu übertragen. Mit Dr. Franz Müller war dafür der richtige Mann gefunden. Die arbeitshemmende Konstellation Schmitt-Geck verschwand mit der Übernahme des Katholisch-Sozialen Instituts durch Müller, der auf eine starke Stellung innerhalb der Erzdiözese bauen konnte. Dass sich auch die allgemeinen Zustände in dieser Zeit sehr gebessert hatten, trug sicherlich zu dem Aufschwung bei, den das Institut unter Müllers Leitung nahm«.[212] Müller war zudem seit den späten Kriegsjahren in Köln-Hohenlind zum persönlichen Freund des Kardinals geworden.

Das Institut leitete Müller von 1952 bis 1971. Das »Markenzeichen« der Einrichtung wurden ab 1954 die »Jahreskurse«, in denen (bis 2002) rund 700 Arbeitnehmer für eine Tätigkeit in Parteien und Gewerkschaften, in Kolpingwerk und KAB sowie in zahlreichen kirchlichen Sozialeinrichtungen ausgebildet und mit tragfähigen Kenntnissen der katholischen Gesellschaftslehre ausgerüstet wurden. Da die Teilnehmer der Kurse für ein Jahr aus ihrem Beruf aussteigen müssen, fielen neben den Kurskosten auch der Lebensunterhalt für die Teilnehmer (und gegebenenfalls für deren Familien) an. Das qualifizierte Kursprogramm und die materiellen Voraussetzungen zu entwickeln, sollte das Werk Franz Müllers und der von ihm angeworbenen Dozenten und Mitarbeiter des Instituts werden.

Die Unterbringung eines solchen Jahreskurses mit zwanzig bis dreißig Teilnehmern machte schon vor Eröffnung des ersten Kurses 1954 einen ersten Erweiterungsbau des Antoniusheims erforderlich, der am 5. Oktober 1954 eingeweiht werden konnte. Ein weiterer, entschieden größerer Erweiterungsbau wurde in den frühen sechziger Jahren erstellt und am 25. Mai 1965 von Kardinal Frings eingeweiht. Auch die Institutssatzung

[211] Dazu: O. SCHÜTZ, Gründung des KSI, S. 67-72. Akten: Frings an Pius XII. 1. September 1951 (Kopie), Montini an Frings 22. September 1951 (Original), Gundlach an Frings (hs.) 8. Oktober 1951: HAEK – Gen II 23.9, 1c.

[212] »Zum Scheitern Gecks«: O. SCHÜTZ, Gründung des KSI, S. 72 f., hier: S. 73.

musste immer wieder der neuesten Entwicklung und entsprechenden Vorgaben staatlicher Gesetze angepasst werden[213].

Wenn man an die Ausführungen des Kardinals vor den Arbeitern in Köln-Humboldt am 30. April 1947 über das Erfordernis der Schulung und Qualifizierung von Arbeitervertretern in Wirtschaftsgremien zurückdenkt, so darf man sagen, dass diese Vision von 1947 in den Jahreskursen des Katholisch-Sozialen Instituts eine Realisierung gefunden hat. Schütz zitiert in seiner Schlussbetrachtung den langjährigen Direktor des Instituts, Christian Schenk: Wenn man »Hermann Joseph Schmitt als Ideengeber und Josef Kardinal Frings als Gründer und Förderer ansehen muss, so ist Franz Müller ohne Zweifel als überzeugender Verwirklicher zu bezeichnen«[214].

213 Zur Weiterentwicklung des Katholisch-Sozialen Instituts unter Franz Müller: O. SCHÜTZ, Gründung des KSI, S. 74-86.

214 Ebd., S. 86; vgl. Chr. SCHENK, KSI und Kardinal-Frings-Haus. Zur Geschichte eines Instituts und seiner Heimstatt, Bad Honnef 1988, S. 16, 21.

VIII. KAPITEL

ÄUSSERER UND INNERER WIEDERAUFBAU IN DEN FÜNFZIGER JAHREN

In kurzer und zugleich reflektierter Form hatte Kardinal Frings in seinen Weihnachtsbriefen an Papst Pius XII. sich ab 1945 Rechenschaft über die Schäden gegeben, die Nationalsozialismus und II. Weltkrieg für die Seelsorge, aber vor allem für die Kirchen und kirchlichen Gebäude als Voraussetzung eines seelsorglichen Neuanfangs bedeuteten. Sehr bedrückt schrieb er 1946, die meisten größeren Kirchen in Köln, zumal die kostbaren romanischen, seien zerstört, »andererseits [ist] die Mehrzahl der Bevölkerung wieder zurückgekehrt«. So mache »sich der Mangel an Kirchenraum allmählich sehr drückend geltend. Man sucht sich zu helfen, indem man in den Notkirchen mehr Messen als früher hält. Das hat aber auch den Nachteil, dass die hl. Messen sehr nahe aufeinander folgen müssen und daher die Predigt leicht zu kurz kommt. Dies und die tägliche Sorge der Menschen ums nackte Leben und ums tägliche Brot haben bisher eine eigentliche religiöse Wiedergeburt des Volkes verhindert ...«[1].

Einen ähnlichen Satz wiederholte Frings in seinem Weihnachtsbrief an den Papst 1947. Andererseits konnte er 1947 berichten: »Der Klerus arbeitet mit großem Eifer und hat auch die Gebiete, die während des Dritten Reiches den Priestern nicht zugänglich waren, mit Entschlossenheit aufs neue betreten. Er unterrichtet zusammen mit der Lehrerschaft wieder in den Volksschulen. ... 68 Geistliche wurden in meiner Diözese als hauptamtliche Religionslehrer an den höheren Schulen neu eingestellt, 22 an den sogenannten ›Berufsschulen‹«. Mit einiger Begeisterung berichtete der Kardinal von den neuaufblühenden »Vereinigungen der Katholischen Aktion«, von den Katholikenausschüssen, vom Bund der Katholischen Jugend, der in den westlichen Zonen »wieder etwa 750 000 Mitglieder« umfasse. »Zu einer Marienwallfahrt nach Altenberg bei Köln waren im Mai dieses Jahres allein aus der Kölner Erzdiözese 15 000 Jungmänner und 25 000 junge Mädchen zusammengeströmt ...«[2].

1948 konnte Frings vom Kölner Domfest und vom Katholikentag in Mainz berichten, doch folgten düstere Ausführungen über die Auswir-

---

[1] Frings an Pius XII. 18. November 1946 (hs. Entwurf): HAEK – CR II 25.18, 8; Druck: N. TRIPPEN, Weihnachtsbriefe, S. 140-147, hier: S. 142.

[2] Frings an Pius XII. 4. Dezember 1947 (hs. Entwurf): HAEK – CR II 1.14, 1; Druck: N. TRIPPEN, Weihnachtsbriefe, S. 147-150, hier: S. 148 f.; vgl. oben V. Kapitel, S. 210 mit Anm. 300.

kungen der Währungsreform vom Juni 1948. Die Verluste, »die die Kirche dadurch erlitten hat«, seien »wohl noch größer ... als die Verluste, die durch Feindeinwirkungen während des Krieges entstanden sind. Alle Fonds, die wir hatten, sind mit einem Schlage auf ungefähr 1/20 zusammengeschrumpft. Der Eingang der Kirchensteuer und besonders der Diözesansteuer hat eine starke Stockung erlitten, so dass die Zahlung der Gehälter zeitweise in Frage gestellt war. Der Wiederaufbau der Kirchen und kirchlichen Gebäude musste vielfach eingestellt werden ...«[3].

Diese fast depressive Stimmung des Kölner Erzbischofs kurz nach dem Währungsschnitt beruhte auf erlebten Engpässen. Doch war mit der neuen Währung eine entscheidende Voraussetzung für die bald einsetzende Aufbauarbeit der fünfziger Jahre gegeben.

1. Wirtschaftliche und personelle Voraussetzungen

a) Die Reform der Kirchensteuer 1950

Die Kirchensteuer hatte in Preußen durch das »Gesetz betr. die Erhebung von Kirchensteuern in den katholischen Kirchengemeinden und Gemeindeverbänden vom 14. Juli 1905« frühere Abgaberegelungen abgelöst. Die Weimarer Reichsverfassung vom 11. August 1919 hatte in Art. 137 dem Besteuerungsrecht der Kirchen erstmals Verfassungsrang verliehen. Lediglich die Ausgestaltung des Rechtes war der Gesetzgebung der Länder bzw. deren Vereinbarungen mit den Kirchen überlassen und war in den Jahren der Weimarer Republik in etwas unterschiedlichen Formen in den Ländern geschehen[4]. In Preußen – und damit in seinen Nachfolgeländern nach 1945 – besaßen die Kirchengemeinden, in größeren Städten die Gemeindeverbände das Besteuerungsrecht, aber auch die Last, die Kirchensteuern selbst einzutreiben, was erheblichen Verwaltungsaufwand erforderte und nur begrenzt zum Erfolg führte, da die Gemeinden nur in Ausnahmefällen ihre Gläubigen gerichtlich zwingen wollten, ihre Kir-

[3] Frings an Pius XII. 6. Dezember 1948 (hs. Entwurf): HAEK – CR II 1.14, 1; Druck: N. Trippen, Weihnachtsbriefe, S. 150-152; vgl. oben S. 164 mit Anm. 151.

[4] Zur Geschichte und Ausgestaltung der Kirchensteuer in Deutschland, in Preußen und nach 1945 in Nordrhein-Westfalen: H. Marré, Kirchensteuer, in: Staatslexikon, Bd. 3, [7]1987, Sp. 447-451 (Literaturübersicht); H. Marré/P. Hoffacker, Das Kirchensteuerrecht im Land Nordrhein-Westfalen ... (= Aschendorffs Juristische Handbücherei, Bd. 76), Münster 1969; H. Engelhardt, Die Kirchensteuer in der Bundesrepublik Deutschland, Bad Homburg-Berlin-Zürich 1968; H. Marré, Die Kirchenfinanzierungen in Kirche und Staat der Gegenwart, Essen [3]1991; N. Feldhoff, Kirchensteuer in der Diskussion ... , in: Schriftenreihe der Kölner Juristischen Gesellschaft, Bd. 19, Köln 1996.

chensteuerschuld zu bezahlen. Die Diözesen waren für diözesane Bedürfnisse auf die Abgaben der Gemeinden bzw. Gemeindeverbände (»Diözesansteuer«) angewiesen. Die Hoheit über das einkommende Geld lag also nicht bei den Diözesen, sondern bei den Kirchenvorständen der Gemeinden bzw. bei den Gemeindeverbandsgremien. Die Steuerungsmöglichkeiten der Diözesen über Genehmigungsvorbehalte waren sehr gering. Als das Grundgesetz 1949 in Art. 140 die Kirchenartikel der Weimarer Verfassung übernahm, war wiederum die Ausgestaltung des Kirchensteuerrechts in den Kompetenzbereich der Bundesländer verlegt.

Die Erfahrungen der Notjahre nach 1945 zeigten bald, dass ein Besteuerungsrecht, das bei den Kirchengemeinden bzw. bei den Gemeindeverbänden lag, einer Bewältigung der aktuellen kirchlichen Aufgaben nicht gewachsen sein konnte. Lokal unterschiedliche Kriegszerstörungen an Kirchen und kirchlichen Gebäuden, Bevölkerungsverschiebungen mit der Notwendigkeit, in Diasporagebieten neue Gemeinden zu gründen, vor allem die Flüchtlingsströme aus dem Osten und Südosten (damit verbunden die Besoldung vertriebener Priester und kirchlicher Bediensteter) machten die überörtlichen Lasten so ungeheuer groß, dass nur eine zentralisierte Einziehung und Verwaltung der Kirchensteuer den vielfältigen Erfordernissen gerecht werden konnte.

Erstmals sprachen die Ordinariatsvertreter der Diözesen Aachen, Hildesheim, Limburg, Münster, Paderborn und Köln am 25. Februar 1947 in Köln über Vor- und Nachteile der Kirchensteuererhebung durch staatsgesetzlich geregelten Lohnabzug, wie sie im Saargebiet, in Bayern, in den Hansestädten »schon seit Jahren« praktiziert wurde und neuerdings in Schleswig-Holstein und Berlin eingeführt sei[5]. Doch konnten sich die Diözesanvertreter zu diesem Zeitpunkt nicht auf diesen Modus des Kirchensteuereinzugs verständigen[6].

Nach der Währungsreform im Juni 1948 war man ein Stück weiter. In einem Protokoll der Konferenz der Metropoliten vom 30. Juni bis 2. Juli 1948 in Fulda lesen wir[7]: »Es lässt sich noch nicht übersehen, wie die

---

[5] Leider sind in der in Anm. 4 genannten juristischen Literatur nur wenige historische Nachforschungen enthalten, so dass nicht zu erkennen ist, aus welchen Erwägungen auf staatlicher Seite – das hieß nach 1949: auf Seiten der Bundesländer – der Gedanke an den zentralen Kirchensteuereinzug durch Lohnabzugsverfahren entstanden ist. Da zu den »Vorreitern« dieses Verfahrens die überwiegend protestantischen Hansestädte und Schleswig-Holstein gehörten, ist kaum die Begünstigung der Kirchen die entscheidende Motivation gewesen.

[6] Konferenz der Ordinariate in der Britischen Zone in Köln (Hotel Kölner Hof) am 25. 2. 1947 (maschinenschr. Protokoll): HAEK – CR II 2.19a, 1.

[7] Protokoll der Konferenz der Metropoliten vom 30. 6.-2. 7. 1948 in Fulda (hekt.): HAEK – CR II 2.19a, 1.

Eingänge an *Kirchensteuern* sich gestalten werden. Am schwierigsten wird die Lage werden für die Gesamtverbände in den zerstörten Großstadtgemeinden ... Die Diözesen von Groß-Hessen haben sich für die Erhebung der Kirchensteuer im *Lohnsteuer-Abzugsverfahren* erklärt. Die norddeutschen Diözesen haben dagegen weiterhin die bekannten Bedenken trotz der Erleichterung, die bei der derzeitigen Geld-Verknappung für den Eingang der Kirchensteuern damit verbunden wäre«.

Es waren wohl vor allem die Befürchtungen vor einer Kirchenaustrittswelle und einem Aufstand der auf ihre Selbständigkeit bedachten Kirchengemeinden und Kirchenvorstände, die die Skeptiker gegenüber einem Lohnabzugsverfahren und einer diözesanen Verwaltung und Verteilung der einkommenden Mittel bewegten.

Da Nichtstun nicht weiterhalf, sann man auf andere Wege, um zu einer gerechteren Verteilung der einkommenden Kirchensteuer zu gelangen. Kardinal Frings veröffentlichte unter dem 25. Januar 1949 in seinem Amtsblatt einen Erlass mit der Überschrift »Lastenausgleich«[8]. Darin hieß es: »Es geht nicht an, dass weniger geschädigte und leistungsstarke Gemeinden die Kirche ausmalen lassen, teure bunte Fenster oder Orgel oder Glocken anschaffen, während eine andere, vielleicht sogar eine Nachbargemeinde nicht weiß, wie sie einen armen Notraum für den Gottesdienst bauen oder wie sie auf die zerstörte Kirche ein neues Dach aufsetzen kann«. Frings regte die »Übernahme freiwilliger Patenschaften« unter den Gemeinden an. Er forderte die Dechanten zu Überlegungen mit ihren Pfarrern und zu einem Bericht an ihn auf. »Ich würde mich freuen, wenn in dem Bericht des Dechanten schon Gemeinden genannt würden, die sich freiwillig zur Übernahme einer Patenschaft über eine Kirche des Dekanates oder der Nachbarbezirke bereit erklärt haben«. Die Reaktionen auf diesen erzbischöflichen Erlass blieben nach Ausweis der Akten gering[9]. Frings erinnerte sich 1973[10]: »Wir versuchten, einige benachbarte Pfarreien zu veranlassen, einer armen und geschädigten Pfarrei zu helfen. Aber wir kamen nicht recht weiter«.

Es ist aus der Rückschau überraschend, wie zögerlich man sich trotz der drückenden Not der Kirchensteuerreform näherte, die eine Erleichterung versprach und bald zu geordneten Kirchenfinanzen führen sollte. Bei einer Konferenz der nordrhein-westfälischen Diözesen am 9. Juni

---

8 KA 89, 1949, Nr. 65, S. 64 f.; signierter Entwurf 25. Januar 1949: HAEK – Gen II 9.31a, 1.

9 HAEK – Gen II 9.31a, 1 enthält nur wenige Briefe.

10 J. FRINGS, Für die Menschen bestellt, S. 111.

1949 in Köln[11] zeigte sich Paderborn nach guten Erfahrungen mit dem Lohnabzugsverfahren in den hessischen, lippischen und niedersächsischen Diözesananteilen vorsichtig aufgeschlossen, Münster strikt ablehnend, Aachen entschieden bereit und Köln abwartend. Doch schon wenige Wochen später trafen sich am 3. August 1949 die Finanzreferenten der westdeutschen Diözesen unter Vorsitz von Generalvikar David in Köln und erzielten den Durchbruch[12]: »Der Vorsitzende bat die Referenten der Diözesen, in deren Gebiet die Erhebung der Kirchensteuer durch Lohnabzug bereits eingeführt ist, um Mitteilung ihrer Erfahrungen ... Die Erklärungen lauteten übereinstimmend dahin, dass die Erfahrungen mit dem Lohnabzug durchaus gute waren. Das Steuer-Ist sei, wie der Münchener Vertreter erklärte, von 70 % des Solls auf 100 % gestiegen, während die Verwaltungskosten von 20 % auf 2 % zurückgegangen seien. Ähnliche Zahlen wurden aus den übrigen Bezirken genannt. Die ausdrückliche Frage des Vorsitzenden [David], ob in Folge der Einführung des Lohnabzugs vermehrte Kirchenaustritte oder Unzufriedenheit bei den Gläubigen festgestellt worden seien, wurde von allen in Betracht kommenden Vertretern verneint. Die hier bekannt gewordenen Schwierigkeiten bei der Einführung des Verfahrens stammen offenbar aus protestantischen Kreisen«.

Für die wirtschaftliche Zukunft der Kirche(n) in Deutschland scheint diese Kölner Versammlung vom 3. August 1949 entscheidend gewesen zu sein. Im Protokoll heißt es weiter: »Die Anwesenden erklärten sich einstimmig für die Einführung bzw. Beibehaltung des Lohnabzugsverfahrens. Im Lande Rheinland-Pfalz steht die Einführung unmittelbar bevor. Im Lande Nordrhein-Westfalen müssten die erforderlichen Maßnahmen in Gesetzgebung und Verwaltung so beschleunigt werden, dass der Einführung ... zu Beginn des Jahres 1950 nichts mehr im Wege steht«.

Zu diesem Zeitpunkt gab es noch einen – wie sich später zeigen sollte – Kardinal Frings beeindruckenden Versuch, die Einführung der Diözesankirchensteuer und des Lohnabzugsverfahrens zu verhindern. Am 1. Oktober 1949 wandte sich der Kölner Stadtdechant Grosche mit seinen Kollegen von Düsseldorf, Wuppertal, Essen und Remscheid an den Erzbischof[13]. Die Stadtdechanten beklagten sich zunächst, »dass bei den

---

[11] Konferenz am 9. Juni 1949 im Sitzungssaal des Erzbischöflichen Generalvikariats in Köln (Diözesanvertreter Paderborn, Aachen, Münster, Köln, hekt. Protokoll): HAEK – CR II 2.19a, 1.

[12] Besprechung der Finanzreferenten der westdeutschen Diözesen am 3. August 1949 im Erzbischöflichen Generalvikariat zu Köln (hekt. Protokoll): HAEK – CR II 2.19a, 1.

[13] Grosche (Köln), Kreuzberg (Düseldorf), Brandt (Wuppertal), Uerlichs (Essen), Pfarrer Otto Derichs, Lennep, »im Auftrag der Pfarrer des Dekanates Remscheid«, unterzeichnet al-

Überlegungen über diese so entscheidende Angelegenheit weder die Seelsorgsgeistlichen noch die Leiter der Gesamtverbände bzw. Steuerämter hinzugezogen worden sind, dass vielmehr hinter den verschlossenen Türen der Ordinariate Dinge vorbereitet wurden, von denen wir offiziell nur durch einen Aufsatz von Dr. Meid in der Trierer Theologischen Zeitschrift Kenntnis bekommen haben[14] ...«. Die Dechanten erhoben dann ihre Bedenken »a) gegen die Erhebung der Diözesansteuer, b) gegen die Erhebung in Form des Lohnabzugs«. Grosche glaubte, aus Gesprächen mit Vertretern der evangelischen Kirche berichten zu können, dass man in Süddeutschland mit der neuen Form der Kirchensteuer auf evangelischer Seite nicht glücklich sei. Dann folgten die Begründungen für die Bedenken: »Diese Neuerung bedeutet eine noch stärkere Bindung an den Staat ...Die Kirchensteuer verliert damit für das Empfinden der Gläubigen den Charakter einer kirchlichen Abgabe und eines persönlichen Opfers für die Kirche«. Die Zentralisierung der Kirchensteuer sei ein Verstoß gegen das vom Papst vertretene Subsidiaritätsprinzip. Die ortsnahe Erhebung und Verwaltung der Gelder sei zweckmäßig und bewährt. Schließlich folgte das soziale Argument: »Wir machen darauf aufmerksam, dass bei der Neuregelung etwa 250 Angestellte der Gesamtverbände in der Erzdiözese erwerbslos werden müssen«. Am Schluss stand die Bitte, »eine Entscheidung in dieser für die Zukunft der Kirche so bedeutungsvollen Sache nicht treffen zu wollen, ohne die Vertretungen der Kirchengemeinden gehört zu haben«. Doch die Würfel waren, wie Grosche richtig vermutet hatte, längst gefallen – zum Segen der Kirche, wie sich bald zeigen sollte.

Das »Gesetz über die Erhebung von Kirchensteuern im Lande Nordrhein-Westfalen« vom 12. Februar 1950 trat am 1. April 1950 in Kraft[15]. In Köln ging man sofort an die Umsetzung. Schon am 16. Februar 1950 forderte Generalvikar David die Stadtdechanten von Köln, Düsseldorf und Essen sowie einige andere Dechanten auf, Kandidaten aus Kirchenvorständen für den nach § 2 des Gesetzes zu bildenden »Kirchensteuerbeirat« zu benennen[16]. Ein Einladungsentwurf für die zu Benennenden datiert vom 21. Februar[17].

---

lein von Grosche und auf Briefbogen »Der Stadtdechant Köln« geschrieben, an Frings 1. Oktober 1949: HAEK – Gen II 9.45, 4.

[14] P. Meid, Ortskirchensteuer oder Diözesankirchensteuer?, in: Trierer Theologische Zeitschrift 58, 1949, S. 149-165.

[15] Gesetz über die Erhebung von Kirchensteuern im Lande Nordrhein-Westfalen vom 15. Februar 1950 (Gesetz- und Verordnungsblatt für das Land Nordrhein-Westfalen, Nr. 9 vom 16. März 1950, S. 32 f.): KA 90, 1950, Nr. 190, S. 201-204.

[16] David an Stadtdechanten/Dechanten 16. Februar 1950 (sign. Kopie): HAEK – CR II 4.21, 1.

[17] Der Erzbischof von Köln an die Kirchensteuerbeiratsmitglieder (einzeln) 21. Februar 1950 (unsign. Entwurf): Ebd.

Während § 2 des Gesetzes bestimmte: »Die Festsetzung und Verteilung der Diözesan- (Landes-)Kirchensteuer erfolgt durch die Kirchenaufsichtsbehörden unter Mitwirkung eines *kirchlicherseits*[18] zu bildenden Beirats«, sah sich Generalvikar Pohlschneider in Münster zu einer letzten misstrauischen Warnung an seinen Kölner Kollegen veranlasst[19]: »Soeben erfahre ich vom Generalvikariat Aachen, dass man bei der Regierung in Düsseldorf nach wie vor die Absicht habe, auf die Gestaltung des Kirchensteuerbeirates für die Diözesen den staatlichen Einfluss zu sichern, indem man diesbezügliche Bestimmungen in die Kirchensteuerordnung aufnimmt. Aus grundsätzlichen Erwägungen haben wir nicht die Absicht, in diesem Punkte eine Konzession zu machen«. Pohlschneider glaubte, seinen Kölner Kollegen warnen und gewinnen zu müssen, weil man in Aachen »der Ansicht zu sein [scheint], man müsse nötigenfalls zur Rettung des Hebesatzes hinsichtlich des Kirchensteuerbeirats nachgiebig sein«.

Die Sorgen Pohlschneiders bestätigten sich nicht. Am 10. März 1950 konstituierte sich in Köln der Kirchensteuerbeirat[20]. Die im handschriftlichen Manuskript erhaltene Eröffnungsrede von Kardinal Frings zeigte einerseits, dass die dreizehn Jahre seines Pfarramtes in Braunsfeld in seiner Mentalität Spuren hinterlassen hatten und dass die Eingabe der Stadtdechanten vom 1. Oktober 1949 nicht ohne Wirkung bei ihm geblieben war. Andererseits klingen noch einmal die Argumente pro und contra Lohnabzug aus den zurückliegenden Jahren an: »Während meiner fast 8jährigen Bischofszeit [ist mir] kaum ein Entschluss so schwer gefallen wie der, der neuen Regelung der Kirchensteuer zuzustimmen. Dagegen sprachen:

a) [die] engere Bindung der Kirche an den Staatsapparat;
b) [die] Gefahr vermehrter Kirchenaustritte;
c) [die] Zurückdrängung der Selbständigkeit der einzelnen Kirchengemeinden und Kirchenvorstände;
d) [die] Notwendigkeit der Entlassung von Angestellten der Kirchensteuerämtern (!)

Dafür sprachen:

---

18 Hervorhebung vom Verfasser.

19 Generalvikar Pohlschneider, Münster, an David 8. März 1950 (Original): HAEK – CR II 4.21, 1.

20 KA 90, 1950, Nr. 196, S. 214 f.: »Betr. Kirchensteuerbeirat der Erzdiözese Köln«; ebd., Nr. 193, S. 208 f.: »Statut des Kirchensteuerbeirats des Erzbistums Köln« vom 17. März 1950 – Protokoll der ersten Sitzung am 10. März 1950: HAEK – CR II 4.21, 1; dort auch das Manuskript des Kardinals »Ansprache an den Diözesanbeirat für Kirchensteuer 10. 3. 50«.

a) [die] Möglichkeit einer Gegenwartsbesteuerung[21], die viele Ungerechtigkeiten beseitigte;
b) [die] Aussicht, die Kirchensteuer fast restlos einzubekommen;
c) [die] starke Verbilligung der Verwaltung;
d) die Möglichkeit eines Lastenausgleichs zwischen geschädigten und unbeschädigten Gemeinden;
e) die guten Erfahrungen fast aller deutscher Diözesen, z. T. seit vielen Jahren«.

Am schmerzlichsten sei die »Entlassung treuer, altgedienter Angestellter«. Doch habe er erst nach angemessener Weitervermittlung bzw. Versorgungszusagen für die Betroffenen seine Zustimmung gegeben. Das Schicksal der zu Entlassenden sei »um so tragischer, als der eigentliche Sinn der Neuregelung ein sozialer ist. Es gilt, Gelder frei zu machen für die Gemeinden, die durch Zuzug oder Zerstörung in große Not geraten sind; namentlich Kirchen in der neu entstandenen Diaspora gründen zu können«. Frings schloss: »Der Vertreter einer Diözese, die seit 11 Jahren das neue System anwendet, erklärte, nach seiner Ansicht könne heute ein Bischof die ihm obliegende Pflicht nicht erfüllen, wenn es bei der alten Art der Steuererhebung bleibe. Möge denn auf unserem Entschluss der Segen von oben ruhen!«

In ähnlichem Sinne wie der Kölner Kardinal an seinen Kirchensteuerbeirat wandte sich eine Woche später Generalvikar Pohlschneider von Münster werbend und beschwichtigend an das Bistum[22]. Dabei griff er noch einmal – zum Teil in wörtlichen Anklängen – auf das Lastenausgleichsargument von Kardinal Frings aus dem Jahre 1949 zurück: »Ein Lastenausgleich zwischen den armen und den wohlhabenden Gemeinden ist das unabweisbare Gebot der Stunde. Alle Versuche, Erfahrungen und Überlegungen der letzten Jahre haben jedoch bewiesen, dass die bisherigen Maßnahmen einen wirksamen Finanzausgleich nicht herbeiführen konnten. Daher musste zur Diözesankirchensteuer übergegangen werden«.

Das Erzbistum ging sehr bald auf die einschneidenden praktischen Veränderungen für die Kirchengemeinden ein: Schon am 20. April ging eine

[21] Bei dem neuen Lohnabzugsverfahren wurde der aktuelle Lohn zugrunde gelegt. Bei der früheren Veranlagung zur Kirchensteuer waren die Einkünfte zurückliegender Jahre als Bemessungsgrundlage genommen worden.

[22] Verlautbarung des Bischöflichen Generalvikars zur Neuregelung der Kirchensteuer im rheinisch-westfälischen Teil der Diözese 17. März 1950, im Vorspann die Anweisung »am Passionssonntag in allen heiligen Messen ungekürzt zu verlesen«: Kirchliches Amtsblatt für die Diözese Münster, Art. 58, S. 57-59, hier: S. 58; vgl. auch: N. FELDHOFF, Kirchensteuer in der Diskussion, S. 33 f.

Ausgabe des »Kirchlichen Anzeigers« mit allen entscheidenden Texten auf die Post. In »Vorbemerkungen zum neuen Kirchensteuergesetz, den zugehörigen Bestimmungen, Ordnungen usw. und zum neuen Voranschlag«[23] wurden Klerus und Rendanten der Kirchengemeinden auf das eingestimmt, was sie an einschneidenden Veränderungen erwartete. Unter dem Datum 25. April 1950 veröffentlichte das Generalvikariat den Hinweis im »Kirchlichen Anzeiger«[24]: »Es ist beabsichtigt, die monatlichen Zuteilungen aus der Diözesankirchensteuer möglichst auf Konten der Kirchengemeinden ... zu überweisen. Es ist deshalb erforderlich, dass jede Kirchengemeinde ein solches Konto einrichtet ... und Konto und kontenführende Kasse bis zum 20. Mai an die Erzbistumskasse mitteilt«.

Kardinal Frings hat 1973 in wenigen Zeilen die Wirkung des Kirchensteuergesetzes beschrieben, wie sie von der Aktenlage in aller Breite bestätigt wird[25]: »Jetzt mit einem Mal floss der Diözese wieder Geld zu, und wir konnten auf weite Sicht planen. Für jedes Jahr, später für drei Jahre, legten wir die Zahl der kirchlichen Neubauten fest und bestimmten, an welchen Orten diese Kirchen zu bauen seien. Es blieb allerdings der Nachteil, dass die Kirchenvorstände zwar juristisch die Bauherren blieben und dass sie auch den Architekten wählen konnten, aber der Einfluss, den die kirchliche Oberbehörde auf sie ausübte, war doch sehr stark«.

Ob es die Verärgerung der Kirchenvorstände über diesen Tatbestand oder einfach die anfängliche Gewöhnungsbedürftigkeit angesichts neuer Verfahrensabläufe war, sei dahingestellt: Es kam 1950 vor, dass Kirchenvorstände ohne Genehmigung des Generalvikariates Aufträge erteilten und sich auf die Begleichung der Rechnungen durch den neuen großen Geldeinnehmer in Köln verließen. Nach einem Weihnachtsbesuch seines Bruders, des Neusser Oberbürgermeisters Alfons Frings, schrieb der Kardinal am 26. Dezember 1950 an Generalvikar David[26]: »Mein Bruder machte mich aufmerksam auf die große Unzufriedenheit in Handwerkerkreisen, weil Köln sich sträube, die Handwerkerschulden zu zahlen, die von einigen Pfarreien ohne bischöfliche Genehmigung, aber in Voraussicht der Steuereinnahmen des Jahres 1950 gemacht wurden. Der formelle

23 KA 90, 1950, Nr. 189, S. 199-201.

24 KA 90, 1950, Nr. 197, S. 215.

25 J. Frings, Für die Menschen bestellt, S. 111. Die Akten »Organisation der Kirchensteuerverwaltung« (HAEK – CR II 4.21, 1-2) enthalten für die Jahre 1950–1960 die genannten Bewilligungslisten.

26 Frings an David 26. Dezember 1950 (hs. auf einem abgerissenen Zettel): HAEK – Gen II 9.31, 4a.– Frau Eva Bröhl, von 1946 bis 1981 Hausangestellte im Erzbischöflichen Hause, berichtete dem Verfasser, dass der unverheiratete Oberbürgermeister Alfons Frings alljährlich am 1. Weihnachtstag nach Köln kam.

Grund der Nichtgenehmigung werde nicht anerkannt, und auf die Kirche falle das Odium sehr unsozialen Verhaltens«. Das wollte der Kardinal gerade in seiner Vaterstadt Neuss nicht auf sich sitzen lassen und bat seinen Generalvikar, die ausstehenden Rechnungen nach Möglichkeit zu begleichen.

Es bedurfte noch eines längeren Gewöhnungsprozesses im Bistum und einer stark führenden Hand im Kölner Generalvikariat, die ab März 1952 ein neuer, außerordentlich tatkräftiger Generalvikar zeigen sollte, nachdem der hochverdiente, aber durch Alter und gesundheitliche Probleme geschwächte Emmerich David um Entpflichtung von seinem Amt gebeten hatte.

b) Der Wechsel im Amt des Generalvikars 1952: Die Ernennung von Joseph Teusch

Die Vermutung liegt nahe, dass sich Kardinal Frings auch in dieser für sein eigenes weiteres Wirken so wichtigen Personalentscheidung von Emmerich David beraten ließ. Als er den Bonner Konviktsdirektor Joseph Teusch[27] durch Handschreiben am 25. Februar 1952 bat[28], sich für den Amtsantritt am 6. März »zur Vereidigung u. Vorstellung im Generalvikariat bereit zu halten«, deutete er an, dass es noch einen zweiten Kandidaten »Domvikar J.«[ansen] gegeben hatte. Mit ihm, so schrieb Frings an Teusch, »bin ich – wie mir scheint – gut dahin einig geworden, dass er als Abteilungsdirektor eine neu zu gründende Abteilung des Generalvikariats übernimmt«. Hermann Jansen sollte 1963 neben Teusch 2. Generalvikar des Erzbischofs für die innerdiözesanen Angelegenheiten werden, als Teusch nach einem schweren Herzinfarkt im Jahre 1962 sich auf die inzwischen reich entfalteten außerdiözesanen Aktivitäten des Erzbistums Köln beschränken musste[29].

Joseph Teusch war gerade fünfzig Jahre alt geworden, als er sein neues Amt antrat. In Essen geboren und aufgewachsen, wurde er 1927 in Köln zum Priester geweiht. Da er schon während der Bonner Studienjahre Nei-

---

[27] Joseph Teusch (1902–1976), 1952–1969 Generalvikar des Erzbischofs von Köln: Lebens- und Amtsdaten: HANDBUCH DES ERZBISTUMS KÖLN, Bd. 1, [26]1966, S. 68; N. TRIPPEN, Joseph Teusch (1902–1976), in: Rheinische Lebensbilder 15, 1995, S. 223-246 (Literaturübersicht); die nachfolgende Darstellung stützt sich auf diese Vorarbeit.

[28] Frings an Teusch 25. Februar 1952 (hs.): HAEK – Nachlass Teusch 1.

[29] Hermann Joseph Jansen (1904–1984), 1928 Priesterweihe, seit 1931 Domvikar und Mitarbeiter des Generalvikariates, 1953 Domkapitular, 1963–1969 2. Generalvikar: HANDBUCH DES ERZBISTUMS KÖLN, Bd. 1, [26]1966, S. 68; U. HELBACH, in: E. GATZ, Bischofslexikon 1945–2001, S. 306 f.

gung und Befähigung zum wissenschaftlichen Arbeiten im Bereich der neutestamentlichen Exegese gezeigt hatte, wurde er 1929 zum weiteren Studium mit dem Ziel der Promotion in Rom freigestellt. Im Priesterkolleg am Campo Santo Teutonico begegnete er als Rektor Emmerich David, der sein Vorgesetzter und Amtsvorgänger in Köln werden sollte. Doch Rom erwies sich für einen neutestamentlichen Exegeten als wenig geeigneter Studienort. So kehrte Teusch 1932 ohne Doktortitel nach Köln zurück. 1934 wurde er Domvikar und Leiter der von Kardinal Schulte neu eingerichteten Abwehrstelle des Kölner Generalvikariates gegen die Propaganda des Nationalsozialismus[30].

Es ist heute unumstritten, dass Teusch durch seine in hohen Auflagen (insgesamt 17 Millionen Exemplare) in ganz Deutschland verbreiteten »Katechismuswahrheiten« für die gemeindekatechetische Arbeit, vor allem aber durch die bereits Ende 1934 veröffentlichten »Studien zum Mythus des 20. Jahrhunderts« gegen das Werk des NS-Chefideologen Alfred Rosenberg beachtliche Breitenwirkung erzielte[31]. Schon in diesen frühen Jahren zeigte Teusch bei persönlicher Anspruchslosigkeit einen immensen Arbeitseinsatz, Ideenreichtum und einen als Tapferkeit zu wertenden Mut, da seine Tätigkeit der Gestapo durchaus bekannt war und von ihr überwacht wurde.

Schon in dieser frühen Lebensphase entwickelte Teusch die sein Leben begleitende ausgewogene Balance zwischen absoluter Loyalität gegenüber dem Erzbischof und der Findung vertretbarer Auswege im Konfliktfall: Als Kardinal Schulte im Oktober 1934 den Druck der »Studien zum Mythus des 20. Jahrunderts« als Beilage zum »Kirchlichen Anzeiger für das Erzbistum Köln« ablehnte, gewann Teusch zusammen mit dem Verleger Franz Carl Bachem den Bischof von Münster, Clemens August Graf von Galen, dafür, die »Studien« als Beilage zum münsterschen Amtsblatt erscheinen zu lassen. Kardinal Schulte gab daraufhin auch für das Kölner Amtsblatt nach, so dass das Werk eine Gesamtauflage von 200 000 Stück erreichte[32].

Nach einer vorübergehenden Tätigkeit in der Evakuiertenseelsorge in Thüringen wurde Teusch 1944 Konviktsdirektor im Collegium Leoninum in Bonn, wo er wieder seinen Mut bewies, indem er den halbjüdischen Priester Peter Klein und seine jüdische Mutter in das Haus aufnahm. Als Konviktsdirektor hatte es Teusch mit der Kriegsheimkehrer-Generation

---

30 E. Hegel, Joseph Teuschs Kampf gegen den Nationalsozialismus, in: Pastoralblatt Köln 35, 1983, S. 34-40.

31 Näheres dazu: N. Trippen, Lebensbild Teusch, S. 228-230.

32 Ebd.

zu tun. Damalige Konviktoristen haben Teusch als konsequent in seinen Grundsätzen, streng und theologisch gebildet geschildert. Die »Samstagabendvorträge« wurden als prägend und anregend, allerdings gelegentlich auch als vereinnahmend, ja, beschwörend empfunden[33]. Daneben entwickelte Teusch in den Notjahren lebenspraktische Fähigkeiten, um die Ernährungslage seiner ausgehungerten Studenten aufzubessern.

Es ist davon auszugehen, dass Kardinal Frings wusste, dass er in Joseph Teusch eine starke und eigenwillige Persönlichkeit an seine Seite berief. Doch der Kardinal schätzte starke Ratgeber und Mitarbeiter, denen er bei grundsätzlich vorausgesetzter Loyalität einen großen Arbeitsspielraum und Einfluss auf seine Entscheidungen einräumte. Joseph Teusch hatte als Generalvikar den Wiederaufbau im Erzbistum Köln zu steuern und zu finanzieren. Für den Vorsitzenden der Fuldaer Bischofskonferenzen organisierte er zunehmend die überdiözesanen Konferenzen aller Art, um die wachsenden Gemeinschaftsaufgaben der deutschen Bistümer zu bewältigen. Die Hilfswerke der deutschen Katholiken – »Misereor« gegen Hunger und Krankheit in der Welt 1959 und »Adveniat« für die Kirche in Lateinamerika 1961 – wurden von Joseph Teusch angeregt und strukturiert, von Kardinal Frings auf der Bischofskonferenz durchgesetzt. Schließlich wurde Teusch von 1959 bis 1965 der Konzilsberater und –zuarbeiter des Kölner Kardinals in den kanonistischen und disziplinären Fragen.

In die geradlinige, außerordentlich tatkräftige, doch bisweilen auch hart erscheinende Persönlichkeit dieses bedeutenden Kölner Generalvikars gewinnen wir einige Einsichten durch einen Brief, den Teusch selbst anderthalb Jahre vor seinem Tode seinem 2. Nachfolger im Amt Norbert Feldhoff zur Amtseinführung geschrieben hat[34]: »Wer regiert, muss auch hart sein können, d. h. er muss ein positives Verhältnis haben zu Polizei, Justiz und Militär. Die staatliche Gewalt trägt nicht ohne Grund das Schwert (Römer 13,4). – Wer aber in der Kirche ›regiert‹, Jurisdiktion trägt, muss auch hart sein können. Ihm ist nicht das Schwert gegeben, aber die Möglichkeit der brüderlichen und väterlichen Mahnung, je nachdem sogar der Amtsenthebung, der Suspension und Exkommunikation o. ä. Der gute Hirt muss nicht nur zu guter Weide und zu klarer Quelle führen, er muss auch dem Wolfe wehren und insbesondere dem, der im Schafspelz in die Herde eingedrungen ist«.

Teuschs Selbstverständnis als Generalvikar wird vor allem in den folgenden Zeilen des Briefes deutlich: »Der Generalvikar hat ad mentem

[33] So Prof. Dr. Paul Mikat gegenüber dem Verfasser: N. TRIPPEN, Lebensbild Teusch, S. 232.

[34] Teusch an Feldhoff 30. April 1975 (im Besitz von Generalvikar Dr. h.c. Norbert Feldhoff, Köln).

episcopi zu handeln. Das besagt aber nicht, dass er ad mentem [episcopi] denken müsse. Es ist u. U. seine Aufgabe, die mens episcopi zu formieren. Diese Aufgabe trifft keinen anderen Priester so wie den Generalvikar, weil kein anderer dem Bischof so nahe steht. Es kann sogar den Extremfall geben, dass da, wo der Generalvikar die mens episcopi glaubt nicht akzeptieren zu können, er darum bittet, dass er für diesen Fall nicht zu handeln braucht. Hier wird die Stellung des Generalvikars besonders schwer«.

Kardinal Frings verdankte einen großen Teil des Erfolges seiner bischöflichen Wirksamkeit dem Ideenreichtum und der loyalen Zuarbeit seiner Generalvikare, zumal seines Generalvikars Joseph Teusch. Manche Details werden durch die weitere Darstellung belegt werden. Frings hat es an öffentlicher und persönlicher Anerkennung dieses Dienstes nie fehlen lassen. Mit kaum noch leserlicher Schrift hat der nahezu erblindete Kardinal seinem Generalvikar Teusch zum 40. Jahrestag seiner Priesterweihe am 6. März 1967 geschrieben: »... Aber was hätte ich leisten können, hätten Sie nicht mit Ihrer Ideenfülle, Ihrer Tatkraft, Ihrem Gottvertrauen mir zur Seite gestanden ... Ich kann nur Gott Dank sagen und seine Gnade über Sie herabrufen«.

2. Wiederaufbau und Neubau von Kirchen in Stadt und Erzbistum Köln

a) Die Ausgangslage nach dem Kriege und erste Überlegungen zum Wiederaufbau Kölner Kirchen

»Der schlimmste Übelstand auf kirchlichem Gebiet ist die weitestgehende Zerstörung der Kirchen und kirchlichen Dienstwohnungen. In Köln z.B. sind von 92 Kirchen wenigstens 66 unbenutzbar ... Alle Pfarreien haben aber irgendeinen Notraum eingerichtet. Wiederherstellungsarbeiten an den Kirchen waren in den letzten Monaten unmöglich, da nur Bauarbeiten für Wohnzwecke gestattet wurden. Ähnlich liegen die Dinge in den anderen Städten der Erzdiözese, wenn auch der Grad der Zerstörung in Köln am höchsten ist und hier weitaus am meisten unwiederbringliche Kunstwerke zerstört worden sind«. So berichtete Frings Ende 1945 an Papst Pius XII[35].

Pfarrer Paul Fetten von St. Ursula in Köln registrierte in seiner Pfarrchronik, wie die Sprengungen der britischen Militärs an der zerstörten

[35] Frings an Pius XII. 25. November 1945 (hs. Entwurf und sign. Kopie): HAEK – CR II 1.14, 1; Druck: N. Trippen, Weihnachtsbriefe, S. 138-140.

Deutzer Rheinbrücke und an anderen gefährdeten Großobjekten, dazu Einbrüche und Diebstähle, weitere Schäden an den Kirchen und ihren Kunstgütern verursachten[36]. Wenn es gelang, Baumaterialien für Notreparaturen bewilligt zu bekommen, fehlte es an arbeitswilligen Bauhandwerkern. Am 8. Dezember 1946 notierte Fetten[37]: »Der noch stehende Rest des Chorgewölbes [von St. Ursula] erhielt eine neue Notbedachung. Sonst ist wie überall von einem Fortgang der Bauarbeiten an Kirche und Pfarrhaus nichts zu merken. Es sind keine Arbeiter zu finden. Wer nicht durch eine feste Stellung gebunden ist, betätigt sich am Schwarzen Markt«. Am 17. Juni 1946 hatte Fetten bereits festgestellt[38]: »An eine wesentliche Weiterführung der Bauarbeiten ist nicht zu denken. Jeder arbeitet nur gegen Lebensmittel«. Ein Jahr später, am 25. Juli 1947, lautet die Klage: »In der Kirche haben wir alle Arbeiten einstellen müssen, da wir kein Essen für die Arbeiter beschaffen konnten«[39].

Angesichts der allgemeinen Notlage war das Interesse am Wiederaufbau der Stadt Köln und zumal ihrer denkmalwerten Kirchen in diesen Jahren erstaunlich. Am 23. Juni 1946 wurde in der Aula der Kölner Universität die »Gesellschaft der Freunde und Förderer des Wiederaufbaus der Stadt Köln« begründet. Bei dieser Feier redete Frings den anwesenden britischen Besatzungsoffizieren eindringlich ins Gewissen, die für den Wiederaufbau notwendigen materiellen Voraussetzungen zu schaffen[40]. Im Generalvikariat organisierte man im Laufe des Jahres 1946 eine Meldeaktion der Pfarreien des Erzbistums über Kriegsschäden an Kirchen und kirchlichen Gebäuden[41].

Auf Anregung des Kunsthistorikers Dr. Hermann Schnitzler organisierte die »Gesellschaft für christliche Kultur« Anfang 1947 eine Vortragsreihe und eine grundsätzliche Diskussion aller Interessierten und fachlich Beteiligten über die Frage, mit welchem Konzept man an den anstehenden (Wieder-) Aufbau zumal der denkmalwerten Kirchen gehen sollte[42]. »Sollte das Alte zugrunde gehen und ein Warenhaus auf dem Hügel von

36 P. Fetten, St. Ursula 1945–1948, S. 176-202.

37 Ebd., S. 193.

38 Ebd., S. 190.

39 Ebd., S. 198.

40 Zu der Gründungsversammlung vom 23. Juni 1946 und Frings' Ansprache s. oben S. 243 mit Anm. 45; Text der Ansprache des Kardinals: HAEK – CR II 25.18, 5.

41 Gesammelt in HAEK – Gen II 9.31a, 1-3.

42 Gesellschaft für christliche Kultur (Hrsg.), Kirchen in Trümmern; Nachdruck: H. Kier und U. Krings (Hrsg.), Köln: Die romanischen Kirchen in der Diskussion 1946/47 und 1985 (= Stadtspuren – Denkmäler in Köln, Bd.4), Köln 1986, S. 19-126. – Das nachfolgend zitierte Vorwort: Stadtspuren, Bd. 4, S. 20 f.

St. Maria im Kapitol seine Tore öffnen, ein Theater auf dem Platz von Groß St. Martin? Sollten wir ewig zwischen Ruinen leben? Sollten andererseits genaue Kopien die verlorenen Bauteile ersetzen und diese dann den letzten, vielleicht schon verderbten Zustand wiedergeben oder etwa einen früheren besseren?« Zu den äußeren Umständen der Veranstaltungen in der Kölner Universität und der inneren Begeisterung der Teilnehmer wird berichtet: »An sechs eiskalten Winterabenden füllte sich das Auditorium Maximum der Universität. Verkehrsschwierigkeiten und Unbilden der Witterung hielten die Bevölkerung nicht ab, zu diesen Ansprachen zu kommen. Man spürte, es ging um eine Frage, die alle tief beunruhigte. Trotz Hunger und Not waren die Kirchen Kölns der ganzen Stadt zur brennenden Sorge geworden. Gespannt lauschte man den Worten der Redner: wird man unsere Kirchen retten?«

Stadtdechant Robert Grosche eröffnete den Reigen und reklamierte[43]: »Sie [die romanischen Kirchen] müssen Kirchen bleiben; sie sind zu erhalten *nicht als Kunstwerke, sondern als Kultstätten*«. Der nächste Redner war Rudolf Schwarz, im Nebenamt damals »Generalplaner der Stadt Köln«. Der Landeskonservator Graf Wolff Metternich, die Kunsthistoriker Heinrich Lützeler, Hermann Schnitzler und Albert Verbeek, Dom- und Diözesanbaumeister Willy Weyres, der Künstler Georg Meistermann und weitere Sachverständige aus anderen Bereichen schlossen sich auf der Rednerliste an. Es kam zu einer bunten Palette von Überlegungen über Umfang, Stil und Ziele eines auf viele Jahre oder gar Jahrzehnte zu veranschlagenden Wiederaufbaus, die hier nicht im einzelnen beschrieben werden können. Eine knappe Darstellung und aus dem Abstand einiger Jahrzehnte vertretbare Würdigung der Winterakademie 1947 hat Wolfgang Pehnt in seinem Werk über Rudolf Schwarz versucht[44]: »Keiner war für eine Abtragung der Ruinen. Keiner sprach sich für historisierend wortgetreue Repliken aus ... Die Marge der möglichen Entscheidungen lag dazwischen ... Schwarz resumierte später seinen Debattenbeitrag in dem Sinne, er habe zwischen konservierender, restaurierender und interpretierender Denkmalpflege unterschieden. Sowohl die Erhaltung der Ruinen (konservierend) wie die genaue Wiederherstellung (restaurierend, aber ei-

---

43 Manuskript »Was wird aus unseren Kölner Kirchen?«: HAEK – Nachlass Grosche 560; Druck: Stadtspuren, Bd. 4, S. 21-24.

44 W. Pehnt, Rudolf Schwarz 1897–1961. Architekt einer anderen Moderne / H. Strohl, Werkeverzeichnis, Ostfildern 1997, hier: S. 128; Manuskript von Rudolf Schwarz »Was wird aus den Kölner Kirchen?«: Nachlass Rudolf Schwarz, Köln-Müngersdorf, Korrespondenz s. unter »Kölnische Rundschau«. Frau Dipl.-Ing. Maria Schwarz, Köln-Müngersdorf, sei an dieser Stelle für die Benutzung des Nachlasses Ihres Mannes und für manchen Rat zur Gestaltung der nachfolgenden Darstellung gedankt.

gentlich: rekonstruierend) habe er für möglich gehalten, doch beides nur als Ausnahmen. Zum Regelfall habe er die interpretierende Denkmalpflege erklärt. Das entsprach einer differenzierenden Anwendung der Devise ›Aufbau statt Wiederaufbau‹ auf den Umgang mit dem lädierten historischen Erbe«[45].

Die Vortragsreihe wurde am 2. April 1947 mit einem Ausspracheabend beschlossen, zu dem von Kirche und Stadt, von Denkmalpflege, Architektur, Kunst und nicht zuletzt von der interessierten Bürgerschaft alle kamen, die Rang und Namen hatten, darunter auch der frühere Kölner Oberbürgermeister Konrad Adenauer[46]. Er gab der intensiven Aussprache einen erfrischenden Start. Der Bericht referiert: »Aus der Durchsicht der Manuskripte der Vorträge habe er den Eindruck gewonnen, dass wir unsere typisch deutsche Eigenschaft, Dinge doch sehr schwer und kompliziert zu nehmen, immer noch nicht abgelegt hätten. Er sei weder Kunsthistoriker noch Architekt, aber ein wenig Städtebauer und vor allem Kölner. Er kenne die Stadt und ihren Geist ... Er hofft, dass die erzbischöfliche Behörde und das gemeinsame Empfinden der Pastöre eine gewichtige Rolle dabei spielen werden, so dass die Entscheidung, was aus den Kirchen werden soll, nach einem einheitlichen Gesichtspunkt erfolge. Zu viel Pessimismus stecke in den meisten Vorträgen. Anfangen und arbeiten sei unendlich viel besser als tausend Reflexionen, ob man's kann und darf oder nicht kann und nicht darf«.

Während die Vortragsserie in der Kölner Universität lief, hatte Kardinal Frings – ganz im Sinne der späteren Aufforderungen Adenauers – am 15. März 1947 Professor Schwarz, Dombaumeister Weyres, Stadtdechant Grosche und Domkapitular Müller in sein Haus eingeladen[47]. Das Protokoll von Franz Müller berichtet: Weyres habe die künftige Bevölkerung der Kölner Innenstadt auf 70 000, darunter 55 000 Katholiken, veranschlagt und dafür »11-15 Pfarreien« als notwendig erklärt. Unter den projektierten Standorten finden sich die meisten der bedeutenden Innenstadtkirchen, außer Groß St. Martin, St. Andreas und M. Himmelfahrt. »Mit diesem Gedankengang erklärte sich Seine Eminenz grundsätzlich einverstanden. Die anderen wertvollen Kirchen sollen als Klosterkirchen wiederaufgebaut werden. Starkes Interesse besteht bei

45 Vgl. R. SCHWARZ, Kirchenbau. Welt vor der Schwelle, Heidelberg 1960, S. 93.

46 Ausspracheabend über die Vortragsreihe am 2. April 1947: Stadtspuren, Bd. 4, S. 115-125; Adenauers Eröffnungsbeitrag: Ebd. S. 115 f.

47 Aktennotiz Besprechung bei Seiner Eminenz, Kardinal Frings, über die Wiederherstellung der Kirchen in der Kölner Altstadt innerhalb der Ringe. 15. März 1947 (unterz. F. Müller): HAEK – Nachlass Grosche 1827.

den Dominikanern für St. Andreas, die das Kloster Hl. Kreuz in der Lindenstraße gerne nach St. Andreas verlegen würden. Se. Eminenz erklärte sich nicht grundsätzlich abgeneigt. Eingehend wurde erwogen, welche Gebäulichkeiten im Umkreise durch Tausch oder Kauf dafür arrondiert werden müssten«. Für Groß St. Martin wurden von Grosche englische Benediktiner vorgeschlagen, für St. Pantaleon von Rudolf Schwarz ein Benediktinerkonvent mit Liturgie- und Bildungszentrum. »Für die Minoritenkirche und das daran anschließende Museumsgebäude interessiert sich die Kolpingfamilie ... Ebenso förderungswürdig erschien allen das Bestreben der Karmelitinnen, in der Schnurgasse das alte Klostergebäude neu zu errichten. Se. Eminenz betonte besonders die Wichtigkeit dieses Vorhabens. In der Kupfergasse soll die Gnadenkapelle für das Gnadenbild wieder instandgesetzt werden ... Die Himmelfahrtskirche soll ursprünglich zunächst geistlichen Festspielen dienen« (eine Idee Grosches!), »wogegen Se. Eminenz keinen Einwand erhob. Begrüßt wurde der Gedanke, mit St. Alban ein Haus der Oratorianer zu verbinden. Bei der Pfarrkirche St. Maria im Kapitol besteht der Plan, die Zentrale der Jugend anzugliedern«. Es folgen abenteuerliche Vorstellungen für ein Priesterseminar und später auch für ein Erzbischöfliches Haus »östlich des Domes, im Gelände der alten Reichsbahndirektion«, wobei Frings das Palais zunächst »am alten Platze wiedererrichtet« sehen wollte, »ohne dass deswegen die alte Form rekonstruiert werden muss«. »Das Erzbischöfliche Generalvikariat kann bei dem Wiederaufbau auf geringeren Raum als bisher beschränkt bleiben« – welche Fehldiagnose im Hinblick auf die spätere Entwicklung!

»Zum Schluss der Audienz äußerte Dombaumeister Weyres die Bitte, in Abständen wieder über die Arbeiten der Vorbereitung und Durchführung des Wiederaufbaues der Kirchen in Köln mit dem gleichen Personenkreis berichten zu dürfen, was von Sr. Eminenz freundlich begrüßt wurde«.

Ob diese Konferenz tatsächlich Fortsetzungen gefunden hat, konnte in den Akten nicht ermittelt werden. Dass sie 1947, im Jahr der größten materiellen Not nach dem Kriege, stattfand, zeugt von einem fast abenteuerlichen Zukunftsoptimismus, der 1947 noch kein Fundament hatte. Als der Wiederaufbau nach 1949 bzw. nach 1950 mit einer stabilen Währung und gesicherten Kirchensteuereinnahmen begann, war der Erzbischof an allen konkreten Bauplanungen interessiert und beteiligt. Er fand engen Kontakt nicht nur zu den wenigen Personen des 15. März 1947, sondern zu vielen den Wiederaufbau prägenden Architekten und Künstlern.

b) Der Kardinal, die Architekten und die Künstler. Zu den Anfängen des »Aschermittwochs der Künstler« ab 1950

Es wird noch darzustellen sein, wie Kardinal Frings auf den Wiederaufbau zerstörter Kirchen und vor allem auf den Neubau von Kirchen nach 1950 Einfluss nahm und sich die letzten Entscheidungen vorbehielt. Er sah darin nicht nur die Wahrnehmung einer – zumal finanziellen – Verantwortung, sondern setzte sich aus Neigung und Interesse mit Architekten und sonstigen Künstlern über Gestaltungsprinzipien auseinander, vor allem mit der Liturgiefähigkeit der geplanten Kirchen.

Frings erinnerte sich 1973[48]: »Wir hatten von Anfang an den Grundsatz, nicht durch beamtete [gemeint ist: beim Erzbistum angestellte] Architekten die Baupläne ausarbeiten zu lassen, sondern wir zogen den freien Wettbewerb der freien Architekten vor«. Der Kardinal mochte 1973 an einige andere Diözesen denken, deren Nachkriegsarchitektur allzu ausschließlich die Handschrift ihres Diözesanbaumeisters trägt! Frings fährt über die freien Architekten im Kölner Kirchenbau fort: »Zwei von ihnen stellten sich bald als die bedeutendsten Vertreter der kirchlichen Baukunst vor: Dominikus Böhm und Rudolf Schwarz. Ihnen gesellten sich manche andere tüchtige Baumeister zu wie Fritz Schaller, Hans Schilling, Emil Steffann, Josef Bernard und viele andere. Es entwickelte sich ein neuer Stil, der moderne Baumaterialien, vor allem Eisenbeton, verwendete. Das war unvermeidlich, denn der Bau aus Ziegeln oder Naturstein wäre unverhältnismäßig teurer geworden, schon durch die umfangreichen Handarbeiten, die dabei geleistet werden müssen«. Nach Bemerkungen über die Arbeiten am Dom fuhr Frings nicht ohne Stolz fort: »Was den Kirchenbau angeht, kann man, glaube ich, in der ersten Zeit von einer Kölner Schule sprechen, die auch manche wertvolle Werke [in anderen Diözesen] hervorgebracht hat. Die genannten Baumeister wirkten auch über Köln hinaus und haben zum Teil dort ihre besten Werke geschaffen, wie zum Beispiel Rudolf Schwarz die St. Anna-Kirche in Düren«[49].

Etwas später ergänzt Frings seine Ausführungen über die Architekten durch Bemerkungen über seinen »Verbindungsmann« zu dieser Gruppe[50]: »Nun hatten wir damals das Glück, einen guten Diözesanbaumeister in

---

48 J. FRINGS, Für die Menschen bestellt, S. 98.

49 Zu St. Anna in Düren: H. STROHL, in: W. PEHNT, Rudolf Schwarz, S. 275 f. (Literaturübersicht).

50 J. FRINGS, Für die Menschen bestellt, S. 111 f.

der Person des Herrn Dr. Weyres zu haben[51]. Er hat mit großer Hingebung und mit viel Blick für die neuen Bedürfnisse und für die neue liturgische Auffassung diese Dinge gelenkt. Zwar wurde gelegentlich der Vorwurf erhoben, dass ein gewisser Personenkult betrieben und einzelne Architekten bevorzugt, während andere vernachlässigt würden ... Jedenfalls hatte unser Diözesanbaumeister auch mit meinem Einverständnis sich losgesagt von den historischen Stilen, die noch zu Beginn des Jahrhunderts als die allein kirchlichen dargestellt worden waren[52], und er arbeitete mit modernem Baumaterial ... Er verzichtete auf die langgezogenen Chöre ... Der Altar wurde in die Mitte der Gläubigen gerückt, so dass sie am Opfer lebendigen Anteil nehmen konnten. Auch die Stellung des Priesters zum Volke hin war dadurch viel besser gegeben. Als Dr. Weyres zugleich Professor an der Aachener Technischen Hochschule wurde, legte er das Amt des Diözesanbaumeisters nieder. An seine Stelle kam Dr. Wilhelm Schlombs. Er hat im Geiste seines Vorgängers die Dinge zu unserer großen Zufriedenheit weitergeführt«.

Wohl im Rückblick auf seine Diözesanbaumeisterzeit und auf die erstaunliche Bauleistung innerhalb des Erzbistums in nur einem Jahrzehnt nach dem Kriege hat Weyres 1957 sein Werk »Neue Kirchen im Erzbistum Köln 1945-1956« vorgelegt[53]. Wenn man die überraschenden Übereinstimmungen zwischen dem Vorwort des Kardinals vom 4. November 1956 mit den aus dem Gedächtnis diktierten Erinnerungen von 1973 vergleicht, darf man in in diesem Vorwort von 1956 die Kirchbaukonzeption des Erzbischofs Frings erblicken: »Die [Probleme des Nachkriegskirchbaus] waren gegeben sowohl durch die neuen Baustoffe wie durch die neue Auffassung vom Sinn und der Aufgabe der Liturgie und eine völlig neue Mentalität des Menschen von heute«. Ausgehend vom Geheimnis- und Öffentlichkeitscharakter der Liturgie schrieb Frings 1956 – Jahre vor dem II. Vatikanischen Konzil! – : »Es entspricht unserer visuell eingestell-

---

[51] Zu Willy Weyres (1903–1989), 1944-1972 Dombaumeister, 1945 dazu Diözesanbaumeister in Köln, 1955-1972 Professor für Baugeschichte an der RWTH Aachen: A. Wolff, Willy Weyres – Architekt, Forscher und Lehrer, in: Kölner Domblatt 54, 1989, S. 202-206.

[52] Frings setzte sich damit von einem Erlass seines Vorgängers Kardinal Fischer vom 7. Februar 1912 ab: »Neue Kirchen sind der Regel nach nur im romanischen oder gotischen bzw. sogenannten Übergangsstile zu bauen ... In letzterer Zeit geht das Bestreben mancher Baumeister dahin, spätere Stilarten, selbst ganz moderne Bauarten zu wählen. In Zukunft wird dazu ... keine Genehmigung mehr erteilt werden«: KA 52, 1912, Nr. 31; vgl. W. Weyres, Neue Kirchen im Erzbistum Köln, S. 26-29; E. Hegel, Geschichte des Erzbistums Köln, Bd. 5, S. 328.

[53] S. oben vorige Anm. Das Vorwort des Kardinals: S. 7-9; Nachdruck dieses Vorworts: K. J. Bollenbeck (Bearb.), Neue Kirchen im Erzbistum Köln 1955–1995, Bd. 1, Köln 1995, S. 11-13.

ten Zeit, dass die Gläubigen heute sehen wollen, was am Altar geschieht, und es entspricht dem demokratischen Zug unserer Tage, dass der Unterschied zwischen geweihtem Priester und Laienschaft nicht stärker als notwendig betont wird. Unsere Zeit hat ferner bei allem ihr innewohnenden Subjektivismus und Individualismus eine große Sehnsucht nach Gemeinschaft und besitzt darum ein tiefes Verständnis für Kirche als Gemeinschaft und für die heilige Messe als Gemeinschaftsgottesdienst, an dem nach dem Wunsch der Kirche auch die Laien sich möglichst aktiv beteiligen sollen«.

Als ob Frings gespürt hätte, dass er sich hiermit weit vorgewagt hatte, stellte er dieser Darstellung unter Berufung auf jüngste Verlautbarungen Papst Pius' XII. Ausführungen über den Opfercharakter der Eucharistie und die Funktion des Priesters in ihr gegenüber, um daraus zu folgern: »Wenn der katholische Kirchenbau diesen dogmatischen Gegebenheiten entsprechen soll, wird er einerseits den zelebrierenden Priester, der bei der Feier des heiligen Messopfers nach dem Gesagten allein die Person Jesu Christi vertritt, vom Volke in etwa absondern müssen, um diese seine Sonderstellung in Erscheinung treten zu lassen. Das kann geschehen durch einen freien Raum, den man um den Altar herumlegt, durch Erhöhung des Altares und seines Planums um einige Stufen, durch Hineinrückung des Altares in eine Apsis oder einen Chor ... Andererseits verlangt die Pfarrseelsorge (und) heute bei der Mentalität des modernen Menschen und seiner Aufgeschlossenheit für die Werte der Liturgie mehr denn je, dass der Altar von den Gläubigen gut eingesehen werden könne und dass eine lebendige Verbindung zwischen Priester und Volk möglich sei ...«.

Auch nach der Umgestaltung der Nachkriegskirchen im Gefolge der Liturgiereform des II. Vatikanischen Konzils sind diese Prinzipien des Kölner Erzbischofs Frings – in den 50er Jahren des 20. Jahrhunderts sehr wagemutig! – noch an zahlreichen Kirchbauten erkennbar.

Dass sie von den Architekten damals angenommen und umgesetzt wurden, lag nicht nur an Vorgaben der kirchlichen Baubehörde, sondern ebenso am persönlichen Austausch des Kardinals mit den Architekten und Künstlern. Er fand bei den Besprechungen über die konkreten Baupläne statt, hatte aber darüber hinaus seit 1950 seinen festen Ort im »Aschermittwoch der Künstler«, bei dem Frings auch zu den übrigen Bereichen der Kunst anregenden Kontakt fand.

Der Gedanke, in Köln einen Brauch aufzugreifen, der in Paris seit 1914 praktiziert wurde, dass nämlich der Erzbischof am Aschermittwoch mit den katholischen Künstlern Gottesdienst feierte und danach einen Austausch mit ihnen suchte, geht auf Stadtdechant Robert Grosche zurück.

Kardinal Frings hatte sich dafür offenbar leichter gewinnen lassen als Rudolf Schwarz. Dieser schrieb Grosche am 4. Februar 1950[54]: »Ihre Anregung, eine gemeinsame Aschermittwochs-Feier der katholischen Künstler, ist außerordentlich schön, aber ich habe die Befürchtung, dass das Häufchen, welches kommen wird, recht klein ist. Vielleicht wird im Laufe der Jahre eine Gewohnheit daraus. Mit Franzosen kann man so etwas viel eher machen als mit Deutschen, weil die irgendwie mehr Persönlichkeiten sind, die auf eigenen Füßen stehen«.

Grosche hatte Schwarz wohl um Namen interessierter Architekten gebeten. Schwarz nannte Karl Band, Hans Schilling, Menken, Dominikus und Gottfried Böhm, Nöcker, Emil Steffann[55]. Er fügte noch einige Namen hinzu, »die Ihnen vielleicht noch nicht so geläufig sind«: Fritz Schaller, Josef Bernard, Hermann Pfeifer, Helmut Hanken, Maria Lang (ab 1951 Ehefrau von Rudolf Schwarz), Willy Oberle, Hans Kleinertz. In die immer noch notvolle Situation – zumal für andere Künstler – gibt die Schlussbemerkung Schwarz' Einblick: »Fräulein Domizlaff macht mir einigen Kummer. Es ist so sehr schwer, den Künstlern heute Aufträge zu verschaffen, weil alle Bauherren mit der Reparatur von Fenstern und Dächern überlastet sind«.

Die Skepsis von Rudolf Schwarz gegenüber dem Unternehmen »Aschermittwoch der Künstler« sollte sich nicht bewahrheiten. Als Grosche am 10. Januar 1951 »im Auftrag Se. Eminenz« Unterzeichner für die nächste Einladung zum Aschermittwoch 1951 sammelte, konnte er berichten[56]: »Im vergangenen Jahr haben wir als erste deutsche Stadt den von Paris ausgegangenen Gedanken aufgenommen, die katholischen Künstler unserer Stadt zum Aschermittwoch der Künstler einzuladen. Se. Eminenz ... hat selbst den Künstlern die geweihte Asche ausgeteilt. Über 200 Künstler sind der an sie persönlich ergangenen Einladung gefolgt«. Allerdings fand in Grosches Anschreiben auch die Einschätzung der Franzosen durch Rudolf Schwarz ihre Bestätigung: »Von Frankreich erfahren wir, dass in diesem Jahr in 60 Städten die gleiche Feier für die Künstler gehalten wird«.

Die Aschermittwochsfeiern wurden bis 1954 von Grosche selbst, ab 1955 vom Künstlerpfarrer Dr. Franz Tack organisiert[57]. Die hl. Messe im

[54] Rudolf Schwarz an Robert Grosche 4. Februar 1950 (Kopie): Nachlass Rudolf Schwarz, Köln-Müngersdorf (Korrespondenz Grosche); Einladung zum Aschermittwoch der Künstler am 22. Februar 1950: HAEK – Nachlass Grosche 1777.

[55] Schwarz nennt nicht immer die Vornamen der Architekten.

[56] Aufruf Grosche vom 10. Januar 1951 (hekt.): Nachlass Rudolf Schwarz, Köln-Müngersdorf (Korrespondenz Grosche).

[57] Tack an Geheimsekretär van der Grinten 11. Januar 1955 wegen Aschermittwoch 1955: HAEK – CR II 22.10a, 1; dort auch die weitere Korrespondenz sowie Programme der

Hochchor von St. Gereon feierte meistens Grosche, während der Kardinal sich in der Regel darauf beschränkte, das Aschenkreuz zu erteilen. Eine künstlerische Darbietung oder eine Vortragsveranstaltung schloss sich – mit Rücksicht auf die vorher problematischen Raumverhältnisse – ab 1953 an. Der Tag wurde dann mit einem Empfang des Kardinals für die Künstler beschlossen. Auch prominente Gäste aus dem Ausland wurden nach Möglichkeit einbezogen, so 1952 »Se. Eminenz Petrus Kardinal Gerlier, Erzbischof von Lyon, Primas von Gallien«, 1959 Giacomo Kardinal Lercaro von Bologna.

Einladende zum Aschermittwoch waren die nach Gruppen gegliederten, in der Einladung namentlich aufgeführten Künstler. Gelegentlich übernahm Frings einmal die Predigt in St. Gereon, so 1956[58], als der Kardinal zunächst dem verstorbenen Dominikus Böhm ein Gedenken widmete, »der um die Einführung des ›Aschermittwochs der Künstler‹ in Köln große Verdienste besaß und der ein großer christlicher Künstler war, ebenso leidenschaftlich um *echte* wie um *fromme* Kunst bemüht«. Der Kardinal nutzte diese Gelegenheit dann auch, um sich kritisch mit einer gerade in Köln gezeigten Picasso-Ausstellung auseinander zu setzen: »Wir haben in Köln augenblicklich die Ausstellung des Werkes eines genial veranlagten Künstlers, der aber in seiner Grundhaltung zur Kunst nichts weniger als das Vorbild eines christlichen Künstlers sein kann. Sein Wirken ruht auf einem extremen Subjektivismus, der nicht die objektive Wirklichkeit, sondern die absolut selbstherrlichen Schöpfungen der eigenen Phantasie, sein momentanes Dasein und Sosein in einer nur ihm eigenen Sprache darstellt und dabei ausdrücklich jeden Anspruch einer Ethik, Gesellschaft oder Gesetzhaftigkeit und jede Verantwortung im üblichen Sinne ablehnt. Dem Religiösen gegenüber ist er grundsätzlich unzugänglich ...«.

Eine solche Aussage des Kardinals wird unter den Anwesenden und darüber hinaus in der Öffentlichkeit Kölns Diskussionen ausgelöst haben. Überhaupt waren die Aschermittwochsveranstaltungen auch Foren kritischer Auseinandersetzungen. Als1958[59] Lothar Zenetti über »Jazz, Schla-

---

Aschermittwochsveranstaltungen; zahlreiche Einladungsformulare zu den verschiedenen Jahren: HAEK – Nachlass Grosche 1777.

58 »Aschermittwoch der Künstler in St. Gereon am 15. Februar 1956« (Abschrift): HAEK – CR II 22.10a, 1.

59 Einladung zum Aschermittwoch 1958 am 19. Februar 1958: HAEK – CR II 22.10a, 1: »Um 12 Uhr spricht im Pfarrsaal, Gereonstraße 48, Lothar Zenetti über ›Jazz, Schlager, Religion!‹ Zahlreiche Illustrationen wollen für die nachfolgende Diskussion, die unter der Leitung von Dr. Eigel Kruttge, Köln, steht und in der es um mögliche neue musikalische Formen religiöser Ausdruckskunst geht, Anregung sein«.

ger, Religion« gesprochen hatte, kam es zu einer lebhaften Diskussion. Der Kölner Musikprofessor Hermann Schroeder schrieb am 22. Februar 1958 an Dr. Tack[60]: »Hiermit muss ich Ihnen offen erklären, dass ich das Gremium, das am Aschermittwoch über die liturgische Musik diskutiert hat, dafür in keiner Weise als kompetent erachte. Die Frage zeitgenössischer Kirchenmusik gehört offiziell zu den Aufgaben des Cäcilien-Verbandes in Verbindung mit den hierfür in Frage kommenden Komponisten. Ich bitte Sie daher, meinen Namen von der Liste der Einladenden zu streichen«[61]. Tack brachte Schroeder gewiss in einige Verlegenheit, als er ihn am 3. März 1958 aufforderte, seinen Standpunkt auch öffentlich zu vertreten und ihm Namen für kompetent erachteter Komponisten zu benennen[62]. Als Tack am 28. Februar Kardinal Frings die Beschwerde Schroeders »con umore« zur Kenntnis brachte, bemerkte er: »Wenn die Auffassung des Herrn Schroeder zur Recht bestünde, gäbe es lustige Konsequenzen, z.B. die, dass kein getaufter Christ mit einem anderen über moderne Literatur diskutieren dürfte, ohne die Mitgliedschaft des Borromäusvereins erworben zu haben ... Herr Schroeder war natürlich – und mit ihm alle anderen ›hierfür in Frage kommenden Komponisten‹ – zum Aschermittwoch und zur Diskussion eingeladen«.

Kardinal Frings fand zu verschiedenen der am Aschermittwoch sich regelmäßig versammelnden Künstler, zumal (aber nicht ausschließlich) zu den Architekten und am Wiederaufbau und Neubau von Kirchen beteiligten Künstlern ein persönliches Verhältnis. Dafür seien zwei Beispiele herausgegriffen.

Wie bereits erwähnt, widmete der Kardinal in der Aschermittwochspredigt 1956 dem am 6. August 1955 verstorbenen Dominikus Böhm ein dankbar-ehrendes Gedenken. Als die Witwe sich am 13. Februar 1959 (also nach drei Jahren) bedankte[63], hatte sie eine Bitte. Sie wollte einen Band über das Werk ihres Mannes veröffentlichen. »Ich möchte nun anfragen, ob Eminenz dazu bereit sind, zu Beginn des Buches etwas zu schreiben«.

---

60 Schroeder an Tack 22. Februar 1958 (Abschrift Tacks für Kardinal Frings): HAEK – CR II 22.10a, 1. – Zu Hermann Schroeder (1904–1984): R. MOHRS, in: LThK 9, ³2000, Sp. 270.

61 Schroeder hatte zu den Einladenden für 1958 gehört.

62 Tack an Schroeder 3. März 1958 (sign. Kopie): HAEK – CR II 22.10a, 1; dort auch der nachfolgend zitierte Brief an Kardinal Frings vom 28. Februar 1958. Die Kontroverse um zeitgenössische Musik in der Liturgie ist seitdem nicht abgeklungen. In den Diskussionsstand ein Jahrzehnt später nach Abschluss des II. Vatikanischen Konzils gab der langjährige Domorganist, Prof. Clemens Ganz, beim Aschermittwoch der Künstler 2001 Einblick: C. GANZ, Die Kirchenmusik – Rückblick und Ausblick – Aus persönlicher Erfahrung, in: Schwarz auf Weiss. Informationen und Berichte der Künstler-Union Köln 2001/1, S. 16-25, besonders: S. 17 f.

63 Maria Böhm an Frings 13. Februar 1959: HAEK – Gen 9.31, 9.

Frings entwarf eigenhändig am 3. März 1959 ein kurzes Geleitwort »Dominikus Böhm zum Gedächtnis«[64]. Darin hieß es: »Er war der bahnbrechende Meister, der die kirchliche Baukunst aus den Fesseln des Historismus löste und gemäß dem neuen Material und gemäß den neu gewonnenen liturgischen Einsichten baute. Drei seiner Meisterwerke vor allem zieren die Stadt: St. Engelbert in Köln-Riehl ... Die Krankenhauskirche in Köln-Hohenlind ... Maria Königin in Köln-Marienburg, seine letzte und vielleicht ihm liebste Schöpfung ... In jedes dieser Werke ließ er etwas von seinem tiefen Gemüt und seiner männlichen Frömmigkeit einfließen. Er schuf ad majorem Dei gloriam. Demselben Ziel muss alles dienen, was über ihn beschrieben wird, soll es seiner Art entsprechen«.

Als Rudolf Schwarz am 3. April 1961 an einem Herzinfarkt plötzlich verstorben war, nahm Kardinal Frings an den Exequien in St. Vitalis in Köln-Müngersdorf teil und drückte Frau Maria Schwarz seine hohe Wertschätzung für den Verstorbenen aus. »Er ist viel zu früh gestorben!«[65]

So haben nicht nur sorgfältige Planung und ausreichende Finanzierung den Nachkriegskirchbau im Erzbistum Köln ermöglicht, sondern ebenso das persönliche Engagement des Erzbischofs, der in lebendigem Austausch mit zahlreichen Architekten und Künstlern stand.

c) Der Bau von Kirchen und kirchlichen Einrichtungen in den fünfziger Jahren

Kardinal Frings hat 1973 aus seiner (leicht ironischen) Perspektive den Beginn der Wiederaufbauarbeiten im Erzbistum Köln so geschildert[66]: »Je nachdem, ob irgendwo ein rühriger Pastor saß oder ein alter oder müder Herr, geschah viel oder wenig. Die eifrigen hatten bald ihre Kirche wieder so weit hergestellt, dass sie für den Gottesdienst notdürftig wieder brauchbar war. Bei anderen blieb es aber bei den Notunterkünften, die man sich eingerichtet hatte. Aber diejenigen, die eifrig gewesen waren, mussten nachher feststellen, dass es zu früh gewesen war. Es gab damals noch kein dauerhaftes Baumaterial, und was sie in den ersten Jahren gebaut hatten, mussten sie später wieder abreißen lassen und in solider Weise neu bauen. Diejenigen, die nichts getan hatten, hatten eigentlich das beste Los gezogen. Ihnen wurde jetzt von der Diözese das Gotteshaus in solider Weise kunstgerecht wiederhergestellt«. Gerechterweise hätte der Kardinal hinzufügen dürfen, dass in jenen Jahren unter

---

64 Hs. Originalmanuskript: Ebd.; Druck: Dominikus BÖHM, München 1962.
65 Persönliche Mitteilung von Dipl.-Ing. Maria Schwarz an den Verfasser 23. 3. 2002.
66 J. FRINGS, Für die Menschen bestellt, S. 96.

dem Zwang der Bauaufgaben manche Pfarrer mehr Bauherren als Seelsorger waren.

In der Tat hat es in der Geschichte des Erzbistums Köln keine Zeit gegeben, in der es so viel zu bauen gab wie in den Jahren nach 1950. Der Kirchbau ist vorzüglich dokumentiert in den Bänden von Weyres 1957 und Bollenbeck 1995. Hinzu kommen die Darstellungen des Werkes einzelner Architekten wie z.B. Dominikus Böhm, Rudolf Schwarz oder Hans Schilling[67].

Im Kirchenbau stellte sich zunächst die Aufgabe des Wiederaufbaus der denkmalwerten Kirchen wie der kaum 100 Jahre alten neuromanischen und neugotischen Kirchen in den volkreichen Bezirken der Großstädte des Erzbistums. Alle drei bereits dargestellten Prinzipien von Rudolf Schwarz fanden Anwendung[68]: Gelegentlich blieb es bei der »Konservierung« von Ruinen bzw. Resten der ursprünglichen Bauten. Als Beispiele seien St. Alban und St. Kolumba in Köln genannt[69]. Häufiger, zumal bei den romanischen Kirchen in Köln und an anderen Orten des Erzbistums, wurde der über Jahrzehnte sich hinziehende Versuch der »Rekonstruktion« gemacht, doch auch im Sinne des von Schwarz bevorzugten »interpretierenden« Wiederaufbaus: Mag es zunächst an den fehlenden Möglichkeiten gelegen haben, dass man die mittelalterlichen Gewölbe nicht wieder einzog und Willy Weyres etwa in St. Ursula und St. Maria im Kapitol in Köln Decken aus edlen Hölzern einziehen ließ; heute sprechen diese Lösungen ebenso die Sprache ihrer Zeit wie die Ausmalungen von Hermann Gottfried in St. Aposteln aus den 90er Jahren.

Als zweifellos herausragende Beispiele des »interpretierenden« Wiederaufbaus dürfen gelten die frühere Franziskanerkirche an der Ulrichgasse in Köln, bei der Emil Steffann Teile des zerstörten neugotischen Baues mit franziskanisch-einfachen Kirchen- und Klosterelementen zeitgenössischen Stils ergänzte, die beinahe an Assisi erinnern[70]. Rudolf Schwarz selbst hat in den Vorstädten Köln-Mülheim und Köln-Kalk beim Wiederaufbau von Liebfrauen bzw. St. Marien die Reste der Vorgängerbauten in eine dem Liturgieempfinden, aber auch der industriestädtischen Umge-

---

67 W. WEYRES, Neue Kirchen im Erzbistum Köln 1945-1956; K. J. BOLLENBECK (Bearb.), Neue Kirchen im Erzbistum Köln 1955-1995, 2 Bde, Köln 1995; Dominikus BÖHM, München 1962; W. PEHNT/H. STROHL, Rudolf Schwarz; H. SCHILLING, Architektur 1945-2000, Köln 2001.

68 Vgl. oben S. 426 f.

69 Zu St. Alban: W. PEHNT, Schwarz, S. 128 f.; H. STROHL, ebd., Nr. 114, S. 267 f.; zu Maria in den Trümmern (in den Ruinen von St. Kolumba): W. WEYRES, Neue Kirchen, S. 111 mit Abb. 28.

70 W. WEYRES, Neue Kirchen, S. 112 mit Abb. 84, 86, 87.

bung angemessene Neubauten einbezogen. Seine Vision der Kalker Wallfahrtskapelle neben St. Marien und deren Zuordnung durch Umkehrung der Achse in der Kapelle hatte Schwarz schon in seinem Universitätsvortrag Anfang 1947 umschrieben[71].

Neben den Wiederaufbauten standen in den fünfziger und sechziger Jahren unverhältnismäßig viele Neubauten von Kirchen. Es kam einerseits zu zahlreichen Neubausiedlungen am Rande der Großstädte, bei deren Planung das Erzbistum sich Kirchbauplätze gesichert hatte. Es hing aber ebenso mit der pastoralen Vorstellung jener Jahre von der für einen Pfarrer überschaubaren Größe einer Pfarrei zusammen, dass zahlreiche Pfarrgründungen auch innerhalb der Städte vorgenommen wurden und Kirchbauten erforderten. Schließlich hatten die Bevölkerungsströme nach dem II. Weltkrieg die Zuwanderung zahlreicher Katholiken in Diasporagebiete bewirkt, was zu Kirchbauten in der bergischen Diaspora des Erzbistums führte.

Kardinal Frings schaltete sich in fast alle Bauplanungen persönlich ein. Der langjährige Diözesanbaumeister Dr. Wilhelm Schlombs wusste aus den frühen 50er Jahren zu berichten, dass er als junger Baurat des Generalvikariates regelmäßig mit Weyres in das Haus des Erzbischofs am Bayenthalgürtel bestellt wurde, wo der Kardinal sich – mit damals schon schlechten Augen – tief über am Boden ausgebreitete Baupläne beugte, Fragen stellte und Änderungswünsche einbrachte[72]. Schlombs und Frau Schwarz berichteten unabhängig von einander, dass der Erzbischof sich bisweilen an Baustellen fahren ließ, um sich im Rohbau von Kirchen eine Vorstellung von der Raumwirkung zu verschaffen[73]. Dass die letzte Entscheidung über die Genehmigung eines Kirchenbaues beim Erzbischof lag, belegt ein Brief, den Generalvikar Teusch ihm am 11. Juli 1953 in seinen Urlaub schrieb[74]: »Den Bauplan für die neue Kirche in Mülheim-Dümpten[75] glaubte ich genehmigen zu dürfen. Dem Plan von Böhm jun. für eine andere Kirche glaubte ich nicht zustimmen zu können. Er wird Ew. Eminenz nach Rückkehr vorgelegt werden. Ich glaube kaum, dass Ew. Eminenz ihn gutheißen werden. Von jetzt an werden alle Kirchbau-

---

71 H. STROHL, in: W. PEHNT, Schwarz, Nr. 98, S. 263 f., Nr. 122, S. 272 f., Nr. 136, S. 279 f.

72 Persönliche Mitteilung von Dr. Schlombs (+) an den Verfasser.

73 Frau Maria Schwarz erwähnte als Beispiel St. Christophorus in Köln-Niehl (H. STROHL, in: W. PEHNT, Schwarz, Nr. 146, S. 283). Der Kardinal habe bei einem Besuch im Rohbau der Kirche dem Architekten seine Anerkennung für die Atmosphäre des Raumes bekundet.

74 Teusch an Frings 13. Juli 1953: HAEK – Gen II 1 A 11.

75 Es handelt sich um St. Barbara in Mülheim-Dümpten (Architekt: Alfons Leitl, Trier): W. WEYRES, Neue Kirchen, S. 150 mit Abb. 111 u. 113.

pläne Herrn Prälat Corsten, bei geringerem Unbehagen mir, bei größerem Unbehagen Ew. Eminenz vorgelegt. Dasselbe gilt für Kreuzwegstationen und Ähnliches«.

Ein Beispiel dafür, wie Kardinal Frings unter Umständen auch Entscheidungen seines Generalvikars aufhob, weiß Frau Maria Schwarz zu berichten[76]: 1959 hatte Rudolf Schwarz den Planungsauftrag für die in einem Siedlungsgebiet in Wuppertal-Vohwinkel zu bauende Kirche St. Ludger erhalten[77]. Als der Architekt 1961 plötzlich verstarb, führte Frau Schwarz Planungen und Bau weiter. Durch erneute Überlegungen der Stadt Wuppertal über Umfang und Gestaltung der Siedlung, sah sich der Generalvikar veranlasst, Planungen und Ausführungen am Bau der Kirche zu stoppen. Frau Schwarz wandte sich über Geheimsekretär Dr. Luthe an Frings und erreichte innerhalb von zwei Tagen die Erlaubnis zum Weiterbau.

Aus Anlass einer Anfrage von Nuntius Muench über den Umfang der gemeinsamen Benutzung von Kirchen für katholischen und evangelischen Gottesdienst und des erforderlichen Wiederaufbaus von Kirchen im Februar 1953 erstellte Diözesanbaumeister Weyres eine Liste über die Kirchbauten des Erzbistums »Stand etwa am 1. April 1953«[78]

1) Seit 1945 sind wiederhergestellt worden *140 Kirchen* (gezählt sind nur die schwerbeschädigten Kirchen, die längere Zeit nicht benutzt waren).
2) Seit 1945 wurden neu erbaut
   20 Kirchen (darunter befinden sich einige Ersatzbauten für Notkirchen)
   20 Notkirchen (mit eigenem Seelsorger)
   13 Kapellen (mit mehr oder weniger regelmäßigem Gottesdienst)
   53 neue gottesdienstliche Räume [insgesamt]«.

Ferner stellte Weyres fest:

»Es sind augenblicklich finanziert bzw. werden bis Ende 1953 noch fertig werden:
22 wiederherzustellende Kirchen
16 neue Kirchen
11 neue Kapellen (d. z. T. später Seelsorgestellen werden)«.

---

[76] Mitteilung an den Verfasser am 13.3.2002.

[77] Zu St. Ludger in Wuppertal-Vohwinkel: H. STROHL, in: W. PEHNT, Schwarz, Nr. 181, S. 296 f.

[78] Weyres an Domvikar Bußmann »Stand etwa am 1. April 1953« (unterschrieben): HAEK – Gen II 9.31, 4; vgl. unten S. 544 mit Anm. 13.

Realistisch war Weyres' Zusatzbemerkung: »Nicht alle als fertig bezeichneten Kirchen sind wirklich fertig. Sie sind nur so weit, dass sie benutzt werden können. Für den Zeitraum 1954 und 1955 wird man mit 20 – 30 Neubauten rechnen können«.

Wir sorgfältig und kontinuierlich tatsächlich geplant und – auf Grund der sicheren Kirchensteuereinnahmen – finanziert wurde, ergibt eine Zusammenstellung des damaligen Finanzdirektors, Prälat Peter Lewen, vom 21. Dezember 1955[79]:

»Im Erzbistum Köln beträgt die Zahl der Kirchbauten – Neubauten und Wiederaufbauten – rd. 320, gerechnet ab 1950. In dieser Zahl sind die denkmalwerten Kirchen in Köln, Bonn und Essen nicht enthalten. Von diesen sind bis heute 105 fertig und 61 befinden sich im Bau. Letztere sind insgesamt mehr als halb finanziert (60%).

Durchschnittlich sind in den Jahren 1951 bis 1955 einschließlich in jedem Jahr etwa 30 Kirchen gebaut worden. Außer den obigen Kirchen sind z.Zt. noch 15 Kirchbauten bewilligt, mit deren Bau noch nicht begonnen ist. Für 39 Kirchen ist die Genehmigung zur Vollplanung gegeben worden. Gemeldet sind noch 100 Kirchbauprojekte, über welche noch nicht entschieden worden ist. Die Baukosten für eine Kirche werden von uns gegenwärtig durchschnittlich mit 400 000,– DM angesetzt. Der Preis dürfte aber tatsächlich noch 30 000 bis 40 000,– DM höher liegen«.

Es folgt eine höchst aufschlussreiche Zusammenstellung über die Gesamtsumme der Bauaufwendungen:

»Für den Kirchbau sind seit 1.4.1950 insgesamt verausgabt worden	50,7 Mill.
Für die Denkmalpflege, es handelt sich auch hier ausschließlich um die Wiederherstellung von Kirchen	7,5 Mill.
Für Reparaturen an Kirchen und Dienstwohnungen	29,3 Mill.
Für den Neubau von Dienstwohnungen	9,3 Mill.
Für Kindergärten und Jugendheime	11,1 Mill.
Für den Erwerb von Grundstücken	3,2 Mill.
Für sonstige Zwecke	10,9 Mill.
Das sind insgesamt	122,- Mill.«

Durch einen Zufall haben wir aus dem Sommer 1960 eine weitere Fortschreibung dieser Baulisten. Der Dekan des Heiligen Kollegiums in Rom, Kardinal Eugène Tisserant, hatte erfahren, Frings habe mehr als 100 Kirchen konsekriert. Am 6. Juni 1960 fragte er bei Frings nach Einzelheiten[80]. Wohl durch die Urlaubszeit bedingt machte Diözesanbaumeister Schlombs erst am 31. August 1960 die erforderlichen Angaben[81] für eine Antwort, die Frings am 23. September 1960 unterschrieb[82]. Sie lautete:

»1. Während des letzten Krieges wurden im Erzbistum Köln 163 Kirchen und 33 Kapellen so stark zerstört, dass sie entweder vollständig neu gebaut werden mussten oder dass die Wiederherstellung den Umfang eines Neubaues hatte. Außerdem war es notwendig, 34 Kirchen und 4 Kapellen an Stelle eines im Kriege zerstörten oder sonstwie unbrauchbar gewordenen Notraumes zu errichten. Hinzu kommt der jeweils notwendige Neubau von Kirchen in neuen Seelsorgebezirken....

2. ...

3. Von 1945 bis heute wurden von mir oder von meinen Weihbischöfen 140 Kirchen und 127 Altäre konsekriert ....«.

Die Aufstellung von Prälat Lewen vom Dezember 1955 macht deutlich, dass von den Bauaufwendungen des Erzbistums in den 50er Jahren nur gut die Hälfte für den Kirchbau verwendet wurde. Erhebliche Mittel flossen in Dienstwohnungen, Jugendheime und vor allem in Kindergärten. Deshalb scheint hier ein Exkurs über das Engagement des Erzbistums Köln unter Kardinal Frings im Kindergartenbereich angebracht.

Exkurs: Das Engagement des Erzbistums Köln für Bau und Unterhalt von Kindergärten

Die Kindergärten waren bis zum II. Weltkrieg ganz überwiegend von Ordensschwestern, öfter in pfarreigenen Räumen, betrieben worden[83]. Staatliche Zuschüsse hat es dafür nicht gegeben. Nach dem Kriege machte sich bald der beginnende Mangel an Ordensschwestern bemerkbar. Die um Zuschüsse angegangenen Kommunen bzw. der Staat machten zunehmend Ausstattungsvoraussetzungen für die Kindergärten (soweit diese nicht erst gebaut werden mussten) und Ausbildungsvoraussetzungen für die an Kindergärten tätigen jungen Frauen. Um solche zu gewinnen, kam man

---

[79] Lewen an Frings 21. Dezember 1955 »Aus dem bei der Dechantenkonferenz am 12. Dezember 1955 gehaltenen Referat«: HAEK – Gen II 9.31, 3.

[80] Tisserant an Frings 6. Juni 1960 (Original): HAEK – Gen II 9.31, 12.

[81] Von Schlombs am 31. August 1960 sign. Aktennotiz »Betrifft: Anfrage Seiner Eminenz Tisserant nach der Zahl der im Kriege zerstörten Kirchen usw.« mit hs. Bearbeitungsvermerken von Geheimsekretär Dr. Luthe: Ebd.

[82] Frings an Tisserant 23. September 1960 (sign. Kopie): HAEK – Gen II 9.31, 12.

[83] Über die Frühgeschichte des Kindergartenwesens in Deutschland gibt einen Überblick: N. FELDHOFF, Überlegungen zur Kindergartenarbeit im Erzbistum Köln, Referat ... am 27. Juni 1992, Presseamt des Erzbistums Köln, Skript 8. Juli 1992, S. 4-6.

nicht ohne angemessene Besoldung aus, die die immer häufiger in Trägerfunktionen geratenen Kirchengemeinden in Bedrängnis brachte.

Welche Bedeutung die Kirche den Kindergärten für den Aufbau der Seelsorge der Nachkriegsjahre beimaß, kommt nicht nur in den Zahlen von Prälat Lewen für Kindergarten*bauten* 1955 zum Ausdruck, sondern schon in einer Entschließung der Fuldaer Bischofskonferenz im August 1951[84]: »Die Konferenz hat ... sich mit der erzieherischen Not der Kleinkinder befasst, die durch den Strukturwandel in der Familie, durch den Ausfall von Millionen von Vätern, durch die zunehmende außerhäusliche Berufstätigkeit der Mütter ... gesteigert ist ... In Ergänzung der Familie müssen aber mehr als bisher die katholischen Kindergärten gefördert und nötigen Falles neue Kindergärten eingerichtet werden. Soweit die kirchlichen Gemeinden, die vielfach zunächst als Rechtsträger dieser caritativen Einrichtungen in Betracht kommen, die für die Kindergärten als Zuschussbetriebe erforderlichen Finanzmittel durch Spenden, Sammlungen oder Kirchenkollekten nicht aufzubringen vermögen, muss wegen fast ausschlaggebender Bedeutung der Erziehung im Kleinkindalter ... aus Mitteln der Kirchensteuer geholfen werden«. Die Bischöfe mahnten die angemessene Besoldung der Kindergärtnerinnen nach den Richtlinien des Caritasverbandes an und forderten die Ordensgemeinschaften auf, auch weiterhin befähigte Schwestern für diese Aufgabe freizustellen.

Ende 1952 und anmahnend 1953 versuchte das Kölner Generalvikariat, sich durch eine Erhebung über die Finanzsituation der Kindergärten einen Überblick zu verschaffen[85]. In die Not des Erzbistums angesichts einer neuen, zunächst völlig unzureichend staatlich geförderten Aufgabe gibt ein Erlass des Generalvikariates vom 16. Juli 1953 Einblick[86]: »Zur Finanzierung des Neubaues von Kindergärten und Jugendheimen dürfen keine Anleihen aufgenommen werden, es sei denn, dass es sich um zinsverbilligte, zweckbestimmte Darlehen handelt, wie sie z.B. von Land, Kreis und Gemeinde gegeben werden«. Bei Bauanträgen müsse die Aufbringung der Betriebskosten in Zukunft angegeben werden.

Ein Jahr später teilte die Kölner Behörde mit[87]: »Soweit es die finanziellen Möglichkeiten gestatten, haben wir im Rechnungsjahr 1954/55 den

---

84 Protokoll der Fuldaer Bischofskonferenz 21.-23. August 1951, S. 12: HAEK – CR II 2.19, 3; Druck des Kindergartenauszugs: KA 91, 1951, Nr. 474, S. 492 f.: »Kindergartenwesen«.

85 KA 93, 1953, Nr. 24, S. 25: »Betr. Erhebung über die finanziellen Verhältnisse der Kindergärten«.

86 KA 93, 1953, Nr. 327, S. 310: »Betr. Neubau von Kindergärten und Jugendheimen«.

87 KA 94, 1954, Nr. 276, S. 215: »Neubau von Kindergärten, -horten, -Tagesstätten, Jugendheimen« unter dem Datum 22. Juni 1954.

einzelnen Kirchengemeinden jene Zuschüsse aus Kirchensteuermitteln bewilligt, die eine zweckentsprechende Durchführung der einzelnen Bauprojekte gewährleisten«. An die bisher noch nicht bedachten Antragsteller erging der Hinweis: »Wir bitten zu bedenken, dass wir bei allen Planungen auch die Möglichkeiten ins Auge fassen müssen, die für die Inanspruchnahme von Mitteln des Landes, der Gemeinden und Kreise gegeben werden ...«.

Anlässlich der Ankündigung einer Erhöhung des Elternbeitrages in den Kindergärten ab 1. April 1958 auf 10,00 DM teilte das Generalvikariat am 27. September 1957 mit[88], im Rechnungsjahr 1956/57 müsse das Erzbistum 2,25 Millionen für Gehälter und Löhne in Kindergärten, 0,56 Millionen für laufende Sachkosten und 2,1 Millionen für den Bau von Kindergärten aufwenden, zusammen also für Betriebskosten und Investitionen 4,91 Millionen.

1962 liest man im »Kirchlichen Anzeiger«[89]: »Zur Zeit gibt es im Erzbistum Köln 343 Kindergärten (einschließlich Kindertagesstätten und Horte), die von den Kirchengemeinden getragen werden. Nach dem Stand vom 20. Februar 1962 beträgt der Zuschuss, der für den *Haushalt*[90] dieser Kindergärten aus der Kirchensteuer zur Verfügung gestellt wird, 2.209.341,00 DM«. 130 weitere Anträge auf Errichtung eines Kindergartens lägen vor. Das Erzbistum verpflichte die Kirchengemeinden, die Reinigungskosten aus eigenen Mitteln zu bestreiten.

Erst ab 1961 veröffentlichte das Erzbistum im »Kirchlichen Anzeiger« jährlich die jeweils aktualisierten Zuschusssätze und Bewilligungsbedingungen, unter denen Zuschüsse des Landes zu den Betriebskosten der Kindergärten beim Landschaftsverband Rheinland ohne Rechtsanspruch zu beantragen waren.

Das Ergebnis der in den 50er Jahren begonnenen und über Jahrzehnte fortgeführten Praxis des Erzbistums in der Förderung von Kindergärten ergab eine Anfrage der CDU-Fraktion im Düsseldorfer Landtag vom 30. März 1987. Am Stichtag 31. Dezember 1985 betrug der Anteil der katholischen Kindergärten im Lande Nordrhein-Westfalen 43,79 %, der Anteil der evangelischen 24,51%. Von den Kindergarten*plätzen* lagen sogar 47,81% bei den katholischen Kindergärten[91].

---

[88] KA 97, 1957, Nr. 379, S. 342 f.: »Finanzbedarf der Kindergärten, Erhöhung der Elternbeiträge«.

[89] KA 102, 1962, Nr. 85, S. 87 f.: »Pfarreigene Kindergärten« unter dem Datum 3. März 1962.

[90] Hervorhebung vom Verfasser.

[91] Zahlenangaben: B. KÄMPER, Kindergärten in kirchlicher Trägerschaft ... (= Staatskirchenrechtliche Abhandlungen, Bd. 20), Berlin 1991, S. 62 Anm. 20.

Die Kirche war ab den 50er Jahren also aus sozial-caritativen ebenso wie aus religiös-erzieherischen Gründen zunehmend eine Verpflichtung für die Kindergärten eingegangen, die sie in allen Bistümern erhebliche Anteile des jährlichen Bistumshaushalts kostete. Wie der Exkurs belegt hat, ging es zunächst mehr um Investitionskosten für Kindergarten-Bauten, später mehr um die laufenden Unterhaltskosten.

Nach diesem Exkurs über Bau und Unterhalt von Kindergärten soll noch einmal zum Kirchenbau, näherhin zur Bewertung seiner künstlerischen Qualität zurückgekehrt werden.

Schon Ende 1948 wandte sich der Bonner Kirchenhistoriker und Liturgiewissenschaftler Theodor Klauser mit einem Rundschreiben an die deutschen Bischöfe, dem als Anlage »Richtlinien für die Gestaltung des Gotteshauses aus dem Geiste der römischen Liturgie« beilagen[92]. Klauser berief sich im Titel der Richtlinien darauf, sie »im Auftrage und unter Mitwirkung der ›Liturgischen Kommission‹ [wohl der Fuldaer Bischofskonferenz]« zusammengestellt zu haben.

Als in den 50er Jahren die ersten Kirchbauten fertiggestellt wurden, kam es neben anerkennenden auch zu kritischen Schreiben an den Erzbischof, in denen bisweilen der Verlust der von früher gewohnten sakralen Atmosphäre und zu starke Anklänge an Industriebauten beklagt wurden. Man muss davon ausgehen, dass solche Rückmeldungen auch nach Rom gelangten. Schon am 30. Juni 1952 unterzeichneten der Sekretär des Heiligen Offiziums, Kardinal Pizzardo, und sein Sekretär und späterer Nachfolger Alfredo Ottaviani eine »Instruktion des Hl. Offiziums über die kirchliche Kunst«, die Nuntius Muench in deutscher Übersetzung Frings übersandte und die alsbald im Kölner »Kirchlichen Anzeiger« erschien[93].

Darin hieß es zur Architektur: »Wenn die sakrale Architektur auch neue Formen annehmen mag, so kann sie sich doch unmöglich den Profanbauten angleichen, sondern muss immer ihrer Aufgabe treu bleiben ... Es soll beim Kirchenbau wohl auch Sorge getragen werden, dass die Gläubigen mit größerer Leichtigkeit den gottesdienstlichen Handlungen Blick und Herz schenken können«. Besonders eingeschärft wurde, »die Vorschriften der Can. 1268 § 2 und 1269 § 1 [CIC von 1917] genau einzuhalten«. »Die Hl. Eucharistie soll aufbewahrt werden am hervorragend-

92 Theodor Klauser an die deutschen Bischöfe 9. November 1948, Anlage: Richtlinien für die Gestaltung des Gotteshauses aus dem Geiste der römischen Liturgie (9 S.): HAEK – Gen II 9.31, 1.

93 Muench an Frings 19. Juli 1952: HAEK – CR II 27.18, 1 – Druck der »Instruktion des Hl. Offiziums über die kirchliche Kunst« vom 30. Juni 1952: KA 92, 1952, Nr. 346, S. 328-332.

sten und vornehmsten Platz der Kirche, somit gewöhnlich auf dem Hauptaltar, wenn nicht etwas anderes für die Verehrung und den Kult eines so erhabenen Sakramentes angebrachter und geziemender erscheint ... Die Hl. Eucharistie soll aufbewahrt werden in einem nicht verstellbaren Tabernakel, das mitten auf dem Altar angebracht ist«.

Ähnlich wurde unter der Überschrift »Kunst der bildlichen Darstellung« an entsprechende Bestimmungen des CIC erinnert, vor allem an die Bildung eines diözesanen Ausschusses von Kunstsachverständigen. »Nach Can. 485 und 1178 sollen die Ordinarien dafür Sorge tragen, dass aus den sakralen Gebäuden alles entfernt wird, was zu der Heiligkeit des Ortes und der gebührenden Ehrfurcht vor dem Hause Gottes irgendwie in Widerspruch steht ...«. Weiter hieß es für neue Kunstwerke in Kirchen: »Die Ausführung von Werken der Malerei, Bildhauerei und Baukunst soll nur Männern« – Frauen waren 1952 in römischen Dokumenten noch nicht im Blick! – »anvertraut werden, die in ihrem Fach erstklassig sind und echtem Glauben wie echter Andacht, dem Ziel jeder kirchlichen Kunst, Ausdruck zu verleihen wissen«.

Wieder einmal geriet Kardinal Frings in den für ihn typischen Zwiespalt zwischen spontaner Aufgeschlossenheit und ängstlicher Gewissenhaftigkeit, zumal gegenüber einer Anweisung im Namen des Papstes. Es mögen Folgen dieses Erlasses gewesen sein, dass bis zum II. Vatikanischen Konzil – außer dem Erzbischof am Vierungsaltar des Kölner Domes – niemand im Erzbistum versus populum zelebrieren durfte, dass Kardinal Frings bei Altarkonsekrationen sich eng an die römischen Vorschriften hielt[94], dass um die besondere Sakramentskapelle (das hieß: um den Verzicht auf einen Tabernakel auf dem Hochaltar) beim Neubau der Kirche Neu-St. Alban lange gerungen wurde[95], dass Kardinal Frings nach dem II. Vatikanischen Konzil nur schwer davon zu überzeugen war, den Tabernakel aus der Mittelachse der Kirche zu rücken, damit der versus populum zelebrierende Priester während des Kanons der Messe dem Tabernakel nicht den Rücken zukehren musste ... Weitere Beispiele ließen sich nennen.

Noch delikater als Entscheidungen in Baufragen und liturgisch bedingten Problemen erwies sich nach 1950 die Frage: Welche liturgischen und künstlerischen Ausstattungsgegenstände für die Kirchen sind dem sakra-

---

[94] Msgr. Dr. Hermann-Josef Herkenrath, Köln, erinnert sich aus seiner Dienstzeit im Sekretariat des Generalvikars Teusch, dass Kardinal Frings sich weigerte, den Altar der Kapelle Maria in den Trümmern (St. Kolumba) zu konsekrieren, weil er nicht den römischen Vorschriften entsprach (Mitteilung an den Verfasser am 25. März 2002).

[95] Zu (Neu-)St. Alban in Köln: K. J. BOLLENBECK, Neue Kirchen, Bd. 2, S. 505 und 672-676.

len Raum angemessen und entsprechen den römischen Vorgaben? Da in diesem Bereich neben objektiven Kriterien stets auch subjektives Ermessen und individuelle Geschmacksrichtungen eine Rolle spielen, konnten Konflikte nicht ausbleiben, zumal wenn größere Teile der Gemeinden eine künstlerische Kirchenausstattung nicht akzeptierten. Auch hier konnten die vom Hl. Offizium angemahnten Prinzipien Kardinal Frings zum Einschreiten veranlassen, wenn Beschwerdebriefe eintrafen oder auch Abwehrreaktionen von Gemeinden an sein Gewissen rührten. Dafür seien zwei Beispiele genannt.

1953 war die Kirche St. Paulus in Bonn-Tannenbusch als erster Kirchenneubau im Bonner Bereich eingeweiht worden[96]. Der an der künstlerischen Ausgestaltung beteiligte, damals 30jährige Ludwig Schaffrath erinnert sich[97]: »Als die Kirche erstellt war, gab es weniger Kritik als damals üblich. Der neue ernannte Pfarrer (Rektor) Vehlen äußerste sich sehr zustimmend zur Kirche und deren Ausgestaltung«.

In dem nüchternen Raum hatte Schaffrath in Sgraffito-Technik, vor allem aber in modernen, symbolisch-abstrahierenden Stilformen einen Kreuzweg sowie vier Darstellungen der Evangelistensymbole auf der runden Kanzelbrüstung geschaffen. Schaffraths Arbeiten sollten zum Stein des Anstoßes werden. Schaffrath erinnert sich: »Im Jahr 1954 brachte die belgische Zeitschrift ›L'Art d'Église‹ einen mehrseitigen Bericht über die Kirchen und deren Ausstattung[98]. In der Zeitschrift ›Fede e Arte. Rivista internazionale di Arte Sacra della Ponificia Commissione Centrale‹ erschien im Mai 1955 ein Beitrag über ›Die Ketzerei in der modernen Ikonographie‹. Darin wurde auch der Kreuzweg [in Bonn-Tannenbusch] verurteilt[99]. Die Nachricht von dieser Bewertung des Kreuzweges wurde in Bonn bekannt. Erst jetzt begann die Diskussion zu eskalieren«. Nach Bonner Zeitungsberichten hatte die zum größeren Teil irritierte Gemeinde die erste Kreuzwegandacht boykottiert[100]. Schaffrath meint: »Das um-

---

96 W. Weyres, Neue Kirchen, S. 48 mit Abb. 56 u. 57. Zur nachfolgenden Darstellung: H. Höller, Kleine Chronik der Pfarrgemeinde St. Paulus in Bonn-Tannenbusch, in: Unterwegs. Mitteilungen für die Pfarrgemeinde St. Paulus in Bonn-Tannenbusch, Nr. 112, 7, 1980, S. 11-15.

97 Professor Ludwig Schaffrath, Alsdorf, an den Verfasser 1. Mai 2002. Herr Prof. Schaffrath hat dem Verfasser außer einer Darstellung der damaligen Ereignisse auch die nachfolgend erwähnten zeitgenössischen Zeitschriftenbeiträge in Kopie zur Verfügung gestellt. Ihm sei an dieser Stelle aufrichtig Dank gesagt.

98 L'Art d'Église. Revue des arts religieux et liturgiques. Publiées par les Bénédictins de l'Abbaye de Saint-André, 12, 1954, Nr. 4.

99 Fede e Arte 3, 1955, S. 142: »Lo scandalo di certe riviste«.

100 Mitteilungsblatt Wirtschaftsverband Bildender Künstler Nordrhein-Westfalen 1955; »Eine katholische Kirche wird boykottiert«, in: Der Mittag, 14. Oktober 1955; »Pfarrer und

fangreiche Presseecho war wohl der Anlass, dass Kardinal Frings den Kreuzweg am Ort besichtigte«. Das Ergebnis war: »Es wurde entschieden, dass der Kreuzweg, der von der erzbischöflichen Kunstkommission genehmigt worden war, unverändert am Ort bleiben sollte«.

Anders lautete die Entscheidung für die vier Evangelistensymbole an der Kanzel: »Für sie lag keine schriftliche Genehmigung vor. Wir sahen Kreuzweg und Kanzel als Einheit und hatten keine separate Erlaubnis erfragt. Die Kanzel wurde mit einem Tuch verhängt«[101].

Über die Folgen dieser Maßnahme berichtet der Chronist der Gemeinde: »So etwas spricht sich natürlich herum, und immer häufiger kamen interessierte Besucher von überall her, um unsere Kirche und ihre ›verborgenen Schätze‹ zu besichtigen«[102]. Über Kirchenbänke steigend und mit Hilfe von Regenschirmen sei es den Besuchern gelungen, »den Vorhang [an der Kanzel] zu lüften und dem Geheimnis näher [zu] kommen«.

Die Gemeinde wuchs durch den Zuzug von Neusiedlern, überwiegend aus der bürgerlichen Beamtenschaft, rasch von den anfänglichen 1.500 Gläubigen auf 4.500. Dechant Alfred Hausen, der 1962 als Neupriester Kaplan in Bonn-Tannenbusch wurde, weiß zu berichten, dass inzwischen der Kreuzweg von den Gläubigen akzeptiert und gebetet wurde. Der neue Pfarrer Paul Zimmer habe die weißen Vorhänge an der Kanzel nach einer Reinigung nicht wieder aufgehängt[103].

Das zweite Beispiel des Einschreitens von Kardinal Frings gegen ihm problematisch erscheinende Kunstwerke in Kirchen ist die Christusfigur mit ausgebreiteten Armen und Krone von Ewald Mataré in St. Rochus in Düsseldorf, die ursprünglich für die Krankenhauskirche in Köln-Hohenlind geschaffen worden war. Über die Hintergründe berichtet Werner Roemer[104]: »Nachdem Ewald Mataré im Jahr 1933 von den Nationalsozialisten aus der Kunstakademie Düsseldorf als Lehrer entlassen worden war und nachdem seine Werke unter dem Verdikt ›entartet‹ aus den Museen entfernt werden mussten, entstand für ihn eine schwierige Situation«. Er

Gläubige laufen Sturm gegen neue Kunst«, in: NRZ 30. September 1955: HAEK – GVA II 1766.

101 Einen überraschend differenzierenden, objektiven und ausführlichen Bericht über den Gesamtvorgang brachte: Der Spiegel, 9, 1955, Nr. 39 vom 21. 9. 1955, S. 41 f. (Kopie aus dem Besitz von Prof. Schaffrath).

102 Zu diesen »Besuchern« zählte auch der Verfasser, der im Wintersemester 1956/57 nach seinem Studienbeginn in Bonn alsbald sehen wollte, was sich hinter dem Vorhang verbarg.

103 Mitteilung von Dechant Alfred Hausen, Bonn, an den Verfasser.

104 W. ROEMER, St. Rochus in Düsseldorf (als Manuskript gedruckt), Düsseldorf 1986, S. 4-9: Das Kruzifix von Mataré; S. 10 ff.: Die Kreuzwegstationen von Mataré; hier: S. 7 f.

sei für kirchliche Aufträge schon aus Existenzgründen sehr dankbar gewesen. »Ab 1939 arbeitete er darum im Auftrag von Prälat Dr. Müller für das Krankenhaus in Köln-Hohenlind; er schuf unter anderem zwei Holzbildwerke, einen Schmerzensmann und diese große Christusfigur, sowie [für den Kreuzgang der Schwestern] vierzehn Kreuzwegstationen ...«.

Christusfigur und Kreuzwegstationen sollten nicht lange an ihrem Ort bleiben: »Die Christusfigur musste nach kurzer Hängung über dem Altar der Krankenhauskapelle wieder abgenommen werden, weil sein [ihr!] entmaterialisiertes Volumen für den weiten Raum ungeeignet schien. An den Kreuzwegbildern störte es die Ordensfrauen, dass der Künstler in einigen Fällen sie in ihrer Ordenstracht einbezogen hatte. Als nun Pfarrer Peter Dohr für die 1953/55 erbaute St. Rochuskirche in Düsseldorf eine entsprechende Einrichtung suchte, wurde er von Mataré, der ihm freundschaftlich verbunden war, auf die in Köln wenig gelittenen Arbeiten hingewiesen, die daraufhin einvernehmlich in der Düsseldorfer Kirche Verwendung fanden«.

Zwischen wem das Einvernehmen – außer zwischen Pfarrer Dohr, dem Künstler Mataré und dem abgebenden Krankenhaus Köln-Hohenlind – bestand, schreibt Roemer nicht. Auslöser für das Einschreiten des Erzbischofs und seiner Behörde war in diesem Fall nicht das unruhig gewordene Kirchenvolk, sondern waren Einzelbeschwerden, die in Köln eingingen. Am 2. Oktober 1957 teilte Generalvikar Teusch dem Kirchenvorstand von St. Rochus mit[105]: »Se. Eminenz, der Hochwürdigste Herr Kardinal und Erzbischof, hat verfügt, dass die bereits früher beanstandete Darstellung des Auferstandenen aus der Krankenhauskapelle in Köln-Hohenlind (von Professor Mataré) aus der Rochus-Kirche entfernt werden möge. Wegen der übrigen, ohne unsere Genehmigung angeschafften Ausstattungsstücke wird noch eine Verfügung ergehen«. Am 20. Oktober meldete Pfarrer Dohr »In Ehrfurcht!« Vollzug[106]: »Ich glaube, im Sinne der Hohen Behörde zu handeln, wenn ich den für die Anschaffung entsprechenden Betrag aus meinen Mitteln in die Kirchenkasse einzahle, um die Pfarrgemeinde vor Schaden zu bewahren«.

Die Pfarrchronik von St. Rochus enthält über den Neubau der Rochuskirche und ihre Einrichtung folgenden Eintrag[107]: »Pfarrer Peter Dohr

---

105 Teusch an den Kirchenvorstand von St. Rochus in Düsseldorf 2. Oktober 1957 (Kopie): HAEK – GVA II 2460.

106 Pfarrer Dohr an Generalvikariat 20. Oktober 1957 (Original): HAEK – GVA II 2460.

107 Abdruck: DER WECKER. Pfarrbrief von St. Rochus. Sonderausgabe zum 100jährigen Pfarrjubiläum. Düsseldorf, 15. September 1991, S. 7-16: Auszüge aus der Pfarrchronik, hier: S. 12 f.

sind die Ideen und Anregungen für dieses neue Gotteshaus zu verdanken. Die Entwürfe stammen von Architekt Paul Schneider-Esleben; die spätere Bau-Aufsicht hatte Architekt Reg.-Baumeister Fritz Schaller. ... Als Curiosum sei vermerkt, dass die Holzplastik des Auferstandenen 1958 [muss heißen: 1957] auf Weisung von Kardinal Frings für einige Jahre entfernt werden musste, da sie zu revolutionär sei. 1971 schon interessierten sich die Vatikanischen Museen für das Werk, (das die Gemeinde freilich nicht hergab)«. Das Werk wurde – wahrscheinlich nach der Verzichterklärung Kardinal Frings' auf sein Erzbischofsamt – wieder in der Kirche aufgehängt, allerdings nicht mehr in Augenhöhe hinter dem Altar, sondern in der Dreischalen-Kuppel. Die ovalen Kreuzwegstationen von Mataré sind – entgegen der Ankündigung von Generalvikar Teusch – wohl nie entfernt worden.

Dass Kardinal Frings gelegentlich bei ihm zu gewagt erscheinenden Kunstwerken in Kirchen einschritt, betrachtete er als Implikation seiner bischöflichen Aufsichtspflicht. Das hebt die Tatsache nicht auf, dass seit den 50er Jahren die führenden Architekten und Künstler der Zeit sich nach Köln gezogen fühlten, weil man um die Entfaltungsmöglichkeiten unter Erzbischof Frings wusste. Die erhaltenen Werke lassen im Nachhinein deutlich erkennen, wie oft sich das von Frings eingegangene Wagnis gelohnt hat. Dass viele der damals gebauten Kirchen nach 30 Jahren bei ihrer Sanierung bis zum Zehnfachen der Baukosten erforderten, lag weder am Wagnis des Kardinals noch an der Kompetenz der beteiligten Architekten. Eher waren der Zwang zu sparsamem Bau angesichts der allzu vielen Projekte und die noch nicht vorhandenen Erfahrungen mit den neuen Baumaterialien für gelegentlich sehr hohe Sanierungskosten verantwortlich zu machen.

3. Entwicklungen in der Seelsorge nach 1950 und die Kölner Diözesan-synode 1954

a) Die seelsorgliche Situation der frühen fünfziger Jahre

Wie immer, gab Kardinal Frings auch 1950 in seinem Weihnachtsbrief an Papst Pius XII. Einblicke in die Situation der Seelsorge seines Erzbistums und in seine persönliche Einschätzung der religiösen Lage in Deutschland[108]. Nach einer Rückschau auf das zuende gehende »Heilige Jahr«

---

108 Frings an Pius XII. 12. Dezember 1950 (hs. Entwurf): HAEK – CR II 1.14, 1.

und die Dogmatisierung der leiblichen Aufnahme Mariens in den Himmel schrieb er: »In Ergänzung unseres Fuldaer Schreibens darf ich Ew. Heiligkeit mitteilen, dass das ›Handbuch der kath[olischen] Kirche in Deutschland‹, das zuerst von P. Krose SJ herausgegeben wurde[109], in Kürze in einem neuen Bande, herausgegeben von einem Priester meiner Diözese, Dr. Groner, erscheinen wird[110]. Bei den Vorarbeiten für dieses Werk hat das Amt für kirchliche Statistik in Köln einige nicht unerfreuliche Feststellungen über den Stand des religiösen Lebens in Deutschland machen können. Danach beträgt die Zahl der Katholiken in den vier Besatzungszonen augenblicklich 25 Millionen, d. h. 33,8 % der Gesamtbevölkerung. Die Zahl der katholischen Taufen in diesem Gesamtgebiet betrug 1948 15,7‰ , 1949 16,5 ‰ . Die Zahl derjenigen, die ihrer Osterpflicht nachkamen, betrug 1948: 52,7 % der Gesamtseelenzahl, 1949: 53,8 %. Die Zahl der sonntäglichen Kirchenbesucher 1948: 45,0 % der Gesamtseelenzahl, 1949: 48,7 %. Würde man den Prozentsatz berechnen von der Zahl derjenigen, die zur Osterkommunion bzw. zum sonntäglichen Kirchenbesuch *verpflichtet* sind, so würden sich die Sätze um 15-20 % günstiger stellen. Auch die Zahl der Priesterberufe ist in erfreulichem Wachstum begriffen. In meiner Diözese konnte ich in diesem Jahre 75 Abiturienten zum Studium der Theologie annehmen, eine Zahl, die – vorausgesetzt, dass 2/3 zum Ziel des Priestertums gelangen – ausreicht, um den Abgang durch Tod zu ersetzen. Für die kommenden Jahre scheint man mit einer weiteren Zunahme der Priesterberufe rechnen zu können, zumal Jugendbünde wie der ›Bund der katholischen Jugend‹ und ›Neudeutschland‹ im Westen wieder ungehindert wirken können. Es bleibt allerdings die große Lücke zu füllen, die während des Weltkrieges entstanden ist, so dass einstweilen noch in allen Diözesen ein sehr empfindlicher Priestermangel herrscht. Trotzdem wird es unser Bestreben sein, gemäß den Mahnungen des päpstlichen Schreibens nach bestem Können Priester in die Diaspora u[nd] bes[onders] in den Osten zu entsenden; aus der Kölner Diözese wirken in diesen Diözesen augenblicklich 21 Priester«.

War in den früheren Briefen des Kardinals an Pius XII. die eher zurückhaltend-nüchterne Einschätzung des Kölner Erzbischofs hinsichtlich des religiösen Lebens im Nachkriegsdeutschland und speziell in der Erzdiözese Köln aufgefallen, so scheinen die von Franz Groner erhobenen Zahlen mit steigender Tendenz den Kardinal leicht euphorisch gestimmt zu

---

[109] H. KROSE SJ, Statistik der Religionsgemeinschaften im Deutschen Reich, in den Ländern und Verwaltungsbezirken, Köln 1937.

[110] F. GRONER (Hrsg.), Kirchliches Handbuch. Amtliches statistisches Jahrbuch der katholischen Kirche Deutschlands, Bd. 23: 1944-1951, Köln 1951.

haben. Gottesdienstbesuch und Sakramentenempfang sollten bald langsam, aber stetig zu sinken beginnen. Das Gleiche galt vom Priesternachwuchs: Von den 75 Priesteramtkandidaten des Jahres 1950 blieben nicht zwei Drittel, sondern nur die Hälfte: 1956 gab es für das Erzbistum Köln 38 Neupriester (1957: 42, 1958: 27, 1959: 25, 1960: 45, 1961: 28, 1962: 39)[111]. Die Zahl der Neupriester erreichte demnach zwar ein erfreuliches Niveau, doch wurden die 70 bis 90 Neupriester der Jahre 1937–1939, als Frings noch Regens des Priesterseminars war, nie wieder erreicht.

Auch die von Frings erwähnten Jugendbünde erreichten nach dem II. Weltkrieg zwar eine erfreuliche Wiederbelebung, doch blieben sie in den fünfziger Jahren weit hinter der Bedeutung und Vitalität zurück, die sie in den zwanziger und dreißiger Jahren gezeigt hatten. Durch die verfassungsmäßige und rechtliche Absicherung des Religionsunterrichtes in allen Schulformen, durch den nach 1945 zunächst wieder zahlreichen Einsatz von Priestern im Schuldienst sowie durch die Rückgewinnung der vom NS-Regime enteigneten Privatschulen durch die Orden war die Kirche im Schulbereich präsent und aktiv.

Auch im Weihnachtsbrief von 1953 an den Papst[112] gab sich der Erzbischof wieder Rechenschaft über den Stand seiner Erzdiözese. Seine allzu optimistischen Prognosen für ein Ansteigen der Priesterzahlen von 1950 musste er drei Jahre später ernüchtert zurücknehmen. »Wir erhoffen uns durch die Fürbitte der allerseligsten Jungfrau[113] eine Vermehrung und Vertiefung der Priester- und Ordensberufe, da der Mangel an solchen schlimme Formen angenommen hat. Nicht nur macht sich die Lücke, die in den Jahren 1940 bis etwa 1948 eingetreten ist, sehr schmerzlich bemerkbar, sondern die Zahl der Weihen erreicht heute und in den nächsten fünf Jahren nicht die Zahl der voraussichtlichen Todesfälle«.

Immerhin konnte der Kardinal auch auf positive Entwicklungen hinweisen: »Wir haben die Konvikte in Neuss und Münstereifel mit gutem Erfolg wieder eingerichtet und die Gebäude wiederhergestellt. In Neuss haben wir außerdem mit staatlicher Genehmigung ein humanistisches Abendgymnasium für Spätberufene eingerichtet, das in diesem Jahre zum ersten Mal zum Abiturientenexamen und zwar mit sehr gutem Erfolg führte«. Außerdem habe man niederländische Kreuzherren und Karmeliten für die Seelsorge im Erzbistum gewonnen.

---

[111] Verzeichnisse der Priesterweihen im Erzbistum Köln 1956-1962: HANDBUCH DES ERZBISTUMS KÖLN, Bd.2, [26]1966, S. 866-868.

[112] Frings an Pius XII. 21. Dezember 1953 (hs. Entwurf): HAEK – CR II 1.14, 2.

[113] Im voraufgehenden Abschnitt des Briefes war Frings auf das für 1954 angekündigte »Marianische Jahr« eingegangen.

»Um auch Laienhelfer für die Seelsorge heranzubilden, haben wir in Bonn je einen zweijährigen Lehrgang für Männer und für Frauen eingerichtet und stellen ihnen Anstellung in der Erzdiözese in Aussicht. In diesem [richtig: nächsten] Jahr wollen wir in unserem Katholisch-Sozialen Institut in Honnef erstmalig einen ganzjährigen Ausbildungskurs für junge Arbeiter einrichten. Er wird allerdings ein kostspieliges Unternehmen werden, da auch der Lohnausfall für ein ganzes Jahr wettgemacht werden muss«[114].

Es folgte eine kurze Darstellung des im Jahre 1953 geleisteten Wiederaufbaus bzw. Neubaus von Kirchen, Kindergärten und Jugendheimen, schließlich ein Hinweis auf »die Hilfsbereitschaft der Gläubigen für außerdiözesane Zwecke«. Im abgelaufenen Jahr habe Köln sich »als Tagungsort für internationale Kongresse« auf kirchlicher Ebene bewährt.

Wenn trotzdem schon in den 50er Jahren der Einfluss der Kirche auf das öffentliche Leben zurückzugehen begann, hatte das verschiedene Gründe. Die mehrjährige kriegs- und gefangenschaftsbedingte Abwesenheit vieler Männer von ihren Familien hatte allzu zahlreiche Familien zerstört. Nach dem Kriege versuchten verwitwete Partner durch damals so genannte »Onkelehen«, d. h. durch den gesetzwidrigen Versuch einer nur kirchlichen Eheschließung, Rentenansprüche aus früheren Ehen zu retten. Die Bevölkerungsverschiebungen der Kriegs- und Nachkriegszeit haben nicht nur einzelne Menschen und Familien entwurzelt, sondern in erheblichem Umfang zur Auflösung kirchlich geprägter Milieus beigetragen. Hatte Kardinal Frings in den ersten Nachkriegsjahren das Ausbleiben einer religiösen Wiedergeburt in Deutschland mit dem Kampf der Menschen um das Lebensminimum zu erklären versucht, so wurde mit dem »Wirtschaftswunder« der 50er Jahre die Faszination, die von einem neuen Wohlstand ausging, zum Auslöser von Abbröckelungserscheinungen im kirchlichen Leben. Damit sind nur einige Bereiche angedeutet, in denen die Seelsorge sich auf neue Verhältnisse einzustellen hatte.

So machte ab 1950 nicht nur die Zentralisierung der Kirchensteuer eine neue Verwaltungsstruktur des Erzbistums erforderlich. Eine tiefgreifende Veränderung der Lebensverhältnisse der Menschen und der Seelsorge an ihnen veranlasste Kardinal Frings schon Anfang 1949, das Projekt einer Diözesan-Synode anzugehen[115], deren Aufgabe darin bestehen sollte, die Gesetzgebung der Gesamtkirche auf die veränderten Lebensverhältnisse

---

114 Vgl. dazu oben S. 405-411.

115 In seinen Erinnerungen schreibt Frings: »Eine Diözesansynode wäre schon im Jahre 1947 fällig gewesen. Durch die Vorbereitungen des Domfestes war es aber nicht möglich, diesen Zeitpunkt einzuhalten«: J. FRINGS, Für die Menschen bestellt, S. 159.

im Erzbistum Köln anzuwenden und umzusetzen. Die Synode konnte allerdings nicht schon 1950 – wie vom Erzbischof angekündigt – stattfinden. Ihre sorgfältige Vorbereitung machte eine Verschiebung auf den März 1954 erforderlich. In seinem Weihnachtsbrief an den Papst 1953 schrieb Frings: »Das kommende Jahr wird uns – so Gott will im März – die seit langem und sehr gründlich vorbereitete Diözesan-Synode bringen...«.

b) Die Diözesan-Synode 1954

Vorbemerkung zur Quellenlage
Das gesamte Material zur Diözesan-Synode 1954 ist im Historischen Archiv des Erzbistums Köln gesammelt: amtliche Ankündigungen, Einladungen und Schreiben; die aus dem Erzbistum eingegangenen Voten (im Original oder in hektographierten Abschriften); die Protokolle und Ausarbeitungen der Vorbereitenden Kommissionen; Dekretentwürfe, Schemata Decretorum und die Redaktionsstufen der späteren Veröffentlichung[116]. Dieser ist in größter Sorgfalt und Ausführlichkeit ein Bericht »Vorbereitung und Verlauf der Diözesan-Synode 1954« (S. 473-541) angefügt, in dem das Archivmaterial ausgewertet ist. Das Original-Material bot insofern wertvolle Ergänzungen, weil handschriftliche Bearbeitungen des Erzbischofs an vorgelegten Entwürfen oder besondere Einzelvoten aus dem Erzbistum erkennbar wurden. Auch wird nur an diesem Original-Material deutlich, welchen erheblichen Beitrag der spätere Generalvikar Hermann Jansen bei der Redaktion der Dekret-Texte und der späteren Veröffentlichung geleistet hat.

Am 13. Januar 1949 kündigte der Erzbischof seine Absicht an, »im Heiligen Jahr 1950 eine Diözesan-Synode abzuhalten«[117]. Die letzte Diözesan-Synode 1937 habe auf die Ausnahmesituation des Nationalsozialismus eingehen müssen. »Der Krieg, der nur wenig mehr als zwei Jahre nach Abschluss der letzten Diözesan-Synode ausbrach ..., verursachte auf allen Gebieten des religiösen und kirchlichen Lebens, der Seelsorgearbeit und der Verwaltung einen derartigen Ausnahmezustand, dass von einem normalen Arbeiten kaum noch die Rede sein konnte«. Nun sei der Krieg

---

116 HAEK – Gen II 5.4, 1-70. – Druck der Synoden-Dekrete: Kölner Diözesan-Synode 1954, herausgegeben und verlegt durch das Erzbischöfliche Generalvikariat Köln, Köln 1954 (künftig: DS 1954).

117 Erlasse des Hochwürdigsten Herrn Erzbischofs. Ankündigung einer Diözesansynode, Oktavtag des Festes der Erscheinung des Herrn (= 13. Januar) 1949: KA 89, 1949, Nr. 64, S. 61-64; Nachdruck: DS 1954, S. 473-475.

schon vier Jahre vorbei, doch der »Ausnahmezustand« sei trotz eifrigen Bemühens der Priester noch nicht überwunden. »Wenn ich alles überdenke, dann scheint mir der Augenblick gekommen zu sein, wo Bischof und Klerus sich zusammenfinden müssen, um gemeinsam zu beraten, was geschehen muss, um für jetzt und für die kommenden, gewiss nicht leichten Jahre das religiöse und kirchliche, das geistige und sittliche Leben in unserer Erzdiözese neu zu begründen und zu neuer Blüte zu bringen. ... Diese Diözesan-Synode soll für Leben und Wandel von Klerus und Volk der Erzdiözese Köln, für die Gestaltung des Gottesdienstes und die Durchführung der vielfältigen Seelsorgearbeit in den einzelnen Gemeinden des Erzbistums und an den verschiedenen Ständen und Altersstufen in gemeinsam erarbeiteten Dekreten die Ziele und die Mittel und Wege zur Erreichung dieser Ziele weisen, sie soll auch das durch die vergangenen und gegenwärtigen Zeitverhältnisse so unübersichtlich gewordene *Diözesanrecht neu kodifizieren* ...«.

Frings hatte schon eine erste Vorbereitungskommission unter dem Vorsitz des Generalvikars David, mit »Protovikar Msgr. Hermann Jansen« als Sekretär, eingesetzt. »Soll jedoch diese Diözesan-Synode für das religiöse und kirchliche Leben in unserer Erzdiözese wirklich segensreich und fruchtbringend werden, so bedarf es jetzt schon bei ihrer Vorbereitung der Mitarbeit des gesamten Klerus«. Frings forderte die Dechanten auf, bis zum 15. März 1949 eine Konferenz des Dekanatsklerus (Pfarr- und Sonderseelsorger) einzuberufen, um zu beraten, »was nach der Auffassung und dem Willen des Dekanatsklerus auf der angekündigten Diözesan-Synode zu behandeln und zu beschließen ist«. Bis zum 1. April sollten die Ergebnisse dem Generalvikariat eingesandt werden. »Darüber hinaus ist auch *jeder einzelne Geistliche der Erzdiözese berechtigt* – und ich bitte die einzelnen herzlich darum, von diesem Recht Gebrauch zu machen – , von sich aus Vorschläge ... in ähnlicher Weise bis zum 1. April an das Generalvikariat einzusenden«.

In den nächsten Monaten beschloss der Erzbischof, 15 vorbereitende Fachkommissionen für alle Bereiche der Seelsorge und der kirchlichen Verwaltung zu bilden, deren Vorsitzende er am 2. Juni und deren Mitglieder er am 1. Juli 1949 ernannte[118]. Am 18. Juli ließ der Kardinal »die Vorsitzenden der Kommissionen für die Diözesan-Synode 1950 bitten, für ih-

[118] Dazu: DS 1954, S. 475-477. Die Kommissions-, Mitglieder- und Vorsitzenden-Listen, z. T. die Original-Ernennungsschreiben, liegen in den Akten HAEK – Gen II 5.4, 1-70, so z. B. die Liste der Kommissionen 1-15 (16. Redaktionsausschuss) mit den Namen der Leiter und der Sekretäre: HAEK – Gen II 5.4, 2.

re Kommission noch einige jüngere Geistliche (Kapläne) baldigst vorzuschlagen«[119].

Der Erzbischof wollte also, obwohl er sich seiner Rechtsstellung als einziger Gesetzgeber auf einer Diözesan-Synode durchaus bewusst war, wirklich den ganzen Klerus in die Vorbereitung einbeziehen. Das unterstrichen auch noch einmal die »Richtlinien für die Arbeit der Kommissionen«, die den Vorsitzenden mit ihrer Ernennung zugeschickt wurden[120]. Mit Verweis auf das Ankündigungsschreiben vom 13. Januar 1949 erteilten die Richtlinien den Kommissionen »*die zweifache Aufgabe*,

a) die aus der gegenwärtigen Zeitlage gestellten Fragen und Aufgaben, die ihre Fachgebiet betreffen, durchzuberaten und für die Behandlung auf der Diözesan-Synode vorzubereiten,
b) die diözesanrechtlichen Vorschriften, soweit sie in ihr Fachgebiet fallen, zu sammeln, zu formulieren, ... zu ergänzen und alles Erarbeitete möglichst in der Reihenfolge des CIC zusammenzustellen«.

Bei der Umschreibung des zu bearbeitenden Stoffs wurden die Kommissionen neben den »ihr Fachgebiet berührenden Gegenwartsfragen« noch einmal ausdrücklich auf »die von den einzelnen Dekanaten und aus dem Diözesanklerus gemachten Vorschläge und Anregungen« verwiesen. »5. Die Kommissionen wollen mit ihrer Arbeit bald beginnen und sie so durchführen, dass sie *bis zum 15. Januar 1950 beendet ist.* Das Ergebnis ihrer Beratungen wollen sie *fortlaufend, d. i. jedesmal, wenn sie einen Abschnitt* ... für die Behandlung der Synode *vorbereitet haben, in dreifacher Ausfertigung* der Hauptkommission zuleiten«.

Hier wurden realistischere Vorstellungen über die Arbeitsmöglichkeiten eines Großgremiums wie einer Synode sichtbar als zehn Jahre später bei den Vorbereitungen des II. Vatikanischen Konzils, bei denen jede Vorbereitungskommission in der Wahl von Stil und Länge ihrer Texte ohne Vorgaben blieb![121] In Köln hieß es 1949: »6. Die einzelnen Kommissionen wollen das Ergebnis ihrer Beratungen in *Entwürfen zusammenfassen*, die

---

119 Stellv. Generalvikar Hecker an die Vorsitzenden der Kommissionen (hier: Domkapitular Giertz) 18. Juli 1949: HAEK – Gen II 5.4, 4.

120 Exemplare dieser hekt. »Richtlinien« finden sich in verschiedenen Kommissionsakten, z.B.: HAEK – Gen II 5.4, 2; Druck: DS 1954, S. 477 f.

121 Die Klagen des Kirchenhistorikers Hubert Jedin darüber: N. TRIPPEN, Hubert Jedin und das Zweite Vatikanische Konzil, in: H. SMOLINSKY (Hrsg.), Die Erforschung der Kirchengeschichte. Leben, Werk und Bedeutung von Hubert Jedin (1900-1980), Münster 2001, S. 87-102, hier: S. 89 (italienische Übersetzung in: Cristianesimo nella Storia 22, 2001, S. 355-374).

kurz und sachlich formuliert und möglichst in Gesetzesform gebracht sind entsprechend der Art, wie der CIC seine Paragraphen gefasst hat ... Längere *Begründungen und Erläuterungen* mögen tunlichst unterbleiben« bzw. in eine Anlage gegeben werden. »In das Sachgebiet der einzelnen Kommission fallende *Anregungen und Wünsche,* die vielleicht für Verordnungen noch nicht reif sind oder sich nicht dazu eignen, mögen in die Form von Resolutionen gefasst und in einem zweiten Anhang vorgelegt werden. *Neue Verordnungen,* die in dem bisher geltenden Diözesanrecht noch nicht enthalten sind, sind besonders zu kennzeichnen«.

Trotz dieser klaren formalen Vorgaben an die Kommissionen kam es auch im Vorfeld der Kölner Diözesan-Synode zu Stilproblemen. Kardinal Frings erinnerte sich 1973[122]: »Unter den Gegenständen, die [in der Hauptkommission] zu bearbeiten waren, fand sich zunächst die Darlegung über Pflichten und Aufgaben des Klerus. Es zeigte sich, dass man über dieses Thema mit nicht allzu großen Schwierigkeiten einen aszetischen Traktat oder dergleichen schreiben konnte. Aber dieses Kapitel in Paragraphen oder Canones zu fassen, erwies sich als recht schwierig. Zwei Entwürfe, die gemacht worden waren, wurden von der [Haupt-]Kommission zurückgewiesen. Erst ein dritter Entwurf fand Gnade vor diesem Gremium und wurde für die Behandlung in der Plenarsitzung der Synode vorgemerkt«[123].

Nach den Kommissionsakten haben sich die verschiedenen Kommissionen spätestens im frühen Herbst 1949 an die Arbeit gemacht, diese allerdings nicht zum vorgesehenen Termin abschließen können. Dabei sind die damals noch sehr viel umständlicheren und vor allem *langsameren* Kommunikationswege zu berücksichtigen: In Köln lief eine Flut von Eingaben zusammen, die nach Zuweisung an die zuständigen Kommissionen auf Wachsmatrizen abzuschreiben und rechtzeitig vor der nächsten Sitzung zu versenden waren, ehe an die Diskussion oder gar an die Ausarbeitung von gesetzartigen Vorlagen zu denken war. Auch war die Befähigung zu solch kanonistisch-präzisen Formulierungen in den einzelnen Kommissionen unterschiedlich häufig vertreten. Für die Kommission »15. Kirchliche Vermögensverwaltung« und konsekutiv für die Kommission »9. Bau-, Kunst- und Denkmalpflege« sowie »3. Kirchliche Behörden« ergab sich während des knapp bemessenen Beratungszeitraums eine ganz neue Ausgangssituation durch die Neuordnung der Kirchensteuer im Februar 1950.

---

122 J. FRINGS, Für die Menschen bestellt, S. 159 f.

123 Etwas weiter unten ließ Frings erkennen, dass Regens Dr. Frotz der Autor der Vorlagen war (S. 160).

Während einzelne Kommissionen die vorgegebene Zeit nur um wenige Monate überschritten, mussten andere ein wesentlich länger Zeitspanne in Anspruch nehmen. Selbst bei gewissen Begabungen zu kanonistisch-präziser Formulierung in den einzelnen Kommissionen bedurfte es doch eines längeren, 1949 wahrscheinlich unterschätzten Zeitraums, um aus 15 oder mehr heterogen formulierten Vorlagen ein umfassendes, ausgewogen gewichtetes und formuliertes Gesamtwerk des Diözesanrechts zu schaffen.

Der Arbeitsprozess zwischen einem Einzelvorschlag aus dem Erzbistum über die Diskussion in der zuständigen Kommission, deren Vorschlag an die Hauptkommission bis zum Dekret der Diözesan-Synode 1954 sei an einem konkreten Beispiel illustriert. Am 31. August 1949 hatte Pfarrer Dr. Josef Könn von St. Aposteln in Köln in einem Votum zu der erst seit den Kriegszeiten und in Ausnahmefällen genehmigten »Abendmesse« Stellung genommen[124]. Könn schrieb: »Seit dem letzten Weltkrieg sind vielfach Abendmessen eingerichtet worden, weil die meisten Menschen [gemeint ist: Teilnehmer] wegen ihrer geschäftlichen Verpflichtungen verhindert sind, morgens das hl. Opfer mitzufeiern. An nicht gesetzlichen Feiertagen werden diese Messen fast überall gehalten, wo die Rücksicht auf die beruflich Tätigen es erfordert. An manchen Orten finden sie jeden Sonntag statt, und weite Kreise bemühen sich, sie auch auf die Werktage auszudehnen. Aus Belgien und Frankreich werden große Besuchsziffern gemeldet, in Deutschland besonders aus Berlin ...«. Könn gab den historischen Hinweis, dass in den frühchristlichen Jahrhunderten die Abendstunde für die Messfeier der Normalfall gewesen sei. »Die seelsorgliche Erfahrung muss zeigen, wo und an welchen Tagen eine Abendmesse notwendig ist ... Einstweilen leben viele noch in der hergebrachten Auffassung, dass ihre berufliche Beschäftigung den Besuch der Werktagsmesse unmöglich mache ...«.

Wir wissen nicht, welche Argumente in der Kommission »7. Heilige Eucharistie« eine Rolle gespielt haben[125]. In einer Vorlage der Kommission für die Diözesan-Synode 1950 sind unter »VI. Anregungen betr. Abendmesse« angeführt:

»139. Die Abendmesse an *Sonntagen* möge nur dort gestattet werden, wo gewichtige Gründe sie verlangen.

---

[124] Pfarrer Dr. Josef Könn, Pfarramt St.Aposteln, 31. August 1949 (Original ohne Unterschrift): HAEK – Gen II 5.4,2.

[125] Akten der 7. Kommission einschließlich der nachfolgend zitierten »Anregungen«: HAEK – Gen II 5.4, 2 bzw. 3.

140. An den staatlicherseits *abgeschafften Feiertagen* i.e. Peter und Paul, Allerheiligen, Unbefleckte Empfängnis, Dreikönige, möge in allen Pfarrkirchen die Abendmesse gestattet sein.
141. Dort, wo die Struktur der Bevölkerung es wünschenswert erscheinen lässt, möge an einem *Werktage* die Abendmesse gestattet werden«.
Der von der Diözesan-Synode 1954 schließlich beschlossene Text hielt in Dekret 543 zunächst den traditionellen Ausgangspunkt fest: »Die Feier der heiligen Messe darf ohne besondere Erlaubnis nicht früher als eine Stunde vor der Morgendämmerung und nicht später als eine Stunde nach Mittag beginnen«. Erst dann kamen in Dekret 545 die seelsorglichen Erfordernisse der Zeit und die Diskussionen der Vorbereitungsphase der Synode zum Tragen. Zur Abendmesse wurde verfügt: »§ 1. In allen Pfarr-, Rektorats- und Filialkirchen der Erzdiözese, in welchen es notwendig ist, weil ein beträchtlicher Teil der Gläubigen am Vormittag nicht zur heiligen Messe kommen kann, ist die Feier *einer* heiligen Messe nach 16 Uhr an Sonntagen, gebotenen Feiertagen und sogenannten freiwilligen Feiertagen gestattet ...«. In den weiteren §§ wurde die Abendmesse an *einem* Werktag der Woche und aus besonderen Anlässen gestattet, doch in § 4 »der *Samstag* ausdrücklich von dieser Erlaubnis *ausgenommen«*. Die Sonntag-Vorabendmesse als Zugeständnis an die veränderten Lebens- und Freizeitgewohnheiten der Gläubigen sollte erst Ende der sechziger Jahre gestattet werden.

Über die Vorbereitungsarbeit der Jahre 1949–1954 an der Synodenmaterie könnte man anhand des sehr umfangreichen Aktenmaterials Detailstudien anstellen, die den Rahmen einer Biographie Josef Kardinal Frings sprengen würden. Der amtliche Bericht des Synodenbandes schildert in aller Kürze zunächst, wie die Fachkommissionen an ersten Entwürfen arbeiteten[126]: »Die Entwürfe vor allem der ersten bis vierten, der siebten, elften und dreizehnten Kommission wurden in der Reihenfolge ihrer Fertigstellung von der Hauptkommission durchberaten und, soweit notwendig, an die Fachkommissionen zu erneuter Beratung und Formulierung zurückverwiesen«.

Wie das konkret aussehen konnte, haben wir aus der Erinnerung des Kardinals über die Vorlage der 1. Kommission »Vom priesterlichen Leben« bereits erfahren. Über andere Kommissions-Vorlagen berichtete der

[126] DS 1954, S. 478 f. Die nachfolgend genannten Kommissionen waren: 1. Vom priesterlichen Leben; 2. Weckung und Förderung von Priesterberufen; Ausbildung des Klerus; 3. Kirchliche Behörden; 7. Heilige Eucharistie; 11. Das heilige Sakrament der Ehe; 13. Seelsorgefragen.

Kardinal 1973 aus seiner Erinnerung[127]: »Für den Bereich ›Laien in der Kirche‹ [richtig: 6. Kommission: Laienrecht] gab sich Prälat Böhler mit seinen Beratern große Mühe; es kam eine Ausarbeitung zustande, die für die damalige Zeit wegweisend war und als solche auch bezeichnet wurde. In dem Abschnitt ›Kirchliche Kunst‹ [9. Kommission: Bau-, Kunst-, Denkmalpflege] wurden hauptsächlich von Dombaumeister Dr. Weyres mit Unterstützung von Prälat Joseph Hoster die bei uns schon praktizierten Grundsätze über kirchliche Bauweisen ... dargelegt ... Bei den Ausführungen über die Krankenpflege wirkte ebenfalls Prälat Hoster sehr eifrig mit; er schöpfte dabei aus seiner langjährigen Tätigkeit an den Städtischen Krankenanstalten [heute: Universitätskliniken] der Lindenburg. Das Kapitel über die kirchliche Vermögensverwaltung wurde von Joseph Krautscheidt[128] allein bearbeitet« – so meinte der Kardinal. Krautscheidt war Sekretär der 15. Kommission: »Kirchliche Vermögensverwaltung«. – Das Kapitel über die Vermögensverwaltung, so Frings, »war so ausgezeichnet, dass später überhaupt keine Änderungsvorschläge dazu eintrafen, vielleicht auch, weil dieses Kapitel beim Seelsorgeklerus kein besonderes Interesse fand ... Das Interesse unserer Seelsorgsgeistlichen [war] immer mehr auf die eigentliche praktische Seelsorge ausgerichtet«.

Die entscheidende Vorbereitungsphase fiel in den Herbst 1953[129]: »Vom 29. September bis 3. Oktober 1953 sowie am 15. und 16. Oktober 1953 tagte die Hauptkommission im Priesterseminar zu Bensberg, um die Vorbereitungsarbeiten, die sich wegen der Fülle des Stoffes und wegen der Schwierigkeiten mancher Fragen länger, als vorgesehen war, hingezogen hatten, beschleunigt und endgültig zum Abschluss zu bringen«. Man teilte sich in Bensberg in 14 Unterkommissionen auf, um dann in fünf Plenarsitzungen zu Ergebnissen zu kommen. »Was nach diesen Beratungen im Priesterseminar zu Bensberg noch offen und unvollendet war, wurde in den folgenden zwei Wochen zum Abschluss gebracht. Der Redaktionsausschuss hat in der Zeit vom 21. Oktober bis 20. November 1953 die Entwürfe auf einander abgestimmt und druckfertig gemacht«. Der Druck konnte so zügig abgewickelt werden, »dass der erste Teil der schemata decretorum (Personen- und Ämterrecht) Anfang Dezember 1953, der zweite Teil (Sachenrecht) Anfang Januar 1954 vorlagen«.

---

[127] J. FRINGS, Für die Menschen bestellt, S. 160 f.

[128] Joseph Krautscheidt (1910–1981), 1936 Priester, 1939 Assistent in der Vermögensverwaltung des Kölner Generalvikariates, 1946 Domvikar, 1948 Leiter der Rechtsabteilung, ab 1958 erster Generalvikar des Bistums Essen: E. GATZ, Bischofslexikon 1945-2001, S. 202 f. (Literaturübersicht).

[129] DS 1954, S. 479.

Der Erzbischof setzte sich selbst und alle intensiv mit den Vorbereitungen Beschäftigten dadurch unter Druck, dass er schon am 10. Oktober 1953 die Einberufung der Synode unterzeichnete und veröffentlichen ließ[130]. »Die am 13. Januar 1949 angekündigte Diözesan-Synode wird hiermit für die Woche nach dem ersten Fastensonntag des kommenden Jahres nach Köln einberufen. Bis dahin wird, so hoffe ich, im Generalvikariat der Raum fertiggestellt sein, in dem die Synodalen zu ihren Verhandlungen zusammenkommen können. Bis dahin werden auch voraussichtlich die Vorbereitungsarbeiten so weit gediehen sein, dass die Synode die Aufgaben, die ihr im Ankündigungsdekret gestellt wurden, wenigstens zum größten Teil wird lösen können«.

Bei der Festlegung des Teilnehmerkreises hatte Frings vor allem das Fassungsvolumen des vorgesehenen Saales im Generalvikariat bzw. im Karl-Josef-Haus zu berücksichtigen. Mit nachdenklichem Schmunzeln liest man im Berufungsdekret die Verfügung des Erzbischofs, dass »aus jedem Dekanat, das mehr als 12 Kapläne hat«, diese einen Vertreter wählen sollen, den der Erzbischof zur Synode beruft. »Die zur Synode Geladenen haben nach can. 358 § 1 CIC [1917] die Pflicht zu erscheinen«. Die schemata decretorum würden rechtzeitig zugesandt, ebenso die »Geschäftsordnung«[131].

In dem Bericht über die Synode ist beschrieben, wie es wegen der Zusammensetzung der Synode noch im Sommer 1953 zu einem Schriftwechsel mit dem Heiligen Stuhl kam. Nach can. 358 § 1 waren z. B. alle Pfarrer des Tagungsortes, also Kölns, Mitglieder der Synode; aus den Dekanaten war nach can. 358 § 1 Nr. 7 neben dem Dechant ein »Pfarrer« zu wählen. Frings wies in Rom darauf hin: »Der Klerus dieser Erzdiözese Köln zählt außer 717 Pfarrern ungefähr 880 andere Priester in der Seelsorge, die zum größten Teil Kapläne sind«. Frings bat um die Möglichkeit, sich für die Stadt Köln auf die neun Dechanten zu beschränken und aus den Dekanaten einen zweiten Priester wählen lassen zu dürfen, der nicht unbedingt Pfarrer sein müsse. Die römische Antwort entsprach nur dem ersten Teil der Bitte hinsichtlich der Kölner Stadtpfarrer, mahnte dagegen hinsichtlich des Zweitvertreters aus den Dekanaten die Einhaltung der Vorgaben des can. 358 an[132]. Wie bereits erwähnt half sich der Erzbischof mit dem

---

130 Erlasse des Hochwürdigsten Herrn Erzbischofs »Einberufung einer Diözesansynode« 10. Oktober 1953: KA 93, 1953, Nr. 442, S. 381-383; Nachdruck: DS 1954, S. 479-481.

131 Die Geschäftsordnung (hs. Entwurf von Hermann Jansen und verschiedene Überarbeitungsstadien) findet sich: HAEK – Gen II 5.4, 9; Druck: DS 1954, S. 488-490.

132 Darstellung des Vorgangs: DS 1954, S. 481 f., dort der Text des lateinischen Schreibens nach Rom vom 14. Juli 1953 und des Reskripts der Konzilskongregation vom 30. Juli 1953.

Rückgriff auf das ihm nach can. 358 § 2 zustehende Berufungsrecht, indem er in Dekanaten mit mehr als 12 Kaplänen zur Wahl eines Vertreters aufforderte, den er dann berief.

Wie bereits bei der Ankündigung der Synode 1949 forderte der Erzbischof abermals bei der Versendung der schemata decretorum im Dezember 1953 die Dechanten auf, diese Vorlagen mit ihren Priestern zu besprechen[133]: »Die ›schemata‹ sollen in *zwei Konferenzen*, zu denen der *gesamte Dekanatsklerus* einzuladen ist, Gegenstand der Besprechung und Beratung sein. Die erste dieser Besprechungen soll bis spätestens 15. Januar 1954 stattfinden und den ersten Teil der ›schemata‹ behandeln; die zweite Konferenz, deren Verhandlungsgegenstand der zweite Teil der ›schemata‹ ist, soll bis spätestens 5. Februar 1954 stattfinden«. Änderungswünsche an den Texten seien bis 15. Februar an das Generalvikariat einzusenden.

In diesem Schreiben an die Dechanten vom 7. Dezember 1953 war auch der Ablauf der Synode umschrieben: »Die Synode wird am Dienstag, dem 9. März 1954, beginnen. Ob sie zwei, drei oder vier Tage dauert, wird sich richten nach der Fülle der von den Synodalen und Dekanaten bis zum 15. Februar 1954 vorgeschlagenen Beratungsgegenständen ...«. Laut Bericht gingen bis zum 15. Februar 1015 Eingaben zu den schemata decretorum ein.

Am 11. Februar 1954 gab Frings das Programm der Synode bekannt[134], die nun auf die Tage 9. bis 11. März beschränkt wurde. Am 12. Februar bat er um den besonderen Segen des Papstes. Am 4. März erhielten die Synodalen die Geschäftsordnung und verschiedene Unterlagen für die Synode.

Die Synode begann am 9. März mit einem Pontifikalamt im Kölner Dom. Danach zog man in »den neuen Saal im Erzbischöflichen Generalvikariat«, den »fristgerecht fertigzustellen« gelungen war[135]. In seiner Eröffnungsansprache führte der Kardinal nach begrüßenden Worten aus[136]: »Wohl ist der Bischof der alleinige Gesetzgeber der Synode ..., und auf ihm ruht die ganze Verantwortung, aber alle Dekrete sollen zuvor durchberaten werden, alle Synodalen sollen aus ihrem Wissen und ihrer Erfah-

133 Rundbrief an die Dechanten 7. Dezember 1953: DS 1954, S. 483 f.

134 Erlasse des Hochwürdigsten Herrn Erzbischofs. Diözesan-Synode 1954, 11. Februar 1954: KA 94, 1954, Nr. 77, S. 59-61; Nachdruck: DS 1954, S. 486 f., dort auch die nachfolgend erwähnten Schriftstücke.

135 Verlaufsbeschreibung: DS 1954, S. 501-518.

136 Ansprache zur Eröffnung der Diözesansynode 9. März 1954 (maschinenschr. Text mit hs. Korrekturen): HAEK – CR II 2.18g, 4; Druck: DS 1954, S. 502-505.

rung beitragen ..., dass gute Gesetze zustande kommen. Offenbar verspricht sich die Kirche von so zustande gekommenen Verordnungen eine tiefere und weitergreifende Wirkung, als wenn sie nur von oben herab erlassen würden ...«.

Nach einem Rückblick auf die Synoden von 1922 und 1937 sowie die Erfahrungen der Kriegs- und Nachkriegszeit nannte Frings das Ziel der Synode: »Dieser Synode ist nun ein Ziel gesteckt, wie es keineswegs jede Diözesan-Synode verfolgt. In der Geschichte der Kölner Erzdiözese muss man schon in das Jahr 1662 zurückgehen, um eine ähnliche Zielsetzung zu finden. Schon bald nach dem Kölner Domfest [1948] habe ich die Absicht bekanntgegeben, *eine Kodifizierung des gesamten Kölner Kirchenrechts* vorzunehmen, und diese soll durch die Synode erfolgen«.

Für dieses anspruchsvolle Ziel, das in drei Tagen – allerdings nach mehrjähriger Vorbereitung im gesamten Erzbistum! – erreicht werden sollte, gab der Erzbischof straffe Vorgaben, vergaß aber auch den Dank für die Vorbereitungsarbeit nicht: »Schon jetzt kann gesagt werden, dass die Synode eine Gemeinschaftsarbeit des gesamten Kölner Klerus ist. Jahrelang haben in 15 Kommissionen hervorragende Geistliche der Diözese die einzelnen Teile durchberaten. Das hochwürdigste Domkapitel hat als Hauptkommission alle Entwürfe erneut durchgearbeitet[137]. Die schemata sind dann in allen Dekanaten zur Diskussion gestellt worden und haben ein sehr reges und hocherfreuliches Interesse gefunden. Nicht weniger als 1015 Anregungen sind von den Dekanaten und von einzelnen Geistlichen eingelaufen. Ihnen und allen Kommissionsmitgliedern sei dafür herzlicher Dank gesagt. Ich selbst habe mit dem Notar der Synode, Domkapitular Jansen, alle 1015 Anregungen durchgearbeitet und vieles davon in den Text aufgenommen«.

1973 erinnerte sich der Kardinal dieser mühevollen Kleinarbeit[138]: »Wir teilten sie [die Vorschläge] in drei Gruppen auf: zunächst Vorschläge, bei denen wir sagen mussten, sie sind wirklich besser als das, was wir selbst vorgeschlagen hatten; diese Vorschläge wurden sofort in den vorliegenden Entwurf eingearbeitet. Eine zweite Gruppe von Vorschlägen enthielt Dinge, die man als völlig abwegig bezeichnen musste; diese wurden nicht wei-

---

137 In diesem Falle ist davon auszugehen, dass Frings in seinen Erinnerungen von 1973 näher an der Wirklichkeit war als in der zitierten Eröffnungsansprache (Für die Menschen bestellt, S. 159): »Als Generalkommission für die Vorbereitung der Synode wurde der Geistliche Rat bestimmt. Dieser besteht aus den Mitgliedern des Domkapitels, soweit dieselben in der Erzbischöflichen Verwaltung tätig sind, und einigen jüngeren Herren, die ebenfalls in der Verwaltung waren«.

138 J. FRINGS, Für die Menschen bestellt, S. 161 f.

ter behandelt. Eine dritte Gruppe umfasste die Vorschläge, bei denen man im Zweifel sein konnte, ob sie besser seien als unser Vorschlag oder umgekehrt. Bei der Abwicklung der Synode wurden nur diese Vorschläge zur Beschlussfassung vorgelegt«.

Wenn man bedenkt, dass für die eigentliche Synode zur Beratung eines umfassenden Gesetzgebungswerks mit 1148 Dekreten nur zweieinhalb Tage zur Verfügung standen – der letzte Nachmittag diente dem einzigen »Recht« der Synodalen, der Wahl der Synodalexaminatoren, der Pfarrkonsultoren und der Synodalrichter[139] – stellt sich die Frage: Was konnte in einer so knapp bemessenen Zeit erreicht werden? Der Bericht über den Verlauf der Synode bestätigt die Vermutung, dass aus den Großkomplexen nur noch einmal auf einzelne strittige Punkte und – was wohl bemerkenswert ist – auf jüngst eingetroffene Voten in der Diskussion eingegangen werden konnte. Die entscheidende Arbeit war, wie von Frings geschildert, vorher geschehen: in den 15 Kommissionen, in den Redaktionszirkeln des Generalvikariates, aber wohl auch (oder vor allem) in den vom Erzbischof zweimal angesetzten und urgierten Dekanatskonferenzen vom Klerus des Erzbistums.

Der nüchterne Verlaufsbericht des Synoden-Bandes gewinnt Farbe durch die Erinnerungen des Kardinals von 1973[140]: Die Synode »wurde nach den Vorschriften des Pontificale Romanum gehalten. Danach musste an jedem Morgen der drei Tage in der Kathedrale ein Gottesdienst stattfinden. Einige Synodalen waren davon nicht sonderlich entzückt und meinten, man könne die Zeit besser für die Verhandlungen verwenden. Nachher aber sagten viele, der Dom sei ihnen seit ihrer Seminarzeit niemals mehr so nahe gekommen wie während der Diözesan-Synode«. Bei dem Requiem für Kardinal Schulte und die seit der Synode von 1937 verstorbenen Synodalen seien versehentlich zwei noch lebende Anwesende erwähnt worden. »Als wir dann in den Saal kamen, war meine erste Aufgabe, eine doppelte Totenerweckung vorzunehmen und den beiden Herren ... noch ein langes Leben zu wünschen«.

Über seinen Eindruck vom Verlauf der Verhandlungen schrieb der Kardinal 1973: »Sie nahmen einen flotten und erfreulichen Verlauf. In den meisten Fällen wurde Einstimmigkeit in kurzer Zeit erreicht. Hier und da kam es zu humorvollen Szenen: Ein angesehener Dechant [Wilhelm Schreiber, Dechant des Dekanates Köln-Ehrenfeld] beklagte sich darüber, dass die Kapläne zu häufig zu ein- oder mehrtägigen Konferenzen oder

139 »Wahlhandlungen«: DS 1954, S. 512 f.

140 J. Frings, Für die Menschen bestellt, S. 162 f.

sonstigen Veranstaltungen zusammengerufen und dadurch dem Dienst in der Pfarre entzogen würden. Da erhob sich ein Freund von ihm, ein gleichaltriger Dechant, und sagte, in seiner priesterlichen Jugend sei das auch schon so gewesen, und einer der regelmäßigsten Besucher sei der [damalige] Kaplan Schreiber gewesen. Es erhob sich allgemeines Gelächter, und damit war die Sache erledigt«.

»Am dritten Tag gelang es, die Verhandlungen zuende zu führen. Es war unglaublich, dass eine so große Zahl von Paragraphen in so kurzer Zeit durchberaten werden konnte«. Einige wenige Punkte seien einer postsynodalen Kommission zur Bearbeitung überwiesen worden. »Am letzten Tag trug Stadtdechant Grosche gegen Schluss einen ökumenischen Fall vor. Ich war etwas unwillig, weil das ohne mein Wissen und ohne, dass es in der Tagesordnung vorgesehen war, geschah. Aber auch das ging vorüber, ohne die Gesamtstimmung beeinträchtigen zu können«.

Wenn man das keineswegs zu allen Zeiten spannungsfreie Verhältnis des Kölner Stadtdechanten Robert Grosche zum Erzbischof bedenkt, gewinnt sein Dankeswort zum Abschluss der Synode Gewicht[141]: »Wir sind tief beglückt über die schöne und herzliche Art, in der unser verehrter Oberhirt die Verhandlungen geleitet hat. Wir haben uns in diesen Tagen wirklich als Brüder gefühlt, die von ihrem Bischof als ›consacerdotes‹ angesehen und behandelt wurden. Als solche haben wir ein gemeinsames Werk zustande gebracht. Jeder hat wirklich die Freiheit gehabt, ›sine scrupulo‹ seine Meinung zu äußern; keinem ist das Wort abgeschnitten worden; keine Anregung ist ungehört unter den Tisch gefallen; auf alles, was mit Gründen vorgebracht wurde, ist unser Vorsitzender in liebenswürdiger Weise eingegangen. Dafür sind wir aufrichtig dankbar. Es waren Tage echter priesterlicher Gemeinschaft«.

Auch auf die sachliche Bedeutung der Synode ging Grosche in klaren Worten ein: »Wir sind in diesen Tagen öfters an die Synode von 1662 erinnert worden, die als Vorbild unserer Arbeit hingestellt wurde. Wir haben das Gefühl gehabt, dass auch wir etwas schaffen sollten, was eine große geschichtliche Bedeutung haben kann; war es doch das Ziel dieser Synode, das heute geltende Diözesanrecht zu kodifizieren. Die Sammlung der Dekrete, die hier beschlossen worden sind und durch den hochwürdigsten Herrn Kardinal und Erzbischof Gesetzeskraft erhalten sollen, bedeutet für den Seelsorger eine große Hilfe ... Jede Kodifizierung bedeutet die Fixierung eines geschichtlichen Zustandes, der eben als geschichtlicher kein endgültiger sein kann. Schon bei unseren Verhandlungen sind wir an

[141] Text: DS 1954, S. 513 f.

einzelnen Punkten auf die Unmöglichkeit einer rechtlichen Festlegung gestoßen, und es wurde ausdrücklich durch den Vorsitzenden ein freier Raum für mögliche Entwicklung offen gelassen. Da wurde sichtbar, dass die Kodifizierung die freie Initiative nicht hemmen soll. Sie soll Ordnung schaffen, denn nur da, wo Ordnung herrscht, kann das Leben sich entfalten ...«.

Grosches Schlusswort im Synodensaal fand seine Ergänzung durch die von Frings gehaltene Ansprache bei der Schlussandacht im Dom[142]: »Es waren für mich und, ich hoffe, ebenso für euch alle Tage der Freude und der Erbauung, kam doch die Einmütigkeit unseres Klerus und seine Treue zum Bischof und zum Heiligen Vater in schönster Weise zum Ausdruck ...«. Zum geistig-geistlichen Umfeld der Synode bemerkte der Kardinal: »In großer und stürmischer Zeit haben wir diese Synode gehalten: nach der nationalsozialistischen Verfolgung und nach den Schrecken des Weltkrieges, vor einer ungewissen Zukunft, vielleicht während einer Atempause, die Gottes Güte uns gewährt. In einer Zeit, da das Antlitz unserer Erzdiözese sich buchstäblich verändert, indem durch die Förderung der Braunkohle weite Gebiete fruchtbaren Ackerbodens weggehoben, ganze Dörfer verpflanzt werden und der Charakter unseres Landes und seiner Bewohner einer tiefgreifenden Veränderung unterliegt. In einer Zeit, da das Laienelement in der Kirche, vom Papst selbst gerufen, in der Kirche vorwärts drängt und aktiv am Apostolat teilhaben möchte. In einer Zeit, da neben tiefen Schatten leuchtende Seiten der Kirche zutage treten und sie ihre nie versagende Jugendkraft in herrlicher Weise bewährt. Wenn unsere Synode sich das Ziel gesteckt hatte, eine Kodifizierung des Rechts der Kölner Kirche vorzunehmen, dann musste auf alles dies und auf unzähliges andere Rücksicht genommen werden. Es mussten feste Richtlinien aufgestellt, andererseits dem freien Schaffen der Priester und der kommenden Entwicklung Spielraum gelassen und geschaffen werden. Gebe Gott, dass wir im wesentlichen das Rechte getroffen haben! Gebe er seine Gnade, dass unsere Dekrete auf lange Zeit hinaus eine gute Grundlage für Seelsorge und Verwaltung abgeben und sie viel Segen stiften mögen!«

Schon diese Darstellung der Vorbereitungen und des Verlaufs der Synode ließ erkennen, dass der Erzbischof jede Mitarbeit aus dem Erzbistum und seiner Behörde suchte und forderte, andererseits aber auch selbst Akzente setzte. Die Entwürfe zu den schemata decretorum und viele andere Synodalakten zeigen seine handschriftlichen Bearbeitungsspuren.

[142] »Schlusspredigt zur Diözesansynode 1954 am 11. 3. im Dom« (hs. Entwurf): HAEK – CR II 2.18g, 4; Druck: DS 1954, S. 515-518.

Wie er außer der formalen Gestaltung der Synodenabläufe auf den Inhalt ihrer Dekrete Einfluss nahm, soll an wenigen Beispielen verdeutlicht werden.

Aus der Feder des Erzbischofs stammt z.B. Dekret 25 im Abschnitt über »Das persönliche Gebet« des Priesters[143]: »Der katholische Priester ist kaum zu denken ohne ein inniges Verhältnis zur Gottesmutter Maria, der Mutter seines Meisters, der Mutter aller Christen und insbesondere der Priester«. Dem Priester legt das Dekret die Verbundenheit mit Maria und die Marienfrömmigkeit nahe. »Besonders gern und möglichst alle Tage wird er den Rosenkranz beten, um mit den Augen Mariens die großen Geheimnisse unseres Glaubens immer wieder mitzuerleben und ihre mächtige Fürbitte für die Kirche Gottes zu erflehen«. Wir begegnen hier der Marienfrömmigkeit des Erzbischofs Frings, die ihren aktuellen Anstoß durch das anstehende »Marianische Jahr 1954« erhielt, jedoch letztlich durch die Marienfrömmigkeit der Mutter des Kardinals seit frühen Kindertagen grundgelegt wurde.

In das der Jugendseelsorge gewidmete Dekret 277 ließ der Erzbischof als § 4 einfügen[144]: »Besondere Bedeutung kommt in unseren Tagen der Seelsorge am Landvolk und der Landvolkjugend zu ... Es ist ein dringendes Seelsorgeanliegen unserer Zeit, in den Dörfern eine Gruppe von Menschen zu schaffen, die der weiteren Entchristlichung des Dorfes sich entgegenstellen und positiv die christlichen Kräfte zusammenfassen ...«. Frings war seit dem Einströmen der Flüchtlinge in die ländlichen Regionen des Erzbistums über die damit verbundenen Verschiebungen und Veränderungen in der Mentalität der Landregion besorgt.

Das Jahr 1954 sollte mit den Anfängen der Partnerschaft der Erzbistümer Köln und Tokio auch den Beginn der weltkirchlichen Öffnung im Wirken des Erzbischofs Frings markieren. Wie ein Vorbote wirkt die Einfügung des von Frings geschriebenen Dekrets 300 »Neue Formen der Seelsorge«[145]: »... Es wäre kein gutes Zeichen für den Eifer oder für die schöpferische Kraft der Seelsorge, wenn die ständig wechselnden Zeitverhältnisse nicht auch zu ständig neuartigen Formen der Seelsorge anregten«. Nach einem kurzen Hinweis auf die in Deutschland beheimatete Schönstatt-Bewegung blickte der Erzbischof über die Grenzen: »Vom Ausland her bieten sich mancherlei neue Formen der Seelsorge an«. Frings nannte aus Belgien die CAJ, »die mit einer neuen Methode den

143 Hs. Entwurf von Dekret 25: HAEK – Gen II 5.4, 25.
144 Hs. Entwurf (noch unter einer anderen Nummernzuweisung): HAEK – Gen II 5.4, 19.
145 Hs. Entwurf »Nach Dekret 300« (im Text Dekret 300): HAEK – Gen II 5.4, 19.

jungen Arbeiter zum Apostel seines jungen Kollegen machen will«, »die ›Auxiliaires‹, Helferinnen des Bischofs, eine Gründung Kardinal Merciers«, ein Säkularinstitut. Es folgen Hinweise auf das spanische »Opus Dei«, auf die in Irland beheimatete »Legio Mariae«, auf die aus den Niederlanden bekannten Bemühungen um »Konvertiten und Konvertenden«, die »bei uns unter dem Namen ›Fides‹ Gestalt gewonnen haben«.

In etwas überarbeiteter bzw. verkürzter Form übernahm Dekret 300 vom Erzbischof[146]: »Es bleibt vor allem das große Seelsorgsproblem, wie es möglich ist, in die breite Welt der abständig oder gar ungläubig gewordenen Arbeiter vorzustoßen. *Frankreich, wo dieses Problem noch brennender ist als bei uns, unter Führung unvergesslichen Kard[inals] Suhard ..., gibt hier ein Vorbild des Idealismus, der Selbstlosigkeit und des religiösen Schwunges, wenn auch die dort entwickelten Formen nicht ohne weiteres auf unsere Verhältnisse übertragbar sind.* Mögen der Eifer und die Erfindungskraft des Klerus, von Gottes Gnade geführt, niemals erlahmen, um immer neu die Botschaft Christi der Welt zu verkünden und sein Reich auszubreiten!«

Das besondere Interesse des Erzbischofs an der Wahrung einer liturgischen Kultur wird an einem Text deutlich, den er selbst unter der Überschrift »Das Hochamt« (Dekret 529) einfügen wollte, der dann aber in Dekret 909 § 2 innerhalb des Abschnitts »Kirchenmusik und Kirchenmusiker« unter der Überschrift »Der gregorianische Choral« seinen definitiven Ort fand[147]: »Das sogenannte ›Deutsche Hochamt‹, bei dem das Volk mit deutschen Liedern die vom Priester gesungene Messe begleitet, wird laut Entscheid des Staatssekretariates vom 24. September 1943 für Deutschland toleriert, ist aber in der Kölner Erzdiözese nicht üblich *und wird daher zur Einführung nicht empfohlen«.* Bei der heutigen Lektüre einer solchen Bestimmung werden uns die Reformen des II. Vatikanischen Konzils im Bereich der Liturgie bewusst.

Dass auch Voten des Erzbischofs bei der Redaktion der schemata bzw. bei den Synodalen nicht ohne weiteres übernommen wurden, macht Dekret 290 »Aufgaben der Frauenseelsorge« deutlich. Kardinal Frings hatte als § 3 gewünscht[148]: »Das unübertreffliche Idealbild der christlichen Frau und Mutter ist Maria, die Magd des Herrn, die Königin des Himmels und der Erde. Es wäre töricht und unverantwortlich, wollte die katholische Frauenseelsorge diesen Schatz nicht gebührend ausnützen. Alle Frauen-

---

146 Der *kursiv* gesetzte Satz wurde nicht in den definitiven Synodentext übernommen.

147 Hs. Entwurf: HAEK – Gen II 5.4, 25. Der *kursiv* gesetzte Halbsatz wurde in die Endfassung des Synodentextes nicht übernommen.

148 Hs. Entwurf auf der Druckfahne des schema decretorum: HAEK – Gen II 5.4, 67.

seelsorge stehe [unter] dem besonderen Patronat der unbefleckt empfangenen Jungfrau«. Es ist aus den Akten nicht zu ermitteln, wie dem Erzbischof diese Einfügung abgerungen wurde. Der von ihm schließlich approbierte Synodentext enthält sie jedenfalls nicht.

Wenn der Erzbischof den definitiven Text der Synoden-Dekrete erst durch förmlichen Erlass vom 5. Juli 1954 veröffentlichte und in Kraft setzte sowie ab 1. Dezember 1954 für verbindlich erklärte[149], so war dieser späte Termin durch die Einarbeitung der Synoden-Beratungen und –Beschlüsse in den endgültigen Text und in der Vorbereitung der Drucklegung durch den Bachem-Verlag begründet. Die Veröffentlichung des Erlasses im »Kirchlichen Anzeiger« wurde bis zum 1. November 1954 hinausgeschoben, weil man erst zu diesem Zeitpunkt die Auslieferung des gedruckten Werkes »Mitte November ... an die aktiven Diözesanpriester einschließl. der Subsidiare sowie an die Kirchengemeinden« ankündigen konnte[150]. In seinem Erlass vom 5. Juli kündigte der Erzbischof weiter an: »In Verbindung mit diesen Dekreten der Diözesan-Synode wird ein dritter Band ›Corsten, Sammlung kirchlicher Erlasse, Verordnungen und Bekanntmachungen für die Erzdiözese Köln‹ erscheinen. In ihm sind jene Erlasse, Verordnungen und Bekanntmachungen aufgenommen, die bei der Abfassung der Dekrete maßgebend waren, aber wegen ihres Umfanges ... nicht dem ganzen Wortlaut nach aufgenommen werden konnten ... Dieser dritte Band ... ist in derselben Weise und vom gleichen Zeitpunkt an verbindlich wie die Dekrete der Diözesan-Synode«[151].

Hatte Frings schon bei der Ankündigung des Synoden-Termins für 1950 zu kurz gegriffen, so galt das um so mehr für den 1289 Seiten starken Band »Corsten III«, zu dem Generalvikar Jansen am 8. Mai 1967 nach mehrjährigen Arbeiten seiner nächsten Mitarbeiter das Vorwort unterzeichnen konnte und der im September 1967 erschien. Das erste in diesem Band publizierte Dokument ist der Glückwunsch des Präfekten der Konzilskongregation, Kardinal Ciriaci, vom 16. Februar 1956 an Kardinal

149 Oberhirtlicher Erlass zur Diözesan-Synode 1954, 5. Juli 1954, veröffentlicht unter »Bekanntmachungen des Erzbischöflichen Generalvikariates« am 23. Oktober 1954 (Stück 26 v. 1. 11. 1954): KA 94, 1954, Nr. 443, S. 349-351.

150 Korrespondenz mit dem Verlag Bachem 1954: HAEK – Gen II 5.4, 2.

151 Kardinal Schultes langjähriger Geheimsekretär, der spätere Domkapitular Dr. Wilhelm Corsten, hatte 1929 und 1935 die Erlasse und Verordnungen zwischen den Diözesan-Synoden 1922 und 1937 unter diesem Titel herausgegeben und firmierte auch als Herausgeber des »Corsten III«, der den exakten Titel tragen sollte: Corsten III, Sammlung von Erlassen und Verlautbarungen aus dem kirchlichen und weltlichen Bereich zu den Dekreten der Kölner Diözesan-Synode 1954, herausgegeben vom Erzbischöflichen Generalvikariat Köln, Köln 1967.

Frings[152]. Frings hatte wohl nach Erscheinen des Synoden-Bandes Ende 1954 den Abschluss der Synode ordnungsgemäß bei der Konzilskongregation zur Kenntnis gebracht. Nun spendete der Kardinalpräfekt dem Werk hohes Lob: »Von besonderer Wichtigkeit und von nicht geringem Nutzen scheinen auch die Bestimmungen über den Laienstand in der Kirche zu sein und über die Seelsorge in den Gebieten, in denen Katholiken und Nichtkatholiken miteinander leben«.

Als »Corsten III« erschien, hatte längst die Umsetzung der Beschlüsse des II. Vatikanischen Konzils begonnen, die im Rechts- und liturgischen Bereich einschneidende Veränderungen brachten. Während 1983 ein neuer Codex Iuris Canonici die nachkonziliare Rechtsordnung weltkirchlich kodifizierte, steht eine »Fortschreibung« der Kölner Diözesan-Synode 1954 aus. Ob sie zu leisten ist und überhaupt sinnvoll wäre, sei dahingestellt.

---

[152] Schreiben der Hl. Konzilskongregation zur Kölner Diözesan-Synode 1954 16. Februar 1956: Corsten III, S. 7; vgl. auch KA 96, 1956, S. 111 f.

IX. KAPITEL

HÖHEPUNKTE KIRCHLICHEN LEBENS IN DEN FÜNFZIGER JAHREN

1. Das »Heilige Jahr 1950«, die Dogmatisierung der leiblichen Aufnahme Mariens in den Himmel und das »Marianische Jahr 1954«

a) Das »Heilige Jahr 1950« und die Dogmatisierung der leiblichen Aufnahme Mariens in den Himmel

Den bereits erwähnten Weihnachtsbrief an Pius XII. 1950 begann Kardinal Frings mit einem Dank für das »Heilige Jahr« und das jüngste Mariendogma[1]: »Welchen Aufschwung des religiösen Lebens, welche Belebung des Treueverhältnisses zum Stuhle Petri, welche Begeisterung für die verehrungswürdige Person Ew. Heiligkeit hat das Heilige Jahr auch den deutschen Katholiken, nicht zuletzt unserer Jugend gebracht! Wenn ich bedenke, dass ich zu Beginn des Jahres von den britischen Behörden gedrängt wurde, mich mit der Zuteilung von Devisen für 10.000 Pilger zufrieden zu geben, so bin ich heute froh, dass ich damals meine Zustimmung verweigert habe; ist doch etwa 80.000 deutschen Pilgern das Glück der Romfahrt zuteil geworden«. An späterer Stelle des Briefes fügte der Kardinal hinzu: »Es war für uns ein besonderer Trost, in dem Handschreiben vom 14. Oktober zu lesen, dass die Haltung der deutschen Rompilger einen guten Eindruck gemacht habe«[2].

Zur Verkündigung des Mariendogmas am 1. November 1950 schrieb der Kardinal: »Ein unvergessliches Erlebnis wird uns allen der 1. November 1950 sein, an dem Ew. Heiligkeit die Lehre von der Assumptio B[eatae] M[ariae] V[irginis] zum Dogma erhoben. In Deutschland haben wir – nachdem Münster [oder München?] bereits am 5. Nov[ember] vorauf gegangen war –, am Feste der Unbefleckten Empfängnis Mariä bzw. am Sonntag darauf in allen Diözesen die Huldigungsfeier an die Himmelskönigin durchgeführt, in deren Mittelpunkt das von Ew. Heiligkeit verfasste Gebet stand[3]. Im Kölner Dom fand die Feier am Abend des 8. Dezember

---

1 Frings an Pius XII. 12. Dezember 1950 (hs. Entwurf): HAEK – CR II 1.14, 1.

2 Schreiben des Hl. Vaters an die Fuldaer Bischofskonferenz 14. Oktober 1950: KA 90, 1950, Nr. 485, S. 455-459: »... inter Christifidelium turmas quae Romam venerunt, etiam decore et religiosa pietate spectabiles ...«.

3 Papst Pius' XII. Gebet zur verklärten Gottesmutter. Verfasst zur feierlichen Verkündigung ihrer leiblichen Aufnahme in den Himmel: KA 90, 1950, Nr. 426, S. 404 f.

unter großer Anteilnahme des Klerus und der Gläubigen statt. Die Constitutio Apostolica gab mir die willkommene Anregung, die Tradition der Kölner Kirche in diesem Punkt über 1000 Jahre hinaus zurückzuverfolgen, beginnend von (!) dem Schreiben Papst Hadrians I. an Karl den Großen über Erzbischof Konrad von Hochstaden, der am 15. August 1248 den Grundstein zum Kölner [Dom] legte, weshalb die Virgo in coelum assumpta 2. Patronin des Kölner Domes ist, über Albert den Großen, Thomas von Aquin, Duns Skotus, die alle in Köln gelehrt haben, zu Petrus Canisius und zum Bau der großen Mariä Himmelfahrtskirche der Jesuiten Anfang des 17. Jahrhunderts«.

Dass Frings mit allen Details und Ereignissen auf der Höhe der Geschichte der Marienverehrung im Erzbistum Köln stand, hatte mit der Vorgeschichte der Dogmatisierung zu tun. Am 1. Mai 1946 hatte Papst Pius XII. sich mit einem Rundschreiben an den Weltepiskopat gewandt und die einzelnen Bischöfe um Rückäußerung gebeten, ob der Papst den an seine Vorgänger und an ihn selbst gerichteten Bitten entsprechen sollte, die leibliche Aufnahme Mariens in den Himmel zu dogmatisieren und ob Klerus und Volk in den Diözesen das wünschten[4].

Der Kardinal, der wohl auch ohne Beratung dem Wunsch des Papstes zugestimmt hätte, ließ sich immerhin von drei Theologen, darunter zwei Fach-Dogmatikern, beraten. Es waren der Bonner Lehrstuhlinhaber für Dogmatik Bernhard Geyer, der Seminardogmatiker Carl Feckes und Weihbischof Dr. Wilhelm Stockums[5]. Entweder kam das päpstliche Rundschreiben relativ spät in Köln an oder aber Frings entschloss sich erst spät, Gutachten einzufordern.

Geyer kündigte am 13. Oktober 1946 an[6], dass er »das gewünschte Gutachten erst nach [seiner] Rückkehr nach Bonn Ende Okt[ober] anfertigen« könne, »jedoch will ich schon jetzt einige Gedanken darüber zum Ausdruck bringen«. Zunächst bemerkte Geyer, dass die Fragen »mit welcher Andacht Klerus und Volk der Erzdiözese Köln die Himmelfahrt Ma-

---

4 Rundschreiben Pius' XII. an den Weltepiskopat 1. Mai 1946 (lateinisch): HAEK – Gen II 29.4d, 1.

5 Bernhard Geyer (1880–1974), 1921 bzw. 1927 Professor für Dogmatik in Bonn, Scholastikforscher, Gründer und seit 1931 Leiter des Albertus-Magnus-Instituts in Bonn und seit 1951 Herausgeber der Editio Coloniensis der Werke Alberts des Großen: W. KLUXEN, in: LThK 4, ^{3}1995, Sp. 635. – Carl Feckes (1884–1958), 1929–1958 Dogmatikprofessor des Kölner Prieterseminars, Erforscher M. J. Scheebens: H. J. HECKER, Chronik, S. 266 ff.; F. COURTH, in: LThK 3, ^{3}1995, Sp. 1203. – Wilhelm Stockums (1877–1956), 1912–1932 Direktor des Collegium Leoninum in Bonn, 1932–1956 Weihbischof in Köln: E. HEGEL, in: GATZ, Bischofslexikon 1945-2001, S. 297.

6 Geyer an Frings 13. Oktober 1946 (hs.): HAEK – Gen II 29.4d, 1.

riens verehren« und »ob Klerus und Volk die Definierung wünschen« von »anderer Seite kompetenter beurteilt werden« könnten. »Nach meiner persönlichen Meinung ist besonders durch das Fest Mariä Himmelfahrt die Verehrung Mariens als regina coeli seit alters allgemein und sehr lebendig. Die Vorstellung der leiblichen Aufnahme ist darin mit eingeschlossen, ohne dass man sich freilich dabei immer bewusst ist, dass es sich dabei um ein Privileg [handelt] und worauf dieses beruht ... Dass ein Wunsch nach Definierung bei Klerus und Volk bestände, ist mir nicht bekannt. Aber ich bin ja auch z. B. über die Schönstatt- u[nd] andere Bewegungen nur sehr schwach vom Hörensagen unterrichtet«.

»Punkt 2 ist der eigentlich dogmatische, die Definibilität. Dass darüber gefragt wird, zeigt schon, dass hier Schwierigkeiten bestehen. Da die Hl. Schrift nichts hierüber lehrt und die Tradition erst spät nachweisbar und dann mit legendarischer Ausschmückung verdunkelt ist, bereitet der Nachweis, dass die Lehre in verbo Dei scripto vel tradito enthalten sei, Schwierigkeiten. Man könnte sich nur darauf berufen, dass der spätere Glaubenskonsens das Enthaltensein in der Offenbarung verbürgt«.

»Ob bei dieser genauer zu behandelnden Schwierigkeit und der Tatsache, dass ein Streit über diese Lehre selbst nicht besteht, die Definierung opportun ist, darüber sei, wie wohl ich darum nicht gefragt bin, eine Bemerkung gestattet. Innerkirchlich wird die Definierung keinen Widerspruch finden, aber da die Vorstellung allgemein vorhanden ist, auch keine besondere Wirkung hervorrufen ... In außerchristlichen Kreisen wird man darin eine rein innerkirchliche Angelegenheit sehen, für die man sich nicht interessiert, indem man es so darstellen wird, als ob damit eine alte Legende zum Dogma gemacht worden sei. Bei den getrennten Kirchen, der griech[isch] orthod[oxen] u[nd] den protest[antischen], wird die Definierung lebhaften Widerspruch und Kritik finden ...«.

Geyer hatte wohl selbst den Eindruck, mit dieser Stellungnahme nicht die Erwartungen des Erzbischofs getroffen zu haben. So schloss er, beinahe sich entschuldigend: »Vielleicht hat diese meine mehr kritische Beurteilung der Frage für die Kirche auch ihren Wert«. Das ausführliche Gutachten von Professor Geyer, das im gleichen Sinne, wenn auch etwas behutsamer formuliert wurde, trägt den handschriftlichen Randvermerk »Dez. 1946«[7]. Doch bereits am 27. Oktober 1946 unterzeichnete Frings ein Schreiben an den Papst, das zum größten Teil aus einem überarbeite-

[7] Gutachten über die Definition der Lehre von der leiblichen Aufnahme Mariens in den Himmel an S. Eminenz ... erstattet von Professor Dr. Geyer, Prälat: HAEK – Gen II 29.4d, 1.

ten Gutachten von Carl Feckes zu stammen scheint[8]. Frings begann handschriftlich: »Wie ich in meiner Audienz am 6. 3. d[ieses] J[ahres] es schon mündlich tat, so möchte ich heute ..., nach Gebet und eingehendem Studium der Frage, Eurer Heiligkeit die untertänige und innige Bitte zu Füßen legen, zur größeren Ehre der Gottesmutter ihre leibliche Aufnahme in den Himmel als Glaubenslehre zu verkünden«. Als Antwort auf das Rundschreiben des Papstes vom 1. Mai 1946 fügte Frings nun den Text des Gutachtens von Feckes an. Es ist hier nicht möglich, den Text des sechs engbeschriebene Schreibmaschinenseiten umfassenden Gutachtens zu referieren. An dem sehr detaillierten, dogmengeschichtlich argumentierenden Text fällt auf, dass er in der Substanz gar nicht so weit von Geyers Positionen entfernt ist.

Im letzten Abschnitt stellt das Gutachten sich der Frage: »3. Wird eine Definierung von Klerus und Volk gewünscht?« Der Kardinal übernahm von Feckes (Geyers Positionen sehr ähnlich): »Über eine solche Angelegenheit pflegen weder Volk noch Klerus sich eine Rechenschaft zu geben, wenn sie nicht direkt dazu aufgefordert werden. Doch würde das katholische Volk höchst wahrscheinlich sehr erstaunt sein, wenn ihm klar gemacht würde, diese Lehre gehöre noch nicht zu den eigentlichen Glaubenswahrheiten ...«. Dass die Äußerung Geyers den Kardinal nicht unbeeindruckt gelassen hatte, zeigte sein Zusatz: »Es werden einige Priester sein, die befürchten, durch die geplante Definierung könnten die zentralen Dogmen des Glaubens ein wenig in den Hintergrund geschoben oder es könnten die andersgläubigen Christen dadurch vor den Kopf gestoßen werden. Die Mehrheit des Kölner Klerus aber wird die Definierung der Himmelfahrt Mariens mit Freuden begrüßen, ja mit Begeisterung aufnehmen«.

Es scheint, dass Frings seine deutsch abgefasste Eingabe an den Papst vom 27. Oktober 1946 erneut an Feckes zurückreichte mit der Bitte um Überprüfung und vor allem um lateinische Übersetzung. Am 4. November 1946 antwortete Feckes: »Mit Beigefügtem hoffe ich, allen erforderlichen Ansprüchen gerecht geworden zu sein, sowohl was die inhaltliche wie was die sprachliche Seite angeht. Letztere habe ich durch den sehr gewichten (!) Lateiner, Herrn Religionslehrer Paul Simon[9], durchschauen

[8] Der Haupttext, dem Frings eine hs. Einleitung vorausschickt, den er hs. bearbeitet, kürzt und wieder mit hs. Schlussbemerkungen versieht, am 27. Oktober 1946 signiert, trägt die Überschrift »Gutachten über die Definierbarkeit der Lehre von der leiblichen Aufnahme Mariens«. Das Gutachten ist mit dem gleichen violetten Farbband geschrieben wie Feckes' nachfolgend zitierter Brief an Frings vom 4. November 1946: HAEK – Gen II 29.4d, 1.

[9] Paul Simon (1902–1987), 1927 Priesterweihe in Köln, nach verschiedenen Seelsorge- und Schulstellen seit 1951 wissensch. Mitarbeiter, schließlich stellv. Leiter des Albertus-Mag-

lassen und seine Verbesserungs- und Verschönerungsvorschläge hineingearbeitet ...«.

Etwas verspätet übersandte am 5. November 1946 Weihbischof Dr. Stockums sein am 3. November unterzeichnetes, ebenfalls sechsseitiges Gutachten an den Erzbischof[10]. Auch darin waren dogmatisch und dogmengeschichtlich sehr differenziert und sauber die Argumente zur Definierbarkeit des Assumptio herausgearbeitet. Auch der Weihbischof nahm in der inhaltlichen Substanz keine von Bernhard Geyer und Carl Feckes wesentlich verschiedene Position ein. Stockums kam zu der »Schlussfolgerung. Überblickt man die dargelegten Argumente und auch die erwähnten Bedenken noch einmal in gemeinsamer Schau, so darf gefolgert werden, dass man *unbedenklich der Definition der leiblichen Aufnahme Mariens zustimmen kann.* Das neue Dogma würde einen gewissen Abschluss und eine weithin sichtbare Krönung der gesamten Mariologie darstellen und dem sog[enannten] marianischen Zeitalter eine besondere Weihe geben. Von der beabsichtigten Definition darf gelten: *Licet, decet, expedit«*[11].

Stockums wusste wohl – oder war angemahnt worden? – , dass er sich mit seinem Votum zu viel Zeit gelassen hatte. Im Begleitschreiben vom 5. November 1946 schrieb er dem Kardinal: »Sollte es auch inzwischen überholt worden sein, so hat es vielleicht doch noch irgend einen Zweck. Mir selbst hat das Studium der Frage, für das mir leider nur kurze Zeit zur Verfügung stand, besondere Freude bereitet und mich für aufgewandte Mühe reichlich entschädigt«.

Es scheint, dass Frings mit der Absendung des lateinischen Votums bis zum 6. Januar 1947 gezögert hat, weil er auch die Voten von Stockums und von Geyer noch abwarten und ernstnehmen wollte[12]. Doch ist davon auszugehen, dass der vom Kardinal am 6. Januar 1947 unterzeichnete Text im wesentlichen die von Feckes am 5. November 1946 übersandte lateinische Vorlage darstellt.

Im Vorfeld der Dogmatisierung wurde (wie später bei der Diözesan-Synode 1954) die Marienfrömmigkeit des Priesters und Erzbischofs Josef

---

nus-Instituts in Bonn, 1977 Ehrendomherr in Köln: HANDBUCH DES ERZBISTUMS KÖLN. Personaler Teil, [27]1985, S. 139.

10 Stockums an Frings, hs. Anschreiben 5. November 1946, »Votum über die Definierbarkeit der leiblichen Aufnahme Marias in den Himmel« 3. November 1946: HAEK – Gen II 29.4d, 1.

11 Diese Folge »licet, decet, expedit« hatte Pius XII. in seinem Rundschreiben an den Weltepiskopat vom 1. Mai 1946 verwandt.

12 Frings an Pius XII. 6. Januar 1947 (unterschr. Kopie); Eingangsbestätigung aus Rom: Montini, Staatssekretariat, an Frings 10. März 1947 HAEK – Gen II 29.4d, 1.

Frings überdeutlich, in der er ganz auf der marianischen Linie Papst Pius' XII. lag. Auf die Neusser Wurzeln dieser Marienfrömmigkeit fällt ein erhellendes Licht durch einen Brief des langjährigen Pfarrers an St. Kolumba in Köln, Josef Geller, der in jungen Jahren zu Anfang des 20. Jahrhunderts als Kaplan an St. Quirin in Neuss tätig gewesen war. Er schrieb dem Kardinal am 1. August 1948[13]: »Darf ich Dich in diesem Zusammenhang daran erinnern, welch tiefen Eindruck wir Neusser Kapläne in Deinen Jugendjahren empfingen, wenn wir Euch wie überhaupt die ganze hl. Familie[14] regelmäßig, besonders an den Muttergottesfesten, an der Kommunionbank vereinigt sahen? Wie oft habe ich mit Hammels sel. Angedenkens[15] darüber gesprochen! Wie eigenartig, dass die Domfeier [1948] auf das Fest der Himmelfahrt Mariä fällt, und welch glücklicher Gedanke, am 22. August, dem Feste des unbefleckten Herzens, die Erzdiözese diesem zu weihen!«

Wie treffend alle Gutachter des Kardinals und dieser selbst in seinem Briefentwurf an den Papst vom 27. Oktober 1946 die Reaktion der Reformationskirchen auf das Assumpta-Dogma eingeschätzt hatten, erwies eine »Erklärung der lutherischen Bischofskonferenz zu dem durch den Papst in Rom definierten Dogma von der leiblichen Aufnahme Mariens in den Himmel« aus den letzten Wochen des Jahres 1946[16]. Nach ähnlichen Formulierungen wie die Gutachter des Kardinals über die defizitäre biblische und frühpatristische Begründbarkeit des Dogmas folgerten die Lutheraner: »Maria erhält eine sie von der übrigen christlichen Gemeinde unterscheidende christusähnliche Würde und Rangstellung ... Der Papst verlässt den bisherigen Grundsatz, dass nur das wahrhaft katholisch ist, ›was überall, was immer und was von allen geglaubt worden ist‹«. Die Volksfrömmigkeit werde den Unterschied der Theologen zwischen der »Verehrung Mariens« und der »der Heiligen Dreieinigkeit geschuldeten Anbetung« bald übersehen. »Unseren Gemeinden aber bezeugen wir in dieser Stunde das alleinige Heil in Christo, dem Gekreuzigten und Auferstandenen ...«.

13 Josef Geller an Frings 1. August 1948: HAEK – Gen II 29.4d, 2. – Zu Josef Geller (1877-1958), 1900-1911 Kaplan an St. Quirin in Neuss, 1911-1913 Rektor an Dreikönigen in Neuss, 1933-1946 Pfarrer an St. Kolumba in Köln, ab 1946 Krankenhausseelsorger in Köln Bayenthal: HANDBUCH DES ERZBISTUMS KÖLN [24]1954, S. 923.

14 Mit »hl. Familie« wird in Neuss ein Kreis miteinander versippter Industriellenfamilien bezeichnet, zu dem auch die Familie Frings gehörte. Die zur »hl. Familie« zählenden Familien waren alle nicht arm und kirchlich orientiert.

15 Gemeint ist: Josef Hammels (1868–1944), 1894–1904 Kaplan in Neuss, 1922-1924 Pfarrer an St. Gereon in Köln, 1924-1944 Weihbischof in Köln: E. HEGEL, in: E. GATZ, Bischofslexikon, S. 281.

16 »Die lutherischen Bischöfe zum Mariendogma. Erklärung der lutherischen Bischofskonferenz ...« ohne Datum, wohl aus einer Zeitschrift ausgeschnitten: HAEK – Gen II 29.4d, 2.

Als Franz Groner dem Kardinal am 2. Januar 1951 »den Entwurf einer Erwiderung« ankündigte[17], äußerte er Bedenken über die Form einer Veröffentlichung, durch die man »weite Kreise des katholischen Volkes unnötiger Weise erst auf die Erklärung aufmerksam« mache.

Kardinal Frings entsann sich 1973 einer weiteren Äußerung von evangelischer Seite zur Definition der leiblichen Aufnahme Mariens in den Himmel[18]: Der Ratsvorsitzende der EKD (bis 1949), Landesbischof Wurm in Stuttgart, habe sich bei ihm gemeldet. »Er forderte mich auf, mich gegen die Dogmatisierung dieser Lehre zu wenden, denn das Erste Vaticanum ... habe die Unfehlbarkeit des Papstes deshalb verkündigt, um das Marianische Dogma von der Unbefleckten Empfängnis Mariens nachträglich zu rechtfertigen und für die Zukunft die Türe für ähnliche Dogmatisierungen zu Ehren Mariens durch den Papst zu öffnen«. Frings ließ sich davon jedoch nicht beeindrucken. »So bin ich denn auch im Jahre 1950 zur Verkündigung dieser Glaubenswahrheit nach Rom gefahren und habe die Urkunde darüber mit unterzeichnet. Ich war glücklich, etwas zur weiteren Ehre der Gottesmutter beitragen zu können«.

b) Das »Marianische Jahr 1954«

Was den Kölner Erzbischof Frings mit Papst Pius XII. in besonderer Weise verband, war die gleiche Intensität der Marienverehrung und die Absicht, diese auch amtlich zu fördern. Schon am 7. November 1942 hatte Pius XII. in der Not des II. Weltkrieges die Welt in einem Weihegebet dem »Unbefleckten Herzen Mariä« geweiht und diesen Akt weltkirchlich zur Nachahmung vorgeschrieben[19]. 1944 erhob er den schon länger bestehenden Mariengedenktag dieses Titels zu einem weltkirchlich vorgeschriebenen »Fest« am Oktavtag von Mariä Himmelfahrt (22. August)[20].

Die Bistumsakten unter dem Titel »Maria et Mariana«[21] lassen erkennen, wie die marianische Linie des Papstes und des Kölner Erzbischofs auf breites Echo bei zahlreichen Gläubigen stieß. Es entwickelte sich eine rege Korrespondenz und Information zwischen marianischen Vereinigungen wie einzelnen Marienverehrern und dem Erzbischof. Am 2. Februar 1949 schrieb der Kardinal dem Pfarrer Franz Krüger in Leverkusen-

---

17 Groner an Frings 2. Januar 1951: Ebd.

18 J. FRINGS, Für die Menschen bestellt, S. 165 f.

19 Dazu Hirtenworte und Durchführungsverordnungen des Erzbischofs: KA 83, 1943, S. 47 f., S. 70, S. 76 f. Weihegebet Pius' XII. an das unbefleckte Herz Mariens: Ebd., S. 17.

20 Vgl. Schott-Messbuch, Freiburg 1956, S. 1016-1020; Rang des Festes nach damaliger Ordnung: »Duplex II. class.«.

21 HAEK – Gen II 29.4d, 1-4.

Schlebusch auf einen Brief des Abtes von Tongerloo hin[22]: »Da mir bekannt ist, dass Sie großes Interesse für die ›Herz-Mariä-Andacht‹ haben, und mir viel darin liegt, dass diese Andacht in kluger Weise bei uns gefördert werde, erlaube ich mir die Anfrage, ob Sie eine Verbindung Ihres ›Herz-Mariä-Dienstes‹ mit den Anregungen des Herrn Abtes für möglich und ratsam halten«.

Noch ehe Frings auf einen zustimmenden Bescheid aus Leverkusen mit einem amtlichen Auftrag antworten konnte[23], beschwerte sich der Direktor des Collegium Borromaeum in Münster bei Prälat Böhler über Krüger, der die Theologen in Münster zur Mitarbeit bei der Förderung der Herz-Mariä-Verehrung während der Ferien aufgefordert hatte[24]: »Für die Betreibung dieser an sich löblichen Angelegenheit werden in dem Schreiben [Krügers] Preise ausgesetzt, u.a. Stoff für einen neuen Anzug, Care-Pakete, Bücher. Wir sind hier der Auffassung, dass es reichlich geschmacklos erscheint, die ernste Bemühung um schwebende dogmatische Fragen in dieser Weise mit wirtschaftlichen Dingen zu verquicken«. Dieser Ansicht war man auch in Köln. Die marianische Begeisterung führte nach Ausweis der Akten neben löblichem Eifer religiöser Menschen gelegentlich zu theologischen oder – wie in diesem Fall – zu in Stilfragen nicht verständlichen Ausrutschern.

Weihbischof Stockums hatte 1946 die Vermutung geäußert: »Das neue Dogma würde einen gewissen Abschluss und eine weithin sichtbare Krönung der gesamten Mariologie darstellen und dem sog[enannten] marianischen Zeitalter eine besondere Weihe geben«[25]. Doch das Dogma gab der Marienverehrung neuen Auftrieb, zumal sich im Jahre 1954 die Dogmatisierung der »Unbefleckten Empfängnis Mariens« zum 100. Mal jähren sollte.

Da die Vorbereitungen des Marianischen Jahres aus diesem Anlass erst mit der Ankündigung durch das Rundschreiben Pius' XII. »Fulgens corona« vom 8. September 1953 beginnen[26], scheint sich der Papst ziemlich

---

22 Frings an Krüger 2. Februar 1949 (sign. Kopie): HAEK – Gen II 29.4d, 2.

23 Krüger an Frings 11. Februar 1949, darauf Marginalverfügung des Erzbischofs »16. 2. 49 Auftrag an Pfr. Krüger, im dargelegten Sinn mit dem Herrn Abt von Tongerloo in Verbindung zu treten. +J.«: Ebd.

24 Direktor W. Delbeck, Münster, an Böhler 16. Februar 1949; Antwort Böhlers an Delbeck 19. Februar 1949 (sign. Kopie): Ebd.

25 Vgl. oben Anm. 10.

26 Msgr. Opilio Rossi, Nuntiatur Bad Godesberg, an die deutschen Bischöfe 13. Oktober 1953 (übersendet »Fulgens corona«): HAEK – Gen II 29,4d, 2; Druck des päpstlichen Rundschreibens: KA 93, 1953, Nr. 472, S. 413-427: Akten Seiner Heiligkeit Papst Pius' XII. Ankündigung eines Marianischen Jahres (deutsche Übersetzung der Enzyklika, Stück 28 des KA vom 1. November 1953).

kurzfristig zu diesem Jubiläumsjahr entschlossen zu haben, das vom 8. Dezember 1953 bis zum 8. Dezember 1954 angesetzt wurde. Unter den Anweisungen am Schluss forderte der Papst zu »Predigten und Vorträgen«, zum »Gemeinsamen Beten vor dem Gnadenbild der Gottesmutter« in den Kirchen, zu »Wallfahrten zu dem Diözesanheiligtum Mariä« auf. Auch nannte der Papst die dringenden Anliegen der Christenheit, in denen man die Gottesmutter um ihre Fürbitte anrufen sollte.

Kardinal Frings war zweifellos spontan mit dem Projekt des »Marianischen Jahres« einverstanden. Doch erst am 2. Adventssonntag trat er in einem Hirtenwort mit ersten Überlegungen zur Gestaltung des Jahres vor seine Gläubigen[27]: »Wo sollte dieser Ruf [des Papstes] freudigeren Widerhall finden als bei uns, in der Stadt und in der Erzdiözese Köln!« Frings erinnerte an die Festfeiern in Köln vor 100 Jahren und an die aus Anlass des Dogmas von 1854 errichteten Stiftungen, »die Mariensäule, die jetzt auf dem Geronsdriesch in Köln steht, und das Marienkrankenhaus gegenüber St. Kunibert. Ist doch die Erzdiözese Köln nachweislich seit dem Jahre 1662 durch Erzbischof Maximilian Heinrich der unbefleckt empfangenen Jungfrau als ihrer Hauptpatronin geweiht. Und das wieder ist nicht zu verwundern; denn schon 1307 vertrat der scharfsinnige Minoritentheologe Duns Skotus in Köln die These von der unbefleckten Empfängnis Mariens und fand für sie die klassische Formulierung und Begründung, dass Gott der Herr Maria wegen der vorhergesehenen Verdienste ihres Sohnes vor jeder Makel der Erbsünde bewahrt habe. Zu dem besitzt unsere Diözese das älteste Gnadenbild der unbefleckt empfangenen Jungfrau in Deutschland, das seit dem Jahre 1680 in Neviges hoch verehrt wird«.

Im zweiten Abschnitt des Hirtenbriefes ging der Kardinal auf die Gestaltung des Marianischen Jahres im Erzbistum Köln ein: »So rufe ich denn Stadt und Erzdiözese auf, das Marianische Jahr von ganzem Herzen und mit großem Eifer mitzufeiern ...«. Frings selbst wollte am 8. Dezember 1953 im Dom und am 13. Dezember in Neviges das Jahr eröffnen. Er forderte die Pfarreien zu Wallfahrten »zu einem der vielen Marienheiligtümer unserer oder der Nachbardiözesen« auf[28], die Gläubigen zum Rosenkranzgebet und zur Beichte, einschließlich eines besonderen Verzichts auf Genussmittel. Die Priester sollten sich in Predigt und Christenlehre immer wieder mit der Marienthematik befassen.

---

[27] KA 93, 1953, Nr. 508, S. 454-458: Erlasse des Hochwürdigsten Herrn Erzbischofs. Hirtenwort zum Marianischen Jahr 24. November 1953 (»... am 2. Adentssonntag [6. Dezember] ... zu verlesen«).

[28] Der im gesamten Kölner Raum beliebteste Marienwallfahrtsort ist das zum Bistum Münster gehörende Kevelaer am Niederrhein. Frings wollte es großzügig mit einbeziehen.

Das alles war lediglich die Applikation der päpstlichen Anweisungen auf das Erzbistum Köln. Allein die Betonung der Buße und Bußwerke ließ ahnen, wo die Neigungen des Erzbischofs hingingen: in Richtung Fatima-Frömmigkeit. Was jedoch das Marianische Jahr in Köln zu einem seelsorglichen Aufbruch und Ereignis machen sollte, war kurz vor Beginn des Marianischen Jahres kaum in Umrissen erkennbar und wurde vom Erzbischof mehr vorausahnend angedeutet: die »Peregrinatio Mariae«, die Reise einer Fatima-Madonna durch das Erzbistum vom 30. April bis 8. Dezember 1954. Frings führte in seinem Hirtenbrief vom 24. November 1953 nur aus: »Die Darstellungen der Madonna von Lourdes, die sich selbst als die unbefleckt Empfangene bezeichnet hat, verdienen in diesem Jahre besondere Beachtung. Eine Fatimamadonna soll im Lauf des Jahres für einige Zeit im Kölner Dom und vielleicht in einigen anderen Kirchen der Erzdiözese Aufstellung und Verehrung finden«. Die Gebeine des Duns Skotus wolle man bis zur Fertigstellung der Minoritenkirche bei den Franziskanern in der Ulrichgasse würdig bergen. Auch der drei Wochen nach dem Hirtenbrief geschriebene Weihnachtsbrief an den Papst enthält noch keine näheren Angaben zur Peregrinatio[29].

Erst Anfang 1954 nahm unter Federführung des Leiters des Seelsorgeamtes, Prälat Dr. Wilhelm Heinen, der Plan für die »Peregrinatio Mariae« rasch Gestalt an und wurde zu einer lawinenartigen Bewegung im Erzbistum. Der Bericht, den Heinen Ende 1954 über das Gesamtunternehmen erstellte[30], schreibt eingangs die Peregrinatio dem »Wunsch Sr. Eminenz« zu, der in den Akten allerdings nur minimale Spuren hinterlassen hat[31]. Auf eine kleine französiche Broschüre »28 Mars 1943. Le grand retour«, die u. a. von der peregrinatio einer Lourdes-Madonna in Frankreich berichtete, schrieb am 7. Oktober 1956 Generalvikar Teusch[32]: »a[d] A[cta] peregrinatio Mariae. Dieses gab Anregungen an Se. Eminenz«. Warum dann schließlich eine Fatima-Madonna gewählt wurde, dürfte – neben der intensiven Korrespondenz der »Blauen Armee Mariens« mit dem Erzbischof[33] – in dem antikommunistischen Akzent der Botschaft von Fatima zusammenhängen, die in dem zeitlichen Kontext der fünfziger Jahre aktuell war.

---

[29] Frings an Pius XII. 21. Dezember 1953 (hs. Entwurf): HAEK – CR II 1.14, 2.

[30] »Bericht über den Verlauf der ›Peregrinatio Mariae‹ in der Erzdiözese Köln im Marianischen Jahr 1954« (5 Schreibmaschinenseiten, ohne Unterschrift): HAEK – Seelsorgeamt Heinen 112.

[31] Heinens Akten, Materialien, Berichte, Abrechnungen, Fotos zum Verlauf der Peregrinatio Mariae 1954: HAEK – Seelsorgeamt Heinen 105-121.

[32] HAEK – Gen II 29.4d, 1.

[33] Gesammelt in HAEK – Gen II 29.4d, 1-3.

Frings selbst berichtet dazu in seinen Erinnerungen[34]: »Es war auch gerade die Verehrung der Muttergottes von Fatima sehr im Schwange. Im Jahre 1917, in dem die Russische Revolution ausbrach, war die Gottesmutter Kindern in Fatima erschienen und hatte eine Botschaft an sie gerichtet, ... die drei Punkte enthielt, einmal die Aufforderung zur Umkehr oder Reue (metanoia), dann zum Gebet des Rosenkranzes und zur Verehrung des reinsten Herzens Mariens«.

Als Prälat Heinen im März 1954 in den »Kirchlichen Anzeiger« setzen ließ[35]: »Diejenigen Seelsorgebezirke, die bei der Peregrinatio Mariae berücksichtigt werden möchten, müssen bis zum 10. März beim Seelsorgeamt angemeldet werden, damit der Wallfahrtsplan rechtzeitig aufgestellt werden kann«, liefen die »Bewerbungen« schon zu Hunderten in Köln ein. Die ursprünglich vom 30. April bis zum 1. September veranschlagte Rundreise musste zweimal, zunächst bis zum 18. November, schließlich bis zum 8. Dezember verlängert werden, um den Wünschen aus dem Erzbistum auch nur annähernd gerecht zu werden[36]. Die Berichte der Presse, der Pfarrer und Fotos von allen Orten füllen zahlreiche Aktenbände und Mappen. Eine Untersuchung darüber, wie im nüchternen Nachkriegsdeutschland der »Wirtschaftswunderjahre« die Peregrinatio Mariae zu einer Großbewegung und zu einem religiösen Ereignis im Erzbistum Köln wurde, verdiente eine sorgfältige und umfangreichere Erforschung anhand des reichlich vorhandenen Aktenmaterials. Hier können nur einige ausgewählte Zeugnisse zur Sprache kommen.

Über die Anfänge der Peregrinatio und die Eröffnungsoktav im Kölner Dom vom 30. April bis 9. Mai 1954 berichten Heinen und der Kardinal in seinen Erinnerungen von 1973 fast gleichlautend[37]: »Die Statue wurde in Portugal bestellt durch die Vermittlung des Herrn Bischofs von Leiria ... Die portugiesische Regierung stellte ein Flugzeug des Heeres zur Verfügung, um die Statue nach Deutschland auf den Frankfurter Flughafen zu bringen. Etwa 30 Damen und Herren, angeführt von Weihbischof Cleven[38], standen zur Entgegennahme des Bildes bereit. Als die Statue aus dem Flugzeug gebracht und aus der Umhüllung herausgenommen wurde,

---

[34] J. FRINGS, Für die Menschen bestellt, S. 166.

[35] »Peregrinatio Mariae«: KA 94, 1954, Nr. 115, S. 91.

[36] Terminpläne: KA 94, 1954, Nr. 262, S. 205 (30. 4.-1. 9. 1954); Ebd. Nr. 327, S. 263 (1. 9.-18. 11. 1954); Ebd. Nr. 471, S. 366 f. (21. 11.-8. 12. 1954).

[37] Hier wird die Darstellung von Frings zugrundegelegt: Für die Menschen bestellt, S. 166 ff.

[38] Wilhelm Cleven (1893–1983), 1921 Priesterweihe in Köln, seit 1928 Studienrat an Düsseldorfer Gymnasien, 1948 Domkapitular in Köln, Aufbau der Schulabteilung, deren Leiter in der Nachfolge Böhlers 1958-1970, 1951 Weihbischof: U. HELBACH, in: E. GATZ, Bischofslexikon 1945-2001, S. 298 f.

gestaltete sich dieser Empfang zu einer religiösen Feier, die weithin einen tiefen Eindruck machte, auch auf Andersgläubige. Die Statue wurde dann zunächst zu sieben Klöstern beschaulicher Orden gebracht sowie zu den Kartäusern in Düsseldorf, damit auch die Mönche und Nonnen an der Gnade Anteil hätten, die durch Vermittlung der Gottesmutter der ganzen Diözese zuteil werden sollte«.

Ein erster Höhepunkt sollte die Eröffnung der Peregrinatio am Abend des 30. April 1954 werden. Frings erinnerte sich 1973: »Am Abend des 30. April des Jahres 1954 wurde die Statue dann durch einen Zug von Männern, etwa 4.000 bis 5.000 an der Zahl, ... von der Schnurgasse zum Dom geleitet. Gegen 10 Uhr traf die Statue hier ein. Ich selbst begrüßte sie mit einer Ansprache[39]. Weihbischof Cleven feierte anschließend eine heilige Messe. Etwa 8.000 Personen nahmen an dieser Feier teil. Die Statue blieb dann eine volle Woche hindurch im Kölner Dom[40], der während der ganzen Zeit niemals leer war ... An einem Tage steigerte sich der Zudrang so sehr, dass man in dem damals erst halb wiederhergestellten Dom 60.000 Besucher zählte. Mit dem Gebet zu Ehren der Gottesmutter verband sich fast immer der Empfang der Sakramente der Buße und des Altares, so dass eine Art Mission der Stadt Köln aus dieser Woche erwuchs«.

Der Erfolg der Oktav überraschte offenbar die Veranstalter und führte zu einer Spontanreaktion. Der Kardinal berichtet: »Weil der Anfangserfolg so groß war, entschloss ich mich, auch jetzt schon die Krönung des Gnadenbildes vorzunehmen« – die nach Heinens Bericht an sich für eine spätere Zeit vorgesehen war –. »Die Erlaubnis und die Vollmacht hierzu wurden telegraphisch in Rom erbeten und gerne gewährt[41]. So schloss die Feier im Kölner Dom mit der Krönung des Gnadenbildes ... Das war wohl der Höhepunkt der Peregrinatio in der Stadt Köln«. Heinen ergänzt: »Es war das allgemeine Urteil, dass im Dom zu Köln noch niemals so viel und so fromm gebeten (!) worden ist. Als Frucht dieses Gebetes setzte von Anfang an ein sehr reger Empfang der hl. Sakramente ein. Die vielen Beichtstühle waren ständig umlagert«.

Am 9. Mai begann mit einer Schiffsfahrt nach Rodenkirchen[42] die Rundreise der Fatima-Madonna durch die Diözese, über die Heinens Bericht zusammenfassend referiert: »Sieben Monate hat die Peregrinatio

39 Manuskript der Ansprache am 30. April 1954 im Dom (hs.): HAEK – CR II 2.18g, 4.

40 Gedrucktes Programm: »Die Botschaft von Fatima im Kölner Dom vom 30. April bis 9. Mai 1954«: HAEK – Seelsorgeamt Heinen 105.

41 »Telegrammwechsel aus Anlass der Peregrinatio Mariae. Köln, den 15. Mai 1954«: KA 94, 1954, Nr. 225, S. 154 f.; gedruckter Einladungshandzettel: HAEK – Seelsorgeamt Heinen 105.

42 Frings nennt (Für die Menschen bestellt, S. 168) irrtümlich als Ziel der Schiffsfahrt Bonn.

durch die Erzdiözese gedauert. Es lässt sich nicht leugnen, dass dies ein dauernder Triumphzug gewesen ist, weil ausnahmslos alle Pfarreien, in denen die Madonna ihren Einzug hielt, die Mutter-Gottes mit größter Freude aufnahmen und sich bemühten, ihr während der Zeit ihres Besuches durch Gebetsstunden, Nachtwachen und überaus zahlreichen Empfang der hl. Sakramente Freude zu bereiten«. Heinen berichtet weiter: »Auf der ganzen Pilgerfahrt wurde die Statue ständig von 4 Missionaren begleitet, die durch Predigten und Ansprachen die Gläubigen mit der Botschaft von Fatima bekannt machten und Tag und Nacht bereit waren, die Beichten anzuhören. Ihnen muss das ehrende Zeugnis ausgestellt werden, dass sie nicht selten Übermenschliches geleistet haben. Sie haben es aber gerne getan, weil sie von der Begeisterung des Volkes immer wieder mitgerissen wurden«. Während Heinen die beteiligten Orden nannte: Oblaten von Hünfeld, Steyler Missionare, Redemptoristen und Jesuiten, hob Frings außerdem inspirierende Einzelpersönlichkeiten wie den Provinzial der Spiritaner, Pater Hoffmann, hervor.

Wie in Köln wurden auch in den weiteren von der Peregrinatio berührten Orten die vorstellbaren Dimensionen der Pfarreien gesprengt. Am 4. Juni 1954 sah sich Prälat Heinen genötigt, »Kurze Hinweise« für die Gestaltung und den Ablauf der Feiern zu versenden[43]. Als es sich als zweckmäßig herausstellte, die nächtlichen Betstunden und Beichtzeiten durch eine feierliche Mitternachtsmesse zu unterbrechen, wurde man sich bewusst, dass die gültige liturgische Ordnung der Kirche Mitternachtsmessen nur an Weihnachten und – seit 1951 – in der Osternacht vorsah. Anfang August wurde in Rom eine entsprechende Ausnahmegenehmigung für das Marianische Jahr erbeten und gewährt[44].

Die sehr summarischen Berichte bei Frings und Heinen gewinnen plastische Farbe in den sehr zahlreich erhaltenen Berichten aus den Gemeinden. Drei von ihnen sollen exemplarisch kurz vorgestellt werden. Am 6. August berichtete der Pfarrer von Leverkusen-Bürrig, Dr. Peter Louis, unter dem frischen Eindruck der am 3. und 4. August erlebten Feier in seiner Gemeinde[45]: »Sie wurde ... zu einem tiefgreifenden Erlebnis religiöser Art. An der Abholung wie an der Weiterführung nach Leverkusen-Wiesdorf nahmen Tausende Menschen, auch viele Andersgläubige, teil ...

[43] »Kurze Hinweise für die Feierlichkeiten beim Besuch der Fatima-Madonna«, hekt. Rundschreiben Heinens 4. Juni 1954: HAEK – Seelsorgeamt Heinen 109.

[44] Dekrete Römischer Kongregationen. Betr. Peregrinatio Mariae: Mitternachtsmesse: KA 94, 1954, Nr. 339, S. 271 f.

[45] Pfarrer Dr. Peter Louis an Seelsorgeamt 6. August 1954 (hs.): HAEK – Seelsorgeamt Heinen 105.

Die Pfarrkirche wurde bis zum letzten Stehplatz besetzt. Die 4 Missionare arbeiteten vorzüglich. Zum Beichthören waren sie 24 Stunden bereit. Es wurde reichlich davon Gebrauch gemacht, auch von solchen, die man sonst nur selten sieht«.

Pfarrer Wilhelm Klinkenberg von Leverkusen-Wiesdorf – der nächsten Station – ließ sich mit seinem Bericht etwas Zeit, der aus der Distanz dann auch etwas nüchterner klingt[46]. Klinkenberg machte die gleichen Angaben wie sein Nachbar Dr. Louis über Andrang und Begeisterung der Menschen bei den Feiern und vor den Beichtstühlen. Doch dann fügte er an: »Was die Tiefenwirkung angeht, so ist festzustellen, dass leider der Besuch der Werktagsmesse auch nicht im Geringsten gestiegen ist. Das trifft auch zu auf den Kommunionempfang sonntags ... Was die Tiefenwirkung betrifft, so sind demnach die Erwartungen sicherlich nicht ganz in Erfüllung gegangen. Wohl haben sehr viele am Tage selbst eine große Opferbereitschaft gezeigt, aber entweder sind das in der Hauptsache diejenigen gewesen, die auch sonst sehr aktiv mittun, oder der Eifer hat sich rasch verflüchtet«. Dennoch bekannte Klinkenberg, »dass man einer solchen Veranstaltung, wenn auch nicht alle Wünsche erfüllt worden sind, gerne noch einmal Raum geben möchte ...«.

In Neuss, der Heimatstadt des Kardinals, hatte Stadtdechant Liedmann Kaplan Rudolf Koenig mit der Organisation der Peregrinatio-Feiern in Neuss beauftragt und ließ ihn auch nach Köln berichten[47]: »In einer gewaltigen Prozession von über 8.000 Männern und Frauen holten die Neusser am 7. 10. abends um 8 Uhr die Statue am Obertor ein ... Es war eine Lichterprozession, wie sie Neuss noch nie gesehen hatte in ihrer äußeren Haltung und Ergriffenheit. Die Kirchen waren an den Tagen zu klein, um all die Menschen aufzunehmen, die zu diesem Standbild pilgerten. Ein gewaltiger Andrang zu allen Stunden und auch in der Nacht, viele Bekehrungen außergewöhnlicher Art in confessionali, ein großer Sakramentenempfang am Tisch des Herrn ... So etwas hat das Münster wohl noch nie gesehen«.

Es scheint, dass die Begeisterung des Marianischen Jahres ohne nennenswerte Ermüdungserscheinungen bis zum Ende am 8. Dezember vorhielt. Der Erzbischof ließ sich für den 8. Dezember einen umfangreichen mariologischen Hirtenbrief entwerfen[48], der zu Beginn aber auch Dank

---

46 Pfarrer Wilhelm Klinkenberg an Seelsorgeamt 24. August 1954: Ebd.

47 Kaplan Rudolf Koenig »Betr.: Fatima-Madonna in Neuss vom 7. 10. bis 11. 10. 54«: Ebd.

48 Der maschinenschriftliche Entwurf mit hs. Korrekturen des Kardinals und Fußnoten dürfte von Feckes oder von Heinen stammen: HAEK – Gen II 29.4d, 3; Druck: KA 94, 1954, Nr. 505, S. 385-393.

und Anerkennung für alle am Marianischen Jahr Beteiligten enthielt. Auf eine zentrale Schlussfeier im Dom am 8. Dezember 1954 wurde verzichtet, um ähnliche Feiern in den Pfarreien nicht zu schädigen. Im Dom fand ab dem 9. Dezember noch einmal ein marianisches Triduum mit Predigten von P. Haveroth SVD und dem inzwischen gewohnten Tag- und Nachtprogramm statt. Bei der Schlussfeier im Dom am 12. Dezember (2. Adventssonntag), hielt der Erzbischof die Predigt[49].

Für einen kleineren, theologisch interessierteren Kreis hatten in den drei ersten Dezembertagen im Karl-Josef-Haus noch einmal die Professoren Carl Feckes (Köln), Otto Semmelroth SJ (Frankfurt) und Johann Auer (Bonn) Vorträge zu mariologischen Themen angeboten[50]. Nach dem Vortrag von Feckes über die »Entwicklung unseres Marienglaubens seit 100 Jahren« wurde an der Front des Generalvikariatsgebäudes, des ehemaligen Priesterseminars, an dem er drei Jahrzehnte gewirkt hatte, eine Gedenktafel für Matthias Joseph Scheeben enthüllt. In dessen marianischer Theologie fühlten sich Frings und Feckes gleichermaßen verwurzelt.

War das Marianische Jahr im Erzbistum Köln zu einem – in den Dimensionen nicht vorhersehbaren – religiösen Ereignis geworden, so gab es auch kritische Begleittöne, zumal von evangelischer Seite. Als Frings sich am 10. Oktober für seine Nichtteilnahme am Marianischen Weltkongress in Rom entschuldigte, schrieb er an P. Balić[51]: »Es wird Sie interessieren zu hören, dass auf dem Katholikentag in Fulda am 4. 9. 54 die deutschen Katholiken ihr Land dem Unbefleckten Herzen Mariens geweiht haben, und dass in meiner Erzdiözese seit dem 1. 5. bis zum 8. 12. mit großem und segensreichem Erfolg die Peregrinatio Mariae ... durchgeführt wird«. Die »Marienweihe« des Katholikentages 1954 in Fulda hatte ihr Vor- und Nachspiel, das nicht verschwiegen werden soll.

Am 10. Juni 1954 übersandte der »Generalassistent« des Zentralkomitees der deutschen Katholiken, der Paderborner Weihbischof Hengsbach, Frings »den neuen Vorschlag für die Marienweihe beim Fuldaer Katholikentag[52] ..., den ich in diesen Tagen mit Herrn Geistlichen Rat Gülden überarbeitet habe ... Wir haben weiter vorgesehen, dass derselbe Text mit geringfügigen Änderungen auch den Gemeinden in allen Diözesen empfohlen wird, um entsprechend dem Wunsche Eurer Eminenz zur gleichen

49 »Schlussfeiern des Marianischen Jahres und der Peregrinatio Mariae«: KA 94, 1954, Nr. 447, S. 355; »Schlussfeier des Marianischen Jahres und der Peregrinatio Mariae im Hohen Dom zu Köln«, Aktennotiz Heinen mit Genehmigungsbitte: HAEK – Seelsorgeamt Heinen 105.

50 »Vorträge zum Abschluss des Marianischen Jahres«: KA 94, 1954, Nr. 492, S. 378.

51 Frings an P. Balić 10. Oktober 1954 (sign. Kopie): HAEK – Gen II 29.4d, 3.

52 Hengsbach an Frings 10. Juni 1954: HAEK – Gen II 3.8, 3.

Zeit die Weihe an das Unbefleckte Herz Mariens zu vollziehen«. Hengsbach hatte mit Msgr. Wüstenberg im Staatssekretariat in Rom bereits abgesprochen, dass dieser sich im Falle des Einverständnisses von Frings in Rom bei den zuständigen Stellen um die Billigung des Textes bemühen werde. Generalvikar Teusch teilte Hengsbach entsprechend einer Marginalverfügung des Kardinals am 16. Juni mit[53], Frings sei einverstanden und bitte um die erforderlichen Schritte in Rom. »Sodann teilt Eminenz Ew. Exzellenz mit, dass in Fulda beschlossen wurde, die Weihe der einzelnen Pfarreien am 8. Dezember (nicht am 4. September) vorzunehmen«.

Während des Katholikentages, am 3. September, einen Tag vor der Marienweihe, telegraphierte der Leitende Bischof der Vereinigten Evangelisch-Lutherischen Kirche Deutschlands, Landesbischof D. Meiser in München, an Frings in Fulda[54]: »In weiten Kreisen unserer evangelischen Gemeinden ist durch die Nachricht, dass während des Deutschen Katholikentages in Fulda das deutsche Volk an das unbefleckte Herz Mariens geweiht werden soll, tiefe Beunruhigung entstanden«. Die Nachricht sei nicht nur in der Tagespresse, sondern unter dem Datum 28. August auch in KNA erschienen. »Weil uns die Wahrung des konfessionellen Friedens am Herzen liegt, müssen wir es bedauern, dass durch diese Veröffentlichung das religiöse Empfinden des evangelischen Bevölkerungsteils verletzt wurde. Wir wissen uns als evangelische Christen an Gottes Wort gebunden, das keinen anderen Mittler zwischen Gott und den Menschen kennt als allein Christus Jesus. In dem Bericht der KNA vom 31. August ist wohl nur noch davon die Rede, dass ... in Fulda das katholische Deutschland der Gottesmutter geweiht wird. Wir bitten aber, dafür besorgt zu sein, dass nicht durch irreführende Veröffentlichungen Wirkungen hervorgerufen werden, die den konfessionellen Frieden in unserem Volke gefährden«.

Der Präsident des Zentralkomitees, Fürst zu Löwenstein, hatte in seiner Eröffnungsansprache am 31. August gesagt – als ob er mit Meisers Telegramm an Frings gerechnet hätte[55]: »Eine mir unbekannte evangelische Frau hat mir geschrieben, sie mache sich Sorge, dass wir ganz Deutschland der Mutter Gottes weihen wollten, wo wir doch wüssten, dass die Mehrheit Deutschlands protestantisch sei. Ich nehme diese Sorge ernst.

[53] Hs. Entwurf Teuschs auf dem Anschreiben von Hengsbach, dort auch die Marginalverfügung des Kardinals; sign. Kopie des Schreibens Teusch an Hengsbach 16. Juni 1954: Ebd.

[54] Meiser an Frings, Originaltelegramm vom 3. September 1954: HAEK – Gen II 8.3, 3.

[55] »In der Eröffnungsversammlung hat Fürst Löwenstein gesagt: ... 4. 9. 54 gez. Löwenstein«: Ebd.; Druck: Ihr sollt mir Zeugen sein. Der 76. Deutsche Katholikentag vom 31. August bis 5. September 1954 in Fulda, Paderborn 1954, S. 26-28, hier: S. 28.

Eine Weihe ist tatsächlich in erster Linie ein Akt persönlicher Hingabe und kann nur für die ausgesprochen werden, die in der Lage und bereit sind, ihn mitzuvollziehen. Zugleich aber ist er eine Bitte an die Mutter unseres Herrn, sie wolle in dieser schweren Zeit unser Volk und Vaterland in ihren besonderen Schutz nehmen. Dass wir von diesem fürbittenden Gebet niemand ausschließen wollen, der mit uns das deutsche Schicksal tragen muss, wird auch von den evangelischen Brüdern verstanden werden«.

Fürst Löwenstein sollte sich täuschen! Am Abend des 4. September sprach Kardinal Frings als Vorsitzender der Fuldaer Bischofskonferenz in einer Marienfeier das vorgesehene Weihegebet[56]. Daraufhin gab Landesbischof Meiser am 15. September über epd eine »Erklärung des Leitenden Bischofs der Vereinigten Evangelisch-Lutherischen Kirche Deutschlands« ab[57]. Meiser rekapitulierte sein Telegramm an Frings, das Erzbischof Jaeger von Paderborn in Fulda als »spontane, unüberlegte Reaktion« bezeichnet habe. Meiser zitierte dann – nach dem Text des Berichtbandes über den Katholikentag in Fulda nicht ganz korrekt – Frings: »Dir, Jungfrau, weihen wir unser Volk und stellen es unter deinen mächtigen Schutz«[58]. Wie zur Absicherung des Wortlauts wurde Arbeitsminister Anton Storch zusätzlich als Zeuge angerufen, der gesagt habe: »Gestern haben wir in einer besonderen Feierstunde uns und das gesamte deutsche Volk der Gottesmutter geweiht«. Meiser folgerte: »Es ist kein Zweifel mehr darüber möglich, dass damit die gesamte evangelische Christenheit Deutschlands in den Weiheakt an das unbefleckte Herz Mariens einbezogen wurde. Dagegen müssen wir als evangelische Christen, die sich allein an Gottes Wort gebunden wissen, entschieden und öffentlich Einspruch erheben«. Gegenüber der »vollen katholischen Wahrheit« (so Erzbischof Jaeger) müsse er »die volle evangelische Wahrheit bezeugen«. Des weiteren hieß es in Meisers Erklärung: »Wir achten und ehren die biblische Maria, die Magd des Herrn, die sich unter Gottes Willen beugte und die durch Gottes Gnade Mutter unseres Heilands wurde. Wird aber Maria als Mittlerin und Miterlöserin neben Jesus Christus gestellt, dann wird das biblische Bild der Mutter Jesu zerstört ...«.

Bemühte sich Meiser in dieser Weise über längere Passagen um eine reformatorisch-theologische Argumentation, so wurde er gegen Ende pole-

56 Der von Hengsbach vorgelegte Textentwurf: HAEK – Gen II 3.8, 3; Druck im Berichtsband: Ihr sollte mir Zeugen sein, S. 454 f.: »Die Marienweihe«.

57 epd 15. September 1954, S. 5-7 (740-742): HAEK – Gen II 3.8, 3.

58 Nach dem ursprünglichen Entwurf wie nach dem Berichtsband hat der Text gelautet: »Ihr weihen wir unsere Familien, ihrem mütterlichen Schutz empfehlen wir unser Volk«.

misch: »Wenn durch einen Kardinal das gesamte Deutschland an das unbefleckte Herz Mariens geweiht wird, so können wir es nicht anders verstehen, als dass durch den Vertreter der römischen Kurie über uns evangelische Christen ohne unser Wissen und Zutun verfügt wird, dazu in einer Handlung, die unserem Glauben und Bekenntnis radikal widerspricht. Darin müssen wir einen Übergriff sehen, den wir um unseres an Gottes Wort gebundenen Gewissens willen scharf ablehnen. Wir fragen, ob solch ein Anspruch dem dringend notwendigen konfessionellen Frieden in unserem Volk dient ...«.

Durch Meisers Erklärung war die – möglicherweise berechtigte – *Stilfrage* im Zusammenhang mit der Marienweihe in Fulda zu einem polemischen Streitfall hochstilisiert worden. Er wurde auf rührend emotionale Weise überzogen, als ein evangelischer Vikar, Joachim Eckstein aus Neumarkt/Oberpfalz, der möglicherweise durch den 1954 regen Wallfahrtsbetrieb um Maria-Hilf auf dem Kalvarienberg über der Stadt sensibilisiert war, am 15. September 1954 an das »Erzbischöfliche Ordinariat Köln« mit Berufung auf den telegraphischen Einspruch Landesbischof Meisers vom 3. September schrieb[59]: »Da ich, als evangelisch-lutherischer Christ, als Mittler zwischen Gott und den Menschen einzig und allein Christus, den *Sohn* Gottes und Mariens, anerkennen kann, habe ich in meinem Schreiben vom 30. 8. 54 ausdrücklich unter Hinweis auf Gal 1,1-12 verlangt, mit meiner Braut von obengenannter Weihe ausgenommen zu werden. Ich stelle fest, dass diesem Verlangen nicht stattgegeben wurde. Das muss ich als Angriff auf meine persönliche Glaubens- und Meinungsfreiheit und somit als Verstoß gegen Art. 4, Abs. 1 des Grundgesetzes betrachten«.

Es fehlte glücklicherweise nicht an ernstzunehmenden Stimmen, die den Streit um die Marienweihe anlässlich des Katholikentages 1954 in Fulda auf ein erträgliches Maß zurückzuführen versuchten. Als Beispiel sei der evangelische Theologe und damalige Bundestagspräsident Hermann Ehlers genannt, der in einer öffentlichen Veranstaltung des Evangelischen Arbeitskreises der CDU in Bonn am 7. Oktober 1954 dazu Stellung nahm[60]. Ehlers führte aus, man komme nicht weiter, »wenn man so tut, als ob man von der katholischen Kirche fordern könne, dass sie nicht

[59] Eckstein an Frings 15. September 1954 (hs.): HAEK – Gen II 3.8, 3. Der Aktenband enthält zahlreiche Protestschreiben von einzelnen evangelischen Christen und von Gruppen gegen die Marienweihe in Fulda.

[60] »Zusammenarbeit eine Notwendigkeit. Bundestagspräsident Ehlers: Zusammenarbeit der Konfessionen in der Politik bedeutet keine Integration. Bonn, 7. Oktober (KNA)«: KNA Nr. 236, 8. Oktober 1954, S 4 (HAEK – Gen II 3.8, 3).

mehr katholisch sei. Man kann auch nicht erwarten, dass sie die in den letzten Jahrzehnten besonders gewachsenen marianischen Formen ihrer Frömmigkeit nicht pflege. Die evangelische Kirche wird das für ihre Frömmigkeit und die Formen ihres Gottesdienstes in gleicher Weise fordern«. Den Vorgang in Fulda solle man nicht übersteigern, aber auch nicht bagatellisieren. »Ich bin geradezu glücklich, dass wir gelegentlich an solche Krisenpunkte kommen, weil sie uns endlich zur gründlichen und in die Tiefe führenden Besinnung über unseren Glauben zwingen, die beide Seiten nötig haben«.

Die Auseinandersetzungen um die Marienweihe in Fulda 1954 stehen im Zusammenhang interkonfessioneller Spannungen in den frühen Jahren der Bundesrepublik Deutschland, die weiter unten noch etwas näher zu betrachten sind.

2. Der Kölner Katholikentag 1956 und der Wiedereinzug in den ganz wiederhergestellten Dom

a) Die Einladung nach Köln und das Ringen um das Thema des Katholikentages

Hatte Kardinal Frings schon 1945 den Wiedereinzug in den kriegszerstörten Dom zur 700-Jahrfeier der Grundsteinlegung am 15. August 1948 angestrebt und erreicht, so war ihm erst recht die sich abzeichnende Vollendung der Wiederaufbauarbeiten und der damit verbundene Fall der Trennwand zwischen dem Querschiff und dem Langhaus des Domes Anlass genug, nach einem angemessenen festlichen Rahmen zu suchen. 1973 erinnerte er sich[61]: »Als das Jahr 1956 herannahte, ging die innere Restaurierung des Kölner Domes ihrer Vollendung entgegen. Das veranlasste mich, den Präsidenten des Zentralkomitees der deutschen Katholiken, Fürst zu Löwenstein, zu bitten, er möge für das Jahr 1956 den Katholikentag nach Köln legen. Er war zunächst sehr zurückhaltend und meinte, die Vollendung eines Gotteshauses sei wohl kein hinreichender Grund, nun gerade in dieser Stadt den Katholikentag abzuhalten. Ich sagte ihm dann, es sei aber auch in Köln lange kein Katholikentag mehr gewesen. Daraufhin wurde er gnädiger, und schließlich kam es dazu, dass wirklich der Katholikentag nach Köln einberufen wurde. Wie sich später zeigte, sollte der Dom dabei eine ganz hervorragende Rolle spielen. Denn der

[61] J. Frings, Für die Menschen bestellt, S. 170.

Kölner Dom ist eben nicht irgend eine Kirche, sondern ein in der ganzen Welt bekanntes und hochgeschätztes Gotteshaus«.

Schon am 5. Oktober 1953 hatte Prälat Böhler wegen des erzbischöflichen Wunsches an Löwenstein geschrieben. Der Fürst antwortete am 30. November, er wolle die Frage dem Zentralkomitee vorlegen[62]. Doch scheint der Kardinal unabhängig von der Entscheidung des Zentralkomitees schon im Dezember 1953 seine Einladung bekannt gemacht zu haben[63]. Am 29. Januar 1954 berichtete der Vorsitzende des Kölner Katholikenausschusses, Notar Dr. Franz Lemmens, von der großen Freude des Gremiums über diesen Entschluss und versicherte: »Wir werden unsere ganzen Kräfte einsetzen, den Katholikentag gründlich mit vorzubereiten und ihm einen würdigen Rahmen in Köln zu geben«[64].

Doch für 1954 stand zunächst der Katholikentag in Fulda an, in Köln war man darüber hinaus durch die Diözesan-Synode und das Marianische Jahr mit der Peregrinatio Mariae gebunden. So blieb es um das Projekt Katholikentag 1956 zunächst ruhig.

Erst am 22. November 1954 schrieb Frings (nach Entwurf von Böhler) an Fürst Löwenstein[65]: »Mir scheint jetzt der Augenblick gekommen zu sein, dem Zentralkomitee der Deutschen Katholiken auch offiziell diesen Vorschlag zu unterbreiten. Bisher sind in Köln drei Katholikentage abgehalten worden«, 1858, 1894 und 1903. »Köln müsste nach einer so langen Pause wieder einmal ... gewählt werden«. Kirchliche Verwaltung, Klerus und Stadt würden alles für einen »würdigen und erfolgreichen Verlauf« tun. »So lade ich denn hiermit zum Deutschen Katholikentag nach Köln im Jahre 1956 ein«. Schon einen Monat zuvor hatten – zweifellos von Böhler angeregt – Oberbürgermeister Schwering und Oberstadtdirektor Max Adenauer eine Einladung der Stadt Köln an Löwenstein gerichtet[66]. Der Stadt antwortete Löwenstein am 29. Oktober 1954 – demokratisch korrekt[67]:

---

62 Böhler an Löwenstein 5. Oktober 1953 (sign. Kopie) mit hs. Vermerk Böhlers: »Grund ist das natürlich nicht. Aber Köln ist dran«; Löwenstein an Böhler 7. Oktober 1953 (Abschrift): HAEK – Gen II 3.8a, 1.

63 Die Aktennotiz über eine erste Besprechung zwischen Stadtspitze und Domkapitel am 9. Dezember 1953 beginnt mit der Feststellung: »Weil Seine Eminenz die Absicht hat, für 1956 den Deutschen Katholikentag nach Köln einzuladen, ergibt sich die Notwendigkeit, bis zum Sommer 1956 den Dom nicht nur im Innern vollständig wiederherzustellen, sondern ihn auch vom westlichen Mittelportal aus zugänglich zu machen«: Aktennotiz über das Ergebnis einer Konferenz vom 9. 12. 1953, Burgmauer 3: K – MK – B XXI 5 (Registratur des Metropolitankapitels).

64 Katholikenausschuss der Stadt Köln, Dr. Lemmens, an Frings 29. Januar 1954: HAEK – Gen II 3.8, 3a und ebd. 3.8a, 1 (Kopie).

65 Frings an Löwenstein 22. November 1954 (Kopie): HAEK – Gen II 3.8a, 1.

66 Schwering/Adenauer an Löwenstein 22. Oktober 1954 (Abschrift): HAEK – Gen II 3.8a, 1.

67 Löwenstein an Schwering 29. Oktober 1954 (Abschrift, Durchschlag für Böhler): Ebd.

»Die Absicht, nach Köln zu gehen, ist bereits ernstlich erwogen worden, und nun bin ich in der Lage, Ihre Einladung am 24. November dem Geschäftsführenden Ausschuss und am 15. Dezember unserer Vollversammlung vorzulegen«.

Nachdem die Entscheidung für Köln gefallen war, kam es in der ersten Jahreshälfte 1955 zu einer unerwartet heftigen Auseinandersetzung über das Thema und die thematische Ausgestaltung des Katholikentages. Es zeigte sich, dass in breiten Kreisen des Zentralkomitees die Vollendung des Kölner Domes lediglich ein äußerer Anlass, aber kein zentrales Thema für einen Katholikentag in Köln darstellte, während Kardinal Frings den Dom in den Mittelpunkt gestellt sehen wollte. Am 23. Mai 1955 berichtete Böhler dem Kardinal über den Stand der Überlegungen im Zentralkomitee[68]: »Von Herrn Professor Hirschmann SJ[69] wurde vorgeschlagen, das Thema zu nehmen: ›Zur Freiheit seid ihr berufen!‹ (Gal 5,13) oder vielleicht: ›Für die Freiheit hat Christus uns befreit‹ (Gal 5,1). Nun waren doch fast alle der Meinung, dass gerade der Kölner Katholikentag geeignet sei, das Thema ›Die Freiheit‹ in den Vordergrund zu stellen«. Böhler meinte: »Es kann sicherlich nicht geleugnet werden, dass hier eine Frage angeschlagen wird, die in der heutigen Zeit sehr akut ist und auch ein gutes Thema für einen Katholikentag abgeben kann«. Böhler selbst scheint als weitere Möglichkeit »Eins in Christus« (Gal 3,28) ins Gespräch gebracht zu haben.

Kardinal Frings dachte darüber ganz anders. Er fand noch 1973 das Freiheitsthema »etwas gefährlich« – Rom gegenüber? – »und auch nicht genügend ausgereift«. Wie ernst die Auseinandersetzung über das Thema sich im Frühsommer 1955 zugespitzt hatte, lässt ein Brief Fürst Löwensteins an P. Hirschmann vom 12. Juli 1955 erkennen[70]: Man habe sich mit verschiedenen ZdK-Mitgliedern nach der Schlusskundgebung des Ulrich-Jubiläums (955–1955) in Augsburg getroffen: »Ich habe berichtet von meinem Besuch bei Kardinal Frings am Morgen des 7. Juli, also nach unserer Aussprache zum Thema des Kölner Katholikentages im Karl-Josef-Haus. Eminenz war über die – im übrigen einstimmige – Entscheidung für das Thema ›Wo aber der Geist des Herrn weht, ist Freiheit‹ durch die

---

68 Böhler an Frings 23. Mai 1955 (sign. Durchschlag): Ebd.

69 Johannes Hirschmann SJ (1926–1981), Moral- und Pastoraltheologe an der Jesuiten-Hochschule Frankfurt-St.Georgen. Schon in den fünfziger Jahren enge Zusammenarbeit mit Weihbischof Hengsbach, dessen Konzilsberater während des II. Vatikanums: M. SIEVERNICH, in: LThK ^{3}5, 1996, Sp. 154 f.

70 Löwenstein an Hirschmann 12. Juli 1955 (unterschr. Kopie für Hengsbach und Böhler): HAEK – Gen II 3.8a, 1.

erschienenen Mitglieder des Geschäftsführenden Ausschusses doch sehr viel mehr betroffen, als es nach den Darlegungen des Generalvikars [Teusch] vom Tag vorher vorauszusehen war. Der Kardinal hat sowohl Bedenken allgemeiner Art gegen die Wahl dieses Themas oder Mottos als solche vom Standpunkt des Anlasses, der uns nach Köln führen sollte. Aus letzterem Grund meinte er: ›Dann werden wir gezwungen sein, ein eigenes, vom Katholikentag getrenntes Domfest zu begehen‹. Dies schien mir wiederum für uns [das Zentralkomitee] nicht tragbar, zumal gerade in Fulda eine Trennung zwischen [Bonifatius-] Jubiläum [754-1954] und Katholikentag stattgefunden hatte, die es nicht ratsam erscheinen lässt, das zu wiederholen. Ich empfahl daher, lieber auf die Wahl des Themas nochmals zurückzukommen, und Eminenz hat den Geschäftsführenden Ausschuss daraufhin zum 15. August nochmals nach Köln eingeladen«.

Fürst Löwenstein schilderte, dass die in Augsburg zufällig versammelten ZdK-Mitglieder, zumal Jugendpräses Bokler, über »unsere bisherigen Überlegungen und die Art des Vorgehens« Unmut geäußert hätten. Einen Lösungsweg habe am Abend der für seine Vermittler-Qualitäten bekannte Bischof Weskamm von Berlin[71] gewiesen: »Sein Vorschlag an mich war, ruhig von dem Anlass auszugehen, der uns nach Köln geführt hat, die (!) Vollendung der Wiederherstellung des Domes. ›Das gibt doch ein wundervolles und ganz zeitnahes Thema‹, meinte er. Die Kirche aus Stein haben wir nun wieder errichtet, sind wir aber selber noch Kirche in unserem Bewusstsein, in unserem Handeln? Das uralte Bauwerk unserer Väter spiegelt sich immer noch im Strom – passt die Kirche noch in den Strom unserer Zeit? Dazu könnten nun all die wirklich brennenden und zeitgemäßen Fragen der beiden bisherigen Themen mit Leichtigkeit zum Gegenstand von Reden genommen werden, ohne dass wir nun dem Zwang eines einseitigen, in eine Richtung weisenden Mottos unterlägen«.

Löwenstein gab seiner Erleichterung über den Vorschlag Weskamms Ausdruck. »Ich will auch nicht verschweigen, was Bischof Wilhelm [Weskamm] mir dazugesagt hat: Dieses Thema setzt freilich voraus, dass in seiner Ausarbeitung jede falsche Selbstgefälligkeit, auch solche lokaler Stellen, unbarmherzig ausgerottet würde. Ich meinte daraufhin, dazu wäre wahrscheinlich Prälat Grosche gerade der Richtige, weil er dieses scharfe selbstkritische Urteilsvermögen besitzt und doch als echter Rheinländer an Köln und am Dom ebenso hängt wie nur irgend ein anderer

[71] Wilhelm Weskamm (1891–1956), 1943–1951 Erzbischöflicher Kommissar in Magdeburg (ab 1949 Weihbischof), 1951–1956 Bischof von Berlin: J. PILVOUSEK, in: E. GATZ, Bischofslexikon 1945-2001, S. 92-94.

Kölner«. Löwenstein wollte Hengsbach und Böhler einen Durchlag dieses Briefes schicken und bat P. Hirschmann, mit Grosche und urteilsfähigen Beratern Kontakt aufzunehmen. Auch Böhler müsse gewonnen werden.

Schon am 20. Juli 1955 notierte Böhler mit dem handschriftlichen Zusatz »Aus Bespr[echung] mit P. Hirschmann!«[72]: »Es wäre gar kein schlechtes Katholikentags-Thema, wenn man sagte: ›Die Kirche, das Zeichen unter den Völkern‹ vgl. Apok. 12 und Isaias 11-12 ... Als Motto könnte genommen werden: Die Kirche ruft«. Am 9. August 1955 richtete Löwenstein ein ausführliches Rundschreiben an die Mitglieder des Geschäftsführenden Ausschusses im Hinblick auf die Sitzung am 15. August in Köln, in dem er die jüngste Geschichte der Diskussion über das Katholikentags-Thema rekapitulierte[73]. Sein Vorschlag lautete nun: »Die Kirche, das Zeichen, aufgerichtet unter den Völkern«. »Bitte kommen Sie recht zahlreich zu dieser Aussprache und mit dem guten Willen, das zu erreichen, was für den Katholikentag am besten ist und nicht irgend eine bisherige Ansicht, etwa aus Prestigegründen, durchzusetzen«.

Das Protokoll der Sitzung am 15. August 1955 berichtet[74], dass P. Hirschmann drei weitere Themen als möglich darstellte:

1. Die Kirche, das Zeichen, aufgerichtet unter den Völkern.
2. Die Kirche ruft.
3. Gott lebt, lebt die Kirche?

Sein eigenes Votum fasste Hirschmann zusammen: »Es scheint, dass die 1. Formulierung am besten das aussagt, was heute besonders dringlich ist«. In der Diskussion einigte man sich auf die leichte Abwandlung »Die Kirche, das Zeichen Gottes unter den Völkern«. Der als Gast anwesende Kardinal Frings gab zu Protokoll: »Ich glaube, dass wir mit diesem Thema sehr zufrieden sein können. Es ist das beste, das bisher vorgeschlagen wurde«. Man beschloss, »diese Formulierung des Themas zunächst ohne weiteren Kommentar der Presse sofort mitzuteilen«.

Frings hat in seinen Erinnerungen in aller Kürze die vielseitigen Aspekte dieses Themas umrissen[75]: »Dieses Losungswort ... bot vielerlei Möglichkeiten der Behandlung: die Kirche als das Zeichen, durch das

---

72 Aktennotiz Böhler 20. Juli 1955: HAEK – Gen II 3.8a, 1.

73 Löwenstein an die Mitglieder des Geschäftsführenden Ausschusses 9. August 1955 (unterschr. Exemplar für Böhler): Ebd.

74 Protokoll der Sitzung des Geschäftsführenden Ausschusses des Zentralkomitees, Köln, 15. August 1955: Ebd.

75 J. FRINGS, Für die Menschen bestellt, S. 170 f.

Menschen zu Gott hingeführt werden sollen, das Zeichen, dem widersprochen wird, das Zeichen, das in sich selbst schwach ist, das dennoch eine große Kraft ausstrahlt, eben die Kraft Gottes«. Der Berichtsband des Katholikentages dokumentiert die Vielfalt der Veranstaltungen, in denen das Thema auf hohem, manchmal – ohne Rücksicht auf die Teilnehmer! – zu hohem Niveau abgehandelt wurde[76].

b) Die Vorbereitungsphase

Nach dieser grundsätzlichen Einigung über das Katholikentagsthema stand der intensiven Vorbereitung nichts mehr im Wege. Geistiger Kopf und Motor der Vorbereitungsarbeiten, bei dem alle Fäden zusammenliefen, sollte Prälat Wilhelm Böhler werden. Für die nahezu generalstabsmäßig angelegten organisatorischen Planungen war Notar Lemmens mit dem Lokalkomitee letztverantwortlich. An der inhaltlichen Ausgestaltung nahm Robert Grosche wesentlich Anteil. Kardinal Frings erinnerte sich 1973[77]: »Die Katholikentage sind immer Veranstaltungen der deutschen katholischen Laien gewesen. So legten wir auch jetzt das Schwergewicht auf die Mitarbeit der Laien. Hier fanden wir einen vortrefflichen Helfer, den Notar Dr. Lemmens, der Präsident des Kölner Katholikenkomitees war. Im Laufe der Vorbereitungen gelang es ihm, etwa 1000 Laien für die aktive Vorbereitung des Katholikentages zu gewinnen. Sie wurden in eine Anzahl von Kommissionen eingeteilt ...«.

Eine besondere Note erhielt der Kölner Katholikentag 1956 durch die große Zahl der Katholikentagsbesucher aus der DDR. Frings schrieb 1973[78]: »Es war in der Tat das letzte Mal, dass die Mitteldeutschen in größerer Zahl an einem deutschen Katholikentag teilnehmen konnten. Im ganzen waren es 30.000, die sich aufmachten, um nach Köln zu wallfahren, wie sie sich selber ausdrückten, zum heiligen Köln und zum Dom von Köln mit seinen Heiligen Drei Königen. Diese 30.000 Menschen haben gewissermaßen den Geist des Katholikentages gestaltet. Sie haben eine religiöse Begeisterung entfaltet, die wir gar nicht erwartet hatten, und

[76] 77. Deutscher Katholikentag in Köln »Die Kirche, das Zeichen Gottes unter den Völkern« 29. August bis 2. September 1956, Köln 1957. – Böhler übersandte Grosche am 11. August 1956 die vorliegenden Vortragsmanuskripte für den Katholikentag. Sie seien sehr unterschiedlich, »aber doch wirklich gut. Vielleicht sind einige etwas zu hoch im Niveau ... Vielleicht könnte man allen mitteilen, dass sie ihre Reden daraufhin noch einmal durchsehen, da nicht gelehrte Zuhörer, sondern in erster Linie das einfache gläubige Volk Publikum ist ...« (sign. Durchschlag): HAEK – Gen II 3.8a, 4.

[77] J. FRINGS, Für die Menschen bestellt, S. 170.

[78] Ebd., S. 171.

doch wurden schließlich auch die Kölner selbst davon ergriffen. Die Leute beteten im Dom und in den altehrwürdigen Kirchen mit einer Inbrunst, mit einer Ausdauer, die man nur bewundern konnte. Bei Tage war es so, und schließlich auch während der Nacht, so dass der Dom gar nicht geräumt werden konnte, und die Schweizer und die Putzfrauen konnten mit der Arbeit kaum beibleiben«. Um sich gegen den Vorwurf begeisterter Übertreibung abzusichern, fügte Frings an: »Wer es miterlebt hat, wird sich dessen mit Freude erinnern und mir keine Übertreibung vorwerfen«.

1956 war zwar die Kriegsnot überwunden, doch die Unterbringungsmöglichkeiten für einige 10.000 Menschen und vor allem die Finanzierung der Teilnahme von 30.000 Menschen ohne feste Währung aus dem Osten stellten eine große Herausforderung für die Organisatoren dar. Frings schreibt: »Es war berechnet worden, dass jeder Teilnehmer aus dem Osten uns etwa 100 Mark kosten werde. Das [er]gab bei 30.000 eine Summe von 3 Millionen Mark, was damals eine sehr bedeutende Summe war. Es gelang aber Herrn Notar Lemmens durch geschickte Verhandlungen mit dem Bund [d. h. mit dem Ministerium für gesamtdeutsche Fragen in Bonn], diese Summe zu bekommen«.

Die umfangreichen Akten des Kölner Katholikentages im Erzbistumsarchiv enthalten als einzige Spur der finanziellen Abwicklung einen Brief des nordrhein-westfälischen Finanzministers Flecken an Lemmens vom 18. Februar 1956[79] mit dem Bescheid, der Bitte um eine Finanzierungshilfe in Höhe von 600.000 DM könne nur mit 500.000 DM entsprochen werden. »Dieser Betrag wurde für angemessen und ausreichend gehalten, weil auch das Land Hessen als Sitzland für den Evangelischen Kirchentag 1956 in Frankfurt einen Betrag in dieser Höhe bereitstellt«. Flecken schloss den Hinweis an: »Es dürfte möglich sein, für die Restfinanzierung des Katholikentages Zuschüsse von anderen Bundesländern zu erlangen, da sich auch in den vergangenen Jahren nicht nur die jeweiligen Sitzländer, sondern auch die anderen Länder an der Finanzierung von Kirchentagen durch Zuschüsse beteiligt haben«. Die Begründung für diese staatliche Beteiligung an der Finanzierung von Kirchentagen dürfte vor allem in der Alimentierung der Teilnehmer aus der DDR gelegen haben!

»Schwierig war auch die Unterbringung der Menschen«, so Frings 1973[80]. »Hotels gab es damals nur sehr wenige. Deshalb wurden die Kölner Katholiken aufgefordert, einen Gast oder mehrere aufzunehmen, und

[79] Der Finanzminister des Landes NRW, Flecken, an Lemmens 18. Februar 1956 (Kopie): HAEK – Gen II 3.8a, 3.

[80] J. FRINGS, Für die Menschen bestellt, S. 171 f.

viele, sehr viele meldeten sich. Aber es reichte nicht. Man musste katholische Schulen mit dazunehmen und in ihnen primitive Lagerstätten herrichten«. Für die männliche Jugend wurden große Zeltlager auf dem rechten Rheinufer installiert.

Eine delikate Frage im Vorfeld der Feiern war: Sollte der Kardinal in Rom wie 1948 um einen päpstlichen Legaten bitten? Frings entschied sich dagegen, wollte aber den Legaten von 1948, den inzwischen zum Kardinalvikar des Papstes für die Diözese Rom aufgerückten Clemente Micara, sowie zahlreiche andere ausländische Bischöfe als Gäste einladen. Böhler schrieb in diesem Sinne am 20. September 1955 an den Privatsekretär Pius' XII., P. Robert Leiber SJ[81]: »In Erinnerung an das Domfest möchte unsere Eminenz die Hochwürdigsten Herren Kardinäle einladen, die am Domfest [1948] teilgenommen haben, unter anderen auch Eminenz Micara. Unsere Eminenz ist« - im vorkonziliaren Zeitalter noch völlig korrekt! – »der Auffassung, dass er dies Sr. Heiligkeit mitteilen muss, bevor er die Einladungen versendet. Der Brief an den Hl. Vater wird in diesen Tagen abgehen. Nun wollte ich Sie nur vertraulich informiert haben, dass nicht daran gedacht ist, wieder einen Kardinallegaten zu erbitten, weil das bei den deutschen Katholikentagen, die alle zwei Jahre stattfinden, nicht üblich ist«.

Frings' Brief an den Papst ging noch am gleichen Tage ab[82]. Nach einem positiven Bescheid aus Rom wurde eine Fülle ausländischer Kardinäle und Bischöfe eingeladen, von denen viele tatsächlich zum Katholikentag kamen. Kardinal Micara, der sich über die Einladung besonders erfreut zeigte und am 12. Juli 1956 zusagte[83], musste jedoch durch schwere Erkrankung bedingt schließlich dem großen Fest fernbleiben. Statt seiner erschien – uneingeladen und offenbar nur im mündlichen Auftrag des Papstes – Adeodato Giovanni Kardinal Piazza, Sekretär der Konsistorialkongregation, der u. a. für die Migrantenseelsorge zuständig war und im Sommer 1956 verschiedene westeuropäische Länder bereiste[84]. Während Kardinal Frings seinen Mitbruder Micara, den »Barockengel« von 1948,

---

[81] Böhler an P. Leiber SJ (Rom) 20. September 1955 (sign. Durchschlag): HAEK – Gen II 3.8a, 2.

[82] Frings an Pius XII. 20. September 1955 (hs. korrigierter und unterschr. Entwurf): HAEK – Gen II 3.8a, 6.

[83] Micara an Frings 12. Juli 1956 (Original in deutscher Sprache): HAEK – Gen II 3.8a, 6; dort auch die weitere Korrespondenz zwischen Frings und Micara.

[84] Adeodato Giovanni Kardinal Piazza (1887–1957), 1937 Kardinal, Sekretär der Konsistorialkongregation: ANNUARIO PONTIFICIO 1956, S. 42 f., ebd., 1958, S. 85.– Zu verschiedenen Stationen dieser Reise – u. a. die Italiener-Seelsorge in Köln – ergeben die Akten HAEK – Gen II 3. 8a Hinweise.

ins Herz geschlossen hatte, blieb er Kardinal Piazza gegenüber reserviert. 1973 schrieb er im Zusammenhang mit dem Festhochamt zum Wiedereinzug in den Dom[85]: »Die Predigt hielt ich, während Kardinal Piazza das Hochamt feierte. Er war eigentlich unerwartet erschienen und kam, um Gruß und Segen des Heiligen Vaters zu überbringen. Es ist nicht ganz klar geworden, ob dieser Auftrag ihm schriftlich erteilt war oder ob es nur eine mündliche Beauftragung gewesen ist. Das Programm, wie wir es überlegt hatten, wurde durch dieses unerwartete Kommen ein wenig umgestaltet, aber wir sind damit fertig geworden. Er hatte bereits bei der Eröffnungsversammlung eine Ansprache gehalten[86] und hätte am liebsten auch im Hochamt gepredigt. Da er aber der deutschen Sprache entweder gar nicht oder nur in geringem Maße mächtig war, war es vielleicht besser, wenn ein Deutscher mit der Predigt beauftragt wurde«.

Ganz so unerwartet war Kardinal Piazza denn doch nicht nach Köln gekommen. Als Frings den Papst am 23. Juli 1956 um ein auf Band gesprochenes, bei der Schlusskundgebung zu übertragendes Grußwort an den Katholikentag bat[87], erwähnte er bereits, dass außer Micara auch Piazza kommen werde, »der zur Zeit des diesjährigen Katholikentages in Deutschland weilt, um sich der Heimatvertriebenen und Flüchtlinge anzunehmen«[88]. Es ist denkbar, dass Frings den ihm unbekannten Kurienkardinal, zumal als Zelebranten des ersten Pontifikalamtes am neuerrichteten Vierungsaltar des Domes, scheute, weil man nicht wissen konnte, wie Kardinal Piazza auf eine »liturgische Neuerung« reagieren und darüber in Rom berichten würde, die für diesen Gottesdienst geplant war.

c) Das Festhochamt zum Wiedereinzug in den vollendeten Dom am 30. August

Dieses Hochamt im erstmals ganz wieder eröffneten Dom wurde zum ersten Höhepunkt des Katholikentages[89]. Frings berichtete nicht wenig stolz: »Zu dieser Veranstaltung waren sowohl der Herr Bundespräsident Heuss wie auch der Herr Bundeskanzler [Adenauer] und viele hohe Beamte des Bundes und des Landes erschienen«. Zur Gestaltung des Domes schrieb der Kardinal: »Man hatte in der Mitte der Vierung einen Altar aufgestellt,

---

85 J. FRINGS, Für die Menschen bestellt, S. 172 f.

86 Text: 77. Deutscher Katholikentag, S. 45-47.

87 Frings an Pius XII. 23. Juli 1956 (sign. Durchschlag): HAEK – Gen II 3.8a, 8.

88 Beim »Tag der Begegnung« für die Heimatvertriebenen hielt Kardinal Piazza eine kurze Ansprache: 77. Deutscher Katholikentag, S. 201 f.

89 Berichte: 77. Deutscher Katholikentag, S. 155-160 (mit Predigt von Kardinal Frings); J. FRINGS, Für die Menschen bestellt, S. 172 f.

und das ganze Vierungsquadrat war für den Altarraum ausgespart. Der Thron des Bischofs stand vor dem alten Hochaltar [in der Chorspitze][90], so dass sich jedesmal eine große Prozession entfaltete, ähnlich wie in St. Peter zu Rom, wenn der Zelebrant sich von seinem Sitz zum Altar bewegt, z. B. zu Beginn der Opferung«. Was der Kardinal 1973 schon nicht mehr hervorheben musste, war 1956 die unter Umständen anstößige »liturgische Neuerung«: Der von seinem Thron durch das lange Hochchor zum Vierungsaltar schreitende Erzbischof trat von hinten, dem Volke nach drei Seiten zugewandt, an den Altar. Die Worte »ähnlich wie in St. Peter zu Rom« machten die leichte Anmaßung in dieser Neuerung deutlich.

Die Idee zu dieser Gestaltung der Pontifikalliturgie im erneuerten Dom – alle anderen Zelebranten außer dem Ortsbischof mussten noch viele Jahre bei der Zelebration am Vierungsaltar des Domes an der Volksseite, versus orientem, stehen! – stammte ohne Zweifel von dem hochangesehenen Liturgikprofessor am Kölner Priesterseminar, Theodor Schnitzler, dessen Anteil an der Katholikentagsgestaltung Frings ausdrücklich anerkannte[91]. Doch diese »celebratio versus populum« war 1956 unerhört. Davon abgesehen, dass der Erzbischof dieses erste Pontifikalamt im neugestalteten Dom gern selbst gefeiert hätte (Konzelebrationen waren 1956

---

[90] Im Protokollbuch des Domkapitels steht am 2. Mai 1956 noch zu lesen: »Besprochen wurde auch die Frage des *Vierungsaltares*, der Stellung des *Thrones* am Vierungsaltar, der zukünftigen Stellung der *Kanzel*; der Herr Dombaumeister wird eine Zeichnung entwerfen«: HAEK – MK 116, S. 322. – Demnach war die Idee der Platzierung des Thrones im Chor-Haupt und die celebratio versus populum zu diesem Zeitpunkt noch nicht im Gespräch.

[91] Theodor Schnitzler (1910–1982), 1943-1960 Professor für Liturgik am Kölner Priesterseminar, 1960-1977 Pfarrer an St. Aposteln in Köln, maßgeblicher Mitarbeiter an der Liturgiereform des II. Vat. Konzils: Th. VOLLMER, in: LThK [3]9, 2000, Sp. 194; H. J. HECKER, Chronik, S. 277 f. – Leider sind im Dombauarchiv wohl die Pläne und die Kostenrechnungen über die Vierungsgestaltung 1956 vorhanden, jedoch keine Planungsakten, in denen man eine Konzeption von Schnitzler (in Auseinandersetzung mit Weyres und Joseph Hoster) nachweisen könnte. Diesen Mangel hat schon Peter Springer bei seinen Forschungen über das Fußbodenmosaik in der Vierung des Kölner Domes feststellen müssen: P. SPRINGER, Die unsichtbare Mitte. Zur Aufdeckung des Fußbodenmosaiks in der Vierung des Kölner Domes, in: Kölner Domblatt 63, 1998, S. 185-204, hier: S. 189: »Diesem dokumentarischen Defizit entspricht jedoch ... auch die Tatsache, dass genaue Angaben zur Entstehung und Frühgeschichte des Holzpodestes in der Vierung ebenfalls fast völlig fehlen. Wahrscheinlich seit der Wiedereröffnung des Kölner Domes nach der Behebung der gröbsten Kriegsschäden zum Katholikentag 1956 bedeckte ein mehrstufiges Podest für den Pfarraltar das Vierungsmosaik weitgehend...«. – Der Beitrag von H. ROSER, » ... das heilige liturgische Wechselspiel ...«. Zur Aufwertung der Vierung des Kölner Domes in der Nachkriegszeit, in: Kölner Domblatt 65, 2000, S. 153-182, ist trotz des vielversprechenden Titels und entsprechender Fotos überwiegend von bauästhetischen Interessen bestimmt, von liturgiegeschichtlichen Aspekten weitgehend unbeschwert. Dazu informiert grundlegend: A. GERHARDS, Versus orientem – versus populum. Zum gegenwärtigen Diskussionsstand einer alten Streitfrage, in: Theologische Revue 98, 2002, Sp. 15-22.

noch undenkbar), musste er sich fragen: Würde Kardinal Piazza sich auf die gewählte Form einlassen, wie würde das Echo aus Rom sein?

Kardinal Piazza hatte offensichtlich keine Probleme mit dieser »Kölner Lösung«. Wenn Frings allerdings am 20. September 1956 – also gerade einmal drei Wochen nach dem Geschehen – vor dem Liturgischen Kongress in Assisi von einem »Triumph der Liturgie« beim Kölner Katholikentag sprach und für die celebratio versus populum Kardinal Piazza als Schutzschild benutzte, so ist das wohl als rheinische Schlitzohrigkeit zu werten, die dem Kardinal nicht ganz fremd war[92]. Der Erzbischof hob von den liturgischen Feiern des Katholikentages u. a. hervor: »Das Pontifikalamt des Hochwürdigsten Herrn Kardinals Piazza zur Eröffnung des wiederhergestellten Domes. Dabei machten wir einen dreifachen Fortschritt in der participatio actuosa des Volkes an der Liturgie:

a) Ein neuer Altar wurde in der Vierung des Domes errichtet. Der zelebrierende Kardinal stand am Altar, zum Volke hingewendet. Der Thron stand rückwärts in der Mitte, nahe der Apsis. So konnte das Volk von drei Seiten den Altar umringen und der heiligen Handlung besser folgen, während der Klerus den großen Raum zwischen Altar und Thron im Chorgestühl einnahm....«.

Wenn die entscheidenden Abschnitte dieser Assisi-Rede des Kardinals im Dokumentationsband des Kölner Katholikentages abgedruckt wurden, so ist dahinter die Absicht zu vermuten, die am 30. August im Kölner Dom durch einen Kurienkardinal geschaffenen Fakten abzusichern.

Dass man sich in Köln der neuen Altarlösung noch nicht ganz sicher war, zeigt der Brief des Katholischen Mädchenschutz-Vereins an den Kardinal vom 21. Januar 1957[93]: »Wie wir nun erfahren haben, soll dieser Altar wieder abgebaut werden. Wir würden das außerordentlich bedauern, da die große Entfernung zum Hochaltar und dessen ungünstige Lage es sehr erschweren, der hl. Messe mit Andacht zu folgen ...«. Die Gefahr für den Vierungsaltar (und für die Zelebration versus populum durch den Erzbischof) drohte allerdings nicht aus Rom. Dompropst Hecker antwortete der Freifrau von Gallwitz[94]: »Im Verein mit Sr. Eminenz ist das Met-

92 Triumph der Liturgie beim 77. Deutschen Katholikentag in Köln. Auszug aus der Rede des Kardinals Joseph Frings, Erzbischof von Köln, beim Liturgischen Kongress zu Assisi am 20. September 1956: 77. Deutscher Katholikentag, S. 160-162.

93 Kath. Mädchenschutz e.V. Köln, Margret von Gallwitz (und zahlreiche weitere Unterschriften), an Frings 21. Januar 1957: K – MK – B XVIII 27.

94 Metropolitankapitel, Hecker, an Kath. Mädchenschutzverein 2. Februar 1957 (hs. Entwurf): Ebd.

ropolitankapitel bemüht, für den Vierungsaltar eine Lösung zu finden, die den Teilnehmern am Gottesdienst gerecht wird, ohne dem Dom Gewalt anzutun. Das herrliche Chor darf nicht zu einem Anhängsel werden«. Hier beginnen die Spannungen zwischen den liturgisch-pastoralen Bedürfnissen und der Bauästhetik des Domes, die bis 1998 zu zahlreichen Versuchen der Vierungsgestaltung führten und mancherlei Kritik provozierten. Schon 1957 bat Dompropst Hecker: »Wir bitten um Geduld wegen der Schwierigkeit der Sache«.

Über den Eindruck vom ersten Hochamt im ganz wiederhergestellten Dom berichtete Frings 1973[95]: »Als man den Dom verließ, unterhielten sich die Kunstgelehrten über die Frage, ob man im 19. Jahrhundert recht daran getan habe, den Kölner Dom zu vollenden, obwohl man ihn nach einem Stil bauen musste, der nicht mehr der Stil der Zeit war. Das einstimmige Urteil lautete, nachdem man diesen Gottesdienst miterlebt hatte: ›Ja, sie haben doch recht gehabt, die Männer, die sich damals für die Vollendung des Kölner Domes einsetzten‹. Dieses Urteil hat sich auch später bestätigt. Der Dom ist selten so gut und so anhaltend besucht gewesen wie in der Zeit nach dem Weltkrieg. Die Stellung des Altars inmitten der Vierung hat sich sehr gut bewährt ... Von Anfang an wurden die feierlichen Ämter versus populum gelesen, so dass der Bischof mit dem Gesicht zum Volk die heilige Messe zelebrierte«.

d) Die eucharistische Schiffsprozession am Abend des 1. September

Die eucharistische Frömmigkeit ist in Köln durch eine lange Tradition verwurzelt. Wahrscheinlich hat zwischen 1264 und 1278 in Köln eine der ersten Fronleichnamsprozessionen, von St. Gereon ausgehend, stattgefunden[96]. Auch die »Mülheimer Gottestracht« als eucharistische Schiffsprozession geht in ihren Anfängen bis in die erste Hälfte des 14. Jahrhunderts zurück[97]. Doch für die vielen Tausend Katholikentagsbesucher aus allen deutschen Regionen, zumal aus der mitteldeutschen Diaspora, war die mehrstündige Schiffsprozession am Abend des 1. September 1956 ein besonderes, tief beeindruckendes Erlebnis verdichteten Glaubens[98]. Frings schilderte 1973: »Es waren große Vorbereitungen dazu getroffen worden. Vor allem hatte Professor Schnitzler sowohl an dieser Feier und ihrer Vor-

95 J. FRINGS, Für die Menschen bestellt, S. 173.

96 Artikel »Fronleichnam«, II. Prozession: A. HEINZ, in: LThK ³4, 1995, Sp. 173 f.

97 J. BENDEL, Die Gottestracht zu Mülheim am Rhein, Köln 1914, Nachdruck: Köln 1997.

98 Berichte: 77. Deutscher Katholikentag, S. 188-190 (Liturgische Texte: S. 190-199); J. FRINGS, Für die Menschen bestellt, S. 173 f.

bereitung wie an allen anderen liturgischen Veranstaltungen großen Anteil. Es bewegte sich ... eine festliche Prozession zum Rhein hin, wo das Schiff lag, das für das Allerheiligste vorbereitet war. Aber eine große Zahl weiterer Boote begleitete dieses Schiff[99]. Die Fahrt ging zunächst rheinaufwärts unter Gesängen und mit Begleitung der Musikkapellen bis zur Rodenkirchener Brücke ... Dann ging es den Rhein hinunter bis zur Mülheimer Brücke und wieder zurück zum Leystapel, von wo wir abgefahren waren. Zu beiden Seiten des Stromes standen ungezählte Menschen, die das grandiose Schauspiel von den Ufern aus beobachteten, mitbeteten und mitsangen. Es ist ein einmaliges Ereignis gewesen, das vorher nie in dieser Form stattgefunden hatte und wohl so bald auch nicht wiederholt werden könnte[100]. Das Allerheiligste war auf dem Festschiff ausgestellt; es knieten immer eine Reihe von Priestern ... und ein Bischof ... zur Anbetung des Allerheiligsten dort. Wer es miterlebt hat, wird sich dessen ein Leben lang erinnern. Die Lage der Stadt Köln dicht am Ufer des Rheins kam hier unserem guten Willen zu Hilfe«.

Etwas detailliertere Auskunft über die Prachtentfaltung der Schiffsprozession gibt uns ergänzend der offizielle Bericht: »Von den Vertretern des öffentlichen Lebens gingen in der Sakramentsgruppe der Kölner Oberbürgermeister Dr. Schwering mit Amtskette, der Oberstadtdirektor und der Regierungspräsident, das Präsidium des Katholikentages, die Mitglieder des Zentralkomitees der deutschen Katholiken, die zwölf Redner der festlichen Tage in Köln sowie Vertreter des diplomatischen Korps, unter ihnen der Botschafter beim Heiligen Stuhl, Wolfgang Jaenicke. Alle Bischöfe und Äbte trugen ihren Bischofsstab und prächtige Chormäntel. Die drei Kardinäle [Frings, Wendel, Piazza], der Apostolische Nuntius und die Metropoliten der deutschen Kirchenprovinzen, die während der Prozession ... den Segen über Stadt und Strom erteilten, waren bekleidet mit der ›Clementina‹, der ›Großen Kapelle‹ des Kölner Domes[101] ... Kardinal Frings trug den alten Kölner Bischofsstab aus dem 14. Jahrhundert

[99] An der Umkreisung des Sakramentsschiffes durch weitere Schiffe und Boote wird das Vorbild der Mülheimer Gottestracht besonders deutlich.

[100] Die nächste eucharistische Schiffsprozession in Köln sollte – nach den guten Erfahrungen von 1956 – anlässlich des Domfestes 1980 gehalten werden. Der Erzbischof (Kardinal Höffner) feierte das Pontifikalamt vormittags in der Mülheimer Liebfrauen-Kirche, die Prozession geleitete von dort das Allerheiligste zum Schiff, das am Leystapel gegen Mittag anlegte. Der Schlusssegen wurde am Südportal des Domes erteilt.

[101] Die »Capella Clementina«, die Kurfürst Clemens August (1723-1761) zur Kaiserkrönung seines Bruders Karl VII. in Frankfurt 1742 in Paris anfertigen ließ, blieb mit 22 Gewändern (Kaseln, Dalmatiken und Chormänteln) und Zubehörteilen (u. a. Mitren) dem Kölner Dom erhalten: D. von Boeselager, Capella Clementina. Kurfürst Clemens August und die Krönung Kaiser Karls VII. (= Studien zum Kölner Dom 8), Köln 2001.

und das Corveyer Bischofskreuz des 18. Jahrhunderts[102] ... So zeigte sich im Zusammenklang von alten, an Tradition und Kostbarkeit ehrwürdigen Kleinodien kirchlicher Kunst und den modernen Mitteln neuzeitlicher Nachrichtentechnik – Lautsprechern, um Gebete zu übertragen, und Fernsehkameras – eine wahrhaft ungebrochene abendländische Tradition. Es zeigte sich eine Kirche, die alles Schöne und Wertvolle aus allen Epochen einzubeziehen weiß in den Lobpreis des großen Schöpfers«.

Die Schlussfeier der Prozession fand auf der Dom-Südseite statt. Der Altar stand »auf dem Dombunker, der das Dionysos-Mosaik birgt«[103]. »Vom Segensaltar trug, als sichtbares Zeichen der Verbundenheit der beiden Nachbarvölker Deutschland und Frankreich, der Pariser Weihbischof und Sekretär der französischen Bischofskonferenz, Msgr. Villot[104], das Allerheiligste wieder in die Kathedrale ... die ganze Nacht hindurch [folgten] Betstunden im Dom und Nachtgottesdienste in den ehrwürdigen Kirchen und Basiliken der alten Kölner Stadtviertel und der Vorstädte«.

e) Pontifikalmesse und Schlusskundgebung auf dem Stadion-Nordfeld am 2. September

Für diesen Höhepunkt und Abschluss des Katholikentages bedurfte es eines Geländes, auf dem mehrere Hunderttausend Menschen sich versammeln konnten. Man fand es in der Nachbarschaft des Müngersdorfer Stadions, nördlich der Aachener Straße. Frings berichtet[105]: »Rudolf Schwarz, einer der besten Architekten, die wir besaßen, hatte eine sinnreiche Konstruktion erfunden, um dem Ganzen einen Mittelpunkt und einen tieferen Sinn zu geben. Er hatte eine riesige Dornenkrone aus Eisenblech anfertigen lassen. Diese Krone wurde über dem Altar durch drei große Baukräne gehalten. Es war ein Hinweis darauf, dass wir bei aller Freude dieser Tage das Kreuz Christi nicht vergessen sollten, und dass über allem, was hier auf Erden geschieht, in irgend einer Form der Dornenkranz des heiligen Erlösers schwebt«[106].

---

[102] Bischofsstab um 1322: L. Becks/R. Lauer, Die Schatzkammer des Kölner Domes, Köln 2000, Nr. 56, S. 43. – Corveyer Kreuz, um 1740 von Kaiserin Maria Theresia dem Abt von Corvey geschenkt: Ebd. Nr. 218, S. 114.

[103] 77. Deutscher Katholikentag, S. 189 f.

[104] Jean Villot (1905–1979), 1954 Weihbischof in Paris, 1959 Erzbischof von Lyon, 1965 Kardinal, 1969 Kardinalstaatssekretär Papst Pauls VI.: Annuario Pontificio 1958, S. 369; ebd., 1975, S. 76*; ebd., 1979, S. 73*.

[105] J. Frings, Für die Menschen bestellt, S. 174 f.

[106] Zur Gestaltung des Altars auf dem Stadion-Nordfeld: Altar Katholikentag: H. Strohl, in: W. Pehnt, Rudolf Schwarz, Nr. 159, S. 287 f.

An seinem Schlusstag nahm der Kölner Katholikentag Dimensionen an, die alles in der Nachkriegsgeschichte des deutschen Katholizismus Dagewesene sprengten: »Nach Schätzungen der Polizei waren etwa 400.000 Menschen erschienen, die diesem feierlichen Gottesdienst beiwohnten. Die Predigt«, so Frings, »war mir zugefallen. Ich erinnere mich, dass ich zu Beginn sagte, wir, die wir hier versammelt seien, stellten etwa ein Tausendstel der gesamten katholischen Kirche dar«. Es war wohl zum ersten Mal, dass eine Eucharistiefeier auf freiem Feld mit so vielen Menschen bis hin zu einer würdigen Kommunion-Spendung zu gestalten war.

Während Frings auf diese Messfeier durch Nuntius Muench am Morgen dankbar und erbaut zurückschaute, sah er die Schlusskundgebung am Nachmittag kritischer[107], was nicht nur durch den ausführlich beschriebenen Verlust des großen Smaragds aus dem Corveyer Bischofsring zurückging[108] – Bundeskanzler Adenauer entdeckte ihn schließlich auf dem Schoß des Kardinals! – sondern andere, vielleicht atmosphärische Gründe hatte. »Die riesige Versammlung, zu der nach polizeilichen Schätzungen 700.000 Menschen erschienen waren, gelang nicht so gut wie die anderen großen Veranstaltungen ... Ich saß also zusammen mit Konrad Adenauer und den Bischöfen. Auch Kardinal Wendel und viele ausländische Bischöfe waren erschienen ... Der Höhepunkt dieser Schlussversammlung war die Ansprache, die Papst Pius XII. an die Versammlung richtete[109]. Das Tonband, auf dem sie aufgezeichnet war, hatte man durch einen Kurier nach Köln geschickt. In dieser Ansprache lobte der Papst zunächst die deutschen Katholiken wegen ihres Festhaltens am Glauben und besonders wegen ihrer Tätigkeit in katholischen Vereinen und Verbänden. Dabei nannte er drei Männer aus dem vorigen Jahrhundert, die sich besondere Verdienste um die katholische Sache erworben hätten: Kardinal Johannes von Geissel ..., dann den Priester und Gesellenvater Adolf Kolping und endlich August Reichensperger, der verkündet hatte, dass der Aufbau und Ausbau des Kölner Domes eine Forderung der Zeit sei. Schließlich ging der Papst über auf das Motto des Katholikentages ›Die Kirche – das Zeichen Gottes, das über den Völkern entrollt ist‹ ...«.

Kann man bei der Darstellung des Kardinals über den Verlauf des Kölner Katholikentages 1956 gelegentlich den Eindruck einer verklärenden Erinnerung gewinnen, so kommt am Schluss doch seine selbstkritische Nüchternheit wieder zum Vorschein: »Die Ansprache [des Papstes] war

---

107 J. FRINGS, Für die Menschen bestellt, S. 175-177.

108 Zu dem bereits erwähnten Corveyer Kreuz von 1740 gehörig: L. BECKS/R. LAUER, Schatzkammer, Nr. 218, S. 114.

109 Text: 77. Deutscher Katholikentag, S. 15-20.

groß angelegt, aber die Übertragung war technisch nicht vollkommen. So wurde sie nicht ganz verstanden, und es zeigte sich Langeweile unter dem Publikum«. Auch eine Vorführung aus der Weltkirche zog den leichten Spott des Kardinals auf sich: »Am Schluss wurde eine Art Pantomime aufgeführt, die das Interesse für die Mission wecken sollte. Aus den Missionsländern verschiedener Erdteile waren Christen in ihrer landesüblichen Kleidung gekommen, die nun vorgestellt wurden. Während dessen begann es aber zu regnen, so dass ich mich zu dem Scherzwort veranlasst fühlte: ›Sic transit gloria mundi‹, denn diese Veranstaltung wurde geleitet vom Herrn Prälaten Mund, dem damaligen Präsidenten des Päpstlichen Werkes der Verbreitung des Glaubens«.

Vielleicht war nach fünf reich gefüllten, zum Teil aufwühlenden Tagen am Schluss auch die innere Spannkraft verbraucht. Der Kardinal wies zu Recht auf das gehaltvolle Vortragsprogramm auf der Südseite des Domes und auf vielfältige besondere Gottesdienste hin. »Es ist noch zu erwähnen, dass die Jugend, die aus dem Osten gekommen war, sich weniger für die alten Kirchen interessierte, sondern sich lieber Fahrten anschloss, die moderne, eben erbaute Kirchen besichtigten«. Nirgendwo in Deutschland gab es in diesem Bereich eine so reiche Fülle an Anschauungsmaterial wie im Erzbistum Köln unter Kardinal Frings! Dieser fuhr fort: »Sie [die jungen Leute aus der DDR] sagten: ›Wir hören bei uns immer wieder, die Kirche sei eine alte, verrottete Einrichtung, die mit dem Leben nicht mitgeht. Hier haben wir den Beweis, dass die Kirche sich wirklich da, wo sie frei ist, auch frei entwickeln und den Bedürfnissen der heutigen Zeit nahe kommen kann«. Frings schloss seinen Bericht über den Kölner Katholikentag 1956: »Ich glaube, dass auch diese Jugend sehr bewegt und tief ergriffen Köln wieder verlassen hat«.

Der Berichtsband hat eine Reihe von Dankes- und Anerkennungsbekundungen registriert[110]. Hier sollen nur wenige angeführt werden. Der Bundeskanzler schrieb Frings am 5. September[111], er habe sich von Frings nicht verabschieden können. »Ich möchte das hiermit nachholen und Ihnen, als dem Erzbischof der Diözese, zu dem so eindrucksvoll verlaufenen Katholikentag in Köln meine aufrichtigen Glückwünsche übermitteln«. Bischof Otto Spülbeck, Apostolischer Administrator des Bistums Meißen, schrieb am 8. September[112]: »Diese reichen Tage, vor allem das Pontifikalamt am Donnerstag Vormittag [im Dom], die Rhein-Prozession

---

110 77. Deutscher Katholikentag, S. 539-543: »Dankesschreiben von Teilnehmern aus den ost- und mitteldeutschen Diözesen«.

111 Adenauer an Frings 5. September 1956: HAEK – Gen II 3.8a, 7.

112 Spülbeck an Frings 8. September1956: Ebd.

am Sonnabend Abend und die beiden großen Feiern am Sonntag, waren nicht nur für unsere Gläubigen aus dem Bistum Meißen, sondern auch für mich persönlich ein unvergessliches Erlebnis. Haben Sie vielen Dank für all das Schöne, das Sie uns geschenkt haben«.

Am gleichen Tag gab der Erzbischof durch ein »Dankwort zum 77. Deutschen Katholikentag« diesen Dank an alle weiter, die sich seit Wochen und Monaten, nicht wenige über mehrere Jahre, um die Vorbereitung und das Gelingen des Katholikentages gemüht hatten[113].

Fürst Löwenstein zeichnete einen von ihnen durch ein besonderes Dankeswort aus: den Kölner Prälaten Wilhelm Böhler[114]: »An unsere eigenen Freunde im Zentralkomitee schicke ich ja kein Dankschreiben, Ihnen aber darf ich doch wenigstens mit einem Wort sagen, wie sehr Sie für uns alle immer wieder der rettende Engel waren, ohne den wir an den Schwierigkeiten oft gescheitert wären. Ich glaube für Sie, den Kardinal und die Mitglieder des Hochwürdigsten Domkapitels wird die größte Befriedigung darin liegen, dass der Katholikentag nicht nur organisatorisch hervorragend verlaufen ist, sondern durch tiefe Frömmigkeit, die dabei zum Ausdruck kam, viel Segen über Köln herabgeholt hat und wohl auch seelsorglich von bleibender Bedeutung sein wird«.

Das durch die intensive Arbeit für den Katholikentag auch menschlich zusammengewachsene Kölner Lokalkomitee organisierte für die Karwoche und das Osterfest 1957 eine Wallfahrt nach Rom, an der 150 Katholikentagshelfer teilnahmen. Bei einer Audienz am Ostermontag dankte Pius XII. noch einmal allen, die zu dem gelungenen Werk des Katholikentags beigetragen hatten[115].

---

113 Dankwort zum 77. Deutschen Katholikentag: KA 96, 1956, Nr. 329, S. 242-249; 77. Deutscher Katholikentag, S. 560-564.

114 Löwenstein an Böhler 19. September 1956: HAEK – Gen II 3.8a, 4.

115 77. Deutscher Katholikentag, S. 565-567: »Wallfahrt nach Rom« (Ansprache Pius' XII., S. 567)

X. KAPITEL

DAS »KÖLNER MODELL« – ERZBISCHOF FRINGS UND DIE LAIENGREMIEN

1. DIE AUSGANGSLAGE

Das nationalsozialistische Regime hatte die in Deutschland typische Form der Mitgestaltung kirchlichen Lebens durch Laien, das alle Lebensbereiche abdeckende Netz von Verbänden und Vereinen, zerschlagen. Das galt zumal für den »Volksverein für das katholische Deutschland«, der allerdings bereits in den Jahren vor 1933 in eine wirtschaftliche und inhaltliche Krise geraten war[1]. Wilhelm Böhler, der die Entwicklung der 20er Jahre und die Krise des Volksvereins bis 1933 aus der Nähe miterlebt hatte, schrieb am 28. Februar 1953 im Vorfeld eines Konveniats der westdeutschen Bischöfe[2], dass der Volksverein »als solcher schon längst nicht mehr lebensfähig war, als die Nationalsozialisten ihn aufhoben ... Der Volksverein war erledigt, als die katholischen Standesvereine sich immer mehr verselbständigten, ihr eigenes Schrifttum herausgaben, die Schulung ihrer Kräfte allein in die Hand nahmen und sich bewusst aus der Atmosphäre des Volksvereins befreiten. Damit wurde dem Verein als solchem der Boden für die Vereinstätigkeit entzogen«.

Die hier von Böhler in kurzen Worten umschriebene Situation des Volksvereins und des katholischen Verbändewesens vor 1933 erschien den Bischöfen nach 1945 nicht unbedingt wiederherstellenswert. Gotthard Klein zitiert beispielhaft eine Äußerung Erzbischof Gröbers von Freiburg aus dem Jahre 1947[3]: »Vielleicht bewahren uns einige Erinnerungen an die Zustände des Jahres 1933 davor, in überstürzter Form das damalig Bestehende wieder aufleben zu lassen ... Von keinem deutschen Bischof, der im Jahre 1933 schon im Amt war, wird auch vergessen sein, dass die großen Zentralen [der Verbände] sich Rechte anmaßten, die die Rechte der Ordinarien der Diözesen verletzten. Die Zentralen bauten sich in einem Um-

---

1 Dazu: G. KLEIN, Der Volksverein für das katholische Deutschland 1890–1933; D. GROTHMANN, »Verein der Vereine«? Der Volksverein für das katholische Deutschland im Spektrum des politischen und sozialen Katholizismus der Weimarer Republik (= Paderborner Historische Forschungen, Bd. 9), Köln 1997.

2 Bericht für das Konveniat der Hochwürdigsten Herren Erzbischöfe und Bischöfe im März 1953. Stellungnahme zur Diskussion »Volksverein«, Köln, den 28. 2. 1953 gez. Böhler (Abschrift): HAEK – DAWB 273.

3 G. KLEIN, Volksverein, S. 387 f.

fang aus, dass zahlreiche Hilfskräfte notwendig wurden und Zentralhäuser entstanden sind, die außergewöhnlich viel Geld verschlangen«. Die Schulden seien dann oftmals auf die Diözesen zugekommen. »Auch die geistige Haltung dieser Zentralen und die Art der Beeinflussung namentlich der Jugend erregten öfter Bedenken ...«.

Vor diesem Hintergrund überrascht es nicht, dass die westdeutschen Bischöfe schon bei ihrer ersten Zusammenkunft in Werl im Juni 1945 zu dem Entschluss kamen[4]: »Die Standesseelsorge soll auf der Grundlage und nach den Richtlinien der Katholischen Aktion neu aufgebaut werden. Die früheren großen Verbände mit ihren Verbandszentralen und Generalpräsides sollen nicht wieder aufleben. So weit nötig, sollen diözesane oder überdiözesane Arbeitsstellen unter Leitung der Bischöfe für die Seelsorge der einzelnen Pfarrstände geschaffen werden, die auch ein entsprechendes Schrifttum herausgeben«.

Die Bischöfe hatten sich mit diesem Rückzug auf die Standesseelsorge nach den vier Säulen (Männer, Frauen, männliche und weibliche Jugend) nach dem Modell der hierarchisch geführten Katholischen Aktion die künftige Entwicklung zu einfach vorgestellt. Nicht nur, dass sich sehr bald zahlreiche der früheren Verbände und Vereine neu organisierten und zurückmeldeten: Die Rückendeckung des Papstes für ein weltweit gleich strukturiertes Modell der »Katholischen Aktion« erfuhr eine päpstliche Einschränkung. Von seinem Gespräch mit dem ersten Emissär Papst Pius' XII. nach dem Kriege, P. Ivo Zeiger SJ, am 8. September 1945 berichtete Frings den Bischöfen der britischen Zone[5]: »Pius XII. hat als Kardinalstaatssekretär ein Programm für die katholische Aktion Italiens, das einen Aufbau ausschließlich nach den ›4 Säulen‹ vorsah, abgelehnt. Er hat stets den Standpunkt vertreten, den er schon auf dem Katholikentag in Magdeburg [1928] einnahm, wo gute Standesvereine beständen, sollten sie erhalten und gepflegt werden. Als Papst hat er noch in diesem Jahre [1945] den Wunsch geäußert, es möchten in Italien Gesellen- und Arbeitervereine gegründet werden«.

Die Entwicklung der Laienorganisationen und -vertretungen verlief in den deutschen Diözesen nach 1945 denn auch nach recht unterschiedlichen Voraussetzungen sachlicher und personeller Art keineswegs einheitlich. Andererseits war eine Abstimmung, Bündelung oder gar Zusammen-

---

4 Protokoll der Konferenz der westdeutschen Bischöfe. Werl, 4.-6. Juni 1945: L. VOLK, Akten VI, Nr 987, S. 512-520, hier: S. 517; vgl. oben S. 122 f. mit Anm. 9.

5 Zu Zeigers Besuch bei Frings am 8. September 1945 vgl. oben S. 135 f. mit Anm. 46 u. 47; Frings an die Bischöfe der britischen Besatzungszone 10. September 1945: L. VOLK, Akten VI, Nr. 1037, S. 735-737, hier: S. 737.

fassung notwendig, da die Kirche für den geistigen Wiederaufbau Deutschlands und die Neugestaltung der gesellschaftlichen und politischen Verhältnisse wesentlich auf Laienmitwirkung angewiesen war, deren Einfluss nur von Bedeutung sein konnte, wenn die Laien gemeinschaftlich, gut organisiert und bestens informiert tätig wurden.

Dass trotz mancher Verzögerungen und Hindernisse für die Neuorganisation des katholischen Laientums in Deutschland schließlich das »Kölner Modell« maßgeblich wurde, ist eine der bedeutenden Leistungen des Prälaten Wilhelm Böhler, der über seinen Erzbischof, den Vorsitzenden der Fuldaer Bischofskonferenzen, in geduldiger und zäher Kleinarbeit sein Modell durchzusetzen wusste: In örtlichen Katholikenausschüssen, Diözesankomitees und – seit 1952 – im Zentralkomitee der deutschen Katholiken sowie auf den fortgeführten Katholikentagen sollten die Vertreter der katholischen Verbände mit sonstigen, sachlich qualifizierten Vertretern der Laien und mit dem Episkopat bzw. mit dem Klerus abgestimmt Inhalte und Formen öffentlicher Stellung- und Einflussnahmen des deutschen Katholizismus festlegen.

2. Von den örtlichen »Katholikenausschüssen« zum »Diözesankomitee der Katholikenausschüsse« in der Erzdiözese Köln

Noch im Herbst 1945 bildeten sich – unabhängig von einander – erste Katholikenausschüsse im Kölner Bereich, von denen der Düsseldorfer schon am 26. April 1946 »Richtlinien des Katholikenausschusses der Stadt Düsseldorf« beschloss und den jungen Rechtsanwalt Dr. Anton Roesen zum Vorsitzenden wählte. Roesen zeigte seine Wahl dem Erzbischof an und legte die »Richtlinien« vor, was ein Signal für die zukünftige Zusammenarbeit zwischen Episkopat bzw. Klerus und den Laiengremien war[6]. Böhler, der auf die Entstehung dieser Katholikenausschüsse Einfluss genommen hatte, erkannte spätestens Anfang 1946, als die von der britischen Militärverwaltung angeordnete Abstimmung über den konfessionellen Charakter der Volksschulen anstand, welche Bedeutung die Katholikenausschüsse gewinnen könnten. Auf Böhlers Anregung hin unterschrieb Frings am 4. Februar 1946 kurz vor seiner Abreise zum Konsistorium in Rom den bereits früher dargestellten Aufruf

[6] Roesen an Frings 6. Mai 1946; Richtlinien des Katholikenausschusses der Stadt Düsseldorf, beschlossen in der Vollversammlung vom 26. April 1946: HAEK – CR II 22.37, 1.

an die Dechanten des Erzbistums zur Bildung von Katholikenausschüssen[7].

Am 2. August 1946, wenige Tage vor einer Zusammenkunft von Vertretern der bereits bestehenden Katholikenausschüsse in Düsseldorf, schrieb Böhler dem Kardinal[8], er habe »von Herrn Roesen den Eindruck bekommen, dass er durchaus geeignet« sei, Vorsitzender der Katholikenausschüsse der Erzdiözese zu werden: »ein klarer Kopf, noch jugendfrisch und durchaus aktiv«. Über die für den 8. August geplante Versammlung in Düsseldorf berichtete Böhler dem Erzbischof: »Roesen ist bereit, etwas über die Organisation und die Arbeit in Düsseldorf zu sagen. Dort scheint im Augenblick am besten gearbeitet zu werden. Ich werde dann über die Schule sprechen. Es wäre weiter gut, wenn auch die soziale Frage kurz erwähnt würde (H. J. Schmitt?) und man dann der Öffentlichkeit die Grundsätze der Katholikenausschüsse zur Schulfrage und zur sozialen Frage bekannt geben würde. Roesen schlägt dann vor, den Parteien dieses Programm vorzulegen und sie zu fragen, ob sie bereit sind, diese Grundsätze in ihrer praktischen Arbeit umzusetzen«.

Mit Roesen hatte Böhler seinen entscheidenden Partner auf der Laienseite gefunden. Roesen sollte von der Konstituierung des Diözesankomitees der Katholikenausschüsse im Erzbistum Köln am 12. März 1947 bis 1961 dessen Vorsitzender werden und gehörte ab 1950 auch dem Diözesankirchensteuerbeirat an.

Die weitere Entwicklung, die zum Diözesankomitee führte, wurde bereits beschrieben[9]: Am 28./29. September fand die entscheidende vorbereitende Tagung im Dominikanerkloster Walberberg statt. »Am 12. November 1946 genehmigte Kardinal Frings die in Walberberg vorbereitete ›Satzung für Diözesankomitee und Katholikenausschüsse in der Erzdiözese Köln‹. Aufgabe der Katholikenausschüsse und des Diözesankomitees sollte es danach sein, die Grundsätze des katholischen Glaubens in der Öffentlichkeit zur Geltung zu bringen, katholische Veranstaltungen zu tragen, für die es an einem anderen Träger fehlte, und, wenn nötig, für die Schaffung fehlender Einrichtungen zu sorgen, endlich eine fruchtbare Zusammenarbeit in der Pfarrgemeinde zu fördern«[10].

---

[7] Vgl. oben S. 354 f. mit Anm. 53.

[8] Böhler an Frings 2. August 1946: HAEK – CR II 22.37, 1.

[9] Zu der Tagung in Walberberg am 28./29. September 1946 vgl. oben S. 356 mit Anm. 56; »Tagung in Walberberg vom 28. bis 29. September 1946. Zusammenfassung der Aussprache« (gedruckt): HAEK – CR II 22.37, 1; Teilnehmerliste und anderes Original-Material: K – DRK – Tagung in Walberberg 28.-29. September 1946.

[10] A. ROESEN, Aus dem Leben eines Juristen, S. 170 f.

Frings benutzte den Versand dieser Satzung, um Zögernde und Säumige in die Pflicht zu nehmen. Den Dechanten schrieb er[11]: » ... Wo schon Katholikenausschüsse bestehen, mögen sie in der nächsten Zeit – spätestens bis zum 1. Mai 1947 – ihre Satzungen entsprechend ändern. Auch möge bis dahin der Name ›Katholikenausschuss‹ überall eingeführt werden. Wo noch keine Katholikenausschüsse eingerichtet sind, bitte ich, bis zum 10. Januar 1947 die Gründung zu vollziehen. Dabei müssen die bindenden Bestimmungen der beiliegenden Satzung beachtet werden ... Die Satzungen aller Katholikenausschüsse müssen mir zur Bestätigung vorgelegt werden«. Frings benannte als »vorläufigen Diözesanvorstand« die Herren Dr. Roesen, Dr. Pielmeyer »und meinen Beauftragten, Herrn Domkapitular Böhler«. Die konstituierende Vollversammlung des Diözesankomitees der Katholikenausschüsse fand am 12. März 1947 in Köln statt und wählte Dr. Anton Roesen zum Vorsitzenden[12].

3. Vom »Zentralkomitee zur Vorbereitung der deutschen Katholikentage« zum »Zentralkomitee der deutschen Katholiken«

Es ist an dieser Stelle nicht die Aufgabe, die große Untersuchung von Thomas Grossmann über die Geschichte des Zentralkomitees der deutschen Katholiken 1945–1970 zu referieren[13]. Doch erlauben die von Grossmann nur auszugsweise benutzten Kölner Akten eine deutlichere Akzentuierung der Rolle, die Wilhelm Böhler und Kardinal Frings beim Aufbau der Katholikenausschüsse in ganz Deutschland und des Zentralkomitees gespielt haben.

Böhlers Überzeugung war nach 1945 (aus Erfahrungen der Vorkriegszeit), dass ein kirchlicher Einfluss auf Staat und Gesellschaft nicht allein durch die Bischöfe zu erreichen war. Es bedurfte dazu in einer demokratischen Gesellschaft eines breiten Engagements der Laien. Da die Bischöfe einerseits die früheren Verbandszentralen in ihrer weitgehenden Autonomie nicht wieder erstehen lassen wollten, andererseits die Verbände und

---

11 Frings an die Dechanten des Erzbistums (unterschr. Kopie): HAEK – CR II 22.37, 6. Der Erzbischof erhöhte den Druck auf die Dechanten, indem er »An die Herren Vorsitzenden der Katholikenausschüsse« eine Kopie des Rundschreibens versandte: Ebd.

12 Einladung zur ersten ordentlichen Vollversammlung des Diözesankomitees der Katholikenausschüsse am 12. März 1947 in Köln-Hohenlind sowie Liste der Eingeladenen: HAEK – CR II 22.37, 7.

13 T. Grossmann, Zentralkomitee.

Vereine sich sehr bald nach 1945 neu konstituierten und zurückmeldeten, sah Böhler in Katholikenausschüssen, Diözesankomitees und in einem Zentralkomitee der Katholiken Instrumente, das von Rom kommende Modell der »Katholischen Aktion« mit der deutschen Wirklichkeit in Übereinstimmung zu bringen sowie andererseits Laien für die Einflussnahme auf gesellschaftlich-politischem Gebiet zu gewinnen, sie zu organisieren und zu schulen.

Wie wir sahen, war es Böhler nicht allzu schwer, Kardinal Frings für dieses Modell innerhalb seines Erzbistums zu gewinnen. Doch schon bei Beginn der Verfassungsberatungen in Nordrhein-Westfalen 1947, als es teils spontan zu einer »Arbeitsgemeinschaft der Katholiken in Nordrhein-Westfalen« kam, teils auf Initiative Böhlers zu Zusammenkünften der Diözesankomitee-Vorsitzenden, bremsten einzelne Bischöfe, zumal Bischof Keller von Münster, ab[14]. Die von den nordwestdeutschen Bischöfen bestimmten Gesprächspartner der Politiker sollten namentlich benannte Kleriker sein, die sich unter Umständen von qualifizierten Laien beraten lassen durften. Böhler muss sehr bald gespürt haben, dass für die Durchsetzung seines »Kölner Modells« eine lange und steinige Wegstrecke vor ihm lag. Wichtige Helfer auf diesem Wege sollten die Fürsten Alois bzw. Karl zu Löwenstein sein, die als Präsidenten des Zentralkomitees zur Vorbereitung der Katholikentage sich mit Böhlers Tendenz und Anliegen trafen und ihn beim Vorsitzenden wie bei der Konferenz der Bischöfe unterstützten[15].

Wie Grossmann berichtet[16], hatte Böhler schon am 21. Dezember 1946 den Kontakt zu Alois Fürst zu Löwenstein aufgenommen und seine Vorstellungen für die Diözesankomitees und ein späteres Zentralkomitee beschrieben. Löwenstein antwortete am 14. Januar 1947 zustimmend, und Böhler trug seine Überlegungen erstmals Kardinal Frings vor. Am 10. April schrieb Böhler dem Kardinal[17]: »In der Anlage übersende ich ... den Brief des Fürsten Löwenstein. Ich bin sehr dankbar, dass ... jetzt auch die Einheitlichkeit der Bewegung nicht gestört werden kann ... Das Zentralkomitee der Zukunft denke ich mir so, dass es besteht aus Vertretern der

---

14 Dazu oben S. 358 ff.

15 Alois Fürst zu Löwenstein-Wertheim-Rosenberg (1871–1952), 1920-1948 Präsident des Zentralkomitees zur Vorbereitung der Deutschen Katholikentage; Karl Fürst zu Löwenstein-Wertheim-Rosenberg (1904–1990), 1948-1968 Nachfolger seines Vaters im Präsidentenamt des Zentralkomitees: I. LÜTZ, in: LThK 6 ³1997, Sp. 1073; M.-E. REYTIER, Alois Fürst zu Löwenstein (1871–1952), in: Zeitgeschichte in Lebensbildern, Bd. 10, Münster 2001, S. 115-128.

16 T. GROSSMANN, Zentralkomitee, S. 42 f.

17 Böhler an Frings 10. April 1947: HAEK – Gen II 3.8, 1a.

Diözesankomitees, Vertretern der katholischen Vereine, führenden Persönlichkeiten aus dem Laienstande, dem Weltklerus und dem Ordensklerus und Fachmännern für die einzelnen großen Aufgabengebiete. Damit würde die Tradition von früher gewahrt werden, aber auch den heutigen Notwendigkeiten Rechnung getragen werden«.

Auf Einladung Löwensteins kam am 19. Juni 1947 eine erste Konferenz in dieser Zusammensetzung in Königstein zusammen, über die Löwenstein und Böhler dem Kardinal im wesentlichen übereinstimmend berichteten[18]. Böhler übersandte am 3. Juli 1947 das Protokoll und bemerkte im Begleitschreiben: »Man war wohl allgemein der Ansicht, dass das Zentralkomitee für die Veranstaltung der Katholikentage sich entwickeln müsse zu einem Zentralkomitee, das eine echte Vertretung der deutschen Katholiken in der Öffentlichkeit darstellen könne«. In Königstein waren allerdings auch die Stolpersteine auf dem Weg zur Sprache gekommen: »Man sah die Schwierigkeit, dass nur in einzelnen Diözesen schon wirkliche Diözesankomitees bestehen. Die Kölner Lösung wurde allgemein als gut anerkannt, doch wurde bezweifelt, ob der gleiche Weg in allen Diözesen beschritten werde«.

In seiner Unsicherheit über den richtigen Weg des weiteren Vorgehens hatte Löwenstein sich am 22. Juli 1947 an Böhler gewandt[19]. Dieser antwortete nach einem kurzen Telefongespräch mit Frings am 28. Juli[20]: »Telefonisch hat mir Eminenz schon folgendes mitgeteilt: Die Hochwürdigsten Herren Metropoliten haben [bei ihrer Konferenz Anfang Juli 1947] den Vorschlägen, die die Umbildung des Zentralkomitees betreffen, sowie auch die neue Zielsetzung des Zentralkomitees grundsätzlich gebilligt. Se. Eminenz wird die ganze Angelegenheit auch der Vollkonferenz der Bischöfe vortragen. Eminenz wird weiterhin die Bischöfe bitten, entweder die Vorsitzenden der Diözesankomitees oder, soweit solche noch nicht gebildet sind, Vertauensmänner zu benennen ...«.

Dass Frings bei der Vollversammlung in Fulda auf Widerstände stieß, lässt sein Brief an Löwenstein vom 19. Oktober 1947 vornehm verklausuliert erkennen[21]: »Die Bischöfe begrüßen wärmstens die Neubildung und wünschen, dass der alte Name und die alte Aufgabenstellung: ›Zentralkomitee zur Vorbereitung der Generalversammlungen der Katholiken Deutschlands‹ beibehalten werden«. Außer den Vorsitzenden der Diöze-

18 A. Löwenstein an Frings 21. Juni 1947; Böhler an Frings 3. Juli 1947: HAEK – Gen II 3.8, 1a.

19 A. Löwenstein an Böhler 22. Juli 1947 (Abschrift): Ebd.

20 Böhler an A. Löwenstein 28. Juli 1947 (Unterz. Kopie für Frings): Ebd.

21 Frings an A. Löwenstein 19. Oktober 1947 (hs. Entwurf u. sign. Kopie): Ebd.

sankomitees sollten der »Vorsitzende der Fuldaer Bischofskonferenzen und ... der Bischof von Aachen im Komitee vertreten sein ...«.

Die offensichtlich von den Bischöfen gefürchtete Selbständigkeit der Laien und ihre Distanzierung vom Episkopat erwies sich als ganz und gar unbegründet. Am 22. März 1948 schrieb Böhler an Frings, man sei der Meinung, dass beim vorgesehenen Katholikentag in Mainz »eine Abweichung von der früheren Praxis angebracht wäre. Man meinte, in diesem Jahre würde es jeder verstehen, wenn der Hochwürdigste Episkopat sich stärker beteilige ...«[22].

Böhlers interne Vorlagen an Kardinal Frings sind deshalb besonders aussagekräftig, weil sie deutlich und ungefiltert durch Rücksichtnahmen auf Mitleser oder gar eine größere Öffentlichkeit Diskussionsstand und Stimmung zum jeweiligen Zeitpunkt festhalten. Für eine anstehende Bischofskonferenz in Pützchen schrieb Böhler dem Kardinal am 22. Mai 1948[23]: »Wie schon so oft weise ich nochmals ehrerbietigst auf die Dringlichkeit hin, die Katholiken-Ausschüsse in allen Diözesen durchzuführen. Nur wenn wir möglichst bald zu einer im Wesentlichen einheitlichen Arbeit kommen, wird eine sonst zu befürchtende Zersplitterung vermieden werden können. Die Kreise, die die Gründung des Volksvereins erstreben, begründen ihre Bemühungen ja immer wieder damit, dass sie behaupten, die Katholiken-Ausschüsse seien nur in der Erzdiözese Köln wirklich tätig, während man sonst kaum etwas von ihnen verspüre. Deshalb sei eine katholische Laien-Massenorganisation dringend erforderlich ... Ich würde eine klare Stellungnahme der Hochwürdigsten Herren Bischöfe sehr begrüßen, halte es aber noch für wichtiger, dass die Katholiken-Ausschüsse jetzt überall wirklich praktische Arbeit leisten und dadurch den Beweis erbringen, dass andere Gründungen überflüssig sind«.

Für die Fuldaer Konferenz im August 1948 spielte Böhler am 21. August 1948 dem Vorsitzenden zu[24]: »Die Katholikenausschüsse haben durch das [noch andauernde] Kölner Domfest für die Erzdiözese Köln einen großen Auftrieb erhalten. Die Erzdiözese Paderborn hat inzwischen, wie die Diözese Aachen, die Katholikenausschüsse durchgeführt. Hildesheim ist ebenfalls organisiert. Es wäre dankenswert, wenn alle Diözesen jetzt endgültige Entscheidungen treffen würden und eine Zusammenarbeit auf den Gebieten der Schule, des Films, des Rundfunks und der Volksbildung erreicht würde«.

---

22 Böhler an Frings 22. März 1948: Ebd.

23 Böhler an Frings 22. Mai 1948: HAEK – CR II 22.37, 1.

24 Die Katholikenausschüsse 21. August 1948 (unterzeichnet: Böhler, Bemerkung des Registrators: »für Fulda«): HAEK – CR II 22.37, 1.

Ein Jahr später wandte sich Böhler mit einem kurzen Bericht an die Mitglieder der Bischofskonferenz[25]: »In einzelnen Diözesen haben die Katholikenausschüsse im letzte Jahre sich weiter entwickelt und sind auch von den katholischen Organisationen als Arbeitsgemeinschaft aller Diözesanverbände anerkannt worden. In anderen Diözesen hat man ähnliche Gründungen vollzogen unter dem Namen ›Katholische Aktion‹«. Beide Formen »sind im Zentralkomitee der Katholiken« – ein Vorgriff auf eine erst 1952 geschaffene Institution! – vertreten. »Die Diözesen, die weder die eine noch die andere Organisationsform kennen, sind leider bisher im Zentralkomitee noch nicht vertreten. Das ist eine großer Nachteil ... Die Zusammenarbeit der einzelnen Diözesanausschüsse auf den verschiedenen Gebieten ist dringend erwünscht ... vor allem, wenn es sich um die Vertretung gemeinsamer Interessen in der Öffentlichkeit handelt ...«.

Das Heilige Jahr 1950 brachte – schließlich auch aus Rom – eine Abklärung der Frage: Wie verhält sich das in Deutschland entwickelte System von wiederbegründeten katholischen Organisationen im Verbund mit den Katholikenausschüssen zu dem von Rom geforderten (und geförderten) Modell »Katholische Aktion«? Am 6. Januar 1950 überreichte Böhler Kardinal Frings ein acht Schreibmaschinenseiten umfassendes Exposé »Katholische Aktion und zentrale Organisation der deutschen Katholiken«[26]. Nach kurzem Überblick über die geschichtliche Entwicklung skizzierte Böhler den Ist-Stand Anfang 1950: Das System der Katholikenausschüsse habe »sich durchgesetzt in folgenden Erzdiözesen und Diözesen: Köln, Aachen, Osnabrück, Hildesheim, Paderborn, Limburg, Freiburg, Würzburg, München und – soviel ich weiß – noch in einigen anderen bayerischen Diözesen ... Offen geblieben ist die Frage in den Diözesen Münster und Trier. Nicht ganz klar für mich ist die Situation in den Diözesen Fulda, Rottenburg und Speyer«. Nach Darlegungen über selbständige Verbände, Warnungen vor einem »Volksbund« als Nachfolgeinstitution des »Volksvereins«, Ausführungen über die Notwendigkeit einer »Zentralen Arbeitsstelle« bis hin zu einem »Wissenschaftlichen Institut« kam Böhler zu einer zusammenfassenden Übersicht:

»Die Frage, ob ein solches System sich in die Struktur der Katholischen Aktion eingliedern würde, braucht wohl kaum zu beunruhigen. Es liegen keine absolut eindeutigen Anweisungen für die Einrichtung der Katholi-

---

[25] Böhler: »Bericht an die Hochwürdigsten Herren Bischöfe der Fuldaer Bischofskonferenzen 1949. Katholikenausschüsse, Katholische Aktion, Zentralkomitee« 16. August 1949: Ebd.

[26] Begleitbrief Böhlers an Frings 6. Januar 1950; »Katholische Aktion und zentrale Organisation der deutschen Katholiken«, datiert und unterschrieben 5. Januar 1950: Ebd.

schen Aktion vor; so kann man feststellen, dass sie in Italien anders aussieht wie (!) in Frankreich, in Belgien anders wie in Holland. Überall ist man ausgegangen von den Gegebenheiten und Notwendigkeiten in dem betreffenden Lande, hat aber dabei einen Grundsatz stets beachtet: nie gegen die Hierarchie, nie ohne die Hierarchie, sondern stets mit der Hierarchie. Aber in wie weit und in welcher Form die Hierarchie sich in diese Arbeit der Bewegung einschaltete, das hat sich jedes Mal aus der entsprechenden Lage ergeben«.

Nach Anwendung dieses Grundsatzes auf die deutsche Situation fuhr Böhler fort: »Im übrigen wäre die zusammenfassende Arbeit auf der diözesanen wie überdiözesanen Ebene ... ohne Zweifel für Deutschland als die Katholische Aktion anzusehen«. Allerdings müssten dann Stellungnahmen in der Öffentlichkeit und Vorstandsberufungen der Zustimmung bzw. Bestätigung durch die Bischöfe unterworfen werden, »denn ›Katholische Aktion‹ ist und bleibt Teilnahme der Laien am hierarchischen Apostolat«. »Für Deutschland wäre diese Auffassung von der Katholischen Aktion durchaus konform mit den Darlegungen, wie sie Se. Heiligkeit, der jetzige Papst, als Nuntius auf dem Katholikentag in Magdeburg [1928] gegeben hat«.

Es scheint, dass Kardinal Frings vor weiteren Auseinandersetzungen innerhalb der Fuldaer Bischofskonferenz Klarheit über die tatsächliche Auffassung des Papstes haben wollte. Unter Umgehung des »Dienstweges« nahm er das Recht der Kardinäle auf unmittelbaren Zugang zum Papst in Anspruch. Eine Aktennotiz Böhlers hielt am 25. Februar 1950 fest[27]: »Se. Eminenz, der Hochwürdigste Herr Kardinal Dr. Frings, hat dem Hl. Vater beiliegende Denkschrift über die Katholische Aktion im Erzbistum Köln durch P. Leiber SJ [den Privatsekretär des Papstes] vorlegen lassen[28]. Die Antwort, die Herr P. Leiber überbrachte, war folgende: ›Nach wie vor gelten die Worte, die der Hl. Vater in seiner Ansprache an die von den Bischöfen Italiens nach Rom gesandten Vertreter der Katholischen Aktion am 4. September 1940 gerichtet hat ... Sie lauten: › ... Deshalb danken wir mit besonderer Genugtuung der Kardinalskommission für den Entwurf der neuen Statuten (in anderen Ländern können andere Sonderformen und Systeme zur Anwendung kommen, entsprechend dem verschiedenen Herkommen und den besonderen Umständen, immer unter Beibehaltung des Grundbegriffs und der wesentlichen Linien) ...‹. Weiterhin hat Papst Pius XII. in seiner Botschaft an den Mainzer Katholiken-

[27] Aktennotiz Böhler 25. Februar 1950: Ebd.

[28] »Die Katholische Aktion im Erzbistum Köln« (zweieinhalb Schreibmaschinenseiten): Ebd.

tag im Jahr 1948 in dem Abschnitt ›Die Aufgaben der Seelsorge‹ folgendes ausgeführt: › ... Was wir auf dem Magdeburger Katholikentag 1928 über die Katholische Aktion ausgeführt haben, ist heute vielleicht noch zweckdienlicher als damals‹. Aus diesen Worten« – so folgerte P. Leiber nach Böhlers Notiz – »gehe die Auffassung des Hl. Vaters klar hervor, dass die Bischöfe in den einzelnen Ländern zu bestimmen haben, welche Form die Katholische Aktion anzunehmen habe und dass die italienische Form in keiner Weise für die anderen Länder verbindlich sei. Herr Pater Leiber erklärte ausdrücklich, dass die in der Erzdiözese Köln vom Herrn Kardinal bestimmte Form der katholischen Aktion keinerlei Bedenken begegne, sondern Anerkennung finde«.

Diese Nachrichten aus Rom scheinen den Widerstand einzelner Mitglieder der Bischofskonferenz gegen ein Zentralkomitee der Katholiken nicht gebrochen zu haben. An der Jahreswende 1950/1951 gab Frings Böhler zu bedenken, »ob es nicht richtiger wäre, das Zentralkomitee so zu lassen, wie es ist, und ihm nur die Aufgaben der Veranstaltung der Katholikentage zu übertragen, dann aber neben dem Zentralkomitee eine selbständige Zusammenfassung der Zentralorganisationen und Diözesan- und Katholikenkomitees vorzunehmen«[29]. Es ging den kritischen Mitgliedern der Bischofskonferenz wohl vor allem um die ihrer Autorität unterstehenden »Bischöflichen Hauptarbeitsstellen«, denen sich die Sachausschüsse der Laiengremien zu- und einzuordnen hätten.

Böhlers Äußerung gegenüber dem Kardinal vom 5. Januar 1951 nahm in diesen Punkt einen beinahe bitteren Ton an: »Unsere Laien, die in der katholischen Arbeit stehen, haben dann das Bewusstsein, dass sie in dem geplanten Zentralkomitee doch etwas freier stehen und freier arbeiten und wirken können. Ich halte es für dringend notwendig, dass in ihnen dieses Bewusstsein nicht erstirbt; damit wäre zu leicht auch ein Erlöschen des Bewusstseins der Mitverantwortung verbunden. Wenn ich einmal ganz offen sprechen kann, so möchte ich noch folgendes sagen: Von einzelnen der Hochwürdigsten Herren Bischöfe wird die Notwendigkeit des bischöflichen Einflusses so stark betont, dass die Laien sich bald überflüssig vorkommen werden; es besteht die Gefahr, dass einmal keine Laien mehr da sind, die geeignet und gewillt sind, für katholische Grundsätze in der Öffentlichkeit einzutreten oder die Rechte der Kirche zu verteidigen ... Die Lösung, die wir in Köln getroffen haben, ist nach meiner Meinung immer noch die beste. Und da haben wir ja auch innerhalb der Katholi-

[29] So zitierte Böhler den Kardinal in dem nachfolgend referierten Schreiben Böhler an Frings 5. Januar 1951: HAEK – Gen II 3.8, 2.

kenausschüsse und innerhalb des Diözesankomitees die Sachausschüsse. Wenn nun bei der zentralen Zusammenfassung diese Möglichkeit genommen wird, so wird das zu allerhand Vermutungen Anlass geben«.

In seiner weiteren Argumentation zeigte Böhler Kenntnis und Verständnis für die Sorgen mancher Bischöfe um eine Vervielfachung und Zersplitterung denkbarer Stellen mit konkurrierender Zuständigkeit und hohen Kosten: Bischöfliche Hauptarbeitsstellen, Zentralstelle der Katholikenkomitees, deren Sachausschüsse, schließlich noch das Projekt eines »Sekretariates der Fuldaer Bischofskonferenzen« – weitgehend mit parallelen Themen und Aufgabenstellungen – ein Komplex von Problemen, für die noch lange keine Lösung gefunden werden sollte.

Es scheint, dass Böhler Anfang 1951 am Rand seiner Geduld mit der Bischofskonferenz angelangt war und auch das aufsteigende Misstrauen der Bischöfe gegen »Köln«, d. h. gegen das gute Zusammenspiel von Frings und Böhler, empfand. Nur so kann man die Schlusssätze Böhlers in seinem Schreiben an Frings vom 5. Januar 1951 erklären: »Ich habe mir seit 1945 so viel Mühe gegeben mitzuhelfen, dass eine wirkliche Ordnung in unser katholisches Arbeiten hineinkommt, ... dass es mir unverantwortlich gehandelt schiene, wenn ich meine Meinung zurückhalten würde. Meine politische Tätigkeit in Bonn und Düsseldorf verlangt nun allerdings einen solchen Einsatz, dass es wohl richtiger wäre, wenn ich die Arbeit innerhalb der Katholischen Aktion, um sie so kurz zu kennzeichnen, besser niederlege und Eminenz sowohl auf der diözesanen wie zentralen Ebene diese Aufgaben einem anderen übertragen. Dann würde auch von vornherein im Episkopat nicht die Meinung auftreten oder verstärkt werden können, dass es mir bei meinen Vorschlägen weniger um sachliche Lösungen als um die eigene Einflusssphäre ginge. Ich habe manchmal bei Äußerungen Ew. Eminenz den Eindruck gehabt, als ob bei einzelnen Bischöfen eine solche Befürchtung bestehe«.

Es ist nicht auszuschließen, dass Kardinal Frings durch diese ungeschützte Äußerung des ihm absolut loyal und freundschaftlich verbundenen Wilhelm Böhler hin aus seiner Zurückhaltung heraustrat und die Entwicklung beschleunigte, die am 30. April 1952 in Bad Honnef zur Gründung des Zentralkomitees der Katholiken führte[30]. Das Thema wurde auf dem Konveniat der westdeutschen Bischöfe in Pützchen vom 12. bis 14. Februar 1951 gründlich beraten und einer bischöflichen Sonderkommission zugewiesen, die aus den Bischöfen von Köln, Münster, Würzburg und Speyer bestand und sich am 2./3. April 1951 in Köln-Ho-

[30] Dazu: T. GROSSMANN, Zentralkomitee, S. 74-94.

henlind versammelte[31]. Deren Ergebnis wurde an die Gemeinschaft der katholischen Organisationen mitgeteilt: »Der Vorsitzende der Fuldaer Bischofskonferenz ... sieht als Ziel die Bildung eines Zentralkomitees der deutschen Katholiken«. Man muss Grossmann zustimmen[32]: » ... Unter den deutschen Bischöfen dürfte die Frings'sche ›vorläufige Stellungnahme‹ Überraschung ausgelöst haben. Hatte sich der Vorsitzende der Fuldaer Konferenz nicht nur weit über den Beschluss von Pützchen hinausgewagt, sondern durch seine öffentliche Befürwortung eines Zentralkomitees der deutschen Katholiken ein eindeutiges Präjudiz im Hinblick auf die weitere Entscheidung der Plenarkonferenz gegeben. Seinen Confratres im Hirtenamt teilte er mit, er sei sich bewusst, dass ›der Episkopat bisher einen zurückhaltenden Standpunkt eingenommen‹ habe, glaube aber, dass ›die Entwicklung zu einem Zentralkomitee der deutschen Katholiken nicht aufzuhalten‹ sei und ›viel Gutes‹ bringen werde. Ganz und gar nicht unwesentlich war seine Ergänzung: ›Durch meinen Schritt liegt nun die Initiative beim Episkopat‹, denn für Frings stand außer Frage: ›Wenn jemand das Zentralkomitee der Katholiken gründet, dann sind es die Bischöfe‹«.

Zwischen dem zustimmenden Beschluss der Plenarkonferenz in Fulda vom 21. bis 23. August 1951 und der konstituierenden Sitzung des ersten Zentralkomitees der deutschen Katholiken am 30. April 1952 im Diözesanbildungsheim des Kölner Diözesankomitees in Honnef sollten noch acht Monate mit zahlreichen Sitzungen und viel Detailarbeit vergehen. Doch Böhlers unermüdlicher Einsatz von sieben Jahren und das Vertrauen des Kölner Kardinals in seinen Berater Böhler sollten bleibende Früchte tragen.

4. Katholikenausschüsse oder Neugründung des »Volksvereins«?

Bei seinem Kampf für ein bundesweites Netz von Katholikenausschüssen mit einem Zentralkomitee an der Spitze hatte Böhler einen »Zweifrontenkrieg« zu führen: einmal mit Mitgliedern der Bischofskonferenz, die allzu sehr auf ein eng verstandenes Modell der Katholischen Aktion unter hierarchischer Führung bedacht waren; andererseits mit Kreisen um Konrad

---

31 »Aktennotiz zur Bischofsbesprechung in Köln-Hohenlind (2.-3. 4. 1951)« (maschinenschriftl. Entwurf mit hs. Ergänzungen Frings'), hs. Entwurf Frings' an die Mitglieder der Fuldaer Bischofskonferenz 10. April 1951, Exemplare der Vervielfältigung: HAEK – CR II 22.37, 3.

32 T. Grossmann, Zentralkomitee, S. 77 f.

Adenauer, die an eine Wiederbelebung des »Volksvereins« dachten und sich von einer solchen Neugründung vor allem eine breite Volksbildungsarbeit und dadurch Zubringerdienste für die christlichen (nichtkonfessionellen) Parteien erhofften. Auf einen solchen Volksverein hätten die Bischöfe gewiss weniger Einfluss gehabt als die Politiker der interkonfessionellen CDU!

Gotthard Klein hat in seiner Untersuchung der Geschichte des Volksvereins in einem »Epilog« die Bemühungen um eine Wiederbegründung nach 1945 aus den Akten beschrieben[33]. Diese Bemühungen reichten bis in den Spätherbst 1945 zurück. Neben Politikern wie Adenauer, Elfes und Hamacher gehörte anfangs auch der Aachener Bischof, Johannes Josef van der Velden (der letzte Generaldirektor des Volksvereins), zu den Befürwortern einer Neugründung. Hauptbetreiber des Projekts war jedoch ein langjähriger früherer Mitarbeiter des Volksvereins, Dr. Emil Gerhard Zitzen.

Wiederum möchte ich darauf verzichten, Kleins Forschungsergebnisse ausführlich zu referieren. Sie sollen jedoch durch einige archivalische Funde beim Kölner Diözesanrat der Katholiken ergänzt und illustriert werden.

Klein berichtet davon, wie Böhler am 21. September 1947 bei einer Konferenz der Volksvereinsbefürworter in Köln seine ablehnende Einstellung zur Wiederbegründung des Volksvereins artikuliert hatte[34]. Am 7. November 1947 fand im Kölner Kolpinghaus eine Besprechung des Diözesankomitees der Katholikenausschüsse in der Erzdiözese Köln statt, deren Protokoll erhalten ist[35]. Darin heißt es: »Rechtsanwalt Dr. Roesen ... stellt die Frage zur Debatte, ob der *Volksverein für das katholische Deutschland* neu gegründet werden soll. Er – Roesen – verneint für seine Person die Notwendigkeit und die Zweckmäßigkeit der Erneuerung des Volksvereins ... Prälat Böhler nimmt zu dem Problem Volksverein wie folgt Stellung: Wenn von den Befürwortern des Volksvereins die Meinung vertreten wird, es fehle an einer *Zusammenfassung* der katholischen *Massen*, so ist das falsch; die Masse der Katholiken *ist* erfasst: im Männerwerk, Frauenwerk, Jugend usw., also nach den Naturständen, dann [durch] die überpfarrlichen Vereine, z.B. Arbeiterverein, Kolpingfamilie usw., und al-

---

33 G. Klein, Volksverein, S. 387-410: »VIII. Epilog: Volksverein redivivus?«, vgl. auch: T. Grossmann, Zentralkomitee, S. 107-122.

34 G. Klein, Volksverein, S. 39 f.

35 Besprechung Diözesankomitee der Katholikenausschüsse in der Erzdiözese Köln am Freitag, dem 7.11.47, im Kolpinghaus Köln (Sichtvermerk Böhlers): K – DRK – Material Volksverein.

le diese Verbände wiederum in den Katholikenausschüssen und Diözesankomitees ... Prälat Böhler gab dann einen Rückblick auf die Entwicklung der Volksvereins und zeigte die Ursachen auf, die dem Volksverein viel von seiner ursprünglichen Bedeutung genommen haben ... dann war die Tatsache zu verzeichnen, dass der Volksverein in der *Schulfrage* zu liberalistischen Auffassungen hinneigte, was den Episkopat veranlasste, die Schulfrage in andere Hände zu legen«. – Hier wird aus Böhlers eigenen Worten ein Hinweis auf den Ursprung seiner bis ins Emotionale reichenden Abneigungen gegen den Volksverein greifbar! – »Und schließlich erhielt der Volksverein den dritten Stoß, als er sich in die *Abhängigkeit von den Politikern* begab. Jetzt einen neuen Massenverein aufzuziehen, wäre nach Ansicht des Prälaten Böhler verfehlt«. Auch andere Mitglieder des Diözesankomitees äußerten sich in ähnlichem Sinne.

Aus einem Schreiben Dr. Zitzens an Dr. Pielmeyer vom 18. Mai 1948[36] erfahren wir weiteres zu den Hintergründen der Volksvereinskonferenz vom 21. September 1947. Dort »wurde auf Vorschlag von Herrn Oberbürgermeister Dr. Adenauer ein engerer Arbeitsausschuss zur Weiterverfolgung des Zieles gewählt ... Unsere Bestrebungen werden leider etwas behindert durch einige Herren des Diözesankomitees der Katholikenausschüsse, welche meinen, dass diese Ausschüsse genügen würden. Wir sind gegenteiliger Meinung«. Zitzen kam zu dem harten Urteil, dass »der Katholikenausschuss [hier: in Bonn] ein Kopf ohne Körper ist, ohne Kontakt mit dem Volke, ohne demokratische Legitimation und lebendige Fühlung mit der Gesamtheit der Katholiken«. Zitzen wollte Pielmeyer für die Teilnahme an der nächsten Ausschusssitzung am 24. Mai 1948 gewinnen.

Im Sommer 1948 – kurz vor Beginn der Arbeiten des Parlamentarischen Rates, die zu der bereits dargestellten guten Zusammenarbeit zwischen Adenauer und Böhler führten – kam es zu einem ziemlich scharfen Schriftwechsel zwischen beiden über die Volksvereinsfrage. Klein hat ihn kurz zusammengefasst[37]: Adenauer schrieb am 7. Juni 1948 an Böhler: »Würden Sie nicht die Güte haben, mir einmal ganz offen zu sagen, welche Gründe Sie zu dieser Haltung bestimmen? Ich meine, gerade in der gegenwärtigen Zeit sollten kirchliche Stellen Aufgaben, die Laien zu übernehmen bereit sind, den Laien überlassen und sich darauf beschränken, als Beobachter dabei zu stehen. Falls die Entwicklung dann einen Lauf nimmt, der nach ihrer Auffassung mit den kirchlichen Interessen nicht im Einklang steht, kann immer noch etwas geschehen ...«.

---

[36] Dr. E. G. Zitzen an Dr. Pielmeyer 18. Mai 1948: Ebd.

[37] G. Klein, Volksverein, S. 397.

Das Antwortschreiben Böhlers vom 31. Juli 1948 ist in Kopie auch beim Kölner Diözesanrat erhalten[38]. Klein referiert knapp[39]: »Nach Kriegsende sei die Frage ›Massenverein oder Katholikenausschuss‹ angesichts der vor 1933 vielfach zu Recht beklagten Zersplitterung des Verbandswesens zugunsten der Ausschüsse entschieden worden. Diese Art der Koordinierung der Laienarbeit sei von ›alle[n] maßgebenden und interessierten Kreise[n]‹ mitgetragen und schließlich autoritativ anerkannt worden. Dem Bischof und seinem Beauftragten müsse man zugestehen, ›für *Ordnung* im katholischen Raum mitbesorgt zu sein‹. Trotz mancher organisatorischer Defizite ... sei aber die Schulungsarbeit erfolgreich initiiert worden. Böhler verwies auf die bevorstehende Eröffnung des Diözesanbildungsheims in Bensberg oder die von örtlichen Bildungswerken bereits geleistete Volksbildungsarbeit. Die Neugründung eines konkurrierenden Massenvereins störe die Arbeit der Katholikenausschüsse, zersplittere die eigenen Kräfte und werde deshalb in den Pfarrgemeinden heftigen Widerstand hervorrufen«.

Adenauer hatte selbst durch seine kritischen Äußerungen zum bischöflichen Einfluss auf die Katholikenausschüsse einen entscheidenden Unterschied zwischen seiner Konzeption und den Katholikenausschüssen markiert. Klein referiert Böhlers Antwort: »Diese Abhängigkeit [vom Episkopat] sei auf wenige Bereiche beschränkt, von den Laien selbst gewünscht und ergebe sich aus dem Wesen der katholischen Aktion, der sich der Volksverein im Falle seiner Wiederbegründung ebenfalls werde einordnen müssen. ›Ein Verein von Katholiken, der jeden hierarchischen Einfluss ablehnt, ist selbstverständlich an sich möglich. Er würde aber in der heutigen Zeit nur eine beschränkte Wirkmöglichkeit haben‹«.

Die Bestrebungen, den »Volksverein« wieder zu begründen, lebten noch einige Jahre fort. Ihr entscheidendes Argument war der Hinweis auf die landesweite Bildungsarbeit, die der Volksverein geleistet hatte und für die seine Zentralstelle in Mönchengladbach das Ausbildungs- und Forschungszentrum gewesen war. Böhler konnte sich diesem Schwachpunkt seines neuen Systems der Katholikenausschüsse nicht entziehen. Von den Anfängen an bemühte er sich, das Kölner Diözesankomitee und später das Zentralkomitee mit entsprechenden Einrichtungen auszustatten. Er scheiterte dabei lange an den wirtschaftlichen Möglichkeiten der frühen Nachkriegsjahre, aber ebenso an Widerständen in der Bischofskonferenz,

[38] K – DRK – Material Volksverein.

[39] G. Klein, Volksverein, S. 397 f.

zumal, wenn eine solche zentrale Einrichtung wieder im Kölner Raum angesiedelt würde.

In die Diskussion der frühen 50er Jahre über eine Wiederbegründung des Volksvereins gibt eine Vorlage Böhlers für das westdeutsche Bischofskonveniat im März 1953 Einblick[40]:

»In letzter Zeit ist die Diskussion über das Thema ›Volksverein‹ von neuem entstanden. Man kann von verschiedenen Gruppen sprechen, die sich zu Wort melden:

1. Gewisse politische Kreise wünschen einen katholischen Massenverein, der die politische Aufklärung verbreiten soll und von dem man erwartet, dass er die katholischen Wählermassen den christlichen Parteien zuführt.
2. Eine Reihe katholischer Persönlichkeiten, die sich für das öffentliche Leben verantwortlich fühlen, ist der Meinung, dass die Katholikenausschüsse bzw. die Ausschüsse der Katholischen Aktion zu stark unter hierarchischer Führung stehen und dass in diesen Ausschüssen das verantwortliche Arbeiten der Laien in zu starker Weise bevormundet werde.
3. Manche katholischen Kreise sind enttäuscht darüber, dass die Entscheidung betr. Zentralkomitee und betr. Errichtung einer zentralen Arbeitsstelle für soziale und kulturelle Fragen zu lange hinausgeschoben worden sind. Man fürchtet, dass auch jetzt noch keine arbeitsfähige Arbeitsstelle eingerichtet werde und die frühere Arbeit der Volksvereins*zentrale* doch nicht in dem nötigen Umfange und mit dem erwarteten Elan aufgenommen werde.
4. Zu diesen stoßen natürlich Kreise, die ewig kritisieren und selbst nichts Positives schaffen.
5. Schließlich gesellen sich auch Persönlichkeiten hinzu, die aus Anhänglichkeit an den früheren Volksverein glauben, es müsse ihm wieder neue Lebensmöglichkeit gegeben werden«.

Böhler kannte durchaus den Schwachpunkt des von ihm bisher Aufgebauten. Deshalb betonte er: »Ernst zu nehmen sind nur die Kreise, die aus Verantwortung für das Wirken in der Öffentlichkeit die Lücke fühlen, die heute vorhanden ist ... Wenn man vom Volksverein spricht, denkt man in diesen Kreisen weniger an einen Massenverein ..., sondern an die frühere

[40] »Bericht für das Konveniat der Hochwürdigsten Herren Erzbischöfe und Bischöfe im März 1953. Stellungnahme zur Diskussion ›Volksverein‹, Köln 28. II. 53, gez. Böhler« (Abschrift): HAEK – DAWB 273.

Arbeit der Volksvereins*zentrale* auf sozial-wirtschaftlichem, staatspolitischem und kulturellem Gebiet, die durch eine neue Arbeitsstelle zu übernehmen wäre. ... Wenn nicht bald Entscheidungen gefällt werden, die eine notwendige zentrale Arbeit gewährleisten, dann wird schließlich nicht verhindert werden können, dass politisch tätige Persönlichkeiten und Kreise ganz unabhängig eine solche Arbeitsstätte begründen«.

Klein stellt fest[41]: »Während das von Böhler angeregte Wissenschaftliche Institut noch länger auf sich warten ließ, konsolidierten sich zusehends das Zentralkomitee und seine Geschäftsstelle, die ... ihren Sitz im Godesberger Stadtteil Friesdorf nahm«.

Andererseits waren für Böhler die Qualifizierungsarbeit für die Laien und die Schaffung dafür geeigneter Einrichtungen ein so wichtiges, seine Bemühungen um die Katholikenausschüsse ständig begleitendes Anliegen, dass wir uns diesem Themenkomplex noch näher zuwenden müssen.

Exkurs: Die »Arbeitsgemeinschaft katholischer Laienwerke« in Frankfurt

Der Gedanke, katholische Laien zu sammeln, zu schulen, zu organisieren und an der Neugestaltung des gesellschaftliche Lebens im Nachkriegsdeutschland zu beteiligen, blieb selbstverständlich nicht auf das Erzbistum Köln bzw. den rheinisch-westfälischen Raum beschränkt. Die von unterschiedlichen Ansatzpunkten und Persönlichkeiten örtlich und regional über ganz Westdeutschland verbreitet entstehenden Institutionen und Organisationen (überwiegend im süddeutschen Raum) fanden sich in den Jahren 1946/47 in lockerem Zusammenschluss zu der Frankfurter Arbeitsgemeinschaft zusammen.

Eine Biographie Josef Kardinal Frings ist nicht der Ort einer sorgfältigen Darstellung dieses Zusammenschlusses, den Prälat Böhler und das Kölner Diözesankomitee nicht als Konkurrenz betrachteten, aber wegen der Gefahr der Verzettelung der Kräfte in ihr System der Diözesankomitees bzw. des Zentralkomitees der Katholiken integrieren wollten, was 1948/49 auch gelang.

Der Kürze wegen sei die Darstellung von Thomas Grossmann zitiert[42]: »Nach mehreren Vorbereitungstreffen seit April des Jahres kamen am 6. und 7. November 1946 die Vertreter von 51 verschiedenen Werken, Ausschüssen und Komitees sowie mehrere überörtliche Organisationen in Limburg an der Lahn ... zusammen ... So fasste man den einstimmigen Beschluss, eine ›im Sinne der actio catholica‹ wirkende Arbeitsgemeinschaft

---

41 G. KLEIN, Volksverein, S. 401.

42 T. GROSSMANN, Zentralkomitee, S. 37 f.

katholischer Laienwerke (AKL) zu bilden, die für weitere Vereinigungen mit vergleichbarer Zielsetzung offenstehen sollte. Gleichzeitig bildete man einen vorläufigen Arbeitsausschuss mit Sitz in Frankfurt, bestehend aus Hans Fruhstorfer SJ von der Katholischen Arbeitsgemeinschaft Karlsruhe, Heinz Happe vom Katholischen Laienwerk Hannover, Walter Weymann, Katholischer Kulturring Ahlen, Berthold Olbrich, Katholischer Volksbund Limburg, Eugen Rucker, Vorsitzender der Katholischen Aktion der Diözese Regensburg, Stadtpfarrer Anton Weber, Vertreter der Religiösen Bildungsarbeit Stuttgart, Othmar Englert, Katholische Volksarbeit Frankfurt, und Karl Borromäus Glock, Katholische Kulturgemeinde Nürnberg. Die Vielfalt der Organisationsbezeichnungen war dabei ebenso auffallend wie die recht breite geographische Streuung. Zur gegenseitigen Information der Laienwerke sollte der Arbeitsausschuss künftig monatlich erscheinende Werkhefte herausgeben«.

Wenn Grossmann angibt, diese »Werkhefte« stellten »die einzige Quelle dar, die Auskunft über Selbstverständnis und Tätigkeit der Arbeitsgemeinschaft katholischer Laienwerke gibt«[43], so ist diese Annahme inzwischen überholt: Beim Diözesanrat der Katholiken im Erzbistum Köln ist ein vom langjährigen Geschäftsführer Hans Deckers zusammengestellter Ordner »Diözesankomitee – Laienwerke« vorhanden, der die Korrespondenzen Böhlers, Roesens, Pielmeyers und anderer mit der Frankfurter Arbeitsgemeinschaft sowie Persönlichkeiten des obengenannten Arbeitsausschusses enthält, dazu zahlreiche Protokolle von Sitzungen und Arbeitstagungen, die das Selbstverständnis der »Frankfurter« deutlich machen und verstehen lassen, warum aus Frankfurt keine Widerstände gegen Böhlers Bemühungen um ein flächendeckendes System von Diözesankomitees und schließlich des Zentralkomitees der Katholiken sich erhoben[44].

Bereits am 31. Mai 1947 kam es in Mülheim/Ruhr zu einer Aussprache des Kölner Diözesankomitees mit der Frankfurter Arbeitsgemeinschaft. Laut Protokoll äußerten die Vertreter aus Frankfurt[45]: »Es sind da zwei Entwicklungen, die Frankfurter und die Kölner. Man darf dabei an keine landschaftliche Trennung ... denken. Im Frankfurter Werk treten die Laien stark hervor, Köln sei zu hierarchisch. Frankfurt hat aus der Not heraus gehandelt. In den Diözesen wären die Arbeiten in keiner Weise vor-

43 Ebd., S. 38 Anm. 88.

44 K – DRK – Ordner »Diözesankomitee – Laienwerke«.

45 Bericht über die Aussprache des Diözesan-Komitees der Katholiken-Ausschüsse und der Arbeitsgemeinschaft der Laienwerke Frankfurt am 31. 5. 1947 in Mülheim a. d. Ruhr (sign. v. Alfons Nowak, Geschäftsführer des Diözesankomitees); Teilnehmerliste mit handschr. Eintragungen: Ebd.

wärts gegangen. In vielen Diözesen sei bis jetzt diözesanmäßig noch nichts geschehen. Die Vorstände der Katholikenausschüsse oder Laienwerke, die sich dort örtlich gebildet hätten, verlangten aber nach Aussprache, Anregung, Material usw. So hätte sich der Zusammenschluss dieser einzelnen örtlichen Werke ganz von selbst und aus der Not heraus ergeben. Und weil man keine bischöfliche Anerkennung gehabt habe, habe man auch das Wort ›Laienwerk‹ gewählt, womit man aber in keiner Weise sagen wolle, dass damit der Einfluss der Geistlichen ausgeschaltet sein solle ...«. Schon zu Beginn der Aussprache hatte es geheißen: »Allgemein ist man sich darüber einig, dass ein Zentral-Komitee als Vertretung der deutschen Katholiken unbedingt notwendig sei«.

In den in Köln gesammelten Dokumenten wird häufiger deutlich, dass die Frankfurter Arbeitsgemeinschaft sich nicht als eine feste Organisation örtlicher und regionaler Zusammenschlüsse von Laien verstand, sondern als lockere Arbeitsgemeinschaft einzelner Führungspersönlichkeiten aus diesen Zusammenschlüssen. Ziel war nicht ein allgemeiner Vertretungsanspruch für die Katholiken Deutschlands, sondern die breite Vermittlung von Bildungsanregungen, zumal in Diasporadiözesen hinein.

Prälat Böhler ließ sich von Roesen ermutigen, an einer »Aussprachetagung« der »Arbeitsgemeinschaft« am 16. November 1948 in Frankfurt teilzunehmen[46]. Das Ergebnis dieser Tagung konnte man im »Jahresbericht des Diözesankomitees der Katholikenausschüsse in der Erzdiözese Köln vom 12. März 1947 bis 31. Dezember 1948« nachlesen[47]: »Heute ist die gegenseitige Abgrenzung [zwischen Diözesankomitees und der Arbeitsgemeinschaft katholischer Laienwerke] gefunden; wie, das kommt bereits in dem jetzigen Namen der Arbeitsgemeinschaft zum Ausdruck, die sich nicht mehr Arbeitsgemeinschaft katholischer Laienwerke, sondern Arbeitsgemeinschaft für katholisches Laienwerk nennt. In dem Bericht der Werk-Hefte der Arbeitsgemeinschaft vom Dezember 1948 über ein Aussprachetagung am 16. November 1948 in Frankfurt a. M., bei der auch Vorstandsmitglieder des [Kölner] Diözesankomitees beteiligt waren[48], heißt es: ›Die Arbeitsgemeinschaft ist für überdiözesane Arbeit unentbehrlich, jene Arbeit, die nach den Worten von Walter Dirks die

46 Roesen an Böhler 2. November 1948 (Original u. Kopie): Ebd.

47 Protokoll in Kurzfassung über die Aussprachetagung der AKL in Frankfurt a.M. am 26.11.1948 mit Teilnehmerliste; Jahresbericht des Diözesankomitees der Katholikenausschüsse in der Erzdiözese Köln vom 12. März 1947 bis 31. Dezember 1948: Ebd. – Bei der Frankfurter Tagung hielt Walter Dirks das Hauptreferat.

48 Die obenerwähnte Teilnehmerliste nennt als Teilnehmer aus den Reihen des Kölner Diözesankomitees lediglich Prälat Böhler.

nichtorganisierbare actio catholica darstellt, im Gegensatz zu der organisierbaren in den Diözesen bzw. im Zentralkomitee. Arbeitsgemeinschaft und Zentralkomitee sind nicht Opponenten, sondern Komponenten‹«.

Auch bei der Integration der Frankfurter »Arbeitsgemeinschaft« in seine Konzeption von Diözesankomitees und Zentralkomitee bewies Böhler sein Vermittlungsgeschick wie seine Zielstrebigkeit. Von seinem Ziel, einer – z. B. in den Auseinandersetzungen um das Grundgesetz im Parlamentarischen Rat – repräsentativen und u. U. schlagkräftigen einheitlichen Vertretung der katholischen Laien, die zudem noch als die deutsche Form der von Rom gewünschten actio catholica gelten konnte, wollte er sich nicht durch eine in Zielsetzung und Organisation wenig klare »Arbeitsgemeinschaft« abbringen lassen. Was in Frankfurt dagegen an Bildungsarbeit, zumal in den Diasporaraum hinein, geschah, kam Böhlers Anliegen durchaus entgegen.

5. Vom »Diözesanbildungsheim« zur »Thomas-Morus-Akademie« und die Bemühungen um eine zentrale Bildungseinrichtung beim Zentralkomitee der Katholiken

Beim Studium der Akten über die Katholikenausschüsse fällt auf, welches Interesse an Bildungsveranstaltungen nach der ideologischen Engführung in nationalsozialistischer Zeit ab 1945 sichtbar wurde. Das Problem bestand nicht darin, für bekannte Referenten ein Publikum, sondern hinreichend große und beheizbare Räume zu finden. Sehr bald wurde auch vielerorts erkannt, dass es nicht nur auf punktuelle qualitätsvolle Informationsveranstaltungen ankam, sondern auf eine – durch zwölf Jahre unterdrückte – planmäßig Schulung von Laien in theologischen, staatspolitischen und sozialen Fragen, wenn man diese Laien für einen Einsatz im politischen und gesellschaftlichen Bereich gewinnen und qualifizieren wollte. Hermann-Josef Schmitt und Wilhelm Böhler lagen in ihren Grundanliegen weniger als in der Art der Durchführung auseinander.

Solche Bildungsarbeit bedurfte fester Einrichtungen, für die es in den ersten Nachkriegsjahren an Häusern, zunächst sogar an Nahrungsmitteln und Einrichtungsgegenständen, und mittelfristig auch an den finanziellen Voraussetzungen fehlte. Doch Prälat Böhler suchte auch für dieses Anliegen nach Realisierungsmöglichkeiten – zunächst auf diözesaner (Kölner) Ebene, dann auch für das Zentralkomittee der Katholiken.

Augustinus Frotz hat die Bemühungen der ersten Nachkriegsjahre beschrieben, mit Unterstützung durch die britischen Militärbehörden das

Bensberger Priesterseminar aus den Händen belgischer Besatzungstruppen wieder in die Verfügungsgewalt des Erzbistums zu bekommen[49]. Ab 1. Februar 1948 wurde des Bensberger Seminargebäude geräumt und stand ab Sommersemester 1948 wieder für den Seminarbetrieb zur Verfügung. Hatte Böhler noch in einer Beiratssitzung des Diözesankomitees am 8. April 1947 den Sophienhof in Königswinter für ein Diözesanbildungsheim ins Auge gefasst, so ist schon im Protokoll der Vorstandssitzung des Diözesankomitees vom 26. November 1947 zu lesen[50]: »Wir bekommen für unsere Zwecke 54 Zimmer in der 3. Etage [des Bensberger Seminargebäudes], einen Vortragssaal und Speiseraum im Erdgeschoss. Höchstwahrscheinlich kann das Heim schon im Laufe des Januar 1948 bezogen werden ... Auch bleibt noch die Frage der Ernährung der Tagungsteilnehmer ungeklärt. Herr Prälat Böhler wird gebeten, einen Artikel über das Diözesanbildungsheim für das Mitteilungsblatt zu schreiben«. Bei der Vorstandssitzung am 4. Februar 1948[51] passte man die Planungen an die neuen Realitäten an: »Das Diözesanbildungsheim wird höchstwahrscheinlich zu Pfingsten bezugsfertig sein. Zur Verfügung stehen 65 Betten und 25 Einzel- und 20 Doppelzimmer ... Zusätzliche Lebensmittel durch Sonderzuteilung, Caritasverband und Ausland müssten beschafft werden ... Es fehlen Matratzen. Dr. Pielmeyer erklärt sich bereit, dieselben bei Vorlage einer Bezugsanweisung zu besorgen. Die Bettwäsche will der Caritasverband leihweise zur Verfügung stellen«. Doch auch diese Planungen waren vorläufig.

Anton Roesen berichtete 1978[52]: »Dieses erste Diözesanbildungsheim wurde am 13./14. November 1948 eröffnet«. Über seine tatsächlichen räumlichen Möglichkeiten lesen wir im Protokoll der Vorstandssitzung des Diözesankomitees vom 6. Oktober 1948[53]: »Vorläufig stehen 35 Betten zur Verfügung, die auf 65 erweitert werden sollen«. Zur inhaltlichen Ausrichtung der Akademiearbeit zählte Anton Roesen 1978, seinen Jah-

---

49 A. FROTZ, Das Priesterseminar zwischen Zweitem Weltkrieg und Zweitem Vatikanischem Konzil (1945–1965), in: N. TRIPPEN, Priesterseminar-Festschrift, S. 180-208, hier: S. 190 ff.

50 K – DRK – Deckers: Protokollexzerpte. – Der langjährige Geschäftsführer des Diözesanrates Hans Deckers hat in dankenswerter Weise eine DIN-A 5 – Kartei mit Exzerpten wesentlicher Abschnitte aus den Protokollen von Vorstandssitzungen des Diözesankomitees angelegt, die eine Suche nach den Protokollen erübrigt.

51 Ebd.

52 A. ROESEN, Von den Anfängen, in: H. BOVENTER (Hrsg.), Menschen in der Akademie. 25 Jahre Thomas-Morus-Akademie Bensberg, Bergisch Gladbach 1978, S. 12 f.; vgl. auch: H. BOVENTER, Rückblick auf 25 Jahre Akademiearbeit, in: WAHRHEITSFRAGE UND WAHRHEITSDIENST. 25 Jahre Thomas-Morus-Akademie (= Bensberger Protokolle Nr. 25), Bensberg 1978, S. 106-113.

53 K – DRK – Deckers: Protokollexzerpte.

resbericht von 1950 zitierend, auf[54]: »Ein Wochenende der Leiter der örtlichen Bildungsausschüsse, eine Tagung von 32 Kommunalpolitikern der Großstädte, eine weitere mit 24 aus Landgemeinden, auf denen Fragen der Schul- und Kulturpolitik, der Wohlfahrt und der Fürsorge erörtert wurden«.

Roesen verschwieg auch nicht die Schwierigkeiten der Unterkunft eines Diözesanbildungsheims in einem Priesterseminar: »Was auf der einen Seite ein Vorteil war, die Einfügung in die Atmosphäre des geistlichen Hauses, brachte auf der anderen Seite für das Seminar Störungen, für das Diözesanbildungsheim Umstände und Rücksichten mit sich«.

Es sollte sich bald zeigen, dass der Umzug von Bensberg in das St. Josefs-Kloster in Honnef im November 1951 die Probleme verlagerte, nicht löste. Es gab zwar einige räumliche Erleichterungen. Doch das Zusammenleben des Bildungsheimes mit einer Schule, einem Mädcheninternat, einem Seniorinnen-Wohnheim und einem Schwesternkonvent war nicht weniger problematisch als das Zusammenleben mit einem Priesterseminar in Bensberg.

Bei der Übersiedlung von Bensberg nach Honnef wurde zum ersten Mal eine bisher unreflektiert praktizierte, unter den diözesanen Akademien und Bildungshäusern einzigartige Rechtsträgerschaft fixiert. Im Protokoll der Vorstandssitzung des Diözesankomitees vom 3. Oktober 1951 heißt es[55]: »Da das Diözesankomitee als Rechtsträger [des Diözesanbildungsheims] bei den Verträgen erscheinen muss, wird ein rechtsfähiger Verein ›Diözesankomitee e.V.‹ mit den Mitgliedern des Vorstandes gebildet«. So erklärt es sich, dass die offiziellen Programme seit 1952 regelmäßig vom »Diözesanbildungsheim des Diözesankomitees der Katholikenausschüsse im Erzbistum Köln« herausgegeben wurden.

Die feierliche Eröffnung des neuen Diözesanbildungsheims in Honnef fand am 21. November 1951 statt. In der Ankündigung hieß es[56]: »Das Heim soll ein Mittelpunkt der Bildungsbestrebungen der Erzdiözese sein, eine Stätte geistiger Auseinandersetzung und gründlicher Schulung, auch ein Ort der Begegnung zwischen Kirche und Welt. In dem modern eingerichteten Heim können 51 Personen, davon 27 in Einzelzimmern, untergebracht werden«. Geistlicher Leiter wurde Dr. Helmut Meisner.

Zur inhaltlichen Gestalt berichtet wieder Roesen zusammenfassend[57]: »Die ersten Honnefer Tagungen waren eine Nachwuchstagung der Gesellschaft katholischer Publizisten, eine Zusammenkunft von Journalisten

---

[54] A. ROESEN, Von den Anfängen, S. 12.
[55] K – DRK – Deckers: Protokollexzerpte.
[56] KND Nr. 262 v. 20. 11. 1951: HAEK – Gen II 26.51, 1 (dort auch weitere Presseberichte).
[57] A. ROESEN, Von den Anfängen, S. 12.

und Politikern, die Probleme der Ehe- und Familienrechtsreform erörterten, eine Besinnung auf die soziologische Wirklichkeit der Familie, eine Veranstaltung des Sachausschusses für Vertriebenenfragen, die sich mit dem kommenden Lastenausgleich auseinander setzte. Dazwischen fanden missio canonica-Kurse statt«. Roesen machte zwei Typen von Kursen des Diözesanbildungsheims aus: »Der eine diente mehr der Schulung ... Die zweite Reihe diente dem Dialog, sollte mithin ein Forum sein«. Böhler und Roesen wussten es zu erreichen, dass Kardinal Frings die Honnefer Arbeit 1953 dadurch aufwertete, dass er das »Diözesanbildungsheim« zur »Thomas-Morus-Akademie« erhob. Ein entsprechender Festakt fand am 13. September 1953 statt[58]. Die Akademie führte im Briefkopf den Titel »Thomas-Morus-Akademie des Diözesankomitees der Katholikenausschüsse in der Erzdiözese Köln«.

Doch diese Aufwertung im »Firmenschild« der Einrichtung war nur ein erster Schritt zu viel weiter reichenden Plänen Böhlers, die sich Anfang 1954 anbahnten. Schon am 13. Dezember 1953 sandte Dr. Meisner ein Exposé über die räumliche Situation in Bad Honnef für anstehende Beratungen über die Thomas-Morus-Akademie an Generalvikar Teusch[59]. Auch Böhler erhielt dieses Exposé. Meisner hatte sich zweifellos mit Böhler abgesprochen, wenn er ziemlich forsch formulierte: »Entschließt man sich, die Thomas-Morus-Akademie fortzuführen, so muss diese mit allen Kräften und Mitteln möglichst rasch aus ihrem durch und durch ungeeigneten Zustand zu einer erstklassigen Einrichtung gemacht werden«. Dann brach der angestaute Unmut aus Meisner heraus: »Diesen Zielen stehen im St. Josefs-Kloster zu Honnef hindernd entgegen:

1. Die Unterbringung verschiedener Einrichtungen unter einem Dach: Internat von Mittelschülerinnen, Heim alter Damen, Paramentenwerkstatt, großer Schwesternkonvent mit vielen alten Schwestern, Mittelschule, Haushaltsschule (keine getrennten Gebäudeteile – anders gearteter Lebensrhythmus – enge Hausordnung).
2. Die Akademie wird im Josefs-Kloster als Fremdkörper betrachtet und behandelt. – Fehlendes Verständnis für ihren Lebensstil ....
3. ...
4. Die Gottesdienste für die Besucher der Akademie bleiben dem Zufall überlassen, da der geistliche Leiter verpflichtet ist, die hl. Messe für die

---

[58] Roesen an Frings 13. Juli 1953; Teusch an Roesen 21. Juli 1953; gedruckte Einladung zum Festakt am 13. September 1953: HAEK – Gen II 26.51, 1.

[59] Meisner an Teusch 13. Dezember 1953, Anlage: »Die Situation der Thomas-Morus-Akademie«: Ebd.

Schwestern, das Internat, die Paramentik und die übrigen Hausbewohner zu halten ... Ein gepflegter Gottesdienst ist aber von ganz besonderem Wert für die Arbeit der Akademie«.

Nach einer Reihe weiterer Beschwerdepunkte folgten Vorstellungen für einen »Neubau«, den Dr. Meisner für selbstverständlich hielt. »Es müsste allerdings zu sehr baldigen Entschlüssen kommen, damit der Bau im Spätherbst 1954 bezugsfertig ist«.

Meisner dürfte von Böhlers Versuch der »Fremdmitteleinwerbung« gewusst haben. Am 16. August 1953 bereits hatte Böhler Kardinal Frings berichtet, Ministerpräsident Arnold habe Gelder für »Bildungsinstitute« angekündigt[60]. »Es käme für die Katholiken ein Betrag von 400.000,00 DM in Frage«. Böhler hatte Arnold erwidert, bei einer Besprechung der nordrhein-westfälischen Bischöfe sei der Vorschlag akzeptiert worden, die Summe zu verwenden für die Errichtung eines Institutes, das die Arbeit der früheren Volksvereinszentrale fortsetzen solle. Der geistige Träger des Institutes würde das Zentralkomitee der deutschen Katholiken sein. » ... Die jährlichen Etatmittel müssen aufgebracht werden durch Beiträge der Diözesen, einzelner Verbände und eines Fördererkreises«. Arnold habe diese Vorstellungen akzeptiert. »Eines wäre allerdings nach seiner Meinung noch zu berücksichtigen: es müsse für das Institut ein e. V. eingerichtet werden, der es wirtschaftlich trüge«. Böhler dachte an Vertreter der (damals) vier NRW-Diözesen und vier Mitglieder des Zentralkomitees. In einem Postskriptum merkte Böhler an: »In Bonn und Godesberg ist je ein geeignetes modern gebautes Haus zu haben. Ein Fördererkreis von einigen kapitalkräftigen Katholiken wäre zu bilden. Mit dem Katholischen Büro Bonn müsste enge Verbindung gehalten werden. Die neue Einrichtung müsste auch diesem zur Verfügung stehen«.

Wie für ein Gespräch Anfang Januar 1954 in Köln terminiert teilte Ministerpräsident Arnold am 7. Januar 1954 dem Kölner Kardinal mit[61]: »Zur Errichtung dieses Zentralen Bildungsinstitutes in unserem Lande habe ich daher im Einvernehmen mit der Frau Kultusminister aus den mir zur Verfügung stehenden Sondermitteln Ihnen, Eminenz, einen *Betrag von 400.000,00 DM* zur Verfügung gestellt, dessen Auszahlung die Frau Kultusminister veranlassen wird«. Arnold schloss – der Diktion Böhlers sehr nahe kommend: »Ich darf der Hoffnung Ausdruck geben, dass durch

[60] Böhler an Frings 16. August 1953: Ebd.

[61] Der Ministerpräsident des Landes Nordrhein-Westfalen an den Vorsitzenden der Fuldaer Bischofskonferenzen 7. Januar 1954 (Original): HAEK – Gen II 26.51, 1.

die Landesbeihilfe von 400.000,00 DM ein katholisches Bildungsinstitut entsteht, das der Bevölkerung unseres Landes und darüber hinaus zum Segen gereicht«.

Kurz vorher, am 5. Januar 1954, hatte Böhler Generalvikar Teusch um ein Gespräch über die Thomas-Morus-Akademie gebeten[62]. »Die Schule der Schwestern wächst ebenso wie das Internat ..., so dass wir nun doch zu irgendeiner Lösung kommen müssen. Ich werde ... einmal festzustellen versuchen, was an öffentlichen Mitteln zur Verfügung steht und ob private Quellen noch flüssig gemacht werden können«.

Teusch legte das Schreiben Frings mit der Bemerkung vor: »Es wird nun ernst«. Doch hat das von Böhler erbetene Gespräch zunächst keine Spuren in den Akten hinterlassen. Man stand in der arbeitsreichen Schlussphase der Vorbereitungen für die Diözesan-Synode, an der auch Böhler beteiligt war. Frings hob 1973 diese Leistung Böhlers unter wenigen anderen Beispielen für die Synode hervor[63]: »Für den Bereich ›Laien in der Kirche‹ gab sich Prälat Böhler mit seinen Beratern große Mühe; es kam eine Ausarbeitung zustande, die für die damalige Zeit wegweisend war und als solche auch bezeichnet wurde«.

Doch für die Planung eines Bildungszentrums – sei es für das Erzbistum Köln allein, sei es in Verbindung mit einem Zentralinstitut des Zentralkomitees der Katholiken – waren die Vorbereitungsphase der Diözesan-Synode und die sich anschließenden Feierlichkeiten des Marianischen Jahres 1954 der falsche Zeitpunkt.

Andererseits schrie der von Ministerpräsident Arnold zur Verfügung gestellte Geldbetrag nach Abruf und Verwendung. Böhler entschloss sich wohl deshalb zur Trennung der zeitweilig gemeinsam geplanten Einrichtungen für Erzbistum und Zentralkomitee. Hier sei die knappe Darstellung Thomas Grossmanns zitiert[64]: »Anfang 1953 bezog der neue Geschäftsführer des Zentralkomitees, Erich Lampey, sein Büro im Kloster St. Josef in der Honnefer Bismarckstraße, das aber nach kurzer Zeit in eine andere, von Prälat Böhler organisierte Unterkunft verlegt wurde ... Auch dieses zweite Domizil war lediglich als Provisorium gedacht, da es den Ansprüchen auf Tagungsmöglichkeiten, Bibliothek und Archiv nicht genügte. Man entschloss sich daher, ein großes Anwesen im Bad Godesberger Stadtteil Friesdorf zu kaufen, das im Juli 1954 bezogen wurde. Böhler hatte großzügige finanzielle Unterstützung seitens der nordrhein-

62 Böhler an Teusch 5. Januar 1954: Ebd.
63 J. FRINGS, Für die Menschen bestellt, S. 160.
64 T. GROSSMANN, Zentralkomitee, S. 125.

westfälischen Landesregierung erreichen können. Außerdem hatten die Bistümer Köln, München, Paderborn, Freiburg, Münster, Berlin und Aachen einen Trägerverein gegründet, um dem ZdK-Haus eine Rechtsgrundlage zu schaffen«. Der Bischof von Münster hatte überzeugt werden müssen. Erzbischof Wendel von München äußerte: »Ich habe das Gefühl, dass sie [die Entwicklung des Zentralkomitees] uns ganz aus der Hand gleitet«. Die Zentrale des Zentralkomitees war zweifellos notwendig, aber ein Bildungszentrum nach dem Muster »Mönchengladbach« war sie nicht. Wie mag Böhler Ministerpräsident Arnold (und später den Landesrechnungshof!) von der »Umwidmung« der zur Verfügung gestellten Mittel überzeugt haben?

In Köln hatte Böhler 1954 in Sachen Thomas-Morus-Akademie andere als die an sich drängenden Raumprobleme. War Böhler bis 1952 der einflussreichste Berater von Kardinal Frings gewesen, so gewann ab 1952 der neue Generalvikar Joseph Teusch zunehmend Profil und Einfluss auf den Erzbischof. Es scheint, dass es Teusch war, der im Zusammenhang mit den Entwürfen für die Texte der Diözesan-Synode die Thomas-Morus-Akademie in die Trägerschaft des Erzbistums überführen und in Dekret 202 unter »Diözesane Einrichtungen« aufführen wollte. Für Böhler war das mehr als eine persönliche Prestigefrage: Es ging um die relative Freiheit der Akademiearbeit vor jederzeitiger Zugriffsmöglichkeit der Diözesanverwaltung. Leider gibt es keine schriftlichen Zeugnisse über die Verhandlungen Böhlers mit Kardinal Frings, bei denen Böhler sich offenbar durchsetzte. Der auch – oder gerade – bei Unterlegenheit seiner eigenen Vorschläge korrekt-loyale Generalvikar Teusch schrieb am 1. März 1954, wenige Tage vor Beginn der Synode, an den Redaktor der Synodentexte, Domkapitular Hermann Jansen[65]: »Durch Verfügung Sr. Eminenz vom 27.2.1954 wurde das Diözesanbildungsheim (Thomas-Morus-Akademie) Bad Honnef in die Trägerschaft des Diözesankomitees der Katholikenausschüsse überführt«. Jansen solle in Dekret 202 die Akademie streichen und im Abschnitt »Die Katholikenausschüsse und das Diözesankomitee« unter Dekret 465 einfügen. Die Bestimmungen über Mitspracherechte des Erzbischofs in der Akademie und Genehmigungsvorbehalte zugunsten des Generalvikariates in Wirtschaftsfragen trugen Teuschs Hinweis: »Präl[at] B[öhler] einverstanden«.

Nachdem die Trägerschaft der Thomas-Morus-Akademie durch Entscheid des Erzbischofs dem Diözesankomitee zugesprochen und in Dek-

---

65 Handschriftliche Anweisung Teuschs an Jansen 1. März 1954 (mit aufgeklebtem Streifen der handschriftlichen Veränderungen Jansens für den Synodentext): HAEK – Gen II 26.51, 1.

ret 465 der Diözesan-Synode festgeschrieben war, stand im Frühjahr 1954 die vom Erzbischof zu genehmigende Beschlussfassung über die »Satzung des Diözesankomitees der Katholikenausschüsse in der Erzdiözese Köln« an. Die Rand- und Korrekturbemerkungen Teuschs auf mehren Exemplaren des Entwurfstextes lassen erkennen, dass Generalvikar Teusch diesen Gegenstand nicht länger dem Vieraugengespräch Böhler-Erzbischof überlassen wollte[66]. Am 23. Mai 1954 schrieb Teusch dem Erzbischof[67]: »Soeben haben H.H. Prälat Böhler und ich uns geeinigt, den beiliegenden Entwurf mit den eingetragenen Änderungen Ew. Eminenz vorzuschlagen«. Von gewissen Spannungen zwischen den gleichermaßen kompetenten wie selbstbewussten Kirchenmännern geben nachfolgende Bemerkungen Teuschs in dem Schreiben an Frings eine Ahnung: »Nachgegeben habe ich vor allem in folgendem:

1. Dass dem Erzbischof der Vorsitz in den drei großen Gremien [Vollversammlung, Vorstand, Diözesanführungskreis] zusteht, ist, wie schon gestern mit Eminenz besprochen, fallengelassen.
2. Dass der Erzbischof die Satzungen der Dekanats- und Stadtkatholikenausschüsse genehmigt, ist geblieben. Der Erzbischof genehmigt auch die Mustersatzungen der Pfarrkatholikenausschüsse«.

Am 10. Juni 1954 brachte Böhler bei Frings noch winzige Änderungswünsche des Vorstandes vor[68]. Frings gab am 11. Juni sein Einverständnis. Am 12. Juni luden Böhler und Roesen zur Vollversammlung des Diözesankomitees für den 30. Juni 1954 in das Karl-Josef-Haus in Köln ein, bei der die Satzung beschlossen wurde[69].

Die Suche nach einem geeigneten Gebäude für die Thomas-Morus-Akademie kam 1955 wieder in Gang, nachdem die Grundsatzentscheidung des Erzbischofs gefallen war, das erst 1929 nach Bensberg verlegte Priesterseminar des Erzbistums nach Köln zurückzuverlegen. Sofort wurden konkrete Überlegungen angestellt, ob neben einem zunächst avisierten Krankenhaus der Pallottinerinnen oder dem schon bestehenden Al-

---

66 Entwurfstext mit Bearbeitungsspuren Teuschs (mehrere Exemplare): HAEK – CR II 22.37, 6.

67 Teusch an Frings 23. Mai 1954: Ebd.

68 Böhler an Frings 10. Juni 1954 (auch Kopie für Teusch): Ebd. – Darauf: »Einverstanden. K. 11. 6. 54 + J.«.

69 Einladung zur Vollversammlung des Diözesankomitees der Katholikenausschüsse in der Erzdiözese Köln am 30. Juni 1954 im Karl-Josef-Haus: HAEK – CR II 22.37, 4. Dort auch Druck der neuen Satzung mit Genehmigungsvermerk (faks. Unterschrift) des Kardinals vom 5. Juli 1954.

tenpflegeheim die Thomas-Morus-Akademie in dem ausgedehnten Gebäude Platz finden könnte. Als nicht kompatibel war schon in den Jahren 1948–1951 lediglich das Nebeneinander eines in tridentinischer Strenge und Abgeschiedenheit zu führenden Priesterseminars mit dem offeneren und kommunikativeren Stil einer Akademie erfahren worden.

Hier ist nicht der Ort, die lange Planungs- und Umbauphase innerhalb der Akademie zu schildern[70]. Da das neue Priesterseminar in Köln erst im Spätherbst 1958 fertiggestellt und bezogen werden konnte, erfolgte die Rückkehr der Thomas-Morus-Akademie nach Bensberg erst am 12. April 1959[71]. An der Ausgestaltung des neuen Domizils der Akademie, vor allem aber an der Weiterentwicklung des inhaltlichen Programms wurde bald die Handschrift des seit dem 9. Oktober 1957 amtierenden Akademiedirektors Dr. Josef Steinberg deutlich, der durch seine theologische Kompetenz, seine rheinische Offenheit und Kontaktfreudigkeit sowie vor allem durch seine seelsorgerlichen Erfahrungen als Bonner Hochschulpfarrer der Nachkriegsgeneration beste Voraussetzungen für seine neue Aufgabe mitbrachte[72].

6. Kölner Diözesankatholikentage 1950, 1953 und 1960

In der Freude über die neugewonnenen Möglichkeiten hatten Fürst Löwenstein und sein »Zentralkomitee zur Vorbereitung der Katholikentage« drei Jahre in Folge Deutsche Katholikentage vorbereitet: 1948 in Mainz, 1949 in Bochum, 1950 in Passau. Wenn man an die Organisations-, Unterbringungs- und Beköstigungsmöglichkeiten für solche Großveranstaltungen in den frühen Nachkriegsjahren denkt, wird verständlich, dass sich im Heiligen Jahr 1950 mit der zusätzlichen Organisation großer Wallfahrten nach Rom Zeichen der Erschöpfung zeigten. Im Protokoll des Konveniats der westdeutschen Bischöfe in Kevelaer vom 5. bis 7. Juni 1950 heißt es deshalb[73]: »Die Bischöfe einigen sich, dem Zentralkomitee zu empfehlen, höchstens jedes zweite Jahr einen zentralen Katholikentag abzuhalten und dazwischen eventuell einen Diözesankatholikentag«. Auch wollte

---

[70] Verschiedene Schriftstücke in HAEK – Gen II 26.51, 1.

[71] H. Boventer, Rückblick, S. 110.

[72] Josef Steinberg (1904–1981), 1929 Priesterweihe in Köln, 1935 Dr. theol., 1945-1957 Studentenseelsorger in Bonn, 1957-1968 Direktor der Thomas-Morus-Akademie in Bad Honnef bzw. Bensberg, Prälat, nichtres. Domkapitular in Köln: Handbuch des Erzbistums Köln Bd. 2, [26]1966, S. 836; H. Boventer, Rückblick, S. 110 f.

[73] Protokollauszug: HAEK – Gen II 3.8, 2a.

man zu dem alten Brauch zurckkehren, »dass im allgemeinen auch an dem zentralen Katholikentag nur der Diözesanbischof teilnehmen soll, außerdem eventuell noch der Bischof oder die Bischöfe, die an den Arbeiten des Katholikentages (Reden usw.) unmittelbar beteiligt sind«.

Diözesane Katholikentage boten die Chance einer ortsbetimmten Thematik und weit begrenztere Organisationsprobleme: Für die Masse der Teilnehmer blieben sie auf einen Tag (Sonntag) beschränkt, zu dem die Teilnehmer morgens mit Tagesverpflegung anreisen konnten. Bei Kenntnis der in Köln verantwortlichen Persönlichkeiten Böhler und Roesen verwundert es nicht, dass 1950 in Bonn, 1953 in Wuppertal und 1960 in Neuss Diözesankatholikentage mit gutem Erfolg durchgeführt wurden. Nachdem Böhler 1958 verstorben und Roesen 1961 aus dem Vorsitz des Diözesankomitees ausgeschieden war, wurde die Reihe der Diözesankatholikentage nicht fortgesetzt.

Nur fünf Wochen vor dem zentralen Katholikentag im fernen Passau hatten Böhler und Roesen für die Tage 22. – 24. Juli 1950 einen Diözesankatholikentag in Bonn unter dem Motto »Durch Ordnung zum Frieden« vorbereitet[74]. Der 22. Juli (Samstag) war für die Sachausschüsse des Diözesankomitees reserviert, für den 24. Juli (Montag) war nur noch ein Requiem für die verstorbenen Mitarbeiter der Katholischen Aktion vorgesehen. Der Schwerpunkt sollte der Sonntag werden mit einer Pontifikalmesse des Kardinals auf dem Bonner Marktplatz um 10 Uhr und einer Großkundgebung im Gronau-Stadion um 14.30 Uhr. Der Bericht schätzt, dass schon zu der Pontifikalmesse auf dem Marktplatz 30.000 Menschen versammelt waren.

Was bei der Vorbereitung dieses Diözesankatholikentages niemand wissen konnte, war die Tatsache, dass am 25. Juni 1950 der Korea-Krieg ausbrach und der Friedensthematik des Katholikentagsmottos eine unerwartete Aktualität und Brisanz verschaffte. Anselm Doering-Manteuffel hat die unmittelbare Reaktion der deutschen Öffentlichkeit beschrieben, die sofort ausbrechende Sorge um die Sicherheit Westdeutschlands angesichts der vergleichbaren Lage der geteilten Länder Korea und Deutschland in dieser Zeit der Ost-West-Spannungen[75]. Doering-Manteuffel schildert auch die ersten Reaktionen der katholischen Presse auf den Kriegsausbruch und die zu dieser Zeit noch verborgenen Kontakte zwischen Ade-

[74] Hirtenbrief zum Diözesan-Katholikentag 1950 (Beilage zum Kirchlichen Anzeiger, Stück 15 vom 1. Juli 1950); Programm, Rundbrief Böhlers an die Dechanten 30. Juni 1950, Bericht mit Predigt des Erzbischofs und Reden bei der Großkundgebung, in: Aus dem Katholischen Leben 3, 1950, Nr. 8 und anderes mehr: HAEK – Gen II 3.8, 2a.

[75] A. DOERING-MANTEUFFEL, Katholizismus und Wiederbewaffnung, hier: S. 81-85.

nauer und dem amerikanischen Hochkommissar McCloy über einen denkbaren deutschen Verteidigungsbeitrag. Doering-Manteuffel kam 1981 zu der zusammenfassenden Bewertung[76]: »Aus diesen ersten spontanen Kommentaren der katholischen Presse nach dem Ausbruch des Koreakrieges wird deutlich, dass man sich der prinzipiellen Gefahr, in der sich die Bundesrepublik im Kräftefeld des Ost-West-Konflikts befand, in aller Klarheit bewusst war. Aus diesem Bewusstsein leiteten die meisten dieser Kommentatoren jedoch nicht die Forderung ab, die Bundesrepublik müsse nun umgehend aufgerüstet werden, sondern man verlangte nach verstärkter Sicherheit, welche die alliierten Besatzungsarmeen bieten sollten«.

Es ist aus den Akten nicht erkennbar, ob Kardinal Frings die Predigt beim Bonner Diözesankatholikentag aus sich (im Hinblick auf das Motto) oder auf Anregung Böhlers der Friedensthematik widmete. Inmitten handschriftlicher Predigtentwürfe des Kardinals zu vielfältigen Gelegenheiten ist das Manuskript der Bonner Predigt in Schreibmaschinenfassung, ohne persönliche Bearbeitungsspuren, erhalten[77]. Da Frings sonst – selten genug – Fremdvorlagen für Predigten handschriftlich bearbeitete, ist denkbar, dass es sich bei dem abgehefteten Exemplar um eine »Reinschrift« einer eigenen Predigt für Zwecke der späteren Veröffentlichung handelt. Frings identifizierte sich auch mit seiner Predigt, als er sich am 26. Juli gegenüber Fürst Löwenstein vom Präsidenten des Evangelischen Kirchentages distanzierte[78]: »Übrigens hat nach einem Bericht der ›Welt‹ vom 25. 7. gerade Herr von Thadden-Trieglaff meine Bonner Predigt vom Sonntag in einer unqualifizierbaren Weise kommentiert«.

Doering-Manteuffel, dem nicht dieses Manuskript, sondern nur die in der Kölner Kirchenzeitung etwas verkürzt abgedruckte Version der Predigt des Kardinals zur Verfügung stand[79], referiert die entscheidenden Inhalte im Kontext der damals anbrechenden Diskussion[80]: Der Kardinal stützte sich auf die Weihnachtsansprache Pius' XII. 1948. »Frings erinnerte an die Worte des Papstes, dass der Friede auf die Dauer nur durch Ordnung, und zwar die durch Gott gesetzte Ordnung bestehen könne ... Wo diese Gottesordnung in ihren Grundlagen bedroht und angegriffen sei, hätten ›die Staaten oder ihre Vereinigung [= UNO]‹ das Recht, ja, die

76 Ebd., S. 83.

77 Predigt Sr. Eminenz, des Hochwürdigsten Herrn Kardinals und Erzbischofs von Köln bei der Pontifikalmesse anlässlich des Diözesan-Katholikentages in Bonn am 23. 7. 1950: HAEK – CR II 2.18g, 2.

78 Frings an K. Löwenstein 26. Juli 1950 (sign. Kopie): HAEK – Gen II 3.8, 2a.

79 Das von fremder Hand gekürzte Manuskript für die Kirchenzeitung liegt ebenfalls in HAEK – CR II 2.18g, 2.

80 A. Doering-Manteuffel, Wiederbewaffnung, S. 85-91, hier: S. 85.

Pflicht, diese Ordnung wiederherzustellen, sofern begründete Hoffnung auf Erfolg bestehe. ›Selbstsüchtige Neutralität‹ gegenüber einem zu Unrecht Angegriffenen sei verantwortungslos. Der Papst, so betonte Frings, lasse keinen Zweifel darüber bestehen, dass es eine verwerfliche Sentimentalität und falsches Humanitätsdenken wäre, wenn die Völker mit Rücksicht auf die entsetzlichen Folgen eines Krieges jegliches Unrecht geschehen ließen. Und weil die Staaten von Fall zu Fall die Pflicht zum Kriege hätten, wenn die Gottesordnung in der Welt bedroht sei, könne auch die Propagierung der absoluten Kriegsdienstverweigerung mit christlichem Denken nicht vereinbart werden. Frings betonte eigens, dass ›jedermann weiß, wie aktuell zu dieser Stunde diese Gedanken des Heiligen Vaters sind‹«. Doering-Manteuffel folgert: »Er [Frings] wollte seine Äußerungen sowohl als Maßstab zur Beurteilung der gegenwärtigen Situation als auch als Leitfaden für die künftige politische Orientierung des Kirchenvolks verstanden wissen«.

Doering-Manteuffel ist dann 1981 der berechtigten Frage nachgegangen, mit welcher Legitimation und Autorität Frings sich in Bonn in der damals hochbrisanten Frage geäußert hatte[81]: »Formell hatte der Kardinal in eigener Verantwortung als Oberhirte seiner Kirchenprovinz [richtig: seiner Erzdiözese] die Katholiken seiner Erzdiözese angesprochen. Solange die westdeutschen Bischöfe sich nicht explizit im Sinne der Ausführungen des Kölner Kardinals äußerten, konnte von einer Verbindlichkeit für *den* deutschen Katholizismus nicht die Rede sein. Auch als Vorsitzender der Fuldaer Bischofskonferenz hatte Frings keinen direkten Auftrag dieses kollegial aufgebauten Gremiums ... Im Hinblick auf die hierarchische Struktur der katholischen Kirche und angesichts der [damals] ausgeprägten Gefolgschaftstreue der Katholiken bedeutete indessen die Predigt gerade dieses Oberhirten faktisch eine starke Motivation für die Beherzigung seiner Gedanken im deutschen Katholizismus«.

Doering-Manteuffels Veröffentlichung 1981 veranlasste den langjährigen Geschäftsführer des Diözesankomitees/Diözesanrates der Katholiken im Erzbistum Köln, Hans Deckers, zu einer Nachforschung in den ungeordneten Archivalien des Diözesanrates und einer Korrespondenz mit Doering-Manteuffel[82]. Dabei ergab sich, dass am 31. Juli 1950 in Köln eine »Pressekonferenz katholischer Wochenblätter« anberaumt wurde. Im

81 Ebd., S. 86.

82 Der Verfasser dankt an dieser Stelle Herrn Hans Deckers, Köln, für einen Kopiensatz dieser Korrespondenz sowie für seine Hilfe beim Zurechtfinden in den Archivmaterialien des Diözesanrates der Katholiken in Köln.

Protokoll heißt es[83]: »Domkapitular Böhler wies die Vermutung zurück, die Predigt sei auf Wunsch oder Druck außerkirchlicher Stellen zurückzuführen ... In Wirklichkeit ist die Predigt der persönlichen Initiative des Kardinals entsprungen« – was die inhaltliche Zuarbeit eines in diese Spezialfrage eingearbeiteten Moraltheologen nicht ausschloss! Es ist wahrscheinlich, dass Prälat Dr. Wilhelm Heinen dem Erzbischof solche Hilfsdienste geleistet hatte.

Von Heinen stammten auch »Die christlichen Grundsätze über Krieg und Kriegsdienst«, die Heinen bei der Pressekonferenz am 31. Juli 1950 als Referat vortrug und deren Zusendung an die anwesenden Journalisten er zusagte. Unter dem Briefkopf »Diözesankomitee der Katholikenausschüsse in der Erzdiözese Köln« wurden die Grundsätze auch den Mitgliedern übersandt.

Da die Diskussion über die Wiederbewaffnungsfrage sich in den folgenden Monaten verschärfte, verzichtete man auf den Abdruck des Heinen'schen Referates in den »Mitteilungen« des Diözesankomitees. Dr. Roesen bat den Geschäftsführer Nowak am 9. November 1950, den Text nicht mehr dem CND zur Verfügung zu stellen, »wenn nicht Herr Prälat Böhler und vielleicht auch der Referent, Herr Prälat Heinen, einverstanden sind ... Dass eine – übrigens inhaltlich anscheinend korrekte – auszugsweise Wiedergabe des Referates im ›Spiegel‹ gestanden hat, sagte ich Ihnen schon«[84].

Die öffentliche Auseinandersetzung um einen deutschen Verteidigungsbeitrag und die Rechtmäßigkeit jedweden Krieges war inzwischen so eskaliert, dass die Kirche gut daran tat, nach der mutigen Äußerung des Kardinals in Bonn sich etwas zurückzunehmen. Es war schon ungewöhnlich, dass Kardinal Frings einen Diözesankatholikentag benutzte, um in einer delikaten wie aktuellen politisch-ethischen Grundsatzfrage eine über den aktuellen Anlass hinausgehende Äußerung zu tun, die für längere Zeit die Öffentlichkeit beschäftigte. Die beiden folgenden Diözesankatholikentage blieben dann auch im kirchlich-theologischen Umfeld.

Der Diözesankatholikentag in Wuppertal vom 12. bis 15. Juni 1953[85] stand unter dem Thema »Christ in der Großstadt«. Er begann mit einer Abendandacht für katholische Heimatvertriebene in der Elberfelder ka-

83 Pressekonferenz katholischer Wochenblätter in Köln am 31. Juli 1950: K – DRK – Unterlagen zum Thema »Wiederbewaffnung«. Dort auch die nachfolgend erwähnten Materialien.

84 Roesen an Nowak 9. November 1950: K – DRK – Unterlangen zum Thema »Wiederbewaffnung«.

85 Materialien (ähnlich der Vorbereitung für Bonn 1950): HAEK – Gen II 3.8, 3a.

tholischen Zentralkirche St. Laurentius am Freitagabend. Der Vertretertag am Samstag endete mit einer Marienfeier in Neviges und der Eröffnungsfeier des Katholikentages im neuen Rathaus. Der Sonntag wurde – wie in Bonn – mit einer Pontifikalmesse auf dem Rathausplatz in Barmen am Vormittag und einer Großkundgebung im Stadion um 15 Uhr gestaltet. Als Festredner war Prof. Dr. Wilpert aus Frankfurt für das Thema des Katholikentages »Christ in der Großstadt« gewonnen worden.

Der Diözesankatholikentag in Neuss vom 21. bis 23. Mai 1960[86] stand unter dem Thema »Christus unser Bruder«, das in den Arbeitskreisen des Samstags auf verschiedene caritative und sozialpolitische Fragestellungen zugespitzt wurde. Bei der Hauptkundgebung des Sonntags auf dem Neusser Marktplatz war P. Mario von Galli SJ aus Zürich der Festredner zum Thema des Katholikentags. Offenbar war dieser Neusser Katholikentag stark vom Lokalkolorit und der Beziehung des Kardinals zu seiner Vaterstadt bestimmt. Deshalb sei nicht die Lokalpresse, sondern der – zweifellos auch aus Neuss instruierte – »Rheinische Merkur« in seinem Bericht zitiert[87]: »Zwanzigtausend Gläubige versammelten sich am Sonntagnachmittag zu einer Kundgebung auf dem Neusser Marktplatz im Schatten des altehrwürdigen St. Quirinus-Domes (sic!). Der Kölner Erzbischof Kardinal Frings wurde von starken Abordnungen der katholischen Schützenbruderschaften begleitet, als er zum Festplatz kam. Neben den beiden Kölner Weihbischöfen Joseph Ferche und Wilhelm Cleven war als hoher Gast der Bischof von Hiroshima Dominicus Yoshimatsu Noguchi nach Neuss gekommen. An der Schlusskundgebung ... nahm[en] auch der Ministerpräsident von Nordrhein-Westfalen, Dr. Franz Meyers, und Landtagspräsident Johnen teil. Ferner waren Bundesminister Dr. Wuermeling, Staatssekretär Ludwig Adenauer sowie zahlreiche Bundes[tags]- und Landtagsabgeordenete gekommen ...«.

Inzwischen hatte nach dem Tod Wilhelm Böhlers Weihbischof Cleven die Vertretung des Erzbischofs im Diözesankomitee übernommen. Der neue Papst Johannes XXIII. hatte ein Ökumenisches Konzil angekündigt, das in den nächsten Jahren die Interessen aller kirchlichen Kreise binden sollte. Die Zeit der Diözesankatholikentage war vorerst vorbei.

[86] Materialien zu Vorbereitung und Verlauf: HAEK – Gen II 3.8, 4.

[87] Christus unser Bruder. Dritter Diözesankatholikentag des Erzbistums Köln: Rheinischer Merkur 27. Mai 1960: HAEK – Gen II 3.8, 4.

XI. KAPITEL

DAS VERHÄLTNIS DER CHRISTLICHEN KONFESSIONEN IN DEUTSCHLAND 1945–1960

1. Die Ausgangslage[1]

Das gemeinsame Erleben und Erleiden von nationalsozialistischer Verfolgung und II. Weltkrieg hatte das Verhältnis der christlichen Konfessionen in Deutschland zueinander grundlegend verändert. An die Stelle gegenseitigen Misstrauens oder gar konfessioneller Polemik war ein Gefühl der Verbundenheit im Glauben und in der gemeinsamen Abwehrhaltung gegenüber den Ideologien des 20. Jahrhunderts gewachsen. Im allgemeinen waren Pfarrer wie auch genehmigende Diözesan- und Kirchenleitungen bereit, die Mitbenutzung ihrer Kirchen durch obdachlos gewordene Gemeinden der anderen Konfession zuzugestehen. Doch schon in dem Gespräch zwischen Pfarrkurat Plettenberg, dem Sprecher der Kölner Evakuiertenseelsorger, und Kirchenpräsident Rönk über die Mitbenutzung evangelischer Kirchen in Thüringen durch evakuierte rheinische Katholiken waren 1944 Fragen aufgetaucht, die zur damaligen Zeit ebenso engherzig wie andererseits weitsichtig erschienen: »Wie lange bleiben die Evakuierten hier? So wird Thüringen für Sie zum Missionsland«[2].

Das Problem spitzte sich mit dem Ende des Krieges jedoch in unerwartetem Maße zu: Die Flüchtlingsströme aus dem deutschen Osten und dem Südosten Europas bewirkten, dass die seit dem Westfälischen Frieden von 1648 feststehende Konfessionskarte Deutschlands ihre Gültigkeit verlor. Katholiken und evangelische Christen mussten sich seit 1945 mit einer ungewohnten Vermischung der Konfessionen abfinden. Die früheren konfessionell geschlossenen Gebiete wurden weithin beseitigt.

Das hatte einerseits praktische Konsequenzen, die kurzfristig nicht zu beheben waren: Die Mitbenutzung von Kirchen der jeweils anderen Konfession war von einem kriegsbedingten, vorübergehenden Ausnahmezustand (auf dessen baldige Überwindung jede Gemeinde von sich aus bedacht war!) zu einem längerfristigen Dauerzustand geworden. Der Aufbau eigener Kirchenstrukturen in Diasporagebieten der je betroffenen

---

1 Teile dieses Kapitels wurden nach dem damaligen Stand bereits publiziert: N. Trippen, Interkonfessionelle Irritationen in den ersten Jahren der Bundesrepublik Deutschland.

2 Vgl. oben S. 101 f. mit Anm. 63.

Konfession war unter den Notverhältnissen der frühen Nachkriegsjahre nur sehr allmählich zu bewerkstelligen.

Wichtiger war die Zerstörung der religiös beheimatenden, die religiöse Praxis tragenden geschlossenen konfessionellen Milieus. Ströme heimatloser, ihres konfessionellen Milieus beraubter Heimatvertriebener ergossen sich in westdeutsche Bezirke anderer Konfession und brachen deren religiöses Milieu auf. Es kam zu neuen Fremdheitsgefühlen und Abgrenzungsbedürfnissen und – wie wir noch sehen werden – zu Überfremdungsängsten. Auf katholischer Seite kam die nicht unberechtigte Befürchtung vor einer erheblichen Zunahme der konfessionellen Mischehen hinzu, die nach der Erfahrung von Jahrhunderten häufig zu Lasten der Kirchenbindung der katholischen Partner gingen. Die Furcht vor einer »communicatio in sacris«, einer gottesdienstlichen Grenzverwischung, trug zwar nur auf katholischer Seite diesen Namen, war aber auch auf evangelischer Seite nicht zu übersehen.

Eine weitere Belastung der Beziehungen zwischen den christlichen Konfessionen erwuchs im politischen Bereich durch die staatliche Aufteilung Deutschlands 1949. Die konfessionellen Gewichte waren in der Bundesrepublik wesentlich anders verteilt als im Deutschen Reich vor 1918 oder auch in der Weimarer Republik. In beiden Staatsgebilden waren die Katholiken eine Minderheit von einem Drittel der Bevölkerung gewesen. Für das frühe 19. Jahrhundert hatte 1819 der Kultusminister Freiherr vom Stein zum Altenstein die konfessionellen Verhältnisse in Preußen, dem größten deutschen Teilstaat, mit den bezeichnenden Worten umschrieben[3]: »Der preußische Staat ist ein evangelischer Staat und hat über ein Drittel katholischer Untertanen. Das Verhältnis ist schwierig. Es stellt sich richtig dar, wenn der Staat für die evangelische Kirche sorgt mit Liebe, für die katholische Kirche sorgt nach Pflicht. Die evangelische Kirche muss begünstigt werden. Die katholische Kirche soll nicht zurückgesetzt werden – es wird für ihr Bestes pflichtmäßig gesorgt«. Das preußisch-protestantische Überlegenheitsgefühl über den sozial überwiegend schwächer gestellten katholischen Bevölkerungsteil übertrug sich auf das 1871 gegründete Kaiserreich ebenso wie auf die Weimarer Republik von 1919.

Vor diesem Hintergrund brachte die Teilung Deutschlands 1949 eine neue und für die evangelischen Christen ungewohnte Situation mit sich. Zwar hatte die Grenzziehung zwischen Bundesrepublik und DDR die ka-

---

[3] Denkschrift des Ministers für die schwebenden Verhandlungen zwischen Preußen und dem Heiligen Stuhl im Vorfeld der Bulle »De salute animarum« von 1821, hier zitiert nach: H. Schrörs, Geschichte der katholisch-theologischen Fakultät zu Bonn 1818-1831, Köln 1922, S. 5.

tholischen Gebiete bis auf das kleine Eichsfeld ausschließlich dem westdeutschen Staat zugewiesen, so dass in der Bundesrepublik eine katholische Majorität denkbar gewesen wäre. Doch sorgte der überwiegend evangelische Flüchtlingsstrom aus den Ostgebieten für ein leichtes evangelisches Übergewicht. Da aber der katholische Bevölkerungsteil in politischen Fragen geschlossener auftrat und mit Konrad Adenauer auf Bundesebene wie ebenso durch verschiedene Ministerpräsidenten auch in den Bundesländern vielfach die Führung an sich zog, kam es zu interkonfessionellen Irritationen in den frühen Jahren der Bundesrepublik, die kaum auf dogmatische Lehrunterschiede oder religiöse Gefühle in den Kirchen zurückzuführen waren.

2. Die Überlassung von Kirchen für Gottesdienste der anderen Konfession

Sofort mit Kriegsende und der Ankunft der ersten Flüchtlingsströme in Westdeutschland gelangten die ersten Gesuche von Pfarrern des Erzbistums um Genehmigung der Zulassung evangelischer Gottesdienste in katholischen Kirchen in das Kölner Generalvikariat[4]. Da die zerbombten Großstädte des Rhein-Ruhr-Gebietes von der Zuweisung von Heimatvertriebenen zunächst verschont blieben, beschränkten sich die Gesuche auf eine überschaubare Zahl und auf geschlossen katholische Ortschaften ländlicher Gebiete im linksrheinischen Kölner Umland und im Bergischen Land. In den Großstädten des Rheinlandes gab es eine evangelische Kirchenstruktur, die Gesuche um Überlassung katholischer Kirchen für evangelische Gottesdienste überflüssig machte. Ebenso gab es in Wuppertal, Solingen und Remscheid umgekehrt trotz katholischer Diasporasituation zunächst genügend katholische Kirchen, um auch katholische Heimatvertriebene betreuen zu können.

Weit bedrängender als im Erzbistum Köln bzw. im Rheinland erwies sich das Problem der gemeinsamen Benutzung von Kirchen in ländlichen Gebieten (bisher) homogener Prägung in Norddeutschland oder auch in Hessen, und zwar in der Regel zu Lasten evangelischer Kirchengemeinden. So veröffentlichte bereits am 15. Februar 1947 das »Kirchliche Amtsblatt der Evangelischen Landeskirche Kurhessen-Waldeck« das Muster einer »Vereinbarung« über die Mitbenutzung evangelischer Kirchen bzw.

[4] Gesammelt in HAEK – Gen II 6.7, 1a.

Gemeindesäle durch katholische Flüchtlingsgemeinden[5]. Das Vertragsmuster regelte vernünftig Umfang, Kosten- und Schadensregelungen für die Mitbenutzung der Räume. Einige evangelische Allergien gegen katholische Überfremdung wurden dennoch spürbar: »4. Der kirchliche Raum und seine Einrichtungen (Altar, Taufstein, Orgel) werden für die Mitbenutzung freigegeben. Die Kirchenglocken werden zum Einläuten des Gemeindegottesdienstes nach besonderer Vereinbarung geläutet. Die für den katholischen Gottesdienst gebrauchten kultischen Gegenstände werden nach Abschluss des Gottesdienstes wieder entfernt ...6. In den zur Verfügung gestellten Kirchen und kirchlichen Räumen darf eine besondere Weihe für die gottesdienstliche Benutzung nicht vorgenommen werden«.

Am 21. März 1947 wandte sich das Evangelische Konsistorium der Rheinprovinz in Düsseldorf an die im Rheinland zuständigen Bistümer[6]. Die Überlassung von Kirchen und kirchlichen Räumen sei »bei der wohlwollenden Einstellung beider Seiten überall ohne besondere Schwierigkeiten gelöst worden«.

Oberkirchenrat Rößler fuhr fort: »Es zeigt sich nun, dass die Mitbenutzung kirchlicher Gebäude in vielen Fällen keine vorübergehende ist, sondern voraussichtlich auf lange Dauer notwendig sein wird. Diese Erkenntnis lässt angezeigt erscheinen, zur Schaffung klarer Rechtsverhältnisse schriftliche Vereinbarungen abzuschließen. Dabei beabsichtigen wir, den Kirchengemeinden den anliegenden, bereits bei der Evangelischen Kirche von Kurhessen im Benehmen mit dem Generalvikariat Fulda eingeführten Entwurf zum Vollzug zu empfehlen, zu dem wir um die dortige Stellungnahme bitten«. Auch überlege man in der Kirchenleitung Düsseldorf, ob in größeren Bereichen nicht die Überlassung *einer* »im Mittelpunkt gelegenen Kirche« für die Mitbenutzung ausreiche.

Der Trierer Generalvikar schrieb an seinen Kölner Kollegen David[7]: »Wir sind der Ansicht, dass wir grundsätzlich auf dem Boden der Gegenseitigkeit die Überlassung nicht ablehnen können, möchten aber doch der Einheitlichkeit halber um Bekanntgabe Ihrer Stellungnahme bitten«.

Bei dem Vertragsmuster der kurhessischen Landeskirche muss man berücksichtigen, dass hier in der Mehrzahl der Fälle die Mitbenutzung evangelischer Kirchen durch katholische Diasporagemeinden erbeten wurde.

---

5 Kirchliches Amtsblatt der Evangelischen Landeskirche von Kurhessen-Waldeck vom 15. 2. 1947, S. 8 (Kopie HAEK – Gen II 6.7, 1a); Kirchliches Amtsblatt für die Diözese Fulda 63, 1947, Nr. 38, S. 18 f.

6 Evangelisches Konsistorium der Rheinprovinz an Generalvikariat Köln 21. März 1947: HAEK – Gen II 6.7, 1a.

7 Generalvikar von Meurers an Generalvikariat Köln 15. April 1947: Ebd.

Im Rheinland war die Ausgangslage umgekehrt: Im Erzbistum Köln standen nahezu 50 Mitbenutzungsverhältnissen in katholischen Kirchen weniger als zehn in evangelischen Kirchen gegenüber.

Es ist nicht erkennbar, ob ein Brief Bischof Wienkens aus Berlin an Frings vom 22. April 1947[8] die Antwort Generalvikar Davids an das Konsistorium in Düsseldorf vom 27. April 1947 beeinflusst hat. Wienken wies darauf hin, dass bisher nie eine vertragliche Regelung zur Mitbenutzung von Kirchen, sondern allenfalls eine stillschweigende Tolerierung in Betracht gekommen sei. »Höherenorts [in Rom?] war man damals darüber sehr ungehalten, und der H. H. Nuntius [Orsenigo] hatte alle Mühe, die Angelegenheit zu bagatellisieren«. Eine historische Rekapitulation über die Entwicklung während der Kriegsjahre gipfelte in der Feststellung: »In Thüringen wurde von der Evangelischen Landeskirche damals die Bereitstellung der evangelischen Kirchen für den katholischen Gottesdienst allgemein verboten«.

Im Hinblick auf den kurhessisch/Fuldaer Entwurf bemerkte Wienken: »Auch hat man in der Vergangenheit immer darauf gesehen, dass ... für den evangelischen Gottesdienst nicht der Altar benutzt wurde. Dasselbe galt auch für den Taufstein. Man stellte vor der Kommunionbank oder an einer anderen geeigneten Stelle einen Tisch mit Kruzifix und Kerzen ... auf«, anders, als in Kurhessen/Fulda vorgesehen. Wienken hielt es für bedenklich, »wenn das Fuldaer Beispiel in anderen Diözesen Nachahmung finden würde«. Andererseits werde es peinlich sein, wenn man nach dem Fuldaer Vortritt in anderen Diözesen sich verschließe.

Ganz ohne Zweifel nach Abstimmung mit dem Erzbischof antwortete Generalvikar David am 27. April dem Düsseldorfer Konsistorium[9]: »... Wir werden deshalb unsere Genehmigung erteilen, wenn für katholische Flüchtlingsgemeinden die zuständigen Pfarrer eine Abmachung des von Ihnen mitgeteilten Wortlautes abschließen wollen. Handelt es sich um die Mitbenutzung einer katholischen Kirche, so halten wir folgende Änderungen für notwendig, indem wir selbstverständlich anheim geben, im umgekehrten Falle auch entsprechend zu verfahren: ... ad 4) Der kirchliche Raum und seine Einrichtungen (einschließlich Kanzel und Orgel, aber ausschließlich Altar und Taufstein) werden ...«. Über den Vorschlag der Konzentration auf zentrale Kirchen für Flüchtlingsgottesdienste der anderen Konfession werde man überörtlich nur schwer eine »befriedigende Formulierung« finden. Einen weiteren wunden Punkt umschrieb der höflich

---

8 Wienken an Frings 22. April 1947: Ebd.

9 Hs. Entwurf David an das Evangelische Konsistorium der Rheinprovinz 27. April 1947: Ebd.

formulierte Schlusssatz: »Im übrigen glauben wir, auch Ihrer Zustimmung zu unserer Auffassung sicher sein zu können, dass an Orten, wo andere geeignete Räumlichkeiten zur Verfügung stehen, auf die Inanspruchnahme der Kirchen des anderen Bekenntnisses verzichtet werden sollte«.

Es ging weder im Mustervertrag Kurhessen/Fulda noch in Davids Antwort nach Düsseldorf um übel gemeinte Spitzfindigkeiten, sondern um ernst zu nehmende Unterschiede im dogmatisch-liturgischen Bereich über Gemeindeverständnis, Eucharistie und Sakralität des Kirchenraumes, besonders des Altars. Es scheint, dass man mit der gefundenen Lösung auch über Jahre zurechtgekommen ist. Die Genehmigungen des Kölner Generalvikariates zur Mitbenutzung katholischer Kirchen für evangelische Gottesdienste wurden in den entscheidenden Bestimmungen formalisiert[10]:

1. Jederzeitige Kündigung bleibt vorbehalten.
2. Der herkömmliche katholische Gottesdienst darf nicht beeinträchtigt werden.
3. Altar und Taufstein dürfen nicht mitbenutzt werden, auch nicht die Glocken.
4. Das Allerheiligste muss vor jedem evangelischen Gottesdienst entfernt werden.
5. Die entstehenden Kosten müssen ersetzt werden.

Die gemeinsame Benutzung von Kirchen sollte an einzelnen Orten des Erzbistums Köln bis zu zehn Jahren dauern. Erst der Wiederaufbau und der Neubau von Kirchen, auch und besonders in den jeweiligen Diasporagebieten, schuf in den fünfziger Jahren zunehmend Entlastung. Inzwischen hatte sich allerdings der Heilige Stuhl nicht ohne Missbehagen den in Deutschland üblich gewordenen Sonderbräuchen zugewandt.

3. Das Missfallen des Heiligen Stuhls an der gemeinsamen Benutzung von Kirchen in Deutschland

Am 7. Februar 1953 wandte sich Nuntius Muench in einem Rundschreiben an die deutschen Bischöfe[11]. Das Hl. Offizium habe sich durch seinen

---

[10] Verschiedene Genehmigungen des Kölner Generalvikariates für Pfarrgemeinden des Erzbistums Köln in HAEK – Gen II 6.7, 1a, hier: stellv. Generalvikar Hecker an Pfarrer Wißkirchen, Uckerath, 7. September 1948.

[11] Rundbrief Nuntius Muenchs an die Erzbischöfe und Bischöfe in Deutschland 7. Februar 1953: HAEK – Gen II 6.7, 1a.

Sekretär, Kardinal Pizzardo, an ihn gewandt. »Es handelt sich um katholische gottesdienstliche Handlungen in Kirchen anderer Konfessionen und umgekehrt. Das Hl. Offizium bittet im besonderen um Beantwortung folgender Fragen:

a) In wie vielen nichtkatholischen Kirchen Ihres Bistums wird katholischer Gottesdienst abgehalten? (Wenn möglich, eine vollständige Liste)
b) In wie vielen katholischen Kirchen wird umgekehrt nichtkatholischer Gottesdienst abgehalten? (Wenn möglich, eine vollständige Liste)

Seit welcher Zeit wird dieser Brauch im Falle a) und b) geübt?

c) Für welchen Zeitraum wird in Zukunft noch mit der gegenwärtigen Benutzung fremder Kirchen zu rechnen sein, und welche Maßnahmen sind ergriffen worden, um die Wiederherstellung des normalen Gebrauches eigener Kirchen für jede Konfession zu beschleunigen?«

Der Nuntius regte weiter an:

»Es wird in diesem Zusammenhang dienlich sein, auch nähere Angaben über die Zahl der seit 1945 wieder aufgebauten Kirchen, der durchgeführten Neubauten und der geplanten Neubauten zu machen. Das Hl. Offizium wäre für eine baldige Antwort den Hochwürdigsten Herren Ordinarien sehr dankbar«.

Innerhalb einer Woche gab Generalvikar Teusch die Fragen des Nuntius bzw. des Hl. Offiziums mit der Bitte »um baldige Beantwortung« an die Dechanten des Erzbistums weiter[12]. Der Diözesanbaumeister stellte dem Sekretariat Teuschs am 10. März bereits eine Aufstellung über den Kirchenbau im Erzbistum Köln »Stand etwa am 1. April 1953« zur Verfügung[13]. Am 20. April 1953 lag die vom Nuntius erbetene (kombinierte) Liste zu den Fragen vor[14]. Ihr Ergebnis lautete:

»Somit werden in der Erzdiözese Köln [bei über 700 Pfarreien!] in
5 nichtkatholischen Kirchen katholischer Gottesdienst abgehalten;
[in] 45 katholischen Kirchen nichtkatholischer Gottesdienst abgehalten«.

---

[12] Rundbrief Teuschs an die Dechanten der Erzdiözese Köln 13. Februar 1953: HAEK – Gen II 6.7, 1a.

[13] Weyres an Domvikar Bußmann »Stand etwa am 1. 4. 1953«, signiert 10. 3. 1953: Ebd. – Vgl. oben S. 438 ff. mit Anm. 78.

[14] Aufstellung über katholische Gottesdienste in nichtkatholischen Kirchen bzw. nichtkatholische Gottesdienste in katholischen Kirchen 20. April 1953: Ebd.

Die Notwendigkeit des Diasporakirchbaus lag – im Hinblick auf das Erzbistum Köln! – eher auf evangelischer als auf katholischer Seite.

Wenn Frings die Anfrage des Nuntius im Auftrage des Hl. Offiziums an die deutschen Ordinarien durch seinen Generalvikar nach beinahe vier Monaten beantworten ließ, kann man darin eine Andeutung von Unmut des Kardinals über den Vorgang erkennen. Nicht ohne Stolz wird Teusch die für Köln günstige Liste vorgelegt haben[15]. »Zu den in der Aufstellung genannten Kirchen kommt noch die Pfarrkirche zu Altenberg, der sogenannte Altenberger Dom, ... an welcher seit der Wiederherstellung im vorigen Jahrhundert, die weithin mit staatlichen Mitteln erfolgte, die Evangelischen ein Mitbenutzungsrecht haben«. Die Liste ergebe, dass »in den meisten Fällen noch nicht abzusehen [ist], wann die Benutzung der Kirchen für den Gottesdienst anderer Konfessionen abgestellt werden kann«.

Mit besonderem Stolz konnte Teusch dem Nuntius mitteilen: »In der Erzdiözese Köln sind seit 1945 *140 Kirchen wiederhergestellt worden ...* Darüber hinaus sind ... an Gottesdiensträumen *53 neu errichtet worden.* Es sind noch so viele Kirchen zur Zeit in Arbeit, dass, so Gott will, 22 wiederaufzustellende Kirchen, 16 neue Kirchen und 11 neue Kapellen, also insgesamt an Gottesdiensträumen *49 im Jahre 1953 noch vollendet werden.* Bis zum Jahre 1955 rechnen wir noch mit 20 bis 30 weiteren Kirchbauten. Aber es bleiben trotzdem dann noch ungefähr 200 Bauvorhaben, die rebus sic stantibus bis 1970 durchgeführt sein dürften«.

Wohl um die relativ zahlreichen Benutzungen katholischer Kirchen für evangelischen Gottesdienst zu erklären, fügte Teusch hinzu: »Wir bemerken, dass die evangelischen Kirchengemeinden bei weitem nicht in der Lage waren, die notwendigen Kirchbauten aufzuführen ...«.

Die Ankunft dieses Berichtes in der Nuntiatur führte zu einem Telefongespräch zwischen Teusch und Msgr. Hack, bei dem der Nuntiaturauditor Teusch den Unterschied zwischen Köln und den anderen Bistümern erklärte[16]: »Er wird in dem zusammenfassenden Bericht nach Rom darauf hinweisen, dass der stärkeren Benutzung der katholischen Kirchen durch Evangelische im Erzbistum Köln die wahrscheinlich noch stärkere Benutzung evangelischer Kirchen durch Katholiken in anderen Bistümern entspricht«.

Mit der Anfrage des Hl. Offiziums und der Erhebung in allen Bistümern war für Jahre die Aufmerksamkeit der deutschen Bischöfe auf ein damals aktuelles Problem gelenkt. Innerhalb seines noch ausführlich zu

---

15 Teusch an Muench 2. Juni 1953 (sign. Kopie): Ebd.

16 Aktennotiz Teusch für Frings 8. Juni 1953, »Vidi« des Kardinals vom 10. Juni 1953: Ebd.

würdigenden Einleitungsreferates bei der Fuldaer Bischofskonferenz im August 1953 sagte Kardinal Frings[17]: »Eine unserer wichtigsten Sorgen ist die *Beendigung oder wenigstens Herabminderung der gegenseitigen Hergabe der Gottesdiensträume*«. Am status quo sei vorerst wohl nichts zu ändern. »Wo aber neue Ansprüche gestellt werden, sollte man nach Möglichkeit auf andere Säle verweisen, notfalls kircheneigene zur Verfügung stellen ... *Andererseits müssen wir Bischöfe der Diaspora zu Hilfe kommen, damit sie sich in etwa vom evangelischen Kirchenraum lösen kann*«. Frings regte an, »die diesjährige Weihnachtskollekte« und einen überdiözesanen Zuschuss von $1^1/_4$ Millionen DM für den Diasporakirchbau zur Verfügung zu stellen[18].

Die Bischofskonferenz beauftragte ihren Diasporareferenten, Erzbischof Jaeger von Paderborn, sich um diesen Themenkomplex zu kümmern. Durch den Bonifatiusverein ließ er im November 1955 die nächste Erhebung über die gemeinsame Benutzung von Kirchen erstellen[19]. Die Kölner Tabelle nach dem Stand vom 1. November 1955[20] wies nur noch vier evangelische Kirchen – sämtlich in der bergischen Diaspora – aus, in denen katholischer Gottesdienst gehalten wurde, dagegen sieben Kirchen und zwei Kapellen, die »seit Januar 1954 errichtet« wurden – wiederum sämtlich in der bergischen Diaspora. Die Erhebung im Sommer 1956[21] ergab im Erzbistum Köln noch zwei evangelische Kirchen (Lieberhausen und Dhünn), die für katholischen Gottesdienst benutzt wurden. Die Zahl der katholischen Kirchen, die noch für evangelischen Gottesdienst beansprucht wurden, war ebenfalls erheblich zurückgegangen.

Die Berichte Erzbischof Jaegers für die Bischofskonferenz[22] beschäftigten sich nicht nur mit dem Diasporakirchbau und der Bereitstellung von

---

17 »Die Entwicklung der beiden großen christlichen Konfessionen in Deutschland in den letzten beiden Jahren«: Entwurf mit hs. Bearbeitungsspuren Teuschs sowie hekt. Exemplar (mit leichten Kürzungen): HAEK – CR II 19,12, hekt. Exemplar auch: HAEK – DAWB 273. Druck: N. TRIPPEN, Interkonf. Irritationen, S. 355-369.

18 N. TRIPPEN, Interkonf. Irritationen, S. 367.

19 Generalvorstand des Bonifatiusvereins an Generalvikariat Köln 22. November 1955: HAEK – Gen II 6.7, 1.

20 »I. Für den katholischen Gottesdienst wird die evangelische Kirche benutzt ... II. Katholische Kirchen wurden seit Januar 1954 errichtet ... III. Kapellen ... Nach dem Stand vom 1. November 1955«: Ebd.

21 Rundschreiben Teuschs an die Dechanten im Erzbistum Köln 24. Juni 1956; Beantwortung der Rundfrage betr. Benutzung von Kirchen durch andere Religionsgemeinschaften (Tabelle o. D., von Teusch am 5.9.1956 dem Erzbischof vorgelegt): HAEK – Gen II 6.7, 1.

22 Z. B. Benutzung evangelischer Kirchen für katholischen Gottesdienst und Versuche zur Behebung dessen, Plenarkonferenz 1956, Bericht zu Nr. 4, 5, 25. Juli 1956; zu den Akten der Plenarkonferenz 1957: Benutzung evangelischer Kirchen zu katholischem Gottesdienst 12. September 1957: Ebd.

»Gottesdienst-Bussen«, sondern ebenso mit den pastoralen Folgen der Diaspora-Situation, vor allem mit der Mischehenpraxis. »In der Diaspora der Diözese Limburg ist festgestellt worden, dass durchschnittlich 10% der Ehepaare mit nur einem katholischen Partner katholisch getraut worden sind«. Im Regierungsbezirk Aurich in Ostfriesland habe der Anteil katholischer Trauungen bei Mischehen sogar nur 7 % betragen[23]. 1957 musste Jaeger berichten, dass in Deutschland (einschließlich der DDR) noch an 6.000 Orten katholischer Gottesdienst in evangelischen Kirchen und Gemeinderäumen abgehalten wurde. Jaegers Vorträge vor der Fuldaer Bischofskonferenz endeten alljährlich mit neuen, mittelfristigen Millionenforderungen für den Diasporakirchbau.

Wenn das Hl. Offizium und sein Sekretär, Kardinal Pizzardo, den interkonfessionellen Problemen in Deutschland besondere Aufmerksamkeit widmeten, lag das nicht an inquisitorischer Beflissenheit, sondern eher an allzu eifriger und in Rom missverständlicher Berichterstattung deutscher Bischöfe. Unter dem 1. Juli 1955 erhielt Kardinal Frings als Vorsitzender der Bischofskonferenz eine sieben Schreibmaschinen-Seiten umfassende Aufstellung römischer Besorgnisse, die sich fortwährend auf Berichte deutscher Ordinarien berief[24]. Angesprochen wurden zunächst die Neigung gebildeter Kreise in Deutschland zu einem falschen Irenismus, »eine ständig zunehmende Unklarheit im Abwägen der Unterschiede zwischen der wahren Lehre und den Aufstellungen der Andersgläubigen«. »In praktischer Hinsicht wird sodann von einigen Oberhirten bedauernd festgestellt, dass in einigen Gegenden sich der Irrtum ausbreite, als sei es den Katholiken nicht verwehrt, an protestantischen Gottesdiensten ... teilzunehmen, falls man nur außerdem auch der Sonntagsmesse beiwohne; es sei besser, am protestantischen Gottesdienst teilzunehmen, als auf jeden Gottesdienst zu verzichten«. In Radioansprachen, so berichteten einige Bischöfe, »fürchten manche der katholischen Sprecher offenbar, die Empfindlichkeit der nichtkatholischen Hörer zu verletzen, und haben deshalb nicht den Mut, die katholischen Wahrheiten mit aller Klarheit und Deutlichkeit darzulegen ...«. Nach kritischen Anmerkungen zu einigen Schriftstellern und katholischen Zeitschriften kam Kardinal Pizzardo zu den Folgen der Konfessionsvermischung nach dem Kriege und dem »ungemein bedauernswerten Übelstand des gemeinsamen Gebrauches der Kirchengebäude«. »... So birgt doch zweifelsohne die Abhaltung katholischer

---

23 So Erzbischof Jaegers Bericht 1956.

24 Suprema S. Congregatio Sancti Officii, Pizzardo, an Frings 1. Juli 1955 (deutsch): HAEK – CR II 1.14, 2.

und nichtkatholischer Gottesdienste in dem gleichen Kirchengebäude ... die große Gefahr in sich, dass die Katholiken die beiden Kulte für mehr oder weniger gleichwertig halten ...«. Auch in der politischen Kooperation der beiden Konfessionen witterte Pizzardo Gefahren, insbesondere im Hinblick auf die Konfessionsschulen. Als ob die deutschen Bischöfe dessen bedurft hätten, wurden sie noch einmal auf die Überwindung des gemeinsamen Gebrauchs von Kirchen und die Notwendigkeit des Kirchenbaus hingewiesen.

Zum Schluss erhielt der Vorsitzende der Fuldaer Bischofskonferenzen konkrete Aufgaben zugewiesen: »Wegen dieser schwierigen Nachkriegsverhältnisse in Deutschland scheint es nun sehr angebracht zu sein, alle oben berührten Fragen auf der bevorstehenden Fuldaer Bischofskonferenz einer neuen eingehenden und gut vorbereiteten Prüfung zu unterziehen«. Der Austausch der Bischöfe könne zu »wirksamen Maßnahmen«, u. a. einer strengeren Überwachung der katholischen Zeitschriften, führen. Frings möge schließlich an das Hl. Offizium berichten.

Man kann der Antwort von Frings an Pizzardo vom 28. August 1955[25] ohne Voreingenommenheit ein höheres Niveau und eine souveränere Problemsicht bescheinigen als der römischen Vorgabe vom 1. Juli. Nach einer knappen, in Rom jedoch offenbar dringend erforderlichen historischen Übersicht über die Entwicklung des Verhältnisses und des politischen Gewichts der Konfessionen in Deutschland, zumal in den Nachkriegsjahren, ging Frings auf Einzelheiten des römischen Schreibens ein: Im Jahre 1951 bereits hätten die deutschen Bischöfe »ein eigenes Referat ›Glaubensverbreitung und Glaubensüberwachung‹ eingerichtet«, das zufriedenstellend im Sinne der römischen Vorgaben arbeite. »Dass Katholiken in nennenswerter Zahl an protestantischen Gottesdiensten und an den Predigten protestantischer Pastoren teilnähmen, hat in keiner Diözese festgestellt werden können ... Gegen die Vermutung eines mariologischen Minimalismus spricht die tatsächliche Begeisterung des katholischen deutschen Volkes während des Marianischen Jahres ... Mit Freude und Dankbarkeit erinnere ich mich speziell der in unserer Diözese durchgeführten Peregrinatio Mariae«.

Um nicht alle römischen Sorgen zu dementieren, schrieb Frings weiter: »Richtig ist, dass die Zahl der Mischehen in den letzten Jahren gewaltig gestiegen ist. Die Gründe sind allbekannt« und wurden von Frings recht detailliert aufgelistet. Den »modernen Geist« in der Literatur, aber auch

---

[25] Frings (Erzbischof von Köln, Vorsitzender der Fuldaer Bischofskonferenzen) an Pizzardo 28. August 1955: Ebd.

»in manchen katholischen Publikationen und Zeitschriften« habe man im Blick. »Eine Vorzensur aller von katholischen Verlagen herausgegebenen Zeitschriften erweist sich als unmöglich«.

Dann ging Frings auf eine weitere römische Sorge ein: den »Modernismus«, der schon zu Beginn des 20. Jahrhunderts mehr eine römische Schreckvorstellung als eine dingfest zu machende Realität darstellte[26]. 1955 schrieb Frings an Pizzardo: »Modernistische Bestrebungen, die von einem Kreis katholischer Laien und auch Geistlichen gefördert werden, sowie deren Rundbriefe, die selbst in Priesterseminare hineingedrungen sein sollen, sind den Bischöfen nicht bekannt geworden. Wir wären dankbar für genauere Angaben, wo der Herd solcher Bestrebungen zu suchen ist«.

Zum Problem der gemeinsamen Kirchenbenutzung und des Kirchbaues in der Diaspora konnte Frings mit einem eindrucksvollen Katalog dessen aufwarten, was die Bischöfe in den letzten Jahren unternommen und vor allem investiert hatten. Auch in Sachen Schule und Lehrerbildung konnte Frings auf mehr Erreichtes hinweisen, als man in Rom vermutet hatte. Der Kölner Kardinal fasste seinen Bericht zusammen: »Die Plenarkonferenz [in Fulda] glaubte sagen zu können, dass alles geschehen ist, was geschehen konnte, um den zunehmenden religiösen Indifferentismus zu überwinden. Vor allem wird bei der Ausbildung des Priesternachwuchses größter Wert darauf gelegt, die angehenden Priester mit den Gefahren der heutigen Zeit und den seelsorglichen Methoden ihrer Bekämpfung vertraut zu machen. In den Dekanatskonferenzen des Klerus stehen die im Schreiben des Hl. Offiziums berührten Fragen immer wieder zur Behandlung an, so dass zu hoffen ist, dass mit Gottes Hilfe die erkannte Gefahr überwunden wird«.

Ob diese Antwort des Vorsitzenden der deutschen Bischofskonferenz zur Beruhigung der Sorge um Deutschland beim Hl. Offizium beigetragen hat?

4. Politische Irritationen zwischen den Konfessionen in den frühen Jahren der Bundesrepublik

Hatte die weitgehende Veränderung der Konfessionsverhältnisse in Deutschland nach 1945 auf katholischer Seite eher zu innerkirchlichen Beunruhigungen wegen zunehmender Mischehen und Aufweichung der

[26] N. Trippen, Artikel »Antimodernisteneid«, in: LThK ^{3}1993, Sp. 761.

kirchlichen Konturen geführt, so kam es auf evangelischer Seite zu erheblichem politischem Unbehagen wegen einer ungewohnten Verlagerung der politischen Gewichte zwischen den Konfessionen in der westdeutschen Bundesrepublik. Man kam auf evangelischer Seite bald zu dem Eindruck, durch die katholisch beherrschte CDU werde die Bundesrepublik in einer die evangelischen Seite benachteiligenden Weise katholisch dominiert.

In der Zeit des Parlamentarischen Rates hatte Wilhelm Böhler in seinen Bemühungen um die Einbringung christlich-kirchlicher Interessen in das Grundgesetz noch relativ mühelos die volle Unterstützung der evangelischen Seite gefunden[27]. Vielleicht stand dahinter wirklich, was Frings am 25. August 1955 gegenüber Kardinal Pizzardo vermutete: »Der protestantische Volksteil [war] anfangs nach dem Zusammenbruch wie konsterniert«. Doch schon in den erwähnten Äußerungen Pastor Heinrich Albertz' über die Inaugurationsfeierlichkeiten der Bundesrepublik im September 1949[28] kam das bald sich ausbreitende Unbehagen weiter evangelischer Kreise über die angebliche katholische Dominanz in dem neuen Staat zum Ausdruck. »Das konfessionelle Gesicht Deutschlands«, so schrieb Albertz damals, »hat sich in tragischer Weise verschoben. Wir haben in Bonn eine Regierung, ein Parlament und eine Länderkammer mit einer katholischen Mehrheit«.

Die durch Pastor Albertz vertretene Strömung stellte zwar innerhalb des evangelischen Raumes eine Minderheit dar, doch blieb sie nicht ohne Einfluss. Das Mistrauen gegen eine Dominanz der Katholiken in der Personalpolitik der CDU führte zu einem bei jeder Gelegenheit angemahnten konfessionellen Proporz. Obgleich die Kultusminister der Bundesländer bis auf zwei Ausnahmen evangelische Christen (bzw. Sozialdemokraten) waren, musste der nordrhein-westfälische Ministerpräsident Arnold in sein drittes Kabinett 1954 den Protestanten Werner Schütz als Kultusminister berufen[29]. Ein besonderes interkonfessionelles Politikum

---

[27] Vgl. oben S. 371 ff.

[28] Vgl. oben S. 339 f. mit Anm. 14; die vollständige Äußerung von Pastor Heinrich Albertz im Schweizerischen evangelischen Pressedienst 19. Oktober 1949: N. TRIPPEN, Interkonf. Irritationen, S. 353-355.

[29] Dazu Frings in seinem Einleitungsreferat zur Fuldaer Bischofskonferenz 1954: N. TRIPPEN, Interkonf. Irritationen, S. 369-377. Der hier einschlägige Abschnitt des Referates ist dort nicht abgedruckt: »Besonders ist zu bedauern, dass Nordrhein-Westfalen keinen katholischen Kultusminister mehr hat, so dass jetzt in der Kultusministerkonferenz der westdeutschen Länder nur noch zwei katholische Minister neben acht evangelischen sitzen ... Immerhin bleibt bemerkenswert, dass der neue Kultusminister Schütz aus den Kreisen der sog. Bekennenden Kirche stammt, eine katholische Frau und katholische Kinder hat und sich vorbehaltlos zum Elternrecht bekannt hat«: Ebd., S. 348 f. Anm. 7.

bildete die Ernennung des ersten Botschafters der Bundesrepublik beim Heiligen Stuhl 1954. Von evangelischer Seite wurde beansprucht, diesen Posten wie in Preußen bzw. wie im Reich bis 1945 grundsätzlich nur mit Diplomaten evangelischer Konfession zu besetzen, weil ein Katholik dafür nicht die erforderliche Unabhängigkeit und Objektivität mitbringe.

Als 1950 die Überlegungen zu einer Wiederbewaffnung Deutschlands innerhalb eines westlichen Bündnisses einsetzten, wuchs das Misstrauen gegen die Haltung der »katholischen CDU« zur Frage der Wiedervereinigung Deutschlands. Der erste Bundesinnenminister, Dr. Gustav Heinemann, schied aus Adenauers Kabinett und der CDU aus. Zeitweilig forderte er die Gründung einer »nichtkatholischen« Partei. Auch der hessische Kirchenpräsident Niemöller verstärkte die Fraktion innerhalb führender Protestanten, die die angebliche Dominanz der Katholiken in der Bundesrepublik skeptisch beobachtete.

Um dem zunehmenden Missbehagen evangelischer Kreise gegenüber dem katholischen Übergewicht in der CDU entgegenzuwirken, wurde nicht nur in verstärktem Maße bei Kandidatenaufstellungen und sonstigen Personalentscheidungen auf die Berücksichtigung von Bewerbern evangelischen Bekenntnisses geachtet. Unter Führung des Bundestagspräsidenten, des Oberkirchenrats Dr. Hermann Ehlers, kam es zur Gründung eines »Evangelischen Arbeitskreises der CDU/CSU«, der ein Instrument der Information und der wirksamen Vertretung der evangelischen Interessen in der CDU sein sollte[30].

Zu den den konfessionellen Frieden belastenden Grundstimmungen traten einige Einzelereignisse hinzu, die besonders hochgespielt wurden: Im Frühjahr 1953 hatte der Propst der Ostberliner Marienkirche und Beauftragte der evangelischen Kirche bei der DDR-Regierung, Heinrich Grüber, in einem Brief an den Bischof von Chichester geschrieben: »...man ist in der Bundesrepublik nicht vordringlich interessiert am Mutterland der Reformation. In meiner Jugend wurde in den katholischen Schulen des Westens der Satz gelehrt: ›Transelbingenses sunt diaboli‹ ...«[31].

---

[30] Zu Hermann Ehlers (1904–1954), seiner Vermittlerrolle zwischen den Wiedervereinigungsinteressen der evangelischen Kirche und Adenauers Politik der Westintegration der Bundesrepublik: G. BESIER, Hermann Ehlers. Ein evangelischer CDU-Politiker zur Frage der deutschen Einheit, in: Kerygma und Dogma 36, 1990, S. 80-110; vgl. H. EHLERS, Präsident des Deutschen Bundestages, Ausgewählte Reden, Aufsätze und Briefe 1950–1954, hrsg. u. eingeleitet v. K. D. ERDMANN, bearb. v. R. WENZEL, Boppard 1991; A. MEIER, Hermann Ehlers. Leben in Kirche und Politik, Bonn 1991.

[31] Darüber: Kardinal Frings in seinem Einleitungsreferat zur Fuldaer Bischofskonferenz im August 1953: N. TRIPPEN, Interkonf. Irritationen, S. 358 f.

Fast zur gleichen Zeit kam es anlässlich der Einweihung einer neuen Zuckerfabrik im unterfränkischen Ochsenfurt zu einem spektakulären Zwischenfall, der durch sofort einsetzende Presseberichterstattung innerhalb von Tagen eine Diskussion in der bundesrepublikanischen Öffentlichkeit auslöste: Am 28. Juni 1953 sollten der Würzburger Bischof Julius Döpfner und – entgegen vorherigen Absprachen – der evangelische Dekan von Würzburg nach einander Segensgebete sprechen. Was heute eine Selbstverständlichkeit wäre, galt damals noch als vom Kirchenrecht verbotene »communicatio in sacris«, die Döpfner für sich selbst ablehnte. Bei evangelischen Weihehandlungen sollte der katholische Ortspfarrer lediglich anwesend sein und gegebenenfalls anschließend ein Grußwort sprechen. Als Döpfner nach dem Gottesdienst in der Kirche sich zurückziehen wollte, verzichtete kurzfristig der evangelische Dekan aus Würzburg auf seine Mitwirkung bei dem Weiheakt in der Zuckerfabrik, so dass Döpfner die Weihe allein vornehmen konnte. Dieser Vorgang löste eine über Anlass und Ort weit hinausgehende Welle des Unverständnisses und des Volkszorns aus, der am Rande der Anfahrt des Bischofs zu der Zuckerfabrik zu nur mühsam von der Polizei verhinderten Handgreiflichkeiten zu führen drohte[32].

Aus einigem Abstand schrieb Döpfner am 20. Juli 1953 an den Vorsitzenden der Fuldaer Bischofskonferenz[33]: »Entschuldigen Eure Eminenz gütigst, wenn ich verspätet unter Punkt 4 der Tagesordnung der diesjährigen Bischofskonferenz eine klärende Besprechung über die Frage vorschlage: Gemeinsame Weihehandlungen mit anderen Konfessionen bei nichtkirchlichen Einrichtungen«. Rücksprachen mit Kardinal Wendel und Landesbischof Meiser hätten ergeben, dass in den verschiedenen Diözesen nicht einheitlich vorgegangen werde. Er werde noch vor der Konferenz »eine Diskussionsgrundlage und einen Resolutionsentwurf über-

[32] Rundschreiben Generalvikar Fuchs', Würzburg, 3. Juli 1953 mit Anlage »Bericht über die Vorgeschichte der Einweihung der Zuckerfabrik in Ochsenfurt am 28. Juni 1953«, Zeitungsausschnitte und weiteres Material: HAEK – Gen II 6.7, 1. – Zeitgenössische Darstellungen des »Ochsenfurter Zwischenfalls« und der öffentlichen Reaktionen darauf: O. B. Roegele, Der dritte Mann von Ochsenfurt. Das Kirchenrecht, die Brüderlichkeit und der Nutznießer des Konflikts, in: Rheinischer Merkur Nr. 29 v. 17. 7. 1953 (der Titel des Artikels spielt auf einen damals aktuellen Film »Der dritte Mann« an!); Der Ochsenfurter Zwischenfall, in: Materialdienst des konfessionskundlichen Instituts 4, 1953, S. 48-55 (aus evangelischer Sicht mit umfangreicher Dokumentation). – Selbstdarstellung des späteren Kardinal-Erzbischofs Julius Döpfner von München-Freising: J. Cardinal Döpfner, Meine fränkischen Jahre, in: Würzburger Diözesangeschichtsblätter 39, 1977, S. 7-15, dort S. 13: »Heute wäre so etwas überhaupt kein Problem mehr ... Es war für mich die schwerste Prüfung meiner fränkischen Jahre«. Vgl. auch N. Trippen, Interkonf. Irritationen, S. 350.

[33] Döpfner an Frings 20. Juli 1953: HAEK – Gen II 6.7, 1.

senden«[34]. Er habe auch Nuntius Muench von der »Ochsenfurter Angelegenheit« unterrichtet.

5. Die Einleitungsreferate von Kardinal Frings bei den Fuldaer Bischofskonferenzen 1953 und 1954[35]

Schon vor der Anregung Döpfners hatte Frings sich entschlossen, bei der Bischofskonferenz im August 1953 über das Thema »Die Entwicklung der beiden großen christlichen Konfessonen in Deutschland in den beiden letzten Jahren« das Einleitungsreferat zu halten und seinen Generalvikar Teusch um einen Entwurf gebeten. Am 11. Juli 1953 schrieb Teusch an den Kardinal in den Urlaub[36]: »Was ›die Lage der Kirchen in Deutschland und das Verhältnis der Konfessionen‹ angeht, so ist die Frage so umfangreich und zugleich so bedeutsam, dass ich nicht wage, sie nebenher zu behandeln. Ich habe daher heute Herrn Rektoratspfarrer Schönartz[37] gebeten, nach bestimmten Gesichtspunkten katholische und evangelische Literatur der beiden letzten Jahre durchzuschauen. ... Nach dem Eingang dieser Stoffsammlung wird dann das Referat verhältnismäßig schnell zusammengestellt sein, so dass ich es Ew. Eminenz rechtzeitig vorlegen kann«.

Das Referat schilderte und würdigte detailliert und ausgewogen die entspannte Situation zwischen den Konfessionen, die sich in der zurückliegenden Bewährungszeit entwickelt hatte, ebenso anschließend die neuaufgetauchten Irritationen anhand konkreter Vorfälle, die mehr die führenden Kreise der beiden Konfessionen als das einfache Kirchenvolk bewegten. Frings kam für die von den Bischöfen einzunehmende Haltung zu dem Schluss[38]: »Wir als führende Männer der Kirche haben die Pflicht, uns frei zu halten von Ressentiments, und wir dürfen uns nicht in unserer

[34] Generalvikar Fuchs an Frings 5. August 1953, Anlage »Resolution« (4 Schreibmaschinenseiten): Ebd.

[35] Zum Einleitungsreferat 1953 s. oben Anm. 17; zum Einleitungsreferat 1954: »Einiges zur Situation der katholischen Kirche in Deutschland Herbst 1953 bis Sommer 1954«. In diesem Falle liegt kein Entwurf vor, sondern nur ein Exemplar in der für die Mitglieder der Konferenz vervielfältigten Endfassung: HAEK – CR II 19, 14; Druck (mit einigen Kürzungen): N. Trippen, Interkonf. Irritationen, S. 369-377.

[36] Teusch an Frings 12. Juli 1953: HAEK – Gen II 1 A 11.

[37] Wilhelm Schönartz (1910–1988), 1935 Priesterweihe in Köln, 1952 Rektoratspfarrer in Buschdorf bei Bonn, ab 1957 Direktor der Diözesan- und Dombibliothek in Köln, später Prälat und Apost. Protonotar: Handbuch des Erzbistums Köln. Personaler Teil [27]1985, S. 134 f.; ebd., [28]1998, S. 237.

[38] N. Trippen, Interkonf. Irritationen, S. 351 bzw. S. 365 ff.

Linie bestimmen lassen von den Ereignissen, Kämpfen und Enttäuschungen, ja Bosheiten des Tages. Der Friede zwischen den Konfessionen ist notwendig ...«. Nach Aufzählung einiger eher praktischer Gründe fügte Frings hinzu: »Aber auch, wenn alles das nicht drängte, müsste der Friede um des Vermächtnisses Christi willen gesucht werden. Streit unter Christen ist nicht nach dem Wohlgefallen des Herrn und ein Ärgernis vor der Welt«.

So sehr die Ausführungen des Kölner Kardinals durch ihre ausgewogene und auf konfessionellen Frieden bedachte Darstellung beeindrucken, so sind sie andererseits doch auch eine Momentaufnahme des Standes der ökumenisch-theologischen Position der katholischen Kirche zehn Jahre vor dem II. Vatikanischen Konzil. Da beschrieb der Kardinal die »Gefahren für unsere Gläubigen, die dem relativ guten Verhältnis zwischen den Konfessionen mitgegeben sind«[39]: »... In den Augen der religiös Gleichgültigen bekommen Schlagworte wie ›Wir glauben ja doch alle an einen Gott‹ und ›Es kommt nicht auf den Katechismus an, sondern auf das praktische Christentum‹ verstärkte Geltung. Aber auch bei den Treuen droht manchmal der sensus catholicus abzustumpfen. Wer stößt sich in unseren maßgebenden katholischen Kreisen daran, dass wir in Nordrhein-Westfalen kein katholisches Geschichtsbuch für die katholischen Volksschulen haben? Das religiöse Erschrecken der Mischehe gegenüber nimmt ab. Fast vergessen scheint die missionarische Aufgabe, die wir den Evangelischen gegenüber haben. Wir beten wohl noch ›um die Wiedervereinigung im Glauben‹, aber weniger mehr ›um die Bekehrung der Andersgläubigen‹. ›Toleranz‹ erscheint vielen als die höchste Tugend, und Grundfestigkeit wird nur zu schnell als Fanatismus belächelt«. Weiter betonte Frings: »Vor allem aber droht der Glaube an die Absolutheit der katholischen Kirche verloren zu gehen. Man gewöhnt sich daran, dass es *die* Kirchen gibt und *die* Bischöfe, ja, *die* Wahrheiten ...«.

Mögen wir heute darüber verwundert sein: damals war es normal, wenn Frings nach seiner Anmahnung des friedlichen Umgehens miteinander ausführte: »Andererseits müssen wir Bischöfe als die berufenen Hüter des Glaubens darüber wachen, dass der Glaube der uns Anvertrauten keinen Schaden nimmt. ... Die Absolutheit der Kirche muss eindringlicher und überzeugender denn je den Gläubigen verkündet werden«. Es sei zu vermeiden, von »den Kirchen« im Plural zu sprechen. Die vermittelnde Sprachregelung des kommenden Konzils von den »communitates ecclesiales« war noch nicht erfunden! »Ebenso muss die Einzigartigkeit des ka-

[39] Ebd., S. 351 f. bzw. S. 366 ff.

tholischen Bischofs als des Trägers der Weihegewalt und als Nachfolgers der Apostel den Gläubigen nachdrücklich vor Augen gestellt werden«. Katholische und evangelische »Bischöfe« sollten nicht in einem Atemzug genannt werden und möglichst nicht zusammen auftreten. Überhaupt sei die »communicatio in sacris« zu vermeiden. Weil die gemeinsame Benutzung allzu zahlreicher »Kulträume« diesbezüglich grenzverwischend wirke, schlug Frings eine massive Förderung des Kirchbaues, aber auch die Errichtung von Kindergärten und kirchlichen Zentren in der Diaspora vor. »Wiedervereinigung der Christen« bedeutete für Frings zweifellos die Rückkehr der Evangelischen in die »Una sancta catholica et apostolica ecclesia«.

Die Animositäten zwischen den christlichen Konfessionen in Deutschland gingen mit der Aussprache der Bischöfe in Fulda 1953 keineswegs zuende. Durch das überraschend gute Abschneiden der CDU bei der 2. Bundestagswahl am 6. September 1953, durch das mit unterschiedlichen Schwerpunkten überall intensiv angelaufene Marianische Jahr 1954 erhielten die Ängste und Vorurteile auf evangelischer Seite erneuten Auftrieb. In seinem Einleitungsreferat zur Fuldaer Bischofskonferenz im August 1954 schrieb Kardinal Frings deshalb die Entwicklung der interkonfessionellen Beziehungen in Deutschland fort, ohne (wie 1953) sich ausschließlich mit diesem Thema zu befassen. Der Akzent lag 1954 auf Entwicklungen im politischen Raum, was darauf schließen lässt, dass die inhaltlichen Vorgaben des Kardinals eher von Wilhelm Böhler zusammengetragen wurden. Jedenfalls finden sich Inhalte und Duktus der Ausführungen des Kardinals in Fulda teilweise in Böhlers »Tätigkeitsbericht über das Berichtsjahr 1953/54. Für die Fuldaer Bischofskonferenz 1954« wieder[40]. Frings beschrieb auf kirchlichem Gebiet ausführlich die Situation in Norddeutschland: »Nicht zuletzt aber wirkt bei den evangelischen Christen eine gewisse *Angst vor der Stärke der katholischen Kirche und vor der eigenen Schwäche* mit. Auf einer Arbeitstagung evangelischer Pastoren und Laiendiakonen (!) aus Hamburg und Schleswig-Holstein am 26./27. 4. 1954 hielt ein Beauftragter des Gustav-Adolf-Werkes ein Referat über die Bemühungen der katholischen Kirche, die norddeutschen Gebiete zu rekatholisieren, indem er ein für harmlose evangelische Gemüter bedrückendes Bild einer planmäßigen Strategie zur Rekatholisierung Norddeutschlands zeichnete ... Unruhe erregt selbst auch der rege katholische Kirchenbau in evangelischen Gebieten, der zwar durch das Einströmen der katholischen Flüchtlinge in diese Gebiete und die Notwendig-

---

[40] HAEK – DAWB 277.

keit, für deren seelsorgliche Betreuung zu sorgen, verursacht ist, in dem aber allzu gern eine Bedrohung evangelischen Glaubens gesehen wird ...«. Unter den angstbedingten Entgleisungen auf evangelischer Seite hatte Frings zuvor den Landesbischof von Kurhessen-Waldeck Adolf Wüstemann zitiert, »der nach einem Bericht der Fuldaer Zeitung vom 5. 6. 1953 auf einem Kirchentag in Waldeck erklärt hat, ›die den Fronleichnamsprozessionen zugrunde liegenden Anschauungen könne sie (sc. die evangelische Kirche) nur als Aberglauben betrachten‹. In einer langen dienstlichen Mitteilung an die ihm unterstellten Geistlichen vom 18.6.1953 hat er ausdrücklich die Feier des Fronleichnamsfestes als eine öffentliche Aggression, besonders gegen die evangelische Kirche‹, bezeichnet«. Wenn man bedenkt, dass seit den neunziger Jahren des 20. Jahrhunderts im Zeichen des Ökumenismus evangelische Pastoren und sogar Bischöfe und Präsides sich an Wallfahrten und Fronleichnamsprozessionen beteiligen, mag man ermessen, welcher Wandel sich innerhalb eines halben Jahrhunderts vollzogen hat!

Doch schon 1954 kam Frings in Fulda zu der Wertung: »Bei aller Spannung ist aber viel Zusammenarbeit der Konfessionen geblieben, und auf beiden Seiten bemüht man sich, die Ursachen der vermehrten Spannungen zu beheben oder zu mindern«. Vor allem ging Frings auf eine versöhnlich-vermittelnde Schrift des Kieler Kirchenhistorikers Peter Meinhold ein, die gerade in Schleswig-Holstein zum Abbau evangelischer Ängste vor einer Rekatholisierung Norddeutschlands beigetragen hatte[41].

Je mehr das politische Leben in der Bundesrepublik sich stabilisierte und die aus Christen beider Konfessionen zusammengesetzten CDU und CSU durch Wahlerfolge bestätigte Politik machten, sind die interkonfessionellen Ängste zurückgetreten. Für deren allmähliche Überwindung dürfte die theologische Weiterentwicklung in beiden Kirchen, zumal in der katholischen Kirche seit dem II. Vatikanischen Konzil, ebenso von Bedeutung gewesen sein wie die gemeinsame Erfahrung, dass die Kirchen der Flut des praktischen Materialismus im Westen wie des theoretischen im Osten nur gemeinsam entgegentreten konnten, ihr jedenfalls nicht in einer Zerstrittenheit gewachsen waren, die weder vom Kirchenvolk innerhalb, noch von den Zeitgenossen außerhalb der Kirchen verstanden wurde.

Sind damit die positiven Aspekte der interkonfessionellen Entkrampfung umschrieben, so müssen andererseits die problematischen Entwick-

[41] P. Meinhold, Der Katholizismus in Schleswig-Holstein in den letzten hundert Jahren. Eine geschichtliche und kirchengeschichtliche Untersuchung, Preetz 1954.

lungen der letzten Jahrzehnte erwähnt werden: die unübersehbar fortschreitende Entchristlichung und Säkularisierung, ja, religiöse Gleichgültigkeit in weiten Kreisen der deutschen Bevölkerung, die zur Folge haben, dass die wesentlichen Inhalte des christlichen Glaubens und dann erst recht die konfessionellen Unterschiede weithin unbekannt sind.

XII. KAPITEL

DIE RÜCKVERLEGUNG DES PRIESTERSEMINARS VON BENSBERG NACH KÖLN UND DAS PROJEKT EINER KIRCHLICHEN THEOLOGISCHEN FAKULTÄT IN KÖLN

1. Die Rückverlegung des Priesterseminars 1958

Als Kardinal Schulte ab 1926 den Bau eines Priesterseminars in Bensberg plante, ging es nicht nur um ein ausreichendes Raumprogramm für das zwischen dem Kölner Hauptbahnhof und der Marzellenstraße eingeschnürte und überbesetzte damalige Priesterseminar[1]. Hinter den Neubauplänen stand auch eine Seminarkonzeption. In seiner Predigt bei der Grundsteinlegung des Bensberger Seminargebäudes in Gegenwart des damaligen Nuntius Pacelli hatte Kardinal Schulte seine tieferen Absichten bei der Verlegung des Seminars nach Bensberg angedeutet[2]: »Unserem priesterlichen Nachwuchs sollte wenigstens einmal in der Ausbildungszeit, wenigstens im Priesterseminar, jene wohltuende Stille und jene Abgeschiedenheit von der Welt zuteil werden, die zur Vorbereitung auf die h. Weihen gehören und die über das ganze spätere priesterliche Leben Segen verbreiten«.

Insgesamt nur zwanzig Jahre hat das in wirtschaftlich schwieriger Zeit, zum Teil durch Gehaltsabzüge der Kölner Priester erstellte Bensberger Gebäude als Priesterseminar gedient: 1929–1939 und 1948–1958. Das Leben in diesem Seminar und sein Schicksal in den Kriegsjahren 1939–1945 haben 1988 aus Anlass der 250-Jahr-Feier des Priesterseminars eine ausführliche Darstellung gefunden[3].

Wenn schon 1953 zwischen Kardinal Frings, Regens Frotz und Generalvikar Teusch erste Überlegungen zu einer Rückverlegung des Seminars in die Kölner Innenstadt angestellt wurden, war der Grund nicht in einer Änderung der Seminarkonzeption zu suchen, die bis nach dem II. Vatikanischen Konzil auch in großstädtischer Umgebung – zunehmend vergeblich – aufrecht zu erhalten versucht wurde. Vielmehr stellte ein geeignetes

---

1 Zum Bau des Bensberger Priesterseminars 1926-1929: N. Trippen, Die Zeit nach dem Ersten Weltkrieg und die Verlegung des Priesterseminars nach Bensberg (1918-1933), in: N. Trippen, Priesterseminar-Festschrift, S. 134-158, hier: S. 149-154.

2 Ebd., S. 151.

3 N. Trippen, Priesterseminar-Festschrift, S. 154-179.

Gelände mitten in der Stadt Köln, das Mitte der fünfziger Jahre vom Lande Nordrhein-Westfalen dem Erzbischöflichen Stuhl als Eigentum übertragene Gelände des früheren Erzbischöflichen Palais' samt Park an der Gereonstraße und der Eintrachtstraße, den Erzbischof und seine Berater vor die Frage nach einer angemessenen Nutzung[4].

Kardinal Frings wollte unter keinen Umständen das große Gelände nur für ein in bescheidenen Dimensionen zu errichtendes Bischofshaus verwandt sehen. So gab es schon bald Pläne für eine – heute kaum noch genehmigungsfähige – Bebauung des halben Parkgeländes für Bistumsbauten.

Dass schon früh die Rückverlegung des Priesterseminars in diese Überlegungen einbezogen wurde, hatte auch mit einem tragischen Unfall zu tun, der sich am 19. Juni 1951 bei München ereignet hatte. 21 junge Jesuiten-Novizen der ostdeutschen Provinz des Ordens und ein englischer Novize hatten auf einem LKW (!) eine Wallfahrt von Pullach nach Andechs, dem Geburtsort der hl. Hedwig von Schlesien, unternommen. Auf dem Heimweg war der LKW ein Stück weit neben der Bahnstrecke Hersching-Seefeld hergefahren und bei einer Überquerung der Strecke von einem anfahrenden Zug erfasst worden. 16 der Novizen kamen sofort bzw. in wenigen Tagen zu Tode[5].

---

[4] Generalvikar Dr. Norbert Feldhoff, Köln, hat vor vielen Jahren den gemeinsamen Vertrag zwischen dem Land Nordrhein-Westfalen einerseits und dem Erzbischöflichen Stuhl bzw. dem Metropolitankapitel Köln andererseits über die Eigentumsübertragung an den Grundstücken an der Gereon- bzw. Eintrachtstraße sowie Margarethenkloster und Burgmauer vom Land an den Erzbischöflichen Stuhl bzw. an das Metropolitankapitel in Händen gehabt, ihn bei späteren Nachforschungen im HAEK jedoch nicht mehr aufgefunden. Dem Vertrag, an dessen Zustandekommen Prälat Böhler entscheidenden Anteil hatte, wurde vom Metropolitankapitel in seiner Sitzung am 7. April 1954 zugestimmt: HAEK – MK 116, S. 226-228, dort S. 228-231 Abschrift der »Vereinbarung zwischen dem Land Nordrhein-Westfalen einerseits und dem Erzbischöflichen Stuhl und dem Metropolitankapitel in Köln andererseits« sowie S. 231-233 Aktennotiz Böhlers »betr. Vereinbarung mit dem Lande Nordrhein-Westfalen ...« vom 17. Mai 1954. Im Sitzungsprotokoll vom 20. Juli 1954 heißt es (Ebd., S. 240): »Herr Prälat Böhler berichtet über die *Verhandlungen in Rom*, die er zu erfolgreichem Abschluss bringen konnte. Der H. H. Dompropst brachte zum Ausdruck, dass das Kapitel Herrn Prälat Böhler außerordentlich großen Dank wisse für alle Bemühungen in der schwierigen Angelegenheit. Dank dieser großen Bemühungen habe die Angelegenheit nun zu dem gewünschten Abschluss gebracht werden können. Anm.: Es handelt sich um die Apostolische Genehmigung der Vereinbarung des Landes Nordrhein-Westfalen mit dem Erzbischof von Köln und dem Domkapitel betr. Erzbischöfliches Haus und Domkurien. Diese Vereinbarung ist am 10. Juli 1954 in Düsseldorf von den Beteiligten unterschrieben worden, nachdem die Autorisation des Hl. Stuhles durch den Apostolischen Nuntius erteilt worden war«.

[5] Dazu: R. Bleistein SJ, Die große Berufung. Vom Leben und Sterben junger Jesuiten, Augsburg 1952, S. 45. Für die bibliographische Angabe dankt der Verfasser P. Erwin Bücken SJ, Berlin.

Von Bensberg aus fuhr jeden Sonntag ein Omnibus die Hälfte der Seminaristen zum Kapitelsgottesdienst in den Kölner Dom. Das Domkapitel hätte die Seminaristen gern noch öfter und zahlreicher im Dom gesehen. Doch nach diesem Unglück der jungen Jesuiten war man in Köln aufgeschreckt.

Regens Frotz notierte in der Seminarchronik[6]: »Am 22. 11. 1953 hatte S. Eminenz zum ersten Mal deutlicher von seiner Absicht gesprochen, das Seminar nach Köln zu verlegen... Der Regens wurde gebeten, sich einmal Gedanken zu machen, ein Raumprogramm zu entwerfen, aber zum ganzen Plan vorerst noch zu schweigen«.

Bis zum 15. Dezember 1953 stellte Generalvikar Teusch ein umfassendes Exposé über die Gründe für und gegen eine erneute Verlegung des Seminars zusammen[7]. Für die Seminaristen hob Teusch als Vorzüge der Verlegung nach Köln die Nähe zum Dom und zum Erzbischof hervor, für die Professoren die Aufgabe der Einsamkeit und die Einbindung in das kulturelle Leben der Großstadt sowie eine größere Nähe zur Seelsorge. Im Hinblick auf die später viel weiter reichenden Pläne des Generalvikars ist zu beachten, welche positiven Gründe für die Seminarverlegung er »im Hinblick auf das Heilige Köln« sah: »Der Profanierung Kölns, die immer weiter fortschreitet, wird dadurch entgegengewirkt, dass ein bedeutsames Institut in die Bischofsstadt zurückkehrt. In etwa wenigstens lebt die Tradition der alten Kölner Universität und des alten Kölner Seminars weiter ...«. Der Domgottesdienst, zumal die Sonntagsvesper, könnten durch die Seminaristen, die Seelsorge durch die Professoren bereichert werden.

Auch für den Erzbischof sah Teusch einen Gewinn: »Mit dem Seminar könnte zugleich das Bischöfliche Haus gebaut werden, und das große Terrain würde Park für Erzbischof und Seminar. So würde ein ernstes scandalum (wenn auch hauptsächlich pharisaicum) vermieden ... Mehr in die Waagschale fällt, dass auch für den Erzbischof eine andere Atmosphäre gegeben ist, wenn er unter seinen Theologen wohnt, als wenn er allein bleibt ... Der Bischof würde die Möglichkeit haben, in zwangloser Weise mit den einzelnen Seminaristen bekannt zu werden«. Teusch verwies auf das Beispiel Bischof Galens von Münster, der jeden Seminaristen wenigstens einmal während der Seminarzeit zur Messfeier und zum anschließenden Frühstück in sein Haus einlud. »Gerade die menschliche Nähe, in die der Erzbischof so zum einzelnen seiner zukünftigen Priester kommt, ist

[6] HAEK – Bestand Priesterseminar 693, S. 21 ff.

[7] »Verlegung des Erzbischöflichen Priesterseminars von Bensberg nach Köln«, 9 S. maschinenschriftl. Manuskript, mit hs. Korrekturen Teuschs, datiert: Köln, den 15. Dezember 1953: HAEK – CR II 8A 1.6, 1.

von großer Bedeutung für das spätere Zusammenwirken, besonders in einem Bistum, in dem wegen seiner Größe später diese menschliche Beziehung kaum in der erwünschten Breite aufrecht erhalten werden kann«. Erst an 5. Stelle, wenn auch am ausführlichsten, bedachte der Generalvikar die finanziellen Auswirkungen eines Seminarneubaus, der abgesehen von den einmaligen Investitionskosten für den Bau auf Dauer eine Entlastung des Bistumshaushalts darstellen sollte, da das Bensberger Gebäude zu groß und deshalb – bei ausschließlicher Verwendung für das Seminar – zu teuer werden würde.

Unter den Gründen, die nach Ansicht Teuschs gegen eine Rückverlegung des Seminars in die Stadt sprechen konnten, spielten nur zwei eine wirkliche Rolle: »Die zu große Nähe des Erzbischofs könnte dem Vorstand, vor allem dem Regens, unangenehm werden, je nach dem, wer einmal in Zukunft Bischof wird ...«. Am wichtigsten war für Teusch der Pietätsgrund im Hinblick auf den unter dem älteren Klerus noch hoch angesehenen Kardinal Schulte, dem Erbauer des Bensberger Seminars, aber auch dem älteren Klerus selbst gegenüber, »der zu den Kosten unter erheblichen Opfern beisteuerte«. Doch habe man 1926 (bei Planung des Bensberger Seminars) noch nicht den Abgang der Diözese Aachen und »eine weiteren Aufteilung des Erzbistums Köln« sowie den Rückgang des Priesternachwuchses im Gefolge des Krieges absehen können. Der Generalvikar schloss Überlegungen für eine weitere Verwendung des Bensberger Gebäudes an, den Verkauf inbegriffen.

Bei Abwägung der Gründe pro und contra entschied sich Teusch eindeutig für die Verlegung nach Köln. »Die Situation ist für eine Entscheidung günstig, da einerseits über das Erzbischöfliche Terrain in Köln verfügt werden muss, andererseits das Bistum zur Zeit noch imstande ist, das Seminar in Köln zu bauen und für die Verwendung des Bensberger Hauses zu sorgen«.

Regens Frotz hat die frühe Diskussion der Rückverlegungspläne in der Seminarchronik und 1988 in der Seminarfestschrift beschrieben[8]. Schon im Januar 1954 erschienen Pallottinerinnen in Bensberg, die sich am Kauf des Hauses und – mit Unterstützung der Stadt Bensberg – an einem Umbau zu einem Krankenhaus interessiert zeigten. Weihbischof Cleven wollte ein Schulzentrum mit Internat in dem Gebäude einrichten. Schon bald tauchte die Thomas-Morus-Akademie als Interessent (neben dem bestehenden Altenpflegeheim) auf. Doch die Konkretionen aller Pläne schei-

[8] Seminarchronik: HAEK – Bestand Priesterseminar 693, S. 21-25; A. FROTZ, Das Priesterseminar zwischen Zweitem Weltkrieg und Zweitem Vatikanischen Konzil (1945-1965), in: N. TRIPPEN, Priesterseminar-Festschrift, S. 180-208, hier: S. 201-208.

terten nicht nur an der 1954 im Vordergrund stehenden Diözesan-Synode und dem Marianischen Jahr, sondern auch daran, dass zunächst einmal die Übertragung des Kölner Grundstücks vom Lande Nordrhein-Westfalen an den Erzbischöflichen Stuhl zu vollziehen war.

Erst Ende 1955 kam Bewegung in die Planungen für Köln und Bensberg. Teusch hatte sich in seinen Urlaub in Bad Wurzach alle einschlägigen Materialien zum Thema mitgenommen und schrieb unter dem 24. Oktober 1955 sein Exposé von 1953 fort[9]. Das Ergebnis seiner Überlegungen fasste er in dem Begleitbrief an Frings zusammen, »dass die alten Gründe fortbestünden und neue dazu kämen, dass die künftigen Kölner Priester in der Mitte jenes Dreiecks angesiedelt werden würden, dessen Ecken die Grabstätten der hll. Dreikönige, der hl. Ursula und des hl. Gereon und ihrer Gefährten sind ...«. Auch »die finanzielle Besserung der Situation seit 1953« falle ins Gewicht.

Mit geradezu akribischer Sorgfalt errechnete Teusch die Kosten des Neubaus in Köln auf 2.500.000 DM und machte Vorschläge, wie man den Betrag aus frei verfügbaren Mitteln bereitstellen könne, ohne den Kirchensteuerrat um Steuermittel oder den Klerus um erneute Opfer bitten zu müssen. Die für Teusch ausschlaggebenden Gründe für einen Seminarbau in Köln hatten sich seit 1953 nicht gewandelt, eher akzentuiert: Die Nähe des Domes zum Priesterseminar, die Nähe des gesamten »Heiligen Köln«, die Nähe des Erzbischofs. Hier hieß es – bezeichnend für den früheren gestrengen Konviktsdirektor: »Wenn es auch nicht verkannt werden soll, dass in dem vielfach erhobenen Wunsch nach Beseelsorgtwerden, nach Betreuung, nach menschlicher Nähe und Kontakt zum Bischof eine gewisse Weichheit und Unsicherheit sich verraten, so steht doch andererseits der Bischof in einem so ausgezeichneten Verhältnis zu seinen Priestern, dass es durchaus secundum ordinem ist, wenn dieses Verhältnis sich in stärker persönlichen Beziehungen manifestiert ... Dass solcher Einfluss [des Erzbischofs auf die Seminaristen] nicht so geschehen darf, dass der Regens sich überflüssig vorkommt, ist selbstverständlich. Andererseits gilt auch für den Regens: ad mentem [episcopi]! – Dem Einwand, dass die Nähe des Bischofs doch unangenehm werden könne, entgegne ich: Der Freiheit lassende und großzügige Bischof ist fern *und* nah angenehm, der kleinliche ist nah *und* fern unangenehm ...«.

---

[9] Teusch an Frings 24. Oktober 1955 (handschr.), Anlage: »Soll das Priesterseminar nach Köln zurückverlegt werden und zwar auf das Grundstück ›bischöfliches Haus‹?« (handschr.): HAEK – CR II 8A 1.6, 1 (unvollständig) sowie HAEK – Bestand Priesterseminar 706 (vollständiger Kopiensatz).

Nach weiteren, die Argumentation von 1953 ergänzenden und vertiefenden Bemerkungen gab der Generalvikar seinem Erzbischof »Entschlusshilfen« im Hinblick auf Baubeginn und öffentliche Bekanntgabe: »Die Zeit ist jetzt gegeben zu beidem [richtig: drei Maßnahmen}:
- Gründung des Bistums Essen,
- Notlage der Thomas-Morus Akademie,
- Baubeginn am Bischöflichen Haus und Offizialat.

Die Bekanntgabe sollte m. E., ohne Diskussion, bald auf einer Dechantenkonferenz, dann im Kirchlichen Anzeiger, in der Kirchenzeitung, über KNA erfolgen. Motive im Obigen, ausgenommen Nr. 1: Finanzielles«. Wir haben hier sicher ein eindrucksvolles Beispiel dafür vor uns, wie Teusch seinen Erzbischof solide begründet, aber auch entschieden und fest zu Entscheidungen drängte.

Andererseits macht der Eintrag von Regens Frotz in die Seminarchronik zum 12. Dezember 1955 – wenn auch indirekt – deutlich, wie der Erzbischof einerseits sich exakt an die Vorgaben seines Generalvikars hielt und andererseits doch souverän mit ihnen umging[10]: »12. 12. 1955 Dechantenkonferenz in Köln. S. Eminenz, der hochw[ürdigste] Herr Erzbischof spricht zum ersten Mal öffentlich vor dem Klerus von seinen Neubauplänen. Bereits auf der Diözesansynode hatte man eine öffentliche Ankündigung Sr. Eminenz, den Neubau beginnen zu wollen, erwartet. Anlässlich der Dechantenkonferenz sagte nun der ... Herr Kardinal, er habe noch nichts von den Seminarplänen erwähnt, weil die Frage der Errichtung des neuen Bistums Essen immer noch ungelöst sei. Nunmehr wolle er aber von drei großen Bauvorhaben sprechen:
1. Erzdiözesanbibliothek, Offizialat und Archiv,
2. Priesterseminar,
3. Erzbischöfliches Haus«.

Was Frings zum Seminarneubau sagte, entsprach den Vorgaben Generalvikar Teuschs und endete mit der Feststellung: »Das Geld ist vorhanden; es stammt aus allerlei Fonds, keine Steuermittel sind erforderlich, keine Abzüge vom Gehalt des Klerus. Mangel an Pietät gegenüber Kardinal Schulte, dem Erbauer des Bensberger Hauses? Nein, wenn mein hochseliger Vorgänger die heutigen Verhältnisse geahnt hätte, dann würde er ›Bensberg‹ nicht gebaut haben. Zudem dient das Haus [in Bensberg] weiter dem Erzbistum«.

10 Seminarchronik: HAEK – Bestand Priesterseminar 693, S. 37-39.

Weihbischof Frotz hat 1988 – die von ihm selbst verfasste Chronik benutzend – den weiteren Gang der Dinge kurz beschrieben[11]: »Der Seminarvorstand wehrte sich zunächst heftig gegen den Gedanken, Gebäude und Grundstück in Bensberg zu verkaufen. Dem stimmte auch Generalvikar Teusch zu«. Die Lösung sollte in einem Ausbau des Pflegeheims und der Aufnahme der Thomas-Morus-Akademie liegen.

»Der Erzbischof ordnete indes einen Architektenwettbewerb [für den Neubau in Köln] an und gab dem Regens den Auftrag, ein Raumprogramm zu entwerfen. Auch daraufhin ließ der Seminarvorstand nicht nach, seine Bedenken und seine Vorschläge [für den Verbleib in Bensberg] zu wiederholen, unterstützt sogar von einer hohen Mehrheit der Seminaristen. Am 6. Oktober 1956 fiel die endgültige Entscheidung. Am 13. Oktober wurde die Baukommission im Hause des Erzbischofs in Köln-Bayenthal konstituiert: Vorsitzender wurde Generalvikar Joseph Teusch, Mitglieder waren die Architekten Hans Schumacher [der Gewinner der Ausschreibung] und Dombaumeister Willy Weyres, von den Bauabteilungen des Generalvikariates Baurat [richtig: Diözesanbaumeister] Wilhelm Schlombs und Architekt Steinberger, von der Vermögensverwaltung Prälat Peter Lewen, vom Priesterseminar Regens Augustinus Frotz. Nach dem Auftrag des Kardinals sollte der Regens um ein gutes Funktionieren des künftigen Seminars besorgt bleiben«.

Die Vorbehalte innerhalb des Priesterseminars kommen in folgenden Sätzen des Regens zum Ausdruck: »Der Regens gab Seminarvorstand und Seminaristen den Entschluss des Kardinals mit den Worten bekannt: ›Roma locuta, causa finita‹. Entscheidend sei der dem Erzbischof schuldige Gehorsam. Es komme jetzt darauf an, aus der Planung das Beste zu machen. Im Bistum sprachen manche über mögliche Vorzüge eines Priesterseminars in Köln, aber weitaus die größere Mehrheit von Priestern und Laien bedauerte den Fortgang aus der Stille und Frische von Bensberg und verstanden den Entschluss des Kardinals nicht«.

Planungen und Bauausführung gingen dann in kurzer Zeit vonstatten. »Die Grundsteinlegung erfolgte am 27. Oktober 1957 (Christkönigs-Fest), am 27. November 1957 das Richtfest, am 27./28. Dezember 1958 die Konsekration der Kirche und des Altars«. Der 29. Dezember 1958 war dann mit einer Akademie zum 100. Jahrestag der Priesterweihe Matthias Joseph Scheebens, 1860–1888 Dogmatik-Professor am Seminar, für eine größere Öffentlichkeit bestimmt, die das neue Seminargebäude anschließend besichtigen konnte[12].

---

11 A. FROTZ, in: N. TRIPPEN, Priesterseminar-Festschrift, S. 202 f.

12 Gedruckte Einladung zur Festakademie am 29. Dezember 1958 (Festvortrag Botschaftsrat Dr. Josef Höfer, Rom): HAEK – CR II 8A 1.6, 1.

Über die Anfangsschwierigkeiten mit dem neuen Haus berichtet Frotz: »Zum vorgesehenen [verspäteten!] Semesterbeginn am 14. November 1958 mit 93 Seminaristen musste ein Haus bezogen werden, das noch auf längere Zeit Baustelle blieb und erst drei Jahre später ganz eingerichtet war. Mit der letzten Sitzung der Baukommission am 2. Dezember 1961 ging die Bauaufsicht an die Erzbischöfliche Bauabteilung über«.

Über die Akzeptanz des Neubaus berichtet Frotz: »Fand der gesamte Gebäudekomplex [von der Diözesanbibliothek an der Gereonstraße bis zum Erzbischöflichen Haus an der Eintracht-/heute: Kardinal-Frings-Straße] auch ein überwiegend zustimmendes Urteil, so mussten die Architekten doch von vielen Mängeln im einzelnen hören: technische Mängel von Generalvikariats-Baurat Steinberger, Funktionsmängel vom Regens. Es war diesem, sei es aus Hartnäckigkeit der Architekten, sei es aus nicht zu brechendem Sparwillen des Generalvikars, nicht gelungen, den Kreuzgang und den [als Treppenhaus genutzten] Glockenturm verglasen zu lassen, den großen Hörsaal funktionsgerechter zu gestalten, Gruppenzimmer zu bekommen. Wohl ist eine Aula unter der Kirche geschaffen worden und mit Unterstützung des Erzbischofs [gegen den Widerstand des Domkapitels!] das Schwimmbad, nicht zuletzt der Ausbau der ursprünglich als einfaches Rechteck vorgesehenen Seminarkirche durch eine vorgebaute Apsis«[13].

Der Einzug in das neue Seminargebäude in Köln fand – damals nicht wahrgenommen – zu einem Zeitpunkt statt, der einen epochalen Umbruch in der Kirche markierte. Wenige Tage zuvor hatte der Patriarch von Venedig, Angelo Giuseppe Roncalli, als Papst Johannes XXIII. den Stuhl Petri bestiegen. Noch während des ersten Semesters in Köln, am 25. Januar 1959, kündigte der Papst ein »Ökumenisches Konzil« an, das durch sein Dekret »Optatam totius« über die Ausbildung der Priester vom 28. Oktober 1965 neue Maßstäbe für die Priesterausbildung setzte. Noch einschneidender als das Konzil wurde ein innerer Umbruch im Seminar während der Jahre danach[14]. Die Verlegung des Seminars in das neue Gebäude in Köln war im Hinblick auf die anstehende Umwandlung von einer Oase der weltabgeschiedenen Stille zum »Pastoralseminar« mit dem Ziel der Einübung in die Seelsorge ein providentieller Schritt.

---

13 Zur architektonisch-künstlerischen Bewertung des Kölner Seminarbaus: G. KNOPP, Die Unterkünfte des Priesterseminars während zweieinhalb Jahrhunderten – Von der Glashütte zur funktionalen Vierflügelanlage, in: N. TRIPPEN, Priesterseminar-Festschrift, S. 1-22, hier: S. 18 ff.

14 Darüber: K. H. SCHMITT, Der Übergang zum Pastoralseminar nach 1965, in: N. TRIPPEN, Priesterseminar-Festschrift, S. 209-220.

2. Das Projekt einer kirchlichen theologischen Fakultät in Köln

Kann die Verlegung des Priesterseminars von Bensberg nach Köln als Beispiel dafür gelten, wie Erzbischof Frings eine Entscheidung vorgab, sich dann jedoch für die Durchführung ganz den Vorgaben und der Zuarbeit seines Generalvikars Teusch überließ, so zeigt des Fakultätsprojekt umgekehrt, wie der Kardinal sich auf Projekte seines Generalvikars zeitweilig einlassen, aber letztendlich sie verwerfen und seine Unabhängigkeit wahren konnte.

Hatte Teusch bereits im Dezember 1953 in der Rückverlegung des Priesterseminars nach Köln die Anknüpfung an die Tradition der alten Kölner Universität erblickt, so haben wohl allgemeine Überlegungen über die Möglichkeit einer »Katholischen Universität« innerhalb des deutschen Katholizismus während der 50er Jahre[15] ihn beflügelt und die absehbare Vollendung des Seminargebäudes im Sommer 1958 auf den Gedanken gebracht, eine universitäre Einrichtung – zunächst eine theologische Fakultät – mit dem neuen Priesterseminar in Köln zu verbinden.

Seine Überlegungen hatte Teusch in einem fünfseitigen Exposé unter dem 28. August 1958 niedergeschrieben, das er dem Kardinal am 1. September in den Urlaub nach Annecy sandte mit der Anregung, es dort mit den Reisegefährten, Weihbischof Cleven und Dechant Clemens, zu besprechen[16]: »Dieses Mal überreiche ich Ew. Eminenz einen Aktenvermerk über die katholische Universität in Köln ... Nach der Rückkehr Ew. Eminenz müsste wohl eine Entscheidung fallen, dass die offiziellen Vorbesprechungen mit Rom und Düsseldorf und später Freiburg [in der Schweiz] beginnen. Exzellenz Böhler« – vor wenigen Wochen verstorben – »hatte seiner Zeit übernommen, die kirchen- und staatsrechtlichen Voraussetzungen für die Gründung der Universität prüfen zu lassen. Ich werde bei seinen Papieren nachschauen lassen, ob sich dort schon Ausarbeitungen bzw. ein Gutachten befinden«.

Teuschs Exposé bzw. »Aktenvermerk« offenbart seine unübertroffene Begabung, eine ihn begeisternde Idee visionär in eine fiktive Wirklichkeit zu übertragen: »Während der Amtsdauer der jetzigen CDU-Regierung in Düsseldorf müsste erreicht werden, dass die Gründung einer katholisch-theologischen Fakultät in Köln staatlicherseits anerkannt wird, und zwar so, dass an derselben – wie etwa an der katholisch-theologischen Fakultät

---

[15] Einiges Material dazu: HAEK – CR II 27.21a, 1.

[16] Teusch an Frings 1. September 1958, Anlage: »Etappen des Aufbaus der katholischen Universität in Köln« (5 Schreibmaschinenseiten): HAEK – CR II 27.21a, 1.

in Bonn – das Staatsexamen in Religion als Lehrfach abgelegt werden kann«. Teusch fügte den nach seiner Ansicht einschlägigen Artikel 12, Abs. 1 und 2, des Preußischen Konkordats von 1929 über die wissenschaftliche Vorbildung der Geistlichen an staatlichen Fakultäten (1) sowie das Recht der Bischöfe ohne solche Fakultäten, »ein Seminar zur wissenschaftlichen Vorbildung der Geistlichen zu besitzen« (2) ein.

Abs. 2 legte die Bischöfe hinsichtlich der Qualifikation der an solchen Seminaren Lehrenden fest, »nur solche Geistliche [zu] berufen ..., die für die Lehrtätigkeit in dem zu vertretenden Fach eine den Anforderungen der deutschen wissenschaftlichen Hochschulen entsprechende Eignung haben«. Teusch setzte das sofort auf die für ihn virtuell bereits bestehende Kölner Fakultät um:

»Diesen Anforderungen kann im Laufe weniger Jahre Rechnung getragen werden:

Für Dogmatik steht R. D. Bernards[17] als Dr. habil sofort zur Verfügung.

In Moraltheologie müsste R. D. Dr. theol. Klomps[18] den Dr. habil. erwerben.

Für Kirchenrecht wächst R. D. Heinemann[19] heran ... Der Bischof von Essen ist geneigt, ihn gleichzeitig am Seminar in Essen und Köln dozieren zu lassen. R. D. Heinemann müsste außer dem Dr. jur. can. auch den Dr. habil. erwerben.

In Kirchengeschichte müsste Dr. Franzen[20], der inzwischen Hochschulprofessor geworden ist, um Übernahme der Vorlesungen gebeten werden. RR.DD. Dr. Frotz und Dr. Schnitzler sind zwar nicht habilitiert, haben aber in Theologie und Philosophie [an der Gregoriana in Rom] promo-

---

[17] Matthäus Bernards (1913–1975), 1938 Priestersweihe, 1945-1954 Repetent am Collegium Albertinum in Bonn, 1950 Dr. theol., 1958 Habilitation für Dogmatik und Ernennung zum Professor für Dogmatik am Kölner Priesterseminar, 1965 apl. Professor in Bonn: D. FROITZHEIM, Personalchronik des Kölner Priesterseminars 1951-1976 (= Studien zur Kölner Kirchengeschichte, 12. Band), Siegburg 1976, S. 56-62.

[18] Heinrich Klomps (1924–1978), 1951 Priesterweihe, 1957 Dr. theol. und Ernennung zum Seminarprofessor für Moraltheologie, 1958-1963 Subregens des Priesterseminars, 1963 Habilitation für Moraltheologie in Bonn, 1969 Professor für systematische Theologie in Bonn für Köln und Aachen: D. FROITZHEIM, Personalchronik, S. 53 f.

[19] Heribert Heinemann *1925, 1954 Priestersweihe, 1960 Dr. jur. can., 1960 Dozent, 1962 Professor für Kirchenrecht am Priesterseminar Essen, 1965 Univ.-Professor in Bochum, nichtres. Domkapitular in Essen, 1992-1993 Generalvikar des Bischofs von Essen: Kürschners Deutscher Gelehrten-Kalender [15]1987, Bd. 1, S. 1678.

[20] August Franzen (1912–1972), 1937 Priesterweihe, 1945 Repetent am Collegium Leoninum in Bonn, 1949 Oberassistent an den katholisch-theologischen Seminaren in Bonn, 1951 Habilitation in Kirchengeschichte, 1957 apl. Professor in Bonn, 1960 Professor für Kirchengeschichte in Freiburg: HANDBUCH DES ERZBISTUMS KÖLN, Bd. 2, [26]1966, S. 733.

viert. RR. DD. Solzbacher[21] und Theissen[22] in Theologie. Man könnte also noch weitere Lehrstühle einrichten und mit dem Land vereinbaren, dass der eine oder andere der genannten Herren als ›entsprechend geeignet‹ im Sinne des Artikels 12 Abs. 2 des Preußischen Konkordates angesehen wird.
Schwieriger wird die Besetzung der biblischen Lehrstühle. Immerhin könnte man an R.D. Zimmermann[23] für Neues Testament und an R. D. Fratz[24] für Altes Testament denken.
Damit wäre die Fakultät mit qualifizierten Leuten besetzt«.
Nachdem Teusch so eine Fakultätsvision beschrieben hatte, folgten Anmerkungen über Raumprovisorien unter Einschluss des neuen Priesterseminars und die gedachte Hörerschaft: Seminaristen, Laientheologen und Ordensscholastiker kleinerer Provinzialate »und nicht zuletzt Studenten aller Fakultäten in den publica und Seminarien«.

In Rom müsse man beim Genehmigungsverfahren auf Eile drängen unter Hinweis auf einen möglichen Regierungswechsel 1962 in Düsseldorf. Von Regierungsseite könne der Einwand kommen, »dass es näher liege, innerhalb der Hochschule Köln eine katholisch-theologische Fakultät zu errichten. Das würde aber bedeuten, dass auch eine evangelische Fakultät entstehen müsste, und das kann lange währen. Auch würde damit dem Anliegen einer Katholischen Universität nicht Rechnung getragen, im Gegenteil, mit dieser wäre es dann in Köln und wahrscheinlich in der Bundesrepublik endgültig zuende«.

Teuschs Pläne gingen nämlich noch weiter. Die theologische Fakultät sollte nur der erste Schritt auf dem Wege zu einer Katholischen Universität sein: »Anzustreben ist aber auch die baldige Errichtung einer eigenen philosophischen Fakultät, womöglich noch in der Legislaturperiode des jetzigen Landtags«. Die Spekulationen Teuschs über Zusammensetzung und Rechtsstellung dieser Fakultät waren ähnlich phantasiereich bzw. phantastisch wie die vorangehenden über die theologische Fakultät.

---

[21] Joseph Solzbacher (1909–1978), 1934 Priesterweihe, 1941 Dr. theol., 1944-1961 Professor für Katechetik am Kölner Priesterseminar, 1961 Professor an der Pädagogischen Akademie in Neuss: H. J. HECKER, Chronik, S. 282-284; D. FROITZHEIM, Personalchronik, S. 32-43.

[22] Alois Theissen (1908–1993), 1934 Dr. theol., 1935 Priesterweihe, 1936-1947 Professor für Hl. Schrift am Ushaw-College, Durham, 1947-1970 desgl. am Kölner Priesterseminar, ab 1963 Subregens: H. J. HECKER, Chronik, S. 288; D. FROITZHEIM, Personalchronik, S. 45.

[23] Heinrich Zimmermann (1915–1980), 1947 Priesterweihe, 1957 Dr. theol., 1960 Professor für neutestamentliche Wissenschaft in Paderborn, 1963 desgl. in Bochum, 1966 desgl. in Bonn: U. BORSE, in: LThK 10, ³2001, Sp. 1458.

[24] Leonhard Fratz (1922–1986), 1950 Priesterweihe, in den 50er Jahren mit dem Hebräisch-Unterricht an der Bonner Fakultät beauftragt: HANDBUCH DES ERZBISTUMS KÖLN, Bd.2, ²⁶1966, S. 773.

Für seine noch weiter reichenden Visionen wollte Teusch sich zwar etwas mehr Zeit lassen und dennoch kontinuierlich weitergehen:
»4. Medizinische Fakultät
Sobald die Verhandlungen mit Rom und Düsseldorf günstig laufen, könnte man dem Gedanken der medizinischen Fakultät nähertreten. Es müssten dann Besprechungen mit dem Caritasverband wegen Hohenlind beginnen. Ein genügend großes Grundstück für die Fakultätsgebäude und die Universitätskirche ist erworben.
5. Philologische Disziplinen
Einem viel späteren Zeitpunkt muss es vorbehalten bleiben, der philosophischen Fakultät bald diesen, bald jenen Zweig der Philologie anzugliedern. Als erste Disziplinen kämen infrage: a) alte Sprachen, b) Geschichte und Kunstgeschichte.
6. Promotionsrechte
Einem viel späteren Stadium muss es vorbehalten bleiben, das Promotionsrecht für beide Fakultäten [Theologie und Philosophie] zu erwerben«.
Wir werden bei der Gründungsgeschichte von Misereor und Adveniat noch beobachten können, welche konzeptionelle Kraft und nüchterne Einschätzung von Realitäten und Möglichkeiten Joseph Teusch zur Verfügung standen. Doch von der Idee einer Katholischen Universität in Köln scheint er so fasziniert gewesen zu sein, dass ihm die politischen und zumal die wirtschaftlichen Realitäten abhanden kamen. Das jedenfalls legt der letzte Abschnitt seines »Aktenvermerks« vom 28. August 1958 nahe: »Anhang: Kostenfrage«.

»Die Kosten für die von der Terra erworbenen Häuser in Hohenlind sind bereits beglichen. Die Errichtung des Saales neben dem Bischöflichen Haus kann aus dem Titel ›Besondere Bedürfnisse des Erzbistums‹ gedeckt werden, ebenso die Errichtung des Fakultätsgebäudes in Hohenlind.
Der Unterhalt der theologischen Fakultät kann zum größeren Teil über den Etat des Priesterseminars gedeckt werden.
Der Unterhalt der philosophischen und später der medizinischen Fakultät bedarf des Universitätsgroschens, in den der derzeitige Missionsgroschen der Kirchenzeitung umgewandelt werden müsste. Ertrag jährlich 200.000,– DM (Bis Ende 1962 sind unsere Verpflichtungen gegenüber der Sophia-Universität in Tokio abgegolten).
Es müsste bald ein Kölner Universitätsverein gegründet werden, der neben der geistigen Vorbereitung der Öffentlichkeit auch für die finanziellen Mittel mitsorgen würde«.

Der Finanzreferent jedweden Wissenschaftsministeriums würde über solche Vorstellungen von einer Universitätsfinanzierung, zumal im Zeitalter der Apparate-Medizin in Großkliniken, in Heiterkeit ausbrechen! Es gehört zu den Curiosa der weiteren geschichtlichen Entwicklung, dass die Wohnhäuser, die in Köln-Hohenlind auf dem für das Fakultätsgebäude erworbenen Gelände gebaut wurden, die Adresse »Joseph-Teusch-Straße« tragen.

Kardinal Frings scheint dem weitreichenden Universitätsprojekt seines Generalvikars nur zögernd und partiell nähergetreten zu sein, um es am Ende auf sich beruhen zu lassen. Die erste Spur nach Teuschs »Aktenvermerk« vom 28. August 1958 ist seine Bitte an Professor Süsterhenn in Koblenz um einen Gesprächstermin am 12. Oktober 1958[25]: »Se. Eminenz, der Hochwürdigste Herr Kardinal Frings, trägt sich mit dem Gedanken, nach der Rückkehr des Priesterseminars nach Köln eine bischöfliche katholisch-theologische Fakultät, je nachdem auch eine philosophische in Köln zu errichten, und hat mich beauftragt, vorab Ihren Rat zu erbitten«.

Frings war demnach – wenn überhaupt – nur bereit, auf eine theologische, allenfalls noch eine philosophische Fakultät einzugehen. Die »Katholische Universität in Köln« war von vornherein chancenlos. Für eine zunächst auf den 14. Januar 1959 angesetzte, dann jedoch erst am 16. März anberaumte Besprechung zwischen Erzbischof, Generalvikar, Priesterseminar, Bonner Fakultät und Staatsrechtlern machte Teusch sich als Argumentationsgrundlage einen Vermerk, der nur noch auf eine katholisch-theologische Fakultät in Köln einging[26]. Teusch hielt darin seine – leicht weiterentwickelten – bereits dargelegten Positionen fest.

Unter den Gründen für eine Fakultät in Köln nannte er neben dem Anschluss an die alte Kölner Universitätstradition:

»bb) Es gilt, das Staatsmonopol, das auf allen Ebenen der Erziehung droht, immer wieder zu brechen: von den freiwilligen Kindergärten ... bis in die Hochschulsphäre«.

Um die bei Teusch noch nicht aufgegebenen weiterreichenden Pläne als »Merkposten« festzuhalten, hieß es weiter:

»cc) Can 1379 § 2 CIC [1917] hält es für wünschenswert, dass in einer Nation oder einem bestimmten Gebiet eine katholische Universität

---

[25] Teusch an Süsterhenn 12. Oktober 1958: HAEK – CR II 27.21a, 1.

[26] »Besprechung mit der Bonner Fakultät im bischöflichen Haus, Mittwoch, den 14. Januar 1959, 17 Uhr, betreffend katholisch-theologische Fakultät in Köln« (5 S., signiert »14. 1. 59 T.«

gegründet werde, wenn die zivilen Universitäten nicht der Lehre und dem Geiste nach katholisch sind«.

Zu der Besprechung am 16. März 1959 im Erzbischöflichen Haus lud Teusch in Absprache mit dem Kardinal außer je zwei Vertretern des Priesterseminars und der Bonner Fakultät den Kölner Staatsrechtler Professor Dr. Hans Peters ein, der seit langen Jahren Präsident der Görres-Gesellschaft war[27]. Der Bonner Dekan, Professor Hubert Jedin, kündigte daraufhin am 4. März an, dass er neben dem eingeladenen Kollegen Peter Linden auch die Professoren Wilhelm Neuß und Karl-Theodor Schäfer mitbringen werde[28]. Vom Priesterseminar kam außer dem Regens Professor Theodor Schnitzler. Professor Süsterhenn übersandte wenige Tage vor dieser entscheidenden Besprechung ein ausführliches Rechtsgutachten »Zur Frage der staatsrechtlichen Möglichkeit der Errichtung einer päpstlichen oder erzbischöflichen philosphisch-theologischen Hochschule in Köln« und bat um Gegenlektüre und gegebenenfalls um Korrekturen durch Dr. Paul Westhoff[29].

In seinem Begleitbrief an Teusch fasste Süsterhenn seine Einschätzung so zusammen: »Meine rechtliche Überzeugung möchte ich in der Feststellung zusammenfassen, dass der Kultusminister von Nordrhein-Westfalen bezüglich Ihres Projektes alles kann, was er will. Es bestehen für ihn keinerlei verfassungsrechtliche oder gesetzliche Hindernisse. Andererseits hat aber die Kirche nach meinem Dafürhalten keine Möglichkeit, eine Genehmigung im Klagewege zu erzwingen …«.

Für ein mögliches Genehmigungsverfahren gab Süsterhenn noch gewichtige Hinweise: »Leider herrscht im allgemeinen auch bei den katholischen Ministerialbeamten noch immer ein starker etatistischer Geist. Infolgedessen sind sie leicht geneigt, sowohl bei der Beurteilung rechtlicher Situationen als auch bei der Anwendung ihres Ermessens im staatsmonopolistischen Sinne zu entscheiden. In diesem Zusammenhang gestatte ich mir, noch auf zwei weitere Gefahrenquellen hinzuweisen, die der Verwirklichung Ihres Projekts hinderlich sein könnten. Es gibt eine Art von Usance, gewissermaßen ein ungeschriebenes Gesetz der Politesse, dass bei irgendwelchen grundlegenden Neuerungen auf dem Gebiet des Hochschulwesens – als solche dürfte wohl die Errichtung einer nicht nur für die Ausbildung der Geistlichen gestimmten kirchlichen Hochschule an-

27 Kopien der Einladungsschreiben: Ebd.

28 Jedin an Teusch 4. März 1959: Ebd.

29 Süsterhenn an Teusch 13. März 1959 (von Teusch Frings vorgelegt am 14. März 1959): HAEK – CR II 27.21a, 1.

zusehen sein – die Rektorenkonferenz und die Kultusministerkonferenz befragt werden. Beide Gremien haben keinerlei staatsrechtliche Kompetenzen ...; aber sie haben immerhin eine gewisse moralische Autorität. Falls Ihr Hochschulprojekt von dem Düsseldorfer Kultusminister beiden Gremien zur Begutachtung vorgelegt würde, ist mit größter Wahrscheinlichkeit mit einem negativen Gutachten zu rechnen. Die Rektoren sind zwar anti-etatistisch, sofern es sich um die Selbstverwaltung ihrer Hochschulen gegenüber dem Kultusministerium handelt. Soweit es aber um die Zulassung nichtstaatlicher Hochschulen geht, vertreten sie das staatliche Hochschulmonopol genauso energisch wie die Ministerialbürokraten der Kultusministerien. Sind aber negative Gutachten der Kultusministerkonferenz und der Rektorenkonferenz in der Welt, ist es auch für einen Ihnen gewogenen Kultusminister sehr schwer, sich darüber hinwegzusetzen«.

Süsterhenn riet, Professor Peters um ein ergänzendes Gutachten zu bitten. »Abgesehen davon, dass Herr Professor Peters einer der angesehensten Staats- und Verwaltungsrechtler Deutschlands ist, ist er auch Ordinarius an einer nordrhein-westfälischen Universität, und zwar gerade an der Universität Köln, deren Verhältnis zur Hochschule ... irgendwie abgestimmt werden müsste[30]. Wenn daher dem Kultusminister ein positives Gutachten von Professor Peters vorgelegt werden könnte, würde es ihm sicher leichter fallen, auf die Befragung der deutschen Rektorenkonferenz oder auch nur der Rektoren des Landes Nordrhein-Westfalen zu verzichten«.

Doch zunächst fand am 16. März 1959 die Besprechung im Hause des Erzbischofs statt. Als Teilnehmer berichtete der damalige Regens 1988 (unter Rückgriff auf die Seminarchronik)[31]: »Am 26. [richtig: 16.] März 1959 fand ... eine von Generalvikar Teusch veranlasste Besprechung statt, an der unter Vorsitz des Kardinals von der Bonner Fakultät die Professoren Neuß, Jedin, Schäfer und Linden, vom Priesterseminar Regens Frotz und Professor Schnitzler und außerdem als Rechtskundiger Professor Peters teilnahmen. Die Bonner Herren lehnten den Plan einmütig ab. Die Vertreter des Priesterseminars äußerten mehr Skepsis als Zustimmung. Kardinal Frings, so berichtet die [Seminar-] Chronik, hielt sich stark zurück. Aber zum Schluss war deutlich, dass der Plan nicht verwirklicht

[30] Hans Peters (1896–1966), Staats- und Verwaltungsrechtler in Köln, 1933 MdL (Preußen) für das Zentrum, 1945 Mitbegründer der CDU in Hamburg, 1952-1961 Ratsherr der Stadt Köln, 1940–1941 Präsident und 1949 Wiederbegründer der Görres-Gesellschaft: P. MIKAT, in: STAATLEXIKON , Bd. 4, ^{7}1988, Sp. 365 f.; U. KARPEN, Hans Peters (1896–1966), in: ZEITGESCHICHTE IN LEBENSBILDERN 10, 2001, S. 143-160.

[31] A. FROTZ, in: N. TRIPPEN, Priesterseminar-Festschrift, S. 204.

werden würde«. Generalvikar Teusch notierte sich – wohl während der Besprechung[32]:
»Einwände zum Kölner Plan
Prof. Peters: Wird das Konkordat tangiert? Geht es durch [den] Landtag [?] Kein Einwand von Görres-Gesellschaft resp. Universität Salzburg
Fakultät: 1. Bedenken für das Erzbistum: Bekommt es Hörer? Haben die Hörer Zeit? Bekommt es Lehrer? Die besten gehen zum Staat. 2. Bedenken für Bonn: Hinschwinden von Hörern böte bei gleichzeitiger Blüte Kölns [?] Staat hebt dann Bonn auf. Hinschwinden von Lehrern. Ordinarius hält [an] der [Lauf-] Bahn fest«.
Es ist bezeichnend, dass der Generalvikar die Argumente des Priesterseminars nicht für notierenswert hielt.

Regens Frotz sollte mit seiner Einschätzung Recht behalten, dass das Kölner Fakultätsprojekt (von einer »Katholischen Universität in Köln« wurde schon gar nicht mehr gesprochen!) mit dem 16. März 1959 erledigt war. Doch andererseits war Generalvikar Teusch von seinem seit längerem angedachten Projekt nicht so leicht abzubringen. Von Professor Linden ließ er sich noch nach einem Jahr ein kanonistisches Gutachten über die Voraussetzungen einer römischen Genehmigung des Kölner Fakultätsprojektes erstellen, das am 1. April 1960 vorlag[33]. Am 11. Mai 1960 teilte Teusch dem Erzbischof mit, »dass wohl alle, z. T. seit Jahren laufenden Bemühungen um geeignete Grundstücke im Kölner Hochschulviertel ohne Erfolg geblieben sind ...«[34].

In dieser Zeit scheint Teusch seinen Erzbischof bewegt zu haben, anlässlich einer Romreise mit »1. RR. D. Msgr. Romeo und RR. D. Msgr. Wüstenberg in Rom (27. 5. 60) –2. Mit denselben und Eminenz Pizzardo und Exzellenz Staffa, segretario ... (31. 5. 60)« zu sprechen[35]. Für diese Gespräche ließ Teusch in Rom und aus römischer Perspektive ein »Pro memoria« erstellen[36]. Doch über Verlauf und Ergebnis dieser römischen Besprechungen liegen in Köln keine Nachrichten vor.

---

32 Handschriftliche, schlecht lesbare Notiz Teuschs »Einwände zum Kölner Plan«, signiert »16. 3. 59 T.«: HAEK – CR II 27.21a, 1.

33 Linden an Teusch 1. April 1959, Anlage: Gutachten: Ebd.

34 »betr. kath.-theol + philos. Fakultät Köln« (hs. Kurzmitteilung an Frings, signiert »K. 12. 5. 60 T.«: Ebd.

35 Handschr. Aktennotiz »betr. Kath. Universität Köln. Besprechungen mit 1. RR. D. Msgr. Romeo + RR. D. Msgr. Wüstenberg in Rom 27. 5. 60 – 2. Mit denselben + Eminenz Pizzardo + Exz. Staffa, segretario dieses (?) 31. 5. 60«, signiert »6. 6. 60 T.«: Ebd.

36 Pro memoria 25. Mai 1960, 10 S., auf Papier mit italienischem Wasserzeichen und Format, handschr. Überschrift Teuschs »Unterlage bei Msgr. Romeo (später Exz. Staffa + Kard. Pizzardo)«, handschr. Korrekturen Teuschs: HAEK – CR II 27.21a, 1.

Wie ein Nachruf auf das nicht verwirklichte Projekt einer kirchlichen theologischen Fakultät in Köln wirkt die von Dr. Westhoff angeregte, von Kardinal Frings bei Süsterhenn empfohlene Veröffentlichung des Gutachtens Süsterhenns von 1959 im »Deutschen Verwaltungsblatt« 1961[37].

[37] Frings an Süsterhenn 23. Januar 1961 (Kopie, abgezeichnet von Dr. Westhoff): »Ich wäre Ihnen außerordentlich dankbar, wenn Sie Ihre Darlegungen jetzt so bald wie möglich in einer Fachzeitschrift veröffentlichen würden ...«: Ebd. Dort auch Durchschlag des Manuskripts: Adolf Süsterhenn, Zur staatskirchenrechtlichen Stellung kirchlicher Hochschulen unter besonderer Berücksichtigung der Rechtslage in Rheinland-Pfalz und Nordrhein-Westfalen; veröffentlicht: Deutsches Verwaltungsblatt, 76, 1961, S. 181-186 (Heft 5, 1. März 1961).

XIII. KAPITEL
DIE GRÜNDUNG DES BISTUMS ESSEN

VORBEMERKUNG ZUR QUELLENLAGE

Im Historischen Archiv des Erzbistums Köln liegt umfangreiches Quellenmaterial über die Vorverhandlungen zur Gründung des Bistums Essen ab 1951[1]. Dieses Material war Eduard Hegel noch nicht zugänglich, als er bereits 1960 – als Beitrag zur Entwicklung eines Bistumsbewusstseins in der jungen Diözese – sein Werk »Kirchliche Vergangenheit im Bistum Essen« vorlegte. Immerhin beschrieb Hegel in einem Kapitel anhand der päpstlichen und staatlichen Dokumente und sonstiger öffentlicher Verlautbarungen den Gründungsvorgang[2].

Joseph Krautscheidt, der zwischen 1939 und 1957 in der Vermögensverwaltung und in der Rechtsabteilung des Kölner Generalvikariates gearbeitet hatte und von Bischof Hengsbach am 1. Januar 1958 zu seinem ersten Generalvikar ernannt wurde, hat in der Festschrift zum 70. Geburtstag des ersten Essener Bischofs 1980 einen Beitrag »Gründung des Bistums Essen – Die Jahre 1951–1957« veröffentlicht, in dem erstmals das Kölner Aktenmaterial ausgewertet wurde[3]. Auf diesen Beitrag konnte sich Eduard Hegel im letzten Band der »Geschichte des Erzbistums Köln« 1987 stützen[4]. Die Kölner Akten lassen deutlich erkennen, dass Kardinal Frings der Initiator und Promotor der Bistumsgründung in Essen war.

---

1 HAEK – CR II 1.9c, 1-5.

2 E. HEGEL, Kirchliche Vergangenheit im Bistum Essen, Essen 1960; darin: 14. Das Bistum Essen – Anfang einer neuen kirchlichen Entwicklung. Vorgeschichte der Bistumsgründung – Errichtung des Bistums Essen am 1. Januar 1958, S. 275-284; Dokumente zur Errichtung des Bistums Essen, ebd., S. 286-295.

3 J. KRAUTSCHEIDT, Gründung des Bistums Essen – Die Jahre 1951–1957, in: W. BETTEKEN (Red.), Zeugnis und Dienst. Zum 70. Geburtstag von Bischof Dr. Franz Hengsbach, Bochum 1980, S. 29-55.

4 E. HEGEL, Geschichte des Erzbistums V, S. 125-129 (»Gründung des Bistums Essen«).

1. Erste Überlegungen zur Gründung eines Bistums Essen während der Verhandlungen vor Abschluss des Preussischen Konkordats von 1929

Joseph Krautscheidt hat 1980 noch einmal bewusst gemacht, wie man bei der Zirkumskription der preußischen Bistümer durch die Bulle »De salute animarum« von 1821 das heute homogen industriell und großstädtisch strukturierte »Ruhrgebiet« auf drei Diözesen aufteilen konnte, in denen die heutigen Großstädte jeweils eine Randlage hatten[5]: »Das damals noch schwach besiedelte und von der Landwirtschaft lebende Gebiet mit seinen weniger als 300 000 Einwohnern wurde ... auf die drei Bistümer [Köln, Münster und Paderborn] aufgeteilt. Gegen Ende des [19.] Jahrhunderts setzte eine stürmische Entwicklung ein. Aus dem Land der Bauern wurde eine industrialisierte Zone mit weithin städtischem Charakter. Im Jahre 1910 ... hatte sich die Zahl der in diesem Gebiet wohnenden Menschen bereits nahezu verzehnfacht«.

Bereits 1927 tauchte in den Vorverhandlungen zum Preußischen Konkordat von 1929 der Gedanke auf, ein Ruhrbistum mit Sitz in Essen zu gründen[6]. Das Anliegen wurde sowohl von den betroffenen Bischöfen (Köln, Münster und Paderborn) als auch von Nuntius Pacelli vertreten. Dieter Golombek hat zutreffend beschrieben, woran die Gründung des Bistums Essen damals scheiterte[7]: »Uneinigkeit innerhalb des Episkopates über die territoriale Gestaltung des angestrebten Bistums erleichterte [1927] den staatlichen Vertretern die ablehnende Haltung«. Der preußische Staat sah bei gleichzeitiger Gründung von Bistümern in Aachen und Berlin bereits hohe Dotationskosten auf sich zukommen.

Golombek ermittelte aus staatlichen Akten: Kardinal Bertram, als Vorsitzender der Fuldaer Bischofskonferenzen an den Vorgesprächen für ein Konkordat beteiligt, plädierte für eine große Diözese aus Gebietsteilen der Bistümer Köln, Münster und Paderborn. »Kardinal Schulte begründete seinen Vorschlag, ein Bistum Essen lediglich aus dem Erzbistum Köln herauszuschneiden, nicht nur mit der ablehnenden Haltung der Bischöfe von Paderborn und Münster. Er meinte, eine solche Diözese sei von vornherein wieder zu groß«.

Nuntius Pacelli machte dann 1927 den Vermittlungsvorschlag, »eine erzbischöfliche Delegatur mit einem Weihbischof an der Spitze« in Essen

---

5 J. Krautscheidt, Gründung, S. 29.
6 Dazu: D. Golombek, Preußenkonkordat, S. 73-75.
7 Ebd., S. 74.

einzurichten. Dagegen gab es nicht nur von den Bischöfen Widerstände, sondern vor allem seitens der Rheinischen Landessynode der evangelischen Kirche. Einen solchen Weihbischof wollte man im Hinblick auf den »konfessionellen Frieden« nicht in Essen, sondern allenfalls im benachbarten Werden dulden. »Unstimmigkeiten im preußischen Episkopat verhinderten zusammen mit dem Widerspruch staatlicher und protestantisch-kirchlicher Stellen, dass weder die Pläne für eine erzbischöfliche Delegatur noch für ein Bistum Essen im Verlauf der [Konkordats-] Verhandlungen ein ernsthaftes Stadium erreichten«.

Aus diesen Erfahrungen hatte man für die Gründung des Bistums Essen drei Jahrzehnte später zumindest gelernt, dass man mit dem Staat über die Errichtung eines Bistums mit Aussicht auf Erfolg erst verhandeln durfte, wenn man sich innerkirchlich zwischen allen Beteiligten über die entscheidenden Punkte verständigt hatte.

2. Die Verhandlungen zwischen den beteiligten Bischöfen und der Nuntiatur über die Zirkumskription eines »Ruhrbistums« 1951–1954

Eduard Hegel stellt 1987 fest[8]: »Die Initiative [zur Gründung des Bistums Essen] scheint beim Kölner Oberhirten Kardinal Frings gelegen zu haben. Als er der grundsätzlichen Zustimmung des Erzbischofs von Paderborn und des Bischofs von Münster gewiss war, erwirkte er einen offiziellen Auftrag des Nuntius Aloys Muench vom 13. April 1951[9], in Zusammenarbeit mit den beiden anderen beteiligten Bischöfen einen Plan für die Zirkumskription eines Bistums an der Ruhr auszuarbeiten«. Wenn Muench in diesem Schreiben sich darauf beruft: »Dem Heiligen Stuhl ist ein eingehender Plan unterbreitet worden, ein neues Bistum ›Ruhrgebiet‹ zu errichten«, so ist davon in den Kölner Akten keine Spur zu finden. Doch ist Krautscheidt zuzustimmen: »Wenn bereits am 22. April 1951 eine gemeinsame Stellungnahme der drei Bischöfe zu dem Projekt vorlag, so lässt das erkennen, dass schon geraume Zeit davor Untersuchungen hierzu angestellt worden waren«[10].

Wie eine Notiz auf Frings' handschriftlichem Entwurf zu der Stellungnahme an den Nuntius vom 22. April 1951 erkennen lässt, hatten sich die

[8] E. Hegel, Geschichte des Erzbistums Köln V, S. 126.

[9] Muench an Frings 13. April 1951: HAEK – CR II 1.9c, 1.

[10] J. Krautscheidt, Gründung, S. 30; Frings an Muench 22. April 1951 (hs. Entwurf und Kopie des Originals): HAEK – CR II 1.9c, 1.

drei Oberhirten in Köln-Hohenlind zu einer Besprechung der Fragen einer Bistumsgründung in Essen zusammengefunden und dort die wichtigsten Punkte der »Stellungnahme« beschlossen.

Sie knüpfte an die bereits dargestellten Pläne von 1927/28 an, um dann den in seinem Umfang nicht eindeutigen Begriff »Ruhrgebiet« zu erörtern. »Selbst der kleinste dieser Bezirke umfasst 4 $^1/_2$ Millionen Menschen ... Ungefähr die Hälfte wird katholisch sein. Wollte man aus diesem Gebiet eine einzige Diözese machen, so würde ein Mammutbistum entstehen, das keine Lösung der bestehenden Schwierigkeiten bedeutete«. Man sei deshalb der Meinung, »es müsse, wenn ein Ruhrbistum gebildet wird, ein Gebiet herausgeschnitten werden, das nicht mehr als 1 Million Katholiken zählt«. Als Bischofssitz komme Essen mit seiner Münsterkirche und sonstigen Gebäulichkeiten in Betracht.

Der heikelste Punkt, die Diözesanumschreibung bzw. die Frage: Welches Bistum gibt was ab?, war zu diesem frühen Zeitpunkt auf den geringsten gemeinsamen Nenner gebracht: die Dekanate »der Städte Essen, Mülheim (Ruhr), Oberhausen, Duisburg, Bottrop, Gladbeck, Gelsenkirchen und Wattenscheid«. Frings fügte die Problematik eines solchen Zuschnitts für das neue Bistum an: »Die Bischöfe sind sich bewusst, dass auf diese Weise ein sehr einseitiges Gebilde entstehen würde. Alle Schwierigkeiten, die mit der Zusammenballung von Menschenmassen gegeben sind, würden hier konzentriert auftreten. Es gäbe keine Möglichkeit, Priester, die sich für die Industriebevölkerung nicht eignen, oder abgearbeitete Geistliche auf ruhigere ländliche Stellen zu versetzen ... Die Hilfsgeistlichen würden sehr lange auf eine selbständige Stelle warten müssen«.

Bei der Suche nach ländlichen Räumen für das neue Bistum verfiel Frings schon zu diesem Zeitpunkt auf den zum Bistum Münster gehörenden linken Niederrhein, der aber zu weit von Essen entfernt liege und »einem anderen, dem niederrheinischen Kulturkreis« angehöre. Die Ergänzung des Bistumsgebietes nach Südosten in Richtung Sauerland schnitt Frings hier noch nicht an.

Relativ unproblematisch erschien nach Einführung der zentral eingezogenen und verwalteten Kirchensteuer die finanzielle Fundierung des neuen Bistums. Auch der Priesternachwuchs im Bereich des neuen Bistums stelle sich nicht ungünstiger als in den Mutterdiözesen dar. Problematisch könne sich die Frage der Ausbildung des Priesternachwuchses erweisen, da das neue Bistum sich wohl lediglich ein Priesterseminar leisten könne, andererseits die Fakultäten in Bonn, Münster und Paderborn »die Abwanderung der Ruhrtheologen schmerzlichst empfinden« würden.

Bei der Betrachtung der finanziellen Rückwirkungen einer Bistumsgründung in Essen auf die Mutterdiözesen ist zu spüren, dass die Generalvikare an den bisherigen Überlegungen beteiligt gewesen waren. »Paderborn, das aus seinem sächsischen Teil keinerlei Einnahmen für die Gesamtdiözese, aber große Auslagen dafür hat, würde in erhebliche Schwierigkeiten geraten. Es wäre von vorneherein zu überlegen, ob hier ein Finanzausgleich vorzusehen wäre«. Wenn Frings den Nuntius schließlich darauf hinwies. »Die Errichtung der Diözese Essen könnte ... wohl nur unter Abschluss neuer konkordatärer Vereinbarungen mit dem Lande Nordrhein-Westfalen erfolgen«, so war das wohl einerseits römischen Kanonisten gegenüber eine überflüssige Belehrung, hatte aber seinen Grund vor allem in dem Nachsatz, »zumal wenn das Land finanzielle Beihilfen [nämlich eine Bistumsdotation nach dem Muster der Altbistümer!] leisten soll«.

Dass man in Köln-Hohenlind auch noch andere denkbare Diözesangrenzen für ein Bistum Essen erwogen hatte, lässt ein Brief Erzbischof Jaegers an Frings vom 25. April 1951 erkennen[11]. Jaeger hatte ermitteln lassen, dass die Städte Gelsenkirchen, Wattenscheid, Wanne-Eickel, Bochum und Dortmund 4,28 Millionen von den insgesamt 11,5 Millionen DM Kirchensteueraufkommen des Erzbistums Paderborn erbrachten. »Das allein zeigt schon die lebenswichtige Bedeutung, die Dortmund für die Erzdiözese Paderborn hat, die ohne die Finanzkraft von Dortmund gar nicht mehr in der Lage wäre, ihre finanziellen Leistungen gegenüber den großen, durchweg armen kleinbäuerlichen Diaspora-Distrikten zu erfüllen«.

Nach dieser ersten detaillierten Vorlage an die Nuntiatur, die zwar eine Bistumszirkumskription enthielt, sie aber zugleich als problematisch darstellte und die Lösung – wenn auch versteckt – dem Hl. Stuhl überließ, blieb es mehr als ein Jahr ruhig. Erst am 7. August 1952 forderte Nuntius Muench Kardinal Frings auf, »dem Heiligen Stuhl einen konkreten und möglichst vollständigen Plan für die Errichtung einer neuen Diözese Essen [zu] unterbreiten ..., der keine grundsätzliche Frage mehr offenlässt«[12]. Dieser Plan sollte mit exakten Angaben zu Realien und Personalien sowie mit Kartenmaterial belegt sein.

Da dieser Brief in Kopie auch nach Paderborn und Münster gegangen war, meldete sich Bischof Keller von Münster am 22. September 1952 bei Frings, um die bisherigen Zusagen im wesentlichen zu bestätigen[13]. Zu der Frage des Nuntius nach der Metropolitan-Zugehörigkeit der neuen

[11] Jaeger an Frings 25. April 1951: Ebd.
[12] Muench an Frings 7. August 1952 (Original und Abschrift): Ebd.
[13] Keller an Frings 22. September 1952: Ebd.

Diözese bemerkte Keller: »Solange nicht eine weitere Kirchenprovinz errichtet wird, würde die neue Diözese selbstverständlich der *Kölner Kirchenprovinz* angehören«. Während Keller in den weiteren Verhandlungen häufiger die Position Erzbischof Jaegers unterstützte, kam hier eine Wunde aus dem Konkordatsabschluss von 1929 zum Vorschein: Man hatte damals in Münster schwer ertragen, dass Paderborn und nicht Münster Metropolitansitz geworden war.

Mehr als ein Jahr lang bemühte sich Frings, seine Mitbischöfe in Paderborn und Münster für eine sinnvolle, die Mutterdiözesen nicht zu sehr schwächende Umschreibung des Bistums Essen zu gewinnen. Die Schriftsätze, jeweils mit Durchschriften für die anderen Beteiligten, einschließlich des Nuntius, waren bei menschlichem Respekt vor einander in der Sache hart und deutlich. Etwas summarisch darf festgestellt werden: Die Interessen eines lebensfähigen Bistums Essen vertrat vor allem der Kardinal in Köln (der nach allen Modellen am meisten an das neue Bistum abzugeben hatte!). Erzbischof Jaeger von Paderborn kämpfte entschieden, bisweilen verbittert um die künftige Lebensfähigkeit seines Erzbistums und bemaß danach die Bereitschaft zu Abtretungen an das Bistum Essen. Bischof Keller von Münster war, nachdem der niederrheinische Teil seines Bistums nicht mehr für eine Abtretung an Essen zur Debatte stand, mit allem einverstanden und unterstützte häufiger seinen glaubwürdig klagenden Amtsbruder in Paderborn. Die Auseinandersetzungen zwischen Frings, Jaeger und Keller bis Dezember 1953 können hier nicht im einzelnen dargestellt werden. Nur die wichtigsten Versuche, zu einer einvernehmlichen Lösung zu kommen, sollen hier wiedergegeben werden.

Frings hielt den am 22. April 1951 dem Nuntius übermittelten Umfang des Bistums Essen nach wie vor für nicht vertretbar und entwickelte immer neue Vorschläge für die Bistumszirkumskription. Am 15. November 1952 schrieb er an Jaeger[14]: »Die neue Diözese würde insgesamt 1.023.000 Katholiken zählen ... Die durchschnittliche Größe ihrer Seelsorgebezirke betrüge 5.532 Katholiken, und auf je 2.326 Seelen käme nur ein Geistlicher in der Pfarrseelsorge. Das ganze Bistum würde sich nur über 700 qkm erstrecken; das entspricht 27 km im Geviert«.

Frings hatte neue Ideen für das Bistum Essen. Da davon in erster Linie das Bistum Münster betroffen war, ist es schon interessant, dass Frings' erster Adressat Erzbischof Jaeger war. Ihm schrieb er am 15. November 1952, als Alternativvorschlag zu dem Minimalprojekt komme in Betracht, dass »die Diözese Münster ihren ganzen ›rheinischen Teil‹ ab[gibt], das

[14] Frings an Jaeger 15. November 1952 (Abschrift): HAEK – CR II 1.9c, 1.

heißt alle Gebiete, welche zu dem Regierungsbezirke Düsseldorf gehören (586.000 Katholiken). Die Diözese [Münster] erhielte dafür aber von der Erzdiözese Paderborn das Dekanat Gelsenkirchen ... als Ausgleich und zur Bereinigung der Stadtkreis- und Regierungsbezirksgrenzen (insgesamt 85.000 Katholiken), so dass der Verlust der Diözese Münster sich auf 501.000 Katholiken verringern würde«. Frings fügte noch einige Argumente an, die diesen Vorschlag für Münster erträglich und für Paderborn verlockend machen sollten. Das neue Bistum würde in einem Regierungsbezirk (Düsseldorf) liegen, aus Teilen von nur zwei Diözesen (Köln und Münster) gebildet werden und zahlen- und flächenmäßig besser proportioniert sein als nach dem bisherigen Vorschlag.

Erzbischof Jaeger beeilte sich geradezu, am 21. November 1952 zu antworten[15]: »Ich bin mit beiden Vorschlägen einverstanden. Der bessere Vorschlag ist aber der zweite, der den rheinischen Teil der Diözese Münster dazunimmt. Ich habe übrigens die Bedenken gegen den ersten Vorschlag dem Nuntius mündlich bereits ganz in der gleichen Weise, wie Sie es schriftlich tun, geäußert ... Nach Vorschlag 2 wird die Diözese zweifellos gesunder und tragfähiger«. Dem Opfer Münsters könne er den absehbaren Verlust Paderborns bezüglich der DDR-Anteile mit 630.000 Katholiken gegenüber stellen.

Wie zu erwarten, kamen die Widerstände gegen Frings' neues Bistumsprojekt aus Münster. Am 1. Dezember 1952 schrieb Keller an Frings[16]: »Nach reiflicher Überlegung komme ich aber zu der Überzeugung, dass mit einer Aufteilung in der jetzt vorgesehenen Weise den seelsorglichen Belangen des rheinischen Anteils unserer Diözese wenig gedient wäre. Der Schwerpunkt eines Bistums Essen liegt nämlich derart im Industriegebiet, dass der ländliche Teil des Niederrheins gewissermaßen nur ein Akzidens sein würde«. Keller malte ein nicht unproblematisches Bild der Eigenarten und seelsorglichen Probleme des Niederrheins. »Wenn Sie vielleicht fragen, wie ich mir die weitere kirchliche Entwicklung am Niederrhein denke, so will ich offen gestehen, dass ich eine endgültige Lösung nur darin sehe, dass später eine eigene Diözese Niederrhein gebildet wird ...«.

Im Gegensatz zu Frings und Jaeger sah Keller in der überschaubaren Größe und der sozialen Monokultur des Bistums Essen nach dem ursprünglichen Plan einen Vorteil. »Essen würde so zu einer Hochburg für die soziale Arbeit und für die Arbeiterseelsorge ...«.

[15] Jaeger an Frings 21. November 1952: HAEK – CR II 1.9c, 1.
[16] Keller an Frings 1. Dezember 1952: Ebd.

Inzwischen fühlte Frings sich verpflichtet, dem von Nuntius Muench am 7. August 1952 erteilten Auftrag nachzukommen, »einen konkreten und möglichst vollständigen Plan vorzulegen«. Allerdings wich Frings dem Zusatz des Nuntius aus, dass der Plan »keine grundsätzliche Frage mehr offen lässt«. Er legte dem Nuntius zwar unter dem 26. Dezember 1952 den ursprünglichen Bistumsplan mit allen von Rom geforderten Zahlen und Unterlagen vor[17]. »Mit diesem Plane haben sich der Hochwürdigste Herr Erzbischof von Paderborn ... und der Hochwürdigste Herr Bischof von Münster ... einverstanden erklärt«.

Doch dann relativierte Frings diesen gemeinsamen Vorschlag wieder, indem er seine bekannten Bedenken dagegen vortrug und sein eigenes Projekt (Einbeziehung des Niederrheins in das neue Bistum) vortrug. Frings berichtete korrekt: »Der Hochwürdigste Herr Erzbischof von Paderborn ... ist mit diesem Plan ebenfalls einverstanden, er bezeichnet ihn sogar als besser im Vergleiche mit dem ersten. Gegen diesen Vorschlag hat allerdings der Hochwürdigste Herr Bischof von Münster ... starke Bedenken geäußert; das gewichtigste besteht wohl darin, dass er den rheinischen Teil seiner Diözese für geeignet erachtet, in absehbarer Zeit als ein eigenes Bistum konstituiert zu werden«.

Nachdem Frings also im ersten Abschnitt seiner Vorlage an den Nuntius den ursprünglichen Plan als den gemeinsamen Vorschlag mit allen Details präsentiert hatte, rückte er im zweiten Abschnitt wieder davon ab, um sein eigenes Projekt vorzulegen und Erzbischof Jaeger gegen Bischof Keller auszuspielen. Es mag darin begründet sein, dass Keller sich in den weiteren Verhandlungen häufiger auf die Seite Jaegers schlug, als Frings sich 1953 darauf verlegte, die ländliche Ergänzung des Bistums Essen statt im Nordwesten auf Kosten Münsters im Südosten und zu Lasten des Erzbistums Paderborn zu suchen.

Der Nuntius konnte über diese nicht eindeutige Vorlage aus Köln nicht glücklich sein, die ihm bzw. dem Hl. Stuhl eine Entscheidung zumutete, bei der in jedem Falle der eine oder andere der beteiligten Bischöfe unterlegen erscheinen würde. Eine schriftliche Rückäußerung des Nuntius liegt nicht vor. Deshalb ist zu vermuten, dass Frings mündlich aufgefordert wurde, sich erneut um einen *gemeinsamen* Vorschlag zu bemühen.

Am 24. April 1953 wandte sich Frings wieder an Jaeger[18]. Nach einer Rekapitulation der beiden bisherigen Umschreibungsversuche für das

---

[17] Frings an Muench (mit Kopien an Jaeger und Keller) 26. Dezember 1952: HAEK – CR II 1.9c, 1.

[18] Frings an Jaeger 18. April 1953 (sign. Entwurf. Aus Jaegers Antwort ergibt sich, dass der Brief erst am 24. April 1953 datiert und expediert wurde!): Ebd.

neue Bistum rückte er mit einem neuen Vorschlag heraus: »Das Gebiet der neuen Diözese besteht aus den oben angegebenen Dekanaten und Pfarren [des 1. Vorschlags]. Dazu aber kommt von der Erzdiözese Köln das Dekanat Mettmann ohne die Pfarren Heiligenhaus, Gruiten und Mettmann (rund 100 qkm mit 27.400 Katholiken) und von der Erzdiözese Paderborn der Ennepe-Ruhr-Kreis, die Landkreise Altena, Olpe, Siegen und Wittgenstein und die Stadtkreise Lüdenscheid und Siegen ... (2.833,09 qkm mit 228.000 Katholiken)«. Frings bat um Jaegers Stellungnahme.

Diese erfolgte unter dem 11 Mai 1953 und brachte »erhebliche Bedenken« vor[19]. Sie bestanden in einer nicht zu vertretenden finanziellen und personellen Schwächung des Erzbistums Paderborn, falls es zu einer solchen Beschneidung komme, bis hin zu Leerständen in Konvikt und Priesterseminar in Paderborn. Dass Jaeger vor allem den an Priesternachwuchs reichen Kreis Olpe nicht hergeben wollte, ließen folgende Ausführungen erkennen: »Infolge der Einwanderung von ca. 500.000 ostvertriebenen Katholiken war ich gezwungen – solange es noch möglich war –, die jüngsten und besten Kräfte meines Klerus in den Osten des Erzbistums zu entsenden. Dadurch wurde der Mangel an Priestern im westlichen Anteil so empfindlich, dass jetzt zum Ostertermin eine sehr große Zahl von Stellen einfach nicht besetzt werden konnte. Der Kreis Olpe aber stellt gerade einen beträchtlichen Teil des Priesternachwuchses ...«.

Jaeger schloss: »Aus all diesen Erwägungen heraus kann ich unmöglich dem Ergänzungsvorschlag Ew. Eminenz zustimmen, bin aber bereit, (außer Gelsenkirchen und Wattenscheid) den Ennepe-Ruhr-Kreis für das neue Bistum herzugeben ... Wenn Ew. Eminenz sich dann entschließen könnten, den ganzen Kreis Düsseldorf-Mettmann (ohne Stadt Düsseldorf) herzugeben, würde das neue Bistum Essen m. E. auch ein besseres geographisches Bild bekommen ...«. Jaegers Methode, seinen Beitrag zu kürzen und Frings' Angebot von einem Teil des *Dekanates* Mettmann auf den ganzen (damaligen) *Kreis* Düsseldorf-Mettmann aufzustocken, kam schon dem Feilschen unter Markthändlern nahe.

Bischof Keller war, nachdem seine Diözese aus der »Gefahrenzone« weiterer Gebietsabtretungen an Essen heraus war, nur noch mäßig interessiert[20]. Er schloss sich »einfach dem Vorschlag des Hochwürdigsten Herrn Erzbischofs von Paderborn an«. Immerhin machte er auch eine freundliche Verbeugung zu Frings hin: »Ob es sich weiterhin empfiehlt, auch noch den Kreis Düsseldorf-Mettmann (ohne die Stadt Düsseldorf)

19 Jaeger an Frings 11. Mai 1953: HAEK – CR II 1.9c, 1.
20 Keller an Frings 21. Mai 1953: Ebd.

dem neuen Bistum einzufügen, werden Euer Eminenz selbst am besten beurteilen können. Ich halte die eine wie die andere Lösung für gut«.

In Kellers Schreiben vom 21. Mai 1953 war eine kirchenpolitische Information wichtig: »Der Heilige Stuhl legt, wie ich gelegentlich meiner jüngsten Visitatio ad limina erneut erfahren musste, größten Wert darauf, dass die von der geplanten Neuregelung betroffenen Bischöfe sich möglichst bald einigen, damit die Errichtung des Bistums Essen nicht zu sehr hinausgezögert wird«. In Rom befürchte man, »dass nach Ablauf der gegenwärtigen Legislaturperiode des Landtages von Nordrhein-Westfalen die politischen Voraussetzungen für die Durchführung des Planes weniger günstig sein könnten«. Keller bat deshalb darum, dass man rasch zu einer gemeinsam zu vertretenden Lösung komme.

Doch Frings gab in seinen Ansinnen an Paderborn nicht auf. Am 30. Mai 1953 wandte er sich erneut an Erzbischof Jaeger[21]. Der gesamte Kreis Düsseldorf-Mettmann führe zu einer gar nicht wünschenswerten Vergrößerung des neuen Bistums. Es gehe vielmehr um ländliche Gebiete und um einen katholischen Kreis. Deshalb sehe er »keine andere Möglichkeit, dem Bistum Essen wenigstens einen wirklich katholischen Kreis zu geben, als den Kreis Olpe. Um zu diesem die Verbindung herzustellen, ist es erforderlich, dem neuen Bistum auch den Kreis Altena und den Stadtkreis Lüdenscheid anzugliedern. Auf Stadt- und Landkreis Siegen und den Kreis Wittgenstein könnte verzichtet werden«.

Die Antwort Jaegers vom 2. Juli 1953[22] entbehrte bei aller Korrektheit in der Form nicht der sachlichen Schärfe. Sie setzte sich mit Frings' Vorstellungen von der geringeren Schwierigkeit der ländlichen Seelsorge gegenüber der städtischen auseinander, ebenso mit seinem Diasporabegriff: Diaspora in der DDR oder in Schleswig-Holstein bedeute etwas anderes als eine Drittel-Minorität in einigen Großstädten des Ruhrgebietes. Jaeger weigerte sich, die Kreise Olpe und Altena herauszugeben, um nicht die von Paderborn seit je betriebene Diasporaarbeit im engeren Sinne in Gefahr zu bringen.

Bischof Keller reduzierte in seinem Brief an Frings vom 17. Juli 1953[23] den »Streitgegenstand« auf den Kreis Olpe, schloss sich der Position Jaegers an und drängte nunmehr auf eine in diesem Sinne abzufassende Eingabe nach Rom. Doch Frings ging am 27. August 1953 mit umfangreichen Materialien zu einer Besprechung der Pläne in die Nuntiatur, um Muench

21 Frings an Jaeger (mit Kopien an Muench und Keller) 30. Mai 1953: HAEK – CR II 1.9c, 1.
22 Jaeger an Frings (mit Kopien an Muench und Keller) 2. Juli 1953: Ebd.
23 Keller an Frings 17. Juli 1953: Ebd.

die verschiedenen Modelle mit Zahlen- und Kartenmaterial zu erläutern. Als er dem Nuntius am 30. August das Material zusandte[24], erklärte er noch einmal, dass er die Lösung x3 für optimal halte (zu dem ursprünglich vorgeschlagenen Umfang des Bistums Essen von Paderborn auch die Dekanate Olpe, Wormbach, Siegen und Medebach). Gegen die Lösung x2 (von der Erzdiözese Köln zusätzlich das Dekanat Mettmann ohne die Pfarreien Heiligenhaus, Mettmann und Gruiten, von der Erzdiözese Paderborn die Dekanate Hattingen, Lüdenscheid und Attendorn) habe er Bedenken. »Jedoch erkläre ich ausdrücklich, dass ich meine Bedenken zurückgestellt sehen möchte, wenn der Plan sonst scheitern würde«.

Es scheint, dass Frings die mit dem Nuntius Ende August 1953 verhandelten Modelle x1, x2 und x3 den Mitbischöfen erst am 27. November zur Stellungnahme zuleitete. Jaeger antwortete am 15. Dezember 1953 mit einem ziemlich bitteren Brief[25]: Frings habe sich mit seinen (Jaegers) sachlichen Argumenten im Schreiben vom 2. Juli »überhaupt nicht auseinandergesetzt«. Er arbeite nur mit statistischen Zahlen und nehme die wirkliche Diaspora-Situation im Erzbistum Paderborn nicht zur Kenntnis. Paderborn habe weit mehr Seelsorgestellen als Köln und Münster, aber nicht mehr Priester. Im Erzbistum Paderborn gebe es nur ganz wenige Bistumspriester im gymnasialen Schuldienst. Für die Berufsschulen habe man auf Ordensleute zurückgegriffen. Ähnlich sehe es in der Anstaltsseelsorge aus. Nach weiteren Klagen über die schwierige Situation im Erzbistum Paderborn und kritischen Äußerungen über das von Frings vorgelegte Zahlenmaterial kam Jaeger zu dem Schluss: »Wenn ich ein gesundes Gleichgewicht erhalten will in der Diözese und vor allem personell und finanziell diese Diaspora mit Priestern versorgen und organisatorisch aufbauen will, brauche ich ein starkes, leistungsfähiges katholisches Stammland. Schmälert man Paderborn im Westen, kann die Diözese nicht mehr die missionarische Leistung vollbringen, die sie 150 Jahre hindurch [in] anerkannter Weise im mitteldeutschen Raum geleistet hat. Aus diesen Erwägungen heraus muss ich erklären, dass von meiner Sicht her die Umschreibung der neuen Diözese nach dem mit x1 bezeichneten Plan [= kleinster Umfang] die tragbarste ist. Sollte dieser Plan x1 abgelehnt werden, könnte ich mich schweren Herzens mit dem Plan x2 abfinden. Den Plan x3 muss ich aus den ... ausführlich dargestellten Gründen entschieden ablehnen«.

[24] Frings an Muench 30. August 1953 (Ebd.): »Im Anschluss an die Unterredung, die ich am 27. d. M. mit Ew. Exzellenz ... zu führen die Ehre hatte, erlaube ich mir, das dabei zugrunde gelegte Zahlenmaterial anbei schriftlich zu überreichen«.

[25] Jaeger an Frings 15. Dezember 1953 (Durchschriften an Muench und Keller): HAEK – CR II 1.9c, 1. Jaeger bezieht sich einleitend auf »Ihren Brief vom 27. 11. 53«.

Bischof Keller schlüpfte nach dieser bitteren Reaktion Jaegers wieder in die Rolle des weniger betroffenen wohlmeinenden Vermittlers. Am 19. Dezember schrieb er in Kenntnis des Paderborner Briefes an Frings[26]. Da Jaeger und Frings beide mit dem Plan x2 leben könnten und er selbst »gegen eine solche Lösung keine Bedenken erhoben habe, dürfte nunmehr endlich die Einigungsformel gefunden sein. Ich wäre sehr dankbar, wenn Euer Eminenz möglichst umgehend in diesem Sinne an den Hochwürdigsten Herrn Apostolischen Nuntius berichten möchten; denn wir alle haben ja ein Interesse daran, dass der Heilige Stuhl nicht den Eindruck gewinnt, als ob durch unsere Uneinigkeit eine Lösung des von ihm als dringlich betrachteten Problems hinausgezögert würde«.

Damit waren die Verhandlungsspielräume hinsichtlich der Umgrenzung des neuen Bistums Essen zwischen den beteiligten Bischöfen ausgeschöpft. Am 28. Dezember 1953 entwarf Generalvikar Teusch für Frings ein Schreiben an Jaeger und Keller[27]. Frings bat die beiden »um gütiges Einverständnis, dass ich *den Plan x2 als den Vorschlag der drei beteiligten Bischöfe* über den Hochwürdigsten Herrn Nuntius dem Heiligen Vater unterbreite. Es dürfte sich empfehlen, dass die notwendigen Verhandlungen mit der Landesregierung noch in der Legislaturperiode des jetzigen Landtages geführt werden«.

Die Eingabe an den Nuntius trägt das Datum vom 21. Januar 1954[28]. Die allein bisher strittige Bistumsumschreibung lautete:
»Danach besteht das zu bildende Bistum:
im Regierungsbezirk Arnsberg aus den Kreisen Altena, Ennepe-Ruhr (ohne die Pfarreien Herdecke und Wetter und die Pfarrvikarie Ende-Syburg), Lüdenscheid und Wattenscheid;
im Regierungsbezirk Düsseldorf aus den Kreisen Duisburg, Düsseldorf-Mettmann (soweit dieser das bisherige Dekanat Mettmann ohne die Pfarreien Gruiten, Heiligenhaus und Mettmann umfasst), Essen, Mülheim und Oberhausen;
im Regierungsbezirk Münster aus den Kreisen Bottrop, Gelsenkirchen und Gladbeck«.
In Zahlen bedeutete das: Köln gibt 513.000, Münster 421.000 und Paderborn 206.000 Katholiken ab. Es folgten die von Rom erbetenen Vorschläge und Zahlen, von denen wegen der späteren Differenzen über diesen Punkt ein Vorschlag erwähnenswert ist: »Es dürfte sich empfehlen,

[26] Keller an Frings 19. Dezember 1953: HAEK – CR II 1.9c, 1.
[27] Handschr. Entwurf Teuschs: Frings an Jaeger und Keller 28. Dezember 1953: Ebd.

das zu bildende Bistum der Kirchenprovinz Köln einzugliedern, da es zum weitaus größten Teil aus Gebieten besteht, die bisher zu dieser Kirchenprovinz gehörten«.

3. Die Verhandlungen mit der Landesregierung 1954–1957

In Rom wie in der Nuntiatur in Bad Godesberg war man offensichtlich sehr erleichtert, dass die drei beteiligten Bischöfe sich endlich auf einen Kompromiss für die Umschreibung des Bistums Essen verständigt hatten. Am 20. März 1954 – wenige Tage nach Abschluss der in Köln alle Kräfte bindenden Diözesan-Synode! – schrieb Muench an Kardinal Frings[29]: »Vom Heiligen Stuhl ist jetzt eine Antwort auf die Eingabe Ew. Hochwürdigsten Eminenz bezüglich der Neuerrichtung des Bistums Essen eingetroffen. Aus dem Schreiben geht hervor, dass Seine Heiligkeit dem Entwurf der Hochwürdigsten Ordinarien von Köln, Paderborn und Münster gern seine Zustimmung gewährt hat. Der Weisung des Hl. Stuhles nachkommend, habe ich deshalb Schritte zur Einleitung von Verhandlungen bei der Regierung Nordrhein-Westfalen unternommen«.

Muench wollte zur Vorbereitung »je einen Herrn der beteiligten Bistümer zu einem noch zu vereinbarenden Termin hierher bitten«. Auch wolle er zu den Generalvikaren Verbindung aufnehmen.

Mit einer Vorabverständigung über die Bistumsgrenzen war zwar der kritischste Punkt bewältigt. Doch die Kurie in Rom, für die die Gründung eines Bistums eine – unter den deutschen Staat-Kirche-Beziehungen etwas kompliziertere – Routineangelegenheit war, hatte noch eine Liste von Fragen und Aufträgen, um deren Bearbeitung in den drei Diözesen der Nuntius bat. Darunter waren nur zwei Punkte von einiger Brisanz:

»4. Die genaue Zahl der Kanoniker und Benefiziaten, die an der neuen Kurie eingerichtet werden sollen.

5. Eine nähere Erklärung der drei Hochwürdigsten Ordinarien über die Zuweisung des Klerus an die Diözese Essen und insbesondere über die Frage eines eventuellen Optionsrechtes des Klerus für die alte oder neue Diözese«.

Während der letzte Punkt problemlos dahingehend geregelt und von den Betroffenen akzeptiert werden sollte, dass die Priester nach ihrer aktuellen

---

[28] Frings an Muench 21. Januar 1954 (sign. Kopie): Ebd.

[29] Muench an Frings 20. März 1954: HAEK – CR II 1.9c, 1.

oder letzten Anstellung zum Zeitpunkt der Bistumserrichtung dem neuen oder den drei alten Bistümern inkardiniert wurden, verbarg sich hinter der Frage nach den Kanonikaten ein finanzielles Problem.

In den Kölner Akten findet sich eine handschriftliche Aktennotiz Generalvikar Teuschs vom 21. März 1954 »betr. Bistum Essen, Staatsdotation«[30]. Teusch veranschlagte die Kosten »bei 4 Domvikaren + 6 Domkapitularen« auf rund 250.000,– DM. »Ob der *Staat* diese Dotation zusätzlich gewährt, ist fraglich. Eine Pflicht dürfte nach Abschluss des Preußenkonkordates nicht mehr bestehen. Die *Mutterbistümer* haben kaum fruchtbringende Vermögenswerte zu teilen. Ein Verzicht auf Teile der Staatsdotation zugunsten des neuen Bistums ist schwer zuzumuten«. Vielleicht ging es auf ähnliche Überlegungen in Paderborn zurück, dass Erzbischof Jaeger zeitweilig erwog, für das neue Bistum genügten 4 Domkapitulare. Teusch kam trotz solcher Sorgen zu dem Schluss, dass *»m. E. die Errichtung des neuen Bistums nicht an der Finanzfrage zu scheitern«* brauche. Bei einem Kirchensteueraufkommen von 15.000.000,– DM, »(DM 100.000,– p.a. werden Kirchenzeitung und Gebetbuch bringen)«, sei die Summe von 250.000,– DM wohl zu verkraften. *»Aber folgendes wäre m. E. seitens der Mutterbistümer für das neue Bistum zu tun:* a) Eine gute Erstausstattung einschließlich eines Priesterseminars zu stellen. b) Auf wenigstens 30 Jahre sollten die Knaben- und Theologenkonvikte, die Laienseminare und Einrichtungen wie das Honnefer Institut dem neuen Bistum offenstehen, ohne dass es an den Generalkosten mittragen müsste ...«.

So selbstverständlich-kulant das klingt: Ob bei dem sonst so scharf rechnenden Generalvikar Teusch hier nicht der Umstand mitspielte, dass er selbst aus Essen stammte und dem Projekt der Bistumsgründung – wie Kardinal Frings – sehr wohlwollend gegenüberstand?

Vom Zustandekommen der ersten Verhandlungen mit der Landesregierung berichten die Akten des Jahres 1954 nichts. Ob die politischen Veränderungen in Düsseldorf dabei eine Rolle spielten? Bei der Landtagswahl vom 27. Juni 1954 erzielten CDU und Zentrum nur noch eine Minderheit von 99 von 200 Mandaten, so dass Ministerpräsident Arnold die FDP in sein Koalitionskabinett aufnehmen musste. Die Regierung scheiterte im Februar 1956, als die FDP mit Fritz Steinhoff (SPD) eine neue Koalition einging[31].

---

30 »betr. Bistum Essen, Staatsdotation«, handschr. Notiz Teuschs 21. März 1954: HAEK – CR II 1.9c, 1.

31 Dazu: F. KEINEMANN, Von Arnold zu Steinhoff und Meyers.

Dagegen kam es im ersten Halbjahr 1954 noch einmal zu Schriftwechseln zwischen der Nuntiatur und den Erzbischöfen von Köln und Paderborn wegen der Abweichungen zwischen den vorgeschlagenen Bistumsgrenzen und den kommunalen Grenzen. Frings schrieb dem Nuntius am 15. Mai 1954[32]: »Falls gegen die Durchschneidung des Landkreises Düsseldorf-Mettmann durch die neue Diözesangrenze unüberwindliche Bedenken bestehen sollten, schlage ich vor, den Kreis ganz beim Erzbistum Köln zu belassen«. Dagegen unterstützte Frings die von Paderborn gewünschte Belassung von Herdecke, Wetter und Ende-Syburg im Ennepe-Ruhr-Kreis bei Paderborn.

Erst am 18. Januar 1955 kam es zu einer ersten Besprechung von Vertretern der Nuntiatur und der Mutterdiözesen mit der Landesregierung in Düsseldorf. Eine ausführliche Protokollnotiz Böhlers[33] hielt zunächst die Teilnehmer fest:
Von der Nuntiatur Prälat del Mestri und Msgr. Hack,
von den Bistümern die Generalvikare Dr. Tuschen (Paderborn) und Böggering (Münster) sowie Prälat Böhler für Köln.
Von der Landesregierung nahmen teil: Staatssekretär Dr. Busch (Kultusministerium), der von Arnold mit der Leitung der Besprechung beauftragt war, Staatssekretär Loschelder (Innenministerium) und Ministerialrat von Müller für die Staatskanzlei.
Es ist aufschlussreich, dass auch für die Landesregierung die Umgrenzung des neuen Bistums den wichtigsten Verhandlungsgegenstand darstellte: »Seitens der Regierung wurde der Vorschlag gemacht, noch die Dekanate Wanne-Eickel, Herne, Castrop-Rauxel, Bochum und Witten zu dem neuen Bistum zu nehmen. Als Gründe gab Staatssekretär Busch an, die soziologische und wirtschaftliche Tendenz dieser Bezirke ziehe mehr nach Essen und Gelsenkirchen als nach Dortmund. Das neue Bistum müsste das im Ruhrgebiet Einheitliche berücksichtigen«.

Del Mestri versuchte abzuwiegeln: Diese Vorschläge kämen sehr spät und würden angesichts der bereits erzielten Einigung unter den Diözesen eine große Verzögerung bringen. Generalvikar Tuschen brachte die bekannten Einwände Paderborns gegen größere Abtretungen an das neue Bistum vor. Als Busch stattdessen die Belassung von Altena und Lüdenscheid bei Paderborn ins Gespräch brachte, vertrat Böhler Frings' For-

[32] Frings an Muench 15. Mai 1954 (sign. Kopie): HAEK – CR II 1.9c, 1.
[33] »Bistum Essen«, 4 Schreibmaschinen-Seiten, unterzeichnet von Böhler am 21. Januar 1955. Begleitbrief Böhlers an Frings 22. Januar 1955: Ebd.

derung nach einer ländlichen Ergänzung der Industrie-Diözese. Staatssekretär Busch wollte die Einwände der Kirchenvertreter dem Ministerpräsidenten vortragen »und glaube, dass dann der Vorschlag der Regierung zurückgezogen werden und es bei der jetzigen Grenzplanung bleiben könne«. Bezüglich des Kreises Mettmann sagte Busch, »diese Frage sei entschieden, der ganze Kreis Mettmann solle bei dem Erzbistum Köln bleiben«.

Weit weniger schwierig, als man in Köln und Paderborn befürchtet hatte, erwies sich die Dotationsfrage: »Da das Bistum [Essen] ungefähr die gleiche Seelenzahl wie das Bistum Aachen haben wird, soll es auch in gleicher Weise ausgestattet werden, also:
1 Bischof,
1 Weihbischof,
1 Dignität,
6 residierende Domkapitulare,
4 nichtresidierende Domkapitulare,
6 Domvikare«.
Del Mestri war über diese staatliche Offerte so überrascht, dass er die Bemerkung machte, »das sei die Höchstgrenze unserer Wünsche«. Auch in der Sachdotation bot der Staat die Parallelisierung zu Aachen an. »An der Ersteinrichtung des Bistums – so wurde von der Regierung betont – werde sich die Regierung nicht beteiligen. Das sei Aufgabe der Mutterdiözesen. Man nehme wohl an, dass auch die [an der Errichtung des Bistums höchst interessierte] Stadt Essen hierzu beitragen werde«.

Die unerwartete Kulanz der Landesregierung lag offenbar im Interesse daran begründet, erstmals in der jungen Geschichte des Landes Partner einer völkerrechtlichen Vereinbarung mit dem Hl. Stuhl zu werden. Im Protokoll Böhlers heißt es: »Man war sich einig, dass für die Neuregelung ein Gesetz erforderlich ist, der Landtag also mit der Frage beschäftigt werden muss. Nach Auskunft des Staatssekretärs Busch ist die Rechtslage so, dass auf Grund des Konkordats ein Ergänzungsvertrag abgeschlossen wird, der nur der einfachen Mehrheit des Landtags bedarf«. Für einen solchen »Ergänzungsvertrag« zum Preußischen Konkordat von 1929 galten dann nahezu selbstverständlich die dort fixierten Parameter.

Nach einer Verständigung über abgesprochenes Vorgehen bei der Unterrichtung der Öffentlichkeit über die Bistumspläne in Essen klopfte Böhler mit seinem Gespür für die Bedeutung dieses Punktes den konkordatären Charakter der zu treffenden Vereinbarung noch einmal ausdrücklich fest: »Auf Anfrage von Prälat Böhler wurde von Herrn Staatssekretär Busch noch festgestellt, dass die im Konkordat im einzelnen festgesetzten Bestimmungen für die Diözesen im allgemeinen auch für die neue Diözese gelten müssten«.

Es ist davon auszugehen, dass Generalvikar Krautscheidt für seine Schilderung in der Hengsbach-Festschrift 1980 ebenso wie die Kölner Akten auch Paderborner Papiere benutzte, ohne seine Quellen zu benennen. Auf diese Paderborner Unterlagen geht vermutlich die nachfolgende Darstellung Krautscheidts über Fortgang und Hintergrund der weiteren Verhandlungen zurück[34]: »In den Wochen und Monaten nach dieser ersten offiziellen Verhandlung zwischen den Vertretern von Staat und Kirche entwickelte sich ein lebhafter unmittelbarer Kontakt zwischen dem Erzbischof von Paderborn, dem Ministerpräsidenten Arnold in Düsseldorf und dem Apostolischen Nuntius in Bad Godesberg. Paderborn versuchte, im Sinne seiner gegen den staatlichen Vorschlag vom 18. Januar 1955 geäußerten Bedenken über den Nuntius auf den Ministerpräsidenten einzuwirken. Aber dieser war offensichtlich unter politischen Druck geraten. Verschiedene Mitglieder des Landtages, besonders wohl der Bochumer Abgeordnete Dufhues[35] und der Essener Abgeordnete Toussaint[36], drängten auf die Einbeziehung des Bochumer Stadtgebietes in den Bistumsbereich. Der Ministerpräsident musste seinen Verhandlungspartnern [von der Kirche] schließlich andeuten, man habe sich hinter Abgeordnete gesteckt und diese mobil gemacht gegen den kirchlichen Vorschlag. Wenn er im Düsseldorfer Parlament die Karte der neuen Diözese in der jetzt [kirchlicherseits] gedachten Umschreibung ohne Bochum vorlegen müsse, werde er auf unüberwindbaren Widerstand stoßen«.

So wurde Karl Arnold auf politischer Seite nach Kardinal Frings auf kirchlicher Seite zum zweiten Anwalt lebensfähiger Dimensionen des Bistums Essen. Zweifellos hat die später errichtete katholisch-theologische Fakultät der Ruhr-Universität Bochum für die gemeinsame und einheitliche Ausbildung des Klerus der neuen Diözese eine nicht zu unterschätzende Bedeutung gewonnen.

---

[34] J. KRAUTSCHEIDT, Gründung, S. 37 f.

[35] Josef Hermann Dufhues (1908–1971), nach 1945 zunächst Richter am Landgericht, dann Rechtsanwalt in Bochum, 1951 dazu Notar, Mitbegründer der »Jungen Union« und bis 1950 deren Bundesvorsitzender. Später Mitglied des Vorstandes der westfälischen CDU, 1959–1970 Vorsitzender des Landesverbandes Westfalen-Lippe der CDU, Landtagsabgeordneter, 1958-1962 Landesinnenminister in NRW, 1966 Landtagspräsident: ST. MARX, in: LCDD, S. 224 f.

[36] Hans Toussaint (1902–1977), 1925 Dr. rer. pol. in Köln, Großhandelskaufmann in Essen, nach 1945 Mitgründer der CDU in Essen, ab 1945 Mitglied des Stadtrats, 1949-1956 Oberbürgermeister in Essen, 1947-1958 MdL NRW für die CDU, 1957-1969 MdB: DBE 10, 1999, S. 66.

Doch kehren wir zur Darstellung der Verhandlungen 1955 aus den Paderborner Akten durch Joseph Krautscheidt zurück[37]: »In weiteren Gesprächen zwischen Paderborn, Düsseldorf und Bad Godesberg hielt der Erzbischof von Paderborn zwar seine Bedenken gegen die Wegnahme Bochums aufrecht, erklärte aber auch, dass an diesen Schwierigkeiten das Vertragswerk als solches nicht scheitern dürfe. Daraufhin teilte der Apostolische Nuntius unter dem 3. Mai 1955 dem Erzbischof von Paderborn mit, in einer weiteren Besprechung habe sich gezeigt, dass der Ministerpräsident nicht mehr in der Lage sei, den Gang der eingetretenen Entwicklung aufzuhalten. ›Nach dieser Besprechung‹, schrieb der Nuntius wörtlich, ›habe ich den gegenwärtigen Stand der Dinge dem Hl. Stuhl berichtet und um Weisung gebeten. Ich habe nicht verfehlt, auf die berechtigten Bedenken Ew. Exzellenz und besonders [auf] die zugemuteten finanziellen Opfer für Ihre Erzdiözese hinzuweisen. Pflichtmäßig habe ich hinzugefügt, dass Ew. Exzellenz nicht die Verantwortung übernehmen wollten, dass an Ihrer Auffassung die Errichtung des neuen Bistums scheitern würde und dass Sie bereit wären, auch das in Frage stehende Gebiet abzutreten, wenn anders keine Einigung zustande käme. Zunächst müssen wir die Antwort aus Rom abwarten ...‹.

In einem Schreiben vom 26. Mai 1955 teilte der Apostolische Nuntius dem Erzbischof von Paderborn mit, wie Rom entschieden hatte: Um den Fortschritt der Vorarbeiten nicht länger zu verzögern, könne jetzt dem Wunsch der Regierung von Nordrhein-Westfalen Rechnung getragen und Bochum in das Bistum Essen einbezogen werden.

Am 28. September 1955 fand in der Staatskanzlei in Düsseldorf eine abschließende Besprechung zwischen Vertretern der Regierung und der beteiligten Bistümer statt. Die Zirkumskription des neuen Bistums, wie sie jetzt von Rom genehmigt war, wurde allgemein akzeptiert. Gleichzeitig gab man die Formulierung eines Entwurfs für den Vertrag zwischen dem Land und dem Heiligen Stuhl in Auftrag. Dabei blieb allerdings die Frage, zu welcher Kirchenprovinz das neue Bistum gehören solle, noch ausgespart«.

Damit schnitt Krautscheidt ein neues Problem an, das bisher nicht bestanden hatte. In allen bisherigen Überlegungen bis zum gemeinsamen Vorschlag der Bischöfe an den Heiligen Stuhl am 21. Januar 1954 war klar gewesen, dass das neue Bistum zur Kölner Kirchenprovinz gehören solle. Doch nun brachte der Paderborner Verhandlungspartner in Düsseldorf, Prälat Baumjohann[38], ins Gespräch, das neue Bistum Essen der Paderbor-

---

[37] J. Krautscheidt, Gründung, S. 37 f.

[38] Gerhard Baumjohann (1898–1977), 1924 Priester, 1948 Wirklicher Geistlicher Rat, Leiter der Finanzabteilung im Erzbisch. Generalvikariat Paderborn, 1961-1974 residierender

ner Kirchenprovinz zuzuordnen, um Erzbischof Jaeger für den Verzicht auf Bochum zu entschädigen. Da Rom für den Gedanken offen war, musste Muench am 12. September 1955 an Frings schreiben und ihn fragen, »ob es nicht in Anbetracht aller Umstände wünschenswert wäre, das Bistum Essen als Suffraganbistum dem Erzbistum Paderborn zuzuschreiben«[39].

Die Aufforderung des Nuntius an Frings, »sobald als möglich« Stellung zu nehmen, erwies sich als überflüssig: Schon am 20. September 1955 machte Frings seinem Unmut in einem dreiseitigen Schriftsatz für den Nuntius Luft[40]. Zunächst entkräftete er den Hinweis darauf, »dass die Erzdiözese Paderborn durch die Abtretung von Bochum ein ungewöhnlich schweres Opfer bringen müsse«. Köln bringe 528.000 Seelen in das neue Bistum ein, »Paderborn jetzt 334.000«. Die Kölner Diözese gebe »ungefähr 1/5 der Gesamtdiözese und ungefähr 1/5 ihrer Finanzkraft« ab. »Seit meiner Ernennung zum Erzbischof von Köln habe ich meinen Sprengel als eine Ellipse mit zwei Brennpunkten: Essen und Köln angesehen. Schon am zweiten Sonntag nach meiner Bischofsweihe bin ich zum Ausdruck dessen nach Essen gegangen ... Auch in den folgenden Jahren bin ich peinlich bemüht gewesen, Essen mit genau derselben Liebe zu behandeln wie Köln. Der Verzicht auf Essen bedeutet daher für mich persönlich und für die ganze Diözese ein schweres Opfer«.

Nach diesen »Gefühlsmomenten« – wie Frings sich ausdrückte – nannte er die sachlichen Gründe für eine Zugehörigkeit Essens zum Kölner Metropolitanverband:

»1. Die Kölner Kirchenprovinz steuert zur neuen Diözese 974.000 Seelen zu, die Paderborner 334.000.
2. Seiner inneren Struktur nach als dichtbevölkertes, hochindustrialisiertes Gebiet mit einer zur Hälfte katholischen Bevölkerung passt die neue Diözese zur Erzdiözese Köln und den südlichen Teilen von Münster, während die Kirchenprovinz Paderborn vorwiegend aus weitausgedehnten Diasporabezirken besteht: sie [die Diözese Essen] gleicht daher, was die Seelsorgeprobleme angeht, Köln und seinen Nachbardiözesen.
3. Der Industriebezirk der Ruhr tendiert wirtschaftlich und kulturell zum Rheine hin. Düsseldorf ist mit seinen großen Eisen- und Stahlkontoren

Domkapitular: Klerusverzeichnis der Erzdiözese Paderborn 1958, S. 8-12; Personalverzeichnis der Erzdiözese Paderborn 1978, S. 255.

39 Dieses Schreiben ist in den Kölner Akten bisher nicht auffindbar. Krautscheidt scheint eine Kopie in Paderborn benutzt zu haben.

40 Frings an Muench 20. September 1955 (mehrere sign. Kopien): HAEK – CR II 1.9c, 1.

der Vorort der Industrie. Der Rhein ist die gegebene Verkehrsader für die Ruhrkohle. Köln und Düsseldorf sind die Kulturzentren, die ins Ruhrgebiet ausstrahlen. Das berühmte Stift Essen war tausend Jahre lang mit Köln verbunden.

4. Verkehrstechnisch ist das Ruhrgebiet aufs engste verflochten mit Düsseldorf, Wuppertal, Mülheim, Duisburg. Direkte Eisenbahnlinien führen von Köln über Essen nach Münster. Die große Autobahn führt von Köln über Duisburg in die Gegend von Essen. Die Autoverbindung von Köln-Essen beträgt eine Stunde. Die relativ kleine Stadt Paderborn liegt für Essen außerhalb des Gesichtskreises. Die Reise dorthin dauert mehr als doppelt so lange.
5. Ein Blick auf die Karte zeigt, dass mit der Diözese Essen die Kirchenprovinz Paderborn bis an den Rhein vorstoßen würde. Sie würde die niederrheinische Kirchenprovinz auseinanderreißen und Köln von dem Suffraganbistum Münster trennen. Sie würde das sehr klein gewordene Gebiet der Erzdiözese Köln von Osten und Norden her bis auf eine Autostunde umklammern.

Alle diese Gründe zeigen, dass es unnatürlich wäre, Essen zur Kirchenprovinz Paderborn zu schlagen. Es würde nach außen wie eine Bestrafung und beabsichtigte Demütigung Kölns wirken.

Ich bitte daher Ew. Exzellenz inständig, sich dafür einzusetzen, dass es bei dem ursprünglichen Plan bleibt, den ich am 21. 1. 54 im ausdrücklichen Einverständnis mit dem Herrn Erzbischof von Paderborn und dem Herrn Bischof von Münster Ew. Exzellenz vorlegen konnte: ›Es dürfte sich empfehlen, das zu bildende Bistum der Kirchenprovinz Köln anzugliedern, da es zum weitaus größten Teil aus Gebieten besteht, die bisher zu dieser Kirchenprovinz gehörten‹«.

Nunmehr war es nicht Erzbischof Jaeger, sondern Kardinal Frings, der mit dem Geschick eines Markthändlers verhandelte, um Rom definitiv für die Zugehörigkeit Essens zum Kölner Metropolitanverband zu gewinnen. Auf die gemeinsame Eingabe vom 21. Januar 1954 nochmals hinweisend schrieb Frings weiter:

»Wenn es im Absatz vorher heißt: ›Die Bistümer Münster, Paderborn und Köln sind darüber hinaus bereit, zur Erstausstattung der neuen Diözese beizutragen‹, so möchte ich hinzufügen, dass mit Rücksicht auf den finanziellen Verlust, der Paderborn durch die Hergabe von Bochum bedroht, Köln bereit wäre, mit Münster allein für diese Erstausstattung Sorge zu tragen«.

Dem Nuntius war bewusst, dass mit der Idee der Zuordnung Essens zur Paderborner Kirchenprovinz erhebliche Unruhe ausgelöst worden war. Am 21. Oktober 1955 schrieb er »streng vertraulich« an Frings und brachte Licht in die Hintergründe[41]. »Wie Euer Eminenz unterrichtet sein werden, hat Herr Universitätsprofessor Dr. Peters, der Beauftragte der Nuntiatur bei der letzten Besprechung mit den Herren der Regierung in Düsseldorf, übereinstimmend mit Msgr. Krautscheidt berichtet, dass ... Msgr. Baumjohann die Metropolitanzugehörigkeit für die Kirchenprovinz Paderborn beansprucht habe. Bisher habe ich die beiden anderen Ordinarien noch nicht konsultiert. Ich hielt es aber für meine Pflicht, festzustellen, ob der Einspruch von Msgr. Baumjohann im Auftrag des Erzbischofs von Paderborn erfolgt ist. Das Ergebnis meiner Nachfrage war die Erklärung Sr. Exz. Erzbischof Jaegers, dass Msgr. Baumjohann nicht in seinem Auftrag gesprochen habe. Exz. Jaeger ließ aber gleichzeitig durchblicken, dass er eine solche Wendung gerne sehen würde«. Er – Muench – habe Jaeger darauf hingewiesen, dass die Nuntiatur für eine Änderung der bisherigen Zuordnungspläne nicht zuständig sei. »Nur im Einvernehmen mit den beiden anderen Ordinarien könne eine solche in Frage kommen. Wenn er [Jaeger] seine Ansicht aufrecht erhalte, werde ihm empfohlen, sich mit Euer Eminenz ins Benehmen zu setzen«.

Weitere Hintergrundinformationen erhalten wir aus einem Brief, den Generalvikar Teusch seinem Erzbischof vor Abreise in den Urlaub am 21. Oktober 1955 schrieb[42]: »Wenn neuerdings Msgr. Hack [von der Nuntiatur] Herrn Prälaten Böhler darlegte, dass es wohl erwünscht sei, dass Ew. Eminenz mit dem Erzbischof von Paderborn über die Frage der Kirchenprovinzzugehörigkeit [des Bistums Essen] sprechen sollten, so habe ich Herrn Prälaten Böhler meine Meinung dahingehend zu diesem Wunsche dargelegt, dass Eminenz keine Veranlassung hätten, ein solches Gespräch herbeizuführen, da über diese Frage zwischen den beteiligten Bischöfen längst Einigkeit hergestellt war. Wenn nach dem Protokoll der Verhandlungen in Düsseldorf Paderborn eine von diesem Beschluss abweichende Lösung vorschlug, ... so liegt m. E. darin kein Grund, dass Eminenz ein solches Gespräch herbeiführen«.

Krautscheidt erhob 1980 (aus Paderborner Akten)[43]: »Am 31. Oktober 1955 teilte der Ministerpräsident dem Erzbischof von Paderborn mit, der Vertragsentwurf sei inzwischen durch Professor Peters, Staatsrechtler in Köln, fertiggestellt worden. Die Metropolitanzuteilung der neuen Diözese habe man allerdings offengelassen, da es sich um eine innerkirchliche

41 Muench an Frings 21. Oktober 1955 »Streng vertraulich!«: HAEK – CR. II 1.9c, 1.
42 Teusch an Frings 21. Oktober 1955 (sign. Kopie): Ebd.
43 J. KRAUTSCHEIDT, Gründung, S. 40.

Angelegenheit handele, die von Rom zu entscheiden sei«. Krautscheidt schloss seinen Bericht über den Paderborner Vorstoß mit der Feststellung: »Die römische Entscheidung lautete auf Zuteilung zur Kölner Kirchenprovinz«.

4. Die rechtlichen Schritte zur Gründung des Bistums Essen zwischen 19. Dezember 1956 und 1. Januar 1958

Nachdem Ende 1955 auch zwischen Kirche und Land die Voraussetzungen für die Gründung des Bistums Essen abgesprochen waren, sollte es noch mehr als ein Jahr dauern, bis der Vertrag des Landes Nordrhein-Westfalen mit dem Heiligen Stuhl unterzeichnet wurde.

Ende 1955 lösten zunächst Pressemeldungen über das Projekt der Bistumsgründung öffentliche Diskussionen aus, die Krautscheidt beschrieben hat[44]. Auch die politischen Kräfte formierten sich. Im SPD-Pressedienst vom 20. Oktober 1955 hieß es[45]: »Andeutungen lassen vermuten, dass so etwas wie ein ›Arbeiterbistum‹ geplant ist, dessen Hauptaufgabe darin besteht, den katholischen Einfluss im Ruhrgebiet zu stärken, dessen Industriebevölkerung vor 1933 in hohem Maße das Zentrum wählte, während nach 1945 sich die SPD überall und selbst z. B. in dem sehr katholischen Oberhausen durchsetzen konnte. Diese Entwicklung soll jetzt gebremst werden, mit Hilfe der Kirche will die CDU versuchen, in den alten Hochburgen des Zentrum wieder das Steuer an sich zu reißen ...«. Gerüchte, dass auch die Evangelische Kirche in Essen eine kirchliche Oberbehörde einrichten wolle, erwiesen sich bald als irrig.

Schon bei der Vorlage seiner Protokollnotiz über die erste Besprechung zwischen Staat und Kirche am 18. Januar 1955 hatte Böhler gewarnt[46]: »Ich fürchte allerdings, dass man sich die parlamentarische Behandlung bei den jetzigen Mehrheitsverhältnissen im Landtag etwas zu leicht vorstellt«. Ein Jahr später, in den letzten Wochen der Regierung Arnold, schrieb Böhler am 5. Januar 1956 an Teusch[47]: »Inzwischen hatte ich Gelegenheit, mit Herrn Ministerpräsident Arnold über das Bistum Essen erneut zu sprechen. Ich habe die Frage angeschnitten, ob es gut wäre, wenn

---

[44] Gestützt auf Zeitungsausschnitte in HAEK – CR II 1.9c, 1: J. Krautscheidt, Gründung, S. 40-51.

[45] SPD-Pressedienst P/X/243 – 20. 10. 1955 »Bistumsgründung unter politischen Vorzeichen« (Abschrift): HAEK – CR II 1.9c, 1, vgl. J. Krautscheidt, Gründung, S. 50.

[46] Böhler an Frings 22. Januar 1955 (Kopie auch an Teusch): HAEK – CR II 1.9c, 1.

[47] Böhler an Teusch 5. Januar 1956: Ebd.

Kettwig und Mintard noch zum Bistum Essen kämen. Herr Ministerpräsident Arnold wäre dankbar, wenn davon Abstand genommen würde. Es wäre jetzt alles so geregelt, dass Änderungen unter Umständen größeren Aufenthalt bringen würden ... Dieselbe Auffassung vertrat in einer Unterredung auch Exzellenz Erzbischof Dr. Muench, der Apostolische Nuntius«.

Wenn es trotzdem zu einem fast einjährigen Stillstand kam, mag das *auch* daran gelegen haben, dass in Düsseldorf am 20. Februar 1956 der Regierungswechsel von Arnold (CDU) zu Steinhoff (SPD) stattfand[48] und der neue Ministerpräsident und sein Kultusminister Professor Luchtenberg (FDP)[49] sich in die ihnen unvertraute Materie erst einarbeiten mussten. Der Stillstand wurde auch durch einen Notenwechsel zwischen Nuntiatur und neuer Landesregierung am 14. bzw. 26. März 1956 nicht beendet. Am 26. Juli 1956 richtete Nuntius Muench erneut eine Note an die Landesregierung[50]:

> »Die Apostolische Nuntiatur gestattet sich, der Landesregierung von Nordrhein-Westfalen ihre Besorgnis darüber zum Ausdruck zu bringen, dass nach dem Notenwechsel vom 14. und 26. März 1956 noch kein Fortschritt in der Angelegenheit der Errichtung des Bistums Essen erreicht worden ist. Nachdem die Vorbereitung des Vertragsentwurfs durch die Beauftragten der beiden Parteien als abgeschlossen angesehen werden muss, ... darf die Nuntiatur annehmen, dass die Landesregierung jetzt in der Lage ist, einen von ihr gebilligten Vertragsentwurf dem Hl. Stuhl vorlegen zu können ...«.

Aus der Antwortnote der Landesregierung vom folgenden Tage erfahren wir, dass »Ende April dieses Jahres ... zwischen den beiden Beauftragten« der Vertragstext »endgültig festgelegt wurde«. Die interministerielle Abstimmung erfordere, durch die Urlaubszeit bedingt, noch einige Wochen. Doch rechne man Ende August mit der letzten Abklärung.

Den dann recht zügig sich gestaltenden Ablauf der Dinge hat Krautscheidt zusammengefasst[51]: »Am 14. September 1956 wurde der Vertrags-

---

[48] Zur Regierungskrise im Februar 1956: W. FÖRST, Kleine Geschichte Nordrhein-Westfalens, Düsseldorf 1986, S. 126-132; F. KEINEMANN, Von Arnold zu Steinhoff, S. 77-133.

[49] Paul Luchtenberg (1890–1973), 1915 Dr. phil., 1921 Habilitation in Köln, 1925 a.o. Professor in Darmstadt, nach 1945 Mitbegründer der FDP, für sie MdL und MdB, 1956-1958 Kultusminister in Nordrhein-Westfalen: MUNZINGER, in: DBE 6, 1997, S. 491 f.

[50] Note der Apostolischen Nuntiatur an die Landesregierung von Nordrhein-Westfalen 25. Juli 1956 (Kopie): HAEK – CR II 1.9c, 1. Dort auch die nachfolgend zitierte Verbalnote der Landesregierung an die Nuntiatur vom 26. Juli 1956.

[51] J. KRAUTSCHEIDT, Gründung, S. 51 f.

entwurf vom Kabinett des Landes Nordrhein-Westfalen einstimmig bejaht. Nach Billigung des Textes durch das Staatssekretariat Seiner Heiligkeit konnte der Vertrag am 19. Dezember 1956 in der Apostolischen Nuntiatur zu Bad Godesberg durch den Apostolischen Nuntius Erzbischof Muench für den Heiligen Stuhl sowie durch den Ministerpräsidenten Steinhoff und den Kultusminister Luchtenberg für das Land Nordrhein-Westfalen in einem feierlichen Akt unterzeichnet werden[52]. In ihrer Sitzung am 7. Januar 1957 verabschiedete sodann die Landesregierung den Gesetzentwurf zu dem Vertrag zwischen dem Land und dem Hl. Stuhl und übersandte den Entwurf dem Präsidenten des Landtags zur parlamentarischen Behandlung. Am 21. Januar 1957 legte der Kultusminister des Landes Dr. Luchtenberg den Entwurf der Landesregierung dem Landtag vor«[53].

Minister Luchtenberg war auf seine Landtagsrede vom 21. Januar 1957 aus diesem Anlass so stolz, dass er sie als Anhang des »Gesetz[es] zu dem Vertrage des Landes Nordrhein-Westfalen mit dem Heiligen Stuhle vom 12.2.1957« im »Amtsblatt des Kultusministeriums« abdrucken ließ[54]: »Wenn ich die Aussichten des Ihnen ... vorgelegten Gesetzentwurfs vom 7. Januar dieses Jahres richtig abschätze, dann wird sich, wie es scheint, ein Kultusminister bei der erforderlichen Abstimmung über ein wahrhaft geschichtliches Ereignis nur selten einer so weitgehenden Zustimmung aller Fraktionen des Hohen Hauses erfreuen können, wie ich sie heute glaube erwarten zu dürfen. Das ist zweifellos entscheidend darin begründet, dass ich ein Begehren zu begründen habe, das von der Landesregierung bereits im Jahre 1954 grundsätzlich wohlwollend aufgenommen und behandelt worden ist. Nachdem dann das Kabinett Fritz Steinhoff alles getan hat, um die eingeleiteten Verhandlungen so schnell wie möglich zu einem guten Ende zu führen, darf mit Fug und Recht angenommen werden, dass sich die Opposition [CDU und Zentrum] ebenso wenig wie die Koalitionsparteien den Vorschlägen der Regierung versagen wird ...«.

---

[52] Information Muenchs an Frings 19. Dezember 1956 mit einem Exemplar des gedruckten italienisch-deutschen Textes: HAEK – CR II 1.9c, 5.

[53] Landtag Nordrhein-Westfalen – 3. Wahlperiode – 53. Sitzung am 21. Januar 1957, Bd. 2, S. 1685-1689 (Rede Luchtenbergs).

[54] Amtsblatt des Kultusministeriums Land Nordrhein-Westfalen 9, 1957, S. 22, Nr. 27: Gesetz zu dem Vertrage des Landes Nordrhein-Westfalen mit dem Heiligen Stuhle vom 12. Februar 1957, GV. NW. S. 19; Vertrag des Landes Nordrhein-Westfalen mit dem Heiligen Stuhl (deutsch und italienisch), ebd., S. 23-24; Rede des Kultusministers Prof. Dr. Luchtenberg bei der Einbringung der Regierungsvorlage, ebd., S. 25-27. Vgl. J. KRAUTSCHEIDT, Gründung, S. 52. Texte ebenso: Gesetz und Vertrag (deutsch und italienisch): KA 97, 1957, Nr. 194, S. 191-194; E. HEGEL, Kirchliche Vergangenheit, S. 286-288 (»Der Essener Bistumsvertrag«, italienisch und deutsch); ebd., S. 288: Gesetz vom 12. Februar 1957 zu dem Vertrag des Landes Nordrhein-Westfalen mit dem Heiligen Stuhle.

Hatten sich Ministerpräsident Arnold und Prälat Böhler seinerzeit über die Gefahren für das Bistumsprojekt Essen im Landtag unnötige Sorgen gemacht? Man darf davon ausgehen, dass bei einer Vorlage von Vertrag und Gesetz durch eine Regierung Arnold SPD und selbst Vertreter der im Kabinett vertretenen FDP sich entschieden anders verhalten hätten als nun, da eine SPD-FDP-Koalition die Vorlage machte. Sie hatte Anfang 1956 eine fast fertiggestellte, von allen Beteiligten akzeptierte und in ihren Inhalten der Öffentlichkeit bekannte Gesetzesvorlage übernommen. Der konfessionslose Ministerpräsident Steinhoff und sein dem bergischen Protestantismus entstammender Kultusminister konnten es sich von der Regierungsbank aus nicht leisten, das ausgereifte Projekt einer Bistumsgründung in Essen im letzten Augenblick zu verhindern oder auch nur zu bekriteln. Vielleicht hat es ihnen sogar geschmeichelt, den ersten völkerrechtlichen Vertrag des jungen Landes Nordrhein-Westfalen unterzeichnen zu dürfen!

So wäre verständlich, dass Luchtenberg bei seiner Landtagsrede am 21. Januar 1957 beinahe abendländisches Pathos annahm: »Ich habe schon einmal an dieser Stelle davon gesprochen, dass wir in Zeitläufen des Umdenkens leben. Und da es darum geht, Halt und Kraft gegenüber den ständigen Verlockungen zu destruktiver und nihilistischer Geisteshaltung zu geben, kann es nur als ein dem Staate und den Kirchen gleichermaßen dienliches Anliegen angesehen werden, wenn man vermehrte Anstrengungen auf sich zu nehmen entschlossen ist, um den wiedererweckten metaphysisch-religiösen Bedürfnissen entgegenzukommen, ganz abgesehen davon, dass kirchliche Fürsorge nicht minder bereit ist, sich der sozialen Fragen anzunehmen, die sich dem verantwortungsbewussten Beobachter des Lebens im Revier auf Schritt und Tritt stellen. Aufgrund derartiger Erwägungen begrüßt es die Regierung Steinhoff angesichts der gegenwärtigen Gesetzesvorlage, das leisten zu können, was feierlich versprochen wurde, als der Ministerpräsident in der Regierungserklärung vom 29. Februar 1956 den Kirchen als den berufenen Trägern des religiösen Lebens den besonderen Schutz und die nachhaltige Unterstützung durch den Staat zusicherte. Es bedarf wohl nicht des Hinweises darauf, dass diese Zusicherung gegenüber beiden Kirchen unseres Landes ausgesprochen worden ist ...«[55].

Den Auflauf der Dinge hat wieder Krautscheidt zusammengefasst[56]: »Im Anschluss an die Darlegungen des Kultusministers wurde der Entwurf ohne Wortmeldungen in Erster Lesung einstimmig angenommen

---

55 Vgl. auch: J. KRAUTSCHEIDT, Gründung, S. 52.

und an den Hauptausschuss überwiesen. Bereits am folgenden Tag, dem 22. Januar 1957, standen die Zweite und Dritte Lesung im Landtag an[57]. Der Berichterstatter stellte fest, dass der Hauptausschuss den Entwurf beraten habe und zu dem Beschluss gekommen sei, den Entwurf ohne Änderung zur Verabschiedung in Zweiter und Dritter Lesung vorzulegen. Ohne weitere Aussprache stimmte der Landtag sowohl in der Zweiten als auch in der Dritten Lesung einstimmig und ohne Enthaltungen zu. Der Austausch der Ratifikationsurkunden [zum Vertrag] fand am 26. Februar 1957 zwischen dem Ministerpräsidenten Steinhoff und dem Apostolischen Nuntius Muench in der Düsseldorfer Staatskanzlei statt[58]. Damit waren die rechtlichen Voraussetzungen für die Errichtung des neuen Bistums mit einem Bischöflichen Stuhl und einem Kathedralkapitel in Essen erfüllt«.

Schon auf die Mitteilung des Nuntius von der Vertragsunterzeichnung am 19. Dezember 1956 hatte Frings geantwortet[59]: »Zugleich darf ich Ihnen meinen aufrichtigen Glückwunsch aussprechen zu diesem in mühsamer Vorarbeit vollendeten Werk, das aller Voraussicht nach auf Jahrhunderte Bestand haben und für die katholische Bevölkerung des Ruhrgebietes von größter und segensreicher Bedeutung sein wird. Eine besondere Freude ist es mir, dass das neue Bistum der Kölner Kirchenprovinz zugeteilt werden wird und so die Bande nicht ganz zerschnitten werden, die Essen und Köln seit mehr als tausend Jahren miteinander verbinden«. Am Vortag des Austauschs der Ratifikationsurkunden bedankte sich der Nuntius seinerseits bei Frings »für die gewährte freundliche Unterstützung, die Sie in hochherziger Weise meinen Bemühungen entgegengebracht haben«[60].

Am 30. April 1957 konnte der Nuntius mitteilen[61]: »Der Heilige Stuhl hat mir die Apostolische Bulle für die can[onische] Errichtung des Bistums Essen übersandt, so dass in absehbarer Zeit die Publikation derselben vorgenommen werden kann«. Er habe Krautscheidt mit der genauen Feststellung der Zirkumskription beauftragt[62] und bitte Frings (wie die übrigen Ordinarien) um die Anweisung an sein Generalvikariat, »die Aussonderung und Bereitstellung der Dokumente und Akten vorzuberei-

56 Ebd., S. 52.

57 Landtag Nordrhein-Westfalen – 3. Wahlperiode – 54. Sitzung am 22. Januar 1957, Bd. 2, S. 1729 (2. und 3. Lesung).

58 Mitteilung Muenchs an Frings 25. Februar 1957: HAEK – CR II 1.9c, 2.

59 Frings an Muench 21. Dezember 1956 (sign. Kopie): HAEK – CR II 1.9c, 1.

60 Muench an Frings 25. Februar 1957: s. o. Anm. 58.

61 Muench an Frings 30. April 1957 »Vertraulich!«: HAEK – CR II 1.9c, 5.

62 Abschrift der Beauftragung Krautscheidts vom 30. April 1957: Ebd.

ten, die sich in personeller und sachlicher Hinsicht auf das auszugliedernde Gebiet« seiner Diözese beziehen.

Die Publikation der päpstlichen Bulle »Germanicae gentis« vom 23. Februar 1957[63] wurde dann allerdings verschoben, um sie – wie Eduard Hegel zutreffend vermutete – bis zur Ernennung des 1. Bischofs zurückzustellen, über dessen Person alsbald die üblichen Spekulationen einsetzten. Es könnte sein, dass der bereits erwähnte Brief Generalvikar Teuschs an Frings vom 21. Oktober 1955 frühe Kölner Überlegungen andeutet[64]. Teusch wies seinen Erzbischof auf den Modus der Erstbesetzung des Bistums Aachen 1930/31 hin: »Danach wurde das Bistum Aachen am 13. August 1930 errichtet, erhielt am 20. August einen Apostolischen Administrator in der Person des Kölner Erzbischofs, am 30. Januar 1931 den neuen Bischof, der am 19. März 1931 im Kölner Dom konsekriert und am 25. März 1931 im Aachener Dom inthronisiert wurde. Am 1. Juli 1931 wurde die Bischöfliche Verwaltung in Aachen errichtet ...«. Wollte Teusch dem Kardinal eine ähnliche Vorgehensweise in Essen nahelegen?

Ein Unterschied zwischen den Bistumsgründungen in Aachen und Essen ergab sich schon daraus, dass durch Art. 2, Absatz 2 des Preußischen Konkordates von 1929[65] das in Aachen seit unvordenklichen Zeiten bestehende Stiftskapitel zum Domkapitel erhoben wurde, das an der Erstbesetzung des neuen Bischofsstuhles, weil vorhanden, zu beteiligen war. Für die Vakanz am Anfang war deshalb die Bestellung eines Apostolischen Administrators sinnvoll.

In Essen fiel 1957 die Ernennung des ersten Bischofs bei noch nicht vorhandenem Kapitel allein dem Papst zu, wobei bei sinngemäßer Anwendung von Art. 6, Absatz 1 des Preußischen Konkordates der Heilige Stuhl statt des noch nicht vorhandenen Kapitels bei der Landesregierung festzustellen hatte, »dass Bedenken politischer Art gegen ihn [den Bischof] nicht bestehen«. Diese Sicht der Dinge bewog Nuntius Muench auch, am 27. Februar 1957, einen Tag nach Austausch der Ratifikationsurkunden zum Essener Bistumsvertrag, an Frings (und wohl auch an die anderen Bischöfe im Bereich des ehemaligen Landes Preußen) zu schreiben[66]: »Nach Weisung des Staatssekretariates Seiner Heiligkeit soll die

---

[63] Bulle Papst Pius' XII. vom 23. Februar 1957 über die Errichtung des Bistums Essen (lateinisch und deutsch): KA 98, 1958, S. 16-19; E. HEGEL, Kirchliche Vergangenheit, S. 289-291.

[64] Vgl. oben Anm. 42. Teusch stützte die nachfolgenden Angaben auf das HANDBUCH DES ERZBISTUMS KÖLN 1954, S. 28 und die entsprechenden Veröffentlichungen in KA 70, 1930 und 71, 1931.

[65] D. GOLOMBEK, Preußenkonkordat, 1929, S. 120.

[66] Muench an Frings 27. Februar 1957: HAEK – CR II – 1.9c, 5.

freie Erstbesetzung des Bischöflichen Stuhles von Essen ... nach Ansehung der Vorschläge der Bischöfe des ehemaligen preußischen Gebietes gemäß Artikel 6 des Preuß. Konkordates vom 14. Juli 1929 geschehen. Deshalb wäre ich Euer Eminenz dankbar, wenn Sie mir sobald als möglich eine Liste geeigneter Kandidaten unter besonderer Berücksichtigung der spezifischen Aufgaben dieses Ruhrbistums mit kurzen Angaben zur Person einschicken würden«.

Ab Juli 1957 richteten sich die von der Presse kolportierten Gerüchte zunehmend auf den Paderborner Weihbischof Dr. Franz Hengsbach. In der »Welt« vom 11. Juli 1957 war zu lesen[67]: »Der Heilige Stuhl hat der nordrhein-westfälischen Landesregierung bis jetzt noch keinen Kandidaten für den Posten des Bischofs von Essen nominiert. Der Staat muss einem Kandidaten zustimmen [richtig: er muss nach Bedenken gegen den Kandidaten gefragt werden!], bevor er inthronisiert werden kann. Alle übrigen Formalitäten für die Errichtung des neuen Ruhrbistums sind seit einigen Monaten abgeschlossen«. Der Journalist vermutete, dass man in Rom »bis nach den Bundestagswahlen warten« wolle, »um die Ernennung in einer politisch ruhigen Atmosphäre vornehmen zu können«[68].

Böhler fügte der Abschrift dieses Presseartikels die Bemerkung an: »Prof. Luchtenberg hatte, darauf dürften diese und sicher auch andere ähnliche Notizen in den Zeitungen zurückgehen, in der vergangenen Woche auf einer Pressekonferenz auf Anfrage eines Journalisten erklärt, dass der Landesregierung noch keine Persönlichkeit für den Bischofssitz in Essen bekannt sei bzw. dass noch keine Anfrage des Heiligen Stuhls an die Landesregierung in dieser Sache erfolgt sei«.

Die Ernennung Weihbischof Hengsbachs aus Paderborn zum ersten Bischof von Essen erfolgte am 18. November 1957[69] – worin nach allen Auseinandersetzungen der zurückliegenden Jahre wohl doch ein Trost für Erzbischof Jaeger lag! Die Veröffentlichung der Bulle »Germanicae gentis« und die Inthronisation des ersten Bischofs von Essen wurde auf den 1. Januar 1958 festgesetzt. Den Verlauf der denkwürdigen Feier in der Es-

---

[67] Abschrift aus einem Artikel aus »Die Welt« vom 11. Juli 1957 mit Nachbemerkung. Handschr. Notiz Teuschs am Rande: »von Exz. Böhler erhalten«, Vorlage an Frings 16. 7. 57, Vidi des Kardinals: 21. 7. 57: HAEK – CR II 1.9c, 5.

[68] Es handelt sich um die Bundestagswahl vom 15. September 1957, bei der CDU und CSU 50,2 % der Stimmen und 270 von 497 Mandaten errangen: STAATSLEXIKON, Bd. 1, [7]1985, Sp. 937 f.

[69] Päpstliche Bulle vom 18. November 1957 betr. Ernennung des Bischofs von Cantano und Weihbischofs von Paderborn, Franz Hengsbach, zum Bischof von Essen (lateinisch und deutsch): E. HEGEL, Kirchliche Vergangenheit, S. 294 f.; Informationsbulle Pius' XII. an Frings 29. November 1957: HAEK – CR II 1.9c, 5.

sener Münsterkirche, die nun den Rang einer Kathedrale annahm, hat Eduard Hegel 1960 mit kanonistischer Präzision beschrieben[70]:

»Vertreter der Bundes- und Landesregierung und des Rates der Stadt Essen, zahlreiche Abordnungen der Geistlichen und Laien aus dem neuen Bistum hatten sich im Gotteshaus selbst eingefunden, das erstmals nach den Zerstörungen des zweiten Weltkrieges in seiner ganzen Ausdehnung zugänglich war. Eine große Menschenmenge, die keinen Einlass mehr finden konnte, hatte sich neben dem Münster auf dem Burgplatz versammelt. Unter dem Geläute der Glocken bewegte sich die Prozession des Klerus von der Münsterschule zur Bischofskirche, der sich vor dem Bischofshaus die Bischöfe anschlossen. Unter ihnen befanden sich der Apostolische Nuntius Erzbischof Aloys Muench und die Oberhirten der Mutterdiözesen: der Kölner Erzbischof Josef Kardinal Frings, Erzbischof Lorenz Jaeger von Paderborn und Bischof Michael Keller von Münster. ... Dem päpstlichen Nuntius und dem Metropoliten wurde das kostbare Mathildenkreuz aus dem Essener Münsterschatz vorangetragen. Auf dem Hohen Chor war die Cathedra für den Essener Bischof vor dem großen Flügelaltar aufgestellt, in dessen Mitte die Goldene Madonna thronte...

Nachdem der Kölner Oberhirte, Kardinal Frings, sich mit einer Ansprache von seinen bisherigen Essener Diözesanen verabschiedet hatte[71] ... , nahm der Apostolische Nuntius vor dem Choraltar Platz und gab als Exekutor der Errichtungsbulle dem Nuntiaturrat Prälat Guido del Mestri den Auftrag, die päpstliche Urkunde sowie sein eigenes, vom 1. Januar datiertes Ausführungsdekret[72] zu verlesen. Alle Geistlichen, die zu diesem Zeitpunkt ihren gesetzlichen Wohnsitz im neuen Essener Diözesangebiet hatten, oder solche pensionierten und beurlaubten Geistlichen, die im Essener Diözesangebiet zuletzt aus dem Dienst geschieden oder am Tag ihrer Beurlaubung dort ihren gesetzlichen Wohnsitz hatten, wurden durch dieses Dekret dem Bistum Essen inkardiniert....

Mit der Publikation und Inkraftsetzung der Dokumente war die Errichtung des Bistums Essen vollzogen. Anschließend kam die päpstliche Ernennungsbulle für den Bischof von Essen zur Verkündigung. Dann wurde der neue Oberhirte zum Nuntius geführt, der ihm die eben veröf-

---

[70] E. HEGEL, Kirchliche Vergangenheit, S. 281-284.

[71] Vgl. Abschiedswort des H. H. Erzbischofs von Köln an die Dekanate Essen, Mülheim, Oberhausen, Duisburg-Huckingen, Köln, den 1. Januar 1958: KA 98, 1958, Nr. 23, S. 15 f.

[72] Decretum executoriale: KA 98, 1958, S. 19-22; Ausführungsdekret des Exekutors der Bulle, Erzbischof Aloisius Muench, vom 1. Januar 1958: E. HEGEL, Kirchliche Vergangenheit, S. 291-293. – Kopie des Originals: HAEK – CR II 1.9c, 5.

fentlichten Schriftstücke überreichte. Nachdem der Bischof sie den Dechanten des Bistums als Vertretern des Klerus zur Kenntnis vorgewiesen hatte[73], wurde er vom Päpstlichen Nuntius und vom Metropoliten der Kölner Kirchenprovinz zu seinem Bischofsstuhl geleitet und mit seiner Inthronisation der Akt der Besitzergreifung vollzogen...

Nach Abschluss der Messfeier klang im Wechsel zwischen Klerus, Chor und Gemeinde das Tedeum von Vittoria auf, währenddessen Bischof Hengsbach auf seiner Cathedra das Homagium des Diözesanklerus, die Erneuerung seines Gehorsamsversprechens, entgegennahm«.

---

[73] Ein neu ernannter Bischof legt zur Besitzergreifung von seiner Diözese dem Kathedralkapitel das päpstliche Ernennungsschreiben vor. Die Dechanten und Pfarrer der Stadt und des Bistums Essen vertraten hier das noch nicht bestehende Kapitel. In dem von Frings, Jaeger und Keller sowie den Stadtdechanten bzw. Pfarrern Brokamp (Essen), Schwering (Duisburg), Riekes (Gelsenkirchen) und Zaunbrecher (Essener Münsterpfarrer) unterschriebenen Protokoll über die Präsentation der Ernennungsbulle Hengsbachs heißt es: »... easdemque Litteras ad normam iuris exhibuit Collegio Parochorum civitatis Essendiensis, vices gerenti Capituli cathedralis nondum constituti ...«: HAEK – CR II 1.9c, 5.

XIV. KAPITEL

KARDINAL FRINGS ALS VORSITZENDER DER FULDAER BISCHOFSKONFERENZEN 1945–1965

Für den Radius des bischöflichen Wirkens von Kardinal Frings war es von kaum zu überschätzender Bedeutung, dass er unmittelbar nach Kriegsende den Vorsitz der Fuldaer Bischofskonferenzen übernahm und bis zum Ende des II. Vatikanischen Konzils über volle zwei Jahrzehnte einer Umbruchszeit behielt.

1. Zur historischen Entwicklung und rechtlichen Stellung der Bischofskonferenzen

Die Bischofskonferenzen bestanden in Europa, etwa in Belgien und Deutschland, seit der Mitte des 19. Jahrhunderts. Sie hatten sich unter den misstrauischen bzw. missbilligenden Blicken der römischen Kurie gebildet, um ein gemeinsames Verhalten der Bischöfe gegenüber den Staatsregierungen angesichts der Umbrüche nach den Revolutionen von 1830 und 1848 abzusprechen. Es handelte sich um kirchenrechtlich nicht vorgesehene, eher informelle und zunächst auch nicht regelmäßige Zusammenkünfte der Residentialbischöfe.

Erzbischof Geissel von Köln hatte 1848 die deutschen und österreichischen Bischöfe zur ersten deutschen bzw. deutschsprachigen Bischofskonferenz nach Würzburg eingeladen. Doch die Österreicher waren nur durch einzelne Bischöfe vertreten. Die Bayern bildeten schon 1850 eine eigene, die bis in die Gegenwart bestehende »Freisinger Bischofskonferenz«, so dass die »Fuldaer Bischofskonferenz«, die sich 1867 Statuten gab, nur noch aus den preußischen und oberrheinischen sowie den Bischöfen einiger deutscher Kleinstaaten bestand[1].

Die historische Entwicklung hat Kardinal Faulhaber in Art. 1 der 1943 von ihm entworfenen Geschäftsordnung der Fuldaer Bischofskonferen-

---

[1] E. Gatz, Bischofskonferenz. I. Historisch, in: LThK 2, ³1994, Sp. 496 f.; R. Lill, Die ersten deutschen Bischofskonferenzen, Freiburg-Basel-Wien 1964 (Sonderdruck aus »Römische Quartalschrift ...«); erste, vorläufige Darstellung des Verfassers: N. Trippen, Von den Fuldaer »Bischofskonferenzen« zur »Deutschen Bischofskonferenz« 1945–1976, in: HJb. 121, 2001, S. 304-319.

zen beschrieben[2]: »Seit dem Jahre 1867 versammeln sich die deutschen katholischen Bischöfe am Grabe des hl. Bonifatius in Fulda, um in mehrtägigen Besprechungen gemeinsam über die durch das Kirchenrecht und durch die Zeit ihnen auferlegten Pflichten zu beraten und einheitliche Aktionslinien zu vereinbaren. Diese Konferenz fand in den letzten Jahrzehnten alljährlich einmal statt und zwar in der Augustwoche nach Mariä Himmelfahrt, in einigen Jahren, die besonders verhängnisvolle Ereignisse brachten, wie 1933, 1936, 1937, auch zweimal. Die Bischöfe der beiden bayerischen [Kirchen-] Provinzen haben sich, als durch den Umsturz 1919 ihre eigenstaatlichen Kultusverhältnisse aufhörten, 1920 durch Vertreter, 1933 im ganzen der Vollkonferenz in Fulda angeschlossen. Ebenso die Oberhirten der beiden österreichischen Provinzen im Jahre 1939 ... Die Plenarkonferenzen der deutschen Bischöfe, die nicht den Charakter eines Nationalkonzils haben, sind durch die wiederholten Zuschriften und Adressen-Antworten des Heiligen Vaters Pius' XII. und seines Vorgängers anerkannt«.

An dieser Stelle ist auch noch Art. 2 des Faulhaber'schen Geschäftsordnungsentwurfs von 1943 »Zur Frage des Vorsitzenden«[3] beachtenswert: »Den Vorsitz bei den gemeinsamen Beratungen in Fulda führte abwechselnd der Erzbischof von Breslau und der Erzbischof von Köln, im Anfang im Turnus von Konferenz zu Konferenz, seit dem Kulturkampf jeweils auf Lebenszeit. Dem Vorsitzenden obliegt es, die Tagesordnung aufzustellen unter Berücksichtigung der einlaufenden Anträge, die Sitzungen zu leiten, die von einem bischöflichen Teilnehmer geführten Protokolle vervielfältigen zu lassen ... Der Vorsitzende ist von der Konferenz gebeten, auch während des Jahres im Namen der Vollkonferenz den Schriftverkehr mit den höchsten staatlichen Regierungsstellen zu führen, ... , von den Römischen Kongregationen für die Gesamtheit der deutschen Bischöfe Vollmachten und Dispense zu erholen oder erneuern zu lassen«.

Außer und neben der einmal jährlich tagenden Plenarkonferenz blieben bzw. wurden die häufiger zusammentretenden Regionalkonferenzen bedeutsam: die »Freisinger Bischofskonferenz« der bayerischen Bischöfe und seit 1933 zunehmend das »Konveniat der westdeutschen Bischöfe«, dem sich außer den Ordinarien der Kölner und der Paderborner Kirchenprovinzen auch andere deutsche Bischöfe anschlossen.

---

2 Anlage 5 zum Protokoll der Plenarkonferenz des deutschen Episkopats Fulda 17.-19. August 1943: Entwurf Faulhabers für eine Geschäftsordnung der Bischofskonferenzen, Fulda, 19. August 1943: L. VOLK, Akten VI, Nr. 868/IIe, S. 157-160, hier: S. 157.

3 Ebd., S. 157 f.

Über dieses schon oft erwähnte, sehr effektiv arbeitende westdeutsche Bischofskonveniat machte Frings in einem Brief an Nuntius Muench am 27. Januar 1950 historische Angaben[4], als der Nuntius im Vorfeld der beabsichtigten päpstlichen Bestätigung einer Ostdeutschen Bischofskonferenz für das Gebiet der DDR im Auftrage des römischen Staatssekretariates bat, »so schnell als möglich die Statuten der Bischofskonferenzen in Deutschland (Fuldaer-K., West-Deutsche-K. und Bayerische-K.) zu besorgen«[5]. Frings übersandte am 27. Januar 1950 Faulhabers Geschäftsordnung für Fulda von 1943, »wie sie im Auftrage der Konferenz [von 1942] von Kardinal Faulhaber zusammengestellt und auf der Plenarsitzung des Jahres 1943 ohne Debatte angenommen wurde«[6].

Zur westdeutschen Regionalkonferenz schrieb Frings dem Nuntius nur kurz: Sie »ist ihrem Ursprung nach nur ein zwangloses Zusammenkommen. Irgend etwas Schriftliches über die Geschäftsordnung oder dergl[eichen] existiert nicht. Doch glauben die Metropoliten von Paderborn und Köln durch sie die Verpflichtung des can. 292 § 1 [CIC von 1917][7] zu erfüllen«.

Genaueres über das »Konveniat der westdeutschen Bischöfe« ergibt ein einseitiges Exposé des Kardinals, von dem nicht zu erkennen ist, ob Frings es Nuntius Muench übersandte oder nur zur Grundlage seines Schreibens an den Nuntius verwertete[8]. Darin heißt es: »Auf Anregung des Bischofs von Münster, des späteren Kardinals von Galen, kam es kurz nach 1933 zu einem losen Zusammenschluss der Bischöfe der Kölner Kirchenprovinz. Es schlossen sich bald die Bischöfe der Paderborner Provinz, der Bischof von Berlin und der Bischof von Mainz an. Bischof Wienken pflegte als Gast zu kommen. Während des nationalsozialistischen Reiches und in der ersten Nachkriegszeit gingen von diesen Bischofstreffen wiederholt bedeutsame Kundgebungen aus, und es wurde wertvolle Vorarbeit für die Plenarkonferenz in Fulda geleistet«.

Über den Vorsitz schrieb Frings: »Den Vorsitz führte zunächst Kardinal Schulte-Köln, nach seinem Tode der Erzbischof von Paderborn. Nach meiner Ernennung zum Erzbischof von Köln führten Paderborn und Köln abwechselnd den Vorsitz, je nachdem innerhalb welcher Kirchen-

4 Frings an Muench 27. Januar 1950 (sign. Kopie): HAEK – CR II 2.19, 8.

5 Muench an Frings 18. Januar 1950 (Original): Ebd.

6 Protokoll der Plenarkonferenz des deutschen Episkopats Fulda, 18.-20. August 1942: L. Volk, Akten V, Nr. 768/II, S. 834-853, hier: S. 837: »... Auch wird Eminenz Faulhaber gebeten, eine Geschäftordnung für die Fuldaer Konferenz zu entwerfen«.

7 CIC 1917, can. 292 regelt die Teilnahmepflicht an Plenarkonferenzen des Episkopats.

8 »Das Konveniat der westdeutschen Bischöfe« (nicht signiert): HAEK – CR II 2.19, 8.

provinz die Sitzung stattfand. Nach meiner Kardinalskreierung bat mich der Erzbischof von Paderborn, dauernd den Vorsitz zu übernehmen. Geschriebene Satzungen existieren nicht. Gewohnheitsmäßig finden die Tagungen dreimal im Jahre statt: in der ersten Fastenwoche, in der Fronleichnamswoche, in der Allerheiligenwoche ...«.

Es scheint, dass man in Rom über die Konferenzstrukturen der Bischöfe, wie sie sich in Deutschland entwickelt hatten, anlässlich der Billigung der Ostdeutschen Bischofskonferenz erstmals einen Überblick erhielt. Im Protokoll des Konveniats der westdeutschen Bischöfe im Mai 1951 in Hardehausen heißt es[9]: »Eminenz Frings gibt bekannt, dass laut Schreiben des Römischen Staatssekretariates vom 2. Mai 1951 daselbst der Name ›Konveniat der westdeutschen Bischöfe‹ zur Kenntnis genommen wurde«.

Da das Konveniat der westdeutschen Bischöfe die größte Teilkonferenz deutscher Bischöfe war und im Maße, wie das von der Plenarkonferenz zu bewältigende Pensum anwuchs, wurde der Konferenztermin der westdeutschen Konferenz in der 1. Fastenwoche zunächst gelegentlich für Plenarkonferenzen genutzt und trat auf Dauer als Frühjahrskonferenz der deutschen Bischöfe an die Stelle des westdeutschen Konveniats.

2. Kardinal Frings als Leiter der Fuldaer Bischofskonferenzen

In seinen 1973 veröffentlichten Erinnerungen hat Frings ein ganzes Kapitel den Fuldaer Bischofskonferenzen gewidmet[10] und den Wandel von der Konferenz der Residentialbischöfe zum Austausch und zur Absprache anstehender Fragen hin zur kirchenrechtlich verfestigten Institution »Deutsche Bischofskonferenz« beschrieben, wie sie im Gefolge des II. Vatikanischen Konzils einzurichten war. »Im Jahre 1945 war ich zum Vorsitzenden der Fuldaer Bischofskonferenzen gewählt worden. So lautete der offizielle Titel, denn jede Konferenz wurde als in sich geschlossen betrachtet«. Wenn das offizielle Protokoll der Fuldaer Konferenz 1945 – wie bereits erwähnt[11] – lediglich festhielt, dass Frings den Vorsitz übernahm, so lag das in Art. 2 der 1943 beschlossenen Geschäftsordnung begründet: Nach dem Tode des letzten Vorsitzenden, des Kardinal-Erzbischofs Bert-

---

[9] Protokoll der Beratungen auf dem Konveniat der westdeutschen Bischöfe in Hardehausen vom 21. bis 23. Mai 1951: HAEK – CR II 2.19, 10.

[10] J. Frings, Für die Menschen bestellt, S. 238-246; nachfolgendes Zitat: S. 238.

[11] Vgl. oben S. 127 mit Anm. 25.

ram von Breslau, fiel der Vorsitz nahezu automatisch, ohne förmliche Abstimmung, dem Erzbischof von Köln zu. Frings dachte angesichts der veränderten politischen Lage schon bald über seine dereinstige Nachfolge in der Bischofskonferenz nach. In dem schon erwähnten Brief an Nuntius Muench vom 27. Januar 1950 schrieb er[12]: »Da Breslau im Augenblick für den Vorsitz ausscheidet, ließ ich auf der Sitzung des Jahres 1949 beschließen, dass für den Fall eines Ausscheidens des jetzigen Vorsitzenden der dienstälteste Erzbischof – ohne Rücksicht auf die Kardinalswürde – den Vorsitz übernehmen soll«.

Ob es durch das nachlassende Gedächtnis des alten Kardinals bedingt war oder seinem Empfinden entgegenkam, sei dahin gestellt: In seinen Erinnerungen von 1973 fährt er fort: »Als ich Vorsitzender wurde, hatte man keine eigentliche Satzung, sondern alles verlief nach Tradition«. Auf der Schallplatte, die Herbert Michel nach dem Tode des Kardinals herausbrachte[13], spielte Frings seine Vorsitzendenrolle herunter: Es habe kein Statut, sondern nur zwei Gebote gegeben: »Das erste: Der Vorsitzende hat nichts zu sagen; das zweite: Er darf alles bezahlen!« Hier hat der greise Kardinal schelmenhaft untertrieben. Er war zwar Zeit seines Lebens ein gewissensängstlicher, eher vorsichtiger Mensch. Er neigte auch dazu, sich von Beratern wie Böhler, David und Teusch beraten und dadurch zugleich entlasten zu lassen. Doch hatte er andererseits auch das ausgeprägte Standes- und Selbstbewusstsein der Neusser Kaufmannschaft, der er entstammte. Als Erzbischof Jaeger von Paderborn sich vor Weihnachten 1945 im Namen der deutschen Bischöfe bei den britischen Militärbehörden für eine Amnestie zugunsten politischer Häftlinge verwandt hatte, schrieb ihm Frings am 8. Dezember 1945[14]: »Ernstliche Bedenken habe ich dagegen, dass Sie die Eingabe im Namen der deutschen Bischöfe gemacht haben, ohne von diesen beauftragt worden zu sein. Es scheint mir auch nicht angängig, dass mehrere Bischöfe als Vertreter des deutschen Gesamtepiskopats auftreten«. Als junger Konferenzvorsitzender wusste Frings also durchaus noch, dass es eine 1943 beschlossene Geschäftsordnung der Bischofskonferenz gab, nach deren Art. 2 zwischen den Konferenzen in Fulda der Vorsitzende allein im Namen des Episkopates sprechen und handeln durfte!

Frings hat dann 1973 aus seiner Sicht seinen eigenen Führungsstil bei den Fuldaer Konferenzen beschrieben[15]: »Bei meiner Tätigkeit als Vorsit-

---

12 Vgl. oben Anm. 4.

13 Kardinal Frings erzählt aus seinem Leben. »Ich bin für die Leute da«, Zusammenstellung und verbindende Worte: H. Michel, Christophorus-Freiburg 1979.

14 Frings an Jaeger 8. Dezember 1945 (hs. Entwurf): HAEK – CR II 2.19, 2.

15 J. Frings, Für die Menschen bestellt, S. 239.

zender legte ich es immer darauf an, dass bei völliger Wahrung der Freiheit der einzelnen Mitglieder doch eine einheitliche Willensbildung zustande kam. In der Regel ließ ich am Abend, nachdem die Versammlung mit einer Andacht zum Heiligen Geist eröffnet worden war und ich das Einführungsreferat gehalten hatte, eine allgemeine Debatte zu, die sich über zwei Stunden hinzog. Dabei kamen die schwierigsten Punkte, die vielleicht zu Konflikten hätten führen können, zur Sprache, und die gesamte Lage wurde entschärft«.

Über tonangebende Stimmen der Konferenz macht Frings dann andeutende Bemerkungen: »Es waren besonders zwei Herren, die sich in diesen Generaldebatten auszeichneten und sich dadurch große Verdienste erworben haben: Erzbischof Lorenz Jaeger von Paderborn und Bischof Michael Keller von Münster. Auch Erzbischof Berning von Osnabrück brachte viele bemerkenswerte Beiträge. Damit soll nicht gesagt sein, dass sich andere Herren nicht auch beteiligt hätten. Die Tagung dauerte dann in der Regel noch zwei volle Tage und schloss mit einer vom Volke eifrig besuchten Andacht, bei der einer der Bischöfe die Predigt hielt«.

Frings schildert dann noch ein Problem, das seine Wurzeln im bayerischen Selbstbewusstsein und in der noch jungen Zugehörigkeit der bayerischen Bischöfe zur Fuldaer Plenarkonferenz hatte: »Mein besonderes Bestreben war es, die bayerischen Mitglieder in die Konferenz voll zu integrieren. Sie hatten sich bisher als etwas abseits stehend empfunden«. Das wurde besonders in der sehr zurückhaltenden Beteiligung der Bayern an den Umlagen für Gemeinschaftsaufgaben der Bischofskonferenz, zumal für die überwiegend in Norddeutschland anfallende Diasporaseelsorge, deutlich. Die Flüchtlingsströme aus dem Osten und Südosten hatten Diasporadiözesen wie Hildesheim und Osnabrück überfordert und zeitweilig an den Rand der Zahlungsunfähigkeit gebracht. Als es noch keinen »Verband der Diözesen« und kein Sekretariat der Bischofskonferenz gab, hatte der Diasporareferent innerhalb der Fuldaer Konferenz, Erzbischof Jaeger von Paderborn, die Last, die in Fulda beschlossenen Kollekten und Umlagen zusammen zu bringen. Als die bayerischen Bistümer in ihrer Beitragsleistung allzu zögerlich waren, beschwerte sich Erzbischof Jaeger mehrfach ärgerlich bei der Konferenz und ihrem Vorsitzenden. Frings nahm Kardinal Faulhaber, den Vorsitzenden der Freisinger Bischofskonferenz, höflich, aber bestimmt in die Pflicht[16].

[16] Z. B. Frings an Faulhaber 18. Februar 1949: HAEK – CR II 2.19, 7; vgl. oben S.188 f. mit Anm. 222 und 223.

Zur Integration der Bayern in Fulda bemerkt Frings 1973 weiter: »Bei der Auswahl der Referenten zu den einzelnen Punkten achtete ich sorgfältig darauf, dass immer auch Bayern zu Worte kamen. Kardinal Döpfner hat später einmal in der Öffentlichkeit ausdrücklich bekundet, dass es mein besonderes Verdienst sei, die Bayern in der Fuldaer Konferenz heimisch gemacht zu haben«.

Die Bemerkungen, die Frings zum Gesamtklima der Fuldaer Bischofskonferenzen macht, sind trotz ihrer Kürze aussagekräftig[17]: »Bei den Beratungen herrschte in der Regel ein froher, humorgewürzter Ton, und bei der geringen Zahl der Mitglieder war es leicht möglich, ständig eine allgemeine Unterhaltung fließen zu lassen. Ein gewisses Missbehagen war dadurch entstanden, dass Köln so viel Geld aus Kirchensteuern vereinnahmte und einen so großen Einfluss besaß. Man dachte dabei wohl vor allem an die Bedeutung, die Prälat Böhler auf politischem Gebiet hatte«.

Die letzte Vermutung des Kardinals war ganz sicher zutreffend. Doch fließen die Erinnerungen des greisen Kardinals etwas ineinander: Der Wohlstand der deutschen und zumal der Kölner Kirche begann mit dem zentralen, staatlichen Einzug der Kirchensteuer seit 1950 und kam erst seit 1952 unter dem Kölner Generalvikar Teusch zum Tragen, der als »Graue Eminenz« einen erheblichen Einfluss auf den Konferenzvorsitzenden Frings nahm.

Auf Teusch gingen viele wichtige und ganz überwiegend zukunftsträchtige Initiativen des Konferenzvorsitzenden zurück, von denen im 2. Band dieser Biographie noch ausführlich die Rede sein soll. Auf Teuschs Aktivitäten im Hintergrund beruhte aber auch das angesprochene latente Misstrauen nicht weniger Konferenzteilnehmer gegenüber einem zu starken Kölner Einfluss, das durch die von Teusch gesteuerte Vorgehensweise von Frings noch gesteigert wurde, statt entkrampft zu werden. Frings schildert aus seiner Sicht: »Um das [Misstrauen gegenüber der Kölner Dominanz] etwas zu mildern, hatte ich folgende Methode erfunden. Wenn ich allgemeines Interesse für die Unterstützung einer [über-]diözesanen oder missionarischen Angelegenheit erreichen wollte, schlug ich den Schlüssel ›K‹ vor. Er bestand darin, dass Köln zunächst die Hälfte der beantragten Summe im Voraus übernahm und sich nachher bei der Repartition des Restes mitbeteiligte. Auf diese Weise habe ich manche Vorlage, die mir sehr wichtig war, durchgebracht«. Ob Bischöfe kleinerer bzw. ärmerer Diözesen sich mit dieser von Frings voll Stolz berichteten Methode nicht unter Druck gesetzt fühlten?

---

[17] J. FRINGS, Für die Menschen bestellt, S. 240.

In den voraufgehenden dreizehn Kapiteln ist in konkreten Zusammenhängen von der im ganzen fruchtbaren und harmonischen Zusammenarbeit zwischen Bischofskonferenz und ihrem – meist gut beratenen – Konferenzvorsitzenden Frings die Rede gewesen. Zwei Gegenstände, die die Konferenz selbst betreffen, bedürfen noch einer besonderen Betrachtung: die Entstehung der Ostdeutschen Bischofskonferenz und das Ringen um die Zweckmäßigkeit und Einrichtung eines Sekretariates der Bischofskonferenz zwischen 1950 und 1965.

3. Die Entstehung der Ostdeutschen Bischofskonferenz

Die nach 1945 rasch fortschreitende Abriegelung der sowjetischen Besatzungszone vom Rest Deutschlands bis hin zur Gründung der DDR 1949 brachte die katholische Diasporakirche dieser Region, die sich durch katholische Flüchtlingsströme aus dem Osten und dem Südosten vorübergehend zahlenmäßig mehr als verdoppelte, in eine prekäre Situation. Nur eine Diözese, das Bistum Meißen mit damaligem Sitz in Bautzen, lag ganz im Bereich der SBZ/DDR (bis auf wenige Orte, die nach 1945 der CSSR zugeschlagen worden waren). Vom Erzbistum Breslau war der kleine Teil Niederschlesiens westlich von Oder und Neiße mit einem Kapitelsvikar in Görlitz übrig geblieben. Das Bistum Berlin (ohne seine früheren, östlich von Oder und Neiße gelegenen Teile) umfasste neben Brandenburg und Vorpommern im Bereich der SBZ/DDR ganz Berlin. Der Bischof, Kardinal von Preysing, residierte in West-Berlin. Thüringen, Sachsen-Anhalt und Mecklenburg waren Teile der westdeutschen Diözesen Fulda, Würzburg, Paderborn und Osnabrück, deren Bischöfe in den ersten Jahren noch gelegentlich erfolgreiche Versuche machten, in ihre ostdeutschen Diasporagebiete einzureisen. Sie kamen aber nicht umhin, Priester ihrer ostdeutschen Diözesanteile mit den Vollmachten eines Generalvikars auszustatten bzw. auf Dauer Weihbischöfe mit Sitz in den ostdeutschen Bezirken ernennen zu lassen[18].

[18] Über die Entwicklung der kirchlichen Verhältnisse in der SBZ/DDR nach 1945 informiert am ausführlichsten: W. Tischner, Katholische Kirche in der SBZ/DDR 1945–1951; vgl. auch J. Pilvousek, »Innenansichten«. Von der »Flüchtlingskirche« zur »katholischen Kirche in der DDR«, in: Materialien der Enquête-Kommission »Aufarbeitung von Geschichte und Folgen der SED-Diktatur in Deutschland«, Bd. VI, 2, Frankfurt 1995, S. 1134-1163; Ders., Flüchtlinge, Flucht und die Frage des Bleibens. Überlegungen zu einem traditionellen Problem der Katholiken im Osten Deutschlands, in: C. P. März (Hrsg.), Die ganz alltägliche Freiheit, S. 9-23.

Es war die Absicht aller deutscher Bischöfe, die deutsche Teilung nicht als endgültig zu betrachten und nichts zu tun, was zu einer Verfestigung der aktuellen politischen Verhältnisse beitragen konnte. Nicht nur Kardinal von Preysing, auch Kapitelsvikar Piontek von Görlitz nahm mit einem einmal jährlich zu erlangenden »Interzonenpass« an den Fuldaer Konferenzen teil. Piontek legte Wert auf seine (wegen der Beantragung des Passes) rechtzeitigen Einladung nach Fulda.

Bischof Legge von Meißen, der seine Prozess- und Gefangenschaftserfahrungen 1935 nicht verkraftet hatte und zu seinem Koadjutor Wienken in einem gespannten Verhältnis stand, nahm weder an den Fuldaer Konferenzen noch an den nachfolgend zu schildernden Zusammenkünften der ostdeutschen Jurisdiktionsträger teil[19].

Doch schon 1945 zeigte sich, dass neben den in ganz Deutschland bedrängenden Nöten der ersten Nachkriegsjahre unter dem kirchenfeindlichen Druck der sowjetischen Besatzungsmacht und der deutschen kommunistischen Administration besondere Absprachen der bischöflichen Beauftragten für die SBZ/DDR erforderlich waren. Josef Pilvousek hat 1996 aus Aktenbeständen der (heutigen) ostdeutschen Diözesen und des Kölner Diözesanarchivs beschrieben, wie sich aus ersten Konferenzen in Verbindung bzw. am Rande von »Caritaskonferenzen« der Region eine »Ostdeutsche Bischofskonferenz« entwickelte, die unter dem 12. Juli 1950 von Pius XII. förmlich als Ostdeutsche Bischofskonferenz im Verbund der Fuldaer Plenarkonferenz und der westdeutschen Regionalkonferenzen errichtet wurde[20].

Pilvousek hat die äußeren Daten und die Teilnehmer dieser zunächst informellen Zusammenkünfte beschrieben[21]: »Im Zeitraum von 1945 bis zur Konstituierung einer Ostdeutschen Bischofskonferenz am 12. Juli 1950 hat es ungefähr 18 solcher Konferenzen gegeben, die Mittwoch und Donnerstag, in Ausnahmefällen am Dienstag stattfanden. Die Anzahl dürfte eher noch höher sein, da im Normalfall keine Protokolle angefertigt wurden, so dass nur annähernd exakte Angaben gemacht werden können. Daraus ergeben sich Schwierigkeiten, für alle Konferenzen Teilnehmerzahlen und alle Besprechungspunkte aufzulisten...

[19] Dazu: W. Tischner, SBZ/DDR, S. 49.– Petrus Legge (1882–1951), 1907 Priesterweihe in Paderborn, 1924 Propst an St. Sebastian in Magdeburg, 1932 Bischof von Meißen, 1935 »Devisenprozess« und Haft, 1937 Wiederaufnahme seines Bischofsamtes in Bautzen: S. Seifert, in: E. Gatz, Bischofslexikon, S. 440 f.

[20] J. Pilvousek, Gesamtdeutsche Wirklichkeit – Pastorale Notwendigkeit, S. 229-242 (Es handelt sich um Pilvouseks Rede bei Antritt des Rektorates der Theologischen Fakultät Erfurt 1995). Vgl. auch J. Pilvousek, Heinrich Wienken und das Commissariat der Fuldaer Bischofskonferenz von 1945–1952; W. Tischner, SBZ/DDR (passim).

[21] J. Pilvousek, Ostdeutsche Bischofskonferenz, S. 232 f.

Die erste [Konferenz] fand auf Einladung von Bischof Preysing vom 5. bis 6. Dezember 1945 in Berlin statt. In den Jahren 1946 und 1947 traf man sich je zweimal, 1948 sechsmal. 1949 gab es fünf und 1950 zwei Konferenzen. Tagungsort war in allen Fällen West-Berlin, das man [mit Rücksicht auf die Reisemöglichkeiten Preysings] bewusst wählte«.

Pilvousek hebt zwei Teilnehmergruppen hervor: die Bischöfe bzw. bischöflichen Vertreter und die Caritasvertreter. Daneben habe es jeweils besondere Teilnehmer gegeben. »So waren bei der ersten Konferenz Erzbischof Jaeger, Paderborn, und Bischof Kaller, Ermland, anwesend, und der spätere Nuntius Muench erschien auf drei Konferenzen, zuletzt bei der Konferenz am 3. bis 4. Mai 1950, der letzten vor Errichtung der Ostdeutschen Bischofskonferenz«. Pilvousek berichtet, dass Bischof Legge bei keiner Konferenz anwesend war, was sich aus seinen gesundheitlichen Verhältnissen und den bereits erwähnten inneren Vorbehalten erklärt.

Die zunächst wenig geklärte rechtliche Basis dieser Konferenzen offenbart sich in den zahlreichen, von Pilvousek erhobenen Bezeichnungen für die Zusammenkünfte[22]. »Einladender war, abgesehen von der ersten Konferenz, die Preysing einberief, ausschließlich Bischof Heinrich Wienken, dessen Einladungen stereotyp so begannen: ›Im Einvernehmen mit Kardinal Preysing lade ich Sie ... ein‹«.

Hier stoßen wir versteckt auf das Spannungsverhältnis, das bis zu Preysings Tod im Dezember 1950 zwischen ihm und Bischof Wienken bestand. Preysing wollte nach seinen Erfahrungen mit der NS-Diktatur zur sowjetischen und deutschen kommunistischen Administration auf eindeutiger Distanz bleiben und wich jedweden Kontakten und Gesprächen aus. Die übrigen Konferenzteilnehmer sahen mit unterschiedlichen Akzenten die Notwendigkeit ein, bei grundsätzlicher Distanz zur kommunistischen Ideologie sich auf gelegentliche Kontakte mit den staatlichen Vertretern einzulassen, um Fragen des Lebensalltags der Kirche zu regeln. Symbolgestalt für diese Gruppe wurde Bischof Wienken, was seine Beziehung zum Berliner Kardinal belastete. Preysing sah Wienken ganz auf der Linie Kardinal Bertrams, dessen kirchenpolitische Verhaltensweisen in der NS-Zeit er abgelehnt hatte[23].

Wienken hatte als »Commissarius der Fuldaer Bischofskonferenz« in Berlin seit 1937 weitgehend seine Aufgabe verloren, als in Bonn Prälat Böhler 1948 zum Beauftragten des Vorsitzenden der Fuldaer Konferenz

---

22 Ebd., S. 233.

23 Dazu vor allem: J. Pilvousek, Ostdeutsche Bischofskonferenz, und Ders., Wienken. W. Tischner, SBZ/DDR, schildert einzelne Vorgänge detaillierter, lässt jedoch das Spannungsverhältnis Preysing-Wienken nicht so deutlich hervortreten.

beim Parlamentarischen Rat und später bei der Bundesregierung ernannt wurde. Andererseits hatte die »Alliierte Kommandantura« in Berlin bereits am 31. Oktober 1945 den Berliner Oberbürgermeister aufgefordert, »die deutschen protestantischen und katholischen Kirchen anzuweisen, sobald wie möglich einen Vertreter zu ernennen, um die Verbindung mit den Alliierten Mächten aufzunehmen«[24].

Erst 1947 – im Zusammenhang mit den Bemühungen der Ostdeutschen Konferenz, sich eine festere Ordnung zu geben – hat Kardinal Frings dieser Aufforderung des Alliierten Kontrollrates entsprochen: »Als ständiger Vorsitzender der Fuldaer Bischofskonferenzen erkläre ich hierdurch, dass der Leiter des Commissariats der Fuldaer Bischofskonferenzen, Bischof Heinrich Wienken, ..., beauftragt ist, die katholischen Bischöfe Deutschlands in kirchlichen Angelegenheiten gegenüber allen alliierten und deutschen Behörden und Dienstsstellen zu vertreten. Insbesondere gehört es zu seinen Aufgaben, in meinem Namen Verhandlungen mit dem Alliierten Kontrollrat in Berlin ..., der Sowjetischen Militäradministration ... und ebenso mit sämtlichen deutschen zentralen und örtlichen Dienststellen zu führen ...«[25]. War dieser förmliche Auftrag für Wienken mit Preysing abgestimmt? War er möglichweise *eine* Ursache für die Verstimmung zwischen Preysing und Wienken?[26]

Die Bemühungen der Berliner Konferenz vom 6. Februar 1947, auf Antrag des Magdeburger Propstes Wilhelm Weskamm die eigene Arbeit dauerhaft zu strukturieren, kamen durch hinhaltenden Widerstand Kardinal Preysings und des Ordinariates in Bautzen nur teilweise zum Erfolg. Kurz nach dieser Konferenz machte Preysing – von Frings gebeten[27] – auf Einladung der Catholic Welfare Conference der USA eine Reise durch die Vereinigten Staaten, um in diesem schlimmsten Notwinter eine für den 4. Fastensonntag »Laetare« vorgesehene Kollekte der US-Katholiken für

---

[24] Kommandantura Interalliée de Berlin, Anordnung an den Oberbürgermeister, 31. Oktober 1945 (Abschrift): HAEK – CR II 2.25, 1.

[25] »Erklärung«, Köln 20. Februar 1947 (hs. Entwurf Frings'). – Das Zitat entstammt einer maschinenschriftlichen erweiterten und wohl unter juristischen Aspekten überarbeiteten Fassung »Köln, den ... März 1947«: Ebd.

[26] Dazu W. TISCHNER, SBZ/DDR, S. 97: »Streng genommen war diese Ernennung [Wienkens], die Frings formal als ›Bestätigung‹ deklarierte, eine Amtsanmaßung, da ein entsprechender Beschluss der Fuldaer Plenarkonferenz nicht vorlag« – allerdings auch nach der »Geschäftsordnung« von 1943 zwischen zwei Konferenzen nicht erforderlich war! – »und Frings deutlich sein musste, dass zumindest Preysing als der zuständige Ortsordinarius schwere Bedenken gegen eine solche Aufgabe für Wienken hatte«. Dazu ist zu bemerken: Es wäre sicher klug gewesen, wenn Frings sich mit Preysing abgesprochen hätte. Rechtlich handelte er korrekt und bestätigte nur als Vorsitzender den Beschluss der Fuldaer Bischofskonferenz von 1937 über die Beauftragung Wienkens.

[27] Vgl. oben S. 159 mit Anm. 129.

Deutschland zu fördern. Tischner ist der Meinung, dass diese durch die Reisevorbereitungen bedingte Abwesenheit Preysings von der Konferenz seitens Weskamms bewusst genutzt wurde[28]. Am Ende halbjähriger Bemühungen Wienkens und Weskamms um die Umstimmung Preysings stand ein Brief des Berliner Generalvikars Prange an den Paderborner Vertreter in Magdeburg, Propst Weskamm, vom 10. September 1947[29]: Der Kardinal [Preysing] habe sich mit Wienken über die Frage einer Konferenz der Bistümer und Kommissariate der Ostzone beraten und sei zu folgendem Ergebnis gekommen: Dass »S. E. Bischof Wienken im Einvernehmen mit dem Bischof von Berlin die Fühlung mit den übrigen Diözesen und Kommissariaten der Ostzone aufnehmen wird und je nach Wunsch und Bedarf derselben die erforderlichen Zusammenkünfte veranlassen wird«. Pilvousek berichtet: »Der Vorschlag, sich vierteljährlich zu treffen, wurde trotz der Vorbehalte der Ordinariate in Bautzen und Berlin eingehalten und, was die Anzahl der Zusammenkünfte betraf, überboten. Dennoch litten die Konferenzen nach Meinung der Teilnehmer, vor allem Weskamms, unter verschiedenen Mängeln. Die Bistümer Berlin und Meißen seien nur sporadisch vertreten, und die Effizienz der Beratungen wäre gering«.

Das Spannungsverhältnis Kardinal von Preysings zu Wienken war möglicherweise auch dadurch bedingt, dass Wienken in einem verlässlichen Freundschaftsverhältnis und regelmäßigem Briefkontakt zum Vorsitzenden der Fuldaer Bischofskonferenzen stand. Frings wollte zwar durchaus nicht die Autorität des Berliner Bischofs schädigen und wies in seinen Briefen an Wienken häufiger auf die Notwendigkeit hin, sich mit Preysing zu verständigen. Doch dürfte Frings in der inhaltlichen Frage, der Notwendigkeit praktischer Kontakte und Verhandlungen mit den ostdeutschen Behörden, auf der Seite Wienkens – und der meisten bischöflichen Vertreter des Ostens – gestanden haben.

Die Akten lassen nicht erkennen, wer in Rom bald nach Gründung der Bundesrepublik und der DDR 1949 den Anstoß gegeben hat, die Ostdeutsche Bischofskonferenz amtlich zu errichten. Man darf davon ausgehen, dass Nuntius Muench selbst nach der Errichtung der beiden deutschen Staaten aktiv wurde und für sein Projekt unter den Vertretern des Ostens bei Weskamm und Piontek auf Unterstützung, bei Preysing und in Bautzen auf Ablehnung stieß[30]. Bereits unter dem 13. Januar 1950

[28] W. Tischner, SBZ/DDR, S. 97 f.

[29] Zitiert nach J. Pilvousek, Ostdeutsche Bischofskonferenz, S. 235.

[30] So vermutet Pilvousek (Telefonat mit dem Verfasser am 1.9.2002): »Spätestens seit 1948 hatte Muench in allen wichtigen Angelegenheiten, wie etwa der Errichtung eines Priesterseminars in der SBZ, Piontek konsultiert. Auch in der Frage nach der Dringlichkeit einer

erhielt Muench vom Staatssekretariat des Papstes den wenige Tage später an Frings weitergeleiteten Auftrag, »so schnell als möglich die Statuten der Bischofskonferenzen in Deutschland ... zu besorgen«[31]. Man wollte also offenbar in Rom sich einen Überblick über das Bestehende verschaffen, um eine in Berlin zu errichtende Ostdeutsche Bischofskonferenz dem zu parallelisieren bzw. einzuordnen. Als Muench an der letzten »informellen« Konferenz der Ostdeutschen vom 3. bis 4. Mai 1950 teilnahm, wurde dazu vermerkt[32]: »Bischof Muench möchte über die kirchliche Lage in der Ostzone durch persönliche Besprechung mit den Vertretern der H. H. Ordinariate und Kommissariate informiert werden«. Das scheint die letzte Abklärung für die römische Entscheidung gewesen zu sein.

Schon am 29. Juli 1950 konnte Muench Kardinal von Preysing mitteilen, dass der Papst am 12. Juli seine Approbation »zu einer Konferenz der Bischöfe Ostdeutschlands unter dem Vorsitz Sr. Eminenz Kardinal Preysings, Bischofs von Berlin, und eventuell einer Vize-Präsidentenfunktion eines Episkopatsmitgliedes ausgesprochen habe«. Diese Aufgabe könne Msgr. Weskamm übertragen werden[33].

Das Verhältnis zur Fuldaer Plenarkonferenz und den übrigen deutschen Regionalkonferenzen legte der Nuntius dann seinerseits fest: »Damit scheint mir dem hochwürdigsten Episkopat Ostdeutschlands, durch die Erlaubnis zu einer eigenen regionalen Bischofskonferenz, eine gleichwertige Stellung eingeräumt zu sein, wie sie bisher bereits der Episkopat von Bayern und von Westdeutschland genoss«. Damit Preysing nicht in seiner zurückhaltenden Reserve verharrte, bat Muench ihn, »die Durchführung des hohen Wunsches Seiner Heiligkeit in die Hand zu nehmen und dem hochwürdigsten Vorsitzenden der Fuldaer Konferenz davon Kenntnis zu geben. Zu gegebener Zeit wäre ich für einen Bericht über die Ergebnisse Ihrer Bemühungen sehr verbunden«.

Die Nachricht von der römischen Enscheidung löste bei Preysing alles andere als Freude aus. Das Schreiben des Nuntius erreichte ihn an seinem Urlaubsort in Oberbayern. Schon am 2. August übersandte er Frings eine

---

Ostdeutschen Bischofskonferenz hat er die zustimmende Meinung Pionteks eingeholt«. – Auch W. TISCHNER, SBZ/DDR, S. 175 f. kann sich nur auf Vermutungen stützen: »Möglich bleiben nach dem Ausschlussverfahren noch Frings oder Muench, die genug Einfluss in Rom gehabt hätten, um einen solchen Schritt zu veranlassen, oder aber eine nicht initiierte Entscheidung des Papstes selber«.

31 Muench an Frings 18. Januar 1950 (Original): HAEK – CR II 2.19, 8 (vgl. oben Anm. 5).

32 J. PILVOUSEK, Ostdeutsche Bischofskonferenz, S. 233.

33 Abdruck des Schreibens Muenchs an Preysing 29. Juli 1950: J. PILVOUSEK, Ostdeutsche Bischofskonferenz, S. 242.

Abschrift des Nuntiatur-Schreibens und bemerkte dazu[34]: »Ich weiß nicht, auf wessen Anregung oder Betreiben die darin enthaltene Entscheidung Roms ergangen ist. Jedenfalls möchte ich Ew. Eminenz umgehend von der Sache Kenntnis geben, da sie ja auch irgend wie in die Fuldaer Beratungen hineinspielen wird«.

Es ist schwer vorstellbar, wie Preysing mit einem Stellvertreter Weskamm und gegebenenfalls einem ausführenden Bischof Wienken eine ungewollte, jedenfalls nicht geliebte »Ostdeutsche Bischofskonferenz« länger geführt hätte. Auch Wienkens »Commissariat« war (abgesehen von einer wirtschaftlichen Austrocknung, für die schließlich Köln einsprang!) am Ende. So mag man es als Fügung betrachten, dass Kardinal von Preysing am 21. Dezember 1950 verstarb und in Wilhelm Weskamm im Juni 1951 einen der Ostdeutschen Bischofskonferenz gegenüber positiv eingestellten Nachfolger erhielt. In Bautzen verstarb wenige Monate nach Preysing, am 9. März 1951, Bischof Petrus Legge, so dass Wienken – Koadjutor des Bischofs seit 1937 – nun Ende 1951 trotz großer Vorbehalte und Bedenken als Bischof nach Bautzen übersiedeln musste. Das Commissariat gab er zum Ende des Jahres 1951 ab. Es wurde fortan von Prälat Johannes Zinke kommissarisch weitergeführt.

4. Das Ringen um ein »Sekretariat der Bischofskonferenz« 1950–1965

a) Erste Überlegungen zu einer Strukturierung der Bischofskonferenz und zur Einrichtung eines Sekretariates 1949–1951

War die Fuldaer Bischofskonferenz bis zum Ende des II. Weltkrieges ganz überwiegend ein Forum der Absprache und der Verständigung über ein einheitliches Vorgehen im politischen Raum und in besonderen Fragen der Seelsorge gewesen, so kamen nach dem II. Weltkrieg eine Fülle von Gestaltungs- und Gemeinschaftsaufgaben der Bischöfe hinzu, bei denen es nicht genügte, sich in gegenseitigem Wohlwollen einmal im Jahr auszutauschen und Meinungsbilder zu erstellen. Es gab zunehmend einen erheblichen Handlungsbedarf nach und außerhalb der Konferenz in Fulda. Die Konferenzprotokolle nach 1945 enthalten jährlich umfangreiche Listen von Projekten, die die Bischöfe gemeinsam finanzieren mussten. Die

[34] Preysing an Frings, Egglkofen Obb. 2. August 1950 mit hs. Vermerk Frings' »Antw. 4. 8. 50«: HAEK – CR II 2.19,9. Dort auch Abschrift des Schreibens Muench an Preysing 29. Juli 1950.

Wahrnehmung der vorbereitenden und ausführenden Arbeiten durch das Kölner Generalvikariat bzw. durch Prälat Böhler war – ganz abgesehen von den Animositäten im Episkopat gegen eine vermeintliche oder tatsächliche Kölner Dominanz – auf Dauer nicht vertretbar. Auch die seit einigen Jahren eingeführte Berufung von Referenten für bestimmte Komplexe aus der Mitte der Bischofskonferenz gab – wenn es um die Einziehung von Geld ging – keine praktikable Geschäftsbasis ab, wie die Erfahrungen Erzbischof Jaegers als »Diasporareferent« zeigten.

Die erste Spur von Überlegungen über ein Sekretariat der Bischofskonferenz in den Akten stellt ein Brief des Trierer Generalvikars Heinrich von Meurers an Frings vom 21. Juli 1949 dar[35]. »Schon des öfteren habe ich bei den Verhandlungen der Bischofskonferenzen den Gedanken gehabt, dass bei uns in Deutschland ein Sekretariat der deutschen Bischöfe fehlt ... Das Sekretariat müsste dem Vorsitzenden der Konferenzen unterstehen«. Von Meurers verwies auf Frankreich, Kanada und Österreich, wo solche Sekretariate bereits bestünden. Ein Sekretariat dürfe allerdings nicht nur mit den Staat-Kirche-Beziehungen befasst sein, sondern müsse »weitergehende Aufgaben haben und dem Vorsitzenden für alle Arbeiten zur Verfügung stehen«.

Im Protokoll des Konveniats der westdeutschen Bischöfe in Kevelaer vom 5. bis 7. Juni 1950 (bei dem eigentlich die nordrhein-westfälische Landesverfassung im Mittelpunkt des Interesses stand!) findet sich die Notiz: »Der Hochwürdigste Herr Bischof von Aachen überreicht allen Teilnehmern ein Promemoria über die evtl. Einrichtung eines Sekretariates der deutschen Bischöfe. Er erklärt sich bereit, seinen Vorschlag vor der Fuldaer Konferenz sämtlichen deutschen Bischöfen zuzustellen«[36]. Das »Memorandum« van der Veldens wurde als »Anlage 6« des Kevelaerer Protokolls versandt[37]. Darin hieß es: »Es fehlt eine Instanz institutioneller Art, die einmal die ganze Arbeit und Problematik im überdiözesanen Raum überblickt und das ganze Arbeitsmaterial der verschiedenen Sachgebiete sammelt, sichtet und grundlegend verarbeitet, die ferner den Epi-

35 Meurers an Frings 21. Juli 1949. HAEK – CR II 2.25, 1. – Heinrich von Meurers (1888–1953), 1935–1951 Generalvikar des Bistums Trier: M. PERSCH, in: E. GATZ, Bischofslexikon 1945–2001, S. 534 f.

36 Protokoll der Beratungen auf dem Konveniat der westdeutschen Bischöfe in Kevelaer vom 5. bis 7. Juni 1950 unter »4. Verschiedene Fragen«, S. 3: HAEK – CR II 2.19, 8.

37 Die Kölner Akten enthalten mehrere Exemplare dieses »Memorandums« Bischof van der Veldens mit unterschiedlichen Zuweisungsvermerken, z.B. HAEK – Gen II 3.8, 2a »Bischofskonferenz in Kevelaer 5./7. 6.50« oder Ebd. Gen II 3.8, 2 »Wortlaut Januar 1951«. Die Zufügung zur Überschrift »Anlage 6« weist den Text jedoch eindeutig dem Konveniat in Kevelaer im Juni 1950 zu.

skopat über alles hinreichend und umfassend informiert und die seine Intentionen und Anweisungen, die sich aus den Aufsichts- und Ordnungsrechten und -pflichten des Episkopats ergeben, rechtzeitig und wirksam zur Geltung bringt«.

Nach Darlegungen über das Ungenügen des bisherigen »Referenten-Systems« der Bischofskonferenz kam van der Velden zu konkreten Vorschlägen einer künftigen Regelung: »Ein Büro der Bischofskonferenz, besetzt mit einer Persönlichkeit, die auf Dauer wegen der Wichtigkeit der Arbeiten und der zu vertretenden Autorität etwa im Range eines nicht residierenden Bischofs stehen müsste«. Nach ausführlicher Darstellung der Aufgaben dieses »Sekretärs« der Bischofskonferenz fuhr van der Velden fort: »Um diese Arbeiten ausführen zu können, muss unter seiner Leitung eine zentrale Arbeitsstelle, etwa unter der Bezeichnung Sekretariat der Fuldaer Bischofskonferenz oder Zentrale Arbeits- und Informationsstelle der katholischen Kirche Deutschlands ins Auge gefasst und sukzessive aufgebaut werden«. Die Gliederung dieser »Zentrale« in 11 Sachreferate und 4 »Besondere Ämter«, die Bestellung ihrer Leiter durch die Bischöfe in Absprache mit den katholischen Verbänden, die abenteuerlichen Vorstellungen über eine ausreichende Finanzierung, schließlich über die Zuordnung der zu schaffenden Stelle zum Zentralkomitee der Katholiken (das es erst ab 1952 geben sollte!), mussten 1950 eher abschreckend als gewinnend auf die Bischöfe wirken.

Die Plenarkonferenz in Fulda vom 22. bis 24. August 1950 lehnte denn auch das Projekt zwar nicht grundsätzlich ab, sah jedoch noch erheblichen Klärungsbedarf[38]. Im Protokoll lesen wir: »Die Errichtung eines Sekretariates des gesamten Episkopates Deutschlands soll von einer Sonderkommission beraten und vorbereitet werden. In diese Kommission werden berufen die Erzbischöfe von Paderborn und Bamberg, die Bischöfe von Osnabrück, Aachen, Münster, Würzburg und Rottenburg«.

Nach diesem ersten »Anlauf« in Richtung eines Sekretariates scheint zunächst nichts geschehen zu sein. Im Protokoll des Pützchener Konveniats der westdeutschen Bischöfe in November 1950 heißt es[39]: »Die in Fulda zur Prüfung der Frage der Errichtung eines Sekretariates des Gesamtepiskopats eingerichtete Sonderkommission wird beauftragt, beim nächsten Konveniat konkrete Vorschläge vorzulegen«. An dieser Stelle

[38] Protokoll der Plenarkonferenz der Bischöfe der Diözesen Deutschlands in Fulda vom 22. bis 24. August 1950: HAEK – CR II 2.19, 9.

[39] Protokoll der Beratungen auf dem Konveniat der westdeutschen Bischöfe in Pützchen vom 6. bis 8. November 1950: Ebd.

wird deutlich, wie sich das westdeutsche Konveniat als Vorhut und teilweise als ausführendes Organ der Fuldaer Plenarkonferenz verstand.

Am 6. Februar 1951 konnte Erzbischof Jaeger Frings berichten, dass die Sonderkommission vom 22. bis 24. Januar 1951 in Limburg getagt und ein »Gutachten« erstellt hatte[40]. Darin hieß es: »Die bisherige Arbeitsweise der Fuldaer Plenarkonferenzen entspricht nicht mehr den gesteigerten Anforderungen ...«. Das »Referenten-System« sei dadurch problematisch geworden, dass die bischöflichen Referenten nicht mehr nur Informanten, sondern »Fachbischöfe« für ihren Bereich wurden. Da die anstehenden Entscheidungen die sachliche Kompetenz mancher Referenten überstiegen, seien sie auf die oft einseitigen Informationen der betroffenen Organisationen in eigener Sache angewiesen. »Zur Behebung dieser Missstände wird eine Neuordnung des Referentensystems empfohlen«, die vor allem darin bestehen solle, dass Referate nicht mehr der Lobby bestimmter Organisationen, sondern Sachbereichen zugeordnet werden. »Zur Koordinierung und Auswertung der Tätigkeit der Sachreferate sowie zur Vorbereitung der Plenarkonferenz und zur Informierung der Verbände und der Öffentlichkeit braucht es ein Sekretariat der deutschen Bischöfe. Der Wert dieses Sekretariates hängt ganz ab von der Persönlichkeit des Leiters. Es kann zunächst aus dem Leiter und einer Schreibhilfe bestehen ...«. Es folgten Vorschläge für eine neue Arbeitsweise und eine entsprechende »Geschäftsordnung« für die Plenarkonferenz.

»Nach Schluss der Plenarkonferenz wird es Aufgabe des Sekretariates der deutschen Bischöfe sein, für die Öffentlichkeit bestimmte Erklärungen und Stellungnahmen der Plenarkonferenz an die Presse zu geben, Weisungen an die Zentralen der katholischen Organisationen zu leiten, öffentliche Meinung bildende Artikel zu den verschiedenen Problemen selbst zu schreiben oder von geeigneten Fachkräften verfassen zu lassen und in die Presse zu lancieren«.

Das Gutachten nahm von einem personell aufgeblähten Sekretariat Abstand und spekulierte über Möglichkeiten der Zusammenarbeit mit der »Arbeitsgemeinschaft katholischer Verbände«, über die Einrichtung von drei »Arbeitsstellen« (staatspolitisch, sozialpolitisch, kulturpolitisch) und einer »Katholische Akademie«. Man hat bei der Lektüre des Jaeger-Gutachtens den Eindruck, dass fast alle Einrichtungen, die Böhler bei einem künftigen »Zentralkomitee der Katholiken« ansiedeln wollte, hier mit einem Sekretariat der Bischofskonferenz verbunden werden sollten.

40 Jaeger an Frings 6. Februar 1951: Ebd. – »Gutachten«, 8 Schreibmaschinenseiten, von Jaeger unterzeichnet: Ebd.

Die Finanzierungsüberlegungen des Gutachtens waren in einer Zeit, als die Kirchensteuer erst spärlich zu fließen begann, wenig realistisch. Zum Schluss merkte das von Jaeger unterzeichnete Gutachten an, dass an der Erstellung nur »die Bischöfe von Aachen, Münster, Osnabrück, Paderborn und Würzburg« beteiligt waren. »Die gleichfalls beauftragten Bischöfe von Bamberg und Rottenburg konnten an der Arbeitstagung nicht teilnehmen«.

Bereits in den Tagen 12.–14. Februar 1951 tagte das nächste Konveniat der westdeutschen Bischöfe in Pützchen[41] und nahm das Gutachten der Jaeger-Kommission zur Kenntnis: »Man begrüßt sehr die vorgeschlagene Neuordnung der Referate nach Sachgebieten sowie die neugeplante Geschäftsordnung für die Fuldaer Plenarkonferenz«. Man beschloss die Versendung des »Gutachtens« an alle deutschen Bischöfe mit der Aufforderung zu Rückmeldungen bis zum 1. Mai. »Auf der Frühjahrskonferenz [der westdeutschen Bischöfe] in Hardehausen soll die endgültige Formulierung beraten werden. Bis dahin mögen auch die Vorschläge erfolgen bezüglich geeigneter Persönlichkeiten für die Besetzung des Sekretariates der Fuldaer Bischofskonferenz«.

Im Protokoll des Hardehausener Konveniats vom 21. bis 23. Mai 1951 heißt es[42]: »Erzbischof Jaeger berichtet über die Entwicklung dieser Frage seit dem Konveniat in Pützchen. Man hält es für möglich und wünschenswert, das von der Fuldaer Bischofskonferenz in Köln eingerichtete ›Statistische Amt‹ zu einem solchen Sekretariat auszubauen. Außerdem könnte man ihm ein soziographisches Institut für Seelsorge angliedern in Zusammenarbeit mit katholischen Fachkräften ...«. Bischof Keller legte bezüglich der Neuordnung der Referate in Fulda ein französiches Schreiben vor, das über ähnliche Bestrebungen im französischen Episkopat berichtete[43].

Es scheint, dass sich die Meinungen über ein Sekretariat der Bischofskonferenz in den wenigen Wochen zwischen dem westdeutschen Konveniat in Hardehausen im Mai 1951 und der Fuldaer Plenarkonferenz Ende August erneut verschoben. Die Kölner Akten enthalten eine Vorlage Jaegers für Fulda »Neuordnung der Referate der Bischofskonferenz und

---

[41] Protokoll der Beratungen auf dem Konveniat der westdeutschen Bischöfe in Pützchen vom 12. bis 14. Februar 1951: HAEK – CR II 2.19, 9.

[42] Protokoll der Beratungen auf dem Konveniat der westdeutschen Bischöfe in Hardehausen vom 21. bis 23. Mai 1951: HAEK – CR II 2.19, 10.

[43] In deutscher Übersetzung »Ergebnisse der Plenarsitzung des französischen Episkopates vom 3.-4. April 1951 (aus einem Schreiben von Msgr. Émile Guerry, Archeveque-Coadjuteur de Cambrai vom 4.5.1951)«, Anlage 1 des Protokolls von Hardehausen: Ebd.

Einrichtung eines Sekretariates der Bischofskonferenz«[44], die die Entwicklung zwischen den Fuldaer Konferenzen 1950 und 1951 rekapituliert: Das am 7. März 1951 versandte »Gutachten« der Sonderkommission erbrachte sechs schriftliche Stellungnahmen und die Besprechungen des westdeutschen Konveniats. Das Ergebnis lautete: »I. Die Reformbedürftigkeit der Arbeitsweise der Plenarkonferenz wird allgemein zugegeben ... II. Es muss über die Plenarkonferenz hinaus eine intensive Zusammenarbeit der deutschen Bischöfe ständig gewährleistet sein ... III. Die Erfahrung zeigt, dass die jährlich einmal stattfindende Bischofskonferenz den Anforderungen durch die angedeuteten gemeinsamen Aufgaben nicht genügt ...«.

Unter IV. kam Jaeger zu den konkreten Vorschlägen, bei denen die Neuordnung der Sachreferate innerhalb der Bischofskonferenz die Sekretariatsfrage ganz an den Rand drängte. Die bischöflichen Kommissionen sollten aus zwei Mitgliedern der Bischofskonferenz und drei oder mehr zugezogenen Fachleuten gebildet werden. »Die bischöflichen Kommissionen unterstützen den Vorsitzenden der Plenarkonferenz bei der Vorbereitung der Gesamtkonferenz und machen Vorschläge für die Tagesordnung. Für die Einrichtung und Abgrenzung dieser zu schaffenden Sachreferate verweise ich auf das unter dem 7. 3. 1951 versandte Gutachten«.

Zur Organisation schlug Jaeger vor: Die »büromäßige Hilfe wird zunächst am einfachsten durch die Ordinariate der Leiter der bischöflichen Kommissionen gegeben werden können. Damit sind, wie ich glaube, die von mehreren Ordinarien geäußerten sehr ernsten Einwände finanzieller Art und die noch schwerer zu bewertenden sachlichen Bedenken gegen die Einrichtung eines ständigen Sekretariates der Bischöfe behoben«.

Ob die Bedenken gegen ein Sekretariat der Bischofskonferenz überwiegend finanziell und sachlich bedingt waren? Ein Nachsatz Jaegers deutet in eine andere Richtung: »Sollte später einmal ein zentrales Büro notwendig sein, so würde es am besten in Fulda errichtet, weil dadurch auch räumlich zum Ausdruck käme, dass es in Unterordnung unter die Plenarkonferenz als deren Kanzlei dem Gesamtepiskopat zu dienen hat«. Die Idee eines Sekretariates als Annex des »Statistischen Amtes« in Köln war damit erledigt!

Frings scheint dem Leiter dieses »Statistischen Amtes«, dem Kölner Priester und späteren Bonner Ordinarius für Christliche Gesellschaftslehre Dr. Franz Groner, das Gutachten der Jaeger-Kommission zur

---

[44] »Neuordnung der Referate der Bischofskonferenz und Einrichtung eines Sekretariates der Bischofskonferenz«, 3 Schreibmaschinenseiten: HAEK – CR II 2.19, 10.

Stellungnahme zugesandt zu haben, die Groner am 4. Juli 1951 sehr ausführlich und abgewogen vorlegte[45]. Lag der Schwerpunkt dieser Stellungnahme auch bei den vorgesehenen Referaten der Bischofskonferenz, ihrer Arbeitsweise und Koordination, so machte Groner doch auch zu einem Sekretariat der Bischofskonferenz seine Bemerkungen: »Bei allem Segen, den eine solche Stelle wirken kann, dürfen doch wohl ihre Möglichkeiten nicht überschätzt werden. Einem einzelnen Sekretär mit einer Schreibkraft dürfte es unmöglich sein, welche Persönlichkeit man auch immer auswählt, die manigfachen und komplizierten Aufgaben von sich aus einer Lösung nahe zu bringen«. Er könne weder die katholischen Organisationen zügeln noch die Aufgaben einer katholischen Pressekonferenz bewältigen. »Was dann an Aufgaben übrig bleibt, könnte u. E. auch schon ein einfacher, dafür eigens bestellter Geheimsekretär des Leiters der Fuldaer Bischofskonferenz erfüllen, wenn ihm eine Schreibkraft zur Verfügung steht«. Eine solche Lösung wäre geeignet, »die Entwicklung der ganzen Einrichtung erst noch eine Zeit lang beobachten zu können«.

So waren die Würfel schon vor der Zusammenkunft der Bischöfe in Fulda gefallen. Im Protokoll der Konferenz von 1951 heißt es[46]: »Wegen der finanziellen und sachlichen Bedenken, die von verschiedenen Mitgliedern der Konferenz gegen die Einrichtung eines Sekretariates der deutschen Bischöfe vorgebracht worden sind, wird einstweilen davon Abstand genommen. Eine Neuordnung des Referentensystems der Plenarkonferenz dagegen soll in die Wege geleitet werden in der Art, dass die mehr oder weniger zufällig entstandenen Referate für bestimmte Organisationsgebiete ersetzt werden durch Referate für Sachgebiete«. Das weitere Protokoll schildert, wie man bei dieser Neuordnung der Referate den Vorschlägen der Jaeger-Kommission folgte und umgehend zur Tat schritt.

b) Der zweite Versuch im Jahre 1954

Scheint im ersten Durchgang der frühen fünfziger Jahre das Projekt eines Sekretariates der Fuldaer Bischofskonferenzen an manchen Sorgen vor immer neuen kirchlichen Verwaltungs- und Arbeitsstellen mit sich überschneidenden Kompetenzen, vor allem aber mit unabsehbaren Kosten gescheitert zu sein, dazu an einer Furcht vor weiterer Verstärkung des Köl-

---

45 »Gedanken zur Errichtung eines *Sekretariates der Fuldaer Bischofskonferenz* und zur *Neueinteilung der Referate dieser Konferenz*«, Köln, den 4. Juli 1951, unterzeichnet: Dr. Groner: Ebd.

46 Protokoll der Plenarkonferenz der Bischöfe der Diözesen Deutschlands in Fulda vom 31. August bis 2. September 1951: Ebd.

ner Einflusses, so war es beim nächsten Versuch 1954 der neue Kölner Generalvikar Teusch, der gegen ein Sekretariat der Bischofskonferenz kämpfte – wiederum vordergründig aus sachlichen und Kostengründen, aber ganz offensichtlich auch deshalb, weil er Köln als kirchliches Einflusszentrum nicht gefährdet sehen wollte.

Schon im Vorfeld der Fuldaer Konferenz 1954 hatte Generalvikar Teusch am 6. Juni 1954 Kardinal Frings seine Bedenken gegen die Errichtung eines Sekretariates mitgeteilt[47]. Als Teusch unter den »Beratungsgegenständen« für die Fuldaer Konferenz vom 31. August bis 2. September 1954[48] unter TOP 6 entdeckt hatte »Frage der Einrichtung eines Generalsekretariats der Bischofskonferenz (Paderborn)«, fühlte er sich veranlasst, am 11. Juli 1954 Frings ein ausführlicheres Exposé »Betr.: Sekretariat der Fuldaer Bischofskonferenz« vorzulegen[49]: Selbstverständlich brauche der Konferenzvorsitzende ein »Sekretariat«, das in seinem Geheimsekretär und seinem Generalvikariat gegeben sei. »Insofern ... Prälat Böhler der Beauftragte der Fuldaer Bischofskonferenz ist, als solcher bevollmächtigt verhandelt, selbständig mit Bischöfen und Generalvikariaten korrespondiert, Bischöfe besucht und Generalvikare um sich versammelt, ist er tatsächlich ein über das unter 1 genannte hinausgehendes Sekretariat, nur, dass die gesamten Kosten von Köln getragen werden. Dieses Sekretariat kann vorerst nicht überflüssig gemacht werden. Augenblicklich trifft es sich günstig, dass dieses Sekretariat in der Nähe des Vorsitzenden der Bischofskonferenz, des Sitzes des Nuntius, der Bundesregierung, der wichtigsten Landesregierung und des Zentralkomitees der deutschen Katholiken ist. Eine zu große Verselbständigung dieses Sekretariates ist bisher, aufs Ganze gesehen, nicht erfolgt«[50].

Eine solche Tendenz hatte Teusch allerdings bereits am 6. Juni 1954 als Schreckensvision für ein eigenes Sekretariat der Bischofskonferenz an die Wand gemalt, »das die Konferenzen der Bischöfe vorbereitet, sie berät und die Beschlüsse ausführt. Wenn ein solches Sekretariat von einer höher ge-

[47] »Fulda 1954. Betr.: Sekretariat der Fuldaer Bischofskonferenz«, in Briefform, unterzeichnet: »Köln, den 6. Juni 1954 Gehorsam T.«: HAEK – CR 2.19, 43. (Es handelt sich um die frühere Signatur. Nach Aufteilung der Akten und neuen Signaturen fand sich dieser Brief Teuschs an Frings vom 6. Juni 1954 weder in CR II 2.19, 14 noch in CR II 2.19, 15!).

[48] Einladung zur Fuldaer Konferenz vom 31. August bis 2. September 1954 mit den »Beratungsgegenständen« vom 7. Juli 1954: HAEK – CR II 2.19, 14.

[49] »Fulda 1954. Betr.: Sekretariat der Fuldaer Bischofskonferenz«, 4 Schreibmaschinenseiten, unterzeichnet: »Köln, den 11. Juli 1954 T.«: HAEK – CR II 2.25, 1.

[50] Hier wird eine ganz vorsichtige Andeutung darüber greifbar, dass das Verhältnis zweier so starker Persönlichkeiten wie Teusch und Böhler in der unmittelbaren Umgebung von Frings nicht ganz reibungslos war.

stellten Persönlichkeit, etwa einem Weihbischof, geleitet wird, wird es auf Dauer ein ziemlich großer Apparat, kompliziert das Verfahren der Durchführung der vom zweiten Sekretariat bisher geleisteten Arbeiten und legt den Vorsitzenden der Konferenz, ja die Konferenz selbst weitgehend fest. Vor allem besteht die Gefahr, dass ein solches Sekretariat neben den Bischöfen eine zu große Bedeutung bekommt. Es wird sich auf die Dauer mit immer mehr Sachbearbeitern umgeben, immer selbständiger verhandeln, unmittelbar mit den Bischöfen in Beziehung treten ... Noch stärker wird das Schwergewicht des Sekretariats werden, wenn der Leiter gleichzeitig der Beauftragte der Bischofskonferenz in der Laienbewegung ist, ja, vielleicht noch andere Aufgaben überdiözesaner Art (Finanzkammer, Leitung der Konferenz der Finanzdezernenten, der Juristen, der Bauabteilungen, der Schulabteilungen der Bistümer u. a.) an sich zieht«. Teusch schloss seine Kassandra-Rufe gegen ein Sekretariat der Bischofskonferenz am 6. Juni mit der Warnung, es könne die Konferenz selbst um ihre Bedeutung bringen: »Es würde die Konferenz in ihrem Charakter als Besprechung der verantwortlichen Männer untereinander Schaden leiden«[51].

Es ging Teusch ganz sicher darum, die Stellung der Residentialbischöfe gegen einen sachkompetenten, aber letztlich nicht verantwortlichen Behördenapparat zu verteidigen. Doch bei dem ihm angeborenen Instinkt für Macht ging es ihm auch darum, alle Fäden weiterhin in Köln zusammenlaufen zu lassen, das ohnehin für die meisten Kosten aufzukommen hatte.

Da die Bischöfe bei ihrer Fuldaer Konferenz 1954 nicht alle Punkte der Tagesordnung bearbeiten konnten, schrieb Frings in seine Einladung zum Konveniat der westdeutschen Bischöfe für die Tage 3. – 5. November 1954 in Pützchen[52]: »Beratungspunkte werden vor allem jene Gegenstände sein, über die es in Fulda nicht zur Besprechung oder Beschlussfassung gekommen ist«. In der Aufzählung findet sich dann u.a. »Generalsekretariat der Bischofskonferenz«. Doch wichen auch die westdeutschen Bischöfe dem heiklen Thema aus. Im Protokoll des Konveniats lesen wir[53]: »Die Frage der Einrichtung eines Generalsekretariates der Fuldaer Bischofskonferenzen wird zurückgestellt, bis die Frage der Bischöflichen Hauptstellen geklärt ist«.

---

[51] Die Bedenken Teuschs sind in dem Exposé vom 11. Juli noch etwas ausführlicher beschrieben.

[52] Handschr. Entwurf der Einladung nach Pützchen vom 7. Oktober 1954: HAEK – CR II 2.19, 14.

[53] Protokoll der Beratungen auf dem Konveniat der westdeutschen Bischöfe in Pützchen vom 3. bis 5. November 1954: Ebd.

c) Der dritte Versuch 1957/58

Doch die Organisation der Bischofskonferenz und in ihrem Zusammenhang die Einrichtung eines Sekretariates kamen nicht von der Tagesordnung der Bischöfe. 1957 hatte man offenbar in Fulda erstmals das Bedürfnis verspürt, die 1951 geschaffenen Strukturen zu überarbeiten, und bestellte eine Sonderkommission unter Vorsitz von Erzbischof Kardinal Wendel von München. Dieser wandte sich am 17. September 1957 an seine bischöflichen Mitbrüder[54]: »In der Anlage überreiche ich die Erwägungen zur Neuordnung der Kommissionsarbeit der Fuldaer Bischofskonferenz, die auf Grund eines Beschlusses des westdeutschen Bischofskonveniats in Braunshardt der Generalassistent des Zentralkomitees der deutschen Katholiken, Exzellenz Hengsbach, ausgearbeitet hat«. In dem 13-seitigen Schriftstück »Entwurf eines Vorschlages zur Ordnung der Bischofskonferenz« findet sich unter »C. Das Sekretariat der Bischöfe« eine Aufgabenstellung, die nahezu exakt der Vision Teuschs von 1954 entspricht:

»1. Technische Vorbereitung und Abwicklung der gesamten Konferenztätigkeit der Fuldaer und, soweit gewünscht, der regionalen Bischofskonferenzen bzw. –conveniats.
2. Technische Abwicklung der Kommissionsarbeit der deutschen Bischöfe in Vorbereitung und Durchführung.
3. Sammeln und Übermitteln geeigneter Informationen an den deutschen Episkopat, besonders an die einzelnen Kommissionen.
4. Anfertigung bzw. Vermittlung von Gutachten für den deutschen Episkopat bzw. die einzelnen Kommissionen in Zusammenarbeit mit dem Zentralkomitee der deutschen Katholiken.
5. Durchführung bestimmter von den Fuldaer Bischofskonferenzen, den regionalen Bischofsconveniats bzw. einzelnen Kommissionen erteilten Aufträge.
6. Verbindung zum Zentralkomitee der deutschen Katholiken: Vermittlung der alta directio des deutschen Episkopates zum Zentralkomitee und allen angeschlossenen Oraganisationen«.

Als Frings am 20. Januar 1958 »zu einer außerplanmäßigen gemeinsamen Konferenz der deutschen Bischöfe nach Hofheim/Taunus auf 25.-27.

[54] Der Erzbischof von München und Freising an Eminenz/Exzellenz (hekt. Rundschreiben) 17. September 1957: HAEK – CR II 2.19, 19; »Entwurf eines Vorschlages zur Ordnung der Bischofskonferenz«, 13 Schreibmaschinenseiten, ohne Verfasserangabe: Ebd.

Februar 1958« einlud[55], fand sich auf der Tagesordnung der Punkt »Neuordnung der Bischofskommissionen innerhalb der Fuldaer Bischofskonferenzen. Generalsekretär der Bischofskonferenzen?« Am 14. Februar meldete sich Kardinal Wendel aus München bei Frings[56]: »Um noch einmal die Einteilung der Kommissionen und ihrer Arbeit zu besprechen, will sich unsere Kommission [schon] am 24. Februar in Hofheim treffen ... Ich darf Dich auch einladen teilzunehmen ...«.

Es scheint, dass Generalvikar Teusch erst kurz vor der Hofheimer Konferenz von der Hengsbach-Vorlage aus dem Herbst 1957 Kenntnis erhielt. Unter dem 16. Februar 1958 legte er seinem Erzbischof umfangreiche »Überlegungen zu dem Plan, ein Sekretariat der Fuldaer Bischofskonferenzen zu gründen« vor[57].

Teusch hatte seine Bedenken von 1954 inzwischen weiterentwickelt. Bevor man über ein »Sekretariat der Bischofskonferenzen« verhandle, sollten die Befürworter einer solchen Einrichtung zunächst einmal schriftlich festlegen und allen Konferenzteilnehmern zuleiten, was sie bezüglich Umfang und Aufgabenstellung eines Sekretariates beabsichtigten. Nicht ungeschickt kleidete Teusch dann seine Bedenken gegen jedwedes »Sekretariat« in Fragen: »Soll es die Bischöfe informieren? ... Soll das Sekretariat die Hirtenbriefe vorbereiten? ... Soll das Sekretariat die Beschlüsse vorbereiten? ... Soll das Sekretariat auch die Aufgaben der Bischöflichen Finanzkammer übernehmen oder sie wenigstens überwachen? Wenn ja, warum? Ich sehe beim besten Willen nicht, wozu es eines Sekretariates nach dem Modell Großplan bedarf«.

Sehr deutlich und scharf wurde Teusch bei der Schilderung der Nachteile eines Sekretariates aus seiner Sicht: »Der Sekretär bekäme eine Stellung, die von ungeheurem Einfluss ist, einmal, weil er vor, in und auf der Konferenz der eigentliche Sachverständige wäre, sodann, weil er auch auf finanziellem Gebiete ein großes Gewicht besonders gegenüber den kleineren Bistümern bekäme. Die Bischofskonferenz wäre nicht mehr die Überlegung der im letzten verantwortlichen Männer, sondern sie hätte mehr oder weniger nur noch zuzustimmen, abzulehnen, zu variieren gegenüber dem, was der Sekretär vorträgt. Selbst diese Möglichkeit ... würde durch die o. g. Gewichte bald mehr und mehr eingeschränkt. Der ei-

---

[55] HAEK – CR. II 2.19, 19. Während Frings hier von einer »außerplanmäßigen gemeinsamen Konferenz der deutschen Bischöfe« spricht, wird es im später zu erwähnenden Protokoll heißen »Konferenz der westdeutschen und bayrischen Bischöfe«.

[56] Handschriftl. Briefkarte Wendel an Frings 14. Februar 1958.

[57] »Überlegungen zu dem Plan, ein Sekretariat der Fuldaer Bischofskonferenzen zu gründen«, 5 Schreibmaschinenseiten, unterzeichnet: »Köln, den 16. Februar 1958 T.«: HAEK – CR II 2.19, 19.

gentliche Leiter der Konferenz würde der Sekretär, und den bisherigen Vorsitzenden würde man besser Ehrenvorsitzenden o. ä. nennen«.

Weiter bemerkte Teusch: »Sollte überdies ins Auge gefasst werden, die Stelle des Sekretärs mit der des Bischöflichen Assistenten beim Zentralkomitee zu verbinden, könnte der Sekretär seine Darlegungen auf der Bischofskonferenz auch noch mit der Bemerkung unterbauen: ›Übrigens sind die Laien der gleichen Meinung‹, und so würde die Konferenz noch mehr in der freien Entschließung behindert ...

Das Sekretariat würde sehr bald eine riesige Behörde werden und sich zu einer Art eines Supergeneralvikariates entwickeln. Wenn dieses aber einmal besteht, muss es sich auch betätigen und im Sich-Betätigen weiterwachsen ... Eine Abgrenzung ist nicht abzusehen ... Und schließlich praktische Fragen: Wenn das Sekretariat nach Bonn kommt, was geschieht, wenn der Vorsitzer einmal in München ist? Soll es auch die Aufgaben der westdeutschen Bischofskonferenz übernehmen? Wenn ja, was soll geschehen, wenn deren Vorsitz etwa in Paderborn liegt?«

Teusch scheint mit Prälat Böhler als Sekretär gerechnet zu haben. »Exzellenz Böhler müsste dann zum mindesten von den Aufgaben in Düsseldorf entlastet werden«. Es folgten Hinweise auf die personellen und finanziellen Leistungen, die das Erzbistum Köln bisher für Aufgaben der Bischofskonferenz erbracht habe, bis hin zur Berechnung der Kosten eines Gebäudes für ein Sekretariat.

Teusch kam dann zu einem Resumé, das zeigt, wie er den Erzbischof für seine Überzeugung zu gewinnen suchte:

»Ich möchte darum vorschlagen:

a) am liebsten: dass Ew. Eminenz in aller Ruhe erklären, dass Eminenz auf die Durchführung des Kleinplanes [Zubilligung eines Sekretärs mit Schreibkraft auf Kosten der Konferenz] verzichten und den Großplan nicht mitmachen.

b) Wenn aber Ew. Eminenz eine ernstliche Diskussion glauben zulassen zu sollen, so sollte dieselbe nicht Ende dieses Monats in Hofheim stattfinden, sondern erst nach Aufstellung der unter 1. geforderten Skizzierung [des Umfangs und der Aufgabenstellung eines Sekretariates durch die Befürworter]. Diese sollte allen Bischöfen vor der nächsten Fuldaer Bischofskonferenz zugestellt und in Fulda besprochen werden. Bei der Skizzierung müssten die Vertreter des Planes sofort berücksichtigen, dass personelle und räumliche Verbindung des Sekretariates mit dem Generalvikariat in Köln nicht in Frage kommt. Es müsste m. E. ebenfalls betont werden, dass eine solche Verbindung auch nicht für eine sogenannte Übergangszeit in Erwägung gezogen werden könnte«.

Es lässt sich aus den Kölner Akten nicht entnehmen, welche Auswirkungen diese bedrohlichen Vorgaben Teuschs für den Konferenzvorsitzenden bei der Hofheimer Konferenz hatten. Im »Protokoll der Konferenz der westdeutschen und bayrischen Bischöfe in Hofheim« ist von einem Sekretariat der Bischofskonferenz nicht die Rede[58]. Unter 5. heißt es lediglich: »Um eine fruchtbare Zusammenarbeit des Episkopates in Deutschland zu erreichen, beschließt die Konferenz in Abänderung des Beschlusses der Plenarkonferenz vom 21. August 1951 ... die Einrichtung verschiedener *Bischofskommissionen* für bestimmte Sachgebiete. Den einzelnen Kommissionen werden die entsprechenden Institutionen und Gemeinschaften zugeordnet«. Es folgt die Liste der Kommissionen, deren Vorsitzende und Mitglieder nicht mit Personennamen, sondern mit Bischofssitzen benannt wurden. »Köln« war der Vorsitz in der »Hauptkommission« zugewiesen.

d) Der Kölner Versuch, die Institutionalisierung der Bischofskonferenzen und die Einführung eines Sekretariates auf dem II. Vatikanischen Konzil zu verhindern

Schon bald wurde durch die Vorbereitung des II. Vatikanischen Konzils Generalvikar Teusch zum letzten Mal – und vom Ergebnis her vergeblich – die Möglichkeit zugespielt, seine Vorbehalte gegen ein Sekretariat der Bischofskonferenz vorzubringen. Kardinal Frings erhielt als Mitglied der zentralen Vorbereitungskommission (Commissio praeparatoria) des Konzils im Herbst 1961 den Entwurf zu einem Schema »De episcoporum coetu seu conferentia« mit der Aufforderung zu einer Stellungnahme zugestellt[59]. Teusch empfahl seinem Erzbischof am 13. Februar 1962, mit »Non placet« zu votieren[60].

Teuschs Argumente lauteten: 1. Das Schema schränke die Freiheit der Bischofskonferenz jeden Landes ein; 2. werde die Freiheit des einzelnen Bischofs gegenüber Beschlüssen der Konferenz beschnitten. »3. Der Entwurf schafft zusätzliche Verwaltungsarbeit a) für Rom ..., b) für die Bischofskonferenz ...; c) für den Präses der Bischofskonferenz ...; d) für je-

---

58 Protokoll der Konferenz der westdeutschen und bayrischen Bischöfe in Hofheim vom 25. bis 27. Februar 1958: HAEK – CR II 2.19, 20.

59 Unterlagen dazu: HAEK – Nachlass Frings 48; Schemenentwurf »De episcoporum coetu seu conferentia«: Acta et Documenta Concilio Oecumenico Vaticano II Apparando, Series II (Praeparatoria), Vol. III, Pars I, Vatikan 1969, S. 283-285.

60 »Zum Schema Decreti de episcoporum coetu seu conferentia = BK Sept./Okt.1961. Vorschlag: Non placet«, 7 Seiten handschriftlich, unterzeichnet »K. 13.2.62 T.«: HAEK – Nachlass Frings 48.

den Bischof, e) für das Generalsekretariat, das in Deutschland ... bald außer Super-Seelsorgeamt auch Super-Quasi-Ordinariat sein würde. 4. Soll man eine Entwicklung einleiten, die eine in der Verfassung der Kirche nicht vorgesehene Zwischeninstanz zwischen Bischöfen und Heiligem Stuhl einfügt? 5. Im übrigen bleibt ein Dekret über BK [= Bischofskonferenzen] unvollständig, das dem ›heißen Eisen‹ Nuntius und BK aus dem Wege geht. Die noch nicht betroffenen Bischöfe sind in Sorge, die bereits betroffenen in Unwillen. Daher sollte verfügt werden: Nuntii, Internuntii, Delegati Apostolici Conferentiis Episcoporum nec praesint nec adsint nisi a Praeside in casu singulari et expresse ut suadeant invitati«.

Der letzte Satz lässt erkennen, dass Teusch nicht damit rechnete, eine Konzilsentscheidung über die weltkirchliche Institutionalisierung der Bischofskonferenzen verhindern zu können, wie er bisher über den deutschen Konferenzvorsitzenden Frings ein Sekretariat der Fuldaer Bischofskonferenzen verhindert hatte. Während des Konzils kamen die Bischofskonferenzen während der 2. Tagungsperiode im Herbst 1963 innerhalb der Debatte über das Bischofsdekret zur Sprache. Frings ließ sich von dem in Rom anwesenden Kölner Historiker Rudolf Lill eine Vorlage über die Frühgeschichte der Fuldaer Bischofskonferenzen erstellen, die Lill ein Jahr später in erweiterter Form veröffentlichte[61].

In welchem Maße der Kölner Kardinal sich die Argumente seines Generalvikars – gegen die Institutionalisierung der Bischofskonferenzen und zumal gegen ein »Generalsekretariat« – zueigen gemacht hatte, zeigte die Generaldebatte über das Bischofsdekret im November 1963. Josef Schmitz van Vorst berichtete am 14. November in der FAZ[62]: »Der Erzbischof von Köln, Kardinal Frings, nahm eine Mittelstellung ein, die sich auf die besonderen Verhältnisse in Deutschland gründete. Er nennt sich Vorsitzender der deutschen [richtig: Fuldaer] Bischofskonferenzen. In diesem Plural kommt schon zum Ausdruck, dass es sich um kein juristisches Institut handelt«. Frings' Ausführungen über die Fuldaer Konferenzen seien bei Nennung der Hilfswerke Misereor und Adveniat mehrfach vom Beifall der Konzilsaula unterbrochen worden. »Er schlug in dem Kapitel über die Bischofskonferenzen den Zusatz vor, dass der Vorsitzende von den Mit-

---

[61] Vgl. oben Anm. 1: R. LILL, Die ersten deutschen Bischofskonferenzen, Freiburg-Basel-Wien 1964. Lills Ausarbeitung für Frings 1963: »Für den internen Gebrauch. Die ersten deutschen Bischofskonferenzen«, 15 Seiten, unterzeichnet »R. Lill«: HAEK – CR 2.19, 53 (Alte Signatur. Die Akte ist noch nicht allgemein zugänglich, weil die Sperrfrist von 40 Jahren noch nicht abgelaufen ist).

[62] »Frings erläutert die Erfahrungen der deutschen Bischofskonferenzen«, FAZ 14.11.1963, Ausschnitt in HAEK – CR 2.19, 53; vgl. auch J. SCHMITZ VAN VORST, Kirche gestern – Kirche morgen, Stuttgart 1966, S. 80-85.

gliedern der Konferenz und [soll heißen: d.h.] den Residenzbischöfen gewählt werde. Im übrigen sollte den Konferenzen die Freiheit gelassen werden, ein Generalsekretariat und Fachkommissionen zu bilden. Es müsse verhindert werden, dass die Bürokratie des Generalsekretariates in die Bistümer hineinregiere. Die in Artikel 23 vorgeschlagene Bestimmung solle gestrichen werden, die vorsehe, dass ein Bischof, der einen Mehrheitsbeschluss [der Bischofskonferenz] nicht annehme, dem Vorsitzenden seine Gründe vortragen müsse, ohne dass dies aufschiebende Wirkung besitze«.

Frings selbst erinnerte sich 1973[63]: »Und da habe ich am 13. November eine fulminante Rede gehalten für die Freiheit der Bischofskonferenzen und eine Warnung vor einer zu starken Juridizierung ausgesprochen«. Kardinal Ratzinger zitierte 1976 Frings' Konzilsrede vom 13. November 1963[64]: »Bei der Gründung eines solchen Generalsekretariats scheinen mir erhebliche Gefahren zu drohen. Wer wird dann der wirkliche Leiter der Konferenz sein: der bischöfliche Vorsitzende oder der Generalsekretär, der vielleicht nicht einmal ein Bischof oder nicht residierender Bischof ist? Es steht zu fürchten, dass kleinere Diözesen in die Abhängigkeit von irgend einem Prälaten geraten, der unter dem Titel des Generalsekretärs alles leitet und auch die Verteilung der Finanzen bestimmt«.

Doch inzwischen war der angefahrene Zug nicht mehr aufzuhalten. Das Dekret »Christus Dominus« über die Hirtenaufgabe der Bischöfe sah in Nr. 37 die Einrichtung von Bischofskonferenzen »desselben Landes und Gebietes« vor. In Nr. 38 wurden die Rahmenbedingungen festgelegt, z. B. dass außer den Ortsordinarien auch die Weihbischöfe Mitglieder der Konferenzen wurden. »3. Jede Bischofskonferenz gebe sich Statuten, die vom Apostolischen Stuhl geprüft werden müssen. Darin sollen unter anderem Organe vorgesehen werden, die dem erstrebten Ziel wirksamer dienen, z. B. ein ständiger Bischofsrat, bischöfliche Kommissionen, ein Generalsekretariat«[65].

Die Fuldaer Bischofskonferenz als wenig strukturiertes Beratungsgremium der Residentialbischöfe musste sich entsprechend den Vorgaben von »Christus Dominus« zur Institution wandeln und ein Sekretariat einrichten. Diese Weiterentwicklung sollte nicht mehr die Aufgabe des seit 20 Jahren amtierenden Konferenzvorsitzenden Kardinal Frings sein.

---

63 J. FRINGS, Für die Menschen bestellt, S. 274.

64 J. RATZINGER, Stimme des Vertrauens. Kardinal Josef Frings auf dem Zweiten Vaticanum, in: N. TRIPPEN u. W. MOGGE, Ortskirche im Dienst der Weltkirche, S. 183-190, hier: S. 185.

65 »Christus Dominus«, Nr. 37 u. 38: LThK, Das Zweite Vatikanische Konzil, Teil II, Freiburg 1967, S. 230-239.

Während der Konzilszeit hatte sich die Sehfähigkeit des bald 80jährigen Kardinals weiter verringert. Deshalb kündigte er am 8. März 1965 seinen Rücktritt vom Vorsitz der Bischofskonferenz zum Herbst 1965 an[66]. Noch während des Konzils wählten die deutschen Bischöfe in Rom am 2. Dezember 1965 den Münchener Erzbischof Julius Kardinal Döpfner, der die Konferenz schon acht Monate kommissarisch geleitet hatte, zum Vorsitzenden der nunmehr so bezeichneten »Deutschen Bischofskonferenz«. Deren formelle Konstituierung erfolgte im September 1966 nach einem von ihr beschlossenen und vom Hl. Stuhl approbierten Statut[67]. Zum ersten Sekretär wurde gleichzeitig der damalige Direktor der Katholischen Akademie in Bayern, Dr. Karl Forster, gewählt, der sein Amt am 1. Februar 1967 antrat[68].

Kardinal Frings blieb über seinen Rücktritt vom Amt des Vorsitzenden hinaus als Erzbischof von Köln Mitglied der Deutschen Bischofskonferenz. Selbst nach seinem Rücktritt als Erzbischof von Köln 1969 blieb er Mitglied der Misereor-Kommission bis 1973. In seinen Erinnerungen schilderte er 1973, wie sich das Fluidum der Konferenz seit 1966 verändert hatte[69]: »Ich gebe zu, dass mit der Entscheidung, dass auch die Herren Weihbischöfe an diesen Konferenzen teilnehmen sollen, eine gewisse Notwendigkeit gegeben war, schärfere Bestimmungen über die Rechte der einzelnen Mitglieder zu erlassen. Aber gegenüber früher ist doch vieles verlorengegangen. Der konfraternelle Gemeinschaftsgeist, der in der Fuldaer Bischofskonferenz herrschte, ist kaum mehr zu finden. Die einzelnen kennen einander nur noch wenig, und es sind auch nur verhältnismäßig wenige, die das Wort ergreifen. Die Arbeit spielt sich wesentlich in den Kommissionen und Unterkommissionen ab, deren es eine große Zahl gibt und die mit vielen Leuten bestückt sind, auch mit Beratern aus dem Laienstande, so dass kaum einer den Überblick über das Ganze hat, eigentlich nur der Sekretär, der keine andere Aufgabe hat, als dem Vorsitzenden beizustehen. Wie der Vorsitzende daneben eine große Diözese leiten und die ganzen Vorgänge im Auge behalten kann, ist mir ein Rätsel«.

---

66 Protokoll der Vollversammlung der Bischöfe Deutschlands vom 8. bis 10. März 1965 in Hofheim/Taunus: HAEK – CR 2.19, 55 (Alte Signatur, noch nicht allgemein zugänglich).

67 Zu Julius Kardinal Döpfner: K. WITTSTADT, Julius Kardinal Döpfner. Anwalt Gottes und der Menschen, München 2001; kurzgefasste Darstellung der hier geschilderten Abläufe: K. FORSTER, Julius Kardinal Döpfner (1913–1976), in: Zeitgeschichte in Lebensbildern 3, Mainz 1979, S. 260-279, hier: S. 276.

68 Zu Forster: A. RAUSCHER, Karl Forster (1928–1981), in: Zeitgeschichte in Lebensbildern 6, Mainz 1984, S. 231-249.

69 J. FRINGS, Für die Menschen bestellt, S. 274 f.; vgl. auch ebd.,. S. 245 f.

Diese kritische Sicht der veränderten Gestalt der Bischofskonferenz ist wohl nicht unwesentlich auf die altersbedingt und dazu durch die zunehmende Erblindung eingeschränkte Wahrnehmungs- und Kontaktfähigkeit des greisen Kardinals zurückzuführen. Dennoch wirkt sie wie eine Bestätigung der Befürchtungen, die Generalvikar Teusch seit 1954 immer wieder vorgebracht hatte.

XV. KAPITEL

GEBORGENHEIT, MUSSE UND ERHOLUNG IM LEBEN DES ERZBISCHOFS

Angesichts der zahlreichen und vielseitigen Herausforderungen, denen Kardinal Frings sich stellen musste, ist die Frage berechtigt: Aus welchen Wurzeln hat er gelebt, aus welchen Quellen Kraft geschöpft? Das waren zunächst und vor allem sein im Elternhaus in Neuss grundgelegter, wohl nie angefochtener Glaube sowie die Prägung seines Lebens durch Gebet und das sakramentale Leben der Kirche. Sein Lebensgefühl war ebenso bestimmt durch gesundes Selbstbewusstsein als Erzbischof und Kardinal wie aus dem Wissen, auf die Hilfe und die Zuarbeit anderer, in manchen Fragen ihm durch Kompetenz überlegener Menschen angewiesen zu sein, deren Anteil an seinen Erfolgen er stets und vor allem öffentlich anerkannte. Über einige seiner Kraft- und Regenerationsquellen hat der Kardinal selbst in seinen Erinnerungen berichtet. Ergänzungen durch noch lebende Zeitzeugen geben uns weitere Hinweise auf den Menschen Josef Kardinal Frings[1].

1. Das Erzbischöfliche Haus

Für das Lebensgefühl wohl jedes Menschen sind seine häuslichen Verhältnisse bedeutsam. Frings hat selbst beschrieben, wie der Tod seines Schwagers Josef Hopmann 1924 für ihn Veranlassung war, sich auf die vakante Pfarrstelle St. Joseph in Köln-Braunsfeld zu bewerben, um seine verwitwete Schwester Anna Hopmann mit ihren beiden Söhnen in sein Pfarrhaus aufzunehmen. An den »dreizehn sehr schönen und glücklichen Jahren« als Pfarrer in Braunsfeld dürfte die Atmosphäre des Pfarrhauses einen nicht unerheblichen Anteil haben[2].

---

1 Hier sind vor allem Frings' noch lebende Sekretäre zu nennen: Altbischof Dr. Hubert Luthe, Essen; Prälat Ludwig Schöller, Köln; Pfarrer Msgr. Dr. Dieter Froitzheim, Leverkusen. Über die Lebensverhältnisse im Erzbischöflichen Haus (Bayenthalgürtel 31 von 1945 bis 1956, Eintrachtstraße bzw. Kardinal-Frings-Straße von 1956 bis 1978) gab Frau Eva Bröhl, Brühl, dem Verfasser wichtige Hinweise. Frau Bröhl (*1927) stand vom 1. Januar 1946 bis zum Tode von Frau Hopmann am 9. April 1981 als Hauswirtschafterin im Dienste des Erzbischofs und seiner Schwester und hat deshalb die gesamte Nachkriegsperiode im Erzbischöflichen Haus als Zeitzeugin miterlebt. Frau Bröhl sei an dieser Stelle für ihre bereitwillig erteilten Auskünfte gedankt.

2 J. Frings, Für die Menschen bestellt, S. 15.

Als Regens des Priesterseminars in Bensberg und den späteren Ausweichorten 1937–1942 musste Frings sich von seiner Schwester und ihren Söhnen wieder trennen und wurde von Ordensfrauen versorgt. Sobald er jedoch zum Erzbischof ernannt war, wollte er seine Schwester wieder zu sich nehmen. Er berichtete darüber 1973[3]: »Das Erzbischöfliche Haus, damals noch Palais genannt, befand sich [1942] noch in gutem Zustand. Es wurde von Ursulinenschwestern bewohnt und vom Offizialat benutzt. Ich hatte meine Schwester ... gebeten, meinen Haushalt zu übernehmen, wie sie es auch schon von 1924 bis 1937 ... getan hatte. Sie trug aber wegen ihres noch nicht voll erwachsenen Sohnes Bedenken, zu mir ins Palais zu ziehen, weil sie glaubte, es werde erzieherisch nicht gut für ihn sein[4]. So übernahmen die Ursulinen die Führung des Haushaltes«.

Zu den weiteren Hausgenossen bemerkte der Erzbischof: »Es befand sich im Hause auch noch der frühere Diener [Kardinal Schultes], der sogenannte Kardinals-Peter (Peter Resch), der gern im Haus wohnen blieb. Ein Bruder aus dem Kloster Knechtsteden war zu meiner eigentlichen Bedienung da. Bruder Heinrich widmete sich mit großer Hingabe dieser Aufgabe[5]. Beim Brand des Hauses im Jahre darauf hat er unter dem Einsatz seines Lebens vieles gerettet, wahrscheinlich datiert daher sein Herzleiden, an dem er lange Jahre litt«.

Der Kardinal hat den Bombenangriff vom 29. Juni 1943, bei dem das Erzbischöfliche Palais zerstört wurde und zwei Ordenschwestern an der Seite des Erzbischofs im Luftschutzkeller den Tod fanden, aus der Erinnerung beschrieben. Er fand Unterkunft im Haus des Rektors der St. Anna-Kapelle in Honnef[6]. »Ich selbst kam mit meinem Sekretär [Dr. Hürtgen], meinem Diener Heinrich und einer Ursulinenschwester, die den Haushalt geführt hatte, so dass dieses Haus dicht besetzt und bis auf den letzten Platz ausgenutzt war. Ich habe mich aber in den beiden Räumen recht wohl gefühlt, zumal man nachts seine Ruhe hatte und nicht durch Alarm aufgescheucht wurde ... Wir aßen zusammen mit der Familie des Rektors und führten ein relativ ruhiges Dasein«.

---

3 Ebd., S. 19.

4 Frau Hopmann hatte 1942 nur noch einen Sohn. »Der Bergtod ihres Sohnes Karl 1940 traf sie schwer« (Totenbildchen Frau Anna Hopmann geb. Frings).

5 Hinweis von Frau Bröhl: Seit der Vertreibung der Spiritaner aus dem Kloster Knechtsteden im Zuge des nationalsozialistischen »Klostersturms« 1941 versahen Knechtstedener Brüder das Dieneramt im Erzbischöflichen Hause. Bruder Heinrich wurde als ausgebildeter Drucker nach dem Kriege ausgetauscht, als er im wieder von den Spiritanern übernommenen Knechtsteden gebraucht wurde.

6 J. FRINGS, Für die Menschen bestellt, S. 27-30.

Frings hat auch seine Wohnung auf der Mommsenstraße in Köln-Hohenlind von März bis Oktober 1944 und seine Odyssee nach der zweiten Ausbombung beschrieben. Wie bereits dargestellt[7], kehrte der Erzbischof im November 1944 wieder nach Honnef zurück. Dieses – von Stadtdechant Grosche missbilligte – erneute Ausweichen nach Honnef ging am 20. April 1945 zuende, als Frings mit Hilfe der Amerikaner nach Köln zurückkehren konnte[8]. »Ich hatte dort allerdings keine Wohnung, aber ich hatte gute Beziehungen zu Hohenlind und konnte bei Direktor Dr. Franz Müller, der später in Honnef das Katholisch-Soziale Institut leitete, Unterkunft finden ... Aber in Hohenlind sammelte sich eine sehr interessante Gesellschaft; es kam auch Konrad Adenauer dahin, als er von den Amerikanern zum Oberbürgermeister von Köln ernannt worden war; ich habe ihn da manchmal erlebt, auch als er nachher von den Engländern abgesetzt wurde ...«.

Die Zeit der »Wanderschaft« des Erzbischofs endete, als es im Spätherbst 1945 gelang, das Haus Bayenthalgürtel 31 für den Erzbischof anzumieten und herzurichten, so dass im Dezember 1945 der Einzug erfolgen konnte. Dieses Domizil konnte erst im April 1956 durch das neuerbaute Erzbischöfliche Haus an der Eintrachtstraße 164, heute: Kardinal-Frings-Straße 10, ersetzt werden. Die Haushaltsführung übernahm mit dem Einzug in das Haus in Bayenthal wieder Frau Anna Hopmann.

Über das Leben im Erzbischöflichen Haus am Bayenthalgürtel weiß Frau Eva Bröhl, Brühl, aus eigenem Miterleben zu berichten: Schon beim Einzug wurde Frau Maria Solzbacher als Köchin und ab 1. Januar 1946 Eva Bröhl als bei den Aachener Franziskanerinnen gerade ausgebildete Haushaltshilfe eingestellt. Zum Haushalt gehörten wieder Sekretär Dr. Hürtgen und Bruder Heinrich (später Bruder Oswald) aus Knechtsteden als Diener.

Der Tag im Erzbischöflichen Haus begann um 7.30 Uhr mit der Feier der hl. Messe in der Hauskapelle, an der die Hausangestellten teilnahmen. Vor dem Erzbischof hatte bis zum II. Vatikanischen Konzil schon der Geheimsekretär die hl. Messe gefeiert, der – wie Froitzheim berichtet – in den letzten Jahren nach dem Konzil mit dem Erzbischof konzelebrierte und ihm half, sich bei abnehmender Sehkraft zurechtzufinden[9]. Das Frühstück nahm der Kardinal mit seiner Schwester ein. Nach dem Umzug in das Erzbischöfliche Haus an der Eintrachtstraße und der Übersiedlung

[7] Vgl. oben S. 113 f. mit Anm. 100 ff.

[8] J. FRINGS, Für die Menschen bestellt, S. 40.

[9] D. FROITZHEIM, Der Kardinal im Ruhestand, in: D. FROITZHEIM (Hrsg.), Frings, S. 78-86, hier: S. 82.

des Priesterseminars von Bensberg nach Köln 1958 lud der Erzbischof an jedem Morgen, den er in seinem Haus verbrachte, zwei Seminaristen zur Ministration bei der hl. Messe und zum anschließenden Frühstück ein. Diesen Brauch hatte er von Kardinal Galen übernommen. Der Erzbischof hatte so Gelegenheit, seine künftigen Priester kennenzulernen, und erfuhr im Gespräch manches über die Heimatpfarreien seiner Seminaristen.

Schon das Bayenthaler Haus bot dem Erzbischof die Möglichkeit, die notwendigen Besprechungen, Audienzen und Gesprächskreise in seinem Hause abzuhalten und – in zunächst bescheidenem Rahmen – Gastlichkeit zu pflegen. Der letzte Gesprächsgast des Vormittags – so berichtet Frau Bröhl – wurde häufiger zum Mittagessen eingeladen. Der Kardinal sei dann mit der Bemerkung in die Küche gekommen: »Gießt noch etwas Wasser in die Suppe; ich bringe noch jemanden mit«.

Eine der regelmäßigen Gäste-Gruppen sei der »Soziale Gesprächskreis« gewesen, der monatlich nachmittags kam und mit Kaffee und Kuchen bewirtet wurde; andere Gruppen, die vormittags im Erzbischöflichen Haus tagten, seien mit einem Mittagessen verabschiedet worden, so z.B. nach 1958 die Misereor-Kommission der Fuldaer Bischofskonferenz.

Der spätere Diözesanbaumeister Wilhelm Schlombs berichtete, er habe nach dem Krieg sehr regelmäßig die Architekten-Pläne für Kirchbauten im Erzbischöflichen Haus ausbreiten müssen. Der damals schon sehbehinderte Kardinal habe mit ihm am Boden gekniet und sich über die Pläne gebeugt. Manche Gäste – so Frau Bröhl – seien dem Hauspersonal dadurch aufgefallen, dass sie regelmäßig ihre Zeit überzogen, wie z. B. Wilhelm Böhler, der jedoch stets versichert habe: »Ich bin es nicht schuld!«

In Mußestunden habe der Kardinal auch allein Geige gespielt. Ob es schon gleich nach dem Krieg eine eigene Geige gab, war nicht zu ermitteln. Im April 1951 gelang es Frings, von den Geschwistern Claere und Maria Bayer in [Bonn-] Beuel eine Petrinelli-Geige zu erwerben, die diese Damen aus dem Nachlass ihres Vaters veräußerten[10]. Der Erzbischof habe – so Frau Bröhl – anlässlich der Weihnachtsfeier für die Hausangestellten und sein Sekretariat am Nachmittag des 1. Weihnachtstages Weihnachtslieder auf der Geige gespielt. Er habe stets großzügig bemessene, vorher abgesprochene Geschenke überreicht. Auch von Reisen – nach Rom oder schon in frühen Nachkriegsjahren in die Schweiz – habe der Kardinal sehr praktische Geschenke (z. B. Schuhe und Strümpfe) mitgebracht, die es zu dieser Zeit in Deutschland noch nicht ausreichend gab.

[10] Empfangsbestätigung über die Kaufsumme: Geschwister Claere und Maria Bayer, Beuel, an Frings 8. April 1951: HAEK – Nachlass Frings 962.

Zu den Mußestunden des Erzbischofs gehörte nach der Mittagspause der Spaziergang von einer Stunde mit dem Sekretär, der sehr regelmäßig an den Rhein führte – von Bayenthal aus in Richtung Rodenkirchener Brücke, später von der Eintrachtstraße aus in Richtung Mülheimer Brücke.

Dieser Lebensrhythmus des Erzbischöflichen Hauses galt selbstverständlich nur für die Tage, an denen der Erzbischof zu Hause war. Das Amt des Bischofs bringt es mit sich, dass er mehr unterwegs als zu Hause ist. In der Vorbereitungsphase des Konzils und vor allem in der Konzilszeit war Frings über Wochen und sogar Monate in Rom. Er schickte dann seinen Fahrer mit dem mit Akten hoch beladenen Wagen vor, um mit dem Flugzeug nachzureisen. Außer seinem Sekretär Dr. Luthe war während der Konzilsperioden auch seine damalige Sekretärin, die Vinzentinerin Schwester Elisabeth, ihm im Anima-Kolleg zu Diensten.

2. Die Hausmusik

Es gehörte zur gehoben bürgerlichen Herkunft von Frings, dass er nicht nur eine solide humanistische Schulbildung erhielt, sondern von früher Kindheit an auch auf seine musische Bildung geachtet wurde. »Aus meinem Elternhaus habe ich die Liebe zur Musik und namentlich zur selbstgespielten Kammermusik mitgebracht. Ich selbst lernte das Geigenspiel, mein Bruder Heinrich [der spätere Reichsgerichtsrat in Leipzig] das Klavierspiel, und unser Vater spielte außer Klavier ein wenig Cello. So konnten wir ein Trio zusammenstellen und spielten die leichten Stücke von Haydn und Mozart und auch das Opus 1 von Beethoven, das bekanntlich drei Trios enthält. Ich habe während meines priesterlichen Lebens die Pflege der Musik beizubehalten versucht, und auch als Erzbischof habe ich das nicht aufgegeben«[11].

Dass es sich hier nicht um eine verklärende Erinnerung der späten Jahre handelt, belegte bereits Dechant Gustav van de Loo, der 1937 als Seminarist mit Regens Dr. Frings in das Bensberger Priesterseminar einzog[12]. Unter den positiven Veränderungen, die mit Frings als Regens in Bensberg bemerkbar wurden, erwähnte van de Loo: »Schon die Tatsache, dass Frings drei Streicher zu einem Quartett bat und mit ihnen gelegentlich bei Feiern musizierte, spricht Bände ...«.

[11] J. FRINGS, Für die Menschen bestellt, S. 140.
[12] Vgl. oben S. 41 mit Anm. 15.

Nach Frings' eigener Schilderung scheint wirklich der bereits erwähnte Erwerb der Petrinelli-Geige im Frühjahr 1951 der Auslöser für eine dauerhafte Hausmusikpflege im Haus des Erzbischofs gewesen zu sein[13]: »In den verhältnismäßig ruhigen Zeiten der fünfziger Jahr nahm ich die alte Gewohnheit wieder auf. Es begann damit, dass ich Herrn Domkapellmeister Wendel[14] bat, mit mir einige Sonaten von Mozart und Haydn und auch die leichteren von Beethoven zu spielen. Er spielte Klavier, ich die Geige. Dann wurde das Ensemble vermehrt durch den Cellisten des Gürzenich-Orchesters, Herrn Köhler, der uns treugeblieben ist und all unsere Schlumperei und Kratzerei mit bewundernswerter Geduld angehört hat, solange das Ensemble bestand ... Schließlich wurden wir so kühn, auch zum Streichquartett überzugehen, und wir zogen den Violonisten Herrn Dr. Leo Koep[15] hinzu, der damals Direktor des Borromäusvereins in Bonn, später Professor für Liturgiewissenschaft und Patristik an der Theologischen Fakultät in Freiburg war und leider früh verstorben ist ...«.

Selbst in diesem privaten Bereich der Hausmusik hatte Kardinal Frings keine Schwierigkeiten, seine Grenzen zu erkennen und einzugestehen: »Anfangs hatte ich die erste Geige gespielt. Ich merkte aber bald, dass Herr Koep mir weit überlegen war, zudem versagten meine Augen, und es fiel mir schwer, die Noten zu lesen, und das war ein Zeichen dafür, dass an meinen Augen eine ernste Krankheit nagte. Das Streichquartett ging damit in die Brüche, zumal Herr Koep nach Freiburg übersiedelte«.

Dass es Frings nicht allein um die musikalische »Leistung«, sondern darüber hinaus um außerdienstliche menschliche Kontakte ging, zeigt die anschließende Bemerkung in seinen Erinnerungen[16]: »Wir hatten aber an diesen Abenden, die ein- oder zweimal im Monat stattfanden, viel Freude gehabt. Es war immer so, dass wir zunächst spielten und dann eine kleine Erfrischung zu uns nahmen. Nicht zuletzt bot auch die Unterhaltung dabei manche geistige Anregung«.

Frings weist dann auf eine weitere Form der Hausmusik im Erzbischöflichen Haus hin: Ein Damen-Streichquartett sei an einem 6. Februar nach dem Kriege zu einem Geburtstagsständchen erschienen. »Das haben die Damen dann 20 Jahre hindurch mit unwandelbarer Treue getan und

[13] J. FRINGS, Für die Menschen bestellt, S. 140 f.

[14] Adolf Wendel (1902–1978), 1926 Priester, seit 1943 Domvikar bzw. Domkapitular und Domkapellmeister: HANDBUCH DES ERZBISTUMS KÖLN, Bd. 2, [26]1966, S. 846.

[15] Leo Koep (1914–1964), 1940 Priester (vorher Seminarist unter Regens Dr. Frings!), 1956 Privatdozent in Bonn und Direktor des Borromäusvereins, 1962 o. Professor in Freiburg: HANDBUCH DES ERZBISTUMS KÖLN [25]1958, S. 987.

[16] J. FRINGS, Für die Menschen bestellt, S. 141.

uns damit viele schöne Abende geschenkt. Ich lud dann gewöhnlich einige Herren des Domkapitels und etliche meiner Bekannten und Freunde ein, von denen ich annahm, dass sie für solche Musik Verständnis hätten«.

Nicht ohne einen gewissen Stolz erzählte Frings dann, dass er einmal ein Mozart zugeschriebenes Quartett durch Nachfrage bei der Edition Peters als Werk eines anderen Komponisten der Mozart-Zeit nachgewiesen habe. »Eine andere schöne Freude erlebte ich an meinem achtzigsten Geburtstag. Da meldete sich der Westsdeutsche Rundfunk und wollte mir ein Ständchen bringen, und zwar mit seinen ersten Kräften ... Sie spielten herrliche Stücke von Mozart und später auch ein Schubert-Quartett. Ich hatte auch den Generalintendanten des Rundfunks, Herrn von Bismarck, eingeladen, und ebenso war Walter Dirks als Kulturdezernent beim Rundfunk da. Nachher haben wir in der Runde zusammengesessen, und die Herren waren ganz angetan von der Atmosphäre des Hauses und dem Verständnis, das sie für Musik fanden«.

Zu diesem Abend hatte Frings auch zwei musikalisch besonders begabte Priesterseminaristen eingeladen, die als Tischmusik ein vierhändiges Klavierstück spielten und dafür Komplimente der Herren des Rundfunks ernteten. Prälat Ludwig Schöller, der nach 1957 für einige Jahre als Vertreter des zur Promotion freigestellten Geheimsekretärs Hubert Luthe bei Kardinal Frings lebte und arbeitete, erinnert sich solcher Hausmusikabende verschiedener Art[17]: »Kaum ein Abend verging, ohne dass ich dem langsam erblindenden Kardinal nicht eine Mozartschallplatte auflegen musste. Es gab Hauskonzerte ... Ich begleitete den Kardinal oft zu den Gürzenich-Konzerten«. Frings war also nicht nur praktizierender Hausmusiker, sondern ebenso eifriger Konzertbesucher. Frau Bröhl erinnert sich, dass er in den Jahren vor dem II. Vatikanischen Konzil, als die Karfreitagsliturgie noch vormittags gefeiert wurde, nachmittags häufiger zu einer Bach-Passion in den Gürzenich ging.

Aus der Nachbarschaft zu Kapellmeister Günter Wand in Bayenthal entwickelte sich ein nachbarschaftlich-freundschaftlicher Kontakt, den Ludwig Schöller in seinem Nachruf auf Günter Wand aus seiner Erinnerung beschrieben hat: »Ich begleitete den Kardinal oft zu den Gürzenich-Konzerten. Ich weiß nicht, wie es zuging, aber Günter Wand hatte den Kardinal fast immer erspäht und bat ihn in den Pausen zu sich ... Die beiden respektierten einander, auch wenn sie von allem nicht die gleiche Sicht hatten. Die Gespräche gingen natürlich oft über Musik, über das Gehörte ...«.

---

[17] L. SCHÖLLER, Erinnerungen an den Gürzenichkapellmeister Prof. Günter Wand ..., in: Schwarz auf Weiß. Informationen der Künstler-Union-Köln, 2002/2, S. 31-33, hier: S. 32.

Die Liebe zur Musik und das Interesse an hochqualifizierten Aufführungen blieben Kardinal Frings bis in sein hohes Alter erhalten. Bis Anfang der siebziger Jahre kam er regelmäßig zu Konzerten des Kölner Bach-Vereins in den Gürzenich, von seinem Sekretär Dr. Froitzheim geführt. Dieser berichtet über Schallplattenabende im Erzbischöflichen Haus[18]: »Ich habe auf diese Weise wohl alle Werke Mozarts und viele andere klassische Stücke kennengelernt. Nach Möglichkeit musste ich vorher vom Plattenumschlag oder aus einem Musiklexikon eine Werkeinterpretation vorlesen«.

Für den bis in sein hohes Alter über die Maßen arbeitenden Kardinal war die Musik zweifellos mehr als eine Liebhaberei, vielleicht vor allem ein Raum der Entspannung und eine Hilfe für sein inneres Gleichgewicht.

3. Protektor der Shakespeare-Gesellschaft

Hatte der Kardinal zur Musik ein seit Kindertagen gewachsenes Verhältnis, das zu einer Kompetenz des Urteils in reifen Jahren führte, so blieb sein literarisches Interesse – abgesehen vom philosophisch-theologischen Bereich – begrenzt. Umso erstaunlicher ist die Tatsache, dass Frings 1946 Protektor über die Deutsche Shakespeare-Gesellschaft wurde und noch 1975 zu deren Jahresversammlung in Bochum fuhr.

Die Hintergründe hat der Kardinal in seinen Erinnerungen 1973 beschrieben[19]: »Nicht lange nach meiner Kardinalsernennung ereignete sich folgendes: Ich erhielt unerwartet Besuch von Saladin Schmitt, dem Regisseur des Bochumer Stadttheaters ... Er kam, um mir die Schirmherrschaft über die deutsche Shakespeare-Gesellschaft anzubieten, deren Präsident er war. Nun wusste ich von Shakespeare nicht mehr als das, was man auf dem Gymnasium über ihn gehört und von ihm gelesen hatte«. Über die von einem Privatmann gegründete Gesellschaft hatte Frings erfahren, dass sie bis 1919 unter Schirmherrschaft der Herzogin von Sachsen-Weimar, dann des inzwischen in Lugano lebenden Industriellen Carl Duisberg gestanden hatte. Saladin Schmitt, katholisch, der zeitweilig mit dem Gedanken des Eintritts in die Benediktiner-Abtei Maria Laach gespielt habe, habe sich »als ganz besonderer Verehrer Shakespeares erwiesen und im Laufe der Jahre fast alle dramatischen Werke Shakespeares zur Aufführung gebracht«.

---

[18] D. Froitzheim, Der Kardinal im Ruhestand, S. 86.

[19] J. Frings, Für die Menschen bestellt, S. 134-139, hier: S. 134.

Zu Saladin Schmitts Ansinnen schrieb der Kardinal: »Dieses Angebot nun überraschte mich. Es hing wohl damit zusammen, dass Fürstlichkeiten nicht mehr existierten ..., dass die Industriekapitäne entweder außer Landes gegangen waren wie Duisberg oder dass sie in den Konzentrationslagern der Engländer saßen. Die evangelische Kirche war noch in einer gewissen Selbstreinigung begriffen ... Da blieb nichts anderes übrig, als einen deutschen Kardinal für die Sache zu gewinnen«. Er habe sich dann mit Generalvikar David beraten. »Auch er kannte von Shakespeare nicht mehr als ich selbst und stand als amusischer Mensch der ganzen Sache ziemlich fern«. Man kam jedoch zu der Überzeugung, »dass ich ja sagen und den Posten eines Schirmherrn übernehmen sollte«.

Dieses Ehrenamt sollte den Kardinal nicht zusätzlich belasten: »Meine Aufgabe war es vor allem, bei der jährlichen Festveranstaltung dabei zu sein und eine kleine Ansprache über Shakespeare zu halten[20]. Dieses Amt habe ich bis zum heutigen Tage [1973] ausgeübt und auch jetzt noch nicht niedergelegt«. Frings ließ an dieser Stelle wieder die nüchterne Einschätzung seiner Grenzen erkennen: »Es war natürlich nicht leicht, bei einem Publikum, das aus Anglisten der deutschen Universitäten und vielen Shakespeare-Verehrern bestand. Aber ich glaube, dass es mir gelungen ist, mich in der Gesellschaft zu behaupten. Dabei wandte ich vielfach eine kleine List an. Ich wusste, dass meine Zuhörer von Shakespeare hundertmal mehr wussten als ich selbst, zumal ich Shakespeare im Urtext zu lesen kaum im Stande war, denn meine englischen Kenntnisse waren sehr gering[21] ... So habe ich meist das Schlachtfeld auf ein anderes Gebiet verlegt, wenn ich meine kleine Ansprache hielt. Ich versuchte, Shakespeare von den verschiedensten Seiten her zu beleuchten«.

Was Frings anschließend zur thematischen Gestaltung seiner Ansprachen vor der Shakespeare-Gesellschaft berichtet, ist durch die handschriftlichen Entwürfe in den Akten belegt: 1952 habe er sich die Frage gestellt, »welcher große Komponist wohl am ehesten mit Shakespeare verglichen werden könne«. Er habe zunächst wegen der Coriolan-Ouver-

---

20 Die hs. Entwürfe zu diesen Ansprachen bzw. die maschinenschr. Fassungen mit hs. Vermerken des Kardinals finden sich zahlreich in HAEK – CR II 2.18g, 4 und 5, z. B. 1954 (maschinenschr., Vermerk: »23. 4. 54 in Bochum zu deren 90jähr. Bestehen«); hs. Entwurf »Shakespearetagung in Bochum 26. 4. 55«; hs. Entwurf »Shakespearetagung in Bochum 23. 4. 56«. Die Reden von 1952 und 1961 sind veröffentlicht in: D. FROITZHEIM, Frings, S. 171 ff.

21 Es ist aus den Akten nicht erkennbar, wen Frings bei seinen Verhandlungen mit den Briten als Dolmetscher oder für englische Eingaben als Übersetzer in Anspruch nahm. Dass seine englisch abgefassten Eingaben sprachlich zu wünschen übrig ließen, wurde bereits erwähnt: vgl oben S. 283 mit Anm. 147.

türe an Beethoven gedacht. »Ich musste aber auf dem Theaterzettel lesen, dieses Werk Beethovens sei nicht für Shakespeares Coriolan geschrieben, sondern für einen zeitgenössischen Dichter ... Beim Nachdenken kam ich auf die Überlegung, man könne wohl am ehesten Mozart mit Shakespeare vergleichen, und zwar aus einem doppelten Grunde, einmal weil beide Künstler ein ungeheuer breites Maß an Fähigkeit der Darstellung besitzen ... Der zweite Grund ist – wenn man die Ausdrucksweise Schillers verwenden will, der von einem Unterschied zwischen der naiven und der sentimentalischen Dichtungen spricht –, dass beide Künstler zu den naiven zu zählen sind. Sie äußern in ihren Werken nicht das, was sie selbst gerade empfinden. Es sind keine Selbstbiographien und Selbstbekenntnisse, wie es etwa bei Schiller und auch bei Beethoven ist, ..., sondern beide versenken sich in die Figuren, die sie auf die Bühne stellen«.

Über die Wirkung dieses Vergleichs zwischen Shakespeare und Mozart auf die Zuhörer berichtet Frings 1973: »Diese Auffassung, dass Mozart mit Shakespeare zu vergleichen sei, fand damals weitgehende Anerkennung, jedenfalls sah man einen interessanten Versuch darin, eine Verbindung zwischen Musik und Shakespeare herzustellen«. Die Shakespeare-Spezialisten waren wohl vor allem dankbar, dass der Kölner Kardinal sich nicht auf fremdem Gebiet als Mit-Spezialist versuchte, sondern sich auf einen Anstoß zum Nachdenken beschränkte, der ein bei Theologen nicht eben häufiges Niveau an Allgemeinbildung dokumentierte.

Frings reflektierte 1973 den Inhalt weiterer Ansprachen vor der Shakespeare-Gesellschaft: 1961 den Vergleich von Shakespeares Drama Othello mit der Oper gleichen Titels von Giuseppe Verdi. »Im Jahre 1956 beschäftigte ich mich mit der Person Shakespeares und mit der Frage, ob denn der Mann, von dessen Leben und Sterben wir einiges wissen, der Verfasser der wunderbaren Dichtung, der Sonette oder der Dramen sei ... Ein anderes Mal beschäftigte ich mich auch mit dem religiösen Bekenntnis Shakespeares und kam zu der Meinung, dass er als Katholik geboren ist ... 1964 sprach ich einmal darüber, dass Shakespeare vielleicht ein letzter Vertreter des merry old England gewesen sei ... Ein weiterer Vortrag behandelte das Verhältnis Shakespeares zum Wahren, Guten und Schönen ...«.

Wenn Frings noch 1975 als äußerst gebrechlicher alter Mann zum Shakespeare-Kongress nach Bochum reiste, zeigt das, wie diese 1946 eher aus Verlegenheit ihm zugespielte Aufgabe ihn fasziniert und zu geistiger Auseinandersetzung angeregt hat. Wenn die Shakespeare-Gesellschaft Frings so lange als Schirmherr akzeptierte, dann wohl deshalb, weil seine Gedanken auf diesen Fachtagungen von Spezialisten als anregend empfunden wurden.

4. Urlaubsreisen

Kardinal Frings hat bis in die letzten Lebensjahre regelmäßig mit priesterlichen Freunden Urlaubsreisen unternommen, fast ausnahmslos in die schweizerischen und österreichischen Alpen. Solange die Kräfte und das Augenlicht es zuließen, hat er dabei Bergbesteigungen unternommen, die durch Fotographien belegt sind.

Die Liebe zu den Bergen ging auf die Innsbrucker Studienjahre zurück. Frings hat selbst beschrieben, wie er von Innsbruck aus auch zwei Italienreisen unternahm. Nach dem ersten Innsbrucker Studienjahr traf er sich mit seinem Vater und seinem Bruder Heinrich nach dessen juristischem Referendarexamen in Olten in der Schweiz[22]: »Wir machten eine prachtvolle Schweizer Reise mit den Punkten Luzern, Rigi und Interlaken mit einem unvergesslichen Blick auf die Jungfrau, die gerade ihr Wolkenkleid zerriss und in blendender Schönheit vor uns lag; dann zu Fuß von Kandersteg und über die Gemmi ins Rhonetal und Besuch des Gorner Grates, wohl des schönsten Aussichtspunktes der Schweiz angesichts des Monte Rosa und der ganzen Kette der Berge des Oberwallis ...«.

Die Jahre des I. Weltkrieges, die notvollen Jahre der Weimarer Republik, des beginnenden Nationalsozialismus nach 1933 mit ihren Devisenbeschränkungen und vor allem die Kriegsjahre ab 1939 dürften der Wiederholung solcher Erlebnisse im Wege gestanden haben. Doch: »Als der zweite Weltkrieg vorüber war, regte sich in mir die alte Reiselust[23]. Es dürfte im Jahre 1947 gewesen sein, als ich zusammen mit meinem Sekretär Dr. Berndorff zum erstenmal wieder in die Schweiz kam, und zwar durch Vermittlung des schweizerischen Generalkonsuls von Weiss[24]. Er hatte mit großer Sorgfalt unsere Reise vorbereitet und konnte das, weil er selbst an verschiedenen Hotels beteiligt war«. Zum ersten Frühstück in Basel bemerkte Frings: »Wir fühlten uns wie im Schlaraffenland«. Da Generalkonsul von Weiss Frings einen Vertreter der liberalen Partei der Schweiz als Begleiter gab, habe man bei schweizerischen katholischen Kreisen Aufsehen erregt. Man sei schließlich zu den Benediktinern nach Engelberg gefahren, »wo wir für einige Wochen angesagt waren ... Höhepunkt des Aufenthaltes in Engelberg war wohl die Besteigung des Titlis. Ein Bruder, der den Berg gut kannte, wurde uns als Führer mitgegeben ... Die

[22] J. Frings, Für die Menschen bestellt, S. 11 f.; vgl. auch oben S. 23 mit Anm. 17.
[23] J. Frings, Für die Menschen bestellt, S. 225-237, hier: S. 225.
[24] Zu Generalkonsul Franz-Rudolf von Weiss und seiner Freundschaft mit Frings: M. Schmitz/ B. Haunfelder, Humanität und Diplomatie; vgl. oben S. 75 mit Anm. 73.

Aussicht auf dem Titlis war nicht besonders günstig, aber wir hatten die Genugtuung, wieder einmal einen Dreitausender bestiegen zu haben ...«.

1948 machte das Domfest einen Urlaub in den Sommerwochen unmöglich. Wohl erst nach dem Fest, im September, verbrachte der Kardinal Ferienwochen in der Benediktinerabtei Ettal, die durch einen Besuch des dortigen Schulinternats einen Niederschlag in der Schulzeitschrift fanden[25].

»In den nächsten Jahren«, so berichtet Frings selbst, »reiste ich noch mehrmals in die Schweiz, und zwar zusammen mit Weihbischof Cleven. 1950 kehrten wir im Haus Stella Maria in Rohrschach am Bodensee ein, wo auch Kardinal Pacelli zu der Zeit, als er als Nuntius in München war, seine Ferien gern verbrachte«. Höhepunkt der Reise wurde eine Fahrt mit dem Glacier-Express nach Saas-Grund im Wallis, bei der allerdings der ebenfalls mitreisende Kanzleidirektor Robens durch Herzschlag verstarb.

Frings beschreibt dann die Reisen der folgenden Jahre, an denen als dritter Reisegefährte fortan Dechant Jakob Clemens aus Köln-Riehl teilnahm. »Wir beide kannten ihn schon viele Jahre, und er ist später oft mit uns gereist und war der denkbar angenehmste Reisebegleiter, immer fröhlich, immer voller Einfälle, so dass der Unterhaltungsstoff nie ausging«[26].

Über die Bergsteigerleistung bei solchen Reisen berichtet Frings: »In einem Jahr [1953] überkam uns der Wunsch, einen der Viertausender, die um Saas-Fee herumlagen, zu besteigen, und zwar den Piz Allalin, 4034 Meter hoch. Clemens war wohl die treibende Kraft, ich schloss mich gern an, während für Weihbischof Cleven die Sache nicht geeignet war, da er auf Schnee und Eis nicht sicher ist«. Doch wie immer stand Frings auch zu den eigenen Grenzen: »Es war nicht ganz einfach für uns, diesen Berg zu erklimmen; ich selbst zählte bereits 66 Jahre, und als wir unterhalb des Gipfels unseren Puls messen ließen, hatten wir beide 134 Schläge in der Minute. Der Führer meinte, es sei zwar hoch, aber nicht bedenklich und wir sind glücklich bis zum Gipfel gekommen«. Für seine bergsteigerischen Leistungen fand Frings auch die anerkennende Bewunderung bischöflicher Mitbrüder. Am 26. August 1954 bedankte sich Erzbischof Jaeger von Paderborn für Namenstagsgrüße von Frings, Cleven und Clemens: »Inzwischen wirst Du die gastliche Schweiz wieder verlassen haben ... In einer Zeitungsnotiz, die über Deine Teilnahme an den Salz-

---

[25] Unser Mandl, Jahrgang 1, Nr. 1/2, 1949, S. 56 (freundl. Hinweis von Prof. Dr. Engelbert Plassmann, Berlin, der 1948 Schüler in Ettal war).

[26] Jakob Clemens (1891–1963), 1927-1938 Diözesanpräses bzw. Generalsekretär des Kath. Jungmännerverbandes in Düsseldorf, 1938-1963 Pfarrer bzw. Dechant in Köln-Riehl: HANDBUCH DES ERZBISTUMS KÖLN [25]1958, S. 950; vgl. oben S. 42 mit Anm. 17.

burger Hochschulwochen berichtete, las ich, dass Du auch in diesem Jahr wieder Hochgebirgstouren gemacht hast. Ich würde mir das – offen gestanden – nicht mehr zutrauen«[27].

Es scheint, dass – trotz der Anfänge in Tirol – die Liebe des Kardinals den Schweizer Bergen gehörte. In Kloster Engelberg, wo er 1947 erstmals wohnte, verbrachte er auch die letzten Ferienreisen seines Lebens[28]. Doch herrschte in der Reisegruppe auch der Wunsch nach Abwechslung.

»Auf der österreichischen Seite war unsere schönste Tour die auf den Hohen Dachstein, die wiederum Clemens und ich allein unternahmen, während Cleven in der Hütte blieb«. 1958 machte die Reisegruppe eine »Kulturreise«, die beim hl. Franz von Sales in Annecy begann, über Lyon in die Provence nach Avignon und Marseille führte und schließlich in Lourdes endete.

»In den letzten Jahren«, gemeint sind die sechziger Jahre, »blieben wir die meiste Zeit in dem österreichischen Kloster Admont bei Liezen an der Enns. Zu diesem Kloster gehörte sehr viel Wald, und der junge Abt Koloman hatte sich sehr große Mühe gegeben, den Wald richtig zu erschließen, Straßen anzulegen, um das Holz transportieren zu können. Wir sind mehrfach mit dem Auto auf diesen Straßen gefahren, die sonst gewöhnlich für den Verkehr geschlossen sind, und haben dadurch viel Schönes in der Nähe von Admont gesehen, insbesondere die grotesk gestalteten Spitzen des Gesäuses«. Hier deutet sich an, dass die Zeit der Bergtouren für Frings vorbei war. »In der zweiten Hälfte der Ferien fuhren wir mehrfach an einen der oberitalienischen Seen«, vor allem an den Gardasee, wo es ein geeignetes Haus gab.

Die Reisegesellschaft wurde in den sechziger Jahren noch einmal neu zusammengestellt: »Im Jahre 1963, am Fest Christi Himmelfahrt, starb unser lieber Freund Jakob Clemens ... Als die nächste Reise fällig war, überlegten Weihbischof Cleven und ich, wen wir nun als dritten Gesellschafter mitnehmen sollten. Wir wandten uns an den damaligen Regens des Priesterseminars, Rudolf Peifer[29], und er war bereit mitzugehen und ist seitdem unser ständiger und treuer Begleiter«, so der Kardinal 1973.

---

[27] Jaeger an Frings 26. August 1954: HAEK – CR II 2.19, 14.

[28] Abgesehen von zwei Aufenthalten mit Dr. Froitzheim in Dischingen (Baden-Württemberg) bei Frings' altem Freund Dr. Franz Müller (Mitteilung von Pfarrer Dr. Froitzheim, Leverkusen).

[29] Rudolf Peifer (1906–1992), 1931 Priester, 1940-1949 Sanitätssoldat, Kriegspfarrer bzw. Kriegsgefangener in der Sowjetunion, 1960-1963 Pfarrer an St. Quirin und Stadtdechant in Neuss, 1963-1968 Regens des Kölner Priesterseminars, 1970-1981 Domkapitular: HANDBUCH DES ERZBISTUMS KÖLN. Personaler Teil [27]1985, S. 116; R. PEIFER, Den Menschen ein Angebot. Erinnerungen eines Seelsorgers, Köln 1993.

Frau Bröhl weiß zu berichten, dass Peifer stets mit dem Auto voller Gepäck vorausgeschickt wurde, während Frings und Cleven mit dem Zug nachreisten. Die zunehmende Erblindung des Kardinals machte den Bewegungsradius am Zielort kleiner und das Miteinander der Reisegefährten bisweilen schwierig. Weihbischof Cleven muss nach diesen Reisen gelegentlich seine Aufgabe als »Reisemarschall« als nicht leicht bezeichnet haben.

Die letzten Ferienreisen führten sehr regelmäßig nach Engelberg, wo der erblindete Kardinal sich am leichtesten zurechtfand. 1973 stellte er zusammenfassend fest: »Die Ferienreisen blieben für uns eine Quelle stets neuer Erholung und Auffrischung des Geistes, wenn ich auch seit dem Jahr 1962 wegen meines Augenleidens nicht mehr in der Lage bin, eigentliche Bergtouren mitzumachen«.

QUELLEN- UND LITERATURVERZEICHNIS

I. UNGEDRUCKTE QUELLEN

1. Historisches Archiv des Erzbistums Köln (HAEK)

Cabinetts-Registratur II (ab 1945)

CR II 1.9c, 1-7	Errichtung eines Bistums in Essen
CR II 1.14, 1-3	General- bzw. Quinquennalberichte der Erzbischöfe nach Rom und Besuche in Rom
CR II 2.3, 1-5	Hirtenworte der Bischöfe, auch anderer Diözesen, und gemeinsame Hirtenworte, Entwürfe, Erarbeitung der Hirtenworte und Richtlinien
CR II 2.18d, 1-7	Kardinal Frings – Personalia
CR II 2.18g, 1-6	Kardinal Frings – Predigten, Entwürfe und Konzepte
CR II 2.19, 1-22	Bischofskonferenzen
CR II 2.19a, 1-6	Bischofskonferenzen. Gemeinsame Verhandlungen der Deutschen Diözesen ... zur Regelung besonders wichtiger Zeitfragen
CR II 2.25, 1	Kommissariat der Fuldaer Bischofskonferenz in Berlin
CR II 4.21, 1-2	Organisation der Kirchensteuerverwaltung
CR II 8A.1.6, 1	Priesterseminare in Bensberg und Köln. Inneneinrichtung, Neubau bzw. Verlegung
CR II 8A.2.3, 1-3	Verwaltung des Seminarvermögens
CR II 16.10, 1-8	Deutsche Reichsverfassung, Länderverfassungen
CR II 22.10a, 1	Zusammenschluss christlicher Künstler, insbesondere Künstlertreffen am Aschermittwoch
CR II 22.37, 1-7	Katholische Aktion/Katholikenausschüsse
CR II 25.18, 1-30	Kriegsakten, II. Weltkrieg
CR II 25.19, 1-18	Kriegsgefangenenseelsorge
CR II 25.20b, 1-4	Evakuiertenseelsorge, Unterbringung von Evakuierten
CR II 25.20b, 5-38	Flüchtlingsseelsorge
CR II 25.20d, 1-8	Studium ostdeutscher Theologen und Geistlicher
CR II 25.20e, 1-7	Ostdeutsche Geistliche
CR II 27.15, 1	Korrespondenz mit auswärtigen, überwiegend aber deutschen Bischöfen
CR II 27.18, 1-4	Erlasse etc. auf dem Gebiet der christlichen Kunst, Vereine, Zeitschriften
CR II 27.21a, 1	Katholische Universität Köln

Generalia II (ab 1945)

Gen II 1.1A, 11	Personalia. Korrespondenz mit Generalvikar und Weihbischöfen

Gen II 3.8, 1-37	Katholikentage
Gen II 3.8a, 1-45	Katholikentag in Köln 1956
Gen II 5.4, 1-70	Diözesansynode Köln 1954
Gen II 6.7, 1-1a	Simultangottesdienste
Gen II 9.19, 1-5	Generelle Erlasse auf dem Gebiet der christlichen Kunst
Gen II 9.31, 1-38	Kirchbauten und Reparaturen in genere
Gen II 9.31a, 1-3	Kriegsschäden an Kirchen
Gen II 9.45, 1-89	Kirchensteuerfragen (hier: 4)
Gen II 23.9, 1-3	Abhaltung praktischer sozialer Kurse
Gen II 23.9a, 1-3	Katholisch-Soziales Institut
Gen II 23.23a, 1-96	Politische Akten
Gen II 23.42, 1-5	Staatliche Jugendpflege
Gen II 26.51, 1-2	Thomas-Morus-Akademie
Gen II 29.4d, 1-4	Maria et Mariana

Generalvikariatsakten, Ortsakten II

GVA II 1766	Bonn-Tannenbusch, St. Paulus, Kirche
GVA II 2460	Düsseldorf, St. Rochus

Nachlass Frings

48	Bestand Zweites Vatikanisches Konzil. Schema De episcoporum coetu seu conferentia
888	Protokoll über den Besuch Erzbischof Josef Frings' bei Colonel Crystal am 30. Mai 1945 in Hilden
978-985	Konsistorium zur Kardinalserhebung vom 18. – 23. Februar 1946 in Rom
986	Reise von Kardinal Frings zu den Kriegsgefangenenlagern nach England im September 1946
988	Zwei Lagerzeitungen von deutschen Kriegsgefangenen in England
990-991	Schriftverkehr während bzw. nach der Reise des Kardinals Frings nach Kanada 1947

Dienstakten Wilhelm Böhler (DAWB)

179-195	Diözesankomitee der Katholikenausschüsse in der Erzdiözese Köln
246-252	Gründung des Bistums Essen
263-284	Bischofskonferenzen und –konveniats

Katholisches Büro Nordrhein-Westfalen I (KB NRW I) (Depositum)

36-53	Verfassungsgesetzgebung
351	Materialien, Statistiken und Hirtenbriefe anlässlich der Elternbefragung zur Wiedereinführung konfessioneller Volksschulen 1946-1947

Bestand Priesterseminar (Depositum)

692	Chronik des Seminars (Abschrift bzw. Neuschrift ...) 1924-1953
693	Seminarchronik 1953-1968
706	Xerokopien von 2 Gutachten des Generalvikars Teusch über die Rückverlegung des Priesterseminars nach Köln aus Beständen des Historischen Archivs des Erzbistums Köln

Bestand Metropolitankapitel (MK) (Depositum)

33	Inthronisation des Erzbischofs Frings
116	Kapitelsprotokolle, Bd. IX.: 1954-1956

Seelsorgeamt Heinen

105-121	Peregrinatio Mariae durch das Erzbistum Köln 1954
51	Wanderakademie 1944 und 1946 ff.

Nachlass Joseph Teusch

1	Vermischte Dokumente bzw. Urkunden und Einzelschreiben zum Leben und Wirken Joseph Teuschs 1902–1976

2. Diözesanrat der Katholiken im Erzbistum Köln (K – DRK)

Unterlagen zum Thema »Wiederbewaffnung«
Ordner »Diözesankomitee – Laienwerke«
Protokollauszüge von Hans Deckers

3. Politisches Archiv des Auswärtigen Amtes, Berlin (PA – AA)

R 29815	Büro des Staatssekretärs, Akten betreffend: Vatikan, Bd. vom 1. Februar 1940 bis 30. Juni 1941
R 29816	Büro des Staatssekretärs, Akten betreffend: Vatikan, Bd. 3 vom 1. Juli 1941 bis 30. April 1942

4. Hauptstaatsarchiv Düsseldorf (HStAD)

Akten der Gestapo-Leitstelle Düsseldorf

RW 58 – 45818	Böhler, Wilhelm
RW 58 – 3741	Frings, Josef
RW 58 – 27543	Dr. Mund, Nikolaus (Hans)

5. Bundesarchiv, Berlin (BAB)

NS 19	Persönlicher Stab Reichsführer SS, Nr. 3423
R 22	Reichsjustizministerium, Nr. 4009

Bestand 51.01 Reichskirchenministerium, Katholische Abteilung

51.01-22 228	Der erzbischöfliche Stuhl zu Köln, Bd. 9, Januar 1931–1944
51.01-23 338	Das Metropolitankapitel zu Köln, Bd. 7, 1942–1944
51.01-23 081	Die Hirtenbriefe und Mahnschreiben der Bischöfe, besonders zur Fastenzeit
51.01-22 527	Das erzbischöfliche Priesterseminar zu Köln, 1886–1938
51.01-22 528	Das erzbischöfliche Priesterseminar zu Köln bzw. Bensberg, Bd. 5, ab Januar 1924
51.01-22 264	Beschwerden und Strafverfahren gegen katholische Geistliche pp. im Regierungsbezirk Köln

6. Public Record Office, London (L – PRO), Foreign Office (FO)

1013/2129	General 1948 Feb-1950 Jun
1013/2150	Roman Catholics 1945 Jul-1946 May
1013/2151	Roman Catholics 1946 May-1946 Jul
1013/2121	Roman Catholics 1946 Aug-1946 Dec
1013/2131	Roman Catholics 1947 Jun-1947 Nov
1013/2132	Roman Catholic Matters 1947 Nov-1948 Jun
1013/2133	Roman Catholic Matters 1948 Jun-1949 Feb
1013/2115	Religious Festivals and Pilgrimages 1946 Aug-1950 Mar
1013/2180	Education Policy 1946 Feb-1946 Jul
1013/2141	Diocese Inspections: Köln 1946 Dec-1948 Feb
1013/174	Visit by Chancellor of the Duchy of Lancaster 1947 Apr-1947 Nov
1013/96	Visit by Lord Pakenham 1947 Jul-1947 Nov
1030/306	Correspondence with Corps Commanders and Regional Commissioners 1946 Oct-1947 Mar
1030/189	Requisitioning of Accomodation for British and Allied Purposes 1947 Jan-1947 Jun
1049/741	Church Affairs 1947 Jul-1947 Dec
1049/1282	Church Affairs 1947 Dec-1948 Oct
1050/1612	Cardinal Frings 1945 Aug-1946 Jul
1050/1610	Cardinal Frings 1945 Nov -1946 Sep
1050/1611	Cardinal Frings 1946 Feb-1946 Jun
1050/1613	Cardinal Frings 1948 Dec

1050/1614	Denominational Schools 1948 Dec-1949 Mar
1050/1514	Church Finances 1947 Dec-1948 Mar
1050/1472	Restitution of Church Property 1947 Aug-1948 May
1050/1473	Restitution of Church Property 1946 Jan-1947

(Für einige wenige Fotokopien aus L – PRO konnte anhand der Signatur die Akte in AKTEN DER BRITISCHEN MILITÄRREGIERUNG IN DEUTSCHLAND nicht ermittelt werden.)

II. GEDRUCKTE QUELLEN UND LITERATUR

(Titel, die lediglich einmal zitiert bzw. auf die nur einmal hingewiesen wird, finden sich am konkreten Ort belegt.)

ACTA ET DOCUMENTA CONCILIO OECUMENICO VATICANO II APPARANDO, Series II (Praeparatoria), Vol. III: Acta Commissionum et Secretariatuum Praeparatoriorum Concilii Vaticani II, Pars I, Città del Vaticano 1969.

ADENAUER, Konrad, Erinnerungen 1945–1953, Stuttgart 1965.

AKTEN DER BRITISCHEN MILITÄRREGIERUNG IN DEUTSCHLAND. Sachinventar 1945–1955, hrsg. v. Adolf M. BIRKE, Hans BOOMS, Otto MERKER unter Mitwirkung von Historisches Institut London/Niedersächsisches Hauptstaatsarchiv Hannover, 11 Bände, München u. a. 1993.

ALBRECHT, Dieter (Bearb.), Der Notenwechsel zwischen dem Heiligen Stuhl und der deutschen Reichsregierung, III: Der Notenwechsel und die Demarchen des Nuntius Orsenigo 1943–1945 (= Veröffentlichungen der Kommission für Zeitgeschichte, Reihe A: Quellen, Bd. 29), Mainz 1980.

BARRY, Coleman J., American Nuncio. Cardinal Aloisius Muench, Collegeville 1969.

BENZ, Wolfgang, Von der Besatzungsherrschaft zur Bundesrepublik. Stationen einer Staatsgründung 1946–1949, Frankfurt 1984.

BENZ, Wolfgang (Hrsg.), Deutschland unter alliierter Besatzung 1945–1949/55. Ein Handbuch, Berlin 1999.

BENZ, Wolfgang, Die Gründung der Bundesrepublik. Von der Bizone zum souveränen Staat, München [5]1999.

BENZ, Wolfgang (Hrsg.), Die Vertreibung der Deutschen aus dem Osten. Ursachen, Ereignisse, Folgen, Frankfurt [2]1995.

BERGMANN, Bernhard/STEINBERG, Josef (Hrsg.), In Memoriam Wilhelm Böhler. Erinnerungen und Begegnungen, Köln 1965.

BIERBAUM, Max, Nicht Lob, nicht Furcht. Das Leben des Kardinals von Galen nach unveröffentlichten Briefen und Dokumenten, Münster [5]1962.

BLUM, John Morton, Deutschland ein Ackerland? Morgenthau und die amerikanische Kriegspolitik 1941-1945. Aus den Morgenthau-Tagebüchern, Düsseldorf 1968.

BLUMENWITZ, Dieter, GOTTO, Klaus u. a. (Hrsg.), Konrad Adenauer und seine Zeit. Politik und Persönlichkeit des ersten Bundeskanzlers. Beiträge von Weg- und Zeitgenossen (= Veröffentlichungen der Konrad-Adenauer-Stiftung, Archiv für Christlich-Demokratische Politik), 2 Bde., Stuttgart 1976.

BÖHM, Dominikus, München 1962.

BOLLENBECK, Karl Josef (Bearb.), Neue Kirchen im Erzbistum Köln 1955–1995, 2 Bde., Brühl 1995.

BOVENTER, Hermann, Rückblick auf 25 Jahre Akademiearbeit, in: WAHRHEITSFRAGE UND WAHRHEITSDIENST. 25 Jahre Thomas-Morus-Adademie (= Bensberger Protokolle Nr. 25), Bensberg 1978, S. 106-113.

BUCHWALD, Mathias (hrsg. v. Hermann-Josef CEVE), St. Rochuskirche in Geschichte und Gegenwart, Ms. Druck Düsseldorf 1981.

CODEX IURIS CANONICI Pii X Pontificis Maximi iussu digestus Benedicti Papae XV auctoritate promulgatus [1917].

CORSTEN, Wilhelm (Hrsg.), Kölner Aktenstücke zur Lage der katholischen Kirche in Deutschland 1933–1945, Köln 1949.

DANIEL, Jens (= Rudolf AUGSTEIN), Deutschland – ein Rheinbund?, Darmstadt 1953.

DEUERLEIN, Ernst, CDU/CSU 1945–1957. Beiträge zur Zeitgeschichte, Köln 1957.

DEUERLEIN, Ernst, Deklamation oder Ersatzfriede? Die Konferenz von Potsdam, Stuttgart 1970.

DEUTSCHE BIOGRAPHISCHE ENZYKLOPÄDIE (DBE), hrsg. v. Walter KILLY u. Rudolf VIERHAUS, München u. a. 1995-2000.

DIEDERICH, Toni, Adenauer als Kölner Oberbürgermeister von Mai bis Oktober 1945, in: Hugo STEHKÄMPER (Hrsg.), Konrad Adenauer, Oberbürgermeister von Köln. Festgabe der Stadt Köln zum 100. Geburtstag ihres Ehrenbürgers am 5. Januar 1976, Köln 1976, S. 499-530.

50 Jahre DIÖZESAN-CARITASVERBAND für die Erzdiözese Köln 1916–1966 (Festschrift), Köln 1967.

DOERING-MANTEUFFEL, Anselm/KAISER, Christoph (Hrsg.), Christentum und politische Verantwortung: Kirchen im Nachkriegsdeutschland, Stuttgart u.a. 1990.

DOERING-MANTEUFFEL, Anselm, Katholizismus und Wiederbewaffnung. Die Haltung der deutschen Katholiken gegenüber der Wehrfrage 1948–1955 (= Veröffentlichungen der Kommission für Zeitgeschichte, Reihe B: Forschungen, Bd. 32), Mainz 1981.

EHLERS, Hermann, Präsident des Deutschen Bundestages, Ausgewählte Reden, Aufsätze und Briefe 1950–1954, hrsg. u. eingel. v. Karl Dietrich ERDMANN, bearb. v. Rüdiger WENZEL, Boppard 1991.

ENGELHARDT, Hanns, Die Kirchensteuer in der Bundesrepublik Deutschland, Bad Homburg v. d. H. 1968.

ESCHENBURG, Theodor, Jahre der Besatzung 1945–1949. Mit einem Essay von Eberhard JÄCKEL (= Geschichte der Bundesrepublik Deutschland, hrsg. v. K. D. BRACHER, T. ESCHENBURG, J. C. FEST, E. JÄCKEL, Bd. 1), Stuttgart 1983.

FELDHOFF, Norbert, Kirchensteuer in der Diskussion: publizistisch, politisch, volkswirtschaftlich, rechtlich und theologisch, in: SCHRIFTENREIHE DER KÖLNER JURISTISCHEN GESELLSCHAFT, Bd. 19, Köln 1996.

FETTEN, Paul, Aus der Chronik der Pfarrei St. Ursula in Köln über die Kriegsjahre 1942–1945 von ...., ausgewählt und vorgestellt von Norbert TRIPPEN, in: Annalen des Historischen Vereins für den Niederrhein 192/193, 1990, S. 149-181.

FETTEN, Paul, Die Kölner Innenstadt in der Not der Nachkriegsjahre 1945–1948. Aus der Chronik der Pfarrei St. Ursula von ..., ausgewählt und vorgestellt von Norbert TRIPPEN, in: Annalen des Historischen Vereins für den Niederrhein 195, 1992, S. 176- 202.

FLÜCHTLINGSBETREUUNG in Nordrhein-Westfalen, hrsg. v. Sozialministerium der Landesregierung Nordrhein-Westfalen, Düsseldorf 1947

FÖRST, Walter, Kleine Geschichte Nordrhein-Westfalens, Düsseldorf 1986.

FÖRST, Walter, Geschichte Nordrhein-Westfalens, Bd. 1: 1945–1949, Köln-Berlin 1970.

FRINGS, Josef Kardinal, Grundsätze katholischer Sozialarbeit und zeitnahe Folgerungen (= Bausteine der Gegenwart, Heft 6), Köln 1947.

FRINGS, Josef Kardinal (Hrsg.), Verantwortung und Mitverantwortung in der Wirtschaft. Was sagt die katholische Soziallehre über Mitwirkung und Mitbestimmung?, Köln 1949.

FRINGS, Josef Kardinal, Erinnerungen an P. Michael Hofmann, in: KORRESPONDENZBLATT DES CANISIANUMS, Heft 2, 105, 1970, S. 6-8.

FRINGS, Josef Kardinal, Erinnerungen an Konrad Adenauer, in: BLUMENWITZ u. a., Konrad Adenauer und seine Zeit, Bd. 1, S. 149-155.

FRINGS, Josef Kardinal, Für die Menschen bestellt. Erinnerungen des Alterzbischofs von Köln, Köln 1973.

Pro hominibus constitutus. Gedenkausstellung des Historischen Archivs des Erzbistums Köln zum 100. Geburtstag von Josef Kardinal FRINGS am 6. Februar 1987. Katalog bearbeitet von Josef VAN ELTEN (zitiert: VAN ELTEN, Katalog).

FROHN, Robert, Köln 1945–1981. Vom Trümmerhaufen zur Millionenstadt, Köln 1982.

FROITZHEIM, Dieter, Personalchronik des Kölner Priesterseminars 1951-1976. Ergänzungen zur Chronik H. J. Heckers (= Studien zur Kölner Kirchengeschichte, Bd. 12), Siegburg 1976.

FROITZHEIM, Dieter (Hrsg.), Kardinal Frings. Leben und Werk, Köln 1979.

FÜRSTENAU, Justus, Entnazifizierung. Ein Kapitel deutscher Nachkriegspolitik (= Politica, Bd. 40), Neuwied-Berlin 1969.

FÜRSTENAU, Justus, Entnazifizierung, in: STAATSLEXIKON, hrsg. v. d. Görres-Gesellschaft, Bd. 2, Freiburg [6]1958, S. 1195.

GATZ, Erwin (Hrsg.), Die Bischöfe der deutschsprachigen Länder 1785/1803 bis 1945. Ein biographisches Lexikon, Berlin 1983.

GATZ, Erwin (Hrsg.), Die Bischöfe der deutschsprachigen Länder 1945-2001. Ein biographisches Lexikon, Berlin 2002.

GERHARDS, Albert, Versus orientem – versus populum. Zum gegenwärtigen Diskussionsstand einer alten Streitfrage, in: Theologische Revue 98, 2002, Sp. 15-22.

GESELLSCHAFT FÜR CHRISTLICHE KULTUR (Hrsg.), Kirchen in Trümmern. Zwölf Vorträge zum Thema: Was wird aus den Kölner Kirchen?, Köln 1948 (Nachdruck: KIER, Hiltrud/KRINGS, Ulrich (Hrsg.), Köln: Die romanischen Kirchen in der Diskussion 1946/47 und 1987 [Stadtspuren – Denkmäler in Köln, Bd. 4], Köln 1986, S. 19-126).

GOLOMBEK, Dieter, Die politische Vorgeschichte des Preußenkonkordats (1929) (= Veröffentlichungen der Kommission für Zeitgeschichte, Reihe B: Forschungen, Bd. 4), Mainz 1970.

GOLOMBEK, Oskar (Hrsg.), Die katholische Kirche und die Völkervertreibung (= Schriftenreihe der Katholischen Arbeitsstelle »Nord« für Heimatvertriebene, Köln, Nr. 9), Köln 1966.

GOLOMBEK, Oskar, Der päpstliche Protektor für das gesamte Flüchtlingswerk, in: Festschrift zum Jubeljahr des Kardinals und Erzbischofs Joseph Frings, Köln 1957, S. 65-75.

GOTTO, Klaus, Die katholische Kirche und die Entstehung des Grundgesetzes, in: Anton RAUSCHER (Hrsg.), Kirche und Katholizismus 1945–1949, Paderborn 1977, S. 88-108.

GRÜBER, Heinrich, Erinnerungen aus sieben Jahrzehnten, Köln-Berlin ²1968.

GRONER, Franz (Hrsg.), Kirchliches Handbuch. Amtliches statistisches Jahrbuch der katholischen Kirche Deutschlands, Bd. 23: 1944-1951, Köln 1951.

GROSSMANN, Thomas, Zwischen Kirche und Gesellschaft. Das Zentralkomitee der deutschen Katholiken 1945–1970 (= Veröffentlichungen der Kommission für Zeitgeschichte, Reihe B: Forschungen, Bd. 56), Mainz 1991.

HANDBUCH DES ERZBISTUMS KÖLN, KÖLN ²⁵1958.

HANDBUCH DES ERZBISTUMS KÖLN, 2 Bde, Köln ²⁶1966.

HANDBUCH DES ERZBISTUMS KÖLN. Personaler Teil, Köln ²⁷1985.

HANDBUCH DES ERZBISTUMS KÖLN. Personaler Teil, Köln ²⁸1998.

HEGEL, Eduard, Kirchliche Vergangenheit im Bistum Essen, Essen 1960

HEGEL, Eduard, Das Erzbistum Köln zwischen der Restauration des 19. Jahrhunderts und der Restauration des 20. Jahrhunderts (1815–1962) (= Geschichte des Erzbistums Köln, hrsg. v. Eduard HEGEL, 5. Band), Köln 1987.

HEGEL, Eduard, Joseph Teuschs Kampf gegen den Nationalsozialismus, in: Pastoralblatt 35, 1983, S. 34-40.

VON HEHL, Ulrich, Katholische Kirche und Nationalsozialismus im Erzbistum Köln 1933–1945 (= Veröffentlichungen der Kommission für Zeitgeschichte, Reihe B: Forschungen, Bd. 23), Mainz 1977.

VON HEHL, Ulrich (Bearb.), Priester unter Hitlers Terror (= Veröffentlichungen der Kommission für Zeitgeschichte, Reihe A: Quellen, Bd. 37), Mainz 1984, 3. Auflage: 2 Bde., Paderborn u. a. ³1996.

HEITZER, Horstwalter, Die CDU in der britischen Zone 1945–1949. Gründung,

Organisation, Programm und Politik (= Forschungen und Quellen zur Zeitgeschichte, Bd. 12), Düsseldorf 1988.

HENKE, Klaus Dietmar/WOLLER, Hans (Hrsg.), Politische Säuberung in Europa. Die Abrechnung mit Faschismus und Kollaboration nach dem Zweiten Weltkrieg, München 1991.

HOEBINK, Hein, Demontage in Nordrhein-Westfalen 1947–1950, in: Westfälische Forschungen 30, 1980, S. 47-59.

HÖLLEN, Martin, Heinrich Wienken. Der »unpolitische« Kirchenpolitiker. Eine Biographie aus drei Epochen des deutschen Katholizismus (= Veröffentlichungen der Kommission für Zeitgeschichte, Reihe B: Forschungen, Bd. 33), Mainz 1981.

HÖLLER, Hans, Kleine Chronik der Pfarrgemeinde St. Paulus, in: Unterwegs. Mitteilungen für die Pfarrgemeinde St. Paulus Bonn-Tannenbusch, Nr. 112, 7, 1980, S. 11-15.

HOFMANN, Josef, Journalist in Republik, Diktatur und Besatzungszeit. Erinnerungen 1916–1947, bearb. u. eingel. v. Rudolf MORSEY (= Veröffentlichungen der Kommission für Zeitgeschichte, Reihe A: Qellen, Bd. 23), Mainz 1977.

HOLLAENDER, Albert E. J., Offiziere und Prälaten. Zur Fuldaer Bischofskonferenz 1945, in: Mitteilungen des österreichischen Staatsarchivs 25, 1957, S. 185-206.

HÜRTEN, Heinz (Bearb.), Akten Kardinal Michael von Faulhabers, Bd. III 1945–1952 (= Veröffentlichungen der Kommission für Zeitgeschichte, Reihe A: Quellen, Bd. 48), Paderborn u. a. 2002.

HÜTTENBERGER, Peter, Nordrhein-Westfalen und die Entstehung seiner parlamentarischen Demokratie, Siegburg 1973.

JANKO, Anton, 25 Jahre Hochschule und Priesterseminar Königstein, in: Königsteiner Studien (= Königsteiner Blätter, 20. Jahrgang), Königstein 1974, S. 3-7.

JEDIN, Hubert, Kardinal Frings auf dem Zweiten Vatikanischen Konzil, in: Gabriel ADRIÁNYI (Hrsg.), Festgabe für Bernhard Stasiewski zum 75. Geburtstag, Leverkusen-Bonn 1980, S. 17-34.

Der Christ in der Not der Zeit. Der 72. Deutsche KATHOLIKENTAG vom 1. bis 5. September 1948 in Mainz. Hrsg. v. Generalsekretariat des Zentralkomitees der Katholiken Deutschlands zur Vorbereitung der Katholikentage, Paderborn 1949.

Gerechtigkeit schafft Frieden. Der 73. Deutsche KATHOLIKENTAG vom 31. August bis 4. September 1949 in Bochum. Hrsg. v. Generalsekretariat des Zentralkomitees der Katholiken Deutschlands zur Vorbereitung der Katholikentage, Paderborn o. J. (1950).

Ihr sollt mir Zeugen sein. Der 76. Deutsche KATHOLIKENTAG vom 31. August bis 5 September 1954 in Fulda. Hrsg. v. Zentralkomitee der Deutschen Katholiken, Paderborn 1954.

77. Deutscher KATHOLIKENTAG 1956 in Köln. »Die Kirche, das Zeichen Gottes unter den Völkern«, 29. August bis 2. September 1956, Köln 1957.

KATHOLISCHER FLÜCHTLINGSRAT, Würzburg (Hrsg.), Zum deutschen Vertriebenenproblem. 1. Die Oder-Neiße-Linie und ihre Bistümer, 2. Die kulturelle Eingliederung der Heimatvertriebenen und Flüchtlinge im profanen und kirchlichen Raum, Spich/Köln 1961.

KATHOLISCH-SOZIALES INSTITUT DER ERZDIÖSE KÖLN, BAD HONNEF (Hrsg.), Der Herausforderung gestellt. Zur Geschichte des Katholisch-Sozialen Instituts der Erzdiözese Köln ..., Bad Honnef 1997.

KEINEMANN, Friedrich, Von Arnold zu Steinhoff und Meyers. Politische Bewegungen und Koalitionsbildungen in Nordrhein-Westfalen 1950–1962, Münster 1973.

KLEIN, Gotthard, Der Volksverein für das katholische Deutschland 1890–1933. Geschichte, Bedeutung, Untergang (= Veröffentlichungen der Kommission für Zeitgeschichte, Reihe B: Forschungen, Bd. 75), Paderborn u. a. 1996.

KLEINMANN, Hans-Otto, Geschichte der CDU 1945–1982, Stuttgart 1993.

KLOIDT, Karl-Heinz (Hrsg.), Chartres 1945. Seminar hinter Stacheldraht. Eine Dokumentation, Freiburg u.a. 1988.

KNAUFT, Wolfgang, Konrad von Preysing. Anwalt des Rechts. Der erste Berliner Kardinal und seine Zeit, Berlin 1998.

KNOPP, Gisbert, Die Unterkünfte des Priesterseminars während zweieinhalb Jahrhunderten – Von der Glashütte zur funktionalen Vierflügelanlage, in: N. TRIPPEN (Hrsg.), Das Kölner Priesterseminar ..., S. 1-22, hier: S. 15-18.

KOCK, Erich, Friede, das ist nicht nur ein Wort. Der Weg des Priesters Franz Stock, Paderborn 1999.

KOCK, Gerhard, »Der Führer sorgt für unsere Kinder ...«. Die Kinderlandverschickung im Zweiten Weltkrieg, Paderborn 1997.

KÖLNER DIÖZESAN-SYNODE 1954, hrsg. u. verlegt durch das Erzbischöfliche Generalvikariat in Köln, Köln 1954.

KRÄMER, Burkard, Kindergarten in kirchlicher Trägerschaft. Verfassungs- und verwaltungsrechtliche Fragen, dargestellt vornehmlich am Beispiel des Landes Nordrhein-Westfalen (= Staatskirchenrechtliche Abhandlungen, Bd. 20), Berlin 1991.

KOSCH, Wilhelm, Biographisches Staatshandbuch, 2 Bde., Bern-München 1963.

KRAUTSCHEIDT, Josef, Gründung des Bistums Essen. Die Jahre 1951–1957, in: Zeugnis und Dienst. Zum 70. Geburtstag von Bischof Dr. Franz Hengsbach hrsg. durch das Domkapitel zu Essen, Bochum 1980, S. 29-55.

KROSE, Hermann, Statistik der Religionsgemeinschaften im Deutschen Reich, in den Ländern und Verwaltungsbezirken, Köln 1937.

KRÜGER, Wolfgang, Entnazifiziert! Zur Praxis der politischen Säuberung in Nordrhein-Westfalen, Wuppertal 1982.

LEXIKON DER CHRISTLICHEN DEMOKRATIE IN DEUTSCHLAND, hrsg. v. W. BECKER, G. BUCHSTAB, A. DOERING-MANTEUFFEL, R. MORSEY, Paderborn u. a. 2002.

LEXIKON FÜR THEOLOGIE UND KIRCHE, hrsg. v. Michael BUCHBERGER, 10 Bde., Freiburg ^{1}1930-1938; hrsg. v. Josef HÖFER und Karl RAHNER, 10 Bde. u. Reg. Bd., Freiburg ^{2}1957-1967; hrsg. v. Walter KASPER u. a., 11 Bde., Freiburg u. a. ^{3}1993-2001.

LEXIKON FÜR THEOLOGIE UND KIRCHE. DAS ZWEITE VATIKANISCHE KONZIL. Dokumente und Kommentare, hrsg. v. Heinrich BRECHTER u. a., 3 Bde., Freiburg 1966-1968.

LILL, Rudolf, Die ersten deutschen Bischofskonferenzen, Freiburg-Basel-Wien 1964.

LÖFFLER, Peter (Bearb.), Bischof Clemens August Graf von Galen. Akten, Briefe und Predigten 1933–1946, 2 Bde., (= Veröffentlichungen der Kommission für Zeitgeschichte, Reihe A: Quellen, Bd. 42), Mainz 1988.

LÖHR, Wolfgang (Bearb.), Hirtenbriefe und Ansprachen zu Gesellschaft und Politik 1945–1949 (= Katholische Sozialwissenschaftliche Zentralstelle Mönchengladbach, Dokumente deutscher Bischöfe, Bd. 1), Würzburg 1985.

LORENZ, Franz (Hrsg.), Schicksal Vertreibung. Aufbruch aus dem Glauben. Dokumente und Selbstzeugnisse vom religiösen, geistigen und kulturellen Ringen, Köln 1980.

MAIER, Charles/BISCHOF, Günter (Hrsg.), The Marshall Plan and Germany. West German Development with in the Framework of the European Recovery Program, New York-Oxford 1991.

MARRÉ, Heiner, Die Kirchenfinanzierung in Kirche und Staat der Gegenwart, Essen 1982, ^{3}1991.

MARRÉ, Heiner/HOFFACKER, Paul, Das Kirchensteuerrecht im Land Nordrhein-Westfalen, Münster 1969.

MEID, Peter, Ortskirchensteuer oder Diözesankirchensteuer?, in: Trierer Theologische Zeitschrift 58, 1949, S. 149-165.

MEIER, Andreas, Hermann Ehlers. Leben in Kirche und Politik, Bonn 1991.

MENSING, Hans Peter (Bearb.), Adenauer. Briefe, Bd. 1: 1945–1947, Bd. 2: 1947–1949, Bd. 3: 1949–1951 (= Adenauer. Rhöndorfer Ausgabe, Stiftung Bundeskanzler-Adenauer-Haus, hrsg. v. Rudolf MORSEY U. Hans Peter SCHWARZ), Berlin 1983, 1984, 1985.

MOLL, Helmut (Hrsg.), Zeugen für Christus. Das deutsche Martyrologium des 20. Jahrhunderts, 2 Bde., Paderborn u. a. ^{2}2000.

MORSEY, Rudolf, Die Bundesrepublik Deutschland. Entstehung und Entwicklung bis 1969 (= Oldenbourg. Grundriss der Geschichte, hrsg. v. Jochen BLEICKEN, Lothar GALL, Hermann JAKOBS, Bd. 19), München ^{4}2000.

MORSEY, Rudolf, Adenauer und Kardinal Frings 1945–1949, in: Dieter ALBRECHT, Hans Günter HOCKERTS u. a. (Hrsg.), Konfession und Politik. Festschrift für Konrad Repgen zum 60. Geburtstag, Berlin 1983, S. 483-501.

MORSEY, Rudolf, Katholizismus und Unionsparteien in der Ära Adenauer, in: Albrecht LANGNER (Hrsg.), Katholizismus im politischen System der Bundesrepublik 1949–1963, Paderborn u. a. 1978, S. 33-59.

MÜLLER, Wolfgang, Fünfhundert Jahre theologische Promotion an der Universität Freiburg im Breisgau (= Beiträge zur Freiburger Wissenschafts- und Universitätsgeschichte, 19), Freiburg 1957.

NITSCHE, Hans (Hrsg.), Prälat Dr. Franz Müller. Honnefer Akzente, Bad Honnef 1999.

PEHNT, Wolfgang, Rudolf Schwarz 1897–1961. Architekt einer anderen Moderne, STROHL, Hilde, Werkverzeichnis, Ostfildern 1997.

PILVOUSEK, Josef, Flüchtlinge, Flucht und die Frage des Bleibens. Überlegungen zu einem traditionellen Problem der Katholiken im Osten Deutschlands, in: Claus-Peter MÄRZ (Hrsg.), Die ganz alltägliche Freiheit. Christsein zwischen Traum und Wirklichkeit (= Erfurter Theologische Studien, Bd. 65), Leipzig 1993, S. 9-23.

PILVOUSEK, Josef, Gesamtdeutsche Wirklichkeit – Pastorale Notwendigkeit. Zur Vorgeschichte der Ostdeutschen Bischofskonferenz, in: Emmerich CORETH, Wilhelm ERNST und Eberhard TIEFENSEE (Hrsg.), Von Gott reden in säkularer Gesellschaft. Festschrift für Konrad Feiereis zum 65. Geburtstag (= Erfurter Theologische Studien, Bd. 71), Leipzig 1996, S. 229-242.

PILVOUSEK, Josef, Heinrich Wienken und das Commissariat der Fuldaer Bischofskonferenz 1945–1952, in: Wolfgang BEINERT, Konrad FEIEREIS, Hermann-Josef RÖHRIG (Hrsg.), Unterwegs zum einen Glauben. Festschrift für Lothar Ullrich zum 65. Geburtstag (= Erfurter Theologische Studien, Bd. 74), Leipzig 1997, S. 533-547.

PILVOUSEK, Josef, Theologische Ausbildung und gesellschaftliche Umbrüche. 50 Jahre Katholische Theologische Hochschule und Priesterausbildung in Erfurt (= Erfurter Theologische Studien, Bd. 82), Leipzig 2002.

PILVOUSEK, Josef, »Innenansichten«. Von der »Flüchtlingskirche« zur »katholischen Kirche in der DDR«, in: MATERIALIEN DER ENQUÊTE-KOMMISSION »Aufarbeitung von Geschichte und Folgen der SED-Diktatur in Deutschland«, Bd. VI, 2, Frankfurt 1995, S. 1134-1163.

ROEMER, Werner, St. Rochus in Düsseldorf, Ms. Druck, Düsseldorf 1986.

ROESEN, Anton, Die Katholikenausschüsse, in: DAS KATHOLISCHE JAHRBUCH 1951/52, S. 227-232.

ROESEN, Anton, Eine Initiative der Laien zur Verchristlichung der Gesellschaft. Vom Diözesankomitee zum Diözesanrat, in: 25 Jahre Mitverantwortung der Laien in der Kölner Kirche. Festschrift zum 25jährigen Bestehen des Diözesanrates, hrsg. vom Diözesanrat der Katholiken im Erzbistum Köln, Köln 1972.

ROESEN, Anton, Von den Anfängen, in: Hermann BOVENTER (Hrsg.), Menschen in der Akademie. 25 Jahre Thomas-Morus-Akademie Bensberg, Bergisch Gladbach 1978, S. 12 f.

ROESEN, Anton, Aus dem Leben eines Juristen. Erinnerungen und Erfahrungen, Düsseldorf 1979.

ROMEYK, Horst, Die leitenden staatlichen und kommunalen Verwaltungsbeamten der Rheinprovinz 1816–1945 (= Publikationen der Gesellschaft für rheinische Geschichtskunde, Bd. LXIX), Düsseldorf 1994.

ROSENZWEIG, Josef, Die St. Pius-Pfarre Köln-Zollstock zu ihrem 25jährigen Bestehen, Köln 1933.

RÜTHER, Martin, Die Entlassung Adenauers. Zur Amtsenthebung als Oberbürgermeister in Köln, in: Geschichte in Köln, Heft 20, November 1986, S. 121-146.

VAN SCHEWICK, Burkhard, Die katholische Kirche und die Entstehung des Verfassungen in Westdeutschland 1945–1950 (= Veröffentlichungen der Kommission für Zeitgeschichte, Reihe B: Forschungen, Bd. 30), Mainz 1980.

VAN SCHEWICK, Burkhard, Wilhelm Böhler (1891–1958), in: Zeitgeschichte in Lebensbildern 4, Mainz 1980, S. 197-207, 277 f. (Bibliographie).

SCHIEDER, Theodor (Hrsg.), Die Vertreibung der deutschen Bevölkerung aus den Gebieten östlich der Oder-Neisse (= Dokumentation der Vertreibung der Deutschen aus Ost-Mitteleuropa), Bd. 1, Teile 1-3, München 1954-1960.

SCHILLING, Hans, Architektur 1945 – 2000, Köln 2001.

SCHMIDT, Ute, Zentrum oder CDU. Politischer Katholizismus zwischen Tradition und Anpassung (= Schriften des Zentralinstituts für Sozialwissenschaftliche Forschung der Freien Universität Berlin, Bd. 51), Opladen 1987.

SCHMITZ, Markus/HAUNFELDER, Bernd, Humanität und Diplomatie. Die Schweiz in Köln 1940–1949, Münster 2001.

SCHMITZ VAN VORST, Josef, Kirche gestern – Kirche morgen, Stuttgart 1966.

SCHNEIDER, Burkhart (Hrsg.), Die Briefe Pius' XII. an die deutschen Bischöfe 1939–1944 (= Veröffentlichungen der Kommission für Zeitgeschichte, Reihe A: Quellen, Bd. 4), Mainz 1966.

SCHOLZ, Franz, Zwischen Staatsräson und Evangelium: Kardinal Hlond und die Tragödie der ostdeutschen Diözesen. Tatsachen, Hintergründe, Anfragen, Frankfurt ²1988.

SCHÜTZ, Oliver, Ein kirchlicher Ort sozialer Verantwortung: Die Gründung des Katholisch-Sozialen Instituts (1945–1955), in: KATHOLISCH-SOZIALES INSTITUT DER ERZDIÖZESE KÖLN BAD HONNEF (Hrsg.), Der Herausforderung gestellt. Zur Geschichte des Katholisch-Sozialen Instituts der Erzdiözese Köln ... , Bad Honnef 1997, S. 39-87.

SCHUSTER, Jacques, Heinrich Albertz. Der Mann, der mehrere Leben lebte, Berlin 1997.

SCHWARZ, Rudolf, Kirchenbau. Welt vor der Schwelle, Heidelberg 1960.

SCHWARZ, Rudolf, Vom Bau der Kirche, hrsg. v. Maria SCHWARZ, Salzburg-München ²1998.

SCHWERING, Leo, Frühgeschichte der Christlich-Demokratischen Union, Recklinghausen 1963.

SCRIVERIUS, Dieter (Bearb.), Demontagen im Land Nordrhein-Westfalen 1946 bis 1951. Spezialinventar zu den im Nordrhein-Westfälischen Hauptstaatsarchiv in Düsseldorf vorhandenen Demontage-Akten (= Veröffentlichungen der staatlichen Archive des Landes Nordrhein-Westfalen, Reihe C: Quellen und Forschungen, Bd. 9), Siegburg 1981.

SÖRGEL, Werner, Konsensus und Interessen. Eine Studie zur Entstehung des Grundgesetzes für die Bundesrepublik Deutschland (= Frankfurter Studien zur Wissenschaft von der Politik, Bd. 5), Stuttgart 1969.

SPOTTS, Frederic, Kirchen und Politik in Deutschland, Stuttgart 1976.

SPRINGER, Peter, Die unsichtbare Mitte. Zur Aufdeckung des Fußbodenmosaiks in der Vierung des Kölner Domes, in: Kölner Domblatt 63, 1998, S. 185-204.

STAATSLEXIKON. Recht, Wirtschaft, Gesellschaft, hrsg. v. d. Görres-Gesellschaft, 5 Bde., Freiburg 71985-1989.

TISCHNER, Wolfgang, Katholische Kirche in der SBZ/DDR 1945–1951. Die Formierung einer Subgesellschaft im entstehenden sozialistischen Staat (= Veröffentlichungen der Kommission für Zeitgeschichte, Reihe B: Forschungen, Bd. 90), Paderborn u.a. 2001.

TRIPPEN, Norbert und MOGGE, Wilhelm (Hrsg.), Ortskirche im Dienst der Weltkirche. Das Erzbistum Köln seit seiner Wiedererrichtung im Jahre 1825. Festgabe für die Kölner Kardinäle Erzbischof Joseph Höffner und Alt-Erzbischof Josef Frings, Köln 1976

TRIPPEN, Norbert (Hrsg.), Das Kölner Priesterseminar im 19. und 20. Jahrhundert. Festschrift zur Feier des 250jährigen Bestehens am 29. Juni 1988 (= Studien zur Kölner Kirchengeschichte, Bd. 23), Siegburg 1988.

TRIPPEN, Norbert, Kardinal Frings, Essen und das Ruhrgebiet, in: Das Münster am Hellweg 44, 1991, S. 55-65.

TRIPPEN, Norbert, Das Schicksal der westdeutschen Bischofsstädte im Winter 1944/45, in: Annalen des Historischen Vereins für den Niederrhein 194, 1991, S. 189-200.

TRIPPEN, Norbert, Das Elend der Nachkriegsjahre und der Wiederaufbau des Kölner Domes. Die Weihnachtsbriefe des Kölner Erzbischofs Kardinal Frings an Papst Pius XII. 1945–1949, in: Kölner Domblatt 56, 1991, S. 135-154.

TRIPPEN, Norbert, Interkonfessionelle Irritationen in den ersten Jahren der Bundesrepublik Deutschland, in: Karl-Dietrich BRACHER, Paul MIKAT u. a. (Hrsg.), Staat und Parteien. Festschrift für Rudolf Morsey zum 65. Geburtstag, Berlin 1992, S. 345-377.

TRIPPEN, Norbert, Josef Kardinal Frings (1887–1978), in: Zeitgeschichte in Lebensbildern 7, Mainz 1994, S. 143-160.

TRIPPEN, Norbert, Erzbischof Frings und der Neubeginn kirchlichen Lebens in Köln 1945, in: Jahrbuch des Kölnischen Geschichtsvereins 66, 1995, S. 151-168.

TRIPPEN, Norbert, Joseph Teusch (1902–1976), in: Rheinische Lebensbilder 15, 1995, S. 223-246.

TRIPPEN, Norbert, Wahl und Erhebung des Dr. Josef Frings zum Erzbischof von Köln 1942, in: Jahrbuch des Kölnischen Geschichtsvereins 68, 1997, S. 167-189.

TRIPPEN, Norbert, Das Kölner Domfest 1948. Rückbesinnung auf die mittelalterlichen Wurzeln in der Not der Gegenwart, in: Ludger HONNEFELDER, Norbert TRIPPEN, Arnold WOLFF (Hrsg.), Dombau und Theologie im mittelalterlichen Köln. Festschrift zur 750-Jahrfeier der Grundsteinlegung des Kölner Domes und zum 65. Geburtstag von Joachim Kardinal Meisner (= Studien zum Kölner Dom, Bd. 6), Köln 1998, S. 349-366.

TRIPPEN, Norbert, Erzbischof Josef Frings im ersten Jahr seiner bischöflichen Wirksamkeit in Köln 1942/43, in: Wolfgang ALTGELD u. a. (Hrsg.), Menschen, Ideen, Ereignisse in der Mitte Europas. Festschrift für Rudolf Lill zum 65. Geburtstag, Konstanz 1999, S. 171-191.

TRIPPEN, Norbert, Die Integration der heimatvertriebenen Priester in Westdeutschland nach 1945, in: Reimund HAAS u. a. (Hrsg.), Im Gedächtnis der Kirche neu erwachen. Studien zur Geschichte des Christentums in Mittel- und Osteuropa. Festgabe für Gabriel Adriányi zum 65. Geburtstag (= Bonner Beiträge zur Kirchengeschichte, Bd. 22), Köln u.a. 2000, S. 265-281.

TRIPPEN, Norbert, Kardinal Frings, der deutsche Episkopat und die Vertreibung der Deutschen aus Ostmitteleuropa nach 1945, in: Ursula NOTHELLE-WILDFEUER und Norbert GLATZEL (Hrsg.), Christliche Sozialethik im Dialog ... Festschrift zum 65. Geburtstag von Lothar Roos, Grafschaft 2000, S. 637-645.

TRIPPEN, Norbert, Papst Johannes XXIII. und Kardinal Frings, in: Jahrbuch des Kölnischen Geschichtsvereins 71, 2000, S. 145-156.

TRIPPEN, Norbert, Von den Fuldaer »Bischofskonferenzen« zur »Deutschen Bischofskonferenz« 1945–1976, in: Historisches Jahrbuch 121, 2001, S. 304-319.

VOLK, Ludwig, Das Reichskonkordat vom 20. Juli 1933. Von den Ansätzen in der Weimarer Republik bis zur Ratifizierung am 10. September 1933 (= Veröffentlichungen der Kommission für Zeitgeschichte, Reihe B: Forschungen, Bd. 5), Mainz 1972.

VOLK, Ludwig, Der Heilige Stuhl und Deutschland 1945–1949, in: Anton RAUSCHER (Hrsg.), Kirche und Katholizismus 1945–1949, München-Paderborn u. a. 1977, S. 53- 87.

VOLK, Ludwig (Bearb.), Akten Kardinal Michael von Faulhabers 1917–1945, Bd. II: 1935- 1945 (= Veröffentlichungen der Kommission für Zeitgeschichte, Reihe A: Quellen, Bd. 26), Mainz 1978.

VOLK, Ludwig (Bearb.), Akten deutscher Bischöfe über die Lage der Kirche 1933–1945, Bd. V: 1940-1942, Bd. VI: 1943-1945 (= Veröffentlichungen der Kommission für Zeitgeschichte, Reihe A: Quellen, Bde. 34 und 38), Mainz 1983 bzw. 1985.

VOLK, Ludwig (Hrsg. D. ALBRECHT), Katholische Kirche und Nationalsozialismus (= Veröffentlichungen d. Kommission f. Zeitgeschichte, Reihe B: Forschungen, Bd. 46), Mainz 1987.

VOLLNHALS, Clemens, Entnazifizierung und Selbstreinigung im Urteil der evangelischen Kirche. Dokumente und Reflexionen 1945–1949 (= Studienbücher zur kirchlichen Zeitgeschichte, Bd. 8), München 1989.

WEYRES, Willy, Neue Kirchen im Erzbistum Köln 1945–1956, Köln 1957.

WIECK, Hans Georg, Die Entstehung der CDU und die Wiederbegründung des Zentrums im Jahre 1945 (= Beiträge zur Geschichte des Parlamentarismus und der politischen Parteien, Heft 2), Düsseldorf 1953.

WURM, D. Theophil, Erinnerungen aus meinem Leben, Stuttgart 1953.

ZEIGER, Ivo, Kirchliche Zwischenbilanz 1945. Bericht über die Informationsreise durch Deutschland und Österreich im Herbst 1945, eingeleitet und kommentiert von Ludwig VOLK, in: Stimmen der Zeit 193, 1975, S. 293-312.

ZEITGESCHICHTE IN LEBENSBILDERN, bisher 10 Bde., hrsg. v. Rudolf MORSEY (Bde. 1 u. 2) bzw. v. Jürgen ARETZ, Rudolf MORSEY, Anton RAUSCHER (Bde. 3-10), Mainz 1973-1997 (Bde. 1-8) bzw. Münster 1999-2001 (Bde. 9 u. 10).

PERSONEN-, ORTS- UND SACHREGISTER

– FETT GEDRUCKTE SEITENZAHLEN VERWEISEN AUF EIN BIOGRAMM IN DEN ANMERKUNGEN –

VERZEICHNIS DER BILDQUELLEN

Historisches Archiv des Erzbistums Köln: Frontispiz (F. Eschen, Berlin-Wilmersdorf), 3, 5, 6, 7 (E. Weyerstraß, Köln), 8 (H. Erfurth, Köln), Titelbild, 11, 13, 14, 15, 18 (H. Schmölz, Köln), 22 (E. Erd, Caritasverband), 23, 24, 25, 26, 27, 28 (E. Lambertin, Köln), 30, 31, 32.
Dombauarchiv Köln: 9, 12, 16 (Jacobs, Solingen-Ohligs),17, 20 (R. Hallensleben, Köln).
Pfarramt der Basilika St. Gereon, Köln: 10.
Rheinisches Bildarchiv, Köln: 19, 21.
Bischöfliches Generalvikariat, Essen: 29.
Privatbesitz Familie Franz Hopmann, Köln: 1, 2, 4.